Gerhard W. Lauth/Udo B. Brack/Friedrich Linderkamp (Hrsg.)

Verhaltenstherapie mit Kindern und Jugendlichen

Gerhard W. Lauth/Udo B. Brack/Friedrich Linderkamp (Hrsg.)

Verhaltenstherapie mit Kindern und Jugendlichen

Praxishandbuch

Anschrift der Herausgeber:

Prof. Dr. Gerhard W. Lauth
Universität zu Köln
Heilpädagogische Fakultät
Klosterstr. 79b
50931 Köln

Prof. Dr. Udo B. Brack
Humboldt-Universität
Institut für Rehabilitationswissenschaft
Georgenstr. 36
10099 Berlin

Dr. Friedrich Linderkamp
Universität Dortmund
Sonderpägagogische Beratungsstelle, FB 13
Emil-Figge-Str. 50
44221 Dortmund

1. Auflage 2001

© Psychologie Verlags Union, Verlagsgruppe Beltz, Weinheim 2001
http://www.beltz.de

Lektorat: Christine Pendl
Umschlaggestaltung: Federico Luci, Köln
Umschlagbild: Image Bank Bildagentur, Frankfurt
Satz und Layout: Tobias Franz, http://www.tfranz.de
Druck und Bindung: Druckhaus Beltz, Hemsbach
Printed in Germany

ISBN 3-621-27447-2

Inhalt

Gabriele Mauermann
Finkenweg 65
46244 Bottrop-Kirchhellen
Tel: 02045-7304

3 Verhaltenstherapie in Einrichtungen und auf Stationen

4 Training/Ausbildung von übergreifenden Kompetenzen

5 Therapeutische Methoden und Einzelverfahren

6 Qualitätssicherung/Evaluation

Vorwort

Die Psychotherapie von Kindern und Jugendlichen erlebt derzeit nach langen Jahren des Schattendaseins einen erneuten Aufschwung. Ein Grund dafür ist die Verabschiedung des Psychotherapeutengesetzes mit Beginn des Jahres 1999, das die Anwendung der Psychotherapie sowie die Ausbildung der Therapeuten regelt. Die Verhaltenstherapie wird darin als so genanntes Richtlinienverfahren ausgewiesen – also als eine Therapiemethode, die vor allem zur praktischen Anwendung vorgesehen ist. Damit erhält diese Therapierichtung sicher die Position, die ihr sowohl wissenschaftlich als auch praktisch zukommt.

Mit dieser Entwicklung steigt natürlich auch der Bedarf an praktischen Nachschlagewerken, die die Anwendung und Umsetzung der Verhaltenstherapie anwendungsnah darstellen. Das vorliegende Buch soll ein Praxishandbuch sein. Es soll praktisch, knapp, verständlich und umfassend über die Störungen von Kindern und Jugendlichen sowie deren Therapie informieren. Dabei lag uns auch die leserfreundliche Darstellung und ansprechende sprachliche sowie grafische Gestaltung sehr am Herzen. Wir hoffen, dass dies in ausreichender Weise gelungen ist.

Das Buch stellt die Störungen im Kindes- und Jugendalter umfassend dar, es behandelt sowohl Entwicklungs- (etwa Fütter- und Ess-Störungen, Entwicklungsretardierungen, reaktive Bindungsstörungen) als auch Verhaltens- (etwa Depressivität, Aggressivität) und psychosomatische Störungen (etwa chronischer Schmerz, Asthma bronchiale). Diese Störungen und ihre Therapie werden nach einer einheitlichen Gliederung dargestellt: einführendes Fallbeispiel, die diagnostischen Kriterien der Störung, Verbreitung und Altersrelevanz der Störung, genaue Anleitung zur Diagnostik, Therapie, (kurze) Darstellung der Wirksamkeit der Therapie.

Ferner werden die wichtigsten Interventionsmaßnahmen ausführlich erläutert, die rechtlichen Rahmenbedingungen der Therapie von Kindern und Jugendlichen dargestellt und Maßnahmen zur Qualitätssicherung und Evaluation der Therapien vorgestellt.

Mit dieser Gliederung hoffen wir insgesamt, dem Anspruch, ein Praxishandbuch umfassender Art vorlegen zu können, gerecht zu werden.

Es gilt, vielen Personen Dank zu sagen! Zunächst den Autoren der insgesamt 63 Beiträge für ihre Sachkenntnis und ihr Engagement, aber auch für ihre Geduld, mit der sie unsere Gestaltungsvorschläge anhörten und umsetzten. Dank gilt auch dem Verlag und seinen MitarbeiterInnen, die uns die gesamte Zeit über ermutigten und uns das Gefühl gaben, auf dem richtigen Weg zu sein. Tobias Franz hat Vorschläge für das Layout gemacht und das Buch so gestaltet, wie es jetzt vor Ihnen liegt. Sascha Loss war mit der Kamera unterwegs, um aussagefähige Bilder einzufangen, die die Beiträge illustrieren. Jens Kaiser und Dana Schlichting haben weitere kreative Beiträge geleistet. Unsere Familien haben Großzügigkeit, Stresstoleranz und Leidensfähigkeit zugleich an den Tag gelegt.

Wir hoffen, dass das Buch seinen Platz als Praxishandbuch findet. Praktische Rückmeldungen sind uns ausgesprochen willkommen.

Köln, Berlin, Dortmund im November 2000

Kapitel 1

Einführung

Verhaltenstherapie bei Kindern und Jugendlichen

Gerhard W. Lauth, Udo B. Brack und Friedrich Linderkamp

Die Situation in der Psychotherapie bei Kindern und Jugendlichen hat sich mit dem Psychotherapeutengesetz, das am 1. Januar 1999 in Kraft trat, sehr verändert. Hierin wird die Therapie von Kindern und Jugendlichen als eigenständige Therapie ausgewiesen, die besondere Qualifikationen erfordert. Außerdem wird die Verhaltenstherapie als anerkanntes und abrechnungsfähiges Therapiesystem (so genanntes Richtlinienverfahren) ausgewiesen. Die Therapie kann von qualifizierten Psychologen und Pädagogen ausgeführt werden, sofern sie eine verhaltenstherapeutische Zusatzausbildung nachweisen können. Die Leistungen werden den approbierten und bei den Kassenärztlichen Vereinigungen zugelassenen Verhaltenstherapeuten nach einem festen Schlüssel vergütet.

Insofern ist es nicht überraschend, dass die Verhaltenstherapie bei Kindern und Jugendlichen gegenwärtig geradezu eine Renaissance erlebt: Viele Therapeuten rechnen ihre Leistungen im Rahmen einer verhaltenstherapeutischen Intervention ab, die Nachfrage nach einer verhaltenstherapeutischen Grundausbildung unter den potenziellen Kinder- und Jugendlichen-Psychotherapeuten steigt, Eltern und Lehrer stehen einer verhaltenstherapeutischen Behandlung weniger skeptisch gegenüber, verhaltenstherapeutische Interventionen werden des Öfteren und zumeist mit positivem Tenor in den Medien vorgestellt (etwa Interventionen zum Abbau von aggressivem und delinquentem Verhalten, Interventionen zur verbesserten elterlichen Einflussnahme auf hyperkinetische Störungen, Interventionen zum Abbau von Ängstlichkeit).

Trotzdem besteht eine spürbare Unsicherheit darüber, was Verhaltenstherapie bei Kindern und Jugendlichen eigentlich ausmacht: Was zeichnet eine Verhaltenstherapie aus? Wie sehr hat sich die Therapie am Verhalten zu orientieren? Ist das Sprechen über Alltagsprobleme bereits Verhaltenstherapie? Wie sehr sollte die Therapie auf die Alltagsbedingungen eingehen? Ein kurzer Rückblick in die bisherige Geschichte der Verhaltenstherapie bei Kindern und Jugendlichen kann hier erste Antworten geben.

1.1.1
Historische Aspekte

Die Verhaltenstherapie von Kindern und Jugendlichen kann auf eine nahezu 80-jährige Tradition zurückblicken. Ihre Geschichte ist zunächst eng mit der Erwachsenentherapie verwoben, viele Therapieverfahren wurden erst einmal an Kindern und Jugendlichen erprobt, ehe sie später bei Erwachsenen zur Anwendung kamen. Mit der Zeit trat die Therapie von Kindern und Jugendlichen aber immer mehr in den Hintergrund, um letztlich als eine „verdünnte Erwachsenentherapie" wissenschaftlich und praktisch ein Schattendasein zu fristen.

Im Rückblick lassen sich vier große Phasen unterscheiden:

In der ersten Phase waren die Therapien sehr eng an Lerntheorien (klassisches Konditionieren, operantes Konditionieren, Behaviorismus) orientiert. Beispielsweise veröffentlichten Watson und Rayner 1920 einen Bericht über „Albert", einen elf Monate alten Säugling, der Angst vor einer weißen Ratte aufbaute, nachdem ihr Erscheinen mehrmals mit einem lauten, das Kind erschreckenden Geräusch gekoppelt worden war. Seine Angst generalisierte danach auf andere pelzartige Objekte. Damit war belegt, dass Angst nach dem Modell des klassischen Konditionierens erzeugt werden kann. Einige Jahre später legte Jones (1924) eine Therapiestudie vor, in der die Wirkmechanismen des klassischen Konditionierens zur Beseitigung kindlicher Angst bei einem Kaninchen eingesetzt wurde. Mittels einer Art Desensibilisierung wurde die Angst eines Kindes wieder beseitigt. Auch dabei trat Generalisierung auf. In der Folge wurde eine Vielzahl von Therapiestudien vorgelegt, die sich auf das klassische Konditionieren und die daraus abgeleiteten Therapiemechanismen (graduelle Konfrontation mit dem Angstreiz, Desensibilisierung) bezogen.

Andere Therapien waren vom Paradigma des operanten Konditionierens insbesondere Skinnerscher Prägung bestimmt. Die Therapien waren sehr alltagsnah angelegt und versuchten, das problematische Verhalten eines Kindes unter Nutzung der in den dreißiger und vierziger Jahren erarbeiteten Lerngesetze möglichst direkt und umstandslos zu verändern. Beispielsweise wurde das beklagte Störverhalten eines Kindes zunächst sehr akribisch analysiert (etwa ausführliche Verhaltensanalyse mit den Bezugspersonen des Kindes, Verhaltensbeobachtungen im Alltag, Beobachtung der Interaktion Mutter-Kind hinter der Einwegscheibe) und im Rahmen funktioneller Bedingungszusammenhänge erklärt. Die Diagnose bezog sich dementsprechend weniger darauf, die Störung des Kindes differenzialdiagnostisch zu klassifizieren (etwa als „Störung des Sozialverhaltens mit oppositionellem, aufsässigem Verhalten", F91.3), sondern die funktionellen Bedingungsmomente festzuhalten. Die Therapie hatte dann schließlich dafür zu sorgen, dass die Eltern beispielsweise andere Verhaltenskontingenzen im Alltag an den Tag legten oder andere Situationsgestaltungen (etwa beim Hausaufgabenmachen) realisierten. Sehr bezeichnend für diese Phase ist, dass man den Erfolg dieser Therapien sehr direkt in so genannten Therapieplänen prüfte. Ein solcher Therapieplan bestand beispielsweise darin, dass man zuerst die Häufigkeit beispielsweise oppositionell-aggressiven Verhaltens in einer Beobachtungsphase ohne therapeutische Intervention registrierte, in einer anschließenden Interventionsphase wurden therapeutische Prinzipien (etwa Ignorieren des oppositionell-aggressiven Verhaltens durch die Lehrerin, systematische Verstärkung des angemessenen Verhaltens) eingeführt, die in einer dritten Phase erneut ausgesetzt und in einer vierten Phase schließlich wieder realisiert wurden (so genannte ABAB-Therapiepläne). Wenn sich die Häufigkeit des oppositionell-aggressiven Verhaltens, das das Kind an den Tag legte, unter diesen Bedingungen wirklich systematisch veränderte, bestätigten sich der Therapieansatz und die realisierte Intervention. Diese Schilderung macht auch deutlich, wie sehr die Therapien am Alltagsverhalten orientiert waren und die Bedingungen im Alltag zu verändern versuchten (etwa das Verhalten der Bezugspersonen). Dieser Ansatz brachte eine große Zahl von sehr gut kontrollierten Einzelfalluntersuchungen hervor (beispielsweise zu frühkindlichem Autismus, stereotypem Verhalten, aggressivem Verhalten). Die Therapie bezog sich dementsprechend vor allem auf die Veränderung der funktionellen Bedingungszusammenhänge im Alltag. Hierbei ging es beispielsweise um die Beeinflussung des elterlichen Erziehungsverhaltens, die Gestaltung von Situationen (etwa Hausaufgaben und das Elternverhalten bei den Hausaufgaben), die Ausbildung von Eltern und Lehrern zu Mediatoren, die Durchführung von Münzverstärkerprogrammen in Schulen und Wohnheimen, systematische Verhaltensausformung.

Die kognitive Wende Ende der siebziger Jahre bezog die Therapien stärker als zuvor auf die Person und ihre handlungsstrukturierenden Überlegungen. Forscher wie Kanfer, Mahoney, Meichenbaum, Ellis und Beck gingen nicht mehr davon aus, dass das Störverhalten eines Kindes unmittelbar konditioniert wurde, wie es Skinner und das operante Paradigma noch unterstellt hatten. Vielmehr wird angenommen, dass das Verhalten durch Gedanken (etwa Selbstanweisungen, Situationswahrnehmungen, Überzeugungen, irrationale Überzeugungen, Einstellungen) vermittelt wird. Die Gedanken aber – so das Therapiemodell – sind letztlich nichts anderes als verinnerlichtes Sprechen (Selbstanweisungen). Dementsprechend lag es nahe, dass man in der Therapie Selbstanweisungen, verdecktes Zu-sich-Sprechen und schließlich verinnerlichtes Sprechen (Denken) einübte. Im Zuge dieser Therapien sollte das Kind lernen, sein Verhalten im Alltag zunehmend besser selbst zu steuern. Dieser Therapieansatz orientiert sich noch recht eng an den Lerngesetzen, erweitert aber die Therapiemethoden um Methoden zur Veränderung der Selbstanweisungen, der Alltagswahrnehmung sowie der sozialen und kognitiven Fertigkeiten. Die Therapie konnte so als eine Abfolge exemplarischer Übungen (Training) gestaltet werden, in der das Kind geeignete Selbstanweisungen erlernte und sodann unter Mithilfe von Bezugspersonen auf den Alltag übertrug. Seit Ende der siebziger Jahre wurde denn auch eine große Zahl von Therapiemanualen (etwa zum Abbau von Impulsivität, Reduzierung von aggressivem Verhalten, Verbesserung der Selbstbehauptung, Steigerung der sozialen Kompetenz) vorgelegt, die einerseits charakteristische Übungen mit den Kindern vorschlagen und andererseits die Zusammenarbeit mit den Bezugspersonen (Eltern, Lehrer) strukturieren. Die Entwicklung und Anwendung dieser Therapiemanuale wird auch durch die vermehrte Anwendung von Klassifikationssystemen (Internationale Klassifikation psychischer Störungen; ICD-9, Weltgesundheitsorganisation) gefördert, weil homogene Störungsgruppen besser definiert werden konnten.

Im Verlauf der achtziger Jahre entfernte sich die Therapie – wohl unter dem Einfluss der mittlerweile ganz eindeutig dominierenden Erwachsenentherapie – immer stärker von ihrer Orientierung am Verhalten. Das Therapieziel bestand nicht mehr so sehr darin, das konkret beobachtbare Verhalten zu ändern (und den Erfolg der Therapie daran zu messen, dass sich das beklagte Problemverhalten im Alltag zum Positiven ändert). Stattdessen wurde die Veränderung der Kognitionen zum Therapieinhalt (etwa die Ausbildung angemessener Situationswahrnehmungen bei aggressiven Kindern, das Verfolgen mittelschwerer Ziele bei lernunwilligen Kindern, das Erlernen von bewältigungsorientierten Selbstanweisungen bei impulsiven Kindern). Diese Neuorientierung hatte den Vorteil, dass sich die Therapie alltagsferner nach einem eher „ärztlichen Therapie-Modell" organisieren ließ. Die Therapie konnte weit stärker als zuvor in den Therapieräumen und im Gespräch mit den Eltern bzw. dem Kind durchgeführt werden. „Therapiert" wurde dabei weniger das konkrete Verhalten im Alltag als vielmehr die Repräsentationen des Alltags. Diese Vorgehensweise brachte neben vielen Vorteilen (beispielsweise einer deutlichen Erweiterung des Methodenspektrums) jedoch den Nachteil mit sich, dass relativ große Voraussetzungen an den Klienten (z.B. ausreichendes Sprachvermögen, Einsichtvermögen, Therapiemotivation) gestellt werden, die insbesondere bei jüngeren, retardierten Kindern sowie nicht therapiewilligen Jugendlichen nicht gegeben sind. Die Folge davon war, dass sich die Therapie bevorzugt an ältere Kinder mit hauptsächlich introversiven Störungen (Ängsten, Depressivität, Selbstwertproblemen) richtete, jüngere, retardierte und unwilligere Kinder (etwa auch aggressive Kinder) jedoch jetzt weit weniger Beachtung fanden. Ferner oblag es dem Kind und seinen Eltern, die Therapieerkenntnisse im Alltag umzusetzen, was keineswegs notwendigerweise gelingt. Dieses „arztanaloge" Vorgehen wird auch durch den (notwendigen) Rückgriff auf die differenzialdiagnostischen Klassifikationssysteme (Internationale Klassifikation psychischer Störungen, ICD-9 bzw. 10) gefördert. Um beispielsweise eine „Hyperkinetische Störung des Sozialverhaltens" (F90.1) zu erkennen, reichen die Berichte der Bezugspersonen (Eltern, Lehrer) und Beobachtungen im Therapieraum sowie die differenzialdiagnostischen Abklärungen, die sich ebenfalls im Therapieraum durchführen lassen, völlig aus. Ein Hausbesuch bei den Eltern, die Beobachtung des Interaktionsverhaltens Mutter-Kind oder die direkte Verhaltensbeobachtung im Kindergarten sind hingegen nicht erforderlich (und werden auch kaum von der Krankenkasse vergütet).

Dieser kurze Rückblick verdeutlicht, dass es ein weit reichendes und gut erprobtes Methodeninventar gibt – ein Methodeninventar, das in der gegenwärtigen verhaltenstherapeutischen Praxis jedoch nicht in seiner vollen Breite genutzt wird. Vielmehr werden einige der durchaus erprobten und leicht zugänglichen Vorgehensweisen (etwa Kotherapeutentraining, systematische Beeinflussung der Verstärkerkontingenzen, alltagsnahe Organisation der Therapie, diagnostische Erhebungen im Alltag) derzeit eher zu wenig angewandt.

1.1.2
Altersgruppen und Störungsschwerpunkte

Die Verhaltenstherapie hat es mit Kindern und Jugendlichen zum Teil extrem unterschiedlichen Alters zu tun. Sie wendet sich an vier altersmäßig gut differenzierbare Gruppen, die wiederum ganz eigene Störungsschwerpunkte aufweisen:

Säuglinge und Kleinkinder im Alter von 0 bis 3 Jahren. In dieser Gruppe herrschen sehr charakteristische Störungen vor (Ess- und Fütterstörungen, Bindungsstörungen, Retardierungen und Entwicklungsstörungen unterschiedlicher Art), die bisher aber kaum das Interesse von Verhaltenstherapeuten gefunden haben und dementsprechend ausgesprochen selten verhaltenstherapeutisch behandelt werden (obwohl erfolgreiche verhaltenstherapeutische Behandlungskonzepte vorliegen). Die Behandlung bezieht sich hingegen zumeist auf pädiatrisch-ärztliche, ergotherapeutische, krankengymnastische, heilpädagogische und sozialpädagogische Maßnahmen.

Kinder im Vorschulalter (3 bis 6 Jahre). Hier dominieren Entwicklungsstörungen (etwa Sprachentwicklungsstörungen, motorische Störungen), aber auch bereits Verhaltensstörungen (etwa Aggressivität, Ängstlichkeit). Diese Gruppe wird bereits besser verhaltenstherapeutisch versorgt, oft werden die entsprechenden Therapien aber nicht im Rahmen des verhaltenstherapeutischen Paradigmas, sondern eher im Kontext einer heilpädagogischen, familientherapeutischen oder ergotherapeutischen und kinderärztlichen Behandlung durchgeführt.

Kinder im Schulalter (6 bis 14 Jahre), bei denen im Prinzip das Gesamtspektrum der Störungen vorzufinden ist. Schwerpunkte liegen jedoch im Bereich des schulisch relevanten Verhaltens (etwa Lern- und Leistungsstörungen, umschriebene Entwicklungsstörungen). Diese Gruppe wird verhaltenstherapeutisch zumeist gut versorgt.

Jugendliche im Alter von 14 bis 18 Jahren. Hier dominieren Anpassungs- sowie Selbstwertprobleme (etwa Anorexie, Bulimie, Depressivität, Lern- und Leistungsprobleme, Suchtverhalten, Aggressivität, delinquentes Verhalten). Diese Gruppe kann als die derzeit verhaltenstherapeutisch sicher am besten versorgte Teilgruppe gelten, weil deren Behandlung in hohem Maße analog zur Behandlung Erwachsener organisiert wird. Allerdings bleibt eine Gruppe mit extraversiven Störungen (etwa antisoziales Verhalten, Delinquenz) relativ unterversorgt.

Demnach kann man in der verhaltenstherapeutischen Versorgung ausgesprochen „weiße Flecken" ausmachen: Vor allem jüngere Kinder und Kinder/Jugendliche mit expansiven Störungen sind (verhaltenstherapeutisch) eher unterversorgt. Es ist anzunehmen, dass die geringe Sprachfähigkeit der Kinder, ihre geringere Therapieeinsicht sowie die Notwendigkeit zur interdisziplinären Zusammenarbeit und zur direkten Alltagsstrukturierung (etwa familiäre Abläufe verbessern, das Erziehungsverhalten konkret beeinflussen) hierzu beitragen. Ältere Kinder, die sich als zugänglicher und gesprächsfähiger erweisen (etwa ängstlich, depressive Symptomatik), finden hingegen eher angemessene Therapieangebote vor – ganz offensichtlich deshalb, weil deren Therapie eher alltagsfern, im Gespräch und stärker in der direkten Interaktion zwischen Therapeut und Klient durchgeführt werden kann.

1.1.3
Störungen und Behandlungsperspektiven

Die Störungen von Kindern und Jugendlichen sind kontextabhängig, hängen also von bestimmten Situationen, Reizen, Personen und Interaktionsformen ab. Oft genug handelt es sich zunächst nur um eher vorübergehende Verhaltensabweichungen, die wieder verschwinden, wenn die materiellen und sozialen Bedingungen zuträglich und tragfähig sind (vgl. Esser, Schmidt, Blanz, Fätkenheuer, Fritz, Koppe, Laucht, Rensch & Rothenberger, 1992). Diese Erkenntnis ist diagnostisch und therapeutisch wichtig. Für die Diagnostik bedeutet sie, dass die auslösenden und aufrechterhaltenden Bedingungen des Problemverhaltens im Sinne einer verhaltensanalytischen Bedingungsanalyse möglichst alltagsnah abgeklärt werden müssen; für die Therapie, dass sich die Behandlungsmaßnahmen auch an die Umwelt richten und beispielsweise Situationen gestalten und Interaktionsabläufe verbessern sowie das Verhalten der Bezugspersonen modifizieren sollen.

Es hat bisher nicht an Versuchen gefehlt, die Störungen bei Kindern und Jugendlichen statistisch zu klassifizieren (etwa anhand von Faktoren- oder Clusteranalysen). Bei diesen Erhebungen erhält man zumeist mehrere Faktoren, die vor allem die Art der Störung beschreiben (etwa als Störung des Sozialverhaltens, Angst- und Rückzugsymptomatik, Syndrome der Unreife, psychotische Störung und Autismus), teilweise aber auch zu einer Einteilung entsprechend der „Lokalisation" der Störung (etwa extraversive und introversive Störungen sowie gemischte Syndrome) führen.

Beschreibende Klassifikationssysteme benennen hingegen eine begrenzte Zahl von inhaltlich unterscheidbaren Störungskategorien. Die „International Classification of Diseases" (ICD-10; WHO, 1994) benennt beispielsweise folgende Kategorien, die zum größeren Teil sowohl für Kinder als auch für Erwachsene gelten:

F1: psychische und Verhaltensstörungen durch psychotrope Substanzen (etwa Störungen durch Alkohol, F10; Störungen durch Sedativa oder Hypnotika, F13);

F2: Schizophrenie, schizotype und wahnhafte Störungen (etwa hebephrene Schizophrenie, F20.1; schizotype Störung, F21);

F3: affektive Störungen (etwa depressive Episode, F32; rezidivierende depressive Episode, F33);

F4: neurotische, Belastungs- und somatoforme Störungen (etwa phobische Störungen, F40; Zwangsstörung, F42; Reaktion auf schwere Belastung und Anpassungsstörungen, F43);

F5: Verhaltensauffälligkeiten in Verbindung mit körperlichen Störungen und Faktoren (Ess-Störungen, F50; Anorexia nervosa, F50.0; Alpträume, F51.5; psychische Faktoren oder Verhaltenseinflüsse bei andernorts klassifizierten Krankheiten, F54);

F6: Persönlichkeits- und Verhaltensstörungen (etwa pathologisches Glücksspiel, F63.0; Störungen der Geschlechtsidentität, F64);

F7: Intelligenzminderung (etwa leichte Intelligenzminderung, F70; Schwere Intelligenzminderung, F72);

F8: Entwicklungsstörungen (etwa umschriebene Entwicklungsstörungen des Sprechens und der Sprache, F80; expressive Sprachstörung, F80.1; umschriebene Lesestörung, F81.0; Rechenstörung, F81.2; frühkindlicher Autismus, F84.0);

F9: Verhaltens- und emotionale Störungen mit Beginn in der Kindheit und Jugend (etwa hyperkinetische Störungen, F90; Störung des Sozialverhaltens mit oppositionellem, aufsässigem Verhalten, F91.3; emotionale Störungen des Kindesalters, F93; emotionale Störung mit Trennungsangst des Kindesalters, F93.0; Störung mit sozialer Ängstlichkeit des Kindesalters, F93.2; Störungen sozialer Funktionen mit Beginn in der Kindheit und Jugend, F94; reaktive Bindungsstörung des Kindesalters, F94.1; Ticstörungen, F95; nichtorganische Enuresis, F98.0; Fütterstörung im frühen Kindesalter, F98.2; stereotype Bewegungsstörung, F98.4).

Diese Störungen sind in hohem Maße unterschiedlich; sie sind dementsprechend mit unterschiedlichen Therapieschwerpunkten verknüpft:

- Bei einem Teil dieser Störungen (etwa Phobien, Zwangsstörungen, Enuresis, Aggressivität) geht es um die Veränderung von Verhaltenshäufigkeiten. Das Ausmaß aggressiven Verhaltens soll beispielsweise vermindert und das Ausmaß an Regelbefolgung erhöht werden. Ein wesentlicher Schwerpunkt der Verhaltenstherapie liegt demzufolge darin, systematische Verstärkerbedingungen im Alltag des Kindes einzuführen. Dies kann dadurch erreicht werden, dass Eltern und Lehrer das Verhalten des Kindes nunmehr systematisch verstärken, bestimmte Verhaltensanreize ausloben (z.B. Token-Programme) und förderliche Alltagssituationen (etwa gemeinsam verbrachte Zeiten in der Familie, erhöhte Aufsicht über das Kind) herstellen. Gegebenenfalls werden auch Verhaltensübungen mit dem Kind durchgeführt (z.B. Verbesserung der Impulskontrolle, Förderung der Empathie), in denen es angemessene soziale Fertigkeiten lernt und Anreize erhält, diese Fertigkeiten auch im Alltag umzusetzen. Solche operanten und umweltgestaltenden Maßnahmen, die die wichtigsten Bezugspersonen des Kindes einbeziehen, sind vor allem bei der Behandlung von Verhaltensstörungen und bei der Behandlung jüngerer Kinder angezeigt.
- Andere Störungsformen (etwa umschriebene Entwicklungsstörungen) zeichnen sich hingegen eher dadurch aus, dass wichtige Verhaltensweisen nicht beherrscht werden und das Therapieziel darin besteht, systematisch komplexere Verhaltensweisen aufzubauen. Dies ist besonders bei Entwicklungsstörungen (F8), Hirnschädigungen (F0) und Intelligenzminderung (F7) der Fall. Diese Störungen zeichnen sich durch eine Störung der Informationsverarbeitung aus. Die Kinder können komplexe Reiz-Reaktions-Verbindungen nicht in ausreichender Weise aufbauen, weil beispielsweise das Zentralnervensystem geschädigt ist oder Reize nicht detailliert genug wahrgenommen, gespeichert und in entsprechende Handlungen umgesetzt werden (z.B. gelingt es einem Kind mit Lese-Rechtschreibschwäche nicht, komplexe Muster der gehörten und geschriebenen Sprache einander zuzuordnen). In der Therapie geht es also vor allem um den systematischen Aufbau von Verhaltensweisen anhand von Verhaltensformung (shaping), Verhaltensanbahnung (etwa prompting, fading) und die systematische Verstärkung der Verhaltensfortschritte. Diese Vorgehensweise ähnelt dem Vorgehen beim neuropsychologischen Funktionstraining, wie es auch bei Erwachsenen praktiziert wird. Dabei kommt es darauf an, dass regelmäßige, systematische Übungen mit ansteigender Schwierigkeit anberaumt werden und das Kind fortlaufend für das Üben motiviert wird (etwa durch Verstärkung der Übungsfortschritte). Bei jüngeren und weniger entwickelten Kindern sind diese Prozesse bevorzugt in der Zusammenarbeit mit Eltern, Erziehern und Lehrern zu organisieren (Kotherapeutentraining).
- Im Falle von Belastungs- und phobischen Störungen sind hingegen eher graduell konfrontierende und gleichzeitig stabilisierende Schwerpunktsetzungen angezeigt, die sich beispielsweise darauf beziehen, sich der ängstigenden Situation Schritt für Schritt auszusetzen bzw. traumatisierende Erfahrungen nachzuvollziehen und zu verarbeiten. Gleichzeitig sind selbstwertstabilisierende Maßnahmen und die Befähigung des Kindes/Jugendlichen zur Bewältigung der nächsten Entwicklungsaufgaben wichtig (z.B. Schulabschluss, Eingehen von Freundschaften).

- Im Falle körperlicher Erkrankungen (etwa Migräne, chronische Erkrankungen) und psychotischer Störungen (z.B. Schizophrenie) geht es vor allem, um Begleitmaßnahmen zur medizinischen Behandlung. Diese bestehen in der Regel in psychoedukativen Maßnahmen, die sich an das Kind und seine Familie richten (z.B. Vermittlung von Informationen, Anbahnung von krankheitsförderlichen Verhaltensweisen) sowie um die Ausbildung von solchen Bewältigungskompetenzen, die sich für den langfristigen Umgang mit der Erkrankung als günstig erweisen (etwa kognitive Trainings bei Schizophrenie, Erlernen von Entspannung bei Asthma bronchiale, Stressbewältigung bei Migräne).

1.1.4
Diagnostische Maßnahmen

Der Therapie von Kindern und Jugendlichen geht in aller Regel eine breit angelegte und gründliche Diagnostik voraus. Dies ist schon deshalb wichtig, weil die Kinder und Jugendlichen zumeist noch nicht (beispielsweise durch den Pädiater, eine Klinik) voruntersucht wurden. Dementsprechend muss die Diagnostik eine breite Orientierungsgrundlage liefern, die die Relevanz der Störung sowie mögliche Verursachungen klärt. Hierzu gehört zunächst eine ausführliche Anamnese zur Entwicklung des Kindes und seiner bisherigen Störungen sowie eine umfassende verhaltensanalytische Erhebung zum beklagten Problemverhalten. Hierbei werden Hypothesen über mögliche Störungsursachen (etwa organische Schädigungen, ungeeignete Erziehungseinflüsse, Überschätzung der Problematik durch die Eltern, das Vorliegen von Entwicklungs- und Teilleistungsstörungen) entwickelt, denen in den weiteren diagnostischen Maßnahmen gezielt nachgegangen wird. Im Zuge dieser weiteren Abklärungen ist auch eine genaue Abklärung der kognitiven und intellektuellen Voraussetzungen beim Kind/Jugendlichen (Erhebung der Gesamtintelligenz, Durchführung eines mehrdimensionalen Intelligenztestes, Klärung von Teilleistungen) angezeigt. Interaktionsbeobachtungen (etwa Mutter-Kind-Interaktion) sowie zumeist auch Beobachtungen im direkten Umfeld (beispielsweise im Unterricht, zu Hause) sind ebenfalls durchzuführen. Ergänzende Abklärungen somatischer Erkrankungen erweisen sich häufig als notwendig.
Bei diesen Maßnahmen steht vor allem die verhaltensanalytische Abklärung des konkreten Problemverhaltens und seiner Bedingungszusammenhänge im Vordergrund; die (differenzialdiagnostische) Einordnung des Problems in die gängigen Klassifikationssysteme erweist sich hingegen als eher zweitrangig für die Therapie.

1.1.5
Interventionsprinzipen

Unabhängig von der Art der Störung und den realisierten Interventionsmethoden (klassisch konditionierende, operante, situationsgestaltende, ressourcenorientierte, kompetenzorientierte, kognitive Verfahren) gibt es eine Reihe von allgemein gültigen Prinzipien für die Therapie von Kindern und Jugendlichen:

• Einbeziehung von Bezugspersonen. Die Therapie von jüngeren und entwicklungsverzögerten Kindern ist nicht ohne die Einbeziehung von Eltern, Lehrern und Erziehern denkbar. Dabei gilt es, die Kontextbedingungen (etwa Verhalten von Eltern und Bezugspersonen, Anregungen in der Familie, Förderung des Kindes in der Vorschule) möglichst zielbezogen zu
verändern. Dies kann beispielsweise im Rahmen eines Kotherapeutentrainings geschehen,
bei dem die Mutter eines entwicklungsverzögerten Kindes lernt, wie sie das Sprachverhalten ihres Kindes systematisch im Alltag fördert (etwa Durchführung regelmäßiger Übungen, Verstärkung der Verhaltensfortschritte beim Kind, Registrierung der Fortschritte). Andere Einflussnahmen beziehen sich darauf, familiäre oder erzieherische Abläufe zu ändern
(z.B. beim Zu-Bett-Bringen der Kinder, beim Stellen von Anforderungen) oder das Problemverhalten gezielt durch kontingente Verstärkungen zu beeinflussen. In all diesen Fällen
ist es notwendig, dass der Therapeut die konkreten Interaktionsabläufe „vor Ort" kennt, die
Eltern in die Therapieplanung aktiv mit einbezogen werden (etwa Informierung der Eltern
über die Bedingungen, die dem Problemverhalten zugrunde liegen, genaue Verhaltensan-
weisungen an die Bezugspersonen, Einübung der Bezugspersonen in die gewünschte Intervention) und ein regelmäßiger Austausch zwischen dem Therapeuten und den Bezugspersonen während der Intervention besteht. Nicht zuletzt ist es auch vonnöten, dass
operationale Kriterien definiert werden, an denen sich die Probleme bzw. Fortschritte messen lassen (etwa Anzahl der gesprochenen Wörter, Häufigkeit von Tics am Nachmittag).
• Orientierung der Therapie an konkreten Verhaltenszielen. Dies entspricht dem gesamten
Therapiemodell der Verhaltenstherapie, die Störungen in Verhaltensbegriffen definiert (z.B.
als Verhaltensüberschuss, Verhaltensdefizit, Kompetenzmangel, ungeeignete Selbststeuerung, dysfunktionales Verstärkerverhalten) sowie das Verhalten als erlernt und kontextabhängig ansieht und – konsequenterweise – den Erfolg einer Therapie in der Veränderung des
Verhaltens misst. Wenn die Therapie nun konkrete Verhaltensziele verfolgt (etwa ein Kind
soll zunächst 10, dann 15 und später 25 Minuten störungsfrei im Unterricht mitarbeiten),
bringt dies mehrere Vorteile mit sich: Die Zusammenarbeit mit der Lehrerin wird zielgerichteter, die Zusammenarbeit mit dieser Lehrerin ist weniger voraussetzungsvoll, die Ver-
haltenserfolge sind überprüfbar und die einzelnen Probleme werden direkter und gradlini-
ger angegangen. Hingegen wäre eine Zusammenarbeit mit dieser Lehrerin sicher weniger
leicht möglich, wenn man die Therapieziele im Ungewissen ließe (etwa unklare wechsel-
seitige Erwartungen, unklare Interventionsmöglichkeiten, mangelnde Überprüfbarkeit des
Erfolges und der erreichten Fortschritte). Allerdings kann diese genaue Orientierung an
konkreten Verhaltenszielen durchaus auch Akzeptanzprobleme allgemeiner Art (etwa „ein
Kind ist immer ganzheitlich zu sehen") hervorbringen.
• Durchführung der Therapie in den natürlichen Settings (Elternhaus, Kindergarten, Schule,
Heim). Die nachdrücklichsten und wirksamsten Interventionen ergeben sich daraus, dass
man die Bedingungen, die das Störverhalten eines Kindes hervorbringen und aufrechterhalten, möglichst direkt und umstandslos im Alltag ändert. Bei einem vierjährigen Kind, das
tagsüber einnässt, bedeutet dies beispielsweise: Es wird festgelegt, zu welchen Tageszeiten
das Kind zur Toilette gebracht wird, wer dies tut, wie das geschehen soll, wie die „Erfolge"
auf der Toilette belohnt werden und was bei nasser Windel geschieht. Diese Verhaltensweisen werden jeweils eine Woche lang umgesetzt; wöchentlich finden sodann Besprechungen
beim Therapeuten statt, um Erfolge und das weitere Vorgehen zu besprechen. Ähnliche Pro-

gramme, die letztlich „vor Ort" und von den direkten Bezugspersonen durchgeführt werden, sind für trödelndes, provozierendes, entwicklungsverzögertes, ängstliches Verhalten etc. geboten. Dabei ist auch die Zusammenarbeit mit Kindergarten und Schule bedeutsam. Hier bestehen häufig Rivalitäten, die sowohl die Berufe (vor allem Pädagogik gegenüber Psychologie) als auch Schulrichtungen (vor allem Psychoanalyse gegenüber Verhaltenstherapie) betreffen. Infolgedessen ist es sehr vorteilhaft, wenn sich die Zusammenarbeit an konkreten, möglicherweise sogar vorläufigen Verhaltenszielen orientiert und konkrete Maßnahmen vereinbart werden sowie deren Erfolg an konkreten Verhaltensweisen gemessen wird.

- Entwicklungsbezug der Intervention. Die Verhaltensprobleme von Kindern und Jugendlichen sind eng mit Entwicklungsverläufen und altersbezogenen Entwicklungsaufgaben verknüpft. Einzelne Störungen (etwa Einnässen, Sprachentwicklungsstörungen) sind beispielsweise direkt als altersabhängig definiert, gelten also erst von einem bestimmten Alter an als problematisch. Andere Störungen treten vor allem in den so genannten ökologischen Übergängen zu Tage, wenn neue Anforderungen an das Kind gestellt werden (z.B. beim Eintritt in den Kindergarten). Diese Tatsache wirkt sich insofern auf die Gestaltung der Therapie aus, dass sie immer auch eine Verbesserung der Entwicklungsbedingungen anstrebt, etwa die Verbesserung der Erziehungskompetenz der Eltern, die Verminderung von beeinträchtigenden Stressoren in der Familie, die Verbesserung der familiären Kommunikation, die Stärkung der Kompetenz der Kinder. Insofern ist die Therapie ressourcen- und kompetenzorientiert ausgerichtet. Es gilt nicht nur, das beklagte Störverhalten (des Kindes) zu reduzieren, sondern allgemeine Entwicklungsfortschritte anzubahnen.
- Interdisziplinäre Zusammenarbeit, beispielsweise mit Ärzten, Erziehern, Lehrern, Krankengymnasten, Sprachtherapeuten. Diese Zusammenarbeit beginnt – insbesondere bei den Entwicklungs- und Gedeihstörungen – bereits im Rahmen der Diagnostik. Hier müssen oft medizinische Sachverhalte abgeklärt werden, etwa bei Schlafstörungen, Sprachverzögerungen, motorischen Entwicklungsstörungen, Störungen der Nahrungsaufnahme oder Störungen der Ausscheidung (z.B. Überprüfung des EEG, Überprüfung des Gehörs, neurologische Abklärung, Abklärung der Verdauung und der Blasenfunktion). Das Gleiche gilt auch für die Durchführung der Therapie, die teilweise in Zusammenarbeit mit Erziehern und Lehrern erfolgt, teilweise aber auch unterschiedliche Therapieansätze (z.B. krankengymnastische Übungsbehandlung, logopädische Behandlung, medikamentöse Behandlung) miteinander zu koordinieren hat. In der Regel wird der verantwortliche Verhaltenstherapeut diese Aktivitäten koordinieren, wobei er auf das Erreichen konkreter Verhaltensziele und eine klare Abgrenzung der Therapien zu achten hat.

All diese Punkte laufen darauf hinaus, dass die Therapie möglichst konkret und empirisch ausgerichtet sein sollte. Die alltagsnahe Einwirkung hat ferner Vorrang vor dem Sprechen über die Störung.

1.1.6
Wirksamkeit

Es ist keine neue Erkenntnis, dass die Verhaltenstherapie bei Kindern und Jugendlichen wirksam ist. In der letzten Zeit verdichten sich aber die Befunde zur differenziellen Wirksamkeit einzelner Verfahren. Döpfner (1999) gelangt in einem Überblicksartikel zu dem Urteil, dass sowohl für externale als auch für internale Störungen mittlere bis starke Therapieeffekte (Effektstärken zwischen 0.76 und 0.91) festzustellen sind. Dies belegen auch Meta-Analysen wie diejenigen von Weisz et al. (1995), die 150 Studien aus dem Zeitraum von 1967 bis 1993 zusammenfassen. Das Alter der therapierten Kinder lag zwischen 2 und 18 Jahren und die Behandlung hatte eine mittlere Effektstärke von 0.71.
Nach Kazdin und Weisz (1998) sind besonders folgende Verfahren der Verhaltenstherapie bei Kindern und Jugendlichen gut abgesichert:

- kognitive Verhaltenstherapie bei introversiven Störungen (Ängste, Phobien);
- Vermittlung (Training) von Fertigkeiten bei depressiven Kindern und Jugendlichen (etwa Aufdecken depressiver Schemata, Training sozialer Fertigkeiten oder progressiver Muskelentspannung, Ermutigung von stimmungssteigernden positiven Erfahrungen);
- kognitives Problemlösungstraining bei externalisierenden Störungen (etwa bei aggressiven oder oppositionellen Kindern);
- Elterntraining bei dem gleichen Störungstyp;
- Behandlung von antisozialem Verhalten durch Einbeziehung der sozialen Umwelt (Familie, Schule, Gleichaltrige, Nachbarschaft usw.);
- familienorientierte Intervention bei Erziehungs- und Verhaltensschwierigkeiten bei kleineren Kindern;
- intensivierte familiengestützte Verhaltenstherapie bei autistischem Verhalten;
- besondere Maßnahmen bei Spezialproblemen, wie etwa der Vorbereitung auf invasive Eingriffe durch kognitive Verhaltensmodifikation.

Viele neue Studien stützen den Befund, dass verhaltenstherapeutisches Vorgehen bei Kindern und Jugendlichen hoch wirksam ist; und zwar sowohl das Kontingenzmanagement als auch kognitiv-behaviorale Ansätze (etwa Selbstinstruktion oder kognitive Verhaltensmodifikation). Bei expansiven Störungen (einschließlich der Aufmerksamkeitsdefizit-/Hyperaktivitätsstörungen) scheinen klar strukturierte Programme, die am Alltagsverhalten ansetzen und Eltern, Lehrer usw. zu einer verbesserten Steuerung des Problemkindes bringen, besonders wirksam zu sein (vgl. Pelham, Wheeler & Chronis, 1998). Sie sind auch den Verfahren der kognitiven Verhaltenstherapie oft überlegen (vgl. Saile, 1996).
Sehr viel schwieriger sind die Interventionserfolge bei Entwicklungsstörungen zu beurteilen. Zwar gibt es eine Fülle von Einzeluntersuchungen zur Behandlung von Sprachverzögerungen, Rechtschreibproblemen, autistischen Symptomen usw., die sehr gute Erfolge gezeigt haben. Bei den schulrelevanten Teilleistungsstörungen werden teilweise sogar dauerhafte Erfolge festgestellt, und die Kinder, die an solchen Trainings teilnahmen, haben wesentlich weniger Probleme in der Schule. Hingegen ist es bei der Therapie autistischer Symptome und ähnlicher Störungen notwendig, die Therapie immer wieder aufzufrischen, um langfristig

Rückfälle zu vermeiden. Gerade bei Autisten scheint die langfristige Wirksamkeit der Förderung davon abzuhängen, ob die Förderung in die Erziehung übernommen wurde. Forness et al. (im Druck) zeigen aber, dass Training in einzelnen Entwicklungsfunktionen (einschließlich Gedächtnisstrategien) von großer Wirksamkeit sind – aber nur dann, wenn sie klar strukturiert und problemorientiert sind und wenn das Vorgehen laufend an die Fortschritte der Kinder angepasst wird.

Grundlegende Literatur

• Döpfner, M. (1999). Ergebnisse der Therapieforschung zur Verhaltenstherapie mit Kindern und Jugendlichen. In M. Borg-Laufs (Hrsg.), Lehrbuch der Verhaltenstherapie mit Kindern und Jugendlichen. Band 1: Grundlagen (S. 153–185). Tübingen: dgvt.

• Esser, G., Schmidt, M. H., Blanz, B., Fätkenheuer, B., Fritz, A., Koppe, T., Laucht, M., Rensch, B. & Rothenberger, W. (1992). Prävalenz und Verlauf psychischer Störungen im Kindes- und Jugendalter. Zeitschrift für Kinder- und Jugendpsychiatrie, 20, 232–242.

• Forness, S. R., Kavale, K. A., Blum, I. M. & Lloyd, J. W. (im Druck). What works in special education and related services: Using meta-analysis to guide practice. Teaching Exceptional Children.

• Jones, M. C. (1924). A laboratory study of fear: The case of Peter. Pedagogical Seminary, 31, 308–315.

• Kazdin, A. E. & Weisz, J. R. (1998). Identifying and developing empirically supported child and adolescent treatments. Journal of Consulting and Clinical Psychology, 66, 19–36.

• Lauth, G. W. & Brack, U. B. (2000). Psychotherapie bei Kindern und Jugendlichen. In C. Reimer, J. Eckert, M. Hautzinger & E. Wilke (Hrsg.), Psychotherapie (S. 492–512). Heidelberg: Springer.

• Pelham, W. E., Wheeler, T. & Chronis, A. (1998). Empirically supported psychosocial treatments for attention deficit hyperactivitiy disorder. Journal of Clinical Child Psychology, 27, 190–205.

• Saile, H. (1996). Metaanalyse zur Effektivität psychologischer Behandlung hyperaktiver Kinder. Zeitschrift für Klinische Psychologie, 25, 190–207.

• Watson, C. B. & Rayner, R. (1920). Conditioned emotional reactions. Journal of Experimental Psychology, 3, 1–14.

• Weisz, J. R., Weiss, B., Han, S. S. Granger, D. A. & Morton, T. (1995). Effects of psychotherapy with children and adolescents revisited: A meta-analysis of treatment outcome studies. Psychological Bulletin, 117, 450–468.

• Weltgesundheitsorganisation (1994). Internationale Klassifikation psychischer Störungen; ICD-10, Kapitel V (F), Forschungskriterien. H. Dilling, W. Mombour, M. H. Schmidt & E. Schulte-Markwort (Hrsg.). Bern: Huber.

Rechtliche Bedingungen

Gerd Pulverich

1.2.1
Qualifikationsanforderungen und Rechtsgrundlagen verhaltenstherapeutischer Leistungen

Bis zur Anerkennung der Verhaltenstherapie als Interventionsmethode bei psychischen und psychosomatischen Erkrankungen und erst recht bis zu ihrer Aufnahme als psychotherapeutisches Behandlungsverfahren innerhalb der Versorgung der gesetzlich Krankenversicherten mussten viele Hürden bewältigt werden. Obwohl dieses therapeutische Verfahren bereits seit Jahrzehnten in der Behandlung von psychisch Kranken angewendet wird, wurde es erst 1980 durch die Anlage 5a zum Arzt/Ersatzkassen-Vertrag in den Leistungskatalog der Ersatzkrankenkassen aufgenommen und durch Änderung des Bundesmantelvertrages im Jahre 1986 seitens der Primärkrankenkassen anerkannt. Auch die Qualifikation derer, die die Verhaltenstherapie anwenden, blieb lange unbestimmt bzw. unzureichend definiert. Erst die Psychotherapie-Richtlinien vom 3. Juli 1987, für deren Erlass nach § 92 des fünften Buches Sozialgesetzbuch (SGB V) der Bundesausschuss Ärzte und Krankenkassen zuständig ist, legten die Voraussetzungen fest, unter denen Ärzte zulasten der Gesetzlichen Krankenversicherung (GKV) Leistungen erbringen und abrechnen durften. In diesen Richtlinien war auch zugleich geregelt, unter welchen Voraussetzungen ein Diplom-Psychologe oder ein Kinder- und Jugendlichen-Psychotherapeut unter der allgemeinen Verantwortung eines Arztes Kinder und Jugendliche verhaltenstherapeutisch behandeln durfte (Delegationsverfahren). Die gesetzliche Möglichkeit, die Verhaltenstherapie als selbstständige und eigenverantwortliche Leistung durch psychologische Psychotherapeuten und Kinder- und Jugendlichen-Psychotherapeuten einzusetzen, wurde erst mit dem am 1.1.1999 in Kraft getretenen Psychotherapeutengesetz eröffnet (PsychThG vom 16. Juni 1998, BGBl. I

S. 1311, siehe dazu Ziffer 2). Das verhaltenstherapeutische Handeln im Sinne der Krankenbehandlung findet dabei auf drei unterschiedlichen Ebenen statt:

Ambulante Verhaltenstherapie in freien Praxen

Die Rechtsgrundlagen für die Anwendung der Verhaltenstherapie in freien Praxen sind unterschiedlich und bestimmen sich danach, ob der Behandler über eine sog. „Kassenzulassung" verfügt und damit seine Leistungen gegenüber den gesetzlichen Krankenkassen abrechnen darf oder nicht. Ohne eine Kassenzulassung dürfen ein Arzt, ein Psychologischer Psychotherapeut, ein Kinder- und Jugendlichen-Psychotherapeut und ein Heilpraktiker therapeutisch tätig werden und ihre Leistungen privat und zulasten des Patienten liquidieren. Hierzu ist es nicht erforderlich, dass eine bestimmte Qualifikation in der Verhaltenstherapie nachgewiesen wird.

Eine Kassenzulassung und damit das Recht, psychotherapeutische Behandlungen auch gegenüber den Versicherten der GKV erbringen zu können, kann nach § 28 Abs. 3 SGB V nur ein approbierter Arzt oder ein approbierter Psychotherapeut erlangen. Der zugelassene Leistungserbinger muss jedoch zusätzlich über eine gesonderte Qualifikation in der Verhaltenstherapie verfügen, will er diese Leistung auch zulasten einer Krankenkasse in Rechnung stellen. Ärzte erreichen die zusätzliche Qualifikation nach § 5 der Psychotherapie-Vereinbarungen (i.d.F. vom 23. Oktober 1998) durch eine gesonderte, von der Landesärztekammer anerkannte Weiterbildung.

Der approbierte Psychotherapeut erhält eine Zulassung zur verhaltenstherapeutischen Behandlung von GKV-Versicherten dann, wenn er die Ausbildung zum Psychotherapeuten schwerpunktmäßig in Verhaltenstherapie absolviert und aufgrund dieser Schwerpunktbildung den Fachkundenachweis nach § 95 c Satz 2 Nr. 1 SGB V erreicht hat. Der so qualifizierte Kinder- und Jugendlichen-Psychotherapeut darf nur Kinder und Jugendliche behandeln, während der Psychologische Psychotherapeut sowohl Erwachsene als auch Jugendliche behandeln darf, falls er zusätzlich 200 Stunden Erfahrung und 4 Fallbehandlungen mit mindestens 180 Stunden entsprechend dem ärztlichen Psychotherapeuten in der Behandlung von Kindern und Jugendlichen nachweist.

Für diejenigen Psychologen und Kinder- und Jugendlichen-Psychotherapeuten, die bereits vor dem 1.1.1999 langjährig psychotherapeutisch tätig waren, hat das PsychThG berufs- und sozialrechtliche Übergangsbestimmungen erlassen. Danach kann beim Nachweis festgeschriebener Stunden oder Fälle psychotherapeutischer Berufstätigkeit sowie von theoretischen Kenntnissen in wissenschaftlich anerkannten Verfahren eine Approbation erreicht werden. Wurden alle Voraussetzungen, die zur Approbation geführt haben, in einem Verfahren der Psychotherapie-Richtlinien erbracht, kann auch eine Zulassung als Vertragsbehandler und somit die Berechtigung zur Behandlung von GKV-Versicherten erfolgen.

In der Anwendung und in der Abrechnung verhaltenspsychotherapeutischer Leistungen sind zugelassene Ärzte und Psychotherapeuten gleichgestellt, der Patient kann auch allein entscheiden, wen er als Behandler wählt (freie Behandlerwahl gem. § 76 Abs. 1 SGB V). Anders als der ärztliche Behandler muss vor Beginn einer psychotherapeutischen Behandlung durch einen Psychotherapeuten ein Konsiliarbericht eines Arztes zum Zwecke der somatischen Abklärung eingeholt werden (§ 28 Abs. 3 SGB V). Sowohl ärztliche als auch psychologische

Psychotherapeuten sind aufgrund einer Kassenzulassung Zwangsmitglieder der Kassenärzt-lichen Vereinigungen (§ 80 SGB V).

Ambulante Verhaltenstherapie in öffentlichen und privaten Institutionen

In vielen Beratungseinrichtungen, die sich in kirchlicher, privater oder kommunaler Träger-schaft bzw. in der Trägerschaft der freien Wohlfahrtsverbände befinden, werden ebenfalls psychotherapeutische Leistungen erbracht. In diesen Institutionen gelten die Bestimmungen des SGB V nicht und auch die Psychotherapie-Richtlinien finden hier keine Anwendung. So wird auch die Qualifikation der psychotherapeutischen Behandler rechtlich nicht vorgegeben. Die Leistungserbringer verfügen zumeist über eine Zulassung nach dem Heilpraktikergesetz (HPG) oder über eine Approbation zum Psychotherapeuten nach dem PsychThG. Es ist aber abzusehen, dass die privaten und öffentlichen Institutionen zukünftig bei Psychologen eine zusätzliche Ausbildung zum Psychotherapeuten für diejenigen festschreiben, die psychothe-rapeutische Leistungen als Krankenbehandlungen erbringen.

Die Finanzierung der verhaltenstherapeutischen Leistungen, die freie und öffentlich-rechtli-che Institutionen anbieten und erbringen, erfolgt zumeist aus Mitteln der Träger selbst, aus Leistungen der Sozialhilfe oder aus öffentlichen freien oder gebundenen Zuweisungen. Die langjährige Diskussion, ob die Leistungen, die Krankenbehandlungen darstellen, nicht aus-schließlich von der GKV zu tragen sind und daher eine Zweckentfremdung der öffentlichen Mittelzuweisungen in Beratungseinrichtungen stattfindet, hat bis heute noch nicht zu einer zufrieden stellenden Antwort und klaren Abgrenzung geführt, zumal vielfach die Leistungen der Institutionen auch „Mischcharakter" zwischen Beratung und Therapie haben.

Verhaltenstherapie in der stationären Versorgung

Da die Psychotherapie-Richtlinien auch nicht in der stationären Versorgung gelten, fehlt es auch an einer verhaltenstherapeutischen Qualifikationsfestlegung für Ärzte und Psychothera-peuten, die in stationären Einrichtungen tätig sind. Vor Inkrafttreten des PsychThG war de-ren Tätigkeit als ärztliche Hilfeleistung definiert und daher blieb die Qualifikationsbeurtei-lung dem ärztlichen Vorgesetzten oder dem Dienstherrn vorbehalten. Das PsychThG hat zwar den Psychotherapeuten nunmehr als selbstständigen und eigenständigen Heilberuf dem ärzt-lichen Psychotherapeuten im Bereich der ambulanten Versorgung von GKV-Versicherten weitestgehend gleichgestellt, eine Änderung der Bestimmungen der §§ 107 ff. SGB V, die für die stationären Behandlungen gelten, hat der Gesetzgeber allerdings nicht vorgenommen. So fehlt es z.B. auch an Regelungen dazu, welche Stellung ein Psychotherapeut in einem Kran-kenhaus einnehmen kann und ob eine stationäre psychotherapeutische Einrichtung von ihm geleitet werden darf.

Es ist abzusehen, dass die privaten und öffentlichen Institutionen zukünftig bei Diplom-Psy-chologen eine zusätzliche Ausbildung zum psychologischen Psychotherapeuten für diejeni-gen festschreiben werden, die psychotherapeutische Leistungen der Krankenbehandlung erbringen.

1.2.2
Neuordnung der Ausbildung nach dem Psychotherapeutengesetz

Nach jahrzehntelanger Diskussion traten mit dem PsychThG am 1. Januar 1999 berufs- und sozialrechtliche Bestimmungen für Psychotherapeuten in Kraft, die auch die Behandlung von Kindern und Jugendlichen sowohl berufs- als auch sozialrechtlich regulieren.

Berufsbezeichnung nach dem PsychThG
Nur derjenige darf die Berufsbezeichnung des „Psychologischen Psychotherapeuten" oder des „Kinder- und Jugendlichen-Psychotherapeuten" führen, der eine Approbation nach § 2 oder eine befristete Erlaubnis nach § 4 PsychThG erhalten hat. Für eine staatliche Approbation, die von den zuständigen Gesundheitsbehörden der Länder erteilt wird, sind nach § 2 PsychThG folgende Voraussetzungen erforderlich:

- die deutsche Staatsangehörigkeit oder die eines europäischen Vertragsstaates;
- die Ableistung einer dreijährigen Vollzeitausbildung bzw. einer fünfjährigen Teilzeitausbildung und die Absolvierung einer staatlichen Prüfung;
- die persönliche Zuverlässigkeit und Würde zur Ausübung des Berufes;
- die körperliche und geistige Eignung für den Beruf.

Ausbildung nach dem PsychThG
Die Ausbildung, die in Ausbildungs- und Prüfungsverordnungen vom 18. Dezember 1998 geregelt wurde (PsychTh-APrV, BGBl. I. S. 3749; KJPsychTh-APrV, BGBl. I S. 3761), gliedert sich in eine dreijährige bzw. fünfjährige berufspraktische Tätigkeit und Ausbildung und umfasst 4.200 Stunden. Darin enthalten ist eine theoretische Ausbildung von mindestens 600 Stunden und eine praktische Ausbildung von mindestens 600 Stunden Patientenbehandlung mit mindestens sechs Behandlungsfällen. Die praktische Tätigkeit umfasst eine Dauer von einem Jahr an einer psychiatrischen klinischen Einrichtung und für mindestens sechs Monate an einer von einem Sozialversicherungsträger anerkannten Einrichtung. Gegenstand der Ausbildung sind nur die wissenschaftlich anerkannten Verfahren, wobei nicht festgelegt wird, welches Verfahren als wissenschaftlich anerkannt gilt. Der Gesetzgeber lässt es daher offen, welche Verfahren außerhalb der Psychotherapie-Richtlinien (dazu gehören die tiefenpsychologisch fundierte und analytische Psychotherapie sowie die Verhaltenstherapie) innerhalb der Ausbildung vermittelt werden. Über die Anerkennung der wissenschaftlichen Verfahren soll vielmehr die zuständige Landesbehörde nach Anhörung eines neu errichteten wissenschaftlichen Beirates (§ 11 PsychThG) entscheiden. Weitere Einzelheiten regeln die Ausbildungs- und Prüfungsordnungen.
Zugelassen zur Ausbildung zum psychologischen Psychotherapeuten werden nur Diplom-Psychologen, die das Fach Klinische Psychologie in der Abschlussprüfung belegt haben, während die Ausbildung zum Kinder- und Jugendlichen-Psychotherapeuten sowohl Diplom-Psychologen als auch Absolventen des Hochschulstudiums der Pädagogik oder der Sozialpädagogik aufnehmen können (§ 5 PsychThG).

Diejenigen Diplom-Psychologen und Kinder- und Jugendlichen-Psychotherapeuten, die bisher am Delegationsverfahren bereits teilgenommen haben, die Voraussetzungen zur Teilnahme an diesem Verfahren erfüllen, die Weiterbildung zum „Fachpsychologen der Medizin" nach DDR-Recht absolviert haben oder langjährig entweder in der Kostenerstattung oder im Anstellungs- bzw. Beamtenverhältnis psychotherapeutisch tätig waren, können aufgrund von Übergangsbestimmungen auch ohne die im PsychThG vorgesehene Ausbildung approbiert werden (§ 12 PsychThG).

Mit der Approbation erwirbt man aber ebenso wie mit der ärztlichen Approbation noch nicht zugleich auch die Berechtigung zur Teilnahme an der psychotherapeutischen Versorgung der GKV-Versicherten. Die Zulassung als Vertragsbehandler erfordert den Nachweis der Fachkunde in einem Richtlinienverfahren nach § 95 c SGB V (siehe oben unter 2.1).

Für Psychotherapeuten, die aufgrund einer Zulassung oder Ermächtigung an der vertraglichen psychotherapeutischen Versorgung der GKV-Versicherten teilnehmen, gelten die gesetzlichen Bestimmungen des SGB V, der Zulassungsverordnung für Vertragsärzte (Ärzte-ZV) und die vertraglichen Regelungen zwischen den Vertretungen der Vertragsärzte und den Krankenkassen.

1.2.3
Entgeltbestimmungen für Verhaltenstherapie

Die Vergütung psychotherapeutischer Leistungen ist teilweise unterschiedlich nach Ort der Leistungserbringung (stationäre oder ambulante Behandlung), Person des Leistenden (Arzt oder Psychotherapeut) und Versicherungsstatus des Patienten.

Vergütung in stationären und teilstationären Einrichtungen

Nach § 2 Nr. 4 des Krankenhausfinanzierungsgesetzes (KHG) ist der Pflegesatz das Entgelt der Patienten oder ihrer Kostenträger für stationäre und teilstationäre Leistungen des Krankenhauses. Im Regelpflegesatz, den die Krankenkassen nach § 3 Abs. 1 der Bundespflegesatzverordnung (BPflVO) für ihre Versicherten an das Krankenhaus zahlen, sind alle unter Berücksichtigung der Leistungsfähigkeit des Krankenhauses medizinisch zweckmäßigen und ausreichenden Krankenhausleistungen enthalten, somit auch die Kosten einer notwendigen Psychotherapie. Bei der Behandlung von „Wahlleistungspatienten" können die Leistungen der persönlich gewählten und separat liquidationsberechtigten Ärzte oder Psychologen gesondert in Rechnung gestellt werden, wobei zumeist die Entgeltbestimmungen der ambulanten Psychotherapie zur Anwendung kommen.

Vergütung in ambulanten Einrichtungen und Praxen

Für ärztlich-psychotherapeutische Behandlungen von Privatpatienten gilt die Gebührenordnung Ärzte (GOÄ), die unter den Ziffern 850ff. Abrechnungspositionen für verschiedene psychotherapeutische Leistungen enthält. Die Höhe der Vergütung für einzelne hierin beschriebene Leistungen in DM ergibt sich durch Multiplikation des auf 11,4 Deutsche Pfennige festgesetzten Punktwertes mit der jeweiligen Punktzahl, die die GOÄ benennt (§ 5 Abs. 1

Satz 2 und 3 GOÄ). Der zulässige Gebührenrahmen kann bei überwiegend ärztlichen Leistungen um das 3,5fache gesteigert werden, auch sind abweichende private Vereinbarungen möglich. Nach Ziffer 870 GOÄ ist für eine verhaltenstherapeutische Sitzung von mindestens 50 Minuten in Einzelbehandlung eine Punktzahl von 750 angesetzt, die bei einer Multiplikation mit dem Punktwert von 11,4 Pfennigen einen Betrag von DM 85,50 ergibt. Bei der Anwendung des 2,3fachen Satzes würde sich ein Honorar von DM 196,65 ergeben.

Für die verhaltenstherapeutische Behandlung der Versicherten der GKV sowohl durch Ärzte als auch durch Psychotherapeuten gelten ab dem 1.1.1999 die Bestimmungen des Bundesmantelvertrag-Ärzte (BMV-Ä) und für die Versicherten der Ersatzkrankenkassen die Regelungen des Arzt-Ersatzkassenvertrages (AEK-V). Bestandteil des AEK-V ist die Ersatzkassen-Gebührenordnung (E-GO). Beide Verträge werden mit öffentlich-rechtlicher Wirkung zwischen der KBV einerseits und den Verbänden der jeweiligen Kassenart andererseits abgeschlossen (§ 83 SGB V). In den Verträgen finden sich wie in der GOÄ psychotherapeutische Leistungen wieder, die Gegenstand der vertragsärztlichen Versorgung sind. Der Wert der einzelnen Leistungen wird durch den BMV-Ä zwischen der KBV und den Bundesverbänden der Krankenkassen nach § 87 SGB V festgelegt, der den Inhalt der abrechnungsfähigen Leistungen und ihr wertmäßiges, in Punkten ausgedrücktes Verhältnis zueinander bestimmt (einheitlicher Bemessungsmaßstab = EBM). Die Komplexität dieser Regelungen, die noch eingebettet ist in die Grenzen der gesetzlich festgelegten Gesamtvergütung (für 1999 wurde für alle psychotherapeutischen Leistungen ein gesondertes Budget gebildet), lässt es nicht zu, einen Fixbetrag für eine verhaltenspsychotherapeutische Einzelbehandlung von einer Behandlungsstunde zu beziffern, der von Kassenärztlicher Vereinigung (KV) zu KV auch differiert und somit nicht bundeseinheitlich ist.

Für private Behandlungen durch Psychotherapeuten soll nach § 9 PsychThG eine eigene Gebührenordnung (GOP) gelten, die der Bundesminister für Gesundheit (BMG) zu erlassen hat. Es ist aber eine Anbindung an die entsprechenden Ziffern der GOÄ oder deren Übernahme vorgesehen (so ein Referentenentwurf des BMG). Dabei bliebe aber ungeregelt, wie psychotherapeutische Leistungen, die nicht Gegenstand der GOÄ sind, abgerechnet werden dürfen (etwa Leistungen der Gestalt- oder Familientherapie).

Kostenerstattung für Verhaltenstherapie nach der Beihilfe und in der privaten Krankenversicherung

Die Bundes- und Landesbeihilfevorschriften (BhV und LBhV), mit denen der Staat seinen Beamten, Richtern, Berufssoldaten sowie deren Familienangehörigen Hilfe in Krankheitsfällen gewährt (u.a. § 79 Bundesbeamtengesetz), sahen bis 1985 vor, dass auch Kosten für eine psychotherapeutische Behandlung beihilfefähig waren, wenn die Behandlung durch einen Arzt verordnet und von ihm selbst oder nach seiner Anordnung durch Psychologen durchgeführt wurde. Durch Änderung des Beihilferechtes, die zum 1.10.1985 in Kraft trat, wurde mit der so genannte „Psychotherapieanlage" (Anlage 1 zu § 6 BhV) festgelegt, dass nur noch dazu qualifizierte Ärzte und die von diesen delegierten Psychologen als Leistungserbringer anerkannt wurden. Auch wurde bestimmt, dass nur die Verfahren der Psychotherapie-Richtlinien beihilfefähig sind, somit auch die Verhaltenstherapie. Damit fand eine Übernahme der Psychotherapie-Richtlinien des Kassenarztrechtes auch in den Beihilfebestimmungen statt. Mit der Verabschiedung des PsychThG steht allerdings zu erwarten, dass auch die

Psychotherapieanlage geändert wird und eine Anerkennung der Psychotherapeuten als selbstständige Leistungserbringer stattfinden wird.

Sowohl die privaten Krankenversicherungen als auch die Träger der Beihilfe wenden bisher bei verhaltenspsychotherapeutischen Behandlungen durch Ärzte die GOÄ an und zahlen daher in der Regel den 2,3fachen Satz nach Ziffer 870 GOÄ. Die gleiche Vergütung gewähren die meisten privaten Krankenversicherungen auch für Leistungen der Psychotherapeuten, die bis zum 31.12.1998 im Delegationsverfahren tätig waren oder nach dem 1.1.1999 über eine Approbation nach §§ 2 und 12 PsychThG bzw. über eine Zulassung nach § 95 Abs. 10 SGB verfügen. Die Beihilfevorschriften hingegen sehen zurzeit bei verhaltenspsychotherapeutischen Leistungen durch Psychotherapeuten lediglich einen Festbetrag in Höhe von DM 121,40 vor (siehe Ziffer 3. der Anlage 1 zu § 6 BhV).

1.2.4
Spezielle Normen und Grundlagen der Qualitätssicherung (Auswahl)

Eine Vielzahl von Vorschriften, die das berufliche Handeln eines Verhaltenstherapeuten bestimmen, dienen sowohl der Qualitätssicherung als auch dem Schutz der Patienten. Die Vorschriften ergeben sich aus den Berufsgesetzen, den sozialrechtlichen Bestimmungen, den Berufsordnungen, aus allgemeinen strafrechtlichen Bestimmungen und aus der Rechtsprechung. Eine Auswahl dieser qualitätssichernden Normen wird nachfolgend angesprochen.

Berufsordnung und standesrechtliche Qualitätssicherung

Für viele gesetzlich normierte Berufe, vor allem die verkammerten Berufe, gibt es Berufsordnungen, die als „Standesrecht" verbindlich sind und die die Berufspflichten des Standesangehörigen festlegen (so z.B. die Berufsordnung für Ärzte, die Bundesrechtsanwaltsordnung). Die Tatsache, dass der ärztliche Psychotherapeut als Arzt einer Berufskammer (Landesärztekammer) angehört, nicht jedoch der Psychotherapeut, führt dazu, dass auch in der Ausübung der Verhaltenstherapie bezüglich der unterschiedlichen Leistungserbringer unterschiedliche berufsrechtliche Regelungen gelten. Hinzu kommt, dass auch die Sanktionen gegen Verstöße nach den Berufsordnungen oder gegen tradierte berufsethische Verpflichtungen unterschiedlich ausgeprägt sind. Verstöße des ärztlichen Verhaltenstherapeuten gegen die Berufsordnung seiner Landesärztekammer können durch Maßnahmen der Kammer und der Berufsgerichte für Heilberufe geahndet werden, während die gleichen Verstöße von verhaltenstherapeutisch tätigen Psychotherapeuten nur dann zu einer Sanktion führen, wenn der Therapeut entweder einer privaten Vereinigung von Berufsangehörigen mit einer Ehrengerichtsbarkeit (so wie dem Berufsverband Deutscher Psychologinnen und Psychologen e.V. mit über 21.000 Mitgliedern) angehört oder aber der Verstoß eine Verletzung einer tradierten und innerhalb der Berufsgruppe allgemein akzeptierten Standespflicht enthält und daher der ordentlichen Gerichtsbarkeit zugänglich ist (OLG Frankfurt vom 9.12.1982 – 6 U 195/78 – in GRUR 1983 S. 387).

Es ist aber zu erwarten, dass die Bundesländer in Nachfolge des Psychotherapeutengesetzes auf Länderebene öffentlich-rechtliche Kammern für die neuen Berufe durch Kammergesetze zulassen und somit auch allgemein verbindliche Berufsordnungen entstehen, die einer einheitlichen Qualitätssicherung in der Berufsausübung dienen.

Fortbildungsverpflichtung

Während § 7 Abs. 1 der Musterberufsordnung für Ärzte, die durch Satzungsrecht der Landesärztekammern verbindlich übernommen sind, den Arzt zur beruflichen Fortbildung auf dem Gebiet seiner Tätigkeit verpflichtet (Narr, Rdn. 847), gibt es für Psychotherapeuten eine ähnliche Verpflichtung nur in den Berufsordnungen der privatrechtlich organisierten Standesvertretungen wie der des BDP. Die Mittel und die Art der Fortbildung sind dem Arzt freigestellt; die Fortbildung kann erfolgen über die Teilnahme an Fortbildungsveranstaltungen, durch klinische Fortbildung, durch eigenes Literaturstudium und durch Inanspruchnahme audiovisueller Lern- und Lehrmittel.

Gemäß § 81 Abs. 5 SGB V müssen die Satzungen der Kassenärztlichen Vereinigungen Bestimmungen über die Fortbildung der Vertragsärzte auf dem Gebiet ihrer Tätigkeit enthalten. Diese gesetzliche Fortbildungsverpflichtung gilt nach In-Kraft-Treten des PsychThG auch für Psychotherapeuten, die zur Behandlung von GKV-Versicherten zugelassen sind. Der Nachweis der Fortbildung ist gegenüber den Kassenärztlichen Vereinigungen zu führen.

Dokumentationspflicht

Den verkammerten Heilberufen wird sowohl durch Standesrechte als auch durch die Heilberufegesetze der Länder eine Dokumentationspflicht auferlegt (z.B. in NRW für Ärzte, Apotheker, Zahnärzte und Tierärzte in § 24 Nr. 3 des Heilberufegesetzes NRW). Aufgrund eines noch fehlenden Gesetzes zur Verkammerung der neuen Berufe der Psychotherapeuten fehlen für diese noch entsprechende Bestimmungen. Nach der Rechtsprechung des Bundesgerichtshofes (BGH) obliegt dem Arzt auch unabhängig einer spezialgesetzlichen Regelung als Sachwalter der Gesundheit eines Patienten eine Dokumentationspflicht (Urteil vom 27.6.1978, NJW 1978, S. 2337), die ihn verpflichtet, alle wesentlichen Teilschritte der Diagnostik, der Therapie und der medikamentösen Behandlung festzuhalten. Dieser Grundsatz gilt daher auch für Psychotherapeuten, soweit eine psychotherapeutische Leistung erbracht wird, da der Psychotherapeut in gleicher Weise wie ein Arzt die gesundheitlichen Interessen seines Patienten als selbstständiger und eigenverantwortlicher Behandler wahrzunehmen und zu beachten hat. Die Dokumentationspflicht wird dabei als vertragliche Nebenpflicht des Behandlungsvertrages definiert. Zu einer aussagefähigen Dokumentation gehört auch das Festhalten von Testergebnissen, der Indikation, des Verlaufs der therapeutischen Sitzungen einschließlich der Aufzeichnung der Sitzungsdaten und eine Darstellung der Beendigung der Therapie.

Die Dokumentation sollte aus haftungsrechtlichen Gründen mindestens drei Jahre aufbewahrt werden. Nach § 10 Abs. 2 der MUBO für Ärzte beträgt die Aufbewahrungsfrist zehn Jahre. Die Dokumentationsfristen für Institutionen wie Krankenhäuser, Sozialversicherungsträger und Gesundheitsämter sind in den Bundesländern unterschiedlich geregelt. Sie sehen z.B. Aufbewahrungsdauern von drei Jahren für Krankengeschichten (Richtlinien des Ministers für Wissenschaft und Forschung des Landes NRW, Runderlass vom 17.2.1978 – ZA 7 –

2023.0) und 30 Jahre für Krankenhäuser bei Zulassung zum berufsgenossenschaftlichen Verletzungsartenverfahren gem. Ziffer 5.2 der „Anforderungen an Krankenhäuser für die Zulassung zum Verletzungsartenverfahren" vor.

Schweigepflicht

Nach § 203 Abs. 1 des Strafgesetzbuches (StGB) sind Angehörige verschiedener Berufsgruppen, so auch „Ärzte" und „Psychotherapeuten", verpflichtet, fremde Geheimnisse, die ihnen bei der Berufsausübung anvertraut worden sind, nicht unbefugt zu offenbaren. Die Verletzung der Schweigepflicht kann eine Geldstrafe oder eine Freiheitsstrafe bis zu einem Jahr auslösen. Die gesetzliche Schweigepflicht gilt unabhängig von der Art des Beschäftigungsverhältnisses, somit für ärztliche und psychologische Verhaltenstherapeuten in einer niedergelassenen Praxis in gleicher Weise wie für deren Tätigkeit in einer Institution als Angestellter oder Beamter.

Geschützte Geheimnisse sind Tatsachen, die nur einem beschränkten Personenkreis bekannt sind und an deren Geheimhaltung derjenige, den sie betreffen, ein von seinem Standpunkt aus sachlich begründetes Interesse hat oder bei eigener Kenntnis der Tatsachen haben würde (Lenckner in Schönke/Schröder, a.a.O., Rdn. 5 zu § 203). Tatsachen, die öffentlich bekannt sind oder aufgrund öffentlich-rechtlicher Vorgänge (öffentliche Gerichtsverhandlungen) jedermann zugänglich gewesen wären, fallen nicht unter den Geheimnisschutz. Geschützt sind aber auch Tatsachen, die dem Betroffenen selbst nicht einmal bekannt (etwa eine schwerwiegende Erkrankung) oder nur einer überschaubaren Personenzahl zugänglich geworden sind. Als schutzwürdiges Interesse gelten nicht nur alle gesundheitlichen, familiären und finanziellen Tatsachen, sondern auch das Faktum, dass sich jemand in ärztliche oder psychologische Behandlung begibt (OLG Oldenburg Urteil vom 10.6.1982, NJW 1982 S. 2615).

Strafbar ist nur das unbefugte Offenbaren eines Geheimnisses. Dies ist der Fall, wenn die Weitergabe des Geheimnisses ohne Zustimmung des Verfügungsberechtigten und ohne ein Recht zur Mitteilung erfolgt. Durch eine Entbindung von der Schweigepflicht kann der Psychotherapeut zum Offenbaren eines geschützten Geheimnisses berechtigt werden. Verfügungsberechtigt zur Abgabe einer Schweigepflichtsentbindungserklärung ist zunächst derjenige, dessen Geheimnisse ihn selbst betreffen, auch dann, wenn sie durch einen Dritten an den Schweigeverpflichteten herangetragen wurden (etwa von einem Erziehungsberechtigten). Die Entbindung von der Schweigepflicht kann auch ein Minderjähriger oder ein ansonsten beschränkt Geschäftsfähiger erteilen, sofern er dazu über eine natürliche Einsichts- und Urteilsfähigkeit verfügt (BVerfG Beschluss vom 9.2.1982, NJW 1982, S. 1375ff.). Diese Konsequenz wird aus dem grundgesetzlich gesicherten Selbstbestimmungsrecht abgeleitet, das unabhängig einer zivilrechtlichen Geschäftsfähigkeit besteht. Umgekehrt darf ein zur Verschwiegenheit Verpflichteter ohne die Einwilligung des Minderjährigen auch gegenüber den Erziehungsberechtigten keine Geheimnisse offenbaren, sofern dem Minderjährigen aufgrund seiner Einsicht- und Urteilsfähigkeit ein Selbstbestimmungsrecht zukommt. Dies dürfte regelmäßig bei Kindern ab dem 14. Lebensjahr der Fall sein, ohne dass dieses Alter eine feste Grenze darstellt.

Es gibt nur wenige Ausnahmen, in denen der Psychotherapeut ohne oder auch gegen den Willen seines Patienten die gesetzliche Schweigepflicht durchbrechen darf. Dazu gehören zunächst die Fälle des gesetzlichen Notstandes nach § 34 StGB, wonach der Psychotherapeut bei gegenwärtiger, nicht anders abwehrbarer Gefahr berechtigt sein kann, ein Geheimnis zu offenbaren, wobei jedoch nur wenige Fälle überhaupt denkbar sind, so etwa bei drohender Suizidgefahr eines psychisch Gestörten, der seine Entscheidung nicht mehr eigenverantwortlich lenken kann, und bei schweren seelischen Mängeln eines Auto fahrenden Patienten. Auch eine Aids-Erkrankung kann unter Umständen dann ohne Einwilligung oder gegen den Willen des Erkrankten zum Schutz und zur Wahrung der Gesundheit eines Dritten offenbart werden, wenn keine andere Möglichkeit zur Abwehr einer unmittelbar und gegenwärtig bestehenden Übertragungsgefahr besteht (Laufs, 1987, S. 2265). Wegen eines bereits begangenen Deliktes darf die Schweigepflicht grundsätzlich nicht verletzt werden. Etwas anderes gilt jedoch dann, wenn aus der Art der strafbaren Handlungen eine konkrete Wiederholungsgefahr anzunehmen ist wie bei körperlichen oder sexuellen Misshandlungen von Kindern und Jugendlichen durch deren Erziehungsberechtigte oder Angehörige. Hier steht dem Therapeuten zur Abwendung einer gegenwärtigen Gefahr für den Minderjährigen nach § 34 StGB das Recht zu, die zuständigen Behörden dann in Kenntnis zu setzen, wenn der Minderjährige aufgrund seines Alters und seiner Reife in freier Selbstbestimmung nicht die Geheimhaltung wünscht.

Behandlungsfehler

Ein psychotherapeutischer Behandlungsfehler, der einen haftungsrechtlichen Anspruch auf Schadensersatz auslösen kann, liegt vor, wenn der Therapeut die unter den jeweiligen Umständen objektiv erforderliche Sorgfalt außer Acht lässt, die nach den Kenntnissen und Erfahrungen der psychotherapeutischen Wissenschaft in der Behandlung anzuwenden ist. Dabei orientiert sich der Sorgfaltsmaßstab an dem Handeln und Wissen des ordentlichen „pflichtgetreuen Durchschnittspsychotherapeuten" (vgl. Thomas in Palandt, BGB, § 823 Rdn. 74; OLG Düsseldorf vom 12.10.1989, NJW 1990, S. 1543).

Spezielle, nur die Anwendung der Verhaltenstherapie betreffende Sorgfaltspflichten, deren Verletzung einen Behandlungsfehler darstellen, sind zumindest in der juristischen Literatur nicht bekannt. Objektive Sorgfaltspflichtverletzungen können sowohl in einem Tun (Anwendung einer nicht indizierten Therapie, Kombination der Verhaltenstherapie mit anderen, noch nicht ausreichend erprobten „Außenseiterverfahren", Verletzung des Abstinenzgebotes) als auch in einem Unterlassen liegen (fehlende therapeutische Aufklärung über Risiken einer Methode, Nichtweitergabe von Behandlungsunterlagen an einen mitbehandelnden Arzt, Nichteinholung eines Konsiliums zu einem somatischen Krankheitsbefund). Der Begriff des Behandlungsfehlers wird zunehmend auf Fehler im „therapeutischen Umfeld" ausgedehnt, die mit dem eigentlichen Behandlungsgeschehen nicht viel zu tun haben. So sollen auch Nachlässigkeiten in der Praxisverwaltung, der Aufsicht sowie die Verletzung der Schweigepflicht als „Behandlungsfehler" gelten, deren schuldhafte Herbeiführung zu einem zivilrechtlichen Schmerzensgeld- oder Schadensersatzanspruch nach §§ 823 ff BGB führt.

1.2.5
Selbstbestimmungungsrecht kontra Erziehungsrecht

Die Behandlung von Kindern und Jugendlichen wirft die Frage auf, wer Auftraggeber des psychotherapeutischen Geschehens ist, ob es einer Mitwirkung des Kindes oder Jugendlichen bedarf und ob die Erziehungsberechtigten sich über dessen Willen hinwegsetzen können.

Für Kinder, die noch nicht das 7. Lebensjahr vollendet haben und die geschäftsunfähig sind, können grundsätzlich nur die Erziehungsberechtigten einen Behandlungsvertrag eingehen (§ 104 BGB). Minderjährige zwischen der Vollendung des 7. und Erreichung des 18. Lebensjahres können dagegen einen Behandlungsvertrag abschließen, der zur Wirksamkeit jedoch der Zustimmung der gesetzlichen Vertreter bedarf (§ 108 BGB). Etwas anderes gilt jedoch dann, wenn der Minderjährige durch den Vertrag nur einen rechtlichen Vorteil erlangt (§ 107 BGB). Der Abschluss eines Behandlungsvertrages eines Minderjährigen, der gesetzlich krankenversichert ist und keinerlei Zuzahlungsansprüche auslöst, stellt für den Jugendlichen ein Vertragsverhältnis mit ausschließlich rechtlichen Vorteilen dar, das er selbst und ohne Zustimmung der Erziehungsberechtigten begründen kann.

Umgekehrt können jedoch die Erziehungsberechtigten einen Behandlungsvertrag für ihr Kind bis zu dessen Volljährigkeit rechtsverbindlich und ohne Zustimmung des Kindes abschließen (§ 1629 Abs. 1 BGB). Nach § 1626 BGB gehört es zur elterlichen Sorge, unter Berücksichtigung der wachsenden Selbstständigkeit des Kindes auch für dessen Gesundheit die notwendigen Maßnahmen zu ergreifen, wozu eine psychotherapeutische Betreuung ebenso gehört wie die verantwortliche Entscheidung der Behandlungsart, des Behandlungsortes und des Behandlers. Ein durch die Erziehungsberechtigten wirksam abgeschlossener Behandlungsvertrag verpflichtet das Kind bzw. den Jugendlichen aber nicht, sich der Behandlung auch zu unterziehen, da der verfassungsrechtliche Anspruch auf Selbstbestimmung auf körperliche Unversehrtheit (Artikel 2 Abs. 1 und 2 Grundgesetz) auch dem Minderjährigen zusteht und entsprechend seines wachsenden Alters und seiner Einsichtsfähigkeit auch durch ihn selbst geltend gemacht werden kann. Das Spannungsfeld zwischen elterlichem Erziehungsrecht und Selbstbestimmungsrecht des Kindes wird auch vom Kinder- und Jugendhilfegesetz (SGB VIII) gesehen und beachtet, wonach in die Entscheidung zu einer Leistung – also auch bei psychotherapeutischen Angeboten – gem. § 36 Abs. 1 SGB VIII die Eltern und das Kind partnerschaftlich einzubeziehen sind. Ist die Gefahr einer unmittelbaren und gegenwärtigen körperlichen oder seelischen Schädigung des Jugendlichen durch den Einbezug seiner Erziehungsberechtigten in eine Maßnahme gegeben, kann diese ohne Zustimmung oder gar ohne Information der Erziehungsberechtigten durchgeführt werden (BVerwG vom 1.2.1981, Bd. 59 S. 360–385).

Grundlegende Literatur

- Baumbach, W. & Hefermehl, A. (1995). Wettbewerbs-recht, 18. Auflage. München: Beck'sche Verlagsbuch-handlung.

- Berufsverband Deutscher Psychologen (Hrsg.). (1994). Psychotherapeutengesetz – Dokumentation eines Ge-setzgebungsverfahrens. Bonn: DPV-Verlag.

- Berufsverband Deutscher Psychologen (1987). Berufs-ordnung für Psychologen. Bonn: Selbstdruck.

- Bieback, K.-J. & Schaller, J. (1989). Kassenarztrichtli-nien und nicht-ärztliche Heilbehandler. Sankt Augu-stin: Asgard-Verlag.

- Faber, F. R. & Haarstrick, R. (1997). Psychotherapie-Richtlinien, (4. Auflage). Neckarsulm/Stuttgart: Jungjohann Verlagsgesellschaft.

- Kühne, H.-H. (Hrsg.). (1987). Berufsrecht für Psycho-logen. Baden-Baden: Nomos Verlagsgesellschaft.

- Laufs, A. (1987). Aids und Arztrecht, in NJW 1987 (S. 2257ff.).

- Laufs, A. & Uhlenbruck W. (1992). Handbuch des Arzt-rechts. München: Beck'sche Verlagsbuchhandlung.

- Margraf, J. (Hrsg.). (1996). Lehrbuch der Verhal-tenstherapie, 2 Bände. Heidelberg: Springer-Verlag.

- Narr, H., Hess, R. & Schirmer, H.-D. (1997). Ärztliches Berufsrecht – 2. Auflage: Stand der 13. Ergänzungs-lieferung. Köln: Deutscher Ärzte-Verlag.

- Pulverich, G. (1996). Rechts-ABC für Psychologen – Psychologisches Berufsrecht in Stichworten. Bonn: DPV-Verlag;

- Pulverich, G. (1999). Psychotherapeutengesetz – Kommentar mit kommentierten Änderungen des SGBV sowie anderer Gesetze (3. Auflage). Bonn: DPV-Verlag.

- Rieger, H. J. (1984). Lexikon des Arztrechts. Berlin/New York: de Gruyter Verlag.

- Scholz, T. (1981). Schweigepflicht des Berufspsycholo-gen und Mitbestimmung des Betriebsrates bei psycho-logischen Einstellungsuntersuchungen, in NJW 1981 (S. 1987ff.).

Abkürzungsverzeichnis

AEK-V	Arzt-Ersatzkassen-Vertrag
Ärzte-ZV	Zulassungsverordnung für Ärzte
BGB	Bürgerliches Gesetzbuch
BGBl.	Bundesgesetzblatt
BGH	Bundesgerichtshof
BhV	Bundesbeihilfevorschriften
BMG	Bundesminister für Gesundheit
BPflVO	Bundespflegesatzverordnung
BVerfG	Bundesverfassungsgericht
BVerwG	Bundesverwaltungsgericht
EBM	Einheitlicher Bemessungsmaßstab
E-GO	Ersatzkassen-Gebührenordnung
GKV	Gesetzliche Krankenversicherung
GOÄ	Gebührenordnung für Ärzte
GOP	Gebührenordnung für Psychotherapeuten
GRUR	Gewerblicher Rechtsschutz und Urheberrecht, Zeitschrift
HPG	Heilpraktikergesetz
i.d.F.	in der Fassung
KBV	Kassenärztliche Bundesvereinigung
KHG	Krankenhausgesetz
KJPsychTh-APrV	Ausbildungs- und Prüfungsverordnung für Kinder- und Jugendlichen-Psychotherapeuten
KV	Kassenärztliche Vereinigung
MUBO	Musterberufsordnung der Deutschen Ärzte
NJW	Neue Juristische Wochenschrift, Zeitschrift
NRW	Nordrhein-Westfalen
OLG	Oberlandesgericht
PKV	Private Krankenversicherung
PsychTh-APrV	Ausbildungs- und Prüfungsverordnung für Psychologische Psychotherapeuten
PsychThG	Psychotherapeutengesetz
Rdn.	Randnummer
SGB V	Fünftes Sozialgesetzbuch – Das Recht der Gesetzlichen Krankenversicherung
SGB VIII	Achtes Sozialgesetzbuch – Kinder- und Jugendhilfegesetz
StGB	Strafgesetzbuch

Abrechnung von Leistungen

Josef Könning

1.3.1
Grundlagen

Als Folge des Psychotherapeutengesetzes wurde im Dezember 1998 vom Bundesausschuss der Ärzte und Krankenkassen eine Neufassung der Psychotherapie-Richtlinien und der Psychotherapievereinbarungen beschlossen. Durch die Psychotherapie-Richtlinien soll ausreichende, zweckmäßige und wirtschaftliche Psychotherapie für die Versicherten und ihre Angehörigen in der vertragsärztlichen Versorgung gewährleistet werden.

Psychotherapie wird dann erbracht, wenn eine seelische Krankheit, eine geistige oder seelische Behinderung vorliegt oder wenn Rehabilitationsmaßnahmen notwendig sind. Hierzu zählen nicht Maßnahmen zur beruflichen Anpassung, Erziehungsberatung, Sexualberatung, heilpädagogische oder ähnliche Maßnahmen. Beziehungsstörungen sind nur dann Ausdruck von Krankheit, wenn eine ursächliche Verknüpfung mit einer krankhaften Veränderung des seelischen oder körperlichen Zustandes eines Menschen nachgewiesen wird.

Die Psychotherapie, die in diesen Richtlinien geregelt ist, wendet als wissenschaftlich begründetes Verfahren methodisch definierte Interventionen an, die verändernd auf die Krankheit wirken und die Bewältigungsfähigkeit des Individuums steigern. Dabei kommt der Gestaltung der Therapeut-Patient-Beziehung eine zentrale Bedeutung zu. In der Kinder- und Jugendlichen-Psychotherapie ist es zusätzlich dringend notwendig für den Behandlungserfolg, die Bezugspersonen aus dem engeren Umfeld des Patienten in die Behandlung einzubeziehen.

Wissenschaftlich anerkannte Verfahren sind zurzeit die Verhaltenstherapie, die tiefenpsychologischen Verfahren und die Psychoanalyse. Neue Verfahren können dann einbezogen werden, wenn der wissenschaftliche Beirat gemäß § 11 des Psychotherapeutengesetzes das Verfahren als wissenschaftlich anerkannt hat. Die letzte Entscheidung über die Anerkennung eines neuen Verfahrens im Sinne dieser Richtlinien trifft der Bundesausschuss der Ärzte und Krankenkassen.

1.3.2
Indikationen

Indikationen zur Anwendung von Psychotherapie liegen vor bei psychoneurotischen, vegetativ funktionellen und psychosomatischen Störungen mit gesicherter psychischer Ätiologie. Im Rahmen der medizinischen Rehabilitation kann unter folgenden Voraussetzungen Psychotherapie angewendet werden:

- Abhängigkeit;
- seelische Behinderung aufgrund frühkindlicher emotionaler Mangelzustände;
- seelische Behinderung als Folge schwerer chronischer Krankheitsverläufe;
- seelische Behinderung aufgrund extremer Situationen, die eine schwere Beeinträchtigung der Persönlichkeit zur Folge hatten;
- seelische Behinderung als Folge psychotischer Erkrankungen.

Psychotherapie bei einer seelischen Krankheit ist ausgeschlossen, wenn die Motivation beim Klienten nicht ausreichend ist, seine Umstellungsfähigkeit nicht gegeben ist oder weil die Eigenart der neurotischen Persönlichkeitsstruktur des Patienten dem Behandlungserfolg entgegensteht.

1.3.3
Antragstellung

Das Ablaufschema (Tabelle 1) gibt einen Überblick über die notwendigen Schritte bei der Antragstellung und über die entsprechenden Ziffern des einheitlichen Bewertungsmaßstabes (EBM).
Für die Durchführung von Kinder- und Jugendlichen-Psychotherapie gelten die Grundsätze der Notwendigkeit, Zweckmäßigkeit und Wirtschaftlichkeit der Behandlung. Psychotherapie in der vertragsärztlichen Versorgung findet grundsätzlich in den Praxisräumen des Therapeuten statt. Ausgenommen hiervon sind z.B. Konfrontationsbehandlungen im Rahmen der Verhaltenstherapie.
Mit dem Psychotherapeutengesetz gilt das Erstzugangsrecht zum psychologischen Psychotherapeuten bzw. Kinder- u. Jugendlichen-Psychotherapeuten.

Telefonischer Erstkontakt. Die Klienten melden sich in der Praxis; aufgrund des Telefongespräches wird entschieden, ob ein Erstgespräch notwendig, zweckmäßig und sinnvoll ist.

Erstgespräch. Im Erstgespräch wird ein therapeutischer Kontakt hergestellt und über die weitere Durchführung von probatorischen Sitzungen entschieden.
Der Patient lässt seine Krankenkassenkarte da und der Therapeut lässt mit dem Chipkartenlesegerät und der Krankenkassenkarte die notwendigen Behandlungsformulare ausdrucken (Abrechnungsschein für das laufende Quartal, Schein „Konsiliarbericht vor Aufnahme einer Psychotherapie", „Überweisung vor Aufnahme einer Psychotherapie zur Abklärung somatischer Ursachen", Antrag des Versicherten PTV 1).

Probatorische Sitzungen. Die probatorischen Sitzungen dienen ausschließlich der Feststellung, ob Psychotherapie indiziert ist, d.h., ob als Voraussetzung für den Therapieprozess eine tragfähige Therapeut-Patient-Beziehung entstehen kann und ob eine ausreichend günstige Prognose vorhanden ist. Neben den probatorischen Sitzungen (EBM 870, einschließlich des Erstgesprächs insgesamt höchstens 5-mal) kann die **biographische Anamnese** unter **verhal-**

tensanalytischen Gesichtspunkten (EBM 860, 1-mal) und die **vertiefte Exploration** (EBM 861, 2-mal) abgerechnet werden.

Grundleistungen, die vor Beginn der Therapie erbracht werden können

Folgende Grundleistungen sind mit der EBM-Reform 1999 für die Psychologischen Psycho-therapeuten und Kinder- und Jugendlichen-Psychotherapeuten neu in den Leistungskatalog aufgenommen worden:

- **Ordinationsgebühr (EBM 1).** Sie kann zurzeit mit 40 Punkten pro Patient und Quartal abgerechnet werden.
- **Gebühr für eine Inanspruchnahme zur „Unzeit" (EBM 5).** Zwischen 20.00 Uhr und 8.00 Uhr bzw. 8.00 Uhr und 20.00 Uhr an Wochenenden, an Samstagen, Sonntagen und Feiertagen (450 Punkte).
- **Konsiliarische Erörterung (EBM 42; max. 2-mal).** Zwischen Kinder- und Jugendli-chen-Psychotherapeuten oder Psychologischen Psychotherapeuten und behandelnden Ärzten über denselben Patienten im selben Quartal (80 Punkte).
- **Konsiliarische Erörterung (EBM 44; max. 1-mal)**; zwischen Kinder- und Jugendlichen-Psychotherapeuten oder Psychologischen Psychotherapeuten mit Ärzten derselben Praxis-gemeinschaft oder Gemeinschaftspraxis (50 Punkte).
- **Schriftliche Mitteilungen, Gutachten:**
  - Kurze Bescheinigung auf Verlangen der Krankenkasse (EBM 72); 60 Punkte;
  - Krankheitsbericht auf Verlangen der Krankenkasse (EBM 73); 120 Punkte;
  - Brief über den Gesundheits- bzw. Krankheitszustand des Patienten (EBM 75); 80 Punkte;
  - Begründetes schriftliches Gutachten auf Verlangen der Krankenkasse (EBM 77); 225 Punkte.

Testverfahren

- Fragebogentests (EBM 890); z.B. MPI, Hanes, FPI, Gießen-Test (60 Punkte, max. 2-mal);
- orientierende Testverfahren (EBM 891); z.B. Raven-Test, Benton, D 2 (120 Punkte, max. 3-mal);
- Funktionstests (EBM 892); z.B. GFT, Frostig, KTK, DRT (300 Punkte, max. 3-mal);
- projektive Testverfahren (EBM 895); z.B. CAT, Sceno, TAT-Kurzform (400 Punkte, 1-mal);
- Standardisierte Intelligenz- und Entwicklungstests (EBM 896); z.B. HAWIK-R, HAWIE-R, IST (700 Punkte, 1-mal);
- aufwendige projektive Testverfahren mit schriftlicher Aufzeichnung (EBM 897); z.B. Rorschach-Test, TAT (1000 Punkte, 1-mal).

Konsiliarverfahren

Während der probatorischen Sitzungen wird der Patient zum Konsiliararzt geschickt. Konsi-liarärzte sind für den Kinder- und Jugendlichenbereich: Kinderärzte, Kinder- und Jugend-psychiater, Allgemeinärzte, praktische Ärzte und Internisten. Der Psychologische Psycho-therapeut oder Kinder- und Jugendlichen-Psychotherapeut bereitet die „Überweisung vor Aufnahme einer Psychotherapie zur Abklärung somatischer Ursachen" (roter Vordruck) und den „Konsiliarbericht vor Aufnahme einer Psychotherapie" (weißer Vordruck) vor und lässt

beide Formulare dem Konsiliararzt zukommen. Der Konsiliararzt füllt den Konsiliarbericht aus und schickt den geschwärzten Durchschlag an die Krankenkasse und die anderen beiden Vordrucke an den Psychotherapeuten zurück. (Falls der Konsiliararzt auch den Durchschlag für die Krankenkasse an den Therapeuten schickt, reicht dieser ihn mit dem Antrag auf Psychotherapie bei der Krankenkasse ein.)
Die Ausfertigung des Konsiliarberichts für den Therapeuten verbleibt bei diesem; sie ist wichtig für die Umwandlung von Kurzzeit- in Langzeittherapie.

Antragstellung Kurzzeittherapie

Im Falle der Entscheidung für eine Psychotherapie des Kindes oder Jugendlichen (evtl. unter Einbeziehung seiner Familie) stellen die Eltern einen Antrag (Formblatt PTV 1) bei der Krankenkasse auf Leistungspflicht, den sie beim Kinder- und Jugendlichen-Psychotherapeuten oder Psychologischen Psychotherapeuten abgeben. Dieser füllt das Formblatt PTV 2 aus. Aus dem Antrag muss hervorgehen, dass die gestellte Indikation mit dem vereinbarten Indikationskatalog übereinstimmt, und es muss eine Aussage über die Prognose der therapeutischen Maßnahmen enthalten sein.
Der Therapeut schickt PTV 1 und PTV 2 an die Krankenkasse. Hierfür kann er die Portoziffern 7120 bis 7123 EBM auf dem Abrechnungsschein abrechnen. Für die Kurzzeittherapie können maximal 25 Stunden Einzeltherapie beantragt werden, für die Kinder- und Jugendlichen-Verhaltenstherapie ein Viertel davon, d.h. maximal 6 Sitzungen, zusätzlich für die Bezugspersonen.

Antragstellung Langzeittherapie

Für die Beantragung von Langzeittherapie sind die ersten Schritte (telefonischer Erstkontakt, Erstgespräch, probatorische Sitzungen, Erhebung der biographischen Anamnese, vertiefte Exploration, Grundleistungen, Testverfahren und Konsiliarbericht) identisch mit denen für die Kurzzeittherapie. Zusätzlich aber erstellt der Therapeut ein Gutachten (auf max. 3 Seiten), in dem er zu den 7 Punkten Stellung bezieht, die bereits bisher im Rahmen der Richtlinien Psychotherapie für die Beantragung von Langzeittherapie galten:

1) Symptomatik;
2) Lebensgeschichte/Anamnese;
3) psychischer Status;
4) Problemanalyse;
5) Diagnose;
6) Ziele;
7) Behandlungsplan.

Zusätzlich füllt der Therapeut das Formblatt PTV 3 aus und schickt es mit dem Gutachten, dem „Konsiliarbericht vor Aufnahme einer Psychotherapie" und den Formblättern PTV 1 und PTV 2 im Briefumschlag VT/PT 8 an die Krankenkasse. Die persönlichen Daten des Patienten auf dem „Konsiliarbericht vor Aufnahme einer Psychotherapie" müssen geschwärzt werden, bis es neue Vordrucke gibt.

In der Kinder- und Jugendlichen-Psychotherapie ist es oft notwendig, die Bezugspersonen in den therapeutischen Prozess mit einzubeziehen. Die dazu vorgesehene Stundenzahl soll das Verhältnis von 1:4 zur Stundenzahl des Patienten möglichst nicht überschreiten. Die für Einbeziehung der Bezugspersonen bewilligte Stundenzahl ist der Stundenzahl für die Behandlung des Patienten hinzuzurechnen. Wenn eine höhere Stundenzahl für die Bezugspersonen notwendig ist, muss das im Antrag inhaltlich begründet werden. Die Einbeziehung der Bezugspersonen in den psychotherapeutischen Prozess muss im gleichen Zeitraum wie die Psychotherapie des Kindes oder Jugendlichen erfolgen. Wenn eine Psychotherapie für die Bezugspersonen selbst notwendig werden sollte, muss hierfür ein eigener Antrag gestellt werden.

Wenn eine Kurzzeittherapie in eine Langzeittherapie umgewandelt werden soll, muss spätestens nach der 15. Sitzung ein Umwandlungsantrag gestellt werden. Dieser entspricht in den formalen Schritten der Beantragung einer Langzeittherapie. In seinem Gutachten muss der Therapeut zusätzlich Stellung zum bisherigen Therapieverlauf nehmen.

Das Stundenkontingent der Langzeittherapie umfasst für die Verhaltenstherapie 45 Stunden, in besonderen Fällen bis zu 60 Stunden (zu je mindestens 50 Minuten). Verhaltenstherapie kann in Kombination mit Einzeltherapie auch als Gruppentherapie durchgeführt werden, wobei die erbrachte Doppelstunde im Gesamtkontingent als Einzelstunde zählt. Wenn sich abzeichnet, dass mit der genehmigten Stundenzahl das Behandlungsziel nicht erreicht werden kann, aber begründete Aussicht darauf bei Fortführung der Therapie besteht, kann das Kontingent für Langzeit-Verhaltenstherapie auf 80 Stunden erhöht werden.

Kostenzusage

Die Krankenkasse teilt ihre Entscheidung über die Leistungspflicht dem Versicherten formlos mit und der Therapeut wird auf PTV 7 über den Umfang der Leistungspflicht informiert. Seit dem 01.07.1999 werden alle Leistungen auf dem Abrechnungsschein, den der Therapeut mit dem Chipkartenlesegerät zu Beginn des Quartals ausdruckt, abgerechnet. Bei der ersten Quartalsabrechnung für einen neuen Patienten schickt der Therapeut zusätzlich zu dem Abrechnungsschein das Formblatt PTV 7 mit der Leistungszusage der Krankenkasse an die KV zur Abrechnung. Auf diese Art erfährt die Kassenärztliche Vereinigung den Umfang der Leistungspflicht der Krankenkasse.

Wenn die Krankenkasse eine Behandlung ablehnt, kann der Versicherte dagegen Einspruch erheben und die Krankenkasse eine gutachterliche Stellungnahme einholen.

Wird im Gutachterverfahren Einspruch gegen die Ablehnung erhoben, kann die Vertragskasse ein Obergutachten einholen.

Verlängerung

Eine Verlängerung der Therapie kann erfolgen, wenn ein Fortsetzungsantrag gestellt wird, der Verlauf und Ergebnis der bisherigen Therapie enthält und eine gute Prognose bei Genehmigung der beantragten Verlängerung begründet. Dazu muss der Kinder- und Jugendlichen-Psychotherapeut oder der Psychologische Psychotherapeut den Weg des Gutachterverfahrens beschreiten. Der Therapeut füllt PTV 2 aus und schreibt ein kurzes Gutachten über den bisherigen Therapieverlauf, über weitere Therapieziele und über die Methoden, mit denen dieses Ziel erreicht werden soll. Alles zusammen reicht er zusammen mit dem vom Patienten ausgefüllten PTV 1 bei der Krankenkasse ein. Ein erneuter Konsiliarbericht ist nicht erforderlich.

Der Verlängerungsantrag muss rechtzeitig gestellt werden, so dass es nicht zu einer Unterbrechung der Therapie kommt.

Tabelle 1: Schritte der Antragstellung und zugehörige EBM-Ziffern Teil 1

Tefonischer Erstkontakt	Entscheidung über Erstgespräch
Erstgespräch	EBM 870
Probatorische Sitzungen	EBM 870 (max. 4-mal)
Biographische Anamnese	EBM 860
Vertiefte Exploration	EBM 861 (2-mal)
Grundleistungen	• Ordinationsgebühr EBM 1 (1-mal) • Inanspruchnahme nachts, an Wochenenden und Feiertagen EBM 5 • Konsilium mit anderen Ärzten oder Psychotherapeuten EBM 42 (2-mal) • Konsilium mit Ärzten oder Psychotherapeuten derselben Praxisgemeinschaft EBM 44 • kurze Bescheinigung auf Verlangen der Kasse EBM 72 • Krankheitsbericht auf Verlangen der Kasse EBM 73 • Brief über Anamnese, Befunde usw. EBM 75 • begründetes schriftliches Gutachten auf Verlangen der Kasse EBM 77
Testverfahren	• Fragebogen EBM 890 (2-mal) • orientierende Testverfahren EBM 891 (3-mal) • Funktionstests EBM 892 (3-mal) • standardisierte Intelligenz- und Entwicklungstests EBM 896 (1-mal; für projektive und aufwendige projektive Testverfahren EBM 895 und 897, je1-mal)

**Tabelle 1: Schritte der Antragstellung und zugehörige EBM-Ziffern
Teil 2**

Konsiliarverfahren	Konsiliarbericht, Überweisung zur Abklärung somatischer Ursachen
Antragstellung Kurzzeittherapie	PTV 1 (Patient) und PTV 2 (Therapeut) mit Konsiliarbericht an Kasse, für Porto EBM 7120-7123
Antragstellung Langzeittherapie	PTV 1 (Patient), PTV 2 (Therapeut) an Kasse; dazu PTV 3 (Therapeut), Gutachten des Therapeuten (EBM 868) und Konsiliarbericht in verschlossenem Umschlag für Gutachter
Abrechnung	Auf dem Abrechnungsschein alle Leistungen einschließlich probatorische Sitzungen; Patient muss Abrechnungsschein unterschreiben
Verlängerung	PTV 1, PTV 2, PTV 3, Bericht an Gutachter

1.3.4
Gutachterpflicht für Kurzzeittherapie ab dem Jahre 2000

Ab dem 01.01.2000 sind auch die Kurzzeittherapien gutachterpflichtig. Das Verfahren soll dem bei der Langzeittherapie entsprechen. Von der Gutachterpflicht für Kurzzeittherapie können Therapeuten dann befreit werden, wenn sie für das jeweilige Verfahren 35 Therapiegenehmigungen im Gutachterverfahren erhalten haben, von denen mindestens 20 eine Einzeltherapie betrafen.
Für eine Befreiung von Gruppentherapien vom Gutachterverfahren müssen von 35 entsprechenden Therapiegenehmigungen 15 für eine Gruppentherapie erteilt worden sein. Will der Therapeut eine Befreiung vom Gutachterverfahren auch für die Gruppentherapie erhalten, müssen von den für das entsprechende Verfahren und den entsprechenden Bewilligungsschritt vorgelegten 35 Therapiegenehmigungen 15 für eine Gruppentherapie erteilt worden sein.

Therapie in einzelnen Störungsbereichen

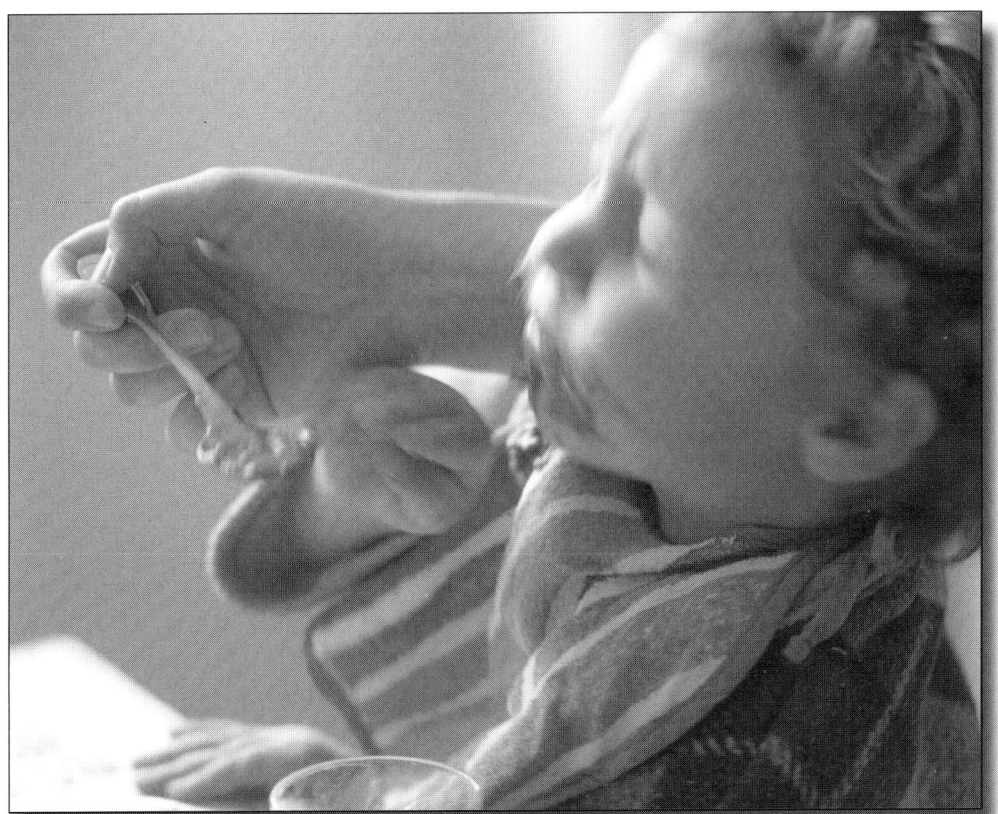

Fütter- und Ess-Störungen bei kleinen und behinderten Kindern

Heinz Süss-Burghart

Fallbeispiel

Johanna (2;7 Jahre), ein ehemaliges frühgeborenes Kind aus der 26. Schwangerschaftswoche, kommt wegen einer massiven Nahrungsverweigerung zur stationären Diagnostik und Therapie. Nach Risikoschwangerschaft und bei einem Geburtsgewicht von 650 Gramm bestand ein Atemnotsyndrom und es entwickelte sich eine bronchopulmonale Dysplasie, die jahrelang eine Sauerstoffzuführung erforderte. Johanna blieb nach der Geburt 5 Monate im Krankenhaus und konnte in dieser Zeit maximal 50 ml pro Mahlzeit zu sich nehmen; fast das gesamte Nahrungs- und Flüssigkeitsangebot musste sondiert werden. Zu Hause verweigerte das Kind nach kurzer Zeit die orale Nahrungsaufnahme praktisch vollständig. Im zweiten Lebensjahr wurde Mundstimulation (Castillo-Morales-Therapie) bei meist massiver Abwehr des Kindes und häufigem Erbrechen durchgeführt. Die geistige und körperliche Entwicklung des Kindes war verzögert. Mit 29 Monaten war Johanna vorübergehend in ambulanter psychologischer Therapie; wegen der Schwere der Symptomatik war aber eine stationäre Therapie notwendig. Bei der Aufnahme berichtet die Mutter, dass Johanna einen leeren Löffel ohne weiteres im Mund akzeptiert, bereits beim Anblick eines vollen Löffels aber sofort würgt und erbricht und sich massiv gegen Fütterversuche wehrt. Andererseits lutscht Johanna gerne an Salzstangen, spuckt diese aber wieder aus. In der Entwicklungsdiagnostik erreicht Johanna bei einem Lebensalter von 31 Monaten einen Entwicklungsstand zwischen 24 und 27 Monaten.

2.1.2
Diagnostische Kriterien nach ICD-10

Die frühkindliche Ess-Störung wird als „Fütterstörung (nicht-organischen Ursprungs) im frühen Kindesalter" mit F98.2 codiert; das umfasst Nahrungsverweigerung und sehr wählerisches Essverhalten bei angemessenem Angebot in Abwesenheit einer organischen Krankheit. Rumination (d.h. wiederholtes Hochwürgen von Nahrung ohne Übelkeit und/oder gastrointestinale Krankheit) kann zusätzlich vorhanden sein. Für Fütterschwierigkeiten, unsachgemäße Ernährung sowie für Gedeihstörungen („failure to thrive", FTT) und Gewichtsverlust bzw. fehlende Gewichtszunahme gibt es gesonderte ICD-Ziffern.

2.1.3
Epidemiologie, Verbreitung und Altersrelevanz

Vorübergehende Fütterschwierigkeiten sind im Säuglings- und Kleinkindalter relativ häufig (Angaben reichen bis zu 33% der Kinder); dabei handelt es sich etwa um kurzfristiges Ablehnen von gröberer Kost oder um Schwierigkeiten beim Füttern in einer für das Kind ungewohnten Position (beispielsweise im Hochstuhl statt auf dem Schoß der Mutter). Die Häufigkeiten von behandlungsbedürftigen Ess- und Gedeihstörungen im Kleinkindalter sind in der Tabelle aufgeführt. Auffällig ist der hohe Anteil von Jungen im Gegensatz zur Jugendlichen- und Erwachsenenanorexie. Bei körperlich und mental behinderten Kindern steigt die Häufigkeit von Ess- und Gedeihstörungen auf 30%, bei schwerstbehinderten Kindern bis zu 80%.

Tabelle 1: Häufigkeit von Ess- und Gedeihstörungen im Kleinkindalter

Ambulante Patienten	2%	
Stationäre Patienten	2–5%	davon 19–30% Jungen

Vor allem im angloamerikanischen Raum wird die organisch bedingte Ess- und Gedeihstörung (OFT = organic failure to thrive) von der nicht organisch bedingten Ess- und Gedeihstörung (NOFT) getrennt. Der Anteil der diagnostizierten OFT-Störungen an der jeweils untersuchten Population von Ess- und Gedeihstörungen ist sehr heterogen (5,8% bis 48%), was an den unterschiedlich umfangreichen Untersuchungsmethoden liegen dürfte.

2.1.4
Diagnostik der Störung

Bei Kindern mit schweren Essverweigerungen und Gedeihstörungen kann jahrelang eine vollständige nicht-orale Ernährung durch Sondierung erforderlich sein oder eine Zusatz- oder Teilsondierung vorübergehend notwendig werden. Bei mundmotorischen Störungen der Kinder gibt es – in Abhängigkeit vom Schweregrad der Störung – erhebliche Saug- und Schluckprobleme mit Verschlucken und dadurch verursachten Aspirationen und Pneumonien. Außerdem kann das Essverhalten der Kinder sehr wählerisch sein oder die Kinder akzeptieren nur pürierte und damit nicht altersgemäß grobe Kost. Zusätzlich zu organischen Problemen, aber auch als ausschließlich vorhandene Problematik, können massive Verhaltens-, Interaktions- und Beziehungsstörungen in den Füttersituationen und auch darüber hinaus in anderen Situationen für Kind und Eltern sehr belastend sein und große Teile des Tagesablaufs dominieren.

In der problemspezifischen Anamneseerhebung werden die Eltern befragt, wann die Fütterprobleme begonnen haben, ob, wie viel und welche Nahrung oder Flüssigkeit das Kind oral zu sich genommen hat, welche Probleme (verschlucken, im Mund behalten, ausspucken) zu dieser Zeit bestanden und ob das Kind Hungergefühl zeigte oder zeigt.

Die aktuelle orale Ernährungssituation muss, getrennt nach Nahrung und Flüssigkeit, möglichst detailliert geklärt werden. Dabei werden folgende Kriterien berücksichtigt:

- die durchschnittliche Anzahl der akzeptierten Löffel Nahrung, das Gewicht, das Volumen oder die Kalorienzahl je Nahrungsaufnahme und die Tagesmenge;
- die Art und die Konsistenz sowie die Geschmacksrichtung der Nahrung, möglichst in Form einer Hierarchie der präferierten und der abgelehnten Kost;
- eventuell zugemischte Anreicherungsstoffe wie Maltodextrin, Butter oder Öl;
- der Zeitpunkt, die Dauer und die Häufigkeit der oralen Fütterungen;
- die Art der verwendeten Esswerkzeuge (Tasse, Becher, Schnabeltasse, Flasche, flache oder tiefe Löffel);
- die Sitzposition (auf dem Schoß, in der Sitzschale, im Hochstuhl).

Zusätzlich werden die Eltern gefragt, ob es systematische Schwankungen bei der oralen Nahrungsaufnahme gibt und wovon diese abhängen.

Wenn das Kind zusatz- oder vollsondiert wird, muss auch nach Menge, Zeitpunkt, Dauer und Durchführungsart der Sondenmahlzeiten gefragt werden.

Auch das Verhalten des Kindes beim Füttern soll im Detail geklärt werden. Günstig für die orale Nahrungsaufnahme ist, wenn das Kind Blickkontakt mit der Mutter hält, auf den Löffel schaut, bei dessen Annäherung spontan den Mund öffnet und die Nahrung sofort schluckt; ungünstig ist das Wegdrehen des Kopfes, eine körperliche Unruhe, das Rausschieben der Nahrung mit der Zunge und das Spielen mit der Nahrung im Mund.

Wenn das Kind beim Füttern hustet, würgt, ruminiert (lange mit der Nahrung im Mund spielt, die Nahrung wieder hochwürgt und teilweise erbricht) oder im Schwall erbricht, muss die Abhängigkeit von Situation, Zeitpunkt (während oder nach oraler Ernährung oder Sondierung) und vorausgehendem sowie nachfolgendem Verhalten der Eltern geklärt werden. Wenn z.B. die Eltern beim ersten Würgen des Kindes das Lätzchen hochhalten, kann das Erbrechen dann schon eine konditionierte Reaktion sein; hören die Eltern sofort auf zu füttern, kann das eine negative Verstärkung sein; reinigen sie das Kind und die Umgebung mit viel Zuwendung, wird das evtl. als eine positive Verstärkung erfahren; oder die Eltern füttern nach einer bestimmten Zeit die erbrochene Nahrung nach.

Zu erfragen ist auch, ob das Kind den Schnuller akzeptiert, Dinge in den Mund nimmt, hineinbeißt, Gegenstände oder Manipulationen (z.B. Zähne putzen) im Mundraum akzeptiert. Ebenso sollten die Eltern nach ihren Gefühlen und Befindlichkeiten beim Füttern und Sondieren gefragt werden, nach ihrer Belastung und den Einschränkungen durch das Essproblem und danach, welchen Stellenwert das Fütter- oder Gedeihproblem innerhalb der Familie, Verwandschaft und im Bekanntenkreis hat.

Die Fütter- und Gedeihstörungen bei kleinen und/oder behinderten Kindern erfordern eine besonders enge Zusammenarbeit von Arzt und Psychologe; das betrifft folgende Kriterien:

- Abklärung einer eventuell vorhandenen organischen Ursache der Ess-Störung (z.B. chronische Krankheiten, genetische Syndrome, Zerebralparesen, mentale Störungen, Früh- und Mangelgeburten, Lippen-Kiefer-Gaumen-Spalte);
- Diagnostik der mundmotorischen Fähigkeiten. Grob kann die zur Aufnahme und zum Transport der Nahrung im Mund nötige Lippen- und Zungenbeweglichkeit durch Beobachtung, Imitationsübungen (z.B. Zunge aus dem Mund, nach den Seiten) und Videoanalysen geprüft werden. Ein differenzielles Instrument für die Diagnostik der Mundmotorik ist das „SOMA" (Reilly et al., 1995), eine detaillierte und standardisierte videogestützte Diagnostikmethode;
- Abklärung der Schluckfähigkeit durch einen „Brei-Schluck" oder eine „Schluck-Kinematographie". Wenn das Kind nicht sabbert, ist das auch ein guter Hinweis auf eine vorhandene Schluckfähigkeit. Wenn das Kind sich häufiger verschluckt, ist u.U. ein Lungenröntgen nötig; vor allem, wenn das Kind immer wieder Pneumonien hatte;
- Refluxdiagnostik etwa durch eine pH-Sonde;
- Abklärung der somatischen Daten, der erforderlichen Nahrungs- und Flüssigkeitsmengen und eventuell nötiger Diäten.

Wenn eine Ess-Störung organisch (mit-)bedingt ist, hat das nicht notwendigerweise eine Auswirkung auf die Planung und die Durchführung einer psychologischen Esstherapie; es steigt aber die Wahrscheinlichkeit, dass Verhaltensprobleme beim Kind auf die Füttersituation beschränkt und vorhandene Interaktions- und Beziehungsstörungen eher sekundär verursacht

2.1

Fütter- und Ess-Störungen

sind sowie neben dem Gewichts- und dem Längenwachstum die globale mentale Entwicklung oder Teilfähigkeiten, Konzentrations- und Arbeitsverhalten ungünstig beeinflusst werden. Das gilt vor allem für Ess- und Gedeihstörungen, die bereits in den ersten Lebensmonaten beginnen.

Mit Abnahme des organischen Anteils an einer Ess-Störung steigt die Wahrscheinlichkeit, dass Auffälligkeiten (mentale Fähigkeiten, Ess-Störungen, Missbrauchsanamnese der Mutter) und Beziehungsprobleme bei den Bezugspersonen vorhanden sind oder die Eltern Defizite bei der Auswahl und der Zubereitung der Nahrung haben und dass das Kind vernachlässigt ist.

Wenn die für die psychologische Esstherapie erforderlichen medizinischen Untersuchungen durchgeführt sind, wird das Füttern und Sondieren beobachtet und gefilmt. In dieser Verhaltensbeobachtung werden die Eltern gebeten, sich beim Füttern und Sondieren so zu verhalten, wie sie es von zu Hause gewohnt sind. Wenn möglich und nötig, wird der Therapeut danach die Eltern bitten, etwa die Auswirkungen von unterschiedlichen Fütterwerkzeugen (z.B. Pipette, Sauger mit verschiedenen Lochgrößen), verschiedenen Nahrungsangeboten (etwa geschmacksneutral dünnflüssig wie Mineralwasser, herzhaft dünn wie Suppe, etwas dicker wie 4-Monats-Gläschen) oder Fütterpositionen zu erproben (wenn nötig, übernimmt dies der Therapeut selbst).

In der Videoanalyse werden folgende Interaktionsparameter im Detail erhoben:

- Eindeutigkeit der Bezugsperson (in Instruktion, Aufforderung und Verbot, bei Lob und Zuwendung);
- Schnelligkeit in den Reaktionen und in der Hilfestellung und beim Füttern;
- erwünschtes und für das Füttern günstiges sowie unerwünschtes Verhalten des Kindes und der Eltern.

Zudem werden die Eltern dazu angeleitet, ein ausreichend aussagefähiges Fütterprotokoll zu führen.

In der Verstärkeranalyse können neben sozialen Verstärkern (Lob, Streicheln), Musik (z.B. durch Fußschalter kontingent eingesetzt) und Spielangeboten (z.B. für eine Anzahl akzeptierter Löffel Nahrung) durchaus auch Nahrungsmittel berücksichtigt werden.

2.1.5
Bedingungsmodell

Abgesehen von akut medizinischen Ursachen einer Ess-Störung spielen vor allem bei zunehmender Dauer der Ess-Störung Übungs- und Lernprozesse eine zentrale Rolle. Das erfolgreiche Vermeiden der Nahrungsaufnahme und die damit fehlende Übung bei der Aufnahme, dem Transport der Nahrung im Mund und dem Schlucken der Nahrung führt zu einer ungeübten Mundmotorik, die wiederum etwa auch durch häufigeres Verschlucken zum Vermeiden führt. Die Ablehnung von gröberer Kost oder breiteren Geschmacksrichtungen wird eine Sensibilisierung des Mund-Rachen-Raumes zur Folge haben. Neben Übungsfaktoren und klassisch konditionierten Verhaltensanteilen sind operante Prozesse wie die positive (z.B.

Einreden der Mutter auf das Kind) und negative Verstärkung (z.B. Abbruch des Fütterns nach dem Würgen) ungünstiger Verhaltenskomponenten an der Entstehung und vor allem an der Aufrechterhaltung des Problemverhaltens beteiligt. Auch an der Aufrechterhaltung von Rumination (z.B. Selbstverstärkung) und Erbrechen (z.B. Latz vorhalten als konditionierter Auslöser) sind Lernerfahrungen beteiligt.

2.1.6
Therapieplanung

Wenn ein Kind längere Zeit voll sondiert wurde, ist die erste, grundsätzliche Entscheidung, ob eine orale Nahrungsaufnahme angebahnt werden soll oder nicht. Lassen medizinische Probleme oder eine hohe familiäre Belastung eine orale Anbahnung nicht zu oder als – in absehbarer Zeit – wenig aussichtsreich erscheinen, so sollten bei der Sondierung soziale und interaktionale Aspekte berücksichtigt werden. Dann wird das Kind am Tisch sitzend und zu den üblichen Essenszeiten mit einem – dem üblichen Essensangebot soweit möglich ähnlichen – Sondenangebot sondiert.

Wird dagegen eine orale Ernährung angestrebt, ist die Sondierung unter maximal möglichem Verstärkerentzug durchzuführen.

Mundmotorische Auffälligkeiten können mit Krankengymnastik (z.B. spezielle Vojta-Übungen) oder nach Castillo-Morales behandelt werden. Die Indikation muss im Einzelfall überlegt werden; die Bedeutung der psychologischen Intervention wird dadurch nicht geschmälert, eine enge Absprache über das Vorgehen und die Übungsinhalte ist aber nötig.

Aus der Anamnese, den Ergebnissen der medizinischen Diagnostik und vor allem den Verhaltensbeobachtungen, Videos und Videoanalysen folgt die klare Definition von erwünschten und unerwünschten Verhaltenselementen beim Kind und – genauso wichtig – bei der Mutter sowie von Teilzielen und damit auch vom Inhalt der Verlaufsprotokollierung.

Erste Therapieschritte

Die ersten Therapieschritte bei der grundlegenden Anbahnung einer oralen Ernährung können etwa so aussehen:

- Der 7 Monate alte, frühgeborene, voll- und dauersondierte Säugling nimmt keine Nahrung oral, bereitet aber auch keine besonderen Verhaltensprobleme, wenn er in der Fütterschale liegt. Wenn die Mutter mit dem Finger leicht an seinen Lippen reibt, macht er gelegentlich den Mund etwas auf.

Therapieteilziele: Mund öffnen bei Berührung der Lippen; geringste Mengen an Flüssigkeit im Mund akzeptieren.
Protokoll: Häufigkeiten.

Nach der Gewöhnung an den Anblick einer 5-ccm-Spritze berührt die Mutter nach Ankündigung in kurzen Intervallen die Lippen; bei Mundöffnung lobt die Mutter sofort und streichelt leicht und kurz die Wangen des Kindes. Sobald das Lippenberühren recht kontingent zum Mundöffnen führt, spritzt die Mutter 1 ccm Mineralwasser vorne in den Mund und lobt die Akzeptanz der Flüssigkeit im Mund kontingent und herzlich. Das nächste Therapieteilziel ist die Akzeptanz von Flüssigkeit auf der Zunge.

• Das 18 Monate alte Mädchen sitzt recht ruhig in der Fütterschale, dreht aber bei Annäherung des Löffels mit Nahrung sofort den Kopf weg und kneift den Mund zu.

Therapieteilziele: Blickkontakt mit Mutter und/oder Löffel, Kopf auf Mutter/Löffel ausgerichtet.
Protokoll: Anzahl der akzeptierten Löffel Nahrung.

Die Mutter setzt sich direkt und in vergleichbarer Höhe vor das Kind, achtet auf Blickkontakt und bietet mit einer kurzen, klaren Aufforderung den ersten Löffel Nahrung an. Sie fixiert gleichzeitig mit der linken Hand von oben leicht den Kopf.
Das Kind öffnet den Mund – die Mutter füttert den Löffel Nahrung, lässt sofort den Kopf los (negative Verstärkung) und lobt umgehend und kontingent sofort kurz und herzlich (positive Verstärkung). Die Hilfestellung wird in Abhängigkeit von der Kooperation des Kindes ausgeblendet; die Intensität der positiven Verstärkung wird ebenfalls von der Mitarbeit abhängig gemacht. Abbruchkriterium: dreimal stärkere Abwehr des Kindes (Mutter muss Kopf stärker fixieren, Kind schlägt mit den Händen gegen den Löffel) in Folge.
Die nächsten Therapieteilziele sind die spontane Kopfausrichtung des Kindes auf den Löffel und dann die allmähliche Steigerung der Füttermenge.

• Das geistig behinderte 37 Monate alte Kleinkind, das zusatzsondiert wird, hat genügend Aufmerksamkeit für das Füttern von 10 bis 12 Löffeln Nahrung, macht spontan den Mund auf und nimmt die Nahrung in den Mund, schluckt diese aber nicht runter. Die Mutter füttert trotzdem weiter und versucht durch Reden das Kind zum Essen zu bringen. Dieses sammelt die Nahrung im Mund, schluckt immer wieder geringe Mengen und schiebt nach einiger Zeit die Nahrung mit der Zunge wieder raus. Das Füttern dauert sehr lange.

Therapieteilziele: Schnelles Schlucken der gefütterten Nahrung.
Protokoll: Anzahl der Schluckvorgänge; die Fütterzeit von 10 Minuten ist das Abbruchkriterium.

Die Mutter sitzt vor dem Kind und füttert unter Blickkontakt und nach kurzer Ankündigung den ersten Löffel Nahrung und schweigt dann. Das Kind hält die Nahrung im Mund. Die Mutter gibt nach kurzer Zeit die Aufforderung „schluck runter" und nach kurzem schweigendem Abwarten Hilfestellung (leichten Druck gegen den Zungenboden). Das Kind schluckt sichtbar, die Mutter lobt sofort und nimmt die Hilfestellung zurück. Dann füttert sie nach kurzer Aufforderung den nächsten Löffel Nahrung.

Die weiteren Therapieziele sind das Ausblenden der Hilfestellung beim Schlucken und das schrittweise Vergrößern der Nahrungsmenge.

Für die ersten Therapieschritte sollten geschmacksarme Flüssigkeiten verwendet werden, diese sind auch bei eventuellen Aspirationen ungefährlicher. Wenn die dünnen Flüssigkeiten nicht so gut im Mund transportiert werden können, kann mit „Quick-dick" die Flüssigkeit etwas angedickt werden. Die ersten oralen Nahrungsangebote sind in der Regel Breie, deren Konsistenz beim Anrühren etwas variiert werden kann.

Bei jeder Esstherapie gelten grundsätzlich folgende Kriterien:

- Alles Ablenkende soll vermieden werden (z.B. Fernseher ausschalten, Spielzeug wegräumen), sodass die volle Aufmerksamkeit des Kindes auf das Essen möglich wird.
- Alle Aufforderungen und Instruktionen sind klar und kurz und werden für jedes Zielverhalten (herschauen, Mund aufmachen, runterschlucken) nur einmal gegeben.
- Nach kurzem Abwarten, ob das Kind der Instruktion nachkommt, wird eine sinnvolle Hilfestellung schnell und eindeutig durchgeführt (wenn z.B. das Kind den Mund nicht aufmacht, wird Fingerdruck gegen das Kinn ausgeübt).
- Die positive Verstärkung soll sofort, herzlich und kontingent auf erwünschtes Verhalten (z.B. sicht- oder hörbare Schluckakte) erfolgen.
- Zusätzliches Reden der Mutter oder Beschwichtigen des Kindes bedeutet durchweg Verstärkung von Störverhalten und muss deshalb wegfallen. Das gilt auch für Tic-ähnliches Abwischen des Mundes, das manche Kinder oder auch Mütter nach jedem Löffel Nahrung durchführen.
- Auf eine angemessene, gleichmäßige Füttergeschwindigkeit soll geachtet werden.
- Kurz dauernde Interventionen sollen häufiger am Tag durchgeführt werden (wenn das Kind durchschnittlich 10 Löffel Nahrung pro Mahlzeit akzeptiert, wird es beispielsweise achtmal pro Tag gefüttert).
- Ein eindeutiges Abbruchkriterium muss definiert und eingehalten werden (wenn z.B. das Kind dreimal in Folge die Nahrung ausspuckt, wird es – soweit nötig – gereinigt und dann 10 Minuten lang ignoriert).
- Bei starkem Störverhalten wie Erbrechen wird das Kind mit minimaler Zuwendung gereinigt und dann erfolgt z.B. Zuwendungsentzug.

Die folgenden Therapieschritte

Ergibt sich aus der Verhaltensbeobachtung/dem Verlaufsprotokoll, dass das Kind z.B. bei drei Nahrungsangeboten in Folge das Teilziel „fünf Löffel Nahrung" unter definierten Verhaltensbedingungen erreicht hat, wird das Nahrungsangebot auf „sieben Löffel Nahrung" erhöht und dann wieder nach drei Erfolgen in Folge erhöht. Parallel zur Erhöhung des Nahrungsangebotes werden die Fütterhäufigkeiten reduziert und die Protokollierung auf das Gewicht der akzeptierten Kost (der Teller und die Nahrung werden vor und nach dem Füttern gewogen) oder Kalorienmenge umgestellt. Bereits dann muss überlegt werden, wie ein Hungergefühl des Kindes zu erreichen ist; die Sondierung sollte dann zu Zeiten gegeben werden, sodass das

Kind tagsüber Hunger haben kann. Wenn das Kind etwa 100 Gramm Nahrung am Tag akzeptiert, ist es nötig, die Menge der sondierten Nahrung zu verringern. Ab einer Nahrungsmenge von etwa 200 g am Tag sollte das Nahrungs- und das Flüssigkeitsangebot getrennt werden; das Kind bekommt dann die Nahrung mit dem Löffel und die Flüssigkeit mit dem Becher (bei einem ausgeschnittenen Becher kann die gegebene Flüssigkeitsmenge gut kontrolliert werden).

Im nächsten Therapieschritt wird dünnflüssige Nahrung unterschiedlicher Geschmacksrichtungen angeboten. Präferierte Kost wird als Verstärkung (zuerst im Verhältnis 1:1) gegeben und dann ausgeblendet. Schwieriger ist meist der Übergang auf gröbere Kost; dabei kann man sich an der Konsistenz der Säuglingsnahrung orientieren (4-, 8-, 12-,18-Monats-Gläschen) und wiederum mit präferierter Kost verstärken.

Bei den Therapieschritten „Abbeißen" und „Kauen" kann neben der Desensibilisierung des Mund-Rachen-Raums und der Verstärkung auch Modelling eingesetzt werden. Der Erwachsene sitzt dem Kind in vergleichbarer Höhe gegenüber und macht das Abbeißen (z.B. von Keksen) vor. Das Kind imitiert unmittelbar und wird zusätzlich materiell (z.B. mit einem Löffel Fruchtzwerg) verstärkt. Ebenso ist beim Kauen (der Erwachsene macht die Mahlbewegungen vor) Hilfestellung (Druck gegen den Unterkiefer) möglich.

2.1.7
Wirksamkeit und Wirksamkeitsbedingungen der Therapie

Das relativ differenzierte Wissen um Epidemiologie, Diagnostik und Prognose frühkindlicher Ess- und Gedeihstörungen spiegelt sich in einer relativ großen Anzahl von Publikationen wider, die teilweise auch allgemeine therapeutische Hinweise etwa für die Art und die Zusammensetzung des Nahrungsangebotes und für die allgemeine Strukturierung einer Esssenssituation geben. Die Therapiestudien im psychologischen Bereich sind vor allem Kasuistiken. Darin werden meist operante verhaltenstherapeutische Vorgehensweisen bei unterschiedlichen Problemstellungen wie totaler Nahrungsverweigerung, extrem selektivem Essverhalten oder Rumination und die Desensibilisierung gegen unterschiedliche und gröbere Kost als erfolgreich dargestellt.

Grundlegende Literatur

- Boddy, J. W. & Skuse, D. M. (1994). The process of parenting in failure to thrive. Journal of Child Psychology and Psychiatry, 35, 401–424.

- Wolke, D. & Skusse, D. (1992). The management of infant feeding problems. In P. Cooper & A. Stein (eds.), Feeding problems and eating disorders in children and adolescents. New York: Harwood Academic Publishers (pp. 27–59).

- Reilly, S. & Skuse, D. (1995). Schedule for oral motor assessment (SOMA), Dysphagia, 10, 177–191.

- Süss-Burghart, H. (1995). Therapie einer massiven Nahrungsverweigerung bei einem schwer geistig behinderten Kind. Verhaltenstherapie, 5, 35–40.

Sprachentwicklungsstörungen

Udo B. Brack

2.2.1
Fallbeispiel

„Aber verstehen kann er alles!", betonten die Eltern des dreijährigen Hans, den sie vorstellten, weil „er nicht richtig sprechen lernt". Ihnen war aufgefallen, dass er sich sprachlich viel langsamer entwickelte als seine zwei Jahre ältere Schwester. Er benutzte das erste verständliche Wort erst mit 18 Monaten. Zum Untersuchungszeitpunkt beherrschte er etwa zehn Wörter, mit denen er gelegentlich auch einfache Zweiwortsätze bildete („Mama da", „noch Ham" usw., wobei er „Ham" für alles Essbare verwendete).

Bei der letzten Früherkennungsuntersuchung U7 im Alter von gut zwei Jahren beruhigte der Kinderarzt die Eltern: Er sei vermutlich ein „Spätentwickler". Als er aber wegen eines Infektes von Hans vor kurzem erneut aufgesucht wurde, erschien ihm die reduzierte Sprache des Kindes doch auffällig und er riet zur eingehenden Entwicklungsdiagnostik.

Die orientierende Eingangsuntersuchung ergab in den nichtsprachlichen Funktionen ein relativ ausgeglichenes, gut durchschnittliches Profil. Das Sprachverständnis lag etwa ein halbes Jahr, die Sprachproduktion etwa eineinhalb Jahre zurück; dieser Befund legte die Diagnose **„expressive Entwicklungsdysphasie"** nahe.

2.2.2
Diagnostische Kriterien nach ICD-10

Unter „F8 Entwicklungsstörungen" erwähnt die ICD-10 für den Bereich der Sprache F80.1 **expressive Sprachstörung**, F80.2 **rezeptive Sprachstörung** und F80.3 **erworbene Aphasie mit Epilepsie** (Landau-Kleffner-Syndrom).

Die **Störungen der Sprachentwicklung** (Dysphasie) sind also zunächst zu trennen von den **Sprechstörungen,** d.h. den Auffälligkeiten der Artikulation (Stammeln oder Dyslalie) und des Redeflusses (Stottern, Poltern), den **Kommunikationsstörungen** (wie dem elektiven Mutismus) und dem **Verlust bereits erworbener Sprache** (Aphasie; z.B. nach Schlaganfall). Außerdem setzt die Diagnose eine relativ normale (nonverbale) Intelligenz voraus und keine gravierenden Anregungsdefizite in der frühen Kindheit („Deprivation").

Von den drei Formen der Sprachentwicklungsstörung sind vor allem die ersten beiden wichtig: Die (nur) expressive Dysphasie ist beschränkt auf die aktive Sprache und hat eine bessere Prognose, während die rezeptive Dysphasie immer auch eine expressive enthält und ein breiteres Störungsbild darstellt. Beim Landau-Kleffner-Syndrom hängt die Prognose vom Therapieerfolg der Epilepsie ab. Da sich Sprachförderung an Sprachleistungen orientiert und nicht an Syndromen, hat diese Diagnose therapeutisch keine Relevanz, sieht man vom Einfluss der Anfallsmedikamente auf die Lernfähigkeit des Kindes ab.

Das Intelligenzkriterium ist in der ICD-10 nur über die „Grenzen der Varianz der Norm für das Alter des Kindes" definiert. Besser ist das übliche Kriterium: Die nonverbale Intelligenz und bei der expressiven Dysphasie das Sprachverständnis liegen, gemessen mit standardisierten Tests mit breitem Funktionsspektrum, höchstens eine Standardabweichung unter dem Durchschnitt und die Sprache bzw. das Sprachverständnis mindestens zwei Standardabweichungen unter der nonverbalen Intelligenz.

Sprachentwicklungstörungen finden sich auch in Verbindung mit anderen Entwicklungsauffälligkeiten, vor allem mit

- F7 Intelligenzminderung (in verschiedenen Ausprägungsgraden, entsprechend ist auch die Sprache betroffen) und
- F84 tiefgreifenden Entwicklungsstörungen (einschließlich Autismus und Rett-Syndrom, die sich ebenfalls mit F7 überschneiden).

Wenn Sprachbeeinträchtigungen in Verbindung mit solchen Störungen auftreten, werden sie meist nicht getrennt diagnostiziert; sie sollten aber dennoch untersucht werden, da auch sie Gegenstand der Therapie der betroffenen Kinder sein können.

2.2.3
Epidemiologie, Verbreitung und Altersrelevanz

Die Häufigkeit aller Formen von „retardierter Sprachentwicklung" zusammengenommen, ist wie bei allen Entwicklungsstörungen einschließlich der mentalen Retardierung eine definitorische Frage: Die Festlegung der Grenze von „Retardierung" bei zwei Standardabweichungen unter dem Durchschnitt (entsprechend einem Abweichungs-IQ von 70) etwa legt automatisch rund 2,3% aller Kinder als betroffen fest.

Häufigkeitsangaben über Sprachentwicklungsstörungen im engeren Sinne, also bei sonst „normaler" Entwicklung (unter Ausschluss von mentaler Retardierung, Hörbehinderung, Blindheit, Cerebralparesen usw.) sind heterogen. In einer Übersicht bei Lahey (1988) finden sich Angaben zwischen 2,5% und 8,5%. Berücksichtigt man, dass oft auch leichte Formen einbezogen bzw. spezifische Kindergruppen (z.B. Anmeldepopulationen in Versorgungseinrichtungen) untersucht wurden, dann dürften Häufigkeiten von etwa 4% mit drei Jahren und 2% mit fünf Jahren realistisch sein. Daraus wird die Altersrelevanz der Störungsdiagnose deutlich: Ein Teil der Kinder zeigt mit zunehmendem Alter eine spontane Besserung. (Allerdings nimmt mit dem Alter auch der Erfolg einer Therapie ab.)

Gehäufte Sprachprobleme von Kindern werden oft aus Stadtvierteln mit vielen Unterschicht- und Ausländerfamilien berichtet. Dabei handelt es sich vor allem um Bildungsdefizite, deprivatorische Erziehung und mangelnde (deutsche) Sprachanregung. Diese Probleme sind von „Sprachentwicklungsstörungen", die normale Anregung voraussetzen, zu unterscheiden, können sie aber überlagern (und bedürfen auch der Förderung).

2.2.4
Diagnostik der Störung

Wie bei allen Entwicklungsstörungen verläuft die Diagnostik in Schritten, die sich aus dem sequenziellen Wechselspiel von Informationssammlung, Hypothesenbildung und Hypothesenprüfung ergeben. Vor allem drei konkrete Stufen lassen sich unterscheiden: Zuerst wird die allgemeine Intelligenz bzw. Entwicklung mit Tests, die dem Lebens- bzw. dem geschätzten mentalen Alter des Kindes entsprechen, geprüft. Entscheidend ist, dass nicht ein globaler Entwicklungs- oder Intelligenzquotient (EQ oder IQ) ermittelt werden soll, son-

Tabelle 1: Einige Sprachtests mit Altersangaben und den erfassten Sprachkategorien

Tests	Entwicklungsalter	Phonologie	Morphologie	Syntax	Semantik	Pragmatik
Reynell-Sprachentwicklungsskalen	1–7	√	√	√	√	
Teddy-Test	3–6				√	
Kindersprachtest für das Vorschulalter KISTE	3–7		√	√	√	
Heidelberger Sprachentwicklungstest HSET	3–10		√	√	√	
Psycholinguistischer Entwicklungstest PET	3–10	√	√	√	√	
Testbatterie Grammatische Kompetenz TGK	9–11		√	√	√	
Allgemeiner Deutscher Sprachtest ADST	9–15	√	√	√	√	

Sprachentwicklungs-störungen

2.2

dern dass ein Profil mit möglichst vielen, für die intellektuelle Entwicklung des Kindes relevanten Einzelfunktionen erstellt wird. Dazu sind Tests sinnvoll, die eine größere Zahl von Subtests mit eigenen Normen enthalten und die etwa Aspekte wie Perzeption, Visuomotorik, Selbstständigkeit und Sozialverhalten (in der frühen Entwicklung) oder Begriffsbildung, verbal-auditives Gedächtnis, Mengen- und Zahlenbeherrschung und regelgeleitetes Handeln (auf späteren Entwicklungsstufen) prüfen. Zugleich enthalten die meisten dieser Tests auch sprachbezogene Aufgaben, sodass sich daraus, ebenso wie aus den begleitenden Gesprächen mit den Eltern, der Verhaltensbeobachtung des Kindes, dem Bericht des Kindergartens usw. schon Hinweise auf eine normale oder aber eine gestörte Sprachentwicklung (und deren spezifische, individuelle Ausprägung) ergeben.

Liegen solche Hinweise vor, dann folgt die genauere Untersuchung der sprachlichen Fähigkeiten und Defizite des Kindes. Das notwendige Ausmaß dieser Untersuchung hängt sehr vom Entwicklungsstand des Kindes, seiner spezifischen Störung und der therapeutischen Zielsetzung ab.

Sprachtests

Bei Kindern auf frühen (Sprach-)Entwicklungsstufen liefern die üblichen Sprachtests (Tabelle 1) die wesentliche Information, ergänzt durch Registrierungen der Äußerungen des Kindes im Alltag durch die Eltern. Vor allem das Sprachverständnis sollte unter standardisierten Testbedingungen geprüft werden, da das Situationsverständnis des Kindes (z.B. „bring mir das Buch da drüben" mit entsprechender Geste des Erwachsenen) zu groben Fehlbeurteilungen seines tatsächlichen Sprachverstehens führen kann.

Verhaltensbeobachtung

Weitere Information ergibt sich aus der Verhaltensbeobachtung, möglichst in Spielsituationen im Beobachtungsraum (mit Einwegscheibe und Videokamera) mit den Eltern bzw. einem Elternteil. Das Spielzeug sollte vielfältig sein, um die Sprache anzuregen; die Eltern sollten „normal" mit dem Kind spielen, es also nicht zu besonderen Sprachleistungen zu bringen versuchen. Die Videoaufnahme sollte für eine repräsentative Spracherhebung mindestens eine halbe Stunde dauern. Die Aufzeichnungen werden transkribiert und nach einfachen Merkmalen (Wortschatz, Länge und Komplexität der Sätze, Sprechhäufigkeit usw.) ausgewertet. Zugleich lässt sich die „Mittlere Äußerungslänge in Morphemen" („Mean Length of Utterance – MLU") ermitteln, ein relativ gutes Maß der frühen Sprachentwicklung; es eignet sich neben den Tests und den Wort- und Satzmaßen gut zur Kontrolle des Therapiefortschritts.

Testdiagnostik

Bei Sprachdefiziten auf höheren Entwicklungsstufen (z.B. dem „Dysgrammatismus" etwas älterer Kinder) ist in jedem Falle eine ausführliche Testdiagnostik, z.B. mit dem Heidelberger Sprachentwicklungstest (HSET), angezeigt. Darüber hinaus können die verwendeten bzw. vernachlässigten syntaktisch-semantischen Sprachkategorien (vgl. Lahey, 1988) ebenso erhoben werden wie das Lexikon, die Beherrschung der Morphologie und die tatsächliche Verwendung der Sprache im Alltag (Pragmatik).

Da verhaltenstherapeutisch orientierte Sprachförderung vor allem relevant ist, wenn das Kind schlecht kooperiert (weil es auf einer frühen Entwicklungsstufe steht, stark behindert ist oder zusätzliche Verhaltensstörungen zeigt) oder wenn es so gravierende Ausfälle zeigt, dass eine elementare Ausformung von Sprache angezeigt ist, ist in solch einem Fall kaum je eine aufwendige Analyse der Feinstruktur der Sprache nötig. Die Untersuchung von Wortschatz, Satzlänge, Verwendung von Subjekt, Prädikat und Objekt usw. genügt in den meisten Fällen.

Begleitstörungen

Schließlich wird möglichen begleitenden Störungen nachgegangen, auf die sich aus den Testdurchführungen, den Verhaltensbeobachtungen und den Gesprächen der Eltern Hinweise ergeben haben. So werden schlechte Reaktionen des Kindes auf leise gesprochene Aufforderungen und undeutliche Artikulation zur Überweisung zur Audiometrie führen oder auffallende, kurze Aufmerksamkeitsunterbrechungen zur Empfehlung, ein EEG ableiten zu lassen. Generelle Unaufmerksamkeit legt die Anwendung eines entsprechenden psychometrischen Tests nahe, schwache Ergebnisse der Eingangstests in Gedächtnisaufgaben machen weitere Untersuchungen in diesem Bereich notwendig.

Häusliche Verhaltensprobleme

Da die Bezugspersonen bei der Sprachförderung als Kotherapeuten eine zentrale Rolle einnehmen, sollten auch Verhaltensprobleme, die die häusliche Situation belasten, abgeklärt und evtl. vor der Sprachtherapie oder begleitend zu ihr behandelt werden. Bettnässen, Hyperaktivität, oppositionelles Trotzverhalten usw. können hier bedeutsam sein.

2.2.5
Bedingungsmodell

Verhaltensstörungen sind über ihre Verbindung zu (auch defizitären) Lernprozessen definiert, **Entwicklungsstörungen** als Defizite der Informationsverarbeitung in der Art, dass sich trotz eines „normalen" Anregungsangebots im betroffenen Bereich kein adäquat komplexes Reiz-Reaktions-Muster entwickelt. Bei Sprachentwicklungsstörungen kann also der zentralnervöse Mechanismus des Spracherwerbs („Language Acquisition Device – LAD") aus dem (stets beschränkten) gehörten Sprachangebot spontan keine altersgemäße Beherrschung von Sprachverständnis und Sprachproduktion ausbilden.

(Sprach-)Entwicklungsstörungen im engeren Sinn entstehen also per definitionem nicht durch Erziehungsfehler. Dieses vor allem für Eltern betroffener Kinder wichtige Argument wird auch nicht dadurch widerlegt, dass ähnliche Störungsbilder durch schwere psychosoziale Deprivation („Kaspar-Hauser-Syndrom", „Wolfskinder") bedingt und Sprachentwicklungsstörungen durch Verhaltensstörungen (Scheuheit, Trotz usw.) überlagert sein können. In diesem Modell ist es nicht trivial, sondern Ergebnis empirischer Forschung, dass (Sprach-)Entwicklungsstörungen erfolgreich durch Initiierung von Lernprozessen beeinflusst werden können; um über den mit „normalen" Erziehungs- und Anregungsbedingungen erreichten Zustand hinauszukommen, liegt es aber nahe, dass der beeinträchtigte Erwerbsmechanismus ein besonders intensives, strukturiertes oder vereinfachtes Reizangebot benötigt, um eine komplexere Handlungsregulierung zu erreichen.

2.2.6
Therapieplanung

Entsprechend beruht empirisch orientierte Sprachentwicklungsförderung auf **vereinfachter sprachlicher Stimulation**, die schrittweise, angepasst an die Fortschritte des Kindes, in Umfang und Struktur ausgestaltet wird. Das Standardwerk von Fey (1986) gibt einen guten Überblick über die große Vielfalt von Teilzielen, Methoden und Ergebnissen der Sprachtherapie bei Kindern. An Übungsverfahren werden trainerorientierte (der Erwachsene gibt Äußerungen vor), kindorientierte (der Erwachsene greift Äußerungen des Kindes auf) und gemischte unterschieden. Die ausführliche Darstellung enthält eine Fülle von Ergänzungen und Erweiterungen des nachfolgend vorgeschlagenen Vorgehens.

Der erwähnte Schwerpunkt verhaltensorientierter Sprachtherapie auf frühen Sprachentwicklungsstufen reduziert die Anzahl und Komplexität der bearbeiteten und als Therapieziele festgelegten Sprachstrukturen erheblich. Dabei stehen elementare Verhaltensaspekte – wie aktive Kooperation, Aufmerksamkeit gegenüber dem Übungsmaterial, **systematisches Imitieren** des Erwachsenen oder **gezieltes Benennen** – viel mehr im Vordergrund als bei Kindern, die bereits auf höherem Entwicklungsniveau kommunizieren.

Vor allem für die ersten Stufen des Spracherwerbs resultiert daraus die Notwendigkeit klar strukturierter Übungsinhalte und hoher Übungsintensität, was „trainerorientiertes" Vorgehen und die Einbeziehung der Eltern als Kotherapeuten zur täglichen Übungsdurchführung nahe legt. Beginnend auf der Stufe von einzelnen Lauten, Silben oder Wörtern kann ein solches Programm in einfache, operationalisierbare Stufen gegliedert werden:

- Die Bezugsperson (meist die Mutter) notiert die Äußerungen des Kindes im Alltag einschließlich der ersten Satzbildungen. Davon werden etwa zehn verschiedene Wörter (auch in Kindersprache, z.B. „Muh" für „Kuh") oder, wenn das Kind zu wenige produziert, auch Laute und Silben („m", „pa" usw.) in einem Übungsblatt aufgelistet.
- Nun werden geeignete, in kleinen Mengen mit dem Löffel verabreichbare Nahrungsverstärker ermittelt, an denen sich das Kind nicht verschlucken kann (Joghurt, Schokoladencreme usw.). Da von ihrer Wirksamkeit die aufmerksame, kontinuierliche Teilnahme des Kindes an einem längeren Training abhängt, sollten diese nur für die Übungen reserviert sein, d.h. im Alltag nicht mehr gegeben werden.
- Die Mutter legt eine Zeit fest (z.B. werktags von 16.00 bis 16.20 Uhr), zu der sie ungestört üben kann. Zu Beginn der Übung setzt sie das Kind sich gegenüber auf einen Stuhl, der etwas höher ist als der ihre, damit Mutter und Kind ungefähr gleiche Augenhöhe haben. Auf einem Tisch daneben befinden sich die Übungsliste, der Verstärker und eine Eieruhr, die auf 20 Minuten gestellt wird. Das Kind wird auf dem Stuhl nicht festgehalten; wenn es ihn aber verlässt, wird es schweigend zurückgesetzt.
- Nun fängt die Mutter mit wenig Nahrung auf dem Löffel den Blick des Kindes. Dann spricht sie eine der Äußerungen der Liste vor. Spricht das Kind innerhalb von etwa fünf Sekunden

Tabelle 2:	Training der verbalen Imitation – Auszug aus der Übungsliste				
Tag	8.3.	9.3.	10.3.	...	Bemerkung
Zeit	16.05–16.25	16.03–16.24	...		
Wörter:					
ma	√ – – √ √ √	√ √ – √ –			8.3.:
Auto	– – √ √ – √	√ – – √ √			unruhig
Papa	√ – – √ –	– – √ √ –			
a	– √ √ √ –	– √ – – √			
...	...	...			
neue Wörter:					
Muh					
da					
ei					
...					
da Muh					
...					

(nur) diese relativ deutlich nach, lobt und belohnt sie es und registriert (Tabelle 2) ein „√" in der Liste, sonst ein „–", und geht zum nächsten Wort über. Die Äußerungen der Liste werden in beliebiger Abfolge geboten, aber in jeder Sitzung etwa gleich oft. Zur Sicherung der Aufmerksamkeit des Kindes und zur Reduktion ablenkender Information (also zur Optimierung des Lernprozesses) ist es wichtig, dass die Mutter langsam übt, den vollen Blick des Kindes abwartet und außer den Äußerungen auf der Liste und dem kurzen Lob bei Erfolgen kein Wort spricht!

• Mit den Lernerfolgen des Kindes wird die Übungsliste allmählich um weitere registrierte Äußerungen ergänzt, bis sie etwa zwanzig enthält. Dieser Umfang wird dann konstant gehalten, indem Äußerungen, die über die Sitzungen hinweg 10 „√" in Folge hatten, weggelassen und durch neu notierte Äußerungen ersetzt werden. Ebenso werden Äußerungen mit 10 „–" in Folge weggelassen und zurückgestellt. (Das Prinzip, die Aufgabenschwierigkeit laufend auf den Entwicklungsstand des Kindes einzustellen, wird auch „entwicklungsproximale Förderung" genannt.)

• Ist eine größere Zahl von Ein- und Zweiwort-Äußerungen imitativ (also gewissermaßen „sinnlos") etabliert, fertigt die Mutter Karten mit Bildern von Personen, Tieren und Gegenständen, passend zu Einwort-Äußerungen des Kindes, an („Mama", „Wauwau", „Ball" usw.). Dann wird die Übung geteilt: Während Nachsprechen in der beschriebenen Art weiter ausgebaut wird, lenkt die Mutter im anderen Teil der Übung (und in der gleichen Sitzposition) den Blick des Kindes jeweils auf eine zunächst umgedrehte Karte. Wenn es aufmerksam dort hinsieht, deckt sie das Bild auf und wartet. Spricht das Kind spontan das passende Wort, wird es gelobt und belohnt. Bringt es keine oder eine falsche Äußerung, dann spricht die Mutter das richtige Wort vor und lobt und belohnt das Nachsprechen. Dann registriert sie das Ergebnis („√" für richtiges Benennen, „0" für Nachsprechen und „–" für einen Misserfolg auch beim Vorsprechen). Durch diese Reizüberblendung lernen die Kinder meist schnell die Funktion des Benennens, also den vorher imitativ erworbenen Wörtern einen „Sinn" zu geben.

- In der Nachsprechübung werden zunehmend für das Kind schwierigere, längere und syntaktisch vielfältigere Äußerungen bzw. Sätze imitativ aufgebaut und, wenn das Kind sie sicher beherrscht, in die Übung zum Benennen von Bildern übergeführt („wau"–„Wauwau"–„da Wauwau"–„Wauwau schlafen"–„da kleiner Wauwau"–„der kleine Wauwau schläft"). Auch freie Benennungen des Kindes werden verstärkt, wenn sie ein Mindestkriterium erfüllen (z.B. „passend zum Bild, mindestens drei Wörter").
- Als nächste Stufe erfolgt eine freiere Übungsgestaltung. Die materielle Belohnung wird reduziert und imitativ aufgebaute Sätze werden in „natürlichen" Situationen geübt: Das Kind bezeichnet eigene Handlungen, benennt vergangene und zukünftige Ereignisse, beschreibt Bilder mit passenden Sätzen usw.
- Wenn das Kind deutliche Fortschritte gemacht hat und vor allem die geübten Strukturen zunehmend spontan im Alltag äußert, folgt die Methode der „reduzierten Stimulation" (vgl. Brack & Volpers, 1999). Die materielle Belohnung wird weggelassen und die Mutter spricht mit dem Kind unter Verwendung interessanter Spielsachen und Bilderbücher in freier Kommunikation. Dabei hält sie eine (für sie durchaus anstrengende) Regel ein: Die Länge ihrer Sätze entspricht dem Verarbeitungsniveau des Kindes und sie macht kurze Pausen zwischen ihren Äußerungen – sie spricht also z.B. ausschließlich in Zweiwortsätzen in Abständen von mindestens 10 Sekunden.
- Wenn die in Abständen erhobene Spontansprache des Kindes zwar Fortschritte macht, aber Defizite in der Verwendung bestimmter Kategorien (Subjekt-Prädikat-Objekt-Struktur, Plural, Präteritum, Attribute usw.) aufweist, ist „fokussierte Stimulation" (vgl. Fey, 1986) sinnvoll. Dabei verwendet die Mutter im Spiel mit dem Kind kurze Sätze, die, soweit möglich, Wörter der zuerst bearbeiteten problematischen Kategorie enthalten (also z.B. je ein Wort im Plural). Die Kategorien werden unter laufender Kontrolle der Veränderungen der Spontansprache Schritt für Schritt bearbeitet.
- Das Vorgehen wird oft verbunden mit dem Aufgreifen und Erweitern der Äußerungen des Kindes durch die erwachsene Person („da, spielen Ball" – „ja, die Kinder spielen Ball"). Die Bedeutung dieser „expandierenden Imitation" wird jedoch in der Literatur vermutlich gegenüber derjenigen des reduzierten Informationsangebots (sehr kurze Sätze mit längeren Pausen dazwischen) überschätzt.

Das dargestellte Programm ist ein Vorschlag, der sich aus einer großen Zahl publizierter Untersuchungen mit nachgewiesenem Erfolg zusammensetzt und der sich in der Praxis vielfach bewährt hat. Daraus ergeben sich folgende strikte Regeln für das Vorgehen:

- Das Prinzip der Ausformung verlangt eine Orientierung der Schwierigkeitssteigerung an den Fortschritten des Kindes und damit eine fortlaufende Evaluation der Therapie.
- Die mit dem Kind übende erwachsene Person muss – vor allem auf den ersten Stufen des Programms – ihr Verhalten, insbesondere die Zuwendung zum Kind, stark kontrollieren, um Ablenkungen des Kindes vom Lernprozess (sei es durch „spielerisches" Vorgehen oder durch aversive Reize) zu vermeiden.

Zugleich aber ist das Programm sehr flexibel und praktikabel:

- Die Wahl der Eingangsstufe und das Tempo des Durchlaufens der Stufen (bzw. Unterstufen) werden an die Sprachentwicklung des Kindes angepasst.
- Das Programm ist nicht nur bei Sprachentwicklungsstörungen im engeren Sinn verwendbar, sondern bei allen Störungen, die mit retardierter Sprache verbunden sind (Autismus, mentale Beeinträchtigung usw.).
- Das Vorgehen stellt für die Bezugspersonen ein Modell für die allgemeine Erziehung dar: gezieltes Loben, klare Informationsvermittlung, keinerlei Strafen und Beobachtung des kindlichen Verhaltens.
- Die Einbeziehung von Bezugspersonen als Kotherapeuten ermöglicht hohe Übungsintensität und damit meist schnellen Erfolg. Die Kooperation der Kotherapeuten wird gefördert durch die unmittelbare Erfolgsrückmeldung aus den fortlaufenden Registrierungen; die Kooperation der Kinder, die oft schon nach kurzer Zeit auf die täglichen Übungen warten und bei deren Beendigung weiterüben wollen, wird gefördert durch die Vermeidung aller aversiven Reize und die häufige Vergabe positiver Verstärkungen.

2.2.7
Wirksamkeit und Wirksamkeitsbedingungen der Therapie

Wie bei allen Entwicklungsstörungen sind detaillierte Angaben über die Wirksamkeit der Behandlung retardierter Sprache kaum möglich. Sie hängt vom Ausmaß der Informationsverarbeitungsstörung ab, das vorher nicht beliebig genau geprüft werden kann. Überdies müssten verschiedene Formen und Grade der Störung systematisch mit verschiedenen Therapiemethoden behandelt werden. Generell aber gilt: Das beschriebene Vorgehen ist bei Sprachentwicklungsverzögerungen im engeren Sinn (wenn also ausschließlich die sprachliche Entwicklung retardiert ist) stets erfolgreich, wenn es konsequent und kontrolliert durchgeführt wird. Das Ausmaß des erreichbaren Fortschritts lässt sich vor der Therapie nur begrenzt, aus dem Verlauf der ersten Übungen aber besser voraussagen. Dabei haben die (nur) expressiven Sprachentwicklungsverzögerungen eine bessere Prognose als die rezeptiven, die stets den expressiven Aspekt mit enthalten.

Unsicherer sind die Erfolge in Verbindung mit anderen Beeinträchtigungen wie mentaler Retardierung, Autismus, Epilepsie oder verschiedenen genetischen Syndromen. Hier kann es in seltenen Fällen geschehen, dass die Fortschritte trotz intensiven Trainings so gering sind, dass der weitere Förderungaufwand nicht vertretbar ist und einfachere, nonverbale Verständigungsmöglichkeiten (z.B. Bildsymbole) gesucht werden müssen.

In jedem Falle gilt, dass eine Förderung umso erfolgreicher ist, je früher sie beginnt, je intensiver sie durchgeführt wird und je besser es durch häufige Supervision gelingt, die Bezugspersonen zu so klar strukturiertem Verhalten bei den Übungen zu bringen, dass der Lernprozess bei optimaler Aufmerksamkeit des Kindes stattfindet.

Grundlegende Literatur

- Brack, U. B. & Volpers, F. (1999). Sprach- und Sprechstörungen. In H.-C. Steinhausen & M. von Aster (Hrsg.), Verhaltenstherapie und Verhaltensmedizin bei Kindern und Jugendlichen. (S. 95–130) (2. Aufl.). Weinheim: Psychologie Verlags Union.

- Fey, M. E. (1986). Language intervention with young children. Boston: College-Hill.

- Lahey, M. (1988). Language disorders and language development. New York: MacMillan.

Weiterführende Literatur

- McLean, J. E., Yoder, D. E. & Schiefelbusch, R. L. (eds.). (1972). Language intervention with the retarded (236–253). Baltimore: University Park Press (als Beispiel für die extrem strukturierten Sprachförderprogramme der frühen Verhaltenstherapie).

- Nelson, K. E., Camarata, S. M., Welsh, J., Butkovsky, L. & Camarata, M. (1996). Effects of imitative and conversational recasting treatment on the acquisition of grammar in children with specific language impairment and younger language-normal children. Journal of Speech and Hearing Research, 39, (pp. 850–859) (als Beispiel für Fragen und Methoden in neueren Untersuchungen zur Sprachtherapie).

Materialien

- Angermaier, M. (1977). Psycholinguistischer Entwicklungstest PET, (2. Aufl.). Weinheim: Beltz.

- Friedrich, G. (1997). Der Teddy-Test. Göttingen: Testzentrale.

- Grimm, H. & Schöler, H. (1991). Heidelberger Sprachentwicklungstest HSET, (2. Aufl.). Braunschweig: Westermann.

- Häuser, D., Kasielke, E. & Scheidereiter, U. (1994). Kindersprachtest für das Vorschulalter KISTE. Göttingen: Testzentrale.

- Reynell, J. (1983). Reynell Developmental Language Scales. Manual. Rev. ed. Windsor: NFER./Dt. Bearb.: Sarimski, K. (1985). Sprachentwicklungsskalen Joan K. Reynell. München: Röttger.

- Steinert, J. (1978). Allgemeiner Deutscher Sprachtest ADST. Göttingen: Hogrefe.

- Tewes, U. & Thurner, F. (1976). Testbatterie Grammatische Kompetenz TGK. Braunschweig: Westermann.

Störungen der Ausscheidung

Heinz Süss-Burghart

2.3.1
Fallbeispiel

Karl (11 Jahre, 7 Monate) wird wegen seiner Enuresis nocturna vorgestellt; er besucht mit gutem Erfolg die 4. Klasse der Grundschule. Der Vater berichtet, dass das Kind durchgängig nachts eingenässt hat und auch tagsüber erst mit 6 Jahren zuverlässig trocken war. Die Familienanamnese ergibt, dass die Großmutter ebenfalls lange nachts eingenässt hat. Das häufige nächtliche Einnässen beeinträchtigte die sozialen Aktivitäten des Kindes sehr, weil Karl mit seinen Freunden nicht über Nacht weg sein kann. Karl wird vom Vater als sehr fleißig und folgsam geschildert; unterstützt vom Vater, versuchte er bereits alles Mögliche, um das nächtliche Einnässen in den Griff zu bekommen. Bereits vor Jahren wurde Karl nachts zu unterschiedlichen Zeiten abgesetzt, dabei war er nur schwer zu wecken. Vor einem Jahr hat der Kinderarzt die Konzentration des Nacht-Urins untersucht und ein Medikament verschrieben; nach 6 Wochen wurde das Medikament wieder abgesetzt, weil es am Problem nichts geändert hat. Der Vater hat Karl dann regelmäßig um 23.00 Uhr auf die Toilette geschickt. Manchmal war Karl um 23.00 Uhr schon nass, meistens aber morgens. Trockene Nächte waren sehr selten; die Einnässmengen waren unterschiedlich groß. Richtig wach ist Karl beim Absetzen nie geworden.

Franz besucht mit 6 Jahren, 9 Monaten noch den Vorschulkindergarten und kommt mit seiner Mutter wegen seiner Enkopresis diurna. Trocken war Franz tags und nachts mit etwa 3 Jahren. Im Kindergarten kotet Franz nicht mehr ein, dafür recht regelmäßig nachmittags zu Hause; Franz zieht sich dann beispielsweise in einen Raum zurück. Nach dem Einkoten verlangt Franz nach Reinigung. Den Toilettengang verweigert Franz durchwegs. Die Eltern haben lange Zeit das Kind auf die Toilette geschickt, was aber ganz selten erfolgreich war, denn das Kind hat durchwegs „verhalten". Die Eltern resignierten schließlich und versuchten, durch intensives Reinigen und Cremen des Kindes nach dem Einkoten den Schaden gering zu halten. Die bevorstehende Einschulung führte dann aber doch dazu, dass sich die Mutter zu einer ambulanten Therapie entschloss. Abgesehen vom Einkoten wird das Verhalten des Kindes vom Kindergarten als unauffällig geschildert.

2.3.2
Diagnostische Kriterien nach ICD-10

Im ICD-10 wird unter F98.0 die „Nichtorganische Enuresis" codiert, d.h. unwillkürlicher und wiederholter (unter 7 Jahren mindestens zweimal im Monat, darüber mindestens einmal) Harnabgang am Tag und in der Nacht, der untypisch für das Lebensalter (vollendetes 5. Lebensjahr) ist und nicht auf neurologische Erkrankungen, epileptische Anfälle oder Anomalien der abgehenden Harnwege zurückzuführen ist. Unterschieden wird zwischen der „primären" Enuresis, die von Geburt an vorhanden ist, und der „sekundären" Enuresis, die nach einer Zeit bereits vorhandener Blasenkontrolle (in der Regel 6 Monate) wieder auftritt. Auch bei der „Nichtorganischen Enkopresis" (ICD 10; F 98.1) wird zwischen einer durchgehend vorhandenen „primären" Form und einer „sekundären", wieder auftretenden Form nach bereits vorhandener Darmkontrolle unterschieden.

Sowohl die Enuresis als auch die Enkopresis können als monosymptomatische Form auftreten oder von schweren emotionalen Störungen oder Verhaltensstörungen und einer Störung des Sozialverhaltens begleitet sein.

Bei der Enkopresis wird noch eine eventuell bestehende Obstipation berücksichtigt.

2.3.3
Epidemiologie, Verbreitung und Altersrelevanz

Die Enuresis als weitaus bekanntere Problemstellung ist häufiger als die Enkopresis und hat eine besonders hohe Spontanremissionsrate in der frühen bis mittleren Kindheit; für die Enkopresis wird eine stärkere Spontanremission für die spätere Kindheit bzw. für das frühe Jugendalter angenommen.

Jungen sind von der Enuresis nocturna zumindest in den früheren Lebensjahren häufiger betroffen, von der Enuresis diurna und nocturna und vor allem von der Enuresis diurna sind Mädchen häufiger betroffen. An der globalen Diagnose Enuresis diurna wird in letzter Zeit

Kritik geübt (v. Gontard, 1998). Die Enuresis tritt bei einer Aufmerksamkeitsdefizit-/Hyperaktivitätsstörung bis zu viermal häufiger als in der Normalpopulation auf. Die häufigste Begleitstörung (etwa 25%) der Enkopresis ist die Enuresis; durch die anatomische Nähe von Rektum und Blase kommt es vor allem bei Obstipation zu einem Druck auf die Blase und durch die physiologische Einheit beider Sphinkter zu einer Kontraktion von beiden.

2.3.4
Diagnostik der Störung

Bei der **Enuresis nocturna** konzentriert sich die Forschung auf folgende drei Problemkreise:

- **Schlafauffälligkeiten** mit der oft berichteten schweren Weckbarkeit;
- nächtliche **Urinproduktion** und **-konzentration** und
- funktionelle **Blasenkapazität**.

Nach dem derzeitigen Wissensstand unterscheidet sich die elektrophysiologische Schlafarchitektur der Enuretiker nicht von der anderer Kinder vergleichbaren Alters; trotzdem waren Enuretiker in polysomnographischen Studien schwerer zu wecken.

Ein Teil der Enuretiker kann den Urin nachts nicht in dem Maße konzentrieren wie nicht betroffene Kinder; die resultierende hohe Urinproduktion wird bei diesen Kindern für das Einnässen verantwortlich gemacht. Diese Befunde der nächtlichen Polyurie und des ADH-Mangels (das Hormon ADH konzentriert den Urin nachts) erwiesen sich aber als sehr uneinheitlich. Ebenfalls nicht eindeutig ist die Bedeutung der „funktionellen Blasen-Kapazität", die bei Enuretikern im Vergleich zu nicht einnässenden Kindern oft signifikant verringert ist. Allerdings fand sich in Therapiestudien eine bedeutsame Abhängigkeit des Therapieerfolgs von der Ausgangs-Blasengröße und auch von der Veränderung des Blasenvolumens unter Therapie.

Mit der **primären Enuresis nocturna** sind Verhaltensprobleme nur selten assoziiert (wenn, dann eine Aufmerksamkeitsdefizit-/Hyperaktivitätsstörung oder expansive Sozialstörungen); sekundäre Verhaltensprobleme (z.B. ein verringertes Selbstwertgefühl, Interaktionsprobleme in der – durch das Einnässen gestressten – Familie) sind aber möglich. Assoziationen mit Entwicklungsretardierungen unterschiedlichster Art oder leichten neurologischen Auffälligkeiten wurden gelegentlich gefunden. Sicherer ist, dass die Enuresis ein Risikofaktor für Lernprobleme und für den Schulerfolg ist. Bei einer **sekundären Enuresis nocturna** wird vermehrt von belastenden Lebensereignissen und psychiatrischen Auffälligkeiten, die der Enuresis vorausgehen und bis ins Erwachsenenalter dauern, berichtet. Die Wahrscheinlichkeit, dass eine sekundäre Enuresis nocturna auftritt, erhöht sich mit der Anzahl der kritischen Lebensereignisse und ebenso bei einer spät erworbenen Blasenkontrolle.

Kinder, die tags und nachts oder nur tagsüber einnässen, und vor allem Mädchen, sind öfter von Harnwegsinfektionen betroffen. Bei diesen Enuresisformen werden die „ideopathische Dranginkontinenz" mit häufigem und starkem Harndrang, häufigem Urinieren geringer Mengen bei reduzierter „funktioneller Blasenkapazität", geringen Einnässmengen und auffälligen

Haltemanövern von der „Harninkontinenz" mit Miktionsaufschub und Tendenzen zu Restharn und großer funktioneller Blasenkapazität sowie der „Detrusor-Sphinkter-Dyskoordination" (Auffälligkeiten im Urinfluss bei der Miktion) unterschieden. Assoziierte psychische Störungen sollen häufiger sein, die Berichte darüber sind aber ziemlich unspezifisch. Ein Spezialfall ist die „Giggle-Inkontinenz"; etwa beim heftigen Lachen entleeren die Kinder unwillkürlich teilweise bis vollständig die Blase.

Bei der **Enkopresis** ist vor allem auf das Vorhandensein einer länger dauernden **Obstipation** („Überfließenkopresis") zu achten. Das bedeutet, dass sich harte und alte Stuhlmassen im Rektum befinden; eingekotet wird dann vor allem der frische Stuhl. Dieser kann durchaus recht weich bis flüssig sein, sodass die Obstipation übersehen werden kann. Eine solche Überfließenkopresis kann zu einem immobilen analen Sphinkter führen.

In der symptomspezifischen Anamnese wird nach der Häufigkeit, dem Zeitpunkt und dem Ablauf sowohl von erwünschtem Toilettenverhalten als auch von Störverhalten gefragt.

Bei der Enuresis nocturna sind neben der Schlafsituation und der Bettzeit der Eltern folgende Punkte zu beachten:

- die Anzahl von „trockenen" und „nassen" Nächten,
- der Zeitpunkt des Einnässens (wenn bekannt, z.B. durch Kontrollen der Eltern oder die Benützung eines Alarmgerätes) und die Menge,
- die Abhängigkeit von definierbaren Ereignissen (Wochenende, Schulbesuch, Übernachtungen bei Freunden) und
- die Einschlafsituation (Toilettenbenützung, Aktivitäten vor dem Einschlafen).

Genau zu erfragen sind folgende Kriterien:
- die Menge der Flüssigkeitsaufnahme tagsüber,
- die Miktionshäufigkeit und -mengen tagsüber und Letzteres eventuell auch nachts,
- die Weckbarkeit des Kindes und die Wachheit des Kindes, wenn die Eltern es nachts absetzen, und
- der Ablauf der Toilettenbenützung vor dem Zubettgehen.

Die Flüssigkeitsmenge tagsüber kann von den Eltern grob abgeschätzt werden (z.B. 2 Tassen Kaba morgens); die Miktionsmengen sollten gemessen werden. Das kann etwa an drei Tagen in Folge geschehen. Die Mutter vereinbart mit dem Kind, dass es sich vor dem Abendessen meldet und auf der Toilette ein Behältnis benützt; die Menge wird dann von der Mutter gemessen. Wenn das Kind beim Wecken (durch die Eltern oder das Signalgerät) nachts nicht oder nur sehr schwer wach wird, können die Eltern das Wecken zu unterschiedlichen Zeiten probieren (etwa in zwei Nächten um 22.00 Uhr, in zwei Nächten um 22.30 Uhr usw.).

Außerdem werden die Eltern über folgende Punkte befragt:

- Was passiert nach dem Aufstehen? Wie reagieren die Eltern und/oder die Geschwister auf das Einnässen/eine trockene Nacht? Wer beseitigt und reinigt die nasse Wäsche?
- Welche Personen wissen von dem Problem des Kindes? Welche Einstellung haben Eltern und Geschwister zu dem Problemverhalten und wie äußern sich die Einstellungen aktuell?
- Welche Aktivitäten werden durch das Problemverhalten beeinträchtigt?

Beim Einnässen tagsüber wird nach der Situation, in der das Problem auftritt, dem Verhalten des Kindes und den nachfolgenden Reaktionen von Kind und Bezugspersonen gefragt. Das Abschätzen der Flüssigkeitsmengen, das Erfassen der Miktionshäufigkeiten und das Messen der Miktionsmengen ist erforderlich.

Beim Einkoten wird zusätzlich nach der Häufigkeit und dem Ausmaß der Verschmutzung der Unterwäsche, der Konsistenz des Stuhls, der Menge der Flüssigkeitsaufnahme und der Ernährung gefragt.

Befragt werden die Eltern weiterhin nach bisher durchgeführten Interventionen, deren Dauer, Auswirkungen und den mutmaßlichen Misserfolgsursachen.

Unabhängig vom Störungsbild ist die Grundlage einer erfolgreichen Therapie eine optimale Kooperation von Eltern und Kind. Das ist vor allem bei schon länger bestehenden Problemen, nach erfolglosen Interventionen, bei stark belasteten Eltern oder wenig interessierten Kindern entscheidend. Sehr sorgfältig muss deswegen die Verstärkeranalyse durchgeführt werden, und das nicht nur für das Kind, sondern ebenso für die Bezugspersonen. Für das Kind sind möglichst viele unterschiedliche Verstärkungen nötig, und zwar sowohl sofort anwendbare kleine Verstärker (etwa Gummibären als sofortige Verstärkung) als auch größere Verstärker (z.B. eine Unternehmung mit dem Vater für fünf trockene Nächte in Folge). Die Eltern sollten sich in der Therapiedurchführung unterstützen und z.B. im Wochenwechsel das Kind wecken. Wenn die Mutter eine Therapie weitgehend alleine mit dem Kind durchführt, kann sie der Vater etwa mit einem gemeinsamen Abendessen für ihre Bemühungen verstärken. Verhaltensstörungen, Emotional- und Sozialstörungen sind vor allem bei sekundär auftretenden Problemen sowie der Enuresis diurna und bei der Enkopresis zu beachten. Neben der Befragung der Eltern in der Anamnese und einer Verhaltensbeobachtung können Fragebogen für die Eltern oder für ältere Kinder hilfreich und notwendig sein und Hinweise für zusätzlich notwendige Interventionen liefern.

Bei folgenden Diagnosen können medizinische Untersuchungen erforderlich sein:

- Enuresis nocturna (Prüfung der Konzentrationsfähigkeit des nächtlichen Urins),
- Enuresis diurna (Diagnostik des Blasenvolumens und die Prüfung auf Restharn; per Uroflow, Sonographie),
- Enkopresis (Untersuchung auf Obstipation und Sphinkteraktivität).

2.3.5
Bedingungsmodell

Bei der Enuresis, und das gilt vor allem für die primäre Enuresis nocturna, ist zum einen von einer primär organischen Disposition auszugehen. Dabei weisen formale genetische Untersuchungen auf eine ausgeprägte familiär-genetische Belastung hin, auf einen vermutlich autosomal-dominanten Erbgang; molekulargenetisch ließen sich Marker der Chromosomen 13 (Enuresis nocturna) und 12 (eher bei Tags-und-Nachts-Einnässen) finden. Aktuell wird die Auffassung vertreten, dass die Enuresisgene im ZNS exprimiert und über eine Entwicklungs- oder Reifungsstörung mit veränderter zirkadianer ADH-Rhythmik, Polyurie, schwerer Erweckbarkeit, kleinerer funktioneller Blase und leichten neurophysiologischen Auffälligkeiten zu dem Phänotyp Enuresis (nocturna) führen.

Zum anderen basiert die Enuresis auf einem nicht – oder nur ungenügend – gelernten Verhalten, das durch eine gezielte Intervention aufgebaut werden kann. Im Einzelfall sind weitere das Problemverhalten aufrechterhaltende Bedingungsfaktoren zu berücksichtigen wie das Vermeiden von Spott durch Spielkameraden, wenn ein Spiel durch den Toilettengang unterbrochen wird oder das Kind im Freien uriniert. Stress kann das Problemverhalten verstärken. Umsorgt die Mutter das Kind nach „Unfällen" durch Umziehen und Reinigen, so fehlen negative Konsequenzen, die das Problemverhalten reduzieren können. Schläft ein einnässendes Kind mit im Ehebett, weil dann die Mutter die dem Einnässen oft vorausgehende Unruhe besser beobachten kann, dann ist zusätzlich an Beziehungsprobleme der Eltern zu denken. Ungünstige Lernbedingungen sind eine Hauptursache der Enkopresis, genetisch-organische Dispositionen sind nicht bekannt. Das Problemverhalten einer Enkopresis mit Obstipation kann auch durch ungünstige Ernährung und/oder wenig Trinken und daraus resultierendem hartem Stuhl entstehen; wegen der Schmerzen vermeidet das Kind eine Entleerung so lange wie möglich. Auch bei der Enkopresis ist – neben der kontingenten und wirksamen Verstärkung sozial erwünschten Verhaltens – an fehlende gezielte negative Sanktionen und an Zuwendung durch intensives Reinigen und Cremen zu denken.

2.3.6
Therapieplanung

Wenn bekannt ist, wann, wie häufig, und unter welchen Bedingungen das Einnässen bzw. Einkoten stattfindet, eine Verstärkerliste vorhanden ist, nötige medizinische Untersuchungen durchgeführt und die Beteiligten zur Mitarbeit bereit sind, sind folgende erste Therapieschritte bei der Enuresis und Enkopresis durchzuführen:

1) Das Kind muss sich für alle Toilettenbesuche ausreichend Zeit nehmen (auch abends; Rückmeldung etwa durch Kurzzeitwecker) und gründlich entleeren (Verstärkung für Miktionsmenge).
2) Das Kind muss tagsüber ausreichend viel trinken (Enuresis) und/oder die Ernährung muss umgestellt werden (Enkopresis mit Verstopfung).
3) Der Schutz des Bettes oder das Anlegen einer Windel wird geklärt.
4) Bei der Enuresis nocturna wird die Weckbarkeit des Kindes nach einem festgelegten Zeitplan geprüft und therapiert.
5) Bei mehrfachem Einnässen nachts oder bei sehr ungünstigen Einnässzeitpunkten muss die Therapie z.B. auf die erste Nachthälfte beschränkt werden.
6) Bei Enkopresis mit Verstopfung ist die Anwendung von Klistieren in der Familie zu prüfen. Wenn das Kind mit Enkopresis den Toilettenbesuch verweigert, muss das zuerst therapiert oder eine graduelle Annäherung an ein erwünschtes Ausscheidungsverhalten geplant werden.
7) Für diese ersten Therapieschritte werden die Protokollierung (z.B. erreichte Miktionsmenge) und die Verstärkungen/Bestrafungen festgelegt.

Sehr hohe Erfolgsraten (bis über 90% der behandelten Kinder erreichten das Kriterium 14 trockene Nächte in Folge innerhalb von drei Monaten) werden von der Therapie der Enuresis nocturna mit **Signalgeräten** berichtet. Bei einer Geräteausführung wird das Kontakt- und Signalteil direkt am Körper getragen (dieses Gerät ist auch bei einer Enuresis diurna verwendbar); das Kontaktteil der anderen Ausführung ist als Folie unter dem Betttuch verlegt. Letzteres Gerät gibt etwas später Rückmeldung beim Einnässen; das kann im Therapieverlauf durch das stärker genässte Bett zu einem stabileren Therapieerfolg führen. Günstig für den Geräteeffekt scheint ein regelmäßiges und relativ häufiges Einnässen zu sein; die Grenzen liegen – neben gelegentlichen technischen Defekten – in der schweren Weckbarkeit mancher Kinder und in der Belastung der Eltern, weil diese zumindest zu Therapiebeginn häufig mit aufwachen und mit aufstehen müssen. Bei Kindern, die mehrfach in der Nacht einnässen, kann die Anwendung auf Teile der Nacht begrenzt werden. Ein Überlernen durch gezielt erhöhte Flüssigkeitsaufnahme abends (nach etwa sieben trockenen Nächten in Folge) stabilisiert den Therapieerfolg.

Wenn das Kind durch das Signal nicht wach wird, ist nach etwa drei Nächten ein **Wecktraining** vor den Einnässzeiten sinnvoll. Das Kind wird zuerst leise, dann laut mit Namen angerufen, dann ertönt das Signal, dann wird das Kind wachgerüttelt. Zwischen jedem Weckreiz wird eine kurze Pause von wenigen Sekunden gemacht, damit das Kind reagieren kann. Die vollständige Wachheit sollte erreicht werden; mit orientierenden Fragen kann das geprüft werden. Eine Übung tagsüber (z.B. während der Hausaufgabenzeit wird das Wecksignal für das Kind gerade noch hörbar angeboten, eine Reaktion des Kindes wird verstärkt) kann das Wecktraining unterstützen.

Ein Wecktraining mit Absetzen ist bei sehr ungünstigen Einnässzeitpunkten indiziert und auch ohne Signalgerät möglich. Eine Verstärkung der Miktionsmenge und eine Verlegung des Weckzeitpunktes zum Abend oder Morgen in 30-Minuten-Intervallen nach jeweils drei trockenen Nächten in Folge sind die Therapieschritte; selbstständiges Aufwachen und dann Durchschlafen werden avisiert.

Leichteres Aufwachen kann eventuell auch durch ein **Medikament** (Antidepressivum: Tofranil) erreicht werden; das erhöht auch etwas die funktionelle Blasenkapazität. Allerdings sind bei diesem Medikament in letzter Zeit bei hohen Dosierungen massive Nebenwirkungen bekannt geworden. Wird der Urin des Kindes nachts nicht ausreichend konzentriert und ist ein entsprechender Hormonmangel nachzuweisen, dann ist ein Medikament (Markenname: Minirin) indiziert.

Beim Einnässen tagsüber (Überfließblase und Restharn sind aber primär Kontraindikationen) und geringer „funktioneller Blasenkapazität" ist das „**Rückhaltetraining** (retention control)" zusätzlich zur erhöhten Flüssigkeitsaufnahme indiziert. Dabei wird ein Aufschub der – vom Kind angekündigten – Miktionen (um 5, dann um 10 Minuten) durchgeführt; das und die Vergrößerung der Miktionsmenge werden verstärkt. Das Rückhaltetraining kann – vor allem bei jüngeren Kindern – auch auf die Blasenkontrolle nachts generalisieren.

Das Absetzen tagsüber ist vor allem bei Harnzurückhaltung und ungenügender Blasenentleerung angezeigt, wobei Hinweise durch einen Wecker gegeben werden können. Das Absetzen tagsüber ist auch ein erster Schritt für das primäre Toilettentraining; hierbei werden die Absetzzeiten in Schritten verlängert. Das „**Intensivtraining nach Azrin**" enthält mehrere Therapiekomponenten (hohe Flüssigkeitsaufnahme, häufiges Absetzen mit Diskriminationstraining nass-trocken, tragbares Alarmgerät für „Unfälle" und Musiktopf für „Erfolge", Token-Programm, evtl. Modellwirkung durch Puppen), ist aufwendig und vor allem für das primäre Toilettentraining retardierter oder behinderter Kinder geeignet. Das „Drybed"-Training für das Einnässen nachts enthält prinzipiell dieselben Therapiebausteine.

Bei der Enkopresis ist ein Kontingenz-Management für regelmäßige Toilettenbesuche unter angenehmen Bedingungen (z.B. Lesen, Musikhören) indiziert; günstige Zeitpunkte sind kurz nach den Mahlzeiten. In Schritten können das Sitzen auf der Toilette und „Erfolge" verstärkt werden; negative Konsequenzen sind bei „Unfällen" Verstärkerentzug. Eine umfangreiche und angenehme Reinigung durch die Eltern sollte wegfallen. Wird die Enkopresis in leichter Form („Bremsspuren" – aber nur nach Ausschluss einer „Überfließ"-problematik) eher als Hygieneproblem diagnostiziert, so ist die Therapie der Körperpflege und des Erscheinungsbildes insgesamt angezeigt. Wehrt sich das Kind massiv gegen das Aufsuchen der Toilette oder „hält es dann zurück", kann die „sukzessive" Annäherung an die Toilette therapiert werden. Das Kind darf dann im ersten Therapieschritt etwa in seinem Zimmer in die Windel machen und wird dafür verstärkt. Im zweiten Therapieschritt wird das „Einkoten" nur noch im Toilettenraum erlaubt und verstärkt, im dritten Therapieschritt sitzt das Kind auf der Toilette und macht in die angelegte Windel und im letzten Therapieschritt ist nur noch der übliche Toilettengang erlaubt. „Unfälle" sind dann Einkoten unter anderen Bedingungen als im Therapieplan definiert und werden etwa durch Punkteentzug bestraft.

Bei einer „Überfließenkopresis" ist eine konsequente **Klistier-Therapie**, die unter Umständen auch über längere Zeit durchgeführt werden muss, notwendig. Die Überfüllung des Rektums mit alten Kotmassen muss dauerhaft beseitigt werden, damit eine ungestörte Drangwahrnehmung und eine geregelte Entleerung möglich werden. Günstige Zeitpunkte für die Klistier-Gabe sind wegen der höheren Darmmobilität nach den Mahlzeiten. Das Laxans kann im Therapieverlauf in Schritten durch Wasser ersetzt werden. Parallel dazu und über die Klistiergabe hinaus werden orale Abführmittel und schlackenreiche Kost sowie viel Flüssigkeit gegeben, damit der Stuhl weich bleibt.

Eine vorübergehende Laxanziengabe ist unter Umständen aber auch ohne Verstopfung sinnvoll, wenn durch Absetzen und Verstärkungen alleine keine Erfolge auf der Toilette zu erzielen sind („Timing" des Stuhlgangs).

Mit der **Biofeedbacktherapie** des analen Sphinkters soll die Funktionsfähigkeit dieses Muskels trainiert werden.

2.3.7
Wirksamkeit und Wirksamkeitsbedingungen der Therapie

In der Vielzahl von Therapievergleichsstudien für das Problemverhalten der Enuresis nocturna zeigt sich eindeutig die Wirksamkeit der Signalgeräte; allerdings sind eine gründliche Verhaltensanalyse und wirksame Verstärker notwendige Voraussetzungen für einen Therapieerfolg und die Stabilisierung des Ergebnisses.

Bei „Karl" (Fallbeispiel 1) verwendeten wir ein Signalgerät (Folie) in Verbindung mit einem vorgeschalteten Wecktraining (Dauer drei Wochen zu unterschiedlichen Zeitpunkten zwischen 22.30 und 24.00 Uhr) sowie erhöhter Flüssigkeitsaufnahme tagsüber (2 Liter niedrigkalorischer Getränke). Nach dem Wecktraining wurde das Kind auf das Signal zuverlässig wach, konnte selbstständig das Gerät bedienen und wachte dann – nach etwa zwei Wochen Geräteeinsatz – spontan auf und ging auf die Toilette. Die durchschnittliche Miktionsmenge verdoppelte sich etwa von 170 auf 350 ml; trotzdem war die „funktionelle Blasenkapazität" noch nicht altersgemäß. Der Therapieverlauf wurde auch durch einen fein abgestimmten und zuverlässig durchgeführten Verstärkerplan gesichert. Zusätzliche therapeutische Interventionen waren trotz des Alters des Kindes wegen der guten sozialen und schulischen Integration nicht nötig.

Ein tagsüber erfolgreich durchgeführtes „Rückhaltetraining" generalisiert vor allem bei jüngeren Kindern auf das Einnässen nachts.

Die mangelnde Konzentrationsfähigkeit des Urins nachts und damit die Voraussetzung für eine mögliche Wirksamkeit des Medikaments „Minirin" sind nur bei 5% bis maximal 10% der Enuretiker gegeben. Außerdem sprechen nicht alle diese Kinder auf das Medikament an; wenn es wirkt, dann offensichtlich vor allem bei älteren Kindern (etwa ab 10 Jahren) mit einer relativ großen „funktionellen Blasenkapazität". Generell ist die Rückfallquote beim Absetzen der Medikamente hoch. Das gilt ebenso für die gelegentlich verschriebenen Antidepressiva, wenn während der Behandlungszeit mit dem Medikament kein zusätzliches Lernen stattgefunden hat.

Das „Drybed"-Training ist aufwendig; Vergleichsstudien belegen eine höhere Effektivität bei älteren Kindern und bezeichnen es als eine wirksame Ergänzung bei einer nur mäßig erfolgreichen Anwendung von Alarmgeräten und Minirin.

Die Therapie der Enkopresis durch eine Kombination von Klistieren und Kontingenz-Management wird als langfristig erfolgreich und auch effektiv in der Reduktion von Verhaltensproblemen beschrieben. Die Effektivität einer alleinigen oder auch zusätzlichen Biofeedbacktherapie des analen Sphinkters wird in neuen Therapiestudien als gering geschildert. Bei Franz (Fallbeispiel 2) wurden von der Mutter – nach einem vorgeschalteten Kooperationstraining – Klistiere nach dem Mittagessen gegeben und das Kind dann abgesetzt. Die Wirkstoffe im Klistier wurden in Schritten (nach jeweils drei „Erfolgen" in Folge) durch Wasser (1/3; 1/2; 3/4) ersetzt und dann – nach insgesamt drei Wochen Therapie – ganz ausgeblendet. Verstärkt wurden das Sitzen auf der Toilette und vor allem „Erfolge", die – für das Kind angenehme – Intensivreinigung und -pflege durch die Mutter, fielen weg. Das Kind ging dann spontan meist nach dem Mittagessen – zu diesem Zeitpunkt wurde während der Therapie das Klistier gegeben – auf die Toilette.

Grundlegende Literatur

- Butler, R. J. (1998). Annotation: Night wetting in children: psychological aspects. Journal of Child Psychology and Psychiatry, 39, 453–63.

- Cox, D., Sutpen, J., Ling, W., Quillian, W. & Borowitz, S. (1996). Additive benefits of laxantive, toilet training, and biofeedback therapies in the treatment of pediatric encopresis. Journal of Pediatric Psychology, 21, 659–70.

- Grosse, S. (1991). Bettnässen. Diagnostik und Therapie. Weinheim: Psychologie Verlags Union.

Weiterführende Literatur

- Süss-Burghart, H. (1998). Problemspezifische Diagnostik und Therapie der Enuresis und Enkopresis bei intelligenten und geistig behinderten Kindern: Fünf Kasuistiken. Frühförderung interdisziplinär, 17, 36–44.

- Gontard, A., von (1998). Annotation: Day and night wetting in children – a paediatric and child psychiatric perspective. Journal of Child Psychology and Psychiatry, 39, 4, 439–51.

Materialien

- ROE 77 Nachttopf oder Toiletteneinsatz mit Spieluhr und ROE 70 Bettnässer Alarmgerät. Fa. Schienagl, Pfarrer Grimm Str. 20, 80999 München.

- STERO Enurex. Fa. Stegat und Roth, Münster, Postfach 7664.

Geistige Behinderung

Germain Weber und Udo B. Brack

2.4.1
Fallbeispiel

René ist 7 Jahre alt und fiel schon früh durch einen starken Entwicklungsrückstand auf. Er lebt mit den Eltern und zwei älteren Geschwistern in einer Großstadt und besucht im zweiten Jahr eine Integrationsklasse. Dort mehren sich in jüngster Zeit die Verhaltensprobleme: Er schlägt andere Kinder, zerstört Lehrmaterialien und verletzt sich selbst, indem er sich in den Handrücken beißt oder im Augenbereich blutig kratzt. Aufforderungen befolgt er kaum. Das Problemverhalten ist in den letzten sechs Monaten intensiver geworden. René hat auch mehrfach versucht, von der Schule wegzulaufen. Die Lehrer beklagen, dass er sich auch einfachen Aufgaben nicht aufmerksam zuwenden kann, sondern für jeden Schritt Instruktion und Hilfe benötigt. Oft zeigt er stereotype Bewegungsabläufe, indem er mit geschlossenen Augen im Kreis läuft oder im Sitzen mit dem Oberkörper schaukelt. Seine Aggressionen und seine Streitsucht sind immer schwieriger zu kontrollieren. Der Anlass für die Bitte um eine Intervention durch die Eltern ist die Gefahr, dass sein Verhalten eine integrierte Erziehung unmöglich macht und er in eine Einrichtung, die schwierige Kinder stärker absondert und restriktiver erzieht, gebracht werden muss.

Tabelle 1: Klassifikation der Intelligenzminderung nach ICD-10

Kategorie	Intelligenzminderung	IQ	mentales Alter
F70	leichte	69–50	9 bis < 12
F71	mäßige	49–35	6 bis < 9
F72	schwere	34–20	3 bis < 6
F73	schwerste	< 20	< 3
F79	nicht näher bezeichnete		

2.4.2
Diagnostische Kriterien nach ICD-10

In der ICD-10 wird das Problem primär vierstufig über den IQ definiert (vgl. Tabelle 1), gemessen mit aktuellen Intelligenztests mit hohen Gütewerten. Daneben sollen, ohne Angabe von Kriterien, die sozial-adaptiven Fertigkeiten erfasst werden.

Geistige (intellektuelle) Behinderung ist eine phänomenologische Bezeichnung für die reduzierte Entfaltung intellektuell-kognitiver und sozial-adaptiver Fertigkeiten. Die Abweichungen müssen bis zum späten Jugendalter festgestellt werden. Schon in früher Kindheit sind Orientierungsreaktion und Habituierung verlangsamt, später zeigen sich Beeinträchtigungen von Aufmerksamkeit, Gedächtnis, Informationsverarbeitung sowie Aneignung und Umsetzung von Problemlösungsstrategien. In der Entwicklung entsteht ein deutlicher Rückstand höherer kognitiver Fertigkeiten, etwa der sprachlichen Kompetenz. Daneben ist oft der Erwerb motorischer Meilensteine verzögert und der Antrieb auffällig im Sinne von Trägheit oder Hyperaktivität. Mit zunehmendem Alter fallen geistig Behinderte vor allem durch stark verlangsamtes Lernen und eingeschränkte Generalisierungsfähigkeit auf.

Seit einiger Zeit wird die einseitige Betonung der Intelligenzleistung als Kriterium der Diagnose der geistigen Behinderung (und ihres Ausmaßes) kritisiert und eine stärkere Berücksichtigung der sozial-adaptiven Kompetenzen gefordert.

2.4.3
Epidemiologie, Verbreitung und Altersrelevanz

Epidemiologische Daten lassen sich direkt aus der Definition des Konstrukts „geistige Behinderung", die auf sozialem Konsens, nicht auf empirischer Erkenntnis beruht, ableiten. Wird sie allein über den IQ bestimmt, dann ergibt sich für den ICD-10-Grenzwert von 70 IQ-Punkten bei Annahme von Normalverteilung eine Prävalenz von etwa 2,3% (und für mäßig und stärker geistig Behinderte unter 50 IQ-Punkten von 0,04%). Wird auch das Kriterium stark gestörten Anpassungsverhaltens berücksichtigt, dürfte die Prävalenz eher niedriger, zwischen 1% und 1,5%, liegen. Bei 85% der Fälle handelt es sich um leichte, bei 10% um mäßige und bei lediglich 5% um schwere und schwerste Formen. Ungefähr zwei Drittel aller geistig Behinderten sind männlich.

Komorbide psychische Störungen und Verhaltensprobleme sind bei geistiger Behinderung (Prävalenzangaben von 30% bis 64%) viel häufiger als bei nicht geistig Behinderten. Die höchsten Werte finden sich bei Kindern und Jugendlichen mit schwerer und schwerster geistiger Behinderung, die in Institutionen leben.

Bei leichter bis mäßiger geistiger Behinderung findet sich das volle Spektrum der Störungsbilder der ICD-10. Verglichen mit nicht geistig Behinderten werden psychotische Störungen häufiger, Angst-, affektive und Persönlichkeitsstörungen seltener diagnostiziert. Eine genaue psychopathologische Abklärung bei schweren und schwersten Formen geistiger Behinderung ist wegen der Einschränkung von Sprache und Sprachverständnis nur begrenzt möglich. Gravierende Verhaltensprobleme wie Aggression, Selbststimulation und Selbstverletzung nehmen mit der intellektuellen Beeinträchtigung zu. Selbstverletzung stellt die extremste und für die Versorgung aufwendigste Verhaltensstörung schwer und schwerst geistig behinderter Kinder und Jugendlicher dar. Die Prävalenz dafür liegt um 25%. Die Frage der Validität psychiatrischer Diagnosen bei geistig Behinderten ist derzeit Gegenstand vielfacher Forschungsbemühungen.

2.4.4
Diagnostik der Störung

Zur Feststellung von geistiger Behinderung schlägt die American Association on Mental Retardation (1992) folgende konkrete Kriterien vor:

• Das Ergebnis eines individuell durchgeführten, standardisierten Intelligenztests liegt mindestens zwei Standardabweichungen unter dem Durchschnitt.
• Das sozial-adaptive Funktionsniveau ist in ähnlicher Weise beeinträchtigt.
• Die genannten beiden Kriterien werden vor Vollendung des 18. Lebensjahres erfüllt.

Intelligenzmessung
Zur Intelligenzmessung sollten Tests mit einem breiten Spektrum gemessener Leistungen verwendet werden, damit das Kriterium (entsprechend dem IQ unter 70) der umfassenden Beeinträchtigung entspricht, die die Diagnose „geistige Behinderung" meint. In deutscher Sprache dient dazu etwa die K-ABC (Melchers & Preuss, 1994) oder das Adaptive Intelligenz Diagnostikum (Kubinger & Wurst, 1991).
Kinderärztliche Vorsorgeuntersuchungen erfassen Risikokinder heute von Geburt an. Vor allem in sozialpädiatrischen Zentren werden sie mit Entwicklungstests wie der Münchener Funktionellen Entwicklungsdiagnostik (Hellbrügge, 1994) oder dem Wiener Entwicklungstest (Kastner-Koller & Deimann, 1998) untersucht. Dadurch wird die Retardierung bereits beim Kleinkind oder Säugling festgestellt. Auch wenn frühe Testbefunde vorsichtig zu interpretieren sind, liefern sie doch, vor allem bei starken Rückständen in relevanten Untertests, einen erheblichen Beitrag zur Diagnose der geistigen Behinderung schon in den ersten Lebensjahren und -monaten. Differenzierte Daten bereits im ersten Lebensjahr erbringen die Ordinalskalen zur sensomotorischen Entwicklung (Sarimski, 1987).

Das sozialadaptive Funktionsniveau
Der Prüfung des sozialadaptiven Funktionsniveaus dient z.B. die deutsche Fassung der Vineland Social Maturity Scale in der Testbatterie für geistig behinderte Kinder (Bondy et al., 1975), das Heidelberger Kompetenz Inventar für geistig Behinderte (Holtz et al., 1998) oder der Fragebogen zur Erfassung praktischer und sozialer Selbstständigkeit 4- bis 6-jähriger Kinder (Duhm & Huss, 1979). Auch die gängigen Entwicklungstests enthalten Skalen zum Sozialverhalten, unterteilt in Sozialkontakt und Selbstständigkeit. Da soziale Integration aber nicht nur von sozialen Komptenzen, sondern auch von (der Abwesenheit von) Verhaltensstörungen abhängt, ist auch dieser Aspekt zu erfassen. Spezifische Verhaltensprobleme geis-

tig Behinderter können z.B. mit der deutschen Übersetzung (vgl. Weber, 1997) des Behavior Problem Inventory (Rojahn, 1992) erfragt werden.

Entscheidend zur Ermittlung sozialer Fähigkeiten und beeinträchtigender Verhaltensprobleme ist die Beobachtung des Kindes in verschiedenen Situationen. Damit lassen sich Aspekte wie Anziehen, Körperhygiene, Sprachverwendung oder selbstständiges Einkaufen ebenso prüfen (und mit dem Entwicklungsalter vergleichen) wie aufrechterhaltende Bedingungen von Autoaggressionen, Stereotypien und Selbststimulationen. Dazu werden etwa (adaptiert an die konkreten Probleme) mehrere Tage lang halbstündig das Auftreten des relevanten Verhaltens und unmittelbar vorausgehende bzw. folgende Ereignisse registriert; vor allem die Reaktionen der Bezugspersonen sind dabei bedeutsam.

Andere Beeinträchtigungen

Mit der geistigen Behinderung gehen häufig vielfältige Beeinträchtigungen einher. Dabei lassen sich verschiedene, getrennt zu diagnostizierende Kategorien unterscheiden:

* *Variationen des Grades der geistigen Behinderung* erfasst die Testbatterie für geistig behinderte Kinder (Bondy et al., 1975) von 7 bis 12 Jahren.
* In Zusammenhang damit stehen *spezifische Aspekte geistiger Behinderung*, die besonders gravierend sind oder durch Anforderungen in den Vordergrund treten (z.B. Sprach- und Sprechprobleme, Merkschwächen, motorische Ungeschicktheit).
* Die *zentralnervöse Ursache der geistigen Behinderung* (Hirnschaden durch Sauerstoffmangel bei Geburt, genetische Deviation usw.) hat oft noch andere Konsequenzen wie Anfallsleiden, Zerebralparesen usw. (Dabei führen die phänotypischen Merkmale genetischer Störungen, vor allem bei Morbus Down, in vielen Fällen zu einer frühen Diagnose der geistigen Behinderung und Prognose der weiteren Entwicklung.)
* Die geistige Behinderung bringt oft *sekundäre Verhaltensauffälligkeiten* im Sinne von Erziehungs- und Interaktionsproblemen mit sich; das gilt etwa dann, wenn Eltern dem Kind immer wieder erklären, warum ein bestimmtes Verhalten unerwünscht ist und diese Erklärungen wegen der geistigen Behinderung nicht eine kognitive Umstrukturierung, sondern eine direkte Verstärkung des Problemverhaltens bewirken.

Die Tendenz früher Erfassung (möglichst im Säuglingsalter) von auffälliger Entwicklung resultiert aus der Erkenntnis, dass Förderung umso erfolgreicher ist, je früher sie erfolgt – gleich, ob der kognitive Rückstand noch unspezifisch als „Entwicklungsretardierung" (vgl. Kap. 2.6) oder bereits als manifeste „geistige Behinderung" bezeichnet wird.

2.4.5
Bedingungsmodell

Geistige Behinderung entsteht kumulativ aus biologischen und psychosozialen (einschließlich kulturellen) Faktoren. Mit zunehmendem Schweregrad gewinnen die biologischen Faktoren an Bedeutung. Psychosoziale Faktoren spielen vor allem als Deprivation, also gravierende Vernachlässigungen und Anregungsdefizite, die auch mit bleibenden Veränderungen im zentralnervösen Substrat einhergehen, eine Rolle.

Der kumulative Aspekt wirkt sich vor allem dann aus, wenn die Entwicklung biologisch gefährdeter Kinder (etwa Frühgeburten) durch mangelnde Förderung und soziale Benachteiligung bedroht wird. Die Häufigkeiten verursachender Faktoren für geistige Behinderung sind in Tabelle 2 nach dem primären ätiologischen Hintergrund zusammengefasst. In über einem Drittel der Fälle, meist bei leichten Ausprägungsgraden, ist die Ätiologie bisher nicht klar bestimmbar. Besonders durch Fortschritte der molekulargenetischen Diagnostik werden diesen „idiopathischen" Formen zunehmend Ursachen zugeschrieben.

Tabelle 2: Relative Häufigkeit primärer ätiologischer Faktoren bei geistiger Behinderung

Unspezifische Ätiologie (idiopathisch)	**35%**
Störungen in der frühen embryonalen Phase (z.B. chromosomale Aberrationen, Infektionen in der embryonalen Entwicklung)	**30%**
Psychosoziale Faktoren (mit in der Regel biologischer Gefährdung)	**15%**
Perinatale und Schwangerschaftskomplikationen (z.B.: virale Einwirkungen, Hypoxie)	**10%**
Vererbung (metabolische Störungen wie das Tay-Sachs-Syndrom, Deviationen einzelner Gene wie bei der tuberösen Sklerose oder chromosomale Störungen, z.B. durch Translokation bedingt)	**5%**
Traumata in früher Kindheit (z.B.: physisches Trauma oder Viruserkrankung)	**5%**

2.4.6
Therapieplanung

Die Intervention bei geistiger Behinderung lässt sich unterteilen in:

• Förderprogramme bezüglich der geistigen Behinderung, also Entwicklungsrehabilitation der intellektuellen Leistungsfähigkeit und
• therapeutische Maßnahmen zur Reduktion der begleitenden Verhaltensstörungen.

Förderprogramme bei geistiger Behinderung

Geistige Behinderung galt lange als nicht behandelbar. Vielfältige Untersuchungen, u.a. an stark geistig behinderten Autisten, haben aber gezeigt, dass durchaus Aspekte der Verhaltenskomplexität (auch im pädagogischen Rahmen) verbessert werden können, die gemeinhin der „Intelligenz" zugerechnet werden. Dabei kann natürlich keine „Heilung" der geistigen Behinderung erzielt werden, weil jede Förderung an Grenzen stößt, die vor allem im Bereich analytischen, abstrakt-logischen und vorausschauenden Denkens meist schnell erreicht sind. Verbesserbar sind etwa Sprache und Sprachverständnis, Zahl- und Mengenbegriff, Diskrimination visuell gebotener Reize oder Explorationsverhalten. Hinweise dazu finden sich in verschiedenen themenrelevanten Kapiteln dieses Bandes bzw. in der Literatur zur verhaltensorientierten Frühförderung (vgl. Brack, 1993).

Verhaltensorientierte Förderung (die mit zunehmendem Alter von geistig behinderten Jugendlichen in eine begleitende Betreuung übergeht; vgl. Weber, 1997) orientiert sich nicht an der Diagnose „geistige Behinderung", sondern am Entwicklungsstand; so wird sich die Sprachförderung eines achtjährigen, stark geistig behinderten Kindes auf der Stufe des Einwortsatzes nicht prinzipiell unterscheiden von der eines dreijährigen, dysphasischen Kindes auf demselben sprachlichen Entwicklungsniveau. Das verhaltenstherapeutische Vorgehen bestimmt dabei den Übungsstil, die Inhalte orientieren sich an den Ergebnissen der Entwicklungsdiagnostik und der Relevanz der betreffenden Funktion für die Integration und Lebensbewältigung des betroffenen Kindes oder Jugendlichen.

Die intellektuelle Förderung sollte möglichst früh beginnen und vor und außerhalb der Schule durch Bezugspersonen unter Supervision des professionellen Therapeuten erfolgen (vgl. Kap. 2.6 und 5.7), da nur diese kontinuierliche Förderung mit hoher Übungsintensität und Übernahme der Förderprinzipien in den Erziehungsalltag verbinden können. Nur die Bezugspersonen können auch Ausformungspläne mit vielen sequenziellen Schritten umsetzen, die auf höheren Stufen in die bekannten Ansätze zum allgemeinen Intelligenztraining (z.B. Klauer, 1989) übergehen können.

Aufbauend auf den diagnostischen Ergebnissen wird in individuell gestalteten Förderplänen für die durchführende Bezugsperson versucht, relevante Übungsbereiche zu strukturieren. Dabei werden getrennte Pläne für weitgehend voneinander unabhängige Bereiche und kombinierte Pläne für leicht zu verbindende Übungsfunktionen erstellt. Es sind in der Regel folgende Punkte für den Erfolg entscheidend:

- Das Übungsniveau soll sich am oberen Leistungsniveau des Kindes orientieren, was eine genaue Eingangsdiagnostik und laufende Kontrolle der Fortschritte erfordert.
- Die zu verarbeitende Information muss zunächst extrem vereinfacht und überbetont werden; erst allmählich, mit den Übungsfortschritten, wird sie innerhalb des Lernmaterials (nach dem „within-stimulus"-Prinzip; also nicht über äußere Hinweisreize) ausgebaut.
- Erklärungen, Korrekturen und Lob, also die verbalen Äußerungen des Erwachsenen, müssen als Teil des Plans extrem reduziert und kontrolliert werden.
- Zumindest auf den ersten Stufen des Förderplans ist der Einsatz von hoch wirksamen materiellen Verstärkern von großer Bedeutung für Lernerfolge.

- Die Ausformungspläne müssen stark operationalisiert formuliert sein, sodass nicht nur die Kotherapeuten eindeutige Handlungsanweisungen haben und die Kriterien für die Übergänge zur jeweils nächsten Stufe eindeutig festgelegt sind, sondern auch eine unmittelbare Erfolgskontrolle aus der laufenden Übungsdurchführung möglich ist.

Das Vorgehen sei an einem Beispiel verdeutlicht:

Bei einem fünfjährigen Kind wird ein Gesamt-IQ von knapp 50 mit den deutlich geringsten Werten in den integrationsrelevanten Bereichen der aktiven Sprache, des Form- und Farberkennens, des Mengenbegriffs und des Kurzzeitgedächtnisses ermittelt.

Der Sprachrückstand wird in einer täglichen Übung von 15 Minuten Dauer, die über die Nachahmung von Bewegungen und Silben zur Verwendung komplexerer Äußerungen führt und von der Mutter durchgeführt wird, angegangen (vgl. Kap. 2.2).

Die ersten Schritte des motorischen Imitationstrainings sind zugleich Vorbereitung für die zweite, ebenfalls 15-minütige Übung, in der die anderen Bereiche zusammengefasst werden. Diese Übung ist für das Kind ein interessantes Spiel, verlangt von der Bezugsperson als Kotherapeut aber ein sehr exaktes Vorgehen, denn das Kind soll Perzeption, Mengenbegriff und Gedächtnis vor dem Einsatz im Alltag über genaue Beobachtung und Nachahmung der Mutter verbessern.

Im genannten Vortraining wird die notwendige Kooperation aufgebaut. Das Kind lernt, über materielle Verstärkungen sitzen zu bleiben und nach jeweils einmaligem Angebot jetzt mit der Mutter spielen zu dürfen, zum Üben zu kommen und einfache Bewegungen nachzuahmen. Wenn dieses Verhalten stabil etabliert ist, erstellt die Mutter z.B. zwei identische schachbrettartige Muster (vgl. Abb. 1). Hinter einem kleinen Trennschirm legt sie auf „ihrem" Brett ein Muster und entfernt dann den Schirm. Das Kind soll nun das Muster auf „seinem" Brett nachlegen. Dazu haben Mutter und Kind denselben Satz von Plättchen in bestimmten Farben und Formen. Die Aufgabenschwierigkeit wird allmählich erhöht, indem die Zahl der Plättchen zu- und ihre Diskriminierbarkeit abnimmt.

Am Anfang soll das Kind z.B. nur zwei zufällig gewählte Farben richtig nachlegen. Erreicht es in den 15 Minuten (das Ende wird durch einen Küchenwecker signalisiert) in den fortlaufenden Registrierungen der Mutter 10 richtige Lösungen in Folge, dann wird ab der nächsten Übung zu drei verschiedenen Farben übergegangen. Dann folgen verschiedene Formen, komplexere Muster aus unterschiedlichen Farben und Formen usw. Die Registrierungen zeigen nicht nur das Erreichen des Kriteriums für den Übergang zur nächsten Schwierigkeitsstufe im Ausformungsplan an, sondern geben auch der Mutter (und dem Therapeuten) Rückmeldung über die täglichen Fortschritte in Bezug auf die Anzahl der in der vorgegebenen Zeit bearbeiteten Aufgaben und den Prozentsatz richtiger Lösungen.

Durch sein Arbeitstempo bestimmt das Kind selbst die Zahl der Aufgaben pro Sitzung. Dadurch kann es unter Umständen relativ viele richtige Lösungen erreichen, deren Umsetzung in ebenso viele materielle Verstärkungen (meist Süßigkeiten, die sonst im Alltag generell nicht mehr gegeben werden) zu Übersättigung führen würde. Hier hat sich eine „Belohnungsleiter" bewährt, auf der die Süßigkeiten (oder auch Eintausch-Münzen) in mehreren Schritten von der Bezugsperson zum Kind wandern, sodass die Gesamtzahl angemessen reduziert wird.

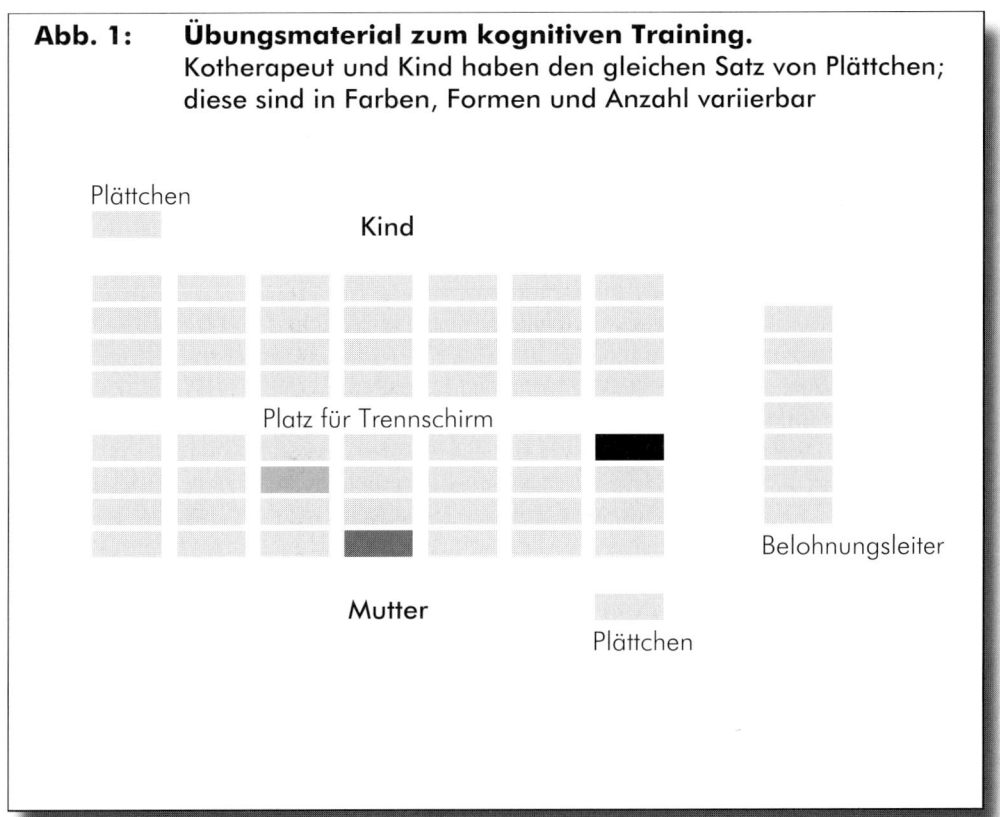

Abb. 1: **Übungsmaterial zum kognitiven Training.**
Kotherapeut und Kind haben den gleichen Satz von Plättchen;
diese sind in Farben, Formen und Anzahl variierbar

Plättchen

Kind

Platz für Trennschirm

Belohnungsleiter

Mutter

Plättchen

Die beschriebenen Übungen fördern nicht nur den Mengenbegriff und die Form- und Farb-diskrimination, sondern auch das Erkennen räumlicher Beziehungen, was sich in den an-fänglich vielen und allmählich abnehmenden Anordnungsfehlern zeigt. Darüber hinaus kann das Training der bei geistig Behinderten oft notwendigen Schulung des Gedächtnisses die-nen: Die Mutter zeigt dem Kind das Muster nur kurz und stellt dann den Schirm wieder zwi-schen die Bretthälften, sodass es das Kind aus dem Gedächtnis nachlegen muss. Durch zu-nehmend komplexere Muster, kürzere Darbietungszeiten bzw. verlängerte Zeitintervalle bis zum Beginn des Nachlegens („titrated delay"-Technik) lässt sich auch in diesem Bereich der Schwierigkeitsgrad schrittweise steigern.

Übungen dieser Art lassen sich vielfältig variieren. Ziel ist stets, das Kind, ausgehend von seinem Entwicklungsstand, in relevanten Bereichen zu fördern und die Übungen im Laufe der Zeit in die alltägliche Erziehung einfließen zu lassen. Im beschriebenen Beispiel könnte dieser Übergang etwa durch Würfelspiele (Würfel mit verschiedenen Farben, Formen und Zeichenmengen) erfolgen und dann in das Erkennen von Verkehrsschildern, das Merken von kurz vergangenen Ereignissen usw. übergeleitet werden.

In anderen Fällen kann der Aufbau von Spiel- und Explorationsverhalten (vgl. Kap. 5.1) oder die Förderung lebenspraktischer Fertigkeiten (Anzieh-, Sauberkeits-, Körperpflege- usw. Training, wofür viele strukturierte Programme vorliegen) im Vordergrund stehen.

Der letztgenannte Aspekt fließt in die soziale Kompetenz ein und stellt einen Übergang dar zu dem zweiten Interventionsbereich bei geistig behinderten Kindern und Jugendlichen, nämlich der Behandlung der begleitenden Verhaltensstörungen, die oft so gravierend sind, dass sie die soziale Integration erheblich beeinträchtigen.

Behandlung begleitender Verhaltensstörungen

Verhaltenstherapeutische Ansätze, vor allem Kontingenzmanagement (vgl. Kap. 5.1), zeigen in vielen Fällen erstaunliche Erfolge (vgl. Rojahn & Burkhart, 1988). Die Behandlung von Verhaltensstörungen geistig behinderter unterscheidet sich nicht prinzipiell von der anderer Kinder und Jugendlicher, d.h., es werden Lernprozesse durch Verstärkung, Bestrafung, Löschung oder Diskrimination initiiert und Methoden wie Ausformung, Verhaltensverkettung, Hilfestellung oder Reizüberblendung eingesetzt. Einzelheiten finden sich in den entsprechenden Kapiteln des vorliegenden Bandes. Einige Besonderheiten, die dabei bei geistig Behinderten zu beachten sind, seien hervorgehoben:

- Intendierte Lernprozesse müssen bei geistig Behinderten auf dem Niveau ihrer kognitiven Verarbeitung ansetzen. Daraus folgt die Notwendigkeit zu klar strukturiertem Kontingenzmanagement, unmittelbar (im Sekundenbereich auf das relevante Verhalten) gesetzten appetitiven oder aversiven Reizen. Das hat zugleich den Vorteil, dass bereits nach kurzer Zeit beurteilt werden kann, ob der Therapieplan die vorgesehene Wirkung auf das Problemverhalten hat.
- Manche Verhaltensstörungen sind typisch für geistig Behinderte, erschweren die Integration und sind deshalb besonders zu berücksichtigen. Die folgende Übersicht gibt ein Beispiel:

Einfacher Plan zur Behandlung von Distanzlosigkeit

Geistig Behinderte sind häufig distanzlos, sprechen in der Öffentlichkeit fremde Personen an und beschimpfen oder berühren sie. Für die Bezugspersonen ist das Verhalten sehr belastend; sie meiden deshalb oft mit den geistig behinderten Kindern öffentliche Verkehrsmittel, Straßen und Kaufhäuser. Ein gezieltes Kontingenzmanagement wie im folgenden Plan für die Eltern reduziert das Problem meist schnell:

„Machen Sie täglich einen etwa halbstündigen Spaziergang mit ihrem Kind auf der Straße. Solange es sich ‚normal' verhält, sprechen Sie bitte möglichst viel mit ihm. Wenn es sich aber an Fremde annähert (vor ihnen stehen bleibt, sie anspricht oder sie berührt), dann nehmen Sie Ihr Kind an der Hand und führen es mit gerade so viel Nachdruck wie nötig weiter. Sprechen Sie in den drei Minuten nach dem Ereignis kein Wort mit ihm, gehen Sie auch auf Äußerungen des Kindes nicht ein. Verwenden Sie aber sonst keinerlei Strafen und Belehrungen. Notieren Sie unmittelbar nach dem Spaziergang in das vorgesehene Heft die Zeit des Spaziergangs, wo Sie waren und was sich in Bezug auf das Verhaltensproblem ereignet hat."

Beim ersten Spaziergang begleitet der Therapeut die Eltern und leitet sie beim Registrieren an. Bei Unklarheiten bittet der Therapeut die Eltern, einige Spaziergänge auf einem kleinen Kassettenrekorder aufzunehmen. Der Plan wird nach und nach um andere Aspekte (Straßenbahn, Treffen bekannter Personen usw.) erweitert.

- Falls – vor allem bei schweren Selbstverletzungen – Strafreize angewendet werden, sollten diese von Anfang an nicht zu milde sein. (Etwa bei „Überkorrektur": Bei jedem Versuch, sich in die Hand zu beißen, wird das Kind dreißigmal gezwungen, in die Hände zu klatschen, was zu heftigem Widerstand und Schreien führt.) Auch bei kräftigen Strafreizen zeigt sich schon nach kurzer Zeit, ob sie wirksam sind oder nicht.
- Wenn das Kind offensichtlich Angst vor seinen eigenen Autoaggressionen hat bzw. Schutz davor sucht (was vor allem beim Lesch-Nyhan-Syndrom gilt), dann sollte das Verhalten nicht bestraft, sondern die Angst sorgfältig desensibilisiert werden.
- Stereotypien und Selbststimulationen sind bevorzugt anzugehen, weil sie Lernfortschritte behindern. Neben Überkorrektur und körperlicher Fixierung als Konsequenz kann auch, wenn möglich, „sensorische Extinktion" eingesetzt werden. (Beispiel: Kopfschlagen auf die Tischplatte kann gelöscht werden, wenn das Kind für einige Zeit nur mit Tischen konfrontiert wird, die weich mit Schaumgummi gepolstert sind.)
- Generell sollte bei geistig behinderten Kindern und Jugendlichen nicht nur versucht werden, unerwünschtes Verhalten zu reduzieren, sondern auch positives (mit dem unerwünschten Verhalten inkompatibles) Verhalten aufzubauen.

2.4.7
Wirksamkeit und Wirksamkeitsbedingungen der Therapie

Verhaltenstherapeutische Intervention hat in beiden dargestellten Bereichen beträchtliche Erfolge erzielt. Allerdings scheinen die Resultate stark von den individuellen Problemen des Kindes oder Jugendlichen und von der Intensität der Betreuung abzuhängen.

Für die intellektuelle Förderung gilt, dass die Möglichkeiten natürlich deutlich eingeschränkt sind (was zur Definition der geistigen Behinderung gehört), dass aber durch strukturierte Lernprogramme, die individuell auf die entwicklungsdiagnostischen Ergebnisse und die laufend geprüften Fortschritte abgestimmt sind, durchaus eine Verbesserung einzelner Funktionen, die der Intelligenz zugerechnet werden, erreicht werden kann. Wie bei der institutionellen Förderung in Kindergärten, Schulen und Förderzentren (auf die hier nicht eingegangen wurde), müssen solche Lernprogramme, um erfolgreich zu sein, kontinuierlich über längere Zeit und aufgebaut in kleinen Schritten durchgeführt werden. Insbesondere scheint die Einbeziehung der Bezugspersonen und die langfristige Einbindung der Lerninhalte in den Erziehungsalltag bedeutsam zu sein.

Ähnliche Intensität ist zur wirksamen Behandlung schwerer Verhaltensstörungen geistig behinderter Kinder und Jugendlicher nötig. Hier lassen sich durchaus dauerhafte Erfolge erreichen, wenn eine Übernahme der Maßnahmen in die Erziehung und eine enge Supervision der Eltern, die als Kotherapeuten zur Ausführung spezifischer Therapiepläne eingesetzt werden, gesichert ist. Grundlage ist, dass diese Pläne über die funktionale Problemanalyse in operationalisierter Form als Kontingenzmanagement gestaltet sind.

Bei der Behandlung aggressiven und selbstverletzenden Verhaltens, dem bei geistig Behinderten besondere Bedeutung zukommt, werden Erfolgsquoten zwischen 45% und 75% angegeben, wobei Kombinationen von aversiven und nicht-aversiven Verfahren die besten Werte erreichen (vgl. Weber, 1997). Die Erfolgsrate bei der Behandlung inadäquater sozialer Kommunikation liegt mit 35% bis 40% etwas niedriger.

2.4 Geistige Behinderung

Grundlegende Literatur

- Brack, U. B. (Hrsg.). (1993). Frühdiagnostik und Frühtherapie. Psychologische Behandlung von entwicklungs- und verhaltensgestörten Kindern (2. Aufl.). Weinheim: Psychologie-Verlags-Union.

- Rojahn, J. & Burkhart, J. (1988). Mental retardation: Psychological therapies. In J. L. Matson (Ed.), Handbook of treatment approaches in childhood psychopathology (467–502). New York: Plenum.

- Weber, G. (1997). Intellektuelle Behinderung: Grundlagen, klinisch-psychologische Diagnostik und Therapie im Erwachsenenalter. Wien: WUV-Universitätsverlag.

Weiterführende Literatur

- Jacobson, J. W. & Mulick, J. A. (Eds.). (1996). Manual of diagnosis and professional practice in mental retardation. Washington, D.C.: American Psychological Association.

- Smith, M. D. (1993). Behavior modification for exceptional children and youth. Boston, MA: Andover Medical Publishers.

Materialien

- American Association on Mental Retardation (1992). Mental retardation: Definition, classification, and systems of support. (9th ed.). Washington, D.C.: American Association on Mental Retardation.

- Bondy, C., Cohen, R., Eggert, D. & Lüer, G. (1975). Testbatterie für geistig behinderte Kinder (TBGB) (3. Aufl.). Göttingen: Testzentrale.

- Duhm, E. & Huss, K. (1979). Fragebogen zur Erfassung praktischer und sozialer Selbständigkeit 4- bis 6-jähriger Kinder. Göttingen: Testzentrale.

- Hellbrügge, T. (1994). Münchener Funktionelle Entwicklungsdiagnostik (MFED) (4. Aufl.). Göttingen: Testzentrale.

- Holtz, K. L., Eberle, G. & Hillig, A. (1998). Heidelberger Kompetenz Inventar für geistig Behinderte (4. Aufl.). Heidelberg: Schindele.

- Kastner-Koller, U. & Deimann, P. (1998). Der Wiener Entwicklungstest (WET). Göttingen: Testzentrale.

- Klauer, K. J. (1989). Denktraining für Kinder I. Göttingen: Testzentrale.

- Kubinger, K. & Wurst, E. (1991). Adaptives Intelligenzdiagnostikum (AID) (3. Aufl.). Göttingen: Testzentrale.

- Lambert, N. N. & Windmiller M. B. (1991). AAMD Adaptive Behavior Scale – School edition. Monterey, CA: Publishers Test Service.

- Melchers, P. & Preuss, U. (1994). Kaufman Assessment Battery for Children (K-ABC), Deutsche Version (3. Aufl.). Göttingen: Testzentrale.

- Sarimski, K. (1987). Ordinalskalen zur sensomotorischen Entwicklung. Weinheim: Beltz Test. (Dt. Bearb. der Infant Psychological Development Scales von Uzgiris & Hunt; siehe Uzgiris, H. I. & Hunt, J. McV. (1975). Assessment in infancy. Ordinal scales of psychological development. Urbana: Press. University of Illinois).

Frühkindlicher Autismus

Hanne Dirlich-Wilhelm und Laura Schreibman

2.5.1
Fallbeispiel

Moritz, ein hübscher vierjähriger Junge, wurde als autistisch diagnostiziert, als sich seine Eltern aus Sorge über seine mangelnde Sprachentwicklung und seine geringe soziale Reaktionsbereitschaft an eine Beratungsstelle wandten.

Nach ihren Beobachtungen gefragt, berichten die Eltern, dass Moritz nur sehr sporadisch und unvorhersagbar Interesse an seiner Umwelt zeigt. Er benutzt keine Worte, wenn er z.B. ein bestimmtes Spielzeug haben möchte, sondern zieht jemanden zum Schrank, in dem sich das Spielzeug befindet. Wenn Moritz Wörter gebraucht, wiederholt er sie häufig stereotyp (z.B. „Blu-hu-me" oder „Baum-aum-aum"), als ob ihn der Klang der Wörter mehr faszinieren würde, als dass er etwas mitteilen möchte. Er äußert manchmal echoartig Zwei-Wort-Sätze wie „geh weg", „komm her", „mach mit", ohne dass dies in den situativen Kontext passt. Die Unterscheidung von „ich" und „du" sowie „mein" und „dein" gehört noch nicht zu seinem Sprachverständnis.

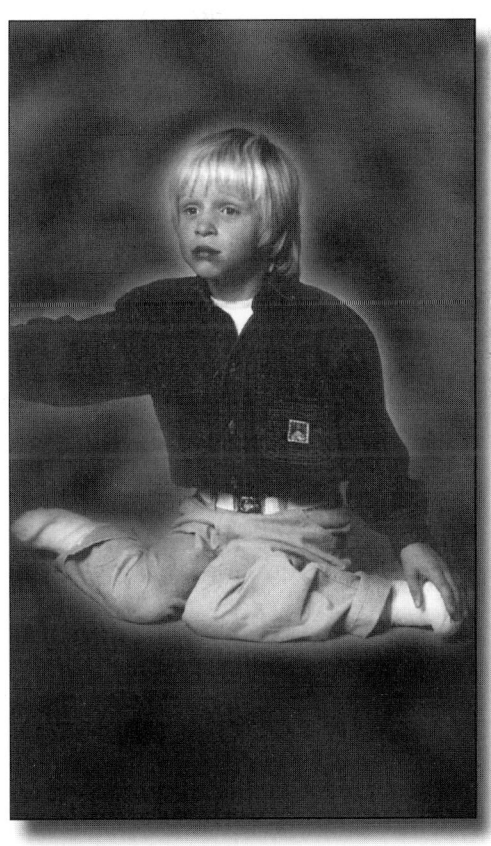

Die Eltern haben manchmal den Eindruck, dass Moritz nicht gut hören kann. Er reagiert nicht auf ein lautes Geräusch wie das Schlagen einer Tür, bemerkt jedoch offensichtlich das Rascheln eines Bonbonpapiers oder das Klappen der Kühlschranktür. Auf seinen Namen reagiert er nicht zuverlässig, wenn er angesprochen wird. Auch das Sehen ist bei Moritz auffällig. Manchmal starrt er einem ins Gesicht, schaut durch einen hindurch oder vermeidet den Blickkontakt. Den Eltern fällt auf, dass Moritz den Vater nur dann zu erkennen scheint, wenn dieser seine Brille trägt.

Die Eltern berichten weiter, dass Moritz nicht mit seinem zwei Jahre älteren Bruder spielt, sondern sich gern in sein Zimmer zurückzieht, um immer wieder eine bestimmte Musikkassette zu hören. Er ist sehr geschickt und kann alle Kassettenrekorder im Haushalt bedienen, wenn er seine Lieblingsmusik hören möchte.

Moritz kann sich schwer auf Veränderungen einstellen. Wenn etwas nicht in gewohnter Weise geschieht, wird er sehr aufgeregt, reißt sich an den Haaren und schreit laut, ohne besänftigt werden zu können. Die Familie zieht es deshalb vor, wenig zu unternehmen.

Über die Entwicklung von Moritz berichten die Eltern, dass er als Baby nachts oft aufgewacht ist und anhaltend geschrien hat, ohne beruhigt werden zu können. Wenn er gehalten wurde, hat er sich oft dagegengestemmt. Er hat relativ spät feste Nahrung gegessen und eine deutliche Abwehr gegen rote oder rötliche Nahrungsmittel (Karotten, Tomaten, Äpfel, Beeren, Marmelade) und Getränke (Tee, Säfte) gezeigt.

In vielen veröffentlichten Fallbeispielen (z.B. Nieß & Dirlich-Wilhelm, 1995) wird deutlich, dass sich autistische Kinder in der Ausprägung bestimmter Vorlieben sehr unterscheiden können, z.B. beim Essen oder in ihren Aktivitäten (ein Kind sammelt Schlüssel, eine anderes Zettel). Sie ähneln sich jedoch darin, dass sie Gewohntes einer Veränderung vorziehen. Stereotypes, sich stets wiederholendes Verhalten scheint sie zu faszinieren und zu beruhigen. Ihre Aufmerksamkeit ist von der Umwelt abgewandt und lässt den Eindruck „autistischer Zurückgezogenheit" entstehen. Alle autistischen Kinder und Jugendlichen haben Schwierigkeiten im sozialen Bereich. Blickkontakt, Körperkontakt und Sprechkontakt werden meistens vermieden oder finden in einer sozial unangemessenen, bedrängenden Weise statt.

Das unauffällige Aussehen autistischer Kinder im Gegensatz zu ihrem auffälligen Verhalten erschwert ihre natürliche und selbstverständliche Integration in die soziale Umgebung von Familie, Kindergarten und Schule, da Verhaltenserwartungen der sozialen Umgebung nicht erfüllt werden und autistische Auffälligkeiten oft als Erziehungsfehler interpretiert werden. Insgesamt sind betroffene Familien durch die schwierige Entwicklung ihrer autistischen Kinder und durch die Probleme bei deren sozialer Integration in einem besonderen Ausmaß belastet.

2.5.2
Diagnostische Kriterien nach ICD-10

In der wissenschaftlichen Literatur wurden autistische Syndrome erstmals von Kanner (1943) und Asperger (1944) erwähnt. Beiden waren unabhängig voneinander autistische Kinder und Jugendliche durch ihre Störungen im sozialen Bereich aufgefallen.

In der zehnten Revision der von der Weltgesundheitsorganisation herausgegebenen „Internationalen Klassifikation psychischer Störungen", der ICD-10 (International Classification of Diseases, 10th Revision) gehört Autismus zu den so genannten tief greifenden Entwicklungsstörungen (F84), „die durch qualitative Beeinträchtigungen in gegenseitigen sozialen Interaktionen und Kommunikationsmustern sowie durch ein eingeschränktes, stereotypes, sich wiederholendes Repertoire von Interessen und Aktivitäten charakterisiert sind ... In den meisten Fällen besteht von frühester Kindheit an eine auffällige Entwicklung."

In der ICD-10 werden neben anderen tief greifenden Entwicklungsstörungen drei autistische Störungen unterschieden:

1) der „frühkindliche Autismus" (F84.0), auch „infantiler Autismus" oder „Kanner-Syndrom" genannt;
2) der „atypische Autismus" (F84.1), auch als „Intelligenzminderung mit autistischen Zügen" bezeichnet;
3) das „Asperger-Syndrom" (F84.5), auch als „autistische Psychopathie" bezeichnet.

Frühkindlicher Autismus

Folgende Kriterien müssen erfüllt sein, um nach der ICD-10 die Diagnose frühkindlicher Autismus oder Kanner-Syndrom (F84.0) zu stellen:

1) Beginn der Erkrankung vor dem dritten Lebensjahr. Auffälligkeiten in der Entwicklung des Kindes bestehen häufig von Geburt an. Sie können aber auch bei zunächst normaler Entwicklung nach einer Erkrankung in den ersten 30 Monaten auftreten.

2) Störungen der sozialen Interaktionen. Dafür gibt die ICD-10 folgende Beispiele: Die „unangemessene Einschätzung sozialer und emotionaler Signale, wie z.B. das Fehlen von Reaktionen auf Emotionen anderer Menschen oder fehlende Verhaltensmodulationen im sozialen Kontext ... Besonders fehlen die soziale und emotionale Gegenseitigkeit."

3) Störungen der Kommunikation und der Sprachentwicklung. Als qualitative Beeinträchtigungen der Kommunikation werden in der ICD-10 das „Fehlen eines sozialen Gebrauchs vorhandener sprachlicher Fertigkeiten" genannt. „Es bestehen Beeinträchtigungen im ‚So tun als ob'- und sozial imitierenden Spiel." Autistische Kinder werden als wenig kreativ und fantasievoll im Denken beschrieben. Etwa die Hälfte aller autistischen Kinder lernt sprechen, die andere Hälfte zeigt deutliche Schwierigkeiten bei der Sprachentwicklung. Die Sprechweise ist oft monoton und ohne emotionalen Ausdruck. Die Begleitgestik fehlt. Sprachliche Mängel werden nicht durch nonverbales Verhalten kompensiert.

4) Repetitive, stereotype Verhaltensweisen sowie eingeschränkte Interessen und Aktivitäten. Häufig zeigen sich Stereotypien in der Motorik, z.B. Handwedeln, Ganzkörperbewegungen und stereotyper Gebrauch (rhythmisches Klopfen oder Drehen) von Gegenständen. Es besteht oft eine Bindung an ungewöhnliche Objekte. Bei Kindern mit besserer kognitiver und sprachlicher Entwicklung zeigen sich Stereotypien etwa in der Fixierung auf ein Thema, z.B. „Autos" oder „Fahrpläne". Alle Versuche einer Unterbrechung der Stereotypien oder einer Veränderung von Gewohnheiten oder der vertrauten Umgebung stoßen auf große Widerstände, die durch erhöhte Erregung, vermehrte motorische Stereotypien, Ausbrüche von Schreien, Selbstaggressionen wie Schlagen und Beißen gekennzeichnet sind.

Atypischer Autismus

Die Diagnose atypischer Autismus (F84.1) wird nach der ICD-10 gestellt, wenn entweder der Krankheitsbeginn nicht innerhalb der ersten drei Lebensjahre festzustellen ist oder wenn nur in einem oder zwei der für die Diagnose eines Autismus geforderten psychopathologischen Bereiche (Interaktion, Kommunikation, Stereotypien) deutliche Auffälligkeiten zu finden sind.

Asperger Syndrom

Kinder mit einem Asperger-Syndrom (F84.5) und Kinder mit einem Kanner-Syndrom (F84.0) zeigen eine qualitative Beeinträchtigung der Gegenseitigkeit sozialer Interaktionen und eingeschränkte, stereotype Interessen und Aktivitäten. Die Kommunikationsprobleme sind ähnlich, jedoch verlaufen die Sprachentwicklung und die kognitive Entwicklung beim Asperger-Syndrom weitgehend normal. Bei Kindern mit einem Kanner-Syndrom besteht dagegen meistens eine intellektuelle Minderbegabung.

2.5.3
Epidemiologie, Verbreitung und Altersrelevanz

Über die Vorkommenshäufigkeit der autistischen Störung gibt es keine einheitlichen Angaben. Dies liegt vor allem an den unterschiedlichen methodischen Vorgehensweisen epidemiologischer Untersuchungen. In einigen Studien wurden in Stichproben von Kindern der Gesamtbevölkerung die autistischen Kinder erfasst, in anderen wurden in Karteien von Kliniken und Institutionen die Autismusdiagnosen herausgesucht. Bei älteren Untersuchungen kommt die Schwierigkeit hinzu, dass die diagnostischen Kriterien nicht einheitlich gehandhabt wurden.

Nach neueren Angaben wird von vier bis fünf autistischen unter 10.000 Kindern ausgegangen. Die Diagnose trifft bei Jungen drei- bis viermal häufiger zu als bei Mädchen. Das Vorkommen einer autistischen Störung unter Geschwistern wird mit 2% angegeben, bei eineiigen Zwillingen mit über 80% und bei zweieiigen Zwillingen mit etwa 25%. Die Behauptung, dass 60% aller Autisten Erstgeborene seien, ist nicht bestätigt worden.

Das Asperger-Syndrom kommt bei Jungen etwa neunmal häufiger vor als bei Mädchen. Die Diagnose „Intelligenzminderung mit autistischen Zügen" wird am häufigsten gestellt.

2.5.4
Diagnostik der Störung

Diagnostische Instrumente zur Feststellung einer autistischen Störung sind Anamnesefragebögen und Symptomchecklisten, welche das Alter eines Kindes bei Beginn der Erkrankung, die frühen Auffälligkeiten und die gegenwärtigen Verhaltensstörungen erfassen. Der Stand der kognitiven Entwicklung, der Sprachentwicklung, der sozialen Entwicklung und der Grad der Selbstständigkeit im Alltag werden damit erhoben (Lord, Rutter & LeCouteur, 1994). Neben der schriftlichen Datenerhebung dienen systematische Beobachtungen mit Videoaufzeichnungen in verschiedenen standardisierten Situationen der Diagnosefindung. Filme, die typische Verhaltensweisen autistischer Kinder zeigen, informieren Eltern und Fachleute und unterstützen das Erkennen des autistischen Syndroms (Hilfe für das autistische Kind, 1994).

Je früher im Leben eines autistischen Kindes die diagnostischen Informationen erfasst werden, desto schneller kann mit einer individuell zugeschnittenen und sozial relevanten Therapie begonnen werden. In den letzten Jahren haben bessere Informationen für Eltern und Fachleute wie auch die öffentliche Diskussion dieser Störung es ermöglicht, das Syndrom des frühkindlichen Autismus bereits im Vorschulalter zu diagnostizieren und eine Frühförderung einzuleiten.

In der verhaltenstherapeutischen Diagnostik wird auf die direkte Beobachtung besonders großer Wert gelegt. Direkte Beobachtungen können in strukturierten oder freien Situationen erfolgen, in denen das autistische Kind allein oder mit anderen Personen beobachtet wird. Eine genaue Beschreibung und Definition des zu beobachtenden Verhaltens (z.B. Blickkontakt, Stereotypien, Anwendung von Sprache, Spielverhalten) ist unerlässlich, um die Häufigkeit des Auftretens und die zugehörigen situativen Bedingungen zu erfassen. Die Analyse der direkten Beobachtungen bildet die Grundlage für eine Auswahl von Interventionen, die auf eine Verhaltensänderung abzielen.

Da eine verhaltenstherapeutische Behandlung eines autistischen Kindes immer auch ein Training oder eine spezielle Schulung von Angehörigen mit einbezieht, werden durch direkte Beobachtungen und mithilfe von Fragebögen auch Informationen zur Familiensituation erhoben. Die Belastungen und Einschränkungen, die durch die autistische Störung eines Kindes für die Bezugspersonen entstehen, werden dadurch festgestellt, ebenso wie die Möglichkeiten der Familie, die Therapie ihres Kindes aktiv zu unterstützen.

2.5.5
Bedingungsmodell

Die vielfältigen, weitgehend konsistenten Ergebnisse der experimentellen Forschung (z.B. Schreibman, 1997; Schreibman & Charlop-Christy, 1998) deuten darauf hin, dass die beobachteten Entwicklungsdefizite und Verhaltensstörungen beim Autismus im Zusammenhang mit einer Störung der zentralen Wahrnehmungsverarbeitung zu sehen sind. Sie äußert sich vor allem in einer starken Selektion von Umweltreizen (z.B. der Vater wird nur an der Brille erkannt). Dadurch werden gleichzeitig vorhandene Reize nicht leicht miteinander assoziiert. Abstraktion und Konzeptbildung gelingen kaum, und die Fähigkeit zu generalisieren ist sehr eingeschränkt, da, bedingt durch die starke Reizselektion, ähnliche Situationen nicht als ähnlich erkannt werden. Auch das gering ausgeprägte Imitationsverhalten autistischer Kinder kann damit zusammenhängen.

Unter der Annahme einer Störung der zentralen Wahrnehmungsverarbeitung wird es verständlich, dass sich autistische Kinder besser an stabilen Gegebenheiten orientieren und nur schlecht auf Veränderungen einstellen können. Der normalerweise wechselvolle Verlauf sozialer Interaktion und Kommunikation ist besonders schwierig für sie zu verarbeiten und neues Verhalten kann nicht spontan und selbstverständlich wie in der normalen Entwicklung durch soziales Lernen aufgebaut werden.

Wie die beschriebenen Wahrnehmungsstörungen entstehen, ist bisher unbekannt. Es wird angenommen, dass genetische Faktoren, hirnorganische Gegebenheiten oder Stoffwechselprozesse an der Entstehung einer autistischen Störung beteiligt sind. Eine psychogene Verursachung wird ausgeschlossen, obwohl klar ist, dass Umgebungsfaktoren, z.B. das Verhalten von Bezugspersonen, eine Verstärkung einzelner Symptome des autistischen Erscheinungsbildes bewirken können.

Als Grundlage wird in der Verhaltenstherapie einer autistischen Störung das lerntheoretische Konzept des operanten Konditionierens angewandt: Die situativen Bedingungen einer autistischen Verhaltensweise werden bedingungs-analytisch festgestellt und die funktionalen Zusammenhänge zwischen Verhalten und Umgebungsvariablen analysiert.

2.5.6
Therapieplanung

Das Kernstück der Therapieplanung ist die Analyse der funktionalen Zusammenhänge zwischen einer autistischen Verhaltensweise und ihren auslösenden (Situation) und aufrechterhaltenden Bedingungen (unmittelbar folgende positive Konsequenzen). Der Aufbau und Abbau von bestimmten Verhaltensweisen geschieht durch die Veränderung auslösender Situationen und/oder durch die Veränderung unmittelbar folgender Konsequenzen.

Bei diesem symptomspezifischen, lerntheoretisch begründeten Vorgehen werden grundsätzlich zwei Methoden unterschieden:

1) Das „Lernen in einzelnen Schritten" („discrete trial learning")
Historisch gesehen war das „Lernen in einzelnen Schritten" die erste therapeutisch angewandte Lernmethode zum Aufbau erwünschter Verhaltensweisen und zur Reduktion unerwünschten Verhaltens. Bei diesem Ansatz findet die Therapie in einem Raum mit wenig ablenkenden Reizen statt. Der Therapeut sitzt dem autistischen Kind gegenüber und stellt wiederholt die gleiche einfache Aufgabe, wie z.B. „schau mich an", „zeig mir den Apfel", „gib mir den Stift". Auf eine richtige Antwort erfolgt unmittelbar eine Bestätigung oder Belohnung. Das Kind lernt auf diese Weise, seine Aufmerksamkeit auf die Aufgabe zu richten, aktiv Dinge in seiner Umgebung zu unterscheiden (Diskriminationslernen) und durch eine Handlung (Zeigen, Geben) zu reagieren, die mit Erfolg assoziiert wird. Als Verstärker werden Dinge und Aktivitäten eingesetzt, für welche das autistische Kind eine Vorliebe zeigt, z.B. Süßigkeiten, Musik, motorische Aktivität. Solche indirekten Verstärker haben zwar nichts mit dem geforderten Zielverhalten zu tun, können jedoch verstärkend wirken, wenn das autistische Kind tatsächlich an Süßigkeiten, Musik, motorischen Aktivitäten interessiert ist. Die auf diese Weise gelernten Verhaltensweisen dienen in erster Linie der Verbesserung von Alltagssituationen (z.B. Essen, Anziehen oder tägliche Hygiene).
Das Vorgehen in einzelnen Lernschritten erscheint trotz seiner Wirksamkeit oft unnatürlich und wird deshalb von vielen Eltern nicht ohne weiteres übernommen und in den Alltag der Familie integriert. Eine Übertragung der Therapiefortschritte in den Alltag der Familie hängt jedoch wesentlich von der Kooperation der Bezugspersonen ab.

2) Die „Verbesserung von Voraussetzungen" („pivotal response training")
Diese Verbesserung bezieht sich auf die Erhöhung der Motivation, auf die Steigerung der Fähigkeit, auf komplexe Reizgegebenheiten zu reagieren und auf die Verbesserung des Selbstmanagements im Alltag.

Um die Schwierigkeiten der Generalisierung zu umgehen, wurde in einem neueren Ansatz (Schreibman & Koegel, 1996) versucht, therapeutische Interventionen direkt in der natürlichen Umgebung des autistischen Kindes durchzuführen und dabei grundlegende Voraussetzungen für das Erlernen eines Verhaltens wie die Motivation, die Tendenz zur Reizselektion und Selbstmanagementansätze zu berücksichtigen.

Erhöhung der Motivation. Autistische Kinder werden bei diesem Ansatz stärker in das therapeutische Geschehen mit einbezogen, indem der Verhaltenstherapeut in der natürlichen Umgebung arbeitet und mehr auf spontane Verhaltenstendenzen des autistischen Kindes achtet. Dieses Vorgehen erlaubt, intrinsische Belohnungen (direkte Verstärker) zu nutzen, welche in den erwünschten Dingen und Aktivitäten gegeben sind. In einem Elterntraining lernen die Bezugspersonen, darauf zu achten, wo spontane Interessen ihres Kindes liegen und wie eine Frage oder Aufforderung daran geknüpft werden kann. Möchte z.B. ein Kind ein Spielzeugauto haben, dann bekommt es dieses, wenn es ein Zeichen oder Sprache einsetzt, um seinen Wunsch zu artikulieren: Der Erwachsene hält das Auto und fragt: „Möchtest du das Auto?" Dann sagt er dem Kind das Wort „ja" vor oder beugt ihm den Kopf zum Nicken. Die positive Verstärkung besteht darin, dass das Kind das Gewünschte erhält, sobald es die entsprechende Reaktion zunächst mit Unterstützung des Therapeuten und dann allmählich ohne dessen Hinweise zeigt.

Reaktion auf komplexe Reizgegebenheiten. Die therapeutischen Interventionen werden darüber hinaus so gestaltet, dass das autistische Kind seine Aufmerksamkeit auf mehrere gleichzeitig vorhandene Reize richten muss, um eine Anforderung richtig zu erfüllen, z.B. durch Aufforderungen wie „gib mir die große, weiße Tasse". Größe und Farbe des Gegenstandes müssen hier gleichzeitig beachtet werden, um die richtige Unterscheidung treffen zu können.

Selbstmanagement im Alltag. Beim Training von Selbstmanagement werden dem autistischen Kind oder Jugendlichen komplexere Aufgaben gestellt, z.B. den Tisch zu decken, die Schultasche zu packen, sein Zimmer aufzuräumen, oder das Kind wählt selbst, was es tun möchte, z.B. Rad fahren, Schwimmen gehen, Einkäufe machen. Die erfolgreiche Durchführung der Aufgabe liegt in der Verantwortung des Kindes. Die kontingente Verstärkung ist einerseits durch die Erreichung des Handlungszieles gewährleistet (intrinsisch) und kann darüber hinaus durch das selbstständige Notieren und Sammeln von Punkten für eine größere belohnende Aktivität, z.B. einen Kinobesuch oder den Erwerb eines begehrten Spielzeugs, erfolgen (extrinsisch). Auf diese Weise können autistische Kinder lernen, im sozialen Kontext angemessene Verhaltensweisen (z.B. Blickkontakt, auf Ansprache reagieren) von unangemessenen (z.B. Stereotypien, Monologisieren) zu unterscheiden. Sie können damit erwünschtes Verhalten identifizieren, dieses registrieren und sich selbst bei Erfolg bestätigen und belohnen. Das Training von Selbstmanagement fördert vor allem die Selbstständigkeit und Unabhängigkeit von der sozialen Umgebung, was für die Familienangehörigen sehr entlastend sein kann.

2.5.7
Wirksamkeit und Wirksamkeitsbedingungen der Therapie

Der Ansatz des operanten Konditionierens hat sich bei der autistischen Störung als besonders wirksam erwiesen, da andere grundlegende Lernprinzien wie soziales Lernen und klassisches Konditionieren von autistischen Kindern nicht genutzt werden können: Soziales Lernen (Modelllernen) erfolgt kaum wegen der zentralen Wahrnehmungsstörung und der damit zusammenhängenden geringen Ausprägung von Imitationsverhalten. Auch klassisches Konditionieren ist erschwert wegen der reduzierten Fähigkeit, gleichzeitig vorhandene Reize zu verarbeiten.

Das Wirkungsspektrum der Verhaltenstherapie bei autistischen Störungen umfasst die Kompensation von Defiziten der Wahrnehmungsverarbeitung, wie z.B. Reizselektion und Generalisierung, den Aufbau von Verhaltensrepertoires, wie z.B. Selbstständigkeit im Alltag, Sprache und Sozialverhalten, Imitation und Spielverhalten, und den Abbau von Verhaltensstörungen wie z.B. Ängsten, Vermeidungsverhalten, Aggressionen, Selbstaggressionen und Stereotypien.

Neben der verhaltenstherapeutischen Arbeit mit dem autistischen Kind spielen die Beratung und das Training der Angehörigen bezüglich des Umgangs mit der autistischen Störung eine wichtige Rolle.

Verhaltenstherapie kann zwar den frühkindlichen Autismus nicht heilen, sie kann jedoch in der Zusammenarbeit mit den Bezugspersonen beträchtlich dazu beitragen, die Entwicklung autistischer Kinder und Jugendlicher im Sinne einer größeren Selbstständigkeit und einer besseren sozialen Integration zu fördern.

Grundlegende Literatur

- Nieß, N. & Dirlich-Wilhelm, H. (1995). Leben mit autistischen Kindern. Erfahrungen und Hilfen. Freiburg: Herder/Spektrum.

- Schreibman, L. & Koegel, R. L. (1996). Fostering self-management: parent-delivered pivotal response training for children with autistic disorder. In E. D. Hibbs & P. S. Jensen (Eds.), Psychological treatment for children and adolescent disorders: Empirically based strategies for clinical practice (pp. 525–552). Washington D.C.: American Psychological Association.

- Schreibman, L. & Charlop-Christy, M. H. (1998). Autistic disorder. In T. H. Ollendick, & M. Hersen (Eds.), Handbook of child psychopathology, (3rd ed.). (pp. 157-179). New York: Plenum Publishing Co.

Weiterführende Literatur

- Schreibman, L. (1997). Theoretical perspectives on behavioral intervention for individuals with autism. In D. J. Cohen, & F. R. Volkmar (Eds.), Handbook of Autism and Pervasive Developmental Disorders, (2nd ed.). (pp. 920–933). New York: John Wiley and Sons, Inc.

Materialien

- Hilfe für das autistische Kind, Vereinigung zur Förderung autistischer Menschen, Regionalverband München e.V. (1994). Film zur Früherkennung autistischer Kinder.

- Lord, C., Rutter, M., & LeCouteur, A. (1994). Autism Diagnostic Interview-Revised: a revised version of a diagnostic interview for caregivers of individuals with possible pervasive developmental disorders. Journal of Autism and Developmental Disorders, 24, 659–685.

- Checklisten: Regionalverbände „Hilfe für das autistische Kind".

- Vorbereitende Arbeiten (L. Schreibman) zu diesem Kapitel wurden vom United States Public Health Service Grant MH 39434 des National Institute of Mental Health gefördert.

Entwicklungsretardierung

Udo B. Brack

2.6.1
Fallbeispiel

Die Eltern des kleinen Michael, den sie im Alter von knapp zweieinhalb Jahren vorstellen, sind verunsichert. In der Schwangerschaft waren verschiedene Probleme aufgetreten, die Geburt erfolgte vier Wochen zu früh, Michael musste nach der Geburt kurzzeitig beatmet werden und wegen einer verlängerten Neugeborenen-Gelbsucht konnte er erst mit drei Wochen aus der Geburtsklinik entlassen werden.

Die Entwicklung verlief nach Meinung der Eltern zunächst normal, bei den regelmäßig durchgeführten kinderärztlichen Untersuchungen ergab sich anfangs nur eine leichte Verzögerung des Krabbelns. Da er aber das erste verständliche Wort („Wauwau") erst mit 16 Monaten produzierte und auch mit dem Laufen erst kurz zuvor begonnen hatte, wurde Michael in einem sozialpädiatrischen Zentrum vorgestellt. Die medizinischen Befunde waren unauffällig, der Entwicklungstest ergab im Alter von 20 Monaten einen durchschnittlichen Entwicklungsrückstand von 4 Monaten; am stärksten waren die Untertests Sprachproduktion, Laufen und Perzeption mit einem Rückstand von je etwa 6 Monaten betroffen. Darauf kam das Kind zur Ergotherapie, wo eine „sensorische Integrationsstörung" festgestellt und mit Übungen zur Schulung des Gleichgewichts und der taktil-kinästhetischen Wahrnehmung begonnen wurde.

Da ihnen die Entwicklungsfortschritte in den letzten Monaten aber sehr gering zu sein scheinen, befürchten die Eltern, dass der Entwicklungsverlauf ihres Kindes sich nicht, wie erhofft, allmählich normalisiert, sondern in eine bleibende Beeinträchtigung übergehen könnte.

2.6.2
Diagnostische Kriterien nach ICD-10

Der Begriff der Entwicklungsretardierung entspricht, da er gewissermaßen als Durchgangsdiagnose verwendet wird, keiner diagnostischen Kategorie der ICD-10. Unter diesen Begriff fallen folgende Auffälligkeiten:

- heterogene, unterdurchschnittliche Entwicklungsprofile in den normierten Untertests mehrdimensionaler Entwicklungstests, z.B. der Münchener Funktionellen Entwicklungsdiagnostik (MFED) in der frühen Kindheit, meist vor Vollendung des 3. Lebensjahres;
- Entwicklungsrückstände in mehreren Funktionen mit noch weitgehend unklarer Prognose, wie etwa nach Risikoschwangerschaft und Frühgeburt;
- Entwicklungsdefizite bei noch nicht abgeschlossener Diagnostik, also z. B. bei auffälligen Befunden in einem Screening-Verfahren wie dem Denver-Test.

Die diagnostischen Einheiten der ICD-10, die sich daraus im weiteren Verlauf der Entwicklung bzw. der Diagnostik ergeben können, sind:

- **F7 Intelligenzminderung.** Hier ist vor allem der Hinweis auf Verhaltensstörungen, die die Beurteilung erschweren und eine längere Beobachtung des Kindes nötig machen, von Bedeutung.
- **F8 Entwicklungsstörungen.** Diese, wie etwa „F80.1 expressive Sprachstörung", werden in frühem Alter vor allem dann als Entwicklungsretardierung diagnostiziert, wenn sie mit einer leichten Intelligenzminderung gepaart sind; ebenso wenn tief greifende Entwicklungsstörungen (z.B. „F84.0 Frühkindlicher Autismus") nur in leichter Form gefunden werden, oder wenn Vorformen von „F81 Umschriebene Entwicklungsstörungen schulischer Fertigkeiten" vorzuliegen scheinen (wie etwa bei auffallenden Defiziten des Mengen- und Zahlbegriffs im Entwicklungstest als möglicher Vorform von „F81.2 Rechenstörung").
- **F9 Verhaltens- und emotionale Störungen mit Beginn in der Kindheit und Jugend.** Diese werden in frühen Formen vor allem dann als Entwicklungsretardierung diagnostiziert, wenn sie (wie etwa „F90 Hyperkinetische Störungen") mit Intelligenzminderung verbunden sind oder wenn sie, wie „F91.1 Störung des Sozialverhaltens bei fehlenden sozialen Bindungen", den gesamten Entwicklungsgang bedeutsam zu beeinträchtigen scheinen.

In jedem Fall sollte der Begriff der Entwicklungsretardierung nur als kommentierte Durchgangsdiagnose unter Angabe der Ergebnisse der Entwicklungsdiagnostik verwendet werden, nicht aber als Alibi-Begriff zur Verkürzung des diagnostischen Aufwands.

2.6.3
Epidemiologie, Verbreitung und Altersrelevanz

Wegen der Vorläufigkeit des Befundes „Entwicklungsretardierung" und seiner Abhängigkeit von Struktur und Ablauf der Diagnostik sind Angaben zur Prävalenz nur durch die Abschätzung der Größenordnung einiger Vergleichszahlen möglich:

- „Intelligenzminderung" wird meist als ein IQ von mindestens 2 Standardabweichungen unter dem Durchschnitt definiert, so dass automatisch rund 2,3% aller Kinder betroffen sind.
- Die Pädiatrie verwendet oft einen Alters-Perzentilwert von 95, d.h., die 5% aller Kinder mit den schlechtesten relevanten Entwicklungsfunktionswerten gelten als gefährdet.
- Kumulative Angaben über manifeste Entwicklungsstörungen und Behinderungen (Autismus, Seh- und Hörbehinderung, mentale Retardierung usw.) liegen meist bei etwa 5%.
- Da sich die erwähnten Populationen zum Teil überschneiden, kann angenommen werden, dass rund 10% aller Kinder in ihrem Entwicklungsverlauf deutliche Auffälligkeiten aufweisen.
- Wenn, grob geschätzt aus klinischer Erfahrung, etwa bei jedem dritten bis fünften Kind davon zeitweise die diagnostischen Ergebnisse unklar, die Prognose unsicher oder das Störungsprofil nicht zuordenbar sind, dann durchlaufen etwa 2–3% aller Kinder eine Entwicklungsphase, in der der Befund „Entwicklungsretardierung" angemessen ist; dabei dürfte wie bei den manifesten Entwicklungsstörungen der Anteil der Jungen überwiegen.

- Der Altersbezug der Diagnose ist eng umgrenzt: Entwicklungsretardierungen werden ausschließlich Kindern in den ersten Lebensjahren bzw. auf frühen Entwicklungsstufen zugeschrieben; in der Regel stellt ein mentales Alter von drei Jahren die Obergrenze dar.

2.6.4
Diagnostik der Störung

Die diagnostische Datenerhebung bei einer (zunächst vermuteten) Entwicklungsretardierung hat drei Hauptaufgaben:

1) Entwicklungsprobleme und Entwicklungsressourcen sind detailliert zu erheben.
2) Hypothesen über Zusammenhänge (Muster) von spezifischen Defiziten und Leistungen des Kindes sind zu bilden und zu prüfen.
3) Es ist zu klären, ob sich beeinflussbare Faktoren finden lassen, die das Störungsprofil des Kindes (mit) bedingen bzw. verbessern können.

Dazu werden vor allem drei Informationsquellen verwendet:
1) Entwicklungstests. Die Erfassung spezifischer Schwächen und Stärken der Leistungen des Kindes, d.h. seiner entwicklungsbezogenen Informationsverarbeitung und Handlungsregulierung, erfolgt zunächst mit den üblichen Entwicklungstests. Das Störungsbild wird vor allem von den Leistungsschwächen geprägt; die gleichzeitige Erhebung der Leistungsstärken dient zu dessen Abgrenzung und zur Verwendung in der späteren Therapiegestaltung. Die Palette der gängigen Entwicklungstests erweitert sich erheblich, wenn auch andere, vor allem amerikanische, Verfahren eingesetzt werden. Das ist auf frühen Entwicklungsstufen durchaus erlaubt und sinnvoll, wenn komplexere Sprachformen ausgenommen und spezifische kulturelle Unterschiede berücksichtigt werden. Auch selbst gestaltete bzw. abgewandelte Testaufgaben sind zur Prüfung spezieller Hypothesen geeignet. Tabelle 1 gibt eine Übersicht über gebräuchliche Entwicklungstests.

2) Daten zu Anamnese, Lebenssituation und Integration des Kindes. Die Ergebnisse der Entwicklungstests werden ergänzt durch Daten zu Anamnese, Lebenssituation und Integration des Kindes; dazu gehören frühere psychologische und ärztliche Befunde (auch aus den Vorsorgeuntersuchungen), Angaben von Eltern und anderen Bezugspersonen und Berichte von Betreuerinnen in Hort, Kinderkrippe usw.

3) Verhaltensbeobachtungen und -registrierung. Schließlich ergeben sich wichtige Hinweise auf die individuelle Struktur einer Entwicklungsretardierung (und den Umgang mit ihr in der natürlichen sozialen Umwelt) durch Verhaltensbeobachtungen und -registrierungen in verschiedenen freien und strukturierten Situationen mit Bezugspersonen, einschließlich der häuslichen Umgebung, evtl. auch über Video- und Audiokassetten. Dabei werden auch überlagernde Verhaltensstörungen und Besonderheiten des elterlichen Erziehungsstils deutlich.

Tabelle 1: Im deutschen Sprachraum häufig verwendete Entwicklungstests

Test	Alter	Besonderheiten
Ordinalskalen zur sensomotorischen Entwicklung	0–2	Differenzierte Erfassung der frühen kognitiven Entwicklung
Münchener Funktionelle Entwicklungsdiagnostik, 1. Lj.	0–1	Relativ einfach durchzuführende Aufgaben (bzw. Fragen an die Eltern) zur gut normierten Erfassung von Motorik, Wahrnehmung, Sprache, Sozialverhalten
Münchener Funktionelle Entwicklungsdiagnostik, 2.+3. Lj.	1–3	
Griffiths-Entwicklungsskalen	1–2	Ökonomisch erstellbares Entwicklungsprofil zur Übersicht
Wiener Entwicklungstest	3–6	Prüfung multipler Funktionen an der oberen relevanten Altersgrenze
Denver Entwicklungsskalen	0–6	Einfache Grobschätzung (screening) der Gesamtentwicklung
Sprachentwicklungsskalen (Reynell)	1–7	Spezifische Erfassung der frühen Sprachentwicklung

Ziel der Eingangsdiagnostik ist es nicht, eine knappe Gesamtaussage über den Entwicklungsstand eines Kindes zu machen oder gar nur einen Intelligenz- bzw. Entwicklungsquotienten zu ermitteln. Vielmehr sollen durch psychometrische Diagnostik möglichst viele Entwicklungsfunktionen mit jeweils spezifischen Normen geprüft und die resultierenden Probleme und Möglichkeiten im Alltag analysiert werden.

So ergibt sich etwa bei einem zweijährigen Kind, dass es, bezogen auf die Normen seines Alters, in der „Statomotorischen Entwicklung" und „Handmotorik" leicht überdurchschnittliche Werte erreicht, während „Wahrnehmungsverarbeitung", „Sprachverständnis" und „Sozialentwicklung" einen leichten, die Leistungen im Untertest „Sprache" aber einen starken Rückstand aufweisen. Die Alltagsbeobachtung ergibt, dass das Kind sich zunehmend mit Gesten verständigt und auf den Versuch, seine rudimentären Sprachäußerungen zu korrigieren und es zum Nachsprechen zu bringen, oft mit Wutanfällen reagiert. Die Durchgangsdiagnose würde „Entwicklungsretardierung" lauten und evtl. später, nach einer Gehörprüfung, nach dreimonatiger Beobachtung seiner Weiterentwicklung unter Förderbedingungen und nach einer differenzierten Prüfung seiner Sprache mit spezifischen Sprachtests und der Auswertung einer Spontansprachprobe, in die Diagnose „Expressive Entwicklungdysphasie" einmünden.

Aus den Eingangsbefunden lassen sich Hypothesen über Zusammenhänge zwischen den spezifischen Defiziten bzw. Fähigkeiten des Kindes erstellen und prüfen. Dieses Vorgehen wird, vor allem in der amerikanischen Literatur (auch ohne unmittelbaren Bezug zu Struktur und Funktion des Zentralnervensystems), oft als „neuropsychologische Diagnostik" bezeichnet und in der deutschen Kinder(verhaltens)therapie sehr vernachlässigt. Ein Kind hat etwa besonders schlechte Leistungen in Untertests, in denen es kurz gezeigte Reihen von verschiedenen Gegenständen rekonstruieren soll. Bei differenziertem Vorgehen sollte nun vermieden werden, vorschnell eine globale „Wahrnehmungsstörung" o.Ä. zu diagnostizieren. Vielmehr werden mit weiteren Testaufgaben (die auch selbst konstruiert sein können) die Parameter der problematischen Aufgabenstellung variiert: Wie verändert sich die Leistung, wenn die Zahl der Gegenstände, ihre Farben und Formen, ihre Größe, die Darbietungsdauer, das Zeitintervall zwischen Darbietung und Rekonstruktion, die Anforderungen an das Arbeitstempo und die feinmotorische Genauigkeit, die verbale Hilfestellung usw. verändert werden? Mit den Ergebnissen lässt sich das Störungsbild zunehmend einengen, die Relevanz für die weitere Entwicklung des Kindes beurteilen und das Förderziel festlegen: Das Kind kann spezifische Probleme bei der Farb- oder Formunterscheidung, im Arbeitstempo, im Merken komplexer visueller Reizmuster, im Speichern visueller Reize über längere Zeit, in der Konzentration bei längerer Arbeit, in der motorischen Exaktheit usw. haben. Daraus ergibt sich die Tragweite des Problems z.B. für spätere schulische Anforderungen; und die Behandlung kann sehr viel zielgerichteter erfolgen, wenn statt der „Wahrnehmung" etwa die Dauer des Behaltens gesehener Muster behandelt wird.

Nicht selten sind es auch besondere Anforderungskonstellationen, die einem Kind Schwierigkeiten bereiten und die sich erst bei entsprechend aufwendiger Diagnostik zeigen. Die schlechten Leistungen eines Kindes bei bestimmten kognitiven, z.B. Zuordnungsaufgaben, können unter Umständen auf gleichzeitige Anforderungen an das Erkennen kleiner visueller Reizunterschiede und an die feinmotorische Genauigkeit zurückzuführen sein.

Zugleich ist zur differenzierten Diagnostik von Entwicklungsretardierungen enge interdisziplinäre Kooperation, vor allem mit den medizinischen Fachdisziplinen, notwendig: Schlechte Leistungen bei visuellen Aufgaben können auf Kurzsichtigkeit oder auf einerGesichtsfeldeinengung beruhen, bei Defiziten in der Zuordnung von farbigen Reizen kann Farbenblindheit eine Rolle spielen, bei Rückständen in der Sprachverarbeitung sollte das Gehör geprüft werden, bei immer wieder auftretenden „Flüchtigkeitsfehlern" des Kindes ist wegen des Verdachts auf Absencen eine EEG-Ableitung angezeigt oder feinmotorische Schwierigkeiten im Sinne einer Minimalen Cerebralparese können eine entsprechende Physiotherapie notwendig machen.

Nicht zuletzt erlaubt wiederholte Diagnostik der beschriebenen Art fundierte Rückschlüsse auf den Entwicklungsverlauf und damit auf die Prognose (auch im Sinne eines „Entwicklungsknicks" bei bestimmten Erkrankungen) ebenso wie auf die Wirksamkeit der Behandlung.

2.6.5
Bedingungsmodell

Entwicklungsretardierungen sind eine, verglichen mit der Normalentwicklung, Einschränkung der Informationsverarbeitung und Handlungregulierung des ZNS. Die Ursache für diese vorübergehende oder länger dauernde (und dann als Entwicklungsstörung diagnostizierte) Beeinträchtigung können Hirnschädigungen (z.B. durch Sauerstoffmangel bei der Geburt, durch Unfälle oder durch Infektionskrankheiten), angeborene Hirnmissbildungen, Funktionseinschränkungen des Gehirns durch genetische Deviationen (z.B. bei Morbus Down) usw. sein, aber auch ausgeprägte Vernachlässigung („Deprivation"). Häufig ist das organische Korrelat der Störung unbekannt; allerdings nimmt der Anteil dieser ungeklärten Reifungsverzögerungen mit den Fortschritten der Medizin, z.B. bei den bildgebenden Verfahren, laufend ab.

Verschiedene Aspekte, die eine gewisse Unsicherheit in die Diagnose der Entwicklungsretardierung bringen, spielen beim Bedingungsmodell mit:

- Die Komplexität der Informationsverarbeitung verändert sich in der Entwicklung durch Reifungsprozesse – auch bei stark retardierten Kindern.
- Der Entwicklungsverlauf hat eine inter- und intraindividuelle Variabilität; gewisse Rückstände können partiell oder vollständig spontan aufgeholt werden.
- Auch bei einer nicht stark deprivatorischen Erziehungsumwelt beeinflusst die Qualität der Anregungsbedingungen in gewissem Maße den Entwicklungsstand.
- Verschiedene Entwicklungsretardierungen können sich überlagern, kleinere Einzelbeeinträchtigungen einen gravierenden Gesamtbefund ergeben, z.B. bei der Kombination von leichter Intelligenzminderung, leichten autistischen Zügen und mäßiger Sprachretardierung.
- Entwicklungsretardierungen sind oft mit Verhaltensstörungen wie Aggression, oppositionellem Trotzverhalten oder Ängstlichkeit verbunden, die die Ermittlung des Entwicklungsstandes erschweren.

2.6.6
Therapieplanung

Auch wenn „Entwicklungsretardierung" nur eine Durchgangsdiagnose ist, stellt sie doch eine Indikation zu intensiver, zielgerichteter Intervention dar, die als „Entwicklungstherapie", „Entwicklungsförderung" oder „Frühförderung" bezeichnet wird; denn eine Anregung der kindlichen Entwicklung zu verbesserter Informationsverarbeitung und Handlungsregulierung ist offenbar umso wirksamer, je früher und intensiver sie erfolgt (vgl. Guralnick, 1997).

Das Grundprinzip des Vorgehens besteht darin, die Leistungen des Kindes in den in der diagnostischen Phase ermittelten Problembereichen über Ausformungspläne („shaping") operant Schritt für Schritt zu erweitern. Die Pläne werden, aufbauend auf den vorhandenen Fähigkeiten des Kindes, individuell gemäß der erhobenen Befunde festgelegt, das Tempo des Durchlaufens der Stufen hängt von den Fortschritten des Kindes ab und die Stufenfolge ist nicht unabänderlich festgeschrieben, sondern kann, wenn sich neue Gesichtspunkte ergeben, verkürzt, ergänzt oder verändert werden.

Das entspricht dem Ansatz der neuropsychologischen Rehabilitation: Individuelle Schwächen werden so direkt wie möglich angegangen und individuelle Stärken zur Unterstützung der Initiierung notwendiger Lernprozesse herangezogen.

Die Abhängigkeit des Erfolgs der Frühförderung von hoher Übungsintensität, die durch eine allmähliche Übernahme der Förderprinzipien in die alltägliche Erziehung unterstützt werden sollte, lässt eine Einbeziehung der Eltern als Kotherapeuten dringend geboten erscheinen. Führt etwa eine Mutter täglich (von Montag bis Freitag) 20 Minuten lang eine vom professionellen Therapeuten vermittelte und in Abständen supervidierte Übung durch, dann ist das Erfolg versprechender, als wenn sie wöchentlich einmal mit viel Zeitaufwand das Kind zum Therapeuten bringt; zugleich lernen die Eltern aus den Übungen ein den Entwicklungsproblemen des Kindes angemessenes Umgehen mit ihm. Ein einfacher Aufbau der Ausformungsprogramme erleichtert den Bezugspersonen die Durchführung, die Operationalisierung der Schritte gibt ihnen und dem Therapeuten unmittelbare Erfolgsrückmeldung und kontrollierte Verstärkungsbedingungen erzeugen beim Kind hohe Mitarbeitsbereitschaft. Wie bereits die Diagnostik, so orientiert sich auch der Förderplan an „wichtigen" Bereichen: Die Auswahl der Förderziele bevorzugt Aspekte, die für die weitere Entwicklung des Kindes bzw. sein späteres Leben unmittelbar bedeutsam erscheinen. So werden Schwierigkeiten bei der Erkennung feiner Unterschiede visuell gebotener Reize wichtiger (z.B. für den Erwerb des Lesens und Schreibens) sein als etwa Unsicherheiten beim Schaukeln in der Hängematte. Zugleich werden die relevanten, zu bearbeitenden „Schwächen" hierarchisch geordnet: Grundlegende Probleme bei einfacheren Aufgabenstellungen, die in die Bewältigung komplexerer Aufgaben eingehen, werden bevorzugt behandelt.

Ein Beispiel: Ein dreijähriges Kind zeigt deutliche Rückstände in den Bereichen „Perzeption" und „Sprache" der Entwicklungsdiagnostik. Die Verhaltensbeobachtung im Spiel mit der Mutter und während der Testdurchführung ergibt, dass es sehr unruhig ist, sich kaum selbst beschäftigt, seine Umwelt wenig exploriert. Im Gespräch schildert die Mutter, dass das Kind zu Hause ausgeprägtes Störverhalten aufweist, indem es Aufforderungen nicht befolgt, laufend ihre Aufmerksamkeit sucht und, wenn das nicht unmittelbar gelingt, zu provozieren beginnt. Das Defizit im explorativen Spiel sollte zunächst im Vordergrund stehen. Denn einerseits ist Explorationsverhalten für die Bereiche „Perzeption" und „Sprache" grundlegend, andererseits würde die Etablierung ruhigeren Spielverhaltens die Mutter, die als Kotherapeutin bei der Entwicklungsförderung vorgesehen ist, wesentlich entlasten. Daraus könnte folgende Struktur des Förderplans resultieren:

• Aufbau von Explorations- und Spielverhalten;
• Verbesserung der Kooperation bei Aufforderungen;
• Training der Reizdifferenzierung;

• Förderung des Einprägens und Reproduzierens gesehener Reizstrukturen;
• Behandlung des Sprachentwicklungsrückstandes.

Im nächsten Schritt wird der Plan in operationalisierte, operante Lernschritte eingeteilt, die in einfache Übungsprogramme für die Mutter umgesetzt werden.

Das erste Programm zum Aufbau von Spielverhalten besteht in einer täglichen Übung zu fester Uhrzeit in einem festgelegten Raum mit bestimmtem Spielzeug. Der Plan wird schriftlich fixiert, der Mutter demonstriert, mit ihr eingeübt und in wöchentlichen Abständen vom Therapeuten supervidiert (s. Kap. 3.2; Kap. 5.1; vgl. Brack, 1997).

Dabei lernt die Mutter, in der Spielzeit von etwa 20 Minuten Dauer sich dem Kind ausschließlich zuzuwenden, wenn es Explorationsverhalten zeigt; alles andere Verhalten wird ignoriert und das Kind erhält keinerlei Aufforderungen. Durch die extreme Reduktion des Sprechens und Konzentration der Zuwendung auf einfachste Ansätze des angestrebten Verhaltens wird meist eine schnelle Zunahme der Beschäftigung des Kindes mit Spielzeug erreicht. Der Fortschritt spiegelt sich auch in den laufenden Registrierungen der Mutter wider, etwa in Form einer täglichen Note für die durchschnittliche Qualität des Spielverhaltens während der Übung.

Wenn sich in den Registrierungen und der Supervision deutliche Fortschritte im Spielverhalten zeigen, werden (in Abständen von etwa 2–3 Minuten gestellte) Aufforderungen eingeführt. Diese beziehen sich zunächst nur auf einfache, kurze Handlungen („Gib mir ..." usw.), für deren unmittelbare Befolgung das Kind sofort deutlich gelobt wird. Nichtbefolgung der Aufforderungen wird dagegen vollständig ignoriert. Die Anzahl der gestellten und der befolgten Aufforderungen wird registriert, sodass auch hier für die Mutter unmittelbar der Übungserfolg deutlich wird. In mehreren Schritten (abhängig vom Erfolg auf der vorausgehenden Stufe) werden die Aufforderungen bzw. die geforderten Handlungen komplexer gestaltet, sodass sie im Verlauf von einigen Wochen allmählich den Charakter von Aufforderungen zur Kooperation im Alltag annehmen.

Auf dieser Basis werden die Aufforderungen, dem Plan entsprechend, nach und nach zu Perzeptionsaufgaben: Das Kind wird, immer im vorliegenden Beispiel, zur Lösung von Aufgaben zur Reizdiskrimination aufgefordert („Wo ist die gleiche Blume wie die da?") und für richtige Lösungen in vorgegebener Zeit wieder verstärkt. Wenn sich auch hier Fortschritte zeigen, folgt die nächste Stufe: Das Kind bekommt kurze Reizsequenzen gezeigt und soll dann, aus dem Gedächtnis, die gleiche Sequenz unter mehreren anderen finden. Erst nach Erfolgen in diesem Bereich würde in der beschriebenen Programmplanung die aufwendige Sprachförderung – ebenfalls in täglichen kurzen Übungen zu Hause mit der Mutter – folgen (s. Kap. 2.2).

Auf jeder Stufe einer solchen, z.B. über zwei Jahre hinweg durchgeführten Entwicklungsförderung wird streng auf die Grundprinzipien geachtet:

• Die Übungen werden häufig und regelmäßig, vom Therapeuten supervidiert, durch Bezugspersonen durchgeführt; sie sind zunächst stark abgehoben vom normalen Tagesablauf, um den Bezugspersonen das Erlernen des völlig neuen Umgangs mit dem Kind (wenig sprechen, nur loben, keine Kritik, einfache und klare Hinweise) zu erleichtern.

- Der Zergliederung der Förderung in viele kleine Schritte eines Ausformungsprogrammes muss die fortlaufende Datenerhebung (am jeweiligen Zielverhalten orientierte Registrierungen zu Hause; Verhaltensbeobachtungen, Filmauswertungen, Testwiederholungen usw. beim Therapeuten) entsprechen, um das Ausformungsprinzip einzuhalten: Erhöhung der Schwierigkeit erst bei sicherer Beherrschung der gerade bearbeiteten Stufe.
- Um die Lernbereitschaft des Kindes sicherzustellen, sollte die Verhaltenssteuerung in der gesamten Übungssituation so weit wie möglich über positive Verstärkung (und möglichst wenig über Vermeidung) erfolgen. Den Eltern wird dieser Aspekt daran deutlich, dass die Kinder nicht nur ihr Problemverhalten allmählich ändern, sondern sich zur Übungszeit schon selbstständig zum vorgesehenen Platz begeben, weil sie üben „dürfen", nicht „müssen". Bei kleinen Kindern ist dazu neben der Zuwendung in den Übungen ausschließlich über Lob meist materielle Verstärkung notwendig; diese sollte sorgfältig gewählt, nur in kleinen Mengen vergeben und laufend in ihrer Wirkung geprüft werden.

Implizit in der beschriebenen Übungsgestaltung enthalten ist ein weiterer Gesichtspunkt: Während bei der Behandlung von Verhaltensstörungen der Schwerpunkt des Ausformungsverfahrens auf der Verschiebung des Verstärkungskriteriums innerhalb der spontanen Verhaltensvariation liegt, befindet er sich bei den Entwicklungsretardierungen (bzw. -störungen) auf der Ausgestaltung der Informationskomplexität.

Dieser Aspekt wurde schon vor über zwei Jahrzehnten von Laura Schreibman in die Diskussion um die adäquate Förderung retardierter Kinder eingebracht. Er erfuhr jedoch nur wenig Beachtung in der relevanten Literatur, erweist sich aber mehr und mehr als der entscheidende Wirkmechanismus bei der Behandlung von Entwicklungsdefiziten im Sinne von Informationsverarbeitungsstörungen (vgl. Brack, 1996): Das retardierte Kind, das, verglichen mit einem normal entwickelten Kind gleichen Alters, in bestimmten Bereichen Pobleme hat, die „natürliche" Information aus seiner Umwelt aufzunehmen, zu verarbeiten, zu speichern und in Handlungen umzusetzen, benötigt zunächst eine stark vereinfachte Informationsstruktur, die erst allmählich, angepasst an die Lernfortschritte, komplexer gestaltet wird. Dieser Ansatz, der dem üblichen „spielerischen", mit viel Anregung, verbalen Kommentaren und zusätzlichen Hinweisreizen versehenen Vorgehen bei der Entwicklungsförderung diametral entgegengesetzt ist, erweist sich in immer mehr Untersuchungen zur Intervention bei verschiedenen Konstellationen von Entwicklungsrückständen als hochwirksam. Er betont wiederum die Notwendigkeit einer fortlaufenden Programmadaptation an die Ergebnisse der Zwischendiagnostik und die evtl. beobachteten Verhaltensprobleme.

2.6.7
Wirksamkeit und Wirksamkeitsbedingungen der Therapie

Die Wirksamkeit der Förderung bei Entwicklungsretardierung lässt sich pauschal nur schwer bestimmen, denn sie wird ganz offensichtlich stark bestimmt vom Profil der Gesamtentwicklung des Kindes, vom Grad der oft beteiligten mentalen Retardierung, von der Erziehungsumwelt usw. Viele Untersuchungen dazu beziehen sich daher auf kleine Patientenzahlen oder gar auf Einzelfalltherapie.

Allerdings lässt sich einerseits sagen, dass strikt operante, exakt am Verhalten und Leistungsniveau des Kindes ausgerichtete Förderprogramme „immer" erfolgreich sind in der Form, dass sich stets gewisse Besserungen im Spielverhalten, in der Kooperationsbereitschaft bzw. in den primär betroffenen Bereichen der Entwicklungsretardierung feststellen lassen – mit den genannten Begrenzungen; andererseits zeigen auch die erwähnten Untersuchungen an kleinen Stichproben (vgl. Guralnick, 1997), dass retardierte Entwicklung durch strukturierte Förderung nachweisbar angestoßen werden kann.

Wichtige Parameter der Wirksamkeit sind neben einem frühen Förderbeginn die beschriebenen Therapiebestandteile der Einbeziehung von Bezugspersonen als Kotherapeuten bei hoher Förderintensität, der laufenden Erfolgskontrolle, des reduzierten Informationsangebots und der Verhaltensrückmeldung ausschließlich über positive Verstärkung.

2.6 Entwicklungsretardierung

Grundlegende Literatur

- Brack, U. B. (1996). Reduced complexity of input: A basic principle of early intervention in information-processing problems? In M. Brambring (ed.), Early childhood intervention. Theory, evaluation, and practice (457–472). Berlin: de Gruyter.

- Brack, U. B. (1997). Verhaltenstherapeutische Förderung entwicklungsgestörter Kinder. In F. Petermann (Hrsg.), Verhaltenstherapie mit Kindern (S. 311–330). Baltmannsweiler: Schneider.

- Guralnick, M. J. (Ed.). (1997). The effeceveness of early intervention. Baltimore: Brookes.

Weiterführende Literatur

- Brack, U. B. (1998). Kinderverhaltenstherapie – Oder: Wer nicht weiß, was er tun soll, tut es ganzheitlich. Verhaltenstherapie, 8, 156–158.

- Mann, L. (1970). Perceptual training: Misdirections and redirections. American Journal of Orthopsychiatry, 40, 30–38.

- Schreibman, L. (1975). Effects of within-stimulus and extra-stimulus prompting on discrimination learning in autistic children. Journal of Applied Behavior Analysis, 8, 91–112.

Materialien

- Brandt, I. (1983). Griffiths-Entwicklungsskalen (GES). Weinheim: Beltz

- Coulin, S., Heiss-Begemann, E., Köhler, G., Lajosi, F. & Schamberger, R. (1977). Münchener Funktionelle Entwicklungsdiagnostik. 2. und 3. Lebensjahr. Experimentalfassung. München: Institut für Soziale Pädiatrie und Jugendmedizin der Universität.

- Frankenburg, W. K., Dodds, J. B. & Fandal, A. (1970). The revised Denver Developmental Screening Test Manual. Denver: University of Colorado Press. (Dt.: Flehmig, I. (1979). Standardisierung der Denver Entwicklungsskalen (DES). In I. Flehmig (Hrsg.), Normale Entwicklung des Säuglings und ihre Abweichungen. (S. 281–296, Anhang). Stuttgart: Thieme.)

- Hellbrügge, T., Lajosi, F., Menara, D., Schamberger, R. & Rautenstrauch, T. (1978). Münchener Funktionelle Entwicklungsdiagnostik. Erstes Lebensjahr. München: Urban & Schwarzenberg.

- Kastner-Koller, U. & Deimann, P. (1998). Der Wiener Entwicklungstest (WET) Göttingen: Hogrefe.

- Reynell, J. K. (1983). Reynell Developmental Language Scales. Windsor: NFER. (Dt. Bearb.: Sarimski, K. (1985). Sprachentwicklungsskalen. München: Röttger.)

- Uzgiris, I. & Hunt, J. McV. (1975). Assessment in infancy: Ordinal scales of psychological development. Urbana: University of Illinois Press. (Dt. Bearb.: Sarminski, K. (1987). Ordinalskalen zur sensomotorischen Entwicklung. Weinheim: Beltz.)

2.7
Suizidalität

Suizidalität

Armin Schmidtke und Sylvia Schaller

2.7.1
Fallbeispiel

Bettina (15 Jahre, Hauptschülerin) wird nach einem Suizidversuch in die Klinik eingeliefert. Wegen aktueller Schwierigkeiten, aus denen sie keinen Ausweg mehr sah, hatte sie 20 Schlaftabletten eingenommen. Auf Nachfrage ergibt sich, dass Bettina zwei Wochen lang nicht zur Schule ging und ihre Mutter am Tag vor dem Suizidversuch davon unterrichtet wurde. Am Abend des gleichen Tages besuchte sie trotz Verbot eine Party, von der sie die Mutter nach einer Auseinandersetzung und einer Ohrfeige zurückholte. Am nächsten Morgen besorgte sie sich die Schlaftabletten aus der Apotheke und nahm sie im Park ein, ohne mit jemandem über ihre Absichten zu sprechen.

Vier Wochen vor diesem Suizidversuch hatte Bettina sich ohne erkennbare Suizidabsicht die Pulsadern aufgeschnitten. Anlass dazu war ein eher zufälliges Gespräch in ihrer „Clique" über einen Suizidversuch mit dieser Methode. Alle in der Gruppe sagten, dass sie es „schon mal versucht hätten". Bettina ließ sich zu dieser „Mutprobe" überreden, besorgte sich eine Rasierklinge und schnitt sich in einem Nebenweg eines Parks die Pulsadern auf. Eine Passantin benachrichtigte die Polizei. Die Mutter habe sich „aufgeregt", sie habe über die Gründe ihres Verhaltens aber nicht mit der Mutter geredet.

Bettina ist weder medikamenten- noch rauschmittelabhängig, aus der Vergangenheit sind keine psychiatrischen Auffälligkeiten bekannt. Sie berichtet jedoch über häufige Angst vor dem Alleinsein, Stimmungslabilität und Suizidgedanken, die seit einigen Monaten auftreten.

96

Seit dem 13. Lebensjahr hat sie sexuelle Kontakte ohne Wissen der Mutter, seit einigen Wochen habe sie einen festen Freund.

2.7.2
Diagnostische Kriterien nach ICD-10

Suizide und Suizidversuche werden weder in der ICD-10 noch im DSM IV als eigene psychiatrische Krankheitskategorie aufgeführt. Suizidversuche werden jedoch als Symptome vorwiegend bei affektiven, Sucht- und einigen Persönlichkeitsstörungen aufgeführt.

Als „Suizid" wird meist eine Handlung definiert, die vom Individuum im Bewusstsein des letalen Ausgangs eingeleitet wird und die zum Tod (der als unabänderliche Größe verstanden werden muss) führt. Es ist daher umstritten, ab welchem Alter man von Suizid sprechen kann. Ein Suizidversuch bzw. eine „parasuizidale Handlung" wird laut WHO definiert als „eine Handlung mit nichttödlichem Ausgang, bei der ein Individuum absichtlich ein nicht-habituelles Verhalten beginnt, das ohne Intervention von dritter Seite eine Selbstschädigung bewirken würde, oder absichtlich eine Substanz in einer Dosis einnimmt, die über die verschriebene oder im Allgemeinen als therapeutisch angesehene Dosis hinausgeht und die zum Ziel hat, durch die aktuellen oder erwarteten Konsequenzen Veränderungen zu bewirken."

Die Suizidmethoden werden in den neuen Klassifikationen der WHO unter den X-Codes (X60–X84) aufgeführt. Es wird dabei zwischen vorsätzlicher Selbstvergiftung durch Einnahme oder Exposition gegenüber verschiedenen Substanzen (X60–X69) und vorsätzlicher Selbstbeschädigung (X70–X84, z.B. Erhängen, Ertränken, Erschießen, Sturz aus der Höhe oder willentlich herbeigeführte Unfälle) unterschieden.

2.7.3
Epidemiologie, Verbreitung und Altersrelevanz

Bis zum Alter von zehn Jahren sind Suizide sehr selten. In der deutschen Todesursachenstatistik wird in den letzten vier Jahren für insgesamt drei Jungen und drei Mädchen bis zum Alter von zehn Jahren Suizid als Todesursache genannt. Bei Kindern und Jugendlichen über zehn Jahren sind dagegen deutlich mehr Suizide zu verzeichnen. Die Suizidziffer (Suizide/100.000 der gleichen Altersgruppe pro Jahr) beträgt 1998:

Altersgruppe	Suizidziffer für männliche Kinder und Jugendliche	Suizidziffer für weibliche Kinder und Jugendliche
10–14 Jahre	1,43 (7% aller Todersursachen)	0,71 (ca. 3% aller Todesursachen)
15–19 Jahre	9,48	3,17

Männliche Jugendliche begehen häufiger vollendeten Suizid als weibliche Jugendliche, was vor allem darauf zurückgeführt wird, dass sie häufiger letale Methoden wählen.

Die Suizidversuchsziffer beträgt nach einer repräsentativen WHO Multicenter Studie (Zeitraum 1989–1997) bei den 15- bis 19-Jährigen 119 (männliche Jugendliche) bzw. 417 (weibliche Jugendliche). Die Häufigkeit scheint nach einem Absinken in den 80er-Jahren vor allem bei weiblichen Jugendlichen wieder anzusteigen. Als Methoden dominieren Vergiftungen, gefolgt von „Schneiden und Stechen". „Sturz aus der Höhe" wird von den männlichen Jugendlichen mit etwa 10% ebenfalls relativ häufig angewandt (Schmidtke et al. 1996).

Suizidgedanken sind nach einer Studie des Max-Planck-Instituts München unter Kindern und Jugendlichen relativ häufig:

	gesamt	männlich	weiblich
Wunsch zu sterben über längere Zeit (Angaben der Befragten)	6,8%	4,5%	8,9%
Suizidideen (Angaben der Befragten)	10,2%	8,0%	12,3%
Konkrete Suizidpläne (Angaben der Befragten)	4,3%	3,2%	5,4%

Bei Kindern und Jugendlichen besteht kein enger Zusammenhang zwischen Suizidalität und psychiatrischer Diagnose. Bei der Mehrzahl der Suizidhandlungen werden Anpassungsstörungen (weibliche Jugendliche) bzw. akute Belastungsreaktionen (männliche Jugendliche) diagnostiziert (Schmidtke et al., 1996). Ferner gehen Suizidhandlungen bei Jugendlichen auch häufig mit externalisierenden Verhaltensweisen (Ärger, Aggressivität, Dissozialität, Impulsivität) einher. Das Risiko eines Suizidversuchs steigt mit dem Ausmaß der psychiatrischen Auffälligkeit.

2.7.4
Diagnostik der Störung

In der diagnostischen Phase wird ermittelt, wie die Suizidhandlung zu erklären ist, welche Funktion sie für den Jugendlichen hat und wie hoch das Risiko für weitere Suizidhandlungen ist. Die Diagnostik sollte verschiedene Methoden („multimethodal") umfassen und sich auf verschiedene Ebenen („multimodal") beziehen.

Bei der Analyse der Suizidhandlung werden folgende Aspekte abgeklärt:

- Ablauf und Art der suizidalen Handlung (z.B.: Wann trat der Gedanke erstmals auf? Wie schnell wurde er umgesetzt? War die Handlung vorher geplant oder erfolgte sie spontan? Welche Methode wurde eingesetzt? Wie wurden die Mittel beschafft? Wo wurde der Suizidversuch durchgeführt? Welche Vorkehrungen wurden gegen Entdeckung unternommen? Wer war sonst noch anwesend?).
- Umstände, die der suizidalen Handlung unmittelbar vorausgingen und vom Patienten als „Gründe" angegeben werden (z.B.: Trennung von Freund/Freundin, Versagenserlebnisse).
- Auf die suizidale Handlung folgende Bedingungen (Wie reagierten die Bezugspersonen? Welche Konsequenzen hat der Jugendliche erwartet? Sind diese Konsequenzen eingetreten, z.B. Rückkehr der Freundin, „Ruhe", Erleichterung, Beendigung der Angst?).
- Frühere Suizidversuche (z.B. Anzahl, Methode, Anlass, Reaktion der Umwelt).
- Psychische Situation des Kindes/Jugendlichen vor dem Suizidversuch (z.B. „Brüche" in der Lebensgestaltung, abrupte Verschlechterung der Schulnoten bzw. anderer Leistungen, Aufgabe von Hobbies und Freundeskreis, zunehmende Einengung im Denken, Fühlen und Handeln, Aggressionsstau und Aggressionsumkehr gegen die eigene Person, Suizidfantasien und psychsosomatische Beschwerden).
- Gegenwärtige soziale Situation des Kindes/Jugendlichen (z.B. Familiensituation und familiale Unterstützung, Größe und Art des Freundeskreises, schulische Situation, Engagement in Vereinen, aktuelle Veränderungen der sozialen Situation, kritische Lebensereignisse, psychiatrische Erkrankungen und/oder suizidale Handlungen in der näheren Umgebung).

Die Abklärung dieser Fragen erfolgt, wenn möglich, durch Gespräche mit dem Patienten und seinen Bezugspersonen (Eltern, evtl. auch Freunde und Lehrer). Zusätzlich sind eine

- psychiatrische Untersuchung zur Abklärung affektiver oder psychotischer Störungen, Substanzmissbrauch und Persönlichkeits- bzw. Verhaltensstörungen und eine
- psychologische Untersuchung zur Erfassung von z.B. negativen selbstbezogenen Kognitionen, eingeschränkter oder mangelnder kognitiver Problemlösefähigkeit und kognitiver Rigidität, dichotomem Denken, inadäquater Zeitperspektive, egozentrischem und idiosynkratischem Denken und Impulsivität erforderlich.

Diese Informationen werden in einem Bedingungsmodell zusammengefasst, das Grundlage für die Therapieplanung ist.

2.7.5
Bedingungsmodell

Ein Suizidversuch kann von dem betroffenen Jugendlichen als sinnvoller Versuch zur Lösung seiner aktuellen Probleme angesehen werden. Er befindet sich in einer Situation, in der Auslösebedingungen, Reaktionsalternativen und (mögliche) Konsequenzen der Handlungen nur selektiv wahrgenommen werden. Das suizidale Verhalten scheint dann die einzige (plausible) Möglichkeit zur Veränderung dieser aversiven Situation zu sein.

Als wesentliche suizidfördernde Variablen sind auf kognitiver Ebene allgemein negative oder eingeschränkte Kognitionen und Problemlösefähigkeiten zu nennen, auf emotionaler Ebene Impulsivität und mangelnde emotionale Regulationsfähigkeit. Die Wahrscheinlichkeit einer Suizidhandlung kann vor allem aus der Lerngeschichte bestimmt werden, sodass sich Suizidhandlungen in der Vergangenheit als der sicherste Prädiktor für eine erneute Suizidhandlung erweisen. Bei Jugendlichen kovariiert auch die Letalität des Suizidversuchs mit der Anzahl früherer Suizidversuche.

Suizidales Verhalten von Jugendlichen wird aber auch durch normative Entwicklungsprozesse und die mangelnde Bewältigung von Entwicklungsaufgaben begünstigt. Bei Kindern und Jugendlichen muss auch die Imitation suizidaler Modelle aus Musik, Film, TV und Presse beachtet werden, vor allem wenn die Modelle „bekannt" und im Alter den potenziellen Nachahmern ähnlich sind (Schmidtke & Schaller, 1998).

2.7.6
Therapieplanung

In der Therapie wird zwischen Krisenmanagement und Therapie unterschieden. Das Krisenmanagement bezieht sich auf die eher kurzfristige Reduktion der Belastung, während die Therapie längerfristige und in aller Regel persönlichkeitsstabilisierende Ziele anstrebt.

Wichtige Maßnahmen nach dem Suizidversuch

Strukturierung der Therapie. Dabei ist ein „therapeutischer Aktivismus" erforderlich. Die Patienten erhalten zunächst klare Anweisungen und Informationen, wie und wann der Therapeut erreichbar ist. Der Therapeut muss nicht jederzeit verfügbar sein, es sollte jedoch sichergestellt sein, dass Patienten auch bei Abwesenheit des Therapeuten therapeutische Hilfe erhalten können. Hierzu werden dem Patienten „Notfallkarten" (ähnlich Visitenkarten) mit mehreren Adressen und Telefonnummern möglicher Anlaufstellen (z.B. Klinikambulanz, Beratungsstellen, zuverlässige Freunde und Familienangehörige) gegeben. Ferner sollte von einer Kommstruktur abgegangen und zwischen den Therapiesitzungen z.B. über vereinbarte Telefongespräche Kontakt gehalten werden. Es sollte auch vorher vereinbart werden, wie bei Nichterscheinen zu vereinbarten Terminen Kontakt aufgenommen werden soll. Die telefonischen Kontakte können in späteren Abschnitten der Therapie auch dazu dienen, dem Patienten häufige und kontingente Rückmeldung über seine Fortschritte zu geben.

Abschließen eines Nicht-Suizid-Paktes. Mit dem Patienten wird vereinbart, dass über eine definierte Zeitspanne suizidale Handlungen unterlassen werden. Dabei wird betont, dass im Gegensatz zur Irreversibilität des Suizids der „Aufschub" einer suizidalen Handlung während der therapeutischen Arbeit weniger schwerwiegend ist. Dieser Pakt sollte sich flexibel den momentanen Möglichkeiten des Patienten anpassen. Bei einigen Patienten ist es unter Umständen nur möglich, ihn für eine kurze Zeitspanne abzuschließen (z.B. bis zum nächsten Morgen, bis zu einer bestimmten Maßnahme), bei anderen Patienten kann er (auch schriftlich) über einen längeren Zeitraum vereinbart werden. In jedem Fall muss ein solcher Pakt mehr beinhalten als das bloße „Versprechen" des Patienten, sich nicht umzubringen. Er sollte vielmehr als Möglichkeit gesehen werden, sukzessiv die eingeschränkte Zeitperspektive des Patienten zu erweitern und Ziele herauszuarbeiten, die den Patienten im Leben halten können.

Entfernen von Hilfsmitteln für einen erneuten Suizidversuch. Vorhandene Suizidmitteln sollen dem Patienten, wenn nötig auch unter Mithilfe der Familie, weggenommen werden. Hierzu gehört auch, dass mit dem Arzt des Patienten (z.B. Hausarzt) wegen der Gefahr, dass er unwissentlich Suizidmittel verschreibt, Kontakt aufgenommen wird.

Hausaufgaben zur Strukturierung des Patienten. Es soll eine Strukturierung des alltäglichen Lebens erfolgen (z.B. Zeiten des Aufstehens und Zubettgehens, Essenszeiten, Arbeitszeiten), ebenso eine Zeitstrukturierung bei aversiv empfundenen Tätigkeiten (z.B. Zimmer aufräumen, solange Lieblings-CD läuft); Tätigkeiten werden vereinbart, die inkompatibel mit suizidalen oder selbstschädigenden Handlungen sind (z.B. Joggen zur Aggressionsabfuhr, Entspannungsübungen, Besuch von Freunden).

7.00	Aufstehen (täglich während der Woche, sonntags eine Stunde später)
7.30	Frühstück
7.45	zur Schule gehen
8.00 bis 13.00	Schule
13.30	Mittagessen
bis 15.00	Ruhe (z.B. Lesen, Musik hören, mit Freunden telefonieren) oder Sport
15.00 bis 16.00	Hausaufgaben (ohne Ablenkung durch z.B. Musik, Fernsehen; mit vorher definierten selbstverstärkenden Maßnahmen)
16.00 bis 16.15	Pause
16.15 bis 17.15	Hausaufgaben (mit Selbstverstärkung)
17.15 bis 17.45	Wiederholung eines bestimmten Stoffs oder Vorbereitung auf Klassenarbeiten (mit Selbstverstärkung)
18.00 bis 19.00	Abendessen
19:00 bis 22:00	verschiedene Freizeitaktivitäten
ab 22:30	Schlafen (samstags etwa eine Stunde später)

Beispiel für Strukturierung des Tagesablaufs eines Schülers
Präventive Maßnahmen zur Beseitigung der Auslösebedingungen. Dies ist besonders dann geboten, wenn in der Bedingungsanalyse Situationen ermittelt wurden, in denen suizidalesVerhalten verstärkt auftritt (z.B. „Langeweile" am Abend; kein Besuch von Freund(in) usw.). In einem solchen Fall werden mit dem Patienten Aktivitäten geplant, deren Ausführung kontrolliert wird (z.B. Planung des Wochenendes, evtl. zusätzlicher kurzer telefonischer Kontakt zu einer festgelegten Zeit während des Wochenendes). Damit wird verhindert, dass erst auf suizidales Verhalten mit Zuwendung reagiert wird.

Weitere Therapiemaßnahmen beziehen sich auf die Persönlichkeitsstabilisierung des Kindes/ Jugendlichen. Hierzu gehören:

Einübung von Kommunikations- und Problemlösefertigkeiten. Die suizidalen Handlungen Jugendlicher sind oft durch interpersonale Konflikte bedingt. Deshalb werden spezifische Problemlöse- und Kommunikationstechniken eingeübt. Hierzu gehören die adäquate Identifizierung und Prioritätensetzung der Probleme, Auswahl realitätsnaher, konkreter Ziele, Umsetzung in handlungsbezogene Schritte und Strategien, den persönlichen Erfolg zu bestimmen und zu überwachen. Bei neu auftretenden Konfliktsituationen sollen dem Patienten dann adäquate Problembewältigungsstrategien zur Verfügung stehen, sodass auch aus seiner Sicht kein Rückgriff auf „Strategien" wie selbstschädigende Handlungen und Suizidversuche mehr nötig ist. Zur Verbesserung sozialer Fertigkeiten kann auf einschlägige Trainingsprogramme zurückgegriffen werden, die gegebenenfalls patientenspezifisch modifiziert werden (Hinsch & Pfingsten, 1991). Als hilfreich haben sich auch Selbstkontrolltechniken (z.B. Techniken des inneren Sprechens) oder Selbstbelohnungsstrategien erwiesen. Diese „problemzentrierten" Techniken verfolgen vorrangig das Ziel, dem Patienten Fähigkeiten zur Bewältigung von Konfliktsituationen zu vermitteln und dadurch Stress beim Patienten zu reduzieren.

Kognitive Restrukturierung. Hierbei sollen Denkstile, die die Anwendung adäquater Problemlösungsstrategien behindern und suizidales Verhalten auslösen, verändert werden. Es werden vor allem Methoden der kognitiven Verhaltenstherapie, der Rational-Emotiven Therapie oder Verfahren, die sich bei Zwangspatienten als erfolgreich erwiesen, angewandt. Mithilfe dieser Verfahren sollen vor allem die Kognitionen und Idiosynkrasien der Patienten modifiziert und z.B. „Irrtümer" im Denken verändert werden. Gedanken, die Hoffnungslosigkeit, negative Selbstbewertungen und negative Zukunftsperspektiven ausdrücken, sollen in positiveres Denken umgewandelt werden. Dabei ist darauf zu achten, dass der Patient nicht bloß ermutigt wird, sondern auch seine tatsächlichen Stärken herausgestellt und kurzfristig erreichbare Ziele definiert werden. Negative Gedanken können durch Gedankenstopp-Techniken reduziert werden; bei Gedanken mit zwanghaftem Charakter wird die Zeit, die auf negative oder grüblerische Gedanken verwendet wird, sukzessiv verringert.

Training emotionaler Regulation. Hierbei geht es vor allem um den Umgang mit Ärger und Aggression und die Erhöhung der Frustrationstoleranz. Die hier angewandten Therapietechniken beinhalten kognitive Kontrolle (adäquate Erkennung, Benennung und Verstehen der Gefühle, Vorbereiten von Statements bei der Konfrontation mit emotionalen Stimuli), emotionale Kontrolle mit Entspannung und Humor, Verhaltenskontrolle mit effektiver Kommunikation, Problemlösen und Selbstsicherheitstraining. Die Neigung zu impulsivem Verhalten muss durch ein Einüben reflexiveren Verhaltens, also Denken vor der Tat, ersetzt werden. Ziel ist eher, dem Patienten zu vermitteln, wie er Traumen akzeptiert, emotionalen Stress aushält, als ihn aus den Krisen selbst herauszunehmen bzw. zu versuchen, sie für den Patienten zu lösen.

Einbezug von Familie und Freunden in die Therapie. Diese Möglichkeit hat sich im Allgemeinen als vorteilhaft erwiesen, auch wenn mancher Patient dies zunächst ablehnt. Eine intakte Familie kann als wichtige Ressource zur Verhütung weiterer Suizidhandlungen angesehen werden. Bei dysfunktionalen Familien liegt eine wesentliche Ursache für Suizidhandlungen in der Familie und es muss versucht werden, diese Bedingungen zu verändern. Unter Umständen ist dann auch die Herausnahme aus der Familie angezeigt.

Gruppentherapie. Trotz der Imitationsgefahr wird von einigen Autoren auch Gruppentherapie bei suizidalen Jugendlichen eingesetzt. Die Indikation sollte jedoch eng gefasst werden. Voraussetzung für die Teilnahme an einer Gruppe sind das Bedürfnis nach sozialem Kontakt und die Fähigkeit, eigene Bedürfnisse (z.B. jederzeit über sein Problem und sich selbst zu reden) zurückstellen zu können. Kontraindikationen sind extreme Depressivität, schwere Impulsivität, destruktive Handlungen sowie Sucht oder Psychosen. Ein entsprechendes Gruppenprogramm wird von Heacock (1996) beschrieben. Es läuft in drei Phasen ab: 1) Strukturierung – Herstellung eines Gruppenbezugs, Eingrenzung der Thematik, Umgang mit Impulsen, Umgang miteinander außerhalb der Gruppe; 2) Sprechen über Suizidalität, Verlust und Trauer, damit einhergehende Probleme, Probleme mit der Familie; 3) Beendigung der Therapie. Diese letzte Phase ist besonders wichtig bei Jugendlichen, bei denen Trennungserlebnisse im Zentrum ihrer Probleme standen.

2.7.7
Wirksamkeit und Wirksamkeitsbedingungen der Therapie

Zur Effektivität verhaltenstherapeutischer Therapiestrategien bei suizidalen Jugendlichen liegen bisher nur Einzelfalluntersuchungen vor. Vor allem kognitiv-verhaltenstherapeutische Strategien werden skeptisch beurteilt. Dies wird auch durch Ergebnisse aus Therapiestudien bei erwachsenen Suizidenten untermauert, bei denen sich weniger die Änderung kognitiver Strukturen und Einstellungen als vielmehr die Reduzierung der Impulsivität und Verbesserung emotionaler Kontrolle als therapiewirksam erwies.
Zum jetzigen Zeitpunkt können kaum gesicherte Aussagen über die Effektivität einzelner Behandlungsansätze gemacht werden. Es wird daher eine Behandlung empfohlen, die von dem vorgeschlagenen transaktionalen Modell ausgeht und entsprechend der jeweiligen Funktionalität der suizidalen Handlung individualisierte Behandlungsstrategien verfolgt.

Grundlegende Literatur

- Hawton, K. (1986). Suicide and attempted suicide among children and adolescents. Beverly Hills: Sage.

- Pfeffer, C. (1989). Suicide among youth: perspectives on risk and prevention. Washington: American Psychiatric Press.

- Specht, F. & Schmidtke, A. (1986). Selbstmordhandlungen bei Kindern und Jugendlichen. Regensburg: Roderer.

Weiterführende Literatur

- King, C. (1997). Suicidal behavior in adolescence. In R. W. Maris, M. M. Silverman & S. S. Canetto (Eds.), Review of suicidology (pp. 61–95). New York: Guilford.

- Schmidtke, A., Weinacker, B. Fricke, S. (1996). Suizid und Suizidversuchsraten bei Kindern und Jugendlichen in den alten Ländern der Bundesrepublik und in der ehemaligen DDR. Kinderarzt, 27, 15–162.

- Schmidtke, A. & Schaller, S. (1998). Imitation suizidalen Verhaltens. Münchner Medizinische Wochenschrift, 140, 137–141.

Materialien

- Heacock, D. R. (1996). Suicidal adoslescents. In P. Kymissis & D. A. Halperin (Eds.), Group therapy with children and adoslescents (pp. 295–307). Washington: American Pschiatric Press.

- Kulessa, C., Möller, H. J. Schaller, S. Schmidtke, A., Torhorst, M., Wächtler, C. & Wedler, H. (1984). Basisdokumentation suizidalen Verhaltens. Weinheim: Beltz.

- Pfingsten, U. & Hinsch, R. (1991). Gruppentraining sozialer Kompetenzen (GSK). Weinheim: Psychologie Verlags Union.

2.7
Suizidalität

Störungen mit Trennungsangst

Klaus Sarimski

2.8.1
Fallbeispiel

Verena, ein viereinhalbjähriges Mädchen, wird drei Monate nach dem ersten Aufnahmetag in den örtlichen Kindergarten vorgestellt. Die Mutter berichtet, dass Verena trotz behutsamer Unterstützung durch die Erzieherinnen im Kindergarten nicht allein bleiben wolle. Sie klammere sich verzweifelt an die Mutter, wenn sie mit ihr den Kindergarten betritt, weint, wehrt sich dagegen, Kontakt zur Erzieherin oder den anderen Kindern aufzunehmen. An einigen Tagen hat die Mutter eine kurze Trennung durchgesetzt. Verena habe während dieser Zeit anhaltend geweint, sich ganz an den Rand des Gruppenzimmers zurückgezogen und nicht gespielt, habe sich auch nicht trösten lassen. Auf Nachfrage erzählt die Mutter, dass es sich um ein ehemals frühgeborenes Mädchen aus der 26. Schwangerschaftswoche handelt, das lange in der Klinik hatte bleiben müssen, sich dann aber sehr gut entwickelt habe. Sie habe sie all die Jahre aber sehr behütet und bisher nie allein gelassen. Sie selbst hat noch viele bedrückende Erinnerungen an die ersten Monate, in denen sie um das Überleben Verenas gefürchtet habe.

2.8.2
Diagnostische Kriterien nach ICD-10

Das Hauptmerkmal der Störungen mit Trennungangst (309.21 nach DSM-IV; Separation anxiety disorder; F93.0 nach ICD-10) ist eine exzessive Angst bei der Konfrontation mit oder Erwartung von einer Trennung von einer Bezugsperson. Diagnosekriterien von Störungen mit Trennungsangst sind übermäßige bzw. dem Entwicklungsstand nicht angemessene Angst vor der Trennung von Bezugspersonen oder zu Hause mit unrealistischer Besorgnis darüber, dass enge Bezugspersonen oder das Kind selbst zu Schaden kommen könnten; andauernde Weigerung, zur Schule zu gehen oder allein bzw. außerhalb von zu Hause schlafen zu gehen; besonders anhängliches Verhalten gegenüber engen Bezugspersonen; wiederholte Alpträume über Trennung; Klagen über körperliche Beschwerden (Bauchweh oder Kopfschmerzen) an vielen Schultagen oder bei voraussichtlicher Trennung von einer engen Bezugsperson.

Die Diagnose einer Störung mit Trennungsangst setzt voraus, dass das Kind mindestens zweieinhalb Jahre alt ist und die beschriebenen Erscheinungsformen länger als vier Wochen anhalten.

Tabelle 1: Epidemiologie und Altersrelevanz von Störungen mit Trennungsangst (Last et al., 1996)

Prävalenz	3,5–4,0%
erhöhtes Risiko	Mädchen jüngere Geschwister Einzelkinder Kinder allein erziehender Eltern
Verlauf	retrospektiv: häufig Bauch- und Brustschmerzen, Kopfschmerzen, Schlaflosigkeit ohne erkennbare körperliche Ursache hohe Besserungswahrscheinlichkeit im weiteren Verlauf des Kindesalter erhöhte Behandlungsbedürftigkeit wegen ängstlicher oder depressiver Symptome im Erwachsenenalter zum Teil soziale Einschränkungen, evtl. häufigeres Auftreten von Panikstörungen mit Agoraphobie

Sozialer Rückzug, soziale Angst (Kap. 2.14, 2.16), Depression (Kap. 2.11) und Konzentrationsschwäche (Kap. 2.17) können Begleiterscheinungen sein, wenn die Bezugspersonen nicht in enger Umgebung des Kindes sind. Differenzialdiagnostisch abzugrenzen sind Schulphobien, bei denen das Kind sich vor spezifischen Erfahrungen in der Schule ängstigt (z.B. Gewaltandrohung auf dem Schulhof), oder Schulverweigerung bei Jugendlichen (vgl. Kap. 2.15).

Störungen mit Trennungsangst variieren deutlich in ihrem Schweregrad. Bei einer leichten Störung äußert das Kind beispielweise Angst und will sich nicht von den Eltern trennen, kann sich aber an neue Situationen anpassen. Hier finden sich Übergangsformen zu ausgeprägtem Heimweh, wenn einem Kind der Antritt einer Klassenfahrt oder der Aufenthalt in einem Ferienlager sehr schwer fällt. Bei einer schweren Störung gerät das Kind hingegen bereits beim Gedanken an eine mögliche Trennung von den Eltern in Panik und weigert sich, zur Schule zu gehen oder zu Hause allein zu bleiben.

2.8.3
Epidemiologie, Verbreitung und Altersrelevanz

Ängstliche Reaktionen auf Trennungen von den Bezugspersonen sind bei Kindern im Alter bis zu zweieinhalb Jahren normale Entwicklungsphänomene und sind als Fremdeln zu verstehen (Tabelle 1).

2.8.4
Diagnostik der Störung

Befragung von Eltern und Kind
Im Vordergrund der diagnostischen Abklärung steht die Befragung von Eltern und Kind. Dabei können auch standardisierte kinder- und jugendpsychiatrische Interviewleitfäden verwendet werden (z.B. das Kinder-DIPS).

Die Befragung des Kindes bezieht sich auf die Analyse der Bedingungen, die dem Angsterleben vorausgehen, der nachfolgenden Ereignisse sowie die Klärung des Angsterlebens selbst (z.B. „Sorgst du dich darum, dass deinen Eltern etwas zustoßen könnte? Gehst du abends ungern allein schlafen, möchtest du, dass deine Eltern so lange bei dir sind, bis du eingeschlafen bist?"). Kinder mit Trennungsängsten verhalten sich auch in den diagnostischen Erhebungen in der Regel eher scheu, ängstlich und zurückhaltend. Deshalb soll die Befragung in (möglichst) einfacher, genauer und strukturierter Form erfolgen. Beispielsweise wird das Kind instruiert, sich eine Angstsituation sehr anschaulich vorzustellen und dann zu beschreiben, was geschieht. Beispiel: „Ich möchte, dass du dir jetzt einmal vorstellst, es wäre Abend und deine Eltern sagen, du sollst heute allein zu Hause bleiben, sie gehen ins Kino. Bitte erzähl mir, wie das weitergehen würde!" Während der Beschreibung lassen sich oft auch Zeichen der Angst wie Weinen oder Zittern beobachten.

Die Befragung der Eltern ermittelt, wie sich das ängstliche Verhalten des Kindes äußert, welche auslösenden Bedingungen vorliegen und wie die Eltern bzw. die soziale Umwelt auf die Trennungsangst reagieren. Ferner geht es auch um die Entwicklung des problematischen Verhaltens, wobei nach besonderen Belastungen der Eltern-Kind-Beziehung (z.B Frühgeburtlichkeit und lange Trennung im frühen Säuglingsalter, spätere Krankenhausaufenthalte, kritischen Lebensereignissen wie Schulwechsel oder Umzug und aktuellen Belastungen (etwa Geschwister- oder Partnerschaftskonflikte, Spannungen in der Schule) sowie somatischen Beeinträchtigungen (etwa Sehbehinderung, Hörbeeinträchtigung oder neurologische Dysfunktionen) gefragt wird. Weiterhin wird thematisiert, ob auch andere Familienmitglieder ängstliche oder depressive Störungen zeigen und wie Trennungserfahrungen in der eigenen Kindheit erinnert werden. Auf diese Weise finden sich oft wichtige Hinweise auf Modelleffekte oder biografische Zusammenhänge, die ein überbehütendes oder widersprüchliches Be- und Erziehungsverhalten eines Elternteils prägen.

Verhaltensbeobachtung und Verhaltensprobe

Verhaltensbeobachtung und Verhaltensprobe dienen der Klärung der situativen Auslösebedingungen und der Konsequenzen des ängstlichen Verhaltens. Hierbei wird beobachtet, wie die Eltern das Kind zur Trennung zu ermutigen versuchen, wie sie mit dem ängstlichen Verhalten umgehen und ob sie das ängstliche Verhalten positiv verstärken. Unbedingt erstrebenswert ist es dabei, dass der Therapeut das Verhalten der Interaktionspartner direkt im Alltag (etwa im Kindergarten, beim Verlassen des Elternhauses) beobachtet. Er kann aber auch in den Therapieräumen eine kurzfristige Trennung herbeiführen, indem er beispielsweise mit den Eltern vereinbart, dass sie das Kind auffordern sollen, kurzzeitig ohne sie im Nachbarraum zu spielen oder fernzusehen. Kinder mit Trennungsängsten klammern sich meist bereits bei solchen „harmlosen" kurzzeitigen Trennungsanforderungen an die Eltern, lassen sie nicht los und beginnen zu weinen oder zu schreien. Glennon und Weisz (1978) entwickelten die „Preschool Observational Scale of Anxiety" (POSA), bei der das Kind einfache Aufgaben mal in An-, mal in Abwesenheit der Mutter durchführt und sein Verhalten in 30 Kategorien kodiert wird, z.B. Klage über körperliche Beschwerden, Weinen, Jammern, Stottern, Ausbleiben einer Antwort auf Fragen, Nagen an der Lippe, Schreien, Zittern der Hände, Flüstern, Nägelbeißen u.a. Dieses standardisierte Beobachtungsverfahren ist allerdings sehr zeitaufwendig.

Fragebögen

Fragebögen sind nützlich, um die verdeckt kognitiv-emotionalen Anteile des beobachteten Verhaltens zu erfassen. Besonders dann, wenn sich die Kinder in der unmittelbaren Befragung kaum äußern, lässt sich mithilfe dieser Fragebögen ermitteln, welche konkreten Sorgen sie bedrücken. Sie erheben beispielsweise die subjektiven Sorgen und ängstlichen Gedanken, die sich das Kind macht, und sind ab einem Alter von sechs Jahren einsetzbar (z.B. die „Worry Scale", Perrin & Last, 1997).

Testpsychologische Untersuchung

Eine weitere Möglichkeit, die individuellen Vorstellungen des Kindes über Beziehungen („internal working model") kennen zu lernen, bietet der „Separation Anxiety Test" (SAT), der sich bei Kindern im Kindergarten- und mittleren Schulalter bewährt hat (Wright et al., 1995).

Es handelt sich um ein semi-projektives Verfahren, bei dem dem Kind Fotos mit themenrelevanten Szenen vorgelegt werden und es gebeten wird, dazu eine „Geschichte" zu erzählen, wie es dem betreffenden Kind gerade geht und was es als Nächstes tun wird. Die einzelnen Abbildungen stellen unterschiedlich stark Angst auslösende Momente für Kinder mit Trennungsängsten dar. So ist auf einem Bild zu sehen, wie die Eltern zu einer Abendveranstaltung ausgehen (leicht Angst auslösend), auf einem anderen ist ein Kind abgebildet, das sich gerade von seinen Eltern verabschiedet, um eine zweiwöchige Klassenfahrt anzutreten (stärker Angst auslösend). Kinder mit Trennungsängsten sind bei der Konfrontation mit diesen Angst auslösenden Fotos weniger als gleichalte Kinder in der Lage, sich auf die mit den Situationen verbundenen bedrückenden Gefühle einzulassen, werden leichter von Ängsten erfüllt oder äußern mehr Abwehrreaktionen (z.B. indem sie so tun, als ob diese Situation nichts mit ihnen selbst zu tun habe). Sie beschreiben auch seltener soziale Bewältigungsstrategien für solche Situationen (z.B. die Mobilisierung von Unterstützung durch Gleichaltrige).

2.8.5
Bedingungsmodell

Störungen mit Trennungsangst lassen sich lerntheoretisch erklären als Resultat von negativer Verstärkung (erfolgreiche Vermeidung angstbesetzter Situationen) und positiver Verstärkung (Zuwendung und Aufmerksamkeit vonseiten der Familie für das Vermeidungsverhalten). Positive Bekräftigungen für alternatives, d.h. selbstsicheres und kompetentes Verhalten im sozialen Kontakt und in fremden Situationen fehlen weitgehend, weil durch das früh einsetzende Rückzugsverhalten kein Erfolg versprechendes Verhaltensrepertoire für diese Situationen aufgebaut werden konnte.

Die Vulnerabilität des Kindes für die Entwicklung von Störungen mit Trennungsangst ist abhängig von Temperamentsmerkmalen des Kindes und Belastungen der Eltern-Kind-Beziehung. Viele Kinder mit Trennungsangst werden retrospektiv als ruhiges, gehemmtes und eher zurückhaltendes Baby geschildert („pflegeleichtes Baby"). Dies führt meist dazu, dass sich die Erwachsenen dem Kind in hohem Maße zuwenden und es ausgesprochen umsorgen und behüten. Selbstständiges Verhalten wird hingegen kaum – zumindest zunächst – aktiv gefördert. Außerdem sehen sich Eltern durch eine Reihe kritischer Lebensereignisse (etwa Frühgeburtlichkeit, Krankenhausaufenthalte, Umzüge und Schulwechsel, Trennung und Scheidung) zu einem besonders behütenden, das Kind vor altersgemäßen Anforderungen schützenden Erziehungsverhalten veranlasst. Ein überbehütendes Erziehungsverhalten findet sich auch häufig bei Eltern, die mit schweren Verlusterfahrungen konfrontiert waren, z.B. bereits ein Kind durch Frühtod verloren haben (Thomasgard et al., 1995).

Störungen mit Trennungsangst können sich aus frühen Störungen der Eltern-Kind-Beziehung entwickeln (reaktive Bindungsstörung, Kap. 2.9). In der beobachtbaren Interaktion zwischen Eltern und Kind spiegeln sich dabei Beziehungsmuster wider, bei denen dem Kind die Rolle eines schutzbedürftigen Bindeglieds in dysfunktionalen Partnerbeziehungen zukommt oder die von eigenen Beziehungserfahrungen der Eltern geprägt sind, die in ihrer Kindheit und Jugend in ihrer Autonomieentwicklung nicht angemessen unterstützt wurden. Eigene Ängstlichkeit findet sich demgemäß bei sehr vielen Müttern von Kindern mit Trennungsangst. Zudem entwickelt ein Drittel der Kinder von Erwachsenen, die unter Panikstörungen oder schweren Depressionen leiden, Trennungsängste. In diesen Fällen sind soziale Lernerfahrungen und genetische Faktoren kaum voneinander zu unterscheiden.

2.8.6
Therapieplanung

Die Therapieplanung richtet sich nach Schweregrad und Dauer der Störung. Bei noch nicht verfestigten Störungen mit Trennungsangst (z.B. kurz nach Schuleintritt) bewähren sich kurze Interventionen, bei denen das Kind ohne Alternative mit der Angst auslösenden Situation konfrontiert wird. Jedes angemessene, wünschenswerte Verhalten wird systematisch bekräftigt, Weinen und klammerndes Verhalten hingegen ignoriert (direkte Reizkonfrontation). Dieses Vorgehen ist erfolgreich, wenn Eltern und Erzieher oder Lehrer dem Kind in völlig eindeutiger Weise vermitteln, dass es die Angst auslösende Situation nicht vermeiden kann, einzelne Bewältigungsschritte nachdrücklich loben und problematische Verhaltensweisen ignorieren.

Bei länger anhaltenden Störungen mit Trennungsangst ist ein graduelles Vorgehen nach dem Muster der systematischen Desensibilisierung in vivo mit intensiver Elternanleitung angebracht.

Staffelung der Therapieschritte. Die Angst auslösenden Situationen (z.B. allein im Kindergarten bleiben, zur Schule gehen, allein zu Hause bleiben, selbstständig in ein Geschäft gehen und etwas bestellen u.Ä.) werden zunächst in eine Schwierigkeitshierarchie gebracht. Eine solche Schwierigkeitshierarchie für das eingangs dargestellte Fallbeispiel könnte folgende Aufgaben umfassen:

• Besuch des Kindergartens bis zur Eingangstür
• Besuch der Gruppe bis an die Türschwelle
• Verbleib für 5 Minuten mit der Mutter in der Gruppe
• Verbleib für 5 Minuten in der Gruppe, während die Mutter an der Türe bleibt
• Verbleib für längere Zeit in der Gruppe
• Verbleib in der Gruppe, während die Mutter für 5 Minuten eine Besorgung macht usw.

Positive Anreize und Konsequenzen. Für die Bewältigung der einzelnen Therapieschritte sollten positive Anreize, für die Nicht-Bewältigung eines Schrittes sollten Konsequenzen festgelegt werden. Bei der Auswahl positiver Konsequenzen sollte möglichst auf materielle Anreize verzichtet und auf so genannte Aktivitätsverstärker (etwa gemeinsame Beschäftigungen, die dem Kind wichtig sind) zurückgegriffen werden.

Interaktionsformen des Erwachsenen. Darunter sind die Form der Ankündigung der Anforderung durch die Eltern, das Ignorieren von Verhandlungsversuchen oder ängstlichen Reaktionen des Kindes, die Modalität der Übergabe an Erzieherin oder Lehrerin und auch unterstützende Beziehungsangebote des Erwachsenen in der Angst auslösenden Situation zu verstehen. Außerdem ist videounterstütztes Rollenspiel zu ihrer Einübung bei besonders überbehütender Erziehungshaltung sinnvoll.

Selbstbeobachtungs- und Selbstinstruktionsstrategien. Ab einem Alter von zehn Jahren an kann versucht werden, ängstliche Gedanken durch positive Bewältigungssätze, die über Modelllernen und Rollenspiel erworben werden, zu ersetzen und irrationale Sorgen durch Gedankenstopp oder Ablenkungstechniken zu unterbrechen.

Therapievertrag. In einem solchen Vertrag werden Einzelheiten der therapeutischen Absprache aufgelistet und von Eltern, Kind (wenn möglich) und Therapeut unterschrieben.

Diese therapeutische Strategie kann im Einzelfall kombiniert werden mit Atem- und Entspannungsübungen. Viele Vorgehensweisen aus Trainingsverfahren mit sozial unsicheren Kindern lassen sich für die Arbeit mit Kindern mit Trennungsängsten nutzen, wenn sie über ein sehr geringes Repertoire selbstsicherer sozialer Verhaltensweisen verfügen. Die Mobilisierung der Unterstützung durch Gleichaltrige (z.B. „Partnerkinder" in der Kindergartengruppe) kann sehr wirksam sein.

2.8.7
Wirksamkeit und Wirksamkeitsbedingungen der Therapie

Obwohl erste Fallstudien bereits in den sechziger Jahren publiziert wurden, ist der Forschungsstand zur Wirksamkeit verhaltenstherapeutischer Techniken bei Störungen mit Trennungsangst im Kindesalter unbefriedigend. Die meisten Studien sind Einzelfallberichte ohne experimentelle Überprüfung (Thyer & Sowers-Hoag, 1988). Blagg und Yule (1984) verglichen den Effekt von Verhaltenstherapie mit dem Effekt stationärer psychiatrischer Behandlung und einer Kombination aus psychotherapeutischen Verfahren und häuslicher Beschulung bei 66 Kindern. Der Therapieerfolg der ersten Gruppe war deutlich höher als bei den anderen Ansätzen; die Therapiedauer betrug durchschnittlich zwei Wochen, während die beiden anderen Ansätze 45 bzw. 72 Wochen umfassten. Kendall (1994) dokumentierte den Behandlungserfolg bei 47 Kindern mit verschiedenen Angststörungen, die mit kognitiver Verhaltenstherapie behandelt wurden, im Vergleich zu einer Wartelisten-Kontrollgruppe. In beiden Untersuchungen zeigt sich, dass verhaltensorientierte Therapieverfahren bei Störungen mit Trennungsangst beeindruckend rasche und stabile Behandlungseffekte bewirken können.
Die Generalisierung und Aufrechterhaltung von Therapieerfolgen wird erleichtert, wenn von Anfang an darauf geachtet wird, dass die Familie die Details von Absprachen in eigener Regie verhandelt, der Therapeut als „Supervisor" der Regelungen dient und die Therapeutenkontrolle über intermittierende Nachbesprechungstermine oder Telefonkontakte systematisch ausgeblendet wird.

Schließlich gelingt die Umsetzung der Therapieplanung nur dann, wenn die elterlichen Be- und Erziehungseinstellungen und Ängste berücksichtigt werden, die ihr Verhalten in der kritischen Ablösungssituation bestimmen. Oft muss in der videounterstützten Elternanleitung die Aufmerksamkeit der Eltern auf unbewusste Signale gelenkt werden, die das abhängige Verhalten des Kindes bestärken, und die Beziehungsfantasien und Ängste müssen angesprochen werden, die diese motivieren. Je nach biografischem Zusammenhang und Traumatisierung der Eltern kann es erforderlich sein, die verhaltensorientierte Vorgehensweise um eine familiendynamisch angelegte Therapie der Eltern-Kind-Beziehungen zu erweitern.

2.8
Störungen mit Trennungsangst

Grundlegende Literatur

- Blagg, N. & Yule, W. (1984). The behavioural treatment of school refusal: A comparative study. Behaviour Research und Therapy, 22, 119–127.

- Last, C., Perrin, S., Hersen, M. & Kazdin, A. (1996). A prospective study of childhood anxiety disorders. Journal of the American Academy of Child and Adolescent Psychiatry, 35, 1502–1510.

- Thomasgard, M., Shonkoff, J., Metz, P. & Edelbrock, C. (1995). Parent-Child relationship disorders. Part II. The Vulnerable Child Syndrome and its relation to parental overprotection. Journal of Developmental and Behavioral Pediatrics, 16, 251–256.

Weiterführende Literatur

- Bernstein, G., Borchardt, C. & Perwien, A. (1996). Anxiety disorders in children and adolescents: A review of the past 10 years. Journal of the American Academy of Child and Adolescent Psychiatry, 35, 1110–1119.

- Kendall, P. C. (1994). Treating anxiety disorders in children: Results of a randomized clinical trial. Journal of consulting and clinical psychology, 62, 100–110.

- Thyer, B. & Sowers-Hoag, K. (1988). Behavior therapy for separation anxiety disorder. Behavior Modification, 12, 205–233.

Materialien

- Glennon, B. & Weisz, J. (1978). An observational approach to the assessment of anxiety in young children. Journal of Consulting and Clinical Psychology, 46, 1246–1257.

- Perrin, S. & Last, C. (1997). Worrisome thoughts in children clinically referred for anxiety disorder. Journal of Clinical Child Psychology, 26, 181–189.

- Unnewehr, S., Schneider, S. & Margraf, J. (Hrsg.). (1995). Kinder-DIPS. Diagnostisches Interview bei psychischen Störungen im Kinder- und Jugendalter. Berlin: Springer.

- Wright, J., Binney, V. & Smith, P. (1995). Security of attachment in 8–12 year-olds: A revised version of the separation anxiety test, its psychometric properties and clinical interpretation. Journal of Child Psychology and Psychiatry, 36, 757–774.

(Reaktive) Bindungsstörungen im Kindesalter

Peter Zimmermann

2.9.1
Fallbeispiel

Susanne (sechs Jahre) ist das jüngste von sechs Kindern. Sie wird zu einer ambulanten Untersuchung vorgestellt, weil sie sich im Kindergarten die Kleidung aufschneidet oder diese zu Hause anzündet. Die Eltern beschreiben das Kind als wenig folgsam und aggressiv gegenüber seinen Geschwistern und manchmal selbststimulierend (masturbierend). Sie haben aber nur wenig Erinnerung an die frühere Kindheit ihrer Tochter.

Susanne wirkt sehr schüchtern, traut sich kaum etwas zu sagen und reagiert auf Fragen mit Blick zu den Eltern. Ansonsten sucht sie keinen Kontakt zu ihnen, auf eine Trennung von der Mutter, die zu Untersuchungszwecken herbeigeführt wird, und der anschließenden Wiedervereinigung reagiert sie emotionslos. Sie bleibt apathisch auf dem Stuhl sitzen und wirkt während der gesamten Untersuchung hilflos und ohne eigenständiges Interesse. Nur auf explizite Aufforderung hin malt sie etwas. Ihre Feinmotorik ist erheblich eingeschränkt, jedoch ohne auffälligen körperlichen Befund. Bei der körperlichen Untersuchung wirkt sie angespannt und bemüht sich, sofort den Anweisungen nachzukommen, bei Tests hingegen ist sie sehr unruhig und unkonzentriert. Ihre intellektuelle Leistung entspricht dem Niveau einer Lernbehinderung, besondere Defizite sind im logischen Denken und allgemeinen Wissen zu verzeichnen. Das Kind wirkt insgesamt wenig gefördert. Die Mutter hat selbst Sprachstörungen, ist nicht lebenstüchtig, kümmert sich kaum um die Kinder, ist ihnen gegenüber abweisend und abwertend, der Vater ist kaum anwesend. Die ältere Tochter übernimmt Haushalts- und Fürsorgeaufgaben. Viele der Geschwister waren für unterschiedliche Zeit in Heimen.

2.9.2
Diagnostische Kriterien nach ICD-10

Nach ICD-10 werden zwei Hauptgruppen von Bindungsstörungen unterschieden:

1) Reaktive Bindungsstörungen (F94.1)
Eine solche Störung wird aufgrund von insgesamt vier Kriterien diagnostiziert: a) Die Störung beginnt vor dem fünften Lebensjahr. b) Es liegen „deutlich widersprüchliche oder ambivalente soziale Reaktionen in verschiedenen Situationen" vor. c) Das Kind zeigt eine emotionale Störung mit Verlust emotionaler Ansprechbarkeit und sozialem Rückzug. Hier können auch emotionale Störungen mit aggressiven Reaktionen auf das eigene Unglück-

113

lichsein oder eine ängstliche Überempfindlichkeit bestehen. Dennoch ist dem Kind soziale Gegenseitigkeit und Ansprechbarkeit in der Interaktion mit gesunden Erwachsenen möglich. d) Eine tief greifende Entwicklungsstörung (F 84) kann ausgeschlossen werden.

Folgende Verhaltensmuster des Kindes sind typisch:

- Annäherungs-Vermeidungs-Konflikte gegenüber Bezugspersonen (z.B. Annäherung an Bezugsperson mit abgewandtem Gesicht);
- Mischung von Annäherung, Vermeidung und Widerstand gegenüber den Trostversuchen der Bezugsperson, trotz anhaltender negativer Befindlichkeit;
- intensives Rückzugsverhalten (z.B. am Boden zusammenkauern, ohne Reaktion bei Kontaktaufnahme durch Betreuungsperson);
- aggressives Verhalten gegenüber Bezugspersonen.

In Ergänzung zu dieser ICD-10 Charakterisierung betonen Zeanah, Mammen und Lieberman (1993) stärker die gehemmte Explorationsfähigkeit des Kindes und nennen als weitere Untertypen: exzessiv klammernde Kinder (die Kinder sind in unmittelbarer Nähe der Bezugsperson ruhig, lösen sich aber nicht von ihnen, wenn sich ihnen fremde Personen nähern oder sie selbstständig spielen könnten) und zwanghaft folgsame Kinder (die Kinder zeigen übermäßig große Aufmerksamkeit hinsichtlich der Reaktion der Bezugspersonen, wenig Spontanität und positiven Affekt. Dieses Muster tritt häufig bei misshandelten Kindern auf).

2) Bindungsstörung im Kindesalter mit Enthemmung (F94.2)

Diese Störung wird zumeist innerhalb der ersten fünf Lebensjahre bei Vorliegen folgender Merkmale diagnostiziert: a) Die Kinder zeigen mangelnde selektive Bindungen (z.B. bei Unglücklichsein keinen Trost bei anderen suchen, sich wahllos an andere Personen wenden, um Trost zu finden). b) Ihre Interaktionen mit unvertrauten Personen sind wenig moduliert (z.B. wahllose Freundlichkeit und Bindungsverhalten gegenüber unbekannten Personen, „distanzloses" Verhalten). c) Die Kinder zeigen entweder in der frühen Kindheit (bis etwa zwei Jahre) ein allgemeines Anklammerungsverhalten oder in der frühen und mittleren Kindheit aufmerksamkeitsheischendes und unterschiedslos freundliches Verhalten. d) Die Merkmale a) und b) treten gegenüber relativ vielen Personen im sozialen Umfeld des Kindes auf. Das Verhalten wird häufig von Kindern gezeigt, die wechselnde Betreuungspersonen erlebt haben oder in Institutionen aufgewachsen sind. FolgendeVerhaltensmuster des Kindes sind dementsprechend typisch:

- wahllose Freundlichkeit, Bindungsverhalten oder Aufmerksamkeit suchendes Verhalten gegenüber unbekannten, nicht vertrauten Erwachsenen; oft schwer zu beruhigen;
- kaum enge Beziehungen zu Gleichaltrigen;
- Distanzlosigkeit gegenüber unvertrauten Personen.

Auch hier werden aus kinderpsychiatrischer Sicht weitere Einteilungen von Bindungsstörungen berichtet (Zeanah, Mammen & Liebermann, 1993):

Fehlende Bindung. Die Kinder suchen auch bei Verletzung, Angst, Kummer oder Krankheit keine Bindungsperson auf, zeigen nur flachen Affekt und protestieren bei Trennungen entweder nie oder aber bei allen Personen.

Aggressive Bindungsstörung. Das Kind hat Bindungen an Bezugspersonen ausgebildet, aber das Bindungsverhalten wird oft durch kaum kontrollierte aggressive Wutausbrüche gegenüber der Bezugsperson oder gegen sich selbst unterbrochen.

Bindungsstörung mit Rollenumkehr. Die Kinder sind – bereits im Kleinkindalter – besorgt über die Stimmung und das Wohlbefinden der Bezugspersonen und zeigen sich überfürsorglich, aber auch kontrollierend und bestimmend gegenüber den Eltern.

Bindungsstörung mit Selbstgefährdung. Die Kinder laufen auch in gefahrvollen Situationen von den Bezugspersonen weg und reagieren nicht auf deren Versuche, sie aufzuhalten oder zurückzuholen.

2.9.3
Epidemiologie, Verbreitung und Altersrelevanz

Es liegen keine exakten Zahlen über die Verbreitung von Bindungsstörungen vor. Die Diagnose wird selten und hauptsächlich bis zum fünften Lebensjahr vergeben. Bindungsstörungen sollten nicht mit unsicheren Bindungsmustern verwechselt werden, die im Durchschnitt zu 30–40% in westlich orientierten Gesellschaften auftreten.

Langfristige Konsequenzen von Bindungsstörungen sind nicht systematisch untersucht worden. Unsichere Bindungsmuster und hier vor allem die desorganisierten und vermeidenden Muster (s. Spangler & Zimmermann, 1999) manifestieren sich langfristig vor allem in aggressivem Verhalten gegenüber Gleichaltrigen und allgemein geringer sozialer Kompetenz. Bei kognitiven Anforderungen zeigen sich vor allem geringe Konzentrationsfähigkeit und rasches Aufgeben.

2.9.4
Diagnostik der Störung

Die Diagnose stützt sich auf die Erhebung der bisherigen Betreuungsgeschichte des Kindes und auf direkte Beobachtungen der Interaktionen des Kindes mit seinen Betreuungspersonen (vor allem der Mutter, dem Vater, Erzieherinnen, Pflegeeltern). Da Bindungsstörungen durch Unterbrechung von Bindungsbeziehungen oder mangelnde Qualität der Fürsorge für das Kind entstehen, wird die bisherige Betreuungsgeschichte in einem Interview mit den hauptsächlichen Betreuungspersonen (Eltern, Pflegeeltern, Erzieherinnen) eruiert. Dabei werden folgende Informationen erfragt:

- aktuelle Bezugspersonen des Kindes (z.B. Eltern, Großeltern, Tante, Pflegefamilie, Erzieherinnen) und Dauer ihres Kontaktes zu dem Kind;

- längere Trennungen des Kindes von den Eltern (z.B. durch Heimeinweisungen, Aufenthalt in Pflegefamilien, Krankenhausaufenthalte, Inhaftierung oder Erkrankung der Eltern);
- Wechsel in der Betreuung des Kindes;
- Misshandlung oder Vernachlässigung der Fürsorge des Kindes;
- Risikofaktoren in der Entwicklung oder der Betreuung des Kindes (z.B. psychische Erkrankung, Drogengebrauch der Eltern, Gedeih- oder Schlafstörungen beim Kind);
- Verhalten des Kindes bei Kummer, Schmerz und Angst;
- Erwartungen und Bewertungsmuster der Betreuungspersonen hinsichtlich des Bindungs- und Explorationsverhaltens des Kindes (z.B. Sichtweise der kindlichen Persönlichkeit, aktuelle Schwierigkeiten des Kindes und ihre Entwicklung, Verhalten des Kindes bei Kummer, Angst oder Ärger und Bewertung dieses Verhaltens durch die Eltern, Interessen des Kindes und Eigenständigkeit dabei). Hierbei kann man sich an einem Interviewleitfaden von Zeanah und Benoit (1995) orientieren;
- Bindungsrepräsentation der Betreuungspersonen: Fragen zur früheren Beziehung zu den eigenen Eltern, eigenen Erfahrungen bei Kummer- und Verlusterlebnissen, Bewertung dieser Erfahrungen für die eigene Persönlichkeitsentwicklung, Erklärungen für das Erziehungsverhalten der eigenen Eltern. Hierzu kann man auf das halbstrukturierte Adult Attachment Interview (George, Kaplan & Main, 1985; deutsch Gloger-Tippelt & Hofmann, 1997) zurückgreifen.

Da sich Bindungsstörungen in spezifischen Beziehungsmustern äußern, wird die Interaktion zwischen dem Kind und seinen wichtigsten Bezugspersonen unter folgenden Gesichtspunkten beobachtet:
Die wichtigsten Betreuungspersonen können Eltern, Pflegeeltern, Erzieherin, evtl. Großeltern, ältere Geschwister sein, falls diese täglich Erziehungsaufgaben übernehmen. Es wird erfasst, wie das Kind bei emotionaler Belastung reagiert (z.B. die Nähe der Betreuungsperson sucht, sich von ihr beruhigen lässt und sich danach wieder der Außenwelt zuwendet).
Es sollten vier bis sechs Beobachtungen von zumindest einer Stunde durchgeführt werden, dies hängt von der Anzahl der beobachteten Bezugspersonen ab. Dabei wird zuerst die freie Interaktion zwischen Kind und Bezugsperson in einer dem Kind vertrauten Umgebung beobachtet (z.B. der alltägliche Ablauf zu Hause ohne Strukturierung, sowohl beim Essen wie auch beim Spielen etc.). Anschließend bittet der Therapeut z.B. die Mutter, mit dem Kind zu spielen (z.B. ein Puzzle legen, Haus nach einer Vorlage nachbauen, Regelspiele wie Bilderlotto, Schnipp-Schnapp). Zuletzt werden in einer für das Kind fremden Umgebung (z.B. unbekannter Raum mit Spielsachen) kurze Trennungen von den Bezugspersonen und anschließende Wiedervereinigungen durchgeführt. Das Kind wird z.B. mit der Mutter in ein unbekanntes Spielzimmer gebracht und kann dort für einige Zeit bleiben, anschließend verlässt sie den Raum und das Kind bleibt mit dem Therapeuten zurück. Dieser verlässt etwas später ebenfalls den Raum. Nach einiger Zeit (3–15 min, abhängig vom Alter des Kindes und dessen emotionaler Erregung) betreten die Mutter und der Therapeut wieder den Raum. In diesen Situationen wird beim Kind beobachtet, ob und wie es sich der Mutter annähert, ob und wie es anschließend wieder die Umgebung exploriert. Die Beobachtungskriterien beziehen sich auf die Balance zwischen Bindungsverhalten und Explorationsverhalten, wobei folgende Verhaltensweisen des Kindes als Kriterien für eine Störung des Beziehungsverhaltens dienen:

- Suche nach Trost: Das Kind sucht nicht nach Nähe, wenn es ängstlich, traurig oder krank ist, oder zeigt ambivalentes Annäherungs- und Vermeidungsverhalten.
- Suche nach Hilfe: Das Kind ist übermäßig von der Mutter abhängig; es nutzt die Mutter nicht zu seiner eigenen Unterstützung.
- Verhalten des Kindes nach Trennungen: Das Kind zeigt bei der Wiedervereinigung keine offene Kommunikation eigener Befindlichkeit oder stattdessen ein deutliches Ignorieren der Initiativen der Mutter, Kontaktvermeidung oder intensiven Ärger.
- Ausdruck von Zuneigung beim Kind: Es wird kein oder nur ein eingeschränkter Ausdruck von Zuneigung des Kindes gegenüber der Mutter deutlich bzw. wahllos gegenüber Fremden, z.B. dem Therapeuten.
- Explorationsverhalten des Kindes: Das Kind nutzt die Eltern nicht als Interpretationshilfe in unbekannter Umgebung. Es exploriert seine Umgebung nicht, sondern hält sich ständig in der Nähe der Mutter auf.
- Kooperation des Kindes: Das Kind befolgt die Anweisungen der Betreuungsperson durchgängig nicht. Es folgt den Anweisungen der Betreuungsperson ohne Anzeichen von Eigenständigkeit.
- Kontrollierendes Verhalten beim Kind: Eine nicht altersangemessene Fürsorge oder ein bestimmendes Verhalten gegenüber den Betreuungspersonen wird deutlich.

Das Verhalten der Bezugspersonen wird auf folgende Sachverhalte hin beobachtet: Aufmerksamkeit gegenüber kindlichen Signalen, emotionale Reaktionen auf das kindliche Verhalten, Trost und Unterstützung des Kindes bei Ängstlichkeit oder Unsicherheit, Anregung der kindlichen Exploration. Es empfiehlt sich, die Reaktionen der Bezugsperson auf positive soziale Signale des Kindes (z.B. Nachfragen, Neugierverhalten, der Mutter etwas zeigen) mit denen auf negative Signale (Weinen, Quengeln des Kindes) zu vergleichen.

2.9.5
Bedingungsmodell

Unter Bindung versteht man eine lang andauernde, emotionale Beziehung zu einzelnen Personen, die nicht ohne weiteres ersetzt werden können. Sie äußert sich darin, inwieweit die körperliche oder psychische Nähe (z.B. durch Körperkontakt, Kommunikation) von vertrauten Personen gesucht wird. Fühlt sich ein Kind sicher und befindet es sich in einer anregenden Umgebung, exploriert es in aller Regel seine Umgebung (z.B. sich von der Bezugsperson entfernen, mit Spielmaterial hantieren, die Wohnung erkunden). Bei Verunsicherung hingegen (z.B. Furcht, Erschrecken, Erschöpfung) begibt es sich wieder in die Nähe der Bezugsperson. Bindungsgestörte Kinder legen dieses Verhaltensmuster jedoch nicht an den Tag. Beispielsweise begeben sie sich bei Verunsicherung nicht in die Nähe der Bezugsperson, nehmen mit beliebigen Personen engen Kontakt auf oder lassen sich nicht zu einem angemessenen Explorationsverhalten ermutigen.

Diese konkreten Bindungsmuster sind das Ergebnis verinnerlichter Erfahrungen. Man geht davon aus, dass sich die bisherigen Interaktionsmuster, das Wissen des Kindes, seine Erwartungen und Vorstellungen hinsichtlich der Bindungspersonen und des eigenen Selbst zu internalen Arbeitsmodellen verdichten. Diese Arbeitsmodelle entstehen aus den konkreten Erfahrungen des Kindes (z.B. emotionale Verfügbarkeit der Bezugspersonen, Zurückweisungen) und werden allmählich zu automatisierten Mustern im Umgang (z.B. Ausdruck, Regulation) mit den eigenen Gefühlen.

Bindungsstörungen können folgende Ursachen zugrunde liegen (Minde, 1995; Spangler & Zimmermann, 1999):

- Bindungslosigkeit: Die Kinder haben durch häufigen Wechsel oder Mangel an Interaktion mit Bezugspersonen keine kontinuierliche Betreuung erfahren und keine stabile Bindung mit klaren Erwartungen zum Verhalten ihrer Betreuungspersonen (internale Arbeitsmodelle) aufgebaut. Das Bindungsverhaltenssystem wird dadurch entweder unspezifisch aktiviert (Distanzlosigkeit, allgemeine Trennungsangst) oder es wird erst gar nicht aktiviert.
- Mangelnde Fürsorge bei bestehenden Bindungen (emotional wie körperlich) durch die Betreuungspersonen: Obwohl das Kind ausreichenden Kontakt mit der Betreuungsperson hatte, lernt es nicht, wie es seine Emotionen mithilfe der Betreuungsperson effektiv steuern kann (z.B. Ärger verarbeiten, Ängstlichkeit bewältigen). Die Folge hiervon ist, dass sich entweder emotionale Ausdruckseinschränkungen einstellen oder das Kind seine Emotionen kaum kontrollieren kann (z.B. mangelnde Kontrolle von Ärger und Handlungsimpulsen). Hierzu tragen vor allem Verhaltensweisen der Eltern bei (z.B. mangelnde Beachtung des Kindes, Vernachlässigung, mangelnde Fürsorge, etwa das Kind häufig abends allein lassen, es den Großteil des Tages nur schlafen legen, ohne auf Weinen oder Schreien zu reagieren), aber auch Merkmale des Kindes (z.B. kindliche Regulierungsschwierigkeiten bei Aufmerksamkeit oder Orientierung), die es den Betreuungspersonen schwer machen, feinfühlig zu reagieren.

Die Bindungsstörung entsteht aus einer mangelnden Übereinstimmung von kindlicher Reaktion und elterlichem Fürsorgeverhalten. Wenn die kindlichen Bindungsbedürfnisse nicht erfüllt werden, geht dies mit intensiven Gefühlen von Ärger oder Trauer einher, die je nach Interaktionsgeschichte des Kindes unterschiedlich reguliert werden: Bei starker Vernachlässigung des Kindes stellen sich oft ein deutlicher Rückzug und eine geringe emotionale Reaktivität gegenüber Erwachsenen ein. Bei Misshandlung zeigen sich häufig Annäherungs-Vermeidungs-Konflikte, mangelnde Selbstständigkeit und Überfolgsamkeit.

2.9.6
Therapieplanung

Voraussetzungen für eine sichere Bindung ist, dass die Bezugsperson emotional verfügbar ist und sich feinfühlig verhält. Emotionale Verfügbarkeit bedeutet, für das Kind körperlich und psychisch zugänglich zu sein, und Feinfühligkeit, die Bindungssignale des Kindes wahrzunehmen, richtig zu interpretieren und prompt sowie angemessen darauf zu reagieren. Dies gibt die Ziele einer Intervention vor. Hierfür stehen bei reaktiven Bindungsstörungen (F94.1) vor allem zwei Interventionsmöglichkeiten zur Verfügung:

Feinfühligkeitstraining. Dabei werden Wahrnehmungs-, Interpretations- und Handlungsmuster der Mutter bzw. des Vaters auf kindliche Signale zurückgemeldet und verändert. Hierzu nutzt man Eltern-Kind-Interaktionen innerhalb des natürlichen Haushaltsalltags oder in altersangemessenen, strukturierten Spielsituationen, bei denen Regeln eingehalten werden müssen oder Misserfolg möglich ist (Puzzle legen, Schnipp-Schnapp etc.). Hier kann man bei Hausbesuchen direkt zu Hause intervenieren oder Videoaufnahmen von zu Hause anfertigen und anschließend analysieren. Besonders gut eignen sich dafür solche Videoausschnitte, in denen das Kind weint, um Unterstützung bittet oder seine Umgebung exploriert. Die jeweiligen Filmabschnitte werden vorgespielt; die Mutter wird gefragt, wie sie das Verhalten des Kindes interpretiert (z.B.: Welche Ziele will es erreichen? Welche Motive hat es?). Anschließend werden alternative Erklärungen vorgeschlagen (z.B.: Das Kind ist nicht fordernd, sondern sucht gerade Trost.). Dadurch wird die Aufmerksamkeit der Eltern auf die wesentlichen Signale im kindlichen Verhalten gelenkt. Ferner werden die Interpretationsschemata der Eltern überprüft und gegebenenfalls verändert. Gleichzeitig wird aber auch das Verhalten der Eltern selbst thematisiert. Wie reagieren die Eltern auf das kindliche Verhalten? Welches Verhalten wäre möglicherweise angemessener? Der Therapeut bittet die Eltern, die Angemessenheit ihrer Reaktion zu beurteilen, gibt selbst Rückmeldungen und übt ein angemessenes Reagieren ein, das sich an den Bedürfnissen des Kindes orientiert (z.B. das Kind bei starker Erregung unterstützen und beruhigen).

Die Eltern-Kind-Psychotherapie nach Lieberman und Pawl (1990). Dabei wird thematisiert, welche Schemata die Eltern zur Interpretation des kindlichen Verhaltens heranziehen, wie sie emotional auf das kindliche Verhalten reagieren (z.B. zurückweisend, ambivalent) und welche eigenen Kindheitserfahrungen sie damit verknüpfen. Forschungsergebnisse konnten zeigen, dass die Bindung zwischen Eltern und Kind auch davon abhängt, inwieweit die Eltern ihre eigene Bindungsgeschichte verarbeitet haben. Deshalb lässt sich über die Erörterung ihrer Bindungsgeschichte auch eine Verbesserung der Bindung zum Kind erreichen. Die Therapiesitzungen laufen folgendermaßen ab: Jeweils ein Elternteil, der Therapeut und das Kind sind anwesend. Das Kind kann frei spielen und der Elternteil wird vom Therapeuten nach der Wahrnehmung des Kindes und den bisherigen Erfahrungen mit dem Kind befragt (z.B.: Welche Eigenschaften hat das Kind? Wie hat es sich entwickelt? Welche Schwierigkeiten hat es?). Hierzu kann man auch auf einen Interviewleitfaden von Zeanah und Benoit (1995) zurückgreifen. Ferner wird auch das aktuelle Verhalten des Kindes in der Therapiesituation (z.B. es quengelt, will mit der Mutter schmusen, fordert die Mutter zum Spielen auf) besprochen und nach den Interpretationen des Elternteils gefragt (Was möchte das Kind? Was fühlen Sie, wenn sich Ihr Kind so verhält? Was möchten Sie tun?). Der Elternteil wird dann nach eigenen Erinnerungen an ähnliche Verhaltensweisen oder an Reaktionen der eigenen Eltern in solchen Momenten gefragt und es werden Parallelen zwischen den eigenen Erfahrungen und dem Verhalten gegenüber dem Kind hergestellt. Dies kann durch spezifische Fragen nach der Bindungsgeschichte der Bezugsperson, z.B. durch das Bindungsinterview für Erwachsene (George, Kaplan & Main, 1985), vertieft werden. Die Antworten der Eltern werden sowohl nach dem Inhalt der Erlebnisse als auch nach der Art, in der sie berichtet werden (Relevanz, Qualität, Quantität, Art und Weise) beurteilt. Weint z.B. ein Kind, weil es sich wehgetan hat, und der Elternteil reagiert eher unwirsch und zurückweisend, so wird danach gefragt, was der Elternteil selbst bei Kummer in der Kindheit gemacht hat. Eine distanzierte Bindungsrepräsentation zeigt sich z.B. in der Abwertung von Bedürfnissen nach Nähe und kaum exakten Erinnerungen und der Bewertung, dass Härte einem selbst nicht geschadet hätte. Hier besteht die Möglichkeit, weiterhin nach exakten Erinnerungen und deren Bewertung zu fragen, um so zu einer neuen Bewertung sowohl der eigenen Kindheitserfahrungen als auch des Verhaltens des Kindes zu gelangen (z.B. das Quengeln des Kindes als Trostsuche und nicht als anmaßendes Verhalten zu verstehen). Eine vertrauensvolle Beziehung zwischen Therapeut und Elternteil ist hierfür Voraussetzung.

Falls eine Einbeziehung der Kinder nicht möglich ist, wird ohne Bezug zu aktuellem Verhalten der Kinder nur die Bindungsgeschichte der Eltern erörtert.

Bei einer Bindungsstörung mit Enthemmung (F94.2) besteht das Therapieziel darin, dass das Kind eine feste, konstante Betreuungsperson erhält. Diese hat die Aufgabe, das Kind bei negativer Befindlichkeit aktiv zu trösten und ihm zu helfen. Zeigt das Kind eigenständiges Bindungsverhalten, soll die Betreuungsperson emotional verfügbar sein. Dabei ist es aber wichtig, dass in der Regel nur eine Person als emotionale Bezugsperson aufgebaut wird. Dies bedeutet beispielsweise, dass in Heimen Bindungsverhalten des Kindes nur von den ausgewählten Bindungspersonen akzeptiert wird bzw. andere Personen zwar auf das Kind eingehen, es aber zur Hauptbetreuungsperson führen. Da eine Bindungsstörung mit Enthemmung in der Regel nur bei Kindern auftritt, die aufgrund einer häufig wechselnden Betreuung keine feste Bindungsperson haben, muss diese gerade zu Beginn der Therapie viel Zeit und Aufmerksamkeit für das Kind aufwenden. Bei Bindungsstörung aufgrund von Bindungslosigkeit, bei der kein Bindungsverhalten beobachtbar ist, muss auf wiederholte Möglichkeit geachtet werden, Schutz, Trost und Körperkontakt zu bieten. Dies wird vor allem in Heimen oder zu Beginn bei Pflegefamilien auftreten.

2.9.7
Wirksamkeit und Wirksamkeitsbedingungen der Therapie

Die Wirksamkeit des Feinfühligkeitsstrainings und der Eltern-Kind-Psychotherapie sind bislang nur hinsichtlich unsicherer Bindungsqualität des Kindes untersucht worden, nicht jedoch bei der klinischen Diagnose der Bindungsstörung. Die Therapie führte zu einer signifikanten Häufung an sicherer Bindungsqualität und weniger unkontrolliertem Ärger des Kindes gegenüber der Mutter. Langfristig führt ein Feinfühligkeitstraining, das im ersten Lebensjahr der Kinder durchgeführt wurde, im Vergleich zur Kontrollgruppe beim Kind zu einer sicheren Bindungsqualität im Alter von zwei Jahren und mehr sozialer Kompetenz mit drei Jahren. Außerdem erwiesen sich die Mütter auch später noch als feinfühliger, sodass ein langfristiger Effekt bestand.

Die anhand des Bindungsinterviews für Erwachsene erhobene Bindungsrepräsentation (vgl. Spangler & Zimmermann, 1999) beeinflusst die Effektivität der Intervention. Bei unsicher-distanzierter Bindungsrepräsentation (z.B. Abwertung von Bindung, Idealisierung der eigenen Elternbeziehung) erweist sich ein Feinfühligkeitstraining mit Video-Feedback als effektiv, bei unsicher-verwickelter Bindungsrepräsentation (z.B. Ärger auf die eigenen Eltern) der Mutter hingegen eine Aufarbeitung des eigenen Bindungshintergrunds im Sinne der Eltern-Kind-Psychotherapie.

Grundlegende Literatur

- Lieberman, A. F. & Pawl, J. H. (1990). Disorders of attachment and secure base behavior in the second year of life: Conceptual issues and clinical intervention. In M. T. Greenberg & T. Networsky (Eds.), Attachment in the preschool years. Chicago: University of Chicago Press.

- Minde, K. (1995). Bindung und emotionale Probleme bei Kleinkindern: Diagnose und Therapie. In G. Spangler & P. Zimmermann (Hrsg.), Die Bindungstheorie: Grundlagen, Forschung und Anwendung (S. 361–375). Stuttgart: Klett-Cotta.

- Zeanah, C., Mammen, O. K. & Lieberman, A. F. (1993). Disorders of attachment. In C. Zeanah (Ed.), Handbook of infant mental health (pp. 332–349). New York: Guilford Press.

Weiterführende Literatur

- Grossmann, K. E., Becker-Stoll F., Grossmann, K., Kindler H., Schieche, M., Spangler G., Wensauer M. & Zimmermann, P. (1997). Die Bindungstheorie: Modell, entwicklungspsychologische Forschung und Ergebnisse. In H. Keller (Hrsg.), Handbuch der Kleinkindforschung (S. 51–95). Göttingen: Hogrefe.

- Spangler, G. & Zimmermann, P. (1999). Bindung und Anpassung im Lebenslauf: Erklärungsansätze und empirische Grundlagen für Entwicklungsprognosen. In R. Oerter, G. Röper, C. von Hagen & G. Noam (Hrsg.), Lehrbuch der klinischen Entwicklungspsychologie (S. 170–194). Weinheim: Psychologie Verlags Union.

Materialien

- Brisch, K. H., Buchheim, A. & Kächele, H. (in Vorb.). Diagnostik von Bindungsstörungen. Praxis der Kinderpsychologie und Kinderpsychiatrie.

- Gloger-Tippelt, G. & Hofmann, V. (1997). Das Adult Attachment Interview. Konzeption, Methode und Erfahrungen im deutschen Sprachraum. Kindheit und Entwicklung, 6, 161–172.

- Zeanah, C. H. & Benoit, D. (1995). Clinical applications of a parent perception interview in infant mental health. In K. Minde, (Ed.), Infant psychiatry (pp. 539–554). Philadelphia: Saunders.

- Georg, C., Kaplan, N. & Main, M. (1985). The Adult Attachment Interview. Unpublished manuscript. University of California, Berkeley.

Teilleistungsstörungen (Merkfähigkeits- und Wahrnehmungsstörungen)

Dietmar Heubrock

2.10.1
Fallbeispiel

Tim (10;6 Jahre) wird wegen erheblicher Leistungsstörungen ambulant untersucht. Seine Mutter berichtet, dass er zwar bemüht ist, seine Hausaufgaben zu machen und auch dranbleibt, dabei aber extrem langsam vorgeht. Auch in der Schule sitzt er lange an seinen Aufgaben, ohne damit zurande zu kommen. In der Gruppe ist er stets der Letzte. Tim leidet zunehmend darunter und versucht den Hausaufgaben dadurch zu entgehen, dass er sagt, er hat keine auf. Der Schule versucht er sich durch Krankheiten (Bauchschmerzen, Unwohlsein) zu entziehen. Zur Vorgeschichte ist bekannt, dass kurz nach der Geburt eine Agenesie der Schilddrüse mit resultierender Hypothyreose (Schilddrüsenunterfunktion) diagnostiziert worden war, die seither medikamentös behandelt wurde. Ferner wurde im sechsten Lebensjahr festgestellt, dass Tim auf dem rechten Auge nahezu kein Sehvermögen besitzt, was ihn naturgemäß bei vielen motorischen Tätigkeiten (etwa Fahrrad fahren oder Fußball spielen) beeinträchtigte.

Tabelle 1: Klassifikation sprach- und schulbezogener Entwicklungsstörungen nach ICD-10

Umschriebene Entwicklungsstörungen des Sprechens und der Sprache	Umschriebene Entwicklungsstörungen schulischer Fertigkeiten
Artikulationsstörung (F80.0)	Lese- und Rechtschreibstörung (F81.0)
Expressive Sprachstörung (F80.1)	Isolierte Rechtschreibstörung (F81.1)
Rezeptive Sprachstörung (F80.2)	Rechenstörung (F81.2)
Erworbene Aphasie mit Epilepsie (F80.3)	kombinierte Störung schulischer Fertigkeiten (F 81.3)
andere Entwicklungsstörung des Sprechens und der Sprache (F80.8)	
nicht näher bezeichnete Entwicklungsstörung des Sprechens und der Sprache (F80.9)	nicht näher bezeichnete Entwicklungsstörung schulischer Fertigkeiten (F 81.9)

2.10.2
Diagnostische Kriterien nach ICD-10

Bei der Definition von Teilleistungsstörungen geht man von der Vorstellung aus, dass das menschliche Handeln in unterschiedliche Elemente aufgegliedert werden kann (z.B. Informationen aufnehmen, mit Gedächtnisinhalten abgleichen, Vorstellungsbilder aufrufen, Handlungsentwürfe entwickeln) und auf funktionellen Systemen (verschiedene Hirnareale, die geordnet zusammenarbeiten) beruht. Bei der Ausführung einer Handlung (etwa beim Diktatschreiben) werden einzelne Ausführungskomponenten aufgerufen und in sinnvoller Reihenfolge vollzogen (etwa ein Wort dekodieren, das Wortbild aufrufen, dieses Wortbild graphomotorisch umsetzen usw.). Festzuhalten ist, dass sich die Gesamthandlung (das Schreiben des Diktats) in eine Fülle einzelner Teilanforderungen untergliedern lässt. Von einer Teilleistungsstörung spricht man nun dann, wenn einzelne Glieder in dieser Verhaltenskette nicht gut genug oder nicht genau genug ausgeführt werden können, was auf die gleichsam „dahinter liegende", allgemeinere und dauerhaftere funktionelle Störung (etwa des Kurzzeitgedächtnisses, der visuellen Merkfähigkeit, der selektiv-geteilten Aufmerksamkeit) schließen lässt. Leider sind diese Teilleistungsbereiche wissenschaftlich nur recht unzureichend definiert und es besteht Unklarheit darüber, wie viele Teilleistungsbereiche unterschieden werden sollten.

Hinweise für das Vorliegen einer solchen Beeinträchtigung liegen jedoch dann vor, wenn das Alltagsverhalten der Kinder deshalb scheitert, weil sie bestimmte Handlungsvoraussetzungen (etwa räumliche Entfernungen und Positionen einschätzen, gesehene Informationen behalten, visuelle und auditive Informationen beachten) nicht gut genug beherrschen. Eine solche Störung wird vor allem bei kulturell bedeutsamen Leistungen erkannt (etwa beim Lesen, Schreiben, Rechnen).

Diese Teilleistungsstörungen werden in der ICD-10 jedoch nicht als eigene Störungskategorie aufgeführt, sondern in den übergeordneten Leistungsbeeinträchtigungen des Kapitels V (umschriebene Entwicklungsstörungen; F8) als Störung der funktionellen Voraussetzungen gewissermaßen mitbedacht. Dabei werden umschriebene Entwicklungsstörungen des Sprechens und der Sprache (F80) sowie der schulischen Fertigkeiten (F81) und der motorischen Fertigkeiten (F82) unterschieden (Tabelle 1).

Beeinträchtigte Teilleistungen (etwa Störung des Arbeitsgedächtnisses) sind in der ICD-10 nicht enthalten, sondern müssen in jedem Fall deskriptiv beschrieben werden. Auf diese Weise ist es möglich, dass beispielsweise eine Lese- und Rechtschreibstörung (F81.0) kodiert und zusätzlich eine grundlegendere räumlich-visuelle Funktionsstörung (etwa Blickbewegungsstörung) beschrieben wird.

2.10.3
Epidemiologie, Verbreitung und Altersrelevanz

Es wird geschätzt, dass etwa 5 bis 10% aller Kinder Teilleistungsschwächen und umschriebene Entwicklungsstörungen aufweisen. Diese Störungen können sehr unterschiedlich verlaufen, was unter anderem von den individuellen Störungsschwerpunkten und der Bedeutung der beeinträchtigten Funktionsbereiche für das Alltagshandeln (z.B. Lesen, Schreiben) abhängt. Ferner ist von Belang, wann die Störungen im Entwicklungsverlauf des Kindes erworben wurden und wie die soziale Umwelt darauf eingeht. Günstige psychosoziale Faktoren (z.B. Anregungsgehalt der Umwelt) heben Beeinträchtigungen geringeren Grades oft vollständig oder weitgehend auf (Neuhäuser & Heubrock, 2000).

2.10.4
Diagnostik der Störung

Die Diagnostik beruht vor allem auf standardisierten und normierten psychometrischen Untersuchungsverfahren. Diese Verfahren erlauben einen interindividuellen Vergleich der verschiedenen Teilleistungen eines Kindes mit altersbezogenen Normwerten ebenso wie einen intraindividuellen Vergleich zwischen verschiedenen Leistungsbereichen eines Kindes. Dabei gelten meist nur solche Abweichungen als bedeutsam, die 1 1/2 Standardabweichungen unter der Norm bzw. unter den sonstigen Leistungen des Kindes liegen. (Therapeutisch können aber auch bereits weniger abweichende Beeinträchtigungen dann von Belang sein und entsprechend behandelt werden, wenn sie komplexere Leistungen des Kindes – vor allem in den kulturell wichtigen Bereichen – verunmöglichen). In der Diagnostik wird folgendermaßen vorgegangen:

- Testdiagnostisch werden auffällige Funktionsbereiche ermittelt. Dies sind Leistungen, die deutlich unter dem Durchschnitt der Altersgruppe bzw. den anderen Leistungen des Kindes oder Jugendlichen liegen.
- Mit weiteren Tests bzw. Untertests wird nun versucht, die vermutete Störung näher einzugrenzen. Hierzu ist es wichtig, dass sich der Untersucher vergewissert, welche Störungen basal sind und welche Leistungseinschränkungen (z.B. geringe verbale Intelligenzleistung) als „zusammengesetzt" anzusehen ist. Die als basal vermuteten Funktionsbereiche werden anhand möglichst zielgenauer Testverfahren (z.B. zur Überprüfung des Arbeitsgedächtnisses) überprüft.
- Die als auffällig erkannten Funktionen (Teilleistungsbereiche) werden therapeutisch-rehabilitativ behandelt, wobei der Behandlungserfolg durch Verlaufsuntersuchungen kontrolliert und das therapeutische Vorgehen gegebenenfalls modifiziert wird.

Ein Beispiel für eine solche Diagnostik ist das Fähigkeitsprofil von Tim (Tabelle 2 auf den folgenden Seiten), das anhand einer Testbatterie, die im Verlauf der Diagnostik individuell für Tim zusammengestellt wurde, erhoben wurde. Zunächst wurden orientierende Verfahren (etwa Hamburg-Wechsler Intelligenz Test) durchgeführt, diesen ersten Untersuchungsergebnissen wurde sodann hypothesengeleitet weiter nachgegangen. Eine Übertragung auf eine vereinheitlichende z-Skala findet sich in Abbildung 1. In dieser Untersuchung erweisen sich einige Leistungen als so basal, dass sie als Erklärung für die Alltagsschwierigkeiten gelten können (Reaktionsgeschwindigkeit, geteilte Aufmerksamkeit).

Diese hypothesengeleitete Untersuchung von Tim führt mithin zu folgenden diagnostischen Folgerungen:

- Das Fähigkeitsprofil von Tim zeigt ein Muster, das eine eindeutige Abhängigkeit der Leistungsfähigkeit von der jeweils besonders beanspruchten Sinnesmodalität belegt. In den meisten sprach- und kenntnisgebundenen Teilleistungen erzielte Tim ein knapp altersgerechtes Resultat, während die visuell-handlungsgebundenen Anforderungen durchweg nur noch weit unterdurchschnittlich bewältigt wurden. Erhebliche Beeinträchtigungen zeigten sich in den optischen Reaktionszeiten (visuelle Informationsverarbeitungsgeschwindigkeit), im Nachlegen von visuellen Vorgaben (visuell-figurale Merk- und Lernfähigkeit), im Verknüpfen von visuellen Informationen (visuomotorisches Tempo) sowie in der optischen Wahrnehmung unter akustischer Ablenkung („geteilte Aufmerksamkeit").
  Hypothese: Es liegen Teilleistungsstörungen im Bereich der Verarbeitung von visuellen Informationen vor.
- Da bei einer Schilddrüsenunterfunktion (Hypothyreose) mit Antriebsstörungen zu rechnen ist, werden die psychomotorischen Teilleistungen genau untersucht und hinsichtlich der Untersuchungsbedingungen ausgewertet. Hier zeigt sich, dass Tim deutlich bessere Ergebnisse erzielt, wenn er mit seiner Arbeitsweise unter starker äußerer Reizkontrolle steht.
  Hypothese: Es liegt eine Störung des Eigenantriebs vor.

Tabelle 2: Verzeichnis der neuropsychologischen Testverfahren und Ergebnisse der Diagnostik im Fallbeispiel (basale Beinträchtigungen)

Testverfahren	Abkür-zung	Funktionsbereich	Tims Ergebnisse
Standard Progessive Matrizen	SPM	nicht-sprachliche Intelligenz	IQ = 74
Hamburg-Wechsler Intelligenztest für Kinder (Revision 1983)	HAWIK-R	Intelligenz und Intelligenzprofil	
• **Gesamt**		Gesamt-IQ	IQ = 77
• **Verbalteil**	VT	Verbal-IQ	IQ = 89
1. Allgemeines Wissen	AW	Allgemeinwissen	WP = 10
2. Allgemeines Verständnis	AV	Alltagsorientierung	WP = 7
3. Rechnerisches Denken	RD	Rechenfertigkeiten	WP = 9
4. Gemeinsamkeitenfinden	GF	Oberbegriffsbildung	WP = 10
5. Wortschatz-Test	WT	Wortschatz	WP = 8
6. Zahlennachsprechen	ZN	Zahlengedächtnis	WP = 10
• **Handlungsteil**	HAT	Handlungs-IQ	IQ = 69
1. Zahlen-Symbol-Test	ZST	visuomotorisches Tempo	WP = 6
2. Bilderergänzen	BE	visuelle Analyse	WP = 5
3. Bilderordnen	BO	logisch-sequenzielle Analyse	WP = 1
4. Mosaik-Test	MT	räumlich-konstruktive Fähigkeiten (mit Struktur)	WP = 7
5. Figurenlegen	FL	räumlich-konstruktive Fähigkeiten (ohne Struktur)	WP = 9

Testverfahren	Abkür-zung	Funktionsbereich	Tims Ergebnisse
Wiener Reaktionsgerät	WRG	Reaktionslatenzen	
• optische Reaktionen	opt. RZ	optische Reaktionszeiten	PR = 3
• akustische Reaktionen	akust. RZ	akustische Reaktionszeiten	PR = 38
• Wahlreaktionszeiten	WR	Wahlreaktionen	PR = 1
Wiener Determinationsgerät	WDG	psychomotorische Koordination	
• richtige Reaktionen	RR	Koordinationsgeschwindigkeit	PR = 30
• falsche Reaktionen	FR	Qualität der Koordination	PR = 100
Zahlen-Verbindungs-Test	ZVT	visuomotorisches Tempo	PR = 5
Testbatterie zur Aufmerksam-keitsprüfung	TAP	verschiedene Aufmerksam-keitsparameter	
• Gesichtsfeldprüfung		Hemianopsie/Neglect/Skotome	Auslassung: 0 Zeit: PR = 0
• geteilte Aufmerksamkeit	–	simultanes Beachten optische und akustische Signale	opt.: F = 11 akust. F = 2
Diagnostikum für Cerebral-schädigung	DCS	visuell-figurale Merk- und Lernfähigkeit	PR = 3
Auditiv-Verbaler Lerntest	AVLT	auditiv-verbale Merk- und Lernfähigkeit	proaktive Hemmung, sonst o.B.
Gailinger Abzeichentest mit Markierungshilfen	GAT	räumlich-konstruktive Funk-tionen	R = 2, F = 13

Erläuterung: IQ = Intelligenz-Quotient, WP = Wertpunkte, PR = Prozentrang

2.10
Teilleistungsstörungen

127

Abb. 1:   Grafisches Gitter-Profil der psychometrischen Untersuchung von Tim

(Anmerkung: jede Zeile kennzeichnet einen Bereich von 0,2 z-Werten; die punktiert unterlegten Felder kennzeichnen den Altersnormbereich [+/−] Standardabweichung).

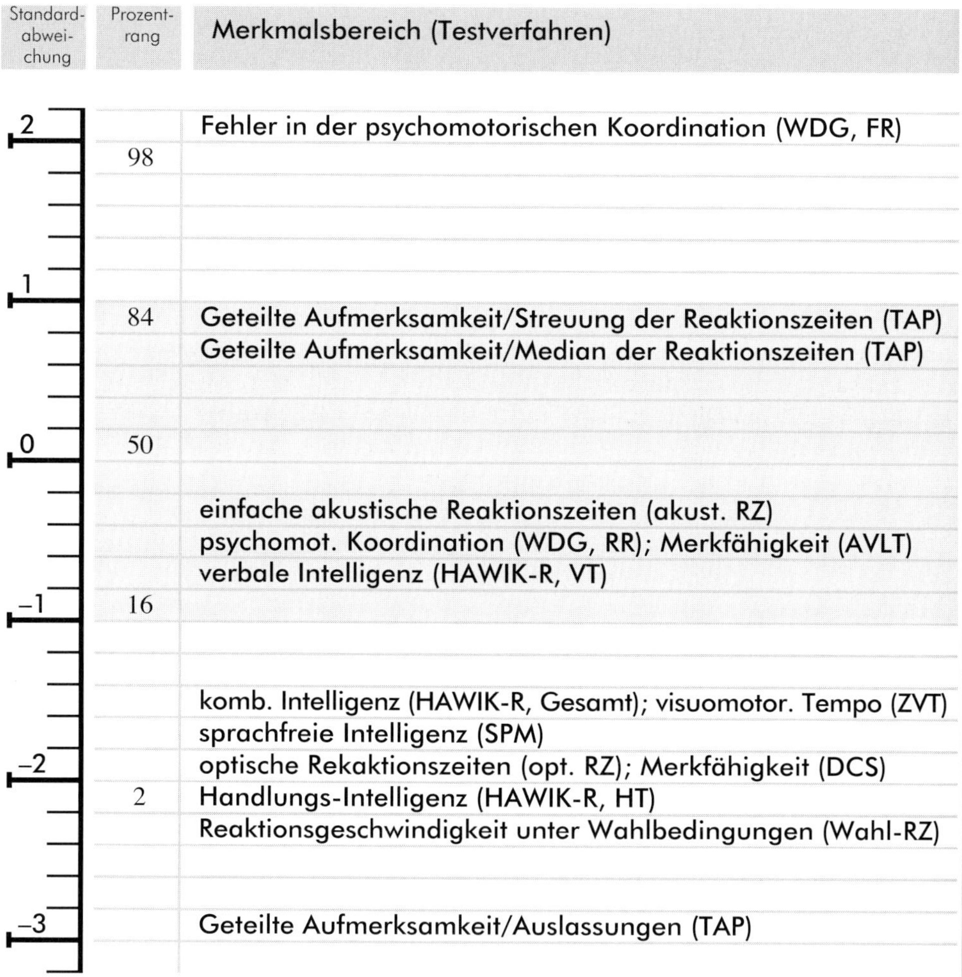

Standard-abwei-chung	Prozent-rang	Merkmalsbereich (Testverfahren)
2	98	Fehler in der psychomotorischen Koordination (WDG, FR)
1	84	Geteilte Aufmerksamkeit/Streuung der Reaktionszeiten (TAP) Geteilte Aufmerksamkeit/Median der Reaktionszeiten (TAP)
0	50	
−1	16	einfache akustische Reaktionszeiten (akust. RZ) psychomot. Koordination (WDG, RR); Merkfähigkeit (AVLT) verbale Intelligenz (HAWIK-R, VT)
−2	2	komb. Intelligenz (HAWIK-R, Gesamt); visuomotor. Tempo (ZVT) sprachfreie Intelligenz (SPM) optische Rekaktionszeiten (opt. RZ); Merkfähigkeit (DCS) Handlungs-Intelligenz (HAWIK-R, HT) Reaktionsgeschwindigkeit unter Wahlbedingungen (Wahl-RZ)
−3		Geteilte Aufmerksamkeit/Auslassungen (TAP)

2.10

Teilleistungsstörungen

- Bei Tim wurden bei der Einschulung Einschränkungen im stereoskopischen Sehen diagnostiziert, welche das Einschätzen von räumlichen Entfernungen und Abständen beeinflussen können. Diese Fähigkeiten werden unter anderem im Gailinger Abzeichentest überprüft und erweisen sich dabei als deutlich gestört.
Hypothese: Das Kind hat ausgeprägte Schwierigkeiten bei der Ausbildung und Umsetzung räumlicher Vorstellungen (räumlich-konstruktive Störung).

2.10.5
Bedingungsmodell

Teilleistungsstörungen sind vor allem durch neurophysiologische Bedingungen erklärbar, die wiederum auf unterschiedliche prä-, peri- und postnatale Schädigungen (z.B. Schwangerschaftskomplikationen, Sauerstoffmangel bei der Geburt, Schädel-Hirn-Traumen und neurologische Erkrankungen) oder mangelnde Anregung während entwicklungssensibler Phasen zurückgehen können. Zu den Grunderkrankungen, die oft zunächst unerkannt bleiben und eine Teilleistungsstörung hervorrufen können, gehören unter anderem auch genetische Syndrome und Stoffwechselstörungen (etwa eine angeborene Schilddrüsenunterfunktion). Diese funktionellen Leistungsbeeinträchtigungen wirken sich auf das komplexe Alltagshandeln der betroffenen Kinder aus und führen in der Folge zu weiteren allgemeineren Störungen, wie etwa Leistungsbeeinträchtigungen in der Schule, zu Vermeidungsverhalten und zu Anpassungsstörungen. Die funktionellen Leistungsbeeinträchtigungen werden natürlich dann besonders als Störung festgeschrieben, wenn sie das Erreichen von kulturell-normativen Leistungszielen (Lesen, Rechnen, Schreiben) erschweren.

2.10.6
Therapieplanung

Bei der Therapie geht es vor allem darum, die beeinträchtigten Teilleistungen direkt zu trainieren. Sie setzt zumeist an den Schwächen und eher unterstützend an den individuellen Stärken, über die das Kind verfügt, an:

- Beim direkten Angehen der Schwächen werden die beeinträchtigten Teilleistungen durch Übungen und Trainingsverfahren verbessert (z.B. Merkfähigkeitsaufgaben mit Papier-und-Bleistift-Material, Training von Alltagshandlungen, Computerprogramme zur visuellen Wahrnehmung). Dieses Vorgehen empfiehlt sich vor allem bei jüngeren Kindern, weil deren zerebrale und kognitive Verarbeitungsstrategien noch nicht vollständig entwickelt sind und eine effektive Umstrukturierung funktioneller Systeme erreicht werden kann.
- Beim Ansetzen an den Stärken sollen die gestörten Funktionen durch vorhandene Leistungsreserven gestützt oder sogar ersetzt werden (so wird z.B. eine visuelle Teilleistungsstörung durch Strategien des Verbalisierens kompensiert; bei Defiziten im verbal-auditiven Gedächtnis werden visuell-räumliche Vorstellungen ausgebildet). Dieses Vorgehen ist be-

sonders bei älteren Kindern ab etwa neun Jahren mit bereits länger bestehenden Funktionsstörungen sinnvoll, bei denen sich häufig bereits spontane Kompensationsstrategien im Alltag etabliert haben, die durch direkte Veränderungsversuche nur schwer zu modifizieren sind. Zudem reagieren ältere Kinder häufiger mit Ablehnung und Unlust auf direkte Therapieansätze.

Solche Ansatzpunkte für die Intervention bei verschiedenen Teilleistungsstörungen sind in Tabelle 3 wiedergegeben.

Tabelle 3: Alltagsrelevanz der Teilleistungsstörungen und therapeutische Konsequenzen.

Teilleistungs-störung	Alltagsrelevanz	Therapeutische Konsequenzen
visuell-figurale Merkfähigkeits- und Lernstörung	gesehene Informationen werden unzureichend gespeichert und unzuverlässig abgerufen	sprachliche Kodierung als Umwegstrategie einüben und ihren flexiblen Einsatz trainieren
räumlich-konstruktive Störung	räumliche Positionen und Entfernungen können nicht eingeschätzt werden	Einführen zuverlässiger und unauffälliger Hilfsmittel (z.B. Handspanne, Schrittlänge)
visuelle Informationsverarbeitung verzögert	Lesen und Analysieren von Texten und Tafelbildern mühsam und fehlerhaft	Tempo und Qualität visueller Absuchbewegungen steigern
Antriebsschwäche	langsames Lern- und Arbeitstempo	Fremdanregung nutzen und schrittweise verinnerlichen
Störung der „geteilten Aufmerksamkeit"	gleichzeitiges Beachten gesehener und gehörter Information misslingt, nur eine Modalität wird beachtet	Üben der zeitgleichen Beachtung relevanter Stimuli in beiden Modalitäten, Abschirmung gegen irrelevante Störreize

Anhand einer Reihe lerntheoretischer Erkenntnisse werden die Therapien so gestaltet, dass ein möglichst konsequenter und gezielter Verhaltensaufbau ermöglicht wird:

Verhaltensausformung (shaping). Hierbei geht es darum, dass die Aufgaben, an denen das Kind übt, der Schwierigkeit nach gestaffelt dargeboten werden. In aller Regel geht man erst dann zu der nächstschwierigeren Aufgabe über, wenn die vorausgegangenen (leichteren) Aufgaben mit ausreichender Sicherheit bewältigt werden können. Das Training von Teilleistungsstörungen beinhaltet daher eine Anordnung der Aufgaben nach ihrer Schwierigkeit und eine allmähliche Erhöhung der Aufgabenschwierigkeit.

Weitgehend irrtumsloses Lernen impliziert, dass das Kind bei seinen Lösungen möglichst wenig Fehler machen soll. In aller Regel wird man aber die Übungsprozesse nicht so gestalten können, dass Fehler ausbleiben. Deshalb kommt es auch darauf an, rasches und gezieltes Feedback zur Aufgabenlösung zu geben. Ein gewisser Garant dafür ist, dass dem Kind solche Aufgaben angeboten werden, die es mit einiger Sicherheit auch wirklich lösen kann. Ferner werden Lösungsansätze, die zu Fehlern führen, frühzeitig vom Therapeuten unterbrochen, damit sich keine fehlerhaften Lösungen einschleichen. Computergestützte Therapieprogramme gewährleisten dies meist dadurch, dass sie falsche Antworten und Reaktionen nicht annehmen, sondern die Aufgabe erneut präsentieren.

Reizüberblendung (fading). Hier werden Hilfen, die zunächst zum Erbringen des gewünschten Verhaltens notwendig sind (z.B. sich acht Gegenstände merken können), mit den zunehmenden Fortschritten des Kindes ebenfalls zunehmend ausgeblendet: Beim Gedächtnistraining wird beispielsweise zunächst eine Liste mit acht Wörtern vorgelegt, in die das Kind bei Bedarf hineinschauen kann. Wenn dies befriedigend gelingt, wird diese schriftliche Vorlage teilweise ausgeblendet, indem beispielsweise eine dickere Folie über das Blatt gelegt wird, so dass die Vorlage nur noch schwer zu erkennen ist. In der nächsten Phase wird diese Vorlage ein Stück vom Kind weggerückt, so dass sie kaum mehr einsehbar ist.

Feedback. Das Lösungsverhalten des Kindes muss eine rasche und präzise Rückmeldung (Feedback) erfahren. Dies kann über Token-Programme, verbale Rückmeldungen, Kommentare zum Leistungsverhalten und eine Dokumentation der Leistungsergebnisse und ihrer Fortschritte geschehen. Dabei ist es zwingend notwendig, dem Kind rasche (innerhalb von zwei Sekunden) und zuverlässige Rückmeldungen zu geben. Ein Beispiel für fortlaufendes Feedback ist die nachstehende Tabelle 4, welche die Rückmeldungen an Tim beim Üben der Temposteigerung am Wiener Determinationsgerät wiedergibt:

Für Tim ergibt sich aus der Teilleistungsdiagnostik die therapeutische Konsequenz, dass ein systematisches Training im Arbeitstempo und in der Ausbildung sowie der Umsetzung räumlicher Vorstellungen angebracht ist. Zugleich soll er seine Aufmerksamkeit rascher auf die anstehenden Dinge ausrichten können (unter geteilter Aufmerksamkeit lernen). Für die Gestaltung der Therapie ist die diagnostische Erkenntnis bedeutsam, dass Tim über Stärken im sprachlichen Bereich und in seinen Kenntnissen verfügt, die in der Therapie an geeigneter Stelle (etwa Unterstützung des eigenen Vorgehens durch Selbstanweisungen, Nutzen von Vorstellungsbildern) zum Tragen kommen sollen. Ferner hat sich erwiesen, dass der Junge zwar langsam, aber ausdauernd vorgeht und in der Regel bei der Sache bleibt. Hieraus lässt sich als Therapievorschlag folgendes Vorgehen ableiten:

- Mit einem Training am Wiener Determinationsgerät (WDG) lernt Tim, sein Arbeitstempo unter Fremdanregung schrittweise zu steigern. Tim achtet hierbei ausschließlich auf die Zunahme seines Arbeitstempos, die er nach jeder Trainingseinheit in einen Protokollbogen einträgt (siehe Tabelle 4); die schriftlichen Bemerkungen des Therapeuten („Trainer") sollen als zusätzliche operante Verstärkung dienen.

Tabelle 4: Protokollbogen zum Arbeitstempo am Wiener Determinationsgerät.

Datum	Richtige Reaktionen	vorher erreicht	Zugewinn heute/ insgesamt	Ziel für nächste Stunde	Bemerkungen des Trainers
12.07.98	74	---	---	80	guter Start
14.07.98	85	74	+11/+11	90	sehr gut
16.07.98	92	85	+7/+18	99	mehr als erwartet
19.07.98	102	92	+10/+28	110	wieder besser als gedacht
21.07.98	114	102	+12/+40	120	hast du heimlich geübt?

- Mit den Eltern und Tim wird auch vereinbart, dass diese Fähigkeiten auf das Hausaufgabenmachen übertragen werden sollen: Er arbeitet zunächst 8 Minuten lang schneller, um dann in ein beliebiges Tempo zu verfallen; am nächsten Tag 12 Minuten schneller, um dann wieder in sein Tempo zu verfallen etc. Die Mutter stellt jeweils eine Eieruhr und stellt gemeinsam mit dem Jungen die zwischenzeitlich geleistete Arbeitsmenge fest. Dies wird in einem Formblatt festgehalten.
- In der folgenden Therapiephase soll Tim während des Trainings am Wiener Determinationsgerät im Rhythmus seiner motorischen Reaktionen verschiedene kognitive Aufgaben (Kopfrechnen, Oberbegriffe finden, Wörter mit einem bestimmten Anfangsbuchstaben nennen) lösen („geteilte Aufmerksamkeit" und Nutzen der Fremdanregung zum Problemlösen). Er soll also z.B. nach jedem Tastendruck das Ergebnis einer im Kopf gerechneten Addition

zweier Zahlen nennen, bei der von einer beliebigen Zahl (z.B. 11) ausgegangen und dann jeweils das Ergebnis der Aufgabe als erste Zahl der nächsten Aufgabe genommen wird; die zweite Zahl nimmt bei jeder Aufgabe um 1 zu (also etwa 11+1=12, 12+2=14, 14+3=17 usw.). Dabei wird die Auswirkung der geteilten Aufmerksamkeit sowohl auf das Arbeitstempo am Wiener Determinationsgerät (vgl. Tabelle 5) als auch auf die Exaktheit der Additionen (durch Audio- oder Videoaufzeichnung) ermittelt und festgehalten. Durch Training und Rückmeldung wird versucht, auch bei dieser komplexeren Aufgabenstellung schrittweise eine Leistungssteigerung zu erreichen.

Zu Hause soll Tim jetzt längere Arbeitszeiten einhalten. Dabei wird davon ausgegangen, dass umso mehr geteilte Aufmerksamkeitsprozesse notwendig werden, je länger er arbeitet.

- Anschließend löst Tim verschiedene Aufgaben am Tisch ohne Wiener Determinationsgerät, jedoch mit einem Metronom, später beim Hören rhythmischer Musik (Transfer der vorherigen Übungen auf schulnahe Situationen). Die rhythmische Musik wird in späteren Therapieeinheiten immer leiser und schließlich abgestellt (Ausblenden), dafür symbolisiert eine Stimuluskarte auf dem Tisch den Takt der Musik, den Tim sich während des Arbeitens vorstellen soll (Imagination, sukzessive Internalisierung des verhaltensauslösenden Stimulus). Zu Hause macht Tim jetzt die Hausaufgaben unter Ablenkungsbedingungen (etwa geöffnetes Fenster). Er soll trotz dieser Bedingungen ein zügiges Arbeitstempo realisieren.

- In der folgenden Therapiephase werden verschiedene Schulsituationen (Klassenarbeit, Aufsatz, Hausaufgaben) simuliert; hierbei wird jeweils ein Zeitlimit gesetzt, das Tim unter Anwendung der nun internalisierten Selbstrhythmisierung einhalten muss. Jede erfolgreiche Übungsstunde wird mit einem „Gutschein" (Token) verstärkt, jeweils sieben Gutscheine können gegen eine CD eigener Wahl eingetauscht werden.

Die schulbezogenen Aufgaben werden knapp unter der oberen Leistungsgrenze von Tim gewählt (Schwierigkeit der Orthographie, Tempo des Diktats, Komplexität der Rechenaufgaben usw.), so dass das Prinzip des direkten Angehens der Schwächen gewahrt bleibt, zugleich aber noch genügend Erfolge auftreten, um über positive Rückmeldung sein Interesse am Üben aufrechtzuerhalten. Der gewählte Schwierigkeitsgrad wird laufend an die Fortschritte adaptiert. Ebenso erfolgt das Ausblenden des Takts (der dem Ansetzen an einer Stärke, d.h. an leistungsfördernden Bedingungen entspricht) immer unter Kontrolle der Leistungszunahme.

- Parallel hierzu beginnt ein Training zur Ausbildung räumlicher Vorstellungen (räumlich-konstruktive Funktionen), in dem Tim seine vergleichsweise guten sprachlichen Leistungen zur Verbalisierung raumanalytischer und räumlich-konstruktiver Anforderungen systematisch zu nutzen lernt (Erlernen alltagstauglicher Kompensationsstrategien). Ein Beispiel dafür sind schulbezogene Geometrie-Aufgaben: Tim lernt, zunehmend schwierigere Konstruktionen zuerst schriftlich, dann verbal und dann nur noch gedanklich zu formulieren, bevor er sie in eine Zeichnung umsetzt. Bewertet wird das Ausmaß, in dem die Schritte richtig und vollständig vorformuliert wurden.

- Die letzte Therapiephase wird in zweiwöchentlichen Abständen, hierfür aber jeweils zweistündig durchgeführt. Hierbei werden mündliche und schriftliche Unterrichtseinheiten behandelt, wobei Tim die erlernten Strategien ohne direkte Hilfen, jedoch mit anschließenden differenzierten Rückmeldungen des Therapeuten anwenden soll (Transferphase).

133

Zwischenzeitlich macht Tim seine Hausaufgaben und notiert und bewertet die hierbei benötigte Arbeitszeit. Abschließend wird ein „Zeugnis" erstellt, in dem getrennt das Arbeitstempo und die inhaltliche Bearbeitung der einzelnen Übungen bewertet werden.

2.10.7
Wirksamkeit und Wirksamkeitsbedingungen der Therapie

Es existiert eine große Zahl vor allem an einzelfallanalytischen Untersuchungen, die die Wirksamkeit eines Funktionstrainings belegt. In aller Regel erweist es sich als wirksam, wenn die Übungen gezielt durchgeführt werden und ein rascher Transfer auf die Alltagssituationen mit eingeplant wird. Unter dem Stichwort der Komplexitätsreduktion erweist es sich oft als nützlich, die Übungsinhalte zu begrenzen und die beeinträchtigte Funktion möglichst in „reiner Form" aufzubauen, um sodann das so Gelernte in den Alltag zu übertragen. Allerdings muss man auch anmerken, dass die Therapie der Teilleistungsstörungen oft langwierig ist und im Falle komplexerer Störungen mehrere Funktionsbereiche in einer geeigneten Therapieplanung zu behandeln sind.

Grundlegende Literatur

- Heubrock, D. & Petermann, F. (2000). Lehrbuch der Klinischen Kinderneuropsychologie. Grundlagen, Syndrome, Diagnostik und Intervention. Göttingen: Hogrefe.

- Lösslein, H. & Deike-Beth, C. (1997). Hirnfunktionsstörungen bei Kindern und Jugendlichen. Neuropsychologische Untersuchungen für die Praxis. Köln: Deutscher Ärzte-Verlag.

- Teeter, P. A. & Semrud-Clikeman, M. (1997). Child Neuropsychology. Assessment and Interventions for Neurodevelopmental Disorders. Boston: Allyn and Bacon.

Weiterführende Literatur

- Neuhäuser, G. (2000). Neurophysiologische Störungen. In F. Petermann (Hrsg.), Lehrbuch der Klinischen Kinderpsychologie und -psychotherapie (S.325–336) (4., vollst. überarb. u. erw. Aufl.). Göttingen: Hogrefe.

- Neuhäuser, G. & Heubrock, D. (2000). Neuropsychologische Störungen. In F. Petermann (Hrsg.), Lehrbuch der Klinischen Kinderpsychologie und -psychotherapie (S. 337–357) (4., vollst. überarb. u. erw. Aufl.). Göttingen: Hogrefe.

Materialien

- Muth, D., Heubrock, D. & Petermann, F. (2000). Kinder mit räumlich-konstruktiven Störungen. DIMENSIONER – Ein neuropsychologisches Trainingsprogramm für die Arbeit mit Gruppen. Göttingen: Hogrefe (im Druck).

- Lepach, A. C., Heubrock, D. & Petermann, F. (2000). Kinder mit Merkfähigkeitsstörungen. REMINDER – Eine neuropsychologische Kurzintervention. Göttingen: Hogrefe (in Vorbereitung).

- Faiß, M., Heubrock, D. & Petermann, F. (2000). Kinder mit Antriebsstörungen. TRIGGER – Ein neuropsychologisches Trainingsprogramm für die Arbeit in Gruppen. Göttingen: Hogrefe (in Vorbereitung).

Depression

Lilian Blöschl

2.11.1
Fallbeispiel

Die 12-jährige Lisa war bisher stets eine gute Schülerin und im Klassenverband sozial gut integriert. Seit einem Schulwechsel vor einem halben Jahr, der durch den Umzug der Familie in einen anderen Wohnbezirk bedingt war, haben ihre Leistungen jedoch nachgelassen; die Klassenlehrerin berichtet, dass Lisa im Unterricht oft unkonzentriert wirkt und dass sie sich von den Alterskameraden deutlich zurückzieht. Der Mutter ist aufgefallen, dass Lisa in letzter Zeit wesentlich stiller ist als sonst und nur mehr wenig Interesse an ihren bisherigen Freizeitaktivitäten zeigt; des Weiteren klagt Lisa häufig über Müdigkeit und Appetitmangel. Eine deshalb von der Mutter veranlasste kinderärztliche Untersuchung hat keine organischen Auffälligkeiten ergeben. Im Erstgespräch wirkt Lisa niedergeschlagen und apathisch; nach längerem Zögern berichtet sie mit leiser Stimme, dass es sie bedrückt, dass sie in der neuen Schule nicht mehr wie früher zu den Klassenbesten gehört; zudem macht sie sich Sorgen um den Gesundheitszustand des Vaters, der nach einem schweren Verkehrsunfall vor einigen Jahren noch immer nicht ganz wiederhergestellt ist.

2.11.2
Diagnostische Kriterien nach ICD-10

Den heute gebräuchlichen internationalen Klassifikationssystemen zufolge werden zur Diagnose depressiver Syndrome bei Kindern und Jugendlichen weitgehend dieselben Kriterien herangezogen, die für die Diagnose depressiver Syndrome bei Erwachsenen gelten. Für die beiden Hauptformen depressiver Störungen – die depressive Episode und die Dysthymia – seien hier diese Kriterien nach ICD-10 kurz umrissen.

Charakteristika einer depressiven Episode

Zu den Basissymptomen einer depressiven Episode gehören eine gedrückte Stimmung, Interessenverlust, Freudlosigkeit und eine Verminderung des Antriebs, die sich in erhöhter Ermüdbarkeit und Aktivitätsreduktion äußert; weitere häufige Symptome sind unter anderem Konzentrations- und Aufmerksamkeitsstörungen, Selbstwertprobleme, negative Zukunftsperspektiven, suizidale Tendenzen und Schlaf- und Appetitstörungen. Das klinische Bild kann von Fall zu Fall besonders im frühen Lebensalter beträchtlich variieren und auch ängstliche und gereizte Tendenzen mit einschließen. In der Regel müssen die Störungsmerkmale mindestens zwei Wochen hindurch vorhanden sein, damit eine entsprechende Diagnose erstellt wird. Verläufe, die durch das wiederholte Auftreten von depressiven Episoden gekennzeichnet sind, werden als „rezidivierende depressive Störungen" eingeordnet. Je nach Ausprägungsgrad wird zwischen leichten, mittelgradigen und schweren depressiven Episoden unterschieden, wobei die Einstufung auf der Basis der Anzahl, der Art und der Schwere der Symptome vorgenommen wird; dem Störungsbild einer mittelgradigen oder schweren depressiven Episode entspricht nach DSM-IV eine Major Depression.

Charakteristika einer Dysthymia

Unter dem Störungsbild der Dysthymia, dem nach DSM-IV die Dysthyme Störung entspricht, wird eine depressive Verstimmung verstanden, die vom Ausprägungsgrad her nicht die Kriterien für eine leichte oder mittelgradige depressive Episode erfüllt, dafür aber einen chronischen Verlauf nimmt und oft jahrelang mit nur kurzen Zwischenperioden normalen Befindens andauert. Nach ICD-10 beginnt eine Dysthymia gewöhnlich in der späten Adoleszenz oder im frühen Erwachsenenalter; zahlreiche Untersuchungen zur Dysthymen Störung aus dem angloamerikanischen Raum belegen jedoch, dass Syndrome dieser Art auch schon im Kindesalter und in der frühen und mittleren Adoleszenz zu finden sind. Die für die Diagnose erforderliche Mindestdauer der Störung wird nach DSM-IV für Kinder und Jugendliche bei einem Jahr (für Erwachsene bei zwei Jahren) angesetzt.

2.11.3
Epidemiologie, Verbreitung und Altersrelevanz

Die Ergebnisse der epidemiologischen Studien zur Auftretenshäufigkeit depressiver Störungen im frühen Lebensalter sind durch eine erhebliche Streuungsbreite charakterisiert; insgesamt geht aus dem gegenwärtigen Befundstand aber jedenfalls deutlich hervor, dass Depressionen in Kindheit und Jugend keineswegs so selten sind, wie früher manchmal angenommen, wobei die Prävalenzraten mit zunehmendem Alter der Kinder ansteigen. Global formuliert, lässt sich die Prävalenz klinisch depressiver Syndrome bei Kindern im Schulalter aus der Normalpopulation als etwa bei 2–3% liegend einschätzen; bei Jugendlichen sind die Prävalenzwerte im Mittel etwa bei 3–5% angesiedelt, d.h., dass die Auftretenshäufigkeit von Depressionen in der Adoleszenz jener im Erwachsenenalter zu entsprechen scheint. Dazu kommt noch, dass subsyndromale depressive Tendenzen – depressive Symptome, die zwar nicht den Ausprägungsgrad einer depressiven Störung nach ICD-10 erreichen, aber doch die Lebensqualität der betroffenen Personen merklich beeinträchtigen – bereits bei Kindern, speziell jedoch wieder bei Adoleszenten, mit beachtlicher Häufigkeit nachweisbar sind. Die aus dem Erwachsenenbereich bekannte „Geschlechtswendigkeit" von Depressionen (das Überwiegen depressiver Störungen bei Frauen gegenüber Männern) kann ab der Pubertät auch im Vergleich zwischen Mädchen und Jungen als empirisch vielfach belegt gelten. Ein weiterer bedeutsamer Befundtrend betrifft die hohen Komorbiditätsraten, mit denen in Bezug auf die Depressionen des frühen Lebensalters zu rechnen ist, d.h., dass viele depressive Kinder und Jugendliche (manchen Studien zufolge zwei Drittel oder mehr aller Fälle) zugleich die Kriterien für Störungsbilder anderer Art, insbesondere für Angststörungen und für expansive Verhaltensstörungen, erfüllen.

2.11.4
Diagnostik der Störung

Von den zahlreichen Messinstrumenten, die in letzter Zeit zur Erfassung von Depressionen im Schulkind- und Jugendalter entwickelt worden sind, dient ein Teil der Erstellung einer Diagnose nach ICD-10 bzw. DSM-IV; in der Regel handelt es sich dabei um strukturierte bzw. halbstrukturierte Interviewverfahren, die sowohl dem Kind als auch den Eltern vorgegeben werden. Eine zweite Gruppe von Erhebungsmethoden umfasst standardisierte Fragebogentests, mittels derer der Ausprägungsgrad der depressiven Symptomatik bestimmt werden soll. Nachfolgend sind einige einschlägige Verfahren, die in deutscher Sprache vorliegen, angeführt.

Interviewverfahren
„Diagnostisches Interview bei psychischen Störungen im Kindes- und Jugendalter, Kinder-DIPS" (Unnewehr, Schneider & Margraf, 1995)

Fragebogentests
„Depressions-Inventar für Kinder und Jugendliche, DIKJ" (Stiensmeier-Pelster, Schürmann & Duda, 1989)
„Depressionstest für Kinder, DTK" (Rossmann, 1993)

Im Interesse der Gewinnung vergleichbarer Ausgangsdaten kommt dem Einsatz solcher Messinstrumente im diagnostischen Vorfeld verhaltenstherapeutischer Interventionen eine wichtige Rolle zu; das Kernstück der verhaltenstherapeutischen Diagnostik bildet jedoch eine detaillierte Verhaltens- und Problemanalyse bzw. Situations- und Bedingungsanalyse. Grundsätzlich wird darauf abgezielt, möglichst konkret und präzise die Störungsmerkmale und Problemverhaltensweisen im Einzelfall zu erfassen, und zwar gemeinsam mit den Bedingungen, die mit diesen Störungszeichen in funktionalem Zusammenhang stehen, d.h. sie auslösen und/oder aufrechterhalten. Methoden zur unmittelbaren Verhaltensbeobachtung im natürlichen sozialen Umfeld – in der Familie, in der Schulklasse und im Freizeitbereich – stellen dabei neben dem Explorationsgespräch mit dem Kind sowie mit den Eltern und mit den Lehrern eine wesentliche Informationsquelle dar. Zugleich wird, dem generellen Trend in Richtung kognitiv-behavioraler Sicht- und Vorgehensweisen in der neueren Verhaltenstherapie entsprechend, aber auch eine detaillierte Kognitionsanalyse angestrebt; d.h., es wird versucht, mögliche ungünstige Tendenzen in den Wahrnehmungs-, Denk- und Einstellungsmustern des jungen Probanden zu identifizieren, die im Störungskontext von Relevanz sein könnten. Dass die diesbezüglich verwendeten Interview- und Fragebogenmethoden in spezifischer Weise auf den Entwicklungsstand des Kindes abgestimmt sein müssen, versteht sich von selbst.

2.11.5
Bedingungsmodell

Die verhaltenstherapeutischen Modellvorstellungen zur Genese depressiver Störungen bei Schulkindern und Jugendlichen schließen in ihren Grundzügen eng an die Modellvorstellungen an, die im Lauf der letzten Jahrzehnte von verhaltenstherapeutischer Seite zur Genese von Depressionen bei Erwachsenen vorgelegt worden sind. Im Mittelpunkt steht die Annahme, dass belastende Umweltgegebenheiten mit prädisponierenden psychologischen Merkmalen behavioraler und kognitiver Art in der Entstehung und der Aufrechterhaltung depressiver Syndrome zusammenwirken; der mögliche Einfluss auch anderer psychologischer und biologischer Bedingungsfaktoren wird dabei jedoch keineswegs ausgeschlossen (Stark, Rouse & Kurowski, 1994; Blöschl, 1998).

Externale Stressoren
Zu den externalen Stressoren, denen im Rahmen dieses multifaktoriellen Modells Bedeutung zugemessen wird, zählen insbesondere a) einschneidende negative Lebensveränderungen, wie sie etwa aus interpersonellen Verlustereignissen oder aus einem Schul- oder Wohnortwechsel resultieren können, b) lang andauernde Probleme und Defizite in den Eltern-Kind-Beziehungen, aber auch andere Faktoren, die das Familienklima nachhaltig beeinträchtigen, z.B. die psychische oder physische Erkrankung eines Elternteils, und c) anhaltende Probleme im schulischen Leistungsbereich und/oder in den Kontakten mit Gleichaltrigen. Die Auswirkungen solcher akuter und chronischer Stressoren im Einzelfall sind den verhaltenstherapeutischen Modellannahmen zufolge allerdings nicht unabhängig von der Art und Weise zu sehen, in der sich das Kind oder der Jugendliche mit den situativen Gegebenheiten auseinander setzt.

Personspezifische Variable
Unter personspezifischen Variablen wird im Anschluss an die frühen lernpsychologisch-behavioralen Hypothesen sensu Lewinsohn mangelhaften sozialen Fertigkeiten und sozialen Kompetenzen, die eine adäquate Nutzung möglicher Verstärkerquellen verhindern, ein wichtiger Platz eingeräumt. Zugleich wird, wie oben bereits hervorgehoben, auch schon im Schulkind- und Jugendalter dysfunktionalen Prozessen der Informationsverarbeitung – negativen Wahrnehmungs-, Denk- und Einstellungsmustern, die die Sicht des Individuums von sich selbst und von der Umwelt mitbestimmen – eine Rolle im Depressionsgeschehen zuerkannt; insbesondere wird dabei auf den Einfluss von defizitären Selbstkontrollprozessen sensu Rehm, von „negativen kognitiven Schemata" sensu Beck und von negativen Attributionstendenzen sensu Seligman Bezug genommen. Generell wird postuliert, dass die Interaktion zwischen belastenden Umweltbedingungen und wenig effizienten Bewältigungsstrategien zu einer Überforderung der Adaptationsmöglichkeiten des Kindes oder Jugendlichen führen kann, die letztlich im Schwäche- und Unterlegenheitssyndrom der depressiven Störung ihren Ausdruck findet.

2.11.6
Therapieplanung

Wie in theoretischer Hinsicht wird auch in Bezug auf die verhaltenstherapeutische Behandlung von Depressionen im frühen Lebensalter weitgehend an die im Erwachsenenbereich entwickelten Ansätze angeknüpft, wenngleich die Interventionsmaßnahmen bei Kindern und Jugendlichen verständlicherweise durch eine Reihe von speziellen Schwerpunktsetzungen gekennzeichnet sind. Dazu gehört neben der altersentsprechenden Gestaltung der verwendeten Methoden insbesondere die Einbeziehung der Eltern in die Planung und die Durchführung der Therapie; ein weiteres Charakteristikum ist der häufige Einsatz von Gleichaltrigengruppen, meist in Kombination mit Einzelsitzungen, Familiensitzungen und/oder Elterngruppen. Prinzipiell wird im Sinn eines multimodalen therapeutischen Vorgehens darauf abgezielt, dem Kind auf der behavioralen und der kognitiven Ebene Strategien zu vermitteln, die möglichst bald eine Reduktion der bedrückenden emotionalen Symptomatik bewirken; längerfristig sollen dem Kind damit günstigere Möglichkeiten des Umgangs mit sich selbst und mit den Problemen und Aufgaben im natürlichen sozialen Umfeld an die Hand gegeben werden, die auch nach Abschluss der Therapie verfügbar sind. Parallel zu diesen unmittelbar kindbezogenen Vorgehensweisen wird versucht, konkrete belastende Lebensumstände auf dem Weg über die Beteiligung der Eltern und gegebenenfalls auch der Lehrer am Therapieprozess positiv zu verändern.

Auf der Basis der in der diagnostischen Eingangsphase gewonnenen Daten wird gemeinsam mit dem Kind oder Jugendlichen sowie in Kooperation mit den Eltern ein Therapieplan erstellt; dem Aufbau einer positiven therapeutischen Beziehung, der klaren und verständlichen Vermittlung der therapeutischen Grundprinzipien und der Erarbeitung spezifischer Behandlungsziele wird dabei sorgfältiges Augenmerk gewidmet (Evans & Murphy, 1997). Zur Durchführung des Therapieplans wird auf ein breites Repertoire von Methoden zurückgegriffen, die je nach den Gegebenheiten im Einzelfall in koordinierter Weise zum Einsatz kommen. Der nachfolgende Überblick zeigt die wichtigsten Komponenten kognitiv-verhaltenstherapeutischer Programme zur Behandlung von depressiven Kindern und Jugendlichen auf, die diesbezüglich verwendet werden.

Kindbezogene Therapiemethoden
- Training sozialer Fertigkeiten und sozialer Kompetenzen (Rollenspiele und sozial-emotionale Übungen in der Gleichaltrigengruppe)
- Förderung positiv verstärkender Aktivitäten (Erstellung von „Verstärkermenüs" und Aktivitätsplänen, Führung von Aktivitätsprotokollen etc.)
- Kognitiv-behaviorales Training von Selbstkontrollprozessen
- Verfahren zur kognitiven Umstrukturierung (Modifikation von dysfunktionalen Gedanken, Einstellungen und Attributionsmustern)
- Sozial-kognitives Problemlösetraining
- Entspannungstechniken

Familienbezogene Therapiemethoden
- Therapiebegleitende Beratungsgespräche mit den Eltern

• Sitzungen in der Elterngruppe
• Familientherapeutische Sitzungen, in denen gemeinsam mit dem Kind und den Eltern die Veränderung dysfunktionaler familiärer Interaktionsprozesse angestrebt wird

Generell wird davon ausgegangen, dass den kognitiven Therapiekomponenten bei Jugendlichen und älteren Schulkindern besondere Bedeutung zuzumessen ist; auch in der Therapie jüngerer Schulkinder nehmen altersgemäß gestaltete kognitive Verfahren einen prominenten Platz ein, wobei geeignete Bildmaterialien und Geschichten als wichtige Hilfsmittel fungieren. Die Erprobung der in der Therapiesituation vermittelten kognitiv-behavioralen Strategien im natürlichen sozialen Umfeld wird als substanzielles Anliegen betrachtet; die Planung und Durchführung von „therapeutischen Hausaufgaben" stellt dementsprechend einen integrierenden Bestandteil der Behandlung dar.

Übereinstimmend mit den Trends im Erwachsenenbereich bemüht man sich auch in der Verhaltenstherapie depressiver Kinder und Jugendlicher zunehmend um die Entwicklung von standardisierten kognitiv-behavioralen Behandlungsprogrammen, in denen bestimmte Kombinationen von Verfahren anhand von Leitlinien, die die Struktur des Behandlungsablaufs vorgeben, zur Anwendung kommen. Dass diese Tendenzen nicht in Widerspruch zur verhaltenstherapeutischen Tradition einer individuellen Therapiegestaltung stehen, ist dabei ausdrücklich festzuhalten; vielmehr sollen Objektivierung und Individualisierung einander sinnvoll ergänzen, d.h., dass innerhalb des Rahmenprogramms nach wie vor den speziellen Bedingungen im Einzelfall angemessen Rechnung getragen werden muss. Exemplarisch seien im Folgenden zwei solcher multimodaler Interventionsprogramme – eins für Jugendliche und eins für Schulkinder – angeführt:

Programm zur Depressionsbewältigung nach Clarke, Lewinsohn und Hops (1990)

Dafür liegt bereits ein detailliertes Therapiemanual vor. Es stellt eine Adaptation des Therapieprogramms für depressive Erwachsene sensu Lewinsohn für depressive Jugendliche im Alter zwischen 14 und 18 Jahren dar. Die therapeutische Arbeit mit den Jugendlichen findet in der Gleichaltrigengruppe statt und beinhaltet neben der Vermittlung der Behandlungsprinzipien im Gruppengespräch das Erlernen von Entspannung, das Training sozial-kommunikativer Fertigkeiten und den Aufbau angenehmer Aktivitäten sowie Methoden der kognitiven Umstrukturierung und des Selbstkontroll- und Problemlösetrainings. Insgesamt sind 16 zweistündige Gruppensitzungen im Verlauf von acht Wochen für jeweils 4–8 junge Teilnehmer vorgesehen, wobei zwei dieser Sitzungen unter Einbeziehung der Eltern abgehalten werden; darüber hinaus werden neun zweistündige Sitzungen in der Elterngruppe durchgeführt.

Das kognitiv-verhaltenstherapeutische Programm nach Stark, Rouse und Kurowski (1994)

Das sich derzeit noch in Entwicklung befindende Programm ist zur Behandlung von depressiven Kindern im Schulalter bestimmt; es umfasst ein breites Spektrum von behavioralen, kognitiven und emotionsbezogenen Interventionsstrategien, die in verschiedenen therapeutischen Settings eingesetzt werden. Den Schwerpunkt bildet das Training in der Kindergruppe; zugleich sind Elterngruppen, Familiensitzungen und begleitende Kontakte mit den Lehrern eingeplant.

2.11.7
Wirksamkeit und Wirksamkeitsbedingungen der Therapie

Im Unterschied zu der kaum mehr überschaubaren Fülle von empirischen Erfolgskontrollen zur Wirksamkeit verhaltenstherapeutischer bzw. kognitiv-verhaltenstherapeutischer Interventionsansätze bei Depressionen im Erwachsenenalter liegen entsprechende Evaluationsstudien für das Kindes- und Jugendalter derzeit erst in spärlicher Anzahl vor. Unter den kontrollierten Gruppenvergleichen überwiegen Beiträge aus dem subklinischen Bereich, doch sind in den letzten Jahren auch einige kontrollierte Gruppenuntersuchungen an Jugendlichen mit klinisch diagnostizierten depressiven Störungen durchgeführt worden (Lewinsohn, Clarke & Rohde, 1994; Stark, Rouse & Kurowski, 1994; Evans & Murphy, 1997). Dass sich mittels kognitiv-behavioraler Methoden bei leichteren wie bei ausgeprägten depressiven Verstimmungszuständen im frühen Lebensalter positive Behandlungseffekte erzielen lassen, ist dabei mehrfach nachgewiesen worden; insgesamt ist die Befundlage aber noch recht vorläufiger Natur, d.h., dass auf diesem Gebiet noch viel systematische Forschungsarbeit zu leisten bleibt. Die empirische Detailanalyse der Wirksamkeitsbedingungen und Wirkkomponenten, die den erzielten Effekten zugrunde liegen, steht zurzeit noch ganz in den Anfängen; auch diesbezüglich ist gegenüber der einschlägigen Therapieforschung im Erwachsenenbereich ein ausgesprochener Nachholbedarf zu verzeichnen. Ein bedeutsamer aktueller Entwicklungstrend betrifft den Versuch, kognitiv-behaviorale Trainingsprogramme zur Prävention von Depressionen bei Risikogruppen von Kindern und Jugendlichen (insbesondere bei Kindern affektiv gestörter Eltern sowie bei jungen Menschen mit subsyndromalen depressiven Störungszeichen) heranzuziehen; die Ergebnisse einiger Pilotstudien lassen den Einsatz solcher Programme grundsätzlich als Erfolg versprechend erscheinen. Die Intensivierung von Forschungsbemühungen in dieser Richtung stellt für die kommenden Jahre ein weiteres wichtiges Anliegen dar.

Grundlegende Literatur

- Evans, M. & Murphy, A. (1997). Cognitive-behavioural therapy for depression in children and adolescents. In K. N. Dwivedi & V. P. Varma (Eds.), Depression in children and adolescents (pp. 75–93). London: Whurr Publishers Ltd.

- Lewinsohn, P. M., Clarke, G. N. & Rohde, P. (1994). Psychological approaches to the treatment of depression in adolescents. In W. M. Reynolds & H. F. Johnston (Eds.), Handbook of depression in children and adolescents (pp. 309–344). New York: Plenum.

- Stark, K. D., Rouse, L. W. & Kurowski, C. (1994). Psychological treatment approaches for depression in children. In W. M. Reynolds & H. F. Johnston (Eds.), Handbook of depression in children and adolescents (pp. 275–307). New York: Plenum.

Weiterführende Literatur

- Blöschl, L. (1998). Depressive Störungen: Intervention. In U. Baumann & M. Perrez (Hrsg.), Lehrbuch Klinische Psychologie – Psychotherapie (S. 869–881) (2., vollst. überarb. Aufl.). Bern: Huber.

- Goodyer, I. M. (Ed.). (1995). The depressed child and adolescent: Developmental and clinical perspectives. Cambridge: Cambridge University Press.

Materialien

- Clarke, G., Lewinsohn, P. & Hops, H. (1990). Leader's manual for adolescent groups. Adolescent Coping with Depression Course. Eugene, OR: Castalia Publishing Company.

- Rossmann, P. (1993). Der Depressionstest für Kinder DTK. Bern: Huber.

- Stiensmeier-Pelster, J., Schürmann, M. & Duda, K. (1989). Depressions-Inventar für Kinder und Jugendliche (DIKJ). Göttingen: Hogrefe.

- Unnewehr, S., Schneider, S. & Margraf, J. (Hrsg.). (1995). Kinder-DIPS. Diagnostisches Interview bei psychischen Störungen im Kindes- und Jugendalter. Berlin: Springer.

2.11
Depression

Stottern

Horst J. Kern

2.12.1
Fallbeispiel

Markus ist 12 Jahre alt, er stottert seit seinem fünften Lebensjahr. Sein Stottern ist sehr ausgeprägt und gekennzeichnet durch kurze bis mittellange Blocks sowie Silben- und Wortwiederholungen. Dabei treten starke Verspannungen im Mund-, Kiefer- und Halsbereich auf, Markus bewegt den Kopf ruckartig nach vorne, hält den Atem an und versucht, die kritischen Sprechlaute hervorzupressen. Häufig umschreibt er Wörter, von denen er bereits im Ansatz spürt, dass sie nicht gelingen werden. Oft beendet er seine Sätze nicht. Er erhielt im sechsten (nach dem Schulbeginn) und im zehnten Lebensjahr jeweils mehrmonatige Therapien. Ein einjähriger Aufenthalt in einer Sprachheilschule brachte wenig Erfolg. Markus zeigt kein Rückzugsverhalten, hat gute Kontakte zu Gleichaltrigen und ist als Spielkamerad beliebt.

2.12.2
Diagnostische Kriterien nach ICD-10

Das Stottern (F98.5) wird in der ICD-10 den „Verhaltens- und emotionalen Störungen mit Beginn in der Kindheit und Jugend (F9)" zugeordnet und findet sich dort in der Kategorie der „sonstigen" Störungen (F98). Die Tatsache, dass sich das Stottern dabei in einer Rubrik mit der Enuresis oder der Fütterstörung im frühen Kindesalter befindet, zeigt bereits, dass es sich schlecht einem allgemeinen Störungsrahmen zuordnen lässt. Verwirrend ist jedoch, dass die ICD-10 das Stottern fälschlich mit dem Stammeln gleichsetzt, einer Sprechstörung, bei der Laut- und Lautverbindungen fehlen, ersetzt oder entstellt werden (z.B. das „s" beim Lispeln; Sigmatismus). Stottern ist dagegen gekennzeichnet durch oft auftretende Wiederholungen oder Dehnungen von Lauten, Silben oder Wörtern; oder durch häufiges Zögern und Innehalten, das den rhythmischen Sprechfluss unterbricht. Es soll als Störung nur klassifiziert werden, wenn die Sprechflüssigkeit deutlich beeinträchtigt ist.
Stottern ist vor allem abzugrenzen vom Poltern (F98.6), das in unregelmäßigem, nicht der Satzstruktur angepasstem Sprechen mit Verschlucken von Wörtern Silben oder Lauten besteht, aber auch von Ticstörungen (F95.0), Zwangsstörungen (F42) und neurologischen Krankheiten mit gestörtem Sprechrhythmus.

2.12.3
Epidemiologie, Verbreitung und Altersrelevanz

Das Risiko, irgendwann im Leben an Stottern zu erkranken (Inzidenz), beträgt fünf Prozent. Die durchschnittliche Prävalenz – der Anteil der stotternden Menschen an der Gesamtbevölkerung zu einem bestimmten Zeitpunkt – beträgt etwa ein Prozent. Tabelle 1 gibt eine Übersicht über die Relation auf verschiedenen Altersstufen.

Tabelle 1: Häufigkeiten des Auftretens von Stottern

Inzidenz (Neuerkrankungen)	Prävalenz (Erkrankungen zu einer bestimmten Zeit)	
5%	im Kindergartenalter:	2,4%
	zwischen 1. und 10. Schuljahr:	0,8%
	ab der Pubertät:	0,8%
	im Durchschnitt:	1,0%

Stottern beginnt meist zwischen dem 2. bis 5. Lebensjahr, die höchste Rate liegt um das 4. Lebensjahr; danach verliert sich die Störung bei vielen Kindern wieder. Bei 80 Prozent der Kinder um das 3. und 4. Lebensjahr tritt überdies „physiologisches Stottern" (ohne Verkrampfungen beim Sprechen) auf, das in der Regel innerhalb von sechs Monaten wieder verschwindet. In den ersten Schuljahren tritt Stottern bei manchen Kindern episodisch auf und erreicht dann eine Prävalenz von 0,8 Prozent.

Wenn ein Jahr lang gestottert wurde, beträgt die Chance einer spontanen Remission 40 Prozent, wenn fünf Jahre gestottert wurde, 18 Prozent. Die Tatsache, dass jemand stottert, erlaubt keine Rückschlüsse auf den Charakter, die Persönlichkeit, die Intelligenz oder die familiäre Situation des Betroffenen, wohl aber auf mögliche negative Auswirkungen auf Kontakte, persönliche Weiterentwicklung und Berufschancen.

2.12.4
Diagnostik der Störung

Stottern wird durch Verhaltensbeobachtungen inner- und außerhalb des Therapieraumes diagnostiziert. Hinzu kommt die Anamneseerhebung, sowie die Befragung des Klienten und seiner Bezugspersonen. Diese Befragung bezieht sich auf folgende Aspekte:

* die Zeit und Art der Entstehung des Stotterns;
* die weitere Entwicklung der Symptome;
* das familiäre Erklärungsmodell für die Störung;
* die bisher erfolgten Behandlungsmaßnahmen;
* die mit dem Stottern verbundenen Befürchtungen des Klienten und seiner Bezugspersonen;
* die Erfassung von Personen oder Situationen, bei denen besonders stark bzw. wenig gestottert wird;
* die Bewertung des Stotterns durch das soziale Umfeld des Klienten.

Zur differenzierten Diagnose des Stotterns werden häufig standardisierte Stichproben, z.B. in dreiminütigen Videoaufnahmen, in verschiedenen Sprechmodalitäten (z.B. Lesen, Nacherzählen, freies Sprechen, Telefonieren) mit verschiedenen Personen (z.B. Mutter, Freund, Lehrerin) und in verschiedenen Situationen (z.B. zu Hause, in Geschäften) aufgezeichnet und ausgewertet. Darüber hinaus werden auch Fragebögen verwendet, die etwa die Selbstwirksamkeits-Erwartungen (Ornstein & Manning, 1985) und Kontrollüberzeugungen (Craig, Franklin & Andrews, 1984) messen.

2.12.5
Bedingungsmodell

An der Entstehung des Stotterns scheinen vielfältige „organische" einschließlich genetischer Faktoren beteiligt zu sein. Relativ häufig wurden Abweichungen der Rückmeldegeschwindigkeit der eigenen Sprache gefunden. Allerdings ergeben die bisher vorliegenden Befunde noch kein einheitliches Bild. Von lernpsychologischer Seite wurden früher sehr spekulative Modelle vertreten, etwa die Entstehung des Stotterns durch Annäherungs-Vermeidungs-Konflikte bei einzelnen Wörtern. Diese Interpretation ist heute nicht mehr üblich.
Allerdings scheint gesichert zu sein, dass die Erfahrungen des Kindes oder Jugendlichen mit seinem Stottern das Problemverhalten beeinflussen. Dazu gehören sicherlich auch die freundliche Zuwendung der Bezugspersonen gegenüber dem hilflos stotternden Kind oder die Erfahrung, problematische Situationen vermeiden zu können. Diesen Aspekten wird aber höchstens eine aufrechterhaltende bzw. die Stottersymptomatik intensivierende Wirkung zugeschrieben. Vor allem der „Teufelskreis": Stottern – Erwartungsangst – stärkeres Stottern – erhöhte Erwartungsangst und die Ausdehnung dieses Ablaufs auf immer mehr Personen und Situationen wird oft betont.

Dementsprechend stellt man die Stottersymptomatik in der Regel im Rahmen einer funktionellen Analyse (SORCK) dar. Bei dieser Darstellung werden die diskriminativen Reize bzw. Situationen, die das Stottern beeinflussen, und die Verstärkungsbedingungen, die in diesen Situationen vorherrschen, hervorgehoben. Der Aspekt des klassischen Konditionierens einschließlich kognitiver Komponenten spielt bei der Analyse der überwiegend angstgetönten Erwartungen und Einstellungen eine Rolle.

2.12.6
Therapieplanung

Die Verhaltenstherapie des Stotterns ist dadurch gekennzeichnet, dass die Therapie direkt am Sprechprozess ansetzt. Verhaltenstherapeutische Therapiepakete, die auch publiziert und evaluiert wurden, bestehen aus verschiedenen Bausteinen, wobei die Wahrnehmung des Stotterns, die Kontrolle der Sprechmotorik, das Training von Bezugspersonen und die Übertragung des Erlernten in Alltagssituationen besonders berücksichtigt werden. Dabei haben sich komplexe, mehrdimensionale, verhaltenstherapeutische Behandlungspakete als effektiv erwiesen (Healey & Scott, 1995).

Bei kleineren Kindern und Schulkindern bis zur dritten Klasse wird überwiegend über die Bezugspersonen vorgegangen: Die Eltern lernen, im Alltag Stottern zu ignorieren, sich bei flüssigem Sprechen dem Kind freundlich zuzuwenden und in Sprechsituationen eine entspannte Atmosphäre zu schaffen. Ferner sollen sie auch kurze, direktere Übungen in den Tagesablauf einplanen (z.B. Äußerungen des Erwachsenen nachsprechen, langsam und gedehnt sprechen), wobei die Übungsinhalte, abhängig vom Fortschritt des Kindes, zunehmend länger und komplexer werden. Diese Übungen sollen jedoch nur kurz (z.B. dreimal fünf Minuten pro Tag) eingesetzt werden. Bei größeren Kindern und Jugendlichen ist die Therapie hingegen direkter und kompakter (z.B. häufigere, längere Sitzungen) und es wird direkt mit dem Kind am Sprechen gearbeitet. Um genügend Gesprächsstoff in der Therapiesitzung zu haben, werden Bildkarten, Bildergeschichten, Fotoalben, Kurzgeschichten usw., die vorher angesehen oder gelesen werden und über die der Klient erzählt bzw. über die er sich mit dem Therapeuten unterhält, eingesetzt.

Zumeist werden verschiedene Methoden zu einem zeitlich gegliederten Behandlungspaket zusammengefügt, wie etwa in dem Programm von Kern und Kern (1993). Dieses Programm besteht aus verschiedenen methodischen Bausteinen, deren Dauer, Durchführungsintensität und spezifischer Inhalt der individuellen Stotterproblematik angepasst wird. Das Programm besteht aus zwei Teilen: Im ersten Teil soll zunächst Stotterfreiheit im Therapieraum erreicht werden. Der zweite Therapieteil dient der Übertragung des geänderten Sprechverhaltens auf den Alltag. Die Therapie beginnt mit den Sprechakten, die sich am leichtesten ändern lassen. Dies ist in aller Regel das Lesen. Sobald der Klient nahezu stotterfrei lesen kann, wird als nächstschwieriger Verhaltensbereich das Nacherzählen behandelt, dann freies Sprechen, Telefonieren usw. Daher werden folgende Therapiemethoden eingesetzt: Videorückmeldung zur Stotterwahrnehmung, Verhaltensformung stotterfreien Sprechens und willentliches Stottern. Der erste Therapieteil ist dann beendet, wenn der Klient im Lesen, Nacherzählen und freien Sprechen bei weniger als fünf Prozent der Worte stottert. Um das geänderte Sprechverhalten auf den Alltag zu übertragen, werden weitere Bausteine (v.a. Therapeutenwechsel, Telefontraining, Kotherapeutentraining, Therapie in Alltagssituationen, Rückfallprophylaxe) angewandt. Eine Nachbetreuung schließt sich an.

Der Ablauf der Intervention hat eine Grundstruktur, die im Folgenden umrissen wird und die Raum zu einer Gestaltung gemäß der individuellen Probleme lässt.

Im **ersten Therapieteil** wird stotterfreies Sprechen im Therapieraum aufgebaut:

Videorückmeldung. Der Klient soll über Videorückmeldung lernen, sein Stottern und die zugehörigen externen und internen Stimuli möglichst genau wahrzunehmen. Begonnen wird meist mit verzögerter Videorückmeldung, wobei Passagen mit relativ gutem Sprechen, mit leichtem Stottern oder nur das nonverbale Verhalten (ohne Ton) nachträglich gezeigt werden. Diese Passagen werden zunächst vom Therapeuten und dann vom Klienten analysiert. Durch Zeitlupendarstellung werden Verhaltensketten ebenso deutlich wie gestische, mimische oder grobmotorische Anteile des Stotterns.

Simultane Videorückmeldung. Intensiviert wird das Vorgehen dann durch simultane Videorückmeldung, in der sich der Klient während des Sprechens selbst beobachtet und dabei auch die Hinweise des Therapeuten umsetzt: langsamer zu sprechen, nur beim Ausatmen zu sprechen, Mund- und Halsbereich zu entspannen, Blickkontakt zu halten, bei der Lautbildung weniger zu pressen oder deutlicher zu artikulieren.

Erkennen der Stottersymptome. Im nächsten Schritt wird die Rückmeldung dazu benutzt, dass der Klient lernt, mithilfe des Therapeuten seine Stottersymptome möglichst früh zu erkennen und das Sprechen bereits beim Auftreten erster Vorläufer von Stottern zu unterbrechen und neu zu beginnen. (Mit einer Variante dieses Vorgehens revolutionierten Azrin & Nunn, 1974, die Stottertherapie und zeigten, dass auch schweres Stottern bereits durch wenige Therapiesitzungen wesentlich gebessert werden kann.)

Verhaltensformung (shaping). Stotterfreies Sprechen wird über Verhaltensformung (shaping) etabliert. Auch stark stotternde Klienten können unter bestimmten Bedingungen ohne Stottern sprechen (etwa beim Singen eines Satzes, beim Sprechen mit Taktvorgabe über ein Metronom oder beim Sprechen einzelner Wörter). Das wird dem Klienten demonstriert, um ihm Ziel und Möglichkeiten der Therapie zu verdeutlichen. Die Verhaltensformung beginnt damit, dass der Klient einzelne Wörter (z.B. von einer Wortliste oder aus einem fortlaufenden Text) laut liest. Nach Erreichen eines Kriteriums (z.B. 100 einzelne Wörter in Folge stotterfrei) wird zum Zwei-, Drei-, Vierwortsatz usw. übergegangen. Mit dieser Methode lässt sich relativ schnell erreichen, dass der Klient auch längere Sätze in der Therapiesituation weitgehend stotterfrei sprechen kann, was seine Selbstsicherheit zumeist deutlich erhöht und seine Mitarbeit in der Therapie steigert.

Willentliches Stottern. Als Mittel zur Reduktion spontanen Stotterns entspricht willentliches Stottern der Methode der negativen Übung (negative practice). Dabei wird eine zunehmend exakte verbale und nonverbale Fremd- und Selbstimitation von Stotterverhalten aufgebaut, dann willkürliches Beginnen und Beenden und schließlich das Variieren der Stotterintensität. Diese Übung fördert die Kontrolle über die Sprechproduktion und reduziert die Angst des Klienten vor dem unverhofften Stottern in der Öffentlichkeit. Das Vorgehen lässt sich gut mit Videorückmeldung kombinieren. Sobald der Klient in der Lage ist, nach Belieben stärker oder schwächer zu stottern, hat er einen wichtigen Schritt zur Kontrolle über sein Sprechen erreicht.

Im **zweiten Therapieteil** wird die Generalisierung der erreichten Therapieerfolge auf das Alltagsverhalten schrittweise angebahnt:

Therapeutenwechsel. Um eine höhere Flexibilität der erreichten Beherrschung stotterfreien Sprechens aufzubauen, wird hierzu zunächst für einige Sitzungen ein Therapeutenwechsel vorgenommen. Ein Zweittherapeut trainiert mit dem Klienten so lange Lesen, Nacherzählen und freies Sprechen, bis er auch in seiner Gegenwart nahezu stotterfrei spricht. In der Regel sind dazu zwei Stunden ausreichend.

Telefontraining. Es stellt einen weiteren wichtigen Schritt zur Übertragung der bisherigen Therapiefortschritte auf alltagsnähere Situationen dar. Dabei werden zunächst Telefongespräche im Rollenspiel mit Videoaufzeichnungen und Videoanalysen geübt. Anschließend ruft der Klient Bezugspersonen und Bekannte an, wobei diese Gespräche mit Video aufgezeichnet werden. Dem folgen so lange „echte" Telefongespräche mit fremden Personen auch außerhalb des Therapieraumes, bis stotterfreies Telefonieren möglich ist. Auch hier gilt das Prinzip der Verhaltensformung: Bei der Bearbeitung wird immer erst dann zur nächstschwierigen Anforderung übergegangen, wenn der vorausgehende Schritt beherrscht wird.

Training von Kotherapeuten. Beim Transfer der aufgebauten Verhaltenskompetenz auf den Alltag spielt das Training vor allem von Eltern, aber auch von Geschwistern, Lehrern usw. eine entscheidende Rolle. Es erfolgt erst, wenn in der Therapie bereits erhebliche Fortschritte (Stotterraten möglichst unter drei Prozent) erreicht wurden. Die Kotherapeuten sollen den Klienten gezielt im Alltag unterstützen. Dazu beobachten sie den professionellen Therapeuten, der sein Vorgehen erklärt und mit ihnen die wichtigsten, weitgehend auf den individuellen Klienten abgestimmten Maßnahmen einübt. Sie lernen also etwa, in bestimmten Situationen das Stottern des Klienten genau zu beobachten, seine Häufigkeit auszuzählen oder einzuschätzen, Stotterraten zu berechnen und grafisch darzustellen, Stotterereignisse sofort zu unterbrechen, stotterfreie Wiederholungen zu erbitten und Erfolge zu loben. In diesen halbstrukturierten Übungssituationen sollen die Kotherapeuten dem Klienten zielgerichtet Aufforderungen zur Verbesserung problematischer Aspekte des Sprechverhaltens geben (z.B. weniger gepresst bzw. langsamer zu sprechen, beim Sprechen auszuatmen, auf die Vorläufer der Stottersymptome zu achten oder in kürzeren Sätzen zu sprechen).
Die Optimierung des Kotherapeuten-Verhaltens gegenüber dem Klienten wird damit zum therapeutischen Zwischenziel. Ihr Verhalten wird zunächst durch Video aufgezeichnet und mit dem Therapeuten analysiert. Dabei wird z.B. besprochen, ob die Aufforderung an den Klienten, langsamer zu sprechen, richtig war oder ob der Hinweis, mit weniger Druck und nur beim Ausatmen zu sprechen, besser gewesen wäre; oder ob der Klient, entsprechend den

Ergebnissen des ersten Therapieteils, bei einer Reduktion der Satzlänge schneller zu flüssigem Sprechen zurückfinden würde usw.

Die Struktur des häuslichen Trainings durch die Kotherapeuten und die dabei verwendeten Beobachtungsbögen werden genau besprochen und schriftlich festgelegt. Die Sitzungen bzw. Übungssituationen werden vom Kotherapeuten und Klienten ausgewertet und grafisch dargestellt. Diese Ergebnisse erhält der Therapeut zugeschickt, der dann Rückmeldung und neue Hinweise gibt bzw. Supervisionssitzungen vereinbart.

Therapie in Alltagssituationen. Sie wird eingeleitet, nachdem der Klient durch Rollenspiele mit Videoaufzeichnungen sorgfältig auf Gespräche in Alltagssituationen vorbereitet wurde. Dann begleitet der Therapeut den Klienten in zunehmend – für das Stottern – kritische „natürliche" Situationen, (z.B. beim Ansprechen von Passanten, Einholen von Auskünften, Einkaufen). Dabei wird auf die individuellen Probleme des Patienten, auf seine konkrete Lebensumwelt und auf seine spezifische Restsymptomatik eingegangen, d.h., er wird bei der Übertragung der erreichten Therapieerfolge auf seine ganz spezifischen Alltagsanforderungen gezielt unterstützt.

Wenn der Klient bei Übertragungsübungen erneut stottert, unterbricht ihn der Therapeut, damit er die erlernten Fertigkeiten anwendet. Hier kann es notwendig sein, dass der Therapeut angesprochenen Personen die Situation erklärt und dem Klienten hilft, die schwierige Situation erfolgreich abzuschließen. Aufgetretenes Stottern wird auf seine Merkmale und auslösende Situationen analysiert.

Die Therapie im Alltag dauert ein bis zwei Tage, wobei jeder Sprechkontakt nicht nur auf Stottern, sondern auch auf Flüssigkeit, Blickkontakt, freundliche Mimik, Körpersprache, deutliches Sprechen, Nachfragen etc. überprüft wird. Die Therapie in Alltagssituationen wird so lange fortgesetzt, bis der Klient stotterfreie Kontakte herstellen und Gespräche mit fremden Personen führen kann, deren Dauer und Schwierigkeitsgrad (einschließlich der Gesprächsanteile des Klienten und der Anzahl der Gesprächspartner) sukzessive erhöht werden.

Rückfallprophylaxe. Der Klient erhält Informationsmaterial mit den wichtigsten Regeln, Hinweisen und Übungen, die sich während seiner Therapie bewährt haben. Oftmals wird ein Vertrag aufgesetzt und vom Klienten, den Bezugspersonen und dem Therapeuten unterzeichnet. Darin sind die Verstärkungsbedingungen formuliert, die Aufgaben des Klienten und Kotherapeuten definiert. Im Vertrag wird festgelegt, wann und wie oft was beobachtet wird, wer beobachtet und wie die Beobachtungen ausgewertet werden. Zudem wird gemeinsam bestimmt, ab welcher Stotterrate (Kriterium) wie lange, wie oft und wie geübt werden sollte. Das ist besonders beim Einsatz von Eltern als Kotherapeuten wichtig, damit diese nicht die Übungen als Erziehungsmaßnahme einsetzen, d.h. sie unabhängig vom sonstigen Verhalten des Kindes durchführen.

In der Regel erhält der Therapeut in den ersten Monaten nach Therapieende die Überprüfungs- bzw. die Übungsdaten zugeschickt. Diese Überprüfungen führen oft zu Modifikationen und neuen Hinweisen für das weitere Vorgehen. Telefonische Kontakte zum Therapeuten bestehen bei Bedarf noch lange, unter Umständen über Jahre hinweg, und werden erst allmählich ausgeblendet. Manchmal ergibt sich die Notwendigkeit einer Auffrischungssitzung.

Das beschriebene Behandlungspaket liegt in zwei Formen vor: Die Intensivtherapie findet bis zu neun Stunden täglich innerhalb einer Woche oder an zwei (verlängerten) Wochenenden statt. Sie dauert zwischen 40 und 50 Therapiestunden und ist für Kinder ab 10 Jahren sowie für Jugendliche und Erwachsene geeignet. Die halbintensive Therapie wird bei Kindern zwischen acht und zehn Jahren durchgeführt, erfolgt jeweils zwei bis vier Stunden lang und erfordert 35 bis 40 Therapiestunden innerhalb einiger weniger Wochen.

Die Therapie wird laufend in einem Multiplen-Grundraten-Versuchsplan (vgl. Kap. 6.2) evaluiert; die Daten dienen zugleich der täglichen Rückmeldung über den Fortschritt an den Klienten (Abb. 1). Diese Rückmeldung und die damit verbundene Offenheit des Vorgehens gegenüber dem Klienten stellt, wie oft in der Verhaltenstherapie, offenbar einen wichtigen Teil der Behandlung und ihrer Erfolge dar.

Die Verhaltenstherapie des Stotterns wurde anhand eines Programms exemplarisch dargestellt. Die verschiedenen publizierten Programme ähneln sich in der Grundstruktur, setzen jedoch verschiedene Schwerpunkte. So werden bei der Behandlung von jüngeren Kindern die Bezugspersonen stärker einbezogen, d.h., die Verhaltensformung erfolgt von Anfang an zu einem großen Teil über diese in täglichen Übungen mit dem Kind. Als besonders erfolgreich erweist sich in diesem Fall, wenn etwa die Mutter täglich zu Hause 20 Minuten lang mit ihrem Kind stotterfreies Sprechen nach dem Muster des im Kotherapeutentraining beschriebenen Vorgehens übt. Diese Umsetzung wird vom Therapeuten in etwa zweiwöchigen Abständen supervidiert, wobei besonders auf die kriteriumsbezogene Bestimmung des Übergangs zum jeweils nächsten Schritt und die Ausformung der Übungen vom Nachsprechen einzelner Wörter bis zur freien Konversation geachtet wird. Je jünger die Kinder sind, desto bedeutsamer sind auch unmittelbar gesetzte Verstärker (meist Spielsachen, beliebte Nahrung) für richtige Leistungen.

2.12.7
Wirksamkeit und Wirksamkeitsbedingungen der Therapie

Verhaltenstherapeutische Programme zur Stotterbehandlung wie das beschriebene haben überzeugend belegte Erfolge: Im Gegensatz zu vielen psychotherapeutischen, logopädischen und sprachheilpädagogischen Ansätzen wurden hohe Erfolgsraten und langjährige Therapieeffekte mit mehrjährigen Katamnesen nachgewiesen (vgl. Kern, 1995).

Generell kann gesagt werden, dass heute mit verhaltenstherapeutischen Behandlungspaketen bei jedem stotternden Menschen in einem überschaubaren zeitlichen Rahmen deutliche und nachhaltige Fortschritte erzielt werden können. Das Ausmaß des Erfolgs hängt ab vom Schweregrad der Ausgangssymptomatik, der Kooperation und Lernfähigkeit des Klienten, dem Einsatz des Therapeuten und dem Grad der Individualisierung der Therapie. Die entscheidende Wirksamkeitsbedingung scheint zu sein, dass die Therapie an den Verhaltensproblemen des Klienten ansetzt und vor allem kontinuierliches Feedback (vor allem Videofeedback), Kotherapeutentraining, Training in Alltagssituationen und therapiebegleitende Messungen nutzt.

150

Abb. 1.   Verlauf der Stottertherapie bei Markus (12 Jahre)

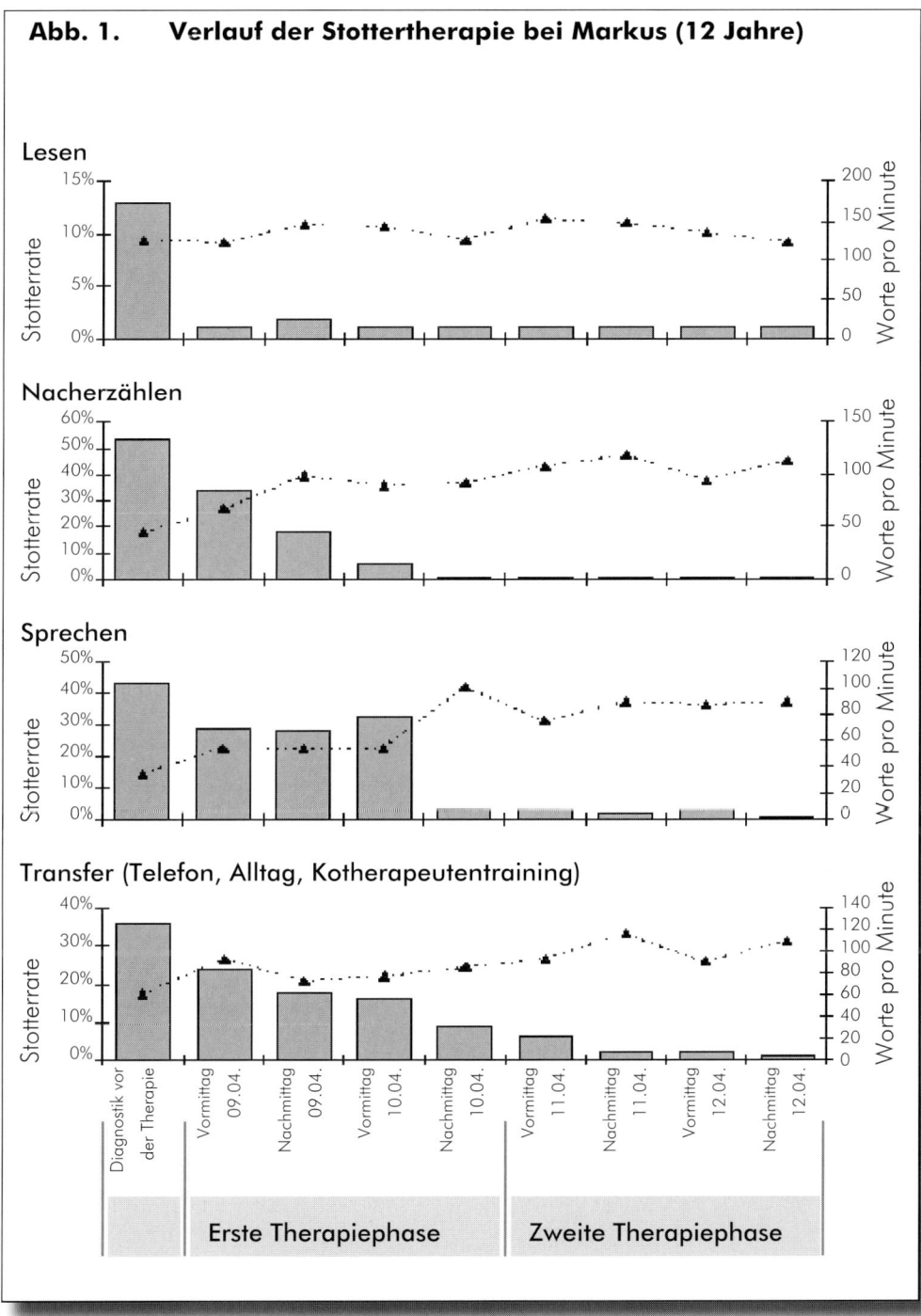

Grundlegende Literatur

- Azrin, N. H. & Nunn, R. G. (1974). A rapid method of eliminating stuttering by a regulated breathing approach. Behaviour Research and Therapy 12, 279–286.

- Healey, C. & Scott, L. (1995). Strategies for treating elementary school-age children who stutter: an integrative approach. Language, Speech, and Hearing Services in Schools, 26, 151–161.

- Kern, H. (1995). Intensive Stottertherapie: Wann ist eine Therapie ein Erfolg? Stottertherapie, Einzelfallforschung und 13 Jahre Katamnese. Sprache – Stimme – Gehör, 19, 126–131.

Weiterführende Literatur

- Blood, I., Wertz, H., Blood, G., Bennett, S. & Simpson, K. (1997). The effects of life stressors and daily stressors on stuttering. Journal of Speech, Language, and Hearing Research, 40, 134–143.

Materialien

- Craig, A., Franklin J,. & Andrews, G. (1984). A scale to measure the locus of control behavior. British Journal of Medical Psychology 57, 153–180.

- Kern, H. & Kern, M. (1993). Intensiv-Stottertherapie. (VHS-Videofilm; 13 min, DM 50,- inclusive MwSt. und Versand, erhältlich über Frau Dr. M. Kern, Hausmannweg 24, 26160 Bad Zwischenahn).

- Kern, H. & Kern, M. (1993). Verhaltenstherapeutische Stotterbehandlung. Stuttgart: Kohlhammer.

- Ornstein, A. & Manning, W. (1985). Self-efficacy scaling by adult stutterers. Journal of Communication Disorders 18, 313–320.

Allgemeine Lernstörungen

Gerhard W. Lauth

2.13.1
Fallbeispiel

Diana (9;2 Jahre alt) besucht die zweite Klasse der Grundschule. Sie lebt mit ihrer Mutter und einem Geschwisterkind zusammen. Diana wurde in die erste Klasse der Grundschule eingeschult, wo sie rasch durch ihre Verträumtheit und ihr Trödeln im Unterricht auffiel. Dennoch wurde sie in die zweite Klasse versetzt. Hier stellten sich zunehmend schulische Lernrückstände aufgrund ihrer langsamen, unkonzentrierten Arbeitsweise und ihrer langsamen Auffassungsgabe ein. Sie ließ sich leicht entmutigen und hing – statt nachzufragen – lieber ihren eigenen Gedanken nach. Aufgrund des geringen Lernerfolges wiederholte Diana die zweite Klasse. Sie wird jetzt von einer anderen Lehrerin unterrichtet. Nach deren Meinung gibt sich Diana durchaus Mühe, dem Unterricht zu folgen, driftet aber einfach mit ihren eigenen Gedanken ab. Den Unterricht störe sie jedoch nie.

Eine Überprüfung anhand von Arbeitsproben zum Lesen, Schreiben und Rechnen ergibt, dass Diana durchaus Motivation und Lernbereitschaft an den Tag legt. Sie verwechselt jedoch die Buchstaben, kann nur wenige Wörter schreiben und nur wenige Rechenoperationen (einfache Additionsaufgaben) ausführen. Sie benötigt viel Zeit und muss immer wieder ermutigt werden, um bei der Sache zu bleiben. Die Intelligenzüberprüfung ergibt einen Intelligenzstatus von IQ 86. Die Überprüfung der Aufmerksamkeitsleistung belegt eine nur geringe Aufmerksamkeitsfähigkeit. Bei der Testung ist Diana rasch überfordert, sodass nach bereits sechs Aufgaben eine Pause gemacht werden muss. Sie fragt immer wieder nach, was sie machen soll und vergisst die Instruktion.

2.13.2
Diagnostische Kriterien nach ICD-10

Bei allgemeinen Lernstörungen ist – im Gegensatz zu den umschriebenen Lernbeeinträchtigungen (etwa Lese- und Rechtschreibstörung, Rechenstörung; vgl. Kap. 2.18 und 2.19) – das Lernen nicht in einzelnen Fächern, sondern „auf breiter Ebene" beeinträchtigt. Dies ist der Fall bei der **Kombinierten Störung schulischer Fertigkeiten** (F81.3). Hier ist das Erlernen des Lesens bzw. der Rechtschreibung sowie des Rechnens (Grundrechenarten) gleichzeitig beeinträchtigt. Die Leistungen in diesen Bereichen liegen eindeutig unter dem Niveau, das aufgrund von Alter, Intelligenz und Beschulung zu erwarten ist. Damit eine solche Störung erkannt werden kann, müssen folgende Kriterien erfüllt sein: Minderleistungen in standardisierten Schulleistungstest um mindestens zwei Standardabweichungen gegenüber der Altersnorm oder der Leistungserwartung (Intelligenz), ein Intelligenzquotient von mindestens 70, Ausschluss (extremer) Unzulänglichkeiten in der Erziehung bzw. der Beschulung, die Behinderung der Schulausbildung sowie des Alltagsverhaltens durch die Störung, Ausschluss von Seh- oder Hörstörungen bzw. neurologischen Erkrankungen.

Leichte Intelligenzminderung (F70). Eine solche Störung wird bei Vorliegen von „niedriger kognitiver Fähigkeit" und „verminderter sozialer Kompetenz" diagnostiziert. Kriterien: IQ 50–69 und Minderleistungen in der Vineland Maturity Scale. Bei der Festlegung der IQ-Grenzen wird im Allgemeinen empfohlen, den Messfehler mit einzukalkulieren, sodass auch eine Obergrenze von IQ 75 akzeptiert wird. Ferner sollten begleitende Verhaltensstörungen, umschriebene Entwicklungsrückstände und abnorme psychosoziale Umstände immer auch in einem multiaxialen Klassifikationsschema (Remschmidt & Schmidt, 1994) mit erfasst werden, um die Ursachen und Konsequenzen dieser Intelligenzminderung angemessen zu beschreiben.

Diese Gruppe ist teilweise mit den Kindern identisch, die in der Bundesrepublik in „Förder- oder Lernbehindertenschulen" unterrichtet werden. Diese Kinder weisen „schwerwiegende, umfängliche und lang andauernde Lern- und Leistungsausfälle" auf sowie einen zusätzlichen Rückstand in kognitiven Funktionen, der sprachlichen Entwicklung oder des Sozialverhaltens (Verordnung des Landes Nordrhein Westfalen aus dem Jahre 1995, Kanter 1998).

2.13.3
Epidemiologie, Verbreitung und Altersrelevanz

Von den genannten Lernstörungen (Prävalenz) sind insgesamt etwa 10 Prozent betroffen. Im Einzelnen ergeben sich folgende Prävalenzraten:

Art der Lernstörung	Häufigkeit
Schulversagen (Abgang von der allgemein bildenden Schule ohne Hauptschulabschluss)	6–8%
Wiederholen einer Schulklasse (Repetieren)	3–4%
Kinder, die Lernbehindertenschulen besuchen	2,4%
Allgemeine Lernschwäche (im Sinne der „Nicht näher bezeichneten Entwicklungsstörung schulischer Fertigkeiten") (F81.3)	bis 3%
Leichte Intelligenzminderung (F70)	3,4%

Jungen leiden häufiger unter Lernstörungen als Mädchen (Verhältnis 2:1). Ferner stammen lerngestörte Kinder überzufällig oft aus ungünstigeren sozialen Verhältnissen oder sind ausländischer Herkunft (18% der ausländischen Schüler bleiben ohne Hauptschulabschluss, etwa 17% besuchen die Schule für Lernbehinderte; vgl. Statistisches Bundesamt, 1997). Lernstörungen werden vor allem in den bedeutsamen Übergangssituationen, etwa im ersten Schuljahr, im vierten Schuljahr, nach dem Übergang auf weiterführende Schulen im fünften und sechsten Schuljahr sowie in der Oberstufe des Gymnasiums und am Ende der Hauptschulzeit festgestellt.

2.13.4
Diagnostik der Störung

Die Bestimmung einer Lernstörung (Differenzialdiagnostik) setzt Kenntnisse zur bisherigen Entwicklung und Lerngeschichte des Kindes sowie über seine kognitiven Fähigkeiten voraus. Ferner ist abzuklären, inwieweit komorbide Verhaltensstörungen (etwa Hyperkinetische Störungen, F90; Störung des Sozialverhaltens, F91; Störung mit sozialer Ängstlichkeit, F93.2) vorliegen. Für die Diagnostik empfiehlt sich folgender Ablauf:

• Orientierende Verhaltensanalyse über die bisherige Entwicklung des Kindes und seine Lerngeschichte (Inhalte: bisherige Entwicklung des Kindes, Verlauf und Art der Lernschwierig-

keiten, familiäre Anregungsbedingungen, Leistungsziele der Eltern, Wertschätzung schulischer Leistung, Unterstützung des Kindes in schulischen Belangen, Analyse der Unter-
richtsbedingungen). Diese Analyse soll durch direkte Verhaltensbeobachtungen (beispielsweise der Hausaufgaben, des Unterrichtsverhaltens) ergänzt werden (vgl. Lauth, 1999).
• Abklärung der allgemeinen, intellektuellen Leistungsfähigkeit durch einen mehrdimensionalen Intelligenztest (etwa Kaufman Assessment Battery, K-ABC; Hamburger Intelligenztest für Kinder, HAWIK) sowie der sozialen Kompetenz (Vineland Social Maturity Scale).
  Bei Vorliegen von Lese- und Rechtschreibstörungen empfiehlt sich die Verwendung eines
  sprachfreien Intelligenztests (etwa Grundintelligenztest).
• Individuelle Untersuchung der Lese-, Rechtschreib- und Rechenleistungen anhand standardisierter, altersnormierter Schulleistungstests (etwa Allgemeiner Schulleistungstest) sowie
  Einholen von Leistungsbewertungen durch die unterrichtenden Lehrer.

Für die Therapieplanung ist zunächst anhand von Arbeitsproben und Testverfahren zu ermitteln, ob auch Defizite in den Ausführungsfertigkeiten und dem inhaltlichen Wissen vorliegen.
Hierzu werden Arbeitsproben und Testverfahren (etwa Gedächtnisproben, Untersuchung der
Konzentrationsfähigkeit, Überprüfung des Instruktionsverständnisses) durchgeführt sowie
die Wissensvoraussetzungen (etwa durch Einsicht in Arbeitshefte, Gespräch mit dem Lehrer,
Fehleranalyse; Lauth, 1999) abgeklärt. Ebenso ist zu untersuchen, ob Seh- bzw. Hörstörungen oder neurologische Erkrankungen vorliegen.

2.13.5
Bedingungsmodell

Was tut jemand, der (erfolgreich) lernt? Wie geht jemand beim Lernen vor? Eine erste
Antwort ist, dass (schulisches) Lernen eine psychologisch äußerst anspruchsvolle
Handlung ist, die ganz gezielte Aktivitäten voraussetzt, etwa eine Aufgabe aktiv abzubilden
und das Lernproblem mit eigenen Worten zu formulieren, ein verbindliches Ziel für das eigene Lernen, das später auch überprüft werden könnte, zu formulieren, das Lernen zu überwachen und den eingeschlagenen Lernweg gegebenenfalls zu korrigieren, wenn er nicht zum
Erfolg führt. Lerngestörte Kinder haben insbesondere bei diesen komplexeren metakognitiven Aktivitäten Schwierigkeiten. Sie stellen sich selten Fragen (z.B. „Worum geht es bei dieser Aufgabe?"), geben sich kaum Selbstanweisungen (z.B. „Das ist sehr schwierig. Ich muss
hier genau Acht geben!"), greifen nicht auf allgemeinere Strategien zurück, wenn es zu
Schwierigkeiten kommt (etwa den Fehler zu analysieren), überwachen ihr Lernen weit weniger (z.B. das Lernen fortlaufend zu beobachten und es bei ausbleibendem Erfolg zu korrigieren) und reflektieren nur sehr selten ihre Lernerfahrungen (z.B. den Lernweg im Nachhinein
zu überdenken). Das führt dazu, dass ihre Auseinandersetzung mit einem Lerninhalt keinen
Niederschlag findet (vgl. Klauer & Lauth, 1997).
Diese Verhaltensdefizite sind unstrittig. Die Frage ist nur, warum lerngestörte Kinder so in-
aktiv sind und sie das Lernen eher oberflächlich betreiben. Die weitere Analyse zeigt, dass
ihre Lernaktivitäten auch auf einer tieferen Ebene beeinträchtigt sein können: Es liegen oft
Ausführungsschwierigkeiten vor (etwa mangelnde Sprachkompetenz, mangelndes Arbeits-

gedächtnis, unzureichende selektive Aufmerksamkeit, mangelnde Kapazität des semantischen Gedächtnisses, kognitive Entwicklungsverzögerungen; vgl. Swanson, 1988).

Sie haben oft nur ein geringes und eher unzureichend vernetztes inhaltliches Wissen (z.B. unzureichende Vokabelkenntnisse, Buchstabenkenntnisse), oft fehlen ihnen auch Vorerfahrungen mit den Lernaufgaben und sie wissen nicht, wie sie ihnen begegnen sollen. Sie haben zumeist ein niedriges Begabungsselbstbild und glauben nicht, dass sie eine Aufgabe angemessen lösen können. Dies geht mit Meidungsstrategien gegenüber schulischen Anforderungen (z.B. Kaspern, Raten, Unterrichtsstörungen, geringe Unterrichtsbeteiligung, psychosomatische Beschwerden) und misserfolgsängstlichem Verhalten (z.B. Fokussierung auf den eigenen Misserfolg, Ausmalen des eigenen Scheiterns, Lageorientierung) einher.

„Gute" und „schlechte" Lerner unterscheiden sich mithin deutlich in ihrem Lernverhalten. „Gute" Lerner erwerben die angemessenen Strategien allmählich von alleine, weil sie ihr Lernen überwachen und im Sinne einer Selbstoptimierung verbessern. Anders dagegen die lerngestörten Kinder, die ihr Lernen weit weniger überwachen, seltener Fehler erkennen und weniger bereit sind, auf anstrengendere und aufwendigere (metakognitive) Aktivitäten zurückzugreifen (good strategy user model; Pressley, 1986). Dies kann auch in „tiefer liegenden" Problemen im Bereich mangelnder Ausführungsfertigkeiten (etwa mangelndes Arbeitsgedächtnis, unzureichende selektive Aufmerksamkeit; siehe oben) oder des mangelnden inhaltlichen Wissens begründet sein.

2.13.6
Therapieplanung

Die Therapie soll die Lernaktivitäten des Kindes/Jugendlichen so verbessern, dass eine immer eigenständigere Auseinandersetzung mit den Lerninhalten der Schule/des Berufes stattfinden kann. Demnach besteht die Therapie nicht so sehr in einer inhaltlich-didaktischen „Nachhilfe", sondern in der Ausbildung angemessener Lernaktivitäten. Dabei muss allerdings berücksichtigt werden, ob Teilleistungsstörungen (etwa im Sinne eines defizitären Arbeitsgedächtnisses oder unzureichenden Aufmerksamkeitsverhaltens) vorliegen. Die Verbesserung der Teilfertigkeiten hat Vorrang vor der Vermittlung von direkten Lernaktivitäten. Die Therapie bezieht sich auf zwei Schwerpunkte:

Vermittlung von Teilfertigkeiten. Darunter ist die Verbesserung des Arbeitsgedächtnisses, der Aufmerksamkeitsfähigkeit, der Kategorisierung und des raschen Erkennens von Regelhaftigkeiten zu verstehen.

Training von Gedächtnisleistungen. Dabei werden die Kinder vor allem angehalten, die Gedächtnisinhalte aktiv „einzuspeichern" (etwa die Informationen zu sortieren, Selbstwiederholungen einzusetzen, Bedeutungszusammenhänge herauszuarbeiten). Dies wird beispielsweise so vermittelt: Den Kindern werden Bild- (etwa aus gängigen Memory-Spielen) oder Wortkarten mit konkreten Objekten (etwa Apfel, Kirsche, Erdbeere, Schaufel, Schraubenzieher) vorgelegt; sie sollen die Karten genau anschauen und die jeweiligen Objekte (laut) benennen. Sodann sollen sie die einzelnen Objekte mittels der Karten nach Kategorien sortieren (etwa Obst, Werkzeuge), sich die Objekte durch Selbstwiederholungen (inneres Sprechen) einprägen und ihre Gedächtnisleistung selbst überprüfen. Bei komplexeren Inhalten muss das Kind vor dem „aktiven Einspeichern" aber entscheiden, worauf es wirklich ankommt und sich nur diese Dinge merken. Beliebt ist dafür folgende Prozedur: Texte werden vorgelegt, das Kind bildet anhand der Überschrift Erwartungen zum Text aus, es liest die Geschichte, unterstreicht wichtige Passagen und fasst die Geschichte in einem selbst formulierten Satz zusammen.

Kategorisieren. Dabei geht es um das rasche und sichere Einordnen von Informationen und um das Erkennen von Regelhaftigkeiten. Hierzu hat Klauer (vgl. Kap. 4.1) ein Training zum induktiven Denken vorgelegt, das die Kinder gezielt dazu anleitet, Informationen als übereinstimmend, unterschiedlich, unter Oberbegriffe subsumierbar oder als übertragbar auf neue Situationen zu bewerten. In diesem Sinne regt dieses Training zum Denken und aktiven Umgang mit neuen Informationen an (vgl. Kap. 4.1).

Erhöhung (förderlicher) Lernaktivitäten. Sie hängt sowohl von der Motivierung des Kindes als auch von der Verfügbarkeit der entsprechenden Lernstrategien ab. Die Erfahrungen zeigen, dass die Therapie beide Aspekte gleichzeitig im Auge haben muss. Durch Lernerfolge und die Rückmeldungen von Lehrern und Eltern (operante Verstärkung für individuelle Lernerfolge) werden Selbstwirksamkeitserwartungen und Selbstverantwortlichkeiten ausgebildet und gleichzeitig Lernstrategien, die dem Kind auch wirklich Lernerfolge einbringen, vermittelt. In den Motivierungsphasen kann man auf Programme zurückgreifen, die besonders für ältere Schüler ab 14 Jahren entwickelt wurden und die Lernhaltung sowie die aktive Unterrichtsbeteiligung verbessern wollen (Keller, Binder & Thiel, 1997). Bei jüngeren Schülern bezieht sich die Motivierung eher auf die Verstärkung von Lernaktivitäten durch Bezugspersonen (Lob, Zuwendung, Interesse). Gleichzeitig werden Kompetenzen vermittelt, die dem Kind die Auseinandersetzung mit den Lerninhalten überhaupt erst ermöglichen. Hierzu gehören die Vermittlung von Lernstrategien (etwa Lesefertigkeiten, Textverständnis, Anfertigung von Notizen, Gedächtnisaktivierung, Aufsatzschreiben, Strategien zum Bearbeiten von Textaufgaben, effektives Verhalten bei Prüfungen) und die Anregung von exekutiven Metakognitionen (z.B. Ausgangs- und Zielanalyse, Regulation der Lerntätigkeit). Hierzu werden vor allem Techniken der kognitiven Verhaltensmodifikation (Selbstinstruktionstraining, kognitives Modellieren, heuristische Erkenntnisdialoge, ein Lerntagebuch führen) und instruktionspsychologische Vorgehensweisen (z.B. Textbücher, bildliche Veranschaulichungen, Kurzvorträge) eingesetzt. Bei dieser Therapie werden den Kindern mittelschwere Aufgaben, die ihrem Lernvermögen angemessen sind, gestellt; ein Experte (z.B. Mitschüler, Tutor) strukturiert ihr Lernverhalten durch Erklärungen, Modelldemonstrationen sowie Erkenntnisdialoge und bildet dabei die relevanten Lernstrategien aus (z.B. beim Leseverständnis: Zusammenfassen, das Formulieren von Fragen, Mehrdeutigkeiten klären, Textstellen vorhersagen).

Das oft auch schwierige Unterrichts- und Sozialverhalten der Kinder wird in aller Regel nur indirekt berücksichtigt. Die Tatsache, dass das Kind an mittelschweren Aufgaben arbeitet, deren Schwierigkeiten erst allmählich gesteigert werden, und ihm ein so genanntes „Erfolgslernen" ermöglicht wird, führt zumeist zu einem etwas deutlicheren Absinken des störendmeidenden Verhaltens. Dies ist umso eher der Fall, wenn auch der Lehrer zunächst bewältigbare Aufgaben stellt und die Lernfortschritte des Kindes systematisch verstärkt (etwa durch Verstärkung angemessenen Lernverhaltens, differenzierende Rückmeldungen zu Prüfungsarbeiten, Eintragung von Leistungsrückmeldungen in ein „Feedback-Heft").

Vermittlung von bereichsspezifischem Wissen. Dies ist nötig, wenn deutlichere und grundlegendere Lernrückstände vorliegen (z.B. Vermittlung von Buchstabenkenntnissen oder Rechenoperationen). Diese Kenntnisse können besonders dadurch erworben werden, dass folgende Lernbedingungen hergestellt werden: 1) Das Kind mittelschwere Aufgaben bearbeiten lassen. 2) Falsche Antworten verhindern, damit stabile Lernerfolge erreicht werden. 3) Die richtigen Antworten unmittelbar mit positivem Feedback belohnen. 4) Mit den Lernfortschritten zunehmend schwierigere Aufgaben einführen.

Diese Lernbedingungen werden derzeit am besten bei PC-gesteuerten Lernprogrammen realisiert. Diese Programme analysieren die Lernschwierigkeiten des Kindes, wählen angemessene (mittelschwere) Aufgaben zur Bearbeitung aus, verhindern, dass falsche Antworten eingegeben werden und steigern oder senken die Schwierigkeit der Aufgaben, je nachdem wie das Kind vorankommt. Alle Erfahrungen zeigen aber, dass man lerngestörte Kinder nicht gleichsam allein an den Computer setzen kann, sondern ihre Bearbeitung anleiten, verstärken und überwachen muss. Ein derartiges Lernprogramm ist beispielsweise Euromulli (Kullick & Sieger, 1990). Falls für ein Therapiekind kein geeignetes Lernprogramm vorliegt, sollten die oben genannten Merkmale möglichst präzise in der direkten Unterrichtung des Kindes (etwa Abschreiben von Wörtern oder Texten bei Rechtschreibschwäche) realisiert werden.

In der Therapie werden hauptsächlich folgende verhaltenstherapeutische Verfahren eingesetzt:

* operante Verstärkung zur Förderung angemessener Aktivitäten (Rückmeldungen, soziale Verstärkung, Token System, Ausbildung von Selbstverstärkung);
* Modellierungstechniken zur Vermittlung/Modifizierung des Lernverhaltens (u.a. heuristische Dialoge, kognitives Modellieren, Selbstinstruktionstraining);
* gelenkte Selbstreflexionen zur Anbahnung metakognitiver und strategischer Lernprozesse (etwa metakognitive Tagebücher, Arbeitsrückblick, Lernkonferenzen) zur Analyse des eigenen Lernverhaltens;
* Lernpartnerschaften mit Mitschülern, zur Analyse und Änderung des Lernverhaltens;
* instruktionspsychologische Gestaltungen zur Anbahnung förderlicher Lernaktivitäten (u.a. Wissensvermittlung, Diskussion, Fehleranalyse, Erarbeitung von Lernstrategien);
* Gestaltung von Übungssequenzen zur Einübung und Verfestigung von Wissen bzw. Lernprozessen (u.a. durch exemplarische Lernmaterialien, Aufgabenauswahl, Transferplanung).

2.13.7
Wirksamkeit und Wirksamkeitsbedingungen der Therapie

In aller Regel verbessern sich Schüler, denen man angemessenes Lernverhalten vermittelt, deutlich. Entsprechende Meta-Analysen (Forness, Kavale, Blum & Lloyd, in Druck) bescheinigen vor allem den direkten Instruktions- und kognitiv-behavioristischen Methoden eine überzeugende Wirksamkeit. Mit diesen Methoden (etwa direkter Instruierung, kognitiver Verhaltensmodifikation, Einübung, systematischer Verstärkung angemessenen Leistungsverhaltens) können beispielsweise angemessene Gedächtnis- und Lernstrategien vermittelt werden. Andere Methoden, die eher indirekt ansetzen (etwa Wahrnehmungstraining) schneiden hingegen ausgesprochen schlecht ab.

Ganz wesentlich für den Therapieerfolg ist, inwieweit es gelingt, dem Kind metakognitive, exekutive Lernaktivitäten nahe zu bringen – also ein aktives, selbst gesteuertes Lernverhalten, bei dem sich das Kind Fragen zum Lerngegenstand stellt, sein Lernen überwacht und sich bei Schwierigkeiten auf allgemeinere Strategien besinnt. Diese direkte Vermittlung von Lernkompetenzen ist vor allem bei älteren (ab 9 Jahren) und intelligenteren Schülern erfolgreich.

Die Vermittlung von Wissen gelingt meist gut, wenn man sich an die genannten Lernprinzipien hält. Das gilt auch für das PC-gestützte Lernen anhand von Lernsoftware, wobei die schwächeren Lerner deutlich mehr profitieren als die guten Schüler. Interessant ist, dass das direkte Üben des Lernmaterials („drill and practice") auch unabhängig von möglichen Verursachungsüberlegungen (etwa die Annahme einer „Differenzierungsschwäche") zu Erfolgen führt.

Die Therapieerfolge sind umso größer und dauerhafter, je mehr Eltern und Lehrer in die Therapie mit einbezogen werden können. Im Idealfall kann die Therapie natürlich auch in speziellen Gruppen in der Schule und unter Beteiligung des Lehrers durchgeführt werden, was die Übertragung des Lernverhaltens in den Alltag sehr erleichtert. Entsprechende Versuche und Manuale liegen im englischen Sprachraum bereits vor (vgl. Lauth, 1998).

Grundlegende Literatur

- Forness, S. R., Kavale, K. A., Blum, I. M. & Lloyd, I. W. (in press). What works in special education and related services: Using meta-analysis to guide practice. Teaching Exceptional Children.

- Lauth, G. W. (1998b). Lernstörungen – Bedingungsmomente und Interventionsperspektiven. Verhaltenstherapie und Verhaltensmedizin, 19, 207–225.

- Swanson, H. L. (1988). Assessment practices in learning disablilities. In K. A. Kavale (Ed.), Learning disabilities: State of the art and practice. Boston: Little, Brown and Co.

Weiterführende Literatur

- Klauer, K. J. & Lauth, G. W. (1997). Lernbehinderungen und Leistungsschwierigkeiten bei Schülern. In F. E. Weinert (Hrsg.), Enzyklopädie der Psychologie, Themenbereich D, Serie I Pädagogische Psychologie, Psychologie des Unterrichts und der Schule (S. 701–738). Göttingen: Hogrefe.

- Pressley, M. (1986). The relevance of the good strategy user model to the teaching of mathematics. Special issue: Learning strategies. Educational Psychologist, 21, 139–161.

Materialien

- Glubrecht, M., Hennig, G., Kowalczyk, W., Ottich, K. & Rudat, H. (1999). Besser Lernen. Ein Trainingsprogramm zur Lernförderung für die Klassenstufen 5 bis 10. Lichtenau: Arbeitsgruppe Oberkircher Lehrmittel.

- Kanter, G. (1998). Weiterentwicklungen im Bereich der Lernbehindertenpädagogik. Hagen: Fernuniversität.

- Statistisches Bundesamt (1997). Bildung und Kultur, Fachserie 11, Reihe 1 – Allgemeinbildende Schulen/Schuljahr 1996/97. (Bestellnummer 2110 100-97700). Stuttgart: Metzler-Poeschel.

- Keller, G., Binder, A., & Thiel, R. D. (1997). Sich besser motivieren – erfolgreicher lernen (2. Aufl.). Göttingen: Hogrefe.

- Kullick, U. & Sieger, R. (1990). EURO MULLI – Ein Trainingsprogramm für das schriftliche Multiplizieren. Köln: Forschungs- und Beratungsstelle für computergestützte Rehabilitation der Universität zu Köln, Klosterstraße 79b, 50931 Köln.

- Kline, P. & Martel, L. D. (1997). Die Schule spielend meistern. Ein Lern- und Arbeitsbuch. Paderborn: Jungfermann.

- Lauth, G. W. (1999). Lernstörungen. In H.-C. Steinhausen & M. von Asten (Hrsg.), Verhaltenstherapie und Verhaltensmedizin bei Kindern und Jugendlichen, (S. 75–93). Weinheim: Psychologie Verlags Union.

- Kaufman, A. S. & Kaufman, N. L. (1994). Kaufman-Assessment Battery for Children (K-ABC), Amsterdam: Swets & Zeitlinger.

- Tewes, U. (1985). Hamburg-Wechsler-Intelligenztest für Kinder (HAWIK). Bern: Huber.

- Vineland Social Maturity Scale. (deutsche Fassung in: Bondy, C., Cohen, R., Eggert, D. & Luer, G. (1969). Testbatterie für geistig behinderte Kinder (TbGB). Weinheim: Beltz.)

- Remschmidt, H. & Schmidt, M. H. (Hrsg.). (1994). Multiaxiales Klassifikationsschema für psychische Störungen des Kindes- und Jugendalters nach ICD-10 der WHO (3. revidierte Auflage). Bern: Huber.

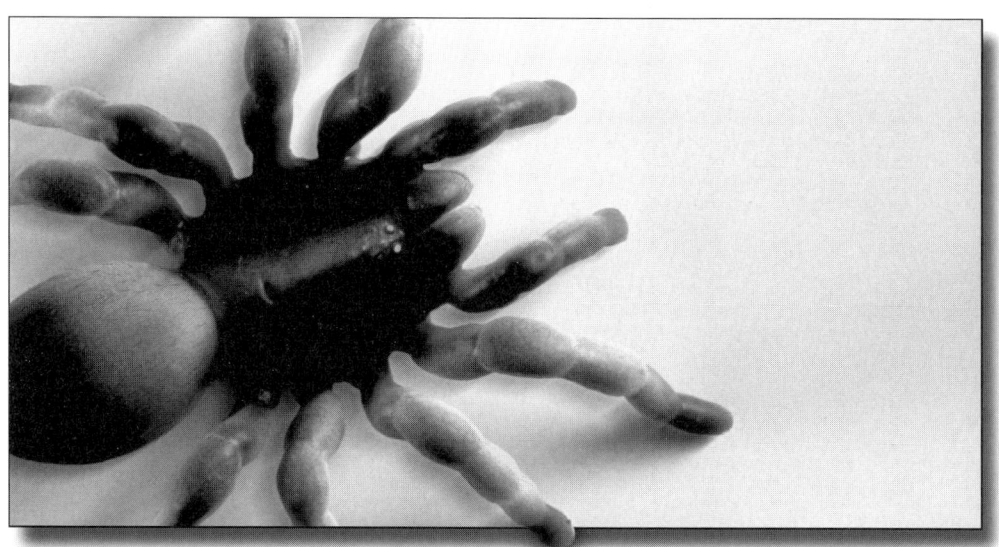

Phobien

Silvia Schneider

2.14.1
Fallbeispiel

Sara ist zwölf Jahre alt und geht in die 5. Klasse der Mittelschule. Die Mutter berichtet, dass Sara in verschiedenen Situationen große Ängste zeigt. Insbesondere wenn sie öffentliche Verkehrsmittel wie Bus, Zug oder Fahrstuhl benutzen soll, klage sie über starke Bauchschmerzen und schnelles Herzklopfen. Sie befürchtet, dass ihr in dieser Situation etwas zustoßen könnte, wie etwa, dass der Bus einen Unfall baut oder der Fahrstuhl stecken bleibt. Diese Ängste begannen, als Sara zehn Jahre alt war. Etwa ein Jahr später traten die Ängste auch auf dem Weg in die Schule auf. Auch hier befürchtet Sara, dass ihr auf dem Weg in die Schule etwas passieren könnte. Sara begann mit der Zeit, alle Situationen zu vermeiden, in denen sie zuvor Ängste erlebt hatte. Sowohl Sara als auch die Eltern sind durch dieses Vermeidungsverhalten mittlerweile in ihrem Alltag deutlich eingeschränkt. Sie können kaum mehr etwas in der Freizeit unternehmen, durch die vielen Fehltage in der Schule werden Saras schulische Leistungen immer schlechter und ihre Freundinnen distanzieren sich von ihr, da sie sie so selten besucht. Saras Mutter ist selbst auch eine ängstliche Frau. Sie ist daher sehr empfänglich für die Ängste ihrer Tochter und begünstigt Saras Vermeidungsverhalten, indem sie ihr schon bei kleinsten Beschwerden Entschuldigungen für die Schule schreibt.

2.14.2
Diagnostische Kriterien nach ICD-10

In dem Klassifikationssystem ICD-10 werden vier Formen der Phobie unterschieden: „Spezifische Phobie", „Soziale Phobie", „Agoraphobie" und „Phobische emotionale Störung des Kindesalters". Der oben dargestellte Fall erfüllt die ICD-10-Kriterien für eine „Agoraphobie (F40.0)", einer Subkategorie der Diagnose-Oberklasse „Phobische Störungen (F40)". Exemplarisch werden in Tabelle 1 die Kriterien für die Diagnose einer „Spezifischen Phobie" dargestellt. Mit kleinen Abweichungen werden in der ICD die gleichen Kriterien auch bei den anderen Phobiekategorien zugrunde gelegt.

Die Entscheidung, welche Form der Phobie vorliegt, hängt von dem gefürchteten Inhalt ab (Tabelle 1).

Tabelle 1: Diagnosekriterien „Spezifische Phobie"

A: Entweder 1. oder 2.
   1. deutliche Furcht vor bestimmten Objekten oder bestimmten Situationen
   2. deutliche Vermeidung solcher Objekte und Situationen
B: Angstsymptome (z.B. Herzklopfen, Schwitzen) in den gefürchteten Situationen mindestens einmal seit Auftreten der Störung
C: Deutliche emotionale Belastung durch die Symptome oder das Vermeidungsverhalten; Einsicht, dass diese übertrieben und unvernünftig sind
D: Die Symptome sind auf die gefürchtete Situation oder Gedanken an diese beschränkt
E: Die Symptome des Kriteriums A sind nicht durch eine andere psychische Störung bedingt (wie etwa Wahn, affektive Störungen, Zwangsstörung)

Handelt es sich um eine eng umgrenzte Furcht (z.B. Angst vor Fantasiegestalten oder Spinnen), wird die Diagnose „**Spezifische Phobie**" gegeben.

Treten die Ängste immer in sozialen Situationen auf (z.B. vor der Schulklasse sprechen) wird eine „**Soziale Phobie**" diagnostiziert. Kinder mit einer Sozialen Phobie vermeiden häufig die Schule aus Angst, sich in der Schule zu blamieren oder zu versagen. Dieser Zusammenhang heißt im Umkehrschluss aber nicht, dass jedes Nichtaufsuchen der Schule das Vorliegen einer Sozialen Phobie bedeutet. Stattdessen muss in einem solchen Fall geklärt werden, ob das Kind oder der Jugendliche den Schulbesuch im Rahmen einer „Störung des Sozialverhaltens" verweigert (siehe Kap. 2.15), um sich beispielsweise in einer Bande oder Clique zu treffen.

Bei Ängsten, die in verschiedenen Situationen, wie z.B. in Menschenmengen, an öffentlichen Orten oder in gewisser Entfernung von zu Hause auftreten, wird eine „**Agoraphobie mit oder ohne Panikstörung**" diagnostiziert. Eine Agoraphobie mit Panikstörung bedeutet hierbei, dass neben den phobischen Ängsten plötzliche und unerwartete Angstanfälle auftreten, die mit einer Reihe als unangenehm erlebter Symptome einhergehen. Das Gemeinsame agoraphobischer Situationen ist dabei nicht ein bestimmtes Merkmal der Situation an sich, sondern dass im Falle ausgeprägter Angst die Situation nur schwer zu verlassen wäre oder keine Hilfe zur Verfügung stünde und es sehr peinlich wäre, die Situation zu verlassen.

Für entwicklungsphasenspezifische Ängste, die anhaltend oder wiederkehrend auftreten, ein abnormes Ausmaß angenommen haben und zu einer deutlichen sozialen Beeinträchtigung geführt haben, steht in der ICD-10 eine weitere Kategorie zur Verfügung, nämlich die **„phobische emotionale Störung des Kindesalters"**.

Tabelle 2: Charakteristische Merkmale der Spezifischen und der Sozialen Phobie sowie der Agoraphobie

Merkmal	Spezifische Phobie	Soziale Phobie	Agoraphobie
Situationen	• Vögel • Insekten • andere Tiere • Donner • Fantasiegestalten • Höhen • Zahnarzt-/ Arztbesuche	• Vor anderen reden • Fremde ansprechen • Mit Autoritäten sprechen • Geburtstagsfeier/ Party • Im Mittelpunkt stehen	• Menschenmengen • Öffentliche Plätze • Supermärkte • Kaufhäuser • Zug/Bus/ U-Bahn • Flugzeuge • Geschlossene Räume
Körperliche Symptome	• Herzklopfen • Bauchbeschwerden • Schwitzen • Zittern	• Erröten • Zittern • Übelkeit • Miktions-/Defäkationsdrang	• Herzklopfen • Bauchbeschwerden • Schwitzen • Zittern
Kognitionen	• Das Tier beißt mich. • Es passiert etwas Schlimmes. • Es wird wehtun.	• Ich werde mich blamieren. • Andere lachen mich aus. • Andere denken schlecht über mich.	• Ich werde ohnmächtig • Ich bekomme keine Luft. • Ich sterbe.

2.14
Phobien

In Tabelle 2 sind typische Situationen, Symptome und Kognitionen für die Spezifische, Soziale Phobie und Agoraphobie dargestellt, die aus klinischer Sicht für die Abgrenzung der einzelnen Phobiearten hilfreich sind.

2.14.3
Epidemiologie, Verbreitung und Altersrelevanz

Erst in den letzten Jahren wurden systematische Informationen über die Verbreitung von klinisch relevanten Phobien bei Kindern und Jugendlichen erhoben. Diese Untersuchungen an repräsentativen Stichproben gelangen zu folgenden Häufigkeitsangaben (Tabelle 3):

Tabelle 3: Lebenszeit-Prävalenz von Phobien bei Kindern und Jugendlichen (Angaben in %)

Alter (Jahre):	14–24	14–24 männlich	14–24 weiblich	8	12–13	14–15	16–17
Spezifische Phobie	2,3	1,2	3,3	5,2	2,6	3,1	4,9
Soziale Phobie	3,5	2,2	4,8	0,4	0,5	2,0	2,6
Agoraphobie	2,6	1,0	4,2	0	2,4	4,9	5,2

Angststörungen zeigen eine hohe Komorbidität untereinander. So haben beispielsweise Kinder mit Trennungsangst häufiger auch eine Spezifische Phobie oder Soziale Phobie. Darüber hinaus entwickeln sich mit zunehmender Chronifizierung der Angststörungen auch depressive Störungen. Weiterhin weist ein Teil der Kinder Ausscheidungsstörungen, Aufmerksamkeits- und Hyperaktivitätsstörungen, Lernschwierigkeiten und somatische Beschwerden auf. Mädchen leiden öfter unter exzessiven Ängsten als Jungen.

Der Beginn von Phobien ist je nach Art der Phobie unterschiedlich. Den frühesten Beginn zeigt die Spezifische Phobie, die bereits im Kleinkindalter auftritt. Die Soziale Phobie beginnt typischerweise in der Adoleszenz und erste Agoraphobien sind nach der Adoleszenz zu beobachten mit einem Erstauftretensgipfel im jungen Erwachsenenalter.

2.14.4
Diagnostik der Störung

In der diagnostischen Phase einer Therapie geht es darum, eine Differenzialdiagnostik nach ICD-10 vorzunehmen sowie eine genaue Analyse der konkreten auslösenden und aufrechterhaltenden Bedingungen für das Problemverhalten des Kindes durchzuführen. Neben der Exploration im Gespräch sind Selbstbeobachtungsmethoden, Verhaltensbeobachtungen und Elterngespräche geeignete Hilfsmittel für die sorgfältige Erhebung dieser Informationen.

Bei der Diagnostik von Phobien im Kindes- und Jugendalter müssen jedoch folgende Besonderheiten beachtet werden: Kinder zeigen über die verschiedenen Entwicklungsphasen eine Reihe von Ängsten, die bei fast allen Kindern zu finden und entsprechend für diese Altersphasen normal sind (z.B. Acht-Monats-Angst). Es muss daher bei der Diagnose einer Phobie beurteilt werden, inwieweit die Angst des Kindes altersgemäß oder übermäßig ist. Zudem kann es sein, dass das ängstliche Verhalten nicht generell, sondern nur in bestimmten Situationen (z.B. Schule) auftritt. Eine weitere Schwierigkeit besteht in der Tatsache, dass sich Eltern und Kinder in ihren Angaben zur Art und Häufigkeit von Symptomen beim Kind zum Teil stark unterscheiden. Am schlechtesten stimmen Eltern und Kinder dann überein, wenn sie über die innere Befindlichkeit des Kindes befragt werden. Es wird daher empfohlen, bei emotionalen Störungen, wie z.B. den Phobien, mehrere diagnostische Methoden miteinander zu kombinieren und folgende Schritte durchzuführen:

- **Allgemeiner Eindruck.** Im ersten Gespräch mit Eltern und Kind geht es darum, einen Überblick über den Behandlungsanlass zu gewinnen. Dabei sollten sowohl die Eltern als auch das Kind befragt werden.

- **Medizinische Untersuchung.** Eine sorgfältige Diagnostik beinhaltet immer den Ausschluss bzw. die Beachtung organischer Faktoren für die Entstehung und Aufrechterhaltung der Beschwerden des Kindes oder des Jugendlichen. Daher sollte in jedem Fall vor Beginn einer verhaltenstherapeutischen Behandlung eine medizinische Differenzialdiagnostik durch den zuständigen Kinderarzt oder Facharzt erfolgen.

- **Strukturierte Interviews.** Die spezifische Diagnose des Kindes oder Jugendlichen sollte mithilfe eines strukturierten Interviews festgestellt werden. Hierbei werden anhand vorgegebener Interviewleitfäden sowohl vom Kind als auch von den Eltern systematisch Informationen über das Vorliegen bestimmter psychischer Störungsbilder erfasst. Für den deutschen Sprachraum liegt mit dem „Diagnostischen Interview bei psychischen Störungen im Kindes- und Jugendalter" (Kinder-DIPS, Unnewehr et al., 1998) ein solches strukturiertes Interviewverfahren vor. Das Kinder-DIPS erlaubt eine differenzierte Diagnostik nach DSM-IV und ICD-10. Es erfragt alle Angststörungen der Kindheit und Adoleszenz und erlaubt darüber hinaus eine detaillierte Ausschluss- und Differenzialdiagnostik weiterer typischer psychischer Beschwerden im Kindes- und Jugendalter. Mithilfe eines strukturierten Interviews soll geklärt werden, welche konkrete Form der Angststörung das Kind aufweist. Anhand der ICD-Diagnose kann dann entschieden werden, welche therapeutische Maßnahme bei dem jeweiligen Kind durchgeführt werden muss.

- **Fragebögen.** Zusätzlich zu dem Gespräch ist bei Kindern ab neun Jahren auch der Einsatz spezieller klinischer Fragebögen sinnvoll. Speziell für phobische Ängste liegt zurzeit lediglich eine deutsche Übersetzung des „Fear Survey Schedule for Children" (FSSC, Scherer und Nakumara 1968, deutsche Übersetzung in Schulte 1976) vor. Bei diesem Fragebogen werden die Kinder aufgefordert, für 80 Situationen auf einer Fünf-Punkte-Skala das Ausmaß anzugeben, in dem diese Situation bei ihnen Angst auslöst. Diese Informationen bilden eine gute Grundlage für die Planung einer Konfrontationstherapie.

  Für eine reliable und valide Erfassung von allgemeiner Ängstlichkeit eignet sich das State-Trait-Angst-Inventar (STAIC, Unnewehr, 1992). Das State-Trait-Angstinventar (STAIC) erlaubt die Erfassung der zustands- oder situationsabhängigen Ängstlichkeit. Insbesondere die Verwendung der State-Version des STAIC kann während einzelner Phasen der Phobiebehandlung sinnvoll eingesetzt werden, um z.B. die Effekte einer Konfrontationsbehandlung zu messen.

- **Verhaltensbeobachtungen.** Verhaltensbeobachtungen geben Aufschluss über die aufrechterhaltenden Bedingungen der Phobie, daneben erlauben sie eine Validierung der von dem Kind und den Eltern berichteten Verhaltensauffälligkeiten. Ein Beispiel hierfür ist der „Behavioral Avoidance Test", der speziell für die Beobachtung phobischer Verhaltensweisen geeignet ist. Typischerweise wird hierzu das Kind in einen Raum mit dem phobischen Stimulus geführt. Es werden nun verschiedene Verhaltensaspekte des Kindes beobachtet: die Zeitdauer, die das Kind in der Nähe des phobischen Stimulus verbringt, der räumliche Abstand, den das Kind zum phobischen Stimulus hält, Anzahl und Latenz des Annäherungsverhaltens.

- **Familiendiagnostik.** Eine besondere Rolle für das Verständnis von Ängsten im Kindes- und Jugendalter scheint das Ausmaß der elterlichen Angst zu spielen. Es ist daher für die Therapieplanung äußerst sinnvoll, das Ausmaß der elterlichen Angst z.B. durch einen Fragebogen oder im Gespräch zu klären und darüber hinaus den Umgang der Eltern mit den gegebenenfalls vorliegenden eigenen Angstsymptomen sowie denen des Kindes zu explorieren. Falls bei den Eltern eine Angststörung diagnostiziert wird, sollte den Eltern eine eigene Angstbehandlung zur Unterstützung der Phobiebehandlung des Kindes empfohlen werden. Weiterhin können den Familien gemeinsame Aufgaben gegeben werden, deren Durchführung vom Therapeuten beobachtet wird. Zum Beispiel können Eltern mit phobischen Kindern gebeten werden, gemeinsam einen vom Kind gefürchteten Ort aufzusuchen. Diese Beobachtung gibt wertvolle Hinweise darüber, inwieweit das elterliche Verhalten das Vermeidungsverhalten des Kindes unterstützt. In der späteren Behandlung sollte dann ggf. Angst reduzierendes Erziehungsverhalten mit den Eltern konkret eingeübt werden.

2.14.5
Bedingungsmodell

Im Folgenden werden die wichtigsten Erklärungsansätze zu Ängsten bei Kindern beschrieben (Schneider et al., 1993).

Konditionierung von Ängsten

Der einflussreichste Ansatz zur Ätiologie von Ängsten ist die so genannte **Zwei-Faktoren-Theorie** von Mowrer (Schneider et al., 1999). Bei den beiden Faktoren handelt es sich um die klassische und die operante Konditionierung. Mowrer nahm an, dass bei Ängsten ursprünglich neutrale Reize (z.B. Hund) aufgrund traumatischer Ereignisse (z.B. Hundebiss) mit einem zentralen motivationalen Angstzustand assoziiert (klassische Konditionierung) und die darauf folgende Vermeidung dieser Reize durch den Abbau dieses unangenehmen Zustandes verstärkt werden (operante Konditionierung). Obwohl diese Theorie im Einklang mit vielen tierexperimentellen Befunden steht, ist sie als Erklärung für klinische Ängste nicht ausreichend. So kann sich ein großer Teil der Phobiker nicht an traumatische Ereignisse zu Beginn der Störung erinnern.

Aufbauend auf der Beobachtung, dass die auslösenden Reize für phobische Ängste charakteristische und über verschiedene Kulturen hinweg stabile Verteilungen zeigen, die weder der Häufigkeit dieser Reize im täglichen Leben noch der Wahrscheinlichkeit unangenehmer (traumatischer) Erfahrungen entspricht, entwickelte Seligman die so genannte „**Preparedness-Theorie**" (Schneider et al., 1999). Er nahm an, dass bestimmte Reiz-Reaktions-Verbindungen leichter gelernt werden, weil sie biologisch „vorbereitet" („prepared") sind. Vorbereitetes Lernen bedeutet in diesem Kontext, dass im Laufe der Evolutionsgeschichte Angstreaktionen auf bestimmte Objekte, Situationen oder auch körperliche Symptome, die eine Bedrohung für das Überleben der Menschheit darstellten, besonders schnell und überdauernd gelernt wurden.

Während heute für den ersten Teil der Zwei-Faktoren-Theorie zahlreiche Studien vorliegen, die zeigen, dass die Annahme einer klassischen Konditionierung alleine nicht genügt, um die Entstehung von Phobien zu erklären, gilt der zweite Teil der Theorie, die operante Konditionierung, noch immer als zentraler Mechanismus für die Aufrechterhaltung der phobischen Symptomatik. Nichtsdestotrotz stellt die Zwei-Faktoren-Theorie in der therapeutischen Praxis die zentrale Basis für die Herleitung und Erklärung der Wirkungsweise der Konfrontationstherapie dar. Abhängig von der individuellen Entwicklungsgeschichte der Phobie wird dieser Erklärungsansatz mit Erläuterungen zum Modelllernen und kognitiven Aspekten von Phobien ergänzt, die im Weiteren kurz dargestellt werden.

Modelllernen

Insbesondere bei Kindern wird dem Modelllernen eine herausragende Bedeutung für die Entstehung und Aufrechterhaltung von Ängsten beigemessen. Hinweise dafür geben Familienstudien, in denen gezeigt wurde, dass Phobien eine starke familiäre Häufung aufweisen. Wir selbst konnten in einer Untersuchungsreihe Hinweise auf Modelllernen bei der Übertragung der elterlichen Angstsymptomatik auf die Kinder finden (Schneider et al., 1999). Beispielsweise werden bei den Kindern von Angstpatienten ähnliche angstspezifische Interpretationsmuster (z.B. „Spinnen sind gefährlich") und Angst fördernde Verhaltensweisen (z.B. Vermeidung angstrelevanter Symptome) wie bei ihren ängstlichen Eltern festgestellt. Die Kinder leiden zwar noch nicht selbst an einer Angststörung; es ist aber zu erwarten, dass ihr Verhalten die Entstehung von Angststörungen begünstigt.

Kognitive Ansätze

Die „kognitive Wende" in der Verhaltenstherapie hat auch im Bereich der Phobien zur stärkeren Beachtung kognitiver Faktoren für die Entstehung und Aufrechterhaltung von Phobien geführt. Hierbei wird angenommen, dass zentrale kognitive Konstrukte und Interpretationsmuster zum Entstehen einer Angstreaktion beitragen. So lassen sich auch bei Kindern mit Phobien typische „phobische" Kognitionen explorieren (z.B. „der Hund wird mich anspringen"), die alle gemeinsam haben, dass die gefürchtete Situation oder das gefürchtete Objekt oder Tier als bedrohlich bewertet werden. Kognitive Modelle gehen davon aus, dass durch die Bewertung der phobischen Stimuli als gefährlich die eigentliche Angstreaktion hervorgerufen wird, indem die physiologischen Angstreaktionen in Gang gesetzt werden. Ungeklärt ist hierbei jedoch, wie solche phobischen Kognitionsmuster entstehen und ob es wirklich so ist, dass zuerst die Kognition da ist und dann die Angst entsteht oder umgekehrt.

Keine der hier vorgestellten Theorien kann die Entstehung von Phobien umfassend und abschließend erklären. Vielmehr müssen wir von einem komplexen Zusammenspiel der verschiedenen Modellannahmen ausgehen, bei dem sowohl Konditionierungs- und Modelllernen als auch kognitive Ansätze eine bedeutende Rolle spielen. Abhängig von der individuellen Problemanalyse der Phobie des Kindes muss für die Erklärung und Herleitung der Therapie gegebenenfalls auf mehrere Erklärungsansätze zurückgegriffen werden. In der Regel stellt jedoch die Zwei-Faktoren-Theorie von Mowrer den Kern des Erklärungsmodells dar.

2.14.6
Therapieplanung

Aufbauend auf den Ergebnissen der diagnostischen Phase wird nun die Behandlung der Phobie geplant. Bei Kindern bis 14 Jahren sollten alle weiteren Maßnahmen immer gemeinsam mit dem Kind und den Eltern bzw. Bezugspersonen besprochen werden. Bei älteren Kindern kann gegebenenfalls auf die Einbeziehung der Eltern verzichtet werden. Dies sollte individuell entschieden werden. Phobien werden mit einer Konfrontationstherapie behandelt. Das bedeutet, dass das Kind mit den Angst auslösenden Situationen in Kontakt gebracht wird, um ihm die Möglichkeit zu geben, die Angst in der Situation zu bewältigen. Ziel der Konfrontation ist es, die Angstreaktion des Kindes abzubauen, indem es erfährt, dass die Angst in der gefürchteten Situation abnimmt, ohne dass die von ihm antizipierten Befürchtungen eintreten.

Massiertes vs. graduelles Vorgehen

Abhängig vom Alter bzw. der kognitiven Entwicklung des Kindes muss vorher entschieden werden, ob für die Konfrontation ein graduelles oder ein massiertes Vorgehen angewandt werden soll. Beim graduellen Vorgehen beginnt das Kind die Konfrontationstherapie mit einer leicht Angst auslösenden Situation und wird dann Schritt für Schritt an die schwierigste Situation herangeführt. Beim massierten Vorgehen wird die Konfrontation gleich mit einer stark Angst auslösenden Situation begonnen und danach in unregelmäßiger Abfolge in leicht und stark Angst auslösenden Situationen weitergeführt. Der Vorteil des massierten Vorgehens liegt in der sehr schnellen und langfristig stabilen Wirkungsweise dieser Methode. Im Unterschied zum graduellen Vorgehen ist in der Regel schon nach wenigen Sitzung eine deutliche Reduktion der Angstsymptomatik und dabei vor allem der Erwartungsangst zu beobachten. Beim graduellen Vorgehen hingegen werden die Angstreduktion und der Abbau der Erwartungsangst länger hinausgezögert, was unter Umständen zu Motivationsproblemen aufseiten des Kindes und der Eltern führen kann. Als generelle Faustregel gilt aber, dass bei jüngeren Kindern bis zu 10 Jahren eher das graduelle Vorgehen und bei älteren Kinder das massierte Vorgehen gewählt werden sollte.

Bei Kindern oder Eltern, die sich nicht zu einer Konfrontationstherapie entschließen können, sollte die systematische Desensibilisierung zur Anwendung kommen. Eine detaillierte Erläuterung und Beschreibung der Vorgehensweise bei der Konfrontationstherapie und der systematischen Desensibilisierung ist im Kapitel „Systematische Desensibilisierung und Reizkonfrontation" zu finden. Im Folgenden werden die einzelnen Schritte der Therapie kurz dargestellt:

Auswertung der Diagnostik. Nach Abschluss der Diagnostik wird dem Kind und den Eltern das Ergebnis erläutert. Hierzu gehört, dass die Diagnose mitgeteilt und ein Erklärungsmodell für die Entstehung und derzeitige Aufrechterhaltung der Phobie gegeben wird. Dem Kind und den Eltern wird nun das weitere therapeutische Vorgehen vorgestellt. Eltern und Kind bekommen dann Gelegenheit, Fragen und Bedenken bzgl. der Therapie mit dem Therapeuten zu besprechen. Der letzte Schritt in dieser Therapiephase beinhaltet die explizite Entscheidung von Eltern und Kind für oder gegen die vom Therapeuten vorgeschlagene therapeutische Intervention.

Erstellen einer Angsthierarchie. Im Rahmen einer ausführlichen Verhaltens- und Problemanalyse wird nun gemeinsam mit dem Kind eine Angsthierarchie erstellt. Eine Angsthierarchie ist eine Liste von Situationen oder Interaktionen, in der die gefürchteten Situationen oder Objekte in eine Rangordnung von sehr stark bis gar nicht Angst auslösend gebracht werden.

Konfrontation mit den Angst auslösenden Situationen. Das Kind wird nun mit den Angst auslösenden Situationen konfrontiert. Es soll dabei die Angst so lange ertragen, bis es zu einem Rückgang der Angst kommt, ohne dabei jedoch Angst reduzierende Techniken einzusetzen. Die Konfrontationsübung wird erst dann beendet, wenn die Angst auslösenden Situationen weitgehend angstfrei ertragen werden. Ein weiteres wichtiges Prinzip ist, dass Flucht- und Vermeidungsverhalten des Kindes verhindert werden. Dem Kind soll durch dieses Vorgehen die Erfahrung vermittelt werden, dass Angst auslösende Situationen ertragen werden können, ohne dass die von ihm erwarteten unangenehmen Folgen eintreten.

Selbstkontrollphase und Rückfallprophylaxe. Im letzten Therapieabschnitt wird das Kind angeleitet, die Konfrontationsübungen alleine in möglichst vielen Situationen durchzuführen. Dabei sollten auch die Eltern darüber aufgeklärt werden, wie sie die Übungen ihres Kindes erfolgreich unterstützen können. Den Abschluss der Behandlung bildet die Rückfallprophylaxe. Hier wird mit dem Kind noch einmal rekapituliert, was seiner Meinung nach seine wichtigsten Lernerfahrungen während der Therapie waren und wie es sich zukünftig in schwierigen, beängstigenden Situationen verhalten wird. Das Kind muss darauf vorbereitet werden, dass es auch nach Abschluss einer erfolgreichen Angsttherapie Rückschläge der Angst geben kann. Somit sei ein Rückschlag nicht gleichbedeutend mit einem völligen Versagen der Therapie. Stattdessen soll das Kind den Rückschlag nutzen, um die gelernten Prinzipien erneut anzuwenden und zu perfektionieren.

2.14.7
Wirksamkeit und Wirksamkeitsbedingungen der Therapie

In einer Überblicksarbeit zur Behandlung der Phobien im Kindes- und Jugendalter bei Kindern und Jugendlichen resümieren King und Ollendick, dass die Konfrontation mit den Angst auslösenden Stimuli der zentrale Bestandteil einer erfolgreichen Behandlung ist. In einer gerade fertig gestellten Behandlungsstudie konnte gezeigt werden, dass bei 85% der Kinder (7–17 Jahre) mit einer Spezifischen Phobie schon nach drei Konfrontationssitzungen klinisch signifikante Verbesserungen zu erkennen waren.

Eine systematische Erforschung der Behandlung von Phobien im Kindesalter steht jedoch noch aus. Zwar wurden viele Varianten der Konfrontationsbehandlung ausprobiert, doch kann derzeit noch nicht abschließend gesagt werden, bei welchen Phobien, in welchen Altersstufen und unter welchen familiären Bedingungen welche Vorgehensweisen am erfolgversprechendsten sind. Generell lässt sich jedoch festhalten, dass die Einbeziehung der Familie eine wichtige Bedingung für den Erfolg der Konfrontationstherapie ist.

2.14
Phobien

Grundlegende Literatur

• Schneider, S., Florin, I. & Fiegenbaum, W. (1999). Phobien. In H.-C. Steinhausen & M. von Aster (Hrsg.), Handbuch Verhaltenstherapie und Verhaltensmedizin (2. Aufl.). Weinheim: Psychologie Verlags Union.

• Essau, C. A. & Petermann, U. (1995). Angststörungen. In F. Petermann (Hrsg.), Lehrbuch der Klinischen Kinderpsychologie. Göttingen: Hogrefe.

Weiterführende Literatur

• Eisen, A. R. & Kearney, C. A. (1995). Practioner's guide to treating fear and anxiety in children and adolescents. Northvale: Jason Aronson Inc.

• Eisen, A. R., Kearney, C. A. & Schaefer, C. E. (1995). Clinical handbook of anxiety disorders in children and adolescents. Northvale: Jason Aronson Inc.

Materialien

• Unnewehr, S. (1992). Psychische Störungen und Angstsensitivität bei Kindern von Patienten mit einem Paniksyndrom. Unveröffentlichte Dissertation am Fachbreich Psychologie der Philipps-Universität Marburg (STAIC).

• Unnewehr, S., Schneider, S. & Margraf, J. (1999). Diagnostisches Interview psychischer Störungen des Kindes- und Jugendalters (DIPS-K). Berlin: Springer Verlag (Kinder-DIPS).

• Schulte, D. (1976). Diagnostik in der Verhaltenstherapie. München: Urban & Schwarzenberg (FSSC).

Motivationsmangel und Schulunlust

Kurt Sokolowski

2.15.1
Fallbeispiel

Markus ist neun Jahre alt und besucht die Grundschule. Im Laufe der letzten sechs Monate sind seine schulischen Leistungen im Lesen, Schreiben und Rechnen deutlich abgefallen – er hat den Anschluss an den Klassendurchschnitt verloren. Markus beteiligt sich kaum am Unterricht, arbeitet sehr verzögert und „vergisst" zwischendurch immer wieder die Aufgabenstellung. Er zieht sich zudem im Klassenverband immer mehr zurück. Die Klassenlehrerin empfiehlt den Eltern, dass Markus die 3. Klasse wiederholen solle.

In der erbetenen gutachterlichen Untersuchung ist Markus offen und interessiert. Direkt darauf angesprochen, sagt er, dass ihm die Schule wie auch das Lernen keinen Spaß machen. Allerdings bearbeitet er im Folgenden bereitwillig die ihm gestellten Aufgaben. Hierbei fällt auf, dass Markus' Konzentrations- und Aufmerksamkeitsfähigkeit situativ sehr unterschiedlich sind. Eine erfolgreiche Aufgabenbearbeitung scheint sich positiv auf seine Leistungsmotivation auszuwirken. Die Beobachtung zeigt, dass Markus immer dann, wenn er eine Aufgabe nicht sofort versteht, in einen eher langsamen Bearbeitungsstil verfällt und abwesend erscheint und deshalb manche Arbeitsanweisungen erst nach mehrmaligem Erklären versteht. Seine kognitiven Leistungen liegen im Durchschnittsbereich. Auffällig ist jedoch die hohe Furcht vor Misserfolg (FM2) und die niedrige Hoffnung auf Erfolg (HE) – erhoben mit dem LM-Gitter.

Es kann also eine deutliche meidende Motivation – niedrige Hoffnung auf Erfolg bei gleichzeitig hoher Furcht vor Misserfolg – als Ursachenkern des schulischen Versagens angenommen werden. Die daraufhin eingeleiteten Interventionsmaßnahmen umfassen eine Motivationsförderung in der gesamten Bandbreite. Ausgehend von Tätigkeiten, die Markus Spaß machen (Malen, Basteln und Bewegungsspiele), werden realistische Zielsetzungen und Attributionen eingeübt sowie Entspannungstraining und Angstbewältigung mit ihm durchgeführt. Diese Erfahrungen werden dann schrittweise auf die kritischen schulischen Situationen übertragen.

2.15.2
Diagnostische Kriterien nach ICD-10

Motivationsmangel und Schulunlust sind keine eigenständigen Diagnosekategorien des ICD-10. Gleichwohl treten Motivationsdefizite in Kombination mit Lernstörungen (vormals „Schulleistungsstörungen"(F81), Hyperkinetischen Störungen (F90) und Störungen des Sozialverhaltens (F91)) auf.

Extreme Formen von Motivationsmangel und Schulunlust finden sich bei den „Phobischen Störungen des Kindesalters" (F93.1), bei denen unrealistische Befürchtungen und somatische Symptome (etwa Übelkeit, Bauchschmerzen, Kopfschmerzen, Erbrechen) sowie spezifische Verhaltensweisen (etwa Vermeiden des Blickkontaktes, Händezittern) bei Annäherung an die kritische Situation festzustellen sind.

2.15.3
Epidemiologie, Verbreitung und Altersrelevanz

Die vorfindbaren epidemiologischen Angaben über Häufigkeit und Ausprägung von Schulunlust/Schulunzufriedenheit wie auch von Motivationsmangel oder Schulangst streuen relativ stark.

Neuere Daten zur Motivation der Schüler (Projekt „Jugend in Brandenburg 96"; Dietrich & Freitag, 1997), die für Schüler der Klassenstufen 7 bis 13 repräsentativ sind, zeigen jedoch, dass die überwiegende Zahl der Schüler eher positiv motiviert ist. Etwa 70% schätzen ihre Schulmotivation (eher) hoch ein; die niedrigsten Werte wurden in der Subgruppe der Gesamtschüler gefunden. Ungefähr die Hälfte der Schüler gab an, mit ihren Lehrern zufrieden zu sein. Mit zunehmendem Alter nahm jedoch die Zufriedenheit mit den Lehrern ab. In genaueren Analysen zeigte sich, dass neben Schulort, Schulart, Klassenstufe und Schulfach auch der individuelle Lehrstil einen deutlichen Einfluss auf Schulmotivation und Zufriedenheit hat.

Deutliche Motivationsdefizite und negative Motivationsmuster sind bei lern- und leistungsbeeinträchtigten Schülern mit einer bereits längeren Erfahrung von Misserfolgen festzustellen.

2.15.4
Diagnostik der Störung

Allgemein ausgedrückt, liegt eine Motivationsstörung dann vor, wenn notwendige oder wichtige Tätigkeiten nicht oder nur mangelhaft ausgeführt werden, obwohl die Fähigkeit oder das Wissen zu deren Ausführung prinzipiell vorhanden sind.

Angesichts dieser Ausgangssituation geht es bei der Diagnostik um die Klärung folgender Aspekte:

Problem- und Verhaltensanalyse mit Eltern und Lehrern

In der Problem- und Verhaltensanalyse mit Eltern und Lehrern geht es zunächst darum, den Beginn und die zeitliche Ausdehnung der Störung zu erkunden. Folgende Leitfragen gilt es dabei zu beantworten:

- Wann wurde das Motivationsdefizit offenkundig und welche Auslösebedingungen sind dafür verantwortlich?
- Welche Situationen, Fächer oder Tätigkeitsbereiche in der Freizeit sind davon ebenfalls betroffen?
- Welche Persönlichkeitsmerkmale des Schülers (z.B. Schüchternheit) spielen dafür eine Rolle?
- Wie sehen die Reaktionsweisen des Schülers aus – bezüglich Verhalten und subjektivem Erleben (s.u.)?
- Was sind die Konsequenzen dieser Reaktionsweisen für den Schüler und wie reagieren die anderen Schüler und die Lehrer darauf?

Interview mit dem Schüler

In einem Interview mit dem Schüler wird insbesondere die subjektive Erlebensweise erfragt. Zur Erfassung der Spezifität der schulischen Motivationsstörung sollte auch hier die Motivation nach den verschiedenen Schulfächern getrennt erfragt werden. Eine Checkliste mit am besten numerisch gefassten Urteilen (z.B. 0 = gar nicht bis 5 = sehr hoch) ist hier hilfreich – auch um Interventionsmaßnahmen in Zukunft prüfen zu können. Um die Generalisierungsbreite der Motivationsstörung genauer zu ermitteln, werden die vorhandenen Interessen (Tätigkeiten, die Spaß machen) sowie positive und negative Tätigkeitsanreize des Kindes im Alltagsleben bestimmt. Verhaltensanalytische Fragen wie: „Was macht dir Spaß? Was tust du gerne? Was ist schön? Was tust du nicht gerne? Was magst du gar nicht?", können dies klären helfen.

In strukturierten Situationen können unterschiedliche Aufgaben und Schwierigkeiten vorgegeben werden und das begleitende Erleben erfragt werden. Im subjektiven Erleben lässt sich eine mangelnde Motivation in flach ausfallenden emotionalen Reaktionen erkennen – sowohl der tätigkeitsbegleitenden wie der bewertenden Emotionen nach Tätigkeitsende. Bei hochängstlichen Schülern ist neben der erlebten Angst eine Asymmetrie der emotionalen Reaktionen auf Erfolg und Misserfolg zu beobachten: Stolz über die eigene Leistung fällt eher schwach und kurz aus, wohingegen die Beschämung über Misserfolge deutlich und lang anhaltend ist. In den Kognitionen schlagen sich ungünstige Motivationslagen in folgenden Bereichen nieder:

- **Antizipierte Ergebnisse.** Vor und während der Tätigkeiten treten spontan Gedanken an Versagen und Misserfolge auf sowie deren wahrgenommene Konsequenzen.
- **Attributionsstrategien.** Die Gründe für Erfolg werden eher in externalen Faktoren – wie Zufall oder geringer Aufgabenschwierigkeit – gesehen; dagegen werden Misserfolge als internal und stabil – d.h. als Fähigkeits- oder Begabungsmangel – verursacht gesehen. Mangelnde oder hohe Anstrengung nach Misserfolg und Erfolg (d.h. internal – variable Attributionen) wird selten genannt.

- **Fähigkeitskonzept.** Die Einschätzung der eigenen Fähigkeiten fallen unter der tatsächlichen Leistungsfähigkeit aus. Dies geht mit einem niedrigen Selbstwertgefühl einher.

Beobachtungen des Verhaltens

Konkrete Beobachtungen des Verhaltens können in der schulischen Situation, während der Hausaufgaben oder in strukturierten oder offenen Spielsituationen erfolgen. Das Verhalten unter Motivationsmangel kann in Situationen, in denen man die eigenen Fähigkeiten unter Beweis stellen kann, generell als passiv und desinteressiert beschrieben werden. Wenn Furcht vor Misserfolg entsteht, treten ausweichende oder meidende Tendenzen hinzu – alles andere wird auf einmal viel interessanter für den Schüler. Im Einzelnen lassen sich über den Handlungszyklus folgende kennzeichnende Beobachtungen für ein motivationales Defizit machen:

- keine spontane Bereitschaft zur Tätigkeitsaufnahme, sondern eine diesbezügliche Hemmung;
- Wahl subjektiv extrem einfacher oder schwieriger Aufgaben;
- leichte Ablenkbarkeit von der Tätigkeit;
- mangelnde Intensität und Konzentration während der Ausführung;
- geringe Ausdauer in der Ausübung der Tätigkeit mit einer hohen Bereitschaft zum Abbruch;
- im Falle der Unterbrechung keine eigenständige oder eine nur widerwillige Bereitschaft zur Wiederaufnahme der Tätigkeit.

Des Weiteren können aus den Beobachtungen der Eltern-Kind-Interaktion bei Schulaufgabenbetreuung, insbesondere beim Loben/Tadeln sowie bei den Ursachenzuschreibungen von Erfolg und Misserfolg Rückschlüsse auf das vermittelte Fähigkeits- und Anstrengungskonzept gezogen werden.

Psychologische Tests

Wenn die Beobachtung des Verhaltens sowie Selbstauskünfte und Fremdauskünfte kein eindeutiges Bild der Motivationsstörung geben können, empfiehlt sich der Einsatz der folgenden beiden psychologischen Tests:

- Das semiprojektive LM-Gitter von Schmalt (1976). Es erfasst die Ausprägung des Leistungsmotivs hinsichtlich der Komponenten Hoffnung auf Erfolg (HE) und Furcht vor Misserfolg (FM); Letzteres wiederum getrennt hinsichtlich des kognitiven „Konzepts mangelnder eigener Fähigkeit" (FM1) und der emotionalen „Misserfolgsbefürchtungen" (FM2). Es ist für Kinder vom 3.–5. Schuljahr geeignet.
- Der Fragebogen zur Erfassung des Attributionsstils (ASF-KJ; Stiensmeier-Pelster, Schürmann, Eckert & Pelster, 1994). Hiermit können Internalität, Stabilität und Globalität der Ursachenzuschreibungen nach Erfolg und Misserfolg bei Kindern und Jugendlichen zwischen 8 und 16 Jahren erfasst werden. Mit den erhobenen Kennwerten lassen sich auch Aussagen zur Depressionsneigung sowie über das Selbstwertgefühl machen.

2.15.5
Bedingungsmodell

Motivationsmangel und Schulunlust werden in einem dreifaktoriellen Bedingungsmodell (vgl. Abb. 1) unter Einbeziehung der Sozialisation, der schulischen Leistungssituation und interner Verarbeitungsprozesse erklärt.

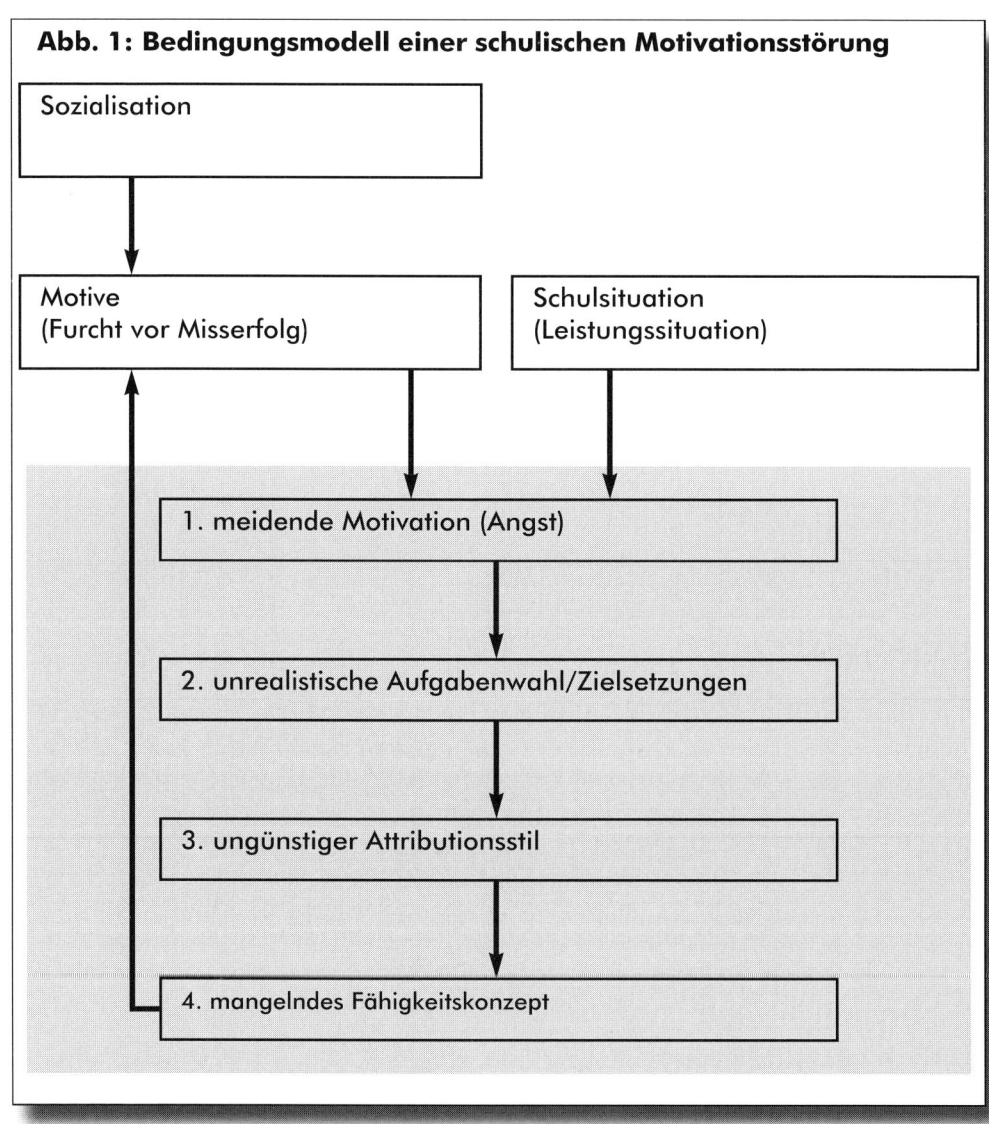

Abb. 1: Bedingungsmodell einer schulischen Motivationsstörung

Sozialisation

Motive
(Furcht vor Misserfolg)

Schulsituation
(Leistungssituation)

1. meidende Motivation (Angst)

2. unrealistische Aufgabenwahl/Zielsetzungen

3. ungünstiger Attributionsstil

4. mangelndes Fähigkeitskonzept

Ungünstige Motivationsentwicklungen werden in der Sozialisation dadurch begünstigt, dass ein Kind häufig über- oder unterfordert wird. Das Prinzip der Passung von Fähigkeit und Aufgabenschwierigkeit wird dann verletzt, was zu unangemessenen leistungsbezogenen emotionalen Reaktionen (wie z.B. Stolz oder Beschämung) über das eigene Handeln und zu einem unrealistischen oder ungünstigen Fähigkeitskonzept mit entsprechenden ungünstigen Ursachenzuschreibungen von Erfolg und Misserfolg führt. Langfristig führt dies zur Ausbildung eines Misserfolgsmotivs, das in potenziellen Leistungssituationen, in denen man die eigene Tüchtigkeit unter Beweis stellen kann (etwa sportliche, leistungsbezogene Auseinandersetzungen, Erbringung von Leistungen in der Schule) handlungsleitend wird und beispielsweise Gedanken an das eigene Versagen, Angst und Unlust entstehen lässt. Schulische Leistungssituationen sind ebenfalls geeignet, eine meidende Motivation zu fördern, insbesondere dann, wenn starker Leistungs- und Konkurrenzdruck und größere Anonymität vorherrschen. Ein Schüler fühlt sich in dieser Lernumwelt eher ungeborgen, unzufrieden und reagiert ängstlich auf die Leistungsaufforderungen. Diese meidende Motivation, die vor allem durch die Lernumwelt und die bisherige Sozialisation angebahnt wird, legt dem Schüler zunächst „defensive" Anspruchsniveausetzungen nahe: Um befürchtete Misserfolge und deren Konsequenzen auszuschließen, werden „defensiv" Aufgaben oder Ziele gewählt, die entweder zu einfach oder zu schwierig sind. Im Falle individuell mittelschwerer Aufgaben werden Erfolge und Misserfolge selbstwertbelastend attribuiert (s.o.), was wiederum Auswirkungen auf das Selbstkonzept mangelnder eigener Fähigkeiten hat. So wird das Motiv „Furcht vor Misserfolg" wie in einem Teufelskreis selbst bekräftigt.

Darüber hinaus können Motivationsmängel auch aus einer Unterforderung im Unterricht oder aufgrund der Lehrinhalte und Lehrmethoden entstehen. Hier handelt es sich dann um ein vielfach verzahntes Anregungsgeflecht, in dem die Lehrerpersönlichkeit, der Unterrichts- und Bewertungsstil, die Didaktik und die Fachinhalte ineinander verwoben sind.

2.15.6
Therapieplanung

In der therapeutischen Intervention gilt es nun, den im Bedingungsmodell beschriebenen Teufelskreis zu unterbrechen. Dies kann an sämtlichen im grau hinterlegten Feld liegenden Bedingungsmomenten aufeinander abgestimmt erfolgen (vgl. Rheinberg & Krug, 1993).

Verminderung meidender Motivation

Eine solche Motivation lässt sich als dysfunktionales Selbstgespräch operationalisieren (etwa: „Oh, das ist aber eine schwere Aufgabe, das geht garantiert schief. Was soll ich tun, wenn ich mich dann vor allen blamiere?") und zugunsten eines bewältigungsorientierten internen Dialoges verändern (etwa: „Oh, verdammt schwer. Aber ruhig bleiben, tief durchatmen und daran denken, dass du es schaffst, wenn ..."). Dieser bewältigungsorientierte interne Dialog leugnet nicht, dass eine Aufgabe schwierig, belastend ist oder scheitern kann. Er gibt dem Kind aber Möglichkeiten an die Hand, seine negativen Emotionen selbst zu steuern (etwa tief durchatmen, an „Superwoman" denken, „cool bleiben") und die eigene Energie auf die (durchaus schwierige) Aufgabenbewältigung zu lenken (etwa Regeln für die Aufgabenbewältigung aufrufen, die Aufgabe genau analysieren, sich einen Plan machen). Dies wird dem Kind auf folgendem Wege nahe gebracht:

- Eine kritische Situation (z.B. eine Textaufgabe lösen) wird daraufhin analysiert, was das Kind zu sich sagt und was es in dieser Situation erwartet. Dies wird als Selbstgespräch ausformuliert.
- Die negative, abträgliche Wirkung dieses Selbstgespräches wird mit dem Kind diskutiert, alternative, günstigere Selbstaussagen werden stattdessen entworfen und hinsichtlich der Gedanken, Gefühle und Verhaltensweisen festgehalten.
- Dieses nunmehr förderliche innere Gespräch wird im lauten Denken eingeübt und Hausaufgaben oder Therapieverträge werden auf reale Leistungssituationen übertragen. Ferner bewähren sich Entspannungsübungen (etwa autogenes Training), um Kinder an gemiedene oder gefürchtete Inhalte heranzuführen. Innerhalb des erreichten Entspannungszustandes setzt sich das Kind in gelenkten Fantasiereisen mit den Inhalten auseinander. Es hat sich gezeigt, dass die Kinder dann gelassener auf die kritischen Situationen (z.B. etwas vor der Klasse lesen) reagieren. In der Folge machen sie auch zumeist bessere Erfahrungen, was wiederum ihre (negative) Erwartung verändert und motiviertes Verhalten ermöglicht.

Befähigung zu realistischen Zielsetzungen

Hier geht es darum, dass die Kinder lernen, sich – auf ihr individuelles Leistungsniveau bezogen – mittelschwere Ziele zu setzen. Dies geschieht dadurch, dass den Kindern (z.B. bei Spielen, motorischen Aufgaben oder kognitiv-intellektuellen Aufgaben) entsprechende Wahlmöglichkeiten gegeben werden. Beginnen sollte man bei Tätigkeiten, die dem Kind Spaß machen. Der Stolz über die eigene erfolgreiche Leistung sollte dabei immer ausgiebig „genossen" werden. Bei Misserfolgen, die natürlich auch auftreten, werden deren Ursachen nur kurz mit dem Kind gemeinsam analysiert. Die Wahl mittelschwerer Aufgaben wird immer verstärkt. Wenn dies eingeübt wurde, kann man als Nächstes auf schulische Aufgaben und Bereiche übergehen und genauso verfahren.

Veränderung ungünstiger Attribution

An Beispielen werden zunächst mögliche Ursachen für Erfolge und Misserfolge im Leben wie in der Schule mit dem Kind gesammelt. Anhand dieses Ursachenpools werden danach in einer psychoedukativen Maßnahme die Verursachungsdimensionen (Lokalität: internal vs. external; Stabilität: stabil vs. variabel) erklärt und die vier Ursachentypen Aufgabenschwierigkeit, Zufall, Begabung und Anstrengung unterschieden. Im nächsten Schritt werden dann Situationen aus der Erlebniswelt des Kindes (wie z.B. aus Sport und Schule) aufgegriffen und gemeinsam mit dem Kind hinsichtlich der vier möglichen Ursachentypen erörtert. Durch das gemeinsame Besprechen der Ursachen von erfolgreichen wie von erfolglosen Aufgabenbewältigungen kann der selbstwertbelastende Attributionsstil verändert werden. Dazu gehört insbesondere die Einbeziehung des Anstrengungskonzeptes in die Erklärungen. Ungünstige Attributionsmuster werden so geändert, dass der kompensatorische Charakter der Anstrengung erkannt und ihre Auswirkung auf Leistungsergebnisse berücksichtigt wird, wie z.B., dass sich das Kind, wenn es müde oder uninteressiert ist, selbst bei sonst leichten Aufgaben sehr anstrengen muss – eine gestern noch einfache Aufgabe kann demnach heute eine schwierige Aufgabe sein. Hier können auch kleine Belohnungen für „angestrengtes" Arbeiten eingesetzt werden. Selbstinstruktionstechniken eignen sich hierbei auch dafür, die Anstrengungsbereitschaft zu erhöhen – wie etwa „das ist eine schwierige Aufgabe, ich lass mich aber nicht aus der Ruhe bringen, sondern strenge mich an. Ich weiß, dass es dann besser klappt und ich eher zufrieden sein werde". Diese Selbstinstruktionen können durch Lehrer und Eltern aufgegriffen und im Sinne von Prompting abgerufen werden.

Veränderung des Konzeptes eigener Fähigkeiten

Zunächst wird hier eine Bilanz der selbst wahrgenommenen Fähigkeiten des Kindes in verschiedenen Bereichen gezogen (Was kann ich gut? Was kann ich nicht gut?). So entsteht ein Profil der selbst eingeschätzten Fähigkeiten. Zu diesen Bereichen erzählt dann das Kind Geschichten über Erfolge. Es wird auch diskutiert, wie es sich in diesen Situationen verhalten und gefühlt hat und wie man die Wahrscheinlichkeit eines Erfolges erhöhen kann. Im zweiten Schritt werden auch Geschichten über Misserfolge berichtet und nach diesem Muster analysiert. So entsteht eine differenzierte Fähigkeitswahrnehmung, die auch Zukunftsperspektiven (Was muss ich wo noch tun?) beinhaltet.

Den oben aufgeführten Trainingsteilen liegen immer individuelle Bezugsnormen für Aufgabenschwierigkeiten und Leistungsbewertungen zugrunde. Um die durchgeführte Motivationsförderung langfristig zu sichern, ist eine Einbeziehung der unterrichtenden Lehrer und Mitarbeit der Eltern und Bezugspersonen des Kindes wichtig. Insbesondere beim Attributionstraining ist deren „Mitziehen" dringend notwendig. Nur so kann aus einer kurzfristigen, situationsspezifischen Verbesserung der Motivation eine langfristige Veränderung der generalisierten Motive erfolgen.

Positive Motivierung über die Schule

Eine motivationsförderliche Unterrichtsgestaltung sieht folgende Maßnahmen vor (Rheinberg & Fries, 1998):

- Einführung individueller Bezugsnormen. Durch Verwendung individueller Bezugsnormen – gegebenenfalls als Zusatz zu sozialen – bei der Leistungsrückmeldung, bei Tests, Klassenarbeiten oder mündlichen Beiträgen des Kindes lassen sich deutliche Verbesserungen der allgemeinen Lernmotivation erzielen, die sich dann auch unmittelbar auf eine Absenkung der Schulunlust auswirken (Heckhausen & Rheinberg, 1980).

- Angemessener Wechsel der Anforderungen. Das Unterrichtsgeschehen sollte hinsichtlich Schwierigkeit und Komplexität so abwechslungsreich wie möglich gestaltet werden – z.B. durch Inhaltswechsel, Medienwechsel oder Schwierigkeitswechsel. So kann motivationslähmende Monotonie vermieden werden.

- Empfundene Wichtigkeit der Tätigkeiten. Die Schüler sollten ihre Arbeitsaufgaben als wichtig erleben; dies kann durch Anbindung an die Lebens- und Problemwelt der Schüler sowie durch die Einsicht in den Nutzen des eigenen Lernens geschehen.

• Rückmeldung durch die Aufgaben. Die Ergebnisse der Tätigkeiten sollten schnell, konsequent und unmittelbar zurückgemeldet werden – am besten durch die Schüler selbst. Feedback reguliert das Motivationsniveau direkt.

• Möglichkeit zur Zusammenarbeit mit anderen. Hier gilt die Devise, individuelle Aufgabenbearbeitung und Gruppentätigkeiten in ein sinnvolles Zusammenspiel zu bringen. In der Gruppenarbeit liegen eigene Motivierungspotenziale, da hier neben dem Leistungsmotiv auch das Anschlussmotiv wie auch das Machtmotiv angeregt werden können.

• Angemessener Handlungsspielraum durch die Gewährung von Autonomie. Der Planungs- und Entscheidungsspielraum der einzelnen Schüler oder Schülergruppen sollte maximiert werden. Dazu kann auch die gemeinsame Verhandlung und Vereinbarung von Zielen gehören. So wird die Verbindlichkeit der Lernziele erhöht.

Diese Maßnahmen können kaum für den Einzelfall eingeführt werden, sind aber als Peilmarken der Unterrichtsgestaltung zur Vermeidung von Schulunlust und Motivationsmangel in hohem Maße nützlich.

2.15.7
Wirksamkeit und Wirksamkeitsbedingungen der Therapie

Die bisherigen Befunde zur Motivationsförderung belegen eine befriedigende Wirksamkeit (vgl. Heckhausen & Rheinberg, 1980; Rheinberg & Krug, 1993). Ein direktes Motivtraining verbessert beispielsweise die Erfolgszuversicht der Schüler, reduziert die Schulunlust und optimiert das Lern- und Unterrichtsverhalten, insbesondere dann, wenn den Kindern auch gleichzeitig Lerntechniken und Lernstrategien vermittelt werden (Rheinberg & Fries, 1998). Auf indirektem Wege stellt sich teilweise eine Leistungsverbesserung ein, weil die Schüler mehr Zeit und Energie auf das Lernen verwenden und sich dadurch allmählich größere Lernkompetenzen bzw. vermehrtes Wissen aneignen. Um Effekte, die in einem Training oder in einer Einzeltherapie erreicht werden, zu stabilisieren und auf den Schulalltag zu übertragen, ist die Einbeziehung der Lehrer nahezu unabdingbar. Hierzu gehört vor allem, dass sie schülerspezifische Aufgabenschwierigkeiten auswählen und längsschnittliche Bewertungen machen.

Grundlegende Literatur

- Heckhausen, H. & Rheinberg, F. (1980). Lernmotivation im Unterricht, erneut betrachtet. Unterrichtswissenschaft, 8, 7–47.

- Rheinberg, F. & Krug, S. (1993). Motivationsförderung im Schulalltag. Göttingen: Hogrefe.

Weiterführend:

- Rheinberg, F. & Fries, F. (1998). Förderung der Lernmotivation: Ansatzpunkte, Strategien und Effekte. Psychologie in Erziehung und Unterricht, 44, 168–184.

Materialien

- Schmalt, H.-D. (1976). Das LM-Gitter. Göttingen: Hogrefe.

- Stiensmeier-Pelster, J., Schürmann, M. Eckert, C. & Pelster, A. (1994). Attributionsstil-Fragebogen für Kinder und Jugendliche (ASF-KJ). Göttingen: Hogrefe.

- Borchert, J. (1996). Pädagogisch-therapeutische Interventionen. Göttingen: Hogrefe.

- Dietrich, P. & Freitag, R. (1997). Für das Leben lernen? Schulzufriedenheit in Brandenburg. In D. Sturzbecher (Hrsg.), Jugend und Gewalt in Ostdeutschland. Lebenserfahrungen in Schule, Freizeit und Familie (S.133–142). Göttingen: Verlag für angewandte Psychologie.

2.15
Motivationsmangel
und Schulunlust

Schulvermeidendes Verhalten bei Kindern

Hans-Georg Häring

2.16.1
Fallbeispiele

Mit dem Begriff „schulvermeidendes" Verhalten werden drei unterschiedliche Formen der Abwesenheit von der Schule beschrieben: Schulvermeidung aufgrund des Schulschwänzens, Schulvermeidung aufgrund der Trennungsangst (auch als Schulphobie bezeichnet) und Schulvermeidung aufgrund sozialer Ängstlichkeit (auch als Schulängstlichkeit bezeichnet).

Schulschwänzen. Gegen elf Uhr erscheint der Besitzer eines Zeitschriftengeschäfts mit dem Fünftklässler Simon beim Schulleiter. Der Kaufmann erklärt, dass er den Jungen schon zum zweiten Mal beim Ladendiebstahl ertappt hat. Überhaupt kenne er ihn als Herumtreiber sowie Schulschwänzer und verlange eine harte Bestrafung, andernfalls werde er die Polizei einschalten. Bei den Lehrkräften ist Simon bisher nicht aufgefallen. Erst von anderen Kindern erfährt der Schulleiter, dass Simon manchmal nicht in der Schule ist. Zumeist geht er rechtzeitig von zu Hause los, kommt aber nicht immer in der Schule an. Häufig verschwindet er auch während der Pausen, um sich mit anderen Schulschwänzern zu treffen oder durch Geschäfte und Fußgängerzonen zu bummeln. Als Simon mit diesen Erkenntnissen konfrontiert wird, verspricht er, ab sofort zur Schule zu kommen und sie nicht vorzeitig zu verlassen. Bereits drei Tage später verschwindet Simon nach der großen Pause aus der Schule. Man findet ihn im Park mit anderen Kindern und Jugendlichen. Sie plaudern und rauchen.

Trennungsangst. Die neunjährige Fanny ging drei Jahre erfolgreich zur Schule. Eines Morgens ruft ihre Mutter an, entschuldigt die Tochter und berichtet, Fanny sei es auf dem Schulweg schlecht geworden. Die besorgte Mutter denkt an eine Magenverstimmung. Sie ruft nach drei Tagen erneut an und erzählt, ihr Kind habe sich wieder gesund gefühlt; als es sich die Hausaufgaben von einer Freundin holen sollte, sei es weinend und kreidebleich zurückgekommen. Fanny sei nun in ärztlicher Behandlung. Sie wird krank geschrieben und bleibt zu Hause. Jeder ihrer Versuche, das elterliche Haus allein zu verlassen, führt zu heftiger Übelkeit, Schwitzen und Erbrechen. Die Eltern stellen Fanny bei anderen Ärzten, einer Heilpraktikerin und einem Diplom-Psychologen vor. Die Schulleiterin fordert den Schulbesuch des Kindes, will selbst mit dem Arzt sprechen und den Schulpsychologen hinzuziehen.

Soziale Ängstlichkeit. Der achtjährige Andreas verhielt sich während des gesamten ersten Schuljahres zurückhaltend. An einem Morgen zu Beginn des zweiten Schuljahres steht er weinend vor dem Klassenraum. Er zittert und ist nicht in der Lage, mit in die Rechenstunde zu kommen. Die Lehrerin bringt ihn zur Schulsekretärin, damit ihn seine Mutter nach Hause holen und ins Bett legen kann. Die Mutter wird nicht erreicht. Als die Lehrerin nach der Rechenstunde ins Sekretariat geht, ist sie überrascht, dass Andreas in einem Buch blättert, gesund und fröhlich wirkt. Er kommt mit in die nächste Stunde und beteiligt sich an den Leseübungen. Ähnliche Vorfälle wiederholen sich. Schließlich erlaubt die Lehrerin keine Extrabehandlung mehr. Sie fasst Andreas fest an, drückt ihn resolut in den Raum und auf seinen Platz. Dort sitzt er weinend, während alle anderen Kinder rechnen. Am nächsten Tag fehlt Andreas. Die Mutter schickt eine Entschuldigung wegen „Erkältung mit Fieber". Die Fehlzeiten aus ähnlichen Gründen nehmen so zu, dass die Eltern in die Schule bestellt werden.

2.16.2
Diagnostische Kriterien nach ICD-10

Schulvermeidung infolge von Schulschwänzen ist ein Kennzeichen der „Störung des Sozialverhaltens bei vorhandenen sozialen Bindungen" (F91.2). Diese Diagnose wird vergeben, wenn ein extremes Maß an Streiten oder Tyrannisieren, Grausamkeit gegenüber anderen Menschen oder gegenüber Tieren, erhebliche Destruktivität gegen Eigentum, Feuerlegen, Stehlen, häufiges Lügen, Schulschwänzen und Weglaufen von zu Hause, ungewöhnlich häufige oder schwere Wutausbrüche und Ungehorsam beobachtet werden. Jede dieser Verhaltensweisen für sich rechtfertigt – bei erheblicher Ausprägung – bereits die Diagnose „Störung des Sozialverhaltens". Hauptdifferenzierungsmerkmal zu anderen Störungen des Sozialverhaltens „sind angemessene andauernde Freundschaften mit etwa Gleichaltrigen" (F91.2). Schulvermeidung infolge von Trennungsangst wird als „emotionale Störung mit Trennungsangst" (F93.0) diagnostiziert. Diese Diagnose ist angezeigt, wenn die Trennung von einer Hauptbezugsperson in verschiedenen Situationen Angst auslösend wirkt. Die auffälligsten Diagnosekriterien sind eine übermäßige, dem Entwicklungsstand des Kindes nicht angemessene Angst vor Trennung und die unrealistische Besorgnis, dass jemand durch die Trennung zu Schaden kommt. Angst vor Trennung wird meist schon aus den ersten Lebensjahren berichtet. Sie unterscheidet sich von der normalen Trennungsangst durch ihren außergewöhnlichen Schweregrad, eine abnorme Dauer über die typische Altersstufe des Kleinkindes hinaus, somatische Symptome und die Beeinträchtigung sozialer Funktionen. Die Diagnose wird vergeben, wenn die beschriebenen Merkmale der Trennungsangst zu absoluter Schulvermeidung geführt haben.

Schulvermeidung infolge sozialer Ängstlichkeit wird als „Störung mit sozialer Ängstlichkeit des Kindesalters" (F93.2) diagnostiziert, wenn die Störung als durchgängige oder wiederkehrende Furcht vor Fremden bereits vor dem sechsten Lebensjahr begonnen hat. Diese Störung bezieht sich bei Vorschul- und Schulkindern häufig auf die Schule sowie auf mögliches oder vermeintliches Versagen (Schneider, Florin & Fiegenbaum, 1999, S. 217). Die schulische Situation oder einzelne Aspekte wie Räume, Schulweg, Lehrkräfte, Schüler, Schulfächer werden als bedrohlich empfunden. Wenn die Schulvermeidung auf eine der beschriebenen Befürchtungen zurückzuführen ist, wird eine Schulvermeidung infolge sozialer Ängstlichkeit diagnostiziert.

2.16.3
Epidemiologie, Verbreitung und Altersrelevanz

Schulvermeidung infolge des Schulschwänzens tritt bei drei Prozent aller Kinder im Laufe ihrer Schulzeit auf, hauptsächlich bei Jungen vom zehnten Lebensjahr an. Sie stammen in aller Regel aus Familien, die nur eine geringe elterliche Kontrolle ausüben. Schulschwänzen gilt im Wesentlichen als Problem der Hauptschule; es nimmt in jeder Jahrgangsstufe zu. Schulvermeidung infolge von Trennungsangst ist bei ein bis zwei Prozent aller Kinder festzustellen (Esser & Schmidt, 1987) und wird tendenziell eher in der Mittelschicht beobachtet (Latzko & Fegert, 1991). Bei diesen Angaben muss berücksichtigt werden, dass die Störung oft nicht präzise diagnostiziert wird.

Schulvermeidung infolge sozialer Ängstlichkeit tritt bei fünf Prozent aller Jungen und Mädchen zumindest einmal während der Vor- und Grundschulzeit auf. Kinder aller sozialen Schichten sind etwa gleich stark betroffen.

2.16.4
Diagnostik der Störung

Die Diagnostik hat das Ziel, die Form der Schulvermeidung, ihren Schweregrad, ihre Entstehung und ihre Bedingungen aufzuklären. Insbesondere geht es darum, zwischen den drei Formen der Schulvermeidung zu differenzieren, was schon deshalb nicht leicht ist, weil bei allen drei Formen das gleiche Symptom vorliegt: Das Kind ist nicht in der Schule. Die Diagnostik erfolgt anhand von verhaltensanalytischen Befragungen, Verhaltensbeobachtungen und psychologischen Testverfahren. Eine ärztliche Untersuchung ist angezeigt, um organische Verursachungen abzuklären.

Die Befragung wird mit Eltern, Kindern und Lehrkräften sowohl einzeln als auch gemeinsam durchgeführt. Bei der Befragung der Eltern geht es um folgende Themen: Steht das Kind morgens pünktlich auf? Wie und wann verlässt es das Elternhaus? Was tut es, wenn es nicht zur Schule geht? Wird es regelmäßig beaufsichtigt? Welche Freunde hat es? Sind Diebstähle oder andere soziale Auffälligkeiten bekannt? Können die Eltern für den Schulbesuch sorgen? Ferner wird erfragt, welche Schulleistungen das Kind vor der Schulvermeidung zeigte, ob es häufig unter ungeklärten Krankheiten leidet, ob die Eltern bereitwillig Entschuldigungen schreiben, welche Befürchtungen das Kind äußert und ob es die elterliche Wohnung allein verlässt.

Dem Kind werden die gleichen Fragen gestellt. Zusätzlich werden folgende Sachverhalte geklärt: Wie begründet das Kind die Schulvermeidung? Wie beurteilt es Lehrer, Schule und Mitschüler? Hat es Angst vor einzelnen Menschen, Räumen, Wegen, Schulfächern? Beschreibt es die Angst genau? Für die Befragung kann das Diagnostische Interview bei psychischen Störungen im Kindes- und Jugendalter (Kinder-DIPS) eingesetzt werden, das als Interview mit den Eltern und dem Kind durchgeführt wird und eine Diagnostik nach ICD-10 ermöglicht (Schneider, Unnewehr & Margraf, 1995).

Die Befragung der Lehrer bezieht sich auf folgende Sachverhalte: Wie oft fehlt das Kind? Wann fehlt es? Wird sein Fernbleiben sofort bemerkt? Was wird beim Fernbleiben unternommen? Verlässt das Kind die Schule vorzeitig? Welche Maßnahmen wurden bisher mit welchem Erfolg ergriffen? Wie ist die Schulleistung des Kindes? Zeigt es besondere Defizite oder Stärken?

Die Verhaltensbeobachtung richtet ihr Augenmerk darauf, wie sich das Kind im Unterricht, im Klassenraum und auf dem Pausenhof verhält, was es tut, wenn es nicht zur Schule kommt, und wie es bei Versuchen, den Schulbesuch wieder aufzunehmen, reagiert. Hierzu begleitet der Therapeut das Kind auf dem Schulweg und in den Unterricht. Er registriert dabei unter anderem, ob, wann und in welcher Situation Angstsymptome (Zittern, Erbleichen, Schwitzen, Fluchtversuche, Meidungsverhalten) auftreten. Der Beobachtungsbogen für sozial unsicheres Verhalten (BSU; Petermann, 1999, S. 197f.) hilft, verbale, mimische und motorische Indikatoren (Sprach- und Gefühlsäußerungen, Gesichts- und Körperausdruck, Tätigkeiten, Sozialkontakte, psychophysiologische Begleiterscheinungen) zu erheben.

Mit psychologischen Testverfahren werden kognitive Fähigkeiten (z.B. Adaptives Intelligenz Diagnostikum 2; Kubinger & Wurst, 2000) sowie Ausmaß der Ängstlichkeit und Belastung (z.B. Kinder-Angst-Test; Thurner & Tewes, 1999; Angstfragebogen für Schüler; Wieczerkowski u.a., 1981; Hamburger Persönlichkeitsfragebogen für Kinder; Wagner & Baumgärtel, 1978) erfasst. Die Testdiagnostik soll folgende Fragen klären: Entspricht die gemessene Testintelligenz der Altersnorm? Zeigen sich im Testprofil diskrepante Ergebnisse? Ergeben sich Hinweise für Ängste und Belastungen?

Aufgrund der umfangreichen Diagnostik können die drei Formen der Schulvermeidung differenzialdiagnostisch in der Regel eindeutig voneinander abgegrenzt werden.

- Schulschwänzende Kinder haben keine Angst vor der Schule, sondern erhebliche Schulunlust. Die Schule oder der Schulweg sind für sie nicht Besorgnis erregend. Sporadisch besuchen diese Kinder den Unterricht. Meist findet man in ihren Familien wenig elterliche Kontrolle, oft geht dem Schulschwänzen eine Vorgeschichte von oppositionellem Trotzverhalten voraus.

- Trennungsängstliche Kinder haben nicht in erster Linie Angst vor der Schule, sondern Angst, sich von der elterlichen Wohnung oder einer wichtigen Bezugsperson zu trennen. Sie fürchten sich nicht vor dem Schulbesuch, sondern vor dem Verlassen der elterlichen Wohnung. Die Störung tritt häufig gemeinsam mit anderen Angststörungen und mit depressiver Störung auf (Lee & Miltenberger, 1996; Petermann, 1999). Oft hat die Familie erhebliche Probleme, z.B. ist ihr Bestand durch Tod oder drohende Scheidung infrage gestellt (Latzko & Fegert, 1991).
- Sozialängstliche Kinder haben Angst vor dem Schulgebäude, vor Mitschülern, Schulfächern oder Lehrkräften. Diese Angst ist zunächst auf einzelne Unterrichtsstunden, Lehrkräfte oder Kinder beschränkt, kann aber zunehmend die gesamte Schule sowie den Schulweg betreffen. Die Angst ist häufig begründet (z.B. wegen intellektueller Überforderung, schlechter Schulleistungen, Bedrohung durch andere Kinder). Sozialängstliche sind sich der Überforderung oder Bedrohung bewusst und können sie beschreiben.

2.16.5
Bedingungsmodell

Das schulvermeidende Verhalten ist – je nachdem, ob es auf Schulschwänzen, Trennungsangst oder sozialer Ängstlichkeit beruht – unterschiedlich begründet.

Schulschwänzen entsteht auf dem Hintergrund geringer elterlicher Kontrolle und ist vor allem durch operante Verstärkungsmuster erklärbar. Viele Kinder gehen manchmal nicht gern in die Schule. Gelegentliche Schulvermeidung kann sich, wenn sie nicht sanktioniert wird, durch positive Verstärkung, die Kinder außerhalb der Schule erhalten, zum Schulschwänzen entwickeln. Schulschwänzer werden mit zunehmenden Fehlzeiten schlechte Schüler und machen bei Versuchen, den regelmäßigen Schulbesuch wieder aufzunehmen, negative Erfahrungen. Insofern hat das Schulschwänzen auch die Funktion einer negativen Verstärkung, da es dem Schüler erlaubt, immer weniger beherrschte Inhalte zu meiden. Ein weiteres wichtiges Bedingungsmoment ist die Tatsache, dass Schulschwänzen keine direkten negativen Folgen hat. Das Schwänzen wird von den Eltern nicht oder zu spät bemerkt. Auch in der Schule fällt das Schulschwänzen, insbesondere nach Lehrerwechsel, oft erst dann auf, wenn es sich schon verfestigt hat.

Trennungsangst beruht auf einer frühen Störung der Eltern-Kind-Beziehung, die es nicht ermöglicht, vertrauensvolle Bindungen aufzubauen (siehe Kap. 2.29). Schulvermeidung infolge von Trennungsangst ist das Ergebnis negativer Verstärkung durch Vermeidung der Trennung und positiver Verstärkung durch Zuwendung der Familie und der professionellen Helfer. Mit hoher Wahrscheinlichkeit spielen auch genetische Faktoren sowie das Lernen am Modell eine Rolle, da viele Eltern trennungsängstlicher Kinder selbst ängstlich sind (Schneider, Florin & Fiegenbaum, 1999, S. 222). Die Schulvermeidung wird durch operante Konditionierung immer mehr verstärkt, da ein erkranktes Kind den elterlichen Schutzraum nur unter Druck sowie schweren Spannungen verlässt und nur noch zu Hause den Zustand der Entspannung erlebt. Für Eltern, die über eigene Schwierigkeiten nicht sprechen können oder wollen, kann die Störung zum wichtigen Bindeglied werden.

Schulvermeidung infolge sozialer Ängstlichkeit wird durch Schwierigkeiten in der Schule oder auf dem Schulweg (etwa Übergriffe anderer Schüler) ausgelöst. Lerntheoretisch lässt sich die aus sozialer Ängstlichkeit folgende Schulvermeidung als Ergebnis negativer Verstärkung durch Vermeidung der Angst auslösenden Situation und positiver Verstärkung durch die Zuwendung der Familie erklären. Das zunehmende Meiden der aversiven Gegebenheiten und die angenehme Verwöhnung im Status des leicht erkrankten Kindes verstärken die Schulvermeidung und erhalten sie aufrecht.

2.16.6
Therapieplanung

Das Schulschwänzen wird innerhalb eines Ausformungsplanes behandelt. Er sieht vor, jeden Versuch des Schulschwänzens durch Bestrafung konsequent zu sanktionieren und die Annäherung an den regelmäßigen Schulbesuch systematisch zu verstärken. Eltern und Lehrer arbeiten dabei als Mediatoren mit. Der Therapeut leitet sie an, Bestrafung und positive Verstärkung gezielt einzusetzen. Die Lehrer werden gebeten, die Anwesenheit des Kindes genau zu registrieren. Dafür bekommen sie einen Schulbesuchsplan, der auf das Lehrerpult gelegt wird. Jede Lehrkraft nimmt am Beginn jeder Stunde die Anwesenheit des betroffenen Kindes lobend zur Kenntnis und trägt sie in den Plan ein. Fernbleiben wird sanktioniert, indem die Eltern alsbald zu Hause oder im Dienst telefonisch benachrichtigt werden und das Kind zum Nacharbeiten versäumter Stunden in die Schule bringen. Außerdem wird das Kind von der Lehrkraft beim Schulbesuch positiv verstärkt, indem es gesteigerte Zuwendung und Hilfe bei Lernaufgaben erhält. Die Eltern verstärken den Schulbesuch des Kindes durch Prämien in Form von Geschenken, Karten für Schwimmbad oder Kino. Hierzu werden Tauschverstärker eingesetzt, wobei der Therapeut gemeinsam mit dem Kind ein Belohnungssystem erstellt. Zum Beispiel erhält das Kind für jeden Tag, den es in der Schule war, von der Lehrkraft ein Token, fünf Token tauschen die Eltern in die verabredete Belohnung ein. Ferner hilft der Therapeut den Eltern, wieder Kontrolle über das Kind auszuüben. Er trainiert mit ihnen im Rollenspiel, Anforderungen zu stellen, auf deren Einhaltung zu bestehen sowie gemeinsame Essenszeiten und das Vorlegen der Schulaufgaben durchzusetzen. Der gesamte Ablauf des Familienalltags wird auf die Möglichkeit untersucht, wie und wann die Eltern mehr Zeit mit dem Kind verbringen können (etwa gemeinsame Mahlzeiten einnehmen, die gemeinsame Erledigung von häuslichen Pflichten, Planung gemeinsamer Freizeitaktivitäten). Bleiben diese Bemühungen erfolglos, müssen die Eltern ihr Kind drei Wochen lang jeden Morgen selbst zur Schule bringen und bei der Schulleitung abliefern. Dadurch bekommt das Kind die Chance, regelmäßig und pünktlich in der Schule zu sein und erwünschte Verhaltensstrukturen (zur Schule gehen und dort bleiben) aufzubauen. Das schulschwänzende Kind muss bei erneuten Schulbesuchen Erfolge haben können. Deshalb ist es erforderlich, Hilfe zur Behebung der Lernrückstände anzubieten (Fördergruppe, Einzelförderung) bzw. über die weitere Schulkarriere (Rücküberweisung auf eine niedrigere Klassenstufe) nachzudenken.

Bei der Trennungsangst bringen der Therapeut, die Lehrkraft oder die Schulleitung die Intervention in Gang, indem sie auf die Einhaltung der Schulpflicht bestehen. Der Therapeut informiert die Eltern und die Schule genau und verständlich über die Bedingungen, welche die Störung aufrechterhalten (Meidung der Schule als negative Verstärkung, Aufrechterhaltung der Schulvermeidung durch Fluchtverhalten) sowie über die geplante Therapie. Er erläutert, dass dem Kind nur geholfen werden kann, wenn die Schulvermeidung unterbrochen wird und es lernt, den Schutzraum der elterlichen Wohnung zu verlassen. Als erfolgreichste Therapie gilt eine graduelle Konfrontationsstrategie. Hierbei wird das Kind kognitiv, emotional sowie unmittelbar auf der Verhaltensebene abgestuft mit der Angst auslösenden Situation (elterliches Haus verlassen, Trennung von Bezugspersonen) konfrontiert. Gemeinsam mit dem Kind wird eine Angsthierarchie erstellt, deren einzelne Stufen vom Kind durchlaufen werden. Eine solche Angsthierarchie kann beispielsweise aus folgenden Übungen bestehen: Das Kind trennt sich von seiner Mutter und geht mit dem Therapeuten in das unbekannte Nebenzimmer; das Kind geht ohne den Therapeuten in das Nebenzimmer; es geht mit zum Auto des Therapeuten; es lässt sich ohne die Mutter vom Therapeuten zur Schule fahren; es geht mit dem Therapeuten am Nachmittag in die Schule; es geht allein am Nachmittag in die Schule, während die Mutter im Auto wartet; es geht mit der Mutter am Vormittag zur Schule und bleibt dort, während die Mutter in einem Café wartet; es geht allein am Vormittag zur Schule; die Mutter holt es nach der Schulzeit ab; es geht allein zur Schule und bleibt dort. Diese Übungen werden als Desensibilisierungs- (in sensu) und Verhaltensübung (in vivo) durchgeführt. Voraussetzung für die Wirksamkeit der Therapie ist, dass die Eltern kooperieren. Dafür bildet der Therapeut mit den Eltern und dem Kind ein „Expertenteam", in dem alle Informationen getauscht, der Therapieprozess besprochen und die Stärken der Familie bedacht werden. Insbesondere werden die Eltern trainiert, Versuche zum Schulbesuch zu verstärken, ängstliches Verhalten des Kindes zu ignorieren, eigenes ängstliches Verhalten zu erkennen und zu reduzieren sowie die Kommunikation der Familie problemlösend zu gestalten. Im Expertenteam werden auch die Einschränkungen durch die Störung des Kindes, die tatsächliche oder befürchtete Auflösung der Familie, der eventuell drohende Umzug usw. bearbeitet. Wichtig ist, dass der Therapeut möglichst frühzeitig Kontakt zum Arzt, der im Regelfall von den Eltern hinzugezogen wurde, aufnimmt. Er informiert ihn in ähnlicher Weise wie die Eltern über die diagnostischen Ergebnisse sowie die geplante Therapie und verweist auf seine Erfahrung mit der Therapie dieser Störung. Ziel ist dabei, dass eine einvernehmliche Sichtweise erzeugt wird, damit die Familie nicht durch neue Diagnosen oder Medikamentationen verunsichert wird.

Sozialängstliche Kinder müssen die versäumte Zeit und den versäumten Lernstoff nachholen. Aus einer pragmatischen Sicht ist es günstig, wenn diese Arbeit nach dem Unterrichtstag von der Lehrkraft geleistet wird. Das Kind hat so die Chance, Lernstoff, Lehrkraft und Schulgebäude in einer anderen, weniger Angst auslösenden Situation zu erleben. Die Lehrkraft hat die Chance, das Kind durch Zuwendung und Lob zu stützen. Genügt das nicht, muss bedacht werden, ob gezielte Nachhilfe, Wiederholung einer Klasse oder Einweisung in eine Sonderschule die Leistungsfähigkeit des Kindes verbessern bzw. die Überforderung aufheben können. Da das Kind die Schule wegen einer umschriebenen Befürchtung meidet, wird also zunächst versucht, das Kind so zu stärken, dass es die Befürchtung reduzieren kann (z.B. durch Nachhilfe in Mathematik bei Angst vor den Rechenstunden). Ist das nicht erfolgreich (z.B. wegen intellektueller Überforderung), müssen die schulischen Bedingungen neu gestaltet werden (Wiederholung einer Klasse, Besuch einer Sonderschule oder Sonderklasse). Wenn ein Kind ängstlich ist, weil es von Kindern erpresst und bedroht wird, empfiehlt sich ein stufenweises Vorgehen. In Gesprächen mit Eltern und anderen Kindern wird genau eruiert, ob eine solche Erpressung oder Bedrohung vorliegt und worin sie besteht. Muss das Kind Geld abgeben? Werden seine Arbeitsmaterialien beschmutzt oder versteckt? Wird es geschlagen oder beschimpft? In einem Gespräch, an dem neben den Tätern und dem Opfer auch der Schulleiter teilnimmt, wird auf die Konsequenzen der Erpressungen und Bedrohungen so deutlich hingewiesen, dass allen die nächsten Vorgehensschritte bekannt sind. Weiterhin wird verlangt, dass die Übergriffe sofort unterbleiben und ein Termin für den Erfolgsbericht verabredet. Tritt bis zu diesem Termin keine Verbesserung ein, werden die Eltern der Täter und Täterinnen angerufen. Ändert sich auch jetzt nichts, ermuntert der Therapeut die Eltern des erpressten oder bedrohten Kindes, einen Rechtsanwalt einzuschalten. Der schreibt die Eltern der Täter und Täterinnen an und macht sie darauf aufmerksam, dass bei dem Verhalten ihres Kindes eine gesteigerte Aufsichtspflicht der Erziehungsberechtigten besteht und dass sie nun alles unternehmen müssen, um Eskalationen zu vermeiden. Der Rechtsanwalt wird mitteilen, dass er zivil- und strafrechtliche Schritte einleitet, wenn es zu weiteren Erpressungen, Bedrohungen oder Übergriffen kommen sollte.

2.16
Schulvermeidendes
Verhalten bei Kindern

2.16.7
Wirksamkeit und Wirksamkeitsbedingungen der Therapie

Prinzipiell kann schulvermeidendes Verhalten sehr erfolgreich behandelt werden. Beispielsweise hat eine Gruppe niedersächsischer Schulpsychologen 90% aller Schulvermeider infolge des Schulschwänzens bis zum zwölften Lebensjahr so geholfen, dass die Kinder auch drei Monate nach Therapieende noch regelmäßig die Schule besuchten. Die Therapie ist wirksam, weil sie die operanten Bedingungen des Schulschwänzens neu definiert und Bestrafung sowie Verstärkung einsetzt.
Ähnlich eindrucksvolle Ergebnisse werden auch für die Therapie der Schulvermeidung infolge der Trennungsangst und der Schulvermeidung infolge der sozialen Ängstlichkeit vorgelegt. Barrett et al. (1996) haben Kinder mit Trennungsangst und sozialer Ängstlichkeit behandelt. Dabei hat sich gezeigt, dass zwölf Monate nach der „kognitiv-behavioralen Therapie" 70% der Behandelten beschwerdefrei waren. Wurden die Familien zusätzlich zum „expert team" der Therapie ausgebildet und die Eltern trainiert, angstfreies Verhalten des Kindes zu belohnen, eigenes ängstliches Verhalten zu erkennen und zu bearbeiten sowie mit Konflikten gelassener umzugehen, stieg die Zahl der beschwerdefreien Kinder auf eindrucksvolle 95%. Andere Forscher (Ronen, 1996; Mackenberg, 1996) berichten über ähnliche Therapieerfolge; teilweise (Gruppe der niedersächsischen Schulpsychologen) konnte sogar allen Kin-

dern, die unter Schulvermeidung infolge der Trennungsangst und aufgrund sozialer Ängstlichkeit litten und jünger als zwölf Jahre waren, wieder zum Schulbesuch verholfen werden. Die Therapien, die sich als so erfolgreich erweisen, kombinieren kognitive und verhaltenstherapeutische Elemente und beruhen auf einer Desensibilisierung in sensu und in vivo, der intensiven Mitarbeit der Eltern und Kinder sowie auf der Selbstkontrolle des Erreichten durch die betroffenen Kinder. Prognostisch günstige Faktoren sind für alle drei Formen der Schulvermeidung das Alter des Kindes, die Dauer der Fehlzeit und die elterliche Unterstützung. Jüngeren Kindern ist bei schnellem Eingreifen und Kooperation der Eltern fast immer zu helfen. Bei älteren Schülern (ab dem dreizehnten Lebensjahr), die schon über ein Jahr die Schule vermeiden, erweisen sich die Therapien als weniger wirksam; oft sind Behandlungserfolge dann nur nach einem Schul- und/oder Ortswechsel zu erreichen. Therapieschädlich sind divergierende Auffassungen der Lehrkräfte, der Eltern und des Therapeuten zur Form und zum Ernst der Schulvermeidung.

Grundlegende Literatur

- Barrett, P., Dadds, M. & Rapee, R. (1996). Family treatment of childhood anxiety: a controlled trial. Journal of Consulting and Clinical Psychology, 64, 333–342.

- Latzko, G. & Fegert, J. M. (1991). Schulphobie. In M. Beck, G. Brückner & H.-U. Thiel (Hrsg.), Psychosoziale Beratung (S. 97–110).Tübingen: dgvt-Verlag.

- Petermann, U. (1999). Angststörungen. In H.-C. Steinhausen & M. von Aster (Hrsg.), Verhaltenstherapie und Verhaltensmedizin bei Kindern und Jugendlichen (S. 187–213). Weinheim: Psychologie Verlags Union.

- Schneider, S., Florin, I. & Fiegenbaum, W. (1999). Phobien. In H.-C. Steinhausen & M. von Aster (Hrsg.), Verhaltenstherapie und Verhaltensmedizin bei Kindern und Jugendlichen (S. 215–242). Weinheim: Psychologie Verlags Union.

Weiterführende Literatur

- Esser, G. & Schmidt, M. H. (1987). Epidemiologie und Verlauf kinderpsychiatrischer Störungen im Schulalter, Ergebnisse einer Längsschnittstudie. Nervenheilkunde, 6, 27–35.

- Lee, M. & Miltenberger, R. (1996). School refusal behavior: classification, assessment, and treatment issues. Education and Treatment of Children, 19, 474–486.

- Mackenberg, H. (1996). Fallstudie zur Behandlung einer Schulphobie unter Einsatz eines variierten Reizkonfrontationsverfahrens. Praxis der Kinderpsychologie und Kinderpsychiatrie, 45, 57–63.

- Ronen, T. (1996). Self-control exposure therapy for children's anxieties: A preliminary report. Child and Family Behavior Therapy 18, 1–17.

Materialien

- Kubinger, K. D. & Wurst, E. (2000). Adaptives Intelligenz Diagnostikum 2 (AID2). Göttingen: Hogrefe.

- Unnewehr, S., Schneider, S. & Margraf, J. (Hrsg.). (1995). Diagnostisches Interview bei psychischen Störungen des Kinder- und Jugendalters. (DIPS-K). Berlin: Springer.

- Thurner, F. & Tewes, U. (1999). Der Kinder-Angst-Test (KAT). Göttingen: Hogrefe.

- Wagner, H. & Baumgärtel, F. (1978). Hamburger Persönlichkeitsfragebogen für Kinder (HAPEF-K). Göttingen: Hogrefe.

- Wieczerkowski, W., Nickel, H., Janowski, A., Fittkau, B. & Rauer, W. (1981). Angstfragebogen für Schüler (AFS). Göttingen: Hogrefe.

2.16
Schulvermeidendes
Verhalten bei Kindern

Soziale Ängste, Schüchternheit und Selbstwertprobleme

Anja Warnke

2.17.1
Fallbeispiel

Karsten, ein 13-jähriger Realschüler, wird von seiner Mutter wegen fehlender sozialer Kontakte und Ängsten bei verbalen Unterrichtsanforderungen vorgestellt. Karsten redet beim ersten Gesprächstermin kaum und überlässt seiner Mutter die Beantwortung von Fragen. Im Einzelgespräch antwortet er höflich, aber mit leiser Stimme. Karsten ist dabei kaum in der Lage, Blickkontakt herzustellen und sitzt mit herabhängenden Schultern und gesenktem Kopf auf seinem Stuhl. Die Mutter berichtet, dass er in der Schule bei mündlichen Anforderungen, besonders aber im Fach Deutsch, schlechte Noten für Gedichte und Vorträge erhält, da er sich nicht vor die Klasse traut.

Karsten lebt mit seiner Mutter allein in einer kleinen 3-Zimmer-Wohnung, hat keine Geschwister und zum Vater, der in einer anderen Stadt lebt, besteht nur seltener Kontakt. Die Mutter schildert generelle Eingewöhnungsprobleme. Insbesondere sei der Übergang vom Kindergarten zur Schule problematisch verlaufen. Karsten geht nur ungern in die Schule, nimmt dort eine Außenseiterposition ein und findet keinen Kontakt zu seinen Mitschülern oder zu fremden Gleichaltrigen. Besonders schlimm seien für Karsten die Pausen, in denen er nie so richtig weiß, wohin er gehen soll. Oftmals versteckt er sich auf der Toilette und wartet auf den Stundenbeginn. Er habe schon versucht, sich auf dem Pausenhof zu seinen Mitschülern zu stellen, habe dabei aber nicht gewusst, was er sagen soll. Vonseiten der Lehrer gibt es hingegen keine Klagen; Karsten wird als angenehmer und freundlicher Schüler beschrieben. Der Versuch der Mutter, Karsten zu einer Schülerferienreise anzumelden, scheiterte, da er sich vehement wehrte.

2.17.2
Diagnostische Kriterien nach ICD-10

Angst in sozialen Situationen erstreckt sich über einen Bereich von leichten sozialängstlichen Befürchtungen bis zur Sozialphobie mit Krankheitswert. Klinisch relevant sind soziale Ängste, wenn sie in einem altersuntypischen Maß auftreten, für das Kind und seine Familie eine anhaltende (mindestens 6 Monate dauernde) Belastung darstellen und das Kind langfristig in seiner normalen Entwicklung gefährden. In den klinisch-diagnostischen Leitlinien des ICD-10 wird soziale Ängstlichkeit einerseits unter· F9 „Verhaltens- und emotionale Störungen mit Beginn in der Kindheit und Jugend" mit der Diagnose F93.2 „Störung mit sozialer Ängstlichkeit des Kindesalters" klassifiziert, andererseits unter F4 „Neurotische Belastungs- und somatoforme Störungen" mit der Diagnose F40.1 „Soziale Phobie" aufgeführt.

Störung mit sozialer Ängstlichkeit des Kindesalters. Sie ist gekennzeichnet durch starke, vor dem 6. Lebensjahr beginnende Furcht vor fremden Erwachsenen bzw. Gleichaltrigen bei meist intakter Beziehung zu vertrauten Personen.

Soziale Phobie. Der Beginn erster Symptome liegt meist in der Adoleszenz. Betroffene haben Angst vor Situationen, bei denen sie im Fokus einer wertenden Betrachtung durch andere Menschen stehen. Sie befürchten, sich unangepasst zu verhalten, und vermeiden aus diesem Grund häufig verschiedene soziale Situationen. Die Ängste können auf bestimmte Situationen wie Sprechen oder Essen in der Öffentlichkeit, Teilnahme an kleinen Gruppen oder Treffen mit dem anderen Geschlecht begrenzt sein, aber auch in fast allen sozialen Situationen außerhalb der Familie auftreten, oft begleitet von Erröten, Händezittern, Übelkeit, Schweißausbrüchen, Drang zum Wasserlassen und der Angst, erbrechen zu müssen. Kriterien, die zur Diagnose „Soziale Phobie" führen, sind folgende:

- das Auftreten primärer Angstsymptome, die nicht durch andere Symptome wie Wahn- und Zwangsgedanken verursacht sind;
- auf soziale Situationen beschränkte Ängste;
- das Auftreten von Flucht- und Vermeidungsverhalten in phobischen Situationen.

2.17.3
Epidemiologie, Verbreitung und Altersrelevanz

Schüchternheit und soziale Ängste wie das „Fremdeln" um den 8. Lebensmonat oder soziale Unsicherheit in neuen, fremden bzw. sozial bedrohlichen Situationen in den ersten Lebensjahren gehören zur Normalentwicklung. Bei einem Teil der Kinder und Jugendlichen (die Angaben schwanken zwischen 1% bis über 3%; Tabelle 1) liegen jedoch pathologische soziale Ängste oder behandlungsrelevante soziale Phobien vor. Viel häufiger ist situationsabhängiges schüchternes oder sozial gehemmtes Verhalten.

Tabelle 1: Prävalenz von Formen sozialer Unsicherheit
(nach Costello & Angold, 1995)

	Schüchternheit, Scheu- und Gehemmtheit	Soziale Ängste und soziale Phobie
um den 8. Lebensmonat:	alterstypisch	keine Angaben
Kinder im 2. Lebensjahr:	15%	keine Angaben
Kindergartenkinder:	3–17%	3%
Kinder im mittleren Schulalter:	ca. 38% (Selbsteinschätzung)	1%
Jugendliche, junge Erwachsene:	ca. 40% (Selbsteinschätzung)	1–2%
Lebenszeit:		3–13% (DSM-IV)

2.17.4
Diagnostik der Störung

Zur Feststellung behandlungsbedürftiger sozialer Ängste bieten sich erstens Gespräche mit dem Kind, seinen Eltern und den betreuenden Lehrern oder Erziehern an, zweitens Fragebögen, Tests, strukturierte Interviews und drittens standardisierte und freie Verhaltensbeobachtungen im sozialen Umfeld und in neuen sozialen Situationen.

Die konkrete Erhebung bezieht sich auf drei Bereiche:

Anamnese und Angaben von Eltern und Kind zum Problemverhalten
- Entwicklungsbedingungen des Kindes im individuellen sozialen Umfeld;
- Auslöser und Konsequenzen des ängstlichen Verhaltens (dazu auch strukturierte Interviews, z.B. Kinder-DIPS);
- elterlicher Erziehungsstil, Umgang mit Ängsten, familiäre Interaktion.

Untersuchung des Kindes
- Ausprägungsgrad der Ängste, gemessen auch mit standardisierten Fragebögen (z.B. SASC-R-D; AFS);
- soziale Kompetenzen und Defizite; andere, von den sozialen Ängsten abhängige oder unabhängige psychische Störungen (evtl. Fragebögen, z.B. YSR/11–18; Kinderversion des Kinder-DIPS);
- Intelligenz-, Entwicklungs-, Leistungsstatus (Intelligenz- und Leistungstests);
- Verhalten des Kindes in (realen oder nachgestellten) kritischen Situationen;
- Besonderheiten des Interaktionsstils und des Antwortverhaltens des Kindes (Mimik, Gestik, Sprechweise, Körperhaltung, Blickkontakt) in alltäglichen und neuen sozialen Situationen.

Befragung von Bezugspersonen
- Verhalten des Kindes generell (Gespräch; evtl. Fragebögen, z.B. Elternversion des Kinder-DIPS, CBCL/4-18, TRF);
- Verhalten des Kindes in kritischen sozialen Situationen (Gespräch; evtl. Fragebögen, z.B. Elternskalen zur Erfassung von Schüchternheit; vgl. Asendorpf, 1989).

2.17.5
Bedingungsmodell

Soziale Ängste sind offenbar multifaktoriell bedingt, ihre Entstehung und Aufrechterhaltung werden durch mehrere Vulnerabilitätsfaktoren begünstigt: konditionierte Furchtreaktionen und andere ungünstige Lernerfahrungen, dysfunktionale soziale Umweltbedingungen und inadäquate Erziehungseinflüsse sowie eine genetische Prädisposition. Diese Faktoren tragen zur Ausbildung unangemessener sozialer Ängste einerseits und zu einem Defizit an sozialen Kompetenzen andererseits bei.

Aus lernpsychologischer Sicht werden soziale Ängste durch klassisch konditionierte Furcht-reaktionen ausgelöst und durch Vermeidung der konditionierten Stimuli sowie das Ausblei-ben der aversiven Ausgangserlebnisse operant aufrechterhalten.

Fehlende Kontakte zu Gleichaltrigen und Geschwistern verhindern eine altersentsprechende Auseinandersetzung mit Sozialpartnern und die Entwicklung sozialer Fertigkeiten. Eine we-sentliche Rolle spielen dabei Erziehungseinflüsse wie Überbehütung, Mangelanregung oder Inkonsequenz, die die Erfahrung einer erfolgreichen Einflussnahme auf die soziale Umwelt verhindern. Beobachtetes ängstliches Verhalten von Bezugspersonen kann durch Modelller-nen erworben, Vermeidungsverhalten durch übermäßige Anteilnahme der Bezugspersonen negativ verstärkt werden.

Da nicht nur soziale Ängste familiengehäuft auftreten, sondern auch eineiige Zwillinge eine höhere Konkordanz der Angstneigung als zweieiige aufweisen, wird neben Imitationspro-zessen innerhalb der Familie auch eine genetisch bedingte erhöhte Angstbereitschaft als Ent-stehungsfaktor von Angststörungen angenommen.

Im „Teufelskreis" der Angst sind fehlerhafte Kausalattribuierungen körperlicher Verände-rungen und Gefühle, Wahrnehmungsverzerrungen der sozialen Umwelt, irrationale kognitive Verarbeitungen und das Festhalten an ehemals erfolgreichen Verhaltensweisen (Flucht und Vermeidung) an der Entstehung und Aufrechterhaltung von Angst als sekundäre Lernpro-zesse beteiligt. So registrieren sozialängstliche Personen physiologische Änderungen (z.B. Zunahme der Herzfrequenz) besonders aufmerksam und bringen sie mit Angst in Verbindung, was die Unsicherheit und Angst bestätigt und stabilisiert.

2.17.6
Therapieplanung

Das therapeutische Vorgehen orientiert sich am Ausprägungsgrad der Störung und am Al-ter des Kindes. Vorschulkinder und Kinder mit massiven sozialen Ängsten profitieren eher von einer Einzelbehandlung. Bei leichteren Formen sozialer Angst, insbesondere bei Kindern im Schulalter, bietet ein Gruppentraining für das gehemmte Kind ein reales Übungs-feld und zugleich einen geschützten therapeutischen Rahmen. Da in der therapeutischen Pra-xis jedoch selten gleichzeitig mehrere sozial ängstliche Kinder angemeldet werden, wird auch bei diesen Kindern oftmals eine Einzelbehandlung durchgeführt. Bei der Gestaltung des Übungsrahmens sowohl im Einzel- als auch im Gruppentraining ist auf eine möglichst ent-spannte und von Leistungsdruck freie Atmosphäre zu achten. Der Therapieraum sollte genü-gend Platz für spielerische Aktivitäten und eine Videoanlage mit Fernseher bieten. In einem kindgemäßen Therapievertrag zwischen Therapeut und Kind, der Ort, Zeit und Ziele des Trai-nings enthält, wird der aktive Beitrag des Kindes an der Therapie betont.

Behandlungsziele
Die Ziele der Behandlung richten sich nach individueller Problemkonstellation und Alter des Kindes und können folgende Bereiche betreffen:

• Abbau von sozialen Ängsten und Hemmungen einschließlich des Vermeidungsverhaltens und der negativen Kognitionen (eher bei Kindern im Jugendalter) bezüglich der eigenen Person;
• Vermittlung sozialer Kompetenzen und Erweiterung des Verhaltensrepertoires.

Eine Überlagerung beider Ziele ist natürlich möglich, die Behandlung richtet sich dann nach individueller Gewichtung der Problematik. Bei der Behandlung kommen die gleichen Methoden mit unterschiedlichem Schwerpunkt zum Einsatz. Bei mangelnden sozialen Kompetenzen erfolgt erst nach einem kleinschrittigen Aufbau der notwendigen Fertigkeiten eine Konfrontation mit den gefürchteten sozialen Situationen. Bei verfügbaren Kompetenzen gilt es, ihren situationsangemessenen Einsatz zu üben und bestehende Ängste durch positive Erfahrungen zu reduzieren. Die Konfrontation mit den Angst auslösenden Situationen hat dann eine vorrangige Bedeutung. Schwierigkeiten im Sozialkontakt können sich beispielsweise in folgenden Bereichen zeigen und werden dann entsprechend der individuellen Problematik des Kindes oder Jugendlichen in den Therapiesitzungen thematisiert: Kontakt zu anderen Menschen herstellen, Gefühle äußern, Forderungen stellen, „Nein" sagen, Kritik und Lob annehmen und vergeben, Umgang mit eigenen Fehlern, Mittelpunktserleben und Umgang mit Ängsten und Hemmungen.

Sowohl bei vorrangigen Ängsten wie auch bei Kompetenzdefiziten ist es günstig, zu Beginn der Behandlung, im Gespräch, anhand von Videoszenen oder auf der Basis einfacher Arbeitsblätter, dem Alter des Kindes entsprechend, unterschiedliche Reaktionsmöglichkeiten in sozialen Situationen (aggressives, selbstunsicheres und selbstsicheres Verhalten) aufzuzeigen und notwendige überdauernde Verhaltensweisen (z.B. Blickkontakt halten, laut und deutlich sprechen usw.) abzuleiten.

Erwerb sozialer Kompetenzen

Die notwendigen sozialen Kompetenzen für selbstsicheres Verhalten werden durch **Modelllernen** aufgebaut. Das ängstliche Kind wird dazu angeleitet, Verhaltensweisen von sozial kompetenten Modellen (z.B. Filmmodelle, Therapeutenmodelle oder Patientenmodelle) in relevanten sozialen Situationen zu beobachten und in Rollenspielen nachzuahmen. Als besonders günstig haben sich attraktive, gleichaltrige Modelle erwiesen. Der Therapeut kann auf Videofilme zurückgreifen, ein Modellkind in die Therapiesituation mitbringen oder das Verhalten im Rollenspiel mit dem Kind selbst vorführen.

Eng mit der Methode des Modelllernens hängt das **Rollenspiel** (vgl. Kap. 5.2) zusammen. Hier eignet sich das Kind ein kompetentes Verhaltensmuster aktiv in seinen einzelnen Komponenten an. Dazu werden für das Kind relevante, Angst auslösende und bisher vermiedene Situationen nachgestellt. Auf einer Schwierigkeitssäule (Angstskala) erfolgt eine Einschätzung der subjektiv empfundenen Schwierigkeit der Situation vor und nach dem Rollenspiel. Das Zielverhalten wird über Modellfilme, Arbeitsblätter (mit mehreren Handlungsalternativen) oder im Gespräch erarbeitet. Eine Verhaltensausformung erfolgt durch mehrfache Wiederholung des Rollenspiels bis zum Erreichen des Zielverhaltens. Im geschützten Therapieraum bleiben gefürchtete negative Konsequenzen aus, auf Abweichungen vom Zielverhalten reagiert der Therapeut durch konstruktive Rückmeldungen (positive, klar formulierte und umsetzbare Hinweise). Erleichtert wird die Verhaltensausformung durch Verwendung von Videotechnik. Beim gemeinsamen Ansehen der Videoaufzeichnung des Rollenspiels werden

---

Abb. 1: Beobachtungsaufgaben (n. Warnke & Friedel, 1995)

Stimme:
Ich spreche laut und deutlich, auch in schwierigen Momenten bleibt meine Stimme fest und bestimmt.

Sprache:
Ich verwende das Wort „Ich", sodass der andere meine Meinung erfährt.

Gesichtsausdruck:
Ich unterstreiche mein Gesagtes durch meinen Gesichtsausdruck und achte darauf, dass beides übereinstimmt.

Blickkontakt:
Ich schaue dem anderen ins Gesicht, wenn ich mit ihm spreche.

Körperhaltung:
Ich trete dem anderen aufrecht und entspannt gegenüber.

Abstand:
Ich trete an meinen Gesprächspartner etwa einen Meter heran, um mit ihm zu sprechen.

Gesamteindruck:
Ich habe die Situation selbstsicher bewältigt.

---

sozial kompetente Verhaltensweisen durch den Therapeuten operant verstärkt und Hinweise zur Verhaltensänderung gegeben. Hilfreich sind hier soziale Verstärker wie Lob und positive Rückmeldungen sowie materielle Verstärker wie kleine Süßigkeiten, Aufkleber usw. Anhand von Beobachtungsaufgaben (Abb. 1), die, den individuellen Problemen des Kindes entsprechend, schriftlich formuliert werden, kann das Kind lernen, sein Verhalten selbst einzuschätzen und Verbesserungen vorzuschlagen. Dazu können auch Beobachtungsbögen, wie in Abb. 2 dargestellt, für einzelne Fertigkeiten getrennt verwendet werden.

Der Transfer erlernter Verhaltensweisen in den Alltag des Kindes wird über **Verhaltensübungen in vivo** und **Hausaufgaben** erreicht. Mit fortschreitender Therapie werden zunehmend reale Situationen (z.B. einen Passanten nach dem Weg fragen, auf dem Spielplatz Kontakt zu anderen Kindern aufnehmen) aufgesucht und vom Kind durch Anwendung der erlernten Techniken bewältigt. Auch hier wird das Verhalten des Kindes durch den Therapeuten unmittelbar verstärkt. Die Hausaufgaben stellen vorwiegend Verhaltensübungen dar, in denen das Kind selbstständig Angst auslösende Situationen aufsucht und die erlernten Verhaltensstrategien anwendet. Bei der Auswahl der Hausaufgabe ist darauf zu achten, dass das Kind in der Therapiesituation alle Bestandteile der benötigten sozialen Kompetenzen gezeigt

Abb. 2: Beobachtungsbogen (n. Warnke & Friedel, 1995)

Arbeitsblatt Nr.	Stimme:	Name:		
Datum:				
Thema:		Beobachtungsbogen zum Rollenspiel		

„Ich spreche laut und deutlich, auch in schwierigen Momenten
bleibt meine Stimme fest und bestimmt."

Super!   Ganz gut!   Noch nicht perfekt!

hat und basierend auf den erlernten sozialen Fertigkeiten der Situation gewachsen ist. Mit der Erfahrung des Bestehens in den gefürchteten Situationen kommt es zum Absinken der Angst und zunehmendem Vertrauen in die eigenen Fähigkeiten. Die Hausaufgaben werden in schriftlicher Form fixiert und in den Therapiesitzungen ausgewertet. Insbesondere bei kleineren Kindern werden die Eltern bei der Realisierung der Hausaufgaben einbezogen und angehalten, das Kind zu kompetentem Verhalten zu ermutigen und es zu verstärken.

Ungünstige Kognitionen werden durch **kognitive Techniken** (z.B. Selbstverbalisation und Selbstinstruktionen) modifiziert. Das Sprechen in Form von inneren Monologen zur Steuerung des Verhaltens wird modellhaft durch den Therapeuten vorgeführt, vom Kind nachgeahmt, im Rollenspiel und später im Alltag eingesetzt; es führt zu einer leichteren Bewältigung schwieriger, angstbesetzter Situationen. Persönliche Hilfssätze, die an gut sichtbaren Stellen im Kinderzimmer aufgehängt werden, stellen eine anschauliche kognitive Unterstützung dar.

Zur Generalisierung von Therapieeffekten ist eine **Elternberatung**, die über Trainingsverlauf und -ziele informiert, Eltern in der Wahrnehmung und Bewertung des kindlichen Verhaltens schult und individuelle relevante Verstärkungsmechanismen aufdeckt, Voraussetzung. Die Eltern erlernen auf dieser Basis ein unterstützendes und förderndes Erziehungsverhalten und werden sich der Rolle ihrer Modellwirkung bewusst.

Komplexe Trainingsprogramme

Sie kombinieren die verschiedenen verhaltenstherapeutischen Elemente und werden als Selbstsicherheittraining oder Training der sozialen Kompetenzen (z.B. Hinsch & Pfingsten, 1998) bezeichnet. Für jüngere Kinder konzipiert, bestehen sie meist aus einem grundlegenden Einzeltraining, einem aufbauenden Gruppentraining und einer Elternberatung. In relativ homogenen, gemischtgeschlechtlichen Gruppen von 4–6 Gleichaltrigen mit ähnlicher Problematik erfährt das Kind oder der Jugendliche Unterstützung, erhält leicht akzeptierbare Rückmeldungen und wird motiviert, Neues auszuprobieren. Neben der positiven Erfahrung des erfolgreichen Einsatzes alternativer Verhaltensweisen kann am Beispiel anderer Gruppenmitglieder präventiv gelernt werden, wie bestimmte zukünftige soziale Situationen erfolgreich zu meistern sind. Die Modifikation des Problemverhaltens wird auch in diesen Programmen durch Modelllernen, Rollenspiel, differenzierte Rückmeldungen und Verhaltensübungen in Form von Hausaufgaben erreicht. Die Gestaltung der einzelnen Therapiestunden richtet sich auch hier nach der Problemkonstellation der Gruppenmitglieder. So werden einzelne relevante Themenbereiche bearbeitet, in denen soziale Ängste und Unsicherheiten bestehen (z.B. Kontakt zu anderen Menschen herstellen, Gefühle äußern, Forderungen stellen). Es sind meist nicht alle Themenbereiche für das einzelne Kind problematisch, was den Vorteil hat, dass einzelne Gruppenmitglieder auch als Teilnehmermodelle fungieren können.

Das Kernelement jeder Therapiesitzung stellt ein der Stundenthematik entsprechendes Rollenspiel dar, welches inhaltlich durch aktuelle Probleme der Teilnehmer oder den Therapeuten vorgegeben wird. Auch bei Gruppenprogrammen erfolgt eine schrittweise Annäherung an das Zielverhalten. In Rückmelderunden, z.B. auf der Grundlage von Beobachtungsaufgaben (vgl. Abb. 1) nehmen die Gruppenteilnehmer eine Einschätzung des Verhaltens der Rollenspieler vor und können es zur Visualisierung auf Beobachtungsbögen übertragen (vgl. Abb. 2). Durch das konzentrierte Beobachten einerseits und das aktive Spielen andererseits verinnerlichen die Gruppenteilnehmer diese Verhaltenskomponenten (Einsatz von Stimme, Sprache, Blickkontakt usw.), lernen eigene Schwächen zu modifizieren und werden zunehmend sicherer.

2.17.7
Wirksamkeit und Wirksamkeitsbedingungen der Therapie

Beelmann et al. (1994) untersuchten in einer Meta-Analyse die Effektivität von Trainingsprogrammen zum Aufbau sozialer Kompetenzen bei Kindern. Obwohl die Autoren ein Hauptproblem in der mangelnden Generalisierung und Erhaltung von Therapieeffekten sehen, da sich die Langzeiteffekte meist als schwach erwiesen, zeigen sich nach Trainingsende häufig ermutigende signifikante Effekte hinsichtlich therapierelevanter Zielkriterien (z.B. soziale Fertigkeiten). In kontrollierten Einzelfallstudien wurde die Wirksamkeit kognitiv-verhaltenstherapeutischer Trainingsprogramme bei schüchternen und sozial ängstlichen Kindern mehrfach beschrieben, erzielte Verhaltensänderungen erwiesen sich dabei auch in Nachuntersuchungen als stabil.

Die Wirksamkeit der therapeutischen Maßnahmen beruht im Wesentlichen auf der Exposition in angstbesetzte Situationen und dem Einüben sozialer Fertigkeiten. Auch kindspezifische Faktoren wie Alter und spezifische Diagnose haben Einfluss auf die Wirksamkeit der Therapiemaßnahmen. Monomodale Programme sind im Vorschulalter wirksamer als multimodale Programme, die mehrere Komponenten einsetzen; kognitiv-verhaltenstherapeutische Ansätze hingegen scheinen auch aufgrund des notwendigen verbal-kognitiven Entwicklungsstandes eher für ältere Kinder geeignet. Deprivierte Kinder profitieren offenbar am meisten vom Aufbau sozialer Kompetenzen.

Das Gruppentraining mit seinen vielfältigen sozialen und verhaltensübenden Anteilen ist einem isolierten Einzeltraining überlegen und scheint eine stabilere Wirkung zu haben. Das Erreichen der Therapieziele wird durch mangelnde Motivation des Kindes, unregelmäßige Teilnahme am Training und fehlende Unterstützung durch die Familie und das soziale Umfeld gehemmt.

Grundlegende Literatur

- Asendorpf, J. (1989). Soziale Gehemmtheit und ihre Entwicklung. In D. Albert, K. Pawlik, K.-H. Stapf & W. Stroebe (Hrsg.), Lehr- und Forschungstexte Psychologie 29. Berlin: Springer.

- Beelmann, A., Pfingsten, U. & Lösel, F. (1994). Effects of training social competence in children: A meta-analysis of recent evaluation studies. Journal of Clinical Child Psychology, 3, 260–271.

- Costello, E. & Angold, A. (1995). Epidemiology. In J. S. March (Ed.), Anxiety disorder in children and adolescents (pp. 109–124). New York: Guilford.

Weiterführende Literatur

- Florin, I. & Fiegenbaum, W. (1990). Angststörungen bei Kindern. In W. Fiegenbaum & J. C. Brengelmann (Hrsg.), IFT-Texte 22: Angststörungen - Diagnose und Therapie (37–65). München: Gerhard Röttger.

- Last, C. G. (1988). Anxiety Disorders in Childhood and Adolescence. In C. G. Last & M. Hersen (Eds.), Handbook of Anxiety Disorders (pp. 531–540). New York: Pergamon.

Materialien

- Melfsen, S. (1998). Die deutsche Fassung der Social Anxiety Scale for Children Revised (SASC-R-D): Psychometrische Eigenschaften und Normierung. Diagnostica, 3, 153–163.

- Hinsch, R. & Pfingsten, U. (1998). Gruppentraining sozialer Kompetenzen (GSK) (3. Aufl.). Weinheim: Psychologie Verlags Union.

- Petermann, U. & Petermann F. (1996). Training mit sozial unsicheren Kindern (6. Aufl.). Weinheim: Psychologie Verlags Union.

- Warnke, A. & Friedel, J. (1995). Entwicklung, Durchführung und Evaluation eines Trainingsprogramms für selbstunsichere Kinder des mittleren Schulalters. Diplomarbeit. Berlin: Humboldt-Universität.

Hyperkinetische Störungen

Gerhard W. Lauth und Peter F. Schlottke

2.18.1
Fallbeispiel

Christian (9 Jahre) fällt sowohl in der Schule als auch zu Hause durch seine starke Ablenkbarkeit und geringe Ausdauer auf. Seine Mutter berichtet, dass er alle möglichen Dinge anfängt, aber kaum etwas zu Ende bringt. Stattdessen wendet er sich rasch neuen Dingen zu, die er aber auch nach kurzer Zeit wieder als langweilig und unattraktiv links liegen lässt. Beim Mittagessen bleibt er kaum mal ruhig sitzen, sondern schaukelt und rutscht immer unruhig auf dem Stuhl hin und her. Beispielsweise rennt er in die Küche, um sich noch Saft zu holen, auf halbem Weg fällt ihm aber ein, dass er eigentlich auch nach dem Hamster sehen wollte, er kommt wieder mit dem Tier zurück und lässt es über den Tisch krabbeln. Besonders auffallend ist auch seine motorische Unruhe. Christian ist fast ständig auf Achse, er schläft schlecht ein, kaut Nägel, und selbst bei spannenden Spielen oder beim Fernsehen rutscht und hippelt er noch umher. Mit seiner jüngeren Schwester (6 Jahre) gibt es ständig Streit.

Die Klassenlehrerin bestätigt den Bericht der Mutter. Sie sagt, dass Christian den Unterricht stört. Er ist nicht nur unruhig und ablenkbar, sondern entwickelt zunehmend wirklich schwierige und aggressive Verhaltensweisen. So benutzt er beispielsweise wüste Schimpfwörter, fordert schwächere Kinder heraus und ärgert andere Kinder ganz gezielt. Seine Leistungen sind zumeist schlecht, obwohl es wohl kaum an seiner Begabung liegt. Christian ist in der Klasse isoliert und niemand will neben ihm sitzen. Das schwierige und unruhige Verhalten des Kindes war zuvor schon im Kindergarten aufgefallen. Auf Anraten der Erzieherinnen hatte sich die Familie in einer Erziehungsberatungsstelle beraten lassen und einen Pädiater aufgesucht.

Die psychologische Untersuchung belegt bei Christian eine durchschnittliche Intelligenz, mangelnde Selbststeuerungsfähigkeit und unzureichende Aufmerksamkeitsleistungen.

2.18.2
Diagnostische Kriterien nach ICD-10

Hyperkinetische Störungen (F90) werden durch mehrere Zuweisungsmerkmale erfasst:

- Durch charakteristische Verhaltensmerkmale für Unaufmerksamkeit (etwa: Unaufmerksamkeit gegenüber Details, häufige Sorgfaltsfehler, geringe Ausdauer), Überaktivität (etwa: fuchtelt mit Händen und Füßen herum, verlässt den Platz im Klassenraum, läuft in unpassenden Situationen herum oder klettert extensiv, ist beim Spielen unnötig laut) und Impulsivität (etwa: platzt häufig mit der Antwort heraus, kann nicht warten, bis er/sie an der Reihe ist, stört und unterbricht andere häufig).
- Diese Verhaltensmerkmale müssen seit mindestens sechs Monaten beobachtet worden sein.
- Die „Verhaltensprobleme" sollen vor dem siebten Lebensjahr begonnen haben. (Bei Vorschulkindern soll nur eine extreme Ausprägung zur Diagnose führen.)
- Die Verhaltensprobleme müssen ferner eine in Bezug auf Alter und Entwicklungsstand des Kindes abnorme Ausprägung besitzen, also eine deutlich unangemessene Qualität haben.
- Die Hinweise auf Unaufmerksamkeit und Verhaltensmerkmale für Hyperaktivität müssen in mehr als einer Situation (z.B. zu Hause, im Klassenraum, beim Spielen, in der Klinik) registriert werden.
- Die genannten Verhaltensmerkmale müssen darüber hinaus so beschaffen sein, dass sie ein deutliches Leiden oder Beeinträchtigungen der sozialen, schulischen oder beruflichen Funktionsfähigkeit beim betroffenen Kind bzw. Jugendlichen verursachen.

Eine hyperkinetische Störung ist hingegen auszuschließen, wenn anderweitige klinische Auffälligkeiten wie affektive Störungen (F30-F39), Angststörungen (F41-F39.0), Schizophrenie (F20), tief greifende Entwicklungsstörungen (F84) vorliegen. Ferner ist ein akut einsetzendes hyperaktives Verhalten (bei Kindern im Vorschulalter) eher als reaktiv bedingt zu sehen.

Aufgrund der Tatsache, dass neben der grundlegenden Aktivitäts- und Aufmerksamkeitsproblematik auch weitere Sozialstörungen auftreten, wird im ICD-10 zwischen einer einfachen Aktivitäts- und Aufmerksamkeitsstörung (F90.0) und einer hyperkinetischen Störung des Sozialverhaltens (F90.1) unterschieden, bei der zusätzlich zu den Kriterien einer einfachen Aktivitäts- und Aufmerksamkeitsstörung auch die Kriterien einer „Störung des Sozialverhaltens" (z.B. ungewöhnlich häufige und schwere Wutausbrüche; wohl überlegtes Ärgern anderer) erfüllt sind.

2.18.3
Epidemiologie, Verbreitung und Altersrelevanz

Etwa 3–7% aller Kinder und Jugendlichen leiden unter einer hyperkinetischen Störung. Im Einzelnen ergeben sich für die jeweiligen Altersstufen folgende Häufigkeiten (Prävalenzraten):

- Vorschulkinder (4–6 Jahre): etwa 3%
- Schüler (6–13 Jahre): 3–7%
- Jugendliche (14–20 Jahre): 6%

Bei älteren Kindern (ab etwa 12 Jahren) liegen in der Regel neben der engeren Symptomatik Sozialstörungen (antisoziales Verhalten, oppositionelles Trotzverhalten), Anpassungsstörungen (z.B. soziale Isolierung, Lern- und Leistungsbeeinträchtigungen) sowie Selbstwertprobleme (Ängstlichkeit, Depressivität) vor. Längsschnittuntersuchungen zeigen, dass die Mehrzahl (etwa 60%) der aufmerksamkeitsgestörten Kinder auch noch als Erwachsene Merkmale einer Aufmerksamkeitsstörung (ADHD) zeigen und ein größerer Teil der Kinder (schätzungsweise 40%) eine eher problematische Entwicklung nimmt. Davon sind vor allem Kinder mit hyperaktiven Verhaltensweisen und sozialen Störungen betroffen.
Jungen sind im Verhältnis 6:1 stärker als Mädchen von der Störung betroffen.

2.18.4
Diagnostik der Störung

Die Diagnostik orientiert sich an den Forschungskriterien des ICD-10 und an den Standards der American Academy of Child and Adolescent Psychiatry (1997). Dabei werden folgende diagnostische Schritte eingehalten:

Orientierende Verhaltensanalyse mit Eltern und/oder Lehrern
Hier wird geklärt, ob die Kriterien einer hyperkinetischen Störung erfüllt sind (Vorliegen spezifischer Verhaltensmerkmale, Dauer und Beginn der Störung, Schwere der Beeinträchtigung, Entwicklungsstatus des Kindes). Zugleich werden Hypothesen über individuelle Störungsschwerpunkte erarbeitet. Dabei sind vor allem folgende Fragen zu klären: Wie äußert sich das problematische Verhalten (ausführliche Beschreibung des aufmerksamkeitsgestörten Verhaltens)? Sind die Kriterien des ICD-10 erfüllt (Vorliegen der differenzialdiagnostisch relevanten Verhaltensmerkmale von Unaufmerksamkeit, Hyperaktivität, Impulsivität)? Unter welchen Umständen tritt dieses Verhalten aktuell auf? Geht die Manifestation der Störung mit anderweitigen Änderungen im Umfeld des Kindes einher (reaktive Verursachung)? Welche Folgen hat das aufmerksamkeitsgestörte Verhalten für das Kind/für die Bezugspersonen? Gibt es Bereiche unproblematischen Verhaltens? Welche Vorlieben und Stärken hat das Kind? Um das Vorliegen weiterer (komorbider) Störungen abzuklären, empfiehlt sich die Durchführung eines klinischen Interviews (etwa das „Diagnostische Interview bei psychischen Störungen im Kindes- und Jugendalter" von Unnewehr, Schneider & Margraf, 1995).

Zusammenfassende Verhaltensbeurteilung durch Eltern und Lehrer

Aus Gründen der Ökonomie ist es angebracht, Eltern und (Klassen-)Lehrer im Anschluss an das verhaltensanalytische Interview das Verhalten des Kindes zusammenfassend beurteilen zu lassen. Hierzu eignen sich spezifische Symptomskalen (etwa nach DSM-IV; vgl. Lauth & Schlottke, 1999 oder nach ICD-10; Döpfner & Lehmkuhl, 1998). Diese Skalen erfassen, inwieweit die „typischen" Verhaltensmerkmale der hyperkinetischen Störung nach Einschätzung der Bezugspersonen erfüllt sind.

Verhaltensbeobachtungen

Sie ergänzen die verhaltensanalytischen Berichte von Eltern und Lehrern und erheben das Ausmaß der Funktions- und Handlungsbeeinträchtigung „vor Ort". Hierzu gehört die Beobachtung des Kindes im Unterricht sowie die Beobachtung familiärer Standardsituationen (etwa Hausaufgaben machen, Essen in der Familie). Für die Unterrichtsbeobachtung empfiehlt sich das Münchner Aufmerksamkeitsinventar (MAI, Helmke 1988), das aktiv-störendes und passiv-unaufmerksames sowie angemessenes Unterrichtsverhalten mittels Zeitstichproben erfasst.

Psychometrische Untersuchung

Sie werden zur Erfassung des Entwicklungsstatus des Kindes und seiner funktionellen Leistungsfähigkeit eingesetzt. Hierzu gehört die Durchführung eines altersentsprechenden Intelligenztests sowie die Untersuchung der Aufmerksamkeitsleistung (beispielsweise Continuous Performance Tests, CPT; Knye, Roth, Westhus & Heine, 1996; Dortmunder Aufmerksamkeitstest, DAT; Lauth, 1996). Ferner stellt sich die Frage nach kognitiv-funktionalen Defiziten (z.B. mangelnde visuelle Diskriminationsfähigkeit, mangelnde Informationsverarbeitung, mangelnde Verhaltenssteuerung, unzureichende Planungsfertigkeiten). Hierzu liegen aus der orientierenden Verhaltensanalyse in aller Regel Hinweise dafür vor, ob und gegebenenfalls welche funktionalen Defizite bei einem Kind anzutreffen sind und in welchen Bereichen mit Ressourcen gerechnet werden kann (Verhaltensaufbau, Förderansätze). Diesen Hinweisen wird anhand von Arbeitsproben und neuropsychologischen Testverfahren nachgegangen (etwa Bearbeitung von Suchbildern, Analyse von Bildvorlagen, Bearbeitung von Zuordnungsaufgaben, Umsetzung von Instruktionen, Bilderordnen, Reihenbildung, Denkaufgaben).

In diesem Zusammenhang stellt sich auch die Frage nach (schulischen) Wissens- und Kenntnisdefiziten, die teils im Gespräch mit dem zuständigen Klassenlehrer erörtert, teils aber auch psychometrisch mit orientierenden Schulleistungstests (etwa Allgemeiner Schulleistungstests für 3. Klassen, AST 3) untersucht werden.

2.18.5
Bedingungsmodell

Hyperkinetische Störungen entstehen bei mangelnder Selbststeuerung und werden als Störung der Regulationsfähigkeit eingeordnet (vgl. Barkley, 1997). Wenn man über die Entstehung von Aufmerksamkeitsstörungen diskutiert, muss man also im Grunde erklären, was Kinder spezifisch auszeichnet, die eine altersangemessene Selbststeuerung vermissen lassen. Es herrscht große Einigkeit darüber, dass dies nicht nur auf einer „Ursache" beruht, sondern offenkundig multifaktoriell bedingt ist. Dabei wirken psychophysiologische, soziale und erlebnisbezogene Faktoren zusammen:

- Psychophysiologisch sind eine zentralnervöse Unteraktivierung und Funktionseinschränkungen im Bereich des Frontallappens an der Störungsgenese beteiligt. Eine Folge davon ist u.a., dass die inhibitorische Kontrolle beeinträchtigt ist und Handlungsimpulse unmittelbar wirksam werden, die häufig unpassend bzw. falsch sind. In diesem Zusammenhang gibt es auch eine lebhafte Diskussion darüber, ob spezielle Botenstoffe (Neurotransmitter, Serotonin, Dopamin) hierbei entscheidend beteiligt sind.
- Soziale Momente spielen insofern eine Rolle, als allgemein anerkannt wird, dass aufmerksamkeitsgestörte Kinder mehr und nachdrücklichere Erfahrungen benötigen, um ein angemessenes Verhalten zu erlernen. Ist ein Kind aufmerksamkeitsgestört, dann liegt es auf der Hand, dass es dem sozialen Umfeld (Eltern, Schule, Kindergarten) offensichtlich nicht in ausreichendem Maße gelungen ist, Selbststeuerung, regelhaftes und sozial kontrolliertes Verhalten bei dem Kind zu fördern bzw. zu entwickeln.
- Aufmerksamkeitsgestörte Kinder erleben sehr viele Misserfolge, was verständlicherweise dazu führt, dass sie die Bereiche, in denen sie die meisten Misserfolge haben (etwa feinmotorische Tätigkeiten, Hausaufgaben, Unterricht), aktiv meiden. Nicht nur, dass sie Misserfolge verarbeiten müssen, aufmerksamkeitsgestörte Kinder erhalten dann auch negative Rückmeldungen, die sie selbst auf ihre Person beziehen (sie werden beispielsweise als unleidlich, schwierig, aufsässig bezeichnet und bei Kontaktwünschen zurückgewiesen). Dadurch erwerben sie nahezu zwangsläufig ein recht negatives und instabiles Selbstbild, was sich in einer geringen Frustrationstoleranz, einer gewissen Depressivität, emotionaler Instabilität und aggressivem Verhalten ausdrückt.

Damit wird die Aufmerksamkeitsdefizit/Hyperaktivitätsstörung im Rahmen eines Diathese-Stress-Modells erklärt. Demnach ist es möglich, die Störung auf einer biologisch-medizinischen, einer sozialen (etwa Verbesserung des Elternverhaltens) und der erlebnisbezogenen Ebene zu behandeln.

2.18.6
Therapieplanung

Bei der Behandlung von hyperkinetischen Störungen wird eine multimodale Therapie realisiert, die auf mehrere „Therapiebausteine" zurückgreift und diese nach Notwendigkeit des Einzelfalls aufeinander abstimmt. Hierzu wurden Behandlungsstandards formuliert (American Academy of Child and Adolescent Psychiatry, 1997), die die Rahmenbedingungen für die Therapie definieren. Die folgenden Maßnahmen gelten als „lege artis":

Medikamentöse Behandlung

Traditionellerweise – und immer noch am häufigsten – wird eine medikamentöse Therapie mittels Psychostimulanzien (etwa Ritalin) angeboten. Diese Medikamente wirken zentralnervös anregend und führen in der Regel zu einer raschen und sicheren Verbesserung des Aufmerksamkeitsverhaltens und der Selbststeuerung des Kindes. Wenn akute Risiken (etwa Tic-Störungen, Risiko für Hirnkrämpfe, Medikamentenmissbrauch im Umfeld des Kindes) ärztlicherseits auszuschließen sind, wird die optimale Dosis für ein Kind durch Austesten ermittelt: Man beginnt mit einer niedrigen Dosierung, die so lange erhöht wird, bis „blinde" (uneingeweihte) Rückmeldungen des Lehrers eine deutliche Verbesserung und angemessenes Verhalten im Unterricht belegen. Das Medikament wird in aller Regel zunächst für 6–9 Monate verschrieben und im Rahmen einer Langzeitbehandlung oft über 2 Jahre vom Kind eingenommen. Das Medikament wird in der Regel als Pille 1– bis 2–mal am Tag verabreicht (Faustregel: eine Pille am Vormittag, eine halbe am Nachmittag; die Dosis wird zunächst grob mit dem Körpergewicht des Kindes in Beziehung gesetzt – 0,3 bis 0,7 mg/kg). Ein kleinerer Teil der Kinder (etwa 10–20%) spricht nicht auf diese Medikation an, bei ihnen erprobt man dann andere Medikamente (etwa Neuroleptika).

Medikation hat den Vorteil einer recht raschen und oft auch recht breiten Wirksamkeit (zum Teil führt sie auch zu einer Verbesserung des Sozialverhaltens). Medikamente wirken allerdings nur aktuell, wenn sie regelmäßig eingenommen werden. Weil die Medikamente über lange Zeit und oft mehrmals am Tag eingenommen werden sollen, kommt es auch immer wieder zu Fehlern bei der Einnahme. Wenn die Kinder größer werden, verweigern oder verfälschen sie die Medikation.

Psychoedukative Maßnahmen

Sie richten sich an das Kind, die Eltern, Lehrer und Geschwister und bestehen im einfachsten Fall in einer angemessenen Aufklärung aller Beteiligten über das Störungsbild, die „typischen Verhaltensschwierigkeiten" aufmerksamkeitsgestörter Kinder und die Erarbeitung eines angemessenen Erklärungsmodells für die Störung selbst. Dazu empfehlen sich folgende Maßnahmen:

Aufklärung über das Störungsbild. Die Beteiligten sollen über die Hauptmerkmale der Aufmerksamkeitsstörung (Unaufmerksamkeit, Impulsivität, Hyperaktivität) informiert werden und die dazugehörigen Verhaltensweisen kennen. Der Therapeut kann hier das Ergebnis der Verhaltensanalyse zugrunde legen. Darüber hinaus ist es wichtig, die geringe Frustrationstoleranz, die mangelnde Ausdauer des Kindes und seine unbedacht-risikoreichen Verhaltensmuster als Teil seiner Störung zu klären bzw. herauszuarbeiten. Denn allzu oft herrscht bei Erziehern und Lehrern die Meinung vor, dass „Absicht" oder „böser Wille" hinter dem Verhalten des Kindes steht.

Erarbeitung eines Erklärungsmodells. Hier wird das in Abschnitt 5 erläuterte Bedingungsmodell möglichst anschaulich vermittelt. Das ist kein ganz leichtes Unterfangen, weil in den Köpfen von Eltern und Lehrern auch ganz andere Vorstellungen über die Ursachen bestehen (etwa: Die Aufmerksamkeitsstörung ist ein Ausdruck gestörter Familiensysteme; die Störung ist Ausdruck und Folge einer Nahrungsallergie; die Störung ist Ausdruck fortdauernder Reizüberflutung). Der Therapeut kann dabei auf ein populärwissenschaftliches Modell aus Lauth, Schlottke & Naumann (1999; Abb. 1, S. 51) zurückgreifen, das diese Zusammenhänge veranschaulicht.

Elterntraining. Auf der Grundlage eines angemessenen Verständnisses der Aufmerksamkeitsstörung werden die Eltern angeleitet, ihr Kind angemessen zu steuern. Solche Anleitungen wurden von Döpfner, Frölich & Schürmann (1998) sowie Barkley (1992) und Konning, van der Krol und Weller (1997) vorgelegt. Im Allgemeinen sehen diese Trainingsbausteine vor, dass die Eltern aufmerksames, zugewandtes und sozial konformes Verhalten einerseits gezielt verstärken und andererseits dieses Verhalten durch eine überlegte Situationsgestaltung (etwa für die Hausaufgaben, Zu-Bett-Gehen, Mittagessen, Verwandtenbesuche, Anziehen am Morgen) vorbereiten. Es gilt, insgesamt eine Verbesserung der Erziehungsfähigkeit gegenüber dem Kind zu erreichen. Diese Anleitungen sind meistens so aufgebaut:

- Analyse der familiären Situation (etwa: Was läuft gut? Wo gibt es Probleme? Wie ist die Erziehung der Kinder organisiert?). Im Allgemeinen erweisen sich hier überschaubare Ereignisse als problematisch (z.B. familiäre Standardsituationen wie Hausaufgaben machen, Zu-Bett-Gehen).
- Erhöhung der Verstärkerwirksamkeit der Eltern gegenüber dem Kind. Oft ist die Beziehung Eltern-Kind bereits so angespannt, dass die Eltern kaum noch positiv auf das Kind einwirken können. Stattdessen herrscht ein „coersives" Verhalten, in dem sich Eltern und Kind nur noch wechselseitig bestrafen. Dieses Muster gilt es zu unterbrechen, indem sich Eltern und Kind in einer entspannt positiven Situation begegnen. Gut dazu eignet sich die „gemeinsame Spielzeit" (Döpfner, Frölich & Schürmann, 1998), bei der Mutter und Kind etwa dreimal in der Woche unter genauen Regeln etwas gemeinsam unternehmen (etwa ungestört sein, positive Spielansätze werden von der Mutter positiv verstärkt, negative zunächst ignoriert, bei gravierendem Störverhalten des Kindes wird die Spielzeit nach einer Verwarnung abgebrochen).
- Gezielte Verstärkung einzelner Verhaltensweisen, wobei zunächst angemessene Verhaltensweisen (etwa zuhören, ruhig am Tisch sitzen, dem Geschwisterkind beim Anziehen helfen) positiv verstärkt, unangemessenes Verhalten dagegen zunächst ignoriert wird. Im weiteren Verlauf des Trainings wenden sich die Eltern ganz gezielt einzelnen Verhaltensweisen des Kindes zu, die sie fördern wollen (etwa dem Hausaufgabenmachen). Sie können hierbei Token-Programme sowie milde Bestrafungen (Entzug von Token, Auszeit) einsetzen.
- Diese operanten Vorgehensweisen werden durch eine Verbesserung der Erziehungsfertigkeiten (etwa Anweisungen geben, schwierige Situationen vermeiden) sowie durch alltagsstrukturierende Maßnahmen ergänzt (Alltagsroutinen entwickeln, Verbindlichkeiten in der Familie regeln, Zeitplanung und Vereinbarung von Spielregeln für das familiäre Zusammenleben).
- Das Training erfolgt unter genauer Anleitung eines Therapeuten, der die einzelnen Maßnahmen mit den Eltern vorbereitet (besprechen, genau erklären, im Rollenspiel erproben, Rückmeldung vereinbaren) und die Ausführung begleitet. Es erweist sich als günstig, wenn eine Gruppe von in gleicher Weise betroffenen Eltern zusammengestellt werden kann.

Zusammenarbeit mit der Schule/dem Klassenlehrer. Hier stellen sich zwei Aufgaben: 1) Der Lehrer muss im Umgang mit dem aufmerksamkeitsgestörten Kind beraten und gegebenenfalls angeleitet werden. 2) Für eine geeignete Beschulung des Kindes muss gesorgt werden. Beide Aufgaben sind für die Generalisierung und Stabilisierung des Behandlungserfolges unverzichtbar, allerdings nicht immer leicht. Die Beratung des Lehrers kann sich unmittelbar am beschriebenen Elterntraining orientieren, wobei folgende Anleitungen besonders wichtig sind: Verhaltensziele genau festlegen, das Kind differenziell verstärken, dem Kind Zwischenziele setzen, das Kind in „Reichweite" des Lehrers setzen, schwierige Situationen erkennen und früh reagieren bzw. präventiv vermeiden, das Kind neben ein Kind setzen, das ein positives Modell sein kann. Wiewohl Therapeuten oft nur wenig Einfluss auf die geeignete Beschulung des Kindes haben, sollten sie an einer Beratung dazu mitwirken. Die geeignete Beschulung besteht kaum im Besuch einer „Sonder"schule, sondern darin, dass eine Regelschule gefunden wird, die Lernschwierigkeiten des Kindes aktiv aufgreift (Förderunterricht) und auf seine Schwierigkeiten einzugehen gewillt ist.

Psychologische Behandlungsverfahren

Kompetenzvermittlung im Rahmen der kognitiven Verhaltensmodifikation. Psychologische Therapien beziehen sich hingegen auf die direkte Vermittlung von Selbststeuerungsfertigkeiten und deren Voraussetzungen. Ein Beispiel dafür ist das Training von Lauth und Schlottke (1999) für 7- bis 12-Jährige. Es besteht aus einem Trainingsbaustein, der primär Entwicklung und Differenzierung von Grundfertigkeiten fördert (etwa genau hinhören, genau hinschauen, akustische Informationen entnehmen, Informationen verarbeiten) und die Selbststeuerung anregt (etwa Reaktionstendenzen unterbrechen, innehalten, überprüfen) sowie einem zweiten Trainingsbaustein, der den Kindern Planungsfertigkeiten und Selbstanweisungen vermittelt. In diesem Training werden die Kinder je nach dominierendem Störungsschwerpunkt einem der beiden Behandlungsbausteine zugeordnet: Das Training stellt Hilfen bereit, die die Fähigkeit zur Selbststeuerung und zum geplanten Vorgehen fördern. Konzeptionell werden folgende Merkmale beachtet: 1) Die Anforderungen steigen im Verlaufe des Trainings, sodass zunehmend komplexere und alltagsnähere Aufgaben vorgegeben werden. 2) Die Kinder durchlaufen das Training nach Maßgabe ihrer Fortschritte; neue Anforderungen werden also nur dann eingeführt, wenn die zugrunde liegenden Fertigkeiten bereits beherrscht werden. 3) Um das Verhalten der Kinder unter soziale Kontrolle zu bekommen, wird ein Token-System eingeführt. 4) Die Selbststeuerungs- und Planungsfertigkeiten werden systematisch auf das Alltagsverhalten der Kinder übertragen. 5) Eltern und Lehrer werden in das Training mit einbezogen.

2.18.6.4 Therapie komorbider Merkmale

Hierunter fällt vor allem die Behandlung von Depressivität und Ängstlichkeit sowie das Erkennen angemessener sozialer Verhaltensweisen. Günstigerweise sollte die Therapie insgesamt so aufgebaut und so wirksam sein, dass diese Störungsbereiche bereits im Verlauf der bisherigen Therapie gelindert werden (beispielsweise Abbau der Depressivität durch zunehmende Erfolge und neue Freundschaften). Sollte das so nicht gelingen, muss ergänzend eine gezielte therapeutische Beeinflussung erfolgen. Hierzu eignet sich einerseits die Vermittlung sozialer Kompetenzen in einem Gruppentraining (Inhalte: Kritik anbringen, Wünsche äußern,

Hänseleien zurückweisen, Kompromisse aushandeln, Freundschaften eingehen), in schwerwiegenderen Fällen werden auch Antidepressiva verschrieben (etwa trizyklische Antidepressiva bei Jugendlichen) und/oder eine spezifische Depressionsbehandlung eingeleitet.

Eine komorbide Beeinträchtigung besteht in schulischen Teilleistungsschwierigkeiten (etwa Lese-Rechtschreibschwäche), die teilweise auch am Ende einer Behandlung noch fortbestehen. Hier sind ebenfalls ergänzend weitere gezielte Maßnahmen zu ergreifen (s. Kap. 2.19).

2.18.7
Wirksamkeit und Wirksamkeitsbedingungen der Therapie

Es gibt mittlerweile zahlreiche Meta-Analysen zur Wirksamkeit der Therapie von hyperkinetischen Störungen. Diese Untersuchungen stimmen darin überein, dass psychologische Behandlungsverfahren eine durchaus gute bis befriedigende Wirksamkeit besitzen. In der Würdigung einzelner Therapieverfahren schneiden vor allem operante Behandlungsverfahren gut ab, die unmittelbar auf das Problemverhalten der Kinder einwirken (Elterntraining, Verhaltensmodifikation in der Schule).

Die medikamentöse Behandlung führt recht zuverlässig zu einer besseren Selbststeuerung des Kindes und einer besseren Anpassung im Alltag. Nachteilig ist dabei, dass die Medikamente nach bisheriger Befundlage nur aktuell wirken – also keine nachhaltigen Effekte über den Tag hinaus haben und zudem ein problematisches Selbstverständnis bezüglich des Umgangs mit Schwierigkeiten vermitteln. Wird das Medikament abgesetzt, leben die alten Probleme wieder auf. Einige Studien weisen darauf hin, dass die Kombination einer psychologischen Behandlung mit einer sorgfältig geplanten Medikation zu besseren Ergebnissen führt als die Medikation allein oder die ausschließliche psychologische Behandlung.

Eine gute Wirksamkeit wird auch dem Training sozialer Fertigkeiten bescheinigt. Strittig wird derzeit noch die Wirksamkeit der kognitiven Verhaltensmodifikation diskutiert. Meta-Analysen weisen diese Behandlung zwar in der Regel als wirksam aus, zeigen aber auch, dass die Kinder die neu erworbenen Verhaltensweisen nicht in erwünschtem Maße und hinreichend stabil auf den Alltag übertragen.

Die Summe bisheriger Therapieerfahrungen führt deshalb zu folgenden Empfehlungen: Die Behandlung sollte mehrere Therapiebausteine einbeziehen. Sie sollte als Langzeitbetreuung konzipiert werden und so erneute Kontaktaufnahmen und „Auffrischsitzungen" ausdrücklich vorsehen und verbindlich machen. Eltern und Lehrer sollten möglichst frühzeitig und konstruktiv in die Therapie einbezogen werden.

Grundlegende Literatur

- Barkley, R. A. (1997). ADHD and the nature of self-control. New York: Guilford Press.

- Lauth, G. W. & Fellner, C. (1998). Evaluation eines multimodalen Therapieprogramms bei Aufmerksamkeitsdefizit-/Hyperaktivitätsstörungen über eine differenzierte Einzelfallforschung. In M. Greisbach, U. Kullick & E. Souvignier (Hrsg.),Von der Lernbehindertenpädagogik zur Praxis schulischer Förderung (S. 109–124). Lengerich: Pabst Science Publishers.

- Lauth, G. W. & Schlottke, P. F. (1999). Training mit aufmerksamkeitsgestörten Kindern (4. Aufl.). Weinheim: Psychologie Verlags Union.

Weiterführende Literatur

- American Academy of Child and Adolescent Psychiatry (1997). Practice parameters for the assesment and treatment of children, adolescents, and adults with attention-deficit hperactivity disorder. Journal of the American Academy of Child and Adolescent Psychiatry, 36:10 Supplement, October 1997, pp. 85–121.

- Barkley, R. A. (1990). Attention deficit hyperactivity disorder – a handbook for diagnosis and treatment. New York: Guilford Press.

Material

- Döpfner, M. & Lehmkuhl, G. (1998). Diagnostik-System für psychische Störungen im Kindes- und Jugendalter nach ICD-10 und DSM-IV (DISYPS-KJ). Bern: Huber.

- Helmke, A. (1988). Das Münchner Aufmerksamkeitsinventar (MAI). Manual für die Beobachtung des Aufmerksamkeitsverhaltens von Grundschülern während des Unterrichts. Unveröffentlicht, Universität Koblenz-Landau.

- Knye, M., Roth, N., Westhus, W. & Heine, A. (1996). Continuous Performance Test (CPT). In G. W. Lauth & K. D. Hänsgen (Hrsg.), Kinderdiagnostisches System. Göttingen: Hogrefe.

- Konning, A., Krol, van der, R. & Weller, S. D. (1997). Remweg!? Doetinchen: Graviant educatieve uitgaven.

- Lauth, G. W. & Schlottke, P. F. (1997). Medienpaket: Therapie mit aufmerksamkeitsgestörten Kindern (Lehrfilm und Begleittext). Weinheim: Psychologie Verlags Union.

- Lauth, G. W., Schlottke, P. F. & Naumann, K. (2000). Rastlose Kinder – ratlose Eltern. Ein Handbuch für Eltern aufmerksamkeitsgestörter Kinder, 4. Auflage, München: Deutscher Taschenbuch Verlag.

- Lauth, G. W. (1996). Dortmunder Aufmerksamkeitstest (DAT). In G. W. Lauth & K. D. Hänsgen (Hrsg.), Kinderdiagnostisches System. Göttingen: Hogrefe.

- Unnewehr, S., Schneider, S. & Margraf, J. (1995). Diagnostisches Interview psychischer Störungen des Kindes- und Jugendalters (DIPS-K). Berlin: Springer Verlag

Leiber Papa ich kan sua nicht schraber aber Da für kan ich Dich ceiben Daein Ahi

14.2.69

für Dich Papa

Lese- und Rechtschreib-schwäche

Heijo Dürr

2.19.1
Fallbeispiel

Die zehnjährige Corinna ist trotz durchschnittlicher Intelligenz den Anforderungen der vierten Klasse Regelgrundschule vor allem in den Fächern Deutsch und Mathematik nicht gewachsen. Während sie im Lesetest unauffällige Werte erreicht, bleibt ihre Leistung im Rechtschreibtest mit PR 2 weit unterdurchschnittlich. Mit hohen schulbezogenen Ängsten gehen regelmäßig gastrointestinale Schmerzzustände einher, die nach einer zweimonatigen stationären Behandlung bald wieder so häufig und intensiv auftreten, dass die Patientin an durchschnittlich zwei Tagen der Woche nicht zur Schule gehen kann. Die Lehrerin schlägt vor, Corinna an eine Schule zur individuellen Lernförderung zu versetzen, „um sie nicht länger zu quälen". Die Eltern wollen sie um jeden Preis an der Regelschule halten und verlangen die vollständige und richtige Erledigung der Hausaufgaben, was Corinna meistens bis zum Abend nicht schafft. Der resultierende Verstärkermangel, die täglichen negativen Eltern-Kind-Interaktionen und der ausbleibende Schulerfolg haben bei Corinna zu überwiegend resignativem, passivem Verhalten und starken Selbstzweifeln geführt.

2.19.2
Diagnostische Kriterien nach ICD-10

Nach der ICD-10 wird eine Lese- und Rechtschreibstörung (F81.0) dann diagnostiziert, wenn die Leseleistungen des Kindes vom Beginn des Leseunterrichts an beeinträchtigt waren und zum Zeitpunkt der Diagnosestellung in einem standardisierten Test um mindestens zwei Standardabweichungen unter dem Niveau liegen, das aufgrund des Alters und der allgemeinen Intelligenz zu erwarten ist. F81.0 ist auch dann anzuwenden, wenn aus der Vorgeschichte bekannte, ernsthafte Leseschwierigkeiten inzwischen remittiert sind, während die Rechtschreibleistungen des Kindes weiterhin signifikant unter dem erwarteten Niveau liegen.

Es muss eine klinisch bedeutsame Beeinträchtigung des Lesens bzw. Rechtschreibens vorliegen, die sich weder direkt auf unkorrigierte optische oder akustische Beeinträchtigungen zurückführen lässt noch durch unzureichende Lernmöglichkeiten im Sinne einer längeren Abwesenheit von der Schule oder eindeutig unangemessenen Unterrichts erklärt werden kann.

Die Diagnose einer isolierten Rechtschreibstörung (F81.1) ist zu stellen, wenn die unter F81.0 geforderten Kriterien im Hinblick auf die Rechtschreibung erfüllt sind, die Lesefertigkeiten des Kindes (Lesegenauigkeit und -verständnis) aber im Normalbereich liegen. Auch anamnestisch darf keine deutliche Lesestörung vorliegen, außerdem darf die Schreibstörung nicht Folge einer neurologischen, psychiatrischen oder anderen Erkrankung sein.

Die für die Diagnosestellung geforderte Diskrepanz zwischen Lese-/Rechtschreibleistung und allgemeiner Intelligenz wird in der Literatur zunehmend kritisch diskutiert. In der klinischen Praxis dürfen Kinder, die aufgrund unterdurchschnittlicher allgemeiner Intelligenz das Diskrepanzkriterium verfehlen, keinesfalls von Fördermaßnahmen ausgeschlossen werden. Sie unterscheiden sich nämlich weder phänomenologisch noch in ihrem Ansprechen auf Fördermaßnahmen von diskrepanzdefinierten Legasthenikern, außerdem spielt das Lesen und Rechtschreiben für ihren weiteren Bildungs- und Lebensweg keine geringere Rolle als bei Kindern, die das Diskrepanzkriterium erfüllen.

2.19.3
Epidemiologie, Verbreitung und Altersrelevanz

Zur Häufigkeit von Lese-Rechtschreibschwächen werden je nach zugrunde gelegter Definition sehr unterschiedliche Angaben gemacht. Man kann davon ausgehen, dass 5–8% der Kinder im Schulalter Probleme beim Erlernen des Lesens bzw. des Rechtschreibens haben, bei ca. 1% sind schwere Formen der Lese-Rechtschreibschwäche zu beobachten. Der gegenüber Mädchen um das Doppelte bis Vierfache erhöhte Anteil betroffener Jungen erklärt sich zum Teil daraus, dass bei ihnen häufiger sozial störende Verhaltensweisen in Verbindung mit der Lernstörung auftreten, weshalb sie bei Erhebungen mit größerer Wahrscheinlichkeit erfasst werden. Bei sorgfältiger Diagnosestellung findet sich eine gleichmäßigere Verteilung zwischen Jungen und Mädchen.

Komorbid treten Entwicklungsstörungen der motorischen Funktionen und des Rechnens auf, ferner sind in den ersten Schuljahren depressive bzw. Angststörungen und vor allem Aufmerksamkeits- und Hyperaktivitätsstörungen zu beobachten. In der Adoleszenz stehen komorbide Störungen des Sozialverhaltens und eine deutlich erhöhte Delinquenzrate im Vordergrund. Verhaltensauffälligkeiten und soziale Anpassungsstörungen finden sich bei etwa einem Drittel der lese-rechtschreibschwachen Kinder.

2.19.4
Diagnostik der Störung

Im Zuge der diagnostischen Abklärung einer Lese- bzw. Rechtschreibschwäche werden die Anamnese und die aktuelle Situation des Kindes, Randbedingungen der Therapie und vor allem der Entwicklungsstand des Kindes in schriftsprachrelevanten Bereichen abgeklärt. Im Einzelnen sind zu erfassen:

• die Bewältigung von Leistungssituationen, schulbezogene Ängste und Leistungsmotivation;
• Hinweise auf Interaktionsprobleme zwischen Eltern und Kind;
• relevante Aspekte der Familiensituation;
• die Seh- bzw. Hörfähigkeit des Kindes (einschließlich Gesichtsfeld und Lautdifferenzierung, vor allem im oberen Frequenzbereich);
• persistierende Entwicklungs- und komorbide Störungen (s.o.);
• der Intelligenzstatus;
• die Entwicklung der Schriftsprache.

Als Informationsquellen dienen vor allem

• klinische Interviews mit Eltern und Lehrkräften;
• Verhaltensfragebogen;
• Zeugnisse, Schul- und Mitteilungshefte;
• Beobachtung der Hausaufgabensituation;
• ärztliche Untersuchungen;
• eingehende testpsychologische Untersuchungen des Kindes.

Die Intelligenz des Kindes wird mit Tests abgeklärt, die möglichst viele verschiedene verbale und nichtsprachliche Bereiche der kognitiven Entwicklung erfassen. Zum einen lassen sich damit Hinweise auf eventuell vorliegende zusätzliche Teilleistungsschwächen gewinnen, die weiter abgeklärt werden müssen. Zum anderen erleichtert eine differenzierte Abschätzung der intellektuellen Leistungsfähigkeit begründete Entscheidungen hinsichtlich der weiteren Schullaufbahn.
Zur testdiagnostischen Erhebung der Lese- und Rechtschreib-Leistungen stehen normierte Tests für die verschiedenen Klassenstufen ab dem Ende der ersten Klasse zur Verfügung (Tabelle 1). Häufig auftretende Artikulationsfehler lassen auf Schwierigkeiten bei der Lautunterscheidung schließen, die gesondert geprüft werden.

Tabelle 1: Verfahren zur Diagnostik des Lesens, Rechtschreibens und der Lautdiskrimination

Instrument	Anwendungsbereich	Einsatz
Der Salzburger Lese- und Rechtschreibtest (SLRT)	Worterkennung; synthetisches, lautierendes Lesen; Rechtschreibleistung	Ende 1.–4. Klasse
Zürcher Lesetest (ZLT)	Lesegenauigkeit; Leseflüssigkeit	Ende 2.–6. Klasse
Lesen und Verstehen (LUV)	sinnverstehendes Lesen	1.–2. Klasse
Zürcher Leseverständnistest für das 4.–6. Schuljahr (ZLVT 4.–6.)	orale Lesefertigkeit; Dekodieren beim stillen Lesen	4.–6. Klasse
Diagnostischer Rechtschreib-test für 5. Klassen (DRT 5)	Rechtschreibleistung	Mitte der 5. Klasse
Westermann Rechtschreibtest 6+ (WRT 6+)	Rechtschreibleistung	Ende 5.–7. Klasse
Mannheimer Rechtschreibtest (MRT)	Rechtschreibleistung	ab 13 Jahren
Bildwortserie zur Lautagnosie-prüfung und zur Schulung des phonematischen Gehörs	Differenzierung klangverwandter Phoneme	ab 4 J.

2.19.5
Bedingungsmodell

Die vielfältigen Befunde zu den Bedingungen gestörten Schriftspracherwerbs sind bei Klicpera und Gasteiger-Klicpera (1995) ausführlich dargestellt. Bei Kindern mit Lese-Rechtschreibschwächen liegen häufig anamnestisch Sprachentwicklungsstörungen vor. In frühen Stadien des Schriftsprache-erwerbs haben sie Probleme, gehörte Wörter in Phoneme zu segmentieren und Phonem-Graphem-Assoziationen zu erlernen. Im weiteren Verlauf des Schriftspracherwerbs scheitern sie häufig bei der Analyse und Synthese von Phonemketten

(Silben, Morphemen), sodass auch auf dieser Ebene Verbindungen mit den zugehörigen Buchstabenfolgen schlecht automatisiert werden. Auf der Wortebene misslingt vielen Kindern mit Lese-Rechtschreibschwäche die Unterteilung in Silben bzw. Morpheme, ferner liegen Defizite im Hinblick auf die Nutzung orthographischer Regelmäßigkeiten vor. Für die Entstehung der beschriebenen Phänomene werden neben Schwächen des Kurzzeitgedächtnisses hirnphysiologische Anomalien in Arealen verantwortlich gemacht, die an der Informationsverarbeitung der Sprache und der Schriftsprache beteiligt sind. Ätiologisch spielen erbliche Faktoren eine große Rolle.

Die Verzögerung beim Erlernen des Lesens bzw. Rechtschreibens durch die genannten Teilleistungsstörungen kann durch weitere Bedingungsvariable kompliziert werden, wie z.B. durch:

- zusätzliche Beeinträchtigungen (z.B. der Aufmerksamkeit oder der feinmotorischen Koordination),
- eine zu geringe Anregung in Bezug auf das Lesen und Schreiben sowie eine unzureichende Unterstützung beim Erlernen der Schriftsprache durch die Eltern (was in sozial schwachen Familie gehäuft vorkommt),
- überhöhte Leistungserwartungen der Bezugspersonen und unangemessene Laienerklärungen für die Lese-Rechtschreib-Probleme des Kindes (z.B. im Sinne mangelnder Anstrengungsbereitschaft).

Die schriftsprachliche Entwicklung verläuft häufig im Sinne eines Circulus vitiosus, wobei das Kind im Lesen bzw. Rechtschreiben immer weiter zurückbleibt und aufgrund der dauernden Misserfolge zunehmend Motivationsprobleme bzw. eine auf das Lesen und/oder Schreiben bezogene Vermeidungshaltung entwickelt. Erschwerend kommt hinzu, dass die Schriftsprache in allen wichtigen Unterrichtsfächern benötigt wird, sodass am Ende nicht selten eine weit generalisierte und persistierende Beeinträchtigung schulischer Leistungen resultiert.

2.19.6
Therapieplanung

Zunächst werden Kind, Eltern und Lehrkräfte über die Ergebnisse der Diagnostik informiert und über die relevanten Faktoren der vorliegenden Störung aufgeklärt. Daraus ergibt sich, dass das Kind im Lesen bzw. Schreiben gezielt gefördert und zugleich vor Misserfolgserfahrungen so weit wie möglich geschützt werden muss.
Dann wird Eltern und Lehrern vermittelt, in welchen Situationen das Kind mit aversiven Folgen seiner Teilleistungsschwächen konfrontiert ist und wie diese umstrukturiert werden können. Die Eltern werden gegebenenfalls zu Verhaltensänderungen in der Hausaufgabensituation angeleitet, mit den Lehrern wird eine zeitlich begrenzte Berücksichtigung der Beeinträchtigung des Kindes besprochen (z.B. verkürzte Nachschriften und Diktate, Außer-

achtlassen schriftsprachlicher Leistungen bei der Benotung). Der Schwerpunkt der Therapie ist ein möglichst intensives, direktes Training des Lesens bzw. Rechtschreibens, um das Kind beim Aufbau und bei der Automatisierung der dafür benötigten Teilfertigkeiten zu unterstützen. Folgende Punkte sind bei der Durchführung besonders zu beachten:

- Die Übungen sollen dem individuellen Leistungsstand des Kindes angepasst werden.
- Sie sollen der natürlichen Lese- bzw. Rechtschreibsituation möglichst nahe kommen.
- Der Lernprozess soll durch Reduktion der jeweils zur Verarbeitung vorgegebenen Informationsmenge unterstützt werden.
- Widerstände gegen schriftsprachliche Übungen, die das Kind in aller Regel entwickelt hat, sind durch Vermeidung jeglichen Zwangs zu umgehen.
- In der Übungssituation soll die Aufmerksamkeit des Kindes gefördert werden (Löschung unaufmerksamen und Verstärkung aufmerksamen Arbeitsverhaltens).
- Konsequente, zeitlich unmittelbar erfolgende positive Verstärkung richtiger Lösungen soll den Lernprozess fördern.
- Da die Informationsverarbeitung beim Lesen sich in vielerlei Hinsicht von der beim Rechtschreiben unterscheidet, Transfereffekte (vor allem verbesserten Lesens auf die Rechtschreibung) also nur begrenzt eintreten, sind bei gleichzeitigem Vorliegen von Lese- und Rechtschreibschwächen beide Bereiche zu trainieren.

Brack (persönliche Mitteilung) entwickelte auf der Grundlage eines frühen Ansatzes von Machemer (1972) ein Vorgehen, das die genannten Lernprinzipien berücksichtigt. Die Darstellung erfolgt hier exemplarisch für den in der Praxis am häufigsten anzutreffenden Fall, dass das Kind das Alphabet gelernt hat und einfache Texte lesen bzw. schreiben kann, allerdings verlangsamt und mit vielen Fehlern.

Zum Abbau der Fehlerzahl bzw. zur Steigerung des Tempos beim Lesen und Schreiben werden möglichst tägliche, mithilfe eines Kurzzeitweckers auf 15 Minuten begrenzte Übungen zu fester Tageszeit von einer Bezugsperson durchgeführt. Die Übungen beginnen typischerweise mit dem Lesen, nehmen bald, täglich alternierend, das Schreiben hinzu und fokussieren später, wenn beim Lesen ausreichende Fortschritte erzielt wurden, ausschließlich auf das Schreiben.

Für die Leseübung wird zusammen mit dem Kind ein längerer Text (z.B. ein Kinderbuch) ausgesucht, bei dessen Schwierigkeitsgrad das Kind etwa 70–80% der Wörter richtig lesen kann. Zur festgelegten täglichen Zeit erhält das Kind mit einer einmaligen Aufforderung das Angebot, in den nächsten 15 Minuten üben zu dürfen, und der Kurzzeitwecker wird eingestellt. Sobald das Kind kommt und sich auf den vorgesehenen Platz setzt, zeigt der Therapeut bzw. die Bezugsperson dem neben ihm sitzenden Kind den vorliegenden Text Wort für Wort. Das Kind soll bei jedem Wort versuchen, es richtig zu erlesen. Schafft es dies auf Anhieb, lässt der Therapeut sofort deutlich hörbar eine Münze als Verstärker in eine bereitgestellte Schale fallen. Lesefehler werden unmittelbar durch eine feststehende Wendung wie „noch mal" signalisiert, woraufhin das Kind das gerade gelesene Wort erneut richtig zu lesen versucht. Gelingt ihm dies, wird einfach das nächste Wort gezeigt, das Kind erhält keine Münze. Scheitert es erneut, liest die Bezugsperson die richtige Lösung deutlich artikulierend vor, das Kind wiederholt das Wort und bekommt dann das nächste Wort gezeigt.

Während der festgelegten Übungszeit spricht der Erwachsene ansonsten nicht mit dem Kind, vor allem geht er auf anfangs mitunter vorkommendes Vermeidungs- oder ablenkendes Verhalten (Fragen an den Therapeuten u.Ä.) in keiner Weise ein. Nach Ablauf der Übungszeit zählt das Kind die von ihm verdienten Münzen und die Bezugsperson die insgesamt gelesenen Wörter. Der prozentuale Anteil richtiger Lösungen wird als Maß für die Lesegenauigkeit, die Gesamtzahl als Maß für die Geschwindigkeit bei jeder Übung protokolliert und dem Kind anhand eines Diagramms rückgemeldet. Bei gleich bleibender Schwierigkeit des Textes verbessern sich allmählich die Werte, was nach den in aller Regel vorausgehenden demotivierenden Misserfolgen beim Kind neue Zuversicht und Anstrengungsbereitschaft entstehen lässt. Zusätzlich wird nach sorgfältiger Verstärkeranalyse mithilfe der Münzen, die nach einem elaborierten Verstärkermenü eingetauscht werden, ein möglichst hoher Leistungsanreiz geschaffen.

Dadurch, dass die Anzahl der pro Zeiteinheit gelesenen Wörter mittelfristig deutlich zunimmt, wird es möglich, anstatt einzelner Wörter bald Blöcke aus drei Wörtern und schließlich ganze Zeilen als zu lesende Einheiten vorzugeben und somit die Leseübung weiter der natürlichen Lesesituation anzunähern.

Die Schreibübung wird analog zur Leseübung strukturiert, wobei der Text dem Kind nach dem Start des Weckers Wort für Wort diktiert wird. Der Therapeut sitzt beim rechtshändig schreibenden Kind schräg links hinter diesem, um den Schreibvorgang genau zu beobachten und richtige Lösungen analog zur Leseübung unmittelbar zu verstärken. Auch das Signal zur Selbstverbesserung soll unmittelbar, möglichst im Moment der Entstehung eines Fehlers, erfolgen. Auf diese Weise lassen sich ohne ablenkendes Sprechen die Chancen des Kindes, den Fehler selbst zu korrigieren, maximieren. Gelingt die Selbstkorrektur nicht, wird das Wort Buchstabe für Buchstabe diktiert. Überbetontes Artikulieren beim Diktieren (Konsonantenschärfungen, Vokaldehnungen), welches dem Kind anfangs diskriminative Stimuli für orthographisch relevante phonemische Merkmale liefert, wird allmählich ausgeblendet.

Auf sehr frühen Stadien des Schriftsprache-Erwerbs sollten die Übungen unter Beibehaltung der beschriebenen Strukturierung mit einfachen Phonem-Graphem-Verbindungen beginnen. Als Übungsmaterial können Listen mit den im Schulunterricht bereits erarbeiteten Einzelbuchstaben und daraus gebildeten Silben bzw. einfachen Wörtern erstellt werden (so, da, ob, an ... Oma, als, bin ...).

Auf höheren Stufen der Schriftsprache-Entwicklung, wenn eine ausreichende Lesegenauigkeit und -geschwindigkeit bzw. Rechtschreibfähigkeit erreicht sind, Leseverständnis und schriftlicher Ausdruck aber weiterhin unzureichend sind, muss der Schwerpunkt auf die Förderung höherer Sprachfunktionen gelegt werden (Erfassung von Satz- und Textstrukturen; Reflektieren erfasster Informationen und Herstellen von Zusammenhängen mit bereits bekannten Informationen; planendes Vorgehen bei der Textproduktion). Dazu werden die Übungspläne entsprechend modifiziert, ohne die klare Struktur, die Vermeidung von Zwang und die Erfolgsrückmeldung aufzugeben.

Kotherapeuten, die das Vorgehen aufgrund seiner Einfachheit und klaren Strukturierung gut durchführen können, müssen sorgfältig angeleitet werden (vor allem strikte Einhaltung der Prinzipien Freiwilligkeit, ausschließlich positive Verstärkung und Vermeidung ablenkenden Sprechens während der Übungen). Störungen der Interaktion zwischen Eltern und Kind sind dabei kein Hindernis. Im Gegenteil, oft wird durch die Kontingenzbedingungen der Übungssituation eine Verbesserung der Interaktion auch in anderen Anforderungssituationen (vor allem Hausaufgaben) geschaffen, die durch gezielte Instruktion der Bezugspersonen weiter generalisiert werden kann.

Die Übernahme der regelmäßigen Trainingseinheiten durch Kotherapeuten reduziert den Aufwand für den klinischen Psychologen auf fortlaufende Kontrollen des Therapieverlaufs anhand der Protokolle bzw. Verhaltensbeobachtung und -korrektur bei eintretenden Stagnationen. Der therapeutische Schwerpunkt kann damit auf zusätzliche Problembereiche gelegt werden, soweit diese aus der Anfangsdiagnostik oder im weiteren Verlauf deutlich geworden sind.

2.19.7
Wirksamkeit und Wirksamkeitsbedingungen der Therapie

Da die tägliche Übungungszeit konstant bleibt und die Schwierigkeit des Textes zwar passagenweise etwas fluktuiert, im Durchschnitt aber weitgehend gleich bleibt, lässt sich der Fortschritt der Therapie fortlaufend anhand der täglich protokollierten Menge gelesenen bzw. geschriebenen Textes und des dabei erreichten Anteils richtiger Lösungen ablesen. Um den unmittelbaren Eindruck über die Wirksamkeit der Therapie, den man bereits aus den erstellten Diagrammen erhält, quantitativ zu erfassen, bildet man außerdem Mittelwerte über z.B. 10 Übungseinheiten. Auf diese Weise werden die erwähnten Fluktuationen der Textschwierigkeit und dadurch bedingte Tagesschwankungen ausgeglichen. Nach den bisherigen Praxiserfahrungen zeigt sich für das dargestellte Vorgehen sowohl beim Lesen als auch beim Rechtschreiben mittelfristig eine deutliche Verbesserung im Hinblick auf Fehleranzahl und Geschwindigkeit. Die Fortschritte schlagen sich auch in den schulischen Alltagsleistungen und in Tests zur Erfassung der Lese- bzw. Rechtschreibfähigkeit deutlich nieder.

Generell ließ sich zeigen, dass bei lese-rechtschreibschwachen Kindern durch verhaltensorientierte Übungen Teilfertigkeiten, die für die Verarbeitung der Schriftsprache eine Rolle spielen (vor allem phonologische Analyse und Anwendung orthographischer Regeln), verbessert werden können. Als gesichert kann ferner gelten, dass Wiederholung von Wortmaterial mit systematischer Verstärkung richtiger Lösungen zu einer Verbesserung der Leistungen führt (Scheerer-Neumann, 1993; Mannhaupt, 1994). Bei dem im letzten Abschnitt dargestellten Vorgehen wird die Entwicklung der benötigten Teilfertigkeiten beim lese-rechtschreibschwachen Kind gefördert, indem man es ständig neues schriftsprachliches Material angepasster Schwierigkeit bearbeiten lässt und dabei richtige Lösungen systematisch verstärkt. Für diese Methode liegen bisher noch keine empirischen Wirksamkeitsnachweise aus größeren Untersuchungen vor.

Grundlegende Literatur

- Klicpera, C. & Gasteiger-Klicpera, B. (1995). Psychologie der Lese- und Schreibschwierigkeiten. Entwicklung, Ursachen, Förderung. Weinheim: Beltz.

- Machemer, P. (1972). Entwicklung eines Übungsprogramms für Eltern zur Behandlung von Legasthenikern nach verhaltenstherapeutischem Modell. Schule und Psychologie, 19, 336–346.

- Mannhaupt, G. (1994). Deutschsprachige Studien zur Intervention bei Lese-Rechtschreibschwierigkeiten: Ein Überblick zu neueren Forschungstrends. Zeitschrift für Pädagogische Psychologie, 8, 123–138.

Weiterführende Literatur

- Scheerer-Neumann, G. (1993). The treatment of developmental reading and spelling disorders. In G. Blanken, J. Dittmann, H. Grimm, J. C. Marshall & C.-W. Wallesch (Eds.), Linguistic disorders and pathologies. An international handbook. Berlin, New York: de Gruiter.

Materialien

- Grissemann, H. & Baumberger, W. (1986). Zürcher Leseverständnistest für das 4.–6. Schuljahr (ZLVT 4.–6.). Bern: Huber.

- Grund, M., Haug, G. & Naumann, C. L. (1995). Diagnostischer Rechtschreibtest für 5. Klassen (DRT 5). Göttingen: Beltz.

- Jäger, R. S. & Jundt, E. (1981). Mannheimer Rechtschreibtest (MRT). Göttingen: Hogrefe.

- Kalb, G., Rabenstein, R. & Rost, D. H. (1979). Lesen und Verstehen (LUV). Göttingen: Westermann.

- Landerl, K., Wimmer, H. & Moser, E. (1997). Salzburger Lese- und Rechtschreibtest (SLRT). Verfahren zur Differentialdiagnose von Störungen des Lesens und Schreibens für die 1.–4. Schulstufe. Bern: Huber.

- Linder, M. & Grissemann, H. (1996). Zürcher Lesetest (ZLT). Bern: Huber.

- Rathenow, P., Vöge, J. & Laupenmühlen, D. (1980). Westermann Rechtschreibtest 6+ (WRT 6+). Göttingen: Westermann.

- Schäfer, H. (1986). Bildwortserie zur Lautagnosieprüfung und zur Schulung des phonematischen Gehörs. Göttingen: Westermann.

Rechenschwäche (Dyskalkulie)

Andreas Warnke und Petra Küspert

2.20.1
Fallbeispiel

Markus, 10 Jahre alt, fiel immer wieder durch aggressive Verhaltensstörungen, ständiges Spucken in Räumen und öffentlichen Verkehrsmitteln sowie durch seine Disziplinlosigkeit im Unterricht auf. Aufgrund dieser Vorkommnisse und deutlich unzureichender Leistungen wurde er aus der 4. Klasse der Grundschule ausgeschult und an eine Klinik für Kinder- und Jugendpsychiatrie überwiesen. Die diagnostische Abklärung bestätigte im Lesen, Rechtschreiben und Rechnen ein Leistungsniveau, das etwa dem geforderten Leistungsstand am Ende des ersten Schuljahres entsprach. Beim Rechnen konnte er Additionsaufgaben mit Zehnerübergang nicht sicher lösen, Subtraktionen bei Zehnerübergang waren regelhaft falsch, Divisionsaufgaben überforderten den Jungen vollends und auch das Einmaleins beherrschte er nur unzureichend. Beim schriftlichen Rechnen unterliefen Markus Abschreib- und Lesefehler (Vertauschung der Ziffernfolge). Obwohl Markus täglich fast zweieinhalb Stunden mit seiner Mutter zusammen an den Hausaufgaben saß, waren keine Verbesserungen zu verzeichnen. Im Gegensatz zu diesen Schulleistungen wurde eine gut durchschnittliche allgemeine intellektuelle Begabung (Gesamt-IQ nach HAWIK-R 111) festgestellt. Internistisch und neurologisch fand sich kein erklärungsrelevanter Befund. Diagnostisch ergab sich eine schwergradige kombinierte Störung des Lesens, Rechtschreibens und Rechnens.

2.20.2
Diagnostische Kriterien nach ICD-10

Rechenstörungen werden unter F81.2 in der Rubrik „F8 Entwicklungsstörungen" aufgeführt. Diagnostisch wegweisend ist das schulische Versagen im Erlernen des Rechnens. Entscheidend ist, dass die Leistung im Rechnen deutlich schlechter ist, als aufgrund der Intelligenz, des Alters und der schulischen Förderung zu erwarten wäre.
Eine solche Störung wird in der Praxis dann diagnostiziert, wenn

- die allgemeine Intelligenz nicht mehr als eine Standardabweichung unter dem Durchschnitt (entsprechend einem Abweichungs-IQ von 85) liegt, sodass bei mentaler Retardierung keine Rechenstörung diagnostiziert wird;
- die Differenz zwischen Rechenleistung und allgemeiner Intelligenz mindestens 1,5 Standardabweichungen (entsprechend 22,5 IQ-Punkten) beträgt;
- die Rechenleistung unter der 10. Perzentile (entsprechend etwa 80 IQ-Punkten) eingeordnet wird, sodass durchschnittliche oder leicht unterdurchschnittliche Rechenleistungen bei Kindern mit hoher allgemeiner Intelligenz nicht als Rechenstörung gelten.

Hinzu kommt die Forderung, dass die Rechenstörung nicht als Folge von anderen Erkrankungen oder unzureichender Unterrichtung erklärt werden kann. Wenn die Rechenstörung in Verbindung mit Defiziten im Lesen und Rechtschreiben auftritt, wird sie gesondert klassifiziert.

2.20.3
Epidemiologie, Verbreitung und Altersrelevanz der Störung

Die Prävalenz der Rechenstörung – ohne Verknüpfung mit anderen Entwicklungsstörungen des Lernens – liegt bei etwa 1% der Kinder im Schulalter. In Verbindung mit Lese-Rechtschreibschwäche bzw. anderen Teilleistungsstörungen beträgt die Prävalenz etwa 6%. Die Rechenstörung betrifft wahrscheinlich häufiger Mädchen als Jungen. Sie tritt oft zusammen mit Lese-Rechtschreib-Störungen und Aufmerksamkeitsstörungen auf.

2.20.4
Diagnostik der Störung

Der Verdacht auf eine Rechenstörung ergibt sich in der Regel aus auffallend schlechten Schulnoten im Fach Mathematik, die mit den Noten in den anderen Schulfächern nicht übereinstimmen. Die diagnostischen Schritte sollen aufzeigen,

- ob die Diagnose F81.2 gerechtfertigt ist,
- ob eine andere Rechenstörung vorliegt, die nicht alle Kriterien von F81.2 erfüllt,

• welche Schwerpunkte (besonders im Hinblick auf die Therapieplanung) die Störung hat und
• ob aus der Störung im Einzelfall Eingliederungshilfe nach § 35a Sozialgesetzbuch VIII begründet werden kann.

Die Diagnostik erfolgt in fünf Schritten:

Psychometrische Bestimmung der Intelligenzentwicklung anhand eines mehrdimensionalen Intelligenztests. Hierbei geht es nicht nur darum, das allgemeine Intelligenzniveau festzustellen, sondern auch darum, besondere Stärken und Schwächen des Kindes in den einzelnen Untertests zu erfassen (z.B. Versagen in auditiver Merkfähigkeit). Als Verfahren sind u.a. geeignet: Hamburg-Wechsler Intelligenztest für Kinder (HAWIK III), Kaufman-Assessment Battery for Children (K-ABC), Adaptives Intelligenzdiagnostikum (AID) oder Snijders-Oomen nonverbaler Intelligenztest (SON R 5 1/2–17). Häufig verwendete Tests wie Coloured Progressive Matrices (CPM), Culture Fair Intelligence Test (CFT 1 bzw. CFT 20) haben hingegen nur orientierenden Wert.

Prüfung der Rechenleistung und anderer schulrelevanter Teilleistungsaspekte, vor allem im Bereich des Lesens und Rechtschreibens. Als Rechentests (orientiert an Klassenstufen) sind geeignet:

• Schweizer Rechentest 1.–3.; 4.–6. Klasse,
• Mathematiktest für 2. Klassen (MT 2),
• Diagnostischer Rechentest für 3. Klassen (DRE 3),
• Mathematische Sachzusammenhänge 3; 4,
• Zahlenfolgen 3; 4,
• Mathematische Strukturen 4,
• Rechentest 9+.

Bei den Rechentests ist darauf zu achten, dass sie keinen Aufgabentyp enthalten, der noch nicht im Unterricht behandelt wurde. Der Diagnostische Rechentest (DRE 3) erlaubt eine etwas individuellere, weniger am Unterricht orientierte Diagnostik. Diese ist, wenn möglich, durch eine Bedingungs- und Fehleranalyse (s.u.) zu ergänzen.
Die Fertigkeiten im Lesen und Rechtschreiben werden mit den üblichen Tests zur Erfassung von Lese-Rechtschreibschwächen geprüft bzw. resultieren aus relevanten Untertests der allgemeinen Intelligenzdiagnostik.

Ausschluss psychischer und organischer Erkrankungen (z.B. Depression, Epilepsie, Sehstörung oder Hörbeeinträchtigung) über weiter gehende psychologische und ärztliche Untersuchungen.

Ausschluss unzureichender Unterrichtung bzw. Förderung in Schule und Familie (z.B. durch lange, krankheitsbedingte schulische Fehlzeiten). Aus dem Gespräch mit den Eltern und einem Bericht der zuständigen Lehrkraft über den Beginn der Rechenschwierigkeiten,

2.20
Rechenschwäche
(Dyskalkulie)

die Begleitumstände, die Reaktionen der Bezugspersonen, bisherige Fördermaßnahmen usw. können mögliche (gravierende) Anregungsdefizite erschlossen werden.

Diagnostik der rechnerischen Fertigkeiten und Fehleranalyse. Sie erfolgt dann, wenn sich die Hinweise auf das Vorliegen einer Rechenstörung verdichtet haben. Gepüft werden folgende Leistungsbereiche:

- **Zählfertigkeit:** Das Kind wird gebeten, mit „1" beginnend, die Zahlenreihe in der richtigen Reihenfolge vor- und rückwärts zu zählen.
- **Zählhandlung:** Mit den Händen zeigend, ist eine kleinere Anzahl vorgegebener Gegenstände (z.B. Äpfel, Geldstücke usw.) abzuzählen.
- **Transcodieren:** Die Zahlen sollen aus der Wortform in die arabischen Ziffernzeichen übertragen werden (z.B. „sieben" = 7).
- **Zahlwörter Mengen zuordnen:** Konkreten Mengen (z.B. fünf Holzstäbchen), abgebildeten gegenständlichen Mengen (der Abbildung von fünf Äpfeln) und einer Anzahl „abstrakter Korrelate" (fünf Striche) ist das Zahlwort „fünf" zuzuordnen.
- **Arabische Ziffern Mengen (konkret, abgebildet, abstrakt) zuordnen.**
- **Zahlenbegriffe in der Vorstellung mit gegenständlichen Korrelaten sich vergegenwärtigen** („Zahlenbewusstheit"; Ziffer fünf = 5 Äpfel).
- **Zuordnen von Zahlen zu analogen Repräsentationen:** Auf einem „Zahlenstrahl", wie z.B. dem Metermaß, liegt die „kleinere Zahl" links, die „größere Zahl" rechts (vgl. Dihlmann & Lorenz, 1998; Lorenz & Radatz, 1993, S. 101).
- **Lösen von Kopfrechenaufgaben in den Grundrechenarten** (vgl. Kornmann & Scheffler, 1989, S. 92, die einen Entscheidungsbaum zur Wissensbasis formuliert haben).
- **Schriftliches Addieren, Subtrahieren, Multiplizieren und Dividieren** (Übersichten bei Lorenz & Radatz, 1993; Lorenz, 1998). Lehrstoff im 2. Schuljahr ist der Zahlenraum bis 100, im 3. Schuljahr bis 1000.
- **Auditive und visuelle Zahlworterkennung:** 2–3; 14–40; dabei sind Hör-, Lese- und Schreibfehler möglich, z.B. die Verwechslung oder Vertauschung von „53" mit „35".
- **Transferverständnis und Analogieverständnis:** $4 + 2 = 2 + 4$ (aber nicht: $4 - 2 = 2 - 4$); $12 + 1 = 13$; $22 + 1 = 23$; $5 \times 4 = 20$; $5 \times 40 = 200$.
- **Gedächtnisfunktionsprüfung:** Merken einer Ziffer beim Kopfrechnen (Kurzzeitgedächtnis); Beherrschen des Einmaleins (Langzeitgedächtnis).
- **Lösen von Textaufgaben:** Reichen Lesefertigkeiten, Sinnentnahme und Aufgabenverständnis aus?

2.20.5
Bedingungsmodell

Die an den Anforderungen der Schule gemessene Rechenstörung gilt als Teil einer defizitären Informationsverarbeitung, deren Ursache vor allem in biologischen Reifungsvorgängen des zentralen Nervensystems angenommen wird. Diese (neurologischen) Schwierigkeiten führen dazu, dass das Kind dem „normalen" Unterricht im Rechnen (Anregungsangebot) nicht die alters-, förderungs- und begabungsadäquaten rechnerischen Reaktionsmuster entnehmen kann.

Die wiederholte Erfahrung des Scheiterns kann zu weiteren Störungen führen, insbesondere zu Ängsten, depressiven Tendenzen und Unkonzentriertheit.

2.20.6
Therapieplanung

Die verhaltenstherapeutische Behandlung von Rechenstörungen ist meist relativ langwierig. Sie ist „therapeutenorientiert", da die Grundstruktur des Übungsprogramms durch die beschriebene Stufenfolge festgelegt ist. Begonnen wird auf jener Stufe der Rechenfertigkeit, die gemäß der diagnostischen Analyse vom Kind gerade noch beherrscht wird. Diese Einstiegsstufe kann bei einem Kind bereits bei der „Zählfertigkeit" liegen, bei einem zweiten auf der Stufe des „Transcodierens", bei einem dritten bei der „Zahlenbewusstheit". Auf dieser Stufe wird ein kurzes Übungsprogramm zur täglichen Durchführung entworfen. Kasten 1 auf der folgenden Seite gibt ein Beispiel.

Die Übungen und ihre fortlaufende Ausgestaltung enthalten verhaltenstherapeutische Grundprinzipien, die typisch für die Behandlung von Kindern und die Therapie von Teilleistungsstörungen (bzw. die neuropsychologische Rehabilitation) sind:

Der Aspekt der Ausformung bezieht sich zunächst auf die Erarbeitung der Stufenfolge mit steigender Schwierigkeit vom Ausgangspunkt an, wobei das Tempo des Vorgehens stets von den Fortschritten des Kindes abhängt, die wiederum vom erreichten Rechenvermögen, dem Arbeitsstil und der Konzentrationsfähigkeit bestimmt werden. Um vor allem die beiden letzten Punkte zu fördern, können dann auch auf einer bestimmten Stufe in den einzelnen Übungen die Anforderungen an die Länge der Arbeitsintervalle (z.B. 4x5 min, 2x10 min, 1x20 min) und an das Arbeitstempo (z.B. in 10 min zuerst 5, dann 6 Aufgaben) ausgeformt werden. Der Aspekt der Verstärkung erwünschten Verhaltens wird meist durch ein Token-Programm berücksichtigt, das zusammen mit dem Kind sorgfältig erarbeitet werden sollte.

Dem Aspekt der gezielten Ein- und Ausblendung von Stör- und Stützreizen entsprechen die zunächst feste Übungszeit und Übungsdauer, die später in eine flexiblere Arbeitsgestaltung unter „normalen" Störbedingungen überführt werden (vgl. das Prinzip der „zweckmäßigen Hilfe": Warnke, 1997). Kinder mit besonders ausgeprägter Störbarkeit des Arbeitsverhaltens durch Außenreize können darüber hinaus gegen Störreize zunehmender Intensität abgehärtet werden. An Stützreizen können in den Übungen zu einer Stufe anfangs etwa grafische Erläuterungen der Aufgabenstellung, Anfangsbuchstaben der zu findenden Zahlwörter oder Abzählkugeln (Abakus) gegeben werden, die dann allmählich ausgeblendet werden. Bei der Einführung einer neuen Stufe ist oft die Vermittlung von Information an das Kind notwendig (z.B. die Multiplikationsregeln). Das kann durch zusätzliche kurze Unterrichtseinheiten oder entsprechende Textabschnitte auf den Übungsblättern erreicht werden, ergänzt durch die erlaubten knappen Antworten auf inhaltsbezogene Fragen des Kindes beim Üben. Auch diese Maßnahmen können zu ein- und auszublendenden Stützreizen gerechnet werden.

Kasten 1:   Entwurf des Übungsrahmens einer Dyskalkulie-Behandlung

Der Vater wird angehalten, laufend Blätter für weitere Übungen bzw. Übungsstufen vorzubereiten. Wenn das Kind etwa nach 10 Übungssitzungen noch nicht ein Kriterium (z.B. 5 Blätter in Folge fehlerfrei) für den Übergang zur nächsten Stufe erreicht hat, werden seine Fehler genauer analysiert und es erhält übergangsweise als Stützreiz auf jedem Übungsblatt den Lösungsweg einer Beispielaufgabe.

Der Vater von Markus, besorgt wegen der Schulprobleme seines Sohnes, erklärt sich bereit, täglich vor dem Abendbrot von 18.00 bis 18.20 Uhr mit ihm ein Programm durchzuführen. Dazu erstellt er nach genauer Absprache mit dem Therapeuten zunächst eine Anzahl von Aufgabenblättern zum Transcodieren, da Markus diese Schwierigkeitsstufe als letzte sicher beherrschte. Die Blätter enthalten entweder Aufgaben, die Markus selbst schriftlich oder durch entsprechende Handlungen mit Material lösen muss; oder aber Symbole für Aufgaben, die dem Kind vom Vater – ohne weiteren Kommentar – vorgegeben werden. Sie sind so gestaltet, dass Markus sie bei konzentrierter Arbeit leicht in 10 Minuten bearbeiten kann.

Nachdem das Vorgehen beim Therapeuten mit ihm besprochen wurde, bietet der Vater Markus montags bis freitags jeweils um 18.00 Uhr einmal an, jetzt üben zu dürfen, setzt sich in Markus' Zimmer, legt eines der vorbereiteten Blätter auf den Schreibtisch und stellt einen Küchenwecker auf 10 Minuten. Unabhängig davon, ob Markus überhaupt kommt, verspätet kommt oder vorzeitig seinen Arbeitsplatz wieder verlässt, nimmt der Vater das Blatt beim Signal des Weckers weg, legt ein neues hin und stellt den Wecker wieder auf 10 Minuten.

Wenn Markus an einem Blatt oder einer vom Vater gestellten Aufgabe arbeitet und eine sinnvolle Frage zur Aufgabe stellt, gibt der Vater mit wenigen Worten die notwendige Information. Sonst spricht der Vater während der 20 Minuten (außer den Anweisungen bei entsprechenden Aufgaben) kein Wort und greift in keiner Weise ein (Notfälle ausgenommen). Auch außerhalb der Übungssituation wird diese in keiner Weise diskutiert.

Der Vater prüft nach jedem Signal des Weckers das jeweilige Blatt bzw. seine Notizen zu den Aufgaben; wurden Aufgaben falsch gelöst, erläutert der Vater knapp die Fehler; wurden alle Aufgaben richtig gelöst, spricht er ein klares, kurzes Lob an Markus und setzt seine Unterschrift in ein Kästchen einer Tabelle, die an der Wand hängt und 100 Kästchen enthält. Im letzten Kästchen befindet sich ein Foto des Fahrrades, das Markus sich seit langem wünscht und das er, sobald er 100 Blätter richtig bearbeitet hat, unverzüglich erhält. Der Vater führt Protokoll über den Übungsverlauf.

Der Aspekt des Einsatzes von Bezugspersonen als Kotherapeuten (vgl. Kap. 5.7) schließlich erlaubt die notwendige hohe Übungsintensität und Optimierung der Übungssituation – die notwendige Kooperation der Bezugspersonen vorausgesetzt.

Die strenge Strukturierung des Plans, die Vermeidung von Diskussionen, die eindeutige Rückmeldung und gezielte Erfolgsverstärkung und die laufende Supervision der Übungen durch den Therapeuten sind vor allem anfangs sehr wichtig, weil gerade Kinder mit aversiven Vorerfahrungen zu allen Formen von Vermeidungsverhalten tendieren, insbesondere über die Übungen zu diskutieren statt zu üben oder den Beginn des Arbeitens immer weiter hinauszuschieben. Dabei zeigt sich meist nach kurzer Zeit, dass die Kinder gerne zum Üben kommen bzw. schon darauf warten; denn sie erleben die ungewohnte Situation, dass sie in einer Aufgabensituation nicht getadelt werden und dass ihnen nicht gedroht wird, sondern dass sie ausschließlich eine freundliche Stellung der Aufgaben, bei Bedarf gezielte Information, bei Erfolg ein Lob und schließlich eine große zusätzliche Belohnung für Übungserfolge erfahren. Für die Übungen sollten daher nicht die eigentlichen Hausaufgaben verwendet werden, weil vor allem die Eltern es meist nicht akzeptieren können, dass das Kind über deren Erledigung selbst entscheidet.

Entsprechend dem inhaltlichen Aufbau schulischer Rechenfertigkeiten und den beschriebenen zugehörigen diagnostischen Prüfschritten kann eine übergeordnete Struktur eines verhaltenstherapeutischen Übungsprogrammes erstellt werden, das dann noch auf das individuelle Kind abgestimmt wird. Dabei orientiert sich die inhaltliche Strukturierung des Übungsprogramms an der Diagnostik der rechnerischen Fertigkeiten und der Fehleranalyse. Die relativ große Zahl konkreter Aufgaben für die Gestaltung der Übungsblätter lässt sich durch Variation entsprechender Aufgaben in Rechenbüchern gewinnen. Praktische Hinweise zur inhaltlichen Gestaltung der Übungsstufen finden sich bei Lorenz und Radatz (1993), Zech (1977) und Grissemann und Weber (1993).

Die Zählfertigkeit wird eingeübt, indem das Kind, bei „1" beginnend, die Zahlenreihe bis 10 und dann über die 10 hinaus in der richtigen Reihenfolge vor- oder rückwärts zählt. Diese Übung lässt sich mit „Handlungen am konkreten Material" (vgl. Lorenz & Radatz, 1993, S. 30) einführen. Dabei wird etwa ein Tuch über eine Anzahl Würfel gelegt und das Kind soll sie ohne Sichtkontakt mit den Händen ertasten und abzählen. Aufgaben dieser Art lassen sich leicht in die täglichen Übungen (vgl. „verdeckte Handlung" mit dem „Fühlsack"; Dihlmann & Lorenz, 1998) und auch in einfache Spiele (Brettspiele, Knetmasse, Zahlenmemory, rhythmisch-musikalische Spiele) einbauen.

Zur Einübung der Zählhandlung wird das Kind gebeten, vorgegebene Gegenstände (z.B. Äpfel) abzuzählen, indem es mit dem Finger darauf zeigt. Dabei ist darauf zu achten, dass die Zeigebewegungen den verbalisierten Ziffern und den gezeigten Objekten entsprechen.

Auch solche Übungen lassen sich leicht in den Alltag übernehmen; allerdings ist dabei immer die freiwillige Teilnahme des Kindes (die in den eigentlichen Übungen durch das Token-System unterstützt wird) von großer Bedeutung, damit sie nicht wie die üblichen Hausaufgaben für das Kind einen Strafcharakter erhalten.

Mit dem Transcodieren wird das Zahlwort in eine arabische Ziffer übertragen, d.h. etwa dem Wort „Fünf" die Ziffer „5" zugeordnet. Auch hier kann die Einprägung wieder durch den Tastsinn gesteigert werden, indem es sich bei den zu findenden Ziffern um „Fühlziffern" handelt (vgl. Dihlmann & Lorenz, 1998).

Auf der nächsten Stufe werden Zahlwörter zunächst konkreten Mengen, z.B. fünf Holzstäbchen, zugeordnet: Das Kind lernt – wieder über reizarme Situationsgestaltung, klare Aufgabenstellung, Hilfestellung und Verstärkung –, zu den Stäbchen die Karte mit dem richtigen Zahlwort zu finden. Ausformungsschritte auf dieser Stufe bestehen darin, dass dann von den konkreten Gegenständen auf deren Abbildung übergegangen wird und schließlich dem abstrakten Korrelat (also z.B. der Vorstellung von vorher gezeigten fünf Holzstäbchen) das richtige Zahlwort beigeordnet wird.

Die letzten beiden Stufen lassen sich nun zusammenführen, indem die Zuordnung von arabischen Ziffern zu vorgegebenen Mengen erarbeitet wird. Ausformungsstufen von zunehmendem Schwierigkeitsgrad lassen sich wieder durch den Übergang von konkreten zu abgebildeten und dann zu abstrakten (vorher gezeigten und dann vorgestellten) Mengen gestalten. Auch wenn die Kinder durch die Bearbeitung der Stufen und Unterstufen des Programms zunehmend Routine bekommen und in der Regel gut kooperieren, sollte weiter auf eine sehr exakte Durchführung der Übungen nach festgelegtem Plan und auf eine genaue Registrierung der laufenden Ergebnisse geachtet werden.

Die Stufe der „Zahlenbewusstheit" ist ein entscheidender Schritt zum Erwerb der sicheren Beherrschung der Rechenoperationen. Dabei sollen die Kinder lernen, die auf den vorherigen Stufen in relativ stark strukturierter Form erworbenen Fertigkeiten flexibel einzusetzen, wobei die Einbeziehung der Arbeit in der Vorstellung eine entscheidende Rolle spielt – immer mit dem Ziel, die Verbindung zwischen Mengen, Zahlwörtern und Ziffern zu stabilisieren. Zur Erreichung dieses Ziels hat der Therapeut großen Handlungsspielraum: Je nach verfügbaren Materialien und Schwerpunkten der Schwierigkeiten des Kindes kann z.B. die Menge von drei Streichhölzern gezeigt und dann zugedeckt werden; das Kind soll dann aus vorgegebenen Karten diejenige mit dem richtigen Zahlwort („Drei") finden; dann wird diese Karte weggenommen und das Kind soll aus dem Gedächtnis die Ziffer „3" schreiben. Oder der Therapeut zeigt die Ziffer „3", das Kind sucht aus verschiedenen abgebildeten Mengen die passende heraus und schreibt das entsprechende Zahlwort darunter usw.

Bei dieser flexibleren Übungsgestaltung ist die Verhaltensbeobachtung wichtig: Bei welcher spezifischen Aufgabenart hat das Kind besondere Probleme? Welche Zuordnung (z.B. zwischen Zahlwort und Ziffer) beherrscht es bereits sicher? Entsprechend der erhobenen Daten lassen sich die Übungen laufend modifizieren und im Schwierigkeitsgrad steigern.

Das Zuordnen von Zahlen zu analogen Repräsentationen lässt sich mit dem „Zahlenstrahl" einführen. Dazu lernt das Kind, wieder über Ausformung und gezielte Verstärkung, zunehmend sicherer die Position einer bestimmten Zentimeterangabe auf einem Zollstock zu bestimmen. Eine Schwierigkeitssteigerung des Ausformungsprogrammes besteht darin, das Kind bestimmen zu lassen, ob eine bestimmte Zahl links (kleinere Zahl) oder rechts (größere Zahl) von einer anderen Zahl liegt.

Diese Übungen werden auch mit einer senkrecht gestellten Zahlenskala durchgeführt, sodass das Kind die Erfahrung macht, dass Addition einem Größerwerden und Subtraktion einem Kleinerwerden entspricht („intuitive Bedeutung der Operationen"; vgl. Lorenz & Radatz, 1993, S. 101).

Das Lösen von Kopfrechenaufgaben in den Grundrechenarten setzt die beschriebenen Vorstufen rechnerischer Fertigkeiten voraus. Wenn sich dabei zeigt, dass z.B. das Abzählen von Mengen oder die Mengenoperationen nicht adäquat gelingen, so sind diese Fertigkeiten erneut zu bearbeiten.

Das Einüben des Kopfrechnens erfolgt in erster Linie über eine visuelle Darstellung der Aufgabe und „lautes Denken", bei dem das Kind zunächst den Therapeuten imitiert und allmählich im Rahmen des Ausformungsprogrammes die Überlegungen selbst übernimmt. Entscheidend ist, dass sich die Rechenoperationen so lange im Zahlenraum bis 10 bewegen, bis das Kind dabei ganz sicher ist. Begonnen wird mit dem Addieren mit konkreten Gegenständen (indem z.B. zu fünf Äpfeln zwei dazukommen). Wird dieser Schritt beherrscht, folgt das Subtrahieren, ebenfalls mit konkreten Gegenständen (z.B. werden von fünf Äpfeln zwei weggenommen).

Erst wenn das Kind im Zahlenraum bis 10 das Addieren und Subtrahieren sicher beherrscht, wird zu den ebenfalls konkret dargestellten Operationen des Multiplizierens und Dividierens übergegangen, indem etwa dreimal zwei Äpfel nebeneinander gelegt werden oder von sechs Äpfeln in drei Schritten jeweils zwei weggenommen werden.

Auf dieser Stufe ist die Gefahr des zu schnellen Vorangehens besonders groß. Erst wenn eine Grundrechenart im Zahlenraum bis 10 mit konkreten Mengen sicher beherrscht wird, sollte die Schwierigkeit gesteigert werden. Diese Steigerung sollte zunächst darin bestehen, dass die konkreten Gegenstände gegen bildlich dargestellte ausgewechselt werden. Erst bei erfolgreicher Bewältigung dieser Stufe sollte der Zahlenraum erweitert werden.

Auf jeder Unterstufe lässt sich der Erfolg stabilisieren, indem die Rechenoperationen nicht nur visuell, sondern auch akustisch (Anzahl von Schlägen) und haptisch (Ertasten von Mengen) durchgeführt und mit entsprechenden Verstärkungen versehen werden.

Das schriftliche Addieren, Subtrahieren, Multiplizieren und Dividieren besteht aus einer Zusammenführung der vorigen Stufe mit früher geübten Stufen. Zunächst soll das Kind die jeweilige Lösung (bei Bedarf auch Zwischenschritte) aussprechen und dann notieren. Das konkrete Vorgehen sollte sich an der individuellen Fehleranalyse orientieren, um den Lernprozess möglichst ökonomisch zu gestalten. Mit zunehmender Komplexität der Übungen werden auch die möglichen Fehler vielgestaltiger. Übersichten finden sich bei Lorenz und Radatz (1993), Lorenz (1998) oder Geary (1994).

Für die Einführung der Zahlenräume bis 100 (2. Schuljahr) und bis 1000 (3. Schuljahr) oder zur Vermittlung des Stellenwertbegriffes eignen sich so genannte „Mehrsystem-Blöcke". Das Rechenmaterial besteht dabei aus Einerwürfeln, Zehnerstangen, Hunderterplatten und Tausenderwürfeln (vgl. Abb. 1). Allerdings ist zu betonen, dass gerade bei Einführung von Materialien, die die Plausibilität der Rechenoperationen erhöhen sollen, die Gefahr besteht, grundlegende verhaltenstherapeutische Prinzipien zu vernachlässigen, indem etwa der Erwachsene zu viel mit dem Kind spricht und immer wieder auf die Materialien hinweist oder indem die klare, verstärkende Rückmeldung wegen des „plausiblen" Materials vernachlässigt wird.

Eine nächste Stufe, die die Sicherheit der Beherrschung der Rechenoperationen verbessern soll, ist das Training der akustischen und visuellen Unterscheidung von Zahlwörtern und Ziffern. Dabei werden Zahlendiktate gegeben bzw. Zahlwörter und Ziffern zum Lesen angebo-

Abb. 1. Vermittlung der Stellenwerte am Beispiel der Ziffer 135 mit den „Mehrsystemblöcken"
(Dienes-Blöcke nach Lorenz & Radatz, 1993, S. 101)

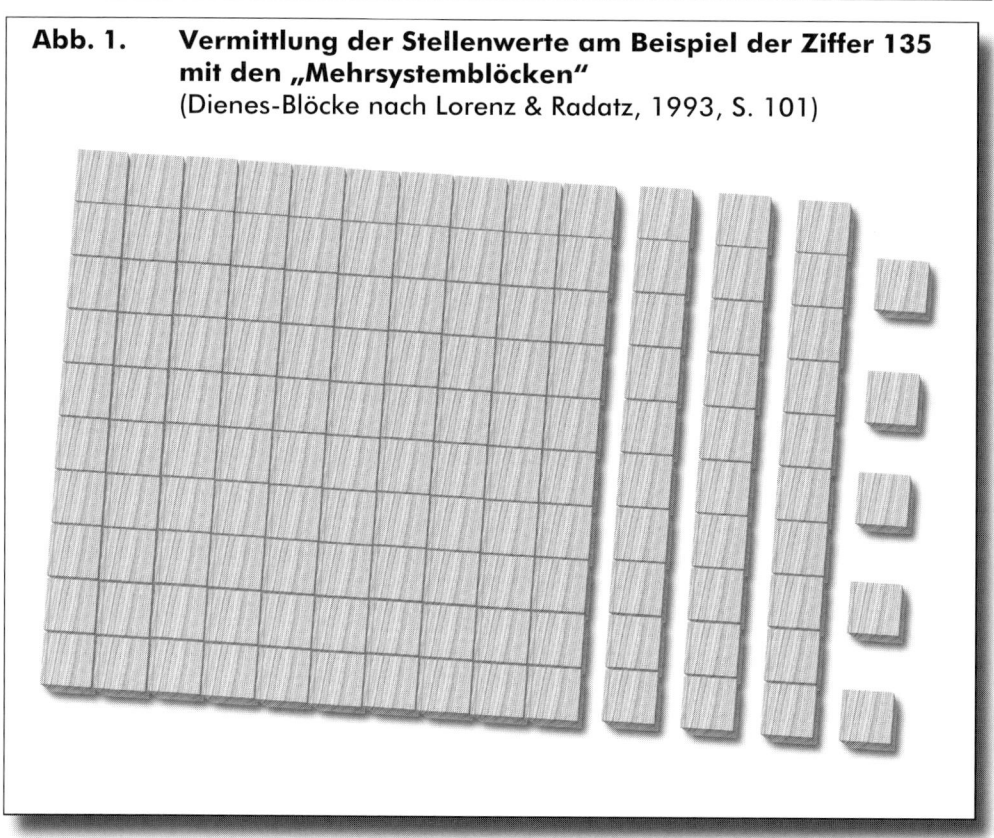

ten. Somit lassen sich insbesondere Verwechslungen von Stellenwerten und entsprechende Lese- und Schreibfehler erkennen und gezielt behandeln (17 statt 71, 53 statt 35).

Das Transfer- und Analogieverständnis wird geübt, indem gezielt die schnelle Lösung von Aufgaben trainiert wird, bei denen das Erkennen von analogen Teiloperationen den Lösungsweg verkürzt (z.B. 4 + 2 = 2 + 4; oder 12 + 1 = 13 und 22 + 1 = 23; oder 5 x 4 = 20 und 5 x 40 = 200).

Auf dieser Stufe ist es auch sinnvoll, die früher geübten Lernschritte ohne Belohnungen zu wiederholen und zu Selbstkontrolle und Selbstbestärkung überzugehen.

Zur Gedächtnisschulung beim Kopfrechnen und beim Erlernen des Einmaleins können Merkhilfen eingeführt werden (vgl. Lorenz & Radatz, 1993; Grissemann & Weber, 1993; Grissemann, 1996). Dazu können, vor allem bei längeren Rechenoperationen, zunächst Notizen dienen, die allmählich ausgeblendet werden. So kann die Operation „3 + 1 + 4 =" zunächst schriftlich erledigt werden; dann wird die letzte Ziffer ohne Notiz hinzuaddiert; dann werden die ersten beiden geschriebenen Ziffern verdeckt und nur bei Bedarf aufgedeckt; dann wird nur noch die erste Ziffer schriftlich festgehalten und bei Bedarf aufgedeckt usw.

Der Inhalt dieser Stufe legt es nahe, die Übungen nach und nach freier zu gestalten und Hilfestellung und Belohnung zu reduzieren. Die Eltern erhalten Hinweise, wie im Alltag kleine Rechenoperationen durchgeführt werden (kleine Einkäufe, Abzählen von Gegenständen im Alltag, Abrechnen kleiner Geldmengen usw.).

Wenn der Therapeut die früher erarbeiteten Stufen nachprüft bzw. die Eltern besondere Probleme des Kindes beim Rechnen im Alltag notieren, kann die „fokussierte Aufgabenstellung" eingesetzt werden, d.h. Aufgaben – quer über die beschriebenen Stufen hinweg – erstellt werden, die auf die Schwierigkeiten des Kindes spezifisch eingehen. Die Einbeziehung der Eltern intensiviert und generalisiert die Übungseinheiten; sie ist unverzichtbar für die Übertragung der Erfolgsrückmeldungen an das Kind in den Lebensalltag.

Das Lösen von Textaufgaben erfordert die Einübung besonderer Lösungsstrategien. So soll das Kind zunächst die Textaufgabe laut vorlesen, dann die Aufgabenstellung kurz beschreiben und – wenn möglich – das Problem visualisieren (z.B. durch Nutzung von Rechenstäben). Günstig ist es oft auch, die benötigten Rechenschritte und die Lösung zunächst vom Kind abschätzen zu lassen, bevor die Berechnung erfolgt. Zur Kontrolle von Problemen ist eine Verbalisierung der Abfolge von Rechenoperationen günstig, die nach und nach ausgeblendet wird. Dazu gehört auch die Verbalisierung der Prüfung der Aufgabenlösung (vgl. Lorenz & Radatz, 1993; Grissemann & Weber, 1993; Zech, 1977).

2.20.7
Wirksamkeit und Wirksamkeitsbedingungen der Therapie

Zur Therapie der Rechenstörungen fehlen empirische Wirksamkeitsstudien. Die Einschätzung des Schweregrades ergibt sich mit der Erfolgserfahrung im Laufe der Therapie, sodass individuelle Prognosen erst aus der Behandlungserfahrung erwachsen. In den schwersten Fällen sind die Übungsfortschritte gering und ausreichende Schulnoten im Rechnen sind nicht zu erreichen. Dies wird wahrscheinlicher, wenn niedrige Intelligenz, Aufmerksamkeitsstörungen oder andere Entwicklungsstörungen vergesellschaftet sind.

Grundlegende Literatur

- Geary, D. C. (1994). Children's Mathematical Development. Washington DC: American Psychological Association.

- Grissemann, H. (1996). Dyskalkulie heute. Bern: Huber.

- Lorenz, J. H. & Radatz, H. (1993). Handbuch des Förderns im Mathematikunterricht. Hannover: Schroedel.

Weiterführende Literatur

- Dihlmann, G. & Lorenz, J. H. (1998). Materialien zur Entwicklung mathematischer Vorstellungen. Stuttgart: Landesinstitut für Erziehung und Unterricht.

- Grissemann, H. & Weber, A. (1993). Grundlagen und Praxis der Dyskalkulie-Therapie. Bern: Huber.

- Remschmidt, H. & Schmidt, M. (Hrsg.). (1994). Multiaxiales Klassifikationsschema für psychische Störungen im Kindes und Jugendalter. Bern: Huber.

- Warnke, A. (1997). Elterntraining. In H. Remschmidt (Hrsg.), Psychotherapie im Kindes- und Jugendalter (S. 175–190). Stuttgart: Thieme.

Materialien

- Feller, G. & Hugow, K. (1992). Mathematiktest für 2. Klassen (MT 2) (2. Aufl.). Göttingen: Hogrefe.

- Kopka, H. (1978). Mathematische Strukturen 4. Weinheim: Beltz.

- Kopka, H. & Portmann, R. (1976). Mathematische Sachzusammenhänge 4. Weinheim: Beltz.

- Kopka, H. & Stark, G. (1973). Zahlenfolgen 4. Weinheim: Beltz.

- Lobeck, A. & Frei, M. (1987). Schweizer Rechentest 1.–3. Klasse. Göttingen: Hogrefe.

- Lobeck, A., Frei, M. & Blöchlinger, R. (1990). Schweizer Rechentest 4.–6. Klasse. Göttingen: Hogrefe.

- Samstag, K., Sander, A. & Schmidt, R. (1992). Diagnostischer Rechentest für 3. Klassen (DRE 3). Göttingen: Hogrefe.

- Stark, G. & Thyen, H. (1973). Zahlenfolgen 3. Weinheim: Beltz.

- Stark, G., Thyen, H. & Kopka, H. (1973). Mathematische Sachzusammenhänge 3. Weinheim: Beltz.

- Tewes, U., Schallberger, U. & Rossmann, K. (1999). Hamburg-Wechsler-Intelligenztest für Kinder III (HAWIK III). Göttingen: Hogrefe.

- Viet, U. (1977). Test für operatives Rechnen (TOR 5). Weinheim: Beltz.

- Zech, F. (1977). Grundkurs Mathematikdidaktik. Weinheim: Beltz.

Anorexia nervosa

Reimund Böse und Edgar Geissner

2.21.1
Fallbeispiel

Die 17-jährige Karin (170 cm, 41 kg) berichtet im Aufnahmegespräch an einer verhaltenstherapeutisch orientierten psychosomatischen Klinik, dass ihre anorektische Ess-Störung vor drei Jahren mit der zunehmenden Sorge um ihr Körpergewicht begann. Sie wog damals noch 57 kg, nahm aber stetig zu und bekam starke Angst, dass ihr Gewicht „sich nicht mehr regulieren werde". Außerdem beschloss sie, dass sie immer „unter 60 kg" bleiben

wollte. In dieser Zeit fing sie an, sich häufig auf die Waage zu stellen und ihre Ernährung umzustellen. Zunächst ließ sie Süßigkeiten weg und nahm abends keine warmen Mahlzeiten mehr ein. Später aß sie nur noch Salat und Vollkornbrot. Aufgrund dieser Diät nahm sie rasch ab und beschloss, ihr Gewicht gleich bis auf 51 kg zu reduzieren. Sie verlor darauf ganz schnell weiter an Gewicht und schaute zwischenzeitlich gar nicht mehr auf die Waage. Zum Schluss aß sie nur noch ein halbes Vollkornbrot mit Diätmargarine pro Tag und nahm bis zum 17. Lebensjahr auf ein Minimum von 38 kg ab. Bis vor kurzem lief oder joggte sie mehrere Stunden täglich durch ihren Heimatort.

Mit 15 hatte Karin kurzfristig einen Freund, sie trennte sich jedoch von ihm, da der Vater sie abends nicht weggehen lassen wollte. Die Mutter, Hausfrau, sei mit der Beziehung zum Vater unzufrieden, sie habe Alkoholprobleme. Zur Mutter besteht eine enge Beziehung. Beide sind oft zu Hause und reden über die Probleme mit dem Vater. Seit zwei Jahren hat sich die Patientin sozial zurückgezogen und meidet nähere Kontakte zu anderen. Karin stellt dazu fest: „Ich brauche keinen Kontakt zu Gleichaltrigen." Die Patientin ist Auszubildende als Floristin (2. Lehrjahr). Seit 7 Monaten ist sie krankgeschrieben, „ich konnte nicht mehr arbeiten, habe andauernd gefroren, das Stehen fiel mir immer schwerer". Karin empfindet ihren Zustand als „nicht so gravierend". Sie kommt jetzt in die Klinik, weil die Hausärztin zunehmend auf eine stationäre Behandlung drängte.

2.21.2
Diagnostische Kriterien nach ICD-10

Eine Anorexia nervosa wird anhand von fünf Kriterien diagnostiziert, die – mit Ausnahme des 5. – notwendigerweise erfüllt sein müssen:

- Ein Körpergewicht von mindestens 15% unter dem erwarteten Gewicht oder ein Body-Mass-Index von höchstens 17,5 (Berechnung: Gewicht in Kilogramm/Körpergröße in Metern zum Quadrat).
- Gewichtsverlust, der durch die Vermeidung von hochkalorischen Speisen, selbst induziertes Erbrechen, selbst induziertes Abführen, übertriebene körperliche Aktivitäten oder Gebrauch von Appetitzüglern und/oder Diuretika herbeigeführt wird.
- Körperschemastörung in Form einer spezifischen psychischen Störung: Die Angst, zu dick zu werden, besteht als tief verwurzelte überwertige Idee; die Betroffenen legen eine sehr niedrige Gewichtsschwelle für sich selbst fest.
- Eine endokrine Störung, die sich bei Frauen als Amenorrhö manifestiert (Ausnahme „Pille").
- Bei Beginn der Erkrankung vor der Pubertät ist die pubertäre Reifung verzögert oder gehemmt (Wachstumsstopp; fehlende Brustentwicklung und primäre Amenorrhö bei Mädchen).

Als Untertyp wird eine Anorexia nervosa ohne aktive Maßnahmen zur Gewichtsabnahme (asketische Form der Anorexia nervosa, F50.00) und eine Anorexie mit aktiven Maßnahmen zur Gewichtsabnahme (z.B. durch Erbrechen, Abführen) als bulimische Form der Anorexia nervosa (F50.01) unterschieden.

2.21.3
Epidemiologie, Verbreitung und Altersrelevanz

Insgesamt etwa 1% der 12- bis 20-Jährigen leidet unter einer Anorexie; die entschiedene Mehrheit (90–95%) sind Mädchen und Frauen. Die jährliche Neuerkrankung (Inzidenz) liegt, bezogen auf Frauen und Mädchen, bei 5 von 100.000. Erste Anzeichen der Ess-Störung werden nicht selten bereits bei 12-Jährigen beobachtet. Der Verlauf der Störung ist häufig entweder fluktuierend oder kontinuierlich schlechter werdend, die Symptomatik persistiert über Jahre, teilweise Jahrzehnte. Die Sterblichkeitsrate liegt in diesen Fällen nach 15–20 Jahren bei über 10%.

2.21.4
Diagnostik der Störung

Detaillierte Erhebung
Die Diagnostik bezieht sich zunächst auf eine detaillierte Erhebung der essstörungsspezifischen Symptome. Dabei geht es im Wesentlichen um den Gewichtsverlauf, das jetzige Gewicht, das Essverhalten, Sport und Bewegung sowie Einstellungen zur Nahrungsaufnahme, etwa:

- **Gewichtsverlauf:** Wie lange hast du schon Probleme mit Essen und Gewicht? Was hast du vor der Ess-Störung gewogen?
- **Minimal/Maximalgewicht:** Gab es Gewichtsschwankungen? Hängt das Körpergewicht mit Lebensereignissen zusammen?
- **Gewicht:** Welche Einstellung hast du zu deinem jetzigen Gewicht/Körper? Fühlst du dich zu dick, zu dünn oder gerade richtig? Wie hoch ist dein Wunschgewicht? Was glaubst du, würdest du bei normalem Essverhalten wiegen?
- **Essverhalten:** Wann, wie viel und was isst du? Fastest oder erbrichst du manchmal? Nimmst du Abführmittel, Appetitzügler oder Entwässerungsmittel? Denkst du häufig an Essen oder Kalorien? Isst du allein oder mit anderen zusammen?
- **Bewegung:** Wie viel bewegst du dich? Treibst du Sport? Gehst du ins Fitness-Studio? Wie aktiv ist dein Lebensstil? Wie schnell wirst du müde im Vergleich zu früher?

Familiengespräch
Bei Kindern und Jugendlichen wird diese Befragung um ein diagnostisches Familiengespräch ergänzt, in dem folgende Themen erfragt werden:

- Wie sehen die einzelnen Familienmitglieder das Problem?
- Was wurde bisher unternommen, um das Problem zu lösen?
- Wie sind die Beziehungen der Familienmitglieder zueinander sowie nach außen?
- Welche Stressoren gibt es in der Familie (z.B. Trennungen, Verluste)?
- Welche Lösungsmöglichkeiten werden derzeit in der Familie gesehen?

Beobachtung des Essverhaltens
In standardisierten Situationen wird das Essverhalten beobachtet. Dabei wird u.a. die Menge der eingenommenen Nahrung sowie das Essverhalten (etwa im Essen rühren, picken, Essgeschwindigkeit) registriert. In diesen Situationen nimmt der Therapeut gemeinsam mit dem Patienten das Essen ein.

Fragebogen

Fragebogenverfahren werden eingesetzt, um vor allem die emotionalen und kognitiven Problemanteile zu erheben. Hierfür eignet sich zunächst das „Anorexia nervosa Inventar zur Selbstbeurteilung" (ANIS; Fichter & Keeser, 1980), das Figurbewusstsein, das Gefühl der Überforderung, Anankasmus, negative Auswirkung des Essens, sexuelle Ängste sowie bulimische Symptome erfasst. Alternativ kann auch das Eating Disorder Inventory (deutsch: Thiel & Paul, 1988) eingesetzt werden, welches u.a. den Drang, dünn zu sein, körperliche Unzufriedenheit, zwischenmenschliches Misstrauen sowie Angst vor dem Erwachsenwerden misst. Beide Verfahren enthalten Referenzwerte zur klinischen Einordnung des ermittelten individuellen Befundes, jedoch keine statistischen Normen.

Daneben muss eruiert werden, ob komorbid weitere Störungen (depressive Störungen, Zwangsstörungen, Persönlichkeitsstörungen mit selbstunsicherer, dependenter oder zwanghafter Ausprägung) vorhanden sind. Bei Patientinnen, die sowohl an Anorexie als auch an Bulimia nervosa leiden, ist darüber hinaus das Vorhandensein einer Borderline-Persönlichkeitsstörung abzuklären.

2.21.5
Bedingungsmodell

Wie viele andere psychische Störungen auch wird die Anorexie als multifaktoriell bedingt konzeptualisiert. Soziokulturelle, familiäre und individuelle (psychische sowie biologische) Faktoren wirken bei der Entstehung und Aufrechterhaltung der Störung in charakteristischer Weise zusammen (vgl. Abb. 1):

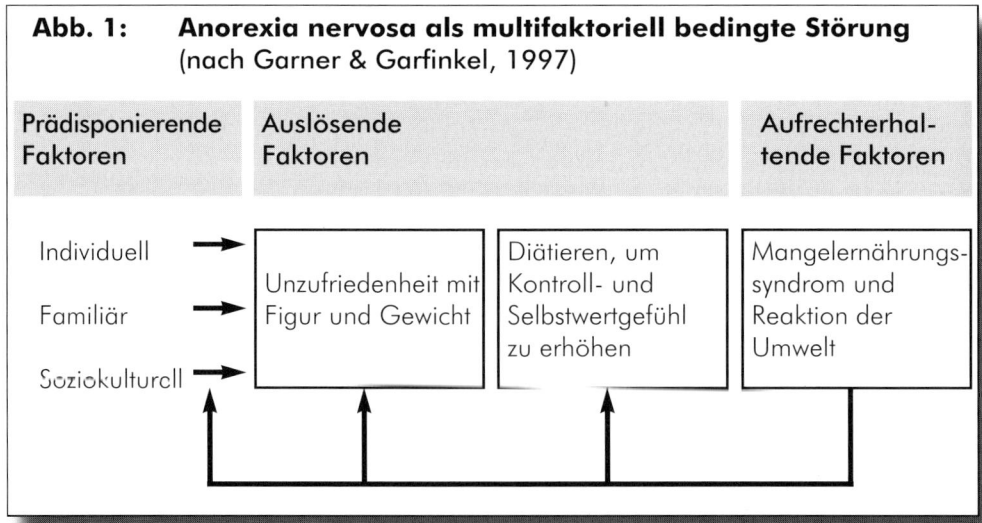

Abb. 1:   Anorexia nervosa als multifaktoriell bedingte Störung
(nach Garner & Garfinkel, 1997)

Prädisponierende Faktoren	Auslösende Faktoren		Aufrechterhaltende Faktoren
Individuell	Unzufriedenheit mit Figur und Gewicht	Diätieren, um Kontroll- und Selbstwertgefühl zu erhöhen	Mangelernährungssyndrom und Reaktion der Umwelt
Familiär			
Soziokulturell			

Soziokulturelle Faktoren. Als bedeutsamer soziokultureller Faktor gilt das Ideal der Schlankheit, das mit positiven Persönlichkeitseigenschaften, Erfolg, Anerkennung, Jugendlichkeit und Weiblichkeit verbunden ist. Seit den 50er-Jahren wird die Kluft zwischen tatsächlichem Gewicht und dem erwünschten Idealgewicht aber immer größer und bis zu 80% weiblicher Jugendlicher sind mit ihrer Figur unzufrieden.

Familiäre Faktoren. Der Einfluss familiärer Faktoren auf die Magersucht wird regelmäßig postuliert, ist aber empirisch nur wenig gesichert; familientherapeutische Ansätze gehen häufig von einer unklaren Grenzziehung zwischen den Generationen sowie den einzelnen Familienmitgliedern („Vermaschung") als Risikomoment aus.

Individuelle Lernerfahrungen. Die Entwicklung einer Ess-Störung wird insofern durch individuelle Lernerfahrungen begünstigt, als Kinder bei konsequenter Nahrungsverweigerung oft starken Einfluss auf die Umgebung ausüben können. Nahrungsverweigerung kann auch als Mittel erlebt werden, um von anderen Problemen abzulenken und ein subjektives Gefühl von Kontrolle, Leistung und Erfolg zu erzeugen (z.B. Schwierigkeiten in der Schule, Konflikte in der Familie).

Biologischer Risikofaktor. Ein erhöhtes prämorbides Gewicht ist hingegen ein biologischer Risikofaktor, der oft strikte Diäten auslöst. Solche Diäten stehen zumeist am Anfang eines Kreislaufs mit komplexen psychischen und physiologischen Folgen, der in eine Ess-Störung münden kann.

Auslösungen von Ess-Störungen. Ausgelöst werden Ess-Störungen oft dann, wenn erhöhte Autonomie- oder Anpassungsanforderungen auf den Jugendlichen zukommen. Diese Situationen können als Krisen des Jugendalters beschrieben werden (unvertraute Lebenssituationen, neue Leistungsanforderungen, Trennungs- und Verlusterlebnisse, Gewichtsveränderungen durch Wachstum in der Pubertät, sportliche Betätigung, Krankheiten, der Beginn einer Reduktionsdiät oder Auslandsaufenthalte).

Verstärkung und Aufrechterhaltung von Ess-Störungen. Nachfolgende soziale und kognitive Veränderungsprozesse können die Anorexie ihrerseits verstärken und aufrechterhalten (vermehrte Aufmerksamkeit, Schonung, verstärkte Kontrolle über die Familie). Die Nahrungseinschränkung zieht weiterhin eine Fülle von biologischen und psychologischen Folgen nach sich, die ebenfalls zur Aufrechterhaltung der Ess-Störung beitragen (z.B. Störungen der Sättigungsregulation, Stimmungsverschlechterung, kognitive Einengung, Konzentrationsstörungen, sozialer Rückzug; vgl. Goebel, 1994).

2.21.6
Therapieplanung

Inhaltlich verfolgt die Behandlung der Anorexie zwei Behandlungsziele: 1) die Wiederherstellung eines gesunden Gewichts durch regelmäßiges und ausgewogenes Essen; 2) die Bearbeitung psychischer Probleme (z.B. geringes Selbstwertgefühl, mangelnde soziale Kompetenz).

Aufbau der therapeutischen Beziehung. Aufgrund der schwierigen und wechselhaften Motivationslage anorektischer Patientinnen ist es sinnvoll, die Therapie mit der Vereinbarung eher kurzfristig überprüfbarer und erreichbarer Ziele zu beginnen, um Compliance zu erzeugen und eine therapeutische Beziehung aufzubauen (z.B. Bewegungsprotokolle erstellen, mit der Essensreduktion verbundene Annahmen diskutieren). Diese ersten Behandlungsschritte müssen für die Patientin unmittelbar einsichtig sein und mit großer Wahrscheinlichkeit auch von ihr bewältigt werden können. In der weiteren Therapie werden sodann die positiven und negativen Konsequenzen der Ess-Störung sowie persönliche Ziele des Patienten (z.B. Selbstständigkeit, gutes Aussehen) diskutiert.

Essens- und gewichtsbezogene Maßnahmen

Psychoedukative Informationsvermittlung. In der vom Schlankheitskult geprägten westlichen Welt herrscht die Einstellung vor, jeder sei persönlich für sein Gewicht verantwortlich. Es ist daher wichtig, anorektischen Patientinnen Informationen darüber zur Verfügung zu stellen, dass das Gewicht im Wesentlichen biologisch bestimmt ist und homöostatisch um einen Setpoint herum schwankt, den der Körper gegen Veränderungen verteidigt. Wenn man – anhand konkreter Beispiele – verdeutlicht, dass einige charakteristische Phänomene (z.B.: Konzentrationsprobleme, Stimmungsschwankungen, gedankliche Fixierung), die die Patientin bei sich erlebt, nicht Teil einer Psychopathologie sind, sondern Symptome des Mangelernährungszustandes, veranlasst dies viele Patientinnen zu ersten Schritten in Richtung einer Gewichtssteigerung. Auf der anderen Seite kann etwa die Vermittlung von Studienergebnissen zum experimentellen Übergewicht illustrieren, dass die Setpoint-Regulation des Körpers sich auch gegen Übergewicht verteidigt. Die Ängste der Patientinnen vor einer unkontrollierten Gewichtszunahme können dadurch reduziert werden.

Veränderung des Essverhaltens. Zur Normalisierung des Essverhaltens ist es sinnvoll, sich zunächst einen Überblick über die derzeitigen Essgewohnheiten der Patientin zu verschaffen. Eine Möglichkeit hierzu bildet die regelmäßige Selbstbeobachtung durch Essprotokolle, um Informationen über Nahrungsmenge sowie über Struktur und Zusammensetzung der eingenommenen Nahrung zu erhalten. Die Patientin notiert die aufgenommene Essensmenge nach jeder Mahlzeit und beschreibt kurz das vorausgehende und nachfolgende Verhalten (Kognition, Emotion, Verhalten) im verhaltensanalytischen Sinne (vgl. Waadt, Laessle & Pirke, 1992).

Essensplanung. Ein weiteres wichtiges Behandlungselement bei Anorexia nervosa bildet die genaue Essensplanung. Anorektische Patientinnen sind bezüglich der notwendigen und sinnvollen Nahrungsmenge oft stark verunsichert und brauchen hierzu möglichst konkrete Angaben zur Orientierung. Da Hunger und Sättigung als interne Steuerungssignale kaum mehr verfügbar sind, werden mit den Patientinnen drei örtlich, zeitlich und mengenmäßig fest geplante Hauptmahlzeiten vereinbart.

Therapeutische Mahlzeitenbegleitung. Im Rahmen der stationären Behandlung hat sich zudem eine therapeutische Mahlzeitenbegleitung bewährt, um die Patientinnen bei der Umsetzung ihrer essensbezogenen Ziele zu unterstützen. Der Therapeut isst beispielsweise mit den Patientinnen zu Mittag und bespricht danach, wie die vereinbarten Ziele (z.B. 3/4 Portion der Hauptmahlzeit; kein Picken oder Rühren im Essen; durchschnittliche Essgeschwindigkeit mit Zeitbegrenzung) umgesetzt wurden.

Die Teilnahme an einem therapeutischen Lehrküchenkurs ist hilfreich, um den praktischen Umgang mit Nahrungsmitteln und die Zubereitung von Mahlzeiten (Menge, Zusammensetzung) zu erlernen bzw. zu korrigieren.

Maßnahmen zur Steigerung des Gewichts. Es besteht inzwischen Übereinstimmung darin, dass eine rein symptomatische Behandlung der Anorexie für einen langfristigen Erfolg zwar nicht ausreicht, andererseits die eingefahrenen problematischen Ernährungsmuster der anorektischen Patientinnen aber auch zielgerichtet verändert werden müssen. Grundsätzlich sollte die Patientin – nachdem dies therapeutisch verbindlich thematisiert wurde – die Möglichkeit erhalten, in Eigenregie zuzunehmen. In vielen Fällen wird dies durch einen Gewichtsvertrag unterstützt, der beispielhaft folgende Regeln enthält (Böse, Greimel & Geissner, 1994):

- Gewichtskontrollen in der Regel 2-mal wöchentlich;
- Gewichtszunahme von mindestens 700 g, höchstens 3000 g pro Woche;
- die Nahrungsaufnahme wird schriftlich, die Gewichtszunahme grafisch dokumentiert, bei Bedarf erfolgt eine korrigierende Essensplanung 1-mal pro Woche;
- vorzuziehen sind ausgewogene, komplexe Mahlzeiten, keine spezielle Diät;
- je nach Ernährungszustand und Gewichtszu- oder -abnahme hat die Patientin freien Ausgang oder erhält eine Beschränkung der Bewegungsfreiheit bzw. Schonung in der Klinik.

Durch Erfüllung des Vertrages kann die Patientin bestehende Bewegungseinschränkungen reduzieren und die Anzahl angenehmer Aktivitäten erhöhen (z.B. Schwimmen, Radfahren).

Bei stationärer Behandlung sollte die Nahrungszufuhr etwa bei 1500 kcal beginnen und schrittweise gesteigert werden. Der durchschnittliche Bedarf liegt bei 1800 bis 2400 kcal, manche Patientinnen brauchen bis zu 3500 bis 4000 kcal, um ihren hypometabolischen Zustand zu überwinden.

Bearbeitung psychischer Problembereiche
Aufbau von Selbstvertrauen und sozialer Kompetenz. Anorektische Patientinnen zeigen oft ein geringes Ausmaß an Selbstvertrauen und sozialer Kompetenz – dies gilt im Sinne Hilde Bruchs, der Pionierin der Behandlung von Ess-Störungen, als eines von drei Kardinalsymptomen der Magersucht. Auf diese Problematik wird durch ein Training der sozialen Fertigkeiten eingegangen. Anhand dieser Trainingsprogramme, die in Kleingruppen durchgeführt werden, lernen die Patientinnen, ihre soziale Ausdrucks- und Kontaktfähigkeit zu stärken, Bedürfnisse und Einstellungen anderer wahrzunehmen und aufzugreifen sowie eigene Interessen angemessen durchzusetzen (vgl. Geissner, Gonzalez-Martin, Rief & Fichter, 1995).

Korrektur des verzerrten Körperbildes. Körperwahrnehmungs-/Körperbildstörungen und Unzufriedenheit mit dem eigenen Aussehen stellen eine weitere Kardinalsymptomatik der Patientinnen dar. Diese Problembereiche werden mittels kognitiver Interventionen zur Veränderung dysfunktionaler Gedanken bezüglich Figur und Gewicht sowie anhand von behavioralen Maßnahmen zur Konfrontation mit der Körperform bearbeitet. Durch Körperumriss-

239

zeichnungen, Ganzkörperspiegel und Videoaufnahmen lernen die Patientinnen, sich mit ihrem massiven Abmagerungs-/Auszehrungszustand auseinander zu setzen. Dabei ist sowohl ein konfrontatives (Geissner, Bauer & Fichter, 1997) als auch ein desensibilisierungsanaloges Vorgehen möglich. Diese Therapiemaßnahmen können auch in Gruppen vertieft durchgeführt werden, wobei beispielsweise gemeinsame Spiegelbetrachtungen stattfinden oder Videoaufnahmen der einzelnen Patientinnen abgespielt und reflektiert werden.

Bearbeitung individueller Problembereiche. Aus der individuellen Analyse der auslösenden und aufrechterhaltenden Bedingungen sowie bedeutsamer Lebensereignisse lassen sich meist spezifische Problembereiche erkennen, die einer Bearbeitung bedürfen. Bei 12- bis 14-Jährigen sind zum Beispiel Selbstwert- und Selbstsicherheitsprobleme, Probleme in der Schule, mit Gleichaltrigen, mit der Pubertät sowie Konflikte mit den Eltern zu erwarten, bei 15- bis 18-Jährigen kommen z.B. extremes Leistungsstreben, Außenseiterdasein, Probleme mit der Berufswahl sowie Probleme mit den Themen Körper, Weiblichkeit, Partnerschaft und Sexualität hinzu.

2.21
Anorexia nervosa

Liste: Lang- und kurzfristige Therapieziele

Beispiel für ein langfristiges Ziel:

Verbesserung der sozialen Kompetenz im Kontaktbereich

Umsetzung in Form kurzfristiger Ziele:

- Ich beginne täglich ein kurzes Gespräch mit Bekannten oder Freundinnen über alltägliche Dinge.
- Ich versuche, meine eigenen Bedürfnisse deutlicher auszudrücken und Sätze mit „ich will" oder „ich möchte" zu formulieren. Ich versuche, weniger oft „ich weiß nicht" zu sagen.
- Ich hole mir Rückmeldung, wie ich auf andere wirke.
- Ich signalisiere meinen Eltern, dass ich selbstständiger werden und meine und ihre Meinung abwägen möchte.
- Ich mache deutlich, wenn ich etwas allein ausprobieren will, und frage nach, wenn ich Hilfe brauche.

Ein Gespräch über diese Themen ist aber wegen des eher distanzierten, verschlossenen und misstrauischen Interaktionsverhaltens der Patientinnen oft schwierig. Deshalb sollte der Therapeut ein unbedingtes Interesse an der konkreten eigenen Meinung der Patientin signalisieren und die Patientin zu einer offenen und eigenständigen Meinungsäußerung ermutigen. Ferner sollte die Patientin möglichst früh in die kurz- und langfristige Zielplanung einbezogen werden, um ihre Mitarbeit zu fördern und auch kurzfristige Erfolge zu ermöglichen (vgl. Liste).

Bearbeitung dysfunktionaler Gedanken. Kognitive Therapie beginnt (auch) im Falle der Magersuchtsbehandlung mit der Identifikation automatischer Gedanken, die spontan auftreten, situationsspezifisch sind und das Erleben ständig begleiten. Diese automatischen Gedanken sind vor allem an einer Veränderung der emotionalen Befindlichkeit zu erkennen. Zur Erfassung werden die Patientinnen gefragt, was ihnen momentan gerade durch den Kopf ging, etwa:
„Ich habe die Frage des Lehrers nicht verstanden, ich bin nicht gut genug, um die Schule zu schaffen."
„Ich habe heute nur einen Apfel und eine Tomate gegessen, ich habe mich jetzt gut im Griff."

Konkrete dysfunktionale („automatische") Gedanken lassen sich zu übergeordneten Überzeugungen zusammenfassen und als spezifische Denkmuster beschreiben, z.B.:
• **Alles-oder-Nichts-Denken:** „Wenn ich mich nicht total in der Gewalt habe, verliere ich jegliche Kontrolle über mich." „Wenn ich diesen Aspekt meines Lebens nicht meistern kann, verliere ich alles." „Wenn ich ein Pfund zunehme, dann kann ich nicht aufhören und nehme 100 Pfund zu."
• **Geistiger Filter (selektive Abstraktion):** „Ich esse zu viel, obwohl ich mich beherrschen will, ich bin so schwach." „Wenn ich dünn bin, bin ich etwas Besonderes." „Solange ich nichts esse, habe ich mich unter Kontrolle."

In der Therapie lernen die Patientinnen zunächst, welche Strategien sie typischerweise benutzen. Diese Denkmuster werden sodann im Rahmen des sokratischen Dialogs auf ihre Gültigkeit überprüft. Weitere Veränderungstechniken sind die Überprüfung von Vor- und Nachteilen der automatischen Gedanken in der Gegenwart, Rollenspiele mit wechselnder Perspektivenübernahme sowie Verhaltensexperimente. Je nach Alter und Entwicklungsstand der Patientinnen können diese Techniken auch in einfacherer bzw. eher spielerischer Form, z.B. als „Gedanken-Detektivspiel" mit vorgefertigten Karten eingesetzt werden. Bei Patientinnen ab 15 Jahren sind jedoch die oben beschriebenen, gängigen kognitiven Interventionsmethoden mit Gewinn einsetzbar.

Einbeziehung der Familie. Wenn eine vertrauensvolle Beziehung entstanden ist und die Patientin über die Funktion ihrer Störung als Problemlöseversuch sprechen kann, ist es sinnvoll, die Familie in die Therapie mit einzubeziehen. Hauptthemen der Sitzungen sind dann beispielsweise individuelle Ängste und Defizite der Patientin (z.B. Ängste vor Selbstständigkeit), die Verwicklung der Patientin in familiäre Konflikte (z.B. eine überfordernde Koalition mit der Mutter gegen den Vater) bzw. die mangelnde Unterstützung der Patientin bei einer eigenständigen Entwicklung (z.B. eine Mutter signalisiert ihrer Tochter, dass diese die einzige sei, mit der sie richtig reden könne und die sie verstehe).

Familientherapeutische Behandlungssettings sind besonders bei jüngeren Patientinnen (bis 15 Jahre) in Betracht zu ziehen. Bei einer längeren Krankheitsdauer oder einer allmählichen Ablösung der Patientin von der Familie sind in der Regel (auch) individuelle Hilfen (z.B. lebenspraktische Beratung bezüglich Geld, Wohnung, Ausbildung) notwendig, um ein selbstständiges Verhalten aufzubauen und ein selbst bestimmtes Leben anzubahnen.

Die Therapie erfolgt in der Regel im Rahmen einer stationären Behandlung. Dies ist vor allem dann angeraten, wenn der Body-Mass-Index den Wert von 15 (Berechnung: Gewicht in Kilogramm/Körpergröße in Meter zum Quadrat) unterschreitet oder wenn zahlreiche medizinische Probleme bzw. komorbid weitere Störungen die Behandlung komplizieren.

Eine ambulante Anschlussbehandlung zur weiteren Stabilisierung des neu erlernten Essverhaltens ist in den meisten Fällen empfehlenswert. Selbsthilfegruppen für Ess-Störungen, die häufig im regen Austausch mit den stationären Behandlungszentren stehen, können die Nachbehandlung sinnvoll ergänzen.

2.21.7
Wirksamkeit und Wirksamkeitsbedingungen der Therapie

Es liegen nur wenige methodisch akzeptable Studien zur längerfristigen Wirksamkeit der Anorexie-Behandlung vor. Diese Arbeiten belegen, dass die umfassenderen Behandlungsprogramme (Einzel-/Gruppentherapie, essverhaltensbezogene Maßnahmen, Bearbeitung sozialer Defizite, Familiengespräche) bei 50–58% der Patientinnen zu guten und längerfristig stabilen Heilungserfolgen (Nachuntersuchungen nach etwa 6 Jahren) führten. Ein reines „Auffüttern" ohne psychotherapeutische Begleitung erwies sich hingegen nur bei rund 30% als erfolgreich.

Als wirksam erwiesen sich die Therapien, die sowohl am Essverhalten als auch an den psychischen Problemen ansetzten (Garner & Garfinkel, 1997; Laessle & Pirke, 1997; Herpertz-Dahlmann, Wewetzer, Schulz & Remschmidt, 1996). Sie führen zu einer verbesserten sozialen Kompetenz, zum Abbau von Selbstunsicherheit, zur Gewichtszunahme, zum Wiederauftreten der Menstruation sowie zu größerer Zufriedenheit mit dem körperlichen Erscheinungsbild.

Wenn die Patientinnen unter zusätzlichen psychischen Störungen leiden, verringern sich hingegen die Erfolgsaussichten der Therapie. Ferner ist ein niedriges Gewicht bei Behandlungsbeginn ein negativer Prädiktor für Behandlungserfolg, was darauf hinweist, dass man möglichst rasch intervenieren sollte.

Grundlegende Literatur

- Garner, D. M. & Garfinkel, G. E. (Eds.). (1997). Handbook of Treatment for Eating Disorders. New York: Guilford.

- Goebel, G. (1994). Medizinische Gesichtspunkte bei Anorexia nervosa und Bulimia nervosa – Symptomatik, medizinische Komplikationen und deren Behandlung. Psychomed, 6, 163–168.

- Laessle, R. & Pirke, K. M. (1997). Ess-Störungen. In K. Hahlweg, & A. Ehlers (Hrsg.), Psychische Störungen und ihre Behandlung (Enzyklopädie der Psychologie, D, II, 2) (S. 589–654). Göttingen: Hogrefe.

Weiterführende Literatur

- Fichter, M. M. & Quadflieg, N. (1996). Course and Two-Year Outcome in Anorexic and Bulimic Adolescents. Journal of Youth and Adolescence, 25, 4, 545–562.

- Herpertz-Dahlmann, B., Wewetzer, C., Schulz, E. & Remschmidt, H. (1996). Course and Outcome in Adolescent Anorexia nervosa. International Journal of Eating Disorders, 19, 335–345.

Materialien

- Böse, R., Greimel, K. V. & Geissner, E. (1994). Therapie der Anorexia nervosa. In S. K. D. Sulz (Hrsg.), Das Therapiebuch (S. 457––483). München: Verlag CIP-Medien.

- Fichter, M. M. & Keeser, W. (1980). Das Anorexia nervosa Inventar zur Selbstbeurteilung – ANIS. Archiv für Psychiatrie und Nervenkrankheiten, 228, 67–89.

- Geissner, E., Bauer, C. & Fichter. M. M. (1997). Videogestützte Konfrontation mit dem eigenen körperlichen Erscheinungsbild als Behandlungselement in der Therapie der Anorexia nervosa. Zeitschrift für Klinische Psychologie, 26, 218–225.

- Geissner, E., Gonzalez-Martin, E., Rief, W. & Fichter, M. M. (1995). Selbstsicherheitstraining in der stationären verhaltenstherapeutischen Psychosomatik. In J. Margraf & K. Rudolph (Hrsg.), Training Sozialer Kompetenzen – Anwendungsfelder, Entwicklungslinien und Erfolgsaussichten (S. 170–191). Baltmannsweiler: Röttger-Schneider.

- Thiel, A. & Paul, T. (1988). Entwicklung einer deutschsprachigen Version des Eating Disorder Inventory – EDI. Zeitschrift für Differentielle und Diagnostische Psychologie, 9, 267–278.

Bulimia nervosa

Sylvia Beisel und Edgar Geissner

2.22.1
Fallbeispiel

Frau M. (18 Jahre) ist mit 65 kg bei einer Körpergröße von 175 cm zwar normalgewichtig, empfindet einzelne Körperteile (Bauch, Oberschenkel) jedoch schon immer als zu dick. Sie isst nur wenig, beschränkt ihre Nahrung auf wenige kalorienarme Bestandteile und verbietet sich hochkalorische Nahrungsmittel (etwa Sahne, Eis, Kuchen, Fleisch, Nudeln, Kartoffeln). Immer häufiger kommt es jedoch zu Heißhungeranfällen, bei denen sie gerade die „verbotenen" Nahrungsmittel in großen Mengen in sich hineinschlingt. Aus Angst vor erneuter Gewichtszunahme versucht sie, ihr Gewicht durch Erbrechen zu regulieren. Anfänglich traten die Heißhungeranfälle und das Erbrechen nur gelegentlich auf, im Laufe der Zeit erbricht sie jedoch täglich, manchmal auch schon bei der Aufnahme kleiner Nahrungsmittelmengen. Aufgrund zunehmender Verdauungsschwierigkeiten nimmt sie seit längerer Zeit Abführmittel. Frau M. schämt sich wegen ihres Essverhaltens und versucht, ihre Erkrankung zu verbergen. Sie meidet deshalb zunehmend soziale Kontakte, insbesondere Essenseinladungen. Ihre Stimmung ist oft äußerst gereizt und schlägt abrupt um. Ihre Leistungsfähigkeit hat deutlich nachgelassen, da sie sich gedanklich fast ausschließlich mit Essen, Kalorien zählen, Figur und Gewicht beschäftigt. Sie kann sich kaum noch konzentrieren, ist müde und leidet unter Schlafstörungen. Ihre nachlassende Leistungsfähigkeit hat auch zu großen Problemen in der Schule geführt. Sie empfindet keine Lebensfreude mehr und weiß nicht, wie sie aus diesem Teufelskreis herauskommen soll.

Die Befragung ergibt, dass Frau M. seit zwei Jahren an dieser Ess-Störung leidet. Damals hatte sie sich für ein Jahr als Austauschschülerin in England aufgehalten und sich häufiger einsam und verunsichert gefühlt. Ihre beste Freundin hatte gleichzeitig durch eine Diät deutlich abgenommen, was sie als sehr beneidenswert empfand, sodass sie auch eine Diät begann.

2.22.2
Diagnostische Kriterien nach ICD-10

Bulimia nervosa ist durch wiederholte Heißhungeranfälle gekennzeichnet, die von den Betroffenen als nicht kontrollierbar erlebt werden. Während dieser Heißhungerattacken werden große Mengen von zumeist sehr fett- oder zuckerhaltigen Nahrungsmitteln hineingeschlungen, die sich die Patientin normalerweise versagt. Die Spannweite reicht von 1200 bis über 12000 kcal (wobei die Aufnahme von „nur" 1200 kcal subjektiv ebenfalls als Essanfall wahrgenommen werden kann, wenn dadurch selbst gesetzte Grenzen überschritten werden). Aus Angst vor einem möglichen Gewichtsanstieg nach dem Heißhungeranfall kommt es zu gegensteuernden Maßnahmen wie beispielsweise Erbrechen, Missbrauch von Abführmitteln (Laxanzien), Entwässerungsmitteln (Diuretika), Appetitzüglern oder Schilddrüsenpräparaten. Ähnlich wie bei Patientinnen mit Anorexia nervosa kommt es zu einer übermäßigen Beschäftigung mit den Themen Figur und Gewicht. Generell auffällig ist das extrem niedrige Selbstwertgefühl, eine Tendenz zu dichotomem Denken sowie eine häufig depressive oder instabile Stimmung.

Zur Diagnosestellung (F50.2) fordert die ICD-10 drei Kriterien: 1) andauernde Beschäftigung mit und Gier nach Essen sowie Essanfälle, 2) gegensteuernde Maßnahmen wie Erbrechen, Abführmittel, Appetitzügler, Diuretika oder Vernachlässigung der Insulinbehandlung bei Diabetikerinnen; 3) extreme Gewichtsvorstellungen und panische Angst zuzunehmen. (Ein viertes Kriterium weist darauf hin, dass in der Vorgeschichte eine Anorexia nervosa vorgelegen haben kann und ist von daher nicht zwingend.)

2.22.3
Epidemiologie, Verbreitung und Altersrelevanz

Bulimia nervosa tritt überwiegend in den westlichen Industrieländern mit Nahrungsüberfluss auf. Es wird geschätzt, dass etwa 0,5 bis 3% der Frauen im Alter zwischen 17 und 35 Jahren zu einem bestimmten Zeitpunkt an einer Bulimia nervosa erkranken. Bulimia nervosa tritt selten bei Kindern unter 14 Jahren auf. Die Lebenszeitprävalenz bei Männern liegt bei etwa 0,1%. In diesem Zusammenhang ist auch darauf hinzuweisen, dass subklinische bulimiforme Symptome in der Bevölkerung nicht selten sind (z.B. wöchentliche Essanfälle ohne Erbrechen bei 8% der weiblichen Bevölkerung, Laxanziengebrauch bei 5% und regelmäßiges Erbrechen bei 2,6%; Laessle & Pirke, 1997). Da vermutlich nur ein Teil der Bulimiepatientinnen bzw. der Personen mit bulimiformen Symptomen eine Therapie aufsuchen, ist mit einem hohen Prozentsatz an mehr oder weniger chronischen Verläufen zu rechnen (Laessle & Pirke, 1997; Fichter & Quadflieg, 1997).

2.22.4
Diagnostik der Störung

Symptombezogene Diagnostik

Die Erhebung der Ess-Störungssymptomatik umfasst Bereiche wie Gewichtsverlauf, prä-morbides Gewicht, angestrebtes Wunschgewicht, Zyklusverlauf, Essverhalten, Essanfälle, Häufigkeit des Erbrechens, Gebrauch von Abführmitteln, Diuretika, Appetitzüglern, Brech-mitteln oder Schilddrüsenpräparaten sowie Fragen zu ritualisierten und zwanghaften Verhal-tensweisen und über ritualisiertes Durchführen sportlicher Aktivitäten (vgl. Explorationsleit-faden, Frageliste).

Es ist sinnvoll, diese Exploration um standardisierte Fragebögen zu ergänzen, die neben dem Essverhalten weitere zentrale psychische Problembereiche erfassen. Ein geeignetes Instru-ment dafür ist das *Eating Disorder Inventory* von Garner (EDI; deutsch: Thiel & Paul, 1988; vgl. auch Waadt, Laessle & Pirke, 1992), das auch klinische Referenzwerte bereithält. Das *Strukturierte Interview für Anorexia nervosa und Bulimia* (SIAB; Fichter, Herpertz, Her-pertz-Dahlmann & Quadflieg, 1998) dient der umfassenden Erhebung von Verhaltensweisen, Denkmustern und Einstellungen bei Ess-Störungen.

Erfassung der komorbiden Symptomatik

Neben der Erfassung der Bulimia nervosa im engeren Sinne ist die Erfassung gleichzeitig vorliegender psychischer Störungen unerlässlich. In erster Linie muss hier eine möglicher-weise bestehende depressive Störung abgeklärt werden (Symptome von Stimmungslabilität, Gefühl der Hoffnungslosigkeit, Wertlosigkeit). Aber auch Angststörungen und Substanzmiss-brauch treten gehäuft mit Bulimia nervosa auf und ein nicht unerheblicher Teil der Patien-tinnen hat zusätzlich zur Bulimie eine Persönlichkeitsstörung. Hierbei handelt es sich meist um eine Borderline-Persönlichkeitsstörung, um eine selbstunsichere oder um eine depen-dente Persönlichkeitsstörung. Dies gilt vor allem für bulimische Patientinnen, die in der Vor-geschichte eine Anorexie hatten.

Körperliche Diagnostik

Die medizinische Untersuchung soll behandlungsbedürftige medizinische Komplikationen erkennen und mögliche körperliche Erkrankungen mit ähnlichen Symptomen wie bei einer Bulimia nervosa ausschließen (vor allem Diabetes mellitus, hypothalamische Tumore). Ob-wohl bulimische Patientinnen meist normalgewichtig sind, kommt es auch bei ihnen auf-grund des veränderten Essverhaltens (Diäten und restriktives Essverhalten zwischen den Heißhungeranfällen) zu typischen endokrinen und metabolischen Veränderungen. Diese Zei-chen der Mangelernährung sind qualitativ ähnlich wie bei der Anorexia nervosa, quantitativ jedoch geringer ausgeprägt. Dazu zählen u.a. Zyklusstörungen, Schilddrüsenunterfunktion sowie eine herabgesetzte Aktivität des sympathischen Nervensystems mit niedrigem Blut-druck und vermehrter Kälteempfindlichkeit.

Aufgrund des häufigen Erbrechens, des Diuretika- und Laxanzienabusus kommt es bei Buli-mia nervosa zu Elektrolytstörungen (vor allem Kaliummangel), die unter anderem zu Herz-rhythmusstörungen und schweren Nierenschädigungen führen können. Weitere Folgen des

Erbrechens sind Entzündungen der Speiseröhre, Verletzungen der Speiseröhre durch Gegenstände, die als Hilfsmittel zum Erbrechen benutzt werden, Schwellungen der Speicheldrüsen oder Schädigungen der Zähne.

Frageliste: Explorationsleitfaden zur Erfassung der bulimischen Symptomatik (Auswahl exemplarischer Fragen):

Was haben Sie vor der Ess-Störung gewogen?
Was wiegen Sie im Augenblick?
Wie groß sind Sie?
Haben Sie Ihre Periode noch?
Wenn nein, bei welchem Gewicht ist sie ausgeblieben?
Nehmen Sie die Pille?
Wie war der bisherige Gewichtsverlauf (Minimum, Maximum, prämorbides Gewicht)?
Was würden Sie gern wiegen?
Fühlen Sie sich jetzt zu dick, zu dünn oder gerade richtig?
Sagen andere Menschen, dass Sie zu dick oder zu dünn sind?
Haben Sie Angst, Gewicht zuzunehmen?
Nehmen Sie Abführmittel, Appetitzügler oder andere Medikamente,
    um Gewicht abzunehmen?

Wie viele Stunden pro Tag/Woche bewegen Sie sich?
Welcher Art sind diese Betätigungen?
Sind Sie aktiver oder passiver geworden (im Verlauf der Ess-Störung)?
Fühlen Sie sich schneller müde (als vor der Ess-Störung)?

Was essen Sie, wie viel, wann, wo?
Essen Sie lieber allein?
Gibt es für Sie verbotene Nahrungsmittel?
Fasten Sie manchmal?
Wenn ja, wie lange und wie oft?
Haben Sie manchmal Angst, mit dem Essen nicht mehr aufhören zu können?
Haben Sie Essanfälle? Wenn ja, wie oft?
Beschreiben Sie bitte einen typischen Essanfall!
Erbrechen Sie nach dem Essen? Wenn ja, wie oft (pro Woche/Tag)?
Denken Sie häufig an Essen?

2.22.5
Bedingungsmodell

Es existiert kein einheitliches Modell, welches die Entstehung und Aufrechterhaltung der Bulimia nervosa beschreibt. Sowohl prädisponierend als auch unmittelbar auslösend spielen soziokulturelle, biologische und individuelle Faktoren sowie dysfunktionale Kognitionen eine Rolle. Eine besondere Bedeutung für die Aufrechterhaltung der Störung kommt den biologischen Veränderungen infolge des pathologischen Essverhaltens selbst zu.

Prädisponierende Faktoren

Soziokulturelle Faktoren. Dazu zählt vor allem das gängige Schlankheitsideal: (Junge) Frauen sehen sich einem sehr großen Druck ausgesetzt, diesem zu entsprechen, wobei sie häufig eine Diskrepanz zwischen ihrem eigenen Körpergewicht und den herrschenden Normen feststellen.

Biologische Faktoren. Dazu zählt ein hohes Gewicht bei normaler Nahrungsaufnahme, was zum Einstieg in ein Diätverhalten führen kann und somit einen Risikofaktor darstellt.

Individuelle Faktoren. Dazu zählen beispielsweise Lernerfahrungen im Umgang mit der Nahrungsaufnahme, wie etwa die gelernte Verbindung zwischen unangenehmen Gefühlszuständen und der Aufnahme bestimmter Nahrungsmittel.

Zu den prädisponierenden Faktoren bei der Entstehung und Aufrechterhaltung der Bulimia nervosa zählen auch **dysfunktionale Kognitionen**, die das Essverhalten maßgeblich bestimmen (Abb. 1).

Auslösende Faktoren

Auslösend können chronische oder akute Belastungssituationen wirken, die in Verbindung mit mangelndem Selbstwertgefühl und fehlenden Problemlösestrategien zum Auftreten kompensatorischer Verhaltensweisen, wie beispielsweise einer Fixierung auf Figur und Gewicht, führen können. Zu chronischen oder akuten Belastungssituationen sind etwa überhöhte Leistungsanforderungen, Auszug aus dem Elternhaus oder Verlust einer Beziehung zu zählen, ebenso schwere Traumata wie der Tod einer nahe stehenden Person, persönliche Gewalterfahrungen, auch sexueller Missbrauch. Des Weiteren kann auch eine strikte Diät per se („Fastenkur"), ohne dass weitere Belastungsfaktoren vorliegen müssen, zum Auslöser einer Ess-Störung werden.

Aufrechterhaltende Faktoren

Eine besondere Bedeutung bei der Aufrechterhaltung der Bulimia nervosa kommt den **biologischen Konsequenzen der Mangelernährung** zu. Ein chronisches Diätverhalten, das häufig zwischen den Heißhungeranfällen eingehalten wird und welches nicht unbedingt zu einem deutlichen Gewichtsverlust führen muss, kann biologische Veränderungen nach sich ziehen. Durch Mangelernährung bedingte Störungen des noradrenergen und serotonergen Neurotransmittersystems stehen mit dem gehäuften Auftreten von Depressionen bei Bulimia nervosa in Verbindung. Sie spielen auch bei der Regulierung des beeinträchtigten Hunger- und Sättigungsgefühls eine Rolle. Weitere Folgen von Mangelernährung sind eine andauernde gedankliche Beschäftigung mit Nahrung, nachlassende Konzentrationsfähigkeit, zunehmendes

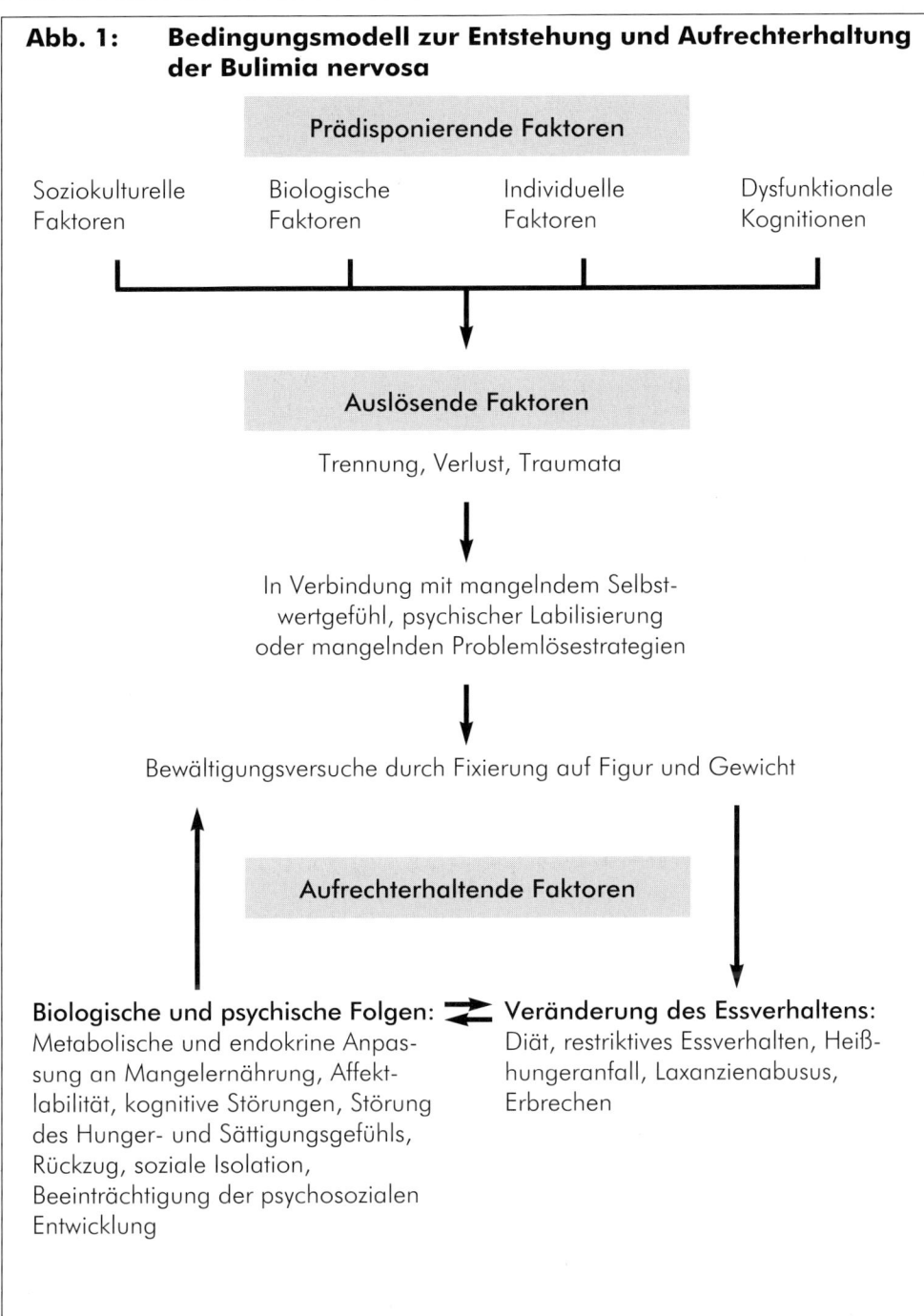

Abb. 1: **Bedingungsmodell zur Entstehung und Aufrechterhaltung der Bulimia nervosa**

Prädisponierende Faktoren

| Soziokulturelle Faktoren | Biologische Faktoren | Individuelle Faktoren | Dysfunktionale Kognitionen |

Auslösende Faktoren

Trennung, Verlust, Traumata

In Verbindung mit mangelndem Selbstwertgefühl, psychischer Labilisierung oder mangelnden Problemlösestrategien

Bewältigungsversuche durch Fixierung auf Figur und Gewicht

Aufrechterhaltende Faktoren

Biologische und psychische Folgen: Metabolische und endokrine Anpassung an Mangelernährung, Affektlabilität, kognitive Störungen, Störung des Hunger- und Sättigungsgefühls, Rückzug, soziale Isolation, Beeinträchtigung der psychosozialen Entwicklung

Veränderung des Essverhaltens: Diät, restriktives Essverhalten, Heißhungeranfall, Laxanzienabusus, Erbrechen

2.22
Bulimia nervosa

Desinteresse und Rückzugsverhalten bis hin zu sozialer Isolation. Eine zentrale Rolle bei der Entstehung sowie Aufrechterhaltung der bulimischen Ess-Störung kommt dem Konzept des **gezügelten Essverhaltens** (restrained eating; vgl. Waadt, Laessle & Pirke, 1992) zu. Gezügeltes Essverhalten ist gekennzeichnet durch regelmäßiges Fasten oder durch den Verzicht auf einzelne Mahlzeiten oder Teile einzelner Mahlzeiten. Es kommt meist zu einer Einengung der Nahrungsmittelauswahl, bei der sich die Patientin höherkalorische Nahrungsmittel verbietet. Um längerfristig auf bestimmte Nahrungsmittel verzichten zu können, muss ein hoher kognitiver Kontrollaufwand betrieben werden. Wenn die kognitive Kontrolle zusammenbricht, führt dies in der Regel zu Heißhungeranfällen.

2.22.6
Therapieplanung

Die Behandlung der Bulimia nervosa sollte grundsätzlich zwei übergeordnete Ziele verfolgen: 1)Verbesserung des körperlichen Zustands bzw. Normalisierung des Essverhaltens und 2) Bearbeitung zugrunde liegender psychischer Problembereiche (z.B. mangelndes Selbstwertgefühl, geringe soziale Kompetenz, Defizite im Kontakt- und Kommunikationsbereich, geringe allgemeine Problemlösefähigkeiten, extremes Leistungsdenken, geringe Impulskontrolle, aber auch konfliktbehaftete Beziehungen zu Eltern und Freunden). Ferner soll der Zusammenhang zwischen Essverhalten und psychischen Problemen von der Patientin erkannt werden.

Zu Beginn der Behandlung wird mit der Patientin eine Verhaltens- und Bedingungsanalyse erstellt, um daraus die spezifischen Therapieziele ableiten und die Therapieplanung erstellen zu können. Durch die gemeinsame Erarbeitung der Verhaltensanalyse werden alle wichtigen Informationen so geordnet, dass sich zwischen symptomatischen Verhaltensweisen (Heißhungeranfälle, Erbrechen), typischen Auslösesituationen sowie den Konsequenzen, die auf das Verhalten folgen, begründete Bedingungszusammenhänge ergeben. Hieraus leiten sich die ersten spezifischen Therapieziele ab.

Verbesserung des körperlichen Zustands bzw. Normalisierung des Essverhaltens. Durch die Normalisierung des Essverhaltens kommt es zu einer Rückbildung der biologischen Konsequenzen der Mangelernährung. Die Wiederherstellung einer normalen Mahlzeitenstruktur (ausreichende und ausgewogene Nahrungsaufnahme morgens, mittags, abends) stellt ein zentrales Behandlungselement dar. Meist wird im Verlauf einer Ess-Störung das Essen in der Öffentlichkeit oder in der Gemeinschaft fast völlig vermieden. Viele Patientinnen haben nur noch einmal am Tag gegessen und diese Mahlzeit so lange wie möglich hinausgezögert. Sowohl im ambulanten als auch stationären Rahmen kann eine Expositionsbehandlung durchgeführt werden (Bents, Tuschen & Florin, 1996). Die Prinzipien stammen aus der Kontrontationsbehandlung bei Angst- und Panikstörungen. Patientinnen werden hierbei – zunächst unter therapeutischer Begleitung – mit normalen Mahlzeiten konfrontiert, die sie nun wieder (häufig erstmals nach langer Zeit) einnehmen sollen. Analog zu phobierelevanten Situationen werden Ängste vor Gewichtszunahme oder Figurveränderungen ausgelöst. Ziel ist der Angstabbau durch Habituation und Löschung. Dabei wird die Patientin insbesondere auch mit Nahrungsmitteln konfrontiert, die sie sich im Zuge ihrer Ess-Störung verboten hat. Es finden Aufmerksamkeitsfokussierungs- und Sensorikübungen statt. Die Patientin soll nicht hastig essen und sich ablenken, sondern sich die Nahrungsaufnahme intensiv vergegenwärtigen und zeitlich gebührend lange bei der Essenssituation aushalten. Es wird dabei verhindert, dass die Patientin analog zu einem Essanfall Nahrung herunterschlingt, und sie soll den Drang, sofort erbrechen zu müssen, verlieren. In der Regel lässt dieser spätestens eine Stunde nach der jeweiligen Mahlzeit nach; diese Zeit kann anfangs durch eine Besprechung mit dem Therapeuten oder Mitpatienten überbrückt werden. Dennoch wird das Erbrechen aber nicht explizit verboten. Ferner gehört die Selbstbeobachtung des Essverhaltens zum Standardrepertoire verhaltenstherapeutischen Vorgehens. Die Patientinnen führen deshalb von Beginn der Therapie an so genannte Essprotokolle (Schulung der Wahrnehmung von Hunger und Sättigung, Erstellen von Verhaltensanalysen, Erfassung vorausgehender und nachfolgender Gedanken und Gefühle). Auch bei der Analyse möglicher Rückfälle sind Essprotokolle von großer Bedeutung, da der Heißhungeranfall sowie dessen Auslöser nachvollzogen werden können. Weitere Therapiemaßnahmen gegen Ess-Störungen beziehen sich auf den schrittweisen Abbau des restriktiven Essverhaltens. Ziel ist, dass die Patientin zunehmend mehr der Nahrungsmittel zu sich nimmt, die sie sich bisher verboten hat. Um das zu erreichen, wird mit der Patientin eine Liste mit den „erlaubten" und „verbotenen" Nahrungsmitteln angefertigt; sie wird motiviert, die „verbotenen" Nahrungsmittel zu probieren und zum Beispiel an einem strukturierten Esstag in den Mahlzeitenplan aufzunehmen.

Hierbei wird Exposition insofern realisiert, als die Patientin den „verbotenen" Nahrungsmitteln, die bisher einen Essanfall auslösten, ausgesetzt wird. Einerseits kommen hierbei Techniken der Reizüberflutung zum Einsatz, andererseits werden durch die Exposition „gefährliche" Situationen möglichst wirklichkeitsgetreu nachgestellt (so wird z.B. eine negative Stimmung hervorgerufen).

Gleichzeitig wird verhindert, dass Essattacken stattfinden (Exposition mit Reaktionsverhinderung). Wichtig ist, dass die Patientin die Konfrontation mit den bisher gemiedenen Nahrungsmitteln bzw. die Annäherung an die schwierigen Situationen möglichst rasch selbst kontrolliert. Deshalb wird sie nach einer intensiven Vorbereitung ermutigt, sich den typischen Risiken möglichst in eigener Regie auszusetzen. Die Exposition kann sogar so weit gehen, dass man im Verlauf der Therapie (mittleres Stadium) einen Essanfall mit Erbrechen induziert und therapeutisch bearbeitet. Dies empfiehlt sich aber nur dann, wenn eine engmaschige Betreuung gewährleistet werden kann.

Psychoedukative Informationsvermittlung. Aufklärung, insbesondere zu *restrained eating*, *set-point* und psychischen und körperlichen Folgen des Hungerns und der Mangelernährung (vgl. Waadt, Laessle & Pirke, 1992), ist ein weiteres notwendiges Therapieelement im Rahmen ernährungsbezogener Maßnahmen. Diese Informierung ermöglicht es den Patientinnen oft überhaupt erst, Vertrauen in die Therapie zu entwickeln und eine Verhaltensänderung anzustreben, denn viele Patientinnen erleben sich als willensschwach und werten ihre Symptomatik als Ausdruck ihres persönlichen Versagens. Aufklärung über körperliche Bedingungen der Störung kann hier zur Entlastung der Patientin beitragen und das Vertrauen in die Therapie fördern.

Bearbeitung zugrunde liegender psychischer Problembereiche

Geringer Selbstwert, damit zusammenhängende Verhaltensdefizite und negative Kognitionen stehen hier im Vordergrund. Bulimische Patientinnen haben häufig ausgeprägte Schwierigkeiten, ihre Impulse zu kontrollieren und Spannungen oder Frustrationen auszuhalten. Außerdem verbinden sie in extremer Weise Merkmale des Aussehens und der Figur mit gesellschaftlichen Werten wie Erfolg und Anerkennung. Ein spezifisches Therapieziel bildet daher die Veränderung dysfunktionaler Kognitionen, die sich auf Figur und Gewicht beziehen. Irrationale Annahmen, wie beispielsweise die Gedanken „Wenn ich dünn bin, bin ich etwas Besonderes.", „Ich muss mich beim Essen zügeln, um nicht immer weiter zuzunehmen.", „Wenn ich einmal die Kontrolle verliere, werde ich sie immer verlieren.", werden hierbei thematisiert. Typische irrationale Denkmuster wie Übergeneralisierungen, Schwarzweißdenken, abergläubisches Denken, Übertreibungen oder Personifizierungen sind aufzudecken. Dysfunktionale Denkmuster sind nicht selten auch über den Bereich Figur und Gewicht hinaus zu finden. Sie beeinflussen dann beispielsweise Selbstbewertungen im Leistungsbereich, die Beurteilung sozialer Beziehungen oder den Umgang mit Konflikten.

Förderung von Gefühlswahrnehmung und Gefühlsausdruck. Heißhungeranfälle und Erbrechen dienen funktional der Vermeidung unangenehmer Gefühlszustände. Langfristig kommt es deshalb bei fast allen Patientinnen zu einer Störung der Gefühlswahrnehmung und des Ausdrucks von Gefühlen, da bisher auf Spannungen, Ängste, Ärger, Frustrationen oder Trauer mit bulimischem Verhalten reagiert wurde. Vielen Patientinnen fällt es deshalb schwer, einzelne Gefühle voneinander zu unterscheiden. Sie erleben häufig nur noch ein diffuses Unwohlsein und können nicht mehr ausdrücken, was ihnen fehlt. Bulimikerinnen sollten deshalb darin unterstützt werden, Gefühle wieder differenziert wahrnehmen und ausdrücken zu können. Dies geschieht durch die Konkretisierung und Fokussierung einzelner problematischer Situationen und der begleitenden automatischen Gedanken. Eine differenzierte Gefühlswahrnehmung stellt eine notwendige Voraussetzung für eine konkrete Problembeschreibung dar.

Rahmenbedingungen

Die Behandlung erfolgt nach Möglichkeit sowohl in Einzelsitzungen als auch in der Gruppe. Die Gruppe bietet einen wertvollen therapeutischen Erfahrungsraum, um soziale Kontaktaufnahme wieder zu erlernen oder zu verbessern sowie Rückmeldungen über dysfunktionale Denk- und Verhaltensweisen zu bekommen (Möglichkeit des Rollenspiels, Förderung sozialer Kompetenzen). Da die bulimische Symptomatik stark mit Schuld- und Schamgefühlen behaftet ist, kann aber auch bereits der Austausch in einer Gruppe von Leidensgenossinnen Erleichterung bringen und Motivationsblockaden im Hinblick auf die weitere Mitarbeit reduzieren.

Die zeitweise Einbeziehung der Familie ist besonders bei jungen Patientinnen sinnvoll, zumal wenn sie noch bei den Eltern leben. Bei einem gemeinsamen Gespräch mit Patientin und Angehörigen können Konfliktsituationen und Interaktionsmuster, die zur Aufrechterhaltung der Störung beitragen, angesprochen werden.

Eine stationäre Behandlung der Bulimia nervosa ist nicht notwendigerweise angezeigt. Für die ambulante Behandlung sprechen die guten Erfahrungen tagesklinikähnlicher Ansätze, die zwar ein massiertes Psychotherapieangebot vorsehen, aber ansonsten ohne den regulären Klinikrahmen auskommen (z.B. Bents, Tuschen & Florin, 1996). Die Entscheidung für eine stationäre Behandlung hängt daher vom Schweregrad der Erkrankung ab. Bei ausgeprägter Komorbidität, extrem häufigem Erbrechen oder ausgeprägtem Laxanzienabusus sowie Suizidalität ist meist eine stationäre Behandlung indiziert. Auch eine desolate psychosoziale Situation, die den Therapieerfolg gefährden würde, lässt eine stationäre Therapie ratsam erscheinen.

Nachbetreuung

Es ist sinnvoll, dass sich Bulimiepatientinnen einer Selbsthilfegruppe anschließen. Für Essgestörte existieren mehrere große, überregionale Selbsthilfeorganisationen, die über die jeweilige Situation vor Ort Auskünfte erteilen. Über entsprechende Möglichkeiten informiert Wise (1992) in einem Buch, das auch zum Eigenstudium für Patientinnen geeignet ist und die Prinzipien einer Ess-Störungsbehandlung für Laien verständlich zusammenfasst.

2.22.7
Wirksamkeit und Wirksamkeitsbedingungen der Therapie

Mittlerweile liegen zahlreiche Therapiestudien bei weiblichen Jugendlichen und jungen Frauen vor, die die Wirksamkeit von Verhaltenstherapie und kognitiv-behavioraler Therapie zumeist in Vorher-nachher-Vergleichen belegen. Demnach kommt es zu einer klinisch bedeutsamen Reduktion der bulimischen Symptomatik und einer ebenfalls deutlichen Verbesserung des Selbstwerts am Therapieende (Laessle & Pirke, 1997). Ergebnisse aus Katamnesestudien (mittleres Untersuchungsintervall 8 Monate) belegen eine dauerhafte Wirksamkeit insbesondere bei kognitiver Verhaltenstherapie und bei „Exposition und Reaktionsverhinderung" (Laessle & Pirke, 1997).

Offenbar sind bei Bulimia nervosa für die Zeit nach der Entlassung aus einem Behandlungsprogramm Schwankungen in der Symptomatik und im Allgemeinbefinden charakteristisch. So verbessern sich Patientinnen über den bei Behandlungsende erreichten Stand hinaus noch weiter, aber es kann auch zu Einbrüchen im Heilungsverlauf kommen. Die aufwendige Bulimia-nervosa-Langzeitstudie von Fichter & Quadflieg (1997) kann solche Schwankungen recht gut belegen: Bis zwei Jahre nach Entlassung waren Verschlechterungen bzw. Stagnationen zu verzeichnen, erst danach erfolgte der Durchbruch in Richtung einer – dann sogar deutlich über den Stand bei Therapieende hinausgehenden – Verbesserung (n = 200 Patienten; 6-Jahres-Follow-Up). Zwar blieb die Ess-Störungssymptomatik bei einer Untergruppe von rund 20% in mehr oder weniger ausgeprägter Form bestehen, die Mehrzahl der behandelten Patienten (71%) war aber auch sechs Jahre nach Therapieende symptomfrei und nur wenige (5%) wiesen eine Symptomverschiebung auf (Fichter & Quadflieg, 1997, S. 361).

Grundlegende Literatur

• Beisel, S. & Leibl, C. (1997). Stationäre Verhaltensthe-
rapie bei Ess-Störungen. In G. Reich & M. Cierpka
(Hrsg), Psychotherapie der Ess-Störungen
(S. 108–126). Stuttgart: Thieme.

• Garner, D. M. & Garfinkel, G. E. (Eds.). (1997). Handbook of Treatment for Eating Disorders. New York:
Guilford.

• Laessle, R. & Pirke, K.-M. (1997). Ess-Störungen. In K.
Hahlweg & A. Ehlers (Hrsg.), Psychische Störungen
und ihre Behandlung (= Enzyklopädie der Psychologie, D, II, 2) (S. 589–654). Göttingen: Hogrefe.

Weiterführende Literatur

• Fichter, M. M. (1993). Die medikamentöse Behandlung von Anorexia und Bulimia nervosa – Eine Übersicht. Der Nervenarzt, 64, 21–35.

• Fichter, M. M. & Quadflieg, N. (1997). Six-Year
Course of Bulimia Nervosa. International Journal of
Eating Disorders, 22, 4, 361–384.

Materialien

• Bents, H., Tuschen, B. & Florin, I. (1996). Stationäre
Intensivbehandlung der Bulimia nervosa. In H. Bents,
R. Frank & E.-R. Rey (Hrsg.), Erfolg und Misserfolg in
der Psychotherapie (S. 106–129). Regensburg: Roderer.

• Fichter, M. M., Herpertz, S., Herpertz-Dahlmann, B.
M. & Quadflieg, N. (1998). Structured Interview for
Anorexic and Bulimic Disorders (SIAB-EX), 3rd Revision. International Journal of Eating Disorders, 24,
227–249.

• Thiel, A. & Paul, T. (1988). Entwicklung einer deutschsprachigen Version des Eating Disorder Inventory EDI.
Zeitschrift für Differentielle und Diagnostische Psychologie, 9, 267–278.

• Waadt, S., Laessle R. G. & Pirke, K. M. (1992). Bulimie.
Ursachen und Therapie. Berlin, Heidelberg: Springer.

• Wise, K. (1992). Wenn Essen zum Zwang wird – Wege
aus der Bulimie. Mannheim: PAL-Verlagsgesellschaft.

Adipositas

Dilek Türk

2.23.1
Fallbeispiel

Michael ist zehn Jahre alt und wiegt bei einer Größe von 1,30 m 55 kg. Mit einem BMI-Wert von fast 33 ist er als adipös zu bezeichnen. Michaels Eltern sind normalgewichtig und führen das Übergewicht ihres Sohnes auf sein Essverhalten und seine mangelnde Aktivität zurück. Er ernährt sich fast ausschließlich „von Burgern und Pommes", treibt kaum Sport und verbringt seine Freizeit mit Computerspielen und Fernsehen. Da er in der Schule wegen seines Übergewichts gehänselt wird, hat er kaum Freunde und zieht sich in seine eigene Welt zurück. Nachdem bei ihm in einer Routineuntersuchung kindliche Diabetes festgestellt wird, wird ihm eine kognitive Verhaltenstherapie unter Einbeziehung der Eltern empfohlen.

2.23.2
Diagnostische Kriterien nach ICD-10

Der Begriff Adipositas bezeichnet die generalisierte Vermehrung des Fettgewebes infolge positiver Energiebilanz durch eine extreme Vergrößerung der vorhandenen Fettzellen (Hypertrophie) oder durch eine Zunahme der Anzahl der Fettzellen (Hyperplasie). Die Adi-

255

positas wird meist entweder als reine Folge übermäßiger Nahrungsaufnahme oder als Symptom von Stoffwechselerkrankungen betrachtet.

Die Adipositas wird in Band IV (Endokrine, Ernährungs- und Stoffwechselkrankheiten) unter E66 eingeordnet, lediglich Übergewicht als Reaktion auf belastende Ereignisse wird im ICD-10, Band V unter F50.4 kodiert.

Für die Bestimmung des Übergewichts wird das relative Gewicht herangezogen, wobei das Gewicht auf die Körpergröße bezogen wird. In der internationalen Literatur und Praxis hat sich dafür der Body-Mass-Index (BMI), auch Quetelet-Index genannt, durchgesetzt. Der Body-Mass-Index errechnet sich aus dem Quotienten von Körpergewicht in kg und Körpergröße in m² (BMI = Gewicht in Kilogramm/Körpergröße im Quadrat). Ein BMI zwischen 26 und 30 gilt als leichtes Übergewicht, ein Wert von über 30 als deutliches Übergewicht bzw. Adipositas und damit auch als behandlungsbedürftig.

Bei Kindern und Jugendlichen kann man die Diagnose jedoch nicht einfach durch die Bestimmung des BMI erstellen, da es im Kindes- und Jugendalter viele entwicklungsbedingte Veränderungen sowie individuelle Unterschiede bezüglich der Anteile von Skelett, Muskulatur und Fettgewebe am Gesamtgewicht gibt. Hier muss sich die Diagnostik insbesondere auf die Bestimmung der Hautfaltendicke am Oberarm (Trizeps) mit dem Caliper konzentrieren. Auch dabei müssen jedoch alters- und geschlechtsbezogene Normwerte berücksichtigt werden.

In der klinischen Praxis werden zur Bestimmung der Adipositas unterschiedliche Kriterien herangezogen. Als Grenzwerte gelten z.B. die Überschreitung des alters-, geschlechts- und größenbezogenen Idealgewichts um 20% oder ein Körpergewicht über dem 75., 85., 95. bzw. dem 97. Perzentil.

2.23.3
Epidemiologie, Verbereitung und Altersrelevanz

In Deutschland haben die Prävalenzraten für Adipositas bei Kindern und Jugendlichen in den letzten Jahren zugenommen. Der Anteil übergewichtiger Kinder und Jugendlicher ist mit etwa 20% in Deutschland höher als in Frankreich, niedriger als in Nordamerika und Italien und ähnlich hoch wie in Schweden und Großbritannien (für den Vergleich mit anderen Nationen siehe Tabelle 1). Die Zahlen zur Häufigkeit der Adipositas variieren jedoch wegen der noch uneinheitlich verwendeten Kriterien.

Übergewicht korreliert mit dem Lebensalter, dem männlichen Geschlecht sowie mit der Zugehörigkeit zur Unterschicht. Die androide Adipositas ist mit kardiovaskulären Risikofaktoren assoziiert. 80% der adipösen Kinder werden/bleiben, wenn sie nicht behandelt werden, auch als Erwachsene adipös.

Tabelle 1: Prävalenz der Adipositas im Kindes- und Jugendalter

Land	Alter	Adipositas-Definition	Prävalenz
Deutschland	10–20	BMI>95. Perzentil	26%
	18–24	BMI: 25–30	15%
		BMI: 30–40	3%
	6–17	BMI>85. Perzentil	20%
Hongkong	3–18	20% > Idealgewicht	11%
Südafrika (schwarze Bevölkerung)	7–19	BMI>85. Perzentil	17%
		Summe von vier Haut-faltendicken	11%
USA	5–11	20% > Idealgewicht	23%
USA (American Indian)	5–17	BMI>85. Perzentil	39%
		BMI>95. Perzentil	20%

2.23.4
Diagnostik der Störung

Grundlage für eine Erfolg versprechende Therapieplanung ist die Diagnostik, die Anamnese und die Erfassung der sozialen und psychischen Situation des Patienten. Die Diagnostik der Adipositas darf nicht nur die Bestimmung des Körpergewichts einschließen, sondern muss auf multimodalem Wege unter Berücksichtigung vieler Lebensbereiche erfolgen, um ein vollständiges Bild der Krankheit zu liefern und die Therapie optimal zu planen. So müssen neben der Erhebung eines allgemeinen psychopathologischen Status und des entwicklungsbezogenen Status folgende Bereiche nicht nur über Selbstauskunft, sondern auch über Elternaussagen bzw. Aussagen der Bezugspersonen und durch objektive Tests insgesamt erfasst werden:

• Körpergewicht: Erfassung des absoluten und des normbezogenen (relativen) Körpergewichts, Bestimmung der Hautfaltendicke z.B. durch Messung der Hautfalte über dem Trizeps. Mit dem Wert Hautfaltendicke kann man in alters- und geschlechtskorrigierten Tabellen den Fettanteil des Körpergewichts ablesen.

- Essverhalten: Ort, Zeit, Häufigkeit, Art und Zusammensetzung der Nahrungsmittel; exzessives Essen und Naschen; Diätverhalten, bulimische Episoden und gezügeltes Essen; Erleben von Kontrollverlust; kognitive Einschränkung auf Essen und Nahrung; Einstellungen zum Essen und Gewicht.
- Körperliche Aktivität (Sport etc.).
- Bisherige Behandlungsmaßnahmen: Häufigkeit und Art der bisherigen Bemühungen, Gewicht zu verlieren; Gewichtsschwankungen in der Vorgeschichte.
- Änderungsbereitschaft und Motivation, Unterstützung durch die Eltern.
- Familiäre Bedingungsfaktoren: Körpergewicht der Eltern, Umgang der Eltern und Geschwister mit Essen, Einstellung der Eltern zum Essen und Gewicht.
- Körperlicher Allgemeinzustand. Da Adipositas selbst bei Kindern und Jugendlichen mit chronischen körperlichen Krankheiten wie Diabetes und Herz-Kreislauf-Erkrankungen assoziiert ist, ist auch eine gründliche körperliche Untersuchung ärztlicherseits erforderlich. Durch die so genannte „Waist-to-hip-ratio" oder den Hüft-Taillen-Umfang lässt sich im Besonderen Maße die Gefährdung eines Patienten in Hinblick auf das Vorhandensein einer Adipositas erfassen. Anhand dieser Werte lassen sich die untersuchten Personen in zwei Gruppen einteilen: bei androidem Fettverteilungstyp ist das Adipositas-Risiko deutlich höher (Apfel-Typ: Fettansammlung im Bauchbereich) als bei einem gynoiden Fettverteilungstyp (Birnen-Typ: Fettansammlung im Gesäß- und Oberschenkelbereich). Im Vergleich zu Erwachsenen und älteren Jugendlichen ist das Waist-to-hip-ratio-Maß bei Kindern jedoch nur eingeschränkt aussagekräftig.

2.23.5
Bedingungsmodell

Wie bei den meisten Störungen wird bei der Adipositas ebenfalls von einem multifaktoriell bedingten Krankheitsbild ausgegangen. Die Grundvoraussetzung für die Entstehung einer Adipositas ist eine positive Energiebilanz, wobei entweder die Energiezufuhr erhöht, der Energiebedarf reduziert oder der Enegiestoffwechsel verändert sein kann. Im Folgenden werden einige der zusätzlich relevanten Bedingungsfaktoren kurz erläutert.

Bedingungsfaktoren
Genetische Faktoren. Für die Wirksamkeit genetischer Faktoren sprechen die Ergebnisse von Zwillings- und Adoptivstudien. Bislang ist jedoch relativ unklar, ob die Anzahl der Fettzellen oder auch andere Mechanismen genetisch festgelegt sind.
Physiologisch-morphologische Faktoren. Die relative Therapieresistenz der Adipositas wird durch die physiologisch-morphologische Erklärung verständlich (Hyperplasie vs. Hypertrophie, s.o.), da sich durch die Therapie nur die Größe der einzelnen Fettzellen verkleinert, jedoch nicht die Gesamtzahl der Fettzellen. Eine im Kindesalter beginnende, frühe Adipositas ist eher durch eine Hyperplasie gekennzeichnet, eine im Erwachsenenalter sich manifestierende Adipositas hingegen eher durch eine Hypertrophie. Eine weitere Erklärung für die nur geringen Erfolge in der Adipositas-Behandlung bietet die **Set-Point-Theorie**, wonach ein individuell variierendes ideales Körpergewicht existiert, welches bei Adipösen

höher liegt. Da das Gewicht vom Körper homöostatisch reguliert wird, werden extreme Gewichtsveränderungen abgewehrt.

Obwohl sowohl eine **verminderte Thermogenese** (im Vergleich zu Normalgewichtigen führen Übergewichtige nur halb so viel, etwa 10%, der zugeführten Nahrungsmenge in Form von Wärme wieder ab) als auch die Rolle von **Inaktivität** als ätiologische Faktoren diskutiert werden, ist bis heute noch nicht eindeutig nachgewiesen, ob diese Faktoren Ursachen oder Folgen des Übergewichts sind.

Externe Faktoren. Auch die **Externalitätshypothese** liefert für die Entstehung des Übergewichts keine eindeutigen Kausalzusammenhänge. Dieser Hypothese zufolge wird das Essverhalten von Adipösen stärker als bei Normalgewichtigen von externen Einflüssen (z.B. Anblick und Geruch der Nahrung, Uhrzeit) und nicht so sehr von inneren Reizen wie Hunger und Sättigung gesteuert. Korrespondierend fanden sich empirisch eine veränderte Sättigungsregulation sowie ein fehlender bzw. ein verzögerter Appetenz-Verlust bei Adipösen, die zu einer erhöhten Nahrungsaufnahme führten. Heute geht man davon aus, dass diese Orientierung an externen Reizen auch eine Folge des **binge eating** sein kann, da 30% der adipösen Patienten über vorangehendes binge eating berichten. Dem binge eating kommt deshalb als einem ätiologischen Faktor eine bedeutende Rolle zu, da es nach strikten und rigiden Diäten zu Essanfällen mit einer Gewichtszunahme über dem Ausgangsniveau (Jo-Jo-Effekt) kommt, die zum Teil auch über den veränderten Energieverbrauch mediiert wird.

Zusammensetzung der Nahrung. Auch der **Fettgehalt**, nicht so sehr der Kohlenhydrat- bzw. Zuckergehalt der eingenommenen Nahrung, spielt in der Ätiologie eine große Rolle. Für die Entstehung der Adipositas im Kindesalter werden die Zusammensetzungen der Säuglingsnahrung sowie der Rückgang des Stillens diskutiert.

Klassische Konditionierung und Modelllernen. Die Lerntheorie schließlich erklärt über die klassische Konditionierung, warum soziale, kognitive und emotionale Reize ohne ein Hungergefühl Essverhalten auslösen können. Wenn weinende oder Missempfindungen ausdrückende Säuglinge oder Kinder mit Nahrung getröstet werden, werden z.B. Schmerzen und Traurigkeit zu konditionierten Stimuli für Nahrungsaufnahme und verhindern mittel- bis langfristig die Entwicklung von Hunger- bzw. Sättigungswahrnehmung. Ebenso können über das Modelllernen die Essgewohnheiten der Eltern, ihre Präfenzen etc. erlernt werden. Für diese Annahme spricht, dass adipöse Kinder zumeist übergewichtige bzw. adipöse Eltern haben.

2.23.6
Therapieplanung

Indikation
Grundsätzlich ist die Indikation zur Behandlung von Übergewicht und Adipositas bei Erwachsenen gegeben, wenn der BMI mehr als 30 beträgt. Zusätzlich wird die Therapieindikation nach Empfehlungen der Deutschen Adipositas Gesellschaft bei einem BMI zwischen 25 und 30 dann als gegeben angesehen, wenn übergewichtsbedingte Gesundheitsstörungen

und/oder ein abdominales Fettverteilungsmuster und/oder Erkrankungen vorliegen, die durch Übergewicht verschlimmert werden oder ein erheblicher psychosozialer Leidensdruck vorliegt. Diese Richtwerte können prinzipiell auch bei Kindern und Jugendlichen herangezogen werden, man sollte jedoch die Entscheidung vom Einzelfall abhängig machen.

Das Hauptziel der Adipositasbehandlung bei Kindern und Jugendlichen ist es, kurz-, mittelsowie langfristige negative gesundheitliche Risiken/Konsequenzen zu vermeiden. Adipöse Erwachsene müssen, um ein normales oder tolerables Gewicht zu erreichen, tatsächlich abnehmen. Bei Kindern und Jugendlichen hingegen kann es in der Wachstumsphase auch erstrebenwert sein, das Körpergewicht konstant zu halten, während die Körpergröße ansteigt. Wenn bei Kindern und Jugendlichen eine substanzielle Gewichtsreduktion indiziert ist, ist es notwendig, die physiologischen Besonderheiten und Veränderungen des Organismus während der Wachstumsphase zu berücksichtigen.

Zielfestsetzung

Vor Beginn einer langfristig angelegten Adipositastherapie sollte ein realistisches Ziel vereinbart werden. Dabei hat sich eine stufenweise Annäherung an ein bestimmtes Körpergewicht bewährt. Es ist günstiger, das Ziel bei Erfolg erneut zu definieren, als nicht erreichbare Ziele festzulegen, die bereits bei kleinen Rückschlägen zum Misserfolg führen. Überhöhte Therapieerwartungen haben in der Vergangenheit meist erhöhte Rückfallquoten nach sich gezogen. So ist es nicht überraschend, dass es vom amerikanischen National Institut of Health bereits als Erfolg angesehen wird, wenn ein Jahr nach einer Gewichtsreduktion das Körpergewicht noch 5% unter dem Ausgangsgewicht liegt. Diese Grenze erscheint bescheiden, allerdings belegen zahlreiche Untersuchungen, dass bereits wenige Kilogramm Fettgewebsverlust zu deutlichen Besserungen des Stoffwechsels führen können.

Für eine langfristige Veränderung des Gewichts und des Essverhaltens im Kindes- und Jugendalter muss die Therapie neben rein verhaltenstherapeutischen und kognitiven Maßnahmen auch Ernährungsinformationen, Gymnastik- und Bewegungsprogramme, soziale Unterstützung sowie die Vermittlung spezifischer Strategien zur Rückfallprophylaxe beinhalten. Die Behandlung erfolgt prinzipiell nach folgenden Schritten:

1) Diagnostik
2) Informationsvermittlung
3) Verhaltensbeobachtung und -analyse
4) Verhaltensänderung- und stabilisierung
5) Rückfallprophylaxe

Informationsvermittlung

Nach einer Phase der Diagnostik (s.o.) sollten zu Beginn der Therapie die Ursachen des Übergewichts sowie das Behandlungsrational erklärt werden. Dies sollte immer anhand der aus der Diagnostik, den Essprotokollen und der Verhaltensanalyse abgeleiteten individuellen Bedingungsfaktoren erfolgen. Prozessorientiert muss auch psychoedukativ vorgegangen werden (Ernährungs- und Bewegungsberatung unter Benutzung von Hilfsmaterialien wie Ernährungs- und Kochbücher), da gerade bei adipösen Patienten und ihren Bezugspersonen bzgl. einer gesunden Ernährung sowie der Nahrungszusammensetzung oft Wissensmangel besteht.

Verhaltensbeobachtung und -analyse

Für die Behandlung der Adipositas müssen die Beobachtung der Ess- und Ernährungsgewohnheiten und die Verhaltensanalyse mithilfe von Essprotokollen sehr genau erfolgen. Hierbei kann man entweder auf bereits vorhandene zurückgreifen (z.B. BzgA, 1990) oder muss sie entsprechend dem Ziel für den Einzelfall entwerfen. Gerade bei der Behandlung von Kindern kann das gemeinsame Basteln eines Protokolls sehr motivierend sein. Um gerade die jungen Patienten nicht zu überfordern, muss die Beobachtung in der Therapiesitzung genau erklärt und ausprobiert werden und ist schrittweise aufzubauen. Im Vordergrund steht die sorgfältige Beobachtung der auslösenden Reize und Situationen für das Essverhalten (z.B. wo, wann, mit wem und was wird gegessen), die Beobachtung des Essverhaltens selbst (z.B. wie isst der Patient) sowie die Beobachtung der auf das Essen folgenden Konsequenzen. In der ersten Phase der Therapie erfolgt die Beobachtung ohne Veränderungsabsichten, in der späteren Phase erfolgen Verhaltensbeobachtungen mit gezielt eingesetzten Protokollen zur Überprüfung von (Zwischen-)Zielen, des Gewichtsverlaufes sowie der körperlichen Aktivitäten.

Verhaltensänderung und -stabilisierung

Die in den ersten Wochen durchgeführten Beobachtungen sind der Ausgangspunkt der anschließenden Veränderung des Essverhaltens. Dabei werden folgende Ziele angestrebt: 1) die Kontrolle über auslösende Reize und Situationen zu gewinnen, 2) eine Veränderung des Essverhaltens in Bezug auf die Essgewohnheiten und die Zusammensetzung der Nahrung sowie 3) eine Einflussnahme auf die nachfolgenden Konsequenzen im Sinne selbst kontrollierten und selbst gesteuerten Verhaltens zu erreichen.

Dieser Veränderungsvorgang besteht aus drei aufeinander aufbauenden Schritten, die immer wieder durchlaufen werden:

- Selbstbeobachtung des zu verändernden Verhaltens;
- Selbstbewertungsprozess (das Ergebnis der Beobachtung wird mit einem selbst gesetzten Ziel verglichen, das der Patient erreichen möchte; durch schrittweise Veränderung [Zwischenziele] wird dann versucht, dem Ziel näher zu kommen);
- Selbstverstärkung (wird das jeweilige Zwischenziel erreicht, so soll die Person sich selbst dafür belohnen. Wird das Zwischenziel nicht erreicht, muss überprüft werden, ob das gewählte Ziel und die gewählten Veränderungsschritte möglicherweise zu groß waren, worauf ein neuer Schritt gewählt werden muss). Mit den Kindern und Jugendlichen und ihren Eltern soll besprochen werden, was im Einzelfall als Verstärker dienen kann.

Zunächst sollten Patienten sich die Globalziele setzen und diese mit einer Vertragserstellung zwischen sich selbst und dem Therapeuten bekräftigen. Dabei legen sich die Patienten selbstständig auf Zwischenziele für Nahrungsaufnahme, Gewichtsverlust und Art und Häufigkeit von körperlicher Aktivität fest.

Der Aufbau eines geregelten Essverhaltens wird durch Techniken der Stimuluskontrolle unterstützt. Hierbei werden alternative Verhaltensweisen und Maßnahmen etabliert, die eine Kontrolle über diskriminative Stimuli herbeiführen, die bislang zwangsläufig zum Essverhalten geführt haben: In der Wohnung und im familiären Umfeld werden Veränderungen durchgeführt, um die Stimuli und Möglichkeiten, die mit Kalorieneinnahme und Inaktivität assoziiert sind, zu reduzieren, wie z.B. Schokolade wegschließen, nur an einem bestimmten Ort essen, sofort nach dem Essen den Tisch verlassen, Vorrat von problematischen Nahrungsmitteln reduzieren, nur nach dem Essen Einkäufe planen und sich an die Einkaufsliste halten.

Um zwischen den Gefühlen Hunger und Sättigung zu unterscheiden und diese wahrzunehmen, muss der Essvorgang teilweise neu gelernt werden, indem das Essen nicht mit anderen Tätigkeiten gemeinsam geschieht, langsam gegessen wird oder die verfügbare Menge an Essen für eine Mahlzeit reduziert wird, sodass automatisches Essen unterbunden wird. Zusätzlich sollten Genussübungen in der Stunde und als Hausaufgaben durchgeführt werden (z.B. ein Stück Schokolade so lange wie möglich auf der Zunge zergehen lassen), um zu verdeutlichen, dass auch hochkalorische Kost erlaubt ist und genossen werden darf, um den Teufelskreis aus Verboten, Heißhunger und Verlust der Selbstkontrolle zu unterbrechen.

Weiterhin sollen Verhaltensweisen aufgebaut werden, die nicht oder nur schlecht während des Essens durchgeführt werden können, wie z.B. Entspannungsübungen, Sport, spielen, spazieren gehen, telefonieren oder zeichnen.

Diese genannten Maßnahmen werden in der Therapiestunde besprochen, eingeübt und sollen zwischen den Sitzungen durchgeführt werden. Dabei müssen häufig die Eltern mit einbezogen werden.

Werden die gesetzten Ziele erreicht oder sich ihnen angenähert, so soll entweder eine Selbstbelohnung oder eine Fremdbelohnung (durch Eltern, soziales System) erfolgen, wenn nicht, erfolgt eine Überprüfung der Ziele und eine Neuplanung der Schritte.

Auch die Veränderung des Essverhaltens wird mithilfe von Materialien und Hilfsmitteln unterstützt (Bücher zur Ernährungsinformation, Kochbücher, Essplan, Aktivitätsplan), dokumentiert und wird dadurch überprüfbar.

Neben der Durchführung dieser verhaltenstherapeutischen Maßnahmen müssen auch vorliegende negative Einstellungen und Selbstverbalisationen in Bezug auf Essen, Körper, Gewicht und Gewichtsabnahme identifiziert und modifiziert werden, um das Essverhalten und damit das Gewicht auf Dauer stabil zu halten.

Eine Steigerung der körperlichen Aktivität ist ein weiterer wichtiger Bestandteil der Therapie. Sie sollte so angenehm wie möglich gestaltet werden (kann teilweise in den Stunden geübt werden und wird als Hausaufgabe durchgeführt), um eine Frustration der Patienten zu vermeiden. Da die körperliche Aktivität zu einem erhöhten Energieverbrauch führt, ist die für eine Gewichtsreduktion erforderliche Negativierung der Energiebilanz leichter zu erreichen. Eine besondere Bedeutung hat die körperliche Aktivität für die Stabilisierung nach Gewichtsreduktion. Unterstützend zur Gewichtsreduktion können Ausdauersportarten wie Schwimmen, Radfahren und zügiges Gehen (Walking) mit einer Geschwindigkeit von 5 bis 7 km/h angesehen werden.

Rückfallprophylaxe

Gerade bei Kindern ist neben den oben ausgeführten Therapieelementen ein Fertigkeitentraining für die Eltern sehr wichtig, das sie zu Co-Therapeuten ausbildet und ihnen so ermöglicht, ihr Kind aktiv bei der Gewichtsabnahme zu unterstützen.

Für den langfristigen Therapieerfolg sind die Vermittlung von Bewältigungsfertigkeiten für den Umgang mit High-risk-Situationen, mit Rückfällen sowie Fertigkeiten für den Gewichtserhalt und Rückfallprävention (frühzeitiges Erkennen, Vermeidung und Umgang mit Risikosituationen, Ablehnungstraining, Problemlösestrategien) von großer Bedeutung. High-risk-Situationen können in Form von Rollenspielen eingeübt werden, mögliche Rückfälle können mit erarbeiteten Hilfeplänen aufgefangen werden.

2.23.7
Wirksamkeit und Wirksamkeitsbedingungen der Therapie

Im Vergleich zu anderen Therapien haben sich verhaltenstherapeutische Programme bei adipösen Kindern und Jugendlichen als besonders erfolgreich erwiesen. Kurzfristig führen sie zu sehr guten Ergebnissen: Zwei Drittel der Patienten erzielen nach Beendigung der Therapie Gewichtsreduktionen von 20% gegenüber dem vorherigen Übergewicht. State-of-the-art-Verhaltenstherapie bewirkt nach neuesten Studienergebnissen in einem Drittel der Fälle langfristige Erfolge hinsichtlich der Gewichtsreduktion.

Langfristige Veränderungen des Essverhaltens gibt es insbesondere dann, wenn in der Therapie folgende inhaltliche Komponenten enthalten sind: Information und Aufklärung über Gewichtszunahme, Modifikation des Essverhaltens hinsichtlich Nahrungsauswahl, Fettgehalt der eingenommenen Nahrungsmittel und die Reduzierung der eingenommenen Kalorienmenge, Instruktion zur Erhöhung der körperlichen Aktivität, Erhöhung der Körperwahrnehmung, Anleitung zu einem aktiven Lebensstil sowie eine einfache und explizite Diät zum Erreichen eines Kaloriendefizits. Insgesamt sollte die Therapie, um erfolgreich sein zu können, folgende organisatorisch-strukturelle Kriterien erfüllen:

- Gruppenprogramm mit individualisierter Verhaltens- und Ernährungsberatung;
- Einbeziehung der Eltern;
- häufige Sitzungen und eine lange Therapiedauer.

Da in der regulären ambulanten Therapie Gruppenprogramme eher die Ausnahme sind, sollte man die Patienten und ihre Bezugspersonen motivieren, vorhandene themenrelevante Angebote der Volkshochschulen, der Familienbildungsstätten und der Sportvereine zu nutzen. Die Erfolge sind hierbei umso langfristiger gesichert, je früher eine Behandlung der Adipositas in der Kindheit erfolgt. Langfristig gute Therapieergebnisse werden dann erzielt, wenn die Patienten auch nach der Therapie in Kontakt mit dem therapeutischen Setting bleiben und dadurch aufkommenden Rückfallsituationen vorbeugen bzw. diese gut bewältigen können.

Abschließend muss man festhalten, dass – entgegen den Erfahrungen aus den Erwachsenentherapien – die Langzeit-Effekte komplexer verhaltenstherapeutischer Programme für Kinder und Jugendliche deutlich optimistischer stimmen.

Grundlegende Literatur

* Brownell, K. D. & Fairburn C. G. C. (Eds.). (1995). Eating disorders and obesity. New York, London: Guilford.

* Spies, G. & Kröger, C. (Hrsg.). (1996). Verhaltenstherapie & Übergewicht. Baltmannsweiler: Gerhard Röttger Schneider.

* Stunkard, A. J. & Wadden, T. A. (Eds.). (1993). Obesity: Research and therapy. New York: Raven.

Weiterführende Literatur

* Bray, G. A., Bouchard, C. & James, W. P. T. (Eds.). (1998). Handbook of Obesity. New York: Marcel Dekker.

Materialien

* Bundeszentrale für gesundheitliche Aufklärung (1990). Abnehmen – aber mit Vernunft. Ein Gruppenprogramm zur Gewichtsreduktion. Baltmannsweiler: Schneider.

* Raebner, G. & Waldherr, K. (1997). Eating Disorder Inventory 2: Eine deutschsprachige Validierung mit Normen für weibliche und männliche Jugendliche. Zeitschrift für Klinische Psychologie, 45, 157–182.

* Diehl, J. M. (1999). Einstellungen zu Essen und Gewicht bei 11- bis 16-jährigen Adoleszenten. Schweizerische Medizinische Wochenschrift, 129, 162–175.

Geschlechtsidentitätsstörungen im Kindesalter

Hartmut A. G. Bosinski

2.24.1
Fallbeispiel

Der 9;6-jährige René wird von seiner 43-jährigen Mutter vorgestellt, weil er in der Schule wegen seines „mädchenhaften Verhaltens" von anderen Jungen gehänselt und verprügelt wird. Er hat keine Freunde und hält sich lieber bei den Mädchen auf. Zunächst freute er sich durchaus auf die Schule und seine Leistungen waren unauffällig. Nun hat er aber zunehmend Angst davor, weint morgens und will nicht losgehen. Er ist oft traurig und möchte lieber ein Mädchen sein, „weil dann alles besser wäre".

Zu Hause machte er nie Probleme, war folgsam und hing sehr an der Mutter. Seit er laufen kann, hat „Honey", wie ihn die Mutter nennt, sie bei ihrer Tätigkeit als selbstständige Pensionswirtin im Hause begleitet und ihr beim Saubermachen und Bettenrichten geholfen. Dabei hat er stets eine Schürze getragen; viele der Gäste hielten ihn für ein Mädchen und lobten seinen Fleiß. Auch verkleidete er sich gern mit abgelegten Sachen der Mutter (die später ältere Fotos davon brachte) und lief in ihren Pumps durchs Haus.

Ihr Mann verließ sie, als „Honey" fünf Jahre alt war. Er habe viel getrunken und sie auch geschlagen. Zum Kind habe er nie eine Beziehung gehabt, weder im Guten noch im Schlechten. Die Trennung vollzog sich nach einem dramatischen Streit, bei dem sie sich mit dem Kind in einem Zimmer verbarrikadierte, in das der Mann gewaltsam einzudringen versuchte. „Honey" habe wie eine Klette an ihr gehangen und nur geschrien.

Seitdem lebt sie mit René und ihrer Mutter allein. „Honey" gab nie Grund zur Sorge, aber nun sucht sie Hilfe, da er offenbar zunehmend in der Schule leidet. Auch zu Kindern in der Nachbarschaft hat er kaum Kontakt, da sie ihm zu wild sind und er lieber mit Puppen spielt.

René ist ein zierlicher, extrem ängstlicher Knabe, der zunächst weint, an der Mutter klammert und altersuntypische Angst bei der Untersuchung zeigt. Nur mit Mühe lässt sich ein Kontakt herstellen, sodass er seine Angst vor den Mitschülern („Ich will da nicht mehr hingehen, die hauen mich immer!") und auch – sehr leise, beinahe flüsternd – den Wunsch, ein Mädchen zu sein, äußert. Im Bewegungsablauf und Sprachgestus wirkt er maniert-feminin.

2.24.2
Diagnostische Kriterien nach ICD-10

Die ICD-10 führt die Geschlechtsidentitätsstörung (GIS) im Kindesalter unter der Nummer F64.2 im Kapitel F6 „Persönlichkeits- und Verhaltensstörungen" auf (im Anschluss an den nur bei Erwachsenen diagnostizierbaren Transsexualismus) und nicht etwa im Kapitel F9 „Verhaltens- und emotionale Störungen mit Beginn in der Kindheit und Jugend".

Die Störung soll sich in der frühen Kindheit, also lange vor der Pubertät, manifestieren. Das Hauptkriterium ist, dass die Kinder ein anhaltendes und starkes Unbehagen über das angeborene Geschlecht äußern und den starken Wunsch (gelegentlich auch die Beteuerung), zum anderen Geschlecht zu gehören. Sie beschäftigen sich beständig mit Tätigkeiten, Spielen oder Bekleidung des anderen Geschlechts bzw. lehnen die des eigenen Geschlechts ab. Der Leidensdruck erwächst aus der Ausgrenzung durch andere Kinder bzw. durch die Familie, nicht aus der Geschlechtsidentitätsstörung selbst. Ein bloßes Abweichen von den kulturellen Geschlechterstereotypien des Verhaltens (also bloße Knabenhaftigkeit bei Mädchen oder mädchenhaftes Verhalten bei Jungen) reicht nicht aus, um die Diagnose zu rechtfertigen.

Differenzierter und konkreter sind die Kriterien des Diagnostic and Statistical Manual of Mental Disorders (DSM IV; APA 1996), wo für Kinder unter der Nummer 302.6 aufgeführt wird:
Kriterium A (mindestens vier der folgenden fünf Merkmale müssen erfüllt sein)

1) Wiederholt geäußertes Verlangen oder Bestehen darauf, dem anderen Geschlecht anzugehören;
2) bei Jungen Neigung zum Tragen der Kleidung des anderen Geschlechts oder Imitation weiblicher Aufmachung; bei Mädchen das Bestehen darauf, nur eine dem männlichen Stereotyp entsprechende Bekleidung zu tragen;
3) starke und andauernde Neigung zum Verstellen als Angehöriger des anderen Geschlechts in Rollenspielen oder anhaltende Fantasien über die eigene Zugehörigkeit zum anderen Geschlecht;
4) intensives Verlangen nach Teilnahme an Spielen und Freizeitbeschäftigungen, die für das andere Geschlecht typisch sind;
5) ausgeprägte Bevorzugung von Spielgefährten des anderen Geschlechts (APA, 1996, S. 609).

Kriterium B umfasst das anhaltende Unbehagen im Geburtsgeschlecht bzw. das Gefühl, dass die Geschlechterrolle des Geburtsgeschlechts unzutreffend ist. Bei Knaben kann sich dies darin ausdrücken, dass sie beispielsweise ihren Penis abstoßend finden oder wegwünschen oder dass sie eine Aversion gegen Rauf- und Tobespiele und eine Ablehnung gegenüber typischem Jungenspielzeug, Jungenspielen und Jungenbeschäftigungen äußern. Bei Mädchen wäre das Pendant die Ablehnung des Urinierens im Sitzen, die Behauptung, dass sie einen Penis haben oder ihnen ein solcher wachsen wird, oder die Behauptung, dass sie keine Brust bekommen oder nicht menstruieren möchten, oder eine ausgeprägte Aversion gegen normative weibliche Bekleidung. Kriterium C beinhaltet den Ausschluss eines somatischen Intersex-Syndroms (also einer Störung der körperlichen sexuellen Differenzierung), Kriterium D den eines klinisch bedeutsamen Leidensdrucks in sozialen, beruflichen oder anderen wichtigen Funktionsbereichen.

Damit wird die Diagnose nicht vergeben, wenn lediglich von üblichen Geschlechtsrollenklischees abgewichen wird.

2.24.3
Epidemiologie, Verbreitung und Altersrelevanz

GIS im Kindesalter ist ein eher seltenes Phänomen. Genaue Zahlen zur Prävalenz und Inzidenz fehlen. Die Tatsache, dass Jungen mit Geschlechtsidentitätsstörung drei- bis sechsmal häufiger bei Psychologen oder Ärzten vorgestellt werden als Mädchen (vgl. Bosinski et al., 1996), muss nicht die wirkliche Verteilung widerspiegeln, sondern könnte auch durch die größere Toleranz gegenüber sich jungenhaft verhaltenden Mädchen (im Vergleich zur in unserer Kultur viel stärkeren Ablehnung mädchenhafter Verhaltensweisen bei Knaben) bedingt sein.

Indirekte Angaben zur Häufigkeit der Geschlechtsidentitätsstörung im Kindesalter ergeben sich daraus, dass praktisch alle erwachsenen Patienten mit transsexueller Geschlechtsidentitätsstörung Verhaltensweisen in ihrer Kindheit berichten, die zur retrospektiven Vergabe der Diagnose „Geschlechtsidentitätsstörung im Kindesalter" berechtigen. Prospektive Untersuchungen (vgl. Zucker & Bradley, 1995) von Knaben mit Geschlechtsidentitätsstörung haben aber gezeigt, dass nur eine Minderheit von ihnen (zwischen 1% und 5%) später transsexuell wird, ca. 75% der in der Kindheit extrem effeminierten Knaben werden im Erwachsenenalter bi- oder homosexuell (unter Beibehaltung der männlichen Geschlechtsidentität), der Rest (ca. 20% bis 24%) entwickelt im Erwachsenenalter eine heterosexuelle männliche Geschlechtsidentität. Über Prognose und Verlauf der kindlichen Geschlechtsidentitätsstörung bei Mädchen fehlen verwertbare Angaben. Die Geschlechtsidentitätsstörung im Kindesalter ist damit eine notwendige Bedingung für Transsexualismus, aber nicht jede GIS im Kindesalter mündet notwendig in einem Transsexualismus. Die Prävalenz des Transsexualismus selbst wird auf mindestens 2:100.000 der erwachsenen Bevölkerung der Bundesrepublik geschätzt. Nimmt man bei Mädchen eine etwas geringere Häufigkeit des Übergangs der GIS in den Transsexualismus an, dann ergibt sich eine grobe Schätzung der Geschlechtsidentitätsstörung im Kindesalter von 3–5:10.000.

2.24.4
Diagnose der Störung

Zunächst muss eine Abgrenzung zu einfacher Non-Konformität des Verhaltens vorgenommen werden: Ein Mädchen, das seine Haare nicht ausreichend pflegt, lieber Hosen trägt und Fußball spielt, oder ein Junge, der Rauf- und Tobespielen aus dem Wege geht und lieber Klavier übt, haben nicht automatisch eine Geschlechtsidentitätsstörung! Die oben genannten Kriterien der ICD-10 (bzw. des DSM-IV) müssen sehr genau erfüllt sein.

Für die nachfolgende Therapieentscheidung ist es wichtig herauszufinden, in welchen Bereichen sich das Kind besonders ausgeprägt dem anderen Geschlecht zugehörig fühlt, in welchen Bereichen es dagegen offener ist. Um ein möglichst vollständiges Bild der Störung, ihrer Ausprägung und ihrer Flexibilität zu bekommen, sollte daher stets auf mehrere Informationsquellen zurückgegriffen werden.

Von großer Bedeutung ist die ausführliche Beobachtung des Kindes im Spiel. Hierzu sollte es Gelegenheit haben, sich in verschiedenen Situationen (Spiel mit Gleichaltrigen des gleichen und des anderen Geschlechts, Kontakt mit älteren Kindern, Rollenspiel: morgendliches Ankleiden usw.) möglichst unbefangen zu beschäftigen. Sehr hilfreich ist dazu ein Beobachtungsraum mit Einwegscheibe.

Die Beobachtung des Spiels des Kindes wird ergänzt durch die Beobachtung seiner Interaktion mit der Mutter, dem Vater und den Geschwistern. Dabei zeigt sich meist schnell, inwieweit das abweichende Geschlechtsrollenverhalten des Kindes von der An- oder Abwesenheit der Eltern oder eines Elternteils abhängt und in welchem Ausmaß die Eltern die Rollenabweichung fördern.

Im Gespräch mit dem Kind sollen die kognitiven Aspekte der Problematik aufgedeckt werden. Je nach der spezifischen Problemlage und dem Alter des Kindes wird der Schwerpunkt auf einem oder mehreren der folgenden Aspekte liegen:

- Wissen um die Existenz zweier Geschlechter und um deren Konstanz (dass Jungen Männer und Mädchen Frauen werden); Wissen um die eigene Geschlechtszugehörigkeit; woran diese festgemacht und welche Zukunftsvorstellungen damit verbunden sind.
- Wissen über die körperlichen Geschlechtsunterschiede und ihre Funktion im Prozess der biologischen Reproduktion; Sicht des eigenen Körpers und damit verbundene Erwartungen (etwa in Form der Annahme, dass ein nicht vorhandener Penis bzw. eine nicht vorhandene Vulva noch wachsen wird).
- Vorstellungen von den an die beiden Geschlechter gerichteten Rollenerwartungen und was damit verbunden wird (z.B. bestimmte „Vorteile"; dabei sollte das Gespräch durch Zeichnungen des Kindes, etwa als Mann-Zeichen-Test, ergänzt werden, weil sich daraus gelegentlich interessante Hinweise auf besondere Vorstellungen des Kindes im Bereich der Anatomie oder der Rollenerwartungen ergeben).
- Deutliche Präferenzen beim Geschlecht der Spielkameraden, bei der Art und den Inhalten der Spiele und beim Spielzeug.

Die Diagnostik der Geschlechtsidentitätsstörung im Kindesalter muss stets durch eine endokrinologisch-pädiatrische Untersuchung zum Ausschluss eines Intersex-Syndroms, das in vielen Fällen nur von Fachleuten erkannt werden kann, ergänzt werden (Sinnecker, 1999).

2.24.5
Bedingungsmodell

Die menschliche Geschlechtsidentität, verstanden als „... die überdauernde Erfahrung der eigenen Individualität, des eigenen Verhaltens und der eigenen Erlebnisweisen als eindeutig und uneingeschränkt männlich, als eindeutig und uneingeschränkt weiblich oder als in größerem bzw. kleinerem Grad ambivalent ..." (Money & Ehrhardt, 1975, S. 16), ist das Ergebnis eines hochkomplexen Entwicklungsprozesses, in dem biologische, psychologische und soziale Determinanten interagieren (vgl. Bosinski, 1992). Bei den verschiedenen Störungen dieses Prozesses haben die biologischen und die sozialen Komponenten offenbar unterschiedliches Gewicht.

Im Gegensatz etwa zum kongenitalen adrenogenitalen Syndrom (AGS), bei dem ein biochemischer Defekt nachgewiesen werden kann (vorgeburtliche Erhöhung der männlichen Sexualhormone), der mit einer „Maskulinisierung" des Verhaltens bei Mädchen einhergeht, liegen bei der Geschlechtsidentitätsstörung ohne Intersex-Syndrom bislang keine eindeutigen Hinweise auf spezifische Abweichungen der somatosexuellen Differenzierung oder endokrinologischer Funktionen vor. Das Gleiche gilt für die Sozialisationsbedingungen: Es gibt offenbar keine spezifischen Sozialisationsfaktoren, die in einem konsistenten Zusammenhang mit der Geschlechtsidentitätsstörung stehen.

Aus den genannten Gründen wird die Geschlechtsidentitätsstörung meist auf eine Interaktion von vermuteten biotischen Prädispositionen und Sozialisationserfahrungen zurückgeführt (vgl. Beier et al., 2000). Von Letzteren scheinen folgende intrafamiliäre Aspekte für die Entstehung einer Geschlechtsidentitätsstörung im Kindesalter von Bedeutung zu sein:

- Eltern bzw. Großeltern zeigen eine wohlwollende Toleranz gegenüber geschlechtsatypischen Verhaltensweisen (Jungen gelten dann als „niedlich", Mädchen als „sportlich" usw.). Zum Problem wird unter diesen Bedingungen das Verhalten der Kinder in der Regel zur Zeit der Pubertät, wo unvermittelt andere Verhaltensweisen erwartet werden.
- Jungen mit einer Geschlechtsidentitätsstörung zeigen nicht selten eine enge Verbindung zur Mutter bei einer (mentalen oder realen) Abwesenheit des Vaters als männliches Rollenmodell.
- In Familien mit Kindern mit Geschlechtsidentitätsstörung findet sich eine erhöhte Rate psychopathologischer Auffälligkeiten, etwa depressiver oder anderer Persönlichkeitsstörungen bei den Müttern.

Das geringe Wissen um ursächliche Zusammenhänge bedingt es, dass jedes einzelne Kind mit einer Störung der Geschlechtsidentität ausführlich auf seine spezifische Symptomatik untersucht werden sollte. Allein deren Struktur und Ausprägungsgrad ist auch für die Gestaltung der Therapie maßgebend.

2.24.6
Therapieplanung

Die relativ hohe Korrelation der Geschlechtsidentitätsstörung mit späterer Homosexualität könnte folgende Analogie nahe legen: Homosexuelle Orientierung gilt nicht mehr als krankhaft, sie wurde 1973 aus der psychiatrischen Klassifikation der Krankheiten gestrichen; deshalb muss und soll das Ziel der Therapie von homosexuellen Menschen nicht die Heterosexualität sein, sondern die Akzeptanz und Lebensgestaltung gemäß der gefundenen Orientierung. Dementsprechend könnte man argumentieren, dass das Therapieziel bei GIS im Kindesalter darin bestehen sollte, das atypische Rollenverhalten zu bestärken.

Diese Überlegung ist aber nicht stichhaltig, weil sie einen wesentlichen Unterschied zwischen Geschlechtsidentitätsstörung und Homosexualität übersieht: Während Homosexualität als Normvariante menschlicher Liebesfähigkeit prinzipiell relativ konfliktlos gelebt werden kann, ist das bei Geschlechtsidentitätsstörung nicht der Fall: Der Konflikt zwischen innerlich gefühltem und tatsächlichem körperlichem Geschlecht bleibt und ist letztlich nur durch irreversible operative Eingriffe („Geschlechtsumwandlung") zu lindern. Ein Nicht-Behandeln der GIS im Kindesalter oder gar ein Bestärken des rollenatypischen Verhaltens liefe also Gefahr, eine spätere Transsexualität zu fördern und damit das Leiden des Patienten zu erweitern.

Darüber hinaus erleben die Kinder durch ihr rollenatypisches Verhalten massive Ausgrenzungen und Kränkungen, die sekundär zu psychischen Beeinträchtigungen führen.

Die Therapie verfolgt deshalb drei Ziele:

• Wo immer es möglich ist, sollte die dem Geburtsgeschlecht entsprechende Geschlechtsrolle gefördert werden.
• Wo sich dennoch Probleme unmittelbar aus dem Geschlechtsrollenverhalten ergeben, sollten geschickte Arrangements bzw. Kompromisse gefunden werden (s.u.).
• Relativ unabhängig davon müssen Probleme (wie Ängstlichkeit, Trennungsangst, Isoliertheit, Dysthymie und soziale Kompetenzstörung) behandelt werden, die sich evtl. sekundär aus der Geschlechtsidentitätsstörung und den mit ihr zusammenhängenden Ausgrenzungserfahrungen ergeben.

Natürlich sind die Übergänge zwischen diesen therapeutischen Aufgabenbereichen fließend und die individuelle Therapie wird sich an der individuellen Problemstruktur orientieren. Die beiden erstgenannten Punkte sind Gegenstand der Behandlung der Geschlechtsidentitätsstörung im engeren Sinne. Der dritte Bereich soll hier nicht diskutiert werden; die Themen werden in den entsprechenden Kapiteln des vorliegenden Bandes abgehandelt.

Der Beginn der Behandlung sollte möglichst früh erfolgen, günstigerweise vor der Vollendung des 6. Lebensjahres. Bei einem späteren Beginn stößt die Therapie meist auf erheblich größere Schwierigkeiten. Ab der Peripubeszenz gilt die Geschlechtsidentitätsstörung nicht selten als Transsexualismus in statu nascendi.

Die Struktur der Therapie wird in der Regel nicht allzu eng vorgegeben, es handelt sich also nicht um ein „Training" im üblichen Sinne. Gerade deshalb ist zu fordern, dass die Therapeuten eine entsprechende Erfahrung bei der Behandlung der Geschlechtsidentitätsstörung mitbringen, um den Therapieablauf laufend an die sich ergebenden Spiel- und Gesprächssituationen anzupassen und fortzuentwickeln („work in progress").

Als Einstieg dient in der Regel eine Einzeltherapie, die zugleich diagnostische Aspekte für das weitere Vorgehen liefert. Dabei sollte ein Therapeut des gleichen Geschlechts, der zugleich Rollenmodellcharakter bekommt, eingesetzt werden. Die Therapie stützt sich gerade bei Kindern vor dem Schulalter stark auf spielerische Elemente. Der Therapeut kommuniziert mit dem Kind nicht nur über Gespräche, sondern auch über Spiel, Malen, Vorlesen und Anhören von Geschichten, körperliche Aktivitäten (wie etwa Tischtennisspiel) usw. Dieser für das Kind angenehm gestaltete Hintergrund dient dazu, es vorsichtig, aber immer wieder erneut und in verschiedenen Facetten, auf seine Rollenprobleme hinzuführen und dabei rollenadäquates Verhalten verbal zu verstärken und rolleninadäquates Verhalten zu ignorieren.

Ein Beispiel: Der Therapeut lenkt über Spiel und Gespräch das Thema auf die für das Vorschulkind interessante bevorstehende Schulsituation. Mit wechselnder Rollenverteilung wird zunächst dargestellt, was Lehrer und Schüler in verschiedenen, zunächst weitgehend geschlechtsneutralen Situationen tun: Aufgaben stellen, rechnen, Fragen stellen, sich melden usw.

Dann wechselt das Thema zu einem geschlechtstypischen Aspekt: Die Turnstunde steht bevor und Mädchen und Jungen sollen sich in die getrennten Umkleideräume begeben. Wenn der Therapeut nun das Kind vorher geschickt zur aktiven Teilnahme bewegt hat, dann wird es jetzt entscheiden müssen, wohin es geht. Fällt die Wahl auf den Umkleideraum für das gleiche Geschlecht, dann wird der Therapeut das Kind verbal verstärken, indem er etwa sein vermutetes Geschick im Turnunterricht herausstreicht. Wählt das Kind dagegen den Umkleideraum für das andere Geschlecht, dann wird der Therapeut das ignorieren und das Thema der Schulsituation ausklingen lassen. Nach einiger Zeit wird er es wieder aufgreifen und Zwischenstufen einbauen, indem etwa der Lehrer gebeten wird, das Kind zunächst einfach direkt in den Umkleideraum seiner Geschlechtsgruppe zu schicken, bevor es in der Therapie erneut mit der Entscheidung konfrontiert wird.

Die Verstärkungen können über die verbale Zuwendung hinaus auch in Form von Tokens vergeben werden. Das ist allerdings erst dann sinnvoll, wenn das Thema der Geschlechtskonformität in Gesprächen mit dem Kind deutlicher herausgearbeitet wurde.

Stößt der Therapeut auf ein Thema, bei dem das Kind deutliche Ablehnung der Rolle seines Geburtsgeschlechts zeigt und wo Kompromisse möglich sind, dann wird er diesen Aspekt aufgreifen. Wenn also etwa der Patient männlich ist und das Thema „Turnstunde" zu einem geplanten Fußballspiel führt, kann es geschehen, dass das Kind heftige Abneigung gegen die körperliche Härte des Spiels zeigt. Hier hat der Therapeut die Möglichkeit, das Kind zu Vorschlägen wie der Übernahme der Rolle des Trainers oder des Schiedsrichters zu bringen und es dafür wiederum zu verstärken. Auch hier ist wichtig, dass die Verstärkung nicht nur ein unmittelbares Lob ist, sondern dem Kind zugleich kognitiv vermittelt, dass es für sein Verhalten in der sozialen Situation Anerkennung finden wird.

Bei pubertierenden Kindern kann eine sich evtl. mit der Geschlechtsidentitätsstörung ankündigende homosexuelle Orientierung im Gespräch bearbeitet werden. Dabei sollte der Therapeut dem Kind signalisieren, dass es auch über sexuelle Fragen sprechen kann, ohne dass das Thema Sexualität aufgedrängt wird. (Beispiel: „Andere Jugendliche in deinem Alter fragen mich manchmal, ob Selbstbefriedigung schädlich ist. Ich erkläre ihnen dann, dass das nicht der Fall ist und die Selbstbefriedigung ein ganz normales Verhalten in diesem Alter ist. Andere wollen von mir wissen, ob ihre Fantasien bei der Selbstbefriedigung normal sind ..." usw.) Dem Patienten ist zu vermitteln, dass eine homosexuelle Orientierung durchaus mit einer ungestörten Identifikation mit dem Geburtsgeschlecht vereinbar ist, eine „Umpolung" also weder nötig noch möglich ist.

Auf der Einzeltherapie baut meist eine Gruppentherapie auf. Günstig ist dabei eine gemischtgeschlechtliche Kleingruppe von maximal fünf Kindern, die nicht alle das gleiche Störungsbild aufweisen. Dabei wiederholt sich das Prinzip der Einzeltherapie: Mit den Kindern werden geschlechtstypische Spielangebote mit Rollen für beide Geschlechter erarbeitet und in konkretes Spiel umgesetzt (z.B. Vater-Mutter-Kinder-Spiel, Indianerdorf-Spiel). Geschlechtskonforme Rollenübernahmen werden gefördert, geschlechtsuntypische (also der Geschlechtsidentitätsstörung entsprechende) Verhaltensweisen werden ignoriert und in kritischen Situationen werden Kompromisse erarbeitet, sofern diese (vor allem für die betroffenen Kinder) sozial erträglich sind. Allerdings wird in der gemischtgeschlechtlichen Gruppe, sozusagen also in der Real-Situation, das Problem der Kinder mit Geschlechtsidentitätsstörung deutlicher und das Prinzip der Förderung geschlechtskonformen Verhaltens wird auch für die Kinder durchsichtiger. Dem Geschick des Therapeuten obliegt es, die Sitzungen so interessant zu gestalten, dass die Kinder mit Geschlechtsidentitätsstörung sich dennoch weiter aktiv beteiligen.

Die Förderung geschlechtskonformer Rollenübernahmen und die Erarbeitung von Kompromissen in kritischen Situationen könnten in einem Vater-Mutter-Kinder-Spiel etwa so aussehen: Zwei Kinder sollen Vater und Mutter, die restlichen deren Kinder spielen. Der Therapeut wird nun versuchen, ein Mädchen mit Geschlechtsidentitätsstörung zur Übernahme der Mutterrolle zu bewegen. Gelingt ihm das, dann wird er es nicht nur unmittelbar loben, sondern auch verschiedene Merkmale seines geschickten Umgangs mit dem „Mann" und den „Kindern" vor der ganzen Gruppe hervorheben.

Wählt das betroffene Mädchen dagegen die Vaterrolle, dann wird der Therapeut zunächst vorsichtig das Thema wechseln, um später das Kind über Kompromisse als Zwischenschritte (z.B. Übernahme einer weiblichen Kinder-Rolle) wieder an diese Entscheidung heranzuführen.

Wenn es möglich ist, sollte parallel eine Eltern-Kinder-Gruppentherapie angeboten werden. Diese kann aus einer Familie unter Einbeziehung des betroffenen Kindes bestehen, aber auch aus mehreren Eltern und Kindern.

Solche Gruppen setzen hohe Mitarbeitsbereitschaft der Eltern (über die reine Beratung hinaus) ebenso voraus wie ausgeprägtes therapeutisches Fingerspitzengefühl; sonst besteht die Gefahr, dass betroffene Kinder in die Rolle des Verursachers familiärer Probleme geraten. Das Vorgehen selbst ist ähnlich dem bereits beschriebenen Ansatz, mit zwei Änderungen:

• In der Arbeit mit den Eltern stehen relevante familiäre Situationen im Vordergrund und
• die Eltern werden angeleitet zu erkennen, wenn ihr Kind in ihrer Gegenwart in geschlechtsatypische Verhaltensweisen verfällt, und lernen, wie sie darauf reagieren sollen.

Vor dem Hintergrund der vorher mit den Eltern geführten Gespräche werden dazu verschiedene familiäre Situationen durchgegangen und bearbeitet.

So kann es etwa geschehen, dass Eltern zwar äußerst besorgt über die Ablehnung des eigenen Geschlechts durch ihren Sohn sind, dass sie aber belustigt darauf reagieren, wenn dieser das abendliche Entkleiden vor dem Zubettgehen dazu benutzt, die Schuhe der Mutter anzuziehen und sich feminin zu gebärden. Hier werden die Eltern angeleitet, erste Ansätze des demonstrativen Rollentausches sensibel zu erkennen, diese freundlich und zugleich nachdrücklich zu unterbinden und eine andere Rollengestaltung anzubieten (im Beispiel etwa das Vorlesen einer Jungen-Geschichte durch den Vater).

Diese Art der Gruppentherapie ist eng verbunden mit einer Beratung der Eltern, in die die Rollenerwartungen, die verstärkenden Bedingungen, die Freizeitaktivitäten und evtl. Störungsgewinne eingehen. So könnte etwa ein Kind, das die häufigen verbalen Konflikte seiner Eltern durch „lustige" Verkleidung in Richtung des anderen Geschlechts zu unterbrechen vermag, durch die Reaktion der Eltern verstärkt werden und das Verhalten des Kindes könnte für diese ein Störungsgewinn in der Form sein, dass dadurch jeweils ihre Konflikte, zumindest kurzfristig, reduziert werden.

Die Bearbeitung der Geschlechtsidentitätsstörung in der Familie über die Eltern-Kind-Gruppentherapie hinaus hat meist zwei Aspekte: Zum einen werden die Eltern angeleitet, wie sie mit alltäglichen Situationen, die sich spontan ergeben, umgehen sollen. Zum anderen erhalten die Eltern „Hausaufgaben", also Aufträge zu bestimmten Aktivitäten, die der Bearbeitung des Verhaltens des Kindes dienen. So kann mit einem Vater ein Vertrag geschlossen werden, dass er dreimal in der Woche eine halbe Stunde mit seinem Sohn eine „Spielzeit" einführt, in der er mit ihm bastelt und, falls feminine Verhaltensweisen auftreten, in vorbereiteter Weise darauf reagiert. Dieses Vorgehen wird unterstützt durch Protokolle und tagebuchähnliche Aufzeichnungen, die dann auch der Evaluation der Therapie bzw. der Diagnostik weiterhin bestehender Probleme dienen.

2.24.7
Wirksamkeit und Wirksamkeitsbedingungen der Therapie

Bisher liegen keine kontrollierten Studien über die Wirksamkeit der Behandlung des Vollbilds der Geschlechtsidentitätsstörung vor. Hinweise aus vielen Einzeltherapien deuten jedoch an, dass das Rollenverhalten der Kinder in Richtung des anderen Geschlechts spürbar reduziert werden kann. Aufgrund der genannten Hinweise über die weitere Entwicklung der Geschlechtsidentitätsstörung lässt sich vermuten, dass mit einer Reduzierung dieser Symptomatik auch die Wahrscheinlichkeit des Übergangs der Störung in spätere Probleme reduziert wird. Zudem ist die therapeutische Begleitung von Kindern mit dem Vollbild der Geschlechtsidentitätsstörung bedeutsam, weil der in seltenen Fällen mögliche Übergang zum Transsexualismus damit im Auge behalten und therapeutisch berücksichtigt werden kann.

Darüber hinaus sollten einzelne Symptome der Geschlechtsidentitätsstörung, die nicht dem Vollbild entsprechen, bei Kindern nicht dramatisiert, aber therapeutisch betreut werden, um traumatisierende Ausgrenzungserfahrungen zu vermeiden.

In der Pubertät beziehen sich diese vereinzelten Geschlechtsidentitätsstörungs-Symptome bei Jungen eher auf „sexuelle Konfusionen" (z.B. transvestitisch-fetischistische Praktiken), bei Mädchen eher auf „Geschlechtsrollenkonfusionen". Auch diese Aspekte sollten von sexualmedizinischen Fachleuten beobachtend und begleitend therapiert werden (vgl. Beier et al., 2000; Bosinski et al., 1996).

Grundlegende Literatur

- Beier, K. M., Bosinski, H. A. G., Hartmann, U., Loewit, K. (2000). Lehrbuch der Sexualmedizin. Grundlagen und Praxis. Münschen: Urban & Fischer (im Druck).

- Bosinski, H. A. G. (1992). Geschlechtlichkeit und Sexualität unter dem Aspekt der Biopsychosozialität des Menschen. In K. F. Wessel & H. A. G. Bosinski (Hrsg.), Interdisziplinäre Aspekte der Geschlechterverhältnisse in einer sich wandelnden Zeit (S. 121–142). Bielefeld: Kleine Verlag .

- Money, J. & Ehrhardt, A. A. (1975). Männlich – Weiblich: Die Entstehung der Geschlechtunterschiede. Reinbeck: Rowohlt-Taschenbuch.

Weiterführende Literatur

- Sinnecker, G. H. G. (1999). Störungen der Keimdrüsen und der sexuellen Entwicklung. In K. Kruse (Hrsg.), Pädiatrische Endokrinologie (S. 167–226) (2. Aufl.). Stuttgart: Thieme.

- Zucker, K. J. & Bradley, S. J. (1995). Gender identity disorders and psychosexual problems in children and adolescents. New York, London: Guilford Press.

- Bosinski, H. A. G., Arndt, R., Sippell, W. G. & Wille, R. (1996). Geschlechtsidentitätsstörungen bei Kindern und Jugendlichen: Nosologie und Epidemiologie. Monatsschr Kinderheilkd 144, 1235–1241.

Materialien

- American Psychiatric Association (APA) (1996). Diagnostisches und Statistisches Manual Psychischer Störungen, DSM-IV. Deutsche Bearbeitung und Einführung von H. Saß, H.-U. Wittchen & M. Zaudig. Göttingen, Bern, Toronto, Seattle: Hogrefe.

Alkoholabhängigkeit, Drogenkonsum

Dilek Türk

2.25.1
Fallbeispiel

Der 18-jährige Patient Jochen ist das jüngste von drei Kindern. Seine Mutter ist Hausfrau, sein Vater, ein Mathematikprofessor, ist extrem leistungsorientiert und stellt nicht nur an sich, sondern auch an seine Familie höchste Ansprüche. In Stress-Situationen konsumiert der Vater Alkohol, um sich zu entspannen. We-gen seiner schlechten schulischen Leistun-gen und der damit einhergehenden Probleme fühlte sich Jochen als das schwarze Schaf der Familie und war sehr unglücklich. Mit 14 Jahren musste er wegen schlechter Leistun-gen das Gymnasium verlassen und wurde auf die Hauptschule versetzt, wo er sich mit einer Gruppe von Jugendlichen anfreundete, die ihm das Gefühl vermittelten, wichtig und anerkannt zu sein. Mit ihnen fing er zu rau-chen und trinken an und merkte, dass er sich durch das Trinken von Alkohol einerseits er-wachsen fühlte und andererseits die schuli-schen und häuslichen Probleme vergessen konnte. Schuleschwänzen, Schulabbruch, Wegbleiben von zu Hause waren die Folge. Um dem dadurch verursachten Ärger und

dem Stress zu entgehen, konsumierte er wiederum Alkohol und andere Substanzen. Mit 16 Jahren hatte er eine Alkoholabhängigkeit entwickelt und betrieb schädlichen Konsum von Ecstasy und Cannabis.

Seine Eltern, wegen der Kriminalisierungstendenz ihres Sohnes verzweifelt, konnten ihn nun überzeugen, eine Psychotherapie zu beginnen. Als er sich in die ambulante Therapie begibt, ist er sehr misstrauisch und der Meinung, keine Hilfe zu brauchen.

2.25.2
Diagnostische Kriterien nach ICD-10

Für die Klassifikation eines **Abhängigkeitssyndroms** müssen in der ICD-10, für jede Substanz (Alkohol, Opioide, Cannabinoide, Sedativa oder Hypnotika, Kokain, andere Stimulanzien, Halluzinogene, Tabak, flüchtige Lösungsmittel) getrennt, mindestens drei von acht Symptomen erfüllt werden (Tabelle 1). Auch der „schädliche Gebrauch" (Missbrauch), bei dem zwar körperliche und psychische Folgeschäden gegeben sein müssen, nicht aber eine

---

Tabelle 1: Diagnostische Leitlinien für die Klassifizierung der „Psychischen und Verhaltensstörungen durch psychotrope Substanzen" (F1) nach ICD-10

Schädlicher Gebrauch (F1x.1)	Abhängigkeitssyndrom (F1x.2)
A. Konsumverhalten, das zu einer Gesundheitsschädigung führt (körperliche und psychische Störungen)	A. Zumindest drei der folgenden Kriterien treffen zu: 1) Toleranz 2) Körperliches Entzugssyndrom 3) Substanzgebrauch mit dem Ziel, Entzugssymptome zu mildern 4) Verminderte Kontrollfähigkeit bezüglich des Beginns, der Beendigung und der Menge des Konsums 5) Starker Wunsch, bestimmte Substanzen zu konsumieren 6) Eingeengtes Verhaltensmuster im Umgang mit psychoaktiven Substanzen 7) Fortschreitende Vernachlässigung anderer Vergnügen oder Interessen 8) Anhaltender Substanzkonsum trotz eindeutiger körperlicher und psychischer Folgen
B. Kein Abhängigkeitssyndrom Keine psychotische Störung Keine anderen alkohol- oder substanzspezifischen Störungen	B. Auftreten der Symptome in den letzten 12 Monaten

---

psychische und/oder körperliche Abhängigkeit, kann neben dem Abhängigkeitssyndrom diagnostiziert werden. Die vierte und fünfte Stelle der alphanumerischen Bezeichnung beschreiben das klinische Erscheinungsbild.

2.25.3
Epidemiologie, Verbreitung und Altersrelevanz

In Tabelle 2 sind die Lebenszeit-Prävalenzwerte für den Missbrauch und die Abhängigkeit von Alkohol und illegalen Drogen dargestellt. In jeder Altersgruppe sind Frauen beim Missbrauch von Alkohol und illegalen Drogen unterrepräsentiert. Für das durchschnittliche Alter des Erstkonsums ergeben sich nach neuesten Studien folgende Medianwerte:

- Alkoholkonsum: 16–18 Jahre;
- Haschisch: 18 Jahre;
- Opiate: 20 Jahre;
- Kokain: 21 Jahre.

Tabelle 2: Prävalenzwerte der Störungen durch psychotrope Substanzen

Land	Alter	Substanz und Art der Störung	Prävalenz (Männer)	Prävalenz (Frauen)
Deutschland (München)	14–24	Alkoholmissbrauch	15,1%	4,5%
		Alkoholabhängigkeit	10,0%	2,5%
		Drogenmissbrauch	4,1%	1,8%
		Drogenabhängigkeit	2,5%	1,6%
USA	15–24	Alkoholmissbrauch	10,0%	6,3%
		Alkoholabhängigkeit	15,5%	8,3%
	18–24	Drogenabhängigkeit	2,9%	2,9%

Oft dienen die legalen Substanzen Nikotin und Alkohol als Einstieg in den Konsum von illegalen Drogen; zugleich ist häufig ein multipler Substanzkonsum zu beobachten. Die Morbidität ist bei allen psychoaktiven Substanzen hoch. Dabei hängen die jeweiligen Erkrankungen von der Konsummenge, der Konsumdauer und der Einnahmeform ab und betreffen nahezu alle Körperorgane, wie z.B. Leber- und Bauchspeicheldrüsenerkrankungen bei Alkoholmissbrauch oder Infektionserkrankungen wie Hepatitis und Aids bei Heroinkonsum. Bei Cannabis ist das Ausmaß der Morbidität umstritten, bei Jugendlichen zeigen sich aber deutliche emotionale und soziale Entwicklungsstörungen. Auch die Komorbidität mit anderen psychischen Störungen wie affektiven und Angst-Störungen, substanzinduzierten Psychosen und Persönlichkeitsveränderungen ist hoch. Langfristig entwickeln sich häufig übliche Folgestörungen wie soziale Probleme, Schulabbruch, Verlust des Ausbildungs- oder des Arbeitsplatzes sowie Isolierung.

2.25.4
Diagnostik der Störung

Die Diagnostik ist bei Alkohol- und Drogenproblemen nicht nur wichtig, um die Ziele und die Struktur der Therapie festzulegen und um ihren Verlauf beurteilen zu können, sondern auch, um eine förderliche Therapeut-Patient-Beziehung aufzubauen, indem der Patient aus dem Verhalten des Therapeuten dessen emphatische Neutralität wahrnimmt. Außerdem kann durch die Rückmeldung der diagnostischen Schritte dem Patienten unter Umständen bereits eine alternative Sichtweise seiner Probleme ermöglicht werden.

Da das Missbrauchsverhalten meist noch nicht zu äußerlich beobachtbaren Zeichen (z.B. Einstichstellen) oder Verwahrlosungserscheinungen („Alkoholfahne", vernachlässigte Kleidung und Körperpflege) geführt hat und die Betroffenen ihr Konsumverhalten verleugnen oder bagatellisieren, haben Therapeuten es häufig schwer, die notwendigen diagnostischen Informationen zu bekommen. Bei der Diagnostik eines Substanzmissbrauchs oder einer -abhängigkeit sollten deshalb immer folgende Urteilsquellen herangezogen werden:

• Beobachtung der äußeren Symptomatik;
• klinisches Interview;
• Fragebogen und Tests;
• laborparametrische Analysen (z.B. Urinproben für illegale Drogen, Blutalkoholkonzentration, Atemluftanalyse für Alkohol, Haaranalysen, bestimmte Leberparameter);
• Befragung von Angehörigen.

Gerade mithilfe von Fragebogen für Screeningzwecke ist es möglich, sich über die Ausprägung der Störung einen schnellen Überblick zu verschaffen sowie für die Verhaltensanalyse und Therapieplanung die notwendigen Informationen zu sammeln. Dabei kann man sich z.B. folgender Instrumente bedienen:

- Trierer Alkoholismusinventar TAI (Funke, Funke, Klein & Scheller, 1987): differenzielles Diagnoseinstrument zu Aspekten alkoholabhängigen Erlebens und Verhaltens, Grundlage für die Therapieplanung (Selbstbeurteilung);
- Lübecker Abhängigkeitsskala LAS (John, 1992): kurzes Screeninginstrument zum Schweregrad und zu Abhängigkeitstypen bei Alkoholabhängigkeit (Selbstbeurteilung);
- European Addiction Severity Index Europ ASI (Gsellhofer, Küfner, Vogt & Weiler, 1999): Das ASI ist ein umfassendes, strukturiertes, klinisches Interview zur Erfassung der Problembelastung sowie des Therapiebedarfs in wichtigen Störungsbereichen bei Drogenabhängigen. Es eignet sich insbesondere auch als Instrument für die Therapieplanung und Therapieevaluation. Das ASI ist jedoch sehr zeitaufwendig und setzt eine Schulung des Diagnostikers voraus.

Die wichtigsten Bereiche für die allgemeine Exploration, die für den individuellen Patienten unterschiedliche Bedeutung haben, sind:

- Muster und Kontext des aktuellen und vergangenen Suchtverhaltens;
- Schwere der Abhängigkeit;
- Funktion des Substanzkonsums;
- substanzbezogene Gesundheitsprobleme (Leberwerte, HIV, Hepatitis B und C);
- andere psychische Störungen;
- familiäre Situation und soziale Unterstützung;
- schulische, berufliche und finanzielle Situation;
- legale Probleme;
- Risiko-Verhalten (z.B. Spritzentausch, Sexualpraktiken bei Drogenabhängigen);
- Ressourcen (Interessen, Hobbys, Einbindung von Bezugspersonen in die Therapie);
- Veränderungsbereitschaft.

2.25.5
Bedingungsmodell

Der Einstieg in den Konsum von legalen und illegalen psychoaktiven Substanzen beginnt zumeist im frühen Jugendalter, das durch starke Veränderungen und Anforderungen gekennzeichnet ist. Dabei stehen Identitätsfindung, die Abgrenzung und Ablösung vom Elternhaus, der Aufbau neuer Beziehungen und die Entwicklung von Lebensperspektiven im Vordergrund. Damit eng verbunden ist auch eine größere Bereitschaft zum abweichenden Verhalten und Experimentieren mit Substanzen.

Beim Substanzkonsum spielen neben der **psychotropen Eigenschaft** der Substanzen auch soziokulturelle, interpersonelle, psychobehaviorale sowie biologische Risikofaktoren eine wesentliche Rolle für die Entstehung und Aufrechterhaltung. Unter den **soziokulturellen Faktoren** werden in der Literatur die Gesetzgebung und die gesellschaftliche Norm bezüglich des Drogenkonsums, die Verfügbarkeit der Drogen, ökonomische Deprivation und das nachbarschaftliche Umfeld diskutiert. Der **interpersonelle Bereich** betrifft das Konsumverhalten der Eltern und deren Einstellung zu Drogen, familiäre Konflikte, unklare Rollenverteilung innerhalb der Familie sowie den Drogenkonsum im Freundeskreis. Unter den **psychobehavioralen Einflussfaktoren** werden das frühe und überdauernde Problemverhalten, schulische Misserfolge, eine verminderte schulische Leistungsorientierung, positive Einstellungen zum sowie der frühe Einstieg in den Drogenkonsum verstanden.

Biologische Faktoren umfassen eine mögliche genetische Disposition zum Drogenkonsum, eine generelle Vulnerabilität für die psychophysiologischen Effekte der Substanz sowie körperliche Frühreife. Persönliche psychologische und emotionale Faktoren wie Ängstlichkeit, Depressivität, ein starkes Sensationsbedürfnis, Rebellenhaftigkeit, Faktoren im Zusammenhang mit körperlichem oder sexuellem Missbrauch sowie stressreiche Lebensereignisse gelten als weitere Einflussfaktoren.

Diese Risikofaktoren spielen zunächst vor allem für den initialen Konsum eine Rolle. Ein regelmäßiges Konsummuster entwickelt sich dann aufgrund der **verstärkenden Bedingungen**, die sowohl in der sozialen Akzeptanz der Bezugsgruppe als auch in den später auftretenden positiven Wirkungen der Substanz selbst zu finden sind. Dies führt dazu, dass vielfältige, insbesondere unangenehme Situationen zunehmend den Konsum der Substanz auslösen. Bei Fortführung des Konsums entwickelt sich nach unterschiedlicher Zeitdauer ein Missbrauchs- oder ein Abhängigkeitssyndrom.

2.25.6
Therapieplanung

Therapeutische Maßnahmen zielen auf die Förderung der Therapiemotivation, die Entwöhnung, die Rückfallprävention und die Behandlung der somatischen, emotionalen und sozialen Störungen ab, die in einem funktionalen Zusammenhang mit dem Substanzmissbrauch stehen; daneben ergeben sich häufig Aspekte, die zwar in keinem engen Zusammenhang mit der Substanzabhängigkeit stehen, aber aufgrund ihrer Intensität eine eigenständige Behandlung benötigen.

Ausgehend von der Problem- bzw. Bedingungsanalyse und unter Berücksichtigung der kognitiven, behavioralen und emotionalen Ebene, wird die Therapie für jeden Patienten individuell geplant und durchgeführt. Die im Folgenden vorgeschlagenen Schritte stellen deshalb nur ein grobes Raster dar, das auf einem Modell von Prochaska und DiClemente (1992) zu den Stufen der Veränderungsbereitschaft des Patienten beruht.

Da der Erfolg der Therapie und die jeweiligen therapeutischen Strategien stark davon abhängen, wie motiviert der Patient ist, seine Probleme zu ändern, lässt sich dieses Modell als Leitfaden für die Therapiephasen und die Therapieplanung benutzen. In diesem Modell durchläuft ein Abhängiger vier verschiedene Bewusstseins- und Motivationsstufen der Veränderung, mit denen unterschiedliche Ziele und damit unterschiedliche Vorgehensweisen verbunden sind.

Stufe des Vorbewusstseins

Patienten, die sich in dieser Phase befinden, sind nicht therapiemotiviert, d.h. nicht von sich aus an Veränderung interessiert („Durch den Substanzkonsum geht es mir doch gut.", „Ich will eigentlich gar nicht aufhören."). Sie werden meistens durch äußeren Zwang (justizielle

Gründe oder durch Druck von Bezugspersonen) in die Therapie vermittelt und haben kein Problembewusstsein. In dieser Phase wären handlungs- bzw. problemlösungsorientierte Methoden kontraindiziert. Vielmehr soll der Patient dazu gebracht werden, über die eigene Situation nachzudenken. In einer solchen Phase ist es bedeutsam, mit unterstützenden Gesprächen die Therapeut-Patient-Beziehung aufzubauen und eine Vertrauensatmosphäre zu entwickeln. Diese anfängliche Therapiephase, in der es darum geht, ein Arbeitsbündnis mit dem Patienten aufzubauen, ist unter Umständen sehr zeitaufwendig.

Stufe des Bewusstseins

In dieser Phase sind sich die Patienten über die Probleme des Substanzgebrauchs bewusst, sind jedoch bzgl. eventueller Änderungen ambivalent und werden keine Änderungsschritte vornehmen („Es ist zwar nicht gut, Drogen zu nehmen, aber ich schaffe es nicht aufzuhören."). Bei Patienten, die sich auf dieser Stufe befinden, ist die Strategie des „**motivationalen Interviewens**" sehr wichtig (vgl. Miller & Rollnick, 1991). Dieses soll durch Förderung der Ambivalenz den Patienten dazu bringen, eine Abstinenzentscheidung herbeizuführen: Mithilfe des Interviews wird der Patient unterstützt, die positiven und negativen Seiten des Problemverhaltens zu erleben und gegeneinander abzuwägen, konkrete Änderungsziele zu formulieren sowie das konkrete Vorgehen zur Zielerreichung zu planen und durchzuführen. Die Einzelheiten der Gestaltung des Interviews hängen natürlich nicht nur von den persönlichen Umständen des Patienten, sondern auch stark von seinem Lebensalter und seiner Intelligenz ab. Mit diesem Konzept wird vom Patienten also keine Krankheitseinsicht gefordert, sondern man versucht, den Patienten bei der Bewältigung seiner aktuellen Probleme zu unterstützen, ohne das Ziel der Abstinenz aus den Augen zu verlieren.

Vor allem soll der Patient sich durch den unterstützend-strukturierenden Dialog seines augenblicklichen Dilemmas bewusst werden und beginnen, die Vor- und Nachteile des Drogenkonsums zu reflektieren – wieder natürlich in Abhängigkeit von seinen Reflexionsmöglichkeiten. Auf jedem Verarbeitungsniveau aber ist das Ziel, den Patienten zur Veränderung seiner aktuellen Situation zu ermutigen, indem er das Überwiegen der langfristigen negativen Konsequenzen seiner Abhängigkeit über die kurzfristigen positiven und negativen Verstärkungen wahrnimmt. Dazu dienen kognitive Verfahren mit dem Schwerpunkt der positiven Bewertung abstinenten Verhaltens durch den Patienten; insbesondere sind folgende zu nennen:

- sokratischer Dialog;
- Entscheidungsmatrix über Vor- und Nachteile des Konsums/der Abstinenz;
- Herausarbeitung und Bekräftigung positiver Konsequenzen und Erwartungen an eine Therapie;
- Kognitionsevozierung negativer Gedanken;
- Modifizierung falscher substanzbezogener Überzeugungen;
- kognitives Neubenennen;
- Reattribution der Verantwortung;
- Aufbau eines positiven Selbstkonzepts.

Aktionsphase und Erhaltungsphase

Diese beiden Stufen sind hier zusammengefasst, weil sie in der Therapie sehr eng zusammenhängen. Zunächst soll der Patient mit Veränderungsaktivitäten beginnen, wie etwa sich bezüglich der Krankheit und Behandlung zu informieren und erste Schritte in Richtung eines abstinenten Lebens zu vollziehen. Dazu können, parallel oder sukzessive eingesetzt und individuell gestaltet, verschiedene Mittel verwendet werden:

- Prioritätenliste mit Teilzielen, die dem Patienten wichtig sind und möglichst zu raschen positiven Konsequenzen führen;
- Problemlösungs- und Entscheidungstraining;
- Verhaltensverträge;
- Zeitprojektionen, d.h. Planung der nächsten Zukunft;
- Löschung/Modifizierung von Rückfallstimuli;
- Herausarbeitung aktueller und zukünftiger positiver Konsequenzen;
- Bekräftigung der Eigenaktivitäten.

Je nach Substanz, Altersgruppe und individueller Situation werden diese Maßnahmen zusammengestellt, um die relevanten körperlichen, psychischen und sozialen Aspekte zu behandeln. Dabei geht es einerseits um Störungen, die die diskriminativen Stimuli für einen Rückfall darstellen (z.B. lang anhaltende depressive Verstimmungen), andererseits auch um solche Störungen, die nicht in einem engen Zusammenhang mit der Abhängigkeit stehen, aber zu einer allgemeinen Lebensunzufriedenheit führen (Probleme in der Schul-, Ausbildungs- und Arbeitssituation, in der Freizeitgestaltung, im familiären und sozialen Rahmen usw.), da problematische Lebenssituationen nach dem kognitiven Rückfallmodell von Marlatt und Gordon (1985) die Wahrscheinlichkeit für Rückfälle erhöhen.

Rückfälle werden sowohl durch kognitive als auch äußere Reize ausgelöst (wie z.B. eine bestimmte Musik zu hören, sich an Freunde und Kontakte in einer Kneipe zu erinnern usw.). Deshalb sollte eine Rückfallprävention immer eine Kombination von kognitiven und verhaltensübenden Verfahren umfassen. Dabei lassen sich Teilziele formulieren und mit einer abgestuften Strategie bearbeiten:

Identifizierung kritischer Rückfallauslöser. Kritische Rückfallauslöser – wie konditionierte Entzugserscheinungen, konditioniertes Verlangen nach der Substanz, Erwartungen an einen erneuten Konsum usw. – werden mithilfe von Verhaltensanalysen und Selbstbeobachtungen unter Anwendung von Tagesprotokollen identifiziert.

Vermeidung kritischer Situationen. Kritische Situationen – wie das Aufsuchen bestimmter Szenetreffpunkte – werden, so weit es möglich ist, vermieden und durch eine alternative Freizeit- und Lebensgestaltung ergänzt.

Löschung rückfallkritischen Auslöser. Rückfallkritische Auslöser – wie etwa die Anwesenheit einer Substanz, ein bestimmtes Lokal, eine entsprechende Werbung oder ein relevanter emotionaler Zustand – werden durch Konfrontation des Patienten mit diesen (**cue-exposure**) in ihrer Funktion geschwächt, sodass sie als Auslöser für konditionierte

Entzugserscheinungen oder konditioniertes Verlangen nach der Substanz gelöscht werden. Darüber hinaus lernen die Patienten, Verhaltensketten, die zum Rückfall führen können, durch Selbstinstruktionen, Entspannung oder Gedankenstopp frühzeitig zu unterbrechen.

Aufbau neuer Verhaltensweisen. Durch den Aufbau von mit dem Suchtverhalten inkompatiblen Verhaltensweisen wird die Funktion der diskriminativen Stimuli, die bisher mit dem Suchtverhalten verbundene, konditionierte Reaktionen hervorriefen, verändert. Vor allem werden alternative Verhaltensweisen bei konditionierten Entzugserscheinungen oder beim Angebot von Alkohol etabliert. Angebotenen Alkohol abzulehnen muss häufig im Rollenspiel und in vivo trainiert und durch Selbstkontrolle (Selbstbeobachtung, Setzung neuer Ziele und Standards, Reizkontrolle sowie Selbstverstärkung) ergänzt werden. Ebenso kann auch, je nach individueller Indikation, die Vermittlung von Stressmanagementstrategien und Problemlösungs- und Kommunikationsfertigkeiten sowie Selbstsicherheit von Bedeutung sein.

Umgang mit rückfallkritischen Situationen und Rückfällen. Die Verbesserung der Selbstwirksamkeitserwartungen (einschließlich der Stärkung positiver Einschätzung abstinenten Verhaltens) dient in erster Linie der Bewältigung von rückfallkritischen Situationen und Rückfällen. Diese Schadensminimierung nach Rückfällen wird unterstützt durch kognitives Durchspielen zukünftiger Situationen; das Ziel ist dabei, dass der Patient nach dem ersten Rückfall („lapse") nicht in das alte Verhaltensmuster zurückfällt.

2.25.7
Wirksamkeit und Wirksamkeitsbedingungen der Therapie

In der Literatur wird davon ausgegangen, dass vor allem Jugendliche und junge Erwachsene mit beginnendem Missbrauchsverhalten und – wenn überhaupt – nur geringen Symptomen körperlicher und psychischer Abhängigkeit erfolgreich behandelt werden können, wenn die Auslöser für exzessiven Konsum klein an der Zahl, leicht erfassbar und gut modifizierbar sind. Allerdings liegen hierzu kaum methodisch einwandfreie Studien vor. Die vorliegenden Ergebnisse legen die Annahme nahe, dass die Wirksamkeit von Verhaltenstherapie bei Alkoholabhängigkeit über, bei Drogenabhängigkeit etwa bei der „Ein-Drittel-Quote" liegt und dass die verhaltensorientierte Breitbandtherapie der eklektischen Standardtherapie überlegen ist.

Grundlegende Literatur

- Beck, A. T., Wright, F. D., Newman, C. F. & Liese, B. S. (1993). Cognitive therapy of substance abuse. New York: Guilford Press.

- Marlatt, G. A. & Gordon, J. R. (Eds.). (1985). Relapse Prevention: Maintenance Strategies in the Treatment of Addictive Behaviors. New York: Guildford Press.

- Miller, W. R. & Rollnick, S. (Eds.). (1991). Motivational interviewing: Preparing people to change addictive behaviors. New York: Guilford Press.

Weiterführende Literatur

- Prochaska, J. O. & DiClemente, C. C. (1992). Stages of change in the modification of problem behaviors. In M. Hersen, R. M. Eisler & P. M. Miller (Eds.), Progress in behavior modification (pp. 184–214). Sycamore, IL: Sycamore.

Materialien

- Funke, W., Funke, J., Klein, M. & Scheller, R. (1987). Trierer Alkoholismusinventar TAI. Göttingen: Hogrefe.

- Gsellhofer, B., Küfner, H., Vogt, M. & Weiler, D. (1999). European Addiction Severity Index – EuropASI. Manual für Training und Durchführung. Stuttgart: Schneider.

- John, U. (1992). Entwicklung eines Verfahrens zur Erfassung von Ausprägungen der Alkoholabhängigkeit aufgrund von Selbstaussagen: die Lübecker Abhängigkeitsskala (LAS). Sucht, 38, 291–303.

Delinquenz

Monika Geretshauser

2.26.1
Fallbeispiel

Nils K., 20 Jahre, stammt aus einer zwar einfach strukturierten, aber intakten Familie. Sein Vater ist Frührentner. Vor Jahren arbeitete er als Hilfsarbeiter im Schichtdienst. In der Familie herrschte ein eher liebevoller Umgang vor; andere Familienmitglieder zeigten bisher keine normwidrigen Verhaltensweisen. Ab seinem 8. Lebensjahr geriet Nils immer häufiger in Konflikt mit Eltern, Lehrern und Mitschülern. Auf Grenzsetzungen der Eltern reagierte er mit extremem Trotzverhalten. In der Schule spielte er den Clown. Mit Mitschülern kam es mehrfach zu Rangeleien. Obwohl er über gute intellektuelle Fähigkeiten verfügt, verließ Nils die Hauptschule nur mit einem Abgangszeugnis und jobbte anschließend gelegentlich. War Nils schon ein schwieriges Kind, so entzog er sich mit der Pubertät gänzlich dem elterlichen Einfluss und schlug immer mehr über die Stränge: Mit 15 Jahren fuhr er ohne Führerschein, beging mit 16 Jahren Ladendiebstähle und Autoaufbrüche und wurde mit 18 unter Alkoholeinfluss immer gewalttätiger. Die Anlässe dazu waren vergleichsweise nichtig: Ein Jugendlicher hatte in der Diskothek eine spöttische Bemerkung zu Nils gemacht, der daraufhin zuschlug. Ein anderes Mal wandte sich Nils gegen seine Freundin, die seinen desolaten Lebenswandel kritisiert hatte. Nils gab ihr erst eine Ohrfeige und trat ihr dann in den Bauch, weil sie nicht schwieg.

Sein delinquentes Verhalten wurde immer härter bestraft (richterliche Ermahnungen, Ableistung von Arbeitsstunden in einer sozialen Einrichtung, Jugendarrest, Jugendstrafen auf Bewährung), ohne dass eine Besserung eintrat. In seinem 19. Lebensjahr maltretierte Nils schließlich gemeinsam mit einem Kumpel einen Bekannten, der seine Geldschulden nicht zurückzahlen wollte. Das Opfer erlitt bleibende Schäden. Nils wurde wegen gemeinschaftlicher, schwerer Körperverletzung zu einer mehrjährigen Haftstrafe verurteilt, die er im geschlossenen Jugendvollzug verbüßt.

2.26.2
Diagnostische Kriterien nach ICD-10

Delinquenz ist per se keine psychische Störung, sondern wird gesellschaftlich-juristisch definiert. Begehen Kinder oder Jugendliche wiederholt Straftaten und zeigen Verhaltensauffälligkeiten wie Schuleschwänzen oder Aufbegehren gegen Autoritäten, ist jedoch eine Störung des Sozialverhaltens nach ICD-10 (F91) zu diagnostizieren. Es besteht die Gefahr der Entwicklung einer dissozialen Persönlichkeitsstörung (F60.2) im Erwachsenenalter. Weil das Nicht-Lernen aus Bestrafung ein Kennzeichen der Störung ist, erfolgt nicht selten die Inhaftierung der jugendlichen Straftäter als letzte Stufe der gesetzlichen Intervention bzw. gesellschaftlichen Reaktion auf ihr Fehlverhalten.

Einen hohen Anteil an der Delinquenz von Minderjährigen haben darüber hinaus junge Menschen mit einem Abhängigkeitssyndrom (F1 x.2 nach ICD-10), deren Straftaten (Eigentumsdelikte und Verstoß gegen das Betäubungsmittelgesetz) als Beschaffungskriminalität zu werten sind.

2.26.3
Epidemiologie, Verbreitung und Altersrelevanz

Der Schwerpunkt des delinquenten Verhaltens von Kindern und Jugendlichen liegt im Bereich der Eigentumsdelinquenz (Ladendiebstähle, Einbrüche). Schwere Gewalttaten (Körperverletzung, Tötungsdelikte, Sexualstraftaten) werden seltener von ihnen begangen. Exemplarisch wurden in Niedersachsen 1997 folgende Straffälligkeiten beobachtet (siehe nachfolgende Tabelle).

Laut polizeilicher Kriminalstatistik 1997 wurden in Niedersachsen 2,57% der Bevölkerung der Begehung von Straftaten verdächtigt. Bei Jugendlichen und Heranwachsenden liegt der Anteil der Tatverdächtigen weitaus höher: 8,05% aller Jugendlichen in Niedersachsen und 8,16% aller Heranwachsenden (bis 21 Jahre) standen im Verdacht, Straftaten begangen zu haben. Der Anteil von tatverdächtigen Kindern im strafunmündigen Alter (unter 14 Jahren) ist steigend. Nach polizeilichen Ermittlungen sollen 14.053 Straftaten in Niedersachsen (7,14% aller Straftaten) 1997 von Kindern unter 14 Jahren begangen worden sein.

Laut Erhebungen des kriminologischen Forschungsinstituts Niedersachsen sind etwa 10% der Jugendlichen Gruppen mit delinquenten Neigungen zuzurechnen.

2.26.4
Diagnostisches Vorgehen

Die Diagnostik analysiert die Beweggründe für Delinquenz. Dies geschieht anhand verschiedener Verfahren.

Anamnese
Die soziale Vorgeschichte und die Entwicklung des Kindes/Jugendlichen wird erhoben, wobei folgende Kriterien Beachtung finden:

- familiäre Sozialisation: Betreuung und Verantwortlichkeiten in der Familie, Modelle von Mutter und Vater, deren Beziehungsstil, ihr Umgang mit Misserfolgen und Konflikten, Erziehungsstil, Rolle der Geschwister und gegebenenfalls weiterer Familienangehöriger;
- Problemverhalten in der Herkunftsfamilie: Suchtverhalten bei den Eltern, Straffälligkeit der Eltern, Gewalttätigkeiten in der Familie;
- Entwicklungsverlauf des Kindes/Jugendlichen im Bildungsbereich: Besuch des Kindergartens, Einschulung, Schulverlauf, Schulleistungen, Schulabschluss, Leistungsprobleme;
- außerfamiliäre Beziehungen: Kontakt des Kindes/Jugendlichen zu Gleichaltrigen, Zugehörigkeit zu Gruppen (vor allem problembelastete Jugendszenen) und Vereinen, Freizeitaktivitäten;
- kritische Lebensereignisse: Migration, Tod oder Verlust von Bezugspersonen, Rauswurf aus der Familie, Heimaufenthalt.

Analyse des delinquenten Verhaltens
Dabei geht es um eine Aufklärung des delinquenten Verhaltens anhand eines verhaltensanalytischen Interviews mit dem Kind/Jugendlichen bzw. ergänzender Beschreibungen (Berichte von Zuschauern, Analyse von Jugendamts- oder Polizeiberichten, Gerichtsurteile). Folgende Aspekte werden geklärt:

- Störungsverlauf: Schul- und Leistungsprobleme, Probleme mit Gleichaltrigen, Geschwisterprobleme, Tierquälerei, Schulschwänzen, Aggressivität, oppositionelles Trotzverhalten, frühere Kontakte mit sozialen Kontrollbehörden (Jugendamt, Polizei), Delinquenzentwicklung;
- Beschreibung des delinquenten Verhaltens (Planung, Verlauf und Dynamik des Verhaltens);
- Situation beim delinquenten Verhalten (Einzel- oder Gruppentat, begünstigende Umstände);
- interne Bedingungen beim Kind/Jugendlichen (Alkoholeinfluss, Angst, Ärger, hohe Erregung);
- positive Konsequenzen des delinquenten Verhaltens (Stolz, Bestätigung durch andere, Befriedigung über die eigene Stärke);
- negative Konsequenzen des delinquenten Verhaltens (Bestrafung durch Familie und Institutionen).

Straftatbestand	Zahl	Anteil Jugendlicher (14-18 Jahre)*	Anteil männlicher Jugendlicher
Rechtskräftige Verurteilungen wegen Straftaten (1997, Niedersachsen)	85.186	6.071 (7,1%)	5.361 (88,3%)
Straftaten laut polizeilicher Kriminalstatistik 1997 (in Niedersachsen)	196.726	26.521 (13,48%)	20.081 (75,7%)

*Heranwachsende werden nach Jugendstrafrecht verurteilt, wenn bei dem Delinquenten Reifeverzögerungen diagnostiziert werden.

Testpsychologische Untersuchung

Hier wird vor allem der kognitiv-intellektuelle Status anhand eines sprachfreien Intelligenztests (etwa Culture Fair Intelligence Test, Raven Intelligenztest) sowie delinquenzbegünstigende Persönlichkeitszüge (etwa Aggressivität, leichte Erregbarkeit, emotionale Labilität) anhand von Persönlichkeitstests (etwa Freiburger Persönlichkeitsinventar) abgeklärt. Hierzu gehört auch eine Untersuchung der schulischen Leistungsfähigkeit (etwa Befragung des Kindes/Jugendlichen, Durchführung eines allgemeinen Schulleistungstestes, Einsicht in Zeugnisse und Schulabschlüsse).

Eine Verhaltensbeobachtung in Alltagssituationen (z.B. Besuch in der Familie, Verhalten in der Peergroup, Verhalten gegenüber Mitinsassen und Bediensteten bei Inhaftierung) gibt zusätzlich Hinweise auf Konflikt-, Problemlöse- und Beziehungsfähigkeiten.

2.26.5
Bedingungsmodell

Delinquenzverhalten ist multifaktoriell bedingt. Schwerpunkte und Zusammenspiel der sozialen, personellen, gesellschaftlichen und biologischen Bedingungsfaktoren sind individuell und deliktspezifisch (ein jugendlicher Sexualstraftäter hat z.B. weniger Probleme im Leistungsbereich, ist dafür aber extrem sozial gehemmt; ein Eigentumsdelinquent kann soziale Kontakte knüpfen, hat aber keine Anstrengungsbereitschaft im Leistungsbereich).

Soziale Faktoren

Sie begünstigen die Entwicklung von delinquentem Verhalten eindeutig. Hierzu zählen vor allem folgende Begebenheiten:

Ungünstige Sozialisationsbedingungen. Darunter versteht man etwa unzureichende Betreuung des Kindes, mangelnde Aufsicht durch Bezugspersonen, Wechsel der Bezugspersonen in Kindheit und Jugend (Scheidung der Eltern, neue Eheschließungen, Heimunterbringung), schwierige häusliche Bedingungen (Gewalt in der Familie, Suchtverhalten der Eltern, straffälliges Verhalten von Eltern oder älteren Geschwistern oder Mitbewohnern in Heimeinrichtungen).

Positive Verstärkung des Fehlverhaltens in der Gleichaltrigengruppe (Clique). Kinder und Jugendliche mit ungünstigen Sozialisationserfahrungen sind zumeist stärker sich selbst überlassen und finden sich eher in Gleichaltrigengruppen wieder, die unangepasstes Verhalten fördern. Innerhalb dieser Cliquen oder Szenen (z.B. rechtsorientierte Gruppierungen) wird das normwidrige Verhalten positiv verstärkt. Die Zugehörigkeit zu diesen Randgruppen wird mit Anpassung an Optik (Kleidungsstil), Musikrichtung, häufig Alkohol- oder Drogenkonsum und Straftaten (Delikt ist szeneabhängig) markiert. Der Status innerhalb der Gruppe steigt mit dem Ausmaß des Fehlverhaltens (etwa Zahl der zusammengeschlagenen Linken, Risiko beim Ladendiebstahl, Zahl der Autoaufbrüche).

Ökonomische Faktoren

Die Mehrheit straffälliger Kinder und Jugendlicher entstammt den unteren Schichten der Gesellschaft bzw. Randgruppen. Die Startchancen in der Kindheit sind schlechter. Die finanzielle Situation der Bezugspersonen oder des „Bezugssystems" und Ghettos des „sozialen Wohnungsbaus" bedingen legale Erlebnisarmut (Raum für konstruktive Freizeitbeschäftigungen ist rar), die Möglichkeiten der illegalen Abenteuer sind hingegen vielfältig. Persönliche Potenziale des Einzelnen werden nicht rechtzeitig und kontinuierlich gefördert. Versuche eines konstruktiven Freizeitverhaltens (z.B. in Vereinen) geben die jugendlichen Delinquenten in der Regel mit Beginn der Pubertät auf.

Personale Faktoren

Delinquente Kinder und Jugendliche leiden häufig unter einem Mangel an sozialen Kompetenzen und einer erheblichen Selbstwertproblematik. Kennzeichnend dafür ist etwa, dass sie meistens nicht über sozial verträgliche und langfristig effektive Verbalisations- (z.B. Mitteilung von Gefühlen) und Konfliktlösungsmöglichkeiten verfügen. Darüber hinaus liegen oft Leistungsdefizite (z.B. fehlender Hauptschulabschluss, mangelnde Lese- und Rechtschreibkenntnisse) und eine geringe Frustrationstoleranz vor. Ein weiteres personales Merkmal besteht in der mangelnden Fähigkeit zur Gefühlsdifferenzierung und Empathie. Das Leiden der Opfer wird während der kriminellen Karriere selten registriert. Entweder wird es ausgeblendet oder die Täter sind per se unfähig zum Perspektivenwechsel, können z.B. noch nicht einmal das eigene Leiden unter Gewalterfahrungen auch ihren Opfern zugestehen.

Die genannten personellen Defizite sind bereits häufig im Kindesalter existent und führen zu negativen Verhaltensauffälligkeiten (Trotzverhalten, Wutausbrüche etc.) und einer ablehnenden Reaktion der Umwelt.

Diese Erfahrung von Ablehnung und schwierige Sozialisationsbedingungen verdichten sich zu ungünstigen persönlichen Einstellungen, Gefühlen und Verhaltensmechanismen (internale Arbeitsmodelle). Jugendliche Straftäter entwickeln destruktive Einstellungen zu ihrer Umwelt und zu sich selbst. Sie leiden unter Sinn- und Perspektivlosigkeit, Ohnmachtsgefühlen, bewerten die Welt häufig als feindselig und ungerecht (feindlicher Attributionsstil). Eigenverantwortung für ihre Lebensgestaltung haben sie nicht hinreichend übernommen.

Einzelne Momente (etwa Erregbarkeit, mangelnde Impulskontrolle) sind im Sinne dispositioneller Voraussetzungen zu werten; sie begünstigen die Ausführung von normwidrigem Verhalten insofern, als sie unbedachte und risikoreiche Aktionen des Kindes/Jugendlichen herbeiführen.

2.26.6
Therapieplanung

Die Therapie delinquenten Verhaltens erfolgt multimodal. Folgende Einzelmaßnahmen können, abgestimmt auf den Delinquenten und das Delikt, zur Anwendung kommen:

Forcierung des Problembewusstseins hinsichtlich des delinquenten Verhaltens

Kinder und jugendliche Delinquenten erleben in der Regel nicht ihr Fehlverhalten als Problem, sondern die Reaktionen/Sanktionen der Umwelt. Ein hinreichendes Problembewusstsein ist notwendig, damit sich der Delinquent im therapeutischen Prozess die Frage nach dem „Warum und Wofür" der Straffälligkeit beantwortet und Veränderungen vornimmt. Das Problembewusstsein kann auf folgende Weisen gefördert werden:

Kosten-Nutzen-Analyse. Am besten werden die persönlichen Vor- und Nachteile der Straftat für den Delinquenten schriftlich aufgelistet. Hierbei soll der langfristige Schaden der Straffälligkeit für Lebensgestaltung und Gefühlswelt (für Kinder ist dieser Punkt möglichst erfahrbar zu gestalten, z.B. Besuch einer Strafanstalt) verdeutlicht werden.

Erzeugung von Betroffenheit über eigene Straftaten und Folgen für die Opfer. Diese Methode ist besonders geeignet für Gruppenmaßnahmen mit mehreren Trainern/Therapeuten, die mit authentischer Empörung den Straftäter intensiv mit seinem Fehlverhalten konfrontieren („heißer Stuhl" im Anti-Aggressivitäts-Training; Weidner, 1990,1997).

Modifikation selbstschädigender, dysfunktionaler Gedanken. Hinterfragt werden die Gefühle, die der Jugendliche in seiner Entwicklung, im Vorlauf oder während seiner Straftaten bzw. seines unangemessenen Verhaltens empfunden hat (z.B. extreme Wut wegen der Unfähigkeit, Konflikte verbal zu lösen oder weil Grenzsetzungen als ungerecht gewertet werden). Mit Modellen der kognitiven Verhaltenstherapie kann älteren Kindern und Jugendlichen verdeutlicht werden, dass es weniger leidvolle Möglichkeiten gibt, mit Konflikten, Grenzsetzungen (auch staatlichen) und Negativerfahrungen (z.B. Enttäuschungen in Beziehungen) umzugehen (Ellis & Hoellen, 1997). Der Delinquent schildert z.B. erlebte Situationen bzw. Straftaten sowie die dabei empfundenen Gefühle (Wut oder schwere Enttäuschungen, Angst) und erarbeitet mit dem Therapeuten die bisher gefühlsbedingenden Denkmuster (z.B. „jeder muss mich respektieren/mögen", „ich darf mich nicht blamieren"). Im Disput

wird dem Delinquenten die Unangemessenheit seiner Gedanken verdeutlicht. Als Übung soll
er sich z.B. die erlebten Situationen vorstellen, neue Bewertungen vornehmen und auf veränderte Gefühle achten.
Rollenspiele (z.B. auf die Kritik einer Autoritätsperson freundlich-bestimmt reagieren) und
Übungen in Realsituationen (z.B. das Negativverhalten von Mitmenschen bewusst registrieren, die eigene „Übellaunigkeit" mit neuen Denkmustern reduzieren oder bewusst auf positive Rückmeldungen von Mitmenschen achten) intensivieren die Erfahrung des Nutzens kon-
struktiverer Denkmuster.

Aufarbeitung von Sozialisationserfahrungen. Werden negative Sozialisationserfahrungen
als Hauptursache für Delinquenz eruiert, wird mit dem Jugendlichen an einer Akzeptanz seiner Vergangenheit gearbeitet (z.B. fiktiver Briefwechsel mit einer emotional belasteten Bezugsperson). Dabei geht es vor allem darum, dass er Bezugspersonen nicht beliebig ändern
kann. In der Diskussion kann der Therapeut dem Jugendlichen beispielsweise nahe bringen,
dass er sich auch selbst nicht immer nach den Wünschen von Eltern und Institutionen richtet,
sondern eine eigenständige Persönlichkeit ist. Bei Missbrauchs- oder Misshandlungserfah-
rungen ist Traumataverarbeitung zu leisten (z.B. mit imaginativen Methoden der rational-
emotiven und kognitiven Verhaltenstherapie).
Sofern Familienangehörige noch „greifbar" sind, bietet sich insbesondere bei jüngeren Delinquenten ein Familiengespräch zur Bearbeitung lösbarer Konflikte an.

Training sozialer Kompetenzen. Durch Wissensvermittlung (Unterrichtseinheiten) und
Probehandeln im Rollenspiel mit Videoaufzeichnung werden Verbalisations- und Konflikt-
lösungsfähigkeit (z.B. Gefühle und Kritik äußern) des Delinquenten verbessert. Ältere Delinquente trainieren den Umgang mit Alltagsanforderungen wie Arbeitssuche oder Schulden-
regulierung (siehe Soziales Training nach Otto, 1988). Schwierige Alltagssituationen, die
zuvor scham-, angst- oder stressbesetzt waren, werden mit „shame attacking exercises"
(Ellis & Hoellen, 1997) in Anlehnung an die systematische Desensibilisierung bewältigt: Die
Jugendlichen sollen dabei erfahren, dass auch ein nicht-perfektes Verhalten toleriert wird
(„Eine Blamage ist keine Katastrophe.") und setzen sich dabei steigernden Risikoaufgaben
aus (z.B. in einem Geschäft lautstark über zu hohe Preise schimpfen). Dadurch erfährt der Jugendliche, dass die Reaktionen der Umwelt auszuhalten sind. Eine Neigung der Kompensation von Angst- und Insuffizienzgefühlen durch Straftaten wird reduziert.

Verbesserung des Selbstwertgefühls. Auf kognitiver Ebene wird dem Jugendlichen vor Au-
gen geführt, dass Schwächen und Misserfolge (etwa mangelndes Verbalisierungsvermögen in
Konfliktsituationen) nicht gleichbedeutend sind mit einer Wertlosigkeit der gesamten Person.
Darüber hinaus kann der Wert eines Menschen nicht von anderen bestimmt werden. Die Vermittlung dieser Erkenntnisse ist u.a. auch wichtig, um Symptomstress beim Training sozialer
Kompetenzen – wenn's mal nicht perfekt klappt – zu vermeiden. Erfolge im Training der
Kompetenzen erhöhen natürlich den Selbstwert. Effektiv können – insbesondere bei Kindern
– erlebnispädagogische Maßnahmen sein bzw. die Anleitung zu konstruktiven Freizeitbeschäftigungen (z.B. Sport, Musik machen). Wird die Selbstwertproblematik nicht bearbeitet,
besteht nach Praxiserfahrungen die Gefahr der Symptomverschiebung (in Trainings wird z.B.

gewalttätiges Verhalten „verlernt", dafür entwickelt der Teilnehmer eine Suchtmittelproblematik).

Förderung im Leistungsbereich. Dadurch kann der Selbstwert des Delinquenten erhöht und seine Chancen in der Gesellschaft können verbessert werden. Neben der Vermittlung in Bildungsmaßnahmen ist an einer Erhöhung der Frustrationstoleranz und Anstrengungsbereitschaft zu arbeiten. Auf kognitiver Ebene wird der irrationale Gedanke revidiert, das Leben müsse leicht sein. Insbesondere in der Therapie in Institutionen (Heimeinrichtungen und Strafvollzug) wird die Leistungsbereitschaft durch positive Verstärkung (besondere Veranstaltungen, Vergünstigungen in der Haft) erhöht.

Verbesserung der Selbstkontrolle. Durch eine Förderung sozialer Kompetenzen wird auch die Fähigkeit zur Selbstkontrolle erhöht, da dem Delinquenten mehr Handlungsalternativen zur Verfügung stehen. Die Durchführung spezieller Provokationstests im Sinne einer Desensibilisierung für Kritik und „Anmache" ist eine andere Methode (Weidner, 1990).

Vermittlung von Entspannungsverfahren. Progressive Muskelrelaxation scheint nach Praxiserfahrungen für junge Delinquente leichter erlernbar, weil bei diesem Verfahren mehr Aktivität gefordert wird als bei anderen. Es bietet sich deshalb zur besseren Bewältigung von stress- oder angstbesetzten Situationen an.

Auseinandersetzung mit dem Opfer der Straftat (Heilemann, 1997). Dieses emotional nahe Übungsfeld bietet sich zum Erwerb der Fähigkeit zum Perspektivenwechsel und Empathie an. Sofern ein direktes Gespräch mit dem Opfer nicht möglich oder nicht verantwortbar ist, sind folgende Vorgehensweisen denkbar:

- Der Jugendliche soll sein Opfer detailliert beschreiben (etwa Aussehen, Größe, Alter, Gestik und Mimik bei der Tat).
- Im Aufsatz soll die eigene Straftat aus der Sicht des Opfers geschildert werden.
- Dem Jugendlichen werden (Gewalt-)Videofilme gezeigt mit der Aufgabe, sich in die Perspektive des Opfers zu versetzen.
- Ein (fiktiver) Opferbrief soll formuliert werden, in welchem der Täter dem Opfer Mitgefühl vermitteln und die Angst vor einem erneuten Zusammentreffen mit dem Täter nehmen soll.

Ausgliederung aus der Subkultur. Ein weiteres Ziel während und nach der Therapie ist es, dass sich der Jugendliche von seiner früheren Peergroup trennt. Im Verlauf der Therapie in Institutionen (Heim, Strafvollzug) sollte der kontraproduktive Einfluss der Subkultur auf den Delinquenten durch Separation der Nicht-Mitarbeitsbereiten und positive Verstärkung der Mitarbeitsbereiten reduziert werden. Falls möglich ist der Delinquent zum Ende der Therapie bei der Eingliederung in ein neues Lebensumfeld zu fördern.

Tutoren. Unterstützend wirkt darüber hinaus in Gruppenmaßnahmen und Institutionen die Einführung eines Tutorenmodells. Fortgeschrittene Therapieteilnehmer übernehmen Verantwortung für Neulinge und Schwächere, üben soziales Verhalten, selbst erworbene Lerninhalte werden durch diese Übung besser internalisiert. Die Therapieeinsteiger erhalten Motivation und Unterstützung von „Gleichgesinnten".

Rahmenbedingungen der Therapie. Therapieangebote werden in der Regel durch das Jugendamt oder Institutionen erst dann an den delinquenten Jugendlichen herangetragen, wenn bereits Straftaten registriert wurden. In Heimeinrichtungen, bei Therapie als Bewährungsauflage oder im Strafvollzug kann eine externe Motivation durch besondere Vergünstigungen/Belohnungen zu („Zwangs-")Therapiebeginn hilfreich sein. Zur Entwicklung einer intrinsischen Therapiemotivation ist die Forcierung des Problembewusstseins notwendig.

2.26.7
Wirksamkeit und Wirksamkeitsbedingungen der Therapie

Die Rückfallquote von jugendlichen Delinquenten liegt nach allgemeinen Schätzungen zwischen 70 und 90%. In Evaluationsstudien zur Effektivität verhaltenstherapeutischer oder multimodaler Behandlungsansätze bei jugendlichen Delinquenten wird in der Regel nur die Reduktion der unerwünschten Verhaltensweisen über einen kurzen Zeitraum beobachtet und erneute Straftaten (z.B. nach drei Jahren) werden hingegen nicht mehr erfasst.
Nach Meta-Analysen zur Straftäterbehandlung allgemein (Lösel, 1996) kann die Rückfallquote durch eine wissenschaftlich fundierte Therapie um ca. 10% reduziert werden. Eine solche Therapie soll theoretisch und empirisch fundiert sein, das straffällige Verhalten thematisieren, auf die Person des jugendlichen Straftäters und sein Delikt zugeschnitten sein sowie konstruktive Denkmuster, prosoziale Fertigkeiten und Selbstkontrolle fördern.

Grundlegende Literatur

- Ellis, A. & Hoellen, B. (1997). Die Rational-Emotive Verhaltenstherapie – Reflexionen und Neubestimmungen. München: Pfeiffer.

- Engel, U. & Hurrelmann, K. (1994). Was Jugendliche wagen. Weinheim: Juventa.

- Lösel, F. (1996). Ist der Behandlungsgedanke gescheitert? Zeitschrift für Strafvollzug, 5, 259–267.

Weiterführende Literatur

- Heilemann, M. (1997). Opferorientierter Strafvollzug. Über ein neues Professionalisierungsverständnis im Umgang mit Gewalt. In J. Weidner, R. Kilb & D. Kreft, Gewalt im Griff (S. 48–62). Weinheim: Beltz.

- Otto, M. (1988). Gemeinsam lernen durch Soziales Training. Lingen: Kriminalpädagogische Praxis.

- Weidner, J. (1990). Anti-Aggressivitäts-Training für Gewalttäter. Bonn: Forum.

Materialien

- Kubrick, S. (1971). Clockwerk Orange (Film). USA: Warner Bros. and Polaris Productions (für die Arbeit mit Gewalttätern).

- Meier, H. P. (1994). Ein Tritt mehr (Film). Grünwald: Institut für Film und Bild in Wissenschaft und Unterricht (für die Arbeit mit Gewalttätern).

- Robbins, T. (1995). Dead man walking (Film). USA: Polygram filmed Entertainment (für die Arbeit mit Totschlägern).

- Posselt, R.-E. & Schumacher, K. (1993). Projekthandbuch: Gewalt und Rassismus. Mühlheim: Verlag an der Ruhr.

- Faller, K., Kerntke, W. & Wackmann, M. (1996). Konflikte selber lösen. Mühlheim: Verlag an der Ruhr.

2.26
Delinquenz

Posttraumatische Belastungsstörung

Regina Steil

2.27.1
Fallbeispiel

Die achtjährige Viola K. fuhr zusammen mit ihrem älteren Bruder und ihrer Mutter im Auto. Das Mädchen saß angeschnallt auf dem Rücksitz. An einer Kreuzung missachtete ein von der Seite kommender Pkw-Fahrer die Vorfahrt und prallte seitlich auf das Fahrzeug, das sich mehrmals drehte. Viola hatte den Pkw nicht kommen sehen und nahm lediglich einen lauten Knall wahr. Das Einzige, woran sie sich erinnert, sind die Verletzungen ihres Bruders, der am Arm blutete. Viola selbst erlitt Prellungen im Gesicht und an der Hüfte. Drei Monate nach dem Unfall leidet Viola unter Einschlafproblemen, wacht nachts häufig auf und

295

erzählt ihrer Mutter von ängstigenden Träumen, die Elemente des Unfalls zum Inhalt haben. Außerdem zeigt sie starke Angst, wenn sie z.B. wieder mit im Auto fährt. Sie fährt nur sehr ungern im Auto, im Bus oder in der Straßenbahn mit. Sie will aber mit der Mutter auch nicht über den Unfall sprechen. Viola hat keine Freude mehr am Klavier spielen, das ihr vor dem Unfall viel bedeutete, und übt nicht mehr. Ihrer Mutter fällt außerdem auf, dass Viola seit dem Unfall schon bei kleinen Dingen wütend und reizbar wird. Den Lehrern fällt auf, dass sie zum ersten Mal Schwierigkeiten in der Schule hat, ihre Leistungen sind seit dem Unfall um durchschnittlich eine Note gesunken.

2.27.2
Diagnostische Kriterien nach ICD-10

Laut ICD-10 ist die posttraumatische Belastungsstörung (PTB, F43.1) eine verzögerte oder protrahierte Reaktion auf ein belastendes Ereignis oder eine Situation außergewöhnlicher Bedrohung oder katastrophenartigen Ausmaßes, die bei fast jedem eine tiefe Verzweiflung hervorrufen würde (wie z.B. Naturkatastrophen, Krieg oder Flucht, Unfälle sowie das Erleben sexueller oder nicht-sexueller Gewalt). Folgende Kriterien kennzeichnen die Störung:

- eine Symptomtriade aus wiederholten, unausweichlichen Erinnerungen oder Wiederinszenierungen des Ereignisses in Gedächtnis, Tagträumen, Spiel oder Träumen (diese Symptome sind hinreichend zur Diagnose);
- die Vermeidung traumabezogener Reize;
- Symptome einer allgemeinen Übererregung; diese treten innerhalb von sechs Monaten nach dem Trauma auf (danach wird eine wahrscheinliche Diagnose PTB vergeben).

Die Störung verläuft in ca. 40 bis 50% der Fälle chronisch. Ein Kriterium für die Mindestdauer der Symptomatik besteht nicht. Auch eine akute Belastungsreaktion (AB, F43.0) kann anhand folgender Kriterien diagnostiziert werden:

- Ein Gefühl der Betäubung, Depression, Angst, Ärger, Verzweiflung, Überaktivität oder Rückzug sowie Symptome der Dissoziation wechseln sich Stunden bis Tage nach der Traumatisierung in rascher Folge ab.
- Zwischen dem Trauma und dem Auftreten der Symptome muss ein klarer und unmittelbarer Zusammenhang gegeben sein, die Reaktion beginnt innerhalb weniger Minuten.
- Abzugrenzen sind die Symptome einer AB von der Verschlimmerung einer schon vor dem Trauma bestehenden psychischen Störung, darüber hinaus von psychischen Symptomen, die auf die direkte Wirkung einer Droge, eines Medikamentes bzw. eine Krankheit oder eine während des Traumas erlittene Verletzung zurückgehen.

Auf die Konfrontation mit Situationen oder Dingen, die an das Trauma erinnern, reagiert das unter einer PTB leidende Kind mit körperlichen Symptomen der Erregung, Bauch- oder Kopfschmerzen, anklammerndem, regressivem oder aggressivem Verhalten sowie Angst vor Dunkelheit oder vor dem Alleinsein. Das Kind zeigt ein deutlich vermindertes Interesse an

Dingen, die vor der Traumatisierung von Bedeutung waren, sowie emotionale Abstumpfung. Konzentrationsprobleme, übermäßige Wachsamkeit, Schwierigkeiten, ein- oder durchzuschlafen, oder große Schreckhaftigkeit treten auf.

Die Kriterien der PTB nach ICD-10 werden von vielen Seiten kritisiert. Eine Orientierung an den im Vergleich eindeutiger operationalisierten Kriterien nach DSM IV wird dringend empfohlen. Differenzialdiagnostisch muss die PTB unterschieden werden von affektiven Störungen und anderen Angststörungen, die ebenfalls in der Folge eines Traumas auftreten können, sowie von der Anpassungsstörung und den Folgen von Kopfverletzungen (hiernach lang anhaltende Symptome wie Irritabilität, Angst etc. sollten jedoch auf eine psychische Verursachung hin überprüft werden).

Tabelle 1: Einfluss verschiedener Faktoren auf die Entwicklung der

Geschlecht:
- keine Geschlechterunterschiede in der Prävalenz von Traumatisierung
- Mädchen erkranken nach Traumatisierung sehr viel häufiger an PTB als Jungen

Lebensalter (LA):
- Risiko, nach einem Trauma an PTB zu erkranken, sinkt mit steigendem LA
- junge Kinder nehmen möglicherweise ein traumatisches Ereignis nicht in gleicher Weise als bedrohlich wahr wie ältere Kinder
- unterschiedliche Altersgruppen zeigen möglicherweise unterschiedliche Symptombilder, auch Kinder im Vorschulalter können betroffen sein

Sozioökonomischer Hintergrund (sH):
- Jugendliche mit niedrigem sH haben höheres Traumatisierungsrisiko (außer bei Erleben interpersoneller oder sexueller Gewalt)

Traumaart:
- sexuelle Gewalt führt 6- bis 7fach häufiger zu PTB als andere Formen von Traumata (ca. 50 bis 80% aller Betroffenen erkranken nach dem Erleben sexueller Gewalt an PTB)
- hohes Erkrankungsrisiko auch bei physischem Angriff oder Sehen, wie jemand getötet oder verletzt wird
- multiple Traumatisierung erhöht Risiko der Ausbildung einer PTB

2.27.3
Epidemiologie, Verbreitung und Altersrelevanz

Die PTB gehört bei Erwachsenen mit einer Lebenszeitprävalenz von ca. 8% zu den häufigeren psychischen Störungen. Ergebnisse zur Lebenszeitprävalenz bei Kindern und Jugendlichen fehlen bisher noch. Tabelle 1 gibt einen Überblick über bisherige Befunde.

Eine PTB tritt bei Kindern und Jugendlichen oft gemeinsam mit anderen psychischen und körperlichen Störungen auf. Häufig findet sich ein komorbider Drogenabusus, der sowohl eine Risikovariable für Traumatisierung darstellt als auch nach einer Traumatisierung als Selbstmedikation auftritt.

2.27.4
Diagnostik der Störung

Der Diagnostiker sollte sowohl das Kind als auch Eltern und gegebenenfalls Lehrer zur Symptomatik befragen (Eltern und Lehrer scheinen allerdings dazu zu neigen, die Belastung des Kindes grob zu unterschätzen). Intrusionen können nur aus subjektiver Sicht des Kindes erfasst werden, Symptome wie erhöhte Irritabilität oder Aggressivität, Ängstlichkeit oder regressives Verhalten können bei Kind, Eltern und Lehrern und durch die konkrete Verhaltensbeobachtung in verschiedenen Situationen erhoben werden. Tabelle 2 beschreibt einen umfassenden Diagnoseleitfaden.

Die Diagnose kann mittels strukturierter oder halbstrukturierter Interviews gestellt werden. Hierfür gibt es folgende Möglichkeiten:

Clinician Administered PTSD Scale for Children and Adolescents (CAPS-CA, Nader, Blake & Kriegler, 1994, ab 8 Jahren, deutsche Version kann bei der Autorin angefordert werden). Die CAPS-CA gilt im englischsprachigen Raum als Instrument der Wahl. Sie erfasst, am DSM IV orientiert, Vorliegen und Schweregrad einer PTB und den Einfluss der Symptomatik auf verschiedene Bereiche der kindlichen Entwicklung. Eine sorgfältige psychometrische Untersuchung des Interviews steht allerdings noch aus.

Diagnostisches Interview für psychische Störungen im Kindes- und Jugendalter (Kinder-DIPS, Unnewehr, Schneider & Margraf, 1995, in zwei parallelen Versionen für Kinder ab 6 Jahren und deren Eltern). Das Kinder-DIPS legt DSM IV-Kriterien der PTB zugrunde; die Gütekriterien zur Diagnostik der PTB fehlen jedoch noch.

Adaptation der Impact of Event Scale (Dyregrov, Kuterovac & Barath, 1996). Hierbei handelt es sich um ein Selbstbeurteilungsinstrument, das den Schweregrad einer PTB erfasst, aber noch nicht zur Gänze psychometrisch untersucht und noch nicht ins Deutsche übersetzt wurde.

Die Informationen zur Traumatisierung können unvollständig oder ambiguos sein. Besonders wenn das Kind von einem Elternteil oder einer anderen nahen Bezugsperson sexuelle Gewalt erfährt, kann es schwierig sein, einen solchen Verdacht zu überprüfen. Eine sorgfältige und verantwortungsvolle Diagnostik ist auch in Bezug auf die juristischen Implikationen solcher Fälle vonnöten.

Tabelle 2: Leitfaden für die Diagnostik der PTB
(nach March et al., 1997)

Zentrale Aspekte:
- Diagnose nach DSM oder ICD, Symptomatologie
- objektive Merkmale des Traumas (wie Ablauf der Geschehnisse, körperliche Verletzungen des Kindes und anderer Beteiligter)
- subjektive Merkmale des Traumas (wie Emotionen während der Traumatisierung, Bewertung des Traumas als lebensbedrohlich, Attribution des Geschehens, Dissoziation während der Traumatisierung, Reaktion der Eltern)
- Stimuli, die die Erinnerung an die Traumatisierung auslösen können
- sekundäre Emotionen, die mit dem Trauma in Verbingung stehen (wie Schuld und Verantwortung, Ärger, spezifische neue Ängste)
- Funktionsniveau des Kindes (in Schule, Familie und Sozialkontakten)
- evtl. Trauer über Familienmitglieder oder Freunde
- komorbide Störungen
- demographische Informationen, kognitives Leistungsniveau des Kindes, medizinische Anamnese, psychiatrische Anamnese des Kindes und der Herkunftsfamilie

Hilfreiche, nicht unbedingt notwendige Aspekte:
- wichtige Lebensereignisse vor und nach der Traumatisierung
- soziale Unterstützung, die das Kind erhält (wie elterlicher Erziehungsstil, Umgang der Eltern mit der Traumatisierung, Beziehungsqualität der Eltern, Beziehungen zu Geschwistern)
- Psychopathologie der Eltern (wie elterliche PTB)
- Selbstbild des Kindes (wie erlebte Selbstwirksamkeit)
- soziale Fertigkeiten des Kindes (generell und bezogen auf die Traumatisierung)

2.27.5
Bedingungsmodell

Folgende Modelle der posttraumatischen Belastungsstörung bilden die Grundlage der kognitiv-behavioralen Behandlung:

Lerntheoretische Modelle. Ihnen zufolge werden Intrusionen als klassisch konditionierte emotionale Reaktionen betrachtet. Eine Löschung bleibt aus, weil die Konfrontation durch das Wiedererleben immer nur bruchstückhaft ist und die Betroffenen während der Erinnerung sehr viel weniger erregt sind als während der Traumatisierung. Die Vermeidung traumarele-vanter Reize und die emotionale Taubheit werden operant über negative Verstärkung auf-rechterhalten.

Netzwerkmodelle. Sie führen die PTB auf die Ausbildung eines traumaspezifischen Ge-dächtnisnetzwerkes zurück, welches Wahrnehmung und Verarbeitung in selektiver Weise lenkt. Die Gedächtnisrepräsentation traumatischer Geschehnisse ist umfassend und leicht ak-tivierbar, die Aktivierung zeigt sich in intrusivem Wiedererleben, Angst und Erregung sowie in der chronischen Erwartung erneuter Bedrohung und der aktiven Suche nach Gefahrensig-nalen.

Kognitive Schemata. Bei diesen Modellen wird postuliert, dass eine Traumatisierung grund-legende Überzeugungen (von persönlicher Sicherheit, von der Welt als bedeutungsvoll und sinnhaft und von sich selbst als kompetent und zur Kontrolle fähig) erschüttert und dysfunk-tional verändert bzw. prätraumatisch latent vorhandene dysfunktionale Überzeugungen (z.B. von sich selbst als wertloser Person) konsolidiert. Schon während der Traumatisierung wird die Informationsverarbeitung durch präexistierende Schemata gelenkt (z.B. Wer sich selbst für wertlos hält, beschuldigt sich danach in unangemessener Weise selbst.). Die traumatische Information bleibt so lange in einem aktiven Teil des Gedächtnisses, bis das Geschehen in das persönliche Weltbild integriert ist. Kognitive Modelle betonen die Rolle der persönlichen Be-deutung des Traumas: Sie determiniert den Grad der Belastung durch Intrusionen und ver-mittelt Symptome eines erhöhten Erregungsniveaus sowie den Einsatz von Strategien zur Kontrolle der Intrusionen, wie z.B. Grübeln oder Gedankenunterdrückung. Diese wiederum unterbinden die Auseinandersetzung mit dem Trauma.

Weiterhin existieren eine Reihe psychobiologischer Erklärungsansätze. Allen Theorien ge-meinsam ist, dass Vermeidung als sekundäre Reaktion auf belastende Intrusionen gesehen wird: Vermeidung verhindert die Habituation an die bedrohlichen Erinnerungen, die Integra-tion neuer, korrigierender Erfahrungen sowie die Veränderung dysfunktionaler Einstellun-gen. Sie wird für die langfristige Aufrechterhaltung der PTB verantwortlich gemacht. Aus den Modellen ergibt sich als Therapieempfehlung die Konfrontation mit traumatischen Erinne-rungen sowie die Veränderung negativer Kognitionen zum Trauma und seinen Folgen.

2.27.6
Therapieplanung

Die Behandlung sollte vorzugsweise im Einzelsetting durchgeführt werden, in die ersten zwei bis drei Sitzungen sollten die Eltern eng eingebunden werden. 90-minütige Thera-piesitzungen haben sich sehr bewährt. Am Beginn steht die ausführliche Psychoedukation des Kindes und seiner Familienmitglieder über die typischen Folgen von Traumata und das Störungsbild der posttraumatischen Belastungsstörung. Einer katastrophisierenden Bewer-tung der Symptomatik durch das Kind (im Sinne von „Dass ich immer noch so reagiere, be-deutet, dass etwas mit mir nicht stimmt.") sollte entgegengewirkt werden.

Ganz besonders bedeutsam ist die Einbeziehung von Eltern und Bezugspersonen in die Planung der Behandlung: Sie können den Erfolg einer kognitiv-behavioralen Behandlung unterstützen (indem sie z.B. das Kind zu Hause zur Konfrontation ermutigen) oder auch behindern (indem sie z.B. Vermeidung fördern im Sinne von „Wir dürfen das Erlebte auf keinen Fall ansprechen, das schadet dem Kind."). Die Kinder selber befürchten häufig negative Reaktionen der Angehörigen auf das Schildern der eigenen Gefühle. Daher ist es hilfreich, mit den Bezugspersonen zum Therapiebeginn klare Absprachen über deren Verhalten dem Kind gegenüber zu treffen. Es ist äußerst hilfreich, wenn die Eltern mit dem Kind über das Trauma sprechen und es auch zu Hause anleiten, sich mit den Erinnerungen und Erfahrungen zu beschäftigen. Die Durchführung der Konfrontation durch die Eltern allein ist jedoch nicht empfehlenswert.

Konfrontation und kognitive Intervention

In jeder einzelnen Sitzung sollten Konfrontation und kognitive Intervention zum Einsatz kommen. Bei der Konfrontation durchlebt das Kind das Trauma im Spiel oder in der Vorstellung wieder und schildert die Geschehnisse, Gefühle und Gedanken („Bitte geh in Gedanken zurück. Schließe, wenn du magst, die Augen. Bitte erzähl mir so, als ob es jetzt passieren würde, was du damals gesehen, gehört, erlebt und gefühlt hast."). Durch gezielte Fragen kann das Kind dabei unterstützt werden, sich auf Einzelheiten des Erlebens zu konzentrieren. Der Grad der vom Kind erlebten Belastung während der Konfrontation wird erhoben und sollte mit jedem weiteren Durchgang sinken. Die Konfrontation sollte über ca. 10 bis 20 Minuten in jeder Sitzung durchgeführt werden, bis das Kind dabei ein erträgliches Maß an Belastung empfindet. Das Vorgehen kann graduell oder massiert sein. Vor Beginn der Exposition erarbeitet die Therpeutin mit dem Kind gemeinsam das Rational des Vorgehens. Ein Beispiel ist: „Wenn du an das Erlebnis denkst, hast du vielleicht Angst oder andere schlimme Gefühle. Deshalb versuchst du vielleicht öfter, die Erinnerungen zu bekämpfen. Wie probierst du das? Klappt das gut? Vielleicht raten dir andere, alles schnell zu vergessen. Aber leider hilft das Bekämpfen der schlimmen Erinnerungen nicht gut. Sie kommen vielleicht dennoch oft wieder. Hast du das schon einmal erlebt? Am besten hilft es, die Erinnerungen nicht zu bekämpfen, weil man sich mit der Zeit an sie gewöhnt. Wir wollen versuchen, dass du dich an das Ereignis erinnern kannst, ohne dass du große Angst hast. Was denkst du darüber?" Häufig sind katastrophisierende Befürchtungen über die Konsequenzen der Exposition (wie „Wenn ich die Erinnerungen nicht bekämpfe, kann ich vielleicht nie mehr aufhören zu weinen." oder „... werde ich vielleicht verrückt."), die zunächst entkräftet werden müssen. Eine Audiographie der Schilderung kann das Kind zwischen den Therapiesitzungen anhören und damit die Expositionszeit ausdehnen. Auch Malen, Zeichnen oder das Gestalten mit Materialen bieten Möglichkeiten der Konfrontation. Gegen Ende der Behandlung kann eine Invivo-Konfrontation stehen, bei der das Kind mit der Therapeutin gemeinsam (natürlich nur objektiv ungefährliche) Dinge tut, welche die Erinnerung an das Trauma wachrufen. Kontraindiziert ist Exposition bei komorbider psychotischer Symptomatik oder akuter Suizidalität, welche dann zuerst im Mittelpunkt therapeutischer Aufmerksamkeit stehen sollten.

Kognitive Interventionen beinhalten das Entdecken und Verändern dysfunktionaler Annahmen, die Reattribution von Schuld und Verantwortung und eine Restrukturierung des meist negativ veränderten Bildes der eigenen Person. Natürlich muss der kognitive Entwicklungszustand des Kindes dabei berücksichtigt werden. Die subjektive Bedeutung des Traumas wird ausführlich erfasst. Hierfür und zur Therapieevaluation kann im Abstand von ca. 4 Wochen ein Tagebuch eingesetzt werden, in dem Kinder ab ca. neun Jahren Art, Anzahl und Schweregrad der belastenden Intrusionen, mit den Erinnerungen verbundene Gefühle und Gedanken, mögliche Auslöser und mögliches Vermeidungsverhalten als Reaktion auf die Intrusionen festhalten können. Auch ein gezieltes Interview ist empfehlenswert (z.B. „Wenn du Erinnerungen an das Ereignis hast, was denkst du dann? Wie häufig denkst du dann: ‚Alles war meine Schuld; mein Leben wird nie wieder schön werden; ich bin ein Waschlappen‘?"). Tabelle 3 zeigt weitere kognitive Strategien, die – je nach Bedarf – zur Bearbeitung und Veränderung der auftretenden dysfunktionalen Überzeugungen eingesetzt werden können, Tabelle 4 zeigt den typischen Ablauf einer einzelnen Sitzung.

Bei Therapieende werden die Fähigkeiten zum Umgang mit den Folgen der Traumatisierung wiederholt und gefestigt. Therapeutin, Kind und Eltern besprechen möglicherweise in Zukunft auftretende schwierige Situationen und vereinbaren eine Kontaktaufnahme, falls bestimmte Symptome erneut auftreten, bzw. feste Katamnesetermine.

2.27.7
Wirksamkeit und Wirksamkeitsbedingungen der Therapie

In Fallstudien wurde die Behandlung von fünf 10- bis 14-jährigen Kriegsopfern aus dem Libanon mit Exposition in vivo und in sensu beschrieben. In allen Fällen zeigte sich eine deutliche Reduktion der posttraumatischen Symptomatik: Ausmaß und Belastung durch Intrusionen, die Vermeidung traumabezogener Reize und das Ausmaß autonomer Übererregung nahmen ab. March und Kollegen (March et al., 1998) behandelten 14 Kinder zwischen 10 und 15 Jahren, die nach unterschiedlichen Formen singulärer Traumatisierung (wie z.B. Verkehrsunfällen) seit mindestens einem Jahr an einer PTB litten, über 18 Sitzungen in ebenso vielen Wochen hinweg mit einem kognitiv-behavioralen Gruppenprogramm. Es enthielt (im Einzelsetting durchgeführte) Exposition und kognitive Intervention. In einem Multiple-Baseline-Design führte diese Behandlung zu einer Besserung der posttraumatischen Symptomatik, die auch ein halbes Jahr nach Therapieende weiter bestand. Zu diesem Zeitpunkt hatten 12 der 14 Kinder nicht mehr die Diagnose PTB. Jedoch waren hier Kinder, die nach multipler Traumatisierung eine sehr schwere PTB entwickelt hatten, ausgeschlossen. Bei vier 8- bis 10-jährigen Kindern, die nach sexuellem Missbrauch unter PTB litten, war ein kognitiv-behaviorales Vorgehen ebenfalls wirksam (Farrell et al., 1998). Bisher fehlen randomisierte und kontrollierte Studien zur (auch differenziellen) Wirksamkeit verschiedener Formen der Behandlung der PTB bei Kindern und Jugendlichen wie auch manualisierte Behandlungsprogramme. Hier besteht ein dringender Forschungsbedarf, um die wirksamsten Komponenten der Behandlung zu isolieren und zu einem in der Praxis gut anwendbaren Therapieprogramm zusammenzustellen. Bei rein behavioralem Vorgehen brachen in Evaluationsstudien sehr viel mehr der (erwachsenen) Patienten die Therapie vorzeitig ab als bei schwerpunktmäßig kognitivem Vorgehen. Ob diese Befunde sich auf Kinder und Jugendliche übertragen lassen, ist jedoch ungeklärt.

Tabelle 3: Kognitive Strategien zur Behandlung der PTB

- Erlernen eines positiven inneren Dialoges zum Umgang mit belastenden Situationen (z.B. „Ich kann gut auf mich selbst aufpassen, es wird mir nichts passieren." beim Auftreten von Angst im Dunkeln)

- Erlernen einer realistischen Einschätzung von Risiken

- Überprüfen dysfunktionaler Einstellungen durch Abwägen der Argumente dafür und dagegen (z.B. „Was spricht alles dafür, dass du ganz allein schuld daran bist, was spricht dagegen? Lass uns das einmal gemeinsam sammeln.")

- Entwicklung positiver und hilfreicher Gedanken und Erwartungen (z.B. „Es ist ganz normal, wenn ich weinen muss, wenn ich mich an das Ereignis erinnere, anderen würde es genauso gehen.")

- Einsatz von Verhaltensexperimenten zur Überprüfung bestimmter Annahmen (z.B. um die paradoxen Effekte der Gedankenunterdrückung zu demonstrieren: „Schließe die Augen. Du kannst in der nächsten Minute an alles denken, was du willst, bloß nicht an grüne Elefanten. Woran hast du gedacht?" Das Kind wird erleben, dass es nicht vermeiden kann, an den verbotenen Reiz zu denken.)

- Modelllernen oder Rollentausch mit der Therapeutin (z.B. um Fähigkeiten zur Verhinderung erneuter Traumatisierung zu trainieren)

Tabelle 4: Typischer Ablauf einer Sitzung

- Hausaufgabe besprechen

- Einschätzung der Belastung durch Erinnerungen und Gedanken an das Trauma in der letzten Woche

- Konfrontation mit den Erinnerungen an das Trauma

- Bearbeitung dysfunktionaler Kognitionen und Bewertungen zum Trauma und seinen Folgen

- Neue Hausaufgabe geben

- Frage nach dem, was für das Kind am wichtigsten war in der Sitzung

Grundlegende Literatur

- March, J. S., Amaya-Jackson, L., Murray, M. C. & Schulte, A. (1998). Cognitive-behavioral psychotherapy for children and adolescents with posttraumatic stress disorder after a single-incident stressor. Journal of the American Academy of Child and Adolescent Psychiatry, 37, 585–593.

- March, J. S., Amaya-Jackson, L. & Pynoos, R. S. (1997). Pediatric posttraumatic stress disorder. In J. M. Wiener (1997). Textbook of Child and Adolescent Psychiatry (507–523). Washington: American Psychiatic Press.

Weiterführende Literatur

- Farrell, S. P., Hains, A. A. & Davies, W. H. (1998). Cognitive behavioral interventions for sexually abused children exhibiting PTSD symptomatology. Behavior Therapy, 299, 241–255.

- Giaconia, R. M., Reinherz, H. Z., Silverman, A. B., Pakiz, B., Frost, A. K. & Cohen, E. (1995). Traumas and Posttraumatic Stress Disorder in a community population of younger adults. Journal of the American Academy of Child and Adolescent Psychiatry, 34, 1369–1380.

Materialien

- Dyregrov, A., Kuterovac, G. & Barath, A. (1996). Factor analysis of the Impact of Event Scale with children in war. Scandinavian Journal of Psychology, 37, 339–350.

- Nader, K., Blake, D. & Kriegler, J. (1994). Clinician Administered PTSD Scale for Children (CAPS-C). Current and lifetime Diagnosis Version, and Instruction Manual. Los Angeles, CA, UCLA. Neuropsychiatric Institute and National Center for PTSD.

- Unnewehr, S., Schneider, S. & Margraf, J. (1995). Kinder-Dips. Diagnostisches Interview bei psychischen Störungen im Kindes- und Jugendalter. Berlin: Springer.

Die deutsche Übersetzung der CAPS-CA kann bei der Autorin angefordert werden.

2.27 Posttraumatische Belastungsstörung

Aggressivität

Johanna Hartung

2.28.1
Fallbeispiel

D er zehnjährige Markus wird auf Anraten des Jugendamtes in der Beratungsstelle vorgestellt. Aktueller Anlass ist ein Ladendiebstahl, zu dem er von älteren Jugendlichen ange-
stiftet wurde, und wiederholtes Schuleschwänzen. Darüber hinausgehend zeigt er ein ausgeprägt aggressives Verhalten gegenüber Gleichaltrigen und Erwachsenen. Zu anderen Kindern
tritt Markus vorrangig durch Beschimpfungen, Drohungen, Treten und Stoßen in Kontakt. In
Konflikten (z.B. um den Zugang zu einem Spielgerät) setzt er sich durch massive körperliche
Angriffe durch. Auf die gelegentlichen Forderungen und Ermahnungen Erwachsener reagiert
er mit Wutausbrüchen und demonstrativem Treten vor Gegenstände. Falls er seine Forderungen nicht durchsetzen kann, zieht er sich grollend zurück. Alternative Strategien einer ange-

messenen Selbstbehauptung oder Kontaktaufnahme sind nicht zu beobachten. Markus selbst sieht das Problem darin, dass „alle auf mir rumhacken. Wenn es eine Schlägerei gibt, dann kriege ich die Strafe, nur weil der andere zum Arzt muss oder so."

Seine Mutter beschreibt ihn rückblickend als „Schreikind". Sie selbst sei bei seiner Geburt noch sehr jung gewesen und habe wegen seines „zappeligen und ungezogenen" Verhaltens in der Nachbarschaft, im Kindergarten und später in der Schule immer wieder Ärger bekommen, insbesondere wenn er andere Kinder trete und schlage.

Markus ist tagsüber weitgehend sich selbst überlassen. Im Umgang mit seinem Problemverhalten erlebt sich die Mutter als hilflos. Sie habe schon alles versucht, „im Guten wie im Bösen". Ihr Mann sei ihr in Erziehungsfragen keine Hilfe; insbesondere wenn er getrunken habe, verprügle er Markus.

2.28.2
Diagnostische Kriterien nach ICD-10

Aggressivität gehört zu den Störungen des Sozialverhaltens (F91). Aggressive Verhaltensweisen zeichnen sich dadurch aus, dass die persönlichen Rechte anderer absichtsvoll, mit einer Schädigungsintention verletzt werden. Diagnostische Kriterien für eine solche Störung des Sozialverhaltens sind:

1) Ein dissoziales, aggressives oder aufsässiges Verhaltensmuster, bei dem die grundlegenden Rechte anderer sowie altersentsprechende soziale Erwartungen in schwerwiegender Weise verletzt werden. Hierzu werden insgesamt 23 Verhaltensweisen genannt, die als Symptome für eine Störung des Sozialverhaltens sprechen, u.a. ungewöhnlich häufige und schwere Wutausbrüche, häufiges Streiten mit Erwachsenen, häufiges und offensichtlich wohl überlegtes Ärgern anderer, häufiger Ärger oder Groll, häufiges Beginnen von körperlichen Auseinandersetzungen (außer Geschwisterauseinandersetzungen), Gebrauch von gefährlichen Waffen (z.B. Schlagholz, zerbrochene Flasche), häufiges Tyrannisieren anderer.
2) Dieses Verhaltensmuster wiederholt sich und tritt persistierend auf.
3) Es hält seit mindestens sechs Monaten an.
4) Andere Störungen (etwa dissoziale Persönlichkeitsstörung; F60.2, Schizophrenie; F20) sind hingegen auszuschließen.

Diese Störungen können von Kindheit an (vor dem 10. Lebensjahr), aber auch erst später im Jugendalter auftreten.

Die Störungen des Sozialverhaltens werden in einzelne Untergruppen aufgeteilt, die besondere Verhaltensschwierigkeiten der betroffenen Kinder wiedergeben:

• Auf den familiären Rahmen beschränkte Störung des Sozialverhaltens (F91.0).
• Störung des Sozialverhaltens bei fehlenden sozialen Bindungen (F91.1): Nur wenige Beziehungen zu Gleichaltrigen liegen vor und stattdessen herrschen Isolation, Zurückweisung, Unbeliebtheit vor; länger dauernde, engere Freundschaften fehlen.

- Störung des Sozialverhaltens bei vorhandenen sozialen Bindungen (F91.2): Angemessene Freundschaftsbeziehungen und eine gute Integration in die Gruppe Gleichaltriger bestehen; das gestörte Sozialverhalten tritt auch außerhalb der Familie auf.
- Störung des Sozialverhaltens mit oppositionellem, aufsässigem Verhalten (F91.3): Ein deutlich aufsässiges, ungehorsames und trotziges Verhalten liegt vor; meist bei Kindern unter 10 Jahren.
- Kombinierte Störung des Sozialverhaltens: Das gestörte Sozialverhalten kann auch in Verbindung mit einer emotionalen Störung (z.B. Depression) auftreten. Wenn das der Fall ist, wird eine kombinierte Störung des Sozialverhaltens und der Emotionen (F92) diagnostiziert. Besteht eine Kombination mit einer hyperkinetischen Störung, wird eine hyperkinetische Störung des Sozialverhaltens (F90.1) erkannt.

2.28.3
Epidemiologie, Verbreitung und Altersrelevanz

Aggressive Verhaltensstörungen sind unter Kindern und Jugendlichen weit verbreitet und eine der wichtigsten Anlässe für psychologische Beratung und Therapie. Längsschnittstudien belegen, dass die aggressiven Störungen zeitlich sehr stabil sind; mehr als 30% dieser Kinder zeigen auch noch im Erwachsenenalter aggressive Verhaltensstörungen. Und immerhin 5% einer Alterskohorte sind von der frühen Kindheit bis ins Erwachsenenalter delinquent (d.h. gesetzesüberschreitend).

Tabelle 1: Alters- und geschlechtsspezifische Prävalenz für Störungen des Sozialverhaltens laut DSM-IV		
Kleinkindalter	Jugendalter	Kinder und Jugendliche unter 18 Jahren
2%	10%	Mädchen: 2–9% Jungen: 6–16%

Eine ungünstige Prognose haben Kinder und Jugendliche, bei denen die Aggressivität früh beginnt und in vielfältigen Formen, in unterschiedlichen Situationen und mit hoher Häufigkeit auftritt. Wenn noch weitere psychische Störungen (z.B. Aufmerksamkeitsstörungen, Depression, Drogenabhängigkeit) sowie anhaltend belastende Lebensumstände hinzukommen, verschlechtern sich die Entwicklungsmöglichkeiten weiter. Bei Kindern mit unterdurchschnittlichem Intelligenzniveau stellt man ebenfalls eine ungünstigere Entwicklung und eher eine Verfestigung der Symptomatik fest.

2.28.4
Diagnostik der Störung

Die Diagnostik ist breit angelegt; sie geht auf die Störung selbst, auf die soziale Situation des Kindes bzw. Jugendlichen sowie auf die Fähigkeiten und Ressourcen des Kindes bzw. Jugendlichen und seiner Bezugspersonen ein. Im Einzelnen interessieren folgende Themenbereiche: das aggressive Problemverhalten (Erscheinungsform, Ausmaß, Situationsspezifität, Dauer, Vorläufer), die störungsrelevanten Kognitionen des Kindes bzw. Jugendlichen (Selbsteinschätzungen, Attributionsstil, normative Einstellungen), Fähigkeiten des Kindes bzw. Jugendlichen (Interessen, Ziele, Intelligenz, Stärken), die Ressourcen des sozialen Umfeldes (Erziehungsverhalten der Eltern, Bindungen des Kindes, sozioökonomische Situation im Elternhaus). Um diese Themenbereiche zu erfassen, werden folgende Erhebungsmethoden eingesetzt:

Gespräche

Gespräche mit den betroffenen Kindern und Jugendlichen eröffnen einen Einblick in deren subjektive Problemsicht und bieten die Möglichkeit, in der Gesprächssituation störungsrelevante Defizite und Kompetenzen zu beobachten. In Gesprächen oder Leitfadeninterviews mit relevanten Bezugspersonen werden Informationen zum Problemverhalten, zu Kompetenzen des Kindes, zu seiner Biographie, seiner alltäglichen Lebenswelt, zu familiären Belastungen und insbesondere zu Erziehungspraktiken gewonnen, die Hinweise auf die aufrechterhaltenden Bedingungen des Problemverhaltens geben.

Fragebögen und Tests

Mithilfe von standardisierten Fragebögen und Tests (z.B. Erfassungsbogen für aggressives Verhalten in konkreten Situationen EAS, Petermann & Petermann, 1996a) werden störungsrelevante Kognitionen (etwa Selbsteinschätzung, Attributionsstil, Konfliktlösungsstrategien) sowie Interessen, Kompetenzen und Ressourcen des Kindes und sein Entwicklungsstand erhoben. Die Ergebnisse erlauben einen Vergleich mit alters- und geschlechtsspezifischen Normwerten und lassen somit den spezifischen Behandlungsbedarf und – bei wiederholter Messung – den am Ende der Therapie erzielten Fortschritt quantifizieren.

Aktenstudium

Das Studium von Jugendamts- und Gerichtsakten kann gegebenenfalls Informationen über delinquente Handlungen, bereits erfolgte Hilfsmaßnahmen und drohende Sanktionen liefern.

Verhaltensbeobachtungen

In freien und systematischen Verhaltensbeobachtungen werden Häufigkeit, Art und Ausprägung von aggressivem Problemverhalten sowie von sozial angemessenem Alternativverhalten in alltäglichen sozialen Situationen (Familie, Schule, Kontakten mit Gleichaltrigen) und im Behandlungs-Setting erfasst. Dies kann durch Eltern und Pädagogen in der Form eher globaler Einschätzungen anhand von vorgegebenen Beobachtungsbögen erfolgen. Beobachtungen seitens der Therapeutin in konkreten Situationen erfassen darüber hinausgehend die vorausgehenden und nachfolgenden Verhaltensweisen der Interaktionspartner, sodass Verstärkungsbedingungen erkannt werden können, die gegebenenfalls im Therapieverlauf zu modifizieren sind.

Falls Informationen aus den unterschiedlichen Datenquellen nicht übereinstimmen, deutet dies darauf hin, dass sich das Kind in den unterschiedlichen sozialen Kontexten spezifisch verhält (s.o.). So mag es z.B. in der Familie mehr zu Wutausbrüchen neigen und weniger Kooperationsbereitschaft zeigen als im schulischen Kontext oder in der Interaktion mit Gleichaltrigen.

Das Vorliegen komorbider Störungen (wie Aufmerksamkeitsstörungen, emotionale Störungen) wird anhand von **Screening-Verfahren** geklärt (etwa DIPS-K – Diagnostisches Interview psychischer Störungen des Kindes- und Jugendalters, Unnewehr, Schneider & Margraf, 1993; CBL – Child-Behavior-Checklist, Achenbach, 1991, deutschsprachige Version von Döpfner et al., 1994).

2.28.5
Bedingungsmodell

Zur Erklärung der Entstehung, der Aufrechterhaltung und der Eskalation aggressiver Verhaltensstörungen haben sich multifaktorielle Erklärungsmodelle bewährt, wobei vor allem drei Bedingungskonstellationen hervorzuheben sind.

Aggressive Modelle

Das Vorhandensein aggressiver Modelle im sozialen Nahraum und in den Medien fördert die Aneignung aggressiver Verhaltensweisen und Einstellungen bei den Kindern und Jugendlichen. Ob diese allerdings auch ausgeführt werden, hängt davon ab, wie die Umwelt auf die Ausführung der aggressiven Verhaltensweisen reagiert. Aggressives Verhalten wird positiv verstärkt, wenn es als lustvoll erlebt wird, es sich als erfolgreiches Mittel zur Durchsetzung eigener Ziele erweist (instrumentelle Aggression) und Aufmerksamkeit, Zuwendung und/oder soziale Anerkennung zur Folge hat. Aggressives Verhalten kann auch dadurch verstärkt werden, dass es einen unangenehmen Zustand beendet (negative Verstärkung). Dies trifft für die angstmotivierte Aggression zu, bei der die aggressive Handlung eine vermeintliche Bedrohung abwehrt. Eine derartige negative Verstärkung liegt auch expressiven Wutausbrüchen zugrunde, die der Affektregulation nach Frustrationen und Kränkungen dienen (expressive Aggression), sowie aggressiven Handlungen, die zur Vergeltung und Wiederherstellung von Ehre eingesetzt werden.

Kompetenz- und Perfomanzdefizite

Aggressive Kinder und Jugendliche sind zumeist weniger in der Lage, ihre Ziele durch sozial angemessenes Verhalten zu erreichen. Sei es, dass diese Verhaltensweisen nur unzureichend erlernt wurden (Kompetenzdefizit) oder dass sie seltener verstärkt wurden und als wenig Erfolg versprechend eingeschätzt und dementsprechend seltener gezeigt werden (Performanzdefizit). Der Erwerb und die Ausführung angemessenen Sozialverhaltens wird bei ihnen außerdem durch mehrere personale Merkmale erschwert, etwa: erhöhte Erregbarkeit, Impulsivität, mangelnde Selbstkontrolle, mangelnde Antizipation der langfristigen Handlungsfolgen, Verzerrungen in der sozialen Wahrnehmung (uneindeutige Situationen werden eher als Bedrohung interpretiert, anderen Personen feindselige Absichten unterstellt), mangelndes Einfühlungsvermögen, eine negative Selbstbewertung und niedrige Kompetenzerwartung.

Soziale Risikofaktoren

Aggressive Verhaltensstörungen werden begünstigt durch ein Erziehungsverhalten, das durch übermäßige Strenge, körperliche Strafen, wenig konsequentes und nicht vorhersehbares Verhalten, mangelnde Informiertheit über die Aktivitäten und Interessen der Kinder, fehlende Anregung, Verstärkung aggressiven Verhaltens durch Duldung sowie unzureichende Beachtung und Verstärkung nicht-aggressiven, prosozialen Verhaltens gekennzeichnet ist. Zu den sozialen Risikofaktoren zählen auch: eine sozioökonomische Belastung der Familie; psychische Störungen eines Elternteils (z.B. Alkoholismus, antisoziale Persönlichkeitsstörung) und die Belastung der familiären Interaktion durch elterliche Beziehungskonflikte sowie Misserfolge in Schule, Ausbildung, Beruf.

Durch Aufschaukelungsprozesse verstärken sich diese Bedingungen wechselseitig und tragen somit zu einer Eskalation der Problematik bei.

2.28.6
Therapieplanung

Abgestimmt auf den Einzelfall, bezieht sich die Therapie auf 1) die Veränderung der sozialen Umwelt, 2) die Modifikation der Verstärkungsbedingungen für aggressives und sozial angemessenes Verhalten und 3) die Vermittlung von sozialen Kompetenzen:

Veränderung der sozialen Umwelt

Die **Veränderung der sozialen Umwelt des Kindes** bezieht sich vor allem auf die Reduzierung der aggressionsfördernden sozialen Risikofaktoren. Dabei geht es beispielsweise um die Reduzierung der familiären Belastung (etwa durch eine Schuldnerberatung), die Sicherung einer verlässlichen Betreuung des Kindes (etwa in einer Kindertagesstätte), die Verbesserung der beruflichen Chancen des Jugendlichen (etwa durch eine Fördermaßnahme der Jugendberufshilfe), die Teilnahme des Kindes bzw. Jugendlichen an Freizeitgruppen. Hierzu ist oft die Zusammenarbeit mit anderen Institutionen (etwa Schuldnerberatung, Jugendamt ...) notwendig.

Die **Modifikation der Verstärkungsbedingungen** für aggressives und sozial-angemessenes Verhalten erfolgt vor allem über die relevanten Bezugspersonen des Kindes und Jugendlichen (Eltern, Erzieher, Lehrer und Gleichaltrige). Diese Maßnahmen manifestieren sich im Entzug positiver Verstärkung bei aggressivem Verhalten, im Aufbau positiver Verstärkung für sozial angemessenes Verhalten und in der Erhöhung der Verstärkerwirksamkeit der Bezugspersonen.

- **Entzug positiver Verstärkung bei aggressivem Verhalten.** Dazu werden Eltern, Pädagogen und gegebenenfalls Gleichaltrige darüber informiert, dass die Duldung des aggressiven Verhaltens verstärkend wirkt, selbst wenn sie gelegentlich durch demonstrative und exemplarische Sanktionen unterbrochen ist. Es werden alltagstaugliche Maßnahmen zum Stoppen akuter aggressiver Handlungen erarbeitet und erprobt (z.B. durch ein verbales oder tätliches Einschreiten zum Schutz des Opfers).

- **Aufbau positiver Verstärkung für sozial angemessenes Verhalten.** Erzieher und Lehrer werden dafür sensibilisiert, wie sie durch die Gestaltung von Lernumwelten, durch Spiel-, Bewegungs- und Lernangebote und die Etablierung von Regeln und deren Durchsetzung aggressivitätshemmende und kooperationsförderliche situative Bedingungen schaffen können, die den Kindern und Jugendlichen eine erfolgreiche Erweiterung ihres prosozialen Handlungsrepertoires erleichtern.
- **Erhöhung/Etablierung der Verstärkerwirksamkeit der Bezugspersonen.** Eltern (aber auch Pädagogen) werden zu gemeinsamen, angenehmen Aktivitäten mit ihrem Kind angeregt, um die Beziehung zueinander zu verbessern. Unter diesen Bedingungen gewinnen Lob, Beachtung und Zuspruch als soziale Verstärker an Wirksamkeit.

Förderung personaler Kompetenzen

Die Förderung personaler Kompetenzen des Kindes und Jugendlichen erfolgt vor allem im Rahmen eines therapeutischen Trainings. Die Freiwilligkeit der Teilnahme und die Einsicht in die eigene Problematik sind keine notwendigen Voraussetzungen für ein erfolgreiches Kompetenztraining, vielmehr kann die Motivierung und Problemeinsicht des Kindes bzw. Jugendlichen auch ein Therapieziel bei einer „angeordneten Maßnahme" (z.B. in einem als Bewährungsauflage vorgeschriebenen sozialen Trainingskurs) sein.

Zur Förderung der sozialen Kompetenz stehen eine Reihe von kognitiv-verhaltenstherapeutischen Trainingsprogrammen zur Verfügung. Sie sollen Kompetenzdefizite überwinden und aggressive Handlungsstrategien durch sozial kompetentes Alternativverhalten ersetzen. Im deutschsprachigen Raum sind hierzu besonders die Trainingsprogramme für aggressive Kinder (Petermann & Petermann, 1997) und zur Förderung des Arbeits- und Sozialverhaltens von Jugendlichen (Petermann & Petermann, 1996b) und das Therapieprogramm für Kinder mit hyperkinetischem und oppositionellem Problemverhalten (Döpfner, Schürmann & Fröhlich, 1998) geeignet. Diese Programme werden auf die Erfordernisse des Einzelfalls und der Behandlungsumstände übertragen. Im Einzelnen verfolgen sie folgende Ziele: Aufbau einer therapeutischen Beziehung, Vereinbarung von Trainingszielen („Was will ich stattdessen tun?"), Aufbau einer Therapiemotivation, Einübung eines angemessenen Sozialverhaltens.

Als Bausteine des Trainings, die entsprechend den spezifischen Problemen der beteiligten Kinder und Jugendlichen zusammengestellt und altersentsprechend ausgestaltet werden, haben sich folgende Schritte bewährt:

- Erlernen eines Entspannungsverfahrens, das zur allgemeinen Reduzierung des Erregungsniveaus und zum akuten Einsatz in Stress-Situationen geeignet ist (Kurzfassungen des autogenen Trainings oder der progressiven Muskelentspannung);
- Differenzierung der Wahrnehmung eigener und fremder Absichten, Gefühle, Einstellungen und Handlungen zur Überwindung feindseliger Attribution und zur Differenzierung der Interpretation sozialer Situationen;

311

- Ärgerkontroll-Training zur Sensibilisierung für eigene negative Emotionen, gegebenenfalls Neuinterpretation der auslösenden Situation, Selbstkontrolle aggressiver Impulse („cool bleiben"), Umgehen mit Misserfolg und Kritik;
- Training kommunikativer Fertigkeiten zur Initiierung und Gestaltung von befriedigenden Sozialkontakten insbesondere zu Gleichaltrigen und zur Bewältigung sozialer Anforderungen in Schule, Beruf und öffentlichem Leben;
- Training von Problemlösefähigkeiten, Erkennen und Erklären von Problemen, Entwickeln, Abwägen und Aussuchen von Handlungsalternativen unter Berücksichtigung kurz- und langfristiger Konsequenzen, Handlungsplanung, -durchführung, Bewertung und Selbstverstärkung;
- Training von Konfliktbewältigungsfähigkeiten, angemessene Selbstbehauptung, Verhandlungsstrategien, Vereinbaren und Einhalten von Regeln;
- Training von Kooperation und Hilfeverhalten, Förderung des Einfühlungsvermögens, Aufbau prosozialer Werthaltungen;
- Förderung des Selbstwertgefühls und der eigenen Kompetenzerwartung.

Das Training findet in vorbereitenden Einzelsitzungen und anschließenden Gruppensitzungen mit 3 bis 6 Kindern oder Jugendlichen statt (insgesamt ca. 15 bis 20 Sitzungen). Mithilfe spielerischer Elemente (Wahrnehmungsübungen, Kooperationsspiele, Geschichten, Puppenspiele, Videofilme, Sketche und Rollenspiele) werden soziale Situationen erlebnisnah bearbeitet. Die Teilnehmer reflektieren eigene Einstellungen und Verhaltensweisen, erproben alternative Verhaltensmöglichkeiten und üben diese ein. Bei der Auswahl der Inhalte sind die altersspezifischen Lernvoraussetzungen, Interessen und Entwicklungsaufgaben zu berücksichtigen. Dosiert eingebrachte Tokenprogramme, die mit den Kindern erarbeitet und vereinbart werden, in Kombination mit Selbstbeobachtung, Selbstinstruktion und Selbstverstärkung tragen dazu bei, dass die Kinder und Jugendlichen soziale Situationen zunehmend aktiv gestalten.

Die Generalisierung auf den Alltag wird in der Therapie durch Beobachtungs- und Hausaufgaben angebahnt. Ferner nähert sich das Training auch dem Alltag an, indem Alltagsprobleme in den Trainingssitzungen bearbeitet und antizipierend geübt werden. (Beispiel aus einem Training mit straffälligen Jugendlichen: „Wie kann ich meinen Kumpels klarmachen, dass ich meine Bewährung nicht riskieren will und deshalb ‚nein' sage?". Beispielsweise bei aggressiven Grundschülern: „Was kann ich tun, damit die anderen mich mitspielen lassen?")

Ob die Kinder und Jugendlichen ihre im Training erlernten prosozialen Handlungsmöglichkeiten aber auch tatsächlich im Alltag einsetzen, hängt wesentlich von ihrem erlebten Nutzen im Vergleich zu den etablierten aggressiven Strategien ab. Führen die neu erworbenen Handlungsmöglichkeiten zum Spannungsabbau? Erhöhen sie das Selbstwertgefühl? Erleichtern sie die Kontaktaufnahme? Verbessern sie die Selbstbehauptung etc.? Um diese Chance zu erhöhen, muss die Therapeutin genaue Kenntnisse über die Lebensumstände und die normativen Standards der Therapieteilnehmer und ihrer Bezugsgruppe haben. Erst dann können alltagstaugliche Verhaltensalternativen entwickelt werden.

Bedeutsam für den Therapieerfolg ist eine intensive therapiebegleitende **Familienberatung** bzw. ein **Elterntraining**. Dies geschieht sowohl in Einzelberatung als auch in Gruppen. Dabei haben die Eltern die Möglichkeit, über ihre Problemsicht zu sprechen. Sie erhalten Informationen über Bedingungen, die aggressives Verhalten beeinflussen, um ihr Kind besser zu verstehen und die eigenen Einflussmöglichkeiten zu entdecken. Sie erlernen neue Erziehungstrategien, die sie im Alltag erproben und an ihre spezifische Situation anpassen können. Sie überwinden Gefühle von Hilflosigkeit und Wut. Die Übertragung des Gelernten auf den Alltag wird erleichtert, wenn ein Coaching erfolgt. Dabei fungiert die Therapeutin als Trainingspartnerin, die in einer konkreten Alltagssituation (z.B. beim Spiel, bei der Hausaufgabenbetreuung, in einer akuten Konfliktsituation) angemessenes Erziehungsverhalten modellhaft einbringt bzw. begleitend unterstützt. Die Eltern werden für die positiven Aspekte und Entwicklungsfortschritte ihres Kindes sensibilisiert. Sie werden ermutigt, regelmäßig etwas Erfreuliches (z.B. Spiel, Ausflüge) mit ihrem Kind zu unternehmen. Ferner lernen sie konkret, klare soziale Regeln zu setzen, angemessen positiv zu verstärken bzw. (milde) zu bestrafen (z.B. durch Wiedergutmachung, durch Konsequenzen mit Lernmöglichkeiten). Anhand aktueller Alltagskonflikte werden Strategien der Problemlösung erarbeitet und praktisch erprobt. Bei einer Kombination von Kind- und Elterntrainings können am ehesten verfestigte Konfliktmuster unterbrochen und die Interaktions- und Beziehungsqualität in der Familie verbessert werden.

Diese Prinzipien des Elterntrainings eignen sich auch für die Beratung und Supervision von professionellen pädagogischen Bezugspersonen, da man hier vielfach ähnlich dysfunktionale Interaktionskreisläufe beobachten kann.

2.28.7
Wirksamkeit und Wirksamkeitsbedingungen der Therapie

Kognitiv-verhaltenstherapeutische Interventionen haben sich bei der Behandlung von aggressiven Verhaltensstörungen als besonders wirksam erwiesen. Insbesondere die Kombination von kindorientierten Programmen mit Elterntrainings und die an die individuelle Problematik angepassten komplexen Programme erzielen gute Ergebnisse. Jüngere Kinder (bis zu 8 Jahren) profitieren dabei mehr als ältere Kinder und Jugendliche.

Die Erfolge kognitiv-verhaltenstherapeutischer Therapien lassen sich vor allem in der Reduzierung des aggressiven Problemverhaltens, der Zunahme prosozialen und kooperativen Verhaltens, der größeren Differenzierung in den sozial-kognitiven Fertigkeiten (z.B. Vielfalt der Handlungsalternativen zur Konfliktbewältigung), der Verbesserung selbstbezogener Einstellungen (z.B. der Kompetenzerwartung) sowie einer Verbesserung der „sozialen Anpassung" nachweisen.

Allerdings sind die Behandlungsergebnisse in Bezug auf ihre zeitliche Stabilität und die Generalisierung der trainierten Kompetenzen auf den Alltag noch verbesserungsbedürftig. Dies gilt insbesondere für die Behandlung von aggressivem Verhalten, das bereits seit längerer Zeit besteht, gravierend ist, situationsübergreifend auftritt sowie mit Folgeproblemen oder Komorbidität belastet ist. Auch wenn die Behandlung erfolgreich war, bleiben diese Kinder und Jugendlichen vielfach noch auffällig.

Grundlegende Literatur

• Montada, L. (1995). Delinquenz. In R. Oerte & L. Montada (Hrsg.), Entwicklungspsychologie. Ein Lehrbuch. (S.1024–1036) (3., vollst. überarb. und erw. Aufl.). Weinheim: Beltz.

• Nolting, H. P. (1997). Lernfall Aggression. Wie sie entsteht, wie sie zu verhindern ist. (neubearb. Aufl.). Reinbek: Rowohlt.

• Petermann, F. & Wiedebusch, S. (1993). Aggression und Delinquenz. In H.-C. Steinhausen & M. von Aster (Hrsg.), Handbuch Verhaltenstherapie und Verhaltensmedizin bei Kindern und Jugendlichen (S. 319–349). Weinheim: Beltz.

Weiterführende Literatur

• Bierhoff, H. W. & Wagner, U. (Hrsg.). (1996). Aggression und Gewalt. Phänomene, Ursachen und Interventionen. Stuttgart: Kohlhammer.

• Schäfer, M. & Frey, D. (Hrsg.). (1999). Aggression und Gewalt unter Kindern und Jugendlichen. Göttingen: Hogrefe.

Materialien

• Döpfner, M., Schürmann, S. & Frölich, J. (1998). Therapieprogramm für Kinder mit hyperkinetischem und oppositionellem Problemverhalten (THOP) (2. korr. Aufl.). Weinheim: Psychologie Verlags Union.

• Petermann, F. & Petermann, U. (1996a). Erfassungsbogen für aggressives Verhalten in konkreten Situationen. (EAS-J, EAS-M). Göttingen: Hogrefe.

• Petermann, F. & Petermann, U. (1996b). Training mit Jugendlichen. Förderung von Arbeits- und Sozialverhalten (5. erw. Aufl.). Weinheim: Psychologie Verlags Union.

• Petermann, F. & Petermann, U. (1997). Training mit aggressiven Kindern (8. überarb. Aufl.). Weinheim: Psychologie Verlags Union.

2.28
Aggressivität

Verarbeitung der Trennung/ Scheidung der Eltern

Hella-Kristina Garten

2.29.1
Fallbeispiel

Der jetzt vierjährige Ben galt als fröhliches, aufgewecktes Kind. Er entwickelte sich altersentsprechend und ging mit dreieinhalb Jahren in den Kindergarten, in den er sich rasch

eingewöhnte und wo er gut mit den anderen Kindern zurechtkam. Als sich die Eltern nach einem heftigen Streit trennten, änderte sich das Verhalten des Kindes völlig. Ben wirkte jetzt verstört, weinerlich und labil. Nachts nässte er wieder ein, tagsüber litt er unter starken Stimmungsschwankungen. Hatte er zuvor ausdauernd und kreativ gespielt, so zerstörte er jetzt Spielsachen und warf sie lieblos umher. Von den anderen Kindern isolierte er sich und auf die Ansprache der Mutter reagierte er teilweise mit abweisendem Desinteresse und trotziger Verweigerung.

Die Mutter ist der Meinung, dass sein Vater einen schlechten Einfluss auf Ben ausübt, ihn gegen die Mutter einzunehmen versucht und wieder zu sich zurückholen will. Sie hat den Kontakt des Kindes zum Vater abrupt unterbrochen. Besuche des Kindes beim Vater kamen erst auf Intervention des Jugendamtes zustande, verliefen aber wenig konstruktiv. Ben verhielt sich bei diesen Besuchen, die in der früheren Wohnung der Eltern stattfanden, teilweise sehr aggressiv und war kaum mehr zu beruhigen. Wieder bei der Mutter, schreckte er nachts mehrfach hoch, träumte schlecht und nässte ein.

2.29.2
Diagnostische Kriterien nach ICD-10

Negative Scheidungsfolgen werden als Anpassungsstörungen (F43.2) klassifiziert. Eine solche Störung wird dann diagnostiziert, wenn die Symptome innerhalb eines Monats nach einer identifizierbaren, psychosozialen Belastung beginnen. Folgende Kriterien bestimmen das vorherrschende Erscheinungsbild:

- eine kurze oder längere depressive Reaktion (F43.20 oder F43.21);
- eine Mischung aus Angst und Depression (F43.22);
- die Beeinträchtigung anderer Gefühle (etwa Angst, Besorgnis, Anspannung, Ärger) und regressives Verhalten (etwa Bettnässen, Daumenlutschen) (F43.23);
- Störungen im Sozialverhalten, das sich besonders bei Jugendlichen in aggressivem und dissozialem Verhalten zeigt (F43.24);
- gemischte Störungen von Sozialverhalten und Gefühlen (F43.25);
- andere deutliche Symptome (F43.28.).

Allerdings wird eine Anpassungsstörung nur in den ersten sechs Monaten nach dem Eintritt des Ereignisses diagnostiziert. Danach wird die Störung als eigenständige Manifestation (z.B. Störung des Sozialverhaltens; F91) bezeichnet. Eine Ausnahme hiervon bilden längere depressive Reaktionen (F43.21), die als Reaktion auf eine länger anhaltende Belastung bis zu einer Dauer von zwei Jahren diagnostiziert werden können.

2.29.3
Epidemiologie, Verbreitung und Altersrelevanz

Unmittelbar nach der Trennung wird die Mehrzahl der Kinder (53,5%) von ihren Müttern als verhaltensauffällig beurteilt (Kölner Längsschnittuntersuchung; Schmidt-Denter & Beelmann, 1997). Gut die Hälfte dieser Kinder verbessert sich zwar mit der Zeit stetig, sodass sie sich im dritten Jahr nicht mehr in ihrer Symptombelastung von Kindern aus vollständigen Familien unterscheiden, knapp die Hälfte (48%) bleibt aber während des gesamten Untersuchungszeitraumes (3 Jahre) dauerhaft hoch belastet.
Langfristige negative Auswirkungen der Scheidung finden sich vor allem bei strittigen Elternbeziehungen (der Trennungsbeschluss wird nicht akzeptiert, Besuchskontakte werden verhindert) und bei Kindern, denen keine Unterstützung eingeräumt wird. So zeigen etwa 40% aller Scheidungskinder Leistungsabfälle in der Schule und geringere soziale Aktivität. Weiterhin werden Probleme im Jugendalter (etwa Drogenmissbrauch, Sektenzugehörigkeit) sowie spätere ungünstige Partnerschaftsgestaltungen mit den Trennungserfahrungen in Verbindung gebracht (Napp-Peters, 1996).
Negative Scheidungsfolgen werden vor allem bei jüngeren Kindern beziehungsweise bei Kindern auf frühen sozial-kognitiven Entwicklungsstufen (etwa geringe Fähigkeit zu Perspektivenwechsel und zu Rollenübernahme) verzeichnet.

2.29.4
Diagnostik der Störung

Diagnostiziert werden die spezifischen Anpassungsstörungen, das allgemeine Verhalten des Kindes bei Belastungen und die familiären Bedingungen. Folgende Fragen sind zu klären:

- Inwieweit steht die Störung des Kindes in einem zeitlichen und inhaltlichen Zusammenhang mit der Trennung?
- Welche Umstände sind für das Kind aktuell besonders belastend?
- Welche Interessen, Fähigkeiten und Vorlieben weist das Kind auf?
- Lassen sich in seinem Umfeld Unterstützungsmöglichkeiten finden?
- Sind die Eltern zu einer Veränderung der belastenden Bedingungen selbst in der Lage oder bereit, Hilfe dafür anzunehmen?

Gespräche mit den Eltern
Der Ermittlung dieser Gesichtspunkte dienen zunächst Elterngespräche. Hier werden die Entwicklung und die Erkrankungen des Kindes sowie die Erziehungsvorstellungen und -praktiken der Eltern erfasst. Ein weiteres Thema stellt die Erhebung der belastenden Ereignisse in der Entwicklung der Familie sowie die Feststellung der aktuellen Stressoren und Ressourcen der Familie dar (z.B. Belastungen durch Krankheiten, die finanzielle Situation der Familie, die Pflege von Angehörigen, Unterstützung durch Verwandte oder Freunde, Lösungen und Stabilisierungsstrategien bei früheren Krisen). Ferner werden Aspekte wie die subjektive Sicht des Scheiterns, der Trennungsverlauf, Regelungen, Einschätzung der Situation des Kindes und Zukunftsvorstellungen erfragt.

Verhaltensbeobachtungen
Bei einem Hausbesuch wird die Interaktion der Eltern mit dem Kind beobachtet. Von besonderem Interesse sind dabei in der Regel folgende Interaktionsmerkmale: Inwieweit ist die Interaktion mit dem Kind altersangemessen? Inwieweit sind die Interaktionen zwischen Eltern und Kind ausgewogen (etwa gegenseitige Beteiligung)? Inwieweit gehen die Eltern einfühlsam auf das Kind ein? Inwieweit orientieren sich die Kinder am elterlichen Verhalten? Inwieweit werden Forderungen in angemessener Weise gestellt? Die Kategorien für die Beobachtung werden aus den Elterngesprächen abgeleitet. Falls sich aus dieser eher begleitenden Beobachtung Hinweise für gestörte oder unangemessene Interaktionsformen ergeben, wird eine systematische Verhaltensbeobachtung nach genau festgelegten Kriterien (etwa Videoaufzeichnung, standardisierte Beobachtungssituationen) durchgeführt.
Als belastend eingeschätzte Bedingungen wie die Übergabe des Kindes zu Besuchskontakten werden begleitet und beobachtet. Hierzu sucht man das Kind vor dem Übergabetermin beim Elternteil, mit dem es lebt, auf und analysiert in einer begleitenden Beobachtung die Situation der Vorbereitung und der Verabschiedung des Kindes sowie die Begrüßung durch den abholenden Elternteil und die Gestaltung des Kontaktes bis zur Rückgabe des Kindes sowie die Art der Annahme durch den anderen Elternteil.

Gespräche und Untersuchung des Kindes

Bei kleineren Kindern wird versucht, die erlebte Situation, die Sichtweise seiner Eltern und die eigenen Bewältigungsansätze im Spiel ausdrücken zu lassen. Hierzu werden einzelne Figuren und deren Aktionen vom Untersucher eingebracht, auf die das Kind reagiert. Mit älteren Kindern können hingegen Testverfahren (etwa Family-Relations-Test, Bene & Anthony, 1985; Familien-Beziehungs-Test, Howells & Lickorish, 1994) durchgeführt werden, mit ihnen wird auch ein Gespräch über die Trennungsereignisse und die damit verbundenen Veränderungen (etwa frühere und jetzige Beziehungen, Kontakt zu wichtigen Bezugspersonen, ihre Sicht der Ereignisse, die eigenen Gefühle, die eigenen Bewältigungsformen) geführt. Anhand dieser Exploration können auch die persönlichen Ressourcen des Kindes (etwa Kommunikationsfähigkeit, Bewältigungsstile, Belastung, Kontrollüberzeugungen) eingeschätzt werden.

Die Bewältigungsmöglichkeiten des Kindes werden in „Probehandlungen" erhoben. Hierzu werden kritische Situationen, denen das Kind auch im Alltag ausgesetzt ist, beispielsweise im Spiel oder im Rollenspiel, anschaulich dargestellt und die Lösungsmöglichkeiten des Kindes zu diesem Problem erfragt. So lässt man etwa im Spiel mit Puppen ein Auto mit der Figur des Vaters vorfahren, die Figur der Mutter sieht

das und sagt zum Kind: „Dein Papa ist da und will dich abholen, du musst aber nicht mitgehen!" Das Kind, das mit der Figur Kind spielt, wird nun gefragt: „Was fühlt das Kind jetzt? Was könnte es tun?" Hierfür eignen sich auch Bildvorlagen (siehe Abb. 1), die unter dem Gesichtspunkt eigener Handlungsmöglichkeiten durchgespielt werden (etwa: „Wie ist es dazu gekommen? Was fällt dir dazu ein? Was könntest du jetzt tun? Was passiert dann?"). Die Aussagen des Kindes werden nach Selbstwirksamkeit (Traut es sich überhaupt eine Lösung zu?), Strategieeinsatz (z.B. Dinge aushandeln, Konsequenzen antizipieren) und Affektbewältigung (z.B. Rückzug, impulsives Ausagieren) ausgewertet.

2.29.5
Bedingungsmodell

Die Trennung der Eltern ist für die Kinder zumeist sehr belastend; auf der Stress-Skala für Kinder (Samuels & Samuels, 1986) führt sie häufig zur zweithöchsten Belastung nach dem Tod eines Elternteiles. Die Trennung ist also ein kritisches Ereignis mit existenzieller Bedrohung, das den Kindern besondere Bewältigungskompetenzen und Anpassungsleistungen abverlangt. Gleichzeitig sind mit der Trennung der Eltern zumeist auch weitere einschneidende Veränderungen im Leben des Kindes verbunden (z.B. Umzug, Schulwechsel). Durch den Wechsel von Betreuungspersonen stehen oft emotionale Bindungen infrage.

Anpassungsstörungen ergeben sich aus der Qualität und Intransparenz der Situationsumstände, die mit der Trennung verbunden sind und die die Bewältigungs- und Anpassungsmöglichkeiten des Kindes überfordern, u.a.:

- Konflikte zwischen den Eltern, in die das Kind teilweise einbezogen wird (z.B. Instrumentalisierung des Kindes als Spion, zur Rache, als Bündnispartner);
- Überlastung des versorgenden Elternteils (etwa durch psychische Probleme, finanzielle Sorgen, Aufnahme einer Berufstätigkeit, neue Partnerschaft);
- Abwertung eines Elternteils durch den anderen oder dessen aktive Ausgrenzung aus dem Leben des Kindes (z.B. Verhinderung von Besuchskontakten, negative Darstellung des anderen Elternteiles).

Diese Gegebenheiten wirken besonders dann destabilisierend, wenn gleichzeitig wichtige Schutzfaktoren der kindlichen Entwicklung geschwächt werden. In Trennungssituationen geschieht das häufig, weil etwa die positive Beziehung zu den wichtigsten Bezugspersonen leidet (Mangel an Zuwendung, mangelnder emotionaler Austausch zwischen Eltern und Kind) oder die Unterstützung des Kindes durch vertraute Personen (Freunde, Großeltern) erschwert ist.

In dieser Situation stellen sich Anpassungsstörungen als Missverhältnis zwischen den Situationsanforderungen und Bewältigungsmöglichkeiten der Kinder ein.

2.29.6
Therapieplanung

Die Therapie hat das Ziel, dem Kind die Anpassung an die neue Lebenssituation zu ermöglichen. Dabei wird versucht, beide Eltern dafür zu motivieren und ihnen Kompetenzen dafür zu vermitteln, damit sie selbst ihr Kind unterstützen und die Verarbeitungsprozesse gemeinsam mit dem Kind initiieren und fördern können (Menne, Sibbert & Kesten, 1993; Witte, Schilling & Weber, 1992).

Intervention über die Eltern
Ziel der therapeutischen Arbeit mit den Eltern ist es, beide in ihrer Verantwortung für ihr Kind zu belassen. Konkret bedeutet das, dass sie die nachstehenden Aufgaben möglichst einvernehmlich und konstruktiv angehen sollten:

- Der Therapeut stellt anhand der diagnostischen Befunde die aktuelle Befindlichkeit des Kindes dar und regt die Übernahme seiner Perspektive durch die Eltern an. Als gemeinsames, dem Streit übergeordnetes Interesse der Eltern wird die Wiederherstellung des Wohlergehens ihres Kindes in den Blickpunkt gestellt.
- Die Therapie versucht zu erreichen, dass die Eltern mit dem Kind über das Trennungsgeschehen ins Gespräch kommen. Dazu werden Kinderbücher (siehe Materialangaben), in denen altersgleiche Kinder mit Trennungsproblemen zu kämpfen haben, eingeführt. Die El-

tern sollen das Buch zuerst selbst und dann gemeinsam mit dem Kind lesen und in zeitlich klar begrenzten Gesprächen möglichst oft den Bezug zum Leben des Kindes herstellen (etwa über seine Empfindungen sprechen, seine Anliegen erörtern). Dabei können auch Möglichkeiten für ein verändertes Zusammenleben, die in dem Buch dargestellt worden waren, bewertet und auf die eigene Situation übertragen werden. In diesen Gesprächen übermitteln die Eltern dem Kind immer wieder ihr Verständnis für seine Sorgen und machen die Zuneigung beider Eltern deutlich. Diese Gespräche werden in einem Tagebuch stichwortartig festgehalten (Zeit, Dauer, Verlauf) und mit dem Therapeuten besprochen.

- Das nächste Ziel ist die Zukunft für das Kind vorhersehbar zu machen, unter anderem durch Festlegung der künftigen Betreuung des Kindes (Welcher Elternteil tut was, wann und wie lange gemeinsam mit dem Kind?). Diese Aktivitäten, bei denen sich ein Elternteil allein mit dem Kind beschäftigt, werden als feste Rituale in den Tagesablauf eingeplant (etwa nach dem Mittagessen kuscheln, der abwesende Elternteil ruft am Abend zu einer fest vereinbarten Uhrzeit an und liest eine Gute-Nacht-Geschichte vor). Diese gemeinsamen Aktivitäten brauchen nicht lange zu dauern, müssen aber absolut zuverlässig und pünktlich ausgeführt werden.
- Diese Absprachen werden in gemeinsamen Gesprächen mit beiden Eltern vereinbart und schriftlich festgehalten. Die Eltern erproben die getroffenen Regelungen und modifizieren sie nach den gewonnenen Erfahrungen in der jeweils nächsten Sitzung so lange, bis eine befriedigende Form gefunden wurde. Auf diese Weise sollen auch längerfristige Regelungen zustande kommen.
- Falls die Interaktion eines Elternteils mit dem Kind überfordernd oder wenig einfühlsam ist, werden in einem Interaktionstraining besonders belastende Eltern-Kind-Interaktionen (das Kind will gegen den Willen der Mutter den Vater anrufen; das Kind kommt freudestrahlend von einem Besuch beim Vater, dem die Mutter nur widerstrebend zugestimmt hat, zurück) auf Video aufgezeichnet und auf die dem elterlichen Verhalten zugrunde liegenden Wahrnehmungen, Bewertungsprozesse und Intentionen analysiert. Dabei werden auch Verhaltensalternativen entwickelt, die dann von den Eltern im Alltag erprobt werden (Peterander, 1997).

Intervention mit dem Kind

Die Arbeit mit den Eltern wird durch die Intervention mit dem Kind ergänzt. Im Mittelpunkt steht zunächst die Verarbeitung und Klärung des Trennungsgeschehens sowie die Ableitung eigener Handlungsmöglichkeiten.

Zunächst soll das Kind das Trennungsgeschehen reflektieren und eigene Sichtweisen einzunehmen lernen. Hierzu eignen sich auch Gruppen für Trennungskinder ohne gravierende Verhaltensstörungen. Dazu gibt es ein feststehendes Programm von insgesamt etwa 10 Sitzungen, angepasst an bestimmte Altersstufen (7- bis 9-, 10- bis 12-, 13- bis 16-jährige Kinder). Ein Vorteil dieser Gruppen besteht darin, dass Kinder mit ähnlichen Erfahrungen zusammentreffen und sich in der Regel Kinder darunter befinden, die positive Vorbilder für andere sein können. Geleitet werden die Gruppen von zwei Betreuern (männlich-weiblich). Die Gruppen thematisieren das Geschehen bei der Scheidung, Gefühle der Kinder, Konflikte, eigene Stellungnahmen der Kinder, Umgang mit den Gefühlen, Zukunftswünsche und mögliche Problemlösungen. Dabei werden auch kreative Mittel (etwa Zeitung erstellen, Hörspiel abfassen,

Rollenspiele und Medien/Videofilme) eingesetzt. Elternabende werden zur Vorbereitung und zum Abschluss durchgeführt (vgl. Fthenakis et al., 1995). In der direkten Arbeit mit den Kindern empfehlen sich beispielsweise folgende Maßnahmen:

- eine Kiste mit Erinnerungsstücken und Fotos anlegen, in der das Kind kramen kann;
- unerfüllbare Wünsche auf Luftballons schreiben, die man davonfliegen lässt und sich auf diese Weise von ihnen verabschiedet;
- eigene Gefühle benennen, zeichnen und im Spiel (Rollenspiel, Spiel mit Stabpuppen) ausdrücken.

Diese Vorgehensweisen können auch bei bereits verhaltensauffälligen Kindern eingesetzt werden. Jedoch empfehlen sich hier eher Einzelsitzungen mit dem Kind, die die Trennungsereignisse mit ihren Folgen thematisieren und Strategien für eine angemessenere Verarbeitung einüben.
Die Trennungsverarbeitung fällt den Kindern umso leichter, je stärker sie sich als Akteur selbst beteiligen können. Deshalb sollten insbesondere die älteren Kinder (ab etwa acht Jahren) in Abstimmung mit der Intervention, die sich an die Eltern richtet, zu eigenen Bewältigungsbeiträgen ermuntert werden. Dazu gehört:

- vor den Eltern Ängste vor den Veränderungen aussprechen;
- bei den Eltern Anworten auf die eigenen Fragen fordern;
- sich aus dem Streit der Eltern durch Abgrenzung heraushalten;
- über die Trennung der Eltern mit anderen (etwa der Freundin, einer Tante) sprechen;
- die eigenen Aufgaben (etwa schulische Arbeiten, Kontakte mit Freunden, sportliche Aktivitäten) wieder stärker beachten.

Diese Verhaltensweisen werden über Methoden des stellvertretenden Lernens (z.B. Bilderbuchgeschichten, Comics, Videofilme) abgeleitet und in Rollenspielen eingeübt. Daraufhin soll das neue Verhalten gegenüber den Eltern bzw. im Alltag praktiziert werden.

2.29.7
Wirksamkeit und Wirksamkeitsbedingungen der Therapie

In der Literatur wird vor allem die präventive Wirksamkeit von Interventionen, die die Trennung der Eltern begleiten, belegt. So führt eine Mediation, die in vielen Staaten der USA für scheidungswillige Eltern bereits verpflichtend ist, zu einer Reduktion von Konflikten und zu befriedigenden Besuchsregelungen (Maccoby & Mnookin, 1994). Ähnliche Erfahrungen liegen auch aus deutschen Beratungsstellen vor. Hier kann bei etwa 50% der streitenden Eltern eine konstruktive Form der Trennung angeregt werden. Bei leichteren, mit der Trennung verbundenen Verhaltensauffälligkeiten sind Gruppenprogramme für Kinder in der Lage, die Symptomatik zu verringern (Rückgang der schulischen Verhaltensauffälligkeiten, Verringerung von Ängstlichkeit und Selbstbeschuldigung, Anstieg von Selbstbehauptung und Kompetenz; Jaede, Wolf & Zeller-König, 1996).

Zum Abbau bereits bestehender gravierender Verhaltensauffälligkeiten sind hingegen breiter angelegte Interventionsprogramme notwendig. Befriedigende Ergebnisse erreichen hier Interventionen, die die Eltern sowohl über kindliche Bedürfnisse und die angemessene Unterstützung ihres Bewältigungsverhaltens informieren als auch diese Verhaltensweisen direkt einüben und auf den Alltag übertragen (vgl. Fthenakis et al., 1995).

Grundlegende Literatur

- Napp-Peters, A. (1996). Familien nach der Scheidung. München: Kunstmann.

- Schmidt-Denter, U. & Beelmann, W. (1997). Kindliche Symptombelastung in der Zeit nach einer ehelichen Trennung – eine differentielle und längsschnittliche Betrachtung. Zeitschrift für Entwicklungspsychologie und Pädagogische Psychologie, 29, 1, 26–42.

- Maccoby, E. & Mnookin, R. (1994). Dividing the Child. Cambridge: Harvard University Press.

Weiterführende Literatur

- Amato, P. R. & Keith, B. (1991). Parental divorce and the wellbeing of children. A meta-analysis. Psychological Bulletin, 110, 26–46.

- Menne, K., Schilling, H. & Weber, M. (Hrsg.). (1993). Kinder im Scheidungskonflikt. Beratung von Kindern und Eltern bei Trennung und Scheidung. München: Juventa.

- Witte, E. H., Sibbert, J. & Kesten, I. (1992). Trennungs- und Scheidungsberatung. Göttingen, Stuttgart: Verlag für Angewandte Psychologie.

Materialien

- Bene, E. & Anthony, I. (1985). Family Relations Test (FRT). Göttingen: Testzentrale.

- Fhenakis, W. F., Chow, S., Gemar, K., Köster-Goorkotte, I., Kohlmann, K., Lehmann, F., Mayer-Gaub, G., Seibel, K., Siefert, I., Stahl, F., Walbiner, W. & Wolf, J. (1995). Gruppeninterventionsprogramm für Kinder mit getrennt lebenden oder geschiedenen Eltern. Weinheim: Beltz.

- Graver, C. & Morse, L. (1986). Helping children of divorce. Springfield: IC.

- Howells, I. G. & Lickorish, I. R. (1994). Familien-Beziehungs-Test (F-B-T) (5. Aufl.). Göttingen: Testzentrale.

- Jaede, W., Wolf, J. & Zeller-König, B. (1996). Gruppentraining mit Kindern aus Trennungs- und Scheidungsfamilien. Weinheim: Beltz.

- Peterander, F. (1997): Interaktions-und kommunikationszentrierte Gesprächsführung in Familien mit Problemkindern. Kindheit und Entwicklung, 6, 67–78.

- Ricci, I. (1984). Trotz Scheidung Eltern bleiben. München: dtv.

- Samuels, M. & Samuels, N. (1986). Das Kinderheilbuch. Düsseldorf: Econ.

- Short, I. L. (1998). Evaluation of a substance abuse prevention and mental health promotion program for children of divorce. Journal of Divorce and Remarriage, 28, 139–155.

Empfohlene Literatur für Eltern und Kinder

- Becker, A. (1991). Und was wird aus uns? Ravensburg: Ravensburger.

- Bröger, A. (1991). Heini eins bis fünf. Zürich: DTV.

- Brown, K. & Brown, M. (1998). Scheidung auf Dinosaurisch. Reinbek: Carlsen

- Donelly, E. (1982). Tine durch zwei geht nicht. Hamburg: Ravensburger.

- Härtling, P. (1989). Fränze. Weinheim: Beltz.

- Maar, N. & Ballhaus, V. (1988). Papa wohnt jetzt in der Heinrichstraße. Lohr: modus viventi

- Nöstlinger, C. (1989). Oh, du Hölle. Weinheim: Beltz.

- Nöstlinger, C. (1990). Der gefrorene Prinz. Weinheim: Beltz.

- Sakowski, H. (1988). Wie brate ich eine Maus oder die Lebenskerben des kleinen Raoul Habenicht. Stuttgart: Thienemans

Schlafstörungen

Udo B. Brack und Anja Warnke

2.30.1
Fallbeispiel

Torsten, ein dreieinhalbjähriger, in der Untersuchungssituation offen und zugewandt auftretender Junge, wird von seinen Eltern wegen Schlafstörungen vorgestellt. Die Mutter beklagt, dass es insbesondere beim Einschlafen Probleme gibt. Stark verunsichert sind die Eltern dadurch, dass sich das Kind beim Zubettgehen in der Vergangenheit in Wutanfälle bis hin zum Erbrechen hineinsteigerte. Diese Probleme seien verstärkt nach einer Blinddarmoperation aufgetreten.

Die Mutter arbeitet einige Tage der Woche in den Abendstunden, sodass die Eltern Torsten abwechselnd zu Bett bringen. Dabei vollziehen sich fast täglich folgende Szenen, die zu deutlichen Schlafdefiziten der ganzen Familie führen: Die Eltern bringen das Kind gegen 20.00 Uhr zu Bett. Torsten äußert dann verschiedene Wünsche, etwa dass man ihm eine Geschichte vorlesen, eine Musikkassette einlegen oder ein Fläschchen mit Tee holen solle. Um Wutanfällen vorzubeugen, kommen die Eltern den Wünschen meist nach, weisen das Kind jedoch darauf hin, dass es nun endlich schlafen müsse. In einer normalen Nacht kommt es vor, dass die Musikkassette bis zu zehnmal erneut eingelegt oder das Fläschchen dreimal aufgefüllt wird. Zwischendurch gibt es immer wieder Tränen und Auseinandersetzungen, da die Eltern

323

das Kind nur durch Überredungskünste, begleitet von Geschrei, wieder ins Bett bringen können. Meist kommt Torsten erst nach Mitternacht zur Ruhe, ist am Morgen unausgeschlafen und weinerlich. Da auch die Eltern zunehmend erschöpft und hilflos sind, suchen sie Unterstützung im Umgang mit ihrem Kind.

2.30.2
Diagnostische Kriterien nach ICD-10

Unter „F5 Verhaltensauffälligkeiten mit körperlichen Störungen und Faktoren" führt die ICD-10 die hier relevanten „F51 Nichtorganischen Schlafstörungen" auf. Die weitere Unterteilung umfasst

Dyssomnien
• Insomnien (Ein- und Durchschlafstörungen);
• Hypersomnien (abnorm verlängerte Schlafdauer);
• Schlaf-Wach-Rhythmusstörungen (mangelnde Synchronität des Schlafes).

Parasomnien
• Pavor nocturnus (nächtliche Episoden mit Furcht und Panik);
• Alpträume (Angstträume);
• Schlafwandeln.

Der Bedeutung für die praktische Verhaltenstherapie entsprechend, sollen hier vor allem Aspekte der Insomnie (F51.0) und der Störungen des Schlaf-Wach-Rhythmus (F51.2) besprochen werden. Damit wird zugleich, zumindest in Bezug auf kleinere Kinder, auf wesentliche Aspekte der Behandlung des Pavor nocturnus (F51.4) eingegangen. Die betroffenen Kinder und Jugendlichen schlafen zu wenig, nicht zur richtigen Zeit oder mit zu vielen Unterbrechungen. Bereits die Bezeichnung als „Nichtorganische Schlafstörungen" betont die Notwendigkeit der Abgrenzung von organischen, vor allem neurologischen Störungen. Während der Hinweis der ICD-10, dass Schlafstörungen häufig mit anderen psychischen oder körperlichen Krankheiten zusammenhängen, sehr wichtig ist, könnte die Anmerkung, dass bei den hier diskutierten Schlafstörungen „emotionale Ursachen einen primären Faktor darstellen", zu dem falschen Schluss führen, dass prinzipiell grundlegende emotionale Probleme oder Konflikte vorhanden sind und behandelt werden müssen, um die Schlafstörung zu beseitigen. Korrekt ist aber wieder die Aussage, dass man bei Kindern oft von Schlafstörungen spricht, wenn sie eher Probleme mit dem Zubettgehen bzw. mit dem Im-Bett-Bleiben haben.

2.30.3
Epidemiologie, Verbreitung und Altersrelevanz

Schlafstörungen stellen ein weit verbreitetes und in allen Altersstufen auftretendes Problem dar (Tabelle 1). Da Schlafdauer und -rhythmus im Laufe der Entwicklung inter- und intraindividuell stark variieren und in den ersten Lebensmonaten nächtliches Aufwachen und Schwierigkeiten beim Einschlafen im Rahmen der Etablierung des Schlaf-Wach-Rhythmus sogar regulär auftreten, sind subjektive Bewertungen der Quantität und Qualität des Schlafes kritisch und in Bezug zum Entwicklungsalter zu betrachten. Schlafstörungen sind heterogene Störungsbilder und gerade bei kleineren Kindern spielen im Kontext des gestörten Schlafes auch die Bewältigung des Alleinseins (bis hin zur Trennungsangst) oder der Versuch der Teilnahme an interessanten Aktivitäten (z.B. Fernsehen) eine wichtige Rolle. Bei Jugendlichen können Schlafstörungen auch in Verbindung mit Depression, Angststörungen und Alkohol- oder Drogenkonsum auftreten.

2.30 Schlafstörungen

Tabelle 1: Häufigkeit von Schlafstörungen
(nach Schulz & Paterok, 1997; Wolke et al., 1994)

Altersgruppe	Prävalenz der Insomnien
Kinder im 1.–3. Lebensjahr	15–35%
Kinder im 4.–6. Lebensjahr	10–15%
Jugendliche im Alter 15–19 weiblich	5,6% leichte, 2,8% mittl./schwere
männlich	6,9% leichte, 1,1% mittl./schwere
junge Erwachsene ab 20 Jahre weiblich	10,1% leichte, 3,1% mittl./schwere
männlich	7,2% leichte, 4,1% mittl./schwere
Erwachsene	10–35%
	Prävalenz der Parasomnien
Kinder im Alter von 5–12	15% vorübergehende Episoden

In einer repräsentativen Stichprobe von 432 Kindern fanden Wolke et al. (1994), dass etwa 17% der Kinder im Alter von 4;8 Jahren regelmäßig die ganze Nacht, gut 10% einen Teil der Nacht im Bett der Eltern schliefen. Bereits diese Angaben zeigen, wie stark Schlafprobleme von Kindern und ihre Bewältigung in der Familie in den Erziehungsstil eingebunden sind.

2.30.4
Diagnostik der Störung

Bei jüngeren Kindern sind Schilderungen der Eltern Basis des diagnostischen Prozesses, in dem anfänglich geprüft wird, ob es sich bei den beschriebenen Problemen um ein normales Entwicklungsphänomen oder eine behandlungsbedürftige Schlafstörung handelt. Ältere Kinder und Jugendliche werden aktiv in den Diagnostikprozess einbezogen. Als diagnostische Methoden kommen Exploration und Anamneserhebung, Verhaltensbeobachtung, Schlaftagebuch, physiologische Messungen und Fragebogen zum Einsatz. In einer ärztlichen Untersuchung mit EEG-Ableitung und Prüfung der Atemwege werden zugrunde liegende körperliche Erkrankungen ausgeschlossen. Bei chronischen Schlafstörungen im Jugendalter erfolgt oft eine Objektivierung der subjektiv erlebten Störung über Polysomnographie (EEG, EMG, EOG) im Schlaflabor. Dieser apparative Aufwand ist bei Kindern in der Regel nicht notwendig, da die Angaben der Eltern und Verhaltensbeobachtungen im häuslichen Milieu bereits aussagekräftige und therapierelevante Informationen liefern.

Faktoren, die zur Entwicklung der Schlafstörung geführt haben, werden über ausführliche Anamneseerhebung, Erfragung der Wohnverhältnisse und Schlafbedingungen sowie Erhebung von Krankheiten und Schlafstörungen in der Familie (die auch ein Hinweis auf Modelllernen sein können) erfasst. Bei älteren Kindern und Jugendlichen sind außerdem der Umgang mit Alkohol, Drogen und Nikotin sowie mit belastenden Lebensereignissen und Alltagsproblemen zu explorieren.

Bei der Analyse aufrechterhaltender Faktoren werden schlafstörende elterliche Verhaltensweisen und Gewohnheiten des Kindes sowie ungünstige familiäre und räumliche Bedingungen hinterfragt. Dazu gehört

- die Überprüfung des Schlafplatzes auf störende Lärm- und Lichtquellen,
- das Erstellen eines Schlafprotokolls über einen Zeitraum von zwei Wochen (Bettgehzeit, vorausgegangene Aktivitäten, Einschlafritus, Häufigkeit des Aufwachens bzw. des Rufens, Einnässen, Reaktionen der Eltern, Schlafplatz des Kindes),
- die Erhebung von Restkomponenten vorausgegangener Therapieversuche (z.B. Einnahme von Medikamenten) und
- die Auswirkungen auf das Familienleben und weitere Konsequenzen der Störung.

Bei einem Kind, das sich nach dem Einschlafen nachts häufig meldet, werden die Zeiten erfasst, zu denen es ruft bzw. aus seinem Zimmer kommt. Dann wird genau registriert, was das Kind tut bzw. was es verbal äußert, was die Eltern daraufhin tun, wann das Kind wieder im Bett ist, ob es dabei irgendwelche Bedingungen stellt usw. Wenn die kritischen Zeitpunkte der

Schlafstörung erfasst sind, ist oft der Einsatz eines Kassettenrekorders nützlich. Ruft ein Kind regelmäßig zwischen 22.00 und 24.00 Uhr nach seinen Eltern, dann kann kurz vorher ein Kassettenrekorder in seinem Zimmer eingeschaltet werden, sodass das tatsächliche Verhalten des Kindes und die resultierenden Reaktionen der Eltern genauer ermittelt werden können. Das Ergebnis unterscheidet sich nicht selten erheblich von dem Ablauf, den die Eltern vorher dem Therapeuten dargestellt haben. Das gilt auch und gerade bei Besonderheiten wie nächtlichen Angstanfällen des Kindes (pavor nocturnus). Bei schweren und sehr konsistenten Schlafstörungen ist es auch sinnvoll und vom Aufwand vertretbar, wenn Verhaltenstherapeuten bei einem Hausbesuch die konkreten Abläufe selbst beobachten und registrieren.

2.30.5
Bedingungsmodell

Auch wenn keine eindeutigen medizinischen Ursachen für den gestörten Schlaf gefunden werden, bleibt die Frage, warum das Schlafbedürfnis des Kindes nicht zu einer adäquaten Regulierung des Schlafverlaufs führt. Dabei liegt die Annahme nahe, dass die Schlafstörung des Kindes und die Reaktionen der Bezugspersonen auf das Verzögern des Einschlafens oder das nächtliche Aufwachen in einer Wechselwirkung stehen. Dabei sind vor allem zwei Aspekte bedeutsam:

• Einzelne Anteile der Schlafsituation können insbesondere in Verbindung mit Ängsten ein gestörtes Schlafverhalten auslösen. Das Bett wird durch unangenehme Erfahrungen im Sinne der klassischen Konditionierung zum Hinweisreiz für Ängste, Schmerzen oder Strafe.
• Zugleich können verstärkende Reaktionen der Bezugspersonen im Sinne der operanten Konditionierung das Verzögern des Einschlafens, das Verhalten des Kindes bei kurzzeitigem nächtlichem Wachwerden (Schreien, Aufstehen usw.) und evtl. die Häufigkeit dieses Wachwerdens bzw. die Schlaftiefe erheblich beeinflussen.

Die Schlafstörung mündet bei kleinen Kindern oft in einen Teufelskreis: Verhalten wie Nichteinschlafen, Schreien oder Aufstehen wird etabliert, indem es vom Erwachsenen durch Zuwendung und Erfüllen von Wünschen positiv verstärkt wird; die Beendigung der für das schreiende Kind und die belasteten Eltern zunehmend unangenehmen Situation durch Verlassen des Bettes und Schlafen im Bett der Eltern stellt dann eine negative Verstärkung dieses Problemverhaltens (und des Nachgebens der Eltern) dar.
Da Schlafstörungen oft mit anderen Verhaltensproblemen einhergehen, ist vermutlich ein unsicher inkonsequentes Erziehungsverhalten der Aufrechterhaltung der Problematik förderlich. Bei älteren Kindern und Jugendlichen sind oft akute Belastungen (Schulschwierigkeiten, Verlusterlebnisse, Beziehungskonflikte der Eltern usw.) Auslöser von Schlafstörungen. In diesem Fall führen exzessive Beschäftigung mit den Belastungen und die Selbstbeobachtung des Schlafes (z.B. aufgrund der Annahme, dass Schlafdefizite zu gesundheitlichen Schäden führen können) häufig zu einem frühen Zubettgehen bzw. kompensatorischen Tagesschlafen und damit zur Aufrechterhaltung der Problematik.

2.30.6
Therapieplanung

Die Therapiegestaltung bei jüngeren Kindern ist geprägt von der Berücksichtigung möglicher Ängste des Kindes in der Schlaf- bzw. Einschlafsituation einerseits und der operant verstärkten Anteile des gestörten Schlafverhaltens andererseits. Das gilt bereits für leichtere Störungsformen, bei denen Wolke et al. (1994) ein Beratungskonzept empfehlen, das die Strukturierung der Situation vor dem Zubettgehen und eine freundliche, aber konsequente Haltung gegenüber dem Kind, das nachts nach den Eltern ruft bzw. aus seinem Zimmer kommt, fordert.

Bei Kindern, die wegen der Schlafstörung zur Therapie kommen, ist in der Regel die Situation dadurch wesentlich erschwert, dass sie eine Vielfalt von Verhaltensweisen entwickelt haben, die die nächtliche Zuwendung der Eltern erzwingen; und dass die Eltern ein breites Repertoire an Verwöhnung, zum Teil gemischt mit Strafen, ausgebildet haben, um das Kind ruhig zu stellen. In diesem Falle sind oft die Bedingungsvariablen der einzelnen Störverhaltensweisen nicht mehr klar zu isolieren. Viele Kinder signalisieren Angstzustände, sodass die Eltern sich genötigt fühlen, zu Hilfe zu kommen. Nach kurzer Zeit aber geht diese ‚Hilfe' in Verwöhnung über, die die Kinder durch Schreien oder erneute Angstsignale zu verlängern versuchen. Bei therapeutischen Maßnahmen liegt nun die Gefahr nahe, durch Beruhigung des Kindes bei möglichen Ängsten das Störverhalten operant zu verstärken und dadurch langfristig aufzubauen. Wenn aber nachts nach dem Kind gesehen werden muss (weil es tatsächlich Angst haben könnte, weil es möglicherweise Fieber hat usw.) und zugleich die Verstärkung der operanten Anteile dieses Verhaltens vermieden werden soll, dann liegt die Lösung des Problems im Aspekt der Kontingenz. Ein entsprechender Therapieplan könnte so aussehen:

- Mögliche Angstauslöser werden reduziert; insbesondere wird das Zimmer des Kindes nicht vollständig verdunkelt.
- Die Eltern gehen dann in der vorher festgestellten, kritischen Zeit (z.B. zwischen 21.00 Uhr und 02.00 Uhr) in halbstündigen Abständen in das Zimmer des Kindes und sehen nach, ob alles in Ordnung ist; sie decken das Kind zu, geben ihm bei Bedarf etwas zu trinken, kontrollieren die Körpertemperatur usw. Dabei werden nur die notwendigen Handgriffe erledigt, das Kind bekommt darüber hinaus keine, vor allem keine verbale Zuwendung.
- Außerhalb dieser festgelegten Zeiten gehen die Eltern nicht in das Zimmer des Kindes. Eine Ausnahme besteht natürlich dann, wenn eine konkrete Notlage des Kindes vermutet wird. (Dieser Aspekt sollte im Therapieplan ausdrücklich festgehalten werden!)
- Wenn das Kind aus dem Zimmer kommt, um zu den Eltern zu gehen, wird es schweigend (und ohne Strafen!) zurück in sein Bett geführt. Wenn es äußert, dass es zur Toilette gehen muss, dass es etwas zu trinken benötigt usw., dann wird ihm das jeweils für kurze Zeit gestattet, aber ohne jegliche verbale Zuwendung.
- Die Eltern registrieren in einem vorgegebenen Plan, was das Kind zu den festgelegten Kontrollzeiten im Zimmer getan hat (geschlafen, wach gelegen, geschrien usw.) und was in den Intervallen dazwischen geschah.
- Die Eltern wecken das Kind morgens zu einer festgelegten Zeit und verbinden das evtl. mit Lob bzw. materieller Verstärkung, wenn die Nacht ohne größere Störung verlaufen ist.

Ein solcher Therapieplan für jüngere Kinder muss unbedingt schriftlich an die Eltern gegeben und – neben der Aufklärung über Variablen des kindlichen Schlafes und über den prinzipiellen Ansatz der Verhaltensmodifikation – ausführlich mit ihnen besprochen werden. Sonst besteht die Gefahr, dass sie sich nur oberflächlich daran halten und nicht ausführlich besprochene Situationen als Ausnahmen betrachten, die den Plan außer Kraft setzen. Günstig sind hier wieder Verhaltenskontrollen über Kassettenrekorder oder auch Hausbesuche.

Ältere Kinder und Jugendliche erhalten bei der Bearbeitung ihrer Schlafprobleme eine aktivere Rolle. Von therapeutischer Relevanz sind die Informierung über Schlaf und Schlafhygiene, die Einübung eines Entspannungsverfahrens wie der progressiven Muskelrelaxation, der Einsatz von Techniken der Stimuluskontrolle und die Verwendung von Schlafrestriktion, paradoxer Intention und Methoden der kognitiven Umstrukturierung – zusammengesetzt zu einem mehrdimensionalen, individuellen Behandlungsplan.

Bereits die Informationsvermittlung über das Phänomen Schlaf führt häufig schon zu einer Abnahme von Schlafproblemen, wenn unrealistische Vorstellungen und Befürchtungen korrigiert werden. In einer dem Alter der Patienten angemessenen Form werden die Funktion des Schlafes, die Schlafphasen und die alterstypische Schlafdauer erklärt und günstige Voraussetzungen für erholsamen Schlaf, wie z.B. ein ruhiger Schlafplatz, Verzicht auf Alkohol, Drogen und Nikotin, Vermeidung schwerer Mahlzeiten vor dem Schlafengehen und eine Aktivitätsreduzierung am Abend diskutiert.

Mindestens zweimal täglich sollte an einem ruhigen Ort außerhalb des Bettes eine Entspannungsübung erfolgen. Da davon keine schnellen Effekte erwartet werden dürfen, sollte regelmäßiges Üben z.B. durch zugehörige Registrierungen als ‚Hausaufgabe‘ sichergestellt werden. Die Entspannungsübungen sollen die Erfahrung vermitteln, dass auf das eigene Erregungsniveau Einfluss genommen werden kann. Erst wenn die Übungen am Tage gut gelingen, sollten sie abends im Bett eingesetzt werden. Insbesondere die bei der progressiven Muskelrelaxation meist vermittelten ‚Ruhebilder‘ lassen sich dabei gut zur Ablenkung von Grübeleien um den Schlaf oder Gedanken an aufregende Tagesereignisse verwenden.

Unterstützt wird dieser Ansatz durch den Aufbau von Stimuluskontrolle des Bettes über Schlafverhalten. Dazu werden Regeln erarbeitet, die sichern, dass das Bett mit Schlafverhalten verbunden, d.h. nur zum Schlafen benutzt wird (vgl. Prinz, 1993). Fernsehen, Musikhören, Lesen oder Tagträumen sollen nur noch außerhalb des Bettes stattfinden. Die Patienten werden angehalten, das Bett erst aufzusuchen, wenn sie Müdigkeit verspüren, und morgens stets zur festgelegten Zeit aufzustehen. Bei längeren Wachphasen soll das Bett verlassen und erst bei Müdigkeit wieder aufgesucht werden. Zusätzlich wird vereinbart, dass nicht durch Mittagsschlaf nachts versäumter Schlaf nachgeholt wird. Eine schriftliche Fixierung dieser Regeln ist für den Therapieerfolg wichtig.

Bei Jugendlichen und jungen Erwachsenen ist es möglich, über das Führen eines Schlaftagebuches die durchschnittliche Schlafzeit zu ermitteln und Schlafrestriktion dadurch zu erreichen, dass diese Zeit als reguläre Schlafdauer festgelegt wird. Alle Aktivitäten sind darauf auszurichten, dass das Bett erst zur festgelegten Zeit aufgesucht und nach Ablauf der vereinbarten Schlafdauer sofort wieder verlassen wird. Beträgt die ermittelte durchschnittliche reine Schlafdauer etwa 7 Stunden, dann wird die Schlafzeit z.B. von 23.00 bis 6.00 Uhr festgelegt. Zusammen mit der Information, dass eine kürzere Schlafdauer keine gesundheitlichen Folgen nach sich zieht, führt die Beschränkung auf die feste Zeit, verbunden mit den anderen

Maßnahmen, oft schnell zu gutem Ein- und Durchschlafen. Erst wenn über einen längeren Zeitraum keine Schlafprobleme aufgetreten sind, wird die Schlafzeit in kleinen Schritten auf die altersübliche Dauer erweitert.

Angestrengte Einschlafversuche sind mit einer Erregungszunahme verbunden und verhindern adäquates Schlafen. Der Auftrag, möglichst lange wach zu bleiben, führt als „paradoxe Intention" zu einer Ablenkung und Entspannung und zieht in der Regel leichteres Einschlafen nach sich. (Entsprechend berichten viele Patienten, in der ersten Nacht im Schlaflabor, wo sie ihre Schlafstörung demonstrieren sollten, besonders gut geschlafen zu haben.) Da sie aufwendiger zu kontrollieren ist (etwa über Wachprotokolle), wird diese Methode meist erst eingesetzt, wenn die zuvor beschriebenen Verfahren zu wenig Wirksamkeit zeigen.

Das gilt auch für die kognitive Umstrukturierung, von der sich, insbesondere bei der Beschäftigung mit belastenden Tagesereignissen, vor allem die Technik des Gedankenstopps als hilfreich erwiesen hat, um die Schlaf beeinträchtigenden Gedanken zu unterbrechen, verbunden mit der Einübung positiver Vorstellungsbilder.

Verschiedene, auf die individuelle Konstellation zugeschnittene Verbindungen aus dem Erlernen eines Entspannungsverfahrens, der Vermittlung relevanter Information, der Erstellung von Regeln für einen gesunden Schlaf und der Beeinflussung Schlaf verhindernder Gedanken und Erwartungen werden oft als kognitiv-verhaltensorientierte Breitbandverfahren verwendet. Darüber hinaus kann durch Vermittlung von Problemlösestrategien und sozialen Kompetenzen der Umgang mit (auch den Schlaf) belastenden Lebenssituationen, wie etwa den Beziehungsproblemen der Eltern oder der Angst vor schulischen oder sozialen Anforderungen, verbessert werden.

2.30.7
Wirksamkeit und Wirksamkeitsbedingungen der Therapie

Bei kleinen Kindern ist das beschriebene Vorgehen nicht in groß angelegten Untersuchungen auf ihre Wirksamkeit geprüft worden. Allerdings zeigt die klinische Erfahrung bei einer großen Zahl behandelter Einzelfälle, dass sich bei fast allen Kindern mit dem beschriebenen Verfahren innerhalb kürzester Zeit ein durchschlagender Erfolg einstellt – auch wenn die Störung vorausgehenden anderen Therapieversuchen und Selbsthilfemaßnahmen der Eltern hartnäckig widerstanden hat. Wenn bei der dargestellten Methode nicht innerhalb einer Woche eine deutliche Veränderung der Schlafstörung eintritt, können verschiedene Faktoren vorliegen, die das Erlernen eines stabilen Schlafrhythmus erschweren und die zugleich die Wirksamkeitsbedingungen beleuchten:

• Der Plan ist von den Eltern nicht exakt ausgeführt worden, es wurden laufend Ausnahmen gemacht, es gab heftige Auseinandersetzungen zwischen den Eltern über die Durchführung des Planes usw. Ein häufiger Fehler besteht darin, dass die Eltern sich nicht an das Sprechverbot halten. Sie versuchen dann dem Kind auch nachts, wenn es schreit oder aus dem Zimmer kommt, die Notwendigkeit der festgelegten Maßnahmen immer wieder zu erläutern; oder sie diskutieren mit dem etwas größeren Kind tagsüber den Plan.

- Das Kind hat eine Krankheit, die bei den vorausgehenden Untersuchungen nicht erfasst wurde (gestörter Schlaf-Wach-Rhythmus, nächtliche Anfälle usw.).
- Das Kind hat eine so lange und intensive Lernvorgeschichte seiner Schlafstörung, dass die Behandlung ungewöhnlich langsam anspricht; in diesem Fall zeigen sich aber auch nach kurzer Zeit, wenn das Vorgehen intensiv supervidiert wird, Fortschritte, die sorgfältig stabilisiert werden müssen.

Bei Jugendlichen und jungen Erwachsenen sind Stimuluskontrolle, paradoxe Intention, progressive Muskelrelaxation, Schlafrestriktion und Breitbandverfahren gut evaluierte Verfahren, die zu einer globalen Besserung führen und mit deutlich verbesserter Schlafdauer und Einschlaflatenz einhergehen. Der kombinierte Einsatz verschiedener Methoden scheint einem alleinigen Entspannungstraining überlegen zu sein und höhere Erfolgsraten mit sich zu bringen.

Grundlegende Literatur

- Prinz, D. (1993). Leitsymptom: Schlafstörungen. In U. B. Brack (Hrsg.), Frühdiagnostik und Frühtherapie. Psychologische Behandlung von entwicklungs- und verhaltensgestörten Kindern (S. 271–280) (2. Aufl.). Weinheim: Psychologie Verlags Union

- Schulz, H. & Paterok, B. (1997). Schlafstörungen. In K. Hahlweg & A. Ehlers (Hrsg.), Enzyklopädie der Psychologie, Psychische Störungen und ihre Behandlung, Ser. 2, Klinische Psychologie, Bd. 2 (655–721). Göttingen: Hogrefe.

- Wolke, D., Meyer, R., Ohrt, B. & Riegel, K. (1994). Häufigkeit und Persistenz von Ein- und Durchschlafproblemen im Vorschulalter: Ergebnisse einer prospektiven Untersuchung an einer repräsentativen Stichprobe in Bayern. Praxis der Kinderpsychologie und Kinderpsychiatrie, 43, 331–339.

Weiterführende Literatur

- Steinhausen, H.-C. (1999). Schlafstörungen. In H.-C. Steinhausen & M. von Aster (Hrsg.), Verhaltenstherapie und Verhaltensmedizin bei Kindern und Jugendlichen (2. Aufl.) (557–576). Weinheim: Psychologie Verlags Union.

- Wolke, D. (1997). Die Entwicklung und Behandlung von Schlafproblemen und exzessivem Schreien im Vorschulalter. In F. Petermann, Kinderverhaltenstherapie. Grundlagen und Anwendungen (S. 154–203). Baltmannsweiler: Schneider.

Materialien

- Backhaus, J. & Riemann, D. (1996). Schlafstörungen bewältigen. Information und Anleitung zur Selbsthilfe. Weinheim: Psychologie Verlags Union.

Oppositionelles Trotzverhalten

Manfred Döpfner

2.31.1
Fallbeispiel

Der achtjährige Tim wird von seiner Mutter vorgestellt, weil er ständig Regeln und Grenzen der Eltern in der Familie übertritt. Nach ihrer Aussage bohrt er mal ein Loch in seine Tür, mal schneidet er die neue Tischdecke durch und ein andermal spielt er im Blumenbeet Fußball. Die Hausaufgaben macht er meist nur unter heftigem Protest. Manchmal entwickelt er dabei solche Wutanfälle, dass er gar nicht mehr zu bremsen ist. Die Mutter klagt vor allem auch darüber, dass er die drei Jahre jüngere Schwester regelrecht traktiert, es vergeht kein Nachmittag, an dem die Schwester nicht heulend zur Mutter kommt und berichtet, Tim habe sie geschlagen, geschubst, an den Haaren gezogen oder ihr etwas weggenommen. Wenn der Vater zu Hause ist, geht es manchmal etwas besser, weil er „härter durchgreift". Bei der Mutter macht Tim aber, was er will, sodass sie ihm häufig entnervt seinen Willen lässt. Die Eltern haben wegen der richtigen Erziehung häufig Streit. Die Kinder in der Nachbarschaft meiden Tim mittlerweile, weil er ständig mit ihnen in Streit gerät, manche Eltern hätten ihren Kindern schon den Kontakt mit Tim verboten. In der Schule gibt es Probleme, vor allem weil Tim die Hausaufgaben meist nur unvollständig hat und weil er sich häufig mit anderen Kindern prügelt. Auf die anderen Kinder wirkt Tim sehr stark und mächtig, die Mutter hat aber den Eindruck, dass er häufig auch ziemlich verzweifelt ist und nicht weiß, wie er aus der verfahrenen Situation wieder herauskommt.

2.31.2
Diagnostische Kriterien
nach ICD-10

Hauptmerkmal von oppositionellem Trotzverhalten (F91.3) ist ein Muster von wiederkehrenden negativistischen, trotzigen, ungehorsamen und feindseligen Verhaltensweisen gegenüber Autoritätspersonen. Die Kinder werden schnell wütend, streiten sich sehr häufig mit Erwachsenen, widersetzen sich aktiv ihren Anweisungen und weigern sich, Regeln zu befolgen. Sie verärgern andere vorsätzlich und schieben

332

die Schuld für eigene Fehler oder eigenes Fehlverhalten auf andere. Sie sind reizbar oder lassen sich von anderen leicht aus dem Gleichgewicht bringen, reagieren schnell zornig und ärgern sich rasch. Diese Verhaltensweisen treten deutlich häufiger auf als dies typischerweise bei Kindern gleichen Alters und gleichen Entwicklungsstandes der Fall ist. Insgesamt werden acht Symptome definiert, in denen sich eine Störung des Sozialverhaltens mit oppositionellem, aufsässigem Verhalten äußert:

1) Hat für sein Entwicklungsalter ungewöhnlich häufige oder schwere Wutausbrüche.
2) Streitet sich häufig mit Erwachsenen.
3) Widersetzt sich häufig aktiv den Anweisungen oder Regeln von Erwachsenen oder weigert sich, diese zu befolgen.
4) Ärgert andere häufig absichtlich.
5) Schiebt häufig die Schuld für eigene Fehler oder eigenes Fehlverhalten auf andere.
6) Ist häufig reizbar oder lässt sich von anderen leicht ärgern.
7) Ist häufig zornig und ärgert sich schnell.
8) Ist häufig boshaft oder rachsüchtig.

Die Symptome müssen mindestens sechs Monate lang auftreten. Außerdem dürfen die Kriterien einer anderen Störung des Sozialverhaltens nicht erfüllt sein, d.h., es dürfen keine ausgeprägten aggressiv-dissozialen Auffälligkeiten vorliegen.

2.31.3
Epidemiologie, Verbreitung und Altersrelevanz

Oppositionelle Verhaltensstörungen sind weit verbreitet. Je nach Art der Stichproben und der Erhebungsmethoden werden Prävalenzraten von 2–16% berichtet. Eine exakte Häufigkeit lässt sich nur schwer festlegen, weil es sich bei diesem Verhalten um ein kontinuierliches Merkmal handelt und es sehr darauf ankommt, wo man den Trennungsstrich zwischen Auffälligkeit und Unauffälligkeit zieht. Zwar definiert ICD-10 in seinen Forschungskriterien einen klaren Grenzwert, der jedoch umstritten ist. Zumindest vor der Pubertät tritt die Störung bei Jungen deutlich häufiger auf als bei Mädchen.

Die Verhaltensprobleme treten fast immer im häuslichen Bereich und im Umgang mit vertrauten Personen auf, während dies in der Schule oder in der Öffentlichkeit nicht der Fall sein muss. Gewöhnlich schätzen sich die Kinder selbst nicht als oppositionell oder trotzig ein, sondern rechtfertigen ihr Verhalten als Reaktion auf unsinnige Forderungen oder als zufällige unglückliche Umstände (vgl. Döpfner, Schürmann & Frölich, 1998).

Kinder mit oppositionellen Verhaltensstörungen leiden oft auch an anderen, zusätzlichen Auffälligkeiten: Aggressivität gegenüber Gleichaltrigen, hyperkinetischen Störungen, Schulleistungsdefiziten und depressiven Störungen (vgl. Döpfner & Lehmkuhl, 1995). Die Störung nimmt oft auch einen ungünstigen Verlauf, weil viele Kinder beim Übergang zum Jugendalter oder im Jugendalter aggressiv-dissoziale Verhaltensstörungen entwickeln.

2.31.4
Diagnostik der Störung

Die Diagnostik umfasst mehrere Schritte. Die ersten beiden Schritte dienen der allgemeinen Orientierung und Einordnung der Störung. Die folgenden erlauben eine genaue Diagnostik und Analyse der oppositionellen Verhaltensstörung.

- Allgemeine Exploration der Eltern und des Kindes/Jugendlichen (vgl. Döpfner et al., 2000) hinsichtlich Vorstellungsanlass, aktueller psychischer Auffälligkeiten, lebensgeschichtlicher Entwicklung des Patienten und der Familie, aktuellem familiärem und sozialem Hintergrund, z.B. anhand des Explorationsschemas für Externale Störungen, EES (Döpfner, Schürmann & Frölich, 1998).
- Fragebogenverfahren, die ein breites Spektrum psychischer Störungen erfassen (z.B. Elternfragebogen über das Verhalten von Kindern und Jugendlichen; CBCL 4–18; Fragebogen für Lehrer und für Jugendliche; vgl. Döpfner et al., 1994). Mit diesen Verfahren wird neben der oppositionellen Symptomatik ein breites Spektrum psychischer Auffälligkeiten aus der Perspektive der Eltern, der Lehrer (der Kindergartenerzieher) und etwa ab dem Alter von 10 Jahren auch des Kindes/Jugendlichen selbst erhoben.
- Bei Hinweisen auf Entwicklungsstörungen/Leistungsprobleme in der Schule eine differenzierte Entwicklungs-/Intelligenz- und Leistungsdiagnostik.
- Bestimmung der Diagnose einer oppositionellen Verhaltensstörung nach ICD-10 anhand spezifischer Fragebögen und Checklisten (z.B. aus dem Diagnostik-System für psychische Störungen im Kindes- und Jugendalter; DISYPS-KJ; Döpfner & Lehmkuhl, 1998)
- Genauere Analyse des oppositionellen Verhaltens im Rahmen einer Verhaltensanalyse, wobei es anhand konkreter Situationen und Verhaltensweisen vor allem um die Abklärung folgender Fragen geht:
  - auslösende Situationen (z.B. wenn das Kind Hausaufgaben machen soll);
  - genaue Beschreibung des Verhaltens;
  - Konsequenzen des Verhaltens (Reaktionen der Bezugspersonen); hierbei kann man sich am Interview zur Eltern-Kind-Interaktion bei Kindern mit externalen Störungen, EKI (Döpfner, Schürmann & Frölich, 1998) orientieren.

2.31.5
Bedingungsmodell

Oppositionelle und aggressive Verhaltensweisen entwickeln sich zumeist aufgrund inkonsistenter Erziehung und mangelnder elterlicher Kontrolle sowie mangelnder Wärme und verminderter Aufmerksamkeit für die angemessenen prosozialen Verhaltensansätze des Kindes. Diese Bedingungen führen dazu, dass die Kinder regelhaftes und normgerechtes Verhalten kaum erlernen. Stattdessen kommt es zu „erzwingenden Interaktionen" (coercive interaction), die vor allem dadurch gekennzeichnet sind, dass die Kinder die Aufforderungen und Grenzsetzungen der Eltern, aber auch von Erziehern und Lehrern nicht akzeptieren. Meist wiederholen die Bezugspersonen ihre Aufforderungen dann mehrfach und es kommt zu einer

Eskalation, die häufig so endet, dass die Bezugsperson ihre Aufforderung oder Grenzsetzung wieder zurücknimmt. Damit wird das oppositionelle Verhalten des Kindes negativ verstärkt und die Kinder lernen, andere Familienmitglieder durch oppositionell-aggressives Verhalten zu kontrollieren. Gelegentlich reagieren Bezugspersonen auch massiv (verbal oder körperlich) aggressiv und stellen damit für das Kind ein Modell für eine aggressive Konfliktlösung dar. Angemessenes Verhalten wird hingegen von Bezugspersonen kaum wahrgenommen (oder als selbstverständlich interpretiert) und nur selten positiv verstärkt.

Dadurch lernen die Kinder nicht, wie man in sozial kompetenter Weise mit Konflikten und Frustrationen umgeht. Sie weisen gehäuft soziale Problemlösedefizite auf und können sich oft nicht in angemessener Weise behaupten. Oft fällt es ihnen auch schwer, ihre Impulse in kritischen Situationen (etwa bei Konflikten mit Gleichaltrigen) zu kontrollieren, sodass sie sich nicht in Gruppen integrieren.

Die Entwicklung von oppositionellem Trotzverhalten wird durch ungünstige Temperamentsmerkmale des Kindes (etwa häufiges Schreien und Probleme beim Wach-Schlaf-Rhythmus in der frühen Kindheit) begünstigt.

2.31.6
Therapieplanung

Die Therapie versucht, die dysfunktionalen Interaktionsmuster zwischen den Eltern/Lehrern und dem Kind zu unterbrechen und positive Beziehungsmuster aufzubauen. Hierzu greift man auf operante Strategien (positive Verstärkung, Bestrafung) und spezifische Elterntrainings zurück.

Elterntraining
Für die Behandlung des oppositionellen Trotzverhaltens haben sich spezifische Elterntrainings als wirksam erwiesen. Im deutschen Sprachraum wurde das Therapieprogramm für Kinder mit hyperkinetischem und oppositionellem Problemverhalten (THOP) vorgelegt (Döpfner, Schürmann & Frölich, 1998), das sowohl bei Kindern mit hyperkinetischen als auch bei Kindern mit oppositionellen Verhaltensauffälligkeiten im Alter von etwa drei bis zwölf Jahren angewandt werden kann. Dieses Programm besteht aus einem Mediatorentraining für Eltern und Lehrer sowie einem Programmteil, der sich an die Kinder selbst wendet. Ein Elternbuch, das nach den gleichen Grundprinzipien aufgebaut ist, lässt sich im Rahmen des Therapieprogrammes einsetzen; es kann aber auch als Selbsthilfeprogramm Verwendung finden (Döpfner, Schürmann & Lehmkuhl, 1999).

Mediatorentraining für Eltern
Hierbei werden die Eltern zur Durchführung von Interventionen in der Familie angeleitet, die die Eltern-Kind-Beziehungen verbessern und problematische Verhaltensweisen des Kindes in der Familie vermindern sollen. Zunächst werden die Eltern hierzu über die Störung und das geplante Behandlungsprogramm informiert. Anhand von konkreten Beispielsituationen wird mit den Eltern erarbeitet, dass sie sich in einem Teufelskreis befinden, der aus permanenten Ermahnungen des Kindes, Nichtbeachten dieser Ermahnungen durch das Kind und fehlenden

positiven Konsequenzen (wenn das Kind doch einmal folgt) sowie fehlenden angemessenen negativen Konsequenzen besteht. Diese gemeinsame Analyse der alltäglichen Eltern-Kind-Interaktionen auf der Mikroebene wird vor dem Hintergrund familiärer Bedingungen (z.B. impulsive Tendenzen des Vaters, Depressivität der Mutter, finanzielle Belastungen der Familie) durchgeführt.

Förderung positiver Eltern-Kind-Interaktionen

In einem zweiten Schritt geht es um die Förderung positiver Eltern-Kind-Interaktionen. Dies ist vor allem angezeigt, wenn im Umgang zwischen Eltern und Kind negativ-kontrollierende Elemente dominieren und die Eltern-Kind-Beziehung stark beeinträchtigt ist (Eltern finden z.B. kaum noch liebenswerte Eigenschaften an ihrem Kind). In diesem Fall soll die Verstärkerwirksamkeit der Eltern erhöht und eine Ausgangsbasis für die weitere Therapie geschaffen werden. Hierzu werden gemeinsame Spielzeiten von Eltern und Kind, die unter genau definierten Regeln zu Hause durchgeführt werden, vereinbart. Der Therapeut erarbeitet mit den Eltern besondere Regeln für die Durchführung der Spielzeit und übt diese mit Eltern und Kind ein. Die Eltern protokollieren in einem Spieltagebuch die Durchführung der Spielzeiten in der Familie. Wenn die Eltern diese oder andere Interventionen nicht umsetzen können, wird anhand einer Widerstandsanalyse geklärt, welche Faktoren diese Noncompliance bedingen (z.B. Eltern haben Schwierigkeiten, sich selbst zu strukturieren, oder sehen den Sinn der Intervention nicht ein).

In weiteren Bausteinen werden die Eltern angeleitet, impulsivem und oppositionellem Verhalten ihres Kindes angemessen zu begegnen. Die Eltern werden angeleitet, ihrem Kind wirkungsvolle Aufforderungen zu geben, sich dem Kind bei angemessenem Verhalten positiv zuzuwenden, eine hinreichende Kontrolle über das Kind aufzubauen und bei problematischem Verhalten angemessene negative Konsequenzen zu setzen. Anhand von Elternleitfäden werden dabei jeweils spezielle Verhaltensregeln erarbeitet und eingeübt. Die Eltern protokollieren die Umsetzung in Tagebüchern. Hierzu gehört auch, dass die Eltern das gewünschte Verhalten beim Kind immer systematischer operant verstärken. Hierzu werden Token-Systeme, Response-Cost-Verfahren und Auszeit eingesetzt. Sie dienen der Verminderung von umschriebenen Verhaltensproblemen und zum Aufbau angemessener Verhaltensalternativen und finden hauptsächlich bei Problemen Anwendung, die sich durch die pädagogisch-therapeutischen Interventionen nicht hinreichend vermindern ließen.

Selbstmanagement-Verfahren

Andere Interventionsmodule richten sich an die Kinder. Bei Kindern ab etwa neun Jahren werden Selbstmanagement-Verfahren eingesetzt, bei denen mit dem Kind Möglichkeiten der Selbstbeobachtung und Selbstkontrolle erarbeitet werden. Voraussetzung dafür ist, dass die Kinder die entsprechende Motivation hierzu aufbringen. Dies geschieht dadurch, dass die langfristig negativen Konsequenzen ihres Verhaltens mit ihnen herausgearbeitet werden. Weitere Bausteine zielen auf die Verminderung von Problemen während der Hausaufgabenzeit und thematisieren die Übertragung der Interventionen auf außerfamiliäre Situationen.

Interventionen außerhalb der Familie

Die Interventionen im Kindergarten und in der Schule folgen ähnlichen Prinzipien wie das Mediatorentraining der Eltern. Hier werden die therapierelevanten Verhaltensauffälligkeiten des Kindes im Kindergarten bzw. in der Schule in einem gemeinsamen Gespräch mit den Erziehern/Lehrern definiert (z.B. tritt und bedroht andere Kinder in den Pausen). Der Therapeut informiert dann über die Problematik des Kindes (z.B. wie stark das Problemverhalten auf die Schule begrenzt ist, welche anderen Auffälligkeiten eine Rolle spielen, beispielsweise Aufmerksamkeitsstörungen) und vermittelt ein verhaltenstheoretisches Erklärungsmodell dazu analog zu dem Vorgehen mit den Eltern. Die Interventionen beziehen sich dann auf organisatorische Aspekte (Unterrichtsorganisation, Möblierung des Gruppenraumes im Kindergarten) und pädagogisch-therapeutische Strategien (z.B. wirkungsvolle Aufforderungen geben, angemessenes Verhalten durch positive Aufmerksamkeit steuern, bei auffälligem Verhalten negative Konsequenzen setzen). Schließlich werden spezielle verhaltenstherapeutische Techniken eingesetzt, insbesondere Tokensysteme.

Die Therapie wird meist als Einzeltherapie durchgeführt, kann aber auch in der Gruppe eingesetzt werden. In der ambulanten Behandlung muss bei wöchentlichen Sitzungen im Durchschnitt mit einem Behandlungszeitraum von einem halben Jahr bis zu einem Jahr gerechnet werden. In der Regel ist daran anschließend eine grobmaschige Nachbetreuung sinnvoll.

2.31.7
Wirksamkeit und Wirksamkeitsbedingungen der Therapie

Eltern-Kind-Trainings haben sich bei jüngeren oppositionell-aggressiven Kindern als besonders wirkungsvoll erwiesen. Sie gelten als die bislang wirkungsvollste Methode. Ihre Effekte konnten auch in Langzeitkatamnesen von zehn Jahren und mehr nachgewiesen werden. Die Wirksamkeit von operanten Verfahren im Kindergarten und in der Schule bei der Verminderung oppositioneller Verhaltensauffälligkeiten sind ebenfalls gut belegt. Im Jugendalter konnten positive Effekte durch den Ansatz von Robin und Foster (1989) belegt werden. Generell sind jedoch Effekte im Jugendalter schwerer zu erzielen als im Kindesalter. Außerdem sind familiäre Belastungen (z.B. allein erziehende Mutter, Partnerkonflikte, Armut) und psychische Störungen der Eltern (Depression, Alkoholismus) weitere ungünstige Prädiktoren für einen Therapieerfolg (vgl. Kazdin, 1997; Döpfner & Lehmkuhl, 1995).

Grundlegende Literatur

- Döpfner, M. & Lehmkuhl, G. (1995). Unterschiedliche Interventionsansätze bei aggressivem Verhalten. In M. H. Schmidt, A. Holländer & H. Hölzl (Hrsg.), Psychisch gestörte Jungen und Mädchen in der Jugendhilfe (S. 75–97). Freiburg: Lambertus.

- Döpfner, M., Schürmann, S. & Frölich, J. (1998). Das Therapieprogramm für Kinder mit hyperkinetischem und oppositionellem Problemverhalten (THOP) (2. korrigierte Aufl.). Weinheim: Psychologie Verlags Union.

- Kazdin, A. E. (1997). Practioner Review: Psychosocial treatments for conduct disorder in children. Journal of Child Psychology and Psychiatry, 38, 161–178.

Weiterführende Literatur

- Döpfner, M., Lehmkuhl, G., Petermann, F. & Scheithauer, H. (2000). Diagnostik psychischer Störungen. In F. Petermann (Hrsg.), Lehrbuch der klinischen Kinderpsychologie (S. 95–130) (4. Aufl.). Göttingen: Hogrefe.

- Döpfner, M., Schürmann. S. & Lehmkuhl, G. (1999). Wackelpeter & Trotzkopf. Hilfen bei hyperkinetischem und oppositionellem Verhalten. Weinheim: Psychologie Verlags Union.

Materialien

- Döpfner, M. & Lehmkuhl, G. (1998). Diagnostik-System für psychische Störungen im Kindes- und Jugendalter nach ICD-10 und DSM-IV (DISYPS-KJ). Bern: Huber.

- Döpfner, M., Melchers, P., Fegert, J., Lehmkuhl, G., Lehmkuhl, U., Schmeck, K., Steinhausen, H.-C. & Poustka, F. (1994). Deutschsprachige Konsensus-Versionen der Child Behavior Checklist (CBCL 4–18), der Teacher Report Form (TRF) und der Youth Self Report Form (YSR). Kindheit und Entwicklung 3, 54–59.

- Petermann, F. & Petermann, U. (1997) Training mit aggressiven Kindern (8. überarbeitete Aufl.). Weinheim: Psychologie Verlags Union.

Tic-Störungen

Manfred Döpfner

2.32.1
Fallbeispiel

Der 13-jährige Jan wird zur Behandlung vorgestellt, weil er häufig unwillkürlich laute Schreie ausstößt. Lautes oder unterdrücktes Schreien in Form von Räuspern kommt nach seiner eigenen Einschätzung 10- bis 30-mal pro Tag vor. Am häufigsten tritt das Schreien zu Hause auf, vor allem bevor er das Haus verlässt, um zur Schule zu gehen, aber auch, wenn er aufgeregt ist (z. B. beim Streit mit dem Bruder, bei Auseinandersetzungen mit dem Vater) und bei freudiger Erregung und Anspannung (z. B. beim Fernsehen). In der Öffentlichkeit kann er das Schreien unterdrücken, er räuspert sich oder lacht dann sehr laut. Vor zwei Jahren hat er angefangen, zunächst den Mund weit aufzureißen, dann mit dem Kopf zu schütteln. Schließlich begann das Schreien und seit neuestem muss er immer wieder die Zunge herausstrecken. Einen konkreten Auslöser für diese Symptomatik können weder Jan noch seine Mutter benennen. Die Tics sind jedoch erstmals beim Wechsel auf die Realschule aufgetreten. Jan leidet extrem unter dieser Symptomatik, es fällt ihm in den ersten beiden Sitzungen sehr schwer, Fragen über seine Problematik zu beantworten. In der folgenden Stunde beginnt er dann aber sehr mühsam darüber zu sprechen. Am schlimmsten ist es für ihn, wenn die Klassenkameraden Schreien oder Räuspern bemerken.

2.32.2
Diagnostische Kriterien nach ICD-10

Tics sind unwillkürliche, rasche, wiederholte, nichtrhythmische motorische Bewegungen, die umschriebene Muskelgruppen betreffen (motorische Tics) oder vokale Produktionen, die plötzlich einsetzen und keinem offensichtlichen Zweck dienen (vokale Tics).
Zentrale Klassifikationsmerkmale von Tic-Störungen sind das isolierte bzw. gemeinsame Auftreten von motorischen und vokalen Tics und ihr Chronifizierungsgrad. Diagnostisch wird zwischen der vorübergehenden Tic-Störung (F95.0), der chronischen motorischen oder vokalen Tic-Störung (F95.1) und der Tourette-Störung – der Kombination von vokalen und motorischen Tics (F95.2) – unterschieden. Sie werden beim Vorliegen folgender Merkmale diagnostiziert:

Vorübergehende Tic-Störung (F95.0). A) Es handelt sich um einzelne oder multiple motorische oder sprachliche Tics, die die meiste Zeit des Tages und zudem an den meisten Tagen in einem Zeitraum von mindestens vier Wochen auftreten. B) Sie dauern seit weniger als zwölf Monaten an. C) Es ergeben sich keine Hinweise auf ein Tourette-Syndrom, eine organische Verursachung oder eine Medikamentennebenwirkung. D) Die Störung beginnt vor dem 18. Lebensjahr.

Chronische motorische oder vokale Tic-Störung (F95.1). A) Hierbei handelt es sich um motorische oder vokale Tics (aber nicht beides), die die meiste Zeit des Tages und an den meisten Tagen in einem Zeitraum von mindestens zwölf Monaten auftreten. B) Es gab im vergangenen Jahr keine Remission, die länger als zwei Monate andauerte. C) Es ergeben sich keine Hinweise auf ein Tourette-Syndrom, eine organische Verursachung oder eine Medikamentennebenwirkung. D) Die Störung beginnt vor dem 18. Lebensjahr.

Kombinierte vokale und multiple motorische Tics (Tourette-Syndrom) (F95.2). A) Während der Störung haben multiple motorische Tics und ein oder mehrere vokale Tics eine Zeit lang, aber nicht notwendigerweise ununterbrochen, bestanden. B) Die Tics treten viele Male am Tag auf und seit mehr als einem Jahr fast jeden Tag, ohne dass eine Remission, die länger als zwei Monate dauerte, beobachtet wurde. C) Die Störung beginnt vor dem 18. Lebensjahr.

Differenzialdiagnostisch müssen Tics von verschiedenen anderen Störungen abgegrenzt werden (vgl. Döpfner & Reister, 1997):

Neurologisch bedingte Bewegungsstörungen (Dyskinesien), die in Verbindung mit medizinischen Grunderkrankungen (z.B. Chorea Huntington, postvirale Enzephalitis, Hirnverletzungen) oder infolge von Medikamenteneinnahme (z.B. Neuroleptika oder Stimulanzien) auftreten.

Stereotype Bewegungen (z.B. wiegende Körperbewegungen, Gegenstände in den Mund nehmen, sich selbst beißen), die bei einer stereotypen Bewegungsstörung oder bei tief greifenden Entwicklungsstörungen beobachtet werden.

Zwangshandlungen, die typischerweise recht komplex sind und meist als Reaktion auf Zwangsvorstellungen auftreten bzw. nach strikten Regeln ablaufen.

2.32.3
Epidemiologie, Verbreitung und Altersrelevanz

In Abhängigkeit von den Diagnosekriterien und den untersuchten Stichproben werden Tics bei etwa 4–12% aller Kinder festgestellt. Tic-Störungen sind etwa dreimal häufiger bei Jungen als bei Mädchen und eine familiäre Häufung von Tics ist nachgewiesen.

Tics treten gehäuft im Kindesalter auf; sie sind in dieser Altersspanne jedoch häufig passager und verschwinden innerhalb von etwa sechs Monaten.

Tics treten oft als isolierte Phänomene auf, werden jedoch nicht selten von emotionalen Auffälligkeiten und Verhaltensstörungen begleitet: Etwa in der Hälfte der Fälle weisen Patienten mit chronischen multiplen Tics oder mit Tourette-Störung eine hyperkinetische Störung auf und bei Patienten mit Tourette-Symptomatik werden gehäuft Zwangsstörungen und selbstverletzende Verhaltensweisen beobachtet. Komplexe Tics entwickeln sich so gut wie immer nach einfachen Tics (Rothenberger, 1991; Döpfner, 1999).

2.32.4
Diagnostik der Störung

Die Diagnostik erfolgt im Rahmen einer multimodalen Verhaltens- und Psychodiagnostik, die in mehreren Schritten verläuft (vgl. Döpfner, Lehmkuhl, Scheithauer & Petermann, 2000):

Basisinformationen im Rahmen der multimodalen Verhaltens- und Psychodiagnostik. Hier wird anhand von Screening-Verfahren erhoben, welche Störungen vorliegen. Ferner werden die Eltern gebeten, ihre Lebensumstände zu schildern. In einem anamnestischen Gespräch mit der Mutter wird die Entwicklung des Kindes erhoben.

Symptomspezifische Diagnostik und Verhaltensanalyse. Sie wird mit dem Kind/Jugendlichen, den Eltern und dem Klassenlehrer (telefonisch) durchgeführt. Dabei werden zunächst die Art, die Anzahl verschiedener Tics, die Auftretenshäufigkeit und die Intensität der Tics erfragt. Diese Informationen sind für den Therapeuten wichtig, um die Art der Tic-Störung und ihre Behandlungsbedürftigkeit festzustellen. Die Bezugspersonen des Kindes und auch das Kind selbst werden gebeten, den Tic genau zu beschreiben und gegebenenfalls willentlich vorzumachen. Wenn multiple Tics vorliegen, sollten die einzelnen Tic-Symptome möglichst genau unterschieden und benannt werden. Im weiteren Verlauf der Verhaltensanalyse werden der mit den Tics verbundene subjektive Leidensdruck, die Selbstwahrnehmungsfähigkeit des Patienten sowie vor allem auslösende Bedingungen und nachfolgende Konsequenzen erfasst. Hierzu wird der Patient gebeten, die Symptomhäufigkeit zu bestimmten Tageszeiten einzuschätzen bzw. zu registrieren. Hierfür eignen sich spezielle Beurteilungsbögen. Diese Beobachtungen können parallel auch von den Bezugspersonen protokolliert/festgehalten werden.

Intelligenz- und Leistungsdiagnostik. Sie ist besonders dann erforderlich, wenn Hinweise auf schulische Leistungsprobleme vorliegen. Hierbei werden eine generelle intellektuelle Überforderung in der Schule oder Lese-/Rechtschreibstörungen abgeklärt.

2.32.5
Bedingungsmodell

Die Entstehung von Tic-Störungen wird weitgehend übereinstimmend auf der Basis eines Vulnerabilitäts-Stress-Konzeptes erklärt. Dabei spielen genetische Faktoren vermutlich eine wichtige Rolle. Als neurobiologisches Substrat wird vorrangig eine Imbalance striato-thalamokortikaler dopaminerger Bahnen gesehen. In einigen Fällen können traumatische Lebenserfahrungen als Auslöser für die Tic-Störung eruiert werden. Tics nehmen unter psychischer Belastung zu und bei nicht angstbesetzter Konzentration und Ablenkung ab. Bevor ein Tic ausgeführt wird, fühlen die Betroffenen häufig eine zunehmende Körperanspannung oder innere Unruhe (sensorische Komponente von Tics). In diesem Stadium wird häufig versucht, die Bewegungen oder die Lautäußerungen zu unterdrücken, aber im Verlauf von Sekunden oder Minuten nimmt der Impuls derart zu, dass der Betroffene diesem nicht mehr Herr werden kann. Die Tic-Reaktion führt vorübergehend zu einer Spannungsabfuhr, die eine negative Verstärkung für die Ausführung der Tics darstellt.

2.32.6
Therapieplanung

Die multimodale Therapie kann mehrere Behandlungskomponenten enthalten. Hierzu wird für den Einzelfall bestimmt, aus welchen Behandlungskomponenten sich die Therapie zusammensetzt.

Eingehende Beratung. Aufgrund der hohen Spontanremissionsrate genügt bei einer Tic-Störung im Kindesalter, die weniger als ein halbes Jahr besteht und in ihrer Intensität nur gering ausgeprägt ist (Tics treten nur vereinzelt am Tag auf), im Allgemeinen eine eingehende Beratung des Kindes und der Familie (die Störung könne als vorübergehende Stressreaktion interpretiert werden, Nichtbeachten der Tics ist meist günstig). Danach sollte jedoch eine langfristig angelegte Verlaufskontrolle erfolgen. Unklar ist, wie sich die Tic-Störung längerfristig weiterentwickelt (Spontanremission oder ungünstiger Verlauf).

Symptomzentrierte Intervention. Sie erfolgt anhand einer Kombinationsbehandlung zur Reaktionsumkehr (habit reversal) (vgl. Döpfner, 1999). Diese versucht durch ein Training der Selbstwahrnehmung die Sinne des Patienten für seine Tics und deren Beeinflussbarkeit durch innere und äußere Reize zu schärfen, um daraus in einem Training inkompatibler Reaktionen eine Gegenregulation zu den Tics zu entwickeln. Zusätzlich soll ein Entspannungstraining zur Stressreduktion beitragen. Die positive Verstärkung der einzelnen Behandlungsschritte und der Teilerfolge soll die Motivation des Patienten fördern und zur Symptomminderung beitragen.

Selbstwahrnehmungstraining. Es dient der Verbesserung der Selbstwahrnehmungsfähigkeit des Patienten hinsichtlich seiner Tic-Symptomatik durch

- Selbstbeobachtung: Der Patient beobachtet das Auftreten von Tics und protokolliert die Häufigkeit.
- Beschreibung der Tic-Reaktionen: Der Patient beschreibt dem Therapeuten alle Details jedes einzelnen Tics.
- Training der Reaktionserkennung: Der Patient gibt dem Therapeuten immer dann ein Signal, wenn ein Tic auftritt. Der Therapeut macht den Patienten auf das Auftreten einzelner nicht selbst wahrgenommener Tics aufmerksam.
- Training der Wahrnehmung früher Zeichen einer Tic-Reaktion: Der Patient versucht, gemeinsam mit dem Therapeuten die frühesten Anzeichen oder Vorgefühle vor einem Tic herauszufinden.

• Training der Wahrnehmung situativer Einflüsse: Zusammen mit dem Patienten werden jene Situationen identifiziert, in denen die Symptomatik besonders intensiv oder besonders schwach ausgeprägt ist.

Einübung von Entspannungsverfahren (z.B. progressive Muskelentspannung).

Training inkompatibler Reaktionen. Der Therapeut übt mit dem Patienten eine motorische Gegenbewegung zur Tic-Reaktion ein, die gegen das Auftreten des Tics gerichtet ist.
Kern des gesamten Behandlungsprogrammes ist das Training inkompatibler Reaktionen. Dabei wird eine motorische Gegenbewegung zur Tic-Reaktion eingeübt, die gegen das Auftreten des Tics gerichtet ist. Diese Muskelreaktion sollte drei Merkmale aufweisen: Sie sollte erstens der Tic-Bewegung entgegengerichtet sein, zweitens sollte es möglich sein, diese Bewegung für wenige Minuten aufrechtzuerhalten, und sie sollte drittens weitgehend unauffällig durchgeführt werden können und sich in gerade ausgeübte Aktivitäten eingliedern lassen.
Bei den meisten motorischen Tics kann als inkompatible Reaktion die isometrische Anspannung der Antagonisten ausgewählt werden, also jener Muskelgruppen, die gegensinnig zur Tic-Bewegung arbeiten. Der Patient spannt diese Muskelgruppen gerade so stark an, dass die Tic-Bewegung nicht durchgeführt werden kann, selbst wenn er willentlich die Tic-Bewegung auszuführen versucht.
Vokale Tics sind schwerer zu behandeln. Als Gegenbewegung kann langsames Ein- und Ausatmen eingesetzt werden. Tabelle 1 auf der nächsten Seite zeigt einige Beispiele für inkompatible Reaktionen.

Kontingenzmanagement. Mithilfe von Token-Systemen und Zuwendung können Symptomverminderungen und vor allem die Durchführung der einzelnen Behandlungskomponenten im natürlichen Umfeld positiv verstärkt werden. Verstärkerprogramme und Methoden des Verstärkerentzuges sind bei jüngeren Kindern wirkungsvoll. Dabei wird das Kind immer dann gezielt (z.B. über Tokens) verstärkt, wenn es ihm gelingt, die Tics für einen bestimmten Zeitraum (z.B. für zehn Minuten oder während des Mittagessens) zu unterdrücken. Beim Verstärkerentzug wird ein Token immer dann entzogen, wenn der Tic ausgeführt wird. Die übrig bleibenden Tokens, werden dann in primäre Verstärker eingetauscht.

Generalisierungstraining. Über das gesamte Behandlungsprogramm hinweg wird der Unterstützung der Generalisation von in den Therapiesitzungen erworbenen Techniken auf das natürliche soziale Umfeld eine besondere Aufmerksamkeit gewidmet (z.B. durch gezielte Verstärkung der Umsetzung der Gegenbewegungen im Alltag).
Diese Therapie stellt große Ansprüche an die Motivation und die Selbstkontrolle des Klienten. Sie setzt infolgedessen ein Alter von 8–9 Jahren voraus. Vor dem Alter von neun Jahren können meist nur Einzelkomponenten umgesetzt werden. Ferner sind Vorkehrungen für die Motivierung und Behandlungscompliance zu treffen, weil erfahrungsgemäß bei etwa der Hälfte der Patienten mit einer mangelnden Compliance zu rechnen ist. Gezielte Verstärkungsprogramme können beim Motivationsaufbau helfen.

Tabelle 1: Beispiele für inkompatible Reaktionen bei verschiedenen Tics (aus Döpfner, 1999)

Tic	Inkompatible Reaktion
Augenblinzeln	Öffnen und Schließen der Augen alle drei bis fünf Sekunden. Der Blick wird dabei alle fünf bis zehn Sekunden langsam und intensiv nach unten gerichtet.
Nasenrümpfen	Oberlippe etwas nach unten ziehen und Lippen zusammenpressen.
Kopfschütteln	Langsame isometrische Kontraktion der Nackenmuskeln. Die Augen bleiben geradeaus gerichtet, der Kopf wird ganz still gehalten. Ist der Kopfschüttel-Tic nur auf eine Körperseite gerichtet, dann kann eine Kontraktion der Nackenmuskeln durchgeführt werden, die den Kopf in die entgegengesetzte Richtung bewegt.
Zurückwerfen des Kopfes	Isometrische Kontraktion der Nackenbeuger. Das Kinn wird dabei leicht nach unten und zur Brust hin bewegt, ohne den Kopf zu beugen. Die Augen sind geradeaus gerichtet.
Schulterzucken nach oben	Isometrische Kontraktion der Muskelgruppen, die die Schulter als Gegenreaktion zu der nach oben gerichteten Tic-Bewegung herunterdrücken.
Schulterzucken nach vorne	Die Hände werden nach unten und nach hinten gedrückt, am besten gegen die Armlehnen eines Stuhls, wenn man sitzt, oder beim Stehen in die Hüfte gestemmt.
Armschleudern	Hand auf die Oberschenkel oder den Magen und den Ellbogen dabei gegen die Hüfte drücken.
Beinschleudern	Im Sitzen den Fuß flach und fest auf den Boden drücken. Im Stehen beide Knie gegeneinander drücken.
Einfache Lautäußerungen	Langsames rhythmisches tiefes Atmen durch die Nase. Die kontinuierliche Ausatmung (ca. 7 Sekunden) sollte etwas länger dauern als das Einatmen (ca. 5 Sekunden).

Eine medikamentöse Therapie kann mit speziellen Neuroleptika (z.B. Tiaprid) erfolgen und ist bei Kindern mit ausgeprägten Tic-Störungen oft unvermeidbar. In solchen Fällen kann auch eine Kombination mit Verhaltenstherapie hilfreich sein.

Unterstützung bei der Bewältigung von Problemen, die mit der Störung zusammenhängen. Sie besteht darin, dem Patienten Hilfestellungen bei der Bewältigung jener Probleme zu geben, die unmittelbar aus der Tic-Symptomatik resultieren (beispielsweise selbstsichere Reaktion, wenn die Umgebung auf die Tics beleidigend oder erschreckt reagiert).

Behandlung komorbider Störungen. Unterstützen andere Verhaltensprobleme oder familiäre und schulische Bedingungen die Entwicklung der Tic-Symptomatik, dann werden zunächst diese im Zentrum der Therapie stehen (z.B. bei hyperkinetischer Symptomatik, schulischem und familiärem Stress). Werden dagegen andere Verhaltensauffälligkeiten oder familiäre Probleme in starkem Maße als Folgen der Tic-Symptomatik interpretiert, beispielsweise eine durch die Tics bedingte soziale Isolation des Patienten oder familiäre Konflikte, dann wird die Behandlung der Tic-Störung eher im Vordergrund stehen.

2.32.7
Wirksamkeit und Wirksamkeitsbedingungen der Therapie

Die Wirksamkeit verschiedener verhaltenstherapeutischer Interventionen wurde insgesamt in mehr als 50 Studien untersucht, die allerdings mit Ausnahme von drei Studien durchweg Einzelfallanalysen und -beschreibungen mit einem bis drei Patienten sind (z.B. Döpfner, 1996; Döpfner & Reister, 1997; Banaschewski & Rothenberger, 1997; Döpfner, 1999). Die bislang vorliegenden empirischen Belege lassen vermuten, dass Reaktionsumkehr die zurzeit wirkungsvollste psychologische Therapie von Tic-Störungen darstellt und – wenn eine Behandlungscompliance erzielt werden kann – in ihrer Effektivität pharmakologischen Behandlungen eher überlegen ist. In vier Studien wurden Kinder und Jugendliche mit multiplen Tics erfolgreich behandelt. Die Reduktion der Zielsymptomatik lag bei mindestens 90%, häufig wurde Symptomfreiheit erzielt.

Die Methode der Reaktionsumkehr erfordert ein hohes Maß an Selbstkontrolle. Infolgedessen hängt die Wirksamkeit der Therapie entscheidend von der Therapiemotivation des Patienten ab.

Grundlegende Literatur

- Döpfner, M. (1999). Tics. In H.-C. Steinhausen & M. von Aster (Hrsg.), Handbuch Verhaltenstherapie und Verhaltensmedizin bei Kindern und Jugendlichen (S. 166–188) (2. Aufl.). Weinheim: Psychologie Verlags Union.

- Döpfner, M. & Reister, C. (1997). Tic-Störungen. In F. Petermann (Hrsg.), Fallbuch der klinischen Kinderpsychologie (S. 59–84). Göttingen: Hogrefe.

- Rothenberger, A. (1991). Wenn Kinder Tics entwickeln. Stuttgart: Fischer Verlag.

Weiterführende Literatur

- Banaschewski, T. & Rothenberger, A. (1997). Verhaltenstherapie bei Tic-Störungen. In F. Petermann (Hrsg.), Kinderverhaltenstherapie (S. 204–243). Baltmannsweiler: Schneider.

- Döpfner, M. (1996). Behandlung eines Jugendlichen mit Tourette-Syndrom durch Reaktionsumkehr (habit reversal) und Verstärkerrückgabe (response cost). Kindheit und Entwicklung, 5, 189–196.

Materialien

- Döpfner, M. & Lehmkuhl, G. (1998). Diagnostik-System für psychische Störungen im Kindes- und Jugendalter nach ICD-10 und DSM-IV (DISYPS-KJ). Bern: Huber.

- Döpfner, M., Lehmkuhl, G., Petermann, F. & Scheithauer, H. (2000). Diagnostik psychischer Störungen. In F. Petermann (Hrsg.), Lehrbuch der klinischen Kinderpsychologie (S. 95–130) (4. Aufl.). Göttingen: Hogrefe.

Zwangsstörungen

Manfred Döpfner

2.33.1
Fallbeispiel

Der 14-jährige Thomas wird vorgestellt, weil er seit etwa vier Jahren unter sehr belastenden Zwangsgedanken und Zwangshandlungen leidet. Nach dem Bericht seiner Eltern hat er Angst, dass ihnen etwas passiert. Aus diesem Grunde kontrolliert er mehrmals täglich die Lichtschalter und alle elektrischen Geräte des Hauses. Er kontrolliert auch, wie seine Eltern mit den elektrischen Geräten umgehen. Hinzu kommt, dass er stundenlang betet und zwanghaft fragt. Wenn er eine seiner Zwangshandlungen nicht ausführen kann, bekommt er Herzklopfen, feuchte Hände und ein inneres Zittern.

347

Die Mutter berichtet, es sei besonders belastend, dass Thomas seine Zwangsgedanken den Eltern gegenüber immer ausspricht. An besonders schlechten Tagen könne Thomas mehr als zwanzig Fragen direkt hintereinander stellen. Wenn Thomas ohne seine Eltern das Haus verlässt, bombardiert er sie mit Ratschlägen und Warnungen. Den Eltern ist es kaum noch möglich, ohne Thomas das Haus zu verlassen, da Thomas Angst hat, dass ihnen etwas zustößt. Thomas beschreibt, dass er unter einem ständigen Druck lebt und glaubt, dass er das Leben seiner Eltern in der Hand hat. Er „verwettet in Gedanken das Leben seiner Eltern". So meint er beispielsweise, das Leben seiner Eltern erhalten zu können, indem er während Klassenarbeiten die Farbe des Stiftes wechselt. Im Unterricht, aber auch nachmittags zu Hause, müsse er ständig daran denken, seinen Eltern könnte etwas zustoßen. Er komme von diesem Gedanken einfach nicht los, was ihn sehr quäle. Er berichtet zudem über zunehmende depressive Verstimmungen.

2.33.2
Diagnostische Kriterien nach ICD-10

Hauptmerkmale einer Zwangsstörung sind immer wiederkehrende Zwangsgedanken oder Zwangshandlungen, wobei folgende Kriterien bei der Diagnose einer solchen Störung vorliegen müssen:

- Die Zwangsgedanken oder Zwangshandlungen (oder beides) treten an den meisten Tagen über einen Zeitraum von mindestens zwei Wochen auf.
- Die Zwangsgedanken (Ideen oder Vorstellungen) und Zwangshandlungen zeigen alle folgenden Merkmale:
  1) Sie werden als eigene Gedanken/Handlungen von den Betroffenen angesehen und nicht als von anderen Personen oder Einflüssen eingegeben.
  2) Sie wiederholen sich dauernd und werden als unangenehm empfunden; mindestens ein Zwangsgedanke oder eine Zwangshandlung werden als übertrieben und unsinnig anerkannt.
  3) Die Betroffenen versuchen, Widerstand zu leisten (bei lange bestehenden Zwangsgedanken und Zwangshandlungen kann der Widerstand allerdings sehr gering sein). Gegen mindestens einen Zwangsgedanken oder eine Zwangshandlung wird gegenwärtig erfolglos Widerstand geleistet.
  4) Die Ausführung eines Zwangsgedankens oder einer Zwangshandlung ist, für sich genommen, nicht angenehm (dies sollte von einer vorübergehenden Erleichterung, von Spannung und Angst unterschieden werden).
- Die Betroffenen leiden unter den Zwangsgedanken und Zwangshandlungen oder werden in ihrer sozialen oder individuellen Leistungsfähigkeit behindert (meist durch den besonderen Zeitaufwand, den die Störung verursacht).

Bei der Diagnose wird unterschieden, ob Zwangsgedanken oder Zwangshandlungen vorherrschen, sodass folgende Zwangsstörungen diagnostiziert werden:

- Zwangsstörungen vorwiegend mit Zwangsgedanken oder Grübelzwang (F42.0);
- Zwangsstörungen vorwiegend mit Zwangshandlungen (F42.1);
- Zwangsstörungen, bei denen Zwangsgedanken und -handlungen gleichzeitig auftreten (F42.2).

Differenzialdiagnostisch sind Zwangsstörungen von zwanghaftem Grübeln bei Depressionen, von Zwanghaftigkeit im Rahmen einer Anorexia nervosa, von Wahngedanken, von Stereotypien und von Tics abzugrenzen (vgl. Döpfner, 1999a).

2.33.3
Epidemiologie, Verbreitung und Altersrelevanz

Im Jugendalter liegt die Häufigkeit von Zwangsstörungen zwischen 1% und 3,5%. Die Jungen sind häufiger von Zwangsstörungen betroffen. Die Mehrzahl dieser Störungen bezieht sich auf multiple Zwangshandlungen und -gedanken. Unter den Zwangshandlungen treten Waschzwänge, Kontrollzwänge, Wiederholungszwänge, Ordnungs- und Zählzwänge besonders oft auf (in etwa 85% aller Fälle). Die häufigsten Zwangsgedanken bei Kindern und Jugendlichen sind hingegen Angst vor Verschmutzung, Verseuchung oder Vergiftung, aggressive und gewalttätige Vorstellungen sowie auf den eigenen Körper bezogene Gedanken und religiöse oder sexuelle Inhalte (vgl. Döpfner, 1999a).

Im Kindesalter treten häufig zwanghafte Verhaltensweisen meist in Verbindung mit magischem Denken auf (z.B. eine Treppenstufe darf nicht betreten werden). Diese Phänomene sind jedoch fast immer passager.

Zwangsstörungen treten in etwa 70% der Fälle mit weiteren psychischen Beeinträchtigungen (Angststörungen, Depression/Dysthymie, Tic-Störungen) gleichzeitig auf.

2.33.4
Diagnostik der Störung

Die Diagnostik von Zwangsstörungen erfolgt in insgesamt drei Teilschritten: **Erhebung von Basisinformationen zum Patienten und seiner Gesamtsituation.** Hierzu werden zunächst diagnostische Verfahren eingesetzt, die ein breites Spektrum psychischer Störungen abdecken. Ausgangspunkt ist die allgemeine Anamnese und Exploration der Eltern und des Kindes/Jugendlichen sowie die Erhebung des Urteils von Eltern, Lehrern und des Kindes/Jugendlichen per Fragebogen (vgl. Döpfner et al., 2000). Hierbei wird auch nach psychischen Störungen anderer Familienmitglieder (vor allem depressive Störungen, zwanghafte Verhaltensweisen, perfektionistische Ansprüche, Zwangsstörungen bei den Eltern) gefragt.

Symptomspezifische Diagnostik und Verhaltensanalyse. Sie beinhaltet die Exploration der Eltern, die telefonische Befragung des Lehrers sowie die Befragung des Kindes/Jugendlichen. Hierbei werden folgende Informationen erhoben (vgl. auch als Leitfaden die deutsche Fassung der Childrens Yale-Brown Obsessive Compulsive Scale [Döpfner, 1999a sowie Döpfner, 1999b]):

- Ablauf einer einzelnen Zwangshandlung/Inhalt des Zwangsgedankens/der Zwangsvorstellung (z.B. wie werden Hände gewaschen?);
- Dauer einer Zwangshandlung/eines Zwangsgedankens, Häufigkeit des Zwangs pro Tag und Gesamtdauer der Zwangsstörung pro Tag;
- bei Zwangshandlungen: Welche Zwangsgedanken gehen der Zwangshandlung voraus oder begleiten sie?;
- bei Zwangsgedanken: Welche Zwangshandlungen werden durch den Zwangsgedanken ausgelöst?;
- äußere Stimuli, die Zwangshandlungen/Zwangsgedanken auslösen (z.B. Berühren einer Türklinke bei Patienten mit Waschzwang);
- externe und interne Konsequenzen der Zwangshandlungen;
- Grad der Beeinträchtigungen, Einschränkungen und Behinderungen durch die Zwangshandlung/Zwangsgedanken;
- Ausmaß der mit dem Zwang in Verbindung stehenden Angst/Leidensdruck anhand eines Angstthermometers mit einer Skala von 0 bis 100;
- Selbstkontrollstrategien: Formen, Ausmaß der Kontrolle über die Zwangshandlungen/den Zwangsgedanken, auslösende Bedingungen für Selbstkontrollstrategien;
- Einbindung von Bezugspersonen in Zwangssymptomatik.

Anschließend wird der Patient bzw. seine Bezugsperson gebeten, die Zwangssymptome im Alltag zu beobachten und festzuhalten. Dies kann von Kindern von acht oder neun Jahren an durchgeführt werden. Sie erhalten hierzu folgendes Beobachtungsblatt:

Name: _____	**Datum:** _____			
Uhrzeit	auslösende Aktivität/ Gedanke	Handlung	Unbehagen/ Angst (0–100)	Dauer (Min.)

Anhand dieser Informationen können die Symptomstärke und -häufigkeit der Zwangsstörung, aber auch die situativen Auslöser und nachfolgende Konsequenzen geklärt werden. Zugleich stellt diese Selbstbeobachtung einen ersten therapeutischen Schritt dar. Diese Zusammenhänge werden mit dem Kind und den Eltern besprochen.

Ergänzend können Selbsturteilsverfahren eingesetzt werden wie die Kinderversion des Leyton Obsessional Inventory (deutsche Übersetzung: Döpfner, 1999a) sowie das Hamburger Zwangsinventar (HZI), das für erwachsene Patienten entwickelt und standardisiert wurde, das sich aber auch bei jugendlichen Patienten bewährt hat, wobei die Kurzform (Klepsch et al., 1993) praktikabler ist. Anhand dieses Fragebogen werden verschiedene Formen von Zwängen und zwanghaften Tendenzen (z.B. Ordnung, Sauberkeit, Kontrollieren) erhoben.

Intelligenz- und Leistungsdiagnostik. Sie sollte dann erfolgen, wenn sich aus der Exploration der Eltern und des Kindes/Jugendlichen Hinweise auf schulische Leistungsprobleme ergeben, die die Entwicklung oder die Aufrechterhaltung der Zwänge begünstigen könnten (z.B. generelle intellektuelle Überforderung in der Schule oder Lese-/Rechtschreibstörung).

2.33.5
Bedingungsmodell

Grundlage für die Entwicklung von Zwangsstörungen ist eine vermutlich genetisch bedingte Vulnerabilität. Diese biologische Komponente kann in ein verhaltenstheoretisches Modell über die Entwicklung und Aufrechterhaltung von Zwangsstörungen integriert werden. In diesem Modell werden Zwangsstörungen auf der Basis von Mowrers Zweifaktoren-Theorie interpretiert (siehe Abb. 1 auf der nächsten Seite). Danach beinhalten Zwangsgedanken die Antizipation katastrophaler Konsequenzen einer Handlung oder einer Situation („Wenn ich das verseuchte Handtuch berühre, werde ich an Krebs sterben."). Dadurch werden Ängste ausgelöst, die durch Zwangshandlungen (waschen) vermindert werden können. Die Angstreduktion wirkt als negative Verstärkung der Zwangshandlung und erhöht somit deren künftige Intensität oder Frequenz. Andererseits wird durch die Zwangshandlung die Konfrontation mit der Angst auslösenden Situation und die Erfahrung vermieden, dass die antizipierten katastrophalen Konsequenzen nicht eintreten (fehlende Realitätstestung), was zur Persistenz der Zwangsgedanken beiträgt.

Dieses Modell erklärt vor allem, warum Zwangsstörungen über die Zeit so stabil sind; die Entstehung der Symptomatik lässt sich damit jedoch kaum nachvollziehen. Dies wird durch kognitive Erklärungsansätze besser gelöst. Diese gehen davon aus, dass aufdringliche Gedanken Bestandteil eines normalen Gedankenablaufs sind, der sich handlungsbegleitend annähernd automatisiert vollzieht. Solche Gedanken werden vom Individuum fortlaufend bewertet, damit wichtige Gedanken und Ideen aus dem Strom der Informationsverarbeitung herausgefiltert werden können. Eine Zwangssymptomatik kann entstehen, wenn aufdringliche Gedanken als negativ bewertet werden und dadurch eine besondere Bedeutung erhalten (z.B. „Es ist ganz schlimm, wenn ich denke, dass meiner Mutter etwas passieren könnte."). Verschiedene Lebensereignisse (z.B. Einschulung, Verlust einer wichtigen Bezugsperson) können diesen Prozess auslösen.

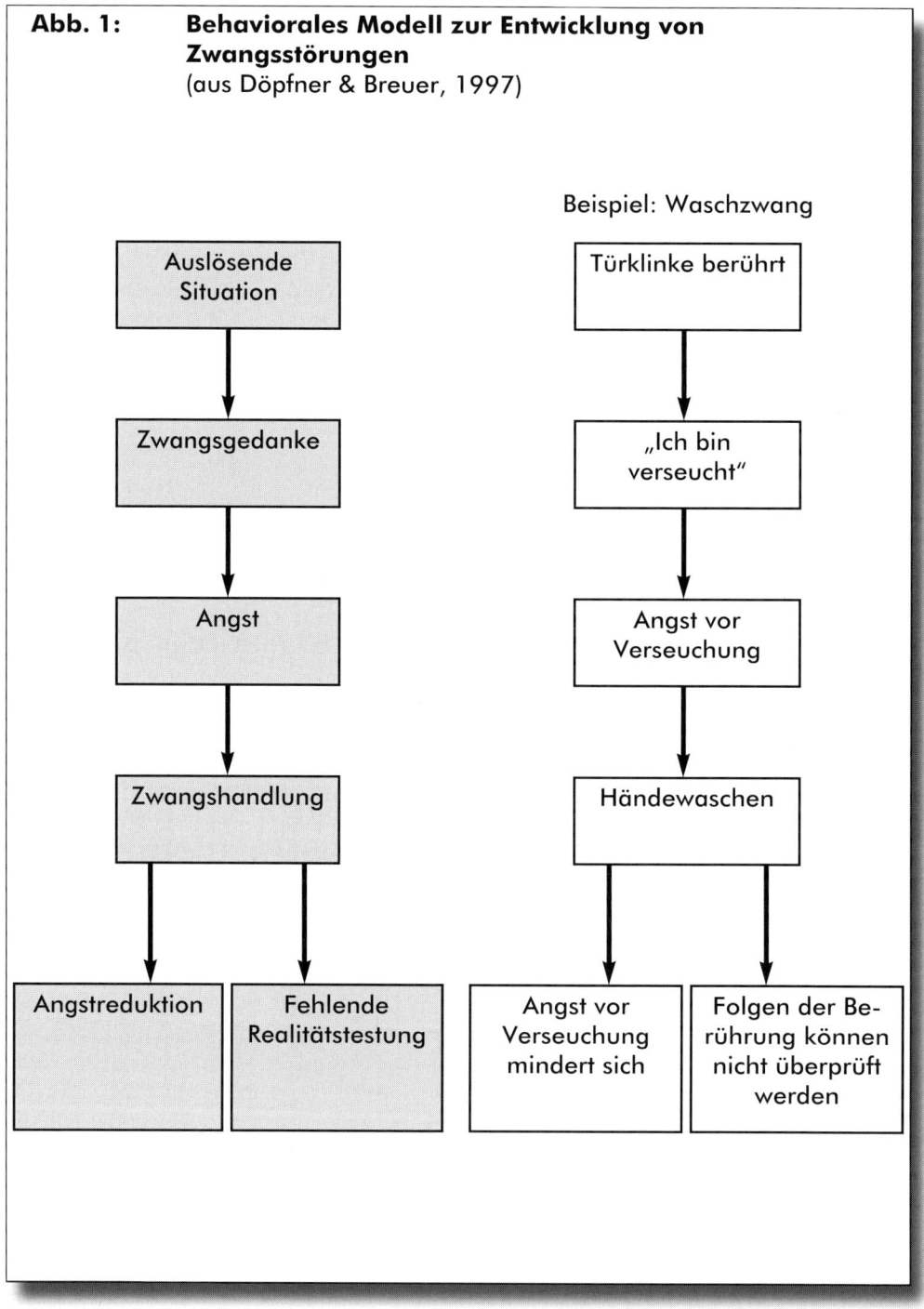

Abb. 1:   Behaviorales Modell zur Entwicklung von Zwangsstörungen
(aus Döpfner & Breuer, 1997)

2.33.6
Therapieplanung

Die Therapie erfolgt multimodal und enthält folgende Behandlungskomponenten (vgl. Döpfner, 1999b; Döpfner & Breuer, 1997):

Interventionen zur Verminderung belastender Bedingungen

Sie stehen am Anfang der Therapie, wie etwa Reduzierung von schulischer Belastung, Reduzierung von Leistungs- und Perfektionsansprüchen. Solche Bedingungen sind aus der Diagnostik deutlich geworden und sollten zunächst verändert werden. Wenn beispielsweise eine schulische Überforderung vorliegt, dann ist zunächst durch eine Umschulung eine entsprechende Entlastung zu schaffen. Bei ausgeprägten und länger bestehenden Zwängen reicht hingegen die Veränderung der Persistenzen und Umweltbedingungen kaum aus, sodass eine gezielte Symptombehandlung erfolgt.

Familienzentrierte Interventionen

Dadurch werden familiäre Bedingungen verändert, die zur Aufrechterhaltung der Symptomatik beitragen. Dabei wird auf folgende Verfahrensweisen zurückgegriffen (Döpfner, 1999a):

1) Familiengespräche über die Zwangsstörung und ihre Auswirkungen auf die Familie und Erfahrungen mit bisherigen Bewältigungsversuchen in der Familie.
2) Erarbeitung eines gemeinsamen angemessenen Störungs- und Interventionskonzeptes und Begründung von familienzentrierten Interventionen. Dazu kann eine Informationsbroschüre herangezogen werden, die Ursachen und Behandlungsmöglichkeiten darstellt (Döpfner & Rothenberger, 1997).
3) Bearbeitung von Konflikten in der Familie, die vermutlich zur Aufrechterhaltung der Zwangssymptomatik beitragen (z.B. Geschwisterrivalität, Partnerkonflikte der Eltern, Konflikte im Rahmen der Autonomie-Tendenzen des Jugendlichen).
4) Thematisierung von möglicherweise vorhandenen perfektionistischen Ansprüchen, zwanghaften Tendenzen oder manifesten Zwangsstörungen bei den Eltern, wenn vorhanden.
5) Aufbau von regelmäßigen gemeinsamen angenehmen familiären Interaktionen, die durch das Auftreten von Zwangssymptomen beendet werden.
6) Kontinuierliche Beobachtung und Aufzeichnung der Symptomatik durch den Patienten und eventuell auch durch Bezugspersonen.
7) Verminderung der elterlichen Unterstützung und Zuwendung bei der Durchführung von Zwangshandlungen (z.B. Eltern führen nicht mehr für ihr Kind Kontrollen durch).
8) Verminderung der elterlichen Unterstützung bei der Vermeidung von Situationen, welche die Zwangssymptomatik auslösen (z.B. Türen werden nicht mehr offen gelassen, damit das Kind die Türklinke nicht anfassen muss).
9) Positive Verstärkung von adäquaten Bewältigungsbemühungen des Patienten und von Symptomreduktion (z.B. wenn es gelingt, weniger intensiv die Hände zu waschen).

Expositionsbehandlung und Reaktionsverhinderung

Durch eine hinreichend lange Konfrontation mit Angst und Zwang auslösenden Stimuli (Exposition) wird die Angst reduziert. Wenn der Therapeut zudem die Zwangshandlungen verhindert (Reaktionsverhinderung), führt dies zu einer längeren Exposition, die Angst auslösende Reizkonfiguration kann nicht mehr vermieden werden und die Angstreduktion durch Zwangshandlungen entfällt. Dadurch erfährt das Kind/der Jugendliche, dass es/er die Situation bewältigen kann und das gefürchtete Ereignis nicht eintritt.

Die Expositionsbehandlung kann gestuft erfolgen, indem der Patient schrittweise mit zunehmend intensiveren Zwang auslösenden Reizbedingungen konfrontiert wird (graduierte Exposition) oder der Patient setzt sich sofort den intensivsten Reizen aus (Reizüberflutung; flooding). Die psychische Belastung des Patienten ist bei der graduierten Exposition geringer. Deshalb sollte bei Kindern und jüngeren Jugendlichen der graduierten Exposition der Vorzug gegeben werden. Reizüberflutung sollte dann angewandt werden, wenn sich die graduierte Exposition nicht bewährt hat.

Die Exposition kann in vivo oder auf der Vorstellungsebene (in sensu) durchgeführt werden. Dabei sollte man der Exposition in vivo den Vorzug geben, weil sie sich meistens als die wirkungsvollere Methode erweist. Die Exposition auf der Vorstellungsebene wird auch angewandt, wenn die Zwang auslösenden Reizbedingungen nicht oder nicht beliebig häufig herstellbar sind (etwa bei Zwängen, die sich um Verhindern von zukünftigen Ereignissen drehen; siehe Döpfner, 1999a). Folgende Schritte sind bei einer graduierten In-vivo-Exposition mit Reaktionsverhinderung durchzuführen (ausführlich Döpfner, 1999b):

1) Überprüfung der Voraussetzungen für eine Expositionsbehandlung (z.B. Ausschluss von Psychosen; ist die notwendige Zeit für Exposition vorhanden?);
2) Entscheidung über die Einbeziehung der Eltern in die Expositionsbehandlung;
3) Aufbau einer therapeutischen Beziehung zum Patienten;
4) Entwicklung einer Hierarchie von Angst und Zwang auslösenden Situationen; Tabelle 1 zeigt ein Beispiel einer solchen Hierarchie;
5) Behandlungskontrakt über die Modalitäten der geplanten Behandlung (Dauer, Bereitschaft des Patienten zur Exposition usw.);
6) Durchführung der Exposition in Anwesenheit des Therapeuten;
7) Exposition ohne Anwesenheit des Therapeuten;
8) Reaktionsverhinderung im natürlichen Umfeld (z.B. Vereinbarung über Verminderung der Zeiten für Händewaschen).

Nach Durchführung der Expositionsbehandlung wird geprüft, ob weitere behandlungsbedürftige (komorbide Störungen) vorliegen (etwa sozialer Rückzug, Unselbstständigkeit, Depressivität).

Erarbeitung eines Störungs- und Interventionskonzeptes mit dem Klienten

Der Patient muss erkennen, dass sich die Symptomatik durch Konfrontation mit den Angst auslösenden Reizen vermindern lässt.

Tabelle 1: Beispiel einer Hierarchie zwangsauslösender Situationen bei einem Patienten mit Waschzwang anhand eines Angstthermometers (0–100)

Punktewert	Angst auslösende Situation
10	Türklinke mit Taschentuch berühren
30	Türklinke mit kleinem Finger berühren, wenn sie in der letzten Zeit von niemandem berührt wurde
50	ein Glas anfassen, aus dem jemand getrunken hat
70	den Eltern die Hand geben
80	Fremden die Hand geben
100	Speichel einer anderen Person auf der Hand haben

Die Verhaltenstherapie kann auch durch eine medikamentöse Therapie ergänzt werden – vor allem dann, wenn sich die Expositionsbehandlung als nicht hinreichend erfolgreich herausstellt. Hierzu werden in den letzten Jahren zunehmend selektive Serotonin-Wiederaufnahme-Hemmer bei Jugendlichen eingesetzt.

2.33.7
Wirksamkeit und Wirksamkeitsbedingungen der Therapie

Die Mehrzahl der Studien belegt, dass die verhaltenstherapeutischen Interventionen Zwangssymptome erfolgreich vermindern können. Von der eigenen Arbeitsgruppe wurden drei kontrollierte Einzelfallstudien publiziert, in denen Exposition und Reaktionsverhinderung durchgeführt wurden (Breuer & Döpfner, 1998; Döpfner, 1997; Döpfner & Breuer, 1997). Insgesamt wird in der Mehrzahl der Studien eine durchschnittliche Symptomreduktion von 50 bis 70% erreicht.

Grundlegende Literatur

- Döpfner, M. (1999a). Zwangsstörungen. In H.-C. Steinhausen & M. von Aster (Hrsg.), Handbuch Verhaltenstherapie und Verhaltensmedizin bei Kindern und Jugendlichen (S. 276–328) (2. Aufl.). Weinheim: Psychologie Verlags Union.

- Döpfner, M. (1999b). Zwangsstörungen. In F. Petermann (Hrsg.), Lehrbuch der Klinischen Kinderpsychologie (4. Aufl.). Göttingen: Hogrefe.

- Reinecker, H. S. (1994). Zwänge. Diagnose, Theorien und Behandlung (2. überarbeitete und erweiterte Aufl.). Bern: Huber.

Weiterführende Literatur

- Döpfner, M. & Breuer, B. (1997). Zwangsstörungen. In F. Petermann (Hrsg.), Fallbuch der Klinischen Kinderpsychologie (S. 85–107). Göttingen: Hogrefe.

- Rapoport, J.L. (Ed.) (1989). Obsessive compulsive disorder in children and adolescents. Washington: American Psychiatric Press.

Materialien

- Klepsch, R., Zaworka, W., Hand, I., Lüneneschloß, K. & Jauernig, G. (1993). Hamburger Zwangsinventar – Kurzform (HZI-K). Göttingen: Hogrefe.

- Döpfner, M. & Rothenberger, A. (1997). Zwangsstörungen bei Kindern und Jugendlichen – Fragen und Antworten. Eine Information für Betroffene und ihre Eltern. Osnabrück: Deutsche Gesellschaft Zwangserkrankungen e.V.

2.33
Zwangsstörungen

Elektiver Mutismus

Udo B. Brack

2.34.1
Fallbeispiel

Mit dem Eintritt in den Kindergarten, der, weil er ein „sehr verspieltes" Kind war, erst im Alter von knapp vier Jahren erfolgte, wurde das Verhalten von Wilhelm auffällig. Bis dahin galt er lediglich als etwas ruhig und zurückhaltend. Er hatte wenig Kontakt zu anderen Kindern, was aber auch durch die etwas abgeschiedene Wohnlage der Eltern und deren eingeschränkte Außenkontakte bedingt war. Am ersten Tag des Kindergartenbesuchs wollte er sich nicht von der Mutter trennen und verweigerte von da an jeglichen Blick- und Sprachkontakt zur Kindergärtnerin und den anderen Kindern mit Ausnahme eines Jungen, den er schon vor dem Kindergartenbesuch kannte. Die Kindergärtnerin meinte damals, das extreme Rückzugsverhalten würde bald überwunden werden, wenn das Kind im Spiel eine Beziehung zur Gruppe ausbilde. Schon bald entwickelte Wilhelm aber ein anderes Verhaltensmuster: Er beteiligte sich zwar zunehmend am Spiel und brachte durchaus Eigenaktivitäten ein, verweigerte aber weiterhin jeglichen sprachlichen Kontakt. Am Ende der Kindergartenzeit gab die Kindergärtnerin an, dass sie niemals auch nur einen einzigen Sprachlaut von ihm gehört habe.

Bei der Einschulung ergab sich von Anfang an das gleiche Problem. Der zuständige Lehrer meinte jedoch, dass sich mit zunehmender Einbindung des Kindes in die schulischen Anforderungen sicherlich auch der sprachliche Kontakt zu ihm und den Mitschülern herstellen werde. Als aber das Ende des 1. Schuljahres nahte, wurde eine Behandlung empfohlen, weil die schulischen Leistungen des Kindes durch die Sprachverweigerung erheblich eingeschränkt waren und die Lehrer zunehmend verunsichert über den richtigen Umgang mit ihm waren.

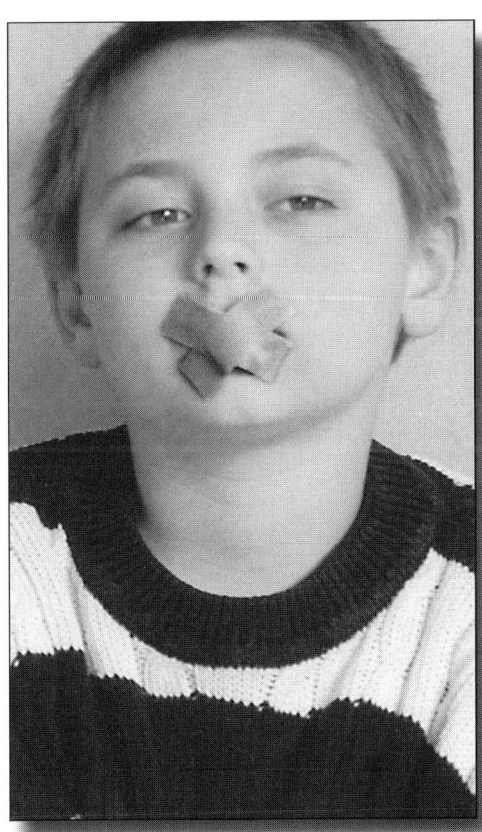

Im Alter von etwas über sieben Jahren wurde Wilhelm deshalb von seinen Eltern zur psychologischen Behandlung gebracht.

2.34.2
Diagnostische Kriterien nach ICD-10

Die Störung wird in der ICD-10 in folgender Hierarchie eingeordnet:

- F9 Verhaltens- und emotionale Störungen mit Beginn in der Kindheit und Jugend;
- F94 Störungen sozialer Funktionen mit Beginn in der Kindheit und Jugend;
- F94.0 Elektiver Mutismus.

In der gleichen Unterkategorie mit dem elektiven (oder selektiven) Mutismus finden sich vor allem die Bindungsstörungen des Kindesalters.

Die Diagnose setzt ein etwa normales Sprachverständnis voraus, ebenso wie eine für die Kommunikation ausreichende sprachliche Kompetenz und einen Nachweis, dass das Kind in bestimmten Situationen einigermaßen adäquat spricht.

Als Ausschlussdiagnosen erwähnt die ICD-10 passageren Mutismus mit Trennungsangst, Schizophrenie, tief greifende Entwicklungsstörungen und umschriebene Entwicklungsstörungen des Sprechens und der Sprache.

Daneben wird darauf hingewiesen, dass sich in der Vorgeschichte von elektiv mutistischen Kindern häufig eine Sprachentwicklungsverzögerung findet und dass eine enge Komorbidität zu anderen sozialen Störungen besteht.

Das entscheidende diagnostische Kriterium lautet: „.... das Kind spricht in einigen Situationen fließend, in anderen bleibt es jedoch stumm oder fast stumm."

Hinzugefügt werden sollte lediglich der Hinweis, dass es auch Kinder gibt, die den elektiven Mutismus auf immer mehr Situationen und Personen ausdehnen und auf diese Weise zu einem „totalen Mutismus" gelangen.

2.34.3
Epidemiologie, Verbreitung und Altersrelevanz

Wie die Einordnung in die ICD-10 zeigt, handelt es sich um eine Störung, die fast ausschließlich in der Kindheit vorkommt. (Allerdings gibt es auch vielfältige Kombinationen, wie etwa einen zunächst elektiven, dann totalen Mutismus, der bei einer Morbus-Down-Patientin im Lebensalter von 18 Jahren, entsprechend etwa einem mentalen Alter von etwa 7 Jahren, begann.)

Die Störung setzt meist zwischen dem Beginn des Kindergartens und dem der Schule ein, also etwa in einem Alter von 3 bis 7 Jahren. Jungen und Mädchen sind, verschiedenen Literaturangaben zufolge, etwa gleich häufig betroffen.

Kinder haben ein erhöhtes Risiko, die Störung zu erwerben, wenn sie bzw. ihre Familien folgende Merkmale aufweisen:

• verspäteter Spracherwerb;
• leicht unterdurchschnittliche Intelligenz;
• sozial (und evtl. auch räumlich) zurückgezogene Lebensweise;
• Erziehungsstil der Mutter eher verwöhnend, des Vaters eher streng;
• stark dialektgefärbte Sprache in der Familie;
• generell (insbesondere bei Konflikten) wenig differenzierte Kommunikation.

Zur Prävalenz finden sich nur wenige Angaben. Bei einer Erhebung in einem finnischen Distrikt fanden sich 2% elektiv mutistische Kinder unter den Zweitklässlern. Diese Zahl dürfte einerseits etwas hoch liegen, weil die Fragebogenbeurteilung vermutlich relativ großzügig erfolgte. Andererseits könnte der Wert für die Gesamtprävalenz relativ realistisch sein, da einige Kinder die Symptomatik erst später entwickeln bzw. sie in der 2. Schulklasse schon verloren haben.

2.34.4
Diagnostik der Störung

Beim elektiven Mutismus ist einerseits eine ausführliche Diagnostik der eigentlichen Symptomatik, andererseits eine begleitende Diagnostik zusätzlicher Störungen und kritischer Bedingungen notwendig. (Diese Forderung wird von den meisten Therapierichtungen bei den meisten Störungen erhoben, wird aber, wenn es nicht ohnehin um diffuse „Ganzheitlichkeit" geht, in der Praxis nur wenig umgesetzt, vor allem aber fließt meist nur ein kleiner Teil der gewonnenen Information in die konkrete Therapiegestaltung. Beim elektiven Mutismus aber ist eine umfangreiche Befunderhebung in beiden Bereichen tatsächlich erforderlich.)

Zentrale Diagnostik
Sie betrifft die einfache Frage, mit welchen Personen das Kind in welchen Situationen in welcher Weise spricht bzw. nicht spricht. Die Beantwortung dieser Frage ist oft enorm aufwendig. In der Regel wird zunächst durch Gespräche mit den Eltern, über Korrespondenz mit Schule und Kindergarten, mit Anfragen beim Hausarzt usw. ein grobes Raster erstellt, wann und mit wem das Kind relativ „normal" spricht, wo und wann es wenig spricht und bei welchen Gelegenheiten es jegliche Sprache verweigert. Da die Symptomatik sich mit der Zeit verändert, d.h. meist allmählich zunimmt und später sehr langsam wieder abnimmt, ist zugleich zu erfassen, ob und wie sich die relevanten Verhaltensweisen in den relevanten Situationen im Laufe der Zeit verändert haben.
Dieser Grobrasterung folgt eine genauere Analyse der derzeit bedeutsamen Sprechsituationen. Dazu werden Verhaltensbeobachtungen im freien Spiel, im Wettspiel, in der Hausaufgabensituation usw. mit Bezugspersonen im Beobachtungsraum (mit Einwegscheibe und Videokamera) ebenso durchgeführt wie Erhebungen des Sprechverhaltens gegenüber

verschiedenen Erwachsenen und Kindern in der Schule, im Kindergarten oder auf dem Spielplatz. Dazu sind Video- und vor allem Audio-Aufnahmen oft sehr gut geeignet, aber auch Kurzprotokolle der Lehrerin in der Schule oder ein von den Eltern geführtes Tagebuch. Die Strukturierung der Registrierungen hängt stark von der Art der Symptomatik ab. Bei einem Kind, das fast gar nicht mehr spricht, genügt ein grobes Raster (Frage: Was und mit wem hat Wilhelm heute während des Schulunterrichts gesprochen? Antwort: Er hat einmal seinem Nachbarn einige Wörter zugeflüstert.). Ein Kind, das mehr verbale Kommunikation zeigt, benötigt dagegen eine engmaschigere Erfassung (Frage: Was geschah heute im Unterricht zwischen 9.00 und 9.30 Uhr und welches Sprechverhalten zeigte Wilhelm in dieser Zeit? Antwort: Im Mathematikunterricht wurde das Subtrahieren zweistelliger Zahlen an der Tafel erläutert; Wilhelm störte mehrfach durch Unterhaltung mit seinem Nachbarn; auf eine Frage zum Stoff reagierte er leise und zögernd mit „weiß nicht".).

Aus diesen aufwendigen Erhebungen lässt sich dann eine Hierarchie auf mehreren Achsen erstellen, die die Menge der Sprache des Kindes (die in der Regel mit der Lautstärke korreliert) erfasst. Das soll auf folgende Weise geschehen:

- in verschiedenen Situationen (zu Hause, auf dem Spielplatz, in der Schule, im Wartezimmer beim Kinderarzt usw.);
- gegenüber verschiedenen Personen (Mutter, Vater, Geschwister, Schulfreunde, Lehrer, enge bzw. entfernte Bekannte der Familie, nur vom Anblick bekannte Personen wie etwa der Busfahrer, gänzlich unbekannte Personen wie etwa Passanten auf der Straße usw.);
- unter unterschiedlichen sprachlichen Anforderungen (freies Spiel ohne sprachliche Kontaktversuche des Erwachsenen, gelegentliche knappe Fragen an das Kind, Versuch einer Unterhaltung usw.);
- in verschiedenen Belastungssituationen (Spiel, Mithilfe im Haushalt, Hausaufgaben, Schulaufgaben unter Zeitdruck usw.).

Diese Hierarchie, deren Erstellung durchaus mehrere Wochen dauern kann, wird dann zur Grundlage des therapeutischen Vorgehens.

Begleitende Diagnostik

Damit sollen vor allem die Leistungskapazität, das Bindungsverhalten, die Selbstständigkeit und die Interessen des Kindes erfasst werden. Dazu werden zunächst die üblichen Intelligenztests verwendet, wobei ausschließlich Profiltests mit möglichst vielen Untertests mit getrennten Normen infrage kommen. Die Verhaltensaspekte können wieder durch Befragung der Bezugspersonen, der Lehrerin usw. erhoben werden; zur Validierung der Angaben sollten auch hier, soweit realisierbar, zusätzliche Verhaltensbeobachtungen und Video- bzw. Audioaufnahmen herangezogen werden. Um möglichst viele Bereiche zu erfassen und keinen wichtigen Hinweis zu übersehen, ist auch (aber nicht ausschließlich!) die Verwendung von Fragebögen, wie etwa der CBCL, zu empfehlen.

Diese begleitende Diagnostik dient der Feststellung von Problembereichen, in denen das Kind – vor, während oder nach der Behandlung des elektiven Mutismus – eine Förderung, Anleitung oder Therapie benötigt. So ist es oft günstig, Verhaltensprobleme, die die häusliche Erziehungssituation erschweren (z.B. Bettnässen) zuerst zu behandeln, um die Kooperation des Kindes und der Bezugspersonen bei der Therapie des elektiven Mutismus zu verbessern; auf der anderen Seite wird die Behandlung einer Lese-Rechtschreib-Störung, die zur langfristigen Integration des durch die Vorgeschichte des elektiven Mutismus ohnehin in seiner Schullaufbahn beeinträchtigten Kindes unbedingt notwendig ist, sinnvoll erst nach einer Verbesserung des Sprechverhaltens durchgeführt werden können.

2.34.5
Bedingungsmodell

Wie bei etlichen Verhaltensauffälligkeiten üblich, wird von den meisten Autoren eine spezifische Kombination von Konstitution, Vorerfahrungen und aktuellen Ereignissen als ursächlich für den elektiven Mutismus angenommen.

Konstitutionelle Faktoren
Bei den konstitutionellen Faktoren werden genetische Aspekte (insbesondere das Chromosom 18 betreffend), autistische und schizoide Persönlichkeitszüge, frühe Entwicklungsretardierungen (vor allem in der expressiven Sprache), insgesamt mäßig unterdurchschnittliche Intelligenz und eine Tendenz zu internalisierenden Verhaltensproblemen diskutiert. Die Entwicklungsrückstände und auffälligen Persönlichkeitszüge werden oft in die genetische Kategorie eingefügt, weil sie sich häufig auch in der Vorgeschichte der engeren und weiteren Verwandtschaft elektiv mutistischer Kinder finden.

Vorerfahrungen
Naturgemäß besteht ein fließender Übergang zwischen diesen Aspekten und den angenommenen, relevanten Vorerfahrungen. Unter diesen wird immer wieder die relative Schweigsamkeit bzw. geringe verbale Kompetenz, verbunden mit Ängstlichkeit und Scheuheit, nicht nur in der Vorgeschichte des Kindes, sondern auch im weiteren familiären Umfeld betont. In gewissem Maße mag also über Modelllernen erworbenes Rückzugsverhalten bei der Entstehung der Störung mitspielen.

Bei den aktuellen Auslösebedingungen wurden nur selten gravierende Traumata (z.B. der Tod von nahen Angehörigen) gefunden; vielmehr geben meist etwas erhöhte Anforderungen in einem etwas veränderten sozialen Umfeld (also z.B. der Eintritt in den Kindergarten oder in die Schule) den Ausschlag zur Entwicklung der Symptomatik.

2.34.6
Therapieplanung

Unter den therapeutischen Maßnahmen bei elektiv mutistischen Kindern werden in der Literatur immer wieder Medikamente einerseits und allgemeine, spielerische bzw. pädagogische Maßnahmen andererseits beschrieben. Diese Vorgehensweisen scheinen aber nur in wenigen Fällen erfolgreich zu sein; insbesondere lässt sich in der Regel kein systematischer

Zusammenhang zwischen der Dauer der Anwendung und der Besserung der Symptomatik erkennen.

Das einzige Verfahren, von dem – bei adäquater Anwendung! – immer wieder gezielte, mit der Applikation stetig zunehmende Erfolge berichtet werden, ist verhaltenstherapeutische Intervention. Allerdings bedarf diese, wie bereits aus den beschriebenen diagnostischen Hierarchien hervorgeht, eines erheblichen Aufwandes. Eltern als Kotherapeuten können und sollen langfristig eingesetzt werden. Allerdings ist wegen der notwendigen strikten Kontrolle meist eine Einleitung der Behandlung durch den professionellen Therapeuten notwendig; die

Tabelle 1: Struktur verhaltenstherapeutischer Intervention beim elektiven Mutismus

Therapie				
Vorbereitung	**Imitation**	**Situations-überblendung**	**verbale Kommunikation**	**Generalisation**
Verstärkersuche Sitzenbleiben Blickkontakt	Grob-, Fein-, Mundmotorik Phoneme Silben Wörter Sätze	in Sprech-situationen Elemente anderer Situationen einbauen; zun. komplexer bzw. ‚fremder'	benennen beschreiben antworten Äußerungen Fragen	kontr. Aufträge, zun. komplex. Verstärkung v. Eigenaktivität

Begleitende Maßnahmen	
Erziehungsstil	**Kommunikation im Alltag**
Reduktion von Verwöhnung und Strenge	keine Aufforderungen zum Sprechen
strukturierter Tagesablauf	Kommunikationsdruck (therapieadaptiert)
gemeinsame Aktivitäten	Sprachspiele
	Verstärkung von Sprechen

hohe Intensität der anfänglichen Intervention kann daher einen stationären Aufenthalt des Kindes notwendig machen.

Die verhaltenstherapeutische Planung der Therapie des elektiven Mutismus ist ein Musterbeispiel für die Anwendung des Prinzips der sukzessiven Approximation; dabei steht die operante Ausformung (shaping) im Vordergrund, systematische Desensibilisierung im Paradigma des klassischen Konditionierens kommt in unterschiedlich ausgeprägtem Maß hinzu (vgl. Brack, 1993). Einen Überblick über die Struktur des Vorgehens gibt Tabelle 1.

Dabei lassen sich die Maßnahmen, die unter enger Kontrolle des professionellen Therapeuten stehen (und bei denen natürlich auch die Bezugspersonen eingesetzt werden!) von solchen unterscheiden, die im Alltag von Therapeuten initiiert, aber nicht kontinuierlich kontrolliert werden.

Die eigentliche Therapie sollte möglichst täglich (bei stationärem Aufenthalt: mehrmals täglich) durchgeführt werden. Dabei ist es sinnvoll, zweigleisig zu arbeiten.

Die eine Methode ähnelt sehr dem gebräuchlichen Vorgehen bei der Förderung sprachretardierter Kinder (vgl. Kapitel 2.2). Dazu werden zunächst wirksame Verstärker gesucht. Auch beim Schulkind sind in der Regel Nahrungsverstärker angesagt. Evtl. muss sichergestellt sein, dass das Kind Süßigkeiten o.Ä. ausschließlich in den Therapiesitzungen bekommt. Ohne Verstärker, an denen das Kind stark interessiert ist und die in kleinen Mengen über Löffel gegeben werden können, ist in der Regel kein Erfolg in diesem Teil der Therapie zu erwarten!

Mit den Verstärkern wird zunächst einfachste Kooperation im Sinne von Blickkontakt, von Sitzenbleiben auf dem Stuhl gegenüber dem Therapeuten usw. etabliert.

Dann erfolgt ein Imitationstraining, das, wie bei der Sprachförderung, bereits auf grobmotorischer Ebene beginnen kann und dann zur Fein- und Mundmotorik übergeht. Die ersten großen Widerstände elektiv mutistischer Kinder kommen in der Regel, wenn es gilt, mundmotorische Bewegungen nachzuahmen.

Erst wenn ein Grundrepertoire an derartiger Imitation erworben ist, wird zur Nachahmung von Phonemen, Silben, Wörtern und Sätzen übergegangen. Entscheidend ist, dass jede einzelne Stufe wie bei der Förderung sprachretardierter Kinder unter Verwendung exakter Registrierungen durchgearbeitet wird, bis ein jeweils vom Therapeuten vorher festgesetztes Niveau erreicht ist. Erst dann wird zur nächsten Stufe übergegangen. Bei zu schnellem Vorgehen (etwa, wenn bei gelegentlicher Imitation einzelner Phoneme bereits zu kleinen Sätzen übergegangen wird) wird das Kind wieder in seine mutistische Haltung ihm gegenüber zurückfallen. Allein dieser Teil der Therapie ist bereits sehr aufwendig; es ist durchaus damit zu rechnen, dass bis zur stabilen Imitation kurzer Sätze das Kind 50 oder mehr Sitzungen zu je etwa 20 Minuten benötigt.

Zugleich mit dieser Methode (aber in getrennten Sitzungen) sollte der zweite Weg beschritten werden, der in einer fein abgestuften Reizüberblendung (fading) steht. Dazu wird die erwähnte, vorher erstellte Hierarchie von kritischen Sprechsituationen verwendet, indem in Situationen, in denen das Kind noch relativ gut spricht, schrittweise Elemente von Situationen eingeblendet werden, in denen es kaum oder gar nicht spricht.

Ein Beispiel: In der diagnostischen Phase hat sich gezeigt, dass sich das Kind relativ „normal" mit seiner Mutter im Beobachtungsraum unterhält, wenn eine gewisse Anlaufzeit verstrichen ist, wenn genügend interessantes Spielzeug vorhanden ist und wenn sich das Kind unbeobachtet fühlt. Diese Situation wird nun mehrfach durchgeführt, bis der Therapeut sicher ist, dass das Kind in dieser Situation tatsächlich stabil spricht. Dann wird ein Element von „Fremdheit" dadurch eingeführt, dass die Tür zum Beobachtungsraum ein wenig offen bleibt. Sofort ist festzustellen, dass das Kind mit seiner Mutter leiser und weniger spricht. Diese Situation wird nun so lange durchgeführt, bis das Kind sich an sie adaptiert hat. Dann bleibt die Tür weiter offen; dann wirft der Therapeut ab und zu einen Blick ins Zimmer, sodass er vom Kind kurz bemerkt wird; dann bleibt er, für das Kind sichtbar, vor der halb geöffneten Tür sitzen usw.

Auch hier gilt, dass auf gar keinen Fall zur nächsten Stufe der Hierarchie übergegangen werden darf, bevor die vorausgehende sicher vom Kind beherrscht wird.

Auf diese Weise lassen sich die erwähnten verschiedenen Achsen der Schwierigkeitshierarchie allmählich durcharbeiten, wobei möglichst zu viele Veränderungen auf verschiedenen Achsen vermieden werden sollten. So sollten etwa nicht zugleich die Übungssituation in einen fremden Raum verlagert, eine fremde Person eingeführt und das Spielzeugangebot reduziert werden.

Auch in diesem Bereich ist eine exakte Beobachtung und Registrierung der Reaktionen des Kindes notwendig, damit ökonomisch vorgegangen, d.h. ein Rückfall auf bereits bearbeitete Stufen ebenso wie ein unnötiges Verweilen auf einer bereits beherrschten Stufe vermieden werden kann.

Wenn das Kind auf den beiden beschriebenen, simultan beschrittenen Wegen deutliche Erfolge zeigt, werden beide Verfahren stärker in die Richtung natürlicher verbaler Kommunikation gelenkt. Das bedeutet, dass das Kind sowohl aufbauend auf das Imitationstraining als auch in den freien Situationen zunehmend kleine Aufgaben gestellt bekommt, wie etwa das Benennen und Beschreiben von Bildern oder das Beantworten von Fragen, dass spontane Äußerungen und Fragen des Kindes verstärkt werden usw.

In einer anschließenden Generalisationsphase erhält das Kind dann außerhalb der eigentlichen Übungssituationen kontrollierte Aufträge, die zunehmend komplex gestaltet werden (Beispiel: Das Kind darf sich in einem Kaufhaus eine Tafel Schokolade kaufen, während der Therapeut im Hintergrund wartet. Mit der Verkäuferin wurde vorher vereinbart, dass sie dem Kind die Tafel nur gibt, wenn es mindestens einen Satz aus drei Wörtern, z.B. „Ich möchte Schokolade.", sagt).

All die beschriebenen Stufen hängen selbstverständlich sehr stark von der Ausprägung und Struktur der Ausgangsproblematik ab. Es ist zu betonen, dass sich eine Therapie der beschriebenen Art nicht als vorgefertigtes „Programm" durchführen lässt, sondern dass sie individuell gestaltet und laufend an die Fortschritte des Kindes adaptiert werden muss. Das gilt insbesondere für die beschriebenen „höheren" Stufen, wo an der natürlichen verbalen Kommunikation und an der Generalisation gearbeitet wird.

Das Gleiche gilt aber auch von begleitenden Maßnahmen, die den häuslichen Alltag betreffen. Hier liegt ein Schwerpunkt auf einer Stabilisierung des Erziehungsstils, in dem, je nach den Bedingungen in der individuellen Familie, der häufige Wechsel von Verwöhnung und Strenge etwas nivelliert wird, indem auf einen strukturierten Tagesablauf (in dem sich später kleine häusliche Übungen einführen lassen) geachtet wird und indem die Planung gemeinsamer familiärer Aktivitäten unterstützt wird.

Nicht zuletzt betreffen diese begleitenden Maßnahmen die Art, wie die Bezugspersonen mit dem Kind im Alltag kommunizieren sollen. Wichtig ist in der Regel, dass Aufforderungen, Bitten und Drohungen, die das Kind zum Sprechen bringen sollen, eingestellt werden. Zugleich kann aber eine Art von „Kommunikationsdruck" vereinbart werden, indem (möglichst vom Therapeuten) dem Kind die häusliche Regel erklärt wird, dass es bestimmte Dinge (beliebtes Spielzeug, bevorzugte Nahrung usw.) nur bekommt, wenn es jeweils eine Äußerung auf dem Minimalniveau der jeweiligen Therapiestufe produziert (z.B. ein Phonem wie „a" oder „m", einen Zweiwortsatz oder eine Frage aus mindestens drei Wörtern).

Mit fortschreitender Therapie können auch „Sprachspiele" eingeführt werden, die zu Hause regelmäßig durchgeführt werden, wie etwa das Finden von Tiernamen mit einem bestimmten Anfangsbuchstaben. Zu derartigen Spielen darf das Kind aber auf gar keinen Fall gedrängt werden, sondern sie müssen ihm als Angebot bereitgestellt werden, sodass es für adäquates Verhalten ausschließlich positive Verstärkung bekommt.

Diese positive Verstärkung für Sprechverhalten kann – unter schrittweiser Anleitung – dann zunehmend in den Alltag des Kindes übernommen werden. Die Therapie von elektiv mutistischen Kindern ist zwar in der Regel enorm aufwendig, aber sie hat für den Therapeuten den äußerst interessanten Aspekt, dass beobachtet werden kann, wie sich gewissermaßen von Schritt zu Schritt der Therapiehierarchie das Verhalten des Kindes in die angestrebte Richtung ändert.

Das beschriebene therapeutische Vorgehen kann ergänzt werden durch einen neuen Ansatz, der Erwähnung verdient, weil er möglicherweise die Therapiedauer verkürzen kann: Blum et al. (1998) wendeten bei drei Kindern aus Frankreich die Methode des „audio feedforward" an. Dabei erhält das Kind auf einer Audiokassette Szenen vorgespielt, die suggerieren, dass es bereits in Situationen spricht, in denen es bisher noch mutistisch ist.

2.34
Elektiver Mutismus

2.34.7
Wirksamkeit und Wirksamkeitsbedingungen der Therapie

Wie für viele Bereiche von schweren Verhaltensstörungen bei Kindern sind in der Literatur gefundene Angaben über die Wirksamkeit verhaltenstherapeutischer Intervention wenig hilfreich. Der Grund ist, dass bei Untersuchungen, in denen die Wirksamkeit an einer größeren Stichprobe von Kindern geprüft wurde, in aller Regel keine Verhaltenstherapie im engeren Sinne, also keine exakt an das individuelle Verhaltensproblem des Kindes adaptierte Behandlung durchgeführt wurde, sondern standardisierte „Programme". Publizierte aufwendige, individuell strukturierte Therapiemaßnahmen aber beziehen sich meist auf Einzelfälle.

Der Überblick über eine größere Zahl aufwendig behandelter Einzelfälle (vgl. Brack & Metzner, 1993) aber lässt erkennen, dass operantes Vorgehen bei allen elektiv mutistischen Kindern Fortschritte erzielt. Das Ausmaß des Fortschritts hängt sowohl von dem therapeutischen Aufwand ab, den die Rahmenbedingungen zulassen, als auch von den möglichen zusätzlichen Problemen des Kindes und der Familie, wie etwa mentaler Retardierung oder stark zerrütteten Familienverhältnissen. Insgesamt aber gilt, dass der elektive Mutismus für strikte verhaltenstherapeutische Intervention eine lösbare Aufgabe ist.

Grundlegende Literatur

• Blum, N. J., Kell, R. S., Starr, H. L., Lender, W. L., Bradley-Klug, K. L., Osborne, M. L. & Dowrick, P. W. (1998). Case study: Audio feedforward treatment of selective mutism. Journal of the American Academy of Child and Adolescent Psychiatry, 37, 40–43.

• Brack, U. B. (1993). Elektiver Mutismus. In U. B. Brack (Hrsg.), Frühdiagnostik und Frühtherapie. Psychologische Behandlung von entwicklungs- und verhaltensgestörten Kindern (S. 337–345) (2. Aufl.). Weinheim: Psychologie Verlags Union.

• Brack, U. B. & Metzner, J. (1993). Elektiver Mutismus: ein Fallbericht. Verhaltenstherapie, 3, 131–136.

Weiterführende Literatur

• Kumpulainen, K., Raesaenen, E., Raaska, H. & Somppi, V. (1998). Selective mutism among second-graders in elementary school. European Child and Adolescent Psychiatry, 7, 24–29.

• Steinhausen, H.-C. & Juzi, C. (1996). Elective mutism: An analysis of 100 cases. Journal of the American Academy of Child and Adolescent Psychiatry, 35, 606–614.

Materialien

• Arbeitsgruppe Deutsche Child Behavior Checklist (1993). Fragebögen über das Verhalten von Kleinkindern bzw. Kindern und Jugendlichen; deutsche Bearbeitung der Child Behavior Checklist (CBCL/2–3 bzw. CBCL4–18). Köln: Arbeitsgruppe Kinder-, Jugend- und Familiendiagnostik.

2.34
Elektiver Mutismus

Atopische Dermatitis

Gabriele Niebel

2.35.1
Fallbeispiel

Die siebenjährige Angela hat seit ihrem 6. Lebensmonat atopische Dermatitis (AD). Ihr Gesicht ist blass, unter den Augen ist eine doppelte Falte erkennbar. Als Baby hatte sie Milchschorf, dann an den Wangen auch nässende und eiternde Entzündungen, später zeigten sich enzündliche juckende Rötungen an den Streckseiten von Armen und Beinen. Jetzt sind Armbeugen und Kniekehlen, aber auch gut erreichbare Stellen an Bauch und Rücken zerkratzt und leicht glänzend. Die Haut sieht rau, schuppig und trocken aus, am schlimmsten im Winter. Gegen den ständigen Juckreiz weiß Angela nur eine Antwort: kratzen. Obwohl sie ständig ermahnt wird, dies nicht zu tun, weiß sie sich sonst nicht zu helfen. Am liebsten kratzt sie mit den Nägeln, bis Blut kommt. Manchmal macht das fast schon Spaß. In der Schule wird sie oft wegen ihres Aussehens gehänselt. Dann schämt sie sich, wird rot und ihre Haut juckt noch mehr. Konzentrieren und Stillsitzen fallen ihr oft schwer, besonders wenn es langweilig ist oder Aufgaben schlecht erklärt wurden. In der Pause geht sie manchmal aufs Klo und kratzt, so viel sie kann. Wenn etwas bei den Hausaufgaben nicht klappt, wird sie schnell wütend und weint. Das Eincremen durch die Mutter hasst sie regelrecht und nach fetten Cremes juckt die Haut oft erst recht. Nachts wacht sie oft auf und kratzt. Manchmal weckt sie ihre Eltern, die ihr beim Kratzen helfen sollen und sie dann in ihr Bett holen. Wenn sie ihrem Wunsch nicht nachgeben, weint und kratzt sie wütend so lange, bis sie ihr Ziel erreicht hat. Bei Tisch drehen sich die Gespräche regelmäßig um Angelas atopische Dermatitis und kritische Blicke sind auf ihre zerkratzte Haut gerichtet. Alle sind genervt und oft schlecht ausgeschlafen. Die Mutter ist verzweifelt. Sie hat schon oft den Arzt gewechselt, Diäten erprobt, war beim Heilpraktiker und mit Angela in der Kur an der Nordsee. Alles hat nur kurz oder gar nicht geholfen.

2.35.2
Diagnostische Kriterien nach ICD-10

Nach den ICD-Kriterien gehört die atopische Dermatitis zu den Krankheiten der Haut und Unterhaut (L00-L99) und wird hier unter der Erkrankungsgruppe „Dermatitis und Ekzem" (L20-L30) bei L20.9 eingeordnet. Synonyme Begriffe sind: Neurodermitis, atopisches Ekzem, endogenes Ekzem, Dermatitis atopica. Daneben werden Sonderformen (z.B. atopisches Säuglingsekzem, atopischer Milchschorf, Prurigo Besnier) klassifiziert. Zahlreiche andere Ekzem- und Juckreizformen (z.B. Kontaktekzem, Säuglingsekzem, Pruritus sine materia, mikrobielles Ekzem, Lichen simplex chronicus) sind differenzialdiagnostisch abzugrenzen.

Bei der Diagnose sind die internationalen Diagnosekriterien zur atopische Dermatitis zu berücksichtigen. Sie unterscheiden Basismerkmale und Zusatzmerkmale: Dabei müssen drei oder mehr Basismerkmale erfüllt sein: 1) Juckreiz; 2) eine typische Art und Verteilung der Symptome: bei Säuglingen und Kleinkindern zunächst entzündliche Veränderungen im Gesicht und Beteiligung der Streckseiten der Gliedmaßen, später bei Jugendlichen und Erwachsenen typische Hautveränderungen mit Verdickung der Haut und Vergröberung der Hautlinien (Lichenifikation), besonders an den Beugen; 3) eine chronische oder chronisch wiederkehrende Hautentzündung; 4) eine persönliche oder familiäre Atopieanamnese (Asthma, Neurodermitis, Heuschnupfen). Zusätzlich müssen drei oder mehr Zusatzmerkmale auftreten. Hierzu gehören u.a. Hauttrockenheit, allergische Sofortreaktionen bei Hauttests und/oder hohes Serum IgE (Störungen der humoralen Immunität), Anfälligkeit für bestimmte Hautinfektionen wie Staphylokokken, Pilze, Herpes-simplex-Virus (Störungen der zellulären Immunität), wiederholte Bindehautentzündungen, Gesichtsblässe und Gesichtsrötungen, doppelte Unterlidfalte, Dunkelfärbung der Augenhöhlen, Lippenekzeme, Juckreiz beim Schwitzen, Intoleranz von Wolle und Fett lösenden Substanzen sowie die Beeinflussung des Verlaufs durch emotionale Faktoren, Umwelt und andere Merkmale.

Das Beispiel Angela zeigt zusätzlich Verhaltensauffälligkeiten und psychische Faktoren, die eine Rolle bei der Manifestation der atopische Dermatitis spielen (F50–59) oder die den Gesundheitszustand beeinflussen und zur Inanspruchnahme von Gesundheitsdiensten führen (Z00-Z99). Für eine ICD-Codierung wäre ferner die Befolgung bzw. Nichtbefolgung ärztlicher Anordnungen abzuklären (Z91.1).

2.35.3
Epidemiologie, Verbreitung und Altersrelevanz

Die atopische Dermatitis ist die häufigste chronisch-entzündliche Hauterkrankung im Kindesalter. In den westlichen Industrienationen, aber auch in Entwicklungsländern ist eine signifikante Zunahme in den letzten Jahrzehnten durch zahlreiche Studien belegt. Noch nicht ausgereifte Prävalenzschätzungen liegen bisher zwischen 5 und 15%. Kinder haben eine höhere Prävalenz als Erwachsene, wobei erhebliche Variationen im Ländervergleich und auch innerhalb der Länder bei gleichen ethnischen Gruppen bestehen; dies wird als Hinweis auf Umwelteinflüsse gewertet. Die höchsten Prävalenzraten findet man in Nordeuropa und Australien, niedrigere in Ost- und Mitteleuropa und Asien. Circa 10% der Kinder und 3% der Erwachsenen sind betroffen, in Deutschland ca. 12% der Vorschulkinder, Mädchen insgesamt häufiger als Jungen. 80% haben schon Symptome im 1. Lebensjahr, bis zum 5. Lebensjahr haben ca. 90% der Kinder die atopische Dermatitis entwickelt, bei ca. 50% verschwindet sie im Jugendalter. Wegen der lebenslangen Veranlagung sind Rezidive aber jederzeit möglich und Heuschnupfen und/oder Asthma (ca. 15–30%) können hinzukommen. Ein erstmaliges Auftreten im Erwachsenenalter ist seltener. Typisch ist ein phasenhafter Verlauf mit unvorhersagbaren Schüben und symptomfreien Intervallen. Internationale Vergleichsstudien ergaben bisher kein unikausales Modell für die Zunahme und Verlaufsbeeinflussung. Sozialschicht, Hygiene, Infektionsschutz sowie Umwelteinflüsse (Wetter, Jahreszeiten, Aeroallergene, Hausstaubmilben, Haustiere/Tierhaare, Zigarettenrauch, Nahrungsmittel, Irritanzien, Industrialisierung) werden diskutiert. Als entscheidend werden Beziehungen zwischen Verhalten, Lebensstil sowie häuslicher und externer Umwelt angesehen.

2.35.4
Diagnostik der Störung

Medizinische Diagnose

Sie muss durch einen klinisch erfahrenen Dermatologen und/oder einen in pädiatrischer Dermatologie erfahrenen Kinderarzt unter Berücksichtigung einer sorgfältigen Differenzialdiagnostik und einer am internationalen Standard orientierten Hautzustandsbeurteilung mit dem SCORAD-Index (= Score-Atopic Dermatitis) erfolgen, der altersangepasst Art, Ausmaß und Intensität der Symptome sowie Juckreiz und Schlaflosigkeit erfasst.

Psychologische Diagnostik

Ihre Aufgabe ist es in erster Linie, Verhalten und emotionale Faktoren, die zur Auslösung, Verschlimmerung und/oder Aufrechterhaltung von Ekzemschüben bzw. von Jucken und/oder Kratzen beitragen können, herauszufinden und begleitende sekundäre Verhaltensprobleme und Beeinträchtigungen durch die Hauterkrankung bei den Betroffenen und gegebenenfalls auch deren Eltern bzw. Bezugspersonen abzuklären. Differenzialdiagnostisch sind eventuell unabhängig von der Hauterkrankung bestehende psychische Störungen zu berücksichtigen.

Die Maßnahmen sind Grundlage für die hypothesenorientierte Therapieplanung sowie die therapiebegleitende und abschließende Evaluation der Interventionen. Folgende Möglichkeiten sollten berücksichtigt werden:

• Fragebogen und testdiagnostische Verfahren (Tabelle 1);

Tabelle 1: Fragebögen und Tests			
Inhalte	Mittel/Beispiele	Kind	Eltern
Belastungen, Bewältigung, Lebensqualität, Symptome bei AD	FEN/FBH (Stangier et al., 1996b; Niebel et al., im Druck)	√	√
Verhaltensstörungen	CBCL (Child Behavior Checklist)	√	√
Depressivität	Klinische Standardskalen	√	√
Befindlichkeit/Beschwerden	Klinische Standardskalen		√
Soziale Angst/Kompetenz	Klinische Standardskalen	√	√
Aufmerksamkeitsstörungen	Standardtests	√	

2.35
Atopische Dermatitis

Tabelle 2: Verhaltensanalysen

Inhalte	Beispiele	Kind	Eltern
Was geht Juckreiz/Kratzen voraus? Was geht Ekzemschub voraus? (S)*	Langeweile, Aufregung, Ärger chronischer Stress	√	√
Wann symptomfrei? (S△)*	Hautreizungen Ablenkung/positive Stimmung	√	
Vermittelnde Bedingungen (O)*	Trockene Haut, Schwitzen, Allergie	√	
Selbstkontrolle/Bewältigung	Juckreiz-/Stress-Kratz-Kontrolle	√	
Reaktionen (R)*	Kratzverhalten/Wut/Unruhe	√	
Unmittelbare Folgen (C)*	Entspannung/Kritik/Zuwendung	√	√
Langfristige Folgen	Hilflosigkeit, Juck-Kratz-Zirkel	√	√
Kontingenzen (K)*	regelmäßig – unregelmäßig	√	√
Konstruktive Hilfen/Anleitungen	Hautpflege, Kratzkontrolle		√
Wirksame Verstärker/Modelle	Punktesystem, Selbstverstärkung	√	√
Selbstständigkeit(sförderung)	Hautpflege, Ermutigung	√	√
Rahmenbedingungen bei Hautpflege	Behälter, Zeiten, Orte, Verhalten	√	√
Kenntnisse/Informationen	Erkrankung, Behandlung, Allergien	√	√
Allgemeine Erziehungsstrategien	Konsequenz, Eindeutigkeit u.a.		√
Objektive Belastungen	Finanzen/Zeitbelastung		√
Psychologische Belastungen	Schlafprobleme, Streit, Depressivität	√	√
Verhaltensprobleme	Konzentrationsmangel, Unruhe, Wut	√	

*S-O-R-C-K-Modell; s.u.

- Verhaltensanalysen/Interviews mit Mutter/Vater und Kind/Jugendlichem (Tabelle 2);
- Selbstbeobachtungen/Fremdbeobachtungen (Tabelle 3) (Niebel et al., 1997/98.)

Tabelle 3: Fremd- und Selbstbeobachtung

Ziele, Inhalte	Mittel/Beispiele	Kind	Eltern
Baselinedaten, Verlaufsdaten	Kratz-/Symptomtagebücher/ Grafik	√	√
Therapiekontrolle, Feedback	Protokoll zu Selbsthilfestrategien	√	√
Selbstwahrnehmung	Handzähler/Situationsprotokolle	√	√
Compliance	Hautpflegeprotokolle/ Medikation	√	√

2.35.5
Bedingungsmodell

Am Fallbeispiel Angela lassen sich Entwicklung und Verlauf der im Wesentlichen genetisch determinierten Erkrankung und ihrer Begleitprobleme aus verhaltenspsychologischer Perspektive kurz so skizzieren.

Die Neurodermitis entwickelt sich auf dem Boden einer familiären Atopieanamnese (Mutter hat Heuschnupfen, Vater hat Asthma) und einer extrem trockenen Haut des Kindes. Trotz früher Diagnose erfolgt eine unzureichende Aufklärung über Krankheitsbild und Behandlungsrichtlinien, stattdessen führen die Vorurteile der Mutter über Hautpflege und Kortisonangst zur unsachgemäßen Verwendung bzw. zum willkürlichen Ausprobieren verschiedener Mittel bei Ekzemschüben. Da nichts so richtig wirkt, erfolgt ein häufiger Therapiewechsel. Eine Nahrungsmittelallergie wurde nicht nachgewiesen, dennoch werden Diäten durchgeführt, die entsprechenden Stress in der Familie mit sich bringen. Seit Schulbeginn verschlimmert sich das Kratzen. Es sind keine effektiven Selbsthilfestrategien bei Eltern und Kind vorhanden. Das Kratzen wird ständig beachtet. Ratschläge, die darauf abzielen, was Angela nicht tun soll, bleiben ohne Wirkung.

Der Juck-Kratz-Zirkel (Jucken-Kratzen-Ekzem-Hauttrockenheit) steht im Mittelpunkt der Analyse funktionaler Zusammenhänge nach dem S-O-R-C-K-Modell mit dem Ziel, Hypothesen für geeignete Ansatzpunkte zu seiner Unterbrechung zu finden. Das S-O-R-C-K-Modell arbeitet Aspekte der klassischen und/oder operanten Konditionierung heraus, die eine Rolle bei der Auslösung und Aufrechterhaltung der Erkrankung spielen (vgl. Beispiele 1 und 2).

Beispiel 1: Kratzen als klassisch konditionierte Reaktion

UCS ————————————————————————	UCR
Juckreiz	Kratzen
CS ———————————————————————————	CR
Denken an Haut/Stress/Unlust	Kratzen

S(timulus) kann (Beispiel 1) der Juckreiz im Sinne der zentralnervös repräsentierten Kratz-intention (UCS) sein, auf die die Kratzhandlung (UCR) folgt. Assoziierte Bedingungen (CS) (z.B. Stress und Hilflosigkeit, Hautaufmerksamkeit, Wärme, Unruhe, Unlustgefühle) können dann Kratzen (CR) auslösen. Umgekehrt kann auch Kratzen (UCS) ohne vorhergehenden Juckreiz die Juckempfindung erst (UCR) induzieren und wiederum Kratzanfälle auslösen. Assoziierte Wut, Nichtbeachtung oder Zurückweisung (CS) könnten dann den Juckreiz (CR) ebenfalls auslösen.

Treten Kratzanfälle unter bestimmten Bedingungen (z.B. Ferien, Abwesenheit der Mutter; S^Δ) seltener auf als unter anderen (z.B. Schulstress/mangelnde Beachtung; S^D), lässt dies vermuten, dass das Kratzen auch unter operanter Kontrolle steht (siehe C) und ein Diskriminationslernen stattgefunden hat (s.u.).

Zu berücksichtigen sind außerdem vermittelnde Bedingungen O (Organismusvariablen/Personvariablen/Selbstkontrolle), die am Juck-Kratz-Zirkel direkt oder indirekt beteiligt sein können (vgl. Tabelle 2), die Art der Reaktionen R (z.B. Kratzanfälle mit hochfrequentem Kratzen vs. kurze Kratzepisoden; begleitendes wütendes Heulen), die nachfolgenden Konsequenzen C sowie das Kontingenzverhältnis K.

Beispiel 2: Operante und klassische Konditionierung beim Kratzen

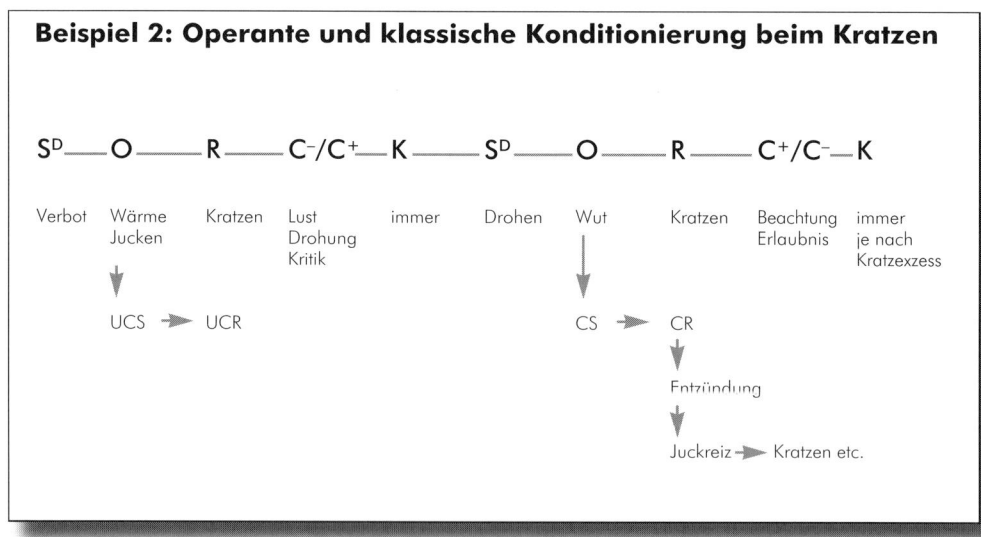

Wie Beispiel 2 zeigt, können zahlreiche positive Konsequenzen (positive/negative Verstärkung), die umittelbar auf das Kratzen folgen und/oder dieses selbst begleiten, dessen Auftrittswahrscheinlichkeit allgemein (z.B. Lustgefühle/Beachtung) und in bestimmten Situationen fördern, wobei die externen Kontingenzen von der Person (z.B. Mutter/Vater) und der Ausprägung des Verhaltens (Kratzexzess) abhängig sein können. Die verzögerten, langfristig positiven Konsequenzen (Erreichen von Zielen, Kontrolle der Bezugspersonen) können zusätzlich an der Aufrechterhaltung beteiligt sein. Negative Konsequenzen (z.B. Missbilligung) werden nur kurzfristig zur Unterbrechung verhaltenswirksam; sie wirken eher als Stressoren, die Juckreiz und Kratzen verschlimmern. Die verzögerten langfristig negativen Konsequenzen wie weitere Schädigung der Haut, Entzündung, verstärkter Juckreiz, Hilflosigkeit, Kontrollverlust etc. begünstigen die Aufrechterhaltung des Juck-Kratz-Zirkels. Die Kombination mit klassisch konditonierbaren Reaktionen ist mit zu berücksichtigen.

2.35.6
Therapieplanung

Die Therapieplanung muss auf die Unterbrechung der am Juck-Kratz-Zirkel beteiligten Bedingungen im engeren und weiteren Sinne gerichtet sein; dabei müssen die Therapeuten mit medizinisch-physiologischen Grundlagen der atopische Dermatitis und der Juckreizverarbeitung vertraut sein. Die Interventionen sollten möglichst mit dem behandelnden Arzt besprochen werden. Sofern erforderlich, sollte für Ernährungsfragen eine Ökotrophologin konsultiert werden.

Bei der Therapieplanung ist zu überlegen, welche auslösenden und/oder aufrechterhaltenden Bedingungen und welche Risikofaktoren (z.B. Hausstaubmilben, mangelnde Stressbewältigungsstrategien, ungenügende Compliance bei der Hautbehandlung) durch eigenes Verhalten (Kind/Jugendlicher/Eltern) aktiv beeinflusst bzw. reduziert werden können: Welche nicht hautschädigenden Verhaltensweisen sollte das Kind/der Jugendliche zum Umgang mit Juckreiz und Kratzen lernen? Wie können die Bezugspersonen dabei helfen? Welches Verhalten sollte nicht beachtet, welches differenziell verstärkt werden? Was könnten die Eltern tun, um unnötigen Stress auf beiden Seiten (auch bei Säuglingen und Kleinkindern) zu reduzieren? Wie könnte Übereinstimmung im Erziehungsverhalten hergestellt werden? Wie kann man sich auf Rückfälle vorbereiten und diesen vorbeugen?

Interventionsziele

Sie müssen – nach dem Prinzip der kleinen Schritte – vorher besprochen und festgelegt, Aufgaben und Mitarbeit der Klienten (z.B. Protokolle, Kratztagebücher) müssen vereinbart werden. Begleitmaterialien zur Nachbereitung von Sitzungen mit Zusammenfassung der wichtigsten Inhalte sind zu empfehlen. Am Ende jeder Sitzung sollen Aufgaben gestellt werden, die am Beginn der nächsten Sitzung besprochen werden.

Informationen für Kinder und Eltern sollten didaktisch verständlich aufbereitet, praktische Übungen sollten altersangemessen erklärt, modellhaft von Therapeuten vorgeführt und von den Klienten praktisch geübt werden.

Bei Kleinkindern und Kindern wie Angela sollten die Eltern als Mediatoren geschult werden.

Bei Kindern und besonders Jugendlichen kann die Intervention natürlich auch direkt ansetzen. In jedem Fall sollten aber die Bezugspersonen in die Intervention mit einbezogen werden oder an einer Elternschulung teilnehmen. Für interessierte Therapeuten und Eltern gibt es zu spezifischen Inhalten und Vorgehensweisen praktisches Anschauungsmaterial (Niebel, Wiborg & Zietlow, 1997/98).

Interventionsmethoden

Als Interventionsmethoden können folgende Schritte allein oder in Kombination unter Berücksichtigung der diagnostischen Informationen erwogen werden:

Verständliche Informationen. Durch die Vermittlung von Informationen zu krankheitsspezifischen Themen (Aufbau der Haut; Krankheitsbild der atopische Dermatitis und dermatologische Behandlung; zentralnervöse Verarbeitung des Juckreizes [motorische Aktivierung, emotionale Verarbeitung, Aufmerksamkeit]; Komponenten des Juck-Kratz-Zirkels [Ekzem-Hauttrockenheit-Jucken-Kratzen]; Allergien und Sekundärinfektionen; Prinzipien operanter Verstärkung) lassen sich Ansatzpunkte der Intervention ableiten. So wird deutlicher, wie und wo der Teufelskreis mittels des eigenen Verhaltens unterbrochen werden kann.

Praktische Übungen mit modellhafter Anleitung. Je nach Schwerpunkt des Einzelfalles und Alter des Kindes/Jugendlichen sind die folgenden therapeutischen Aspekte bzw. ihre Kombinationen zu berücksichtigen:
Hautpflege. Sehr wesentlich sind Kenntnisse und Fertigkeiten im Zusammenhang mit der richtigen Hautreinigung und -pflege unter Berücksichtigung des Hautzustandes und der betroffenen Körperstellen (Fett-feucht-Prinzip). Dabei ist auf eine gleichermaßen entspannte wie motivierende Gestaltung der Hautpflegesituation zu achten. Je nach Alter kann eine spielerische Förderung der selbstständigen Hautpflege unter Einbeziehung von Schaubildern, Filmen, Fotos sowie Puppen und Pflegemitteln zu Übungszwecken einbezogen werden. Die Eltern (später auch Kinder/Jugendlichen) sollten die Art, Häufigkeit und Begleitumstände der Hautpflege regelmäßig protokollieren.
Umgang mit Ekzemen und Entzündungen. Hier ist es vor allem notwendig, den Eltern den Umgang mit kortisonhaltigen und anderen entzündungshemmenden Präparaten zur Vermeidung von Nebenwirkungen (wann, was, wie oft, an welchen Körperstellen) zu erklären, wobei grundsätzlich die ärztlichen Anweisungen strikt zu beachten sind.
Umgang mit Juckreiz. Eine selbstständige Bewältigung des Juckreizes ist durch Trainieren juckreizunterbrechender Selbsthilfestrategien möglich. Hierzu zählen sowohl die Ablenkung der Aufmerksamkeit von der Haut als auch Gegenirritationsmethoden im Sinne juckreizunterbrechender Stimulation der Haut im selben Dermatom (z.B. in der Nähe der juckenden Hautstelle/Prinzip der Dermatome an Schaubild erklären): Eindrücken der Nägel, Ziehen der Haut, Klapsen, Kühlen, Kneifen, Drücken, Festhalten. Bei Juckreiz in der Nacht empfiehlt es sich, Notfallmittel (in Kühltasche neben dem Bett) und alternative Beschäftigungen verfügbar zu halten. Kleine Kinder können dann adäquat abgelenkt und beruhigt werden, sollten jedoch nicht mit ins Elternbett dürfen, sondern an Alleinschlafen gewöhnt werden. Hierzu ist ein Belohnungssystem sehr wirksam. Grundsätzlich empfiehlt es sich, einen staubfreien kühlen Schlafplatz sowie Kratzklötzchen (s.u.) bereitzuhalten. Es sollte Ziel sein, Kratzen

vom Bett zu entkoppeln. Zum Umgang mit kindlichen Schlafproblemen sind z.B. Einschlaf-rituale hilfreich.

Hilfestellung bei Kratzbedürfnis/exzessivem Kratzen. Die Methode der Gewohnheitsum-kehr (Habit-Reversal-Training) ermöglicht das Einüben der Kratzkontrolle. Dazu gehört u.a. die bewusste Ausführung der Kratzbewegung zum Erlernen der rechtzeitigen Wahrnehmung der Kratzintention und früher Warnsignale (z.B. Bewegungsunruhe, Wärme, Anspannung der Muskeln), die rechtzeitige Unterbrechung durch Selbstinstruktion und Bewusstmachung der negativen Konsequenzen („STOPP – Denk an die Folgen!"), die Einübung von unauffälligen hemmenden Gegenbewegungen („STOPP – Halt dich fest!", z.B. Festhalten am Stuhl/An-spannen der Streckmuskeln) und die Einübung von Selbstverstärkung. Des Weiteren ist eine Umlenkung der motorischen Aktivierung möglich. Dies gelingt zum einen mithilfe des Kieler Kratzklötzchens (zum Selbstbasteln: ein mit Waschleder überzogenes Holzstück in Größe ei-ner Zigarettenschachtel). Hier gilt der Leitsatz: "Kratz, aber kratz nicht auf der Haut, nimm das Klötzchen." Des Weiteren lassen sich Bewegungsmöglichkeiten erproben, die nicht schweißtreibend sind und bei denen die Arme und Hände zum Einsatz kommen.

Entspannung für Eltern und Kinder. Eine bewährte Entspannungsmethode stellt die pro-gressive Muskelentspannung (Kurzentspannung) dar. Eltern können sie mit dem Ziel trainie-ren, entspannter mit dem Kind in schwierigen Situationen umgehen zu können. Zur Entspan-nung des Kindes können Eltern in der Weise beitragen, indem sie das Kind in spielerischer Form zur Entspannung anleiten, was durch Bildserien, Video oder Kassetten unterstützt wer-den kann.

Stressmanagement. Ein verbessertes Stressmanagement kann z.B. nach dem Modell des Selbstinstruktionstrainings für Kinder vermittelt werden (vgl. Kap. 5.3). Doch auch für Eltern kann das Erlernen von Stressmanagementstrategien eine wirksame Hilfe für den Umgang mit dem AD-Kind darstellen.

Selbstsicherheit. Die betroffenen Kinder und Jugendlichen benötigen zum Teil Hilfen bei der Bewältigung schwieriger Interaktionssituationen. Hier bieten sich Verhaltenstrainings zur Vermittlung sozialer Fertigkeiten an. In diesem Rahmen können auch problematische Eltern-Kind-Interaktionen bearbeitet werden.

Verbesserung des Erziehungsverhalten. Eltern sollten (in Übereinstimmung miteinander) lernen, allgemeine, positiv wirksame Verhaltensregeln zu erproben (z.B. hinter einer Ein-wegscheibe) und im Alltag konsequent anzuwenden. Hierzu gehört vor allem: klare und gut strukturierte Aufgaben stellen; sich dem Kind positiv zuwenden, wenn es nicht kratzt; Zu-wendung und Lob unabhängig vom Kratzen geben; kleine Fortschritte bei der Selbstständig-keit und eigenständiger Bewältigung positiv unterstützen.

Umgang mit Rückfällen. Zu einem der (chronischen) Krankheitsproblematik angemessenen Erziehungsverhalten gehört auch die Vorbereitung auf und der Umgang mit Rückfällen. Hier kann die Methode des Problemlösetrainings (nach D'Zurilla und Goldfried) hilfreich sein, die folgende Problemlöseschritte beinhaltet: Benennen des Problems; Herausfinden der Einzel-bestandteile; Zergliederung in Teilprobleme; Auswahl eines zu bearbeitenden Teilproblems; Zielbestimmung; Suche nach Lösungen im Brainstorming; Bewertung der Lösungen nach Durchführbarkeit, kurz- und langfristigen Konsequenzen oder eventuellen neuen Problemen; Herausfinden der besten Lösung und Umsetzen der Lösung. Vorstrukturierte Arbeitsblätter und gemeinsame Erprobung (auch zu Hause) sind hierfür nötig.

2.35.7
Wirksamkeit und Wirksamkeitsbedingungen der Therapie

Die Bestandteile der Interventionen gründen sich auf kontrollierte Studien zur Verhaltenstherapie und Rückfallprävention bei jugendlichen und erwachsenen Neurodermitispatienten (Niebel, 1995; Ehlers, Stangier & Gieler, 1995). Kurz und langfristig (1-Jahres-Katamnesen) zeigten sich Vorteile des Erlernens kombinierter gegenüber nur einzelner Strategien. Kontrollierte Evaluationen von Elterntrainings in ersten Pilotstudien (z.B. Niebel et al., im Druck) ergaben Vorteile gegenüber der Standardbehandlung für die Verbesserung der Symptomatik der Kinder (3–10 Jahre) und die Reduktion der neurodermitisassoziierten Belastungen bei den Müttern.

Wichtige Bedingungen der Wirksamkeit sind nach bisherigen Erfahrungen neben Information und Aufklärung die Förderung der Compliance bei der ärztlichen Behandlung, die aktive Einübung und Anwendung der Kratzkontrollstrategien im Alltag, ein entspannter Umgang mit Stress-Situationen sowie die kontinuierliche Rückmeldung über den Erfolg der Selbstkontrollversuche.

Liegen unabhängig von der atopische Dermatitis psychische Störungen bei den Kindern, Jugendlichen oder Eltern vor, müssen zusätzliche verhaltenstherapeutische Maßnahmen erwogen werden. Dies ist jedoch nicht die Regel. Nach bisherigen Erfahrungen reichen die vorgeschlagenen Interventionen als Ergänzung einer sachgerechten dermatologischen Behandlung für die Betroffenen aus, um Probleme bei der Bewältigung der atopische Dermatitis in den Griff zu kriegen und zur Besserung und Stabilisierung des Hautzustandes beizutragen.

Grundlegende Literatur

- Ehlers, A. Stangier U. & Gieler, U. (1995). Treatment of atopic dermatitis: A comparison of psychological and dermatological approaches to relapse prevention. Journal of Consulting and Clinical Psychology, 63, 624–635.

- Niebel, G. (1995). Verhaltensmedizin der chronischen Hautkrankheit. Interdisziplinäre Perspektiven der atopischen Dermatitis und ihrer Behandlung. Bern: Huber.

- Niebel, G., Kallweit, C., Lange, I. & Fölster-Holst, R. (im Druck). Direkte versus videovermittelte Elternschulung bei atopischem Ekzem (AE) im Kindesalter als Ergänzung fachärztlicher Behandlung – Eine kontrollierte Pilotstudie. Hautarzt.

Materialien

- Niebel, G., Wiborg, G. & Zietlow, J. (1997/98). Diagnose Neurodermitis. Wenn die Haut juckt, muss man nicht hilflos bleiben. (Lern- und Übungshilfen für Eltern und Kinder). Video/100 Min. und Begleitbuch. Lübeck: Hansisches Verlagskontor.

- Stangier, U., Gieler, U. & Ehlers, A. (1996a). Neurodermitis bewältigen. Berlin: Springer.

- Stangier, U., Ehlers, A. & Gieler, U. (1996b). Testmanual – Fragebogen zur Bewältigung von Hautkrankheiten. Göttingen: Hogrefe.

(Chronische) Kopfschmerzen im Kindes- und Jugendalter

Ursula Luka-Krausgrill

2.36.1
Fallbeispiel

Katharina (13 Jahre alt) leidet seit einem Jahr immer häufiger an Kopfschmerzen. Ihre Schmerzen sind erstmals nach ihrer Einschulung aufgetreten. Bis vor einem Jahr traten sie etwa zweimal im Monat auf, dauerten unterschiedlich lang, manchmal bis zu einem Tag und waren meist einseitig lokalisiert. Katharina beschreibt die Schmerzen als pochend und stark mit einer Intensität von 8 auf einer Skala von 0 bis 10. Sie merkt schon in der Schule, dass nachmittags Kopfschmerzen kommen. Sie fühlt sich dann schlapp und mürrisch. Ihr sei dann auch übel, erbrochen habe sie aber noch nicht. Meistens seien die Kopfschmerzen am nächsten Morgen verschwunden, Schmerzmittel habe sie noch nie gebraucht. Seit einem Jahr leidet sie zusätzlich an anderen Kopfschmerzen, die zwar nicht so stark sind, dafür aber ungefähr dreimal in der Woche auftreten. Ihre Musik-AG, der Jazztanz und die Reitstunden mussten deshalb schon öfters ausfallen. Da sie oft für Konzerte proben muss, ist sie darüber sehr ärgerlich. Außer Hinlegen und Ausruhen kennt sie keine Maßnahmen gegen die Schmerzen. Katharinas Mutter leidet seit über 20 Jahren an Migräneanfällen; das Mädchen denkt, dass es die Kopfschmerzen von der Mutter geerbt hat. Eine organmedizinische Untersuchung blieb ohne Befund.

2.36.2
Diagnostische Kriterien nach ICD-10

Migräne und Kopfschmerzen werden nur bei Ausschluss einer symptomatischen Verursachung (etwa durch Nasennebenhöhlenentzündungen, Infektionskrankheiten, Kopfverletzungen, Funktionsstörung des Kauapparates) diagnostiziert.
Eine gute Operationalisierung von Migräne und Kopfschmerzen vom Spannungstyp wird von der International Headache Society vorgelegt (vgl. Tabelle 1).
Das ICD-10 geht davon aus, dass es sich bei Migräne (G43.x) und Kopfschmerzen vom Spannungstyp (G44.2) um bekannte psychophysiologische Mechanismen handelt. Wenn jedoch eindeutige Hinweise vorliegen, dass psychologische Einflüsse die Entstehung und den Verlauf der Erkrankung begünstigen, kann bei Vorliegen einer Migräne die Diagnose „Psychologische Faktoren oder Verhaltensfaktoren bei anderorts klassifizierten Erkrankung" (F54) vergeben werden. Kopfschmerzen vom Spannungstyp sind dabei ausgeschlossen.

Tabelle 1: International Headache Society-Kriterien für a) Migräne und b) Kopfschmerzen vom Spannungstyp im Kindes- und Jugendalter (Headache Classification Committee of the International Headache Society, 1988)

Hauptmerkmale	Migräne Kriterien (beispielhaft)	Kopfschmerzen vom Spannungstyp Kriterien (beispielhaft)
Häufigkeit, Zahl und Dauer der Schmerzereignisse	Wenigstens fünf vorangegangene Attacken mit einer Dauer von 2–48 Stunden (Erwachsene: 4–72 Stunden) Zumeist einseitiger Kopfschmerz (außer bei Kindern und Jugendlichen)	Wenigstens 10 Tage vorangegangene Episoden Weniger als 15 Kopfschmerz-Tage pro Monat (sonst chronisch) 30 Minuten bis 7 Tage (bei unbehandeltem Verlauf)
Schmerzcharakteristika	1. Pulsierender Charakter des Schmerzes 2. Mäßige bis starke Schmerzintensität, die Aktivitäten erschwert oder unmöglich macht 3. Verstärkung des Schmerzes bei körperlicher Aktivität	1. Drückender bis ziehender nicht pulsierender Schmerz 2. Leichte bis mäßige Schmerzintensität, übliche Aktivität wird nicht unmöglich gemacht 3. Beidseitige Lokalisation des Schmerzes 4. Keine Verstärkung durch körperliche Arbeit
Begleiterscheinungen	1. Übelkeit und/oder Erbrechen (besonders bei jüngeren Kindern) 2. Licht- und Geräuschempfindlichkeit	Keine Übelkeit und kein Erbrechen während der Kopfschmerzepisode, entweder Licht- oder Lärmempfindlichkeit (jedoch nur maximal eine der beiden Überempfindlichkeiten)
Ausschluss symptomatischer Kopfschmerzen	Durch ärztliche Untersuchung	Durch ärztliche Untersuchung

2.36.3
Epidemiologie, Verbreitung und Altersrelevanz

Kopfschmerzen sind ein weit verbreitetes Leiden: 10% aller Kinder leiden unter Migräne und 50% unter behandlungsbedürftigen Kopfschmerzen vom Spannungstyp. Verschiedene Studien weisen darauf hin, dass der Beginn der Migräne in der Hälfte der Fälle in der Kindheit liegt. So können schon ein- bis zweijährige Kinder Migränesymptome entwickeln, wenn diese auch sehr schwer zu erkennen sind. Indikatoren dieser frühen Migräne sind beispielsweise Blässe, Empfindlichkeit gegenüber Licht, Geräuschen oder Gerüchen, Schlafstörungen, unerklärbares Erbrechen sowie Bauchschmerzen. Nach den Ergebnissen verschiedener Studien erleben 3–8% der Kinder im Alter von 3 Jahren Kopfschmerzen, mit 5 Jahren sind es 20% und mit 7 Jahren 37–50%.

Migräne tritt bei Mädchen ab dem 7.–10. Lebensjahr häufiger auf als bei Jungen. Prospektive Studien, die der Frage nachgegangen sind, ob die Kopfschmerzen von Kindern und Jugendlichen eine vorübergehende Erkrankung sind oder auch bis zum Erwachsenenalter fortbestehen, belegen eine beträchtliche Stabilität der Erkrankung: 40–60% der Kinder und Jugendlichen leiden auch als Erwachsene noch unter Kopfschmerzen. Im Allgemeinen geht man davon aus, dass eine Migräne erstmals im Alter von 6 bis 10 Jahren auftritt. Es gibt aber auch Berichte über einen früheren Beginn (im Alter von 1 bis 4 Jahren).

2.36.4
Diagnostik der Störung

Schmerzanamnese
Zur Erhebung der Schmerzanamnese wird das Kind gebeten, seine Kopfschmerzen zu beschreiben. Durch gezieltes Nachfragen anhand der Diagnosekriterien erfolgt eine erste Einordnung der Kopfschmerzen. Der Therapeut erfragt hierbei zunächst Informationen zum Auftreten und zur Manifestation der Kopfschmerzen (Lokalisation der Kopfschmerzen, Krankheitsdauer, Frequenz, Intensität der Schmerzen [Ratingskalen], Dauer der Attacken, mögliche Begleiterscheinungen, Auftreten von Kopfschmerzen und anderen Erkrankungen in der Familie, Umgang mit Schmerzen in der Familie). Des Weiteren sind folgende Informationen zur Planung der Therapie notwendig: Auslöser, Auswirkungen der Schmerzen, Verhalten bei Schmerzen, Reaktionen der Familie, bisherige Behandlungsmaßnahmen und deren Ergebnis, Medikamenteneinnahme. Diese Befragung kann sich auch an speziellen Interviewleitfäden (etwa McGrath, Cunningham, Lascelles & Humphreys, 1990, deutsche Fassung in Vorbereitung) orientieren.

Krankheitsmodell
Ein weiterer wichtiger Punkt ist die Frage nach dem Krankheitsmodell: „Was ist deine Erklärung für die Kopfschmerzen? Hast du schon einmal darüber nachgedacht, woher deine Kopfschmerzen kommen?" Hier kann die Therapeutin Hinweise z.B. auf Ängste (Hirntumor) oder schuldhafte Ursachenzuschreibungen („weil ich immer zu viel Zucker esse") erhalten.

Globale Erklärungen der Kinder oder auch der Eltern/Bezugspersonen wie „Stress" oder „der Leistungsdruck in unserer Gesellschaft" oder „der Leistungsdruck in der Schule" müssen konkretisiert werden, um individuelle Ansatzpunkte der Schmerz- und Stressbewältigung zu finden.

Gesamtsituation des Kindes/Jugendlichen

Informationen zur Gesamtsituation des Kindes/Jugendlichen dienen zur allgemeinen Orientierung und Indikationsstellung. Sie werden in der Regel in einem gemeinsamen Gespräch mit dem Kind und den Eltern (Mutter) erfragt. Bei älteren Kindern (ab etwa 13 Jahren) kann das Gespräch aber auch mit dem Kind allein geführt werden. Von unmittelbarer Bedeutung sind zunächst Informationen über das Verhalten in der Schule, die schulische Leistung, die Leistungsanforderungen (der Eltern und des Kindes), die Hausaufgaben (Umfang, Zeitraum), die Freizeitaktivitäten, den Freundeskreis, die körperliche Situation (Periode), das Ausmaß der Selbstständigkeit des Kindes/Jugendlichen und Erziehungskonflikte. Damit sollen mögliche Belastungen und Konfliktbereiche erkannt werden (etwa: Hat das Kind noch genügend unverplante Zeit für sich?). Ferner können die familiäre Situation sowie die frühkindliche Entwicklung des Kindes im Gespräch mit der Mutter exploriert werden.

Um einen angemessenen Interventionsschwerpunkt festzulegen, wird das Vorliegen komorbider Störungen (vor allem Angststörungen, Depressionen) abgeklärt. Hierzu werden Depressions- und Angstinventare als Screening-Instrumente eingesetzt.

Der Ausschluss sekundärer Kopfschmerzen aufgrund einer körperlichen Grunderkrankung erfolgt durch ärztliche Untersuchungen.

Aktuelle Beobachtungsdaten

Die aktuellen Beobachtungsdaten/Selbstbeobachtungen sind für die Behandlungsindikation entscheidend. Darin gehen vor allem die erkannten Auslöser, verstärkende Bedingungen, Verhalten und Erleben des Kindes sowie die Reaktionen der Eltern und deren interne Standards ein (siehe Luka-Krausgrill, Kerbeck & Gerbershagen, im Druck). Für Katharina ergibt sich beispielsweise folgende Bedingungskonstellation für das Auftreten ihrer Kopfschmerzen:

- Situation: Proben für ein Konzert am Abend. Am Tag vorher musste Katharina während des ganzen Nachmittags für eine Mathematikarbeit lernen. Sie hat jetzt noch nicht alle Hausaufgaben fertig und muss auch noch mindestens eine Stunde proben.
- Organismus: Reaktionsspezifität: Katharina neigt dazu, in Stress-Situationen mit erhöhter Anspannung der Gesichts- und Nackenmuskeln zu reagieren.
- Reaktion, intern: Ich schaffe das alles nicht mehr. Die verdammte Klarinette! Die Hausaufgaben sind auch noch nicht fertig! Hoffentlich blamiere ich mich heute Abend nicht. Ich muss alles gut hinkriegen.
- Reaktion, physiologisch: Anspannung der Gesichts- und Nackenmuskulatur.
- Reaktion, emotional: Zunehmende Unruhe und Angst, Ärger. (Diese Unruhe wirkt als diskriminierenden Reiz [SD]. Katharina übt ohne Pause weiter.)
- Reaktion, physiologisch: Die Anspannung steigt weiter, es stellen sich Kopfschmerzen ein. (Die Kopfschmerzen wirken als diskriminierender Reiz [SD]: Katharina macht eine Pause,

isst etwas, lässt die Hausaufgaben zum Teil unerledigt: „Wenn ich heute Abend das Konzert habe, brauche ich nicht alle Hausaufgaben für morgen komplett fertig zu haben. Mit den Kopfschmerzen schaffe ich das auch nicht. Meine Mutter schreibt mir eine Entschuldigung".)
- Kurzfristig: Es wird eine realistische Zeitplanung getroffen. Die Kopfschmerzen dienen als Signal, um solche Zeitplanungen zu treffen.
- Kurzfristig: Ein Konflikt wird beendet: Angst, Ärger, Unruhe verringern sich.
- Langfristig: Grundsätzlich behält Katharina ihre vielen Aktivitäten bei und lässt nur dann etwas weg, wenn sie Kopfschmerzen hat. Das befriedigt ihre eigenen Ansprüche und sie erhält auch dafür Verstärkung von ihren Eltern.
- Langfristig: Schmerzchronifizierung.

2.36.5
Bedingungsmodell

Die Entstehung von Migräne und Spannungskopfschmerzen wird im Rahmen eines „Diathese-Stress-Modells" unter Einbeziehung von biologischen, psychologischen und sozialen Faktoren sowie von Lernprozessen erklärt:

Biologische Faktoren

Migräne gilt heutzutage als eine primär neuronale Erkrankung, für die eine kortikale Hypersensitivität verantwortlich gemacht wird. EEG-Messungen konnten zeigen, dass Migränepatienten besonders stark auf Reize reagieren und auch bei wiederholter Darbietung sich nicht so daran „gewöhnen" können wie Personen ohne Migräne. Man nimmt daher an, dass sich das Gehirn von Migränepatienten in einem Zustand von Überbereitschaft befindet. Auslösende Reize führen dann über verschiedene Prozesse, bei denen das Serotonin eine wichtige Rolle spielen soll, zu Entzündungen an den Gefäßwänden und Störungen des regionalen Blutflusses. Die Überbereitschaft des Gehirns normalisiert sich während der Attacke, sodass der Anfall als eine Art Schutzmechanismus vor Überstimulation angesehen werden kann. Kopfschmerzen vom Spannungstyp sind hingegen in einer Störung des körpereigenen Schmerzabwehrsystems und in verschiedenen Funktionsstörungen (z.B. muskuläre Verspannung bei Stress) begründet. Hierzu tragen wiederum genetische Faktoren und/oder Lernprozesse bei.

Psychologische und soziale Faktoren

Persönlich relevanter Stress kann über verschiedene psychologische Prozesse zu Schmerzen führen (etwa Reduzierung der Schmerztoleranz, erhöhte Selbstaufmerksamkeit, Veränderung von Verhaltensgewohnheiten). Verschiedene Ergebnisse weisen darauf hin, dass Kopfschmerzkinder vermehrten Stress erleben: Etwa ein Drittel der Schulkinder kann Auslöser für ihre Kopfschmerzen benennen (z.B. Ärger in der Schule und in der Familie, Klassenarbeiten, Schlafmangel); Kinder mit häufigen Kopfschmerzen (Auftreten mindestens einmal in der Woche) erleben mehr Stressoren als Kinder ohne Kopfschmerzen; Kopfschmerzkinder legen eine stärkere Misserfolgsorientierung in Leistungssituationen an den Tag und sind höheren

Leistungsanforderung durch ihre Eltern ausgesetzt; sie neigen zu einer meidenden Stressbewältigung. Obwohl diese Ergebnisse wahrscheinlich nicht nur auf Kopfschmerzkinder zutreffen, weisen sie doch darauf hin, dass die Verbesserung der Stressverarbeitung ein lohnenswertes Therapieziel sein kann.

Lernprozesse

Kinder lernen zunächst einmal in der Familien den Umgang mit Kopfschmerzen. Wie reagieren die Eltern oder Geschwister, wenn sie Kopfschmerzen haben? Welche Rolle spielen Kopfschmerzen in der familiären Interaktion? Nehmen Eltern die Kopfschmerzen ihrer Kinder ernst oder müssen die Kinder erst ihr Schmerzverhalten intensivieren? Gibt es eine einseitige Zuwendung bei Schmerzen bzw. Schmerzverhalten und zu wenig Aufmerksamkeit für aktives, bewältigendes Verhalten? Können die Kinder durch Kopfschmerzen für sie problematische Situationen vermeiden?

2.36.6
Therapieplanung

Die Therapie erfolgt in multimodaler Form und greift auf folgende Behandlungsmomente zurück (vgl. McGrath, Cunningham, Lascelles & Humphreys, 1990, deutsche Fassung in Vorbereitung):

Information

Die angemessene Information über die Erkrankung (nach entsprechender medizinischer Abklärung) dient zunächst dazu, den Patienten und seine Eltern von der Befürchtung zu entlasten, dass den Kopfschmerzen eine schwere Erkrankung zugrunde liegt. Solche Befürchtungen entstehen in aller Regel aufgrund der körperlichen Symptomatik (z.B. Gesichtsfeldänderungen, Erbrechen, Lichtempfindlichkeit). Die Information schafft aber auch die Grundlage zur Mitarbeit und erhöht das Ausmaß des complianten Verhaltens. Hierzu wird ein „Teufelskreismodell", anhand dessen das Kind und seine Eltern zwischen Ursachen, Auslösern und aufrechterhaltenden Bedingungen zu unterscheiden lernen, erläutert (vgl. Kasten 1).

Die Erklärungen werden anhand der Aufzeichnungen aus dem Kopfschmerztagebuch (siehe Abb. 1 auf den folgenden Seiten) vertieft, indem nun Zusammenhänge zwischen dem Schmerzerleben und dem eigenen Verhalten herausgearbeitet werden. Gemeinsam entwickeln Kind und Therapeut anhand dieser Aufzeichnungen und ergänzender Informationen ein Schmerzmodell. Wie können Mathematikaufgaben Kopfschmerzen verursachen? Für Kinder und Jugendliche leicht nachvollziehbar ist der Teufelskreis von „Stress", erhöhter Muskelspannung und Kopfschmerzen. Dieser Zusammenhang wird den Kindern anhand von EMG-Biofeedback verdeutlicht: Die Muskelspannung im Nacken wird durch einen akustischen Ton rückgemeldet; bei Anspannung der Muskulatur erhöht sich der Ton, bei Entspannung wird er tiefer. So erkennen sie, dass sie die Muskelspannung beeinflussen können.

Kasten 1: Beispiel einer Informationssitzung bei chronischen Kopfschmerzen im Kindes- und Jugendalter

„Die Frage nach den Ursachen deiner Kopfschmerzen können wir nicht vollständig beantworten. Meistens ist es auch nicht eine Ursache allein, die zu den Kopfschmerzen führt, sondern es müssen mehrere Dinge zusammenkommen. Wir unterscheiden zunächst einmal zwischen Ursachen und Auslösern. Es ist ähnlich wie mit Schulleistungen. Auch wenn du z.B. grundsätzlich Schwierigkeiten mit Fremdsprachen hast, weil deine Begabungen vielleicht eher in der Mathematik oder im Sport liegen, schreibst du doch wahrscheinlich nicht immer zwangsläufig eine sehr schlechte Note. Doch nur dann, wenn du nichts gelernt hast oder etwas drankommt, womit du nicht gerechnet hast. Auf die Kopfschmerzen übertragen heißt das, auch wenn du eine Bereitschaft zu Kopfschmerzen hast, erklärt das für sich allein noch nicht, wieso du in einer bestimmten Situation Kopfschmerzen bekommst. Es müssen noch bestimmte Auslöser auftreten, die es gilt herauszufinden. Und auch dann, wenn die Kopfschmerzen aufgetreten sind, gibt es möglicherweise Dinge, die sie verstärken oder verringern. Auch das wollen wir herausfinden, um dann zu überlegen, wie du sie beeinflussen kannst."

Stress- und Schmerzbewältigung

Kopfschmerzen sind oft situativ mit Stressereignissen und dem Bewältigungsverhalten der Kinder verknüpft; insofern dienen zahlreiche Einzelmaßnahmen dazu, die Kinder stresstoleranter bzw. aktiver in der Auseinandersetzung mit Stressoren und Schmerzen werden zu lassen. Dabei empfehlen sich vor allem folgende Maßnahmen:

Sensibilisierung für Körperreaktionen in Stresssituationen. Die Kinder lernen durch Selbstbeobachtung, wie sie in „Stress-Situationen" reagieren. Hierzu wird den Kindern eine Liste möglicher Stressreaktionen vorgelegt (etwa Zähne zusammenbeißen, mit den Füßen wippen, auf dem Stuhl hin- und herrutschen; siehe Kasten 3: Körpersignale für Anspannung). Die Kinder erhalten hierzu folgende Instruktion (McGrath et al., 1990, S. 7): „Es gibt auch körperliche Anzeichen für Stress: Probleme beim Schlafen, sich sehr müde zu fühlen, oder auch das Gefühl, keine Energie zu haben. Deine Hände sind vielleicht kalt und klamm oder heiß und schwitzig. Dein Herz schlägt vielleicht schneller, vielleicht hast du Bauchweh, du atmest schneller und flacher. Vielleicht kaust du an den Nägeln oder trommelst mit deinen Fingern, du beißt die Zähne zusammen, die Muskeln von Nacken, Schultern oder Gesicht sind angespannt. Du wirst rot oder du wippst ständig mit den Füßen. Jeder Mensch reagiert anders auf Stress."

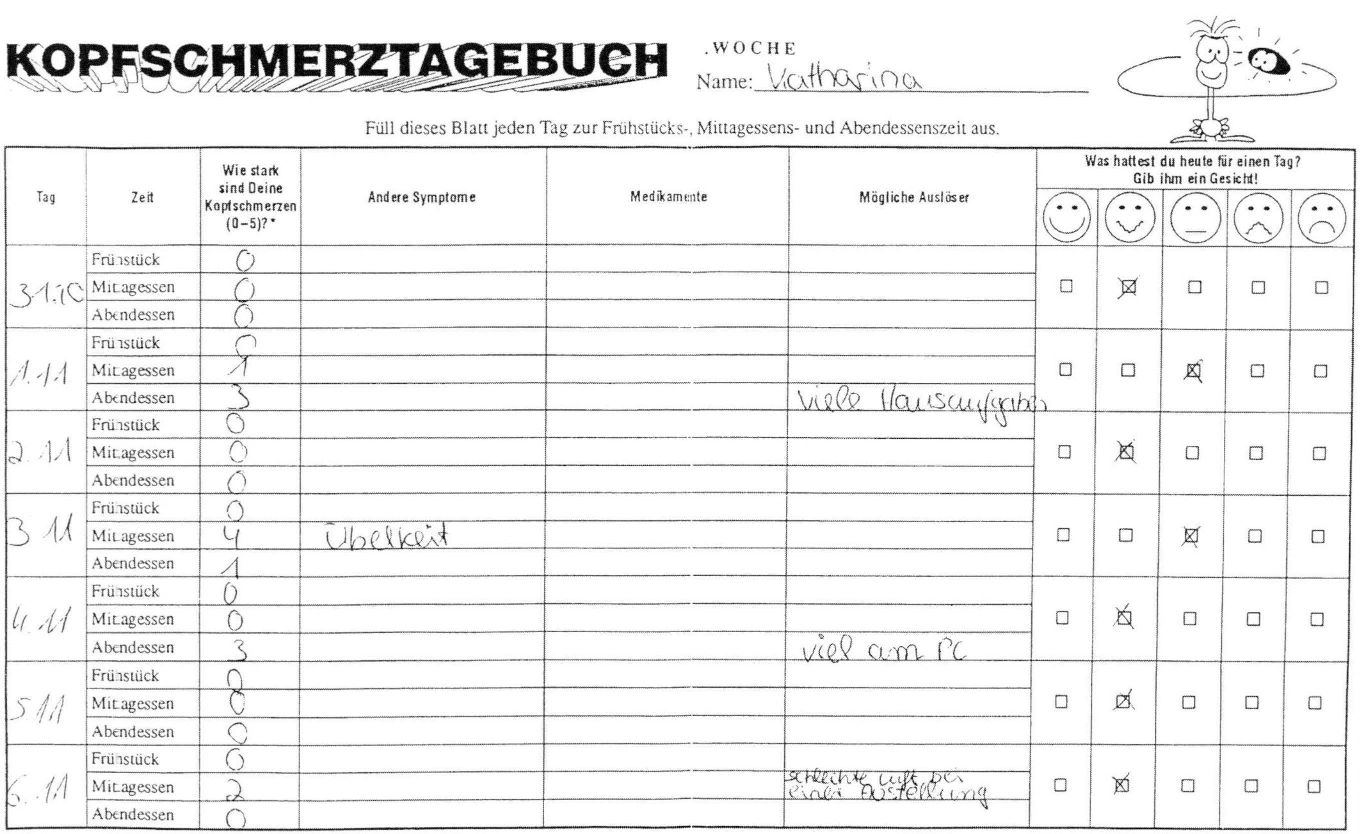

2.36
Kopfschmerzen im
Kindes- und Jugendalter

KOPFSCHMERZTAGEBUCH

.......WOCHE

Name: Katharina

Füll dieses Blatt jeden Tag zur Frühstücks-, Mittagessens- und Abendessenszeit aus.

Tag	Zeit	Wie stark sind Deine Kopfschmerzen (0–5)?*	Andere Symptome	Medikamente	Mögliche Auslöser	Was hattest du heute für einen Tag? Gib ihm ein Gesicht!				
3.11.10	Frühstück	0				☐	☐	☐	☐	☐
	Mittagessen	0				☐	☒	☐	☐	☐
	Abendessen	0				☐	☐	☒	☐	☐
1.11	Frühstück	1				☐	☐	☐	☐	☐
	Mittagessen	4				☐	☐	☐	☐	☐
	Abendessen	3			viele Hausaufgaben	☐	☒	☐	☐	☐
2.11	Frühstück	0				☐	☐	☐	☐	☐
	Mittagessen	0				☐	☒	☐	☐	☐
	Abendessen	0				☐	☐	☐	☐	☐
3.11	Frühstück	4	Übelkeit			☐	☐	☒	☐	☐
	Mittagessen	1				☐	☐	☐	☐	☐
	Abendessen	0				☐	☐	☐	☐	☐
4.11	Frühstück	0				☐	☐	☐	☐	☐
	Mittagessen	3			viel am PC	☐	☒	☐	☐	☐
	Abendessen	0				☐	☐	☐	☐	☐
5.11	Frühstück	0				☐	☐	☐	☐	☐
	Mittagessen	0				☐	☒	☐	☐	☐
	Abendessen	0				☐	☐	☐	☐	☐
6.11	Frühstück	0				☐	☐	☐	☐	☐
	Mittagessen	2			schlechte Luft bei / keine Entspannung	☐	☒	☐	☐	☐
	Abendessen	0				☐	☐	☐	☐	☐

*) 0 — Keine Kopfschmerzen
1 — Ich merke meine Kopfschmerzen nur, wenn ich meine Aufmerksamkeit auf sie richte.
2 — Ich kann meine Kopfschmerzen größtenteils ignorieren.
3 — Ich kann meine Kopfschmerzen nicht ignorieren, aber trotzdem meinen gewöhnlichen Aktivitäten nachgehen.
4 — Es fällt mir schwer, mich zu konzentrieren; ich kann nur leichten Aktivitäten nachgehen.
5 — Meine Kopfschmerzen sind so heftig, dass ich gar nichts mehr tun kann.

Abb. 1. Blatt aus dem Kopfschmerztagebuch.

Die Kinder registrieren anschließend, wann sie diese Reaktionen im Alltag zeigen: „Wenn du dich zum Beispiel einmal beim Schreiben selbst beobachtest, entdeckst du vielleicht, dass deine Schultern hochgezogen und angespannt sind." Die Kinder werden aufgefordert, auf ihren Körper zu achten: „Versuche herauszufinden, wie angespannt verschiedene Bereiche deines Körpers zu unterschiedlichen Tageszeiten sind."

Erlernen von Entspannung. Gleichzeitig werden sie in ein Entspannungsverfahren (progressive Muskelentspannung) eingeführt (vgl. Kap. 5.5). Das Entspannungsverfahren wird in einer Sitzung geübt und mithilfe einer Kassette selbst zu Hause angewendet. Das Ziel ist dabei, dass die Kinder in diesen Stress-Situationen dann später geeignete Gegenreaktionen einsetzen können.

Unterbrechung dysfunktionaler Gedanken. Die Kinder lernen anhand von Übungen, negative Gedanken zu erkennen. Was denke ich in der Klasse und auf dem Heimweg, wenn ich anstatt der erhofften Eins in dem Sachkundetest nur eine Drei habe? Anhand von Beispielen erfahren die Kinder den Einfluss, den positive und negative Gedanken auf das Erleben und Verhalten haben, und erhalten somit Hilfestellungen im Umgang mit Problemen (Beispiel:

Kasten 2: Unterbrechung dysfunktionaler Gedanken
    (McGrath, Cunningham, Lascelles & Humphreys, 1990, S. 11)

Betrachten wir ein Beispiel: Du hast dich um 15.00 Uhr mit einer Freundin in der Stadt verabredet. Um 14.30 Uhr stellst du fest, dass du nicht wie geplant mit jemandem mitfahren kannst, sondern den Bus nehmen musst. Du wirst nicht pünktlich sein. Vielleicht schießen dir folgende Gedanken durch den Kopf: „Das klappt nie. Sie wird wirklich sauer sein. Sie hasst es, wenn sie warten muss. Das passiert mir schon zum zweiten Mal. Der Bus fährt so langsam. Vielleicht ist sie schon weg, wenn ich hinkomme. Was mach ich bloß? Und zu allem Überfluss bekomme ich gerade Kopfweh."

Hier hast du die Situation so bewertet, dass sie eine Menge Stress verursacht. Du kannst scheinbar nichts mehr unternehmen; alle deine Gedanken häufen sich zu Stress und Anspannung auf. Aber es sind deine Gedanken, die die Busfahrt so stressig machen.

Du könntest andererseits auch zu dir sagen: „Vielleicht komme ich nur ein bisschen zu spät. Sie wird es ganz bestimmt verstehen, wenn ich ihr erzähle, was passiert ist. Ich kann jetzt nichts machen, außer den Bus zu nehmen. Deswegen fährt er auch nicht schneller. Also kann ich genauso gut ruhig bleiben, tief durchatmen und entspannen."

„Erst mal in Ruhe nachdenken. Mache ich nicht gerade aus einer Mücke einen Elefanten? Habe ich meine starken Seiten und Fähigkeiten vergessen? Was kann ich tun, um das Problem zu lösen?"). Diese dysfunktionalen Gedanken sollen gestoppt (etwa sich innerlich ein Stoppschild vorstellen) und durch angemessenere Wirklichkeitsinterpretationen ersetzt werden (siehe Kasten 2).

Vorbereitung auf Schmerzattacken. Zur besseren Schmerzbewältigung („Was tun, wenn der Schmerz kommt?") werden die Kinder zu folgenden Verhaltensweisen befähigt:

1) sich auf den Schmerz vorbereiten (positive Gedanken helfen);
2) die eigenen Bewältigungsmöglichkeiten anwenden (Vorstellungsübungen, „Mini-Entspannung");
3) kritische Momente überwinden (individuelle Techniken einsetzen, eventuell Medikamente einnehmen);
4) sich selbst loben, wenn die Schmerzbewältigung gelungen ist.

Kasten 3: Körpersignale für Anspannung
            (aus McGrath, Cunningham, Lascelles & Humphreys, 1990, S. 8)

Kalte, klamm-feuchte Hände
Heiße, feuchte Hände
Herzklopfen
Magenbeschwerden
Schneller, flacher Atem
Nägelkauen
Finger trommeln auf dem Tisch
Verspannungen im Gesicht, Nacken oder in den Schultern
Wippen mit den Füßen
Schlechter Schlaf
Ständige Müdigkeit
Keine Energie
Kopfschmerzen

Wichtig ist die Entwicklung einer Einstellung, die Kopfschmerzen beeinflussen zu können und sich nicht „unterkriegen" zu lassen. Insbesondere bei jüngeren Kindern sollen die Eltern Hinweise (prompts) geben, damit die notwendigen Schritte bereits vor Eintritt der Schmerzattacke eingeleitet und dieser Ablauf auch durchgehalten wird (siehe Kasten 3).

Biofeedback. Dabei geht es in den meisten Fällen um eine Rückmeldung der Muskelspannung oder der Hauttemperatur. Die Muskelspannung (meist Frontalismuskel) wird über eine Bildschirmgrafik (z.B. einen Balken, eine Linie) oder einen Ton zurückgemeldet. Wenn die Spannung geringer wird, sinkt die Linie und es werden „Belohnungen" sichtbar (z.B. Blumen, ein Smiley). Das Ziel des Hauttemperatur-Feedback (bei Migräne) liegt darin, die periphere Temperatur zu erhöhen. Für Migräne wird außerdem das Vasokonstriktionstraining vorgeschlagen, allerdings selten angewandt. Dabei werden das Blutvolumen und der Blutvolumenpuls durch einen Infrarotplethysmographen rückgemeldet, die Patienten sollen lernen, durch die Beeinflussung eines Signals die Schläfenarterie eng zu stellen.

Einbeziehung der Eltern. Die Eltern werden über die Behandlungsbausteine informiert und erhalten Hinweise für den Umgang mit den Kopfschmerzen ihrer Kinder (siehe Kasten 4).

Kasten 4: Empfehlung an die Eltern
(Luka-Krausgrill, Gerbershagen & Pothmann, 1996)

**Das Behandlungsziel muss lauten: HELP YOURSELF (Hilf dir selbst).
Die Eigenverantwortung des Kindes steht im Vordergrund.**

- Schmerzen sind immer eine subjektive Empfindung. Stellen Sie daher die Kopfschmerzen nicht infrage, das führt nur zu mehr Schmerzverhalten.
- Ermutigen Sie Ihr Kind, seine normalen Aktivitäten beizubehalten (außer bei sehr starken Schmerzen).
- Überprüfen Sie die Führung des Kopfschmerzkalenders.
- Ermutigen Sie Ihr Kind, die gelernte Entspannung im Alltag einzusetzen, z.B. vor und bei Klassenarbeiten.
- Überprüfen Sie, ob Ihr Kind über genügend freie, ungeplante Zeit in der Woche verfügt.
- Lassen Sie nicht zu, dass Ihr Kind wegen der Schmerzen eine Sonderrolle einnimmt und von den Pflichten enthoben wird. Seien Sie ein Vorbild in dem gelassenen Umgang mit Schmerzen.

Schmerztagebuch

Der Therapieverlauf wird anhand eines Schmerztagebuches, das über den gesamten Behandlungszeitraum hinweg geführt wird, überwacht. Die Kinder protokollieren drei- bis viermal am Tag, ob sie Kopfschmerzen haben, schätzen die Stärke ein (z.B. 0: keine Kopfschmerzen, 5: meine Kopfschmerzen sind so heftig, dass ich gar nichts mehr tun kann), protokollieren begleitende Symptome (etwa Übelkeit, Erbrechen, Schwindel) und verzeichnen das (mögliche) Einnehmen eines Schmerzmittels (Präparat, Menge). Die Kinder sehen anhand des Kopfschmerztagebuchs selbst, wie sich ihre Kopfschmerzen verändern.

Einzelne Behandlungsbausteine wurden von McGrath et al. (1990, deutsche Fassung in Vorbereitung) zu einem umfassenden Stress- und Schmerzbewältigungsprogramm „Help Yourself" für Kinder und Jugendliche zusammengefasst. Das Manual besteht aus insgesamt acht Kapiteln (etwa „Dem Stress auf der Spur", „Aufmerksamkeit steuern", „Wenn der Schmerz kommt", „Sich öfter auf die Schulter klopfen"). Es eignet sich als Grundlage für eine Therapie und für die Anleitung der Kinder, die das Manual lesen und bearbeiten können.

2.36.7
Wirksamkeit und Wirksamkeitsbedingungen der Therapie

Verhaltenstherapeutische „Multikomponentenprogramme", Entspannungs- und Biofeedbackverfahren führen nach einer Meta-Analyse von Hermann, Kim und Blanchard (1995) zu guten bis sehr guten Behandlungserfolgen. Beispielsweise reduzierte das Therapieprogramm von McGrath et al. (1990) die Kopfschmerzen bei 65% der Kinder mindestens um die Hälfte. Sowohl in der Selbstanwenderform als auch unter Anleitung von Therapeuten verringern sich Kopfschmerzstärke und -häufigkeit signifikant und stabil (Nachuntersuchung nach einem Jahr).

Einzelanalysen zeigen, dass bereits das Führen eines Schmerztagebuchs und das selbstständige Entdecken von Auslösern positive Wirkung zeitigt. Neben den Entspannungsverfahren (besonders progressive Muskelrelaxation) zählen auch Biofeedback-Verfahren zu den effektiven Behandlungsmaßnahmen bei erwachsenen Kopfschmerzpatienten. Kröner-Herwig und Ehlert (1992) sowie Hermann, Kim und Blanchard (1995) weisen ebenso auf gute bis sehr gute Erfolgsraten bei Kindern und Jugendlichen hin, heben aber die geringe Zahl der Studien hervor.

Grundlegende Literatur

- Kröner-Herwig, B. & Ehlert, U. (1992). Relaxation und Biofeedback in der Behandlung von chronischem Kopfschmerz bei Kindern und Jugendlichen. Der Schmerz, 6, 171–181

- Luka-Krausgrill, U. (1998). Kognitive Verhaltenstherapie bei Kopfschmerzen im Kindes- und Jugendalter. In M. Hautzinger (Hrsg.), Kognitive Verhaltenstherapie bei psychischen Störungen (S. 477–516). Weinheim: Psychologie Verlags Union.

- Pothmann, R. & Mohn, U. (1993). Chronische Schmerzen. In H.-C. Steinhausen & M. von Aster (Hrsg.), Handbuch Verhaltenstherapie und Verhaltensmedizin bei Kindern und Jugendlichen (S. 537–581). Weinheim: Psychologie Verlags Union.

Weiterführende Literatur

- Hermann, C., Kim, M. & Blanchard, E. B. (1995). Behavioral and prophylactic pharmacological intervention studies of pediatric migraine: an exploratory meta-analysis. Pain, 60, 239–256.

- Luka-Krausgrill, U., Kerbeck, K. & Gerbershagen, H. U. (im Druck). Ambulante Verhaltenstherapie mit minimalem therapeutischen Kontakt bei einem 13-jährigen Kopfschmerzpatienten. In B. Kröner-Herwig (Hrsg.), Fallbuch Schmerz. Stuttgart: Thieme.

Materialien

- Headache Classification Committee of the International Headache Society (1988). Classification and diagnostic criteria for headache disorders, cranial neuralgias and facial pain. Cephalalgia, 8 (Suppr. 7), 1-96.

- Kerbeck, K., Klein, T. M. & Luka-Krausgrill, M. (1994). Entspannungstraining für Kinder und Jugendliche (Music-Cassette). Zu beziehen über Luka-Krausgrill, Psychologisches Institut der Johannes Gutenberg-Universität Mainz, Staudinger Weg 9, 55099 Mainz.

- Luka-Krausgrill, U., Gebershagen, H.-U. & Pothmann, R. (1996). Kopfschmerz bei Kindern. Information für Eltern. Freiburg: Gödecke (weitere Broschüren in Vorbereitung).

- McGrath, P. J., Cunningham, S. J., Lascelles, M. A. & Humphreys, P. (1990). Help Yourself. A Treatment for Migraine Headaches. Ottawa: University of Ottawa Press. (Deutsche Bearbeitung von U. Luka-Krausgrill unter Mitarbeit von K. Kerbeck, K. Kötting, K. Anders, in Vorbereitung).

- Pothmann, R., Mohn, U., Maibach, G., Frankenberg, S. von, Besken, E. & Kröner-Herwig, B. (1995). Migränetagebuch für Kinder. München: Arcis-Verlag (Bezug direkt über: Deutsche Schmerzhilfe e.V., Woldsenweg 3, 20249 Hamburg).

Asthma bronchiale

Helmut Neumann

2.37.1
Fallbeispiel

Die 14-jährige Anne ist seit ihrer frühen Kindheit an schwerem Asthma bronchiale erkrankt. Während der Grundschulzeit musste sie aufgrund ihrer Krankheit mehrfach stationär in der Klinik behandelt werden. Sie befindet sich wegen ihres Asthmas in regelmäßiger ärztlicher Betreuung und erhält medikamentöse Therapie. Allerdings beklagen die Eltern, dass ihre Tochter ihre Medikamente nicht selbstständig einnehme, sie müsse von ihnen häufig dazu ermahnt werden, was zu Konflikten in der Familie führe. Vor kurzem war Anne wegen eines akuten Asthmaanfalls erneut in der Klinik; ihre Asthmasymptome wurden dabei durch Hyperventilation verstärkt.

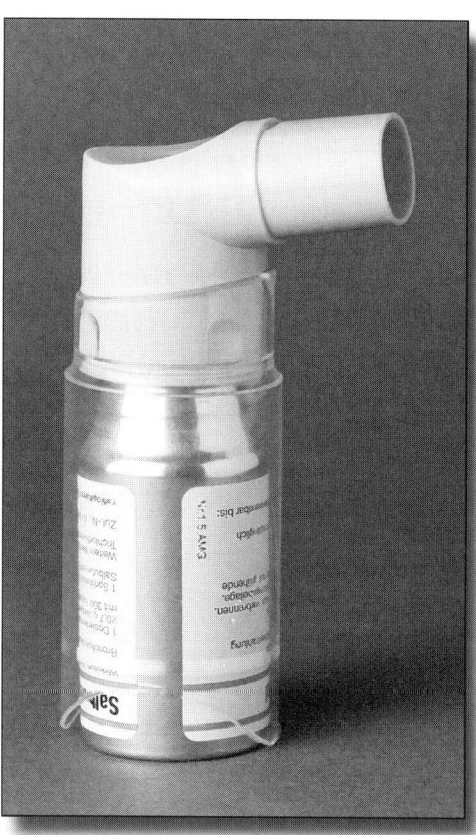

Ärztlicherseits wurde während des Klinikaufenthalts wegen der Hyperventilationsproblematik und der von den Eltern berichteten Schwierigkeiten eine psychologische Unterstützung empfohlen. In der psychologischen Abklärung zeigte sich, dass Anne zwar theoretisch recht gut über ihre Krankheit informiert ist, ihr Wissen aber nicht ausreichend umsetzt. So nimmt sie z.B. frühe Anzeichen einer beginnenden Asthmasymptomatik (Warnsignale wie Husten, pfeifende Geräusche beim Atmen, Engegefühl in der Brust) meist nicht bei sich wahr und reagiert nicht ihrer körperlichen Situation entsprechend (bspw. Unterbrechen körperlicher Anstrengung, Anwendung das Atmen erleichternder Körperhaltung und einer Atemtechnik, Einnahme eines Akutmedikaments). Anne bezeichnet ihr Asthma als „unberechenbar" und äußert Angst vor plötzlich auftretenden Asthmaanfällen. Asthmasymptome werden bei ihr dadurch verstärkt, dass sie bei deren Auftreten aufgeregt bzw. ängstlich reagiert.

2.37.2
Diagnostische Kriterien nach ICD-10

Asthma bronchiale wird definiert als „eine vorwiegend anfallsweise auftretende, in selte-nen Fällen auch konstante Atemwegsobstruktion (Behinderung der Atmung; Anm. des Verf.), die meist auf einer chronischen Entzündung und in deren Gefolge auf einer Überemp-findlichkeit des Bronchialsystems gegenüber physikalischen, chemischen, pharmakologi-schen und/oder immunologischen Reizen beruht" (Schuster & Reinhardt, 1999, S. 284). Das Symptomspektrum der Erkrankung reicht von weniger schweren täglichen Beschwerden (wie häufigem „Hüsteln" oder Räuspern bei körperlicher Anstrengung) über heftige Husten-anfälle bis hin zum akuten Asthmaanfall. Eine manifeste Erkrankung zeichnet sich auf der Symptomebene durch eine erschwerte Atmung, Giemen, Pfeifen und Luftnot sowie vor allem eine Erschwerung der Ausatmung aus. Subjektiv erlebt das betroffene Kind auch Er-stickungsangst.

Asthma als organische Erkrankung wird hauptsächlich in den ICD-10-Kategorien J45.- (vor-wiegend allergisches Asthma bronchiale; nichtallergisches Asthma bronchiale; Mischformen des Asthma bronchiale) und J46 kodiert (Status asthmaticus: akutes schweres Asthma bron-chiale). Zusätzlich zur chronischen körperlichen Krankheit besteht jedoch, besonders bei schwerem Krankheitsverlauf, ein erhöhtes Risiko, psychische Probleme zu entwickeln. Im Klassifikationsschema ICD-10 werden psychische Störungen, die mit der Asthmaerkrankung zusammenhängen, in der Kategorie F54 (psychische Faktoren oder Verhaltenseinflüsse bei andernorts klassifizierten Krankheiten) erfasst. Diese Kategorie soll verwendet werden, um psychologische und Verhaltenseinflüsse, die wahrscheinlich die Entstehung oder den Verlauf von körperlichen Erkrankungen beeinflusst haben, zu klassifizieren (etwa Sorgen, emotionale Konflikte, ängstliche Erwartung). Im ICD-10 wird davon ausgegangen, dass diese Faktoren gewöhnlich lang anhaltend, aber eher unspezifisch sind, weshalb sie nicht einer anderen psy-chischen Störung zugeordnet werden.

2.37.3
Epidemiologie, Verbreitung und Altersrelevanz

Asthma bronchiale ist in der westlichen Welt die häufigste chronische Erkrankung bei Kin-dern und Jugendlichen. Nach der 1998 veröffentlichten „International Study of Asthma and Allergies in Childhood (ISAAC)" wiesen weltweit 11,3% der 13- bis 14-Jährigen in den letzten 12 Monaten obstruktive Atemwegsbeschwerden auf. Die Verbreitung schwankte in den einzelnen Ländern jedoch erheblich und lag zwischen 2,1% (Indonesien) und 32,2% (England). Für Deutschland wird aufgrund der Ergebnisse der ISAAC-Studie sowie anderer neuerer Studien eine kumulative Prävalenz (Lebenszeitprävalenz) von Asthma bronchiale im Kindes- und Jugendalter zwischen 5 und 10% angenommen.

Obwohl die Asthmaerkrankung in jedem Lebensalter beginnen kann, tritt sie bei den meisten Patienten bereits in der frühen Kindheit auf. Das Hauptmanifestationsalter liegt zwischen dem 1. und 3. Lebensjahr. Aus bisher noch ungeklärten Gründen sind bis zur Pubertät Jungen häufiger – gemäß einiger Studien sogar doppelt so häufig – betroffen als Mädchen. Nach der Pubertät scheinen sich diese Geschlechtsunterschiede aber wieder zu verändern; unter erwachsenen Asthmapatienten besteht ein relativ ausgewogenes Geschlechterverhältnis.

Es gibt zahlreiche Hinweise, dass diese Krankheit in den letzten zwanzig Jahren zugenommen hat.

2.37.4
Diagnostik der Störung

In aller Regel wird zunächst eine genaue *medizinische Diagnostik* vorgenommen, die die körperlichen Symptome, Asthmaauslöser, Medikamentenwirkungen, Medikamentenspiegel und Abklärung der Lungenfunktion umfasst (vgl. Schuster & Reinhardt, 1999).

Die anschließende *psychologische Diagnostik* klärt im Wesentlichen die Bedingungen, die das Auftreten der Symptomatik und ihr Fortbestehen begünstigen. Ferner werden die subjektiv erlebte Asthmaproblematik sowie evtl. bestehende Verhaltensprobleme erfasst. Hierzu wird zunächst eine Anamnese mit dem Patienten, dessen Eltern und gegebenenfalls weiteren Bezugspersonen (z.B. Lehrern) durchgeführt. Dabei wird geklärt, welcher Art die Asthmasymptome sind, wie sie das Kind subjektiv wahrnimmt bzw. wie weit reichend sich das Kind im Kontext der Familie, der Schule und des Freundeskreises belastet fühlt, wie sich die Symptome konkret verhaltensbezogen äußern (Intensität, Häufigkeit der Schwierigkeiten) und mit welcher Art Behandlung (z.B. bisherige medizinische Diagnostik und Therapie, Medikamente, Allergenkarenz, Hyposensibilisierung) dem bisher begegnet wurde. Auch das Ausmaß der empfundenen Belastung der Familie bzw. der Eltern ist von Bedeutung. Darüber hinaus sind die Einstellungen des Kindes zu Gesundheit und Krankheit sowie dessen Wissen über die Erkrankung und ihre Behandlung von Belang. Auf diesem Hintergrund werden schließlich die wichtigsten Veränderungsziele des Patienten und seiner Bezugspersonen abgeklärt.

In Ergänzung zur Anamnese können Verhaltensbeobachtungen durchgeführt werden, um weiteren Aufschluss beispielsweise über die soziale Interaktion und emotionale Situation des Patienten sowie der Familie (z.B. Ausmaß der familiären Belastungen; Umgang mit Problemen in der Familie) zu erhalten. Dies kann in Form teilnehmender oder nicht-teilnehmender Beobachtung, evtl. unter Nutzung von Videoaufzeichnungen im familiären Rahmen, geschehen. Weiterhin kann der Einsatz von Fragebögen, Rating- und Testverfahren sinnvoll sein, um zur Asthmaproblematik selbst noch ergänzende Informationen zu erhalten oder zur Abklärung spezieller Fragen, wie etwa nach dem intellektuellen Entwicklungsstand, der sozialen Kompetenz, den krankheitsbezogenen Einstellungen (z.B. der Kontrollüberzeugungen oder Attributionsmuster) oder zur Einschätzung gesundheitsbezogener Lebensqualität.

2.37.5
Bedingungsmodell

Zur Klärung der Entstehung und des Verlaufs von Asthma bronchiale wird ein hypothetisches multikausales Ätiologie-Modell von Steinhausen zugrunde gelegt, das aufeinander folgende Entwicklungsphasen beschreibt (Steinhausen, 1996, S. 431f.; vgl. auch Könning et al., 1993, S. 462):

- Zunächst wird von einer genetisch determinierten Organvulnerabilität ausgegangen, die zusammen mit der Allergenexposition zu einer Sensibilisierung führt.
- Wenn zu dieser Sensibilisierung so genannte adjuvante (d.h. unterstützende) Faktoren wie frühkindliche Infekte oder Umweltbelastungen hinzukommen, entwickelt sich im weiteren Verlauf eine bronchiale Hyperreagibilität.
- Liegt eine bronchiale Hyperreagibilität vor, so kommt es durch das Zusammenwirken mit recht unterschiedlichen Auslösefaktoren schließlich zur Verengung der Luftwege und damit zum Symptom der Bronchoobstruktion.

Zu den Auslösefaktoren gehören allergene Reexpositionen (z.B. mit Pollen, Tierhaaren, Hausstaubmilbenkot, Schimmelpilzen, bestimmten Nahrungsmitteln), aber auch körperliche Belastungen und Wetterbedingungen. Besondere Bedeutung wird psychischen Faktoren bzw. psychologischen Mediatoren beigemessen, welche die Verknüpfung von psychologischen Funktionen wie Kognitionen sowie Emotionen einerseits mit zentralnervösen, autonom-vegetativen, neuroendokrinen, psychophysiologischen und weiteren Funktionen andererseits herstellen. Beispielhaft führt Steinhausen den Prozess der Aktivierung von Endorphinen durch emotionalen Stress an, wodurch biologische Mediatoren in den Mastzellen stimuliert werden, die dann ihrerseits dem Prozess der Bronchoobstruktion Vorschub leisten. Das hieraus entstehende ängstliche Erleben des Kindes führt zu Rückkopplungseffekten.
Konkrete psychische Faktoren der Person, die auf die Erkrankung und deren Verlauf einwirken sind z.B. Angst, Panik, Ärger, Wut, depressive Stimmung, unangenehme Erwartungen, aber auch starke positive Gefühle.
Die Asthmaerkrankung führt dann oft zu kognitiven Manifestationen (z.B. Mangel an Bewältigungskognitionen, dysfunktionale Kognitionen, negative Attributionen) sowie entsprechenden Verhaltensweisen (z.B. Konzentrationsschwierigkeiten, schlechte Arbeitsgüte in Leistungssituationen, falsche Medikamentierung) und unter Umständen ungünstigen Reaktionen der Bezugspersonen (etwa: Klagen, erhöhte Aufmerksamkeit, Zuwendung, Beruhigungsversuche, Hänseleien von Gleichaltrigen).

2.37.6
Therapieplanung

Das Kind und seine Familie sollen durch die Therapie primär in die Lage versetzt werden, die anstehenden krankheitsspezifischen Aufgaben im Alltag angemessen bewältigen zu können. Der Umgang des Kindes und seiner Familie mit der Erkrankung soll verbessert und mögliche negative Krankheitsfolgen (etwa soziale Ängste, übermäßige Sorgen) sollen aufgehoben werden. Die Therapie soll mit der medizinischen Behandlung verzahnt werden. Verhaltenstherapeutische Intervention ist vor allem angezeigt bei

- „therapieresistentem" Asthma (ineffektive medizinische Therapie, hoher Steroidbedarf),
- geringer Compliance bzw. ausgeprägter Fehlhaltung des Patienten oder seiner Familie gegenüber der Erkrankung (übertriebene Schonung, Ängstlichkeit, Gleichgültigkeit, spürbarer sekundärer Krankheitsgewinn),
- erheblichen psychischen Auffälligkeiten des Patienten, familiären Beziehungsstörungen oder gravierenden schulischen bzw. Leistungsproblemen oder
- deutlichen Hinweisen auf psychische Auslöser (Triggerfaktoren) für Asthmasymptome.

Asthma-Selbstmangementansatz. Die Behandlung wird heutzutage zumeist im Rahmen des Asthma-Selbstmangementansatzes (also weniger durch Anwendung verhaltenstherapeutischer Einzelverfahren) organisiert. Der Selbstmanagementansatz wird oft in Kleingruppen (in Form von Asthmaschulung) praktiziert, einzelne Elemente sind aber auch in der verhaltenstherapeutischen Arbeit mit einzelnen Kindern, Jugendlichen und ihren Familien gut anwendbar. Im Rahmen der Asthmaschulung werden beispielsweise Kurse an Kliniken und Rehabilitationseinrichtungen oder im Verbund zwischen niedergelassenen Praxen und Kliniken durchgeführt. An den Schulungskursen, die ambulant aber auch stationär durchgeführt werden, nehmen die betroffenen Kinder sowie ihre Eltern, manchmal auch die Geschwister der Patienten teil. Die Patientenschulung wird in einem interdisziplinären Team durchgeführt, das auf der Grundlage medizinischer, psychologischer, pädagogischer und physiotherapeutischer Konzepte zusammenarbeitet. Zum Team sollen deshalb Mitarbeiter(innen) aus dem ärztlichen Bereich, dem psychologischen Bereich und dem Bereich der Physio- oder Sporttherapie gehören. Weitere Berufsgruppen können das Team kompetent ergänzen (z.B. Kinderkrankenschwester, pädagogische Mitarbeiter).
Patientenschulungen beinhalten folgende Behandlungsbausteine:
Wissenserwerb. Eltern und Kind erhalten Informationen über Asthma bronchiale, dessen Ursachen und Verlauf. Dabei werden unter Einsatz altersgerechter, gut verständlicher – sowie besonders bei jüngeren Kindern konkret anschaulicher – Informationsmaterialien und durch ein altersgerechtes didaktisches Vorgehen Informationen über die Bedingungszusammenhänge bei Asthma (Ursachen, Triggerfaktoren, Folgen u.Ä.) sowie über präventive und therapeutische Maßnahmen und deren Wirkungsweise vermittelt. Zur Vermittlung des krankheitsbezogenen Wissens (etwa zur Anatomie, Physiologie, Pathophysiologie, Prävention und Behandlung des Asthmas) werden auch Verhaltensübungen, Modelle oder zeichnerische Darstellungen eingesetzt. Auch Malen und der Einsatz von Filmen ist möglich sowie das Erstellen von Collagen (z.B. zu persönlichen Asthmaauslösern) und die anschauliche Erklärung der

Wirkung von Asthmamedikamenten anhand von Symbolen (bspw. Tiersymbole für bestimmte Medikamentengruppen). Durch diese Wissensvermittlung soll die Kompetenz des Kindes und seiner Eltern im Umgang mit der Erkrankung verbessert werden (u.a. mit den Zielsetzungen, Asthmaauslöser zu kontrollieren, Frühsymptome zu erkennen, eine präventive und therapeutische Behandlung einzuleiten).

Angemessenes Umgehen mit Asthmasymptomen. Hierzu gehört, dass die Kinder und Jugendlichen *praktische Kompetenzen* erwerben, um bspw. bereits frühe Symptome asthmatischer Beschwerden zu erkennen und sodann geeignete Hilfen zu ergreifen. So werden die Kinder geschult, Anzeichen wie Husten und Räuspern zu beachten sowie beim Atmen Brummen, Pfeifen sowie Seitenunterschiede in der Beweglichkeit des Brustkorbs zu registrieren. Hierzu werden regelmäßige Übungen zur körperlichen Selbstwahrnehmung der Atemsituation („Lungendetektiv") sowie Peakflow-Messungen (das Peakflowmeter ist ein kleines Gerät zur Messung des Atemwegswiderstandes) durchgeführt. Weiterhin ist es hilfreich, wenn die Kinder ein Asthma-Symptomtagebuch führen und ihre Medikamenteneinnahme protokolliert wird. Ferner werden unterstützende Techniken (wie z.B. richtige Medikamenteneinnahme, Umgang mit Inhaliergeräten, Atemtechniken und Atmen erleichternde Körperhaltung) praktisch eingeübt (über Verhaltensübungen, Rollenspiele), um eine größere Verhaltenssicherheit für Kinder und Eltern – auch für den Asthma-Notfall – zu erreichen.

Angemessenes Umgehen mit belastenden Situationen und Emotionen. Bei einer Reihe asthmakranker Kinder und Jugendlicher ist das Auftreten asthmatischer Symptome mit starken Angst- oder Panikreaktionen verbunden. Zwar sind Angstgefühle nicht generell pathologisch, ein zu hohes oder auch ein zu geringes Angstniveau aber kann beim Patienten zu Fehlbeurteilungen und -haltungen mit erheblichem Gefährdungsrisiko führen. So neigen Patienten mit zu niedrigem Angstniveau zur Unterschätzung ihrer Asthmasymptomatik und unterlassen notwendige Behandlungsschritte. Ein zu hohes Angstniveau kann dagegen zur Überschätzung der Problematik und entsprechenden ungünstigen Verhaltensweisen führen (z.B. Übermedikation, häufige unnötige Arztbesuche, erhöhte psychophysiologische Aktivierung mit Verschlimmerung der Asthmasymptomatik). Starke emotionale Reaktionen können selbst wiederum akute Asthmasymptome auslösen bzw. aufgetretene Symptome verstärken oder auch zum Hyperventilationssyndrom führen. Aus diesem Grund werden in der Asthmatherapie recht häufig *Entspannungsmethoden* eingesetzt. Zu den gängigen Verfahren gehören die *progressive Muskelentspannung* nach Jacobson und das *autogene Training* nach Schultz; weiterhin *imaginative Verfahren*, *suggestive Methoden* (Hypnose) und *Biofeedback*. Bei den imaginativen Verfahren soll durch gedankliche Vorstellung von beruhigenden, entspannenden Bildern ein mentaler Entspannungszustand erleichtert und vertieft werden (z.B. „Kapitän-Nemo-Geschichten" nach Petermann).
In der Asthmabehandlung können unter Umständen auch direkte oder indirekte Biofeedbackverfahren eingesetzt werden (bei entsprechenden apparativen Voraussetzungen), wobei sich die direkten Biofeedbackmethoden auf die Asthmasymptomatik selbst (z.B. Feedback des forcierten Exspirationsvolumens oder des Atemwegswiderstandes) und die indirekten Methoden beispielsweise auf die Ableitung und Rückmeldung des Spannungszustandes des Stirnmuskels (EMG-Frontalis-feedback) beziehen.

Ziel der Entspannungsverfahren ist nicht nur einfach das Erreichen einer kurzfristigen „physiologischen Umschaltung" auf ein niedrigeres Aktivierungsniveau (angestrebte asthmaspezifische Wirkung: gegen die Konstriktion der glatten Bronchialmuskulatur), sondern längerfristig der Erwerb einer Kontrolle über das eigene Aktivierungsniveau mit dem Bewusstsein um die Fähigkeit zur Selbstkontrolle. Die Fähigkeit, sich zu entspannen, kann beim Kind – über die unmittelbaren asthmaspezifischen Wirkungen hinaus – weiter gehende positive Wirkungen erzielen und zwar in Form einer Stärkung des Bewusstseins für eigene Kompetenzen im Umgang mit Asthmasymptomen.

Bei bestimmten Patienten ist auch der Einsatz von systematischer Desensibilisierung sinnvoll, um eine Reduktion übermäßiger psychophysiologischer Aktivierung und den Abbau von mit der Asthmasymptomatik verbundener Angst-/Panikreaktionen zu erreichen (Ziele sind hierbei also ein angemessenes Angst-/Panikmanagement sowie der Abbau von Furcht und Hilflosigkeitsgefühlen vor oder während des Asthmaanfalls).

Aufbau adäquaten familiären Copings und weiterer individueller Copingfertigkeiten.
Die potenzielle Bedrohlichkeit der Asthmasymptomatik führt aufseiten der Eltern oder anderer Bezugspersonen des Patienten oft zu häufigen Zuwendungen und Hilfsangeboten, Beruhigungsversuchen etc., wodurch unter ungünstigen Bedingungen dysfunktionale Interaktionsmuster entstehen können. So hat ein Kind z.B. durch Beeinflussung seiner Atmung (Atemrhythmus und -tiefe) die Möglichkeit, Asthmaanfälle zu provozieren, also seine Symptomatik zu „funktionalisieren", und über das „Einsetzen der Symptomatik" Aufmerksamkeit und Zuwendung seiner Umgebung zu erreichen bzw. sich Anforderungen zu entziehen. Es können familiäre Konstellationen entstehen, in denen asthmakranke Kinder ihre Umwelt durch ihre Symptomatik kontrollieren. Durch ungünstiges Erziehungsverhalten (wie elterliche Inkonsequenz, Überfürsorglichkeit) kann das kindliche Vermeidungsverhalten verstärkt werden, sodass ein ungünstiger Verstärkungskreislauf entsteht, der nur schwer zu durchbrechen ist.

Operante Behandlungsmethoden setzen an den Stimulusbedingungen sowie an den Konsequenzen des Problemverhaltens an. Durch Veränderung positiver und negativer Konsequenzen sollen bspw. familiäre Verstärkungsbedingungen des Asthmas verändert werden, sodass die Instrumentalisierung der Symptomatik beendet wird. Der Einsatz operanter Methoden kann auch weiteren Zielen dienen, wie dem Aufbau angemessener Verhaltensweisen in der Prävention und Behandlung des Asthmas und dem Abbau von mit Asthma verbundenen weiteren sozialen Verhaltensproblemen. Hier kommen z.B. „Sternchenpläne", materielle Verstärkung und Kontraktmanagement zum Einsatz. Zum Aufbau sozial kompetenten Verhaltens bzw. angemessener Selbstsicherheit können im Einzelfall zusätzlich Selbstsicherheitstrainings bzw. Trainings sozialer Kompetenz (vgl. Kap. 4.3) eingesetzt werden.

Für die Asthmaschulung liegen entsprechende Schulungsprogramme vor, die das Vorgehen recht genau beschreiben und entsprechende Materialien für verschiedene Altersgruppen von Kindern und Jugendlichen bereitstellen (etwa „Luftiku(r)s": Theiling et al., 1992; „Asthma-Verhaltenstraining": Petermann et al., 1993). Mit den Kindern wird beispielsweise anhand erfahrungsbezogener Übungen erarbeitet, was beim Atmen geschieht und was beim Asthmaanfall im Körper abläuft. Als Bronchusmodell wird bei jüngeren Kindern z.B. ein flexibler Kriechtunnel verwendet. Die Kinder können hier spielerisch erfahren, wie die Bronchien beim Asthmaanfall enger werden, wenn sie im Spiel durch den Tunnel kriechen, der in der „Asthmaanfalls-Simulation" mit Kissen verengt und von außen noch zusammengedrückt wird. Als wesentliche Information wird dabei herausgestellt, dass Erschwerung der Atmung und Atemnot durch Verkrampfung der Bronchialmuskulatur sowie Schwellung der Schleimhaut in den Bronchien und eine übermäßige Schleimbildung zustande kommen. Das Entstehen der Asthmasymptomatik wird über den Begriff „die drei Dicken" verdeutlicht (d.h. Schleimhautschwellung, vermehrte Produktion von Schleim, Verkrampfung der Bronchialmuskulatur). In weiteren Sitzungen wird u.a. behandelt, wodurch Asthma ausgelöst wird, was man vorbeugend gegen Asthma tun kann, wie man über körperliche Selbstwahrnehmung die Befindlichkeit der eigenen Atemwege selbst einschätzen kann und auch in der Lage ist, beginnende asthmatische Beschwerden anhand von Körpersignalen zu erkennen. Es wird erörtert, welches Verhalten bei beginnenden Asthmabeschwerden, aber auch im Asthmanotfall günstig ist (etwa körperliche Anstrengung unterbrechen, bestimmte Medikamente einnehmen, das Atmen erleichternde Körperhaltung, Atemtechnik, Entspannung). Hierzu werden auch Informationen, die der kindlichen Verarbeitungsfähigkeit entsprechen, über die (präventive und therapeutische) Wirkung einzelner Medikamente gegeben. In aller Regel kann auf diesem Wege für die Schulungsteilnehmer eine höhere Eigenverantwortung und größere Selbstständigkeit im Umgang mit der Asthmaerkrankung erreicht werden.

2.37.7
Wirksamkeit und Wirksamkeitsbedingungen der Therapie

Die Wahrscheinlichkeit der Besserung einer Asthmaerkrankung ist umso höher, je milder sie in der Kindheit verläuft. Aufgrund von Langzeitstudien darf angenommen werden, dass bis zu 50% der an Asthma leidenden Kinder und Jugendlichen im Erwachsenenalter beschwerdefrei sein werden. Vermutlich bleibt aber die Neigung zur Atemwegsobstruktion bei ehemaligen Asthmapatienten lebenslang bestehen.
Zur Wirksamkeit verhaltenstherapeutischer Einzelmethoden (z.B. Entspannung, systematische Desensibilisierung) ist festzuhalten, dass die empirischen Daten zum Teil widersprüchlich und wenig überzeugend sind. So zeigen Forschungsergebnisse, dass durch Entspannungsverfahren im Rahmen der verhaltensmedizinischen Behandlung asthmakranker Kinder und Jugendlicher zwar eine leichte, selten aber signifikante Verbesserung von Lungenfunktionswerten (etwa: Atemwegswiderstand) erreichbar ist (vgl. Könning et. al., 1993; Steinhausen, 1996). Hingegen liegen zur Effektivität des beschriebenen kombinierten Vorgehens gemäß des Asthma-Selbstmanagementansatzes inzwischen eine Reihe sehr viel versprechender empirischer Resultate vor. So zeigten sich z.B. nach der Teilnahme an Asthma-Schulungsprogrammen deutlich positive Effekte, wie Verbesserung asthmaspezifischen Wissens, Verringerung übermäßiger asthmabezogener Ängste, Zunahme asthmaspezifischer Selbstwirksamkeitsüberzeugungen, größere Selbstsicherheit, mehr Eigenverantwortlichkeit, kompetenterer Umgang mit Asthmasymptomen (in der Prävention und im Notfall), verbesserte Compliance. Weiterhin konnten z.B. eine deutliche Verringerung asthmabedingter Schulfehl-

tage, eine Abnahme der Häufigkeit ambulanter Klinikvorstellungen und asthmabedingter stationärer Klinikaufenthalte, das Gefühl geringerer Belastbarkeit im Zusammenhang mit der Asthmaerkrankung und Gefühle einer verbesserten Lebensqualität erreicht werden (vgl. z.B. Lob-Corzilius & Petermann, 1997).

Grundlegende Literatur

- Könning, J., Gebert, N., Niggemann, B. & Wahn, U. (1993). Asthma bronchiale. In H.-C. Steinhausen & M. von Aster (Hrsg.), Handbuch Verhaltenstherapie und Verhaltensmedizin bei Kindern und Jugendlichen (S. 461–490). Weinheim: Beltz, Psychologie Verlags Union.

- Schuster, B. & Reinhardt, D. (1999). Asthma bronchiale. In U. Wahn, R. Seger & V. Wahn (Hrsg.), Pädiatrische Allergologie und Immunologie (S. 284–303) (3. Aufl.). München, Jena: Urban & Fischer-Verlag.

- Steinhausen, H.-C. (1996). Psychosomatische Störungen. In F. Petermann (Hrsg.), Lehrbuch der klinischen Kinderpsychologie (2. korrigierte und ergänzte Auflage) (S. 423–454). Göttingen, Bern, Toronto, Seattle: Hogrefe-Verlag.

Weiterführende Literatur

- Arbeitsgemeinschaft Asthmaschulung im Kindes- und Jugendalter (1995). Konsensuspapiere. Prävention und Rehabilitation 1,1, S. 6–30.

- Könning, J., Szczepanski, R. & von Schlippe, A. (Hrsg.). (1997). Die Betreuung asthmakranker Kinder im sozialen Kontext. Eine chronische Krankheit als Herausforderung für Kind, Familie und interdisziplinäres Team. (2. überarb. und erw. Aufl.). Stuttgart: Enke-Verlag.

Materialien

- Bullinger, M. & Kirchberger, I. (1998). SF-36 – Fragebogen zum Gesundheitszustand. Göttingen, Bern, Toronto, Seattle: Hogrefe-Verlag.

- Lob-Corzilius, Th. & Petermann, F. (Hrsg.). (1997). Asthmaschulung-Wirksamkeit bei Kindern und Jugendlichen (Anhang: Fragebogen) Weinheim: Beltz, Psychologie Verlags Union.

- Petermann, F., Walter, H.-J., Köhl, Ch. & Biberger, A. (1993). Asthma-Verhaltenstraining mit Kindern und Jugendlichen (AVT). München: Quintessenz-Verlag.

- Theiling, S., Szczepanski, R. & Lob-Corzilius, T. (1992). Der Luftiku(r)s. Stuttgart: Trias-Verlag.

2.37
Asthma bronchiale

Störungen der motorischen Fertigkeiten/ motorische Entwicklungs- und Verhaltensstörungen

Heinz Krombholz

2.38.1
Fallbeispiel

Der neunjährige Sven, ein Einzelkind, wird von seinen Eltern als unbeholfen und ungeschickt bezeichnet. Er lässt häufig Gegenstände fallen, er hat Probleme beim Werfen und insbesondere beim Fangen von Bällen, wird deswegen von Gleichaltrigen nicht als vollwertiger Spielpartner akzeptiert. Er meidet daher Ballspiele, aber auch andere Spiele, bei denen es auf körperliche Schnelligkeit, Geschicklichkeit und Gewandtheit ankommt. Seine Schulleistungen sind eher unterdurchschnittlich.

Nach Angabe der Eltern hat Sven erst spät laufen gelernt, zeigte aber eine unauffällige Sprachentwicklung. Im Kindergarten wurde er von einigen Kindern wegen seiner mangelnden Zeichenfertigkeit gehänselt. Auch beim Schreiben lernen in der Schule hatte er nicht nur zu Beginn große Mühe, die Buchstaben in klar erkennbarer Weise wiederzugeben. Er hatte aber keine besonderen Schwierigkeiten, die Buchstaben und ihre Bedeutung zu erlernen. Auch heute noch ist sein Schriftbild nicht altersgemäß. Erst vor einigen Tagen hat er gelernt, sich seine Schuhe zu binden.

Eine neurologische Prüfung ergab keine Auffälligkeiten. Sein Intelligenzquotient (nonverbal, CFT 1) beträgt 105. Die Handgeschicklichkeit (Frostig-Entwicklungstest der visuellen Wahrnehmung FEW) und die Körperkoordination (Körperkoordinationstest für Kinder KTK) sind dagegen weit unterdurchschnittlich.

2.38.2
Diagnostische Kriterien nach ICD-10

In der ICD-10 werden eine Reihe von motorischen Störungen und von Krankheiten benannt, die sich mittelbar oder unmittelbar auf die Motorik auswirken. Im Kindesalter sind die Entwicklungsstörungen der motorischen Funktionen von besonderer Bedeutung. Obwohl es keineswegs einfach ist, sollten diese aus ätiologischen, prognostischen und therapeutischen Gründen von den Verhaltens- und emotionalen Störungen mit Beginn in der Kindheit und Jugend unterschieden werden.

Entwicklungsstörungen (F80–89) beginnen ausnahmslos im Kleinkindalter oder in der Kindheit, die betroffenen Funktionen sind eng mit der biologischen Reifung des Zentralnervensystems verknüpft und sie zeigen einen stetigen Verlauf ohne Remissionen und Rezidive. Umschriebene Entwicklungsstörungen der motorischen Funktionen (F82) treten frühzeitig in der Entwicklung auf (keine erworbenen Defizite). Hauptmerkmal ist eine schwerwiegende Entwicklungsbeeinträchtigung der motorischen Koordination, die nicht allein durch eine spezifische angeborene oder erworbene neurologische Störung erklärt werden kann. Seh- oder Hörfehler oder eine Intelligenzminderung (Koordinationsstörungen infolge einer Intelligenzminderung stellen eine eigene Kategorie dar, F70-F79). In den meisten Fällen zeigt eine sorgfältige klinische Untersuchung dennoch deutliche entwicklungsneurologische Unreifezeichen (choreoforme Bewegungen freigehaltener Glieder, Spiegelbewegungen). Dazugehörige Begriffe: Syndrom des ungeschickten Kindes, Entwicklungsdyspraxie.

Falls motorische Entwicklungsstörungen im Zusammenhang mit Störungen des Sprechens, der Sprache und schulischen Fertigkeiten einhergehen, von denen jedoch keine so dominiert, dass sie eine Hauptdiagnose rechtfertigt, werden sie als kombinierte umschriebene Entwicklungsstörungen (F83) zusammengefasst. Ein verzögertes Erreichen von Entwicklungsstufen, insbesondere Verzögerung/Verspätung beim Laufen lernen, wird als eigenständige Kategorie erfasst (R62.0).

Verhaltens- und emotionale Störungen mit Beginn in der Kindheit und Jugend (F90-F98) umfassen u.a. Ticstörungen (F95.-, vgl. Kap. 2.30), stereotype Bewegungsstörungen (F98.4), Stottern (Stammeln) und Poltern (F98.6, vgl. Kap. 2.12). Das Gemeinsame dieser Störungen ist, dass sie sich im motorischen Bereich äußern, wobei ihr ätiologischer Hintergrund unterschiedlich oder unklar ist. Stereotype Bewegungsstörungen beginnen in der Kindheit. Kennzeichnend sind willkürliche, wiederholte, stereotype, nicht funktionale und oft rhythmische Bewegungen, die nicht Teil einer anderen psychischen oder neurologischen Krankheit sind. Es werden nicht selbstbeschädigende Bewegungen (z.B. Körperschaukeln, Kopfschaukeln und Haarezupfen) und Selbstbeschädigungen (z.B. wiederholtes Kopfanschlagen, In-die-Augen-Bohren und Beißen in Hände oder andere Körperteile) unterschieden. Stereotype Bewegungsstörungen treten häufig in Verbindung mit einer Intelligenzminderung, Sinnesbehinderung oder motorischer Behinderung auf.

2.38.3
Epidemiologie, Verbreitung und Altersrelevanz

Der Anteil von Kinder mit einer Hirnschädigung (alle Schweregrade) wird auf 3–7,5% geschätzt, bei fast allen diesen Kindern ist die Bewegungsentwicklung mit betroffen. Bei etwa 2,3% der Kinder liegt der IQ um 2 Standardabweichungen unter dem Mittelwert. Viele dieser Kinder zeigen Koordinationsstörungen.

Im Säuglings- und frühen Kindesalter sind motorische Stereotypien relativ häufig (15–20%), ab dem 3. Lebensjahr eher selten. Jaktationen werden bei 10- bis 11-Jährigen in etwa 4% der Fälle gefunden. Selbstbeschädigendes Verhalten tritt bei 17% der institutionell untergebrachten Kinder im Vorschulalter auf, bei geistig Behinderten ist dieser Anteil noch höher.

Im Kindergarten wird der Anteil von „auffälligen" Kindern mit etwa 19% angegeben, etwa 9% zeigen Entwicklungsrückstände, 9% Verhaltensprobleme, wobei motorische Unruhe nach Konzentrationsstörungen am häufigsten genannt wird. Rund 5% aller Kinder im Vorschulalter leiden unter Rückständen in der Grob- und Feinmotorik. Nach den vorliegenden Ergebnissen von Schuleingangsuntersuchungen in einzelnen Bundesländern ist davon auszugehen, dass der Anteil von Kindern mit motorischen Koordinationsstörungen etwa 5–10% beträgt, wobei etwa doppelt so viele Jungen wie Mädchen betroffen sind.

Aufgrund der Ergebnisse in standardisierten Motoriktests (z.B. dem KTK) muss damit gerechnet werden, dass etwa 3% der Kinder mit normaler Intelligenz so schwerwiegende motorische Entwicklungsstörungen aufweisen, dass eine Intervention angezeigt ist, da das Kind sich nicht erfolgreich an altersgemäßen Bewegungsspielen beteiligen kann und die Gefahr besteht, dass es motorische Herausforderungen meidet und sich seine Leistungsfähigkeit weiter verschlechtert.

2.38.4
Diagnostik der Störung

Hinsichtlich der motorischen Entwicklung besteht im Kindesalter eine große normale Variabilität. Die Frage, ab wann eine Abweichung vom „normalen" Entwicklungsverlauf Anlass zur Sorge sein sollte und eine Intervention angezeigt ist, ist daher keineswegs leicht zu beantworten. Es sollte in jedem Falle die Gesamtentwicklung des Kindes berücksichtigt werden, d.h., wie kann das Kind mit seiner Schwäche umgehen, hat es gelernt, seine Schwäche zu kompensieren? Wie groß ist der „Leidensdruck" beim Kind, aber auch bei den Eltern?

Die Diagnose „motorische Störung" erfolgt anhand von eingehenden Verhaltensbeobachtungen und einer ausführlichen Anamnese, die zugleich Hinweise für ein angemessenes therapeutisches Vorgehen liefern sollten. Um körperliche Ursachen auszuschließen, ist eine neurologische Untersuchung notwendig.

Die Beurteilung des motorischen Entwicklungsstandes erfordert ebenfalls eine genaue Verhaltensbeobachtung. Folgende Fragen sind zu stellen: Welche Fertigkeiten sind betroffen? Sind die Bewegungsabläufe (a) altersgemäß, (b) „fehlerhaft" (wird eine falsche „Technik" beim Werfen oder Fangen eingesetzt) oder sind (c) die unbefriedigenden Leistungen eventuell Ausdruck von übergroßer Ängstlichkeit (gelingt es dem Kind, einen weichen Schaumstoffball zu fangen, bei dem es keine Angst hat, sich wehzutun) oder (d) mangelndem Selbstvertrauen („Das schaffe ich eh nicht.")? Die Verwendung von Video-Aufzeichnungen kann die Beobachtung verbessern und die Dokumentation ermöglichen. Die Verhaltensbeobachtungen sollten jedoch durch (mindestens) ein individuell durchgeführtes standardisiertes Testverfahren zur objektiven Beurteilung der motorischen Leistungsfähigkeit abgesichert werden. Solche Testverfahren liegen für unterschiedliche Altersstufen und spezifische Fähigkeiten vor (Grobmotorik, Feinmotorik, Auge-Hand-Koordination); diese Verfahren oder Teile von ihnen sollten auch zur Therapiekontrolle herangezogen werden.

Eine neurologische Untersuchung des Kindes einschließlich der Prüfung des Seh- und Hörvermögens sollte die Diagnose ergänzen. Gegebenenfalls sollte auch ein (Sport-)Orthopäde herangezogen werden.

Es sollte zudem geprüft werden, ob die Entwicklungsrückstände mit einer verminderten Intelligenz einhergehen (wenngleich auch in diesen Fällen verhaltensorientierte Interventionsmaßnahmen nicht von vornherein sinnlos sind).

Entwicklungsskalen für das Säuglings- und Kleinkindalter

Münchner Funktionelle Entwicklungsdiagnostik MFED (Hellbrügge, 1994): Ermöglicht eine differenzierte Erfassung des Entwicklungsstandes in verschiedenen Funktionsbereichen. 1. Lebensjahr: Krabbeln, Sitzen, Laufen, Greifen, Perzeption, Sprechen, Sprachverständnis, Sozialverhalten; 2. und 3. Lebensjahr: Statomotorik, Handmotorik, Wahrnehmungsverarbeitung, Sprechen, Sprachverständnis, Selbstständigkeit, Sozialverhalten. Für die erfassten Verhaltensbereiche kann das jeweilige Entwicklungsalter bestimmt werden.

Wie weit ist ein Kind entwickelt? Eine Anleitung zur Entwicklungsüberprüfung (Kiphard, 1996): Prüfung der fünf Funktionsbereiche: Sinnes- und Bewegungsentwicklung, optische Wahrnehmung, Hand- und Fingergeschicklichkeit, Fortbewegung und Körperkontrolle, Sprache und akustische Wahrnehmung anhand eines vorgegebenen „sensomotorischen Entwicklungsgitters" für den Altersbereich 0 bis 4 Jahre.

Erwähnenswert ist auch die **Selektive entwicklungsphysiologische und -psychologische Tabelle** (Kiese, 1979), in der die „Meilensteine" des altersgemäßen Ablaufs der Entwicklung von der Geburt bis zum Alter von 5;6 Jahren in fünf Entwicklungsdimensionen (u.a. Grob- und Statomotorik, Feinmotorik) dargestellt werden.

Standardisierte motorische Testverfahren im Kindesalter

Motoriktest für vier- bis sechsjährige Kinder MOT 4–6 (Zimmer & Volkamer, 1987): Erfasst durch 18 Items 7 Bereiche der Motorik: gesamtkörperliche Gewandtheit und Koordinationsfähigkeit, feinmotorische Geschicklichkeit, Gleichgewichtsvermögen, Reaktionsfähigkeit, Sprungkraft, Bewegungsgeschwindigkeit und Bewegungssteuerung.

Frostigs Entwicklungstest der visuellen Wahrnehmung FEW (Lockowandt, 1987): Der Untertest Auge-Hand-Koordination kann zur Bestimmung feinmotorischer Störungen bei Vier- bis Neunjährigen verwendet werden.

Körperkoordinationstest für Kinder KTK (Kiphard & Schilling, 1974): Die vier Untertests (Balancieren rückwärts, monopedales Überhüpfen, seitliches Hin- und Herspringen und seitliches Umsetzen) dienen zur Erfassung der Gesamtkörperkoordination von Kindern im Alter von 5 bis 14 Jahren.

Lincoln-Oseretzky-Skala, Kurzform LOS KF 18 (Eggert, 1974): Eine Kurzform der Hamburger Version der Lincoln-Oseretzky-Motor-Development-Scale. Die 18 Items überprüfen fein- und grobmotorische Leistungen. Aufgrund von Faktorenanalysen werden die Dimensionen Kraft, Geschwindigkeit, Gleichgewichterhaltung, Auge-Hand- bzw. Auge-Fuß-Koordination und Doppelkoordination erfasst. Normwerte liegen für Fünf- bis Dreizehnjährige vor.

Hand-Dominanz-Test HDT (Steingrüber, 1971): Ermöglicht einen Vergleich der Geschicklichkeit beider Hände anhand von drei Papier-Schreibstift-Aufgaben (Spuren nachzeichnen, Kreise punktieren, Quadrate punktieren) und damit Angaben zur Ausprägung der Händigkeit (von extrem linkshändig bis extrem rechtshändig). Normen liegen für Kindern im Alter von sechs bis zehn Jahren vor, das Verfahren ist aber auch für ältere Kinder und sogar Erwachsene geeignet.

Neben diesen Testverfahren gibt es einige Beobachtungsverfahren, die die Einschätzung und Beurteilung des Bewegungsverhaltens von Kindern anhand qualitativer Merkmale erleichtern (Checkliste motorischer Verhaltensweisen CMV, Schilling, 1976; Diagnostisches Inventar motorischer Basiskompetenzen bei lern- und entwicklungsauffälligen Kindern im Grundschulalter DMB, Eggert & Ratschinski, 1993).

2.38.5
Bedingungsmodell

Selbst „einfache" menschliche Bewegungen erfordern eine große Anzahl von genau abgestimmten Muskelaktivitäten und komplexen neuronalen Steuerungs- und Regelungsprozessen. Es kann daher nicht verwundern, dass fast alle Bewegungen, sowohl grob- als auch feinmotorische, von Störungen betroffen sein können, wobei quantitative und qualitative Abweichungen unterschieden werden, und eine Vielzahl von Ursachen motorische Störungen zur Folge haben (Neuhäuser, 1988).

Als Ursache von Stereotypien gelten Unterstimulation, Überstimulation und neurologische Störungen oder sie werden als operantes Verhalten erklärt, das den Organismus durch interne Stimulation belohnt.

Störungen der motorischen Entwicklung werden auf organische Einflüsse (vor allem Entzündungen, Traumen, Anfallsleiden, Chromosomenanomalien, Reifungsverzögerungen des ZNS, Mangelernährung) oder psychische (Deprivationsbedingungen, mangelnde Versorgung, Misshandlung, längere Krankenhausaufenthalte, Erkrankungen der Eltern) bzw. psychosoziale Einflüsse (gestörte Familienverhältnisse, Armut, Vernachlässigung, aber auch Überbehütung) zurückgeführt, wobei Wechselwirkungen zwischen diesen Bereichen zu beachten sind.

2.38.6
Therapieplanung

Die Therapieplanung beginnt mit der möglichst exakten Festlegung der therapierelevanten Verhaltensprobleme. Als mögliche Ursachen der Störung oder des Entwicklungsrückstandes sollen folgende Bedingungen berücksichtigt werden:

- Medizinisch-biologische Bedingungen: Gibt es mögliche organische Faktoren, z.B. neurologische Auffälligkeiten, Erkrankungen oder Verletzungen des Muskel- oder Skelettsystems, Seh- oder Hörstörungen? Ist die Größe altersgemäß? Hat das Kind Über- oder Untergewicht?
- Situationsspezifische Lern- und Erfahrungsbedingungen: Welche Bedingungen sind für das Auftreten und das Fortbestehen verantwortlich?
- Umweltbedingungen: Wie sind die Familienverhältnisse, Wohnbedingungen, Spielgelegenheiten? Welche Anregungen erfährt das Kind? Mit wem spielt es? Wie sind die Bedingungen im Kindergarten oder in der Schule?
- Einstellungsbedingungen: a) Bei Kleinkindern: Welche Erwartungen und Einstellungen haben die Eltern an ihr Kind? Wie beurteilen sie seine motorischen Schwächen, seine Leistungsfähigkeit, seine sonstigen Leistungen? Welche Anregungen können sie ihm geben? b) Bei älteren Kindern zusätzlich: Welche Erwartungen hat das Kind an sich selbst, wie beurteilt es seine Leistungsfähigkeit? Wie ist sein Selbstvertrauen? Welche Bedeutung misst es seinen Schwächen bei?

Verhaltensstörungen werden mit der ganzen Palette kindertherapeutischer Methoden behandelt. Im Bereich der Verhaltensmodifikation sind dies u.a. Methoden nach dem respondenten und dem operanten Paradigma und kognitive Ansätze. Zunächst ist zu prüfen, unter welchen Bedingungen die Störungen auftreten und wie die Verhaltenskonsequenzen geändert werden können, um das unerwünschte Verhalten zu beseitigen.
Bei motorischen Stereotypien können folgende Behandlungsmethoden herangezogen werden: Verstärkung bei Symptomfreiheit; Verstärkung inkompatibler Verhaltensweisen; Aufbau alternativer Verhaltensweisen (das unerwünschte Verhalten soll durch ein anderes Verhalten ersetzt werden); Anbieten von Reizen, die das Interesse auf sich ziehen; Entzug positiver Verstärker, Entzug von Zuwendung, Bestrafung (es muss nicht unbedingt ein Strafreiz eingesetzt werden, sondern es sollte ein Reiz gefunden werden, der unangenehm ist, wie z.B. laute Geräusche, unangenehmer Geruch); Vermeidenskonditionierung (Unterdrückung des störenden Verhaltens durch einen an sich nicht aversiven Reiz, z.B. das mit großer Bestimmtheit ausgesprochene Wort „Nein"); Time-out (sofortiger und kontingenter Entzug jeglicher Verstärkung unmittelbar nach Auftreten des unerwünschten Verhaltens); Entspannungstechniken.

Bei **Entwicklungsstörungen** müssen durch intensives Training oder durch Einbindung geeigneter Maßnahmen in die alltägliche Erziehung zunehmend verfeinerte Reiz-Reaktions-Muster aufgebaut werden. Das Kind muss lernen, auf Anforderungen in geeigneter Weise zu reagieren, indem es z.B. beim Fangen eines Balles seine Körperstellung auf die Flugbahn des Balles ausrichtet, um mit den Händen den Ball ergreifen zu können. Dabei ist zu bedenken, dass ein Kind mit motorischen Entwicklungsstörungen erfahrungsgemäß nicht nur in einem eng umschriebenen Funktionsbereich Schwächen zeigt. So hat der Junge in unserem Fallbeispiel nicht nur Probleme mit dem Gleichgewicht, sondern auch beim Klettern, Werfen und Fangen und bei feinmotorischen Anforderungen. Bei all diesen Leistungen ist eine gute Körperkoordination erforderlich.

Für die erfolgreiche Planung und Durchführung eines verhaltenstherapeutisch orientierten Bewegungstrainings ist daher eine möglichst genaue Kenntnis des Leistungsstandes, der jeweiligen Schwächen, aber auch eventueller Stärken des Kindes erforderlich und es ist – auch zur Therapiekontrolle – notwendig, die motorischen Leistungen möglichst differenziert und umfassend zu messen.

Therapeutische Ansätze können je nach Problemstellung folgende sein: Lernen am Modell durch Imitation, Training der betroffenen Fertigkeiten, Hilfestellung des Therapeuten, schrittweiser Aufbau neuer Verhaltensweisen, Reduktion „falscher" Bewegungsabläufe, operantes Konditionieren (wobei bei motorischen Leistungen das Gefühl „es geschafft zu haben" – z.B. die oberste Stufe der Sprossenwand zu erreichen – ein großes Verstärkungspotenzial darstellt), Schulung und Einsatz von Bezugspersonen als Kotherapeuten und die Modifizierung ihres Erziehungsverhaltens bzw. ihrer Interaktion mit dem Kind.

Bei Schwächen im Bereich Handgeschicklichkeit ist z.B. ein Funktionstraining zur Förderung der Feinmotorik angezeigt, das z.B. graphomotorische Übungen, Basteln oder die Verwendung von Konstruktionsbaukästen umfasst. Übungen zum Gleichgewicht können angeboten werden, wenn das Kind Schwierigkeiten beim Balancieren hat, Übungen mit Bällen, wenn es seine Bewegungen nicht gut koordinieren kann und immer wieder Gegenstände fallen lässt. Das Training solcher Fertigkeiten sollte kleine Lernschritte umfassen und laufend an die Fortschritte der Kinder adaptiert werden. Falls möglich, sollte die Situation oder das Umfeld, in dem die erwartete Leistung dem Kind nicht gelingt, so umstrukturiert werden, dass Lernerfolge schrittweise eintreten. Es sollte mit solchen Übungen begonnen werden, die das Kind bereits einigermaßen beherrscht und bei denen es Erfolge erlebt. Angst auslösende Situationen lassen sich durch Veränderung der Rahmenbedingungen entschärfen (Fangen von Softbällen, Balancieren auf niedrigen, zunächst breiten Balken, Klettern mit Sicherung); solche Erleichterungen sollen jedoch allmählich „ausgeblendet" werden.

Entwicklungsrückstände lassen sich sowohl in der Gruppe nach einem relativ festen Programm als auch individuell behandeln.

In unserem Fallbeispiel wurde ein verhaltenstherapeutisch orientiertes Trainingsprogramm (Dauer 8 Wochen mit 4 Trainingseinheiten pro Woche) konzipiert. Die Trainingseinheiten fanden jeweils in einem Gymnastikraum statt, Schwerpunkte waren Übungen zum Gleichgewicht (z.B. Balancieren über Turnbank), zur Körperkoordination (z.B. Klettern an der Sprossenwand, Springen auf dem Minitrampolin), zur Geschicklichkeit (z.B. Spiele mit Luftballons und verschiedenartigen Bällen) und zur Handgeschicklichkeit (z.B. Falten von Papierflugzeugen, Entwerfen und Ausschneiden von Mustern mit der Schere). Dadurch, dass mit sehr einfachen Übungen, die auch Sven bereits beherrschte, begonnen wurde und die Schwierigkeit nur sehr langsam gesteigert wurde, sollten nicht nur Lernfortschritte ermöglicht, sondern auch das Selbstvertrauen und die Selbstsicherheit gesteigert werden. Daher wurden nicht ausschließlich einzelne Funktionen trainiert, sondern Sven wurde ermutigt, eigene Bewegungsideen zu entwickeln und umzusetzen; dabei sollten möglichst vielfältige Bewegungserfahrungen gesammelt werden.

Erkennbare Lernfortschritte wurden möglichst unmittelbar verbal belohnt, für das Erlernen neuer Fertigkeiten (z.B. das Erreichen einer bestimmten Markierung beim Hochklettern am Tau) wurden kleine Preise ausgesetzt (z.B. ein Ball), die Sven mit nach Hause nehmen konnte.

Die Eltern wurden instruiert, Sven zu ermutigen, sich motorischen Herausforderungen auch in Alltagssituationen zu stellen (z.B. beim Klettern und Balancieren), ihn zu einfachen Bewegungsspielen – auch gemeinsam mit Freunden – anzuregen und ihm Spielzeug zu schenken, das zu Bewegungsaktivitäten anregt. Zunächst sollten sie mit sehr einfachen Aufgabenstellungen beginnen, Sven keinesfalls überfordern und alle Bemühungen anerkennen und positiv verstärken sowie Hilfen nur, wenn unbedingt erforderlich, anbieten.

2.38.7
Wirksamkeit und Wirksamkeitsbedingungen der Therapie

Die Wirksamkeit der Interventionsmaßnahmen ist bei Bewegungsstörungen anhand der Inzidenzrate vor und nach der Behandlung zu überprüfen. Bei Entwicklungsstörungen soll die Leistung anhand geeigneter motorischer Tests mit dem Ausgangsniveau und den entsprechenden Altersnormen verglichen werden.

Verhaltenstherapeutische Prinzipien lassen sich sowohl bei Verhaltens- als auch Entwicklungsstörungen, die die Motorik betreffen, erfolgreich anwenden. Vom Training einzelner Fertigkeiten darf ein positiver Transfer auf ähnliche Leistungen erwartet werden: So kann das Üben mit Bällen die Körperkoordinationsfähigkeit steigern und das Erlernen anderer Fertigkeiten, z.B. Federball spielen, erleichtern. Selbst wenn das Leistungsniveau sehr niedrig ist, können geeignete motorische Fördermaßnahmen motorische Schwächen beseitigen und die Leistungsfähigkeit von Kindern steigern. Des Weiteren können Kinder hierdurch Vertrauen in die eigene körperliche Leistungsfähigkeit entwickeln und lernen, ihre Schwächen auszugleichen bzw. zu akzeptieren. Auch Kinder, deren motorische Fertigkeiten infolge von neurologischen Auffälligkeiten, sensorischen Defiziten oder einer Intelligenzminderung beeinträchtigt sind, können von motorischen Trainingsprogrammen profitieren. Ein „normales" Leistungsniveau ist aber in diesen Fällen kaum zu erreichen. Übergeordnetes Ziel sollte es sein, die Kinder dazu zu bringen, von sich aus an Bewegungsspielen mit anderen Kindern teilzunehmen.

Oft ist es notwendig, vor allem den Eltern klarzumachen, welche Fortschritte möglich sind: Eltern müssen einerseits akzeptieren, dass ihr Kind „ungeschickt" ist und keine „Sportskanone" werden wird, andererseits müssen sie überzeugt werden, dass sie ihr Kind nicht wegen seiner Ungeschicklichkeit besonders schonen oder überbehüten, sondern es immer wieder zu Bewegungsspielen anregen sollen.

Eine positive Auswirkung motorischer Übungen auf kognitive Leistungen konnte bisher nicht nachgewiesen werden. Dagegen darf erwartet werden, dass eine Steigerung der motorischen Leistungen das Selbstwertgefühl des Kindes erhöhen und damit eine positive Gesamtentwicklung in die Wege leiten kann. Versuche, mit verhaltenstherapeutisch orientierten Bewegungsprogrammen bei Kindern eine Reduktion von Ängsten zu erreichen, erscheinen Erfolg versprechend, bedürfen aber weiterer empirischer Belege.

Grundlegende Literatur

- Eggert, D. (1994). Theorie und Praxis der psychomotorischen Förderung. Dortmund: Borgmann.

- Esser, G. (1995). Umschriebene Entwicklungsstörungen. In F. Petermann (Hrsg.), Lehrbuch der Klinischen Kinderpsychologie. Modelle psychischer Störungen im Kindes- und Jugendalter (S. 267–285). Göttingen: Hogrefe.

- Kiphard, E. J.(1994). Psychomotorik in Praxis und Theorie (2. Aufl.). Gütersloh: Flöttmann.

- Neuhäuser, G. (1988). Störungen der Psychomotorik. In H. Remschmidt & M. H. Schmidt (Hrsg.), Kinder und Jugendpsychiatrie in Klinik und Praxis. Band I (S. 395–413). Stuttgart, New York: Thieme .

Materialien

- Eggert, D. (1974). Lincoln-Oseretzky-Skala, Kurzform LOS KF 18. Weinheim: Beltz.

- Eggert, D. & Ratschinski, G. (1993). Diagnostisches Inventar motorischer Basiskompetenzen bei lern- und entwicklungsauffälligen Kindern im Grundschulalter DMB. Dortmund: Modernes Lernen.

- Hellbrügge T. (1994). Münchner Funktionelle Entwicklungsdiagnostik MFED. Lübeck: Hanseatisches Verl.-Kontor.

- Kiese, C. (1979). Selektive entwicklungsphysiologische und -psychologische Tabelle. Weinheim: Beltz.

- Kiphard, E. J. (1996). Wie weit ist ein Kind entwickelt? Eine Anleitung zur Entwicklungsüberprüfung. Dortmund: Modernes Lernen.

- Kiphard, E. J. & Schilling, F. (1974). Körperkoordinationstest für Kinder KTK. Weinheim: Beltz

- Lockowandt, O. (1987). Frostigs Entwicklungstest der visuellen Wahrnehmung FEW. Weinheim: Beltz.

- Schilling, F. (1976). Checkliste motorischer Verhaltensweisen CMV. Braunschweig: Westermann.

- Steingrüber, H.-J. (1971). Hand-Dominanz-Test HDT. Göttingen: Hogrefe.

- Zimmer, R. & Volkamer, M. (1987). Motoriktest für vier- bis sechsjährige Kinder MOT 4–6. Weinheim: Beltz.

Schizophrenien im Jugendalter

Hellmuth Braun-Scharm

2.39.1
Fallbeispiel

Ein zum Zeitpunkt der Klinikaufnahme 14-jähriger Jugendlicher war nach unauffälliger Schwangerschaft durch Kaiserschnitt geboren worden. Die kindlichen Entwicklungsparameter (Laufen, Sprechen, Sauberkeit) waren leicht verzögert. In sozialer Hinsicht wirkte er von klein auf ängstlich und kontaktarm. Im Erstgespräch war der Jugendliche zu Ort, Zeit und Person voll orientiert. Er wirkte jedoch motorisch und kognitiv verlangsamt, mimisch und gestisch verarmt, zeigte erhebliche Pausen zwischen Fragen und Antworten (Antwortlatenzen) und war insgesamt verschlossen und dissimulierend, d.h. zeigte wenig Krankheitseinsicht. Bei gezielter Nachfrage räumte er ein, dass er sich beobachtet und durchschaut fühle sowie den Eindruck habe, dass sich seine Gedanken auf andere Personen übertragen. Er beschäftigte sich perseverierend mit der von ihm als quälend empfundenen Frage, ob er normal entwickelt sei und Kinder zeugen könne. Der zuerst nur durch Beobachtung entstandene Verdacht auf akustische Halluzinationen konnte später bestätigt werden. Diese Symptomatik entwickelte sich während des Sommerurlaubs der Familie im Ausland ohne sonstige Auslöser.

2.39.2
Diagnostische Kriterien nach ICD-10

Als Kriterien für das Vorliegen einer Schizophrenie (F20) werden folgende Symptome angeführt, wobei mindestens ein Kriterium der Punkte 1 bis 4 oder zwei Kriterien der Punkte 5 bis 8 für die Dauer von mindestens einem Monat (Punkt 9: 1 Jahr) deutlich beobachtbar sein sollten:

1) Gedankenlautwerden, Gedankeneingebung, Gedankenentzug, Gedankenausbreitung;
2) kontroll- und Beeinflussungswahn, Gefühl des Gemachten, Wahnwahrnehmungen;
3) kommentierende oder dialogische Stimmen, die über den Patienten und sein Verhalten sprechen, oder andere Stimmen, die aus einem Teil des Körpers kommen;
4) anhaltender, kulturell unangemessener oder völlig unrealistischer (bizarrer) Wahn, z.B. Größenwahn;
5) anhaltende Halluzinationen jeder Sinnesmodalität;
6) Gedankenabreißen oder Einschiebungen in den Gedankenfluss, was zu Zerfahrenheit, Danebenreden oder Neologismen führt;

7) katatone Symptome wie Erregung, Haltungsstereotypien, wächserne Biegsamkeit (Flexibilitas cerea), Negativismus, Mutismus und Stupor;
8) negative Symptome wie auffällige Apathie, Sprachverarmung, sozialer Rückzug und verminderte Leistungsfähigkeit;
9) eindeutige Veränderung bestimmter umfassender Aspekte des Verhaltens, z.B. Ziellosigkeit, Trägheit, in sich selbst verlorene Haltung und sozialer Rückzug.

Als wichtigste Subtypen der Schizophrenie werden die paranoid-halluzinatorische, die katatone und die hebephrene Form beschrieben. Sie zeichnen sich durch typische Merkmalskombinationen aus.
Differenzialdiagnostisch auszuschließen sind hingegen exogene Psychosen als direkte Folgen organischer Schädigungen oder Erkrankungen des Gehirns (Intoxikation, Infektion, Trauma, Tumor), drogeninduzierte psychotische Symptome, affektive Psychosen (manisch-depressive Psychosen), Pubertäts- oder Adoleszenzkrisen und Persönlichkeitsstörungen. Die dem Schizophrenie-Spektrum nahe liegendsten Persönlichkeitsstörungen sind auf der anderen Seite die schizotype, die schizoide, die paranoide und die Borderline-Persönlichkeitsstörung.

2.39.3
Epidemiologie, Verbreitung und Altersrelevanz

Die Schizophrenien treten weltweit mit großer Konstanz auf. Die durchschnittliche Lebenszeitwahrscheinlichkeit, an Schizophrenie zu erkranken, beträgt <1% und ist für beide Geschlechter gleich, das männliche Geschlecht wird jedoch etwas früher betroffen. Zwischen dem 20. und 30. Lebensjahr ist die Inzidenz am höchsten.
Im Jugendalter nimmt die Zahl der Ersterkrankungen von Jahr zu Jahr zu. Die häufigste Verlaufsform der Schizophrenien des Erwachsenenalters ist die episodisch-rezidivierende Form. Im Kindes- und Jugendalter sind die episodischen Verläufe seltener, die kontinuierlichen oder chronischen dagegen etwas häufiger, sodass die Prognose bei Ersterkrankung im Jugendalter ungünstiger ist als bei Erwachsenen.

2.39.4
Diagnostik der Störung

Da bislang weder testpsychologisch noch labortechnisch-biologisch ein sicherer Nachweis gelingt, erfolgt die Diagnose der Schizophrenien nach wie vor „klinisch" aufgrund von Exploration, Erhebung von Eigen- und Fremdanamnese, Verhaltensbeobachtung, psychiatrischer Erfahrung und klassifikatorischer Konvention.
Die Exploration erfasst die direkt abfragbaren Symptome, wie z.B. Halluzination, Wahn, Denkstörungen etc. per Verhaltensbeobachtung werden vor allem katatone Symptome (Grimassieren, Manierismen, Stupor), bizarre Rituale, sprachliche Auffälligkeiten (Vorbeireden, Neologismen), innere Abgelenktheit (z.B. durch Halluzinationen) und äußerliche Aspekte wie die Vernachlässigung der Körperpflege registriert.

Zur Diagnostik kognitiver Defizite werden die gängigen psychologischen Intelligenz-, Leistungs- und Konzentrationstests eingesetzt – zuerst zur Übersicht, dann zur hypothesengeleiteten Erfassung spezifischer Probleme des Patienten; so etwa bei der Satzbildung (z.B. Verlangsamung, Bildung grammatikalisch unvollständiger Sätze).

Schließlich ist es üblich, neben der allgemeinen Schizophrenie-Diagnostik auch individuelle Verhaltensprofile zu erstellen. Dazu gehören subjektive Krankheitstheorien, persönliche Gepflogenheiten, Hobbys und andere Ressourcen, Coping-Strategien, schulische bzw. berufliche Interessen.

Eine gewisse zusätzliche Absicherung der Diagnose der Schizophrenie an Ergebnissen psychometrischer Tests kann mit spezifischen (aber aufwendigen) neuropsychologischen Verfahren wie etwa dem Continuous Performance Test (CPT) oder dem Span of Apprehension Test (SAT) erfolgen (vgl. Ito et al., 1997).

2.39.5
Bedingungsmodell

Bisher kann die Genese von Schizophrenien nicht vollständig erklärt werden. Am ehesten eignet sich ein integrativer, multikausaler Erklärungsansatz, der ein störungsspezifisches Vulnerabilitätsmodell mit genetisch-biologischen Auslösebedingungen beschreibt (vgl. Abb. 1). Hirnorganische Veränderungen mit resultierenden Ventrikelerweiterungen, Störungen der Gehirnentwicklung (neurodevelopmental disorder) sowie Störungen des Neurotransmitter-Stoffwechsels (Hyperdopaminismus) sind die häufigsten Belege für den biologischen Pol des Vulnerabilitätsmodells.

Auslösend und verlaufsmodulierend wirken sich auf der anderen Seite unterschiedliche soziale Stressoren aus, etwa chronische familiäre Beziehungsstörungen, ungewohnte Umgebung (Urlaub, Schullandheim), Trennungen, Todesfälle sowie schulische und berufliche Belastungen. Eine spezifische Konzeption familiärer Beziehungsstörungen liegt in Form der Untersuchung der „Expressed Emotions" (EE-Konzept) vor. Dieses unterscheidet vor allem „high-EE-" und „low-EE Familien" „High-EE-Familien" zeichnen sich durch offenen Streit, Ablehnung, Abwertung oder Überbeschützung aus. Schizophrene Patienten aus solch einer Umgebung haben deutlich erhöhte Rückfallraten (Butzlaff & Hooley, 1998).

2.39.6
Therapieplanung

Die schizophrene Akutsymptomatik, insbesondere die schizophrene Erstmanifestation im Kindes- und Jugendalter, sollte stationär abgeklärt und anbehandelt werden. Eine rein psychotherapeutische Behandlung in diesem Stadium ist normalerweise weder ausreichend noch indiziert. Ergibt sich also bei einem ambulanten Erstkontakt der Verdacht auf das Vorliegen einer juvenilen Schizophrenie, sollte die Einweisung in eine kinder- und jugendpsychiatrische Klinik veranlasst werden.

Abb.1: 3-Phasen-Modell der Schizophrenie von Ciompi (1982)

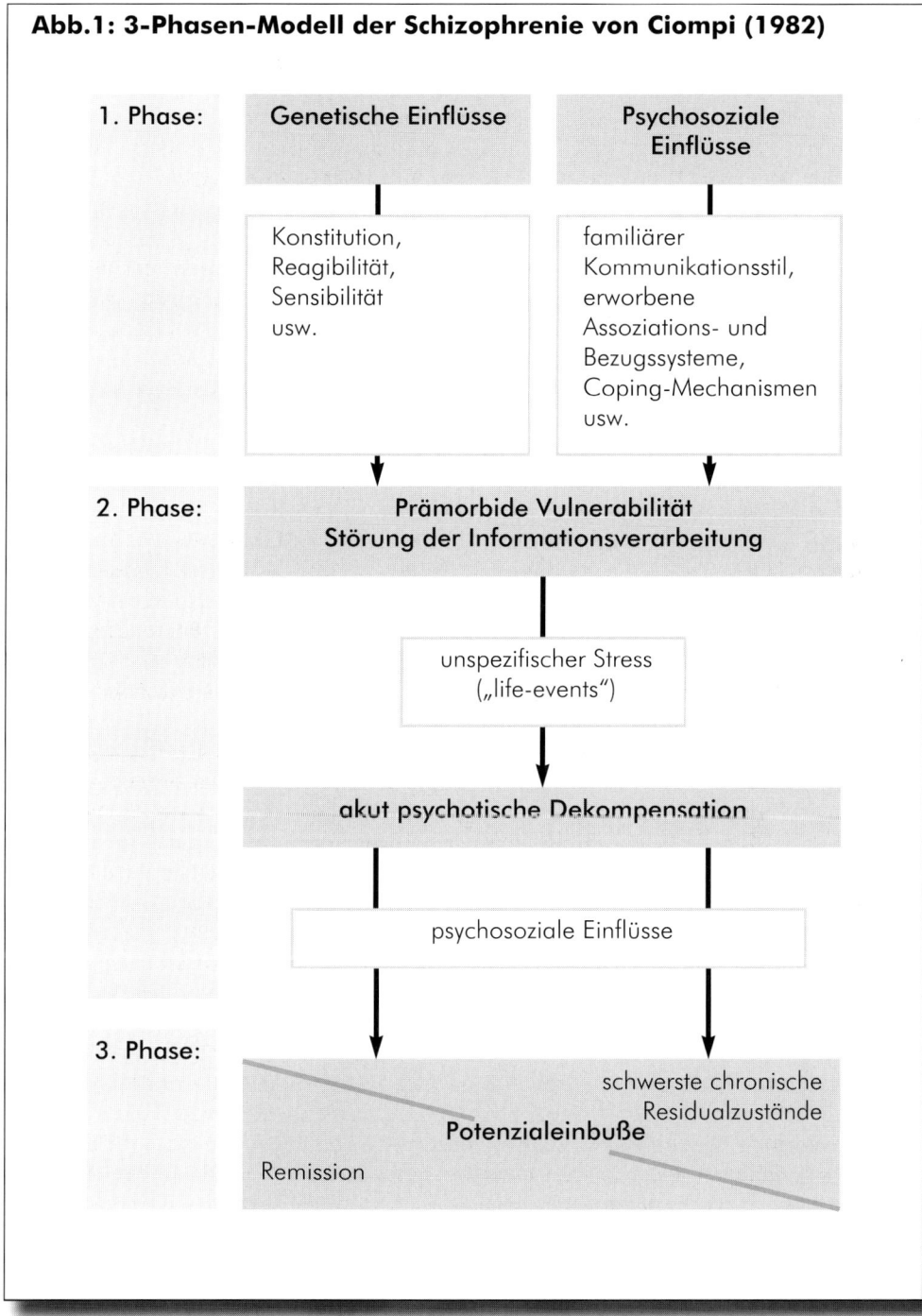

411

Am Beginn der stationären Behandlung steht die Medikation im Vordergrund. Ausgehend von den Entstehungshypothesen der Schizophrenien werden bevorzugt Präparate verwendet, die den Stoffwechsel von Dopamin und anderen Neurotransmittern beeinflussen und die Akutsymptomatik eindämmen (Neuroleptika). Da die Patienten in dieser Phase meist in allen Lebensbereichen eingeschränkt sind, wenig Eigeninitiative oder Strukturierung des Tagesablaufs entwickeln können, Probleme mit der Körperhygiene aufweisen und auch im Sozialbereich durch Angst, Rückzug und paranoide Symptome (Verfolgungswahn) beeinträchtigt sind, ist eine klare Gestaltung des stationären Milieus erforderlich. Konstante Bezugspersonen, überschaubare Tagesabläufe, Zuverlässigkeit, Berechenbarkeit, Reizarmut und unterstützende Begleitung geben den Patienten Halt und fördern ihre Eigenaktivität.

Genau genommen beginnt also Verhaltenstherapie bei der Strukturierung des stationären Milieus, d.h. meist dann, wenn die Akutsymptomatik unter dem Einsatz von Medikamenten abgeklungen oder zumindest stabilisiert ist und Richtlinien für die Anforderungen an die Patienten und die Kommunikation mit ihnen festgelegt werden. In enger Verbindung dazu steht die begleitende **Psychoedukation**, d.h. die Aufklärung der Patienten und ihrer Familien über Symptomatik, Rückfallprophylaxe und Verlauf der Erkrankung. Insbesondere dienen psychoedukative Maßnahmen auch dazu, sich auf ein gemeinsames Bedingungsmodell zur Entstehung bzw. Auslösung der Erkrankung zu verständigen und Mitarbeitsbereitschaft (compliance) zu erreichen.

Die Psychoedukation findet ihre logische Fortsetzung in der weiteren Zusammenarbeit mit dem Patienten und seiner Familie. Hierzu liegen bereits verschiedene Programme vor, die sich jedoch primär an erwachsenen Schizophrenen orientieren (vgl. Hahlweg et al., 1995). Diese **Familienbetreuung** kann bis zur Bearbeitung auffälliger familiärer Beziehungen reichen, wovon verschiedene Autoren eine Beschleunigung der Symptomremission und eine Verminderung der Rückfälle erwarten. Vor allem unter dem Einfluss des EE-Konzeptes wird oft versucht, den Ausdruck negativer Gefühle zugunsten eines neutraleren Umgangstones zu reduzieren.

Generell muss bei schizophrenen Jugendlichen darauf geachtet werden, dass es aufgrund des Lebensalters und häufiger prämorbider Defizite meistens nicht nur um einen Wiedererwerb, sondern auch um einen Neuerwerb sozialer Interessen und Kompetenzen geht. Außerdem haben Jugendliche durch die altersbedingte Ablösung vom Elternhaus und die Zuwendung zu Gleichaltrigen bisweilen Anlaufschwierigkeiten im Kontakt und Austausch mit Erwachsenen, die bisweilen erst überwunden oder ausgestanden sein müssen, bevor die Therapie beginnen kann.

In Verbindung damit ist bei der Durchführung stets daran zu denken, dass eine zusätzliche Aufgabe in der Reduktion der mangelnden Krankheitseinsicht besteht, die ein wichtiger Bestandteil der Schizophrenie ist. Gerade schizophrene Jugendliche neigen zu Beginn ihrer Erkrankung häufig zur Verleugnung ihrer Symptome. Um einen Zugang zu diesem Themenbereich zu bekommen, werden in den meisten stationären Einrichtungen deshalb auch verschiedene andere Therapieformen angeboten.

Unter Bezug auf die multifaktorielle Genese der Schizophrenien setzt die Therapie auch direkt an den kognitiven und sozialen Symptomen der Erkrankung an. Dabei orientiert man sich im Allgemeinen an solchen Programmen, die primär für Erwachsene entwickelt, teilweise aber auch an Interventionen, wie sie für Autistiten erprobt wurden (etwa Training situationsangepasster Sprache, Aufbau von Spielverhalten bei apathischen Kindern, Reduktion der Selbststimulation bei Kindern mit Stereotypien; vgl. Lovaas, 1987).

Für jugendliche und erwachsene Schizophrene ist zur Behandlung komplexer kognitiver Aspekte im deutschen Spachraum das Integrierte Psychologische Therapieprogramm für schizophrene Patienten (IPT; Roder et. al., 1997) am gebräuchlichsten. Es soll deshalb exemplarisch für verhaltenstherapeutisches Vorgehen bei Schizophrenie ausführlicher dargestellt werden.

Das IPT basiert auf dem Konzept der Schizophrenien als einer Störung der Informationsverarbeitung und ist als fünfstufiges Therapiemodell angelegt. Die Unterprogramme weisen einen steigenden Anforderungsgrad auf und der Schwerpunkt verlagert sich von kognitiven zu sozialen Kompetenzen. Die Einbeziehung und Einübung eines angemessenen Umgangs mit (belastenden) Affekten und Emotionen spielt dabei eine wichtige Rolle.

Das 1. Unterprogramm „Kognitive Differenzierung" umfasst eine „Kärtchenübung" sowie die Einstiegsübungen „Verbale Begriffssysteme" und „Suchstrategien". Die Kärtchen unterscheiden sich in vier Merkmalen (Farbe, Form, aufgedruckte Ziffer, aufgedruckter Name eines Wochentages). Aufgabe der Teilnehmer ist es, die Kärtchen nach vorgegebenen Kriterien auszusortieren. Mit den „Verbalen Begriffssystemen" sollen Begriffshierarchien bzw. Synonyme und Antonyme gefunden, Wortdefinitionen gegeben, Hilfsbegriffe festgestellt und unterschiedliche Bedeutungen von Begriffen erarbeitet werden. Die „Suchstrategien" beinhalten die Aufgabe, durch gezielte Fragen einen Gegenstand im Therapiezimmer zu ermitteln, der von einem Teilnehmer ausgewählt wurde. Ziel dieses Unterprogramms ist die Förderung des begrifflichen Denkvermögens, der Erfassung abstrakter Konzepte, der Differenzierung wesentlicher und unwesentlicher Sachverhalte, des kategorialen Denkens sowie konzeptioneller Suchstrategien.

Im 2. Unterprogramm „Soziale Wahrnehmung" werden Dias mit typischen sozialen Situationen gezeigt und zunächst möglichst vollständig und nicht-interpretativ beschrieben. Sodann werden die inhaltlichen Interpretationen gesammelt und diskutiert. Zuletzt wird gemeinsam ein Titel für das gezeigte Dia gesucht. Ziel ist die verbesserte visuelle Wahrnehmung sozialer Situationen.

Das 3. Unterprogramm „Verbale Kommunikation" fördert die Einübung kommunikativer Fertigkeiten über die Abfolge von „Hinhören, Verstehen und Eingehen (Stellung nehmen)" im Rahmen einer Gruppendiskussion. Die Beiträge der Teilnehmer sollen zuerst wörtlich, dann sinngemäß wiedergegeben werden. Dann werden Gesprächsthemen ausgewählt und untereinander W-Fragen (warum, wer, wo) gestellt. Die nächste Schwierigkeit ist das gegenseitige Befragen zu einem bestimmten Thema (z.B. Zeitungsartikel) und zuletzt folgt eine freie Kommunikation zu einem vorgegebenen Thema (Sprichwort, Kurzgeschichte, freies Thema etc.). Ziel ist die Besserung schizophrener Sprech- und Kommunikationsstörungen.

Das 4. Unterprogramm „Soziale Fertigkeiten" setzt eine „Hausaufgabe" (Durchführung einer sozialen Situation) voraus. Diese wird zuerst vor der Gruppe von den Therapeuten modellhaft vorgeführt, dann von zwei Teilnehmern nochmals durchgespielt. Beide Szenen werden ausführlich besprochen. Ziel ist die Entwicklung bzw. Reaktivierung adäquater sozialer Fertigkeiten.

Das 5. Unterprogramm „Interpersonelles Problemlösen" ist der anspruchsvollste Teil des IPT. Er eignet sich besonders dazu, bevorstehende reale Anforderungssituationen vorzubereiten, und beinhaltet folgende Therapieschritte: Identifikation und Analyse des Problems, kognitive Aufarbeitung, Erarbeiten von Alternativen, Diskussion der Lösungsalternativen, Entscheidung für eine der Alternativen, Umsetzung in die Praxis und Feedback über Erfolg oder Misserfolg in der nächsten Sitzung. Das Ziel besteht vor allem in der Ausbildung problemangemessener und umsetzbarer Kognitionen.

Das IPT wird üblicherweise im stationären Rahmen als gruppentherapeutisches Verfahren verwandt. Es ist jedoch auch möglich, Bestandteile des IPT mit einzelnen Patienten durchzuführen; dadurch sind auch ambulante Indikationen vorstellbar. Allerdings sollte dabei bedacht werden, dass gerade die Therapiemodule zu den sozialen Kompetenzen (Rollenspiele) leichter im Gruppenkontext realisierbar sind.

Zur Gestaltung wird im Textmanual – neben der klaren Gliederung des Vorgehens – immer wieder auf die Bedeutung unmittelbarer kommunikativer Rückmeldung bei richtigen vs. falschen Reaktionen der Patienten bei der Durchführung des Programms hingewiesen. Denkbar ist darüber hinaus etwa eine stärkere Betonung der Kontrolle der Verstärkerwirksamkeit oder eine exaktere Ausgestaltung der Ausformungsschritte. Der Leser wird ausdrücklich darauf hingewiesen, dass ihn im Manual beschriebene Beispiele kritisch zu eigenen Variationen des Vorgehens anregen sollen.

In jedem Falle sollte bei der praktischen Umsetzung des IPT eine sorgfältige Therapiezuweisung erfolgen. Dabei haben sich verschiedene Modifikationen des Programms bewährt:

- Aufgrund kleiner Patientenzahlen ist es oft nicht möglich, Gruppen zu etablieren, in denen die 5 Unterprogramme kontinuierlich bearbeitet werden können. Deshalb werden die Inhalte oft auf zwei Gruppen konzentriert, von denen die eine eher kognitiv ausgerichtet und für die eingeschränkteren Patienten vorgesehen ist, während die andere eher die sozial-interaktiven Aspekte betont und für fortgeschrittenere Patienten geeignet ist.
- Generell gilt, dass die kognitiven Bausteine des IPT, ursprünglich zur Rehabilitation erwachsener Langzeitpatienten entwickelt, an Jugendliche zu geringe Anforderungen stellen, sodass das Programm oft durch schwierigere Aufgaben erweitert wird.
- Bezüglich der sozialen Wahrnehmung lassen sich die im IPT vorgegebenen bildlichen Darstellungen durch Videosequenzen wesentlich erweitern, die neben dem Vorteil, dass sie den Jugendlichen vertraut sind (z.B. aus der Serie „Gute Zeiten, schlechte Zeiten"), mehr visuellen Anreiz bieten als statische Bilder. Auf der ersten Stufe wird adäquates Erfassen und Wiedergeben der Videosequenzen fokussiert. Später können dann durch Fortführung und Ausgestaltung dieser Situationen neue und komplexere Abläufe durchgearbeitet werden.
- Eine ähnliche Steigerung lässt sich auch mit Rollenspielen herstellen. Zuerst mehr auf „Standardsituationen" beschränkt (Begrüßung, Verabschiedung), sind dann auch umfangreichere und anspruchsvollere Szenarien möglich (Ärger, Streit, Flirt).
- Es hat sich als vorteilhaft erwiesen, in Kooperation mit den Lehrern die kognitiven Bausteine in schulrelevanten Lernstoff einzubetten (also etwa Beispiele zu den Aufgaben Schulbüchern zu entnehmen), um den Transfer in den Unterricht zu erleichtern.

2.39.7
Wirksamkeit und Wirksamkeitsbedingungen der Therapie

Durch Evaluationsstudien ist mittlerweile nachgewiesen, dass das IPT in den therapierten Funktionen einen wesentlich besseren Leistungsstand zum Entlassungszeitpunkt herbeiführt als eine nur pflegerische oder unspezifisch ergotherapeutische Versorgung (Spaulding et al., 1999). Wichtig ist dann aber eine ausreichende Nachbetreuung: Ohne sie kann nach der Entlassung die Übertragung der im stationären Milieu erworbenen Kompetenzen in den Alltag infrage gestellt sein. Kritisch müssen vorerst auch längerfristige Effekte gesehen werden: Ob mit einer in aller Regel relativ kurzen stationären Therapie die Langzeitprognose der Schizophrenien wesentlich beeinflusst werden kann, ist noch offen.

Bedeutsam aber ist der allgemeine Befund, dass offenbar sowohl die kognitiven als auch die sozial-interaktiven Defizite schizophrener Patienten durch kontrolliertes Funktionstraining reduziert werden können.

Grundlegende Literatur

- Butzlaff, B. L. & Hooley, J. M. (1998). Expressed emotion and psychiatric relapse: a meta-analysis. Archives of General Psychiatry 55 (6), 547–552.

- Lovaas, I. O. (1987). Behavioral treatment and normal education and intellectual functioning in young autistic children. Journal of Consulting and Clinical Psychology, 55, 3–9.

- Spaulding, W. D., Reed, D., Sullivan, M., Richardson C. & Weiler M. (1999). Effects of cognitive treatment in psychiatric rehabilitation. Schizophrenia Bulletin 25 (4), 657–676.

Weiterführende Literatur

- Ito, M., Kanno, M., Mori, Y. & Niwa, S. (1997). Attention deficits assessed by Continuous Performance Test and Span of Apprehension Test in Japanese schizophrenic patients. Schizophrenia Research 28 (3), 205–211.

- Strauss, J. S., Böker, W. & Brenner, H. D. (1987). Psychosocial treatment of schizophrenia. Toronto: Huber.

Materialien

- Dilling, H., Mombour, W. & Schmidt, M. H. (Hrsg.). (1993). Internationale Klassifikation psychischer Störungen ICD-10 (2. Aufl.). Bern: Huber.

- Hahlweg, K., Dürr, H. & Müller, U. (1995). Familienbetreuung schizophrener Patienten. Weinheim: Psychologie Verlags Union.

- Roder, V., Brenner, H.D., Kienzle, N. & Hodel, B. (1997). Integriertes Psychologisches Therapieprogramm für schizophrene Patienten (IPT) (4. Aufl.). München: Psychologie Verlags Union.

- Kienzle, N. & Braun-Scharm, H. (1999). Schizophrene Psychosen. In H.-C. Steinhausen & M. v. Aster (Hrsg), Handbuch Verhaltenstherapie und Verhaltensmedizin bei Kindern und Jugendlichen. (2. Aufl.). Weinheim: Psychologie Verlags Union.

2.39
Schizophrenien
im Jugendalter

Kapitel 3

Verhaltenstherapie in Einrichtungen und auf Stationen

Verhaltenstherapie in klinischen Einrichtungen

Heiner Vogel

3.1.1
Anwendungsbeispiel

Die zwölfjährige „Mike" ist stark übergewichtig (85 kg bei 145 cm Körpergröße). Da alle übrigen Familienangehörigen ebenfalls stark übergewichtig sind, empfiehlt der Kinderarzt eine stationäre Behandlung. Die Eltern haben zwar Bedenken, weil Mike so anhänglich sei, sich vor anderen Leuten schäme und schlecht Kontakt finden könne, stimmen dem Vorschlag aber letztlich zu. Mit Unterstützung der Krankenkasse wird dann ein „Kurantrag" gestellt, und der Medizinische Dienst der Krankenkassen schlägt eine Kurklinik vor, in der Mike in den darauf folgenden Sommerferien aufgenommen wird.

In der Klinik hat Mike eine „Bezugstherapeutin". Diese führt mit ihr und der Mike begleitenden Mutter das Aufnahmegespräch, plant mit ihr die Behandlung und ist für die ganze Zeit des Aufenthaltes die zuständige Ansprechpartnerin. Mike wird gemeinsam mit einem anderen Mädchen, das am gleichen Tag wie sie aufgenommen wurde, in einem Doppelzimmer untergebracht. Auf ihrer Station gibt es noch sieben weitere Zimmer. Zusammen sind es 15 Mädchen. Die Therapeuten und die Kinder auf der Station arbeiten wie in einer Familiengruppe zusammen. Auch die Therapieangebote werden überwiegend gemeinsam wahrgenommen, insbesondere Sport, Bewegungs- und Beschäftigungstherapien. Zusätzlich nimmt Mike gemeinsam mit anderen Kindern mit Ess-Störungen an einem Kurs zur gesunden Ernährung teil sowie an mehreren Einzelberatungen mit der Ernährungsberaterin.

Da Mike auch starke Probleme mit der Selbstbehauptung hat, nimmt sie dreimal in der Woche an einem Selbstsicherheitstraining teil. An insgesamt drei Terminen innerhalb der sechs Wochen kommen die Eltern in die Klinik und in Gesprächen mit der Therapeutin werden familiäre Belastungen und ihre Bewältigung sowie vor allem auch Erziehungsfragen besprochen. Mit der Mutter werden gesündere Ernährungsgewohnheiten für die Familie vereinbart und ihr werden Hinweise gegeben, wie sie Mike unterstützen kann, das in der Klinik erlernte veränderte Ernährungsverhalten zu Hause fortzuführen.

Am Ende der sechs Wochen hat Mike etwa 10 kg abgenommen, sie hat neue Freundinnen kennen gelernt, mit denen sie auch von daheim aus in Kontakt bleiben will. Sie wirkt selbstbewusster und ausgeglichener. Sie hat sich ferner entschlossen, auch zu Hause gesünder zu leben.

3.1.2
Kurzbeschreibung der Methode und ihres Hintergrundes

K inder und Jugendliche mit psychischen und psychisch mit bedingten Störungen werden in Deutschland schon seit langer Zeit auch stationär behandelt. Man denke an die „Kinder-Land-Verschickungen" (Kinderkuren) in der Nachkriegszeit in Fällen von Untergewichtigkeit oder auch an die stationäre psychiatrische Unterbringung von schwer psychisch auffälligen Kindern. Hingegen hat die Einbeziehung verhaltenstherapeutischer Ansätze in die stationäre Behandlung noch keine sehr lange Tradition und sie geschieht bislang auch noch nicht sehr einheitlich. Einer stringenten Umsetzung verhaltenstherapeutischer Prinzipien stehen sowohl Probleme ökonomischer (z.B. Personalschlüssel) als auch organisatorischer Art (z.B. vorgegebene Ablaufanforderungen beim Zugang zur stationären Behandlung, strikte Trennung ambulanter und stationärer Versorgungsbereiche bedingt durch Vorgaben des Gesundheitssystems) entgegen. Dies führt in aller Regel dazu, dass in der Praxis neben originär verhaltenstherapeutischen Interventionsmethoden auch eine Vielzahl anderer Interventionsansätze (z.B. psychodynamische oder pädagogische) angewandt werden.

Einer wohlverstandenen Verhaltenstherapie bietet sich jedoch in stationären Einrichtungen die besondere Chance, dass der Klinikalltag, die Stationen selbst sowie der Umgang der Mitarbeiter mit den Kindern und Jugendlichen nach verhaltenstherapeutischen Gesichtspunkten gestaltet werden können. In umfassenden Stationsprogrammen werden dabei vor allem folgende Interventionsformen realisiert:

Systematischer Einsatz von Münzverstärkern (Token Programme). Diese werden etwa für die Teilnahme am Unterricht, gutes Benehmen bei den Mahlzeiten, aktives Freizeitverhalten und angemessenes Sozialverhalten vergeben. Diese Programme werden vor allem bei regredierten sowie expansiv auffälligen Kindern und Jugendlichen eingesetzt, um elementare Verhaltensweisen, deren Auftretenshäufigkeit sehr gering ist, auszubilden oder sozial auffälliges Verhalten abzubauen. In diesen „Stationen für soziales Lernen" (vgl. Paul & Lentz, 1977) werden ferner Prinzipien des Modelllernens, der Verhaltensformung (shaping), direkte Hilfen (prompting) und Instruktionen eingesetzt, um das gewünschte Verhalten systematisch aufzubauen.

Organisation des Klinikalltags nach einer Problemlösekonzeption. Dadurch soll erreicht werden, dass sich das soziale Verhalten der Kinder/Jugendlichen untereinander, aber auch ihr Umgang mit den Klinikmitarbeitern an den Prinzipien des Problemlösens orientiert: Schwierige Situationen sollen sprachlich genau erfasst, mögliche Ziele bedacht und Lösungswege entwickelt werden. Am einfachsten kann dies in aller Regel in den Gesprächen, die die Klinikmitarbeiter mit den Kindern und Jugendlichen führen, angeregt werden. Die Mitarbeiter sollen beispielsweise bei Problemen der Kinder/Jugendlichen nicht selbst das Problem benennen oder die Lösung vorgeben, sondern das Erfassen und Lösen der Probleme durch geeignete Beiträge, Nachfragen und Ermutigen unterstützen. Das bedeutet, dass durch entsprechende Rückfragen der Lösungsweg strukturiert und jeder Problemlöseschritt bestärkt wird. Gleichzeitig nehmen die Kinder und Jugendlichen zumeist auch an einem Problemlösetraining, das in Gruppen durchgeführt wird, teil.

Gestaltung des Klinikalltags nach präventiven und therapeutischen Gesichtspunkten.
Eine wesentliche verhaltenstherapeutische Erkenntnis ist die Tatsache, dass Verhaltensauffälligkeiten oft nur in bestimmten Situationen auftreten. Demnach stellte sich für den Einsatz der Verhaltenstherapie schon früh die Frage, wie ein Klinikalltag strukturiert und gestaltet sein sollte, damit schwierige Verhaltensweisen möglichst unterbunden und erwünschte Verhaltensweisen möglichst gefördert werden können. Aus der stationären Betreuung von retardierten, behinderten und sozial auffälligen Kindern/Jugendlichen sind mehrere solcher Prinzipien bekannt, die unter dem Stichwort der Milieutherapie zusammengefasst werden, welche in den fünfziger Jahren maßgeblich von M. Jones entwickelt wurde: die Anregung von Eigenaktivitäten (z.B. morgens aufstehen, Betten selbstständig machen, den Unterricht besuchen), die Förderung sozialer Verantwortlichkeit in der Gruppe (z.B. soziale Regeln beachten, Sanktionierung von Regelverstößen durch die Gruppe), die bauliche Gestaltung der Klinik (z.B. Rückzugs- und Bewegungsmöglichkeiten), Zusammensetzung der Therapiegruppen.
Eine so verstandene Umsetzung verhaltenstherapeutischer Prinzipien setzt die umfassende Schulung der Stationsmitarbeiter voraus, worauf bereits in den Anfängen der stationären Verhaltenstherapie großer Wert gelegt wurde. In aller Regel werden die Mitarbeiter in der Verhaltensbeobachtung und -beschreibung, der Operationalisierung von Verhaltenszielen, lerntheoretischen Grundlagen und verhaltenstherapeutischen Interventionstechniken (operante Verstärkung, Demonstration von Modellverhalten, angemessene Hilfe/prompting, und Verhaltensanbahnung/shaping) geschult. Die Durchführung der verhaltenstherapeutischen Maßnahmen wird in kontinuierlichen Supervisionssitzungen und Teambesprechungen überwacht. Neben diesen Gesamtprogrammen werden in den stationären Einrichtungen auch einzeltherapeutische Maßnahmen, die denen im ambulanten Setting entsprechen, durchgeführt (z.B. Selbstsicherheitstraining, Entspannungstherapien, Angstbewältigungsprogramme).

3.1.3
Indikation

Aus verhaltenstherapeutischer Sicht ist die stationäre Therapie fast immer die zweite Wahl, denn die Veränderung von Problemverhalten ist – entsprechend dem verhaltenstherapeutischen Paradigma – am wirksamsten und zuverlässigsten im natürlichen Umfeld zu erreichen. Stationäre Verhaltenstherapie ist jedoch immer dann angezeigt, wenn eine ambulante Behandlung nicht infrage kommt oder aus unterschiedlichen Gründen nicht Erfolg versprechend ist. Dies ist vor allem dann angebracht, wenn entweder eine umfassende Psychodiagnostik oder Verhaltensbeobachtung im ambulanten Setting nicht möglich oder eine besonders intensive Therapie (z.B. über mehrere Stunden am Tag bzw. an jedem Tag der Woche) notwendig ist. Dies ist besonders bei folgenden Störungen der Fall:

• bei akuter Selbst- oder Fremdgefährdung (z.B. bei antisozialen Verhaltensweisen oder Suizidalität);
• bei unzureichender Steuerungsfähigkeit beim Klienten oder bei wichtigen Bezugspersonen (z.B. bei ausgeprägt impulsiven Verhaltensstörungen);

- bei gravierender körperlicher Gefährdung (z.B. massives Untergewicht);
- bei schwerem autoaggressivem Verhalten;
- bei ausgeprägter (somatischer) Komorbidität (z.B. bei so genannten psychosomatischen Erkrankungen), sodass eine integrierte Behandlungskonzeption im Rahmen einer Klinik Erfolg versprechender erscheint;
- bei Vorherrschen spezifischer Störungskonstellationen, etwa eines pathologischen Familienklimas, welches erst nach einer „Entlastung" durch Herausnahme des Symptomträgers einer Therapie bzw. Veränderung zugänglich ist, sodass eine therapeutische Mitarbeit nicht erreichbar ist;
- bei Vorliegen einer desolaten Familienstruktur, sodass eine therapeutische Mitarbeit nicht erreichbar ist.

Ferner lassen sich einige – relative – Indikationsstellungen für die stationäre Verhaltenstherapie nennen, die sich eher aus den Gegebenheiten der Versorgungsstruktur ableiten lassen, nicht aber aus der Störung selbst:

- im Lebensumfeld des Kindes/Jugendlichen gibt es keine ambulante Psychotherapiemöglichkeit in zumutbarer Entfernung;
- eine längere ambulante Psychotherapie blieb, obwohl keine Durchführungsmängel erkennbar sind, erfolglos;
- eine ambulante Therapie kann nicht finanziert werden (z.B. bei bestimmten Privatversicherungen).

Für eine stationäre Verhaltenstherapie kommen verschiedene Einrichtungen infrage, wobei im Allgemeinen folgende Zuordnungsregeln bestehen:

- Einweisung in eine Kinder- und Jugendpsychiatrie, wenn die Problematik einen hohen Anteil an somatischem und/oder psychiatrischem Behandlungsbedarf hat (z.B. schwere Anorexie, Selbst- oder Fremdgefährdung). Die Einweisung erfolgt durch den Arzt, am besten durch den Haus- oder Kinderarzt.
- Einweisung in eine pädiatrische Krankenhausabteilung, wenn (auch) eine schwere körperliche Erkrankung vorliegt. Die Einweisung erfolgt durch den Arzt.
- Zuweisung in eine Krankenhausabteilung oder Psychiatrie, wenn es rasch gehen soll oder muss (etwa bei Selbst- oder Fremdgefährdung). Die Einweisung erfolgt durch den Arzt.
- Aufnahme in eine psychotherapeutisch oder verhaltensmedizinisch qualifizierte Reha- oder Kurklinik, wenn ein längerer vorher festzulegender Behandlungszeitraum angestrebt wird (etwa bei so genannten psychosomatischen Erkrankungen bzw. bei Ess-Störungen, speziellen Verhaltensstörungen). Diese Maßnahme wird durch die Erziehungsberechtigten bei der Krankenkasse oder der Rentenversicherung der Eltern beantragt; ein ärztliches Attest ist zweckmäßig, die Stellungnahme des Psychotherapeuten kann förderlich sein.

Jugendliche, die älter als 16 Jahre sind und psychische bzw. psychosomatische Störungen haben, können des Öfteren auch in psychosomatischen Kliniken für Erwachsene aufgenommen werden.

422

Bei der Auswahl der „richtigen" Einrichtung kann man sich an den skizzierten Leitlinien orientieren. Hierbei können die Krankenkassenmitarbeiter, die die Angebotsstruktur in aller Regel kennen, behilflich sein. Will man als Therapeut/in oder Arzt/Ärztin eine stationäre Behandlung anregen oder veranlassen, ist es aber unumgänglich, sich selbst ein Bild über die Konzeption und Behandlungsangebote der vorgesehenen Einrichtung und gegebenenfalls über alternativ infrage kommende Kliniken zu verschaffen.

Ebenso wichtig ist es, der Klinik, sobald eine Behandlung terminiert ist (unter Beachtung der Datenschutzvorgaben) ausreichende Informationen über die Befunde bisheriger (Psycho-) Diagnostik, bisheriger Behandlungen und ihre Ergebnisse sowie die Zielsetzungen und Erwartungen für den stationären Aufenthalt zu übermitteln. Auf diese Weise kann – getreu dem verhaltenstherapeutischen Anspruch – eine stringente und zielorientierte Gesamtbehandlung erreicht werden.

3.1.4
Detaillierte Beschreibung des Vorgehens

Die stationäre verhaltenstherapeutische Behandlung umfasst in aller Regel die folgenden Behandlungsmaßnahmen:

Umfassende Erhebung der zugrunde liegenden und aufrechterhaltenden Bedingungen. Begleitend wird in aller Regel auch eine ärztliche Aufnahmeuntersuchung durchgeführt, die sich, solange keine ausdrückliche somatische Erkrankung bzw. ein entsprechender Behandlungsbedarf besteht, auf eine allgemeine Erhebung wesentlicher medizinischer Befunde beschränkt. Die systematische Problem- und Bedingungsanalyse wird sich – ausgehend von der jeweiligen Problematik und unter Berücksichtigung der vorliegenden Unterlagen – in ihrer Durchführung an den üblichen verhaltenstherapeutischen Abläufen orientieren. In der Regel sind in diesem Zusammenhang auch Gespräche mit Eltern bzw. Erziehern hilfreich. Im Unterschied zum ambulanten Setting werden die Mitarbeiter der Einrichtung bei der Feststellung von Kontingenzen (z.B. durch systematische Verhaltensbeobachtung) einbezogen.

Entwicklung eines hypothetischen Bedingungsmodells und vor diesem Hintergrund Bestimmung der Therapieziele. Diese werden zunächst solche Ziele umfassen, die im stationären Setting bzw. in der voraussichtlichen Aufenthaltszeit erreichbar sind, aber auch darüber hinaus mittelfristige Perspektiven für weitere Veränderungsziele aufzeigen.

Erarbeitung eines individuellen **Behandlungsplanes**, der mit dem Kind oder Jugendlichen vereinbart wird. Dieser Behandlungsplan bestimmt, welche in der Klinik vorhandenen Angebote zu einem auf die jeweilige Bedingungskonstellation und die jeweiligen Therapieziele abgestimmten Behandlungspaket zusammengeschnürt werden. Der Schwerpunkt liegt dabei auf Gruppenangeboten mit unterschiedlichen Zielrichtungen (Entspannungstraining, Selbstsicherheitstraining, Kreativtherapien, Ernährungsschulung, Schulungen zur Verbesserung des Krankheits-/Gesundheitsverhaltens; vgl. Petermann & Warschburger, 1998). Ergänzende Angebote zu Spiel und Sport oder zur sozialpädagogischen Betreuung unterstützen den Aufbau eines angemessenen Freizeitverhaltens und trainieren zusätzlich auch sozial kompetentes Verhalten.

Je nach dem Ergebnis der Problemanalyse werden auch weitere gezielte therapeutische Maßnahmen veranlasst. Hier können einzeltherapeutische Sitzungen mit dem Schwerpunkt auf Trauerbewältigung oder der Veränderung irrationaler Annahmen im Vordergrund stehen oder auch die Einbeziehung der Familie, die zu gemeinsamen Besprechungen in die Klinik eingeladen wird. Im günstigsten Falle wird die Psychotherapie nach dem stationären Aufenthalt im ambulanten Setting fortgesetzt und die Klinik wird einen entsprechenden Therapieplatz vermitteln oder zumindest passende Vorschläge machen – sofern nicht bereits eine solche Anbindung besteht.

Motivierung. Bei einer stationären Behandlung geht die Behandlungsmotivation in der Regel *nicht* vom Kind oder Jugendlichen selbst aus. Dieser Umstand weist auf die große Bedeutung der Motivierung hin, die eine eigenständige Veränderungsmotivation erzeugen soll. Das ganze Umfeld der stationären Einrichtung und alle Mitarbeiter sind in diese Aufgabe eingebunden (Altherr & Becht, 1994). In erster Linie geht es darum, das Vertrauen des Kindes oder Jugendlichen zu gewinnen, dass die Behandlung ihm bzw. seinen Interessen dient. Das bedeutet, dass die Therapieziele und möglichst auch die Ergebnisse des diagnostischen Prozesses mit ihm abgestimmt und nicht „über seinen Kopf hinweg" festgelegt werden. Dieses kind- bzw. klientenzentrierte Vorgehen setzt sich auch bei der Erläuterung und Umsetzung des therapeutischen Vorgehens fort und bedeutet, unbedingt darauf hinzuarbeiten, dass alle Behandlungsschritte und -bestandteile vom Klienten verstanden und in den Rahmen der Gesamtbehandlung eingeordnet werden können.

Gezielte therapeutische Interventionen. Qualifizierte Einrichtungen verfügen über ausreichende Kompetenzen, um bei unterschiedlichen Störungen im Kindes- und Jugendlichenalter zielgerichtete Programme durchzuführen. Neben Standardangeboten wie Selbstsicherheitstraining und Entspannungsgruppen werden je nach Bedarf auch Gruppen zum sozialen Kompetenztraining bei aggressiven Verhaltensweisen oder auch Angebote mit einem größeren Gewicht auf Selbsterfahrung und Kreativitätsförderung durchgeführt. Daneben sind auch gezielte individuelle therapeutische Angebote erforderlich wie bei Angststörungen, grob auffälligem Verhalten, bei Tics oder Ess-Störungen. Nicht zuletzt ist auch an Hilfen zur Bewältigung von Missbrauchserfahrungen und Misshandlungen zu denken.

Einbeziehung von Eltern/Bezugspersonen (inklusive der Mit-Aufnahme der Eltern, Elterntraining, Eltern-Coaching). Der Erfolg einer stationären Behandlung bei Kindern und Jugendlichen vor dem Hintergrund eines verhaltenstherapeutischen Ansatzes ergibt sich nicht nur daraus, dass der Patient sein „Verhalten ändert", sondern auch daraus, dass „die Umwelt", d.h. Familie und andere Personen des sozialen Umfeldes, bereit und willens sind, sich auf das neue Verhalten einzustellen und entsprechend günstige Bedingungen für die „Aufrechterhaltung" neuer Verhaltensweisen nach der Rückkehr in das gewohnte Umfeld schaffen. Mehr noch, als es in der Erwachsenentherapie erforderlich ist, wird deshalb in der stationären Therapie bei Kindern und Jugendlichen versucht, das Umfeld bzw. die Angehörigen/Eltern optimal in die Behandlungsverläufe einzubeziehen. Therapeutische Beurlaubungen, Familiengespräche und gegebenenfalls auch Erziehungsberatungen sind dabei wichtige Bausteine. Besonders ergiebig kann es in diesem Sinne beispielsweise sein, die Eltern an einzelnen Therapieelementen teilnehmen zu lassen und sie im Sinne von Mediatoren im geeigneten Umgang mit ihrem Kind anzuleiten.

Förderung von Langzeitwirkung, Transfer. Der erwähnte Vorteil der stationären Behandlung, wesentliche Umgebungsbedingungen unter therapeutischem Blickwinkel gestalten zu können, wird leicht zum Problem, wenn die Patienten lernen, sich an die Bedingungen (Kontingenzen) der Klinik anzupassen, und keine hinreichende Vorbereitung für den Transfer auf die Zeit danach getroffen wird. Deshalb muss die nachhaltige Arbeit an der Klärung und gegebenenfalls Modifikation relevanter Bedingungen im Alltag des Patienten immer ein fester Bestandteil der Behandlung sein. Neben der bereits erwähnten Elternarbeit zählen dazu auch die Vorbereitung nachfolgender Behandlungsmaßnahmen, gegebenenfalls auch die Klärung entsprechender schulischer oder berufsvorbereitender Maßnahmen sowie weiterer Hilfen zur sozialen Integration. Auch so genannte „Booster-Sessions" oder „Auffrisch-Wochenenden" bzw. Kurzaufenthalte in der Klinik ein Viertel oder halbes Jahr nach dem stationären Aufenthalt können sinnvoll sein, um die Stabilität von erreichten Veränderungen zu sichern.

Verzahnung mit der (nachgehenden) ambulanten Behandlung. Von besonderer Bedeutung für den langfristigen Effekt der Behandlung ist es schließlich, dass die Therapeuten der Klinik darauf achten, dass erforderliche Behandlungen ambulant fortgesetzt werden und dass die ambulanten Behandler (einweisende Hausärzte aber auch Psychotherapeuten bzw. psychologische Berater) – im Rahmen der Datenschutzvorgaben – bald nach Abschluss der Maßnahme über die Ziele, Inhalte und Ergebnisse der Behandlung informiert werden, damit sie in der weiteren Betreuung darauf aufbauen können. Gegebenenfalls ist es auch sinnvoll, dem Kind/Jugendlichen oder den Eltern einen entsprechenden Behandlungsplatz zu vermitteln und einen ersten Kontakt vorzubereiten. Dies kann dazu dienen, die Schwelle zu überwinden, die gelegentlich gegenüber ambulanter Psychotherapie oder psychosozialer Beratung besteht.

Kennzeichnend für die stationäre Therapie ist die ausgeprägte multidisziplinäre Teamarbeit, bei der idealerweise alle Mitarbeiter in das therapeutische Vorgehen eingebunden sind und sich regelmäßig in supervidierten Teamsitzungen über Therapieverläufe und gegebenenfalls erforderliche Veränderungen in den Zielsetzungen verständigen.
Die psychotherapeutisch-verhaltenstherapeutische Behandlung im Kinderkrankenhaus ist ein wenig abzugrenzen, weil hier in der Regel die körperliche Therapie im Vordergrund steht und das Setting sehr stark an die üblichen Krankenhausabläufe angepasst ist (etwa Visiten, Essenszeiten). Auch existieren in pädiatrischen Krankenhausabteilungen trotz eines in vielen Fällen umfassenden psychosozialen Behandlungsteams in der Regel nur eingeschränkte Gruppentherapieangebote und Angebote zur Tagesstrukturierung (Kusch et al., 1996).

3.1.5
Wirksamkeit und Wirksamkeitsbedingungen

Empirische Forschung zur Wirksamkeit stationärer Verhaltenstherapie im Vergleich zur ambulanten Psychotherapie sind rar. Kazdin (1994) berichtet über eine Reihe von Studien aus
dem stationären Feld, die zeigen, dass verhaltenstherapeutisch ausgerichtete Interventionen
erfolgreicher als andere psychotherapeutische Interventionen sind.
Sorgfältige Studien aus dem deutschsprachigen Raum zur Evaluation der stationären Verhaltenstherapie (z.B. stationäre Adipositastherapie, verhaltenstherapeutische Schulung bei Neurodermitis; Petermann & Warschburger, 1998) zeigen, dass verhaltenstherapeutische Behandlungsbausteine eine deutliche Verbesserung der langfristigen Behandlungserfolge
erbringen.

Grundlegende Literatur

- Altherr, P. & Becht, W. (1994). Stationäre Verhaltenstherapie in einer Kinder- und Jugendpsychiatri-
  schen Klinik. In M. Zielke & J. Sturm (Hrsg.), Handbuch
  Stationäre Verhaltenstherapie (S. 109–115). Weinheim: Psychologie Verlags Union.

- Vogel, H. (1999). Verhaltenstheoretische Ansätze in
  der Gesundheitsversorgung. In H. Reinecker, M. Borg-
  Laufs, U. Ehlert, D. Schulte, H. Sorgatz & H. Vogel,
  Lehrbuch der Verhaltenstherapie (S. 15–43). Tübingen: DGVT-Verlag.

- Kusch, M., Labouvie, H., Fleischhack, G. & Bode, U.
  (1996). Stationäre psychologische Betreuung in der
  Pädiatrie. Weinheim: Psychologie Verlags Union.

Weiterführende Literatur

- Kazdin, A. E. (1994). Psychotherapy for Children and
  Adolescents. In A. E. Bergin & S. L. Garfield (Eds.),
  Handbook of Psychotherapy and Behavior Change.
  Fourth Edition (pp. 543–594). New York: Wiley.

- Paul, G. L. & Lentz, R. J. (1977). Psychosocial treatment of chronic mental patients: Milieu versus social
  learning programs. Cambridge: Harvard Universität
  Press.

Materialien

- Bundesarbeitsgemeinschaft für Rehabilitation/BAR
  (1998). Gemeinsames Rahmenkonzept für die Durchführung stationärer medizinischer Maßnahmen der
  Vorsorge und Rehabilitation bei Kindern und Jugendlichen. Frankfurt a.M.: Selbstverlag.

- Kindernetzwerk e.V. (1998). Wer hilft weiter? Einrichtungen der Vorsorge und Rehabilitation für Kinder
  und Jugendliche. Lübeck: Schmidt & Römhild.

- Petermann, F. & Warschburger, P. (Hrsg.). (1998). Kin-
  derrehabilitation. Göttingen: Hogrefe.

- Verband Deutscher Rentenversicherungsträger/VDR
  (Hrsg.). (1998). Rahmenkonzept und indikationsspezi-
  fische Konzepte zur medizinischen Rehabilitation von
  Kindern und Jugendlichen in der gesetzlichen Rentenversicherung. DRV-Schriften, Band 8 (Sonderausgabe
  der Zeitschrift Deutsche Rentenversicherung).

3.1 Verhaltenstherapie in klinischen Einrichtungen

Verhaltenstherapie in niedergelassenen Praxen

Gerhard W. Lauth, Udo B. Brack und Friedrich Linderkamp

3.2.1
Anwendungsbeispiel

Frau Schneider meldet ihren 4-jährigen Sohn wegen Aggressionen an. Sie berichtet, dass der Junge im Kindergarten sehr aggressiv zu anderen Kindern sei, häufig ihr Spiel zerstöre und wenig Kontakt zu den Kindern habe. Auch zu Hause falle er gelegentlich durch aggressives Verhalten (Treten, Kneifen usw.) gegenüber der kleineren Schwester auf. Außerdem frage sie sich, ob der Junge nicht in der Sprache etwas zurückgeblieben sei. Sie habe sich darüber auch schon mit dem Kinderarzt beraten, der jedoch gemeint habe, dass sie noch etwas abwarten solle. Im Gespräch wird ferner deutlich, dass die Eltern über das Verhalten des Kindes verschiedener Meinung sind. Der Vater macht der Mutter Vorwürfe wegen ihrer Erziehung; nach seiner Meinung verwöhnt sie den Jungen zu sehr. Die Eltern berichten weiter von zunehmendem Streit in der Familie mit dem Kind und über das Kind und dass bereits Therapieversuche begonnen haben. So hat der Kinderarzt schließlich auf Drängen der Eltern eine ergotherapeutische Behandlung verschrieben, die Mutter hat daneben das Kind für drei Monate in eine psychomotorische Gruppe gesteckt. Erfolge sind bislang jedoch noch nicht festzustellen, sodass die Eltern erneut um Rat und Hilfe nachsuchen.

3.2.2
Kurzbeschreibung des Hintergrundes

Erfordert die Anwendung der Verhaltenstherapie bei Kindern in einer niedergelassenen Praxis andere Vorgehensweisen als eine Therapie vor Ort (z.B. in der Schule, stationäre Therapie in der Klinik)? Hat eine niedergelassene Praxis besondere Vorkehrungen für die Anwendung der Verhaltenstherapie zu treffen? Obwohl die Durchführung der Verhaltenstherapie in einer niedergelassenen Praxis prinzipiell keine anderen Vorgehensweisen berücksichtigt, gibt es doch eine Reihe von Besonderheiten, die sich vor allem auf die diagnostische Abbildung des Problemverhaltens und die Planung der Therapie beziehen:

• Die Verhaltensprobleme eines Kindes oder Jugendlichen treten im Alltag (z.B. zu Hause, im Kindergarten, der Schule), nicht aber notwendigerweise unter den Augen des Therapeuten in den Praxisräumen auf. In aller Regel erfährt er primär durch die Bezugspersonen, welche

Probleme es gibt und wodurch sie hervorgebracht werden. Darüber hinaus ist es aber unabdingbar, dass er sich ein möglichst genaues Bild über das reale Geschehen, d.h. gezielte In-vivo-Beobachtungen im Haushalt, in der Schule oder im Kindergarten macht.

• Das problematische Verhalten des Patienten im Alltag lässt sich eher selten ohne die ausdrückliche Beachtung der Alltagsgegebenheiten ändern. Stärker als in anderen Behandlungssettings müssen deshalb Mediatoren (Eltern, Lehrer, Erzieher) einbezogen und aus der Praxis heraus Alltagsgegebenheiten (Tagesabläufe, Interaktionsformen) strukturiert sowie situative Vorkehrungen (etwa Zeit und Art der Hausaufgabenanfertigung) veranlasst werden. Dadurch wird die Therapie zwar alltagsnäher, zugleich aber auch stärker von den Bedingungen des Alltags (z.B. Umsetzung der Therapieanweisungen durch die Eltern) abhängig.

Andere Besonderheiten liegen eher auf einer ökonomisch-organisatorischen Ebene:

• Im Gegensatz zu einer Therapie vor Ort (etwa in der Schule, im Kindergarten, stationär) fallen oft weniger Therapietermine an, die aber strukturaler und intensiver genutzt werden müssen, um überdauernde und generalisierende Therpieerfolge zu ermöglichen.

• Niedergelassene Praxen arbeiten unter einem stärkeren Zeit- und Kostendruck. Die Zeit muss sehr streng eingeteilt werden (wegen der auf die Zeit bezogenen Bezahlungen, weil der nächste Patient schon draußen wartet usw.). Deshalb sind auch ökonomische Vorgehensweisen in der Diagnostik und Interventionsgestaltung gefragt. Die Diagnostik wird beispielsweise unter funktionalen Gesichtspunkten (Welches Problemverhalten liegt vor? Welche Bedingungen halten das Problemverhalten aufrecht?) betrieben und die Umsetzung therapeutischer Maßnahmen teilweise, bzw. sofern es die vorliegende Problematik zulässt, an Eltern oder Lehrer delegiert (Mediatorentraining). Dies legt niedergelassenen Praktikern besondere Interventionsmethoden und Organisationsformen nahe: Ausformungsmethoden, fortlaufende Registrierung des Therapiefortschrittes (etwa Tagebücher, Dokumentation der Übungen), Schulung von Eltern als Kotherapeuten.

• Ein Therapeut in niedergelassener Praxis trifft im Vergleich zu spezifischen Einrichtungen auf nur wenig „vorsortierte" Störungsbilder und auf ein vergleichsweise heterogenes Klientel (z.B. Altersspanne der Kinder, unterschiedliche Störungsformen). Dementsprechend muss der Therapeut in Diagnostik und Therapie über ein differenziertes Wissens- und Methodenreservoir verfügen, um sich rasch und differenziert auf die Störungsspezifika bzw. Patientenbedürfnisse einstellen zu können.

• Interdisziplinarität: Niedergelassene Praxen kooperieren – insbesondere wenn sie mit kleineren Kindern arbeiten – oft mit anderen Berufsgruppen (Ärzten, Logopäden, Ergotherapeuten, Diätassistenten usw.). Gerade beim kleinen Kind stellen sich immer wieder Fragen, die in die medizinische Richtung gehen, etwa: Hat das Kind Absencen, hat es evtl. nachts Schmerzen, hat es eine leichte Schwerhörigkeit? Diese Punkte sind in aller Regel beim Jugendlichen und Erwachsenen entweder schon abgeklärt oder können durch einen Besuch beim Arzt generell abgeklärt werden; beim kleinen Kind dagegen tauchen diese Fragestellungen häufig erst im laufenden Therapieprozess auf. Hinzu kommt, dass ein Teil der Therapie (etwa Krankengymnastik oder Sprachtherapie) direkt von anderen Berufsgruppen erbracht wird.

3.2.3
Indikation

Niedergelassene (verhaltenstherapeutische) Praxen werden bei einer Reihe von Störungen und von unterschiedlicher Klientel in Anspruch genommen: Entwicklungsstörungen (etwa Sprachretardierung, Lese-Rechtschreib-Schwierigkeiten), Verhaltensstörungen (etwa Störungen des Sozialverhaltens), Erlebnisstörungen (etwa Schulphobie) und psychosomatische Störungen (etwa Spannungskopfschmerzen, Asthma bronchiale). Traditionellerweise liegt der Schwerpunkt der Tätigkeit auf der Behandlung von Verhaltens-, Entwicklungs- und Erlebnisstörungen; jedoch gibt es auch Spezialisierungen einzelner Praxen, etwa auf neuropsychologische Rehabilitation, chronische Erkrankungen oder Entwicklungsrehabilitation.

Eine verhaltenstherapeutische Behandlung in niedergelassener Praxis ist nur bei wenigen Störungsformen, die sich durch progrediente, somatisch-biologische Ursachenbedingungen auszeichnen (etwa Schizophrenie, fortgeschrittene Anorexie) auszuschließen.

3.2.4
Detaillierte Beschreibung des Vorgehens

Die Anwendung der Verhaltenstherapie in niedergelassenen Praxen muss vor allem drei Fragen lösen: Wie kann man das Problemverhalten im Alltag realitätsnah erfassen? Wie kann man aus der Praxis heraus das Alltagsverhalten verändern? Wie kann man – dem Zeit- und Kostendruck folgend – mit hoher Intensität und guter Qualität arbeiten?

Realitätsnahe Erfassung des Problemverhaltens im Alltag
Eine niedergelassene, verhaltenstherapeutisch arbeitende Praxis wird den Diagnoseprozess in der Regel so lange betreiben, bis therapierelevante Entscheidungen getroffen werden können. Dabei steht nicht so sehr die differenzialdiagnostische Definition des Problemverhaltens nach international anerkannten Kriterien (z.B. „Störung des Sozialverhaltens" gemäß ICD-10) als vielmehr die Erfassung der konkreten Verhaltensproblematik im Mittelpunkt. Ein Kind, das massiv aggressiv zu seinem Geschwister ist, indem es dieses laufend tritt oder beißt, mag unter einer Störung des Sozialverhaltens leiden; relevanter ist aber die Tatsache, dass der Therapeut weiß, dass er ganz konkret das Beißen des Geschwisters (oder auch anderer Kinder) bei dem betroffenen Patienten abbauen muss. Oder ein Kind, das seine Mutter dadurch „auf die Palme bringt", dass es keine Aufforderung befolgt, laufend unerwünschte Dinge anstellt, Verbote nicht einhält usw., mag unter oppositionellem Trotzverhalten leiden; aber auch hier ist wichtiger, dass die Therapie ganz konkret das Mitmachen bei kleinen Alltagsaufforderungen trainieren muss (siehe Beispiel 1).
Zu diesem Zweck erfolgt die Rekonstruktion der Beeinträchtigung in einem funktionalen Bedingungsmodell. Welche Bedingungen tragen zur Entstehung und Aufrechterhaltung der Beeinträchtigung bei? Welchen Einfluss haben diese Bedingungen und wie beeinflussen sie das Geschehen? Diese Rekonstruktion wird mittels Verhaltensanalysen, Verhaltensbeobachtungen und Anamnese sowie ärztlich-somatischen Informationen herbeigeführt.

Beispiel 1: Häuslicher Therapieplan zum oppositionellen Trotzverhalten

Verhaltensbeobachtungen zeigen, dass sich eine sehr auffällige Interaktion zwischen einer Mutter und ihrem Kind einge-spielt hat. Der Junge zeigt laufend Verhalten, das die Mutter herausfordert. Er wirft mit Bausteinen, schiebt die Stühle auf dem Boden mit lautem Geräusch hin und her, versucht, am Heizkörper hochzuklettern, oder legt sich auf den Boden. Die Mutter reagiert darauf mit rastlosen Mahnungen, wobei sie abwechselnd droht oder versucht, das Kind zu sinnvollem Spielverhalten zu überreden.

Ein Teil der Gesamttherapie besteht in einem Aufforderungstraining. Nach einer Einübung im Beobachtungsraum und unter wöchentlicher Supervision soll die Mutter zu Hause täglich eine Übung durchführen, die ihr als schriftlicher Plan mitgegeben wird:

1. Bieten Sie Ihrem Kind täglich von Montag bis Freitag um 15.30 Uhr an, mit Ihnen in der Küche zu spielen. (Dieser Raum und die Uhrzeiten hatten Sie als besonders geeignet angegeben.)

2. Bitte gehen Sie dann in die Küche, setzen sich an den Küchentisch und stellen die Eieruhr auf 20 Minuten.

3. Bereiten Sie für jeden Tag ein Spiel vor, das Ihr Kind einigermaßen gerne mag; es sollte kein zu ausgeprägtes Wettspiel sein, sodass Sie und Ihr Sohn nicht allzu sehr vom Spiel gefangen genommen werden. Verwenden Sie also etwa Bausteine, Papier und Malstifte, Bastelmaterial o.Ä.

4. Fordern Sie das Kind jeweils nur einmal auf und setzen Sie sich dann an den Platz; wenn der Junge nicht oder verspätet zum Spiel kommt, macht das nichts aus; sie beenden die Spielsitzung in jedem Falle nach 20 Minuten, wenn die Eieruhr läutet.

5. Während der Zeit loben Sie Ihren Sohn, so wie wir es eingeübt haben, immer wieder, wenn er sich gerade mit Spielzeug beschäftigt. Tadeln Sie ihn dagegen prinzipiell während dieser 20 Minuten nicht.

6. Wenn er etwas Unerwünschtes tut, dann sagen Sie kurz „Nein" und greifen schweigend und ohne zu strafen ein, wenn er die unerwünschte Handlung nicht unmittelbar unterbricht.

7. Streuen Sie in die 20 Minuten Spielzeit 10 Aufforderungen ein, die das Kind innerhalb von wenigen Sekunden durchführen kann („Gib mir bitte den roten Baustein.", „Bitte leg diesen Malstift in die Schale." usw.). Wenn das Kind eine Aufforderung in höchstens 10 Sekunden befolgt, dann loben Sie es ausdrück-lich. Achten Sie dabei darauf, dass Sie das Lob nicht einschränken, indem Sie es z.B. mit Tadel verbinden. Wenn es dagegen die Aufforderung nicht inner-halb von wenigen Sekunden befolgt, dann tun Sie gar nichts; wiederholen Sie insbesondere diese Aufforderung nicht unmittelbar!

8. Bitte halten Sie auf dem vorbereiteten Registrierblatt nach jeder Aufforderung fest, ob Sie innerhalb von wenigen Sekunden befolgt wurde („+") oder nicht („–").

Bitte geben Sie auch in der vorgesehenen Rubrik eine Note dafür, wie gut das Kind in der Sitzung durchschnittlich ge-spielt hat; und notieren Sie in der letzten Spalte alle besonderen Vorkommnisse, die Ihnen wichtig erscheinen. Bitte brin-gen Sie die Liste beim nächsten Besuch, wenn wir die Übung wieder im Beobachtungsraum durchspielen, mit.

Der Plan wird abhängig von den Fortschritten allmählich ausgebaut: Die Aufforderungen betreffen zunehmend längere oder kombinierte Handlungen. Die entscheidende Variable bei dieser Art von Förderung ist die Zuwendung der Mutter, die gerade bei provozierenden Kindern eine enorme Verstärkungswirkung hat.

In aller Regel ist ein niedergelassener Therapeut neben Auskünften und schriftlichen Berichten von Schule und Kindergarten auf die Informationen von Bezugspersonen – und hier bevorzugt auf die der Eltern – angewiesen. Angesichts der diversen Fehlerquellen und der Tatsache, dass das Verhalten des Kindes natürlich von situativen und interaktiven Bedingungen, die die Bezugspersonen aus unterschiedlichsten Gründen nicht angemessen berichten (z.B. Verschweigen, Übersehen) abhängt, empfiehlt es sich, über die Verbalberichte hinaus weitere Informationen aus der Realsituation einzuholen. Aufgrund zeitlicher, räumlicher und ökonomischer Momente ist das jedoch oft schwierig. Dennoch ist es unerlässlich festzustellen, inwieweit das Problemverhalten des Kindes von den Interaktionspartnern und den häuslichen Umständen (z.B. Tagesablauf, Wohnung) abhängt. Der Therapeut muss also dafür sorgen, möglichst direkter „Zeuge" des fraglichen Problemverhaltens zu werden. Dies kann über drei Wege geschehen:

- Mutter und Kind führen das Problemverhalten (z.B. bei Hausaufgaben, beim Spiel) aus, ihr Verhalten wird über eine Einwegscheibe beobachtet und aufgezeichnet. Alle Erfahrung zeigen, dass das Problemverhalten vor allem dann sichtbar wird, wenn etwas Stress aufgebaut wird (z.B. eine Mutter bleibt mit ihrem Kind für längere Zeit im Beobachtungsraum – dann ergeben sich die gleichen Langeweileprobleme wie gelegentlich zu Hause; oder dass sie sich beim Spiel mit ihrem Kind zurückzieht, indem sie ein Buch zu lesen beginnt – dadurch wird die Situation zu Hause imitiert, dass die Mutter nicht laufend Zeit für ihr Kind hat usw.).
- Die Bezugspersonen filmen nach Anweisung des Therapeuten das problematische Verhalten in der natürlichen Situation und bringen diesen Filmausschnitt zur nächsten Therapiesitzung mit (etwa das beklagte Sprachverhalten im Kindergarten, die Aggressivität gegenüber Geschwistern). Möglich sind auch Aufnahmen mit der Audiokassette, die sich z.B. sehr gut bei nächtlichen Schlafstörungen ebenso wie bei Provokationen während der Mahlzeiten usw. benutzen lässt, um ein reales Bild vom Verhalten des Kindes zu bekommen.
- Der Therapeut führt einen Hausbesuch durch und beobachtet das Verhalten vor Ort (z.B. familiäre Interaktion, schulisches Verhalten, Sprachverhalten im Kindergarten).

Veränderung des Alltagsverhaltens aus der Praxis heraus

Man kann – insbesondere bei Kindern und Jugendlichen – kaum darauf vertrauen, dass sich durch eine Therapie in den Praxisräumen allein das beklagte Verhalten im Alltag (etwa Schule, Elternhaus) ändert. Eher das Gegenteil ist richtig. Die Therapieerfolge bleiben in aller Regel auf die Therapiesituation beschränkt, wenn der Transfer nicht bewusst und gezielt herbeigeführt wird. Infolgedessen bedarf es einer gezielten Transferanbahnung, um Verhaltensverbesserungen in den Alltagsproblemen zu erreichen. Hierzu eignen sich folgende Methoden:

Therapie zentraler Verhaltensmomente. Hier wird ein Kind nicht in ganz spezifischen Verhaltensweisen trainiert, sondern die Eltern in umfassenderen Verhaltensbereichen; so ergibt sich automatisch eine Generalisation in den Alltag. Diese kann natürlich dadurch erweitert werden, dass etwa das häusliche Üben auf verschiedenste Situationen ausgedehnt wird. Dabei muss man generell unterscheiden zwischen Problemverhalten des Kindes, das sich nur in ganz bestimmten Situationen, zu bestimmten Zeiten usw. ergibt (also etwa Verweigerung des Zubettgehens, nächtliches Aufschreien, Einnässen usw.), und anderen Verhaltensweisen, die sozusagen pauschal über den Tag verteilt sind (Unruhe, mangelnde Kooperation, Störverhalten, Aggression usw.).

Viele Verhaltensprobleme lassen sich ferner bereits dadurch lösen, dass über die Eltern als Bezugspersonen ein positives, mit dem gesamten Problembereich inkompatibles Verhalten aufgebaut wird. Beispiel: Ein Kind, das laufend durch verschiedenste Verhaltensweisen stört, kann dadurch behandelt werden, dass ganz pauschal der Vater lernt, sich in einer täglichen, halbstündigen Spielsitzung adäquat mit dem Kind zu beschäftigen (sich etwa richtig zuwenden, Aufforderungen richtig vermitteln, Verbote deutlich und verhaltensrelevant zum Ausdruck bringen). Auf diese Art braucht der Therapeut nicht jeder kleinen Störverhaltensweise nachzugehen, er kann vielmehr den richtigen Umgang mit dem Kind in einem breiteren Rahmen vermitteln.

Therapie in der Realsituation. Bei Ängsten, Schulproblemen und sozialen Anpassungsstörungen wäre eine In-vivo-Therapie, die also außerhalb des Therapieraumes stattfindet, überaus angemessen (wiewohl sie „abrechnungstechnisch" und organisatorisch erschwert wird). Dennoch wäre es gut, wenn ein Psychologe in die Schulklasse des störenden Kindes geht, eine Angsttherapie in vivo durchführt und die Hausaufgabenanfertigung in vivo beobachtet und modifiziert.

Einsatz von Kotherapeuten. Insbesondere bei jüngeren Kindern erweist es sich als nahezu unumgänglich, die Eltern (meistens die Mütter) als Kotherapeuten mit einzubeziehen. Dabei wird die Therapiedurchführung an die Eltern übertragen. Zuvor – und das ist zwingend erforderlich – sollten die wichtigsten Maßnahmen vom Therapeuten demonstriert werden (z.B. sitzt die Mutter hinter der Einwegscheibe). Dies ist die Voraussetzung dafür, dass die Therapie nach Anweisung durch den Therapeuten relativ ökonomisch und in alltagsrelevanten Beziehungen bzw. Settings durchgeführt werden kann. So kann bspw. eine Mutter lernen, ihr Kind für Spielverhalten in einer täglichen Übung von 17.00 bis 17.20 Uhr zu verstärken; wenn das nachweislich gewirkt hat, kann sie es allmählich auch in vormittäglichen kurzen Sitzungen durchführen; sie kann es dann auch gelegentlich im Garten durchführen, sie kann das gleiche Verhalten dann auch beim Gang zum Kaufhaus einsetzen usw. Dieses Vorgehen ist vor allem bei Entwicklungsstörungen (z.B. Sprach- und Sprechstörungen, vgl. Kap. 2.2) zu empfehlen. Durch die Anleitung der Eltern als Kotherapeuten verringert sich natürlich auch die Transferdistanz und Übertragungen des Zielverhaltens in den Alltag gelingen leichter, weil die entsprechenden Kontingenzen und Steuerungsmechanismen auch im Alltag erworben wurden. Bei reaktiven Verhaltensstörungen, die auf grundlegenden Beziehungs- bzw. Bindungsstörungen basieren, ist hingegen (zunächst) eine Elternberatung indiziert, die keine Übertragung therapeutischer Aufgaben vorsieht, sondern den Aufbau bzw. die Stärkung der natürlichen Elternrolle zum Ziel hat.

Graduelle Übertragung der erworbenen Kompetenzen in den Alltag. Der Transfer der im therapeutischen Setting erworbenen Kompetenzen wird durch ein sorgfältiges, schrittweises Vorgehen unterstützt. Beispielsweise wird das Kind in der Stotterbehandlung (vgl. Kap. 2.12) in Rollenspielen dazu angehalten, seine sprachlichen Kompetenzen zunächst in Telefonaten mit unbekannten Personen, dann in Gesprächen in Geschäften und auf der Straße – gegebenenfalls mit Unterstützung durch den Therapeuten – zu erproben. Diese Erprobungsphasen steigern sich in ihrem Schwierigkeitsgrad, wobei etwa die Dauer der Gespräche zunehmen, allmählich unbekanntere Personen angesprochen sowie schwierigere Gesprächsthemen in Angriff genommen werden und die Unterstützung durch den Therapeuten immer weniger wird.

Ausblenden der Therapie in der Schlussphase der Behandlung. Wenn erste Therapiefortschritte erzielt worden sind, erfolgt deren Erprobung auf Stabilität im Alltag. In aller Regel wird man dann Therapiesitzungen in längeren Zeitabständen ansetzen und stattdessen kurze, regelmäßige Berichte der Eltern – z.B. per Telefon oder durch Zusendung von Berichten oder Protokollen über das Verhalten des Kindes im Alltag – vereinbaren. Bei kritischen Verläufen bzw. erneuten Verhaltensproblemen können dann kurzfristig Therapietermine anberaumt werden.

Nachbetreuung. Die kindliche Entwicklung stellt einen ständigen Änderungsprozess dar, der die Kinder mit neuen und unbekannten Entwicklungsaufgaben konfrontiert. Solche Entwicklungsaufgaben werden keineswegs auf Anhieb gemeistert, sondern meist erst im Zuge einer Entwicklungskrise. Dieser Sachverhalt hat zur Konsequenz, dass man kaum davon ausgehen kann, dass eine aufgrund der Therapie erreichte Verbesserung ein für alle Mal anhält, vielmehr können sehr wohl Rückschläge und Problemverschlechterungen eintreten. Deshalb ist die Nachbetreuung der Kinder und Familien immens wichtig. Bei ersten erneuten Problemanzeichen sollte der Therapeut gewappnet sein und mit eher „niedrigschwelligen" Interventionen (etwa Telefonberatung, Aktivierung der zuvor vermittelten Kompetenzen) eingreifen. Eltern und Kinder sollten angemessen auf diese situativen „Rückschläge" hingewiesen werden.

Arbeiten unter Zeit- und Kostendruck. Ein niedergelassener Therapeut wird in aller Regel über Möglichkeiten verfügen, angesichts des bestehenden Zeit- und Kostendrucks ökonomisch und dennoch mit guter Qualität zu arbeiten. Hierzu hat die Verhaltenstherapie, die immer sehr alltagsnah orientiert war, auch eine Reihe von therapeutischen und diagnostischen Vorkehrungen getroffen:

- Direkte Beeinflussung des Problemverhaltens: Neben der Berücksichtigung der gesamtfamiliären Beziehungs- und Interaktionsstile im Rahmen eingehender Problemexploration und Beratung, erfolgt stets auch eine Fokussierung der vorliegenden Verhaltensproblematik aufseiten des Kindes oder Jugendlichen, der je nach Problemlage gemäß Verhaltensmodifizierung bzw. Kompetenzvermittlung unmittelbar begegnet wird.
- Hierarchisierung der Diagnostik: Man wird generell bei einem Kind allgemeine Intelligenzdiagnostik, allgemeine Verhaltensbeobachtung usw. durchführen und dann die weitere Diagnostik hypothesengeleitet weiter betreiben und sich zunehmend auf die als relevant erkannten Problembereiche beziehen.

• Mediatorenarbeit: Ein Therapeut wird schnell überfordert sein, allein und auch noch außerhalb der natürlichen Umwelt Entwicklungen anzuregen und darüber hinaus rasch und effektiv (erfolgreich) arbeiten zu wollen. Demnach führt kein Weg daran vorbei, Eltern, Mütter, Geschwister und Lehrer – insbesondere bei Entwicklungsstörungen – als Kotherapeuten einzusetzen oder sie – etwa bei reaktiven Verhaltensstörungen mit Bindungs- bzw. Beziehungsstörungen – im Rahmen von therapieergänzenden Beratungssitzungen mit einzubeziehen. Dabei werden aufwendigere therapeutische Maßnahmen im Rahmen des Therapieplanes in Teilziele/Teilaufgaben aufgegliedert und von den Bezugspersonen (Eltern, Lehrer) im Alltag umgesetzt (vgl. Kap. 5.7).

3.2.5
Wirksamkeit und Wirksamkeitsbedingungen

Mit dem §§ 135ff. des SGB V ist die Qualitätskontrolle verpflichtender Bestandteil auch der psychotherapeutischen Tätigkeit geworden. Im engeren Sinne gilt es dabei zu überprüfen und zu dokumentieren, dass die psychotherapeutische Behandlung auch tatsächlich zu den erwarteten Verhaltensänderungen im Alltag geführt hat. Dabei geht es nicht um beliebige Veränderungen (etwa „das Kind hat jetzt mehr Selbstbewusstsein"), sondern um bedeutsame Veränderungen im Alltag (z.B. ein schulschwaches Kind verbessert sich in seiner Unterrichtsbeteiligung und seinen Leistungen).

Momentan ist diese Verpflichtung für die niedergelassenen Kolleginnen und Kollegen wenig handlungsleitend. Dies liegt sicher auch daran, dass Maßnahmen vor allem zur Prozessevaluation sehr arbeits- und zeitaufwendig und insofern in Anbetracht häufig knapper personeller und zeitlicher Ressourcen schwerlich stets durchführbar sind (entsprechend liegen kaum Effizienzstudien zur Qualität verhaltenstherapeutischer Tätigkeit in niedergelassenen Praxen vor). Dabei ist eine derartige Qualitätskontrolle sehr notwendig, um Entscheidungen über weitere Schwerpunkte und notwendige Behandlungsmaßnahmen (etwa Intensivierung der Elternanleitung, Training sozialer Kompetenzen etc.) zu treffen.

Zu fordern ist eine objektivierte Ergebnis- und Prozessevaluation, die folgende qualitätssichernde Maßnahmen beinhaltet:

• die regelmäßige Einholung von Informationen darüber, ob sich das gewünschte Zielverhalten in der Schule, im Elternhaus und im Umgang mit Gleichaltrigen auch einstellt;
• die Definition von Zielkriterien und die punktuelle Überprüfung (etwa in Übergangsphasen der Therapie, am Therapieende, sechs Monate nach Beendigung der Therapie), ob diese Kriterien (bevorzugt im Alltag) auch erreicht werden (etwa Video- oder Audiobänder zum Sprachverhalten).

Grundlegende Literatur

- Lauth, G.W. & Brack, U. B. (2000). Psychotherapie bei Kindern und Jugendlichen. In C. Reimer, J. Eckert, M. Hautzinger & E. Wilke (Hrsg.), Psychotherapie. Heidelberg: Springer.

- Mash, E. J. (1989). Treatment of child and family disturbance: A behavioral-systems perspective. In E. J. Mash & R.A. Barkley (Eds.), Treatment of childhood disorders (pp. 3–36). New York: Guilford Press.

- Steinhausen, H.-C. & Aster, von, M. (1999). Grundlagen und Konzepte der Verhaltenstherapie und Verhaltensmedizin bei Kindern und Jugendlichen. In H.-C. Steinhausen & M. von Aster (Hrsg.), Verhaltenstherapie und Verhaltensmedizin bei Kindern und Jugendlichen (S. 1–13) (2. überarb. Neuaufl.).Weinheim: Psychologie Verlags Union.

Weiterführende Literatur

- Briesmeister, J. M. & Schaefer, C. E. (Eds.) (1998). Handbook of parent training: Parents as co-therapists for children´s behavior problems. (2nd ed.). New York: Wiley.

- Schreiner-Kürten, K. (1997). Psychologie und Therapie bei Kindern und Jugendlichen in Deutschland. In G. Pulverich (Hrsg.), Psychologie mit Kindern und Jugendlichen (S. 11–22). Bonn: Deutscher Psychologen Verlag.

Materialien

- Brack, U. B. (1986). Verhaltensbeobachtung: Prinzipien der Beobachtung, Kodierung und Registrierung von Verhalten. In U. B. Brack (Hrsg.), Frühdiagnostik und Frühtherapie (S. 97–106). Weinheim: Psychologie Verlags Union.

- Cierpa, M. (1996). Handbuch der Familiendiagnostik. Berlin: Springer.

- Hautzinger, M. (1993). Verhaltens- und Problemanalyse. In M. Hautzinger (Hrsg.), Verhaltenstherapie (S. 36–41) (3. überarb. und erw. Aufl.). Berlin: Springer.

- Innerhofer, P. (1977). Das Münchner Trainingsmodell. Beobachtung, Interaktionsanalyse, Verhaltensänderung. Berlin: Springer

- Tharp, R. G. & Wetzel, R. J. (1975). Verhaltensänderung im gegebenen sozialen Umfeld. München: Urban & Schwarzenberg.

- Unnewehr, S., Schneider, S. & Margraf, J. (Hrsg.). (1995). Kinder DIPS: Diagnostisches Interview bei psychischen Störungen im Kinder- und Jugendalter. Berlin: Springer.

Verhaltenstherapie in pädagogischen Institutionen

Jürgen Bellingrath

3.3.1
Anwendungsbeispiel

Frau Mikat ist eine noch recht junge und unerfahrene Lehrerin. Mit der vierten Grundschulklasse, die sie kurzfristig übernommen hat, hat sie nun große Probleme. Das undisziplinierte Verhalten der Schüler macht ihr zu schaffen. Selten kann sie wenigstens für kurze Zeit ihre Unterrichtsvorhaben umsetzen, Ruhe herstellen und sich durchsetzen. Bereits in den ersten Minuten einer Unterrichtsstunde steigt der Lärmpegel so stark an, dass sie vergeblich dagegen ankämpft.

Die Verhaltensanalyse ergibt, dass die Unruhe von einer kleinen Gruppe in der rechten hinteren Ecke der Klasse ausgeht. Frau Mikat versucht meist, die Störungen zunächst zu ignorieren. Erst wenn das Geräuschniveau bereits deutlich zugenommen hat, wendet sie sich mit Ruheappellen an die ganze Klasse. Das Geschehen beruhigt sich daraufhin, wenn überhaupt, nur für einige Minuten, anschließend schwillt der Lärm noch mehr an. Hin und wieder verliert die Lehrerin die Beherrschung und schreit die Kinder laut an.

In der Intervention werden zunächst vier Regeln für angemessenes Unterrichtsverhalten erarbeitet: Nicht während des Unterrichtes umherlaufen! Keine Gegenstände werfen! Keine körperliche Aggression! Nicht dazwischenrufen! Außerdem wird vereinbart, dass die Kinder auf ein Signal der Lehrerin innerhalb von 30 Sekunden zur Ruhe kommen. Diese Regeln werden auf einer Liste gut sichtbar im Klassenraum ausgehängt. Ihre Beachtung wird in einem Kontingenzvertrag, der mit der gesamten Klasse abgeschlossen wird, unter Verstärkungsbedingungen gestellt. Wenn die Regeln jeweils 15 Minuten lang (angezeigt durch ein Zeitsignal) eingehalten werden, erhält die ganze Klasse einen Münzverstärker (Token). Ebenso, wenn die Klasse wirklich auf das Signal der Lehrerin innerhalb von 30 Sekunden zur Ruhe kommt. Diese Verstärker werden gut sichtbar auf dem Pult gestapelt. Bei Verstößen (ganz gleich durch welches Kind) wird der Signalgeber neu gestartet. Eine Verletzung der zweiten Regel (Verbot körperlicher Aggression) jedoch führt zusätzlich zum Abzug eines Münzverstärkers (response cost). Diese Tokens werden, nachdem die Regeln jeweils bei Unterrichtsbeginn kurz genannt worden sind, ohne Kommentar (keine weiteren Ermahnungen und gar Drohungen) vergeben bzw. abgezogen. Sind 10 Tokens erreicht, stimmt die Klasse ab, ob dafür in den letzten 10 Minuten vor der nächsten Pause ein Spiel gemacht, eine Geschichte vorgelesen oder ein Videofilm gezeigt wird.

Die Intervention wird vom Verhaltenstherapeuten supervidiert und nach und nach durch einige Ergänzungen (etwa Verlängerung der Zeitspanne) modifiziert. Das Unterrichtsklima in der Klasse und die Mitarbeit der Schüler verbessern sich in kurzer Zeit erheblich. Auch die Schüler, die zuvor stark gestört hatten, beteiligen sich relativ angemessen am Unterricht: Ihr

Störverhalten findet in der restlichen Klasse keine positive Resonanz mehr, weil die Unterbrechungen durch die gewählten Belohnungen sehr beliebt sind. Das Verstärkerprogramm kann schon nach ca. 8 Wochen schrittweise ausgeblendet werden.

3.3.2
Kurzbeschreibung der Methode und ihres Hintergrundes

Wenn man verhaltenstherapeutische Verfahren in pädagogischen Einrichtungen durchführt, sind folgende höchst einfache, aber auch sehr wichtige Randbedingungen zu beachten:

- Pädagogische Einrichtungen arbeiten in der Regel mit Gruppen von Kindern und Heranwachsenden (z.B. Kindergartengruppe, Schulklasse, Wohngruppe).
- Diese Gruppen kommen unter einer gemeinsamen Zielsetzung (etwa Sportunterricht, soziales Lernen, Resozialisierung) zusammen.
- Den Kindern und Heranwachsenden stehen Erwachsene (Lehrer, Erzieher, Sozialarbeiter) gegenüber, die primär den Gruppenprozess organisieren und anleiten sollen (etwa Unterrichten, Anleiten, soziale Regelungen herbeiführen).
- Diese Erwachsenen sind übergeordneten, jedoch zumeist recht vagen Zielsetzungen (etwa Erziehung zur Selbstständigkeit), die ihr Alltagshandeln strukturieren sollen, verpflichtet.

Diese Randbedingungen (Gruppensituation, Gruppenziele, Erziehungskonzeption, Lehrerrolle, Heimroutinen) müssen bei der Umsetzung verhaltenstherapeutischer Verfahren von vornherein berücksichtigt werden. Das verhaltenstherapeutische Vorgehen hat sich also weitestgehend in den Alltagskontext einzufügen. Im Rückblick auf eine etwa 30-jährige Anwendungsgeschichte zeigt sich, dass dafür ausgesprochen befriedigende Lösungen entwickelt worden sind. Dies liegt sicher auch daran, dass die Verhaltenstherapie früh und teilweise sehr intensiv in Kindergärten, Schulen und Heimen eingesetzt wurde. Dabei wurde sogar eine eigene „Pädagogische Verhaltensmodifikation" entwickelt (vgl. Eisert & Barkey, 1979; Rost, Grunow & Oechsle, 1975).

Die Verhaltenstherapie in pädagogischen Einrichtungen greift vor allem auf operante Verfahren (Verstärkerprogramme) zurück. Es geht darum, das Verhalten der Kinder und Jugendlichen möglichst direkt und umstandslos zu beeinflussen: Erwünschte Verhaltensweisen sollen in ihrem Auftreten gefördert, unerwünschtes oder gar abträgliches Verhalten hingegen möglichst direkt reduziert werden. Infolgedessen sind Verstärkerprogramme, die sich sowohl an einzelne Kinder als auch an die gesamte Gruppe (z.B. Klasse) wenden, das Mittel der Wahl. Sie verstärken das positive Zielverhalten (z.B. Mitarbeit im Unterricht, Arbeitssorgfalt), negatives Verhalten wird hingegen ignoriert oder mit dem Entzug von Verstärkern bestraft. Da der Ablauf der Gruppenprozesse durch das verhaltenstherapeutische Vorgehen möglichst wenig gestört werden soll, trifft man zwei Vorkehrungen: Die Vergabe der Verstärker wird in einem Vertrag exakt geregelt; die Verstärkung erfolgt mit geringstmöglichem Aufwand entweder anhand von Token, die möglichst kommentarlos vergeben werden, oder anhand von sozialer Zuwendung (etwa kurzes Lob, Nicken, Blickkontakt).

Dem pädagogischen Personal werden diese verhaltenstherapeutischen Verfahren nach dem Mediatorenmodell von Tharp und Wetzel (1975) nahe gebracht: Lehrer oder Erzieher führen die Verhaltensmodifikation im Alltag aus; sie werden in die Programme eingewiesen und in ihrer Durchführung angeleitet. Im Zuge dieser Zusammenarbeit erwerben sie grundlegende Kenntnisse zu Verhaltenstherapie, das Zielverhalten wird gemeinsam definiert und operationalisiert und die konkrete Durchführung (Vertragsabschluss, Beobachtung und Registrierung des Zielverhaltens, Vergabe der Verstärker, Eintausch der symbolischen Verstärker usw.) vom professionellen Verhaltenstherapeuten supervidiert.

Dieses Vorgehen wurde und wird in Krippen (für Säuglinge und Kleinkinder), Kindergärten, Schulen, Sonderschulen und Heimen umgesetzt. Trotz aller Unterschiede im Detail haben die Programme gemeinsam, dass zwar einzelne als „Störer" im Mittelpunkt stehen, die Verstärkerbedingungen aber dennoch auf alle Mitglieder der Gruppe ausgeweitet werden. Beispielsweise wird ein Programm, das die Aggressivität einzelner Schüler reduzieren soll, das positive Verhalten aller Kinder einer Klasse belohnen und das aggressive Verhalten Einzelner durch Entzug von Verstärkern sanktionieren. Gleichzeitig wird ein solches Programm in den Ablauf der pädagogischen Einrichtung integriert und mit den allgemeinen Positionen der Einrichtung (etwa pädagogische Zielsetzungen, Konzeption) in möglichst große Übereinstimmung gebracht.

Diese operanten Vorgehensweisen gerieten im Rahmen der „kognitiven Wende" nahezu in Vergessenheit, was auch einen Verlust an therapeutischen Möglichkeiten mit sich brachte. Stattdessen werden seit den siebziger Jahren zunehmend kognitive Verfahren (z.B. Selbstinstruktionstraining) eingesetzt, um gezielt interne Verhaltensvoraussetzungen (z.B. Gedanken, Pläne, Schlussfolgerungen, Motivation, Selbstanweisungen) zu verändern. Hierzu steht eine Reihe von Programmen zur Verfügung, die von Lehrern durchgeführt werden; sie werden in Mediatorentrainingsprogrammen vorbereitet und bei der Umsetzung unterstützt. Diese Programme können in das Unterrichtsgeschehen integriert werden, sind zumeist für ältere Kinder und Jugendliche geeignet und dienen in erster Linie einer Verbesserung des Lernverhaltens und der Konzentration, weniger der Beseitigung ausgeprägter Störungen des Sozialverhaltens. Wie die gesamte Verhaltensmodifikation, finden auch sie derzeit im pädagogischen Rahmen leider nur wenig Anwendung.

3.3.3
Indikation

Verhaltenstherapeutische Interventionen in pädagogischen Einrichtungen haben zwei Hauptziele:

1) Die Reduktion von externalisierenden Verhaltensstörungen (etwa bei hyperkinetischen Störungen, F90; Störung des Sozialverhaltens, F91). Durch dieses Angehen von Stören, Schulschwänzen, oppositionellem Trotz, Vandalismus und Aggression wird zugleich das soziale Verhalten in der Gruppe sowie das Lernverhalten verbessert.

2) Die Verbesserung des Lernverhaltens (im Unterricht, bei Hausaufgaben, bei Prüfungsvorbereitungen usw.) über eine Verbesserung des Aufmerksamkeits- und Arbeitsverhaltens (etwa bei umschriebenen Entwicklungsstörungen schulischer Fertigkeiten, F81; bei einfachen Aktivitäts- und Aufmerksamkeitsstörungen, F90.0).

Eine weitere Möglichkeit zum Einsatz der Verhaltenstherapie besteht darin, die gesamte pädagogische Situation anhand von verhaltenstherapeutischen Grundsätzen zu gestalten, also die Abläufe im Kindergarten, den Schulunterricht (im Lesen, Schreiben, Rechnen) oder die Entwicklungsförderung in der Sonderschule verhaltenstherapeutisch zu organisieren. Beispiele dafür sind: Steuerung von Gruppenprozessen durch den gezielten Einsatz von Verstärkern, Förderung angemessenen Spielverhaltens bei Kindergartenkindern durch Materialvorgabe und Raumgestaltung, Gestaltung von Unterrichtsprozessen nach lerntheoretischen Prinzipien (etwa Verhaltensformung, rasche und gezielte Rückmeldungen zum Lernverhalten), Förderung der kognitiven Entwicklung in der Sonderschule nach verhaltenstheoretischen Prinzipien (etwa Komplexitätsreduktion, irrtumsloses Lernen, Aufgaben nach Maßgabe der erreichten Fortschritte). Obwohl sich dadurch das eigentliche pädagogische Anliegen in der Regel besser und gezielter erreichen lässt, geschieht dies in Deutschland zur Zeit aber ausgesprochen selten.

3.3.4
Detaillierte Beschreibung des Vorgehens

Die Verhaltenstherapie soll vom pädagogischen Personal „vor Ort" (Schule, Kindergarten, Heim) durchgeführt werden. Dazu ist eine ausreichende und auf die spezifische Situation abgestimmte Anleitung notwendig. Diese besteht in der Regel aus drei Schritten:

1) Hinführen an die Verhaltenstherapie
Die Notwendigkeit und Ausmaß dieses Schrittes hängen sehr von den individuellen Vorkenntnissen und Einstellungen der Pädagogen ab. Manchmal wird der Einsatz von Verhaltenstherapie von ihnen ausdrücklich gewünscht, nicht selten aber stößt diese zunächst auf Ablehnung („Dressur"). Die Vermittlung von einführender Literatur, die Demonstration von erfolgreichen Beispielen und die Diskussion des pragmatischen behavioristischen Ansatzes (im Gegensatz zur vorschnellen Interpretation von Verhalten durch Motive, Persönlichkeitszüge usw., die in der pädagogischen Ausbildung sehr verbreitet ist) können hier eingesetzt werden. Die Bedeutung dieses ersten Schrittes sollte nicht unterschätzt werden: Wenn die Mediatoren oder Kotherapeuten nicht voll hinter den von ihnen durchgeführten Maßnahmen stehen, ist der Therapieerfolg von Anfang an gefährdet. In vielen Fällen erweist es sich daher als günstig, zunächst die Durchführung erster, einfacher Schritte zu vereinbaren, um die Erfolgsmöglichkeiten zu demonstrieren. Ein solcher Schritt – etwa vor einem komplexen Programm zur Reduktion der Verhaltensprobleme der ganzen Klasse – kann darin bestehen, ein einzelnes, unaufmerksames Kind für kurze Intervalle richtiger Aufgabenbearbeitung mit Belohnungen für die Klasse zu verstärken.

2) Einweisung in die Grundlagen der Verhaltenstherapie

Hierzu gibt es mehrere, zumeist ältere Einführungen (Adameit, Heidrich, Möller & Sommer, 1983; Müller, Klauß, Heimberg & Mittmann, 1980; Minsel & Wimmer, 1974), die in der Regel zunächst allgemein über die Verhaltenstherapie informieren und dann auf spezielle Anwendungsbereiche (Schulprobleme, Umgang mit Körperbehinderten, institutionelle Betreuung Behinderter) eingehen. Meist genügt es jedoch, die Grundlagen des operanten Konditionierens zu vermitteln, wobei einige Grundprinzipien besonders herausgearbeitet und festgehalten werden sollten (vgl. Beispiel 1).

Beispiel 1:   Einige Merkregeln zu Verstärkungsprogrammen für Mediatoren

- Genaue Operationalisierung des Problem- und des Zielverhaltens: Welches konkrete Verhalten soll geändert werden, welches Verhalten soll es ersetzen?
- Welche sind die relevanten Situationen für das betrachtete Verhalten, in welchen muss es geändert werden?
- Welche Verstärker sollen eingesetzt werden und wie wird gesichert, dass sie ihre Wirksamkeit für einige Zeit behalten? Sind die Eintauschverstärker für die ganze Gruppe interessant?
- Können die Verstärker wirklich unmittelbar nach dem Verhalten gesetzt werden oder gibt es dabei Probleme?
- Wie wird die Verhaltensänderung kontrolliert? Spiegeln die Registrierungen die tatsächlichen Verhaltenshäufigkeiten?

---

3) Festlegung des konkreten Programms

Hierzu wird zumeist ein schriftlicher Therapieplan formuliert, der in allen Einzelheiten eingeübt wird (einschließlich der Registrierungen zur Evaluation). Beim Einüben sollte immer wieder auf die genaue Formulierung des Plans Bezug genommen werden, denn bei der selbstständigen Durchführung neigen Kotherapeuten oder Mediatoren zu großzügigen Interpretationen der Begriffe und deshalb zu mangelnder Exaktheit beim Vorgehen. Ein typisches Beispiel dafür ist etwa die Gefahr einer immer wieder neuen Besprechung des Plans mit der Klasse: Einmal festgelegt, sollte er konsequent und ohne weitere Kommentierung durchgeführt werden; sonst besteht die Gefahr, dass die Diskussion darüber zu einer neuen Form von Störung des Unterrichts wird.

Nun stellt sich die Frage, wie das verhaltenstherapeutische Vorgehen den betroffenen Schülern, einer Gruppe oder einer Schulklasse nahe gebracht wird. Hierfür lassen sich ebenfalls Grundregeln erstellen, die mit dem pädagogischen Personal eingeübt werden.

- Die Gruppe (Klasse, Wohngruppe) wird mit dem Verstärkerprogramm vertraut gemacht bzw. es wird im Sinne einer gemeinsamen Problemlösung erarbeitet. Entscheidend ist dabei die Auswahl attraktiver Verstärker (Geschichte vorlesen, Videofilm zeigen usw.). Das „Verstärkermenü" sollte vielfältig genug sein, um für einige Zeit wirksam zu bleiben, aber einfach genug, um überschaubar zu sein. Die frühzeitige Beteiligung der Schüler an der Planung wirkt sich meist positiv auf die Akzeptanz aus.

- Relevantes unerwünschtes und erwünschtes Verhalten (z.B. Unterhaltung mit dem Nachbarn vs. Mitarbeit im Unterricht; im Zimmer umherlaufen vs. sitzen bleiben) wird möglichst konkret besprochen; ebenso, wie es in Tokens umgesetzt wird (z.B. für je 15 Minuten, signalisiert durch einen Küchenwecker, ohne Störverhalten malt die Lehrerin drei rote Kreise rechts oben auf die Tafel; bei Störverhalten sagt sie laut den Namen des betreffenden Kindes, entfernt einen Kreis und startet die Uhr neu).

- Das Token-System wird in allen Details festgelegt: Wann werden für erwünschtes Verhalten wie viele Punkte (Münzen, Kugeln usw.) vergeben, wie wird unerwünschtes Verhalten dagegen verrechnet? Bei jüngeren Kindern sollten kritische Verhaltensweisen und zugehörige Konsequenzen in sehr einfachen Zeichnungen oder Piktogrammen deutlich sichtbar an der Wand dargestellt sein. In höherem Alter sind einfache, leicht verständliche schriftliche Verträge üblich.

- Der Eintauschmodus wird definiert: Wann werden die erreichten Tokens in welche Verstärker umgesetzt? Beispiel: 10 Minuten vor der Pause stellt die Lehrerin fest, wie viele Tokens vorhanden sind. Die dafür eintauschbaren Verstärkungen werden auf der Tafel symbolisiert. Per Abstimmung wird die Verstärkung bestimmt, indem die Stimmenzahlen daneben geschrieben werden. Die Verstärkergabe folgt unmittelbar, nicht benötigte Tokens können für die nächste Vergabe gesammelt werden.

- Laufzeit, evtl. schrittweise Umstrukturierung und Art der Ausblendung des Tokenprogramms werden ansatzweise vorgeplant. Die Kinder oder Jugendlichen werden daran in der Regel erst im Verlauf des Programms beteiligt. Denn sie müssen erst die Erfahrung eines besseren Unterrichtsklimas gemacht haben, um einer Steigerung der Anforderungen (z.B. Intervalle von 30 statt 15 Minuten) zuzustimmen. Fortschritte im Programm werden daher oft dazu benützt, schwierigere Anforderungen (5 Minuten leises Lesen, exakte Führung der Klassenkasse usw.) in Verbindung mit aufwendigeren Verstärkern (z.B. Kinobesuch für 30 Tokens) einzuführen.

Wenn Entwicklungsstand und Verhaltensprobleme der Kinder und Jugendlichen in pädagogischen Einrichtungen es erlauben, kann das Modell zur „kooperativen Verhaltensmodifikation" (Redlich & Schley, 1981) erweitert werden: Schüler und Lehrer analysieren zusammen die Klassensituation, legen gemeinsame Ziele fest, operationalisieren das Zielverhalten und bestimmen, wie die Einhaltung überwacht und registriert wird. Letztlich führt diese Erörterung zu einem Kontingenzvertrag zwischen Lehrer und Klasse. Bei diesem Vorgehen fällt dem Lehrer die Rolle eines „pädagogischen Problemlösers" zu, der in schwierigen Situationen auf die Methoden der Verhaltensmodifikation (funktionale Analyse des Problems, Verstärkung, Modelllernen usw.) zurückgreift. Dieses Vorgehen setzt aber angemessene verhaltenstherapeutische Kenntnisse (Bedingungswissen, Änderungswissen, Beobachtungsfertigkeiten) voraus, die ebenfalls im Mediatorenmodell vermittelt werden.

Auch bei der Verwendung von Programmen der kognitiven Verhaltenstherapie im pädagogischen Bereich muss besonders auf ausreichende Vorkenntnisse der Mediatoren bzw. intensive Supervision der Kotherapeuten geachtet werden. Für diesen Bereich liegen standardisierte oder halbstandardisierte Programme vor, die am besten in Kooperation von Lehrern mit (Schul-)Psychologen durchgeführt werden, u.a. Programme

- zum Aufbau von handlungsanleitenden Selbstinstruktionen bei impulsiven und aufmerksamkeitsgestörten Kindern (z.B. „innehalten, hinsehen, zuhören"),
- zur Verbesserung der Lernmotivation und Eigeninitiative der Schüler,
- zur Vermittlung spezieller Fertigkeiten, wie etwa Lesen, Textverständnis, Gedächtnis, Aufsatzschreiben, effektives Prüfungsverhalten, oder
- zum Aufbau von sozial adäquatem Verhalten (z.B. bei aggressiven Kindern).

Ein solches Interventionsprogramm für Kinder mit Lernbeeinträchtigungen (Brown & Palincsar, 1987) sieht beispielsweise vor, dass den Kindern mittelschwere Aufgaben vorgelegt werden. Der Lehrer oder Erzieher versucht nun durch Erkenntnisdialoge das Lösungsverhalten der Schüler so zu beeinflussen, dass sie ein geplanteres und reflexiveres Verhalten an den Tag legen. Gezielte (heuristische) Fragen zur Ausgangs- und Zielanalyse sowie zur expliziten Steuerung ihres Lernverhaltens (z.B. der Lernexperte strukturiert ihr Lernverhalten durch Erklärungen, Modelldemonstrationen sowie heuristische Erkenntnisdialoge). Dabei werden die Kinder dazu angehalten effektive Lernstrategien zu entwickeln und diese auch tatsächlich einzusetzen. Eine solche Strategie besteht beim verständnisvollen Lesen beispielsweise darin, Textstellen zusammenzufassen, Fragen zu formulieren, Mehrdeutigkeiten zu klären und Textstellen vorherzusagen. Andere Programme richten sich an motivationsschwache Schüler, denen in Gruppen oder im Klassenunterricht Strategien zur Selbstmotivierung und zum angemessenen Lernverhalten (etwa eigene Stärken und Schwächen erkennen, die Lernzeit planen, aktive Mitarbeit im Unterricht, Vorbereitung auf Klassenarbeiten) vermittelt werden (vgl. Glubrecht, Henning, Kowalczyk, Ottich & Rudat, 1995). Die Grenzen zwischen diesen Interventionsprogrammen und der herkömmlichen Unterrichtung sind fließend.

Einhergehend mit der kognitiven Wende werden die Selbstkontrollansätze auch im pädagogischen Alltag eingesetzt, um vor allem älteren Kindern (ab etwa 9 Jahren) und Jugendlichen zur eigenen Kontrolle ihres (kritischen) Verhaltens zu verhelfen. Das pädagogische Personal wird in diesen Ansätzen ausgebildet (Mediatorentraining) und bildet bei den Schülern über folgende Zwischenprozesse angemessene Selbstkontrolle aus:

- Im Gespräch mit dem pädagogischen Personal werden verbindliche (positive) Verhaltensziele formuliert (z.B. Antworten nicht mehr ungefragt dazwischenrufen, sich häufiger am Unterricht beteiligen). Dieses Verhalten wird genau operationalisiert.
- Die so definierten (positiven) Verhaltensweisen werden vom Kind/Jugendlichen hinsichtlich ihrer Realisierung beobachtet: Wie oft und gegebenenfalls wann wird das gewünschte Verhalten tatsächlich gezeigt? Dies wird auf einer Karteikarte anhand vereinbarter Kodierungen (z.B. null für „unaufmerksames", zwei für „teilweise aufmerksames" und vier Punkte für „aufmerksames" Unterrichtsverhalten, vgl. Kern, 1974, S. 44ff.) festgehalten.
- Das Kind/der Jugendliche bewertet das beobachtete Verhalten als erwünscht/unerwünscht beziehungsweise als positiv/negativ. Jede einzelne Verhaltensweise wird dabei ganz expli-

zit bewertet. Ein schematisiertes Gesicht mit herunterhängenden Mundwinkeln signalisiert beispielsweise eine unerwünschte Verhaltensweise; ein Gesicht mit nach oben gezogenen Mundwinkeln (smilie) hingegen ein erwünschtes Verhalten.

- Unter Anleitung des pädagogischen Personals (Lehrer, Erzieher) schließt das Kind einen „Vertrag mit sich selbst". Er legt fest, womit es sich wann und wo für die Verwirklichung des erwünschten Zielverhaltens selbst verstärken will (etwa mit Spielsachen, Süßigkeiten, CD, Kinobesuch, Fußballspiel, Konzert). Das Kind weist sich diese Verstärker selbst zu, wenn genügend Punkte (smilies) vorliegen.

Diese Selbstkontrolle wird über Zwischenschritte (z.B. soziale Verstärkung durch den Lehrer) aufgebaut. Die Kinder werden bei der Durchführung der gerade beschriebenen einzelnen Schritte von ihren Lehrern oder Eltern angeleitet. Meist geschieht dies im Rahmen einer Zusammenarbeit mit Erziehungsberatungsstellen oder niedergelassenen Verhaltenstherapeuten, welche mit den Erziehern entsprechende Interventionspläne entwerfen und sie bei deren Umsetzung beraten.

3.3.5
Wirksamkeit und Wirksamkeitsbedingungen

Operante Verfahren (Verstärkungsprogramme, Kontingenzverträge) erweisen sich in der Behandlung kindlicher Verhaltensstörungen als außerordentlich effektiv; sie gehören zu den wirksamsten Interventionsformen beispielsweise bei der Behandlung von hyperkinetischen Störungen und antisozialem Verhalten (Pelham, Wheeler & Chronis, 1998). Die Befundlage zeigt, dass beim „flächendeckenden" Einsatz dieser Verfahren nicht nur das Störverhalten einzelner Schüler verringert, sondern die gesamte Unterrichtssituation angemessener und zielgerichteter gestaltet werden kann (Murphy, 1988).
Positive Ergebnisse liegen auch zur kognitiven Verhaltensmodifikation (Selbstkontrollverfahren, Selbstinstruktionstraining) vor. Der Einsatz dieser Verfahren verbessert das schulische Lern- und Arbeitsverhalten und führt zu einer oft nachdrücklichen Verbesserung des strategisch-reflexiven Verhaltens beim Lernen. Teilweise werden lang andauernde Auswirkungen im Hinblick auf die Verbesserung von Schulleistungen und Lernverhalten nachgewiesen. Die Wirksamkeit der Verfahren hängt jedoch davon ab, wie nachdrücklich und qualifiziert die Intervention umgesetzt wird. Eine angemessene Schulung und Supervision des pädagogischen Personals, das diese Methoden vor Ort umsetzt, ist mithin zwingend notwendig.

Grundlegende Literatur

- Eisert, H. G. & Barkey, P. (1979). Verhaltensmodifikation im Unterricht. Interventionsstrategien in der Schule. Bern: Huber.

- Murphy, J. J. (1988). Contingency contracting in schools: A review. Education and Treatment of Children. 11, 257–269.

- Rost, D. Grunow, H. & Oechsle, P. (1975). Pädagogische Verhaltensmodifikation. Weinheim: Beltz.

Weiterführende Literatur

- Pelham, W. E., Wheeler, T. & Chronis, A. (1998). Empirically supported psychosocial treatments for attention deficit hyperactivity disorder. Journal of Clinical Child Psychology, 27, 190–205.

- Tharp, G. R. & Wetzel, R. J. (1975). Verhaltensänderungen im gegebenen Sozialfeld. München: Urban & Schwarzenberg.

Materialien

- Adameit, M., Heidrich, W., Möller, C. & Sommer, H. (1983). Grundkurs Verhaltensmodifikation. Ein handlungsorientiertes, einführendes Arbeitsbuch für Lehrer und Erzieher (3. überarb. Aufl.). Weinheim: Beltz.

- Barkley, R. A. (1995). ADHD in the classroom. Program manual (Videofilm mit Begleittext). New York: Guilford Press.

- Brown, A. L. & Palincsar, A. S. (1987). Reciprocal teaching of comprehension strategies: A natural history of one program for enhancing learning. In I. D. Day & J. G. Borkowsky (Eds.), Intelligence and exceptionality: Now directions for theory, assessment, instructional practices (S. 81–132). Norwood, New Jersey: Ablex.

- Glubrecht, M., Henning, G., Kowolczyk, W., Ottich, K. & Rudat, M. H. (1995). Besser lernen – Ein Trainingsprogramm zur Lernförderung für die Klassenstufen 5–10. Hameln: AOL Verlag.

- Kern, H. J. (1974). Verhaltensmodifikation in der Schule. Stuttgart: Kohlhammer.

- Müller, R., Klauß, T., Heimberg, U. & Mittmann, A. (1980). Verhaltensmodifikation in der Praxis. Ein Kursprogramm zur Aus- und Weiterbildung für pädagogische Fachkräfte. München: Reinhardt.

- Perrez, M., Minsel, B. & Wimmer, H. (1974). Eltern-Verhaltenstraining. Salzburg: Müller.

- Redlich, A. & Schley, W. (1981). Kooperative Verhaltensmodifikation. München: Urban & Schwarzenberg.

Verhaltenstherapie in Beratungsstellen

Michael Borg-Laufs und Udo B. Brack

3.4.1
Anwendungsbeispiel

Melanie (3 Jahre alt) wird wegen eines Sprachrückstandes und Schlafstörungen vorgestellt. Diese eher unspezifische Problemstellung wird anhand einer umfangreichen Entwicklungsdiagnostik (Münchener Funktionelle Entwicklungsdiagnostik, Reynell-Skalen, halbstündige Spontansprachprobe beim Spiel mit der Mutter) und einer Verhaltensanalyse sowie einem Hausbesuch konkretisiert. Die Untersuchungen ergeben, dass Melanie einen relativ isolierten Rückstand der aktiven Sprache aufweist, sonst aber weitgehend normal entwickelt ist. Hingegen erweisen sich die aktuellen Lebensumstände in der Familie als problematisch: Die Mutter ist durch die Erziehung von drei schwierigen Kindern stark überlastet, sie steht den Alltagsproblemen oft völlig allein gegenüber (der Vater ist Schichtarbeiter). Ferner wohnt die Familie sehr beengt, was zu großen Problemen (Streit der Eltern) führt, wenn Melanie nachts aufwacht und schreit.

Die Intervention wurde so geplant, dass sie sich auf das Notwendige beschränkte und die Lebensumstände in der Familie rasch änderte. Zuerst wurde mit dem Vater gemeinsam ein Antrag auf eine größere Sozialwohnung durch den Sozialarbeiter gestellt. Die Erziehungsberatungsstelle fertigte hierfür eine Stellungnahme an, die eine Verbesserung der Erziehungsbedingungen für notwendig erklärte.

Um die Eltern rasch zu entlasten, wurden die Schlafstörungen von Melanie anschließend gezielt behandelt (Einführung eines Zubettgeh-Rituals, in regelmäßigen Abständen nach dem Kind sehen und günstige Schlafbedingung herstellen). Nachdem hier Verbesserungen erzielt wurden und die Mutter Vertrauen in die Beratung gefasst hatte, wurde die gesamte Förderung von Melanie auf andere Füße gestellt: Mithilfe des zuständigen Kinderarztes wurde der weitere Therapiebedarf abgeklärt (u.a neurologische Untersuchung, EEG-Ableitung, objektive Hörprüfung). Die weitere Förderung des Kindes wurde in Übereinstimmung mit diesen Untersuchungsergebnissen auf die verbleibenden Sprachprobleme konzentriert. Hierzu wurde die Mutter zu einem einfachen Sprachtraining angeleitet, das sie an jedem Werktag zur gleichen Zeit 15 Minuten lang mit Melanie durchführte (vgl. Kap. 2.2). Dieses Training beginnt mit dem Aufbau von verbaler Nachahmung und geht dann in spezifische Übungen (z.B. Ansehen von Bilderbüchern) über. Mit zunehmender Sicherheit beim Üben wurde die Mutter ermuntert, das Übungsprogramm nach und nach selbstständig zu erweitern.

Ferner wurde der Tagesablauf mit der Mutter geplant und sie erhielt das Angebot, sich bei auftretenden Problemen sofort telefonisch an die Beratungsstelle wenden zu können.

Sie wurde anfangs in wöchentlichen Sitzungen durch einen Mitarbeiter der Beratungsstelle angeleitet, schon bald aber konnten die Abstände zwischen den Sitzungen vergrößert werden.

3.4.2
Kurzbeschreibung der Methode und ihres Hintergrundes

Diagnostik

Beratungsstellen haben meist bestimmte Schwerpunkte (z.B. Schulberatung, Beratung bei sexuellem Missbrauch, Drogenberatung, Erziehungsberatung). Im Rahmen dieser inhaltlichen Begrenzung werden sie aber mit sehr breiten Fragestellungen konfrontiert. Oft ist unklar, worin das eigentliche Problem besteht, welche Hilfen angemessen sind und wer diese Hilfen geben kann.

Viele Klienten suchen zunächst nicht unmittelbar Therapie, sondern erhoffen sich eine Strukturierung ihrer vorliegenden Probleme und Informationen über Hilfsangebote. Dies trifft besonders für Beratungsstellen für Kinder und Jugendliche zu, die meist wegen recht offener Fragestellungen (etwa Erziehungsschwierigkeiten, Schulprobleme) kontaktiert werden. Diese Probleme bedürfen in aller Regel einer weiteren Abklärung. So könnten sich beispielsweise hinter einem „Schulproblem" eine neurologische Störung, eine motorische Entwicklungsverzögerung, ein elterliches Problem oder eine Teilleistungsstörung verbergen. Diese möglichen Bedingungshintergründe (und weitere andere) müssen zunächst diagnostisch abgeklärt werden, weil sich dafür ganz unterschiedliche Behandlungsmaßnahmen ergeben, etwa: die Abklärung von neurologischen Beeinträchtigungen in Zusammenarbeit mit dem Kinderarzt, die Veranlassung einer krankengymnastischen Übungsbehandlung im Falle einer motorischen Entwicklungsverzögerung, eine Eheberatung für die Eltern, die Beratung der zuständigen Klassenlehrerin beim Nachweis von Lernschwierigkeiten oder die Förderung des Kindes in bestimmten Funktionsbereichen, falls eine Teilleistungsstörung nachgewiesen wird. Die Diagnostik nimmt also einen höheren Stellenwert als in einer ambulanten Praxis ein, wo die Probleme stärker „vorsortiert" sind und die Kinder häufiger mit einem konkreten Therapiewunsch vorgestellt werden.

Intervention

In der Intervention geht es darum, das Problemverhalten möglichst unmittelbar und alltagsbezogen zu beeinflussen. Dafür werden ganz unterschiedliche Methoden möglichst passgenau eingesetzt, etwa: Eltern als Kotherapeuten schulen, sozial-strukturelle Bedingungen (z.B. Tagesabläufe im Elternhaus, Sitzplatz des Kindes in der Schule) verändern, den Klassenlehrer verhaltensorientiert beraten, ein Training (z.B. zur Lese-Rechtschreib-Förderung mit dem Kind) durchführen. Grundlage dafür ist eine funktionale Verhaltensanalyse sowie eine konkrete Verhaltensbeobachtung in der natürlichen Umgebung oder in der Beratungsstelle.

Die Tätigkeit von Erziehungsberatungsstellen wird in staatlichen Vorgaben geregelt: Erziehungsberatungsstellen sind nach länderübergreifenden Förderrichtlinien mit mindestens einem Diplompsychologen, einem Sozialarbeiter oder Sozialpädagogen und einer weiteren pädagogisch-therapeutischen Fachkraft besetzt, regelmäßige Fallbesprechungen („Hilfeplangespräche") sollen das interdisziplinäre Zusammenarbeiten anregen. Ihr Auftrag ist in § 28 des Kinder- und Jugendhilfegesetzes (KJHG) wie folgt festgelegt: „Erziehungsberatungsstellen und andere Beratungsdienste und -einrichtungen sollen Kinder, Jugendliche, Eltern und andere Erziehungsberechtigte bei der Klärung und Bewältigung individueller und familienbezogener Probleme und der zugrunde liegenden Faktoren, bei der Lösung von Erziehungsfragen sowie bei Trennung und Scheidung unterstützen. Dabei sollen Fachkräfte verschiedener Fachrichtungen zusammenwirken, die mit unterschiedlichen methodischen Ansätzen vertraut sind."

3.4.3
Indikation

Die Fragen, die an Beratungsstellen herangetragen werden, sind in der Regel noch wenig vorgeklärt und dementsprechend auch noch recht unbestimmt. Es sind im allgemeinsten Sinne Fragen, die sich auf die Entwicklung, Erziehung sowie die Lebensweise eines Kindes oder Jugendlichen beziehen. Daraus ergibt sich als erste Aufgabe, dass diese eher unbestimmten Probleme zunächst abgeklärt und diagnostisch eingeordnet werden müssen. Die nächste Aufgabe besteht darin, für eine möglichst gezielte und alltagsnahe Abhilfe zu sorgen. Demnach konzentriert sich die Arbeit auf folgende drei Schwerpunkte:

(Verhaltenstherapeutische) Problemklärung
Die Probleme der Kinder und Jugendlichen müssen zunächst diagnostiziert und kategorisiert werden. Der Berater führt dazu eine orientierende funktionale Verhaltensanalyse durch und gelangt dabei zu ersten Hypothesen, denen er in der weiteren Diagnostik nachgeht. Anhand einer gezielteren Verhaltensbeobachtung (sei es im Beobachtungsraum der Beratungsstelle, sei es im Alltag), psychologischer Diagnostik (z.B. mehrdimensionale Funktionsdiagnostik bei einer Entwicklungsverzögerung), Hausbesuchen und in Zusammenarbeit mit anderen Fachleuten (z.B. Kinderärzte, Neurologen, Audiologen) wird das zugrunde liegende Problem spezifiziert und verfügbaren Hilfen (z.B. Arztbesuch, Nachhilfeunterricht, Schulwechsel) zugeordnet. Die unten stehende Skizze zeichnet diese Problemklärung am Beispiel eines „Schulproblems" nach.

Verhaltensberatung
In der Verhaltensberatung („behavioral counseling") geht es um die Veränderung der Bedingungen, die die kindlichen Verhaltensschwierigkeiten hervorbringen oder aufrechterhalten. Dies geschieht in einer „offenen" Verhaltenstherapie, die nicht nur das Verhalten des Kindes/Jugendlichen, sondern auch die gesamte individuelle und familiäre Situation (etwa Erziehungsverhalten, Wohnbedingungen, Schulkonzept) berücksichtigt. Da das Verhalten von Kindern/Jugendlichen in hohem Maße kontextabhängig ist, wird man dabei in der Regel auf die Hilfe der direkten Bezugspersonen des Kindes zurückgreifen. Die Interventionsmöglichkeiten selbst sind vielfältig (z.B. die Verbesserung der Wohnbedingungen, Verbesserung von Situationsabläufen im Elternhaus, Veränderung des Erziehungsverhaltens, Durchführung von entwicklungsförderlichen Maßnahmen durch die Eltern). Die Ausführung dieser Maßnahmen wird im Wesentlichen an die Bezugspersonen delegiert, sie werden alltags- und handlungsbezogen beraten (z.B. Beratung einer Lehrerin zum Umgang mit dem aufmerksamkeitsgestörten Verhalten eines Kindes, Beratung des Schulhausmeisters zum Verhalten bei Provokationen des Kindes, Beratung der Eltern bei Paarkonflikten). Diese Versorgungsangebote werden kaum in ambulanten Praxen bereitgehalten, weil sie nicht von den Krankenkassen fi-

nanziert werden bzw. weil eine enge interdisziplinäre Zusammenarbeit (z.B. Sozialarbeit, Beratung, medizinische Abklärung) erforderlich ist.

Intervention

Die Behandlung von psychischen Störungen anhand traditioneller verhaltenstherapeutischer Interventionsverfahren bezieht sich zumeist auf die Arbeit mit einzelnen Klienten und entspricht weitestgehend der Tätigkeit von Verhaltenstherapeuten in ambulanter Praxis.

Diese drei Tätigkeitsschwerpunkte stellen sich am Beispiel „Schulprobleme" wie folgt dar:

Beispiel: Intervention

Indikations-bereich	Schwerpunkt	Beispiel: Schulproblem
Problem-Klärung	Diagnostik; Information über Hilfsmöglichkeiten	Orientierende, funktionale Verhaltensanalyse, Leistungsdiagnostik; Analyse von emotionaler, familiärer und schulischer Situation, Empfehlung von Schulwechsel, Nachhilfe, Besuch beim Augenarzt, Entschuldungsberatung der Eltern, Eingabe ans Wohnungsamt; Überweisung zur Therapie (Verbesserung konzentrierten Arbeitens)
Verhaltensberatung	Kontingenz-management über Bezugspersonen; Intervention in verschiedenen relevanten Lebensbereichen	Diagnostik, Verhaltensbeobachtung, Anleitung der Mutter zu täglicher Rechtschreibübung und zum Verhalten bei Hausaufgaben; Vermittlung eines kleinen Konzentrationstrainings an die Lehrerin; Beratung des Schulbus-Fahrers zum Verhalten bei Provokationen des Kindes während der Fahrt
Verhaltens-Therapie	Behandlung der individuellen Klienten	Aufmerksamkeits- und Selbstsicherheitstraining (in therapeutischer Kleingruppe); Behandlung von Schulangst (alleine beim Therapeuten)

Es liegt auf der Hand, dass diese drei Interaktionsbereiche fließende Grenzen haben. Insbesondere bei den Bezugspersonen, die als Kotherapeuten fungieren, sind Problemabklärung, Beratung und Therapie eng miteinander verzahnt.

3.4.4
Detaillierte Beschreibung des Vorgehens

Verhaltensanalyse
Die Abklärung der kindlichen Verhaltensschwierigkeiten (z.B. Erziehungsprobleme mit pubertierenden Kindern, Lernprobleme eines Kindes, Aggressivität eines Kindes im Kindergarten) erfolgt zunächst anhand einer funktionalen Verhaltensanalyse. Dabei wird das beklagte Problemverhalten verhaltens- und alltagsnah beschrieben und die Umstände, unter denen es auftritt oder ausbleibt, werden festgehalten. Das Problemverhalten wird also in einem verhaltensanalytischen Bedingungsmodell abgebildet, wobei vor allem die Art des Problemverhaltens (z.B. Verhaltensdefizit oder Überschuss, Art und Anzahl der Verhaltensprobleme) und dessen Folgen (z.B. Reaktionen von Eltern oder Lehrern) sowie die Bedingungen, die das Auftreten begünstigen, ermittelt werden. In den weiteren diagnostischen Schritten (z.B. Verhaltensbeobachtungen im Elternhaus oder in der Schule, testpsychologische Untersuchungen, Tagesprotokolle der Eltern, Arbeitsproben) wird sodann überprüft, inwieweit dieses Bedingungsmodell in der Tat die Umstände erfasst, die das beklagte Problemverhalten hervorbringen und aufrechterhalten.

Verhaltensberatung
Weitere diagnostische Informationen liefert die anschließende „Verhaltensberatung". Wenn beispielsweise unklar ist, inwieweit eine (isolierte) Schulleistungsstörung auf eine Teilleistungsstörung oder ein deprivatorisches häusliches Milieu zurückzuführen ist, kann eine kurze, intensive verhaltenstherapeutische Förderung des Lesens und Rechtschreibens schnell (unter Berücksichtigung der Intelligenzbefunde) Klärung bringen. Das Vorgehen entspricht der „Diagnostik ex juvantibus (remediis)" in der Medizin (Diagnostik durch Verwendung hilfreicher Maßnahmen).
Die Verhaltensberatung ist zweifelsohne die wichtigste Interventionsform an Beratungsstellen. Dabei geht es um die Beeinflussung des Problemverhaltens in der natürlichen Umwelt durch Kotherapeuten (vgl. Kapitel 5.7) oder durch die therapeutische Behandlung der Auffälligkeiten im direkten Kontakt mit dem Kind oder Jugendlichen, aber auch um die Verbesserung der finanziell-materiellen Situation durch eine soziale, rechtliche oder finanzielle Beratung (z.B. Entschuldungsberatung, Verbesserung der Wohnsituation). Wichtig ist, dass die verschiedenen Maßnahmen gut koordiniert werden und ein positives und überprüfbares Interventionsziel ansteuern (z.B. Ziel: Erhöhung der familiären Kommunikation; Operationalisierung: Einnehmen einer gemeinsamen Mahlzeit am Tag, beide Eltern bringen die Kinder am Abend gemeinsam zu Bett). Insofern muss genau festgehalten werden, welche Ziele angestrebt und wie das Erreichen (oder Nichterreichen) überprüft wird. Die Verhaltensberatung beruht auf folgenden Einzelmethoden:

Alltagsbezogene Analyse des Problemverhaltens. Hier geht es um eine genaue Analyse des Störverhaltens und der Bedingungen, die es hervorbringen und aufrechterhalten. Hierzu ist folgendes Vorgehen nötig:

- eine genaue Abklärung des kindlichen Störverhaltens (etwa Krankheitsanamnese, mehrdimensionale Intelligenzuntersuchung, Untersuchung der Gesamtentwicklung des Kindes, Erhebung von Zusatzsymptomen bzw. -belastungen);
- eine verhaltensanalytische Abklärung der bestehenden Verhaltensprobleme (etwa Erhebung der Ausgangsproblematik, Bestimmung der wesentlichen Störungsbereiche, Operationalisierung des Störungsverhaltens);
- Hausbesuch und Inspizierung der direkten Lebenswelt.

Reduktion der vorrangigen „Stressoren". Die Verhaltensprobleme eines Kindes oder Jugendlichen sind oft durch finanziell-materielle Sachverhalte (z.B. Verschuldung, zu kleine Wohnung, ungeeignete Abläufe in der Familie, Nachbarschaftskonflikte) mit bedingt. Wenn es gelingt, diese Randbedingungen gezielt und rasch zu verbessern (etwa durch Verbesserung der Wohnbedingungen, Entlastung der Mutter von überfordernden Verpflichtungen, Reduktion der vorrangigen Verhaltensschwierigkeiten eines Kindes), werden auch die Kompetenzen und Ressourcen der Familie so gestärkt, dass sie (wieder) ihre vorrangigen Aufgaben erfüllen kann. Zu diesem Teil der Verhaltensberatung gehören beispielsweise

- soziale Beratung der Familie (etwa Entschuldung, bessere Wohnmöglichkeiten);
- rechtliche Beratung (etwa Beantragung von Sozialhilfe oder von Wohngeld, Rechtsberatung bei Wohnungskündigung);
- Neuorientierung des familiären Zusammenlebens (etwa gemeinsame Strukturierung des Alltags, Einrichtung verbindlicher Termine/Abläufe);
- Behandlung der vordringlichen Probleme beim Jugendlichen bzw. den Eltern (etwa Enuresistherapie beim Kind, Umschulung des Kindes bei Überforderung, Depressionsbehandlung bei den Eltern), die mit weiteren Belastungen und Problemeskalationen verbunden sind.

Strukturierung der Zusammenarbeit mit anderen Instanzen. Die nähere Diagnostik von Verhaltens- und Entwicklungsstörungen führt oft auch zu der Frage, ob die Problematik durch körperliche-biologische Störungen mitbedingt ist. Infolgedessen ist eine enge Zusammenarbeit mit Psychiatern, Neurologen, Pädiatern, Audiologen oder Krankengymnasten erforderlich, die in der Regel von der Beratungsstelle bzw. dem verantwortlichen Therapeuten koordiniert und in ihren Ergebnissen überwacht wird. Wichtig ist dabei, dass sich die einzelnen Behandlungsmaßnahmen nicht verselbstständigen und sich die Familie über kurz oder lang einem zufälligen, wenngleich hochspezialisierten Behandlungsangebot ausgeliefert sieht.

Beratung der Bezugspersonen

Innerhalb der Verhaltensberatung, die prinzipiell kompetenzvermittelnd und ressourcenorientiert ist und sich auf das gesamte soziale Umfeld bezieht, ist die Beratung von Eltern, Lehrern und Erziehern im Umgang mit den kindlichen Verhaltensschwierigkeiten immens wichtig. Gerade bei kontextabhängigen Verhaltensstörungen kommt es darauf an, Eltern, Lehrer und Erzieher angemessen in die Behandlung mit einzubeziehen. Dies umfasst folgende Maßnahmen: Aufklärung der Bezugspersonen, Anleitung zum Umgang mit der beklagten Störung, Maßnahmen, um das Auftreten von Störungen präventiv zu verhindern, Kompetenztraining und Elterntraining. Die Grenzen zwischen diesen Einzelmaßnahmen sind fließend, immer wird dabei auch die Verbesserung der Familienkommunikation angestrebt (vgl. Kap. 4.8).

In aller Regel wird eine Familie nur dann zu einer Zusammenarbeit in der Lage sein, wenn sie Vertrauen in die Beratung gefasst hat, erste Erfolge zu verzeichnen sind und die verlangten Änderungen in der Familie „überschaubar" sind. Es geht also nicht um eine Änderung „ins Blaue", sondern um eine Veränderung hin zu einem klar definierten und operationalisierten „Funktionsniveau" der Familie.

3.4.5
Wirksamkeit und Wirksamkeitsbedingungen

Die Evaluation von Erziehungsberatung aus Klientensicht zeigt insgesamt eine gute Erfolgsbilanz: In Nachbefragungen wird durchgängig eine hohe subjektive Zufriedenheit (zumeist deutlich über 80%) bekundet und von beachtlichen Problemverbesserungen (über 50% bis 70%) berichtet. Allerdings sind diese Untersuchungen methodisch häufig zweifelhaft (Fehlen von Kontrollgruppen) und überdies hinsichtlich der erfolgten Behandlung völlig unspezifisch, sodass sie nichts über die Wirksamkeit der tatsächlich angewandten Therapieverfahren (z.B. Verhaltenstherapie, Familientherapie, Spieltherapie) aussagen.

Die Wirksamkeit der Einzelmaßnahmen (Problemklärung, Verhaltensberatung, Verhaltenstherapie) wurde bisher in unterschiedlichem Maße untersucht:

- Für die Problemklärung liegen bisher keine Wirksamkeitsanalysen vor. Vielmehr müssten Kriterien, wonach sich die Wirksamkeit einer solchen Abklärung überhaupt bemessen lässt, erst noch entwickelt werden. Momentan kann man sich nur auf die Tatsache beziehen, dass die Ratsuchenden mit der Behandlung in den Beratungsstellen überraschend zufrieden sind.
- Verhaltensberatung hat sich hingegen in vielen Untersuchungen als wirkungsvolle Interventionsmethode für eine Vielfalt von Verhaltensstörungen erwiesen. Dies liegt offensichtlich daran, dass diese Intervention in die konkreten Problemsituationen eingreift und alltagsverändernd wirkt, was nicht zuletzt auch durch die flankierende soziale, rechtliche und finanzielle Beratung erleichtert wird.
- Die allgemeine Wirksamkeit einer Verhaltenstherapie für die Behandlung bei einzelnen Störungen (z.B. Aggressivität, Schulleistungsprobleme, Ängste) ist wiederum hinreichend belegt.

Trotz der beeindruckenden Wirksamkeitsbelege werden verhaltenstherapeutische Prinzipien viel zu selten in Beratungsstellen umgesetzt. Einschlägige Untersuchungen belegen, dass nur wenig mehr als 10% der Mitarbeiter und Mitarbeiterinnen in Beratungsstellen eine verhaltenstherapeutisch orientierte Ausbildung absolviert haben. Der Grund für diese geringe Ver-

3.4
Verhaltenstherapie
in Beratungsstellen

ankerung verhaltenstherapeutischer Vorgehensweisen liegt in der Bevorzugung rein kognitiver Ansätze oder „ganzheitlicher" Sichtweisen sowie darin, dass zur Therapie einzelner Störungsbereiche (etwa Entwicklungsstörungen) oft genug Interventionsmethoden gewählt werden, die kaum wissenschaftlich evaluiert sind.

Grundlegende Literatur

- Borg-Laufs, M. (1999). Verhaltenstherapie in der Erziehungsberatung. In M. Borg-Laufs (Hrsg.), Lehrbuch der Verhaltenstherapie mit Kindern und Jugendlichen. Band 1: Grundlagen (527–546). Tübingen: DGVT-Verlag.

- Krumboltz, J. D. & Thoresen, C. E. (Hrsg.). (1969). Behavioral counseling: Cases and techniques. New York: Holt, Rinehart and Winston.

- Tharp, R. G. & Wetzel, R. J. (1975). Verhaltensänderungen im gegebenen Sozialfeld. München: Urban & Schwarzenberg.

Weiterführende Literatur

- Heekerens, H. P. (1998). Zur Evaluation von Erziehungsberatung. Praxis der Kinderpsychologie und Kinderpsychiatrie, 47, 589–606.

- Schmelzer, D. & Trips, M. (1995). Der Selbstmanagement-Ansatz als grundlegendes Arbeitsmodell einer Erziehungsberatungsstelle. In H. Reinecker & D. Schmelzer (Hrsg.),. Verhaltenstherapie, Selbstregulation, Selbsmanagement (379–404). Göttingen: Hogrefe.

- Schmelzer, D. (1999). Probleme und Möglichkeiten begleitender Elternarbeit. In M. Borg-Laufs (Hrsg.), Lehrbuch der Verhaltenstherapie mit Kindern und Jugendlichen. Band 1: Grundlagen (361–400). Tübingen: DGVT-Verlag.

Materialien

- Döpfner, M., Schürmann, S. & Frölich, J. (1997). Therapieprogramm für Kinder mit hyperkinetischem und oppositionellem Problemverhalten – THOP. Weinheim: Psychologie Verlags Union.

- Lauth, G. W. & Schlottke, P. F. (2000). Training mit aufmerksamkeitsgestörten Kindern (5. Aufl.). Weinheim: Psychologie Verlags Union.

- Petermann, F. & Petermann, U. (1997). Training mit aggressiven Kindern (8. Aufl.). Weinheim: Psychologie Verlags Union.

Kapitel 4

Training/Ausbildung von übergreifenden Kompetenzen

Denken

Karl Josef Klauer und Gerhard W. Lauth

4.1.1
Anwendungsbeispiel

Uwe, 12;0 Jahre alt, besucht die Realschule, wo er inzwischen vor allem in den wichtigen Schulfächern zu versagen droht. Seine Versetzung ist gefährdet, wenn er auch gelegentlich durch gute Leistungen überrascht. Daneben tendiert er in jüngster Zeit mehr und mehr dazu, in die Rolle des Klassenclowns zu rutschen. Rücksprachen mit der Mutter und dem Klassenlehrer wie mit Uwe selbst gaben keinen Hinweis auf besondere Gründe für seine Schwierigkeiten innerhalb des Elternhauses oder innerhalb der Schulklasse. Im HAWIK-R erzielte er einen IQ von 102, aber er vermittelte den Eindruck, dass er zu besseren Leistungen fähig sei.

Eine zweigleisige Behandlung wurde vorgesehen. Zum einen wurde der Klassenlehrer gebeten, dafür zu sorgen, dass Uwe schrittweise Erfolgserlebnisse habe. Zum anderen wurde Uwe über ein Denktraining in seinem induktiven Denken und seinen metakognitiven Fähigkeiten geschult. Dieses Training erstreckte sich über fünf Wochen und umfasste auch Anleitungen, wie er die Trainingsinhalte im Alltag und im Unterricht umsetzen kann (etwa Denkstrategien übertragen, regelhafte Strukturen im Unterrichtsinhalt erkennen, Fernsehsendungen oder Zeitungsberichte kategoriell-strukturhaft wiedergeben). Die Maßnahme führte zunächst unmittelbar nach dem Training zu einem IQ-Anstieg auf 115. Wichtiger aber war, dass sich der Junge nach Auskunft der Lehrer aktiv und konstruktiv am Unterricht beteiligte und auch in der Leistung aufholte. Uwe selbst sagt, dass er wieder lieber zur Schule gehe und größeren Spaß am Unterricht habe.

455

4.1.2
Kurzbeschreibung der Methode und ihres Hintergrundes

Zielgerichtetes und angemessenes Denken ist zweifelsohne eine wichtige Voraussetzung für die positive Entwicklung von Kindern und Jugendlichen und ihre spätere seelische Gesundheit. Denn seelisch gesündere und entwickeltere Personen verfügen in aller Regel auch über die besseren Denkfertigkeiten. Von daher liegt es nahe, dass man das Denken recht früh und vor allem auch systematisch sowie möglichst in den jeweiligen Alltagskontexten der Kinder (Elternhaus, Kindergarten, Schule, Fernsehen) lehrt. Solche Versuche wurden in den westlichen Gesellschaften vielfach und in zum Teil sehr aufwendigen, teilweise nationenweiten Projekten gemacht:

- Die Projekte Head Start und Follow Through aus der Kennedy- und Johnson-Ära sollten die Startchancen insbesondere sozial benachteiligter Kinder schon vor Beginn der Schulpflicht verbessern. In diesen Progammen ging es beispielsweise um die Förderung des Sprach- und Zahlenverständnisses, die Symbolunterscheidung und die Verbesserung der Interaktion zwischen Mutter und Kind. Die Kinder lernten beispielsweise anhand von Fragen, die Unterschiede zwischen zwei Objekten zu benennen (es wurde z.B. ein Bild mit zwei Hunden, die in der Größe verschieden waren und von denen nur der eine einen Hut trug, anhand von gezielten Fragen miteinander verglichen; Becker-Engelmann). In anderen Programmen lernten die Kinder, bis zehn zu zählen und Mengen miteinander zu vergleichen (Primary Education Program der Universität Pittsburgh) oder achsensymmetrische Buchstaben wie b und d auseinander zu halten. Hierzu wurden auch Fernsehsendungen (Sesamstraße) eingesetzt. Andere Programme waren elternorientiert und sollten die Interaktion des Kindes mit seinen Bezugspersonen verändern. Dabei machten Helfer regelmäßige Hausbesuche, brachten interessante Problemaufgaben mit, die Mutter und Kind gemeinsam bearbeiten sollten, während die Helferin behutsam die Interaktion beider zu beeinflussen versuchte (Gordon).
- In Venezuela wurde während des Ölbooms ein „Staatsminister zur Entwicklung der menschlichen Intelligenz" berufen, der führende Psychologen der USA einlud, ein Förderprogramm für schulpflichtige Kinder zu entwickeln und großflächig zu erproben (Adams, 1989). Innerhalb eines 100 Stunden umfassenden Programms werden unter anderem das Sprachverständnis, die Begriffsbildung, Problemlösen, Entscheiden, kreatives Denken und metakognitive Prozesse geschult.
- Feuerstein wandte sich in Israel mit seinem Instrumental Enrichment (Feuerstein, Rand & Hoffman, 1980) an eingewanderte benachteiligte Jugendliche, um all die Leistungen zu trainieren, die in Intelligenztests gefordert werden. Ein besonderes Merkmal seines Konzepts ist darin zu sehen, dass ausschließlich nichtverbales, sinnfrei-abstraktes Material angeboten wird. Beispielsweise fordert eine Serie von Aufgaben, vorgegebene Punktmuster so durch Striche miteinander zu verbinden, dass eine sinnvolle Figur entsteht. Feuerstein empfand selbst das Bedürfnis, die Kluft zwischen diesen Übungen und dem Denken in Alltag und Schule zu überbrücken (zu seinem Brückenprinzip siehe unten). Das Programm ist auf zwei bis drei Jahre angelegt.
- Edward de Bono wendet sich mit seiner CoRT-Methode (CoRT steht für seine Firma Cognitive Research Trust) an alle Alters- und Niveaustufen (und bevorzugt an Großunterneh-

men). Das Lehrprogramm besteht aus Hunderten von Strategien, die nach Bedarf ausgewählt und eingeübt werden. Beispiel: Soll eine wichtige Entscheidung gefällt werden, so empfiehlt de Bono ein PMI durchzuführen, das heißt, für jede mögliche Handlungsoption alle Pluspunkte aufzuschreiben, die Minuspunkte gegenüberzustellen und alle sonstigen Punkte festzuhalten, die noch von Interesse sein können. Das Kürzel PMI dient nicht nur der raschen Verständigung, sondern auch der gedächtnismäßigen Abspeicherung.

In all diesen Projekten wird das Denken insofern eingeübt, als die Kinder und Jugendlichen mit Aufgaben, die für das Denken repräsentativ sind, konfrontiert werden. In den älteren Programmen sind dies Aufgaben, wie sie auch in Intelligenztests vorkommen, und teilweise Aufgaben, die zwar nicht im Test enthalten, aber strukturell ähnlich sind (etwa beim Learning to Think Series von Thelma G. Thurstone, 1950). Die Effekte dieser Trainingsprogramme bestehen denn auch eher in einem Testdrill oder Coaching. Anspruchsvollere und modernere Trainingskonzeptionen trainieren hingegen statt Intelligenzleistungen Denkprozesse, die auf das eigene Denken und Problemlösen gerichtet sind. Dabei hat man die Wahl, ob man viele, hochspezialisierte Strategien (etwa wie de Bono) eintrainiert oder wenige, allgemeiner einsetzbare Strategien wie etwa Aufmerksamkeitsstrategien (Schöll, 1997). Die hochspezialisierten Strategien sind im Allgemeinen zwar sehr hilfreich (das gilt zum Beispiel für die vielen speziellen Strategien zum Lernen aus Lehrtexten), aber sie sind eben auch nur in diesem eng umgrenzten Bereich nützlich. So stellt sich bei diesen Strategien immer die Frage, ob sich der Aufwand wirklich lohnt. Allgemeinere Strategien sind dagegen nicht immer gleich wirksam, aber leichter zu erwerben und breiter einzusetzen.

Eine allgemeine Strategie zum Problemlösen kann in folgenden einfachen Anweisungen zusammengefasst werden:

• Probleme sind normal, ruhig Blut!
• Analysiere zuerst das anstehende Problem und fasse es in eigene Worte!
• Formuliere, welches Ziel erreicht werden soll!
• Denk dir mehrere Lösungswege aus und entscheide dich für den günstigsten!
• Versuche jetzt, das anstehende Problem ruhig und gelassen zu lösen!
• Gib dir hin und wieder Rechenschaft darüber, ob du auf dem richtigen Weg bist!

Etwas spezieller sind die Strategien des analogen und des induktiven Denkens, für deren Training spezielle Programme zur Verfügung stehen. Beim induktiven Denken geht es um die Entdeckung von Regelhaftigkeiten und Gesetzmäßigkeiten. Dabei kann man zwei große Gruppen induktiver Leistungen unterscheiden.

1) Die Gruppierung von Objekten in Mengen und Teilmengen. Wenn beispielsweise ein Kleinkind alle kleinen bis mittelgroßen Vierbeiner als „Wauwau" bezeichnet, ein Schulkind den Wal als Fisch einstuft und es ablehnt, ein Huhn als Vogel anzusehen, dann bildet es Allgemeinbegriffe, denen bestimmte Mengen zugeordnet sind. In diesen Fällen der Begriffsbildung oder Klassifikation werden Merkmale als Mengen stiftendes Kriterium eingesetzt. Dabei kann es passieren, dass die Menge zu weit gefasst wird wie im Fall der Fische oder zu eng wie im Fall der Vögel. Die mentalen Leistungen, die dieser naiven

Biologie zugrunde liegen, sind jedoch identisch mit denen der Begriffsbildung schlecht-hin: Es müssen die Merkmale identifiziert werden, die eine Menge kennzeichnen, sowie die kritischen Merkmale erkannt werden, die die Menge von einer ähnlichen Menge unterscheiden.

2) Das Erkennen von Beziehungen zwischen Objekten oder Mengen von Objekten, um Zusammenhänge und Gesetzmäßigkeiten festzustellen. Bei dieser Leistung kann es sich um eine zeitliche Folge (Morgen, Mittag, Abend, Nacht), um eine kausale Folge (Blitz und Donner) oder um eine analoge Beziehung handeln, etwa wenn eine Kuh und ihr Kalb nach dem Muster von Huhn und Küken betrachtet werden. Bei einer Analogieaufgabe muss zuerst die Beziehung zwischen zwei Objekten (z.B. zwischen Gras und grün) genau erkannt werden, um sie dann analog anzuwenden (z.B. zwischen Himmel und ?). Kleinkinder verfahren in gleicher Weise beim Spracherwerb, wie man an manchen Fehlern erkennen kann („sprechte" statt „sprach"), und selbst in der Wissenschaft spielt analoges Denken eine große Rolle. Das Erkennen von Beziehungen wie etwa Ursache–Wirkung, Grund–Folge, von Verwandtschaftsbeziehungen, Größenbeziehungen und dergleichen mehr führt zur Entdeckung von Zusammenhängen und Gesetzmäßigkeiten. Wenn zum Beispiel eine Überschrift über einen Text oder einen Textabschnitt gesucht wird, so kommt es darauf an herauszufinden, worum es in dem fraglichen Text geht, in welcher Weise die mitgeteilten Fakten zusammenhängen. Handelt es sich beispielsweise um eine Folge von Ereignissen, von Handlungen, handelt es sich um die Beschreibung eines Zwecks oder um eine Begründung?

4.1.3
Indikation

Die Vermittlung der Denkfertigkeiten ist besonders dann angezeigt, wenn Fähigkeiten der Informationsverarbeitung, der Schlussfolgerung und der logischen Abstraktion beeinträchtigt sind. Dies gilt vor allem für folgende Störungsbereiche:

• Lern- und Leistungsstörungen (etwa kombinierte Störung schulischer Fertigkeiten; F81.3), bei denen die Stringenz der geistigen Operationen in einzelnen Inhaltsbereichen (Schulfächer, schulische Leistungen) unbefriedigend ist;
• Entwicklungsstörungen (etwa leichte Intelligenzminderung; F70; Entwicklungsstörung; F83), bei denen geistige Prozesse per definitionem nur unzureichend ausgebildet werden konnten;
• Patienten mit Schädel-Hirn-Trauma, bei denen beispielsweise Begriffs- und Wissenssysteme in Mitleidenschaft gezogen sind und Denkakte nur unzureichend vollzogen werden können;
• Schizophrenie, bei der zumeist auch Fähigkeiten der Informationsverarbeitung beeinträchtigt sind (etwa Schizophrenia simplex; F20.6; hebephrene Schizophrenie; F20.1).

In all diesen Fällen geht es darum, den Klienten/Patienten zu ermöglichen, selbstständig Denkstrukturen im Sinne der Analyse von Informationen sowie der Verdichtung auf Oberbegriffe, Klassen, Kategorien, Regeln und strukturelle Beziehungen aufzubauen.

4.1.4
Detaillierte Beschreibung des Vorgehens

Für die Vermittlung von Denkfertigkeiten ist es zunächst erforderlich, dass man geeignete Materialien und Aufgaben (zumeist im Rahmen eines Trainingsprogrammes) zusammenstellt. Bei der Vermittlung der Denkfertigkeiten selbst werden verschiedene verhaltenstherapeutische Techniken eingesetzt:

- Shaping (Verhaltensformung). Dabei werden Aufgaben ihrer Schwierigkeit nach gestaffelt dargeboten. Die Denkfertigkeiten werden zunächst an einfachen Aufgaben ausgebildet und nach Maßgabe der Fortschritte, die die Kinder erreichen (etwa von 10 Antworten sind 8 richtig), wird auf die nächste Schwierigkeitsstufe übergegangen.
- Irrtumsloses Lernen. Dieses Prinzip besagt, dass die Kinder nach Möglichkeit keine Fehler machen sollen. Dies wird einerseits dadurch gewährleistet, dass den Kindern Aufgaben dargeboten werden, die sie mit einiger Sicherheit lösen können (mittelschwere Aufgaben). Andererseits verhindert der Therapeut, dass falsche Antworten gegeben werden (z.B. Blockierung der falschen Antworten).
- Modellierungsprozeduren (Selbstinstruktionstraining, Coaching). Dabei werden die korrekten Vorgehensweisen vom Trainer oder einem kompetenteren Kind zunächst so demonstriert, dass sie von den Teilnehmern nachvollzogen werden können. Dies erhöht die Wahrscheinlichkeit, dass die Trainingskinder korrekt vorgehen. Mehr noch, in der Regel wird dadurch ein regelhaftes und systematisches Vorgehen in die Wege geleitet, das die Kinder immer eigenständiger ausführen.
- Operante Verstärkung. Wie in allen Rehabilitationsprogrammen üblich, wird den Kindern ein möglichst rasches und direktes Feedback zu ihren Lösungen gegeben. Dies kann darin bestehen, dass der Trainer die korrekten Antworten sofort (im Zeitrahmen von maximal zwei Sekunden) als richtig und korrekt ausweist. Eine andere Rückmeldung besteht darin, dass die Fortschritte kontinuierlich dokumentiert werden (z.B. Tabelle mit den Leistungsfortschritten). Bei stärker beeinträchtigten Kindern/Jugendlichen werden vordergündigere operante Verstärkungen eingesetzt, um eine Motivation aufzubauen (etwa Lob und Zuwendung, Münzverstärker-Programme).

Im Allgemeinen werden bei der Vermittlung von Denkfertigkeiten folgende Stadien durchlaufen:
Information der Kinder und Jugendlichen über das Programm (bei jüngeren Kindern erfolgt dies über die Eltern als Mediatoren). Teilweise wird die beabsichtigte Zusammenarbeit auch vertraglich vereinbart. Dabei werden die Art des Trainings, die ungefähre Zahl der Trainingssitzungen, die wechselseitigen Verpflichtungen sowie Vergabe von Verstärkern (Tokens) geregelt.

Die systematische Bearbeitung von Aufgaben, die das Denken/Problemlösen schulen. Hierzu liegen verschiedene Programme vor, die jeweils auf einer Theorie des Denkens beruhen und dieses systematisch durch die Verwendung spezieller Aufgaben trainieren. Überhaupt spielen die Art der Trainingsaufgaben, ihre Abfolge innerhalb des Trainings, der An-

stieg der Aufgabenschwierigkeit und -komplexität eine sehr große Rolle. Denkprozesse können einfach nur insoweit entwickelt werden, als das Trainingsmaterial auch stringent auf die
jeweiligen Prozesse bezogen ist und diese einzuüben gestattet. Grundlage der auszubildenden
Denkstrategien sind also klare Vorstellungen über die Art der Strategien und ein bewährtes
Konzept zu ihrem Training. Dazu gehören ein konsequenter Trainingsaufbau, der die Automatisierung der Strategie gewährleistet und den Transfer der Strategie auf immer neue Probleme nicht den Kindern überlässt, sondern systematisch einübt. Hierzu sind zurzeit folgende
Programme verfügbar.

- DenkMit (Sydow & Meincke, 1994) für 3- bis 4- und 5- bis 6-jährige Kinder. Das Programm
  ist darauf gerichtet, das analoge Denken der Kinder systematisch zu entwickeln – eine
  Denkstrategie, die in diesem Alter besonders deutliche Entwicklungsschübe erfährt. In dem
  Programm wird unter anderem das genaue Beobachten und Vergleichen, das Herausfinden
  von Unterschieden, die Ausbildung verallgemeinernder Relationen sowie die Verfolgung eines komplexeren Zieles über mehrere Schritte hinweg geübt. Es bietet Bildmotive und (zu
  Transferzwecken) abstrakte Muster, wobei jedes Motiv und jedes Muster zerlegbar ist und
  in vier Varianten transformiert werden kann (Drehung, Größenänderung, Farbänderung,
  Formänderung). Die Transformationen können kombiniert werden, sodass jedes Motiv in
  16 Varianten erscheint. Diese Varianten werden in acht Aufgabentypen zur Bearbeitung angeboten, wobei hier nur die ersten drei zur Illustration aufgezählt seien. Typ 1: Es werden
  zwei Bilder von Objekten vorgelegt, z.B. von zwei Pilzen, die sich in einem oder mehreren
  Merkmalen unterscheiden, also etwa verschieden gefärbt und gedreht sind. Die Kinder sollen alle Merkmalsunterschiede herausfinden, was eine Kodierung der Objekte und ihrer relevanten Merkmale sowie Vergleichsprozesse erfordert. Typ 2: Wiederum werden zwei solche Abbildungen vorgelegt. Aber nun wird gezielt nach dem Unterschied gefragt, also ob
  das eine Objekt kleiner oder gekippt oder anders gefärbt ist. Typ 3: Nun wird nur ein Bild
  vorgelegt, und das Kind erhält den Auftrag, das Objekt mithilfe von Puzzleteilen nachzubauen. Dabei ist es später auch möglich, das Kind zu bitten, den Gegenstand verkleinert/ver-
  größert/gedreht anders gefärbt nachzubauen. Diese Aufgabe erfordert nicht nur Kodierungs-
  und Vergleichsprozesse, sondern auch die visuomotorische Koordination. Das Training ist
  auf acht Sitzungen angelegt.

Abbildung 1 zeigt eine Beispielaufgabe, in der das Kind eine Ausgangssituation nach einer
mündlichen Anweisung systematisch in Farbe, Lage und Größe ändern soll.

- Training des induktiven Denkens. Hierzu stehen drei Programme für verschiedene Altersstufen zur Verfügung (Klauer, 1989; 1991; 1993): Denktraining I für Vorschul- und Grund-
  schulkinder (5–8 Jahre), Denktraining II für ältere Schulkinder (10–13 Jahre) und Denktraining III für Jugendliche (14–16 Jahre). Alle drei Programme fördern das induktive
  Denken, also die Entdeckung von Regelhaftigkeiten und Gesetzmäßigkeiten. Grundlage des
  Trainings ist eine neue Strategie des induktiven Denkens, bei der Vergleichsprozessen eine
  zentrale Rolle zukommt, d.h. der Feststellung von Gleichheit und/oder Verschiedenheit. Die
  Vergleichsprozedur führt zur Entdeckung von Gemeinsamkeiten oder Unterschieden in Be-

**Abb. 1:   Beispielaufgabe aus dem Denktraining für
3- bis 4-Jährige**
(der Laster soll nach verbaler Instruktion verändert werden;
Sydow & Meincke, 1994)

zug auf Merkmale oder auf Relationen. Auf diese Weise wird die Regelhaftigkeit oder Gesetzmäßigkeit entdeckt, um die es beim induktiven Denken geht. Eine entsprechende Aufgabe, in der es um Systembildung geht, ist in Abb. 2 zu sehen.
Es kommen genau sechs Aufgabenklassen vor: Drei Aufgabenklassen haben mit der Klassifikation von Objekten gemäß einem gemeinsamen Merkmal zu tun (Generalisierung, Diskrimination und Kreuzklassifikation). Drei weitere Aufgabenklassen erfordern das Erkennen gemeinsamer Relationen zwischen Paaren von Objekten (Analogien, Folgen und Matrizen). Jede Aufgabenklasse ist mit 20 Aufgaben vertreten, sodass insgesamt 120 Aufgaben zu einem Trainingsprogramm gehören. Sie sind nach lernpsychologischen Gesichts-

461

Abb. 2:   Beispielaufgabe aus dem Denktraining für Kinder II
(Klauer, 1991)

Ute hat Geburtstag. Sie lädt ihre sechs Freundinnen zum Eisessen ein. Sie sehen sich im Café die Eiskarte an und stellen fest, dass einige Preise nicht angegeben sind. Aber Ute weiß sich zu helfen und kann die Preise selbst ausrechnen. Schaffst Du es auch?

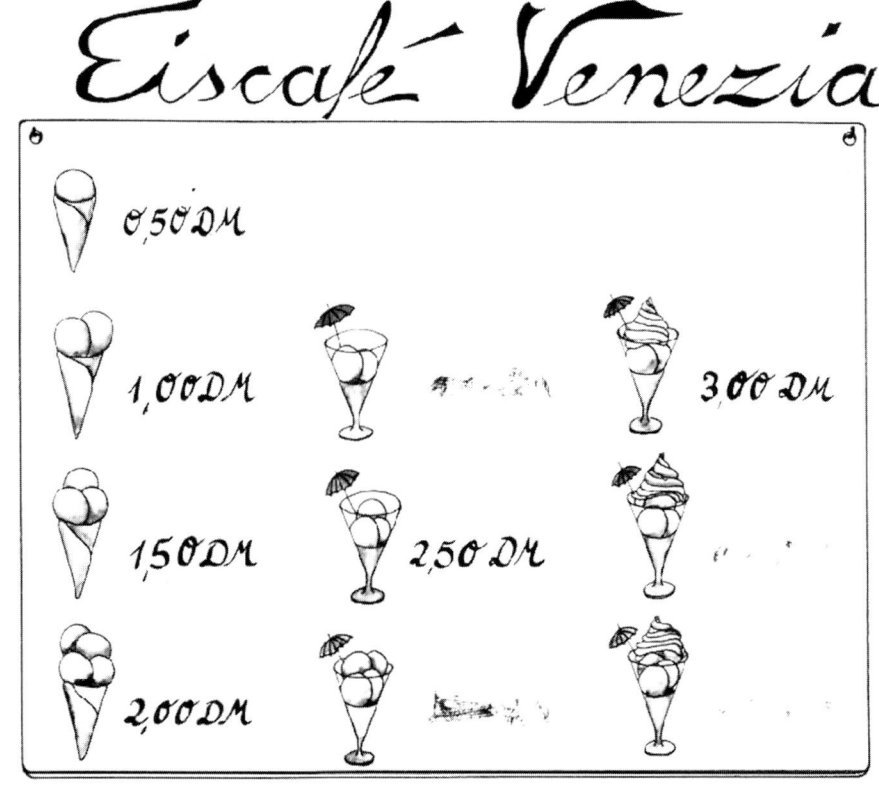

punkten auf zehn Lektionen verteilt. Es hat sich bewährt, pro Woche zwei Lektionen von je maximal 45 Minuten Dauer durchzuführen, sodass das Training in fünf Wochen abgeschlossen werden kann. Außerdem hat es sich als günstig erwiesen, den Kindern folgendes dreischrittige Vorgehen bei jeder Aufgabe nahe zu legen:

1) Was ist gesucht, was ist gegeben?
2) Wie finde ich die Lösung (Planungsphase)?
3) Wie kann ich meine Lösung kontrollieren?

Die einzelnen Sitzungen vermitteln folgende Inhalte:

1. Sitzung – Naives Problemlösen. Vertrautwerden mit dem Material und der Situation.
2. Sitzung – Unterscheiden von Merkmalen und Relationen (Einführung der Begriffe „Eigenschaft" und „Beziehung". Aufgaben der Lektion 1 entsprechend sortieren).
3. Sitzung – Die drei Merkmalsklassen kennen lernen.
4. Sitzung – Die drei Relationsklassen kennen lernen.
5.–7. Sitzung – Lösungs- und Kontrollprozess zur Erkennung bei den verschiedenen Aufgabenarten beherrschen.
8. und 9. Sitzung – Vertiefung und Festigung des Lösungsvorgehens bei den verschiedenen Aufgabenarten.
10. Sitzung – Automatisierung der Lösungs- und Kontrollprozesse.

- PC-gestützte Trainingsverfahren (z.B. CogPack von marker software, 1986) werden insbesondere bei Rehabilitationsmaßnahmen (etwa bei Schädel-Hirn-Trauma, Schizophrenie) eingesetzt. Diese Programme beinhalten neben Übungen zur Förderung von Konzentration, Gedächtnis und Psychomotorik auch Bausteine, die sich auf das logische Denken und komplexe Informationsverarbeitung beziehen. Beispielsweise besteht CogPack, das vielfach in der Therapie von Schizophrenie eingesetzt wurde (Olbricht, 1999), aus 52 Einzelaufgaben, die in drei Schwierigkeitsstufen vorliegen und unter anderem Strategien und Logik einüben (etwa schlussfolgerndes Vergleichen, Fortsetzen von Reihen, Punkte regelhaft verbinden). In seiner stationären Anwendung wird das Programm im Gruppentraining mit sechs PCs an vier Sitzungen (je eine Stunde Dauer) durchgeführt. In jeder der Sitzungen werden vier bis sechs Aufgaben bearbeitet. Wenn die Aufgaben gut gelöst werden, werden die nächstschwierigen Aufgaben präsentiert. Zeigt sich ein Defizit, dann wird in einem individualisierten Trainingsansatz diese Übungsaufgabe in der nächsten Sitzung noch einmal vorgegeben. Das Programm gibt den Patienten Leistungsrückmeldungen und ermuntert sie zum Weiterarbeiten. Gute Programme arbeiten adaptiv, stellen die Aufgabenschwierigkeit also auf die Fähigkeit des Anwenders ein, steigern die Aufgabenschwierigkeit nach Maßgabe der erreichten Fortschritte und geben kontinuierliche Rückmeldungen über die Ergebnisse. Auf diese Weise werden die Erfolgserlebnisse gesteigert und ein effektives Lernen wird ermöglicht.

Die Anbahnung von Transfer auf den Alltag stellt eine besondere Herausforderung dar, gilt es doch, mittels des Denktrainings die kognitive Entwicklung anzuregen und das Alltagsverhalten (z.B. Schulverhalten, Orientierung im Alltag) zu verändern. Für die Übertragung auf den Alltag erweisen sich folgende Aspekte als günstig:

- **Die Schulung des Denkens direkt im Alltag** (etwa Rückgriff auf natürliche Inhalte). Bereits in den 70er Jahren haben Spivack und Shure (1981) die Mütter von Vorschulkindern angeleitet, ihren Kindern das Denken über strukturierende Gespräche nahe zu bringen. Dafür müssen den Eltern die Denkfertigkeiten, um die es geht, zuerst selbst vermittelt werden. Die Eltern müssen die Denkfertigkeiten selbst als nützlich erleben und mit ausreichender Sicherheit beherrschen. Um das zu erreichen, werden sie in Gruppen mit den wichtigsten Denkregeln vertraut gemacht. Hierzu werden Aufgaben und Problemsituationen nach den gängigen Problemlöseregeln (etwa „Was ist das Problem? Worum geht es? Wie gehe ich vor?" etc.) bearbeitet. Im Allgemeinen erweist es sich dabei als günstig, wenn man Probleme aus dem Lebensbereich der Eltern nimmt (etwa einen Konflikt klären, sich beim Autokauf für einen günstigen Wagen entscheiden, eine Urlaubsreise vorbereiten).

- Das so genannte **Brückenprinzip** von Feuerstein fordert einen Brückenschlag zwischen Training und Alltag: Die Kinder sollen erkennen, dass ein Prinzip, wie es im Training eingeübt wurde, im Alltag anwendbar ist. Hierzu ist es nützlich, wenn Eltern und Lehrer über das Denktraining informiert werden und dem Kind bei passender Gelegenheit Hinweise auf solche Übertragungsmöglichkeiten geben. Dies lässt sich am einfachsten anhand der Trainingsaufgaben (etwa von Denktraining III) erreichen. Eltern oder Lehrer werden in dieses Programm und seine Grundlagen eingewiesen und lösen repräsentative Aufgaben in Kleingruppen. Sodann wird mit ihnen darüber beraten, wie sie ihren Kindern induktives Denken (also: Erkennen von Regelhaftigkeiten) nahe bringen können, etwa indem sie die Kinder dazu anhalten, die Gleichheit oder Verschiedenheit von Merkmalen und Relationen festzustellen. Dies kann in „Denkspielen" (etwa: „Welches von jeweils sechs vorüberfahrenden Autos passt nicht zu den anderen? Warum nicht?"), aber auch bei alltäglichen Verrichtungen (etwa: „Was haben die Personen im soeben gesehenen Fernsehstück gemeinsam? Wie viele Gruppen kann man unterscheiden? Nach welchen Merkmalen setzen sich diese Gruppen zusammen?") eingeübt werden.
- **Kotherapeutentraining.** Den bisherigen Ergebnissen zufolge erweist es sich als förderlich, insbesondere bei jüngeren Kindern die Eltern (Mütter) in das Training mit einzubeziehen. Dabei ist es günstig, wenn die Mütter Teile des Trainings im Alltag ausführen. Hierzu führen die Eltern das Training oder Teile davon selbst zu Hause durch. Hier gelten die üblichen Regeln des Kotherapeutentrainings (freiwillige Teilnahme der Kinder, kurze Übungszeiten von maximal 30 Minuten, präzise Übungsgestaltungen, Feedback durch die Eltern und Dokumentation der Trainingsfortschritte – siehe Kotherapeutentraining, Kap. 5.7). Für das Training des analogen Denkens bieten Sydow und Meinke (1994) zu jeder Bildaufgabe speziell auf die Aufgabe bezogene Anweisungen, wie Eltern in das Training aktiv mit einbezogen werden können. Die Mitarbeit der Eltern ist in dem Programm daher ausdrücklich vorgesehen, obwohl es möglich ist, das Training auch ohne Einbezug der Eltern durchzuführen. Die dargestellten Trainingsprogramme (Denktraining I, II und III) können möglicherweise auch von den Eltern zu Hause ausgeführt werden. Voraussetzung dazu wäre eine Einführung in die Theorie des Denktrainings, eine Vermittlung der wichtigsten Trainingsprinzipien und eine (wie üblich) begleitende Supervision ihrer Tätigkeit.
- Die Kinder/Jugendlichen erhalten zusätzlich zur Durchführung des Denktrainings **therapeutische Hausaufgaben**, bei denen die Trainingsinhalte im Alltag erprobt und umgesetzt werden. Hierzu eignen sich vor allem solche Aufgaben, die für das Kind/den Jugendlichen wirklich bedeutsam sind, etwa die Analyse von Fernsehsendungen, die Bearbeitung von Schulaufgaben oder die Analyse von Zeitungsberichten über Sportaktivitäten.

4.1.5
Wirksamkeit und Wirksamkeitsbedingungen

Im Allgemeinen kann gezeigt werden, dass ein Denktraining moderner Konzeption die intellektuelle Leistungsfähigkeit langfristig verbessert und sich auch positiv auf das Alltagsverhalten auswirkt. Die derzeitigen Befunde belegen beispielsweise, dass die intellektuelle Leistungsfähigkeit langfristig, aber auch das Lernen in der Schule (Klauer, 2000), das soziale Verhalten (Spivack & Shure, 1981) und die kognitive Entwicklung (Sydow & Schmude, 2000) gefördert werden. Solche positiven Effekte sind aber nur dann zu verzeichnen, wenn das Denktraining auch wirklich die Denkstrategien einübt, die im Alltag (beispielsweise im Unterricht) benötigt werden. Das ist insbesondere beim Training des analogen und des induktiven Denkens der Fall. Die Wirkungen sind noch zu steigern, wenn die Bezugspersonen (Mütter) aktiv und konstruktiv in das Training mit einbezogen werden. Dies gilt besonders bei jüngeren Kindern (Vorschulkindern) sowie entwicklungsverzögerten und retardierten Schülern.

Trotz der positiven Befunde werden die vorliegenden Denkprogramme gegenwärtig eher selten präventiv und institutionell im Kindergarten oder in Schulen eingesetzt. Auch in Sonderschulen werden sie nur ausnahmsweise verwendet. Hauptsächlich kommen sie im Rahmen einer therapeutischen Behandlung, beispielsweise von entwicklungsverzögerten und retardierten Kindern in Kliniken, Erziehungsberatungsstellen und freien psychologischen Praxen, zum Einsatz.

Grundlegende Literatur

- Adams, M. J. (1989). Thinking skills curricula. Their promise and progress. Educational Psychologist, 24, 25–77.

- Klauer, K. J. (2000). Training des induktiven Denkens. In K. J. Klauer (Hrsg.), Handbuch Kognitives Training (S. 165–210). Göttingen: Hogrefe.

- Sydow, H. & Schmude, C. (2000). Training des analogen Denkens und des Zahlbegriffs im Vorschulalter – Analysen der Wirkung von drei Programmen zum kognitiven Training (S. 129–164). In K. J. Klauer (Hrsg.), Handbuch Kognitives Training. Göttingen: Hogrefe.

Weiterführende Literatur

- Hamers, J. H. M. & Overtoom, M. T. (1997). Teaching thinking in Europe. Inventory of European programmes. Utrecht: Sardes.

- Nickerson, R. S., Perkins, D. N. & Smith, E. E. (1985). The teaching of thinking. Hillsdale, NJ.: Erlbaum.

Materialien

- Feuerstein, R., Rand, Y. & Hoffman, M. B. (1980). Instrumental enrichment: An intervention program for cognitive modifiability. Baltimore: University Park Press.

- Klauer, K. J. (1989). Denktraining für Kinder I. Göttingen: Hogrefe.

- Klauer, K. J. (1991). Denktraining für Kinder II. Göttingen: Hogrefe.

- Klauer, K. J. (1993). Denktraining für Jugendliche. Göttingen: Hogrefe.

- Marker, K. (1986). CogPack (PC-Programm). Ladenburg: marker software (Adresse: marker software, Im Steg 9; 68526 Ladenburg).

- Olbrich, R. (1999). Psychologische Verfahren zur Reduktion kognitiver Defizite. Fortschritte der Neurologie und Psychiatrie, 67, 74–76.

- Schöll, G. (1997). Förderung von Aufmerksamkeit in der Grundschule. Münster: Waxmann.

- Spivack, M. B. & Shure, G. (1981). Gespräche lösen im Gespräch. Stuttgart: Klett.

- Sydow, H. & Meincke, J. (1994). DenkMit. Das Berliner Programm zur Förderung des Denkens und der Wahrnehmung bei drei- bis sechsjährigen Kindern. Simbach/Inn: Zak.

- Thurstone, T. G. (1950). Learning to think series. Chicago: RandMcNally.

4.1
Denken

Problemlösen

Gerhard W. Lauth

4.2.1
Anwendungsbeispiel

Christoph (10 Jahre) gilt als motorisch unruhig, aufsässig sowie schwer zu lenken. Vor allem kommt es immer wieder zu Konflikten mit anderen Kindern. Er hat infolgedessen keine Freunde, sondern tut sich oft mit anderen, eher problematischen Kindern zusammen, mit denen er andere Kinder drangsaliert oder den Unterricht stört. In der differenzialdiagnostischen Abklärung wird eine hyperkinetische Störung des Sozialverhaltens (F90.1) erkannt. Christoph hat einen IQ-Status von 103; er lebt bei seiner Mutter, die allein erziehend ist. Im Rahmen einer multimodalen Therapie nimmt er zusammen mit drei anderen, gleichaltrigen Kindern an einem Training zum sozialen Problemlösen teil. Das Training bezieht sich zunächst auf die Ausbildung einer geeigneten Haltung (nicht sofort „loslegen", innehalten, überlegen, was anliegt). Hierzu werden exemplarische Problemgeschichten vorgestellt, mit den Kindern analysiert und in Rollenspielen umgesetzt.

Die Kinder lernen mimische Reaktionen zu bewerten, sich in die Absichten anderer einzufühlen und komplexere, mehrdeutige Situationen (etwa im Gedränge unsanft angestoßen werden) richtig zu deuten. Hierzu werden bspw. Fotokarten von Gesichtern, Problemgeschichten und wiederum Rollenspiele eingesetzt. Der dritte Teil beschäftigt sich in der Hauptsache mit der Lösungsfindung bei sozialen Problemen und ihrer Bewertung. Hierzu werden Problemgeschichten, zunehmend aber auch eigene Anliegen der Kinder herangezogen (etwa einen Fehler eingestehen, eine Herausforderung zurückweisen, sich etwas ausleihen wollen). Der Trainingsablauf und jede einzelne Sitzung sind strikt gegliedert (etwa Einstimmung, Besprechung des Sitzungsinhaltes, Übung der Kinder, Vereinbarung der Hausaufgaben). Systematische Rückmeldungen der Mutter und von Christoph selbst zeigen, dass sich sein soziales Alltagsverhalten positiv änderte.

4.2.2
Kurzbeschreibung der Methode und ihres Hintergrundes

Im menschlichen Leben treten immer wieder ganz verschiedene Probleme auf; bei Kindern und Jugendlichen sind dies etwa Konflikte mit Freunden, Ärger mit Eltern oder Lehrern, die Problematik bei der Umsetzung eigener Bedürfnisse, Regelverletzungen (z.B. Hausaufgaben nicht gemacht zu haben) oder mit bestimmten Anforderungen nicht zurechtzukommen (etwa Verständnis-, Lernprobleme). Es handelt sich dabei um soziale Probleme, Beziehungskonflikte und sachlich-kognitive Probleme. Ihr gemeinsames Kennzeichen ist, dass ein unbefriedigender Ausgangszustand vorliegt, der mit negativen Gefühlen (etwa Ärger, Angst) verbunden ist. Zudem – und das macht das Problemlösen mühevoll – kann das Lösungsziel nicht durch eine

467

Tabelle 1: Grundlegende, ideale Vorgehensweisen beim Lösen von Problemen

Fünf Phasen zur Lösung (D'Zurilla & Goldfried, 1975)	Das „richtige" Denken dahinter (Spivack, Platt & Shure, 1976)
1) Eine allgemein förderliche Haltung zum anstehenden Problem einnehmen (etwa ein Problem akzeptieren, Probleme für lösbar halten, Problemsituationen nicht übergehen, nicht vorschnell handeln bzw. nichts tun)	1) Soziale Probleme sensibel wahrnehmen (Erkennen sozialer Probleme, Bereitschaft, an deren Verbesserung zu arbeiten)
2) Das vorliegende Problem verhaltensorientiert bestimmen (etwa das Problem genau benennen, die verschiedenen Anteile eines Problems formulieren, sich wichtige Ziele und Konflikte deutlich machen)	2) Kausales Denken (sehen, dass das eigene Fühlen und Handeln mit dem Verhalten anderer Menschen in Beziehung steht)
3) Viele alternative Lösungen entwickeln („brain storming")	3) Denken in Lösungsalternativen (Entwicklung alternativer Lösungen, keine vorzeitige Festlegung auf die „bestmögliche" Lösung)
4) Die bestmögliche Lösung herausfinden (also die Folgen durchspielen, eigene Bedürfnisse berücksichtigen)	4) Die Antizipation von Konsequenzen (Durchdenken der Lösungsfolgen)
5) Die Lösungshandlung wirklich ausführen	5) Mittel-Ziel-Denken (Entwicklung von Plänen zur Zielerreichung)
	6) Den gewohnten Handlungsablauf zunächst unterbrechen („stop, look, listen, ask, don´t rush, think!")
	7) Was ist das Problem?
	8) Was sind die relevanten Tatsachen?
	9) Wie sieht der Handlungspartner das Problem?
	10) Welches Ziel wäre angebracht?
	11) Was könnte ich tun?
	12) Welche Folgen würden diese Lösungsmöglichkeiten haben?
	13) Was könnte als Nächstes geschehen?

4.2
Problemlösen

einfache, leicht abrufbare Routine erreicht werden. Vielmehr sind differenzierte Überlegungen, eine genauere Analyse und anstrengende Handlungen notwendig, etwa: das Problem genau analysieren, Ziele ableiten und durchleuchten, Lösungswege entwickeln, bewerten und ausprobieren, Informationen einholen, sich mit Eltern oder Freunden beraten.

Insofern wurden mit Beginn der 70er-Jahre Trainings- und Therapieverfahren zur Vermittlung von Problemlösefertigkeiten ausgearbeitet (D'Zurilla & Goldfried, 1975; Platt, Spivack & Swift, 1975). In diesen Trainingsprogrammen geht es vor allem darum, dass die Kinder und Jugendlichen ihre Probleme mit einer größeren sozialen Reife angehen. Dies führt zu zwei Fragen:

1) Was sollten die Kinder/Jugendlichen lernen, um ihre gegenwärtigen und häufigsten Probleme angemessener anzugehen? Die Antwort darauf wurde vor allem von der Denkpsychologie gegeben: Stell dir der Reihe nach bestimmte Fragen, stell bestimmte, gleichsam ideale Überlegungen an (vgl. Tabelle 1)!
2) Wie gelingt es, dass Kinder/Jugendliche nicht nur theoretisch wissen, wie man Probleme lösen sollte, sondern diese Fertigkeiten auch wirklich im Alltag umsetzen? Hierzu bedient man sich einer psychoedukativen Trainingsmethode, bei der folgende Interventionsformen eingesetzt werden:

• Modellierungstechniken (siehe Kap. 5.3) als Form der Gesprächsführung, um Erkenntnisse (etwa Gesichtspunkte zur Analyse einer Situation, Kriterien zur Bewertung von Zielen) auszubilden. Hierzu gehören auch verhaltensmodellierende Techniken (shaping);
• Rollenspiele (siehe Kap. 5.2), um sozial angemessene Verhaltensweisen (etwa Kritik anbringen, einen Vorschlag machen, eine Hänselei zurückweisen) einzuüben;
• Kurzvorträge und Techniken zur Informationsvermittlung (etwa Poster, Handouts), um Wissen (etwa über Problemlösephasen, die Rolle der eigenen Gefühle beim Erkennen und Bewerten von schwierigen Situationen) zu vermitteln;
• Modelldemonstrationen, in denen der Therapeut zeigt, wie ein angemessenes Verhalten aussehen soll;
• Hausaufgaben (siehe Kap. 5.4) zur Durchführung von einzelnen Verhaltensweisen im Alltag und gezielte Rückmeldungen zur Umsetzung durch Kinder/Jugendliche;
• Einbeziehung von Mediatoren, die die Problemlösefertigkeiten direkt im Alltag „aufrufen" (prompting) oder solche Fertigkeiten im Alltag (etwa in der Schule, in Sportgruppen) ausbilden. Hierzu gehört auch die Beeinflussung von Institutionen, die die Prinzipien des Problemlösens in ihrer Organisation und ihrem Kommunikationsverhalten realisieren (etwa im Strafvollzug, in Heimen).

4.2.3
Indikation

Die Vermittlung von Problemlösefertigkeiten ist für solche Störungen angezeigt, die mit relativ regelmäßigen Schwierigkeiten beim Umgang mit sozialen oder sachlichen Problemen einhergehen. Dies gilt besonders bei:

- leichter und mittelgradiger Intelligenzminderung (F70; F71),
- Sucht- und Abhängigkeitsverhalten (etwa F10.2),
- hyperkinetischen Störungen (F90),
- Störungen des Sozialverhaltens (F91),
- kombinierten Störungen schulischer Fertigkeiten (F81.3) bzw. Lernbehinderung,
- Anpassungsstörungen (F43.2).

Bei diesen Störungen werden gleichsam kompensatorisch handlungsstrukturierende Problemlösefertigkeiten, die die Kinder und Jugendlichen zu einem angemessenen Lösungsverhalten befähigen, vermittelt. Zumeist geschieht dies in Kombination mit anderen Behandlungsmaßnahmen (etwa Anleitung zur Krankheitsbewältigung, Vermittlung von Stressbewältigung, Verbesserung von Lernstrategien, Kommunikationstraining, Mediatorentraining von Eltern und Erziehern, umweltgestaltende Maßnahmen) im Rahmen einer multimodalen Therapie.

Diese Trainings setzen ein Mindestalter der Kinder von 8 Jahren voraus. Bei jüngeren Kindern und Vorschulkindern werden Eltern/Mütter als Mediatoren dazu angeleitet, ihren Kindern bei der Bewältigung von Alltagsschwierigkeiten Problemlösefertigkeiten zu vermitteln. Den Müttern werden dabei entsprechende Kenntnisse vermittelt, sie orientieren ihre Gespräche mit dem Kind an der Struktur des Problemlösens (etwa: Was liegt vor? Hast du eine Idee? Ist das eine gute Idee?).

4.2.4
Detaillierte Beschreibung des Vorgehens

Problemlösefertigkeiten lassen sich am besten in Gruppen von 3–5 Kindern vermitteln. Es ist empfehlenswert, das Training in einem Manual zusammenzufassen, in dem die einzelnen Sitzungen, die notwendigen Materialien (etwa Poster, Handouts, Videobeispiele, Selbstbeobachtungspläne) sowie die geforderten Interaktionsformen (etwa Kurzvortrag durch den Therapeuten, Gruppendiskussion, Rollenspiel, Analyse eines Videobandes) genau beschrieben werden. Standardisierte Manuale gibt es beispielsweise für Kindergartenkinder (Spivack, 1992), Erwachsene (Platt, Spivack & Swift, 1975) und Mediatoren (Shure & Spivack, 1981). Ein Gruppentraining umfasst in der Regel etwa 14–20 Sitzungen, die einmal pro Woche durchgeführt werden. Im Allgemeinen werden in diesen Gruppentrainings folgende Vorgehensweisen realisiert:

Ausbildung einer angemessenen „Problemlösehaltung". Die Kinder/Jugendlichen werden dazu angeleitet, nicht dem ersten Impuls zu folgen, sondern a) zunächst eine Phase der Reaktionsverzögerung einzuhalten, b) zusätzliche Informationen einzuholen und c) auf die Regeln des Problemlösens zurückzugreifen. Also bei Ärger nicht gleich aufbrausen und zurückschimpfen, sondern innehalten sowie über die Situation und mögliche Lösungen nachdenken. Erst dadurch, dass automatisierte Handlungsabläufe unterbrochen werden, ergibt sich die Chance zum differenzierten Handeln. Um das zu erreichen, werden verschiedene therapeutische Techniken eingesetzt:

- Reaktionsstopp nach dem Muster von „Stop! Look, listen and think!" Zumeist wird dies an kognitiven Aufgaben, die fehlerträchtig sind (etwa Labyrinthaufgaben, Zahlenverbinden) erprobt und eingeübt. Anschließend wird in Gruppendiskussionen erörtert, wo man dieses Vorgehen auch sonst noch mit Gewinn einsetzen kann (etwa wenn man gehänselt wird, wenn man vor Ärger fast ausrasten könnte, wenn man kaum noch ein und aus weiß). Dieser Reaktionsstopp wird eingeübt und zumeist bildlich als Signalwort illustriert.
- Sich selbst Hinweisreize geben (etwa ein Gummiband, das um das Handgelenk getragen wird, zuschnappen lassen), um eskalierende und unangemessene Verhaltenstendenzen zu unterbrechen.
- Vorstellungsbilder aktualisieren. Hier werden aggressiv-expansive Kinder beispielsweise angeregt, in Problemsituationen das Verhalten einer Schildkröte in der Vorstellung zu imitieren: Sie lernen, „sich in den Panzer der Schildkröte zurückzuziehen", wenn sie die Kontrolle über die Situation zu verlieren glauben. Durch diese proaktive Hemmung wird es ihnen ermöglicht, verschiedene Sichtweisen zu entwickeln sowie verschiedene Lösungsmöglichkeiten in Betracht zu ziehen und zu bewerten.
- Vermittlung eines Regelsystems in Form von Selbstanweisungen; etwa a) Handle nicht voreilig aus dem ersten Impuls heraus! b) Verschaff dir einen Überblick über die Situation! c) Frage dich, ob der Partner das Problem genau wie du sieht! d) Wie könnte der andere das Problem stattdessen sehen? e) Formuliere das Problem sprachlich genau! f) Benutze alle vorhandenen Informationen zu dem gegebenen Problembereich! Diese Maßnahmen erhöhen die Chance, zu reflektierten Problemlösungen zu gelangen und die einzelnen Phasen des Problemlöseprozesses sequenziell „abzuarbeiten".
- Einübung von Problemlösekompetenzen. Hier wird das Schritt-für-Schritt-Vorgehen zumeist erst an einfacheren, überschaubaren Materialien eingeübt (etwa Ausmalaufgaben, Puzzles, Zuordnungsaufgaben). Den Kindern werden anhand dieser Materialien die Stadien des Problemlösens vermittelt, um diese Fertigkeiten sodann auf komplexere und alltagsnähere Probleme (etwa sich das supertolle Taschenmesser eines anderen Kindes ausleihen, sich verlaufen und doch wieder nach Hause finden, zwei Freunde miteinander versöhnen) übertragen. Hierzu werden die einzelnen Problemlöseschritte systematisch in der Gruppendiskussion auf das anstehende Problem angewandt, also:

1) Das anstehende Problem wird genau beschrieben, sprachlich benannt und seine verschiedenen Problemanteile werden formuliert.
2) Zielvorstellungen und die damit verbundenen Vor- und Nachteile werden diskutiert.
3) In einem Brainstorming ähnlichen Verfahren werden möglichst viele Lösungswege entwickelt.
4) Welcher Weg erweist sich als der günstigste? Hierzu werden auch Regeln für die Bewertung möglicher Lösungen vorgegeben (etwa die Lösung darf keinen benachteiligen, sie muss fair und sicher sein).
5) Erprobung und Diskussion, ob die Kriterien einer „guten Lösung" wirklich erfüllt sind (etwa: Wie fühlen sich die Rollenspielpartner?).

Der Therapeut moderiert diesen Ablauf durch direkte Anweisungen, strukturierende Fragen, Ermutigung und verbale Hinweise zu den Rollenspielen, genaues, verhaltensmodellierendes Feedback zu den Rollenspielen, Demonstration des sozial kompetenten Verhaltens, Abrufen von Diskussionsbeiträgen und das Zusammenfassen von Diskussionsergebnissen. Ferner sollten die Problemsituationen, die im Laufe des Trainings thematisiert werden, dem Alltagsverhalten der Kinder entsprechen. Letztlich werden in diesen Trainings die Lösungen eigener Alltagsschwierigkeiten der Kinder erarbeitet und diese Lösungen werden dann im Alltag umgesetzt. Dies geschieht jedoch erst dann, wenn die Gruppe hinreichend gut zusammenarbeitet und das Vorgehen beim Problemlösen von den einzelnen Gruppenmitgliedern sicher beherrscht wird.

- Vermittlung von Problemlösefertigkeiten über Mediatoren (etwa Eltern, Lehrer, Erzieher, Leiter von Sportgruppen). Dabei werden die Mediatoren ebenfalls im (sozialen) Problemlösen angeleitet; ihnen wird darüber hinaus vermittelt, wie sie durch ihre eigene Gesprächsführung im Alltag Problemlösefertigkeiten bei den Kindern/Jugendlichen fördern können. Ein Beispiel dafür ist das Vorgehen von Shure und Spivack (1981), die die Mütter von Vorschulkindern darin trainierten, ihren Kindern im Spiel Problemlösefertigkeiten zu vermitteln. Ihre Kinder (4–5 Jahre) fielen im Kindergarten überwiegend als verhaltensauffällig (impulsiv, gehemmt, geringe soziale Problemlösefertigkeiten) auf. Die Mütter wurden in zehn je dreistündigen Sitzungen (je eine pro Woche) dazu angeleitet, ihren Kindern in spielerischen Sitzungen zu Hause soziale Problemlösefertigkeiten zu vermitteln. Sie sollten den Kindern zunächst die notwendigen begrifflichen bzw. kognitiven Voraussetzungen zum Problemlösen (z.B. Gefühle erkennen, Motive anderer erkennen, auf Gefühle anderer achten, Konsequenzen des eigenen Verhaltens bedenken) nahe bringen. In einem zweiten Schritt führten sie Übungen mit den Kindern durch, um deren Problemlösefertigkeiten zu schulen (z.B. Alternativlösungen entwickeln, Kriterien für angemessenes soziales Verhalten erkennen). Darüber hinaus nahmen auch die Eltern selbst an Übungen zur Ausbildung von Problemlösefertigkeiten teil (z.B. Methoden der Informationsgewinnung anwenden, Lösungsalternativen generieren, Gesprächstechniken einsetzen, um zusammen mit dem Kind schwierige soziale Situationen zu durchdenken).
- Strukturierung der Gruppensitzungen/Einsatz von Token-Systemen. Das Training von Problemlösefertigkeiten in Gruppen von extraversiv gestörten Kindern ist erfahrungsgemäß oft schwierig und erfordert spezielle Vorgehensweisen. Ein Trainer ist deshalb gut beraten, wenn er die Sitzung hochstrukturiert durchführt und sehr klare Regeln zum Verhalten in der Gruppe einführt sowie mit positiven Verstärkern bzw. milden Bestrafungen arbeitet (Token-System). Die Regeln beziehen sich auf: Material nicht zerstören, das Beste geben, andere nicht herabsetzen und nicht stören. Das positive Verhalten wird durch Vergabe von Tokens belohnt; bei Regelverstößen (etwa andere herabsetzen) wird hingegen ein deponierter Tauschverstärker weggenommen. Diese Vergaberegeln werden zu Beginn mit den Kindern in einem Vertrag vereinbart.

4.2.5
Wirksamkeit und Wirksamkeitsbedingungen

In einer zusammenfassenden Bewertung charakterisieren Kazdin und Weisz (1998) Problemlösetherapien als zuverlässige und vergleichsweise sicher wirkende Therapie, die zudem breit anwendbar ist. Die bisherigen Untersuchungen belegen eine Wirksamkeit vor allem bei externalisierenden Störungen (etwa Aufmerksamkeits- und Hyperaktivitätsstörungen, Stressmanagement, antisozialem Verhalten, Agressivität). Bei internalisierenden Störungen (etwa Ängste, Depressivität) wird die Methode hingegen nur noch als „ermutigend" bewertet, was darauf hinweist, dass hier auch speziellere Interventionsformen (etwa Reizkonfrontation, Selbstsicherheitsübungen und Selbstreflektion) gefragt sind.

Die Wirksamkeit ist bei 12-jährigen Kindern besonders groß. Bei Jugendlichen mit komorbiden Störungen (etwa antisoziales Verhalten, Berufsprobleme) und jüngeren Kindern (5–7 Jahre) hingegen begrenzter. Bei Jugendlichen mit komorbiden Störungen sind wohl auch Maßnahmen, die auch die soziale Umgebung (etwa Eltern, Ausbildungsplatz) mit einbeziehen, notwendig.

Ferner ist bekannt, dass die Einbeziehung sozioökologischer Gegebenheiten (etwa Einbeziehung von Angehörigen, Veränderung von Kommunikationsstrukturen und institutionellen Bedingungen) die Wirksamkeit deutlich verbessert.

4.2
Problemlösen

Grundlegende Literatur

- D'Zurilla, T. J. (1986). Problem-solving therapy: A social competence approach to clinical intervention. New York: Springer.

- D'Zurilla, T. J. & Goldfried, M. R. (1971). Problem-solving and behavior modification. Journal of Abnormal Psychology, 27, 107–126.

- Spivack, G., Platt, J. J. & Shure, M. B. (1976).The problem-solving approach to adjustment. San Francisco: Joessey – Bass.

Weiterführende Literatur

- D'Zurilla, T. J. (1990a). Problem-solving therapy: A social competence approach to clinical intervention. New York: Springer.

- Platt, J. J., Taube, D. Metzger, D. & Duome (1988). Training in interpersonal problem solving (TIPS). Journal of Cognitive Psychotherapy: An international Quarterly, 2, 5–34.

Materialien

- Kazdin, A. E. & Weisz, J. R. (1998). Identifying and developing empirically supported child and adolescents treatments. Journal of Consulting and Clinical Psychology, 66, 19–36.

- Feindler, E. L. & Ecton, R. B. (1986). Adolescent anger control: Cognitive-behavioural techniques. Elmsford, NY: Pergamon Press.

- Finck, A. J., jr. Nelson, W. M. & Ott, E. S. (1983). Cognitive-behavioural procedures with children and adolescents: A practical guide. Needham: Allyn & Bacon.

- Platt, J. J., Spivack, G. & Swift, M. S. (1975). Interpersonal problem-solving group therapy. Unveröff. Trainingsmanual, Hahnemann Medical College & Hospital, Philadelphia, 314 North Board Street, Pa. 19102.

- Shure, M. B. & Spivack, G. (1981). Probleme lösen im Gespräch. Stuttgart: Klett-Cotta.

- Shure, M. B. (1992). I can problem solve (ICPS): An interpersonal cognitive problem solving program. Champaign: Research Press.

4.2
Problemlösen

Soziale Kompetenzen

Friedrich Linderkamp

4.3.1
Anwendungsbeispiel

Dennis ist 8 Jahre alt und besucht die zweite Grundschulklasse. Hier zeigt er seit Schuleintritt vermehrt Kaspereien im Unterricht, verbunden mit trotzigem Verhalten gegenüber seiner Lehrerin und aggressiven Reaktionen auf seine Mitschüler. Dabei zeigt sich Dennis sehr uneinsichtig. Neben exzessiven Verhaltensphasen hat Dennis auch Phasen, in denen er verschlossen und kaum ansprechbar bzw. nicht für irgendwelche Aktivitäten zu motivieren ist. Oft „schmollt" er und ist häufig für längere Zeit „bockig". Gleichaltrige meiden den Kontakt mit Dennis, sodass er sozial weitgehend isoliert ist. Zu Hause braust Dennis immer wieder bei geringstem Anlass auf und es gibt oft lautstarken Ärger, wenn er beispielsweise mutwillig Streit mit seiner zwei Jahre älteren Schwester vom Zaun bricht. Neben diesem störenden Verhalten sind auch ergänzende affektive Auffälligkeiten zu beobachten, denn Dennis leidet sehr darunter, keinen Freund zu haben, hat große Selbstwertprobleme und kann nur schwer einschlafen.

4.3.2
Kurzbeschreibung der Methode und ihres Hintergrundes

Die Vermittlung sozialer Kompetenz hat in der Verhaltenstherapie eine lange Tradition: Arnold Lazarus ging in den sechziger Jahren beispielsweise davon aus, mangelndes Sozialverhalten sei das Ergebnis falscher oder nicht gelernter Fertigkeiten (social skills). Dementsprechend wurden verhaltensorientierte Trainings konzipiert, die zur Vermittlung sozialer Fertigkeiten auf Methoden der Verstärkung und des Modelllernens zurückgreifen. Zu Anfang der siebziger Jahre wurden diese Ansätze um kognitive Aspekte des Klienten (etwa „Einstellung", „soziale Wahrnehmung") erweitert (z.B. Selbstsicherheitstraining nach Ullrich de Muynck & Ullrich, 1976) und auf Grundlage der sozial-kognitiven Lerntheorie Banduras durch kognitive Therapietechniken ergänzt. Es wurden Problemlöse- und Selbstkontrolltrainings entwickelt, die auch interne Prozesse der Informationsverarbeitung berücksichtigen (welche sich gleichwohl durch konkrete Verhaltensäußerungen erschließen). Hierzu gehört das Erkennen einer Anforderungssituation, das Abwägen alternativer Lösungsmöglichkeiten und deren Konsequenzen, Entscheidung und Umsetzung eines Handlungsplanes sowie die abschließende Bewertung des Ergebnisses. Dieses Schema sozialen Problemlösens findet sich auch in Prozessmodellen kompetenten Handelns (z.B. Dodge, 1986) wieder, die aktuellen Therapiekonzepten zum Aufbau prosozialen Verhaltens häufig zugrunde liegen und folgende Komponenten beinhalten:

1. Impulskontrolle und Aufmerksamkeitslenkung in sozialen Situationen. Hierzu gehört die gezielte Aufnahme sozialer Hinweisreize, die insbesondere im Konfliktfall mit affektiver Erregung (z.B. Wut, Angst, Neid, Traurigkeit) einhergeht und eine Reaktionskontrolle erforderlich macht.
2. Entschlüsseln sozialer Hinweisreize. Hierzu gehört die Enkodierung bzw. Interpretation der wahrgenommenen sozialen Reize.
3. Entwickeln von Verhaltensalternativen. Hierzu gehören Abwägung und Entscheidung für die Form der Reaktion (konstruktiv oder destruktiv).
4. Reaktionsentscheidung. Hierzu gehört die Entscheidung für die konkrete konstruktive (oder destruktive) Reaktionsweise.
5. Reaktionsausführung mit anschließender Bewertung der entstandenen Situation im Sinne einer erneuten gezielten Aufnahme und Weiterverarbeitung sozialer Hinweisreize.

Zur Vermittlung dieser Problemlösefertigkeiten kommen auch **Selbstinstruktionstechniken** zum Einsatz.

Konzepte zur Übung von **Perspektivübernahme** stellen den Zusammenhang zwischen mangelnder sozialer Kompetenz und nur gering ausgeprägter Empathiefähigkeit her. Entsprechend werden Übungen durchgeführt, um sich in die Gedanken und Gefühle des Gegenübers hineinzuversetzen.

Im Rahmen sozialer Kompetenztrainings werden durchaus verschiedene inhaltliche Schwerpunkte gesetzt, die auf zum Teil unterschiedliche Modelle sozialer Kompetenz zurückgreifen (z.B. Performanzmodell als Grundlage verhaltensorientierter Trainings, Informationsverarbeitungsmodell im Kontext der Vermittlung von Problemlösefertigkeiten). Zudem sind diese Trainings zwischenzeitlich auf ein ziemlich breites Zielgruppenspektrum ausgerichtet, das hinsichtlich der Gruppe der Kinder und Jugendlichen von sozial unsicheren Vorschulkindern über die Gruppe der depressiven Grundschüler und den sozial gestörten Lernbehinderten bis zu delinquenten Jugendlichen reicht (vgl. Beelmann, Pfingsten & Lösel, 1994). Insofern sind Trainings sozialer Kompetenz gegenwärtig je nach alters- und störungsspezifischen Aspekten sehr unterschiedlich konzipiert. So lässt sich ein Kompetenztraining bei einem mental retardierten Kleinkind auf die unimodale Umsetzung von Verstärkerplänen begrenzen, wohingegen ein Schulkind mit Störungen des Sozialverhaltens einer multimodalen Therapie bedarf. Multimodale Therapien nutzen sowohl kind- als auch familien- und schulzentrierte Interventionszugänge und bedienen sich dabei eines breiten Spektrums therapeutischer Techniken, das einerseits auf Plänen operanter Verstärkung basiert, andererseits jedoch ebenso z.B. per Selbstinstruktionsverfahren auf die Verbesserung der kognitiven Selbstkontrolle abzielt. Insgesamt kommen bei Trainings sozialer Kompetenz also eine ganze Reihe verschiedener therapeutischer Techniken zum Einsatz:

• operante Verstärkung (Response-Cost- oder Token-System), Shaping;
• Modelllernen;
• Verhaltensübungen/Rollenspiel;
• Selbstmanagement, Selbstinstruktion;
• Erkenntnisdialoge, Modellierungsdialoge, Verhaltensfeedback.

4.3.3
Indikation

Ein Training sozialer Kompetenzen empfiehlt sich dann, wenn unangemessene (offensiv-aggressive oder auch defensiv-vermeidende) Verhaltensweisen im Vergleich zu Kindern und Jugendlichen gleichen Entwicklungsstandes in deutlich übermäßiger Ausprägung zu beobachten sind. Dies ist vor allem bei folgenden Störungsbildern der Fall (Klassifikation gemäß ICD-10):

- F91 Störungen des Sozialverhaltens, insbesondere bei fehlenden sozialen Bindungen (F91.1), mit oppositionellem, aufsässigem Verhalten (F91.3);
- F93.2 Störung mit sozialer Ängstlichkeit des Kindesalters;
- F94.2 Bindungsstörungen des Kindesalters mit Enthemmung;
- F94.8 sonstige Störungen sozialer Funktionen mit Beginn in der Kindheit (Störungen sozialer Funktionen mit Rückzug und Schüchternheit aufgrund von Defiziten in der sozialen Kompetenz).

Die Indikation für ein Training sozialer Kompetenz orientiert sich jedoch stets am konkreten Verhalten, sodass auch bei subklinischen Beeinträchtigungen eine Indikation vorliegen kann.

4.3.4
Detaillierte Beschreibung des Vorgehens

Die angeführten Störungen zeichnen sich durch die ungenügende Beherrschung bzw. Performanz angemessener sozialer Verhaltensweisen aus. Entsprechend werden soziale Kompetenzen in übenden Verfahren (Trainings) vermittelt. Dies kann in Gruppen- oder Einzeltherapie sowie durch die Anleitung der Eltern als Kotherapeuten bei kleinen und/oder mental retardierten Kindern geschehen.

Gruppen- und Einzeltherapie
Für die praktische Durchführung eines Trainings sozialer Kompetenzen sollten bevorzugt Gruppen zusammengestellt werden. Dies liegt nicht nur am ökonomischen Vorteil, sondern vor allem daran, dass eine Gruppenkonstellation realitätsnahe Bedingungen schafft. Die Gruppen sollten je nach Störungsart und -schwere 3 bis 4 Kinder umfassen. Bei der Zusammenstellung dieser Kleingruppen ist auf Altershomogenität zu achten (etwa 5/6-Jährige, 7- bis 9-Jährige, 10/11-Jährige, 12- bis 14-Jährige und 15- bis 17-Jährige). Selbstverständlich richtet sich hiernach auch die Auswahl altersangemessener Therapie- bzw. (Rollen-)Spielmaterialien. Nicht indiziert ist eine Gruppenkonstellation bei schwer expansivem oder stark introversivem Problemverhalten. In diesem Fall kann eine Einzeltherapie durchaus in ähnlicher Weise wie das Gruppentraining verlaufen, lediglich der Einsatz von Rollenspielen müsste durch 1:1-Verhaltensübungen ersetzt werden und differenzielle Verstärkerpläne würden mehr Gewicht erlangen. Die Trainingsdauer wird zumeist recht flexibel gehandhabt. Sie beträgt im Mittel etwa 10 Sitzungen, kann aber durchaus auch deutlich länger (unter Umstän-

4.3
Soziale Kompetenzen

477

den über 40 Sitzungen) andauern. Ziel eines Trainings sozialer Kompetenz ist das Einüben von Fertigkeiten, die zur Bewältigung sehr vielfältiger sozialer Anforderungssituationen unabdingbar sind. Hierbei geht es vor allem um folgende Verhaltensprobleme:

- Initiative ergreifen (z.B. gewünschte Kontakte herstellen, Gespräche beginnen, aufrechterhalten und beenden, um Gefallen bitten);
- Nein-Sagen (z.B. Widerspruch äußern, unerwünschte Kontakte beenden, Versuchungen zurückweisen);
- Umgang mit Gefühlen (z.B. Schwächen eingestehen, eigene Gefühle zeigen, Gefühlen anderer Aufmerksamkeit schenken);
- Probleme lösen (z.B. konstruktiv streiten, Für und Wider abwägen, Gegenpositionen einnehmen, Kompromisse akzeptieren).

Feststellung der konkreten Verhaltensdefizite. In einem ersten Schritt wird das Verhalten des Kindes per Verhaltens- und Problemanalyse mit den Eltern sowie gegebenenfalls mit der Kindergärtnerin oder Lehrerin des Kindes diagnostisch erfasst. Folgende Aspekte sind hierbei von besonderem Gewicht: konkrete Darstellung des Problemverhaltens (Art, Schwere, Dauer, Situationsspezifität), Qualität sozialer Beziehungen (zu Mutter, Vater, Geschwistern, anderen Kindern), Erziehungszuständigkeit und Erziehungsverhalten (autokratisch, demokratisch, laisser-faire, situationsspezifische Besonderheiten), Situationen unproblematischen Verhaltens, Stärken des Kindes. In einem nächsten Schritt folgen Verhaltensbeobachtungen in vivo zu Hause und/oder im Kindergarten bzw. in der Schule, um die konkrete Verhaltensproblematik unmittelbar genau zu bestimmen. Dabei entsprechen die Beobachtungskategorien den oben genannten sozialen Anforderungsbereichen mit den jeweils zugeordneten sozialen Fertigkeiten. Ergänzend können Rollenspiele als diagnostische Methode eingesetzt werden, denn sie ermöglichen es, das problematische Interaktionsverhalten gleichsam aktuell herzustellen sowie direkt und konkret abzubilden (vgl. Kap. 5.2).

Festlegung der Therapieziele mit den Eltern und dem betreffenden Kind. Hierzu werden die verschiedenen Teilprobleme per Ist-Soll-Vergleich zusammen erörtert, danach wird auf dieser Grundlage das Therapiekonzept vorgestellt sowie die Therapievereinbarung (z.B. per kindgerechtem „Vertrag") vorgenommen.

Zielvereinbarungen treffen. Auf der Grundlage konkreter Erfahrungen werden mit dem Kind anhand folgender Leitfragen förderliche soziale Verhaltensweisen abgeleitet:
- Was ist angemessenes Verhalten?
- Was unterscheidet unsicheres von selbstsicherem Verhalten?
- Was unterscheidet impulsiv-aggressives von kontrolliertem, sozial angemessenem Verhalten?
- Welche Gefühle gehen mit den verschiedenen Verhaltensweisen einher?

Die Beantwortung dieser Fragen sollte eine hohe Konkretheit aufweisen, sodass es dem Kind deutlich wird, woran es verschiedene Verhaltensweisen, verbale wie non-verbale Äußerungen und zugrunde liegende Gefühle erkennen kann. Hierfür kommen auch Bildtafeln, Texte, Tonkassetten und Videosequenzen zum Einsatz (Empfehlungen siehe Anhang).

Verhaltensübungen. Insgesamt kommen Gesellschafts- und Rollenspiele aber auch geeignete Brettspiele zum Einsatz (Empfehlungen siehe Anhang). Dabei wird dann ein sozial relativ komplexes, altersangemessenes Spiel thematisch und bezogen auf die einzelnen sozialen Anforderungen und somit auch im Hinblick auf die Verhaltensziele vorgestellt, die Durchführung vorbesprochen und umgesetzt. Dabei wird das Kind aufgefordert, sich im Sinne eines Selbstmanagements zur Bewältigung der sozialen Anforderungen im Spiel selbst anzuleiten bzw. zu instruieren (zunächst innehalten, genau hinschauen, nachdenken, Reaktionsmöglichkeiten abwägen, entscheiden, handeln, Handlungsergebnisse überprüfen). Auf dieser Basis kann der Therapeut den einzelnen Kindern während der Spieldurchführung Hilfen zur Selbststeuerung in Form von Selbstinstruktionen anbieten („Halt, stopp, ich schaue jetzt erst einmal, ob Dennis meinen Vorschlag gut findet.") bzw. sozial adaptives Verhalten unmittelbar (z.B. per Kopfnicken, oder leise „prima!") verstärken (vgl. Kap. 5.2). Die Spiele bzw. einzelnen Spielphasen sind so angelegt, dass sie nur wenige Minuten in Anspruch nehmen, sodass die Reflexion des Geschehens einfacher zu leisten ist. Zum Teil lassen sich mehrere Spielphasen im Rahmen einer Stunde umsetzen. Kinder, die im Rahmen einer Übung nicht zum Einsatz kommen, profitieren als Beobachter durch Modelllernen. Hierzu ist es erforderlich, dass die Inhalte für das beobachtende Kind persönlich relevant sind sowie authentisch und eindeutig dargeboten werden (ohne jedoch Angst auslösend zu sein).

Reflexion der Verhaltensübungen. Nach Abschluss der Übungen reflektieren Kinder und Therapeut das Geschehene unter Berücksichtigung des anvisierten Zielverhaltens. An diesem Punkt hat der Therapeut die Möglichkeit, gemäß eines Response-Cost- oder Tokensystems Verstärker zu vergeben bzw. zu entziehen. Gerade bei älteren oder weniger schwer gestörten Kindern bietet es sich an, im Dialog ein Verhaltensfeedback zu geben, indem es den Kindern unter Nutzung verschiedener Modellierungstechniken (Paraphrasierung der Gesprächsbeiträge, soziale Verstärkung) ermöglicht wird, selbst zu den entsprechenden Erkenntnissen zu gelangen. Dabei sollte weitestgehend eine individuelle Rückmeldung für jedes Kind erfolgen, wobei die jeweiligen eingangsdiagnostischen Erkenntnisse einbezogen werden können. Den Kindern sollte es auf diese Weise ermöglicht werden, gelungene wie nicht gelungene Verhaltensteile selbst zu erkennen, um daraus Schlussfolgerungen für zu erwartende ähnliche soziale Anforderungssituationen zu ziehen. Auf diese Weise lernt das Kind, sein Verhalten besser einschätzen zu können, erlangt zunehmend Kontrolle über sein Handeln und kommt zu positiven, weil realistisch-konstruktiven Selbsteinschätzungen. Dieses „Herausarbeiten" sehr differenzierter Erkenntnisse kann durch die Einbeziehung von Videoaufnahmen effektiv unterstützt werden. Hierbei empfiehlt es sich, die zu analysierenden Videosequenzen möglichst kurz zu halten.

Übertragung bzw. Übungen in der Realsituation. Im Rahmen trainingsbegleitender Elternarbeit werden Möglichkeiten eines veränderten Erziehungsverhaltens zunächst erörtert. Hierbei werden Handlungsalternativen „erarbeitet", die geeignet sind, neben dem häufigen negativen Kontakt mit dem Kind, der im Alltag aufgrund seines sozial unangemessenen Verhaltens zumeist dominiert, positive Beziehungssituationen herzustellen (z.B. in einem ersten Schritt die Vereinbarung gemeinsamer Spielzeiten). Im Rahmen von täglichen häuslichen Übungen können Eltern lernen, entgegen der Routine, sich dem Kind bei störendem Verhalten sanktionierend zuzuwenden, die Gelegenheiten der sozialen Verstärkung bei positivem Verhalten aktiv und gezielt zu nutzen. Es können weitere erziehungsrelevante Vorgehensweisen eingeübt werden, wie z.B. angemessene Regeln setzen und Reaktionsmöglichkeiten bei Regelverletzungen (etwa durch Auszeiten/Ausschluss von positiver Verstärkung). Die Übungen sollten sich zunächst auf einzelne häusliche Problemsituationen beziehen und können dann weiter generalisiert werden. Die therapeutische Kontrolle erfolgt durch eine differenzierte Protokollierung durch die Eltern (per „Tagebuch"-Aufzeichnungen oder auch durch Tonbandaufnahmen) bei wöchentlicher Konsultation des Therapeuten.

Zur Unterstützung von Transfereffekten des Trainings haben sich bei Grundschulkindern „Detektivbögen" oder Tagebücher bewährt, in denen das Kind Erfahrungen mit den erlernten Verhaltensalternativen – z.B. bei der Kontaktaufnahme und Beziehungsgestaltung oder in Konfliktsituationen mit anderen Kindern – dokumentieren kann. Es handelt sich hierbei gemeinhin um vorgefertigte Protokollbögen mit zuvor gemeinsam erstellten Kategorien des Zielverhaltens. Dabei wird vom Kind eingeschätzt, ob und gegebenenfalls wann es ihm gelungen ist, die erlernten Verhaltensalternativen einzusetzen. Da das Führen eines Tagebuches recht hohe Anforderungen an das Kind stellt (u.a. Selbstdisziplin, Schreibfertigkeiten), werden die Eltern instruiert, hierzu mit ihrem Kind feste Tageszeitvereinbarungen zu treffen und Unterstützung zu gewährleisten. Die Aufzeichnungen werden im Rahmen der folgenden Trainingssitzungen zunächst mit den Kindern erörtert und reflektiert. Bei der Beurteilung der Situationen werden die Kinder zum Perspektivenwechsel und zur Rollenübernahme angeregt. Von einem Kind berichtete positive Verhaltensaspekte werden seitens des Therapeuten sozial verstärkt.

Ergänzender schul- bzw. kindergartenzentrierter Beratung kommt dann Bedeutung zu, wenn sich die Problematik des Kindes auch im Kontakt mit Mitschülern und gegebenenfalls mit seinen Lehrern bzw. mit anderen Kindern und Erziehern im Kindergarten zeigt. Auch hier empfiehlt es sich, zum Zweck des Transfers Informationen zum Bedingungsgefüge, zum Therapiekonzept und Therapieverlauf transparent zu machen, um ein therapieunterstützendes Verhalten zu gewährleisten.

Kotherapeutentraining (insbesondere bei Säuglingen, Kleinkindern und Kindern mit mentaler Retardierung). Elementare Voraussetzung für diese Interventionsform, die im natürlichen sozialen Umfeld des Kindes erfolgt, ist die Kooperationsfähigkeit bzw. -bereitschaft der Eltern. Die wiederum kann durch recht unterschiedliche Faktoren beeinträchtigt sein, z.B. durch

- überbehütende oder ablehnende Haltung dem Kind gegenüber;
- individuelle psychische Probleme der Eltern; Partner-/Eheprobleme;
- Unter- oder Überschätzung der Problematik;

• Ablehnung gegenüber der Kotherapeutenrolle.

Insbesondere bei generalisierter negativer bzw. ablehnender Haltung dem Kind gegenüber (Vernachlässigung) und bei elterlicher Psychopathologie ist von einer Einbeziehung der Eltern als Kotherapeuten abzusehen.

Sofern die Anleitung der Eltern als Kotherapeuten grundsätzlich erfolgen kann, sollte sie sehr sorgfältig vorbereitet und durchgeführt werden (vgl. Kap. 5.7). In einem ersten Schritt ist es notwendig, einen therapeutischen Konsens mit den Eltern herzustellen. Dies geschieht zunächst durch Erläuterungen zum Bedingungsgefüge (Ursachen, aufrechterhaltende Faktoren) der Problematik und den daraus abzuleitenden Therapiezielen sowie den elterlichen Möglichkeiten und Kompetenzen zur Durchführung einer entwicklungsförderlichen Therapie. Hier kann auch der persönliche Nutzen für die Eltern herausgestellt werden, indem sie in Ausübung ihrer Kotherapeutenrolle lernen können, sich etwas von der Problematik zu distanzieren und selbst Kompetenzen zu erwerben, die sie zu aktiver Einflussnahme befähigen. Die Therapiedurchführung erfolgt in kleinen Schritten, wobei zunächst in Bereichen begonnen wird, in denen recht bald Erfolge erzielt werden können. Zur Anleitung gehört immer eine praktische Demonstrationsphase durch den Therapeuten, der sich Übungsphasen der Eltern anschließen.

Imitationsübungen. Elementare Formen sozialer Kompetenz zeigen sich schon im Säuglingsalter, wenn sich im Alter von etwa 6 Wochen ein aktives Kontaktverhalten in Form des sozialen Lächelns einstellt. Bereits in dieser Phase kann die Entwicklung verzögert oder aufgrund einer mentalen Retardierung gestört sein. Dabei zeigt sich das gestörte bzw. stark eingeschränkte Kontaktverhalten deutlich per Verhaltensbeobachtung (die sich in aller Regel ohne besonderen Aufwand unmittelbar zu Hause durchführen lässt).

Die Eltern werden angeleitet, auf geringstes verbales und mimisches Kontaktverhalten ihres Säuglings mit Imitationen des beobachteten Verhaltens (kontingent und konsistent) verstärkend zu reagieren. Auch das motorische Verhalten des Säuglings (z.B. beim Windelwechsel auf dem Wickeltisch) kann in ähnlicher Weise zum Aufbau eines spielerischen Kontaktverhaltens genutzt werden, wobei auch hier Verstärkungseffekte angestrebt werden.

Soziale Kompetenz steht in engem Zusammenhang mit der Selbständigkeitsentwicklung des Kindes. Dies bezieht sich zunächst auf die Bereiche des Essverhaltens, der Sauberkeit und des An- und Ausziehens. Hier ist in einem ersten Schritt mit den Eltern anamnestisch und per unmittelbarer Verhaltensbeobachtung abzuklären, ob eine Störung in einem Bereich oder bereichsübergreifend festzustellen ist und ob es sich um eine Entwicklungsretardierung handelt oder eine reaktive Genese (z.B. aufgrund von Ängsten) vorliegt. Auch hier empfiehlt es sich, sehr differenzierte Verstärkerpläne zu konzipieren, die von den Eltern nach entsprechender Anleitung inklusive aktiver Demonstrationsphase durch den Therapeuten umgesetzt werden können. Dabei werden zunächst einzelne Verhaltensteile isoliert eingeübt und verstärkt. Es folgt das Einüben per Verhaltensverkettung (Chaining: Verhaltensaufbau durch schrittweise Verstärkung, ausgehend vom letzten Teil der Verhaltenskette) bis zum Aufbau der komplexen Verhaltensabfolge und abschließender Ausblendung der Hilfestellungen und Verstärkung (vgl. Fröhlich, 1993). Zur Verlaufskontrolle des Therapieprozesses ist es wichtig, die Eltern mit einem Verfahren der Therapieprotokollierung vertraut zu machen. Dabei sollen die Eltern angehalten werden, täglich zu notieren, wie sie mit der Therapiedurchführung zurechtgekommen sind und welche konkreten Verhaltensweisen des Kindes zu beobachten waren. Wenigstens alle zwei Wochen empfiehlt sich eine Reflexion der Therapiesituation mit Eltern und Therapeut entweder anhand von Videoaufzeichnungen oder im Rahmen eines Besuchs durch den Therapeuten vor Ort.

4.3.5
Wirksamkeit und Wirksamkeitsbedingungen

Bei der Evaluation kotherapeutischer Interventionskonzepte ist zu berücksichtigen, dass die praktische Durchführung des Therapieplans naturgemäß von Laien erfolgt und insofern von beträchtlichen Variationen bei der Therapiegestaltung auszugehen ist. Die Effizienz einer kotherapeutischen Behandlung bei Rückstand der Sozialentwicklung hängt entsprechend im Wesentlichen vom elterlichen Interaktionsverhalten ab.

Evaluationsstudien belegen signifikante Entwicklungsfortschritte im Bereich der kognitiven und kommunikativen Fähigkeiten bei ein- bis dreijährigen entwicklungsverzögerten Kindern, wenn die Mutter als (häufigste) Kotherapeutin in der Lage ist, Verhaltensinitiativen des Kindes abzuwarten, das kindliche Verhalten aufzugreifen und auszugestalten, statt es direktiv zu lenken und instruktiv Informationen zu vermitteln. Dabei hängen die respondenten Reaktionen des Kindes offenbar vor allem davon ab, wie gut die Mütter in der Lage sind, die momentane Aktivität des Kindes und insbesondere dessen Blickrichtung genau zu registrieren. Wichtig ist, dass die Mutter nicht etwa in passiver Haltung verharrt, sondern durchaus gehalten ist, das Verhalten ihres Kindes etwa durch Fragen und Kommentare aktiv zu initiieren. Von einem solchen „sensitiv-responsiven Interaktionsstil" profitieren offenbar gerade auch stärker retardierte Kinder (vgl. Sarimski, 1993).

Was die kognitiv-behavioralen Trainings sozialer Kompetenz betrifft, so bestätigen die Meta-Analysen von Beelmann, Pfingsten und Lösel (1994) eine recht hohe Effizienz und zwar vor allem im Hinblick auf den Aufbau sozial-kognitiver Fertigkeiten. Unter Einbeziehung von insgesamt 49 Studien errechneten die Autoren für die Gruppe der 3- bis 15-jährigen Kinder eine diesbezügliche Effektstärke von 0.77. Einschränkend ist zwar festzuhalten, dass die wenigen bisher vorliegenden Längsschnittstudien keine signifikanten Langzeiteffekte belegen. Zudem waren auf inhaltlich breiterer Ebene (soziale Anpassung) insgesamt eher geringe Effekte festzustellen. Dennoch stellten sich die multimodalen Selbstkontrollprogramme gegenüber den unimodalen Verfahren als überlegen heraus, denn während unimodale Verfahren lediglich zur Veränderung der direkten Zielvariablen führten, erbrachte nur eine – wie oben beschriebene – Kombination kognitiv-behavioraler Therapietechniken breitere Effekte, inklusive signifikanter Effekte auf das Selbstkonzept.

Grundlegende Literatur

- Dodge, K. A. (1986). A social information processing model of social competence in children. In M. Perlmutter (Ed.), Minnesota Symposia on Child Psychology, Vol.18: Cognitive perspectives on children's social and behavioral development (S. 77–125). Hildsdale: Lawrence Erlbaum Associates.

- Fröhlich, G. (1993). Rückstand der Sozialentwicklung. In U. Brack (Hrsg.), Frühdiagnostik und Frühtherapie (S. 190–200). Weinheim: Psychologie Verlags Union.

- Ullrich de Muynck, R. & Ullrich, R. (1976). Das Assertiveness Training Programm ATP. München: Pfeiffer.

Weiterführende Literatur

- Beelmann, A., Pfingsten, U. & Lösel, F. (1994). Effects of Training Social Competence in Children: A Meta-Analysis of Recent Evaluation Studies. Journal of Clinical Child Psychology, 23, 3, 260–271.

- Sarimski, K. (1993). Verhaltenstherapie in der Entwicklungsrehabilitation. In F. Petermann (Hrsg.), Verhaltenstherapie mit Kindern (S. 274–293). Baltmannsweiler: Schneider Verlag.

Materialien

- Faller, K., Kerntke, W. & Wackmann, M. (1997). Konflikte selber lösen. Trainingshandbuch. Verlag an der Ruhr.

- Keyserling, L. von (1981). Manchmal habe ich Angst. Geschichten und Lieder zum Nachdenken (2 Kassetten), Otto Maier Verlag, Ravensburg.

- Kuhlmann, M. & Dürrwächter, U. (1997). Ideenolympiade – ein Training sozialer Kompetenzen mit Kindern. Reutlingen: Lehrmittelhaus Riedel.

- Reichling, U. & Wolters, D. (1994). Hallo, wie geht es Dir? Gefühle ausdrücken lernen. Verlag an der Ruhr.

**4.3
Soziale Kompetenzen**

Stressbewältigung

Johannes Klein-Heßling und Arnold Lohaus

4.4.1
Anwendungsbeispiel

Der Klassenlehrerin fällt der neunjährige Yannick durch sein übermäßig nervöses Verhalten und seine angespannten Reaktionen auf. Er wirkt im Unterricht nervös und ängstlich. Er verhaspelt sich häufig bei seinen Antworten und wirkt sehr aufgeregt und unkonzentriert. Seine überwiegend durchschnittlichen schulischen Leistungen geben, „objektiv" betrachtet, keinen Anlass zu solcher Unsicherheit. Auf einem Elternsprechtag berichtet seine Mutter, dass sich Yannick auch bei den Hausaufgaben selbst unter starken Druck setzt und oft schon bei kleinsten Fehlern gereizt reagiert. Er lässt dann nicht mit sich reden, sondern wird eher wütend, wenn man mit ihm darüber sprechen möchte. An Abenden vor Klassenarbeiten schläft er schlecht.

Mit einem Stressbewältigungstraining lernt der Junge in mehreren Schritten, gelassener auf schulische Anforderungen zu reagieren. Dazu wird ihm der Zusammenhang zwischen Stress auslösenden Ereignissen (Prüfungssituationen im weitesten Sinne) und seinen Reaktionen vermittelt. In einem Gruppentraining übt er darüber hinaus mit anderen Kindern Strategien der Stressbewältigung ein, z.B. erfährt er im Rollenspiel, wie entlastend es sein kann, mit anderen über eigene Sorgen oder Schwächen zu sprechen. Nach dem Einüben einer Entspannungstechnik und Übungen zur kognitiven Selbstinstruktion verfügt er außerdem über Mittel zur Beruhigung vor dem Einschlafen oder vor schulischen Anforderungssituationen. In begleitenden Gesprächen mit den Eltern wird ihr Einfluss auf das Stresserleben des Kindes erarbeitet (z.B. der Stellenwert schulischer Leistungen in der Eltern-Kind-Interaktion, das Verhalten der Eltern bei der Hausaufgabenbetreuung) und es wird geplant, wie sie das Kind beim Erproben des neues Stressbewältigungsverhaltens unterstützen können.

4.4.2
Kurzbeschreibung der Methode und ihres Hintergrundes

Im Kontext von Schule, Familie und Freizeit werden Kinder bereits recht früh mit Anforderungen konfrontiert, die ihnen Bewältigungskompetenz abverlangen (wie etwa Kontrolle negativer Emotionen im Schulunterricht, Konflikte mit anderen Kindern austragen). Im Rahmen einer Stressintervention können bereits vorhandene Kompetenzen gestärkt oder bei Defiziten neue Kompetenzen aufgebaut werden. Dabei muss man allerdings berücksichtigen, dass das Stresserleben der Kinder nicht ausschließlich eine Reaktion auf äußere Reize ist, die auf sie einwirken, sondern in einer Wechselwirkung zwischen Person- und Umweltmerkmalen entsteht (transaktionales Stressgeschehen im Sinne von Lazarus, 1991). Demzufolge entsteht Stress einerseits aus den Wahrnehmungen und Bewertungen einer potenziellen Belastungssituation, andererseits aus den verfügbaren Stressbewältigungsstrategien und sozialen Ressourcen, auf die das Kind zurückgreifen kann. Aus diesem Stressverständnis leitet sich die Idee ab, die Kinder nicht so sehr auf den Umgang mit einzelnen Stressoren (etwa eine Klassenarbeit schreiben, den Streit mit einem Mitschüler verkraften) vorzubereiten, sondern ihnen ganz grundlegende Bewältigungsmöglichkeiten, die sich für verschiedenste Stress-Situationen eignen, zu vermitteln. Diese Bewältigungsmöglichkeiten sollten von den Kindern flexibel in den relevanten Alltagssituationen eingesetzt werden können.

Erwachsenen Zielgruppen (wie Angstpatienten, Herzinfarkt-Risikogruppen, Polizisten, Lehrern) werden seit langem Stressbewältigungsfertigkeiten vermittelt (etwa anhand des Stressimpfungstrainings von Meichenbaum). Aufbauend auf den theoretischen Annahmen der transaktionalen Stresskonzeption wurden kognitiv-behaviorale Interventionsmethoden entwickelt, die sowohl eine Änderung von Personmerkmalen als auch eine Änderung von Umweltmerkmalen zum Ziel haben können. Die Stressbewältigungstrainings für Kinder und Jugendliche setzen vergleichbare verhaltenstherapeutische Methoden – auf altersgerechte Art – ein:

Problemanalysen. Die Zusammenhänge zwischen belastenden Situationen, den Stress erzeugenden oder Stress begleitenden Gedanken und dem Verhalten in Belastungssituationen werden erkannt und benannt.

Rollenspiele. Potenzielle Belastungssituationen werden simuliert und Bewältigungsstrategien (etwa die Mobilisierung sozialer Unterstützung) werden erprobt und bewertet.

Entspannungstechniken. Sie ermöglichen die Kontrolle emotionaler Stressreaktionen.

Methoden der kognitiven Verhaltenstherapie (z.B. positive Selbstinstruktion). Sie zielen unmittelbar auf eine Veränderung stressinduzierender Gedanken ab.

Verhaltensbezogene Hausaufgaben. Dadurch werden Bewältigungsstrategien im Alltag (z.B. vor Klassenarbeiten) umgesetzt.

4.4.3
Indikation

Stressinterventionen sind immer dann angezeigt, wenn das Kind oder der Jugendliche relativ dauerhaft subjektiv schwierigen und anforderungsreichen Situationen gegenübersteht. Demzufolge werden Stressinterventionen in folgenden Fällen eingesetzt:

- zur Verminderung von chronischen psychischen und physischen Stressreaktionen (etwa bei psychosomatischen Erkrankungen wie Bauchschmerzen, Kopfschmerzen, Ein- oder Durchschlafschwierigkeiten, Konzentrationsproblemen, Prüfungsängsten);
- zur Unterstützung der Alltagsbewältigung bei kritischen Lebensereignissen (z.B. Scheidung der Eltern, Schulwechsel);
- zur Verbesserung der Bewältigung von chronischen Erkrankungen (z.B. Diabetes mellitus, Asthma bronchiale);
- zur Vorbereitung auf unvermeidliche zukünftige Belastungen (z.B. medizinische Eingriffe, Prüfungen).

Des Weiteren empfehlen sich Stressinterventionen als Therapiemodule in der Behandlung direkter psychischer Störungen, die mit Überforderungssituationen einhergehen (etwa Prüfungsangst, soziale Ängstlichkeit, Aggressivität).

Ferner ist die Vermittlung von Stressbewältigungskompetenzen im Rahmen der primären Prävention als Baustein von Gesundheitsförderungsprogrammen, Lebenskompetenztrainings, Programmen zur Suchtprävention und zur Verminderung der Folgen von chronischen Alltagsbelastungen (z.B. bei sozial benachteiligten Kindern und Jugendlichen) angezeigt. Allgemein werden Interventionen zur Stressbewältigung sowohl präventiv als auch kurativ eingesetzt.

4.4.4
Detaillierte Beschreibung des Vorgehens

Stressinterventionen können sowohl mit einzelnen Kindern als auch in Gruppen durchgeführt werden. Gruppeninterventionen sind einer Einzelintervention in aller Regel vorzuziehen, weil dabei verdeutlicht werden kann, dass a) viele Kinder unter Stress leiden, b) Stress ganz unterschiedliche Ursachen hat, c) einzelne Kinder ganz unterschiedlich mit den Belastungen umgehen und d) die Stress-Situationen (etwa Szenen aus dem Schulalltag, aus der Familie) im Rollenspiel nachgestellt und nachempfunden werden können.

In den Stressinterventionen werden folgende Methoden eingesetzt:

Entspannungstechniken
Dazu zählen z.B. autogenes Training, progressive Muskelrelaxation, Fantasiegeschichten. Durch Entspannungstechniken sollen Kinder nach einer (meist mehrwöchigen) Einübungsphase willentlich eine körperliche Ruhereaktion herbeiführen können, die die physiologischen Stressreaktionen in Belastungssituationen hemmt. Macht ein Kind dadurch die Erfahrung, dass es auf eine vormalige Stress-Situation nun gelassener reagieren kann, führt dies zu einer Umbewertung dieses Stressors. Das Kind wird vergleichbare Situationen zukünftig als weniger belastend erleben. Die Einübung solcher Entspannungsverfahren bietet sich besonders dann an, wenn sich der Stressor selbst nicht ändern lässt (z.B. eine bevorstehende Operation, eine anstehende Klassenarbeit). Bei jüngeren Kindern wird die Spannungsreduktion jeweils von Trainingsleitern, Lehrern, Eltern oder einer Audiokassette (z.B. vor dem Einschlafen oder vor einer Klassenarbeit) angeleitet. Ältere Kinder setzen die Entspannungsübungen hingegen selbst und aktiv in den entsprechenden Belastungssituationen ein.

Vermittlung von Stressbewältigungsstrategien
Vor der Vermittlung von Bewältigungsmaßnahmen ist es sinnvoll, den Kindern zunächst die Grundgedanken des transaktionalen Stressmodells zu vermitteln. Die Kinder sollen dabei verstehen, dass das Stresserleben individuell unterschiedlich ist und von bestimmten Eigenschaften der Stress auslösenden Situation und vom eigenen Verhalten in dieser Situation abhängt. Danach lernen sie unterschiedliche Bewältigungsformen kennen, mit denen sie auf Belastungen reagieren oder Belastungen vermeiden können. Ihnen wird dazu ein allgemeiner Problemlösungsansatz vermittelt – von der Problemdefinition über die Lösungssuche, Lö-

4.4 Stressbewältigung

sungserprobung und Lösungsbewertung bis zur Neudefinition des Problems. Mit gezielten Fragen beschreiben die Kinder Belastungssituationen und sammeln in Brainstormings Lösungsalternativen. Geeignete Bewältigungsstrategien werden dann in Rollenspielen oder verhaltensbezogenen Hausaufgaben erprobt. Solche Bewältigungsformen bestehen nach dem Stressmodell von Lazarus darin, dass die Kinder problemlösende (instrumentelle) Aktivitäten einsetzen (etwa Hilfe suchen, sich mit einem Freund beraten, einen Arzt aufsuchen, den eigenen Tagesablauf ändern) oder emotionssteuernde (palliative) Bewältigungsmaßnahmen nutzen (etwa sich ablenken, den Stressor umdeuten).

Bei einer Veränderung von ungenügendem Bewältigungsverhalten können auch Selbstinstruktionstechniken (wie die formelhafte Vorsatzbildung) eingesetzt werden, um das eigene Verhalten in Belastungssituationen zu kontrollieren. Erfahrungen bei der Anwendung der Bewältigungsstrategien werden in Gruppengesprächen ausgetauscht und es wird festgestellt, in welchem Maße die Strategien zur Problemlösung beitragen konnten.

Umweltveränderungen vornehmen

Eine Stessintervention hat auch zu prüfen, ob Stress auslösende und belastende Umweltfaktoren (etwa Überforderung des Kindes durch die Eltern, unruhiges und unstrukturiertes Familienleben, allzu langes Fernsehen am Abend, Konflikte in der Familie, ungünstige Zeitabläufe in der Familie, beengte und ungünstige Wohnverhältnisse) vorliegen. Dies geschieht durch eine Analyse der situativen Faktoren, die dem Stresserleben vorausgehen, sowie der Lebensumstände des Kindes. Diese Untersuchung potenzieller situativer Stressfaktoren erfolgt in Gesprächen mit den Eltern oder auch in Verbindung mit einer Besichtigung der Wohnumgebung eines Kindes. Wenn Umgebungsfaktoren wesentlich zum Stresserleben beitragen, sollten auch Maßnahmen getroffen werden, die die Familie bzw. Eltern in die Lage versetzen, die Stressoren zu vermindern. Dazu gehören vor allem die Vermittlung von instrumentellen Fertigkeiten an die Eltern (etwa Problemlösungsstrategien, Kommunikationsfertigkeiten), die gemeinsame Strukturierung von Alltagsaktivitäten im Rahmen einer Problemlösungstherapie (etwa Zeitbudgetierung, Finanzplanung, Alltagsstrukturierung) und die Initiierung von entspannenden, gemeinsamen Aktivitäten in der Familie (etwa durch einen gemeinsamen Besuch des Freibads). Diese Maßnahmen können in Elterngruppen, aber auch mit einzelnen Familien durchgeführt werden.

Zur Stressintervention liegen mittlerweile zwei gut ausgearbeitete Programme („Bleib locker", Klein-Heßling & Lohaus, 1998; Anti-Stress-Training, Hampel & Petermann, 1998) vor, die auch von Mediatoren (Eltern, Krankenhauspflegepersonal, Erziehern, Lehrern) im Rahmen der Stressprävention durchgeführt werden können.

„Bleib locker" ist ein Trainingsprogramm, das aus acht Sitzungen von jeweils 90 Minuten Dauer besteht. Dabei geht es um die Erarbeitung eines Stressmodells, das Erkennen der eigenen Stressreaktionen und das Erlernen sowie das Erproben neuer Stressbewältigungsstrategien (wie der progressiven Muskelrelaxation als Entspannungstechnik, Selbstinstruktionstechniken, Aktivitäten zum Belastungsausgleich oder Gespräche mit anderen zur Problemlösung). In zwei trainingsbegleitenden Elternabenden (einer zu Beginn und einer am Ende des Trainings) werden die Eltern angeregt, ihren eigenen Anteil an der Belastung ihrer Kinder (etwa durch zu hohe Leistungsansprüche) zu reflektieren und zu überlegen, wie sie ihre Kinder auch selbst entlasten bzw. bei der Erprobung neuer Stressbewältigungsstrategien unterstützen können. Das Training soll Kinder darin anleiten, akute Stress-Situationen erfolgreicher zu bewältigen, und sie auf zukünftige Belastungssituationen vorbereiten. Es besteht aus vier Bausteinen:

- Kennenlernen des Stressmodells. Die Kinder sollen verstehen, dass Stress aus einem Ungleichgewicht von Belastungen/Anforderungen und den eigenen Bewältigungsmöglichkeiten entsteht. Dazu wird eine Stresswaage eingeführt (Abb. 1). Eine Waagschale symbolisiert potenzielle Stress-Situationen, die andere Waagschale steht für mögliche Bewältigungsstrategien. Wird auf Belastungssituationen mit einem wirkungsvollen Bewältigungsverhalten reagiert, sind die Waagschalen im Gleichgewicht. Ein Zeiger weist dabei auf die angenehmen Kognitionen und Emotionen, die diesen Zustand begleiten. Bei unwirksamer Stressbewältigung hängt die Seite mit der Belastungssituation nach unten. Der Zeiger deutet dabei auf die stressbezogenen Gedanken und Gefühle, die das Belastungserleben begleiten. Diese Waage wird mit beweglichen Waagschalen an eine Tafel geheftet: Stress-Symptome, Stress-Situationen und die im Training vorgestellten Bewältigungsstrategien werden auf Zettel notiert und der Stresswaage zugeordnet.

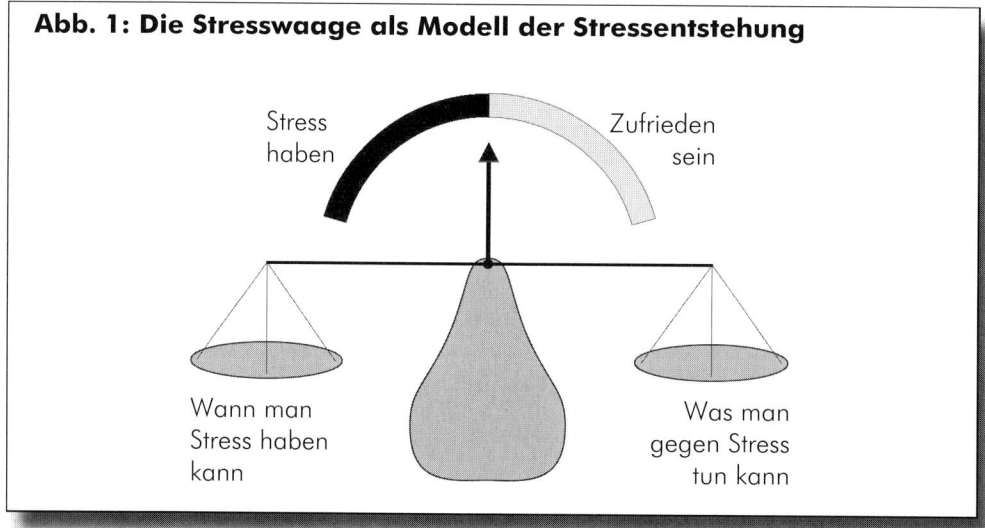

Abb. 1: Die Stresswaage als Modell der Stressentstehung

Stress haben   Zufrieden sein

Wann man Stress haben kann   Was man gegen Stress tun kann

- Erkennen eigener Stressreaktionen. In einem Pantomimenspiel stellen Kinder ohne Worte Emotionen (wie Wut, Ärger oder Angst) dar, die sie in Stress-Situationen erleben, und die anderen Kinder sollen diese Gefühle durch genaue Beobachtung erraten. Zum Erkennen von Stressreaktionen zeichnen die Kinder darüber hinaus in einer Körper-Umriss-Zeichnung ein, wo sie die Stress-Symptome erleben (etwa Bauchschmerzen, Unruhe, belastende Gedanken). Diese Stellen malen die Kinder in der Körperumrisszeichnung mit Farben aus. Durch diese Veranschaulichung können die Kinder die körperlichen und psychischen Stress-Symptome erkennen und lokalisieren.
- Erkennen von Stress-Situationen. In einem weiteren Trainingsschritt wird bestimmt, wann die Stressreaktionen auftreten. Typische Stress-Situationen (etwa eine drohende Klassenar-

4.4 Stressbewältigung

beit, Streit mit der Freundin) werden benannt. Zur genaueren Charakterisierung bearbeiten die Kinder einen strukturierten Fragebogen mit Fragen nach Ort und Zeit des Stresserlebens sowie dem eigenen Verhalten in Stress-Situationen.

• Vermittlung von Bewältigungsstrategien. Hier geht es um die Vermittlung von effektiven Stressbewältigungsstrategien. Die Kinder sollen erkennen, dass es dabei sowohl auf die Regulierung der Stress begleitenden Emotionen als auch auf das Lösen der Stress verursachenden Probleme ankommt. Dazu werden vier Bewältigungsformen angesprochen: 1) Eigenes Stresserleben formulieren: Die Kinder erproben im Rollenspiel Strategien, die eine soziale Unterstützung des Kindes fördern und gleichzeitig der Emotionsregulierung (z.B. indem die Eltern das Kind trösten) oder der Problemlösung dienen (z.B. indem die Eltern mit der Klassenlehrerin reden). 2) Ruhepausen und Entspannung: Die Kinder erlernen unter anderem die progressive Muskelentspannung als systematische Entspannungstechnik. Eingebettet in Geschichten, spannen die Kinder einzelne Muskelgruppen an und entspannen sie anschließend (beispielsweise stellen sich die Kinder zur Anspannung der Handmuskeln vor, eine Zitrone zu zerdrücken, oder vertreiben zur Anspannung der Gesichtsmuskeln in Gedanken eine Fliege von ihrer Nase). Darüber hinaus werden kurze Atemübungen zur Spannungsreduktion durchgeführt und die Kinder werden angeleitet, individuelle Möglichkeiten zur Gestaltung von Ruhepausen (wie Musik hören oder ein Buch lesen) systematisch einzusetzen. 3) Spielen und Spaß haben wird als Stressbewältigungsstrategie vorgestellt, weil damit ein Belastungsausgleich möglich wird, denn eine entspannte Freizeit ohne Leistungsdruck ist bei manchen Kindern nicht mehr selbstverständlich. Dazu bearbeiten die Kinder beispielsweise eine Aktivitätenliste, mit der unterschiedliche Freizeitgestaltungsmöglichkeiten angesprochen werden. 4) Kognitive Strategien: Anhand von Bildergeschichten und Übungen zur positiven Selbstinstruktion wird der Einfluss von Gedanken und Bewertungen auf das Stresserleben erarbeitet. Zur Bahnung positiver Gedanken wird beispielsweise in mehreren Sitzungen ein „Ich bin stolz"-Rundblitz durchgeführt, in dem die Kinder eigene positive Eigenschaften oder Fähigkeiten benennen und dafür unkommentiert von den anderen beklatscht werden.

Ebenso wie in diesem Gruppentraining gehen auch Hampel und Petermann (1998) in ihrem Anti-Stress-Training multi-methodal vor. Ihr Training stützt sich auf vergleichbare verhaltenstherapeutische Techniken und wird für ein Altersspektrum von acht bis dreizehn Jahren empfohlen, ist also neben dem Kindesalter auch im frühen Jugendalter einsetzbar. Bei Jugendlichen können darüber hinaus ähnliche Techniken wie bei Erwachsenen (etwa Problemanalyse, Entspannungstechniken, verhaltensbezogene Hausaufgaben) eingesetzt werden. Empfohlen werden können für Jugendliche daher auch Stressbewältigungstrainings, die ursprünglich für Erwachsene konzipiert wurden, wobei man allerdings Jugendliche als Zielgruppe schlechter erreicht und mit einer geringeren Compliance rechnen muss.

4.4.5
Wirksamkeit und Wirksamkeitsbedingungen

Entspannungsübungen können, wenn sie längere Zeit eingeübt werden, zu einer Abnahme physischer und psychischer Stress-Symptome führen (z.B. selteneres Auftreten chronischer Kopfschmerzen, schnelleres Einschlafen vor Prüfungssituationen oder weniger Angst bei medizinischen Eingriffen). Dazu ist allerdings eine große Motivation zum Erlernen erforderlich.

Zur Wirkung von Stressbewältigungstrainings im Kindes- oder Jugendalter gibt es bislang kaum systematische Evaluationsstudien. Die Evaluation von „Bleib locker" zeigt allerdings, dass sowohl kognitive (verbessertes Erkennen von Stress-Symptomen, verbreitertes Spektrum von Stressbewältigungsstrategien) als auch alltagspraktische Verbesserungen (Reduktion der wahrgenommenen Stressbelastung) erreicht werden. Diese Trainingseffekte sind nicht nur als Strohfeuer unmittelbar nach Trainingsende nachweisbar, sondern halten über mehrere Monate an oder verstärken sich über einen längeren Zeitraum sogar. Als besonders effektiv erweist sich dabei die Vermittlung von problemlösenden Strategien (etwa das Mobilisieren sozialer Unterstützung). Hingegen bewirkt die Teilnahme der Eltern an den trainingsbegleitenden Elternabenden keine erkennbare Steigerung der Trainingswirkung.

Die Wirkung von Stressinterventionen ist allerdings auch von den kognitiven Fähigkeiten des Kindes und seiner Bereitschaft, sich emotional und motivational mit seiner Stressproblematik auseinander zu setzen, abhängig. Bei jüngeren Kindern und großen Alltagsbelastungen haben sich Stressinterventionen, die sich an die gesamte Familie wenden, recht gut bewährt. Hierzu gehören auch Maßnahmen, die die gesamte Familie entlasten (etwa familienentlastende Dienste bei Familien mit einem geistig behinderten Kind, Familienbetreuung).

Grundlegende Literatur

- Lazarus, R. S. (1991). Emotion and Adaptation. New York: Oxford University Press.

- O'Donohue, W. & Krasner, L. (Eds.). (1995). Handbook of psychosocial skills training: clinical techniques and applications. Boston: Allyn and Bacon.

- Wolchik, S. A. & Sandler, I. N. (Eds.). (1997). Handbook of children's coping: Linking theory and intervention. New York: Plenum Press.

Weiterführende Literatur

- Arnold, L. E. (Ed.) (1990). Childhood Stress. New York: Wiley.

- Hurrelmann, K. (1990). Familienstreß, Schulstreß, Freizeitstreß. Gesundheitsförderung für Kinder und Jugendliche. Weinheim: Juventa.

Materialien

- Hampel, P. & Petermann, F. (1998). Anti-Streß-Training für Kinder. Weinheim: Psychologie Verlags Union.

- Klein-Heßling, J. & Lohaus, A. (1998). Bleib locker: Ein Streßpräventionstraining für Kinder im Grundschulalter. Göttingen: Hogrefe.

- Lohaus, A., Fleer, B., Freytag, P. & Klein-Heßling, J. (1996). Fragebogen zur Erhebung von Streßerleben und Streßbewältigung im Kindesalter (SSK). Göttingen: Hogrefe.

4.4
Stressbewältigung

Zielsetzung und Motivation

Walter Kowalczyk

4.5.1
Anwendungsbeispiel

Die Eltern des 17-jährigen Jens wenden sich an den Schulpsychologen, weil der Jugendliche in mehreren Fächern schlechte Leistungen zeigt, nach ihrer Ansicht die „Zügel schleifen lässt" und sich anscheinend keine Gedanken darüber macht, welches Ziel er ansteuern möchte. Jens besucht die 11. Klasse eines Gymnasiums.

Zum Beratungsgespräch kommt er verspätet. Seine Eltern hätten ihn gedrängt, diesen Termin wahrzunehmen, lautet seine Begrüßung. Jens hat die 8. Klasse wiederholt, die Versetzung nach Klasse 11 knapp erreicht. Im Unterricht langweilt er sich, er hat keine bevorzugten Fächer. Im Gespräch wird zunächst eine Bestandsaufnahme seiner gegenwärtigen Situation vorgenommen und überlegt, wie seine Schulkarriere weiter verlaufen könnte (z.B. Veränderung des Arbeitsverhaltens, Wechsel auf ein Fachgymnasium, Berufsausbildung). Es wird erarbeitet, wie Jens diese Wege einschätzt und bewertet.

Als Jens feststellt, dass seine Überlegungen in der Beratung nicht moralisch bewertet werden, notiert er bereitwillig mittel- und langfristige Ziele und wägt sie ab. Es wird verabredet, dass er fehlende Informationen über bestimmte Teilziele einholt, z.B. ob er noch im Verlauf des Schuljahres auf das Fachgymnasium wechseln kann. In einem weiteren Gespräch werden diese Informationen in die unterschiedlichen Zielperspektiven eingearbeitet. Jens entscheidet sich, bis zum Schuljahresende an seiner Schule zu verbleiben, an einem Trainingsprogramm „Besser lernen" teilzunehmen und dann erneut zu überlegen, wie es weitergehen soll. In einem gemeinsamen Gespräch mit den Eltern werden diese Überlegungen noch einmal erörtert.

4.5.2
Kurzbeschreibung der Methode und ihres Hintergrundes

Ein zentrales Motiv von Jugendlichen ist das Streben nach Identität und Selbstverwirklichung. Die Bereitschaft, bestimmte konkrete Ziele anzustreben, erhöht sich, wenn

- das Ziel erreichbar ist,
- ein Ziel mit Selbstvertrauen angegangen wird,
- positive Konsequenzen zu erwarten sind.

Andererseits führt das Scheitern zu Enttäuschungen, Verdrossenheit und der Tendenz, solche Überlegungen künftig einzuschränken oder ganz zu vermeiden. Was muss also bei der Formulierung von Zielen beachtet werden?

Zieht man allgemein-psychologische Konzepte heran, dann empfehlen sich folgende Maßnahmen (Dörner, 1999):

- Angestrebte Ziele formulieren, Vermeidungsziele unberücksichtigt lassen; Letztere sind zu global und zu wenig konkret. Etwas nicht haben zu wollen ist als Leitlinie für das Handeln unzureichend. Es ist daher notwendig, das Ziel ins Positive zu wenden.
- Spezifische Ziele formulieren, allgemeine vermeiden. Der Anspruch eines allgemeinen Zieles ist zu hoch („Ich will konzentriert arbeiten."). Eine spezifische Zielsetzung kann nach der Zwischenzielmethode formuliert werden („Ich bearbeite im Englischunterricht schriftliche Arbeiten konzentriert.").
- Klare Ziele formulieren, unklare vermeiden. Bei unklaren Zielen kann nicht entschieden werden, ob das Ziel erreicht ist oder nicht. Das Ziel muss also operationalisierbar sein, also nicht: „Ich störe den Unterricht nicht mehr!", sondern z.B.: „Ich rede im Unterricht nur, wenn ich mich gemeldet habe!"
- Leistungsorientierte Ziele formulieren, ergebnisorientierte vermeiden. Typische ergebnisorientierte Ziele sind z.B., die Note 2 in einer Englischarbeit oder die Versetzung zu erreichen. Typische leistungsorientierte Ziele sind hingegen, sich gut auf eine Arbeit vorzubereiten, eine schlechte Klassenarbeit durch eine zusätzliche Anstrengung (Referat halten) auszugleichen.
- Nebenwirkungen von Zielen analysieren. Wenn man die Ausgangssituation gründlich beschrieben hat, stellt sich die Frage, welches Ziel nun angestrebt werden sollte. Löst das Erreichen dieses Zieles auch wirklich das Ausgangsproblem – oder entstehen damit nur neue Probleme?
- Eigene Ziele formulieren. Kinder und Jugendliche schätzen ihr Verhalten oft als weniger problematisch ein als Erwachsene. Deshalb werden oft Veränderungswünsche an sie herangetragen, die sie nicht oder nur in geringem Maße teilen. Heftiges Überreden und abgerungene Zugeständnisse bergen dann die Gefahr des Scheiterns in sich. Stattdessen wird es darum gehen, unterschiedliche Ziele auf ihre Verträglichkeit hin zu überprüfen und nach Kompromissmöglichkeiten zu suchen. Wenn Kinder und Jugendliche geringe oder keine Veränderungsinteressen zeigen, ist es notwendig, sie zum Erproben einer neuen Verhaltensweise zu motivieren. So werden z.B. einem passiven „Nur-Fernsehgucker" verschiedene Aktivitäten vorgeschlagen, von denen er eine auswählt. Das Erproben wird durch Eltern und andere Bezuspersonen systematisch verstärkt. Zu Beginn müssen die Bezugspersonen das Kind oder den Jugendlichen ermutigen bzw. diese Aktivitäten durch geeignete Hilfen unterstützen (etwa das Kind auf den Sportplatz begleiten, zu den Aktivitäten ermutigen). Diese Unterstützung wird dann schrittweise wieder abgebaut.
- Den ersten Schritt planen. Die Motivation, eigenes Verhalten zu verändern, das von anderen als problematisch angesehen wird, hängt von der Höhe der Messlatte ab, die es auf dem Weg zum Ziel zu überspringen gilt. Gerade für den ersten Veränderungsschritt ist ein Ziel zu formulieren, das mit großer Wahrscheinlichkeit erreicht werden kann. Der Erfolg signalisiert dann ein Kompetenzgefühl und erhöht die Bereitschaft, einen weiteren Schritt zu gehen, das nächste Ziel anzusteuern.

Der Stellenwert von Zielen wird besonders in der Handlungstheorie hervorgehoben, die den Zielen einen strukturierenden Effekt beimisst (etwa Aufmerksamkeit bündeln, Kräfte mobilisieren, Informationen gewichten, Wahrnehmungsinhalte kategorisieren). In der kognitiven Verhaltenstherapie werden diese allgemeinpsychologischen Erkenntnisse aufgegriffen, weil die Reflexion, die Präzisierung und die Veränderung von Zielen weit reichende Verhaltensänderungen bei den Klienten erwarten lassen. Teilweise wird hier eine Selbstmodifikation verfolgt, zu der der Therapeut nur noch wenig beitragen muss. Diese Interventionsansätze thematisieren, dass Umweltaspekte unter subjektiven Gesichtspunkten (etwa Erwartung, Einstellung) verarbeitet werden, dass menschliches Handeln zielbezogen strukturiert ist und in komplexeren, schwierigeren Situationen subjektiv sinnvolle Problemlösungen gesucht werden.

Neuere Ansätze der Motivationspsychologie (etwa zur Interessenförderung, Willensbildung) erörtern ebenfalls, wie Menschen Ziele bestimmen und teilweise trotz schwieriger Bedingungen ihre Handlungspläne in die Tat umsetzen. Offensichtlich entwickeln sich Interessen am ehesten, wenn Autonomiebestrebungen gewahrt werden sowie ein Bedürfnis nach wachsender Kompetenz und sozialer Einbettung besteht. Handlungspläne hingegen werden umso eher umgesetzt, je mehr inhaltliche Klarheit erzeugt wird (etwa abträgliche Informationen ausblenden, übermäßig langes Abwägen vermeiden, die Umwelt so gestalten, dass die Handlungsabsicht unterstützt wird, positiven Einfluss auf die eigene Gefühlslage nehmen, vgl. Kuhl, 1987). Solche Strategien finden sich denn auch bei „erfolgreicheren" Personen (etwa guten Schülern, seelisch gesünderen Kindern und Erwachsenen) öfter und in deutlicherer Ausprägung (Ainley, 1993).

4.5.3
Indikation

Der Aufbau eigener Zielsetzungen und die Anregung von Motivation ist vor allem für eine Reihe subklinischer Erscheinungsbilder angezeigt, die mit einer (oft) kurzzeitigen Orientierungslosigkeit, Resignation, Perspektivlosigkeit und Zielverlusten einhergehen. Dies gilt vor allem für eher reaktive Störungen im Zuge von kritischen Lebensereignissen (etwa Umzug, Trennung der Eltern, Schulwechsel, Tod einer Bezugsperson, plötzliche eigene Erkrankung) sowie für normative Reifungs- und Rollenkrisen (etwa Pubertät, Beziehungsgestaltung von Jugendlichen, Entscheidungen über die Schullaufbahn, Berufswahl).

Daneben gibt es Störungen nach ICD-10, die mit motivationalen und zielbezogenen Problemen verbunden sind, etwa Lern- und Leistungsstörungen (F70–79) sowie Anpassungsstörungen (F43.2) unterschiedlicher Ausprägung, etwa nach körperlicher Krankheit, die zu Neuorientierungen zwingen.

Indikationsentscheidend für die Anregung von Motivation ist die fehlende Bereitschaft, sich der aktuellen Belastungssituation zu stellen und neue Ziele zu entwickeln.

Bei jüngeren Kindern sind die wichtigen Bezugspersonen (z.B. Eltern und Lehrkräfte) bei der Zielformulierung und den therapeutischen Maßnahmen mit einzubeziehen.

4.5.4
Detaillierte Beschreibung des Vorgehens

Wie kann ein Kind bzw. Jugendlicher angeregt werden, sich mit seiner gegenwärtigen Situation auseinander zu setzen? Wie kann er eine Vorstellung davon entwickeln, wohin er sich künftig orientieren will?

Die Bestandsaufnahme (So sieht es im Moment aus)

Eine Bestandsaufnahme der eigenen Situation dient der Abklärung, ob auch der Jugendliche bereits eine Veränderung seiner persönlichen Situation vor Augen hat und wie diese aussehen könnte. In der Regel spielen zahlreiche Aspekte eine Rolle, z.B. die Erwartungen der Eltern, die aktuelle Schulsituation, mögliche Berufswünsche usw. Zur Unterstützung dieser Gesprächsphase bietet sich die Verschriftlichung an (z.B. eine Struktur-Lege-Technik).

Dabei wird der Ratsuchende im Laufe eines Beratungsgespräches aufgefordert, Aspekte seines Problems in Form von Begriffen auf einzelne Karten zu schreiben. Er ist frei in der inhaltlichen Auswahl von Stichworten. Allein durch das Herstellen der Begriffskarten werden die Elemente des Problems aus dem Bewusstsein abgerufen. Gleichzeitig wird die problemhaltige Situation inhaltlich umrissen. Es geht hierbei noch nicht um spezielle Beziehungen zwischen den Elementen, sondern lediglich um allgemeinere, grundsätzliche Zusammenhänge, wie etwa: „... hat etwas zu tun mit ...". Danach wird der Ratsuchende gebeten, die Karten hinsichtlich ihrer Beziehungen zueinander zu ordnen. Diese Beziehungen können u.a. ausgedrückt werden durch enge räumliche Gruppierung der Karten (Clusterbildung) oder per Verknüpfung der Elementkarten mithilfe von Symbolen (z.B. Pfeile), wobei der Ratsuchende angibt, was diese Zeichen bedeuten sollen. Ziel ist dabei, eine kohärente Struktur zu erhalten, die gewissermaßen ein Modell, einen „Problem-Abguss" des Ratsuchenden darstellt. In dieser Phase geht es darum, die Ausgangslage des Ratsuchenden zu bestimmen.

Anschließend wird er dazu angeregt, diese Struktur zu erläutern und gegebenenfalls durch Beispiele zu konkretisieren.

Bei der Ordnung der Karten und der Charakterisierung der Verknüpfungen muss der Ratsuchende zwar erhebliche „Definitionsarbeit" leisten, ihm steht aber dabei die Möglichkeit der vorläufigen, versuchsweisen Gliederung offen, denn das Material kann immer wieder umgeordnet werden. Auf diese Weise breitet der Ratsuchende das Problem gewissermaßen vor sich und dem Psychologen allmählich aus. Den Grad der Verästelung bestimmt er selbst.

Das Bemühen um die treffende Charakterisierung der Beziehungen zwischen den Karten bietet ihm die Chance, seine bisherigen Bewertungen, Sichtweisen und Gefühle im Zusammenhang mit dem Problemfeld kritisch zu mustern sowie den etwaigen Eigenanteil an der negativen Entwicklung des Geschehens zu erkennen und „vor sich selbst" zu akzeptieren.

Hier ist der Berater stärker als sonst gefordert, da der Ratsuchende im sensiblen Bereich der Selbsteinschätzung und des Selbstwertgefühls im besonderen Maße der einfühlsamen Hilfestellung des Psychologen bedarf.

Dadurch, dass der Ratsuchende das Problemfeld selbst definiert und mithilfe seiner Alltagstheorie strukturiert, ist es dem Berater möglich, jederzeit auf die Bestandteile dieses Feldes zurückzugreifen, ohne durch eigene, für sein Gegenüber eventuell nur schwer verständliche

Gesprächsbeiträge die Eigenaktivität und Eigenverantwortlichkeit des Ratsuchenden zu reduzieren.

Ein wesentlicher Vorteil dieses Vorgehens liegt in seiner Transparenz. Der Berater begleitet die „Legearbeit", indem er, wo es angebracht ist, auf ein besonderes Detail hinweist, zu bestimmten Punkten zurückkehrt oder eine auffällige Beziehung anspricht.

Dadurch, dass die im jeweiligen Stadium erreichte Struktur anschaulich vorliegt und nicht per Gedächtnisleistung immer wieder neu erstellt werden muss, bleiben Kapazitäten frei für die „eigentliche" Konstruktionsarbeit. Der Psychologe kann zu verschiedenen Zeitpunkten einhaken, neu ansetzen, bestimmte Gesichtspunkte schärfer hervorheben, kurz, den Klienten bei der Visualisierung seiner Problem-Konstellation unterstützen. So achtet der Berater auf verbale und nonverbale Zeichen, die emotional gefärbte Entscheidungen signalisieren, hebt diese Sachverhalte ins Bewusstsein seines Gesprächspartners und macht ihn auf unklar gebliebene Aspekte, Widersprüche, Ungereimtheiten, „Lücken" und Vermeidungsverhalten aufmerksam.

Eine der Struktur-Lege-Technik verwandte Methode ist das Mindmapping. Der Grundgedanke ist jeweils die Verschriftlichung und die Darstellung der Beziehung zwischen den Teilelementen.

Die Zielklärung (Ein Sprung in die Zukunft)

Es geht im nächsten Schritt darum, beim Jugendlichen bereits vorhandene globale Ziele zu explizieren bzw. den Blick auf neue zu richten. Diese können durchaus noch einen hohen Abstraktionsgrad haben. Sie stellen aber trotzdem eine grobe Wegrichtung dar. Diese Arbeit wird wiederum durch Aufschreiben unterstützt. Was kann sich der Jugendliche alles vorstellen? „Stell dir vor, du gehst in deiner Fantasie in die Zukunft (ein, zwei, drei Jahre weiter). Wie wird dann dein privates und berufliches Leben aussehen?" Entsteht dann eine breite Palette an Antworten, können Alternativen geprüft werden und eine Fixierung auf lediglich ein Ziel unterbleibt.

Die Entscheidung (Welcher Weg soll es sein?)

Mithilfe einer Zweck-Mittel-Analyse wird die multidimensionale Entscheidungssituation in ein hierarchisches Zielsystem von Ober- und Unterzielen gegliedert (Zielbaum), damit strukturiert und besser erfassbar gemacht. Durch die Zielanalyse wird das, was vorher ein einziger Urteilsvorgang war, zu einem stufenweisen Urteilsvorgang. Diese Analyse zielt auf eine zunehmende Genauigkeit der Formulierung von den Ober- zu den Feinzielen. Zusammen mit der Gewichtung der einzelnen Ziele durch den Ratsuchenden stellt es ein individuelles Wertsystem dar.

Die Durchführung der Zweck-Mittel-Analyse erfolgt in Einzelsitzungen. Der Ratsuchende aus unserem Anwendungsbeispiel erstellt einen individuellen Zielbaum zum Thema „Meine künftige Schullaufbahn" auf einer Flipchart. In der ersten Phase macht er sich zunächst Gedanken über das Problem – „Was ist wichtig für mich bei der Wahl meiner Schullaufbahn?" – und hält diese Ideen fest (Brainstorming). Anschließend werden die vertikalen Relationen („Mittel zum Zweck") und die horizontalen Relationen („Wettbewerb der Ziele auf einer Ebene") zwischen den Zielen hergestellt. Dieses strukturierte System wird auf Vollständigkeit hin überprüft und gegebenenfalls weiter ausgebaut. Die unterste Ebene einer Zielanalyse besteht aus den Feinzielen, die beobachtbare Verhaltensweisen darstellen sollen. Damit die erstellte Zielanalyse mit den hypothetischen Wahlmöglichkeiten, von denen eine ausgewählt werden soll, in Beziehung gesetzt werden kann, beschränkt man die Feinziele auf solche, über die sich der Ratsuchende bei seiner anschließenden Entscheidungsaufgabe auch informieren kann.

Manchmal fehlen aber auch noch Informationen. Diese sollten vom Ratsuchenden selbst ermittelt werden, damit er aktiv am Beratungsprozess beteiligt ist. Anschließend wird eine Entscheidung für ein Ziel getroffen. Im Allgemeinen werden die Lösungen durch Streichung derjenigen, die entweder für die Eltern oder für die Kinder unannehmbar sind, auf eine oder zwei Möglichkeiten eingeengt.

Die Konkretisierung von Teilzielen (Marksteine auf dem Weg)

Im nächsten Schritt geht es um die Konkretisierung der getroffenen Zielentscheidung. Mit dem Ratsuchenden werden Zwischenziele erarbeitet. Was ist z.B. in einem Jahr, in einem halben Jahr und in einer Woche zu tun, um das angestrebte Ziel zu erreichen? Außerdem geht es um die Klärung persönlicher Ressourcen. „Stell dir vor, du gibst für deine Familie oder deine Freunde ein Fest zur Feier der erfolgreichen Problemlösung. Sie fragen dich, welche Fähigkeiten und persönlichen Stärken du für die Problemlösung mobilisiert hast. Was wirst du ihnen antworten?"

Stützende Maßnahmen (Der Berater als Coach)

Der Begriff „Coaching" kommt ursprünglich aus der umfassenden fachlichen und psychologischen Betreuung im Hochleistungssport. Er wurde dann in die Unternehmenswelt übertragen und kennzeichnet dort die Rolle des Vorgesetzten als Betreuer seiner Mitarbeiter. Heute findet er auch in Beratungskontexten Berücksichtigung. Der Berater unterstützt den Ratsuchenden durch Rat, Hilfe und Anregungen bei der Umsetzung persönlicher Veränderungsziele. Regelmäßige Kontakte zwingen den Ratsuchenden, sich mit der aktuellen Entwicklung auseinander zu setzen. Sie fördern seine Selbstreflexion. Der Berater kann den Ratsuchenden darüber hinaus stützen, wenn dieser auf unvorhergesehene Stolpersteine stößt.

Im Rahmen des Coaching kann auch die „Zielvorstellungsmethode" eingesetzt werden. Die Selbstbestimmung über das persönliche Ziel ist das Entscheidende. Und wichtig ist die Entscheidung: Ich kann ein selbst gewähltes, klar definiertes Ziel erreichen. Dies gelingt umso besser, je deutlicher die Zielvorstellung aufgebaut und als Vorgabe wiederholt wird. Mit dieser Methode führt sich der Ratsuchende sein Ziel vor Augen und besinnt sich einige Tage lang immer wieder mehrmals am Tag „für eine Minute" auf das Ziel, z.B. „Ich schreibe am nächsten Dienstag eine gute Vokabelarbeit in Englisch." Die zweite Phase besteht in der Selbstbestärkung nach dem Erfolg: „Ich habe das toll hinbekommen mit der Vokabelarbeit." Schließlich kommt die Phase der „konstruktiven Kritik": „Wenn ich das künftig so und so mache, dann gelingt mir das immer besser."

Bei jüngeren Kindern wird die Bestandsaufnahme mit den Eltern bzw. wichtigen Bezugspersonen (z.B. den Lehrkräften) durchgeführt. Nach der Klärung, welche Verhaltensweisen modifiziert werden sollen, wird eine systematische Beobachtung durchgeführt, um die Verhaltensgrundrate zu erheben. Die mit den Bezugspersonen erarbeiteten Ziele werden mit dem Kind besprochen. Zur Erhöhung der Motivation können zu Beginn neben sozialen Verstärkern auch materielle Verstärker eingesetzt werden. Wichtig ist, dass ein Kind zunächst neues oder anderes Verhalten erprobt und daraufhin andere verstärkende (unterstützende) Reaktionen erfährt.

Diese Maßnahme setzt eine zuverlässige Mitarbeit der Bezugspersonen voraus. Deshalb sind regelmäßige Coaching-Sitzungen mit ihnen notwendig, um auftretende Schwierigkeiten zu bewältigen.

4.5.5
Wirksamkeit und Wirksamkeitsbedingungen

Die Thematisierung und ausdrückliche Reflexion von eigenen Zielen führt zu zielkonformen Verhaltensweisen, wenn sich das Kind oder der Jugendliche dem Änderungsprozess aussetzt und ihm eine ausreichende Autonomie in der Bestimmung von Zielen eingeräumt sowie eine ausreichende Begleitung bei der Umsetzung zuteil wird.

Aber auch andere Interventionen, die sich eines indirekten Vorgehens bedienen (etwa Anregung zur Selbstbeobachtung, Vorhersage eigener Leistungsergebnisse, Zurückweisung zielwidriger Überzeugungen) führen zu durchaus stabilen Verhaltensänderungen. Dies zeigt sich vor allem in einer Evaluation des Motivationsprogramms „Metakognition, Motivation und Lernerfolg", in dem die Schüler ihre eigenen Schulnoten möglichst genau vorherzusagen lernen (Albin, 1998). Mit abnehmender Überschätzung verbessern sich Leistung und Lernerfolg. Ähnliche Erfahrungen legen auch Glubrecht et al. (1994) vor, die leistungsbezogene Verbesserungen bei den Schülern im Zuge von Selbstbeobachtung und einer realistischen Selbsteinschätzung feststellen. Proudfoot, Guest, Carson, Dunn und Gray (1997) haben ähnliche Ergebnisse in einem Training mit langzeitarbeitslosen Jugendlichen erzielt, die eine umfassende Anleitung zum Zielsetzungsverhalten, Zeitmanagement sowie zur Attribuierung und positiven Verhaltensorientierung erhielten. Diese Anleitung hatte zur Folge, dass sie häufiger als eine vergleichbare, ebenfalls behandelte Kontrollgruppe Beschäftigungs- und Ausbildungsplätze fanden.

Als empfehlenswert erweist sich demnach eine Intervention, die die Kinder und Jugendlichen zu einer Reflexion und Präzisierung ihrer Ziele anhält, sie in der Umsetzung der angestrebten Ziele begleitet und gleichzeitig negative Emotionen einschränkt.

4.5 Zielsetzung und Motivation

497

Grundlegende Literatur

- Dörner, D. (1999). Bauplan für eine Seele. Reinbek: Rowohlt.

- Kuhl, I. (1987). Motivation und Handlungskontrolle: Ohne guten Willen geht es nicht. In H. Heckhausen, P. M. Gollwitzer & F. E. Weinert (Hrsg.), Jenseits des Rubikon: Der Wille in den Humanwissenschaften (S. 101–120). Berlin: Springer.

- Ainley, M. D. (1993). Styles of engagement with learning: Multidimensional assessment of their relationship with strategy use and school achievement. Journal of Educational Psychology, 85, 395–405.

Weiterführende Literatur

- Albin, S. (1998). Metakognition, Motivation und Lernerfolg. Report Psychologie, 10, 842–852.

- Proudfoot, J., Guest, D., Carson, J., Dunn, G. & Gray, J. (1997). Effect of cognitive-behavioural training on job-finding among longterm unemployed people. The Lancet, 350, 96–100.

Materialien

- Glubrecht, M., Hennig, G., Kowalczyk, W., Ottich, K. & Rudat, H. (1994). Besser lernen. Lichtenau: AOL.

- Keller, G., Binder, A. & Thiel, R. D. (1997). Sich besser motivieren – erfolgreicher lernen (2. Auflage). Göttingen: Hogrefe.

- Wahl, D. (1982). Lehrermotive und Zielkonflikte. Fernsehkolleg „Lehrerprobleme-Schülerprobleme", 1A. Videokassetten sind über das Deutsche Institut für Fernstudien (DIFF) an der Universität Tübingen erhältlich.

- Lazarus, A. & Fay, A. (1981). Ich kann, wenn ich will (4. Auflage). Stuttgart: Klett-Cotta.

4.5
Zielsetzung
und Motivation

Bewältigung akuter Schmerzen und Operationsvorbereitung

Klaus Sarimski

4.6.1
Anwendungsbeispiel

Tobias leidet unter einem genetisch bedingten Enzymdefekt und muss sich einer Leber-Transplantation unterziehen, da die bisherige Behandlung (nachts bis zu zwölfstündige Phototherapie in einem speziell ausgestatteten Bett) die Leberfunktionswerte nicht mehr hinreichend zu stabilisieren vermag. Im Vorbereitungsgespräch zeigt sich, dass er noch wenig Vorstellungen über die bevorstehende Operation und die postoperativen Einschränkungen hat. Er hat zwar große Angst, fühlt sich aber durch seine Mutter gestärkt. Zur Operationsvorbereitung erhält Tobias zunächst detaillierte Informationen über den Eingriff; er wird mit den Räumlichkeiten und Behandlungsgeräten vor Ort vertraut gemacht und lernt dabei auch sein Behandlungsteam kennen. Ferner wird mit ihm besprochen, wie seine Aufnahme in der Klinik vonstatten gehen wird, welche Dinge er in die Klinik mitbringt (Kuscheltiere, Fotos und Lieblingsspielsachen) und wie er sich Besuche durch die Mutter, den Großvater, Lehrerin und Klassenkameraden wünscht. Im zweiten Schritt der Operationsvorbereitung soll Tobias handlungssteuernde Selbstaussagen erlernen. Hierzu wird eine Audiokassette besprochen mit einer Geschichte, in der Robin Hood – seine Lieblingsfigur – schwierige Situationen meistert und auch eine Verletzung übersteht. In diese Geschichte sind wiederkehrende Gedanken und ermutigende Sätze eingestreut, die Tobias in seiner Situation helfen könnten. Tobias übersteht die Transplantation sehr gut und berichtet drei Wochen nach der Entlassung, dass ihm die Kassette vor der Operation und die vielen Besuche danach sehr geholfen haben.

4.6.2
Kurzbeschreibung der Methode und ihres Hintergrundes

Invasive Untersuchungsprozeduren und Operationen bereiten jedem Kind Unbehagen, Angst und akute Schmerzen. Die Aussicht auf eine schmerzhafte Untersuchung oder eine Operation belasten das Kind und seine Eltern ebenso wie die Ungewissheit über ihren Ausgang. Es muss sich zunächst in die passive Rolle des ausgelieferten Patienten fügen, der auf die Kompetenz des behandelnden Arztes und die Fürsorge des Pflegeteams vertrauen muss. Wie ausgeprägt seine Stress- und Angstreaktionen (Weinen, Schlaflosigkeit, Ess-Störungen,

Erbrechen vor und panikartige Abwehr bei der Untersuchung) sind und ob diese potenziell traumatisierende Situation postoperativ nachwirkt, hängt sowohl von objektiven (z.B. Schwere und Schmerzhaftigkeit des Eingriffs, Dauer des Krankenhausaufenthalts) wie auch subjektiven Faktoren (z.B. den Vorerfahrungen des Kindes, seinem Alter und seinen Bewältigungsfähigkeiten, der Unterstützung durch Eltern und Behandlungsteam) ab.

Verhaltensmedizinische Interventionen zur Schmerz- und Angstreduktion werden seit Beginn der achtziger Jahre angewandt. Sie verfolgen das Ziel, die schmerzhafte und Angst auslösende Prozedur für das Kind und seine Eltern möglichst gut erträglich zu gestalten. Die Planung dieser Programme orientiert sich in der Regel an Befunden aus der Angst- und Stressforschung sowie an Patientenschulungsprogrammen (siehe Kap. 4.7). Infolgedessen geht es bei der Vorbereitung auf schmerzhafte Eingriffe in aller Regel um die Wahrnehmung von Schmerzreizen, die Bewertung von bedrohlichen Untersuchungs- und Behandlungsmaßnahmen sowie die Stärkung der Handlungskompetenz des Kindes. Zunehmend werden solche Vorbereitungsprogramme in den Stationsalltag eingegliedert und möglichst in Einklang mit der Gesamtbehandlung der Kinder durchgeführt. Dabei übernehmen Ärzte, Krankenschwestern, Eltern und Psychologen einander ergänzende Rollen.

4.6.3
Indikation

Verhaltensmedizinische Interventionen werden zunächst bei einer ganzen Reihe von invasiven Eingriffen, etwa bei der Lumbal- oder Rückenmarks- und Venenpunktion sowie bei besonders schmerzhaften Eingriffen im Laufe der Behandlung schwer(krebs)kranker Kinder durchgeführt. Weitere Anwendungsfelder sind u.a. die gastroendoskopische Untersuchung, (kardiale) Katheterisierung, Organtransplantation oder die Erleichterung von postoperativ besonders schmerzhaften Verläufen und Brandverletzungen. Bei einmaligen oder weniger schmerzhaften Eingriffen (z.B. einer Blinddarm- oder Mandeloperation) sind sie dagegen nur im Ausnahmefall angezeigt, weil diese selbstständig bewältigt werden können.

Eine solche Operationsvorbereitung ist besonders für jüngere Kinder (unter sechs Jahren) angezeigt, die in der Regel durch die Eingriffe stärker belastet sind, weil es ihnen schwerer fällt, die Zusammenhänge zu verstehen, und sie häufiger von irrationalen Vorstellungen und Angstfantasien bedrängt werden.

Der günstigste Zeitpunkt zur Vorbereitung auf eine eingreifende medizinische Maßnahme liegt bei Schulkindern etwa eine Woche vor dem Tag der Untersuchung oder Operation, jüngere Kinder profitieren mehr von einer der Prozedur unmittelbar vorgeschalteten vorbereitenden Intervention.

Eine Operationsvorbereitung ist selbstverständlich nicht möglich, wenn das Kind wegen akuter Lebensbedrohung oder aufgrund eines Unfalls ins Krankenhaus eingeliefert wird.

4.6 Bewältigung akuter Schmerzen

4.6.4
Detaillierte Beschreibung des Vorgehen

Selbsteinschätzung des Kindes

Zunächst gilt es, die Stärke des subjektiv empfundenen Schmerzes oder der präoperativen Angst des Kindes zu beurteilen, um über die Notwendigkeit psychologischer Interventionen zu entscheiden. Dazu haben sich einfache anschauliche Selbsteinschätzungsskalen bewährt. So wird das Kind z.B. gebeten, an einem Schmerzthermometer auf einer Skala von 0–10 anzugeben, als wie schmerzhaft es einen Eingriff empfindet, oder auf einer „visuellen Analogskala" – einer horizontalen Linie – anzukreuzen, wie groß seine Angst vor einer Operation zwischen den Polen „keine Angst" bis zu „fast nicht auszuhaltender Angst" ist. Solche Einschätzungen sind bei kleinen Kindern nicht zuverlässig, lassen sich aber ab einem Alter von sechs Jahren als Orientierungshilfe benutzen. Die Angst vor medizinischen Maßnahmen im Allgemeinen kann bei Schulkindern mit der „Child Medical Fear Scale" (Broome & Hellier, 1987) beurteilt werden.

Aufklärung und Information als Vorbereitung

Vor Beginn der Intervention wird geklärt, welchen Informationsstand das Kind und seine Eltern über den Ablauf der bevorstehenden Untersuchungsprozedur, die präoperativen Maßnahmen (z.B. Blutabnahme, Röntgenaufnahme), die Operation selbst und die postoperativen Behandlungs- und Pflegemaßnahmen haben. Bei Kindern unter drei Jahren wird dieses Gespräch nur mit den Eltern geführt. Bei älteren Kindern empfiehlt es sich, zuerst mit den Eltern allein und dann ebenfalls allein mit dem Kind zu sprechen. Ein gemeinsames Gespräch mit Kind und Eltern wird hingegen kaum empfohlen, weil sich gezeigt hat, dass die elterlichen Ängste eine stresssteigernde Wirkung auf das Kind haben können. Zudem gelingt es im Einzelgespräch mit dem Kind leichter, einen Eindruck von seinem eigenen Krankheitsverständnis zu gewinnen und möglicherweise sehr belastende irrationale Vorstellungen über den Grund und die Form der Behandlung (z.B. Eingriff als „Strafe", Eingriff als „Herausoperieren eines Dämons") aufzuspüren. Individuelle Ansatzpunkte für kognitive Interventionen (z.B. Lieblingsbeschäftigungen, Idole) können ebenfalls bei dieser Gelegenheit exploriert werden. Fragen zu der Art und Weise, wie das Kind mit bisherigen Belastungen fertig geworden ist, erlauben eine Einschätzung seines Bewältigungsstils (etwa Suche nach Informationen, Anstreben von Schutz und Trost).

In der psychologischen Operationsvorbereitung werden zunächst Informationen über die bevorstehende Prozedur und die sensorische Qualität des Schmerzereignisses vermittelt. Dadurch soll das Kind auf die Belastungsereignisse vorbereitet werden. Grundgedanke dabei ist, dass unerwartete Stressereignisse meist eine größere Angst auslösen und schwieriger zu bewältigen sind als vorhersagbare. Zu dieser Aufklärung und Information gehören:

• das Vertrautmachen mit dem Aussehen des Behandlungsraums und der Instrumente;
• die genaue Informierung des Kindes über die einzelnen Schritte beim operativen Eingriff (z.B. Umkleiden für Operation, Anästhesie, Aufwachphase, postoperative Verbände);

• die präzise Beschreibung, wie der bevorstehende Eingriff (z.B. Desinfizieren, Nadeleinstich bei der Injektion, Aufwachen nach der Narkose, postoperativer Wundschmerz) subjektiv erlebt werden wird.

Sensorische Information

Bei der sensorischen Information geht es darum, das, was dem Kind bevorsteht, vorstellbar zu machen, um überstarken Ängsten entgegenzuwirken (z.B. „Der Stich fühlt sich so an wie ein kräftiges Kneifen. Darf ich es dir einmal zeigen?"). Allgemeine oder beschwichtigende Äußerungen („tut nur ein bisschen weh" oder „stell dich nicht so an") sind nicht hilfreich.

Die verbale Vorbereitung kann je nach Alter des Kindes kombiniert werden mit der praktischen Demonstration des Eingriffs am Beispiel einer Puppe oder im Rollentausch mit einer Krankenschwester. Rollenspiele („Doktor spielen" mit Arztkoffer oder Krankenhausset von Playmobil, Nachspielen des Eingriffs an einer Puppe mit den realen medizinischen Instrumenten) bieten über die Vermittlung prozeduraler Informationen hinaus die Möglichkeit, das Kind an das potenziell Angst auslösende Geschehen in gestufter Form zu gewöhnen (Desensibilisierung) und seine vorhandenen Bewältigungsressourcen einzuschätzen.

Modellieren von Bewältigungsstrategien

Gemäß der Theorie des stellvertretenden Lernens eignet sich die Modelldarbietung in besonderem Maße zur Förderung der Bewältigungskompetenz des Kindes. Möglichkeiten dazu bietet die In-vivo-Beobachtung des Eingriffs an einem anderen Kind. Im Gespräch mit Kindern, die die Prozedur bereits erfolgreich bewältigt haben, oder anhand von Videofilmen kann es erfolgreiche Bewältigungsstrategien kennen lernen und sich aneignen. Ein Videofilm über die Durchführung einer Venenpunktion (Jay et al., 1985) zeigt beispielsweise ein Kind, das mit einer nachträglich unterlegten Stimme seine Gedanken und Gefühle bei jedem Schritt der medizinischen Prozedur beschreibt und ein wirksames Bewältigungsverhalten sowie positive Selbstinstruktionen demonstriert (z.B. „Wenn die Nadel drin ist, tut der Rest nicht mehr sehr weh.", „Es ist bald vorbei und ich schaffe das schon."). Dem Kind fällt es leichter, dieses Modellverhalten zu übernehmen, wenn das Modell seine Sorgen und Ängste während der Prozedur ausspricht (coping model), statt lediglich eine selbstsichere Form der Bewältigung zu demonstrieren (mastery model).

Entspannungstrainings und Atemübungen

Progressive Muskelrelaxation nach Jacobson, autogenes Training und entspannungsinduzierende Atemübungen sind die am häufigsten verwendeten Entspannungsverfahren in der psychologischen Schmerzbehandlung. Ihre Wirkung beruht auf der Kopplung von Angst oder Schmerz auslösenden Reizen mit angenehmen inneren Zuständen von Ruhe und Wohlbefinden. Sie werden auch bei Kindern erfolgreich eingesetzt. Die Instruktionen für Übungen werden an das kindliche Vorstellungsvermögen angepasst, (z.B. „Atme bitte eine Weile kräftig und laut hörbar ein und aus, so als wolltest du einen Luftballon aufblasen.") beziehungsweise in eine Geschichte eingebunden sind, z.B einer solchen Geschichte (Kapitän-Nemo-Geschichte): Das Kind wird auf eine Fantasiereise mit einem Unterseeboot „geführt". Im warmen, hellen, sonnendurchfluteten Wasser sind keine lauten Geräusche und schnellen, ruckartigen Bewegungen möglich, dafür werden Arme und Beine angenehm schwer und warm. Auf dem Ausflug werden Delfine besucht oder eine versunkene Stadt erkundet. In die Geschichte eingebaute Selbstinstruktionen machen Mut, helfen Angst zu bewältigen. Kapitän Nemo beschützt die Kinder.

Techniken der Aufmerksamkeitsablenkung

Sie basieren auf der Erkenntnis, dass das Schmerzerleben des Kindes maßgeblich von seinen Erwartungen und Vorstellungen vor und bei dem Eingriff beeinflusst wird. Wenn das Kind sich auf einen neutralen Sachverhalt konzentriert und sich damit von seinen Angst auslösenden Vorstellungen ablenkt, sinkt seine Belastung durch die schmerzhafte Prozedur. Beispielsweise können ablenkende Gespräche (über Interessen, Urlaub etc.), Spiele („Ich sehe was, was du nicht siehst"), Musikhören, Drücken der Hand der Mutter und Video- oder Game-Boy-Spiele dabei hilfreich sein. Ferner kann man mit dem Kind Vorstellungsbilder oder -inhalte, an die es vor und während der Operation denkt (etwa eine Urlaubssituation, Superwoman), vereinbaren. Die Ablenkung ist einfach durchzuführen und besonders wirksam, wenn es um die Bewältigung kurzer Eingriffe (z.B. Venenpunktion) geht.

Kognitive Umstrukturierung, Imagination und Suggestion

Diese Techniken gehören zu den kognitiv-verhaltenstherapeutischen Verfahren, bei denen über die Ablenkung hinaus die ängstlichen Erwartungen modifiziert und die Bewältigungsfähigkeiten des Kindes gestärkt werden. Sie eignen sich besonders zur Reduktion von Ängsten im Vorfeld von schmerzhaften Eingriffen und Operationen. Bei der Technik des kognitiven Umstrukturierens wird die Angst auslösende Situation in einen anderen Kontext gestellt (Kontextreframing) und die Motivation, sie zu meistern, gestärkt. Beispiel: „Stell dir vor, du wärest ein Indianer, der eine Mutprobe bestehen muss, um in den Kreis der erwachsenen Krieger aufgenommen zu werden!" Bei der Imagination wird eine Geschichte mit einem Helden oder einer Fantasiefigur erzählt, die ähnliche Herausforderungen zu meistern hat, wie sie dem Kind bevorstehen. Die Identifikation mit dieser Figur fördert die Bewältigungsmotivation. Suggestive Instruktionen (sich auf eine Traumreise zu begeben oder sich an ein besonders schönes Ereignis zu erinnern) können zusätzlich genutzt werden, um angstinkompatible positive Emotionen hervorzurufen. Imaginative und suggestive Techniken sind auch in Abwesenheit des Therapeuten wirksam, wenn sie auf Tonband gesprochen werden.
Wichtig ist, diese Vorstellungsbilder in Geschichten einzubetten, die für das Kind individuell eine besondere Bedeutung haben.

Vorbereitung/Einbeziehung der Eltern

Bei besonders ängstlichen Eltern ist eine separate Vorbereitung erforderlich, sodass sie in die Lage versetzt werden, in der unmittelbaren Interaktion mit dem Kind sein positives Bewältigungsverhalten zu verstärken. Das Kind braucht die Unterstützung seiner Eltern durch klare Erklärungen, Halt gebenden Blick- und Körperkontakt, Ablenkungshilfen und Ermutigungen zur Bewältigung.
Um die Eltern auf diese Aspekte unterstützenden Verhaltens aufmerksam zu machen, wird mit ihnen im Vorbereitungsgespräch die für das Kind belastende Untersuchung oder Operationsvorbereitung gedanklich „durchgespielt" oder im Rollenspiel mit dem Berater simuliert.

Beschwichtigungsversuche, übertriebenes Mitleiden, aber auch hilfloses Ignorieren von kindlichen Angstäußerungen steigern seine Belastung.

Institutionelle Rahmenbedingungen

Die dargestellten psychologischen Interventionen können nur dann erfolgreich sein, wenn sie von allen Teammitgliedern getragen werden. Deshalb sind folgende Voraussetzungen wichtig:

- die psychologischen Interventionen zum Aufbau von Bewältigungsstrategien und Entspannungsverfahren dürfen nicht von unerfahrenen Mitarbeitern, sondern müssen von entsprechend ausgebildetem Fachpersonal ausgeführt werden (Mitarbeiterschulung);
- die Interventionen müssen auf die individuellen Bedürfnisse und Befürchtungen des Kindes und seinen Bewältigungsstil abgestimmt werden;
- das stationäre Behandlungskonzept muss auf die Bedürfnisse des Kindes nach Autonomie, Sicherheit und Unterstützung abgestimmt sein (offene Besuchsregelung, Anwesenheit der Eltern vor und beim Eingriff, kinderfreundliche Zimmergestaltung, konstante Bezugsschwester, Aufrichtigkeit der Mitteilungen an das Kind);
- die Personalausstattung der Station muss hinreichend sein, um die zum Teil zeitaufwendigen psychosozialen Betreuungsaufgaben realisieren zu können;
- eine psychologische Supervision der Mitarbeiter ist nötig, um Überforderungs- und Burnout-Phänomenen vorzubeugen.

Um ein derartiges kinderfreundliches Leitbild beim Behandlungsteam zu entwickeln, sollte eine Sozialmanagementberatung durch externe Fachleute erfolgen. Dabei geht es vor allem um die Förderung einer „Nutzerorientierung" und die Entwicklung einer „kundenfreundlichen" Philosophie sowie um die Umsetzung der entsprechenden Angebote in der Gesundheitsversorgung und der täglichen Interaktion mit dem Patienten sowie seinen Angehörigen.

4.6.5
Wirksamkeit und Wirksamkeitsbedingungen

Saile und Schmidt (1994) führten eine Meta-Analyse mit 75 Studien über Kinder, die auf verschiedene medizinische Eingriffe (kleinere Operationen, Blutentnahmen, Injektionen, Punktionen, Zahnbehandlung) vorbereitet wurden, durch. Kognitiv-behaviorale Interventionen, Modelllernen, Entspannungsverfahren und Aufmerksamkeitsablenkung werden als wirksame Verfahren zur Reduzierung von Angst und Belastung ausgewiesen. Ihre Wirksamkeit schwankt zwischen 0.30 und 0.90, ohne dass aber eines dieser Verfahren im Vergleich zu den anderen eindeutig als wirksamer ausgewiesen wird. Dennoch ergeben sich pragmatische Empfehlungen für den Einsatz einzelner verhaltenstherapeutischer Techniken:

4.6
Bewältigung
akuter Schmerzen

• Aufklärung und Information ist bei leichteren Eingriffen meist ausreichend und kostengünstig. Sie hat eine nachweislich stressreduzierende Wirkung, kann bei hochängstlichen Kindern mit traumatischen Vorerfahrungen aber die Angst vor der bevorstehenden Maßnahme erhöhen.

• Videomodelle erweisen sich vor allem bei Kindern, die noch keine Vorerfahrung über einen Eingriff haben, als günstig.

• Ablenkungstechniken und Selbstinstruktionen eignen sich offensichtlich erst bei Kindern ab sechs Jahren (Mühlig & Petermann, 1994).

In den letzten Jahren wurden mehrere Interventionspakete zur Vermittlung effektiver Bewältigungsstrategien für invasive Prozeduren und Operationen evaluiert, die den Einsatz eines Videomodells, Atemübungen, Rollenspiele und imaginative Techniken miteinander verbinden. Sie erweisen sich z.B. bei Lumbal- und Knochenmarkpunktionen den isoliert angewendeten Vorbereitungstechniken überlegen (Jay et al., 1991).

Grundlegende Literatur

• Jay, S., Elliott, C., Ozolins, M., Olson, R. & Pruitt, S. (1985). Behavioral management of children's distress during painful medical procedures. Behavior Research and Therapy, 23, 513–520.

• Jay, S., Elliott, C., Woody, P. & Siegel, S. (1991). An investigation of cognitive-behavior therapy combined with oral Valium for children undergoing painful medical procedures. Health Psychology, 10, 317–322.

Weiterführende Literatur

• Mühlig, S. & Petermann, F. (1994). Verhaltensmedizinische Interventionen zur Angst- und Schmerzreduktion bei invasiven Prozeduren. In F. Petermann, S. Wiedebusch & T. Kroll (Hrsg.), Schmerz im Kindesalter (S. 249–279). Hogrefe, Göttingen.

• Saile, H. & Krause, S. (1994). Psychologische Vorbereitung von Kindern auf medizinische Maßnahmen: Replikation einer Metaanalyse. Zeitschrift für Gesundheitspsychologie, 2, 176–193.

Materialien

• Broome, M. & Hellier, A. (1987). School-age children's fears of medical experiences. Issues in Comprehensive Pediatric Nursing, 10, 77–86.

• Dworzak, H. & Höfling, S. (1990). „... dann war ich wieder gesund". Steffi erzählt vom Krankenhaus. Pestalozzi Plus: Erlangen (Bilderbuch und Video).

• Jay, S. & Goldschen, J. (1984). Bone marrows and spinal tabs videorecording. Cognitive-behavioral intervention package for pediatric cancer patients undergoing painful medical procedures. Band 1: A child´s view (Danielle); Band 2: Learning to cope (Roland). (2 Videocassetten). Urbana, IL: Carle Medical Communications (DBCN: AAL-7134).

Umgang mit chronischen Krankheiten

Christiane Hermann

4.7.1
Anwendungsbeispiel

Bettina (12 Jahre) erkrankte bereits im Alter von 4 Jahren an Diabetes mellitus. Seit ungefähr 6 Monaten kommt es immer wieder zu akuten, lebensbedrohlichen Stoffwechselentgleisungen (Ketoazidose), die zunächst nicht erklärt werden konnten. Erst bei der näheren Analyse zeigte sich, dass die akuten Ketoazidose-Episoden nach einem Umzug der Familie begonnen hatten und den Krankheitsschüben deutliche emotionale Belastungen des Kindes vorangingen. Bettina war zuvor mit ihrer Familie notgedrungen an ihren heutigen Wohnort, der 600 km vom bisherigen entfernt ist, gezogen. Sie leidet unter der Trennung von ihren früheren Freunden und nahen Verwandten. Sie hat Schwierigkeiten, sich in ihrer neuen Klasse einzugewöhnen und neue Freunde zu finden. Die weitere Analyse der Krankheitsschübe ergibt, dass sie bei Stimmungsverschlechterung nur unzureichend Nahrung zu sich nimmt, ihren Blutzucker unregelmäßig kontrolliert und auch unregelmäßig Insulin injiziert.

Mit Bettina und ihren Eltern wird zunächst eine Diabetes-Schulung durchgeführt. Neben der Vermittlung von Wissen über Diabetes und dem Einüben relevanter krankheitsbezogener Fertigkeiten (z.B. Blutzuckermessen, Insulindosierung und -injektion, Diätplanung) liegt der Schwerpunkt auf der Verbesserung von Bettinas interozeptiver Wahrnehmungsfähigkeit (z.B. Erkennen von ersten Anzeichen einer Unterzuckerung) und der Vermittlung von Problemlösekompetenzen (z.B. Identifikation und Bewältigung von Stress-Situationen, die mit dem Befolgen der Behandlungsmaßnahmen interferieren). Dadurch sollen Bettinas Selbstkontrollfähigkeiten verbessert und eine größere Eigenverantwortung für die Einhaltung der Behandlungsmaßnahmen (z.B. Aufstellung und Einhaltung des Diätplans, ordnungsgemäßes Blutzuckermessen mehrmals am Tag, Bestimmung der nötigen Insulindosis in Abhängigkeit vom Blutzuckerwert) erreicht werden. Zusätzlich finden Gespräche mit beiden Eltern statt, in denen der Konflikt hinsichtlich des Wohnortwechsels unabhängig von Bettinas Erkrankung geklärt wird.

4.7.2
Kurzbeschreibung der Methode und ihres Hintergrundes

Chronische Erkrankungen von Kindern/Jugendlichen unterscheiden sich zwar einerseits erheblich voneinander (vgl. Kasten 1), andererseits gehen alle gleichermaßen mit einer Reihe von krankheitsbezogenen (z.B. Diät halten, Medikamente einnehmen) und psychosozialen Belastungen (z.B. Beeinträchtigung des Selbstwertgefühls, Abhängigkeit von anderen,

Kasten 1: Drei Gruppen chronischer Erkrankungen

Chronische Erkrankungen bei Kindern und Jugendlichen lassen sich grob
in drei Gruppen aufteilen:
- chronisch-progrediente Erkrankungen (z.B. Diabetes mellitus, Mukoviszidose, Rheuma) mit eindeutig identifizierbaren organischen Krankheitsursachen, einem fortschreitenden Verlauf und dem Risiko von sekundären Folgeschäden;
- chronische, nicht-progrediente Erkrankungen (z.B. Neurodermitis, Asthma) mit weniger eindeutigen organischen Krankheitsursachen und einer zumeist episodischen Symptommanifestation;
- chronische, funktionelle Störungen (z.B. Kopfschmerzen, rezidivierende Bauchschmerzen, Reizkolon) mit einem episodischen Auftreten, bei denen eine organisch-medizinische Ursache per definitionem auszuschließen ist.

Einschränkungen der Funktionstüchtigkeit) einher. Die erforderlichen Aufgaben (z.B. Behandlungsvorschriften befolgen, soziale Alltagsaufgaben erfüllen, das eigene Selbstwertgefühl aufrechterhalten, mit negativen Emotionen umgehen, die zeitliche Mehrbelastung) müssen vom betroffenen Kind/Jugendlichen und seiner Familie im Alltag angemessen bewältigt werden. Die Krankheitsanpassung ist ein zeitlich dynamischer und flexibler Prozess, da zum einen je nach Krankheit immer wieder akute Krankheitsschübe bzw. akute Beschwerdeepisoden (vor allem bei funktionellen Störungen) auftreten können, und zum anderen situative Umstände jeweils eine neue Herausforderung darstellen (z.B. auf einer Party Diät halten, während der Unterrichtszeit Medikamente einnehmen).

Interventionsprogramme sollen Kind und Familie zu einer möglichst angemessenen Bewältigung der diversen Krankheitsanforderungen befähigen. Die vorliegenden Bewältigungsinterventionen lassen sich teils auf Schulungskonzepte, die eine bessere Befolgung ärztlicher Behandlungsmaßnahmen („compliance") anstreben, teils aber auch auf Konzepte der Stressbewältigung zurückführen. Die Planung der einzelnen Interventionsschritte geht von zwei Fragen aus: 1) Welche Bewältigungsaufgaben stellen sich dem Kind und seiner Familie? 2) Wie können sie diese Aufgaben im Alltag bewältigen? Ziel verhaltenstherapeutischer Interventionen ist dabei in erster Linie die Vermittlung, Einübung und Anwendung konkreter, alltagsbezogener Verhaltensweisen, die der Bewältigung dieser Anpassungsaufgaben dienen. Die Interventionen sind in der Regel multimodal konzipiert und beruhen in erster Linie auf Verfahrensweisen der kognitiven Verhaltenstherapie. Ihre Grundlage besteht in der Vermittlung von krankheitsspezifischem Wissen (z.B. über Ursachen, Verlauf, Spätfolgen der Erkrankung) und der Einübung von krankheitsspezifischen Behandlungsmaßnahmen (z.B. Blutzuckermessen, Medikamenteneinnahme). Weitere Behandlungsbausteine beziehen sich auf die Förderung von Selbstwirksamkeitserwartungen und Eigenverantwortung sowie auf die Ausbildung von Strategien, um die emotionalen, psychosozialen und akuten Belastungen der Erkrankung besser bewältigen zu können (z.B. Schmerzbewältigung, Bewältigung von Stress-Situationen, Einübung von sozial kompetentem Verhalten). Schließlich ist die Veränderung operanter Verhaltensweisen von Bezugspersonen (z.B. vermehrte elterliche Aufmerksamkeit bei Klagen des Kindes über Beschwerden, Erlassen von Pflichten und Aufgaben) wichtig, um ein angemessenes Krankheitsverhalten und die Übernahme von Eigenverantwortung durch das Kind zu fördern.

Ausgangspunkt jeder Intervention ist eine individuelle Verhaltensanalyse, die die Krankheitserfordernisse, die Alltagsgestaltung der Familie sowie mögliche Hindernisse bei der Umsetzung erworbener krankheitsspezifischer Bewältigungsfertigkeiten erfragt. Dabei werden (Verhaltens-)Defizite oder ungünstige Verhaltensweisen des Patienten und seiner Familie im Umgang mit der chronischen Erkrankung identifiziert, entsprechende Behandlungsziele definiert und relevante Behandlungsstrategien abgeleitet. Dies geschieht unter Einbeziehung des sozialen Umfeldes (etwa Freunde, Geschwister, Familie, medizinisches Personal), weil dies erfahrungsgemäß die Stabilität des Behandlungserfolges deutlich verbessert.

4.7.3
Indikation

Verhaltensorientierte Interventionen zur Verbesserung der Krankheitsbewältigung sind bei den meisten chronischen Erkrankungen sinnvoll. Anerkanntermaßen trifft dies auf Asthma bronchiale, Neurodermitis, Diabetes mellitus, Mukoviszidose (zystische Fibrose), Rheuma und chronische Schmerzen (Migräne, Spannungskopfschmerzen, rezidivierende Bauchschmerzen) zu. Hierbei handelt es sich – bei Ausschluss einer anderweitigen psychischen Störung – um die Indikationsdiagnose „psychologische Faktoren und Verhaltensfaktoren bei andernorts klassifizierten Krankheiten" (F54.0) gemäß ICD-10, die aber nicht als psychische Störung im eigentlichen Sinne gilt. Zweifellos sind verhaltensorientierte Interventionen in besonderem Maße dann angezeigt, wenn das chronisch kranke Kind aufgrund seiner Erkrankung psychische Auffälligkeiten von eigenem Krankheitswert (z.B. soziale Ängste) entwickelt hat. In solchen Fällen sind eine Erweiterung des Behandlungsprogramms und der Einbezug von Interventionen speziell für die psychische Problematik erforderlich. Inwieweit die Eltern und Geschwister bei der Behandlung einbezogen werden, hängt einerseits von der kognitiven Reife (Alter) des Kindes, die dem Zurückgreifen auf Selbstkontrollfähigkeiten gewisse Grenzen setzt, und andererseits vom Ausmaß der familiären Belastung durch die Krankheit ab.

Verhaltensorientierte Interventionen zur Verbesserung des Umgangs mit einer chronischen Erkrankung werden bisher hauptsächlich in stationären Einrichtungen (z.B. in Rehabilitationskliniken, in Fachkrankenhäusern für Atemwegserkrankungen) durchgeführt, obwohl eine ambulante Versorgung sehr sinnvoll wäre, da unter diesen Bedingungen der Transfer der erlernten Fertigkeiten in den Alltag besser gewährleistet ist.

4.7
Umgang mit chronischen Krankheiten

4.7.4
Detaillierte Beschreibung des Vorgehens

Kind und Eltern sollen in die Lage versetzt werden, die anstehenden, meist krankheitsspe-zifischen Aufgaben angemessen im Alltag bewältigen zu können. Hierzu werden hauptsächlich Methoden der kognitiven Verhaltenstherapie eingesetzt, die einerseits der Ver-mittlung handlungsrelevanten Wissens und krankheitsspezifischer Fertigkeiten (z.B. Blut-zuckermessen, Überprüfung des Atemvolumens, adäquate Hautpflege) sowie der Entwick-lung angemessener krankheitsbezogener Kognitionen und Kontrollüberzeugungen dienen und die andererseits den Transfer der erworbenen Fertigkeiten in den Alltag sicherstellen. Im Einzelnen sind – der Reihe nach – folgende Behandlungsbausteine von Bedeutung:

Edukation

Eltern und Kind werden über die Krankheit sowie deren Ursache und Verlauf aufgeklärt. Diese Informationen sind krankheitsspezifisch; sie machen die Bedeutung einzelner Behandlungs-maßnahmen deutlich und führen in aller Regel zur besseren Befolgung der notwendigen Ver-haltensmaßregeln und Behandlungsmaßnahmen („compliance"). Bei Diabetes werden Eltern und Kind beispielsweise über den Metabolismus und die Funktionen des Insulins sowie über den Verlauf einer diabetischen Grunderkrankung und mögliche Folgeerkrankungen infor-miert. Die einzelnen Verhaltensmaßregeln und Behandlungsmaßnahmen (z.B. Diätplan, In-sulinzufuhr in Abhängigkeit vom Blutzuckerspiegel, körperliche Aktivität) werden anhand dieser Fakten erläutert bzw. daraus abgeleitet. Des Weiteren wird das betroffene Kind ge-schult, spezifische Behandlungsmaßnahmen, wie z.B. Blutzuckermessen oder Injizieren von Insulin, selbst korrekt durchzuführen. Die Edukation über Krankheitsursachen und das Einü-ben krankheitsspezifischer Fertigkeiten nimmt vor allem bei chronisch-progredienten bzw. nicht-progredienten Erkrankungen, weniger jedoch bei chronisch-funktionellen Störungen sehr breiten Raum ein. Für relativ häufig auftretende chronische Krankheiten wurden eine Reihe von Bewältigungsmanualen entwickelt (siehe Materialien), an denen sich der Anwen-der orientieren kann.

Verbesserung der „compliance"

Patienten halten sich nicht zwangsläufig an die notwendigen Behandlungsmaßnahmen und Verhaltensmaßregeln (z.B. regelmäßige Hautpflege bei Neurodermitis; regelmäßige Mes-sung des Atemvolumens bei Asthma). Dies ist vor allem dann der Fall, wenn diese Maßnah-men zeitaufwendig oder unangenehm sind und mit anderen Alltagsverpflichtungen kollidie-ren. Gemeinsam mit den Patienten und ihren Eltern werden deshalb Pläne entwickelt, wie die Behandlungsmaßnahmen in die tägliche Routine integriert werden können. Als hilfreich ha-ben sich hierbei systematische Verstärkerpläne erwiesen, die zwischen Kind und Eltern aus-gehandelt werden. Das Kind erhält dabei zunächst für jede angemessene Durchführung einer bestimmten Behandlungsmaßnahme (z.B. Eincremen bei Neurodermitis) eine vorher festzu-legende Anzahl von Punkten, die anschließend in Belohnungen (z.B. zusätzliche Spielzeit oder Kinobesuch) umgetauscht werden können. Die Durchführung wird durch Selbstbe-obachtungsprotokolle des Kindes oder direkt durch die Eltern kontrolliert. Die Verstärkung wird im Laufe der Behandlung allmählich ausgeschlichen, indem das vom Kind zu erfüllende Leistungskriterium langsam gesteigert wird.

Ein wichtige Voraussetzung für die adäquate Umsetzung von Behandlungsmaßnahmen ist vielfach auch, dass die Patienten frühe Anzeichen einer Krankheitsverschlechterung selbst erkennen, um so rechtzeitig adäquate Gegenmaßnahmen einleiten zu können (z.B. bei beginnender Atemnot Medikamenteneinnahme). Hierzu werden die betroffenen Kinder in ihrer Selbstbeobachtungsfähigkeit geschult. Die Kinder üben, Anzeichen einer beginnenden Verschlechterung (z.B. Unterzuckerung) zuverlässig zu erkennen, die eigenen Beobachtungen richtig zu interpretieren und auf der Grundlage des erworbenen krankheitsspezifischen Wissens angemessene Schlussfolgerungen zu ziehen und Behandlungsmaßnahmen einzuleiten. In einem ersten Schritt wird beispielsweise vermittelt, welche körperlichen Symptome auf eine akute Über- oder Unterzuckerung hindeuten. Die Kinder lernen dann, wie sie im konkreten Fall durch systematische Berücksichtigung der aktuellen Situation (z.B. Ausmaß der eigenen körperlichen Anstrengung, Zeitpunkt der letzten Mahlzeit) entscheiden können, ob diese häufig eher unspezifischen Symptome (z.B. Schweißausbruch, Zittern oder Müdigkeit, Appetitverlust) tatsächlich auf eine akute Krankheitsverschlechterung oder auf andere Ursachen (z.B. akuter Infekt) hindeuten. Dieser Wahrnehmungs- und Entscheidungsprozess wird anhand hypothetischer Problemsituationen, die gemeinsam durchgespielt werden, sowie anhand systematischer Selbstbeobachtung im Alltag (z.B. bei Gefühl der Unterzuckerung zusätzliche Blutzuckermessung, um die Richtigkeit der Wahrnehmung zu überprüfen) eingeübt.

Vermittlung angemessener krankheitsbezogener Kognitionen, Kontrollüberzeugungen und Selbstwirksamkeitserwartungen

Entscheidend für einen günstigen Umgang mit einer chronischen Erkrankung ist die Verringerung negativer bzw. katastrophisierender krankheitsbezogener Kognitionen (wie das Gefühl der eigenen Hilflosigkeit) sowie der Aufbau einer aktiv bewältigenden Haltung. Die betroffenen Familien werden angeregt, die chronische Krankheit als isolierbare Herausforderung zu definieren, die innerhalb gewisser Grenzen aktiv beeinflusst und kontrolliert werden kann. Eine solche Haltung lässt sich anbahnen, indem der Krankheitsverlauf gemeinsam mit dem betroffenen Kind und seinen Eltern analysiert wird und die ihn beeinflussenden Faktoren (etwa situative Gegebenheiten, eigenes Verhalten, Konsequenzen des eigenen Verhaltens) herausgearbeitet werden. Ferner werden Techniken der kognitiven Verhaltenstherapie (z.B. kognitive Umstrukturierung) eingesetzt, um ungünstige krankheitsbezogene Einstellungen zu identifizieren und zu ändern. Anhand von Alltagsbeispielen wird zusammen mit den Kindern und ihren Eltern erarbeitet, in welchem Ausmaß eigene Überzeugungen verhaltenssteuernd wirken und so indirekt den Umgang mit der Erkrankung bestimmen. Ist eine Familie beispielsweise davon überzeugt, bisher alles ohne Erfolg versucht zu haben, wird zunächst überprüft, inwieweit die Aussage, „wir haben schon alles probiert" den Tatsachen entspricht. In einem zweiten Schritt werden Argumente für und wider einen erneuten Therapieversuch gesammelt und diskutiert, um Veränderungsmöglichkeiten auszuloten.

Vermittlung von Bewältigungsstrategien

Wegen der vielfältigen emotionalen und psychosozialen Belastungen (z.B. depressives Rückzugsverhalten, erlebte Verhaltenseinschränkungen, Zurückweisung durch andere) fällt diesem Behandlungsbaustein ein zentraler Stellenwert für den Aufbau eines angemessenen Krankheitsverhaltens zu. Dabei greift man auf folgende Verfahrensweise der kognitiven Umstrukturierung zurück:

- Ausgehend von den eigenen Erfahrungen und Erlebnissen der Kinder und ihrer Eltern wird zunächst der Zusammenhang zwischen Gedanken und erlebten Gefühlen in konkreten Situationen veranschaulicht (z.B. das Gefühl, abgelehnt zu werden und nicht liebenswert zu sein, wenn die Blicke anderer Menschen als Zeichen der Abscheu aufgrund der Erkrankung interpretiert werden).
- Diese Annahmen werden systematisch hinterfragt und ein Perspektivenwechsel angeregt („Was würdest du denn denken, wenn du ein anderes Kind anschaust, von dem du weißt, dass es eine chronische Krankheit hat?"). Mit dem Kind werden alternative Interpretationen („Was könnte das andere Kind denn noch denken?") entwickelt, um zu lernen, wie man krankheitsbezogene Problemsituationen anders und angemessener interpretieren kann.
- Die krankheitsbezogenen Erfahrungen, die das Kind im Alltag gemacht hat, werden aufgegriffen. Diese Erfahrungen werden nachgespielt und daraufhin analysiert, inwieweit das Kind die vermittelten Interpretationsmuster auch wirklich realisieren konnte.
- Der Transfer in den Alltag wird erleichtert, wenn Kinder ab ungefähr 10 Jahren mittels Selbstbeobachtungsbögen die einzelnen Bewältigungsschritte („Was ist passiert? – Was habe ich gefühlt? – Welche automatischen Gedanken gingen mir durch den Kopf? – Stimmt das so? – Was wären alternative Gedanken, die ich haben könnte?") selbstständig im Alltag einüben. Diese therapeutischen Hausaufgaben (siehe auch Kap. 5.4) werden mit dem Kind ausführlich besprochen und ihre Ausführung genau vereinbart.

Da Stress häufig akute Krankheitsbeschwerden (z.B. Asthmaanfall, Verstärkung von Juckreizempfindungen, Kopfschmerzepisode) bzw. akute Krankheitsverschlechterungen (z.B. stressinduzierte Veränderungen des Blutzuckerspiegels) auslöst, werden den Kindern und ihren Eltern auch Stressbewältigungsstrategien vermittelt. Hierzu werden Stresstagebücher eingesetzt, mit denen individuell bedeutsame Stressoren (z.B. Konflikte, Leistungsdruck) bestimmt werden. Diese Tagebücher werden von den Eltern oder den Kindern ausgefüllt, wobei sie um Angaben zur auslösenden Situation, zu den eigenen Gedanken und Gefühlen sowie zum eigenen Verhalten gebeten werden. Aus diesen Aufzeichnungen lassen sich sowohl Stress vermittelnde Situationen (z.B. unklare Anweisungen der Eltern, mangelnde Strukturierung des Familienalltags) als auch Stress verstärkende Überzeugungen (z.B. keinen Fehler machen dürfen, immer gleich an das Schlimmste denken) ableiten. Situative Stressoren werden mit den Eltern und dem Kind in problemlösenden Gesprächen erörtert und zugunsten einer günstigeren Situationsgestaltung verändert. Stress auslösende oder -verstärkende Überzeugungen werden auf ihren Realitätsgehalt hin überprüft (z.B. Wie oft ist in vergleichbaren Situationen bereits das Schlimmste passiert, was das Kind befürchtet? Ist Zuwendung tatsächlich unmittelbar abhängig von Leistungen, die erbracht werden?). Diese Gegenüberstellung der Fakten bewirkt eine Modifikation Stress induzierender bzw. verstärkender Überzeugungen und hilft, Stress-Situationen mittel- und langfristig besser zu bewältigen.

Entspannungstechniken. Zur Verminderung stressbedingter physiologischer Aktivierung bieten sich als Begleitmaßnahme Entspannungstechniken (z.B. progressive Muskelrelaxation unter Einbezug von Ruhebildern) an. Diese Entspannungstechnik wird in den Therapiesitzungen unter direkter Anleitung durch den Therapeuten erlernt und mithilfe einer Anleitungskassette systematisch zu Hause eingeübt. Die Kinder setzen die gelernte Fertigkeit anschließend in relevanten Stress-Situationen im Alltag ein (z.B. bei bevorstehenden Klassenarbeiten). Hierfür wird in der Therapie ein Handlungsplan ausgearbeitet, der festhält, zu welchem Zeitpunkt Entspannungsübungen wichtig sind und wie sie unter den gegebenen situativen Bedingungen durchgeführt werden können (z.B. Entspannung morgens vor der Schule, Mini-Entspannung unmittelbar vor der Klassenarbeit). Verstärkerpläne (s.o.) sind dabei zur Sicherstellung regelmäßigen Übens während der Lernphase nützlich.

Ablenkungsstrategien. Des Weiteren sind spezielle Strategien nützlich, die ausschließlich der Bewältigung akuter und unangenehmer Beschwerdeepisoden dienen, bei denen eine medikamentöse Intervention nicht zwingend erforderlich ist (z.B. Schmerzepisode bei Kindern mit chronischen Bauchschmerzen, Juckreiz bei Neurodermitis). Als besonders effektiv haben sich hier Ablenkungsstrategien (z.B. Fantasiereisen) und Entspannungstechniken erwiesen. Mit den Patienten wird beispielsweise eingeübt, wie sie bei akuten Beschwerden ihre Aufmerksamkeit auf andere Körperwahrnehmungen oder auf externe Reize lenken können, um so zumindest kurzfristig eine Symptomreduktion zu erreichen.

Erwerb sozialer Kompetenzen. Schließlich ist der Erwerb bzw. die Verbesserung sozialer Kompetenzen mittels Rollenspiel und des Einübens hilfreicher Selbstinstruktionen eine wichtige Bewältigungsstrategie, die den Kindern ermöglicht, auch in sozialen Alltagssituationen relevante Behandlungsmaßnahmen angemessen auszuführen (z.B. Einhalten der Diät trotz Gruppendruck) und mit krankheitsbedingten unangenehmen sozialen Erfahrungen (z.B. Ausgrenzung) adäquat umzugehen.

Krankheitsverhalten und der Einfluss des sozialen Umfelds

Angemessenes und unangemessenes Krankheitsverhalten hängt wesentlich vom operanten Verhalten der Eltern und anderer Familienmitglieder ab. Insbesondere ist bekannt, dass übermäßige Aufmerksamkeit, Überfürsorge und das Erlassen von Pflichten ein unangemessenes und problematisches Krankheitsverhalten begünstigen. Im Rahmen eines Elterntrainings werden die Eltern deshalb über die Bedeutung dieser operanten Lernprozesse informiert und ihr eigenes Verhalten wird unter diesem Aspekt analysiert. Zum einen werden die Eltern gebeten, ihr eigenes Verhalten in krankheitsrelevanten Alltagssituationen zu beobachten (Wie kontrollieren die Eltern die Durchführung der Behandlungsmaßnahmen und inwieweit übernehmen sie dabei selbst eine aktive Rolle? Wie reagieren sie im Falle von Nachlässigkeiten des Kindes bei der Befolgung der Behandlungsmaßnahmen? Inwieweit erhält das betroffene Kind Aufmerksamkeit und Zuwendung auch unabhängig von der Erkrankung?). Das gemeinsame Nachspielen von Alltagssituationen durch die betroffenen Kinder und ihre Familien (mit Videoaufzeichnung) ist sehr effizient, um ungünstige Eltern-Kind-Reaktionsmuster (z.B. Eltern verhindern jede Möglichkeit zur Übernahme von Eigenverantwortung durch kontinuierliches Sich-Einmischen und Kritisieren) aufzudecken und sie den Kindern und Eltern nahe zu bringen. Gleichermaßen eignen sich videogestützte Rollenspiele zum Einüben adäquater Verhaltensweisen (z.B. Eltern lernen, klare und eindeutige Instruktionen zu geben). Um eine Generalisierung dieser Verhaltensweisen in den Alltag zu erreichen, werden gemeinsam mit den Patienten und ihren Familien klare Vereinbarungen (etwa Abschließen von Therapieverträgen) dahingehend getroffen, welche Aufgaben die Beteiligten (z.B. das Kind injiziert Insulin; die Eltern unterstützen es bei der Vorbereitung der Injektion) im Einzelnen übernehmen.

Familiäre Krankheitsbewältigung

Chronisch kranke Kinder stellen für ihre Familien (Eltern, Geschwister) eine erhebliche, vor allem auch emotionale Belastung dar. Sinnvoll sind infolgedessen problemlösende Gespräche mit den Eltern, in denen Lösungen für anstehende Probleme (z.B. Alltagsstrukturierung, Zukunftssorgen) erörtert werden. Dabei können auch irrationale Überzeugungen und Zielsetzungen thematisiert und mittels Techniken der kognitiven Umstrukturierung (s.o.) verändert werden. Viele Eltern profitieren vom Erfahrungsaustausch mit anderen betroffenen Familien, der häufig in Form von Elterngesprächskreisen angeboten wird.

Organisation/Verlauf der Bewältigungsintervention

In der Anfangsphase des Bewältigungstrainings nimmt die Edukation und Schulung den größten Raum ein. Daran schließen sich das praktische Einüben und die Umsetzung des erworbenen Wissens bzw. der erlernten Fertigkeiten an. In der abschließenden Phase werden die Patienten und ihre Familien zunehmend in die Lage versetzt, anfallende Probleme selbst zu lösen. Eine regelmäßige Nachschulung zur Stabilisierung des Lernerfolgs wird von den meisten standardisierten Bewältigungstrainings empfohlen bzw. gefordert. Ziel einer Nachschulung ist es, gemeinsam mit den Kindern und ihren Familien zu überprüfen, in welchem Umfang Veränderungen erreicht werden konnten (wie z.B. das eigenverantwortliche Durchführen der Hautpflegemaßnahmen oder regelmäßiges Inhalieren). Außerdem ist häufig die Wiederholung bzw. Verfestigung des vermittelten Wissens erforderlich. Ein adäquates krankheitsspezifisches Wissen ist Voraussetzung für das Erlernen und die erfolgreiche Anwendung relevanter Behandlungsmaßnahmen, die Einhaltung von Verhaltensmaßregeln sowie für den Einsatz von Bewältigungsstrategien. Schließlich bietet sich in der Nachschulung die Möglichkeit, Schwierigkeiten zu identifizieren, die eine mittel- bzw. längerfristige erfolgreiche Umsetzung der erworbenen Fertigkeiten im Alltag behindert haben. Durch Änderungen der Lebensumstände entstehen häufig erhöhte oder neue Anforderungen an die Selbstkontrolle des Kindes, die die betroffenen Familien nicht zwangsläufig angemessen bewältigen (z.B. Mutter beginnt wieder zu arbeiten, sodass gemeinsame Mahlzeiten nicht mehr die Regel sind und das Kind weitgehend selbst auf die Einhaltung seiner Diät achten muss). Am konkreten Beispiel kann dann der problemlöseorientierte Umgang mit der Erkrankung weiter eingeübt werden.

4.7.5
Wirksamkeit und Wirksamkeitsbedingungen

Die Effizienz von Bewältigungstrainings ist für verschiedene chronische Erkrankungen (z.B. Diabetes, Schmerzprobleme, Neurodermitis) nachgewiesen. Ihr Erfolg lässt sich durch eine Stabilisierung des Krankheitszustandes (z.B. adäquate Blutzuckerregulation bei Diabetes, guter Hautzustand bei Neurodermitis, Aufrechterhaltung eines angemessenen Atemvolumens bei Asthma) sowie durch die Verringerung von akuten Krankheitskomplikationen (z.B. Stoffwechselentgleisungen bei Diabetes, sekundäre Infektionen bei Neurodermitis) belegen. Zum anderen führen Bewältigungstrainings zu einer Verminderung der emotionalen Belastung der betroffenen Kinder und ihrer Eltern. Des Weiteren lässt sich eine günstigere Bewältigungshaltung und Abnahme negativer krankheitsbezogener Kognitionen bei den betroffenen Kindern und ihren Eltern beobachten. Inwieweit Variablen wie Alter, Geschlecht und Zeitraum zwischen Diagnosestellung und Schulungsbeginn den Therapieerfolg beeinflussen, ist allerdings noch nicht abschließend geklärt und variiert vermutlich bei den verschiedenen Erkrankungen.

Grundlegende Literatur

* Petermann, F. (Hrsg.). (1994). Chronische Krankheiten bei Kindern und Jugendlichen. München: Quintessenz.

* Petermann, F. (Hrsg.). (1997). Patientenschulung und Patientenberatung. Göttingen: Hogrefe.

* Roberts, M. C. (Hrsg.). (1995). Handbook of pediatric psychology (2. Aufl.). New York: Guilford Press.

Weiterführende Literatur

* Goreczny, A. J. & Hersen, M. (Eds.). (1999). Handbook of pediatric and adolescent health psychology. Boston, MA: Allyn & Bacon.

* Schmitt, G. M., Kammerer, E. & Harms, E. (Hrsg.). (1996). Kindheit und Jugend mit chronischer Erkrankung – Verstehen und Bewältigen von Belastungen und Bedrohung. Göttingen: Hogrefe.

* Seiffge-Krenke, I. (Hrsg.). (1990). Krankheitsbewältigung bei Kindern und Jugendlichen – Jahrbuch der Medizinischen Psychologie (Bd. 4). Berlin: Springer.

Materialien

* Haller, R. & Lange, K. (1989). Diabetes-Schulungsprogramm für Kinder (Jan Programm). Köln: Dt. Ärzteverlag.

* Lange, K. (1995). Jugendliche mit Diabetes – ein Schulungsprogramm. Mainz: Kirchheim.

* Scheewe, S., Warschburger, P., Clausen, K., Skusa-Freeman, B. & Petermann, F. (1997). Neurodermitis – Verhaltenstraining für Kinder, Jugendliche und Ihre Eltern. München: Quintessenz.

* Schmitt, G. M. (1991). Cystische Fibrose – Leben mit einer chronischen Krankheit. Göttingen: Hogrefe.

* Szczepanski, R., Schon, M. & Lob-Corzilius, T. (1994). Das juckt uns nicht. Ein Lern- und Lesebuch für Kinder mit Neurodermitis und ihre Eltern. Stuttgart: Thieme.

* Theiling, S., Szczepanski, R. & Lob-Corzilius, T. (1996). Der Luftiku(r)s. Stuttgart: TRIAS.

Familieninteraktion und -kommunikation

Helmut Saile

4.8.1
Anwendungsbeispiel

Die 14-jährige Elvira ist eine gute und beliebte Schülerin, die ihren Eltern bislang wenig Anlass zur Sorge gegeben hat. Seit einigen Monaten ist sie jedoch ständig in Auseinandersetzungen mit ihren Eltern verwickelt, bei denen es um das „richtige" Gewicht und die Ernährung von Elvira, den „schlechten" Umgang mit ihren Freunden und das nachlässige Arbeiten für die Schule geht. Die Gespräche in der Familie führen zu keinen Ergebnissen, jeder fühlt sich falsch verstanden und macht dem anderen Vorwürfe: Die Eltern halten Elvira für starrsinnig; Elvira klagt, die Eltern hätten kein Vertrauen in sie. In ihrem Umgang mit Elvira wechseln die Eltern zwischen strengen Vorgaben und Grenzsetzungen einerseits und verständnisvollem Gewährenlassen andererseits, geraten aber zunehmend in Streit miteinander über das „richtige" Vorgehen.

Nach der Lektüre eines Berichts über Ess-Störungen bei Jugendlichen sind die Eltern so verunsichert, dass sie sich an einen niedergelassenen Psychotherapeuten wenden. Dieser exploriert die aktuelle Problemsituation und deren Entstehung und bietet Elvira eine psychotherapeutische Einzelbehandlung an. In parallel dazu stattfindenden Gesprächen mit den Eltern erarbeitet er Strategien zur Bewältigung der Konfliktsituationen und hilft ihnen, Regeln und Konsequenzen neu und altersangemessen zu definieren und einzuhalten.

4.8.2
Kurzbeschreibung der Methode und ihres Hintergrundes

Kommunikation und Problemlösung in der Familie dienen dazu, die alltäglichen Fragen des Zusammenlebens zu regeln und die vielfältigen Aufgaben zu lösen, mit denen Eltern im Laufe der Entwicklung ihrer Kinder konfrontiert sind. In der Fallbeschreibung wird etwa das Streben nach mehr Unabhängigkeit deutlich, das typisch ist für Jugendliche in der Pubertät. Dies stellt die ganze Familie vor eine neue Aufgabe und Herausforderung.

Neben den Aufgaben, die sich aus diesem Familienlebenszyklus ergeben, haben Familien mit der Bewältigung von Stress zu tun, der aus verschiedenen Anlässen entstehen kann: Wohnortwechsel bringt etwa eine Veränderung des sozialen Bezugssystems mit sich, Arbeitslosigkeit bedroht die wirtschaftliche Existenz der Familie, schwere Erkrankungen oder Tod von Familienmitgliedern konfrontieren mit dem Verlust bedeutsamer Menschen. Stress resultiert dabei aus den erforderlichen Bewältigungsanstrengungen oder aus dem Aushalten und Verarbeiten einer momentan nicht grundsätzlich veränderbaren Situation (Schneewind, 1991). Wenn sich die Familie bei der Auseinandersetzung mit Entwicklungsaufgaben und Stress überfordert fühlt und anstehende Probleme nicht mehr zufrieden stellend lösen kann, sind Interventionen in folgenden vier Bereichen indiziert (vgl. Robin & Foster, 1989):

Kommunikative Fertigkeiten
Eltern mit Kindern im Vorschul- und Grundschulalter brauchen in solchen Fällen zunächst Kenntnisse über Kommunikationsbarrieren. Darunter sind Äußerungen zu verstehen, die ein weiteres Gespräch verhindern (z.B. Ablenken, Vorwürfe machen). Weitere kommunikative Fertigkeiten sind etwa nondirektive (z.B. Ich-Botschaften) und direktive Formen (z.B. Anweisungen geben) der Kommunikation.

Kompetenz zur Problemlösung
Problemlösemodelle beschreiben eine Abfolge von Schritten, um Lösungen für konflikthafte Situationen zu finden. Zentrales Ziel von Interventionen in diesem Bereich ist eine Vergrößerung des Handlungsspielraums der Beteiligten.

Kognitionen
der Eltern werden dahingehend überprüft, ob sie ein angemessenes Erziehungsverhalten verhindern. Dies ist etwa dann der Fall, wenn Eltern sich nicht trauen, die Einhaltung von Regeln des Zusammenlebens durchzusetzen, aus Angst, als „egoistisch" zu gelten.

Familiäre Struktur und Dynamik
Ansätze der strukturellen Familientherapie kommen zum Einsatz, wenn etwa fehlende oder starre Generationsgrenzen die Bewältigung familiärer Aufgaben behindern.

4.8
Familieninteraktion und -kommunikation

4.8.3
Indikation

Unabhängig vom Problem oder der psychischen Störung, die Anlass für psychotherapeutische Maßnahmen beim Kind sind, beobachtet und analysiert der Therapeut die familiäre Interaktion und Kommunikation. Gezielte Maßnahmen zur besseren Bewältigung der erzieherischen Aufgaben werden immer dann eingeleitet, wenn die folgenden Fragen Bedarf erkennen lassen:

1) Weist die Kommunikation in der Familie in ausreichendem Maße Merkmale auf, die günstig sind zur Bewältigung der anstehenden Schwierigkeiten?
2) Kennt die Familie einzelne Schritte, die im Rahmen eines Problemlöseprozesses zur Überwindung der Konflikte eingesetzt werden können?
3) Sind die Familienmitglieder in Bezug auf ihre Kognitionen und Werthaltungen offen und flexibel, um kommunikative Fertigkeiten und Problemlösestrategien wirkungsvoll zu nutzen?
4) Lassen sich auf der Ebene des Familiensystems Beziehungsmuster beobachten, die auf ein starkes Elternsubsystem und klare Generationsgrenzen hindeuten?

Dabei ist zu berücksichtigen, dass nicht bereits zu Beginn der Arbeit mit dem Kind und seinen Eltern alle Problembereiche offensichtlich werden. Verhalten, das auf dysfunktionale Beziehungsmuster hinweist, wird oft erst dann therapeutisch bearbeitbar, wenn die Familie Vertrauen zum Therapeuten gefunden hat oder wenn andere Behandlungsmaßnahmen nicht die erwartete Wirkung zeigen.

4.8.4
Detaillierte Beschreibung des Vorgehens

Im Rahmen der Behandlungen werden vielfältige psychologische Interventionsmethoden problem- und lösungsorientiert eingesetzt. Vorrang haben dabei konkrete Anleitungen, Übungen zur Selbstbeobachtung und Rollenspiele zur Einübung von Kommunikation und Problemlösung. Therapeutische Interventionen sind erforderlich, bis sich die Voraussetzungen zur Bewältigung der anstehenden Schwierigkeiten so weit verbessert haben, dass die Familie diese allein lösen kann. Diese Maßnahmen können mit einzelnen Familien, aber auch in Gruppen durchgeführt werden.
Methoden der Einzelpsychotherapie, des Elterntrainings und der Familientherapie lassen sich in vielfältiger Weise heranziehen, je nachdem, auf welchen der genannten Ebenen die Probleme vorrangig diagnostiziert werden (Biddulph, 1997; Robin & Foster, 1989; von Schlippe & Schweitzer, 1996; Warnke, 1993). Im Folgenden werden einige dieser Ansätze vorgestellt.

Einübung kommunikativer Fertigkeiten

Unter den Ansätzen zur Optimierung elterlicher Kommunikation besitzt die Familienkonferenz von Gordon (1972) auf der Grundlage des klientenzentrierten Ansatzes eine lange Tradition. Auch wenn das Gordon-Programm heute in seiner ursprünglichen Form wohl kaum mehr zur Anwendung kommt, sind darin enthaltene Techniken nach wie vor wesentlicher Bestandteil für die Arbeit mit Eltern. Kenntnisse über Kommunikationsbarrieren sind der Ausgangspunkt, um im Rollenspiel und in häuslichen Übungen aktives Zuhören als Gesprächstechnik einzuüben. Dabei sollen die Eltern nondirektiv auf Problemäußerungen von Kindern z.B. durch Paraphrasieren von deren sprachlichen Mitteilungen reagieren. Genauso wird die Verwendung von Ich-Botschaften eingeübt, damit Eltern ihre Empfindungen und Meinungen äußern und ihre Reaktionen auf das Verhalten des Kindes verständlicher machen können. Konfliktsituationen und deren Lösung im Alltag werden daraufhin besprochen, dass keiner der Beteiligten eine Niederlage erlebt. Probleme zwischen Eltern und Kind sollen nicht auf der Grundlage eines Machtgefälles gelöst werden, sondern mit dem Ziel eines Kompromisses, der für beide Seiten tragbar ist.

Bereits in den Anfängen der Verhaltenstherapie war in der Arbeit mit Familien von Interesse, wie Eltern das Verhalten ihrer Kinder in günstiger Weise beeinflussen können. Auf der Grundlage der Lerngesetze für menschliches Verhalten wurden Eltern als Kotherapeuten in Techniken geschult, um bei ihren Kindern durch positive und negative Verstärkung, Löschung, Bestrafung und Modelllernen erwünschtes Verhalten aufzubauen und unerwünschtes abzubauen. Bestandteil dieser Arbeit ist eine genaue Selbst- und Fremdbeobachtung von Eltern-Kind-Interaktionen, die etwa auch deutlich machen kann, wie Eltern unbeabsichtigt unerwünschtes Verhalten ihrer Kinder durch positive Verstärkung (z.B. Lächeln) fördern. Das Münchner Trainingsmodell (Innerhofer, 1977) stellt eine Weiterentwicklung verhaltenstherapeutischer Elternarbeit dar. Durch die Auswertung von Interaktionssequenzen lassen sich Aussagen machen, mit welcher Art von steuernden Reizen und Konsequenzen z.B. die Mutter (bzw. der Vater) vorrangig reagiert und wie sich das Kind in Bezug darauf verhält. Genauso wird umgekehrt betrachtet, wie das Kind versucht, die Mutter zu beeinflussen und wie die Mutter darauf eingeht. Übergeordnete Lernziele des Münchner Trainingsmodells sind dabei folgende:

- genaues Beobachten von verbalem, paraverbalem und nonverbalem Verhalten;
- Verhalten des Kindes in Abhängigkeit von seiner Umwelt zu verstehen;
- das Kind durch Setzen von Konsequenzen zu lenken;
- Schwierigkeiten durch Hilfestellungen und Veränderungen der Umwelt vorzubeugen.

Das therapeutische Vorgehen kann etwa so aussehen, dass Eltern in Gruppen durch Vortrag und Lektüre mit den Inhalten dieser kommunikativen Fertigkeiten vertraut gemacht werden. Praktische Anwendungen werden im Rollenspiel eingeübt und deren Anwendung im Alltag protokolliert. Verhaltensänderungen werden dabei für jede Familie individuell auf der Grundlage konkreter (evtl. anhand von Videoaufzeichnungen gewonnener) Eltern-Kind-Interaktionen geplant und eingeübt. Bereits sechs bis zehn Sitzungen können zur Einübung kommunikativer Fertigkeiten ausreichen, da die Eltern durch das Vorgehen in der Gruppe und die Beobachtung der anderen vielfältige Anregungen erhalten.

Vermittlung von Problemlösekompetenzen

Der Prozess zur Lösung eines Problems lässt sich in sechs Schritte unterteilen, die unter Anleitung eines Therapeuten eingeübt und anschließend von der Familie selbstständig ausgeführt werden. Dabei ist zu beachten, dass keiner der Schritte übergangen wird:

1) Problem- und Zieldefinition. Auswahl eines zu bearbeitenden Problems und Bestimmung eines erreichbaren und verhaltensnah formulierten Ziels. Alle (betroffenen) Familienmitglieder setzen sich zusammen und erörtern gemeinsam, was den problematischen Ist-Zustand kennzeichnet, wie der gewünschte Soll-Zustand aussieht (Ziel) und welche Barrieren die Zielerreichung erschweren.
2) Entwicklung von Lösungsmöglichkeiten. Im Sinne eines kreativen Brainstormings werden Lösungen gesammelt, wobei alle Familienmitglieder zunächst unabhängig voneinander möglichst viele, auch ungewöhnliche Lösungsideen notieren.
3) Bewertung von Lösungsmöglichkeiten. Für jede der Lösungen werden systematisch Vor- und Nachteile sowie mögliche Folgen zusammengetragen. Die subjektiven Bewertungen aller Familienmitglieder werden eingeholt, um eine tragfähige Lösung auswählen zu können.
4) Entscheidung für die beste(n) Lösungsmöglichkeit(en). Auswahl einer oder mehrerer Lösungen, sodass – idealerweise für alle – die positiven Konsequenzen maximiert und die negativen minimiert werden.
5) Planung der Umsetzung. Was ist zu tun? Wann, wo, mit wem, wie oft? Diese Umsetzungen sollten schriftlich fixiert werden. Für jene Teile der Lösung(en), die Verhalten von Kindern betreffen, sollten diese das Aufschreiben übernehmen.
6) Rückblick und Bewertung. Wurden die vereinbarten Schritte zur Umsetzung unternommen und mit welchem Resultat? Bleibt das Problem ungelöst, können bei erneutem Durchlaufen des Problemlöseprozesses Ergänzungen und Alternativen hinzugenommen werden.

Es genügen drei bis fünf Sitzungen in Elterngruppen, um mit dem Vorgehen vertraut zu machen. Den Eltern werden Materialien zu Verfügung gestellt, die anhand von Fragen eine Bearbeitung der einzelnen Schritte und das schriftliche Fixieren vor allem der Lösung(en) erleichtern. Durch solche Protokolle kann der Therapeut auch erkennen, wie sich im Alltag das familiäre Miteinander verändert.

Veränderung hinderlicher Kognitionen

Eltern haben implizite Theorien und Erklärungen über das Verhalten ihrer Kindern und ihr eigenes Verhalten in Erziehungssituationen. Geläufig sind dabei Erklärungen von Verhalten durch Charaktereigenschaften (z.B. ängstliches Kind) oder durch äußere Situationen (z.B. Wiederaufnahme einer Berufstätigkeit der Mutter nach der Geburt des Kindes). Wenn derartige Erklärungen überwiegend stabile und unveränderbare Faktoren betreffen, ist das entsprechende Verhalten schwer zu verändern und diese Kognitionen müssen bearbeitet werden.

Sind Kognitionen von Eltern über die Ursachen bestimmter Verhaltensweisen ihrer Kinder selektiv oder verzerrt, dann stehen sie einer konstruktiven Bewältigung von Problemen im Wege. Irrationale und verzerrte Überzeugungen, wie sie aus der kognitiven Therapie bekannt

4.8
Familieninteraktion und -kommunikation

519

sind, beziehen sich auch auf das erzieherische Verhalten von Eltern. Beispiele sind etwa perfektionistisches Denken (in der Erziehung keine Fehler machen dürfen) oder Übergeneralisierungen (einmaliger Ladendiebstahl als Beginn einer kriminellen Karriere).

Hinweise auf solche Kognitionen werden vom Therapeuten in allen diagnostischen und therapeutischen Kontakten mit den Eltern gesammelt. Ein separater Interventionsbaustein wird nur dann erforderlich, wenn effektives Erziehungsverhalten durch solche Kognitionen deutlich behindert wird. Ansonsten ist es bereits hilfreich, beim Auftreten hinderlicher Kognitionen diese 1) zu benennen, 2) infrage zu stellen, 3) alternative Kognitionen zu sammeln und 4) deren Vorteile zu erarbeiten. Damit ist die Veränderung hinderlicher Kognitionen ein therapeutisches Element, das prinzipiell in allen Sitzungen zur Anwendung kommt. Anhand eines Übungsblattes, auf dem diese Schritte vorgegeben sind, werden die Eltern auch zur Bearbeitung hinderlicher Kognitionen im Alltag angeleitet.

Veränderung der familiären Interaktion

Im Rahmen eines familien(system)psychologischen Ansatzes rücken einzelne Verhaltensweisen von Familienmitgliedern zugunsten einer Betrachtung familiärer Beziehungsmuster in den Hintergrund. Dabei geht es darum, aus komplexeren Interaktionen der Familie Regelmäßigkeiten des Umgangs miteinander abzuleiten, die für die Lösung der Probleme hinderlich sind. Unabhängig vom konkreten Problem kann es dabei etwa um dysfunktionale Beziehungsmuster in Form eines schwachen Eltern-Subsystems oder generationsübergreifende Koalitionen gehen.

Ein schwaches **Eltern-Subsystem** ist zu stärken, wenn Eltern sich nicht einig werden können, welches Verhalten sie von ihrem Kind erwarten und mit welchen Mitteln sie es gemeinsam durchsetzen wollen. Als Beispiel kann der Jugendliche gelten, der etwa gegen Absprachen verstößt und dessen Eltern sich uneinig sind, welche Konsequenzen dies haben soll. Im Rollenspiel wird dann eingeübt, wie Eltern konkrete Regeln mit dem Jugendlichen aufstellen, sodass dieser das Verhalten der Eltern nicht mehr ignoriert. Solche Absprachen verhindern auch, dass die Eltern über den Umgang mit den Problemen ihres Kindes miteinander in Streit geraten und sich der Konflikt auf die Elternebene verlagert.

Generationsübergreifende Koalitionen betreffen Eltern und Kind, können aber auch die Großeltern umfassen. Wenn solche Koalitionen starr und rigide sind und die Eltern in ihrer erzieherischen Funktion schwächen, werden sie thematisiert. So kann etwa der Vater das antisoziale Verhalten des Sohnes insgeheim billigen und mit ihm sympathisieren, weil sein Sohn sich wie ein „richtiger" Junge benimmt. Die Einhaltung von Regeln zwischen Eltern und Kind misslingt immer dann, wenn sich die Großeltern einmischen und die Regeln der Eltern unterlaufen. Solche Prozesse zu erkennen und anzusprechen ist bereits ein wichtiger Schritt zu deren Veränderung.

4.8.5
Wirksamkeit und Wirksamkeitsbedingungen

Bei dem geschilderten Vorgehen werden empirisch überprüfte Methoden und Techniken einzeln oder in Kombination angewendet. Da die Interventionsbausteine je nach Ergebnis des diagnostischen Prozesses kombiniert werden, ist die generelle Effektivität des vorgestellten Ansatzes nur schwer zu beurteilen.

Sekundäranalysen der Effekte des Gordon-Trainings belegen etwa positive Veränderungen mittleren Ausmaßes für Merkmale aufseiten der Eltern. Veränderungen bei den Kinder sind weniger stark ausgeprägt und treten möglicherweise erst später auf.

Behaviorale Elterntrainings zeigen positive Auswirkungen bei den betroffenen Kindern und deren Eltern, etwa in der Form, dass Eltern ihr Wissen über die Probleme von Kindern erweitern, Erziehungspraktiken erlernen und ihre Einstellungen in Richtung eines entwicklungsförderlichen Erziehungsverhaltens verändern. Die Effekte behavioraler Elterntrainings sind größer, wenn die Probleme der Kinder (noch) keine klinisch relevanten psychischen Störungen darstellen und es sich um eng umschriebene Verhaltensauffälligkeiten handelt.

Die Effektivität familientherapeutischer Methoden und Techniken wird kontrovers, in vielen Fällen aber als anderen therapeutischen Ansätzen äquivalent beurteilt. In manchen Studien zeigt sich das familientherapeutische Vorgehen anderen Interventionen, die ausschließlich am (kindlichen Index-)Patienten ansetzen, überlegen, weil sich beispielsweise die Qualität der familiären Beziehungen verbessert. Ein Vorteil familientherapeutischer Ansätze liegt darin, dass bei mehreren Familienmitgliedern Veränderungen in die Wege geleitet werden, was eine Generalisierung der Behandlung begünstigt (Shadish, Ragsdale, Glaser & Montgomery, 1997).

Grundlegende Literatur

- Robin, A. L. & Foster, S. L. (1989). Negotiating Parent-Adolescent Conflict: A Behavioral-Family Systems Approach. New York: Guilford.

- Schneewind, K. A. (1991). Familienpsychologie. Stuttgart: Kohlhammer.

- Warnke, A. (1993). Elterntraining. In H.-C. Steinhausen & M. von Aster (Eds.), Handbuch Verhaltenstherapie und Verhaltensmedizin bei Kindern und Jugendlichen (S. 583–599). Weinheim: Psychologie Verlags Union.

Materialien

- Biddulph, S. (1997). Das Geheimnis glücklicher Kinder. München: Beust.

- Gordon, T. (1972). Familienkonferenz. Hamburg: Hoffmann und Campe.

- Innerhofer, P. (1977). Das Münchner Trainingsmodell. Berlin: Springer.

Weiterführende Literatur

- von Schlippe, A. & Schweitzer, J. (1996). Lehrbuch der systemischen Therapie und Beratung. Göttingen: Vandenhoeck & Ruprecht.

- Shadish, W. R., Ragsdale, K., Glaser, R. R. & Montgomery, L. M. (1997). Effektivität und Effizienz von Paar- und Familientherapie: Eine Metaanalytische Perspektive. Familiendynamik, 22, 5–33.

4.8
Familieninteraktion
und -kommunikation

Therapeutische Methoden und Einzelverfahren

Kontingenzmanagement

Udo B. Brack

5.1.1
Anwendungsbeispiel

Jan ist 6 Jahre alt und besucht seit kurzem die Schule. Sein Bruder Markus, rund 2 Jahre jünger, geht halbtags in den Kindergarten. Die Mutter lebt seit einiger Zeit getrennt vom Vater der Kinder und ist allein erziehend. Sie bringt ihre Kinder in einer verzweifelten Situation zur Behandlung: Die Erziehung wächst ihr über den Kopf, denn das häusliche Zusammenleben ist geprägt von ständigen Auseinandersetzungen der Kinder. Fast ohne Unterlass streiten sich die Jungen, beschimpfen sich, schlagen, beißen und treten. Wenn die Mutter den Streit zu schlichten versucht, eskaliert die Situation noch mehr, denn die Kinder suchen dann abwechselnd bei ihr Schutz und beschimpfen oder schlagen sie.

Die Verhaltensbeobachtung bestätigt die von der Mutter eindringlich beschriebene, völlig verfahrene Situation. Zugleich zeigt sich, dass das Verhalten der Kinder die Mutter zu enormen Aktivitäten veranlasst – permanent versucht sie, schlichtend einzugreifen, die Jungen zu friedlichem Spiel zu überreden oder sie zu trösten, wenn sie gerade wieder vom Bruder gebissen oder getreten worden sind.

Eine Rückfrage in der Schule bzw. im Kindergarten ergab, dass die Jungen sich dort zwar nicht unauffällig, aber auch nicht besonders auffällig verhalten. Eine Testuntersuchung mit der K-ABC erbrachte bei beiden Kindern eine weit überdurchschnittliche Intelligenz.

Die Mutter erhielt nun einen schriftlichen Therapieplan für eine tägliche, zu fester Zeit stattfindende Übung. Dabei sollte sie den Kindern anbieten, mit ihnen zu spielen. Für dieses Spiel stand sie den Kindern täglich von 17.00 Uhr bis 17.30 Uhr zur Verfügung. Die Mutter wurde angeleitet, in dieser Zeit sofort verbal zu verstärken, wenn eines der Kinder einen Ansatz von Spielverhalten (das genau definiert worden war) zeigte. Als die Mutter nach zwei Supervisionssitzungen und 10 häuslichen Übungen innerhalb von zwei Wochen Sicherheit beim gezielten, unmittelbaren Loben von erwünschtem und beim Ignorieren von unerwünschtem Verhalten zeigte, wurde die Übung durch ein Token-System ergänzt. Dabei beurteilte die Mutter nach dem Abendbrot das „durchschnittliche" Verhalten der Kinder während des Nachmittags und die Kinder erhielten 0, 1 oder 2 Tokens. Diese konnten sie, nach einem klar festgelegten Verstärkermenü, in verschiedene beliebte Süßigkeiten bzw. Aktivitäten (z.B. Zoo-Besuch) umtauschen.

Die Mutter führte über die Spielsitzungen Buch, indem sie eine Note für die Qualität des Spiels der Kinder gab; außerdem registrierte sie die Zahl der von ihr an jedem Abend vergebenen Tokens für das Verhalten der Kinder am Nachmittag.

Es zeigte sich, dass nicht nur die Spielsitzung nach kurzer Zeit weitgehend friedlich verlief, sondern dass die Kinder, vermutlich zum Teil wegen ihrer hohen Intelligenz, auch auf den Token-Plan sehr gut ansprachen. Allerdings musste dazu die Gewohnheit der Mutter, mit den

Kindern enorm viel zu sprechen und ihnen alle Erziehungsmaßnahmen immer wieder zu erklären, abgebaut werden. Sie lernte in mehreren Supervisionssitzungen, die jeweiligen, allmählich ausgebauten Anforderungen an das Verhalten der Kinder zur Erreichung von Tokens
diesen jeweils ein einziges Mal mitzuteilen und dann nach dem Plan zu handeln. Darüber hinaus lernte sie, auf keine Diskussion der Kinder über den Plan einzugehen. Die Mutter selbst
gab an, sie habe für die Erziehung gelernt, nicht mehr ständig zu „moralisieren".

5.1.2
Kurzbeschreibung der Methode und ihres Hintergrundes

Die Analyse und Modifikation von Reiz-Reaktions-Kontingenzen war ein entscheidender
Aspekt der Entstehung der modernen Verhaltenstherapie. Vor allem die so genannte
„operante Gruppe", die sich der Forschungstradition der skinnerschen Schule verpflichtet
fühlte, arbeitete bereits in den 60er-Jahren sehr erfolgreich mit diesem Ansatz. Er baut auf der
von Skinner ausführlich diskutierten „funktionalen Analyse" auf, die der Darstellung der
Reizabhängigkeit des Verhaltens dient (und die später ein wichtiger Bestandteil der verallge-
meinernden kanferschen Formel wurde).

In Anlehnung an Skinner betrifft das Kontingenzmanagement fast ausschließlich operantes
Verhalten; darüber hinaus wird mit dem Begriff heute meist das Setzen unmittelbar wirksamer Reize verbunden, wodurch das Verfahren von den kognitiven, vor allem über verbal-se-
mantische Variablen arbeitenden Methoden abgehoben wird (während Skinner die wissenschaftliche Bedeutung des kognitiven Ansatzes generell infrage stellte).

Kontingenzmanagement betrifft also vorwiegend die Verwendung von positiven und negativen Reizen als Konsequenz auf operantes Verhalten; allerdings sind dabei, dem operanten
Konditionieren entsprechend, auch die vorausgehenden, diskriminativen Reize einbezogen.
Wegen seiner Direktheit und seiner Distanz zur traditionellen Vorstellung von Psychotherapie
stehen viele Therapeuten dem Kontingenzmanagement skeptisch gegenüber. Dabei ist häufig
ein Missverständnis festzustellen: Operantes Verhalten ist kein Laborartefakt. Wenn wir über
die Straße gehen, wenn wir eine Türe öffnen, wenn wir uns einem Kind zuwenden – immer
handelt es sich, im skinnerschen Sinne, um operantes Verhalten. Dementsprechend findet im
Alltag bzw. in der Natur laufend Kontingenzmanagement statt. Der einzige Unterschied zur
therapeutischen Verwendung besteht darin, dass dabei nach einem Plan vorgegangen wird,
der das Verhalten in eine bestimmte, vom Therapeuten festgelegte Richtung leiten soll.

5.1.3
Indikation

Prinzipiell ist Kontingenzmanagement im Bereich der gesamten Verhaltenstherapie anwendbar, auch bei der Behandlung von Erwachsenen (und wird dort möglicherweise zu
wenig eingesetzt). Es ist überall dort sinnvoll zu verwenden, wo von unmittelbar gesetzten
Reizen eine langfristige Wirkung auf das Verhalten erwartet werden kann, also dort, wo nicht

angenommen wird, dass festgefügte Kognitionen wesentlich zur Steuerung des Verhaltens beitragen. Das betrifft natürlich in erster Linie die Therapie von Kindern und auch Jugendlichen.

Die Verwendung erfolgt, wie erläutert, überwiegend im Bereich des operanten Verhaltens, d.h. in Form der Planung der Konsequenzen eines Verhaltens (bzw. eines Verhaltens in bestimmten Situationen). Aber auch Ängste und andere emotionale Probleme können damit angegangen werden: Zum einen, weil operantes und respondentes Verhalten einer engen Verschränkung unterliegen und etwa bei kindlichen Ängsten nicht nur die Desensibilisierung der Angstreize, sondern auch die unmittelbare Verstärkung von Angst bewältigendem Verhalten wirksam ist; zum anderen lassen sich natürlich auch Angst reduzierende Reize unmittelbar kontingent setzen. (Beispiel: Ein Kind mit nächtlichen Ängsten wird diese Angst reduzieren, wenn es beim Aufwachen „kontingent" eine schwache Beleuchtung seines Zimmers bemerkt.)

Ein entscheidender Aspekt ist, dass sich durch vielfältige Erprobung gezeigt hat, dass Kontingenzmanagement nicht nur bei der Behandlung von Verhaltensstörungen, sondern auch bei der Intervention bei Entwicklungsstörungen hoch wirksam ist. Beispiele dafür sind etwa der Aufbau von Sozialverhalten bei autistischen Kindern, die Etablierung von Zweiwortsätzen bei sprachretardierten Kindern oder die Reduktion von Teilleistungsstörungen mit differenzierten Verstärkerplänen. Gezielt zur Diskrimination bzw. zur Verhaltensrückmeldung gesetzte Reize dienen hier der schrittweisen Ausgestaltung der Informationsverarbeitung (vgl. Brack, 1997).

Kontingenzmanagement als therapeutische Planung von ohnehin permanent stattfindenden Prozessen macht darüber hinaus die fließende Grenze zwischen Erziehung, Therapie und Förderung deutlich und legt, insbesondere in der Kindertherapie, die Verwendung von Bezugspersonen als Kotherapeuten nahe (vgl. Kap. 5.7).

5.1.4
Detaillierte Beschreibung des Vorgehens

Dem Kontingenzmanagement, das über längere Zeit hinweg in der Verhaltenstherapie vernachlässigt worden war, wird derzeit, angeregt u.a. durch die neuropsychologische Intervention, wieder zunehmend Interesse gewidmet. Seine zielgerichtete Wirksamkeit setzt bei der therapeutischen Verwendung eine hohe Strukturierung der Interventionspläne voraus, die somit im positiven Sinn nicht „ganzheitlich" sind. Die kritischen Verhaltensweisen, die reduziert oder etabliert werden sollen, werden möglichst genau definiert. Das Gleiche gilt für die verwendeten Reize, die als wirksam erachtet und im Verlauf der Therapie auf diesen Aspekt hin geprüft werden. So wird bei einem aggressiven Kind nicht „prosoziales Verhalten" unter Verwendung von „Belohnungen" gefördert, sondern es wird etwa das Abgeben eines Spielzeugs an den Bruder auf Aufforderung unmittelbar durch eine bestimmte Süßigkeit verstärkt; oder es wird nicht „die Sprache" bei einem entwicklungsrückständigen Kind „spielerisch" gefördert, sondern es erhält z.B. für die sofortige Imitation einzelner aufgelisteter Wörter unmittelbar ein kurzes Lob.

Ein Erfolg dieses sehr direkten Vorgehens setzt neben der erwähnten klaren Strukturierung der Kontingenzen aus bestimmten Reaktionen und bestimmten Reizen zwei Dinge voraus: 1) Nachhaltige Verhaltensänderungen können in der Regel nur über sukzessive Approximation erreicht werden, d.h., die Methode der Ausformung (shaping) hat einen zentralen Stellenwert im Kontingenzmanagement. 2) Der geplante Prozess darf nicht durch die unkontrollierte Wirkung anderer Variablen beeinträchtigt werden. Das bedeutet in der Kindertherapie, dass darauf geachtet werden muss, dass nicht andere Personen das Problemverhalten, das in der Therapie abgebaut werden soll, weiter verstärken; oder dass die Mutter, die in der Therapie lernt, ganz bestimmte Verhaltensweisen des Kindes zu loben, zu belohnen oder zu ignorieren, dieses Vorgehen dem Kind nicht immer wieder „nebenbei" verbal erläutert – denn das könnte zu einer fortlaufenden Verstärkung unerwünschten Verhaltens führen.

Um eine strikte, kontinuierliche Durchführung der geplanten Maßnahme zu gewährleisten, sind schriftlich gefasste Therapiepläne (die nach und nach verändert bzw. erweitert werden), fortlaufende Registrierungen und in kurzen Intervallen eingesetzte Kontrollen der bearbeiteten Verhaltensweisen einschließlich des therapierelevanten Verhaltens der als Kotherapeuten eingesetzten Bezugspersonen eine Grundbedingung erfolgreichen Kontingenzmanagements.

Die „Reize", die auf genau definierte Verhaltensweisen gesetzt werden, können sehr unterschiedlicher Natur sein. Im Vordergrund stehen natürlich positive Verstärker, wobei bei kleineren Kindern in der Regel insbesondere Nahrungsverstärker wichtig sind. Hinzu kommen neutrale bzw. leicht aversive Reize, wie etwa beim Ignorieren unerwünschten Verhaltens. Verstärker und Strafreize werden oft auch über Tokens bzw. ihren Entzug (response cost) vermittelt. Entscheidend ist die sorgfältige Auswahl der als Verhaltenskonsequenzen gesetzten Reize nach ihrer individuellen Wirksamkeit. Ungenügend geprüfte Verstärkerwirkungen sind – neben einem zu pauschalen Vorgehen bei der Gestaltung der Ausformungsschritte – der Hauptgrund für Misserfolge beim Kontingenzmanagement.

Die Verwendung von unmittelbaren Konsequenzen erfolgt auch bei anderen Verfahren, wie etwa den verschiedenen Formen der Überkorrektur (im Sinne von Restitution oder positiver Praxis). Letztlich können auch Methoden wie die sensorische Extinktion bei Autoaggressionen oder auch das Biofeedback zum Kontingenzmanagement gerechnet werden.

Alle diese Verfahren setzen zunächst eine genaue Verhaltensdiagnostik voraus. Diese sollte, soweit möglich, in der realen Situation erfolgen, in der Problemverhaltensweisen auftreten. Da sich aber – im Gegensatz zu den Anfängen der Verhaltenstherapie – die Therapeuten heute in der Regel nur noch selten in eine Familie begeben, um etwa das bei den Mahlzeiten provozierende Kind oder den Erziehungsstil der Eltern zu beobachten, sollte zumindest ein Beobachtungsraum mit Einwegscheibe und Filmkamera vorhanden sein. Damit lassen sich kritische Situationen und problematisches Verhalten in aller Regel sehr gut nachstellen (vgl. Brack, 1993): Längeres Verweilen im Beobachtungsraum, wenig Spielzeug zur Provokation von Langeweile, Einnahme einer Mahlzeit der Familie oder Durchführung der Hausaufgaben des Kindes in Anwesenheit seiner Mutter usw. können durchaus ein realistisches Bild der Problemlage, d.h. der relevanten Verhaltensweisen vermitteln.

Wichtig ist allerdings, dass sich die Therapeuten dabei der Aufgabe der Verhaltensanalyse als Basis des Kontingenzmanagements bewusst bleiben: Beobachtungsräume dienen dazu, das zu modifizierende Verhalten zu erzeugen, zu beobachten, zu registrieren oder zu filmen; sie sind nicht als Therapieräume in dem Sinne gedacht, dass es dort dem Kind vor allem gefallen, dass dort eine gute Beziehung zum Therapeuten aufgebaut werden oder dass dort möglichst viel Spielzeug bereitliegen soll.

Verschiedene Vorgehensweisen des Kontingenzmanagements lassen sich nach der zeitlichen Gestaltung der Kontingenzen bzw. – im überwiegend behandelten operanten Bereich – der Konsequenzen für das relevante Verhalten klassifizieren.

Bei kleinen Kindern bzw. zur Änderung sehr stabilen Verhaltens sind zeitlich extrem eng gesetzte Kontingenzen, d.h. unmittelbar auf das Verhalten folgende Konsequenzen, entscheidend für die Wirksamkeit des Vorgehens. Das Lob für das Spielverhalten muss im Sekundenbereich nach dessen Beginn erfolgen und unmittelbar eingestellt werden, wenn es aufhört; oder die mit dem Löffel angebotene geringe Menge an beliebter Nahrung muss sofort gegeben werden, wenn das Kind in der Sprachförderung ein vorgesprochenes Wort imitiert hat. Diese schnelle Rückmeldung auf das Verhalten ist umso notwendiger, je weniger das Kind eine „kognitive Brücke" zwischen seinem Verhalten und der vorgesehenen Konsequenz herstellen kann, d.h. je geringer seine Entwicklungsstufe ist. Als Faustregel mag dienen, dass ein mentales Alter von mindestens drei Jahren Voraussetzung ist, um verzögerte Verstärkungen geben zu können.

Bezugspersonen, die in Behandlungspläne mit unmittelbar auf das Verhalten gesetzten Reizen einbezogen werden sollen, müssen oft lange geschult werden: Viele Eltern haben sich angewöhnt, das Kind, wenn es schon einmal erwünschtes Verhalten zeigt, also sich z.B. ruhig beschäftigt, nicht „zu stören", sich aber dem Kind unmittelbar zuzuwenden, um es zu tadeln oder zu korrigieren, wenn es unerwünschtes Verhalten zeigt. Darüber hinaus tendieren viele Erwachsene etwa beim Spielverhalten von Kindern dazu, Lob erst einzusetzen, wenn das Spielverhalten ein anschauliches Produkt erbracht hat, z.B. wenn ein Turm aus Bausteinen entstanden ist, statt bereits zu loben, wenn das Kind sich mit den Bausteinen beschäftigt.

Erfolgreiches Kontingenzmanagement erfordert also die Analyse spezifischer Lernprozesse. Für Therapeuten bzw. angeleitete Bezugspersonen ist es z.B. wichtig zu wissen, dass bei der Löschung eines Verhaltens durch Ignorieren damit gerechnet werden muss, dass es zunächst noch intensiver wird („Extinktionszacke") – was nicht als Fehlschlagen der Therapie interpretiert werden darf. Oder die Befürchtung, dass das Kind durch Lob beim Spiel gestört werden könnte, sodass es das Spiel daraufhin unterbricht, kann durchaus berechtigt sein – es hat gelernt, dass Zuwendung durch die Erwachsenen ein diskriminativer Reiz für erfolgreiches Provozieren ist; die Betrachtung des Lernprozesses aber zeigt sofort, dass dieser Effekt verschwindet, wenn auf Spielunterbrechung konsequent Nichtbeachtung folgt.

Auf höheren Entwicklungsstufen können auch zeitlich verzögerte Konsequenzen gesetzt werden, etwa wenn ein Kind für einige Minuten ruhiger Beschäftigung, für aggressionsfreie Intervalle von mehreren Stunden oder für trockene Nächte beim Sauberkeitstraining belohnt wird. Genau genommen enthält die Wirkung verzögerter Konsequenzen bereits die erwähnte kognitive Komponente, die eine „Brücke" zwischen der gesetzten Konsequenz und dem einige Zeit zurückliegenden Verhalten herstellt.

Verzögerte Verstärkung wird häufig mit Tokens verbunden. Das generelle Prinzip, dass die Wirksamkeit von Verstärkern und aversiven Reizen jeweils im Einzelfall geprüft werden muss und nicht pauschal vorausgesetzt werden kann, gilt auch hier. Viele Tokensysteme funktionieren deshalb nicht, weil die Eintauschverstärker nur von geringer Wirksamkeit sind. Zugleich ist es aber der Vorteil von Tokens, dass hier auch nicht unmittelbar einsetzbare Verstärker verwendet werden können, wie etwa relativ aufwendig umzusetzende Handlungsverstärker (z.B. ein Besuch im Schwimmbad), die über Tokens gewissermaßen in Portionen vergeben werden können.

Bei Problemen beim Finden von Verstärkern (und vor allem bei stark retardierten Kindern) mag hier das Prinzip von Premack Anwendung finden: Die Erlaubnis zu Verhaltensweisen, die das Kind spontan häufig zeigt, kann als Verstärker für seltener spontan gewählte Verhaltensweisen wirken. So kann ein Kind, das häufig im Raum herumläuft, für kurzzeitiges Sitzenbleiben mit der Erlaubnis verstärkt werden, wieder im Raum herumzulaufen. Im Rahmen eines Ausformungsprogramms werden dann allmählich die Intervalle des Sitzenbleibens länger und diejenigen des Herumlaufens kürzer gestaltet.

Die Verwendung von Tokens hat sich auch in Kindergruppen, insbesondere in Schulklassen und im Kindergarten, sehr bewährt. Dabei können auch Verstärkermenüs eingesetzt werden, d.h., das Kind oder die Kinder können aus verschiedenen angebotenen Verstärkern wählen. Allerdings ist hierbei das genannte Prinzip, keine unkontrollierten Wirkvariablen ins Spiel zu bringen, besonders zu beachten; bei zu aufwendigen Tokensystemen kann die Diskussion um die richtige Vergabe zu einem neuen Verhaltensproblem werden, der Handel mit Tokens unter den Kindern kann das vorgesehene Änderungsmodell unterlaufen usw.

In Schulklassen ist es darüber hinaus günstig, einzelne störende oder leistungsbeeinträchtigte Kinder mit Tokens für bestimmte Leistungen zu belohnen, die dann zu Verstärkungen für die ganze Klasse führen. Auf diese Weise wird die gesamte Gruppe dazu gebracht, das Kind bei Bemühungen um eine Verbesserung seines Verhaltens zu unterstützen. Stets gilt, dass Token-Programme übersichtlich gestaltet werden müssen, damit die angesprochenen Verhaltensweisen und die gesetzten Konsequenzen für alle Teilnehmer überschaubar bleiben.

Verträge mit Kindern und Jugendlichen (häufig unter Einbeziehung der Bezugspersonen) stellen schließlich einen Übergang vom Kontingenzmanagement zur kognitiven Verhaltenstherapie dar (vgl. Spiegler & Guevremont, 1998). Diese stellen eine Art von erweitertem Token-Programm dar, wobei verstärkt auf Selbstkontrolle geachtet wird, indem die Kinder oder Jugendlichen (bzw. die Bezugspersonen) sich verpflichten, sich an bestimmte Regeln zu halten und bei Verletzung derselben bestimmte Sanktionen zu akzeptieren.

Insgesamt steht für die Intervention bei Kindern und Jugendlichen also eine breite Palette von Varianten des Kontingenzmanagements zur Verfügung. Gemeinsam ist allen diesen Varianten die klar strukturierte Planung und die kontrollierte Durchführung der geplanten Maßnahme.

5.1.5
Wirksamkeit und Wirksamkeitsbedingungen

Das Kontingenzmanagement ist sicherlich die wirksamste Methode der Verhaltenstherapie. Es gibt keinen Bereich, in dem es nicht eingesetzt werden könnte. Bevorzugt wird
es allerdings bei Jugendlichen und – insbesondere kleinen – Kindern benützt, wobei die Ver-
wendbarkeit durch verschiedene Varianten sehr flexibel gehalten werden kann. Der Vorteil
des Verfahrens liegt darin, dass es sowohl bei der Behandlung von Verhaltensstörungen als
auch bei der Intervention bei Entwicklungsstörungen angebracht ist; dadurch wird es zu einer besonders wirksamen Methode verhaltenstherapeutischen Vorgehens gerade bei multiplen Störungen des Kindesalters.

Die Voraussetzungen für die Erreichung des hohen Wirkungsgrads bedürfen allerdings stren-
ger Beachtung: Unkontrollierte Kontingenzen, die gegen die geplanten arbeiten, können das
gesamte Verfahren infrage stellen. Aggressionen, die durch die Klassenkameraden verstärkt
werden, sind durch einen Kontingenzplan der Lehrerin, der diese abbauen soll, nur schlecht
anzugehen; die Beeinflussung des provokativen Verhaltens eines Kindes durch die Eltern
wird nur wenig Erfolg haben (bzw. nur wenig Generalisation zeigen, weil das Kind zu dis-
kriminieren lernt), wenn die Großeltern, bei denen sich das Kind jeden Nachmittag befindet,
dieses weiter verstärken usw.

Der resultierende beträchtliche Aufwand an Planung und Kontrolle wird wettgemacht durch
die erheblichen Erfolge, die das Kontingenzmanagement mit sich bringt, und durch die Möglichkeit, diese Verhaltensänderungen konkret zu beobachten und in vielfältiger Weise mes-
send nachzuweisen.

Grundlegende Literatur

- Brack, U. B. (1997). Verhaltenstherapeutische Förderung entwicklungsgestörter Kinder. In F. Petermann (Hrsg.), Kinderverhaltenstherapie. Grundlagen und Anwendungen (S. 311–330). Baltmannsweiler: Schneider Hohengehren.

- Brack, U. B. (1993). Verhaltensbeobachtung: Prinzipien der Beobachtung, Kodierung und Registrierung von Verhalten. In U. B. Brack (Hrsg.), Frühdiagnostik und Frühtherapie. Psychologische Behandlung von entwicklungs- und verhaltensgestörten Kindern. (S. 97–106) (2. Aufl.). Weinheim: Psychologie Verlags Union.

- Spiegler, M. D. & Guevremont, D. C. (1998). Contemporary behavior therapy. (3rd ed.). Pacific Grove: Brooks/Cole.

Weiterführende Literatur

- Homme, L. E. (1996). Contiguity theory and contingency management. Psychological Records 16, 233–241.

Materialien

- Patterson, G. (1975). Soziales Lernen in der Familie. Psychologische Hilfen für Eltern und Kinder. München: Pfeiffer. (Zur Einführung von Bezugspersonen als Kotherapeuten in das Kontingenzmanagement).

5.1

Kontingenzmanagement

Rollenspiel

Friedrich Linderkamp

5.2.1
Anwendungsbeispiel

Jessica ist 15 Jahre alt und besucht die neunte Klasse des Gymnasiums. Im Rahmen des Erstgesprächs berichtet Jessica, dass sie eigentlich, so lange sie sich zurückerinnern könne, immer wieder Phasen erlebt habe, in denen sie sich sehr niedergeschlagen und „wie gelähmt" gefühlt habe. Diese Probleme seien vor zwei Jahren, als Jessicas Vater arbeitslos wurde und sich massive Streitereien ihrer Eltern einstellten, schlimmer geworden. Vor allem zu ihrem Vater habe sie immer ein sehr gutes Verhältnis gehabt. Nun komme sie aber mit dessen aufbrausendem und häufig ungerechtem Verhalten nicht mehr zurecht.

Seit einem halben Jahr leide sie nun vermehrt unter Schlafstörungen, weil sie im Bett immer wieder über ihre Zukunft nachdenken müsse, da sich ihre Eltern trennen könnten. Zudem verlor sie aufgrund von Appetitlosigkeit auch immer mehr an Gewicht und seit neuestem habe sie auch häufiger Selbstmordgedanken. Es wird recht bald deutlich, dass Jessica eine depressive Grundproblematik hat und es ihr Probleme bereitet, ihre eigenen Interessen und Bedürfnisse zu erkennen, zu äußern und sich dafür einzusetzen. Daher werden mit Jessica die einzelnen Problemfelder und ihre zum Teil verzerrten Gedanken dazu erörtert sowie auf ihren Realitätsgehalt hin überprüft und im Anschluss daran Veränderungswünsche und -möglichkeiten „herausgearbeitet". Neue Verhaltensweisen werden in kleinen Schritten per Rollenspiel eingeübt. Dies geschieht zunächst in Zweierübungen mit dem Therapeuten. Ab der dritten Sitzung nimmt Jessica an einer Gruppentherapie zur Vermittlung sozialer Kompetenz mit anderen Jugendlichen teil, die im Wesentlichen ebenfalls auf der Durchführung und Reflektion von Rollenspielen basiert. Im Rahmen von therapeutischen Hausaufgaben erprobt Jessica vor allem selbstbehauptendes Verhalten (z.B. ihre eigenen Gefühle äußern, Widersprechen) auch im (familiären) Alltag. Die Therapieverlaufskontrolle belegt eine deutliche Abnahme introversiver Symptome ab der achten Therapieeinheit.

5.2.2
Kurzbeschreibung der Methode und ihres Hintergrundes

Das Rollenspiel ist eine Form natürlichen kindlichen Spiels. Dabei handelt es sich um ein sehr komplexes Sozialspiel, das im Verlauf der kindlichen Entwicklung auf zunächst recht einfachen sozialen Spielformen aufbaut.
Bevor Kinder miteinander zu spielen beginnen, bevorzugen sie ein Parallelspiel ohne Blickkontakt. Mit Aufnahme des Blickkontaktes begeben sich die Kinder in einfache Sozialspiele, indem sie auch sprachlich miteinander Kontakt aufnehmen und einzelne Gegenstände anbieten und austauschen. Es folgt ein komplementäres und reziprokes Spiel, in dessen Rahmen bereits wechselseitig abhängige Rollen eingenommen werden (Suchen und Verstecken, Jagen und Verfolgen). Das **kooperative Als-ob-Spiel** beinhaltet dann schon das Ausfüllen fiktiver Rollen (z.B. Übernahme der Mutterrolle beim Spiel mit der Puppe „Mutter füttert Kind"). Schließlich zeichnet sich **komplexes soziales Rollenspiel** durch das Etablieren einer metakommunikativen Ebene aus, wenn Vereinbarungen außerhalb des Spielgeschehens über den Spielrahmen und Spielverlauf getroffen werden (vgl. Oerter, 1993).
Im Rahmen des Rollenspiels beginnen Kinder ca. ab dem dritten Lebensjahr die dialogische Sprache zu nutzen und eigene Erfahrungen spielerisch als Rollenverhalten zu äußern. Das Rollenverhalten besteht dabei aus einer Kombination verschiedener einzelner Verhaltensweisen, mit denen sich das Kind in die Auseinandersetzung mit seiner sozialen Umwelt begibt und auf diese Weise auch ein Normverständnis für sozial-kommunikatives Verhalten ausbildet. Dabei erwirbt das Kind zunehmend verschiedene Handlungsschemata. Diese Handlungsschemata sind kulturell weitestgehend determiniert und stellen häufige alltägliche Handlungsabläufe dar. Für Kinder bedeutsame Schemata finden sich in kindlichen Alltagssituationen, wie z.B. Füttern, Zu-Bett-Bringen oder Arztbesuch. Dabei werden sie mit zunehmendem Alter der Kinder komplexer. Reduzieren sich Handlungsschemata im frühen Kleinkindalter etwa auf ein Neh-

men und Geben von Gegenständen („Bitte-Danke-Spiel"), so beinhaltet ein Rollenspielschema im Grundschulalter ein weitaus differenzierteres Verhaltensrepertoire, in dem zudem die Sprache einen wesentlich größeren Stellenwert einnimmt. Das kindliche Rollenspiel „Arztbesuch" beinhaltet dann z.B. die Abfolge Begrüßungssituation – Gespräch über die Beschwerden – Untersuchung – Diagnose erstellen – Rezeptverschreibung und Verabschiedung.

Im Zuge sozialer Rollenspiele bildet sich zudem Einfühlungsvermögen gegenüber anderen aus (soziale Empathie). Dies geschieht durch die Imitation verschiedener sozialer Rollen im Spiel mit anderen, aber auch im Spiel mit sich selbst bzw. mit seinen Spielobjekten (z.B. Puppen), wenn ein Kind zunächst gedanklich soziale Interaktionen durchspielt und sich dabei abwechselnd in die eine wie die andere Rolle hineinversetzt („Rollenübernahme"). Die praktische Erprobung verschiedener sozialer Rollen („Rolleneinnahme") führt naturgemäß zu Konflikten. Dies liegt vor allem daran, dass soziale Rollen auf dem Hintergrund spezifischer sozialer Kontexte variieren (ein „guter Schüler" ist aus Lehrersicht brav und leistungsmotiviert, aus Mitschülersicht jedoch sozial aktiv und motiviert für gemeinsames Spiel). Somit kommt es häufig zu Anpassungskonflikten beim Erfüllen von Rollenerwartungen. Dies ist ebenfalls für die kindliche Entwicklung von Bedeutung, da sich auf diesem Wege auch Frustrationstoleranz und elementare Strategien der Problemlösung entwickeln.

So lässt sich die Erprobung sozialen Verhaltens im Rahmen komplexer Rollenspiele als strukturierte Abfolge gelernter Handlungen in der sozialen Interaktion mit anderen beschreiben, die umso besser gelingt, je kompetenter es eine Person versteht, sich sowohl in sein Gegenüber hineinzuversetzen als auch aktiv verschiedene soziale Anforderungen zu bewältigen.

Für die Ausbildung eben dieser Bereiche sozialer Kompetenz ist das Rollenspiel als verhaltenstherapeutische Methode in besonderer Weise geeignet.

Die Verhaltenstherapie setzt das Rollenspiel als störungsübergreifende Standardmethode systematisch ein (vgl. Fliegel, 1996). Dabei lässt sich über das Konzept der Rolle Interaktions- bzw. Konfliktverhalten besser ordnen und nachvollziehen, indem auch die normorientierte Funktion von Verhaltensweisen deutlich wird und Konflikte als Problematik bei der Ein- und Übernahme von Rollen erklärbarer werden. Des Weiteren ermöglicht das Rollenspiel, neue Verhaltensweisen real zu erproben sowie (Schritt für Schritt) einzuüben, und bietet somit Möglichkeiten des sozialen Lernens unter – simulierten – realen und dennoch therapeutisch „geschützten" Bedingungen.

Das Rollenspiel stellt in der Verhaltenstherapie eine übergeordnete therapeutische Methode dar, in deren Rahmen recht vielfältige therapeutische Techniken zum Einsatz kommen. Im Einzelnen sind vor allem zu nennen:

operante und soziale Verstärkung zum Aufbau sozial angemessenen Verhaltens

Diskriminationslernen zur Verbesserung der Reiz- und Reaktionsdiskrimination, im Sinn einer differenzierteren Wahrnehmung (Aufmerksamkeitslenkung) wichtiger bzw. typischer Merkmale sozialer Situationen bzw. handelnder Personen und darauf folgender situativ folgerichtiger Reaktionsweisen

Modelllernen anhand von realen und medienvermittelten Vorbildern zur Imitation/Rollenübernahme sozial angemessenen Verhaltens.

5.2.3
Indikation

Das Rollenspiel als verhaltenstherapeutische Methode findet immer dann Anwendung, wenn es um das konkrete Einüben sozial angemessenen (Rollen-)Verhaltens (vom „Sich-Zurücknehmen" bis zur Selbstbehauptung) geht (Rolleneinnahme) und/oder wenn das Verständnis für das (Rollen-)Verhalten anderer (Empathiefähigkeit, kooperatives bzw. Hilfeverhalten) ausgebildet werden soll (Rollenübernahme).

Den Rahmen hierfür bilden zumeist Trainings sozialer Kompetenz (vgl. Kap. 4.3) und Kommunikationstrainings, die wiederum in sehr unterschiedlichen Kontexten indiziert sind, so unter anderem bei Sozialstörungen, sozialer Unsicherheit, sozialer Ängstlichkeit, mentaler Retardierung, Depression und Schizophrenie.

Nicht indiziert ist das Rollenspiel bei inkohärentem Denken bzw. schweren Denkstörungen, Wahrnehmungsirritationen oder Wahnvorstellungen, wie sie insbesondere bei akut-psychotischer Symptomatik vorkommen können (vgl. Rabaioli-Fischer, 1994).

Sofern eine Gruppenkonstellation möglich ist, wird das Rollenspiel in Gruppen durchgeführt. Dies hat den Vorteil, dass damit realitätsnähere Bedingungen geschaffen werden. Ein Einsatz des Rollenspiels in der Einzeltherapie ist dann angebracht, wenn eine zu starke kognitive Retardierung oder mangelnde Gruppenfähigkeit aufgrund starker introversiver oder extraversiver Symptomatik vorliegt.

Des Weiteren sind Rollenspiele gut als diagnostisches Verfahren einsetzbar; insbesondere im Zusammenhang mit sozialer Kompetenz zur Erfassung von Verhaltensstörungen.

5.2.4
Detaillierte Beschreibung des Vorgehens

Das Rollenspiel als diagnostisches Verfahren kommt im Rahmen von Verhaltensanalysen zumeist bei der Erfassung sozialer Kompetenz zum Einsatz. Dabei wird die aktuelle Problematik eines Kindes direkt und konkret abgebildet. Es findet keine retrospektive Exploration statt, sondern eine aktuelle Erfassung problematischen Verhaltens inklusive der damit einhergehenden zusätzlich beobachtbaren affektiven Erregung. Im Rahmen des diagnostischen Prozesses kann ein Kind gemeinsam mit dem Therapeuten vereinbaren, wer die Rolle des Kindes und wer jene des Interaktionspartners übernimmt. Diese Möglichkeit des Rollenwechsels bringt zusätzlichen Informationsgewinn bzgl. des Interaktionsverhaltens des Klienten.

Zudem kann im therapeutisch „geschützten" Rahmen des diagnostischen Rollenspiels Erkenntnis darüber gewonnen werden, ob ein Kind bestimmte Verhaltensweisen nicht in seinem Repertoire bzw. nicht gelernt hat oder ob es Angst hat vor der Verhaltensausführung (ein Aspekt, der für die Therapieplanung von großer Bedeutung ist).

Es handelt sich beim Rollenspiel um ein eher offenes diagnostisches Verfahren, in dem sich das Verhalten des Klienten auf verschiedenen (verbalen und non-verbalen) Ebenen äußert, sodass der Informationsgewinn sehr vielfältig und umfangreich ist. Somit stellt es auch ein besonders geeignetes diagnostisches Verfahren bei sprachlicher und kognitiver Retardierung dar.

5.2
Rollenspiel

Rollenspiel als therapeutische Methode. Um das Rollenspiel als Möglichkeit für das Einüben von förderlichen Verhaltensweisen zu nutzen, sind folgende Vorbereitungsschritte notwendig (vgl. Fliegel, 1996):

• **Beziehungsgestaltung zum Therapeuten.** Die Beziehung zum Therapeuten sollte vertrau-
  ensvoll und tragfähig sein. (Dies gelingt umso besser, wenn das Kind zum Zweck der Kon-
  sensbildung bereits im Prozess der Therapieplanung partnerschaftlich beteiligt wird und
  wenn zu Beginn der Therapie zum spielerischen Kennenlernen ausreichend Zeit zur Verfügung steht).
• **Aufklärung des Kindes.** Die Funktion bzw. der Nutzen des Rollenspiels sollte für das Kind
  selbst einsichtig sein.
• **Schwierigkeitsstaffelung.** Der Rollenspielplan sollte überschaubar (Länge, beteiligte Personen etc.) und das Rollenspielverhalten nicht zu kompliziert (alters- bzw. entwicklungs-
  adäquat) sein. Zu Beginn sollten die Anforderungen eher leicht sein, damit das Kind alsbald
  zu Erfolgserlebnissen kommt und somit die mögliche Scheu vor der Rollenspielsituation
  verliert. Sofern aktuelle Konflikte eines Kindes in das Rollenspiel einbezogen werden, ist
  darauf zu achten, dass es sich hierbei um mittelschwere oder eher leichte Konflikte handelt
  bzw. lediglich Teilprobleme des aktuellen Konflikts Eingang finden.
• **Aufzeichnung des Rollenspiels.** Die elektronische Anlage zur Aufzeichnung der Therapiesitzungen (Kameras, Mikrofone) sollte eher verdeckt installiert sein. In diesem Kontext ist
  jedoch darauf zu achten, dass zum Zweck der Vertrauensbildung ein möglichst hohes Maß
  an Transparenz hergestellt wird, etwa was das Informieren über die Aufzeichnungsphasen
  an sich angeht oder etwaige Zuschauer hinter Einwegscheiben betrifft.

Durchführung des Rollenspiels

Sofern das Rollenspiel in Gruppen durchgeführt wird, beläuft sich die notwendige Gruppen-
stärke auf ≥3 Kinder. Unmittelbar im Spiel involviert sollten je nach Inhalt der jeweiligen
Spielszene 2 bis maximal 4 Kinder sein (wobei zeitgleich weitere Kinder per Modelllernen
als Beobachter profitieren können, um dann im Wechsel selbst Mitspieler zu werden). Die
Kinder sollten ein gleiches Entwicklungsalter und ähnliche Störungsproblematiken aufweisen.

Die zu spielende soziale Anforderungssituation wird zunächst sehr detailliert mit den Kindern
bzw. Jugendlichen erörtert. Dies kann z.B. auf Grundlage des Berichts eines Gruppenmit-
glieds geschehen. Beispielhaft ließe sich folgende Situation beschreiben: Jessica (vgl. Abschnitt 2.1) berichtet davon, dass im Zuge der Streitereien ihrer Eltern das gemeinsame
Abendbrot nicht mehr stattfindet, sondern sich jedes Familienmitglied die Speisen am Abend
einzeln in der Küche selbst zubereitet und allein vor dem Fernseher, am Küchen- oder Wohn-
zimmertisch einnimmt. Bei der Beschreibung der Situation durch Jessica wird sowohl das
Vermeidungsverhalten der Eltern als auch die Belastung Jessicas deutlich, die auf Nachfrage
von begleitenden Symptomen wie Magendrücken und Traurigkeit berichtet. Jessicas Wunsch
ist es, die so belastenden allabendlichen Situationen nicht mehr still und leidend hinzuneh-
men, sondern ihr Bedürfnis zu äußern, die Familie möge das Abendbrot wieder gemeinsam
einnehmen.

Auf diesem Wege werden schließlich die individuellen Lernziele für das darauf folgende Rollenspiel deutlich – in diesem Fall bestünde eins darin, mögliche Verhaltensalternativen zur Selbstbehauptung zu erproben und einzuüben.

Grundsätzlich ist für die Ableitung individueller Therapieziele zu berücksichtigen, dass sie dem aktuellen Bedürfnis des Kindes entsprechen, in dem jeweiligen Kontext Verhaltensmöglichkeiten zu erproben, sowie spezifisch sein sollten, indem sie auf bestimmte Personen und konkrete Situationen Bezug nehmen.

Für die kontrollierte Durchführung des Rollenspiels lässt sich folgender Ablauf skizzieren:

1) Auswahl bzw. Ableiten der Rollenspielthematik

Dies kann entweder unter Einbeziehung von Erfahrungsberichten aktuell abgeleitet werden oder bereits vorab festgelegt bzw. vereinbart sein (Rollenspielmaterial siehe Literaturempfehlung). Die Inhalte der Rollenspiele variieren naturgemäß mit den Störungsbildern und dem Alter der Kinder bzw. Jugendlichen, wobei jedoch die sich ergebenden Themen (z.B. „Umgang mit Ablehnung und Misserfolg", „Erkennen und Umgang mit Gefühlen anderer" oder „Sich behaupten") zumeist altersübergreifende Relevanz besitzen.

2) Planung des Szenenaufbaus und der Szenenabfolge

Die konkret zu spielende Situation wird zunächst mit den Gruppenteilnehmern hinsichtlich ihrer verschiedenen Teilaspekte bzw. Anforderungsinhalte und -schweregrade vorbesprochen und mögliche Verhaltensweisen zum Zweck der Problemlösungen werden erörtert und bewertet („Was spricht für dieses Vorgehen, was dagegen?"). Der Therapeut übernimmt die (modellierende) Gesprächsführung und hält die Ergebnisse auf dem Flipchart fest. Im Anschluss daran werden die verschiedenen Varianten des Spielgeschehens in „Rollenspielskripten" (spiegelstrichartig auf dem Flipchart) im Detail beschrieben und festgehalten. Dabei werden sowohl die äußeren Bedingungen der Szene (Tageszeit, Ort, Möbel, räumliche Position der Beteiligten etc.) festgehalten bzw. arrangiert sowie das zu spielende Rollenverhalten sehr weit reichend spezifiziert (z.B. Sprechinhalte, Lautstärke, Betonung, Blickkontakte, Körperhaltung, Gestik, Mimik). Ausmaß und Niveau dieser Erörterungs- und Planungsphase richtet sich selbstverständlich nach dem kognitiven Leistungsniveau der Kinder. Bei mentaler Retardierung ist das therapeutische Vorgehen insgesamt deutlich direktiver.

3) Rollenverteilung

Sofern eine Hauptperson ein eigenes Thema im Rollenspiel umsetzt, sollte sie die Gelegenheit bekommen, im Rollenwechsel nacheinander die verschiedenen Perspektiven einzunehmen, um somit auch zu einer komplexeren bzw. genaueren Bewertung der erlebten Situation zu kommen. Die Besetzung der Rollen erfolgt durch den Therapeuten unter Berücksichtigung sowohl der individuellen Verhaltensmöglichkeiten (bzw. in Abhängigkeit von den individuell verfügbaren sozialen Fertigkeiten) als auch der jeweiligen Therapieziele der Kinder.

4) Vorübungen

Hier werden gegebenenfalls Teilsequenzen aus dem geplanten Rollenspiel herausgenommen und separat probeweise gespielt. Dabei kann es sich z.B. um pantomimisches Spiel handeln: „Wenn Denis in der folgenden Szene ‚aufgeregt' den Raum betreten soll – was macht denn jemand, der ‚aufgeregt' ist – lass uns doch vorweg einmal ‚Aufgeregtsein' spielen!" Bei Bedarf kann hier auch der Therapeut Verhaltensmöglichkeiten vorspielen, ohne sie jedoch im Einzelnen zu komplett und zu differenziert vorzugeben, da sonst die Gefahr der bloßen Imitation besteht. In jedem Fall bestehen durch das exemplarische Rollenverhalten des Therapeuten Möglichkeiten des Modelllernens aufseiten der beteiligten Kinder.

5) Durchführung des Rollenspiels

Bei der Durchführung des Rollenspiels durch das Kind bzw. die Kinder kann der Therapeut per „Coaching" gezielte Hilfestellungen geben. Diese Hilfestellungen erfolgen durch direkte Instruktionen („Sprich bitte lauter!", „Sag Daniel deine Meinung zu seinem Vorschlag!") oder in Form des „prompting", indem ein Kind durch ein vorher vereinbartes Zeichen oder Stichwort (z.B. „Langsam!" bei impulsivem Verhalten) Hilfen zur Handlungssteuerung bekommt. Eine moderatere Form der Hilfestellung stellt das „Soufflieren" dar, das non-verbal (Kopfnicken) oder mit leiser Stimme („gut gemacht", „hm") begleitend erfolgt. Eine mit dem Soufflieren verwandte Methode ist das „Doppeln": Der Therapeut teilt dem Kind während der Rollenspielsituation dessen vermutetes augenblickliches Empfinden mit („Jetzt, wo du klar und deutlich sagst, was du möchtest, schauen die anderen dich an und hören genau hin, was du sagst!").

6) Erörterung und Bewertung

Hierunter versteht man Verhaltensfeedback in Form kognitiver Modellierung, insbesondere durch Verstärken positiver Verhaltensaspekte. Dieser Verstärkungsaspekt ist Teil eines Shaping-Prozesses, dem bei der Ausbildung neuer Kompetenzen zentrale Bedeutung zukommt (vgl. Kap. 5.1). Sehr wichtig ist hierbei, dass neben dem Lob für die Leistung des Rollenspiels an sich genaue Rückmeldung hinsichtlich spezifischer Verhaltensaspekte (neben den Inhalten auch Lautstärke, Betonung, Körperhaltung, Gestik, Mimik etc., s.o.) erfolgt. Hierbei ist darauf zu achten, mögliche dysfunktionalen Kognitionen wie Katastrophisierungen, Übergeneralisierungen oder Selbstabwertungen zu identifizieren und umzustrukturieren. Unterstützend sollten hierzu Videoaufnahmen angefertigt werden. Der Therapeut kann aus den Aufzeichnungen Sequenzen auswählen, die mit den Kindern oder Jugendlichen im Rahmen des Verhaltensfeedbacks reflektiert werden. Voraussetzung hierfür ist eine entsprechende „kognitive Reife" der Kinder (ca. ab dem 8./9. Lebensjahr) bzw. der Ausschluss einer mentalen Retardierung. Die Videosequenzen sollten möglichst kurz sein und es soll eine detaillierte Analyse erfolgen:
a) Problembeschreibung und Klärung der Motivsituation sowie der Verhaltensziele;
b) Bewertung der Adaptivität des gezeigten verbalen und non-verbalen Verhaltens;
c) Ergebnisanalyse.

7) Optimierung des Rollenspielverhaltens

Auf dem Hintergrund der gewonnenen Erfahrungen werden verschiedene Szenenabfolgen nacheinander gespielt und per Rollentausch (die Kinder nehmen nacheinander verschiedene Rollen ein) variiert sowie im Anschluss erneut erörtert und bewertet, bis die „richtigen" Kombinationen einzelner Verhaltens- und Reaktionsweisen festgehalten werden können.

8) Maßnahmen zur Unterstützung von Transfereffekten

Die Kinder werden per „Hausaufgaben" bzw. mittels des Einsatzes von „Detektivbögen" angehalten, die positiven Rollenspielerfahrungen mit konkretem Bewältigungsverhalten in verschiedenen sozialen Anforderungssituationen im Alltag zu erproben und aufzuzeichnen, um sie in der nächsten Sitzung mit dem Therapeuten und gegebenenfalls mit den anderen Gruppenmitgliedern zu reflektieren (vgl. Kap. 5.4). Auch hierfür sind ein gewisser kognitiver Entwicklungsstand und auch ein recht hohes Maß an Selbstdisziplin erforderlich. Eine sehr geeignete zusätzliche Hilfe besteht darin, dass sich Therapeut und Klient gemeinsam in eine reale soziale Anforderungssituation begeben. Das Kind kann dann mit Unterstützung des Therapeuten z.B. Selbstbehauptung vor Ort erproben; etwa Umtausch eines Kleidungsstücks, Korrigieren einer Getränkebestellung o.Ä.

5.2.5
Wirksamkeit und Wirksamkeitsbedingungen

Inwiefern Rollenspiel als verhaltenstherapeutische Technik effizient ist, lässt sich empirisch schwerlich belegen, da es keine spezifische Methode an sich darstellt, sondern in Kombination mit verschiedenen anderen therapeutischen Einzeltechniken auf ein sehr breites Problemspektrum Anwendung findet. Dennoch lässt sich die besondere Wirksamkeit des Rollenspiels als therapeutisches Verfahren anhand einiger wesentlicher Bedingungsmomente darlegen:

- Rollenspiele nutzen das natürliche Spielbedürfnis von Kindern, sodass sich eine hohe Therapiemotivation einstellt. Neben einer signifikant höheren Beliebtheit von Rollenspielen gegenüber Gesprächssituationen schätzen Kinder das Rollenspiel daher auch als signifikant leichter zu bewältigen ein (Lohaus, 1986).
- Das Rollenspiel basiert nicht nur auf der sprachlichen, sondern vor allem auch auf der nichtsprachlichen Interaktionsebene, sodass es sich sowohl für Klein- und Vorschulkinder als auch für sprachlich bzw. mental retardierte Kinder sehr empfiehlt. Mehr noch: Es lässt sich belegen, dass geistig behinderte Kinder gerade über das Rollenspiel sprachliche Kompetenz (z.B. Fragen stellen, Anweisungen geben) aufbauen, mithin auch grundsätzlich in Form einer verbesserten kognitiven Organisation und Regulation profitieren (Baronjan, 1994).
- Die Rollenspielsituation ist eine simulierte reale Lernsituation, sodass sich die Problematik des Transfers von Therapieeffekten deutlich weniger stellt.

5.2
Rollenspiel

Grundlegende Literatur

- Fliegel, S. (1996). Rollenspiel. In J. Margraf (Hrsg.), Lehrbuch der Verhaltenstherapie, Band 1: Grundlagen, Diagnostik, Verfahren (S. 353–359). Berlin: Springer-Verlag.

- Oerter, R. (1993). Psychologie des Spiels. München: Quintessenz.

- Rabaioli-Fischer, B. (1994). Soziales Rollenspiel nach Liebermann: Training zur Entwicklung sozialer Fertigkeiten bei psychiatrischen Störungen. In S. K. D. Sulz (Hrsg.), Das Therapiebuch (S. 168–176). München: CIP-Medien.

Weiterführende Literatur

- Baronjan, C. (1994). Rollenspiel und Kommunikation. Heilpädagogische Forschung, 20, 2, 66–73.

- Lohaus, A. (1986). Datenerhebung bei Vorschulkindern: Ein Vergleich von Rollenspiel, Puppenspiel und Interview. Psychologie in Erziehung und Unterricht, 33, 196–204.

Materialien

- Faller, K., Kerntke, W. & Wackmann, M. (1996). Konflikte selber lösen. Mülheim: Verlag an der Ruhr.

- Kuhlmann, M. & Dürrwächter, U. (1997). Ideenolympiade – ein Training sozialer Kompetenzen mit Kindern. Reutlingen: Lehrmittelhaus Riedel.

- Portmann, R. (1995). Spiele zum Umgang mit Aggressionen. München: Don Bosco.

- Smith, C. A. (1994). Hauen ist doof. 162 Spiele gegen Aggressionen in Kindergruppen. Mülheim: Verlag an der Ruhr.

- Vopel, K. (1996). Kinder können kooperieren. Band 1–4, Salzhausen: Iscopress.

Selbstkontrollverfahren, kognitives Modellieren und Selbstinstruktionstraining

Gerhard W. Lauth

5.3.1
Anwendungsbeispiel

Nicolas (9 Jahre) fällt seinen Eltern und Lehrern immer wieder durch sein unbedachtes und vorschnelles Verhalten auf. Bei Aufgaben und Anweisungen hört er meist nicht bis zum Ende zu, sondern fängt gleich an und macht dadurch viele Fehler. Er vergisst oft, worum es geht und macht dann irgendetwas, was ihm gerade in den Sinn kommt. Er reagiert auch oft so spontan, dass er sich und andere Kinder gefährdet (etwa ein Kind unvermittelt anspringt, mit einem spitzen Stock herumhantiert, ohne zu gucken über die Straße läuft). Sein unbedachtes und vorschnelles Verhalten fällt auch im Umgang mit anderen Kindern auf. Nicolas fühlt sich rasch provoziert und reagiert mit wüsten verbalen Beschimpfungen und zunehmend auch mit offener Aggression. Geht man diesen Situationen nach, so wird immer wieder das gleiche Verhaltensmuster deutlich: Nicolas fühlt sich von den anderen Kindern schlecht behandelt oder sogar herausgefordert. Er reagiert daraufhin ungehalten und beleidigend und beschimpft die anderen. Manchmal kommt es dabei auch zu handfesten Auseinandersetzungen, bei denen er sich kaum noch bremsen kann.

Eine Überprüfung der Intelligenz ergibt einen IQ von 106. Die Differenzialdiagnostik erkennt eine hyperkinetische Störung des Sozialverhaltens. Weil bei Nicolas die Selbststeuerungsfähigkeit als unzureichend erachtet wird, werden ihm daraufhin in einer multimodalen Therapie Selbstkontrollfähigkeiten und soziale Problemlösekompetenzen vermittelt. Er analysiert das unangemessene Verhalten und bestimmt die Verhaltensanteile, die zu den genannten Schwierigkeiten führen (etwa nicht innehalten, nicht genau hinschauen, was „angesagt ist", sich nicht überlegen, was zu tun ist), er lernt, sein Verhalten durch Selbstanleitungen zu steuern (etwa nicht „automatisch" reagieren, sich überlegen, wie man vorgeht, sich selbst Anweisungen geben), und nimmt an einem Gruppentraining zum sozialen Problemlösen teil. Die Eltern werden in diese Behandlung als Mediatoren einbezogen.

5.3.2
Kurzbeschreibung der Methode und ihres Hintergrundes

Selbstkontrollverfahren, kognitives Modellieren und Selbstinstruktionstraining sind Verfahren aus der kognitiven Verhaltensmodifikation. Sie werden für unterschiedliche Ziele eingesetzt: für die selbst gesteuerte Veränderung der Verhaltenshäufigkeit (Selbstkontrollverfahren), den Erwerb förderlicher Selbstanweisungen (kognitives Modellieren) und die Verinnerlichung von handlungsanleitenden Plänen (Selbstinstruktionstraining). Alle drei Verfahren gehen jedoch davon aus, dass die Ziele und Wirklichkeitswahrnehmungen (Abbilder) des Menschen ausschlaggebend für ihr Handeln sind, Verhaltensproblemen also ungeeignete Wirklichkeitswahrnehmungen, ungeeignete Selbstgespräche, ungünstige Ziele oder ungeeignetes Wissen zugrunde liegen. Infolgedessen ist es nur logisch, wenn die gedanklichen Anteile der Störung nicht nur beachtet, sondern aktiv zugunsten förderlicherer Ziele, Wahrnehmungen, Handlungssteuerungen und Planungen verändert werden. Dabei stellen sich vor allem zwei Fragen: Was sollte ein Klient wie Nicolas beispielsweise denken, sich vorstellen oder zu sich sagen, um sich angemessener zu verhalten? Wie kann sein „innerer Dialog" nicht nur konstruktiv verändert werden, sondern auch sein tatsächliches Verhalten leiten? Es ist klar, dass dies nicht in einem einzigen Therapieschritt erreicht werden kann, sondern einen Änderungsprozess voraussetzt, der in mehreren Schritten abläuft:

1) Das problematische Verhalten muss vom Klienten als unangemessen und fehlangepasst erkannt werden, alternative Verhaltensweisen hingegen von dem Kind/dem Jugendlichen als erstrebenswert (zumindest muss das Kind die verbal formulierten Ziele billigen).
2) Die Kognitionen, die mit unangemessenem Verhalten verbunden sind, müssen von dem Kind/dem Jugendlichen erkannt werden.
3) Statt der unangemessenen Kognitionen werden alternative Gedanken (etwa Selbstanweisungen, Vorstellungen, Stopp Signale) entwickelt, mit deren Hilfe ein förderliches Verhalten in die Wege geleitet werden kann.
4) Das Verhalten wird bis zur ausreichenden Verhaltenssicherheit (etwa verinnerlichte Selbstanweisungen) und die Übertragung des alternativen Verhaltens in den Alltag eingeübt.

Die drei genannten Verfahren ergänzen sich: Das kognitive Modellieren dient dazu, förderliche Selbstanweisungen auszubilden. Im Selbstinstruktionstraining werden handlungsleitende Selbstverbalisierungen verinnerlicht und mit den entsprechenden Verhaltensweisen verknüpft. Selbstkontrollverfahren sollen gewährleisten, dass (Selbst-)Verpflichtungen eingegangen und ausgeführt werden.
Da es bei diesen Verfahren um die Veränderung von handlungsleitenden „inneren Dialogen" und um die Selbstkontrolle geht, setzen sie die aktive Mitarbeit des Klienten voraus.
Die Verfahren wurden vor allem in der Zeit der „kognitiven Wende" der Psychologie und dem Aufkommen von Handlungstheorien populär und sind mit den Namen Donald Meichenbaum (1977) sowie Frederick Kanfer (1977) verbunden.

5.3.3
Indikation

Selbstkontrollverfahren, kognitives Modellieren und Selbstinstruktionstraining setzen ein Intelligenzalter von mindestens 5 Jahren voraus. Verschiedene Untersuchungen belegen, dass die Verfahren umso wirksamer sind, je kognitiv differenzierter (intelligenter, älter) die Kinder sind. Eine volle Wirksamkeit der Verfahren kann man erst von 7–8 Jahren an erwarten. Dennoch werden die Verfahren (insbesondere das Selbstinstruktionstraining und das kognitive Modellieren) auch bei Kindern mit leichter bis mittelgradiger Intelligenzminderung (IQ 45–69; F71) erfolgreich eingesetzt, um beispielsweise Lernstrategien oder alltagspraktische Verrichtungen (sich waschen, sich ankleiden) auszubilden.

Kognitives Modellieren und Selbstinstruktionstraining sind besonders für die Vermittlung einer angemessenen Handlungssteuerung und Handlungsorganisation angezeigt, Selbstkontrollverfahren hingegen für die Steigerung oder Reduzierung einzelner Verhaltenshäufigkeiten (etwa Unterrichtsbeteiligung, Unterdrückung von Tics).

5.3.4
Detaillierte Beschreibung des Vorgehens

Das kognitive Modellieren bzw. das Selbstinstruktionstraining werden im Wesentlichen für die Vermittlung von Kompetenzen eingesetzt. Dabei werden insgesamt sechs genau aufeinander abgestimmte Therapieschritte, denen eine ausführliche Verhaltensanalyse (mit den Bezugspersonen sowie dem Kind) und vorstrukturierende Verhaltensbeobachtungen vorausgehen, durchgeführt:

1) **Analyse des fehlerhaften Verhaltens durch das Kind.** Hier soll das Kind/der Jugendliche erkennen, dass sein Verhalten (etwa jähzorniges, unbedachtes Vorgehen) unangemessen ist und die problematischen Verhaltensanteile (etwa von einer vorgefassten Meinung ausgehen, sich nicht genau anhören, was der andere sagen will, dem ersten Impuls folgen, die Folgen der Handlung nicht bedenken) genau benennen können. Dabei kommt es nicht darauf an, dass das Kind sich sein Fehlverhalten – quasi in einer Art Schuldbekenntnis – vor Augen führt, sondern dass es seine Schwierigkeiten verhaltensbezogen erklärt. Für diese Analyse des kindlichen Problemverhaltens werden exemplarische Vorkommnisse aus der letzten Zeit danach ausgewertet, wie das Kind diese Situationen empfunden hat, was es dabei zu sich gesagt hat, was es erreichen wollte und wie zufrieden es mit seiner „Lösung" war. Das Problemverhalten des Kindes wird gegebenenfalls nachgespielt und der „innere Dialog" im lauten Denken (die handlungsbegleitenden internen Gedanken werden während des Handelns laut ausgesprochen) rekonstruiert.

   Der Therapeut soll in dieser Phase die Aussagen des Kindes durch offene Fragen und veranschaulichende Erklärungen strukturieren (etwa „Wenn etwas belastend oder schwierig ist, sagt man meistens etwas zu sich, ohne es aber wirklich auszusprechen. Geht es dir auch manchmal so? Was sagst du dann zu dir, wenn du Streit mit Nils hast, wie das neulich geschehen ist?").

Tabelle 1: Differenzielle Indikation

Verfahren	Ziel	Vorgehen	Indikation bei
Selbstkontrollverfahren	Steigerung oder Reduzierung von Verhaltenshäufigkeiten	• Vereinbarung von Zielverhalten • Beobachtung und Registrierung des Auftretens • Rückmeldungen, Verstärkung durch den Therapeuten	Reduzierung von Verhaltenshäufigkeiten, etwa bei • Jähzorn • Verbaltics • Schulschwänzen • Kratzen bei Hauterkrankungen Steigerung von Verhaltenshäufigkeiten, etwa bei • Unterrichtsbeteiligung • Hausaufgabenanfertigen • Compliance, Medikamenteneinnahme, Diäteinhaltung
Kognitives Modellieren	Übernahme verhaltenssteuernder und verhaltensorganisierender Selbstanweisungen	• der Therapeut demonstriert als Modell angemessene Selbstinstruktionen und das entsprechende Verhalten • die Selbstanweisungen (der förderliche interne Dialog) werden interaktiv mit dem Kind erarbeitet	Erwerb von komplexen Verhaltensweisen und deren Grundlagen (Ausführungssteuerung, Plan), etwa • Annäherung an ängstigende Situationen • Kontaktaufnahme mit anderen Kindern • Selbstberuhigung bei Ärger, Jähzorn, Ungeduld Erwerb von Handlungsstrategien, etwa bei • Lernstörungen • Berufsschwierigkeiten, Ausbildungsproblemen • Störungen des Problemlösens • Schmerz, Operationsverarbeitung
Selbstinstruktionstraining	• Übernahme verhaltenssteuernder und verhaltensorganisierender Selbstanweisungen • Graduelle Verinnerlichung dieser Selbstanweisungen	• der Therapeut demonstriert als Modell angemessene Selbstinstruktionen und das entsprechende Verhalten • die Selbstanweisungen werden über insgesamt vier Zwischenstufen in „verinnerlichtes Sprechen" (Denken) überführt (verinnerlicht)	Steuerung des Verhaltens, etwa bei • schmerzhaften Eingriffen, Operationen • Stress- und Angstsituationen, Prüfungssituationen • komplexem Lernen (etwa bei Lernstörungen, leichter geistiger Behinderung) • impulsivem, unbedachtem Verhalten des Kindes (etwa Aufmerksamkeitsdefizit-/Hyperaktivitätsstörung) Erwerb von Strategien und Plänen beim • Lernen • sozialen Problemlösen (etwa bei sozialer Ängstlichkeit) • impulsivem, unbedachtem Verhalten (etwa Aufmerksamkeitsdefizit-/Hyperaktivitäts-Störung)

Nicolas rekonstruiert diesen Streit mit Nils und seinen inneren Dialog mithilfe des Therapeuten wie folgt:

> *„Mit Nils habe ich sowieso laufend Zank. Ich kann ihn nicht ab. Der letzte Arsch, einfach ein Blödmann. Er rempelt mich in der Pause an, grinst auch noch so doof. Ich denke: Das blöde Rindvieh! Ich will es ihm aber jetzt mal zeigen. Er soll spüren, dass er das nicht mit mir machen kann. Ich rufe ‚du Blödmann‘. Er meckert einfach nur rum, ich werde wütend; mir ist innen ganz heiß, ich sage alle Schimpfwörter, die mir einfallen. Ich denke dann nicht weiter nach. Ich weiß ja, was das für einer ist."*

Dieser innere Dialog wird zu einem ganz konkreten Ereignis entwickelt. Dabei wird genau nachvollzogen, wie sich diese Situation abgespielt hat. In der Rekonstruktion des inneren Dialoges wird diese Situation gedanklich durchlaufen, real nachgespielt. Die handlungsleitenden Überlegungen werden vom Therapeuten aktiv erfragt (etwa: „Als Nils dich angerempelt hast, was hast du da gedacht? Was hast du gedacht, bevor du ihn beschimpft hast? Was wolltest du erreichen? Spielte es eine Rolle, dass die anderen Kinder zuschauten? Hast du dein Ziel bei Nils erreicht?").

Gerade in dieser – entscheidenden – Phase ist die aktive Mitarbeit des Kindes erforderlich und gerade in dieser Phase lässt die Zusammenarbeit oft zu wünschen übrig (z.B. das Kind schweigt, gibt aufgesetzte Antworten, erfasst nicht das Wesentliche). In diesen Fällen sollte man das Kind gleichsam stellvertretend die Verhaltensfehler von anderen Kindern (z.B. aus Filmen, Fernsehsendungen, Comics, Bekanntenkreis, Geschichten) analysieren und für diese Kinder Verhaltensalternativen (Was könnte das Kind stattdessen denken und tun?) entwickeln lassen.

2) Ableitung des förderlichen Verhaltens und seiner „inneren" gedanklichen Anteile.
Was könnte das Kind stattdessen tun und denken? Welches Verhalten wäre förderlicher? Hier geht es darum, mit dem Kind Verhaltensziele festzulegen (etwa zuerst über die Situation nachdenken, nachfragen, überlegen, was zu tun ist, sich fragen, was man jetzt will). Diese Ziele werden häufig in einem Vertrag fixiert, der die Therapieziele in relativ allgemeiner Form (etwa lernen, besser mit anderen Kindern zurechtzukommen) umschreibt und die therapeutische Zusammenarbeit (etwa Selbstgespräche einüben, soziales Verhalten einüben) festhält.

Die Ableitung des förderlichen Vorgehens geschieht in dialogischer Form, wobei der Therapeut immer zuerst nach den Vorschlägen des Kindes fragt (etwa: „Hättest du auch etwas anderes tun können? Worin könnte das angemessenere Verhalten bestehen? Was hättest du stattdessen zu dir sagen können?"). Dieses alternative Verhalten kann in aller Regel recht leicht als Gegenteil zum problematischen Verhaltensablauf formuliert werden. Es braucht nicht im Detail von dem Kind/dem Jugendlichen bestimmt zu werden, wohl aber soll das Kind/der Jugendliche das und die wichtigsten Bestandteile des Zielverhaltens selbst entwickeln. Am Ende dieses Therapieschrittes sollen die Verhaltensziele einvernehmlich und gemeinsam entwickelt worden sein.

Nicolas entwickelt mithilfe des Therapeuten folgende Verhaltensalternative zum Streit mit Nils:

> *„Mit Nils habe ich laufend Streit. Er liegt mir nicht. Er rempelt mich in der Pause an und guckt komisch. Ich sage ‚Halt Stopp!‘ zu mir – ‚nicht gleich ausrasten!‘. Ich schaue ihn an und überlege, was er will. War das Absicht, was er gemacht hat?*

Ich denke nach, was ich jetzt mache. Ich sage etwas zu ihm, beispielsweise: ,Warum tust du das?', oder: ,Gib doch Acht!' Ich drehe mich dann wieder um und rede weiter mit meinen Kumpels.

Das ist nicht leicht, aber ich weiß, dass ich dadurch mehr für mich erreiche. Ich lasse mich nicht durch andere aufregen!"

Es ist sehr hilfreich, wenn diese inneren Dialoge in der Sprache des Kindes/Jugendlichen abgefasst sind und Symbole mit subjektiver Bedeutung (etwa „Be cool, man!") enthalten sind.

3) **Demonstration des förderlichen Verhaltens durch den Therapeuten (kognitives Modellieren).** Der Therapeut zeigt nun als Modell, wie die fragliche Anforderung bewältigt werden kann. Dazu demonstriert er das direkt beobachtbare Verhalten und verbalisiert gleichzeitig die Regeln und Strategien, denen er dabei folgt, in Form von Selbstanweisungen. Die Kinder können über die Beobachtung des Modellverhaltens sowohl die kognitiven (verdeckten) als auch die offenen Bewältigungsfertigkeiten erlernen.

Diese Modellierung kann durch so genannte Signalkarten, die die wichtigsten Inhalte der Selbstanweisungen in Bildern oder Symbolen wiedergeben, unterstützt werden. Man kann dabei auf Comicfiguren, die das Kind schon kennt und schätzt (etwa Obelix, Superman, Kater Pluto) zurückgreifen. Diese Signalkarten heben die wichtigsten Momente des alternativen Verhaltens noch einmal hervor: Was ist Sache? Was will ich jetzt erreichen? Wie könnte ich vorgehen? Halt-Stopp! Nicht aufregen! Ich kriege das hin!

4) **Allmähliche Übernahme des förderlichen Verhaltens durch das Kind (Selbstinstruktionstraining).** Der innere Dialog sowie das entsprechende Verhalten sollen nun vom Kind/dem Jugendlichen zunehmend selbst gesteuert ausgeführt werden. Hierzu kann man das Selbstinstruktionstraining einsetzen, das die Verinnerlichung des alternativen Dialoges bis zum inneren Sprechen anstrebt. Dabei werden die alternativen Selbstanweisungen über fünf Übergangsstufen bis zum „inneren Sprechen" verinnerlicht (Meichenbaum & Goodman, 1971; Lauth, 1988).

Die erste Stufe entspricht dem bereits genannten kognitiven Modellieren. Das Ziel der weiteren Trainingsstufen ist die allmähliche Übernahme dieser Modelldemonstration. Angestrebt wird die Verinnerlichung dieses Verhaltens.

Auf der zweiten Stufe (externe Verhaltenssteuerung) handelt das Kind nach den Selbstanweisungen des Trainers.

Auf der dritten Stufe (offene Selbstinstruierung) lenkt das Kind sein Verhalten durch eigene Selbstanweisungen.

Auf der vierten Stufe (ausgeblendete Selbstinstruierung) lenkt das Kind sein Verhalten durch flüsternde Selbstanweisungen.

Auf der fünften Stufe (verdeckte Selbstinstruierung) soll das Kind sein Verhalten über verinnerlichte Selbstverbalisierungen (Denken) steuern.

Es wird in der Regel dann zur nächsten Stufe übergegangen, wenn die vorausgehende ausreichend beherrscht wird. Die Einhaltung dieser Abfolge ist jedoch keine zwingende Notwendigkeit; oft werden auch die Stufen 4 und 5 verkürzt oder entfallen ganz. Mithilfe des Selbstinstruktionstrainings kann ein vergleichsweise fehlerfreies Lernen („Erfolgstherapie") verwirklicht werden.

5) Übertragung des Verhaltens auf den Alltag. In aller Regel greift man hier auf Selbstkontrollverfahren und Verhaltensvereinbarungen (siehe Kap. 5.4 „Therapeutische Hausaufgaben") zurück. Dabei wird vereinbart, dass ein Kind die eingeübten Verhaltensweisen im Alltag ausführt und in der nächsten Therapiestunde darüber berichtet. Die Ausführung wird in Selbstbeobachtungsbögen („Ich bin mein eigener Detektiv!"), Verhaltensregistrierungen, freien Aufzeichnungen oder Berichten der Bezugspersonen festgehalten. In der darauf folgenden Therapiesitzung wird die Ausführung des vereinbarten Verhaltens positiv verstärkt, die Bedingungen für eine positive Umsetzung werden hervorgehoben und gegebenenfalls Hinweise für ein besseres Gelingen erarbeitet.

Diese situationsübergreifenden, komplexen Fertigkeiten werden an zunehmend schwierigeren und alltagsnäheren Anforderungen eingeübt. Wenn es beispielsweise darum geht, dass sich ein Kind schwierigen Situationen stellen und sich sozial angemessen verhalten soll, wird dieses Zielverhalten systematisch aufgebaut, eingeübt und Schritt-für-Schritt auf den Alltag übertragen. Dazu wird das fragliche Zielverhalten zunächst an einfachen Anforderungen eingeübt. Beispielsweise wird die Fähigkeit zur Selbststeuerung zunächst an überschaubaren Aufgaben (etwa Zuordnungsaufgaben, Ausmalaufgaben, Puzzle) erworben, um dann auf zunehmend komplexere, konfliktreichere und alltagsnähere Anforderungen übertragen zu werden.

Um diese förderlichen Verhaltensweisen besser im Alltag zu verankern, gilt es herauszufinden, was dem Kind die Übertragung in den Alltag erleichtern kann. Welche Fähigkeiten und Umstände sind erforderlich, um das Zielverhalten ausführen zu können? Beispielsweise wird es Nicolas leichter fallen, das gewünschte Verhalten im Alltag zu zeigen, wenn er konkrete Hinweisreize von seinen Bezugspersonen erhält (z.B. „Stopp – erst Nachdenken!") und er ferner in der Therapie gelernt hat, seine Impulse zu kontrollieren, die Aufmerksamkeit zu lenken, das eigene Handeln zu überprüfen und soziale Inhalte genau wahrzunehmen. Außerdem wird es für ihn von Vorteil sein, über prosoziale Verhaltensmöglichkeiten zu verfügen.

Diese Fertigkeiten werden in einer mehrstufigen Therapie Schritt für Schritt eingeübt und auf den Alltag übertragen. Die Therapie geht nach Maßgabe der Therapiefortschritte, die das Kind macht, voran. Die einzelnen (in ihrer Schwierigkeit steigenden) Anforderungen werden also nicht nach einem starren Zeitplan eingeübt, sondern nur dann angegangen, wenn das Kind die vorhergehenden, grundlegenderen Anforderungen angemessen bewältigen konnte. Beispielsweise wird bei Nicolas soziales Wahrnehmen erst dann eingeübt, wenn er über die Impulskontrolle (Halt-Stopp! Nachdenken!) verfügt.

Insgesamt ist eine kognitiv-funktionale Diagnostik, die Meichenbaum bereits 1977 vorgeschlagen hat, für die Zielfindung und Therapieplanung immens hilfreich. Diese Diagnostik fordert die Beantwortung von drei Fragen: 1) Welche Anforderungen stellt das Zielverhalten? (Analyse der Anforderungsstruktur). 2) Welche dieser Anforderungen beherrscht das Kind ausreichend und wo hat es Schwierigkeiten? (Analyse des inhaltlichen Entwicklungsniveaus). 3) Was sollte das Training vermitteln und wo sollte es beginnen? (Festlegung der Therapieinhalte).

5.3.5
Wirksamkeit und Wirksamkeitsbedingungen

Metaanalysen (Durlack, Fuhrman & Lampman, 1991) bescheinigen den Verfahren eine Wirksamkeit von etwa einer Standardabweichung und eine befriedigende Langzeitwirkung (0.62). Dies bedeutet, dass eine substanzielle Verbesserung in Bezug auf die Anpassung der Kinder erreicht wird – eine Anpassung, die auch klinisch bedeutungsvoll ist, weil sich auch die gestörten den unauffälligen Kindern annähern (ohne allerdings schon damit auch selbst unauffällig zu sein).

Positive Effekte treten vor allem bei den Kindern ein, die bereits die Stufe der formalen Intelligenz erreicht haben und etwa 10 Jahre alt sind. Bei den jüngeren Kindern wird zwar auch eine deutliche, jedoch geringere Wirksamkeit (0.55) beobachtet.

Die beiden Verfahren werden oft mit weiteren Therapiemaßnahmen (etwa sozialem Fertigkeitstraining, Elterntraining, operanten Methoden, Situationsgestaltungen, Lehrerberatung) kombiniert. Sie sind zu einer Behandlungsroutine für viele Störungen im Kindes- und Jugendalter geworden. Gleichwohl sind sie teilweise der direkten Beeinflussung des kindlichen Verhaltens durch operante Methoden unterlegen (etwa bei hyperkinetischen Störungen). Insofern sollten sie entweder in Kombination mit anderen Behandlungsmethoden oder bevorzugt bei solchen Verhaltensweisen, die sehr deutlich vom Kind selbst gesteuert werden (etwa: Peer-Kontakte, Lernverhalten), angewandt werden. In der Kombination der Verfahren erweist sich vor allem die Kopplung des kognitiven Trainings mit einem Elterntraining mit operanter Zielsetzung als wirksam.

Grundlegende Literatur

- Meichenbaum, D. (1977). Cognitive-behavior modification: An integrative approach. New York: Plenum Press (Deutsch: Kognitive Verhaltensmodifikation. München: Urban & Schwarzenberg, 1979).

- Davison, G. C. & Neal, J. M. (1996). Klinische Psychologie. Weinheim: Psychologie Verlags Union.

- Kanfer, F. H. (1977). Selbstmanagement-Methoden. In F. H. Kanfer & A. P. Goldstein (Hrsg.), Möglichkeiten der Verhaltensänderung (S. 350–406) (2. Aufl.). München: Urban & Schwarzenberg.

Weiterführende Literatur

- Durlack, J. A., Fuhrman, T. & Lampman, C. (1991). Effectiveness of cognitive-behavior therapy for maladapting children: A meta analysis. Psychological Bulletin, 110, 204–214.

- Reinecker, H. & Schmelzer, D. (Hrsg.). (1995). Verhaltenstherapie, Selbstregulation, Selbstmanagement. Göttingen: Hogrefe.

Materialien

- Camp, B. W. & Bash, M. A. (1981). Think aloud. Increasing social and cognitive skills – A problem-solving program for children. Champaign: Research Press.

- Fliegel, S., Groeger, W. M., Künzel, R. & Schulte, D. (1981). Verhaltenstherapeutische Standardmethoden. München: Urban & Schwarzenberg.

- Jay, S. & Goldschen, J. (1984). Bone marrows and spinal tabs videorecording. Cognitive-behavioral intervention package for pediatric cancer patients undergoing painful medical procedures. Band 1: A child´s view (Danielle); Band 2: Learning to cope (Roland). (2 Videocassetten). Urbana, IL: Carle Medical Communications (DBCN: AAL-7134).

- Lauth, G. W. (1983). Fertigkeitstraining mit verhaltensgestörten Kindern. Lehrfilm. Göttingen: Institut für den wissenschaftlichen Film.

- Wagner, I. (1982). Konzentrationstraining bei impulsiven und „trödelnden" Kindern. In H.-C. Steinhausen (Hrsg.), Das konzentrationsgestörte Kind. Stuttgart: Kohlhammer, 166–179.

Therapeutische Hausaufgaben und Verhaltensverträge

Jürgen Bellingrath und Udo B. Brack

5.4.1
Anwendungsbeispiel

Heiko (14 Jahre) verlässt seit nahezu neun Monaten die elterliche Wohnung nicht mehr allein. Er hält sich die meiste Zeit des Tages allein zu Hause auf und besucht die Schule nur noch, wenn ihn seine Mutter oder sein Großvater begleiten. Weil beide nicht immer Zeit haben, kommt er nur selten zum Unterricht und wird schließlich wegen seines häufigen Fehlens ausgeschult. Er bleibt jetzt fast die gesamte Zeit zu Hause. Morgens schläft er lange, hört Musik und übt auf seiner Gitarre.

Er hat Angst, dass er außerhalb der Wohnung von aggressiven Jugendlichen angegriffen wird. Realer Hintergrund dafür ist, dass es in seinem Wohngebiet eine Clique von Jugendlichen gibt, die sich durch Schlägereien und Übergriffe hervortut. Er selbst ist zwar noch nicht behelligt worden, kennt aber einige der Jugendlichen und weiß von ihren gewaltsamen Aktivitäten.

Mit Heiko wird zunächst eine graduelle Konfrontationstherapie durchgeführt. Sie beginnt mit sehr einfachen Anforderungen, die sich allmählich steigern: bis zur Wohnungstür gehen, den Hausflur betreten, vor das Haus gehen, um den Block gehen etc. Dabei verlässt der Junge die Wohnung zunehmend allein und legt zunehmend längere Wegstrecken zurück. Seine Fortschritte werden durch den Therapeuten und ein Punktsystem verstärkt. Nachdem stabile Fortschritte erreicht sind, wird mit ihm ein Vertrag abgeschlossen, um ihn in mehreren Schritten wieder zu befähigen, zur Schule zu gehen (morgens aufstehen und sich für die Schule fertig machen, ein Stück Weg zur Schule gehen, einen längeren Weg gehen, vgl. Anwendungsbeispiel im Text). Der Vertrag hält fest, welche Aktivitä-

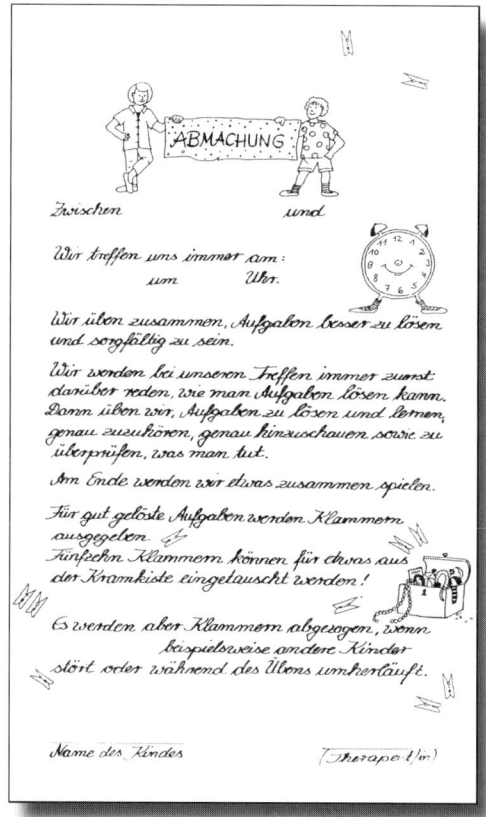

ten er täglich durchführt und wie die Ergebnisse registriert werden. Nach sechs Wochen kann Heiko die Wohnung wieder allein verlassen, um Verabredungen zu treffen oder Besorgungen zu machen. Nach zwei Monaten geht er wieder regelmäßig zur Schule. Seine Verhaltensfortschritte waren auch sechs Monate später festzustellen.

5.4.2
Kurzbeschreibung der Methode und ihres Hintergrundes

Die Verhaltenstherapie verdankt ihre oft belegte Wirksamkeit vor allem der Tatsache, dass sie Störungen als gelernte Verhaltensweisen (und nicht primär als Folge beispielsweise einer Konfliktverarbeitung) betrachtet. Infolgedessen liegt es nahe, die Lernprozesse eines Klienten nicht nur auf die Therapieräume zu begrenzen, sondern im häuslichen Bereich und im Alltag fortzusetzen. Dies eröffnet weitere Möglichkeiten der therapeutischen Einflussnahme und erleichtert es, möglichst alltagsbezogen, konkret und ökonomisch zu arbeiten. Das Resultat dieser Überlegungen sind Hausaufgaben (also Verhaltensanleitungen für Handlungen außerhalb der Therapiesitzung), die manchmal auch als Verträge abgefasst werden.

Hausaufgaben und Verhaltensverträge bei Kindern und Jugendlichen laufen zumeist über die Eltern; sei es, dass den Eltern Aufgaben gestellt werden, sie die Einhaltung von Verträgen mit den Kindern überwachen oder die Verträge mit ihnen selbst geschlossen werden.

Von **Hausaufgaben** spricht man, wenn einem Patienten oder seinen Bezugspersonen inhaltlich und zeitlich begrenzte Aufträge (z.B. das Problemverhalten protokollieren, Entspannungsübungen durchführen, Sprachübungen mit einem entwicklungsverzögerten Kind ausführen) übertragen werden. Hausaufgaben werden nach pragmatischen Gesichtspunkten und eher von Fall zu Fall vergeben. Sie sind vor allem unter dem Gesichtspunkt sinnvoll, dass die Therapie möglichst „im gegebenen sozialen Feld" stattfinden soll. Nach dieser Maxime fungieren Eltern und Lehrer als „Kotherapeuten", die die eigentlichen Therapiemaßnahmen (etwa Situationsgestaltungen, operante Verstärkung) im Alltag ausführen. Sie stehen dabei in regelmäßigem Kontakt zu dem Therapeuten, der den Verlauf der Intervention durch Rückmeldungen und jeweils neue Hausaufgaben steuert. Die einzelnen Therapiesitzungen werden dabei quasi „um die Hausaufgaben" herum geplant. So werden gegen Ende der Sitzung konkrete Hausaufgaben vereinbart und die bearbeiteten Hausaufgaben am Anfang der nächsten Therapiestunde anhand der schriftlichen Arbeitsunterlagen (z.B. Protokollbögen, Selbsteinschätzungen) besprochen.

Verhaltensverträge stellen im Grunde eine formalere Form von Hausaufgaben dar. Sie versuchen eine größere Verbindlichkeit herzustellen, regeln umfassendere Belange und strukturieren größere Abschnitte einer Therapie (z.B. Verhaltensregeln bei einer stationären Suchttherapie, Festlegung eines Therapiezieles und der einzelnen Veränderungsschritte, Vereinbarung über Kontingenzen im Rahmen eines Verstärkerplanes). Sie sind schriftlich abgefasst und definieren Verhaltensziele und konkrete Schritte, die eine Erreichung herbeiführen. Eine solche Vertragsform ist dann sinnvoll, wenn man den Klienten motivieren und das Vorgehen möglichst anschaulich machen will (etwa bei Kindern).

5.4.3
Indikation

Therapeutische Hausaufgaben sind prinzipiell bei allen Verhaltens- und Entwicklungsstörungen sinnvoll. Sie sind insbesondere dann indiziert, wenn die Kontingenzbedingungen beispielsweise im Elternhaus, Kindergarten, Schule verändert werden sollen, etwa bei emotionalen Störungen (F93), Störungen des Sozialverhaltens (F91), hyperkinetischen Störungen (F90) und Depressivität (F32).

Ferner spielen therapeutische Hausaufgaben in der Behandlung von Entwicklungsstörungen eine wichtige Rolle. Über die Hausaufgaben werden Ausformungsprozesse veranlasst, die den Kindern einen systematischen Verhaltensaufbau und eine zunehmend komplexere Informationsverarbeitung ermöglichen. Die Eltern sollen beispielsweise mit einem entwicklungsgestörten Kind regelmäßige Sprachübungen durchführen, Spielkontakte bei einem sozial isolierten Kind fördern oder häusliche Situationen unter bestimmten Gesichtspunkten gestalten (z.B. Hausaufgaben anfertigen, abendliches Zu-Bett-Gehen, Entlastung der Mutter im Haushalt). Ein Kind soll beispielsweise sozial angemessenes Verhalten erproben, Tic-Störungen durch inkompatible Reaktionen unterdrücken, sich angemessen am Unterricht beteiligen.

Verhaltensverträge werden vor allem eingesetzt, um die selbstständige Ausführung von erwünschten Verhaltensweisen zu erhöhen (z.B. Verbesserung von Arbeitsproduktivität, Schulleistung, Arbeitssorgfalt, Lernverhalten, Schulanwesenheit, Sozialverhalten).

5.4.4
Detaillierte Beschreibung des Vorgehens

Allgemeine Regeln

Therapeutische Hausaufgaben sollen gezielte Lernprozesse außerhalb der Therapie in Gang setzen. Dazu erhalten die Bezugspersonen (Eltern, Lehrer, Erzieher, Geschwister, Mitschüler) oder das Kind/der Jugendliche möglichst konkrete Verhaltensanleitungen (siehe Anwendungsbeispiele). Diese Anleitungen müssen den betroffenen Personen nicht nur einleuchten, sondern auch klar, verständlich und einlösbar sein. Ferner müssen die Anleitungen auch verbindlich sein, das heißt, in der Tat befolgt werden. Um das zu erreichen, sind folgende Regeln zu beachten:

- Die Aufträge werden angemessen begründet, was in aller Regel eine störungsspezifische Aufklärung von Kind/Eltern voraussetzt. Dabei geht es einerseits darum, dass Eltern oder Kind allgemein theoretisch über eine Störung informiert werden; andererseits aber auch darum, dass Kind und Eltern Informationen aus der vorausgehenden Verhaltensanalyse nahe gebracht werden und sie Informationen über die Umstände, die das Problemverhalten bedingen und aufrechterhalten, erhalten.
- Die Hausaufgaben werden (in Grenzen) ausgehandelt, was nach den Prinzipien von Fairness, Ausgewogenheit und Realisierbarkeit erfolgt. Zweifel und Rückfragen (z.B. „Wann soll ich das machen?") werden als reale Ausführungsprobleme aufgenommen und Möglichkeiten für die korrekte Ausführung des gewünschten Verhaltens gesucht.

- Das Verhalten, das realisiert werden soll, wird genau operationalisiert, etwa „Marcus meldet sich von jetzt an täglich zweimal im Unterricht. Er hebt den Arm so, dass man es deutlich sehen kann, und blickt in Richtung Lehrerin". Das Verhalten wird also klar beschrieben, detailliert in der Therapiesitzung besprochen und gegebenenfalls veranschaulicht (vormachen, gedanklich durchspielen).
- Es wird genau festgelegt, wie und von wem (Kind, Peer, Eltern, Lehrer) registriert wird, ob das erwünschte Verhalten auch realisiert wird. Dazu können Protokolle, Tonband- und Videoaufzeichnungen angefertigt oder Verhaltenslisten ausgefüllt werden.
- Die Ausführung der Hausaufgaben wird fortlaufend überwacht. Die Überwachung soll am Anfang relativ dicht (oft) erfolgen und kann später etwas ausgeblendet werden. Die Realisierung der geforderten Hausaufgaben wird hierzu in „Tagebüchern" oder Aufzeichnungen (Verhaltensprotokolle, telefonischer Bericht, Tonband- oder Videoaufnahmen) festgehalten.
- Die Ausführung der Verhaltensanleitungen wird fortlaufend besprochen. Der Ausführende (Elternteil, Kind) wird verbal für seine Arbeit verstärkt. Schwierigkeiten, die bei der Durchführung aufgetreten sind, werden gemeinsam reflektiert und das therapeutische Vorgehen nach Maßgabe dieser Rückmeldungen verändert.

Abfassung von Verhaltensverträgen

Bei der (schriftlichen) Abfassung der Verhaltensverträge ist über die bereits genannten Kriterien (Eindeutigkeit, genaue Festlegung des Zielverhaltens) eine Reihe lerntheoretischer Konventionen zu beachten (vgl. Hautzinger, 1996):

- Festlegung der positiven Konsequenzen für das Erfüllen der Zielkriterien und Festlegung der negativen Konsequenzen für das Nichterfüllen: Das Erfüllen/Nichterfüllen der Übereinkunft wird mit Konsequenzen belegt. Es wird also bestimmt, welche positiven Konsequenzen beim Erfüllen der Vereinbarung eintreten und welche Folgen die Nichterfüllung hat (z.B. wenn ein bestimmtes Verhalten nicht in der festgelegten Zeit oder in der vereinbarten Häufigkeit realisiert werden konnte). Zumeist werden Punkte (Tokens) vergeben, die später gegen Vergünstigungen oder kleine materielle Geschenke eingetauscht werden können. Es ist ratsam, Zusatzpunkte zu vereinbaren, die beim Überschreiten der Mindestanforderungen des Vertrages vergeben werden. Darüber hinaus bedarf es einer klaren Regelung, wann die erreichte Belohnung vergeben wird.
- Festlegung, wie das Zielverhalten dokumentiert und festgehalten wird. Wie und wer registriert, ob das vereinbarte Verhalten auch wirklich angemessen ausgeführt wurde? Es wird genau festgelegt, wie das vereinbarte Zielverhalten registriert wird. Hierfür gibt es folgende Möglichkeiten: 1) Der Ausführende registriert selbst, wann, unter welchen Bedingungen und inwieweit (Rating) die Kriterien erfüllt worden sind. 2) Die Bezugsperson (etwa Lehrer, Mutter, Klassenkamerad) kreuzt in einem Registrierbogen an, ob oder inwieweit (Rating) das operationalisierte Zielverhalten erreicht wurde.

Die Einhaltung dieser formalen Kriterien soll gewährleisten, dass der Vertrag eindeutig ist. Diese Vertragsbedingungen werden fair zwischen den Vertragspartnern ausgehandelt und in altersangemessener Sprache zu Papier gebracht. In jedem Fall jedoch müssen die Betroffenen mit den besprochenen Verhaltenszielen einverstanden sein, das geforderte Verhalten muss realisierbar sein.

Einsatz therapeutischer Hausaufgaben

In der Therapie von Kindern und Jugendlichen werden therapeutische Hausaufgaben unter zwei Gesichtspunkten eingesetzt:

1) Bei Verhaltensstörungen, um die Häufigkeit eines Verhaltens durch gezielte Verstärkung zu ändern (Kontingenzmanagement) oder zu erhöhen.
2) Bei Entwicklungsstörungen, um die Bezugspersonen des Kindes (Eltern, Lehrer, Erzieher) zu einem systematischen Verhaltensaufbau zu befähigen.

Beispiele dafür werden im Nachfolgenden dargestellt. Es sei aber vorausgeschickt, dass die Therapie natürlich nicht nur aus diesen Hausaufgaben besteht, sondern die Hausaufgaben nur im Rahmen einer komplexen Therapie eingesetzt werden, also eine angemessene funktionale Diagnostik, Aufklärung des Kindes/Jugendlichen und seiner Bezugspersonen, eine ausführliche Besprechung der therapeutischen Hausaufgaben sowie begleitende Therapietermine dazugehören.

Beispiele für therapeutische Hausaufgaben bei Verhaltensstörungen
(Art der Anweisungen, Form der Abfassung)

Hausaufgaben für die Mutter eines Kleinkindes mit Schlafstörungen

(Florian, 2,5 Jahre, meldet sich in der Zeit vom Zubettgehen um 19.00 Uhr bis 23.00 Uhr häufig, quengelt oder schreit, sodass die Mutter sich verpflichtet fühlt, nach ihm zu sehen.) Die Mutter erhält folgende Anweisungen:

- Sorgen Sie dafür, dass ein kleines Dimm-Licht im Zimmer ist.
- Gehen Sie zwischen 19.00 Uhr und 23.00 Uhr alle 20 Minuten (also um 19.20 Uhr, 19.40 Uhr usw.) leise in Florians Zimmer, unabhängig davon, ob er schreit oder nicht. Tun Sie dann das, was jeweils notwendig ist (Kind in die richtige Lage bringen, es kurz hochnehmen, die Windel erneuern usw.). So lange Florian nicht schreit, loben und streicheln Sie ihn immer wieder in kurzen Abständen; wenn er schreit, erledigen Sie bitte alle erforderlichen Maßnahmen völlig schweigend. Sobald diese Maßnahmen erledigt sind, verlassen Sie das Zimmer wieder.
- Tragen Sie jeweils nach dem Besuch des Kindes auf der vorbereiteten Liste, die Sie an die Zimmertüre hängen, ein, was Florian zur fraglichen Zeit getan hat, was Sie gedacht haben, wie er reagiert hat usw.
- Bitte beachten Sie: Wann immer Sie meinen, dass das Kind körperlicher Hilfe bedarf, weil irgendeine Notlage eingetreten ist, dann zögern Sie nicht, das Entsprechende zu tun!!!

Plan für die Eltern von zwei provozierenden Kindern

(Die 6- und 4-jährigen Kinder provozieren besonders ausgeprägt während der Abendmahlzeiten, z.B. durch lautes Schreien, mit Nahrung Werfen; die Hausaufgaben regeln, wie die Abendmahlzeiten gestaltet werden und wie die Eltern auf die Provokationen reagieren sollen.) Bitte halten Sie sich an folgende Regelung:
- Sie beginnen die Abendmahlzeit täglich um 18.30 Uhr und lassen das Abendessen bis 19.00 Uhr dauern.
- Während dieser Zeit diskutieren Sie als Eltern keine Themen, die zwischen Ihnen kontrovers sind.
- Falls eine der bekannten Provokationen der Kinder auftritt (etwa auf dem Stuhl Schaukeln, lautes Schreien, Werfen von Nahrung), stehen Sie unmittelbar auf und führen Sie das betreffende Kind (so wie wir es mit den Kindern besprochen hatten) sofort in sein Zimmer. Tun Sie das schweigend und ohne Strafen. Versuchen Sie auch nicht, das Verhalten der Kinder zu interpretieren (etwa entschuldigen). Gehen Sie davon aus, dass das gezeigte Verhalten ausreicht, um die entsprechende Konsequenz einzusetzen.
- Wenn Sie das betreffende Kind in sein Zimmer gebracht haben, gehen Sie wieder zurück an den Esstisch.
- Sollte das Kind aus seinem Zimmer herauskommen, greifen Sie, sobald es die Tür zu dem Raum, in dem gegessen wird, überschreitet, sofort wieder ein und bringen es schweigend in sein Zimmer.
- Die Übung soll jeweils von Montag bis Donnerstag von der Mutter und von Freitag bis Sonntag vom Vater durchgeführt werden.
- Bitte registrieren Sie in der vorgefertigten Liste die konkreten Vorkommnisse. Notieren Sie dabei auch, welche Schwierigkeiten auftreten.

Vertrag mit einem 14-jährigen Schulkind mit Angst vor dem Schulbesuch

(Heiko, siehe Anwendungsbeispiel, besucht die Schule aus Angst vor Übergriffen nicht mehr und wurde zwischenzeitlich ausgeschult.) Mit ihm wird folgender Vertrag vereinbart:
- Dieser Vertrag zwischen Heiko und Dr. Berg gilt für die nächsten 12 Tage, also vom 1.3. bis 13. 3.
- Heiko verpflichtet sich, nachdem er von seinen Eltern geweckt wurde, täglich an den Werktagen rechtzeitig zum Schulbesuch aufzustehen und sich vorzubereiten. Pünktlich (so als ob er zur Schule gehen würde) geht er dann auch mit seiner Schultasche aus dem Haus.

... weiter auf der folgenden Seite

- An den ersten vier Tagen geht Heiko nur aus dem Haus, einmal um das Haus herum und dann wieder hinein. Die Mutter registriert die ordentliche Durchführung.
- An den nächsten vier Tagen geht Heiko bis zu der Telefonzelle in der Huntemann-Straße auf halbem Weg bis zur Schule. Von dort ruft Heiko zu Hause an und kehrt dann zurück.
- In den folgenden vier Tagen geht Heiko ebenfalls bis zu der Telefonzelle, ruft zu Hause an und wartet einige Minuten; dann geht er weiter bis zur Schule, die mittlerweile begonnen hat. Heiko begibt sich in den Raum des Hausmeisters, der informiert ist. Danach geht Heiko wieder nach Hause.
- Die Eltern verpflichten sich, Heiko täglich um 6.50 Uhr zu wecken, damit er rechtzeitig auf den Schulweg kommt.
- Die Eltern registrieren auch auf dem vorgegebenen Blatt das richtige Mitarbeiten von Heiko. Wenn er für diese 12 Tage alle Bedingungen erfüllt hat, dann bekommt er ohne jede Zusatzbedingung von den Eltern DM 50,00 für den Kauf des vorgesehenen Fahrrads.
- Die Eltern verpflichten sich auch, Heiko nicht über die genannten Maßnahmen hinaus in Bezug auf den Schulbesuch zu drängen.

(Der Vertrag regelt noch nicht, dass Heiko wieder am Schulunterricht teilnimmt. Die dafür notwendigen Anweisungen werden erst nach Ablauf dieser ersten Regelung, die für 12 Tage gilt, besprochen und festgelegt.)

Therapeutische Hausaufgaben bei Entwicklungsstörungen

Sie sollen die Bezugspersonen (Eltern, Erzieher, Lehrer) zu einem systematischen Verhaltensaufbau befähigen. Die Hausaufgaben beziehen sich folglich vor allem darauf, dass sie geeignete Übungssituationen herstellen und Fortschritte des Kindes gezielt verstärken.

Diese Beispiele veranschaulichen welche Aufgaben zur Bearbeitung außerhalb der Therapie vereinbart werden. Die Vergabe dieser Aufgaben wird diagnostisch und therapeutisch vorbereitet (etwa Aufklärung der Eltern, Besprechung und Einübung des Vorgehens, Erörterung möglicher Schwierigkeiten, Gestaltung der therapeutischen Beziehung, Verbesserung der Compliance).

Beispiele für solche Hausaufgaben
(Art der Anweisungen, Form der Abfassung)

Hausaufgaben für die Mutter eines 2-jährigen sprachretardierten Kindes

- Setzen Sie Yvonne täglich, wie vereinbart, um 16.00 Uhr auf einen etwas erhöhten Stuhl sich gegenüber.
- Yvonne darf sich auf dem Stuhl bewegen; wenn sie sich allerdings wegdreht oder vom Stuhl rutschen will, wird sie schweigend und ohne Strafen von Ihnen in die gewünschte Position gesetzt.
- Zu Beginn der Übung wird ein Küchenwecker auf 20 Minuten gestellt. Belohnung und Registrierblatt liegen bereit.
- Dann fangen Sie vorsichtig mit einer kleinen Menge der begehrten Belohnung auf dem Löffel den Blick des Kindes und sprechen einen der notierten Sätze vor.
- Wird der Satz unmittelbar in etwa 5 Sekunden und ohne jeden Fehler nachgesprochen, erfolgen ein kurzes Lob und eine Belohnung. Sie registrieren ein „+" hinter diesem Satz in der Rubrik für den entsprechenden Tag.
- Spricht Yvonne mehr oder weniger als genau den vorgegebenen Satz, dann ignorieren Sie das, blicken für etwa 10 Sekunden zu Boden und notieren hinter dem Satz in der Liste ein „–".
- Bitte achten Sie darauf, dass Sie die Sätze immer in wechselnder Reihenfolge durchgehen, aber so, dass zunächst alle Sätze einmal drangekommen sind, bevor der nächste Durchgang erfolgt.
- Bringen Sie zu jeder Supervisionssitzung die Registrierliste und das gesamte Übungsmaterial (Belohnung, Löffel usw.) mit.

Plan für den Vater eines 10-jährigen, geistig behinderten Kindes zur Verbesserung der Selbstständigkeit

Der Vater soll zunächst mindestens drei Monate lang täglich kleine Übungen für die Selbstständigkeit seines Kindes nach folgendem Plan durchführen (Beispiel Zähneputzen):
- Führen Sie Ihr Kind morgens und abends zu relativ konstanten Zeiten mit gerade so viel Nachdruck wie nötig ins Badezimmer zum Waschbecken. Sagen Sie ihm „Gib Zahnpasta auf die Bürste!". Wenn Ihr Kind das tut, dann loben Sie intensiv.
- Tut es etwas anderes oder gar nichts, dann geben Sie ihm, gerade wieder mit so viel Nachdruck wie notwendig, die Zahnbürste in die Hand und die geöffnete Tube in die andere. Wenn es dann entsprechende Ansätze macht, loben Sie es wieder.

... weiter auf der folgenden Seite

- Wenn auch das nicht gelingt, dann geben Sie schweigend mit den Händen des Kindes etwas Paste auf die Bürste.
- Sagen Sie dann „Putz die Zähne". Wenn das Kind das tut, dann loben Sie fortlaufend. Wenn es das nicht oder nicht adäquat tut, dann greifen Sie wieder, mit so viel Nachdruck wie nötig, ein und führen die Bewegungen des Kindes durch.
- Tadeln oder bestrafen Sie das Kind während der Situation auf gar keinen Fall. Sie haben nur die Möglichkeit, die genannten Anweisungen zu sagen, Ihr Kind zu loben und bei Bedarf einzugreifen.
- Bitte tragen Sie in das vorbereitete Protokollblatt täglich ein, wie sich Ihr Kind beim Zähneputzen verhalten hat und wie weit es Ansätze von Selbstständigkeit zeigt.
- Bringen Sie zur nächsten Supervisionssitzung das Zahnputzzeug des Kindes mit, damit wir die Situation im Beobachtungsraum nachspielen.

Vertrag mit einem 15-jährigen, normal intelligenten Jugendlichen mit ausgeprägter Dyskalkulie und beginnendem Vermeidungsverhalten gegenüber der Schule

Hans und Dr. Bergmann schließen folgenden Vertrag:
- Die Mutter erstellt nach Vereinbarung mit Dr. Bergmann täglich von Montag- bis Freitagvormittag bestimmte Rechenaufgaben und kopiert die zur Lösung notwendigen Regeln aus einem Rechenbuch, die sie dann in einen Umschlag gibt und verschließt.
- Hans erhält nach seinen Hausaufgaben täglich diesen Umschlag um Punkt 17.00 Uhr.
- Die darin befindlichen Zusatzaufgaben sind so bemessen, dass sie leicht in 30 Minuten gelöst werden können. Dementsprechend stellt die Mutter bei Überreichung des Umschlags eine Eieruhr auf 30 Minuten.
- Sind die 30 Minuten abgelaufen, gibt Hans seiner Mutter die Aufgaben zurück, die sie, evtl. versehen mit einem kurzen Kommentar, unmittelbar an Dr. Bergmann faxt.
- Hans kommt jeden Freitag unmittelbar nach der Schule zu Dr. Bergmann und geht mit ihm die Aufgaben durch. Für jede in der Zeit und richtig gelöste Aufgabe erhält Hans einen Punkt gutgeschrieben. Da es sich täglich um 6 Aufgaben handelt, kann Hans maximal 30 Punkte pro Woche verdienen.
- Jeder Punkt, der innerhalb der nächsten 3 Monate (bis 15. Mai) auf diese Art verdient wird, kann von Hans in eine Mark für die gewünschte Urlaubsreise in ein Ferienlager eingetauscht werden.

5.4.5
Wirksamkeit und Wirksamkeitsbedingungen

Therapeutische Hausaufgaben und Verhaltensverträge sind, wie zahlreiche Einzelfallstudien belegen, bei der Therapie zahlreicher Störungen wirksam – etwa in der Behandlung entwicklungsgestörter Kinder (z.B. Autismus, Sprachentwicklungsstörungen), bei der Verbesserung der Verhaltenskontrolle und Schulleistung von Kindern mit Hyperaktivität und Aufmerksamkeitsstörungen, bei der Reduzierung von Verhaltensstörungen und Schulverweigerung sowie in der Behandlung kindlicher Angststörungen.

Verhaltensverträge verbessern ferner auch die Wirksamkeit von Klassenzimmerprogrammen (classroom management, Murphy, 1988). Ihre Vorteile liegen vor allem in einer verbesserten ethischen Abstützung des Vorgehens (Konsenssuche beim Vertrag), erhöhter Akzeptanz der Intervention und gesteigerter zeitlicher Effizienz.

Grundlegende Literatur

- Hautzinger, M. (1996). Verhaltensverträge. In M. Linden & M. Hautzinger (Hrsg.), Verhaltenstherapie (S. 337–340). Berlin: Springer.

- Homme, L. (1970). How to use contingency contracting in the classroom. Champaign III. Research Press. (dt. 1974, Verhaltensmodifikation in der Schulklasse, Weinheim: Beltz).

- Tharp, R. G. & Wetzel, R. J. (1975). Verhaltensänderungen im gegebenen Sozialfeld. München: Urban & Schwarzenberg.

Weiterführende Literatur

- Murphy, J. J. (1988). Contingency contracting in schools: A review. Education and Treatment of Children, 11, 257–269.

- Pigott, H. E. & Heggie, D. L. (1985). Interpreting the conflicting results of individual versus group contingencies in classrooms: The targeted behavior as a mediating variable. Child and Family Behavior Therapy, 7, 1–15.

Materialien

- Gardner, W. I. & Cole, Ch. (1988). Conduct Disorder. Psychological Therapies. In J. L. Matson (Ed.). Handbook of Treatment Approaches in Childhood Psychology (pp. 163–194). New York, London: Plenum Press.

5.4
Therap. Hausaufgaben,
Verhaltensverträge

Entspannungstraining

Helmut Saile

5.5.1
Anwendungsbeispiel

Uwe ist 11 Jahre alt und besucht die 5. Klasse der Hauptschule. Er leidet seit drei Jahren an Kopfschmerzen, die ein- bis dreimal pro Woche bei mittlerer Intensität auftreten. Uwe beschreibt seine Kopfschmerzen als plötzlich beginnend, stechend, mit beidseitiger Lokalisation im Stirnbereich. Ausgehend von einem Modell, das Kopfschmerzen mit Ärgerbewältigung in Verbindung bringt, hatte Uwe die Möglichkeit, seine Wahrnehmung für Ärger auslösende soziale Situationen zu schulen und differenzierte Handlungsmöglichkeiten zu erwerben. In einem zweiten Behandlungsbaustein erlernte er gezieltes Entspannen anhand der progressiven Muskelrelaxation. Während das zuerst durchgeführte Ärgerbewältigungstraining zunächst keinen unmittelbaren Effekt zeigte, sank die Kopfschmerzhäufigkeit am Ende des Entspannungstrainings und bei einer Katamnese vier Monate später auf nahezu null (Rühle, Saile & Schwenkmezger, 1998).

5.5.2
Kurzbeschreibung der Methode und ihres Hintergrundes

In den therapeutischen Interventionen bei Kindern und Jugendlichen werden im Wesentlichen drei Entspannungsverfahren eingesetzt (vgl. Vaitl & Petermann, 1993):

- **Progressive Muskelentspannung:** Das An- und Entspannen einzelner Muskelpartien trainiert die Wahrnehmung für unterschiedliche Körperzustände und führt dazu, dass die Entspannung durch wiederholtes Üben gezielt hergestellt werden kann.
- **Autogenes Training:** Entspannung und damit verbundene körperliche Reaktionen werden durch Selbstinstruktionen, wie z.B. „Ich bin ganz ruhig" oder „Mein rechter Arm wird schwer" ausgelöst.
- **Hypnose:** Nach Aufbau einer entsprechenden Beziehung (Rapport) wird ein hypnotischer Zustand durch verschiedene Techniken der Tranceinduktion hergestellt und durch weitere verbale Suggestionen des Therapeuten vertieft.

Hypnose hat sich in der Arbeit mit Kindern weniger als eigenständiges Verfahren etabliert. Sie wird jedoch in Kombination mit anderen verhaltenstherapeutischen Techniken effektiv und ökonomisch eingesetzt (z.B. das Konzept des „Relaxation Mental Imagery"). Hierbei werden etwa einnässende Kinder über die physiologischen Körpervorgänge bei der Blasenentleerung informiert, zum Trockensein motiviert, in einen Trancezustand versetzt und dann in der mentalen Kontrolle unwillkürlicher Muskelreaktionen trainiert. Mit Selbstbeobachtung und Protokollierung des Einnässens werden die therapeutischen Veränderungen dokumentiert und dem Kind die erzielten Fortschritte veranschaulicht (vgl. Mrochen, Holtz & Trenkle, 1993).

Entspannungsverfahren, insbesondere das autogene Training und die progressive Muskelentspannung, werden seit langem als psychologische Standardverfahren in der Therapie kindlicher Verhaltensstörungen eingesetzt. Der Begründer des autogenen Trainings, Johannes Heinrich Schultz, hat die Wirkung der Entspannungsverfahren in der Sprache seiner Zeit durch eine „Umschaltung" im vegetativen Nervensystem begründet. Er meinte, dass die Entspannung das allgemeine Erregungsniveau verringert und eine „Umschaltung" im vegetativen Nervensystem zugunsten der parasympathischen Aktivität bewirkt. Muskelerschlaffung, Blutdruckabfall und Verlangsamung der Atmung sind die Folge.

Eine nähere Analyse zeigt, dass Entspannungsverfahren vor allem über drei Mechanismen wirksam werden:

- **Verringerung der sympathischen Aktivierung.** Sie äußert sich beispielsweise in einer Reduktion der neuromuskulären Aktivität der Skelettmuskulatur, Vasodilatation (d.h. Erweiterung peripherer Blutgefäße), Verringerung des Pulsschlages, Veränderung der Atmung und Reduktion der Aktivität der Schweißdrüsen der Haut. Dabei zeigen beim autogenen Training die einzelnen Übungen im Wesentlichen keine spezifischen Effekte: Das heißt, die Schwereübung hat nicht nur muskuläre Entspannung und das Gefühl der Schwere zur Folge und die Wärmeübung nicht nur Vasodilatation und damit verbunden das Gefühl der Wärme. Messungen der hirnelektrischen Aktivität (Elektroenzephalogramm, EEG) ergeben, dass dabei eine kortikale Wachheit eigener Qualität bei gleichzeitiger peripherer Entspannung erzeugt wird – ein Zustand, der sich gleichermaßen von der sonstigen Wachheit des Kindes, aber auch von Schlaf oder Schläfrigkeit abgrenzen lässt. Eine Verringerung der sympathischen Aktivierung ist in vielen Fällen inkompatibel mit den gezeigten Verhaltensstörungen und von daher ein günstiger Ausgangspunkt für Verhaltensänderungen.
- **Subjektives Erleben der Entspannung.** Entspannung wird als ein Gefühl der inneren Ausgeglichenheit, der geistigen Frische und des Ausgeruhtseins sowie der Ruhe als Gegenpol zu vermehrter Unruhe wahrgenommen. Dabei ist zu beachten, dass etwa beim autogenen Training das Empfinden der Entspannung nur gering mit „objektiv" messbaren physiologischen Parametern korreliert ist. Deshalb ist besonderes Gewicht auf die subjektiven Schilderungen der Kinder selbst und ihre Aussagen zum Gefühl der Entspannung zu legen. Dieser Zustand wird von Kindern in der Regel als sehr angenehm empfunden und ist Teil des erwünschten Verhaltens.
- **Erlernen von Kontrolle über physiologische Körpervorgänge.** Die Kinder erlernen, dass sie köperliche Prozesse über Vorstellungsbilder und Selbstinstruktionen steuern können. Dieses Moment wirkt besonders bei solchen Störungen, die relativ direkt durch die Steuerung physiologischer Grundprozesse (etwa Kopfschmerzen, Verspannungen) beeinflussbar sind. Ein ganz wesentlicher Aspekt dabei ist aber auch die Erfahrung des Kindes, dass körperliche Prozesse nicht zwangsläufig und unkontrollierbar ablaufen müssen, sondern durch mentale Prozesse gesteuert werden können.

Entspannungszustände lassen sich mit zunehmender Übung immer rascher gezielt herbeiführen. Dieser Effekt ist das Ergebnis einer klassischen Konditionierung. Die Einnahme einer entspannten Körperhaltung oder eine angenehme Raumtemperatur wirken als unbedingter Reiz, der eine Entspannungsreaktion auslöst. Durch häufige Koppelung mit den Entspannungsformeln werden diese zunächst noch neutralen Reize zu bedingten Auslösern der Entspannungsreaktion. Dabei können auch Imaginationen über Prozesse des semantischen Konditionierens zu Auslösern für Entspannungsreaktionen werden.

5.5.3
Indikation

Entspannungsverfahren sind hauptsächlich für die Behandlung von Störungen mit somatischen Begleiterscheinungen (Spannungskopfschmerz, Migräne, Asthma bronchiale, akute und chronische Schmerzzustände) indiziert. Durch das Erlernen und die Anwendung von Entspannungstechniken kann die körperliche Symptomatik teilweise direkt verringert werden. So hat sich etwa bei der Behandlung von Spannungskopfschmerz und Migräne die progressive Muskelrelaxation bewährt.

Eine zweite Indikation ergibt sich für externalisierende Störungen (hyperkinetische Störungen, ICD-Kategorie F90, Störung des Sozialverhaltens, F91). Hierbei werden die Entspannungsverfahren meist als Therapiebaustein im Rahmen einer mehrstufigen Therapie eingesetzt, um die Kinder beispielsweise auf die Arbeit in Trainingsgruppen einzustimmen oder eine bessere Impulskontrolle im Alltag durch eine Verminderung des Erregungsniveaus (z.B. in Ärger provozierenden Situationen) zu erreichen. Bei diesen Kindern wird zu Beginn meist mit der progressiven Muskelentspannung gearbeitet, weil diese eher akzeptiert wird und dem Bewegungsdrang der Kinder mehr entgegenkommt.

Entspannungsverfahren sollen auf das Alter und den Entwicklungsstand der Kinder abgestimmt werden, was durch die Verwendung von Imaginationen, Vorstellungsbildern, Geschichten oder Symbolfiguren aus dem Erfahrungsbereich der Kinder erreicht wird (vgl. Friebel, Erkert & Friedrich, 1998).

5.5.4
Detaillierte Beschreibung des Vorgehens

Entspannungsverfahren dürfen im klinischen Kontext erst nach einer sorgfältigen Exploration und Diagnostik psychischer Probleme und Störungen eingesetzt werden.

Vorbereitung
Vor Beginn eines Entspannungstrainings sollte über einige Sitzungen Kontakt und Vertrauen zum Kind aufgebaut und über Anlass und Hintergrund des Entspannungstrainings informiert werden, um eine realistische Erwartungshaltung aufzubauen.

Ein Kind im Grundschulalter kann etwa wie folgt auf das autogene Training vorbereitet werden:

„Du kannst deinen Körper fühlen, z.B. die Muskeln bewegen, deine Arme und Beine. Du spürst aber auch deinen Atem, wenn du tief Luft holst, oder deinen Herzschlag, wenn du schnell gelaufen bist. Dein Herz schlägt öfter und deine Atmung geht schneller, wenn du aufgeregt bist oder Angst hast.

Alle Organe deines Körpers werden durch ein fein verzweigtes Nervensystem versorgt, dessen Schaltstelle im Gehirn sitzt. Deshalb können Menschen durch ihre Gedanken und ihren Willen ihren Körper beeinflussen. Um dies zu lernen, brauchst du jedoch etwas Übung. Im Folgenden sollst du dich auf bestimmte Gedanken konzentrieren, z.B. dass du ganz ruhig bist, dein Arm schwer und warm wird. Du erreichst dies, indem du dir bestimmte Sätze, wie z.B. „Ich bin ganz ruhig", lautlos durch inneres Sprechen vorsagst. Wenn du dies regelmäßig übst, kannst du immer mehr dieses angenehme Gefühl der Ruhe, der Wärme und Entspannung empfinden. Dies kann dir helfen, die Probleme, die dich zu mir geführt haben, zu lösen."

Dauer
Ein Entspannungstraining dauert etwa 8 bis 10 Sitzungen je nach Alter und Kooperation des Kindes.

Räumliche Bedingungen und Entspannungshaltung
In Bezug auf die äußeren Bedingungen ist ein ruhiger, von Lärm und anderen störenden Reizen abgeschirmter Raum mit gedämpftem Licht zu empfehlen. Das Kind sollte bequeme Kleidung tragen. Die Entspannungshaltung kann im Sitzen („Droschkenkutscherhaltung"; beim autogenen Training auch im Liegen) eingenommen werden, und zwar mit geschlossenen Augen. Durch die Ruheübung oder ein anderes Ritual erfolgt eine Lenkung der nach außen gerichteten und aktiven Aufmerksamkeit nach innen auf körpereigene Prozesse. Dadurch nimmt bereits der neuromuskuläre Tonus ab und es beginnt die periphere Gefäßweiterung mit entsprechendem Wärmeempfinden.

Durchführung der progressiven Muskelentspannung
Einzelne Muskelpartien werden etwa 5 bis 7 Sekunden angespannt und anschließend etwa eine halbe Minute lang entspannt. Durch Vorstellungsbilder können die anzuspannenden Muskeln verdeutlicht werden. Das Kind soll auf den Unterschied zwischen An- und Entspannung achten und mit zunehmender Übung erkennen können, welche Muskelpartien angespannt sind, um diese dann zu entspannen. Jede Muskelgruppe kann etwa drei- bis viermal wiederholt werden, bevor zur nächsten Körperpartie weitergegangen wird. Es liegen verschiedene Empfehlungen vor, welche und wie viele Muskelpartien getrennt an- und entspannt werden sollen, wobei bei Kindern eine Unterteilung wie in Tabelle 1 zu empfehlen ist, eventuell mit getrenntem Üben des rechten (dominanten) und linken Armes bzw. Beines.

Tabelle 1: Übungen zur progressiven Muskelentspannung bei Kindern (in Anlehnung an Petermann, 1996)

Anzuspannende Muskelpartie	Vorgehen	Unterstützende Imagination
Hand, Unterarm, Oberarm	Ausgestreckten Arm anwinkeln und die Hand zur Faust ballen.	Nassen (Wasch-)Lappen ausdrücken.
Augenregion	Stirnrunzeln durch Hochziehen der Augenbrauen; Zusammenziehen der Augenbrauen, sodass über der Nase eine senkrechte Falte entsteht.	Stirnrunzeln wie beim angestrengten Nachdenken; Augenbrauen hochziehen wie beim Böse-Schauen oder Erschrecken.
Schultern	Schulterblätter zurückziehen; Schulterblätter hochziehen.	Achselzucken wie bei Ratlosigkeit.
Rumpf	Bauchmuskulatur anspannen durch Einziehen des Bauches; Rücken zu einem Hohlkreuz durchdrücken.	Bauch einziehen wie bei zu enger Hose.
Ober- und Unterschenkel, Fuß	Ausgestrecktes Bein leicht anheben; Zehen vom Körper wegstrecken und Fuß leicht nach innen drehen.	Sich mit Bein und Zehen nach etwas strecken.

Durchführung des autogenen Trainings

Der Therapeut erläutert dem Kind schrittweise die einzelnen Formeln (vgl. Tabelle 2). Er spricht beim Üben die Sätze laut vor und leitet das Kind an, zwischen den Sitzungen durch mehrmaliges inneres Sprechen die Entspannungswirkung der Formeln zu vertiefen. Häufig wird das autogene Training bei Kindern auf die Ruhe-, Schwere- und Wärmeübungen begrenzt, die ausreichend sind zur Herstellung eines entspannten Zustandes (Biermann, 1996). Die Kapitän-Nemo-Geschichten sind Beispiele für die Verknüpfung von Imaginationen in Form von Geschichten mit den Formeln des autogenen Trainings. Das Anlegen des Taucheranzugs und die Unterwasserausflüge sind Bilder, anhand derer sich das Kind aktiv Hand-

5.5
Entspannungstraining

Tabelle 2: Ziele, Vorsatzformeln und unterstützende Imaginationen des autogenen Trainings für Kinder (In Anlehnung an Biermann, 1996, und Petermann, 1996)

Übung	Ziel	Vorsatzformel	Unterstützende Imagination
Ruheübung	Einnahme der Entspannungshaltung; beginnende Abschaltung von äußeren Reizen; zur Ruhe kommen.	Ich bin ganz ruhig!	
Schwereübung	Entspannung der Willkürmotorik.	Mein rechter (linker) Arm wird (ist) schwer! Beide Arme sind schwer! Mein rechtes (linkes) Bein wird (ist) schwer! Beide Beine sind schwer!	Schweres Gewicht hängt am Arm. Tasche in der Hand tragen. Sandsack liegt auf dem Arm.
Wärmeübung	Gefühl der Wärme in den Extremitäten, bedingt durch Gefäßerweiterung (Vasodilatation).	Mein rechter (linker) Arm wird (ist) warm! Beide Arme sind warm! Mein rechtes (linkes) Bein wird (ist) warm! Beide Beine sind warm!	Sonne scheint auf den Arm. Arm hängt ins warme Wasser. Neben der Heizung sitzen.
Herzübung	Konzentration auf die ungestörte, ruhige und gleichmäßige Funktion des Herzens.	Das Herz schlägt ruhig und gleichmäßig!	Gleichmäßig schlagendes Pendel.
Atemübung	Sich dem spontanen Rhythmus des Ein- und Ausatmens überlassen.	Die Atmung geht ruhig und gleichmäßig! Es atmet ganz von selbst!	In einem Boot sitzen, das auf einem See leicht schaukelt.
Leibübung	Erzeugung eines Wärmegefühls im Oberbauch.	Das Sonnengeflecht ist strömend warm!	Vorstellung einer Glühlampe oder Heizsonne im Oberbauch.
Stirnübung	Empfindung einer kühlen Stirn relativ zum Wärmegefühl an den Wangen; Vorbereitung auf das baldige Ende der Entspannungsübungen.	Die Stirn ist angenehm kühl! Der Kopf ist ganz frei!	Kühler Wind streicht an der Stirn vorbei.

lungsabläufe vorstellen soll, mit denen die Verlangsamung von Reaktionen und das Erleben von Ruhe, Schwere und Wärme unterstützt werden (Petermann, 1996).

Durchführung und Rücknahme der Entspannung

Die einzelnen Entspannungsübungen werden schrittweise mit dem Kind erarbeitet, wobei das Kind Anleitung und Rückmeldung braucht, sollte sich die erwünschte Wirkung nach einigem Üben noch nicht einstellen.

Die Entspannung wird beendet und „zurückgenommen", indem das Kind die Augen öffnet, Arme und Beine streckt und einige Male tief durchatmet. Beim Entspannungstraining in der Gruppe dient der anschließende Austausch über die Erfahrungen mit den Übungen dazu, deren Wirkung zu überprüfen, Unsicherheiten oder paradoxe Effekte (z.B. Angst vor der Entspannung, anfängliche Anstiege der Muskelspannung oder Herzfrequenz) zu besprechen und den Erwerb der Entspannungstechniken durch Modelllernen zu unterstützen.

Eigenständiges Üben im Alltag

Entspannung mit den beschriebenen psychophysiologischen und psychologischen Auswirkungen tritt als Folge der Übungen auf. Werden diese nicht mehr durchgeführt, so stellen sich auch die Effekte (bald) nicht mehr ein. In der Regel soll aber die therapeutische Wirkung durch wiederholte Anwendung der Entspannungsübungen auch nach Abschluss der Lernphase erreicht werden, wozu gezielte Maßnahmen erforderlich sind. So kann etwa das Üben im Alltag ritualisiert werden, indem es an bestimmte Zeiten oder Ereignisse gebunden wird. Manche Kinder nehmen die Anregung, in Form eines Tagebuchs täglich kurze Protokolle zu führen, als Hilfestellung auf. Der Besuch weiterer Kurse kann zur Auffrischung und Vertiefung des Gelernten beitragen.

5.5.5
Wirksamkeit und Wirksamkeitsbedingungen der Therapie

Entspannungstechniken haben sich wissenschaftlich bewährt: Sowohl in den großen Meta-Analysen zur Psychotherapie bei Kindern und Jugendlichen als auch in Überblicksarbeiten zur Effektivität von Entspannungstechniken bei einzelnen Störungsbildern konnte ihre Wirksamkeit wiederholt nachgewiesen werden. Mit Entspannungstechniken sind Effekte in mittlerer bis hoher Ausprägung erreichbar. Sie gehören damit zu den psychotherapeutischen Standardverfahren.

Im pädagogisch-psychologischen Bereich lassen sich die psychischen Auswirkungen des autogenen Trainings auf der emotionalen und kognitiven Ebene sowie im Verhalten der Kinder demonstrieren. Emotionale Reaktionen wie allgemeine Ängstlichkeit oder Prüfungsangst nehmen ab, Selbstvertrauen nimmt zu, insgesamt kommt es zu einer Dämpfung besonders starker Affekte. Im kognitiven Bereich sind verbesserte Konzentrationsleistungen nachgewiesen, die sich auch in Form von Leistungssteigerungen bei Klassenarbeiten im Fach Deutsch belegen lassen. Störendes Verhalten der Kinder, etwa unmittelbar vor oder nach den Entspannungssitzungen, verringert sich (Krampen, 1998).

Im klinisch-psychologischen Bereich ist die Wirksamkeit der progressiven Muskelrelaxation bei Spannungskopfschmerz und Migräne am besten belegt. Durch die Anwendung der progressiven Muskelentspannung reduziert sich im Wesentlichen die Anzahl der Kopfschmerzanfälle, weniger deren Dauer und Intensität. Bereits nach etwa 6 bis 8 Sitzungen lassen sich anhand von Kopfschmerz-Tagebüchern klinisch bedeutsame Effekte zeigen, die sich auch in Katamnesen als stabil erweisen.

Grundlegende Literatur

- Biermann, G. (1996). Autogenes Training mit Kindern und Jugendlichen. München: Ernst Reinhardt.

- Mrochen, S., Holtz, K.-L. & Trenkle, B. (1993). Die Pupille des Bettnässers. Hypnotherapeutische Arbeit mit Kindern und Jugendlichen. Heidelberg: Auer.

- Rühle, H., Saile, H. & Schwenkmezger, P. (1998). Ärgerbewältigungstraining bei Kopfschmerzen von Kindern. Kindheit und Entwicklung, 7, 173–181.

Weiterführende Literatur

- Vaitl, D. & Petermann, F. (1993). Handbuch der Entspannung. Band 1: Grundlagen. Weinheim: Psychologie Verlags Union.

- Krampen, G. (1998). Einführungskurse zum Autogenen Training. Göttingen: Verlag für Angewandte Psychologie.

Materialien

- Friebel, V., Erkert, A. & Friedrich, S. (1998). Kreative Entspannung im Kindergarten. Freiburg: Lambertus (enthält auch eine kommentierte Zusammenstellung von Materialien zur Entspannung bei Kindern).

- Petermann, U. (1996). Entspannungstechniken für Kinder und Jugendliche. Weinheim: Psychologie Verlags Union.

5.5 Entspannungstraining

Systematische Desensibilisierung und Reizkonfrontation

Silvia Schneider

5.6.1
Anwendungsbeispiel

Sara ist 12 Jahre alt und geht in die 5. Klasse der Realschule. Sie fürchtet sich davor, mit dem Bus oder mit dem Zug zu fahren sowie Fahrstühle zu benutzen und hat große Angst vor dem Alleinsein. Seit einem halben Jahr vermeidet sie auch, die Schule aufzusuchen. Sara befürchtet, dass ihr in diesen Situationen etwas zustoßen könnte, etwa dass der Fahrstuhl stecken bleibt, der Bus einen Unfall hat oder etwas auf dem Weg in die Schule passieren könnte. Mithilfe eines strukturierten diagnostischen Interviews, das jeweils einzeln mit Sara und der Mutter durchgeführt wurde, konnte die Diagnose einer „Agoraphobie" gestellt werden. Gleichzeitig zeigte sich im Familiengespräch, dass Saras Mutter selbst auch eine ängstliche Frau ist und Saras Vermeidungsverhalten begünstigt. Zur Behandlung der agoraphobischen Ängste wurde der Familie eine Konfrontationstherapie in vivo vorgeschlagen. Hierzu wurde zunächst mit Sara und der Mutter ein ausführliches Gespräch darüber geführt, wie es zu den Ängsten gekommen war und durch welches Verhalten von Sara und auch der Mutter die Ängste aktuell aufrechterhalten wurden. Es wurde vorgeschlagen, die Ängste dadurch abzubauen, dass Sara die gefürchteten Situationen wiederholt aufsucht und in den Situationen verweilt, bis die Angst von allein abnimmt. Sara und ihre Eltern stimmten nach etwas Bedenkzeit diesem Vorschlag zu.

Die Konfrontationsübungen wurden zwei Tage später begonnen und über fünf Tage hintereinander mit Sara vier Stunden am Tag durchgeführt. Am ersten Tag wurde Bus fahren geübt. Nachdem der Therapeut und Sara zusammen Bus gefahren waren und Sara einen deutlichen Angstabfall in dieser Situation erfahren hatte, fuhr sie alleine weiter. Sie erreichte hier schon nach kurzer Zeit ebenfalls eine Angstreduktion. Nach dem gleichen Vorgehen wurden alle anderen Angstsituationen eingeübt, bis Sara sie angstfrei oder nur noch mit leichter Angst aufsuchen konnte. Mit der Mutter wurde besprochen, dass sie in Zukunft Sara unterstützen soll, schwierige Situationen aufzusuchen, auch wenn Sara dabei über körperliche Beschwerden klage. Die Behandlung wurde nach 37 Sitzungen erfolgreich abgeschlossen. Eine katamnestische Untersuchung nach einem Jahr ergab, dass die in der Therapie erreichten Erfolge stabil geblieben waren.

5.6.2
Kurzbeschreibung der Methode und ihres Hintergrundes

Systematische Desensibilisierung

Ein häufiges Verfahren, das in der Behandlung von Phobien im Kindes- und Jugendalter angewandt wird, ist die systematische Desensibilisierung. Hierbei wird versucht, die Kinder in einem entspannten Zustand, entlang einer Angsthierarchie möglichst behutsam mit Stimulusbedingungen zu konfrontieren, die ihnen Angst bereiten. Das klassische Vorgehen sieht dabei vor, dass die Kinder anhand einer Instruktion in einen entspannten Zustand versetzt und dann unter Entspannung in der Vorstellung mit den Angst auslösenden Reizen konfrontiert werden. Sobald ein Angstanstieg stattfindet, wird der Angst auslösende Reiz weggenommen und das Kind anhand erneuter Instruktionen wieder in einen entspannten Zustand versetzt.

Die systematische Desensibilisierung ist eine Behandlungsform, die auf der Annahme der klassischen Konditionierung von Ängsten basiert. Der Psychiater Joseph Wolpe entwickelte diese Methode, nachdem er durch Tierversuche feststellte, dass Löschung allein nicht ausreiche, um Vermeidungsverhalten bei Tieren abzubauen. Stattdessen beobachtete er, dass die Paarung von Angst auslösenden Situationen mit angstinkompatiblen Verhaltensweisen oder Gefühlen die Angstreaktion schneller reduziert. Zur Erklärung dieser Befunde formulierte Wolpe die Theorie der reziproken Hemmung: „Wenn es gelingt, eine mit Angst unvereinbare Reaktion bei Anwesenheit eines Angst erzeugenden Stimulus auftreten zu lassen, sodass es zu einer vollständigen oder teilweisen Unterdrückung der Angstreaktion kommt, wird die Verbindung zwischen dem Stimulus und der Angstreaktion abgeschwächt." (Wolpe, 1958, Übersetzung aus Fliegel et al., 1994, S. 153)

Wolpes Arbeit setzte eine Serie von Forschungsarbeiten zur Wirkung des Verfahrens der systematischen Desensibilisierung in Gang, die die Entwicklung weiterer Methoden zum Angstabbau inspirierte. So konnte in späteren Arbeiten gezeigt werden, dass ein Angstabbau sowohl beim Verzicht auf zwischengeschaltete angstinkompatible Reaktionen (z.B. Entspannung) als auch durch anders gestaltete Konfrontationsreihenfolgen erreicht wird. Als ein zentraler Wirkfaktor kristallisierte sich dabei die wiederholte Konfrontation mit dem Angst auslösenden Stimulus heraus.

Reizkonfrontation

Diese Technik ist als eine Weiterentwicklung der systematischen Desensibilisierung zu verstehen. Mit dem Begriff der Reizkonfrontation werden Verfahren zusammengefasst, bei denen Kinder mit Ängsten den Angst auslösenden Stimuli (z.B. Hund, Dunkelheit) ausgesetzt werden. Dabei können zwei Klassen von Verfahren unterschieden werden. Bei der einen Verfahrensklasse werden die Kinder angeleitet, bei Auftreten der Angst sofort Angst reduzierende Strategien – wie etwa Entspannung oder bestimmte Atemtechniken – einzusetzen. Zu dieser Klasse von Verfahren gehören die systematische Desensibilisierung und Angstbewältigungstrainings. Bei der zweiten Klasse von Reizkonfrontationsmethoden soll das Kind die Angst so lange ertragen, bis es zu einem Rückgang der Angst kommt, ohne dabei jedoch Angst reduzierende Techniken einzusetzen. Diese Verfahren werden im Weiteren „Konfrontationsverfahren" genannt. Sie können wiederum unterteilt werden in Methoden, bei denen der Angststimulus ausschließlich in der Vorstellung („Konfrontation in sensu"), und solche, bei denen der Angststimulus in der Realität dargeboten wird („Konfrontation in vivo"). Beide Konfrontationsformen können so angewandt werden, dass in hierarchisch langsam aufsteigender Angstintensität die einzelnen Angststimuli vorgegeben werden. Man spricht dann von einem graduellen Vorgehen im Unterschied zum massierten Vorgehen, bei dem das Kind gleich zu Beginn mit stark Angst auslösenden Situationen konfrontiert wird. Gemeinsam ist den Konfrontationsverfahren, dass die Konfrontationsübungen erst dann beendet werden, wenn die Angst auslösenden Situationen weitgehend angstfrei ertragen werden. Ein weiteres wichtiges Prinzip ist, dass das Flucht- und Vermeidungsverhalten des Kindes verhindert wird. Dem Kind soll durch dieses Vorgehen die Erfahrung vermittelt werden, dass Angst auslösende Situationen ertragen werden können, ohne dass die von ihm erwarteten Folgen eintreten.

Die Konfrontationstherapie ohne Einsatz von Angst reduzierenden Strategien beruht auf der Annahme der Habituation. Darunter wird ein Prozess verstanden, bei dem die Reaktion eines Organismus auf den gleichen Reiz bei wiederholter Darbietung abnimmt und somit eine Gewöhnung stattfindet. Darüber hinaus wird vermutet, dass durch die Konfrontation mit den Angst auslösenden Situationen Veränderungen in den semantischen Netzwerken des Gedächtnisses stattfinden, in denen die phobischen Objekte und die eigene Furchtreaktion repräsentiert sind. Physiologische Habituation während der Konfrontationsübung führt zu einer Lockerung der Assoziation zwischen den Auslöser- (z.B. Hund) und Reaktionselementen (z.B. Herzklopfen). Die Integration korrektiver Information über die Bedeutung der gefürchteten Elemente in das Netzwerk (z.B. Hund hat nicht gebissen, also sind nicht alle Hunde gefährlich) wird dadurch erleichtert. Diese Erfahrung führt dazu, dass das Kind bei der nächsten Konfrontation geringere physiologische Reaktionen zeigt.

5.6.3
Indikation

Die systematische Desensibilisierung und die Reizkonfrontation sind verhaltenstherapeutische Methoden, die in erster Linie zur Behandlung der folgenden Angststörungen eingesetzt werden:

- bei emotionalen Störungen mit Trennungsangst im Kindesalter,
- bei Phobien,
- bei Störungen mit sozialer Ängstlichkeit im Kindesalter,
- bei Prüfungsangst.

Über die differenzielle Indikation der systematischen Desensibilisierung, der Konfrontation in sensu und der Konfrontation in vivo gibt die Tabelle 1 Auskunft.

Tabelle 1: Differenzielle Indikation der systematischen Desensibilisierung, Reizkonfrontation in sensu und Reizkonfrontation in vivo

Systematische Desensibilisierung	Konfrontation in sensu	Konfrontation in vivo
• Prüfungsangst • Eltern und Kind lehnen Reizkonfrontationsverfahren ab	• Bei real gefährlichen Situationen (z.B. Angst im Straßenverkehr) • Bei nicht herstellbaren Situationen (z.B. Fantasiegestalten)	• Trennungsangst • Phobien • Soziale Ängstlichkeit

5.6.4
Detaillierte Beschreibung des Vorgehens

Die **systematische Desensibilisierung** wird in folgenden Schritten durchgeführt:

Erstellen einer Angsthierarchie
Nach der diagnostischen Einordnung der Ängste des Kindes wird im Rahmen einer ausführlichen Verhaltens- und Problemanalyse gemeinsam mit dem Kind eine Angsthierarchie erstellt. Eine Angsthierarchie ist eine Liste von Situationen, in der die gefürchteten Reize in eine Rangordnung von sehr stark bis gar nicht Angst auslösend gebracht werden. Typischerweise wird das Kind gebeten, das Ausmaß der Angst in Zahlen von 0 = gar nicht bis 10 = ganz starke Angst zu beschreiben. Falls das Kind Schwierigkeiten mit der Festlegung von Zahlen hat, kann auch eine einfache Rangordnung der Angststärke der Situationen ohne Zahlenordnung vorgenommen werden.

Vorbereitung des Kindes auf die systematische Desensibilisierung
Eltern und Kind wird das Vorgehen und die Wirkungsweise der systematischen Desensibilisierung erläutert. Hierbei wird der Aspekt der Inkompatibilität von Angst und Entspannung, der die Grundlage der systematischen Desensibilisierung darstellt, genau erläutert. Das Kind wird darauf vorbereitet, in den nächsten Sitzungen ein Entspannungstraining zu absolvieren und anschließend die gefürchteten Situationen unter Entspannung ertragen zu lernen. Die Erwartungen und Befürchtungen des Kindes sowie der Eltern bzgl. des Verfahrens werden gemeinsam erörtert.

Erlernen der Entspannungstechnik

Die im Rahmen der systematischen Desensibilisierung am häufigsten angewendete Entspannungstechnik ist die progressive Muskelentspannung nach Jacobson. Das Kind lernt hierbei systematisch, einzelne Muskelgruppen anzuspannen und wieder zu entspannen und somit einen entspannten und angenehmen Zustand hervorzurufen (siehe Kap. 5.5 „Entspannungstraining"). Für kleine Kinder kann das Einüben eines Entspannungsverfahrens zu schwierig sein. In diesen Fällen haben sich andere inkompatible Reaktionen (z.B. entspanntes Essen oder Ablenkung durch Spiele oder Geschichten) bewährt.

Prüfung der Vorstellungsfähigkeit

Der erfolgreiche Einsatz der systematischen Desensibilisierung ist von einer möglichst lebendigen Vorstellung der Angstsituationen abhängig. Daher sollte der Therapeut vorab klären, wie gut das Kind visualisieren kann. Dazu kann der Therapeut beispielsweise das Kind bitten, sich eine vertraute Person bildlich vorzustellen und sie dann dem Therapeuten zu beschreiben. Zur Prüfung der Vorstellbarkeit von Körpergefühlen fordert der Therapeut das Kind auf, sich vorzustellen, wie Sand durch seine Finger rieselt, und dieses Körpergefühl zu beschreiben. Des Weiteren ist es auch wichtig, dass der Therapeut genügend Detailwissen bezüglich der situativen Merkmale der gefürchteten Situationen verfügt, um so dem Kind durch situative Beschreibungen den Einstieg in die Vorstellung zu erleichtern.

Paarung der Entspannung mit den Angstsituationen

Der Ablauf der Darbietung der Angststimuli erfolgt nach einem festgelegten Schema: Zu Beginn wird eine Entspannungsübung durchgeführt. Dann wird das erste Item der Hierarchie dargeboten, welches die geringste Angst hervorruft. Das Kind wird aufgefordert, sich diese Situation so lebhaft wie möglich vorzustellen. Sobald das Kind Angst verspürt, wird es wieder in einen entspannten Zustand zurückversetzt und anschließend die Darbietung des Angststimulus wiederholt. Diese Abfolge wird so lange durchlaufen, bis das Kind keine Angst mehr verspürt. Es wird dann zum nächstschwierigeren Angststimulus weitergegangen. Die Dauer einer Desensibilisierungssitzung erstreckt sich über ca. 30 Minuten. Wichtig ist, dass am Ende einer Sitzung immer eine Situation steht, bei der das Kind keine Angst erlebt. In der folgenden Sitzung beginnt der Therapeut mit dem zuletzt bearbeiteten Item und fährt dann wie oben beschrieben fort. Nach diesem Muster werden alle Situationen der Angsthierarchie bearbeitet.

Im Folgenden wird das Vorgehen bei der Konfrontation in vivo (**Reizkonfrontation**) ausführlicher dargestellt, da diese die wichtigste Behandlungsform bei Angststörungen darstellt.

Graduiertes vs. massiertes Vorgehen

Abhängig vom Alter bzw. der kognitiven Entwicklung des Kindes muss vor Beginn der Konfrontationstherapie entschieden werden, ob für die Konfrontation ein graduelles oder ein massiertes Vorgehen angewandt werden soll. Der Vorteil des massierten Vorgehens liegt in der schnellen und langfristig stabilen Wirkungsweise dieser Methode. Im Unterschied zum graduellen Vorgehen ist in der Regel schon nach wenigen Sitzungen eine deutliche Reduktion der Angstsymptomatik zu beobachten. Beim graduellen Vorgehen hingegen wird die Angst-

Abb. 1: **Grafische Darstellung des Verlaufes von Angst bzw. Erregung bei der Konfrontation mit Angstreizen**

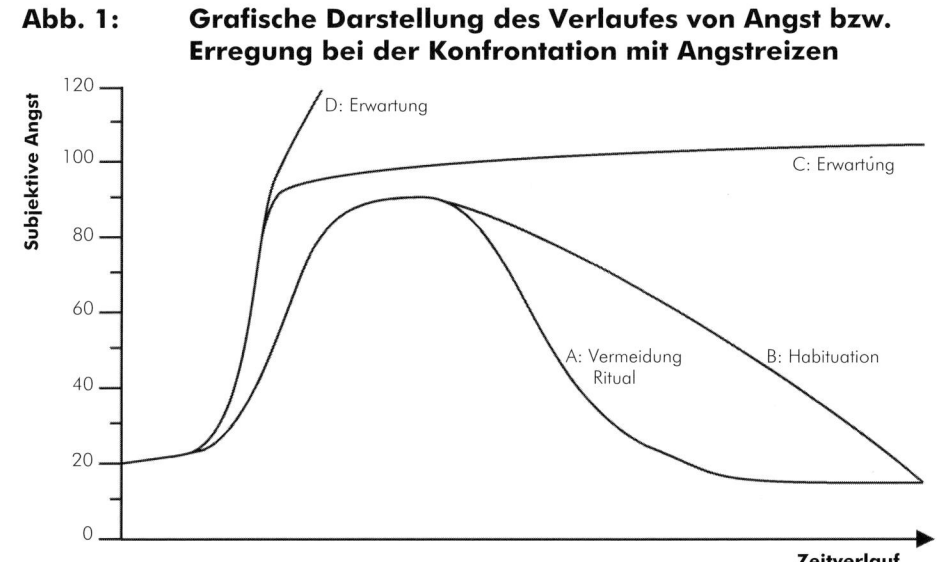

Der erste Teil der Abbildung zeigt Verlaufskurven ohne therapeutische Intervention. Typisch ist der rasche Anstieg mit einem langsameren Abfallen der Angst. Ohne Behandlung zeigen die Patienten in der Regel Vermeidungsverhalten (Kurve A: Vermeidung) und erreichen so nicht den Punkt, an dem die Kurve von allein abfällt (Kurve B: Habituation). Die Kurven C und D zeigen vom Patienten befürchtete Verläufe mit einer scheinbar „unendlich" anhaltenden (C) oder immer weiter ansteigenden (D) Angst, die erst durch eine als imminent wahrgenommene Katastrophe (z.B. Tod durch Herzstillstand) beendet werden könnte.

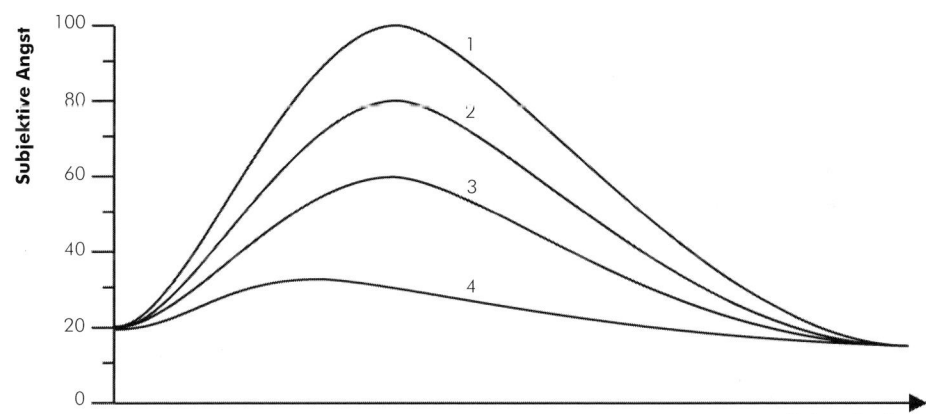

Der zweite Teil der Abbildung zeigt die Verlaufskurven bei therapeutischer Konfrontation: Dabei machen die Patienten die Erfahrung, dass Angst von allein abnimmt („habituiert"), wobei die Kurve bei wiederholter Konfrontation (1. bis 4. Durchgang) immer weiter abflacht (nach Margraf & Schneider [1996]).

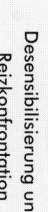

reduktion länger hinausgezögert, was unter Umständen zu Motivationsproblemen aufseiten des Kindes und der Eltern führen kann. Als generelle Faustregel gilt, dass bei jüngeren Kindern bis zu 10 Jahren eher das graduelle Vorgehen und bei älteren Kindern das massierte Vorgehen gewählt werden sollte.

Erstellen einer Angsthierarchie
Zu Beginn der Konfrontationstherapie wird analog zu dem Vorgehen bei der systematischen Desensibilisierung eine Angsthierarchie erstellt (s.o.).

Vorbereitung des Kindes und der Eltern auf die Konfrontationstherapie
Ganz zentral für die erfolgreiche Durchführung einer Reizkonfrontation ist die Vorbereitung des Kindes und der Eltern auf die Übungen. Anhand von Beispielen aus der Anamnese wird dem Kind und den Eltern auf der Grundlage der Zwei-Faktoren-Theorie der Angst (vgl. hierzu Kap. 2.14 „Phobische Ängste") ein Erklärungsmodell für die Angstproblematik vermittelt. Es muss hierbei deutlich werden, dass das Vermeidungsverhalten zentral für die Aufrechterhaltung der Ängste ist und diese letztendlich stabilisiert: Vermeidungsverhalten verschafft kurzfristig eine Angstreduktion, verstärkt jedoch langfristig die Angst, da mit jedem Verlassen einer gefürchteten Situation erneut bestätigt wird, dass diese Situation gefährlich geworden wäre, wenn das Kind länger in dieser Situation verblieben wäre. Diese Theorie wird auf die individuellen Symptome, Verhaltensweisen, Befürchtungen und „naiven" Erklärungsschemata des Kindes und der Eltern zugeschnitten. Als sehr hilfreich hat sich hierbei die grafische Darstellung des Angstverlaufs in den phobischen Situationen erwiesen (vgl. Abb. 1). Am Ende dieses Gespräches muss für das Kind und die Eltern nachvollziehbar sein, dass das Verbleiben in der gefürchteten Situation die beste Strategie ist, sich davon zu überzeugen, dass die Situation oder auch die Angst nicht gefährlich sind. Die Angst nimmt kontinuierlich ab, je häufiger ein Angstabfall in der Situation erfahren wird.

Dem Kind und den Eltern wird nun das weitere therapeutische Vorgehen vorgestellt. Dabei werden sie darüber aufgeklärt, dass alle Situationen, die gefürchtet und vermieden werden, geübt werden und die Situationen erst nach einem Abfall der Angst verlassen werden. Sie erfahren, dass der Therapeut während der Übungen kein Flucht- oder Vermeidungsverhalten unterstützen wird. Die Eltern werden informiert, dass sie die Therapie unterstützen können, indem sie Vermeidungsverhalten des Kindes außerhalb der Therapie möglichst unterbinden und es aktiv beim Aufsuchen von gefürchteten Situationen unterstützen. Eltern und Kind bekommen dann die Gelegenheit, Fragen mit dem Therapeuten zu besprechen.
Der letzte Schritt in dieser Vorbereitungsphase beinhaltet die explizite Entscheidung von Eltern und Kind für oder gegen den vom Therapeuten vorgeschlagenen Therapieplan. Hierzu bittet der Therapeut die Eltern und das Kind, sich bis zu einem gemeinsam festgelegten Zeitpunkt (der aber eine Woche nicht überschreiten sollte) zu entscheiden. Falls sich Eltern und Kind für die Therapie entscheiden, wird dies mithilfe eines Therapievertrags mit dem Kind schriftlich festgehalten. Im Falle einer Entscheidung gegen die Therapie werden die Gründe dieser Entscheidung analysiert und nach alternativen Behandlungsmöglichkeiten gesucht.

Konfrontation mit den gefürchteten Situationen

Die Durchführung eines Konfrontationsprogramms erfordert vom Therapeuten organisatorisches Geschick und setzt eine gute Planung der einzelnen Übungen voraus. Folgende Punkte sollten bei der Planung von Konfrontationsübungen berücksichtigt werden:

- Die Übungen müssen an die individuelle Symptomatik angepasst sein.
- Es muss genügend Zeit für die einzelnen Übungen vorhanden sein, damit das Kind die Möglichkeit hat, eine Reduktion seiner Angst in der Situation zu erleben.
- Das Ziel ist ein deutlicher Angstanstieg und -abfall in der Situation. Kein Angstanstieg ist problematisch.
- Das Kind wird für das Ertragen von Angst und nicht für Angstfreiheit verstärkt.

Bei Konfrontationsübungen in vivo muss jedoch beachtet werden, dass sie nur in Situationen durchgeführt werden dürfen, die nicht real gefährlich sind (z.B. nicht bei Wasserphobie). Auch in Situationen, in denen bestimmte Leistungen erbracht werden müssen, sollte zuvor geklärt werden, ob das Kind über die dazu benötigten Fertigkeiten verfügt (z.B. vor einer Gruppe sprechen). Sonst könnte es passieren, dass die befürchteten Konsequenzen tatsächlich eintreten (z.B. das Kind wird vor der Klasse ausgelacht, da es kein Wort herausbekommt). Solche phobischen Ängste sollten mit lang anhaltenden Konfrontationen in der Vorstellung behandelt werden.

Die ersten Übungen müssen besonders sorgfältig geplant werden, da sie entscheidend für den weiteren Therapieverlauf sind. Sie sollten unter verschiedenen Gesichtspunkten therapeutisch gut kontrollierbar sein. So sollten sie lang anhaltende Angstreaktionen ermöglichen, damit das Kind möglichst schnell Habituation erfahren kann. Bei agoraphobischen Ängsten sind etwa Übungen wie Busfahren als Einstieg ungünstig, da sie nicht dazu geeignet sind, die Angst über lange Zeit auf einem gleich bleibend starken Niveau zu halten. Eine viel bessere Einstiegsübung wäre stattdessen eine Höhenkonfrontation, bei der das Kind zur Not auch über eine Stunde in der Situation verweilen kann, ohne dass der Angststimulus sich verändert.

Weiterhin sollten für die ersten Übungen Situationen ausgesucht werden, in denen Kind und Therapeut möglichst ungestört sind und der Therapeut die Möglichkeit hat, Fluchttendenzen zu unterbinden. Die Begleitung durch den Therapeuten sollte so bald wie möglich ausgeschlichen werden. Die Patienten werden für die Durchführung der Konfrontationsübungen (nicht aber für Angstfreiheit) verstärkt und zur Selbstverstärkung angehalten.

Sinnvoll ist es, bei Konfrontationstherapien Verstärker einzusetzen, wenn Kinder Fortschritte in der Konfrontation mit Angststimuli machen oder aktives Bewältigungsverhalten einsetzen. Die Auswahl und Dosierung der Verstärker muss dabei aber wohl überlegt geschehen. So muss der Verstärker individuell für jedes Kind passend ausgewählt werden. Er muss zeitlich sofort und konsequent nach dem erwünschten Verhalten (z.B. angstfreies Verhalten) erfolgen und einem großen Fortschritt muss ein entsprechend großer Verstärker folgen, während für kleine Fortschritte nur kleine Anreize gesetzt werden sollten.

4) Selbstkontrollphase und Generalisierung

Sobald der Therapeut sicher ist, dass das Kind kein Flucht- und Vermeidungsverhalten mehr zeigen wird, sollte das Kind in Absprache mit dem Therapeuten allein phobische Situationen aufsuchen. In dieser Phase bietet es sich an, die Eltern als Kotherapeuten in die Behandlung einzubeziehen. Dabei ist jedoch zu beachten, dass das Verhalten der Eltern während der Angstreaktionen ihres Kindes genau besprochen wird. Aufgrund der bereits erwähnten familiären Häufung von Ängsten findet oft ein inadäquater Umgang mit den Ängsten des Kindes durch die Eltern statt. So reagieren die Eltern mit eigenen Angststörungen häufig panisch statt beruhigend, wenn das Kind starke Angstreaktionen in Form von Schreien oder Wutanfällen zeigt. Hier ist es notwendig, den Eltern genaue Verhaltensregeln vorzugeben und diese mit ihnen konkret einzuüben (vgl. Kap. 5.7). Beispielsweise kann mit den Eltern eines Kindes mit Dunkelangst eingeübt werden, dass sie das Kind jedes Mal, wenn es abends schreiend aus dem eigenen Bett flüchtet, wortlos wieder zum Bett zurückführen und dann das Zimmer verlassen. Wichtig ist hierbei, die Eltern darauf vorzubereiten, dass sich dieses Szenario mehrmals an einem Abend wiederholen wird.

In der Selbstkontrollphase finden noch häufig Patient-Therapeut-Kontakte statt, um aufgetretene Probleme frühzeitig zu bearbeiten. Diese Phase gewährleistet, dass das Kind auch nach der Therapie die gelernten Fertigkeiten alleine anwenden kann.

5) Rückfallprophylaxe

Den Abschluss der Behandlung bildet die Rückfallprophylaxe. Hier wird mit dem Kind rekapituliert, was seiner Meinung nach die wichtigsten Lernerfahrungen während der Therapie waren und wie es sich zukünftig in schwierigen, beängstigenden Situationen verhalten wird. Das Kind muss darauf vorbereitet werden, dass es auch nach Abschluss einer erfolgreichen Angsttherapie Rückschläge geben kann. Somit sei ein Rückschlag nicht gleichbedeutend mit einem völligen Versagen der Therapie. Stattdessen soll das Kind den Rückschlag nutzen, um die gelernten Prinzipien erneut anzuwenden und zu perfektionieren.

5.6.5
Wirksamkeit und Wirksamkeitsbedingung

Während systematische Desensibilisierungen bei älteren Kindern zum Teil gute Erfolge brachten, stieß man mit der einfachen Übernahme dieser Methode bei jüngeren Kindern vielfach auf Schwierigkeiten. So können manche Kinder offenbar den bei Erwachsenen bewährten Instruktionen zur progressiven muskulären Entspannung nicht folgen bzw. können sich schwer die Angst auslösenden Reize in der Fantasie vorstellen. Die Bedeutung der systematischen Desensibilisierung wird zudem durch neuere Therapiestudien infrage gestellt. Hier zeigte sich, dass für eine erfolgreiche Angstbehandlung weder die induzierte Entspannung noch eine Angsthierarchie notwendig ist. Die entscheidende Wirkvariable bei diesem Vorgehen scheint vielmehr die Konfrontation mit den Angst auslösenden Reizen zu sein.

Bei der Durchsicht der Behandlungsstudien zur Evaluierung von Konfrontationstherapien zeigt sich, dass im Durchschnitt 80 % der Kinder von einer solchen Behandlung profitieren. Generell lässt sich die Forschung so zusammenfassen, dass die besten Ergebnisse dann erzielt werden, wenn das Kind in der Realität („in vivo") mit den Angst auslösenden Situationen konfrontiert wird. Ob es dabei besser ist, massiert oder graduell vorzugehen, kann anhand des momentanen Forschungsstandes nicht entschieden werden. Hinweise aus frühen Studien zur Implosion belegen jedoch eindrücklich den schnellen und drastischen Rückgang von phobischen Angstreaktionen bei der massierten Vorgehensweise. Ein direkter Vergleich von massiertem vs. graduiertem Vorgehen steht für Angststörungen bei Kindern bis heute noch aus. Behandlungsstudien an Erwachsenen mit Angststörungen zeigen allerdings, dass eine massierte Konfrontationsbehandlung größere und stabilere Erfolge zeigt.

Grundlegende Literatur

- Fliegel, S., Groeger, W. M., Künzel, R., Schulte, D. & Sorgatz, H. (1994). Verhaltenstherapeutische Standardmethoden (3. Aufl.). Weinheim: Psychologie Verlags Union.

- Florin, I. & Tunner, W. (Hrsg.). (1975). Therapie der Angst. Systematische Desensibilisierung. München: Urban & Schwarzenberg.

- Schneider, S., Florin, I. & Fiegenbaum, W. (1999). Phobien. In H.-C. Steinhausen & M. von Aster (Hrsg.), Handbuch Verhaltenstherapie und Verhaltensmedizin (S. 215–242) (2. Aufl.). Weinheim: Psychologie Verlags Union.

Weiterführende Literatur

- Eisen, A. R. & Kearney, C. A. (1995). Practioner's guide to treating fear and anxiety in children and adolescents. Northvale: Jason Aronson Inc.

- Eisen, A. R., Kearney, C. A. & Schaefer, C. E. (1995). Clinical handbook of anxiety disorders in children and adolescents. Northvale: Jason Aronson Inc.

- Margraf, J. & Schneider, S. (1996). Paniksyndrom und Agoraphobie. In J. Margraf (Hrsg.), Lehrbuch der Verhaltenstherapie. Band 2. Berlin: Springer.

Materialien

- Kinder-DIPS: Unnewehr, S., Schneider, S. & Margraf, J. (1995). Diagnostisches Interview bei psychischen Störungen im Kindes- und Jugendalters (Kinder-DIPS). Berlin: Springer.

Bezugspersonen als Kotherapeuten

Udo B. Brack

5.7.1
Anwendungsbeispiel

Manuel ist vier Jahre alt. Seine Eltern hatten sich wegen Erziehungsschwierigkeiten an den Kinderarzt gewandt. Dieser stellte lediglich eine Neigung zu Infekterkrankungen fest, verordnete ein pflanzliches Mittel und überwies die Eltern zum Psychologen.
Zunächst wurde mit beiden Eltern in Gegenwart von Manuel und seines zwei Jahre jüngeren Bruders ein längeres Gespräch geführt. Die nächsten beiden Termine bestanden aus der Verhaltensbeobachtung des Kindes mit dem Vater bzw. mit der Mutter und dem Bruder im Beobachtungsraum unter Verwendung von wenig Spielzeug, wodurch die Verhaltensprobleme schnell deutlich wurden. Begleitend wurden die K-ABC, der HSET und der Untertest „Tierhäuser" des HAWIVA durchgeführt. Jeweils 10 Minuten aus dem gefilmten Spiel mit dem Vater bzw. der Mutter und dem Bruder wurden als Spontansprachprobe ausgewertet. Als wichtigste Befunde ergaben sich:

- mäßiger Sprachentwicklungsrückstand bei durchschnittlicher Gesamtintelligenz;
- wenig konstruktives Spielverhalten bei leichter Unruhe und deutlicher Oppositions- bzw. Verweigerungshaltung;
- nächtliches Einnässen.

Um die Eltern zu entlasten, erhielten sie zunächst einen Plan zur Behandlung des Einnässens. Die Anwendung der Klingelmatte und das richtige Verhalten beim Ertönen des Signals wurden ausführlich besprochen und demonstriert. Es wurde vereinbart, dass die Maßnahmen unter der Woche von der Mutter, am Wochenende vom Vater durchgeführt werden sollten. Kontrollsitzungen wurden in 14-tägigen Abständen mit zwischenzeitlichen Telefonkontakten vereinbart.
Als das Kind nach gut vier Wochen stabil trocken war, erhielten die Eltern zwei neue schriftliche Therapiepläne mit Registriervorgaben:

- Täglich um 17.00 Uhr, wenn der Vater von der Arbeit nach Hause kam, führte die Mutter eine 20-minütige Übung zur sprachlichen Förderung Manuels durch, die vor allem der Erweiterung des Wortschatzes und der Steigerung der Satzlänge (über die Methode der fokussierten Stimulation) dienen sollte, während sich der Vater um den jüngeren Bruder kümmerte.

- Unmittelbar danach hatte der Vater die Aufgabe, sich ein halbe Stunde mit Manuel im Spiel zu beschäftigen. Dabei wurde mit ihm eingeübt, wenig mit dem Kind zu sprechen, keine Kritik und keine Aufforderungen zu geben und das Kind laufend für Spielverhalten zu loben. Als die häuslichen Registrierungen und die Ergebnisse der Supervision beim Therapeuten eine deutliche Zunahme des Spielverhaltens zeigten, wurde er zusätzlich angeleitet, zunächst ganz einfache, dann zunehmend komplexere Aufforderungen in die Spielsituation einzustreuen. Er lernte dabei, die Aufforderungen jeweils nur einmal zu stellen und das Resultat abzuwarten. Befolgte Manuel die Aufforderung, so lobte ihn der Vater nachdrücklich; reagierte Manuel dagegen nicht oder widersprach er, dann ignorierte der Vater dieses Verhalten.

Nach etwa vier Monaten zeigten sich nach der vorausgehenden Beseitigung des Bettnässens auch deutliche Verbesserungen der Sprachverwendung, des Spielverhaltens und der Kooperation, sodass die Übungen abgesetzt und in eine entsprechende, in größeren Abständen supervidierte Strukturierung des Alltagslebens übergeführt werden konnten.

5.7.2
Kurzbeschreibung der Methode und ihres Hintergrundes

Die Verhaltenstherapie betrachtet „normales" und „gestörtes" Verhalten nicht als prinzipiell verschieden und sieht jedes Verhalten in permanente Lernprozesse eingebunden. Deshalb war schon in den Anfängen der Verhaltenstherapie die Grenze zwischen therapeutischen und Erziehungsprozessen fließend. Alle Personen, die Einfluss auf ein Individuum haben, können prinzipiell auch sein Verhalten und seine Verhaltensprobleme beeinflussen.

Das führte einerseits zur Erstellung von Trainingsprogrammen für den allgemeinen Erziehungsstil; andererseits wurden Eltern und Bezugspersonen nach dem Modell von Tharp und Wetzel in der Schule, im Kindergarten usw. nicht nur als Kotherapeuten, sondern auch – angeleitet von „Mediatoren" – als die eigentlichen Therapeuten ihrer Kinder eingesetzt. Die auf diese Weise erreichten Erfolge der Therapie von Kindern und Jugendlichen „in der natürlichen Umgebung" sind bis heute beispielhaft.

Hinzu kam, dass die Verhaltenstherapie (beginnend mit autistischen und schwer geistig behinderten Kindern und Jugendlichen) zunehmend auch auf Entwicklungsstörungen angewendet wurde, sodass sich mittlerweile ein relativ homogenes Bild der vielfältigen Einsatzmöglichkeiten von Bezugspersonen bei der Therapie von Verhaltens- und Entwicklungsstörungen ergibt (vgl. Brack, 1993). Eine Begrenzung erfährt das Vorgehen dort, wo Jugendliche nur noch beschränkt von Bezugspersonen beeinflussbar sind, die gezielt angeleitet werden können.

Entsprechend ihrer Wurzeln in der frühen Verhaltenstherapie hat sich die Einbeziehung von Bezugspersonen zuerst fast ausschließlich mit Kontingenzmanagement (siehe Kap. 5.1) befasst. Als dieses mit der „kognitiven Wende" in einem für die Kinder- und Jugendlichentherapie ungünstigen Ausmaß in den Hintergrund trat, nahm auch der Einsatz von Kotherapeuten in der Verhaltenstherapie stark ab.

Prinzipiell besteht das Vorgehen aus folgenden Schritten:

- Analyse des bestehenden Verhaltens- oder Entwicklungsproblems unter Berücksichtigung der sozialen Bezüge des Patienten;
- Anleitung von Personen, die in engem Bezug zu der Verhaltensstörung stehen oder aber zur Entwicklungsförderung kontinuierlich verfügbar sind;
- schriftliche Fixierung des konkreten Vorgehens und laufende Supervision;
- an das Zielverhalten adaptierte Evaluation, die sich möglichst sowohl auf den unmittelbaren Verlauf der Kotherapie als auch auf das längerfristige Resultat des Einsatzes der Bezugspersonen bezieht.

5.7.3
Indikation

In der Verhaltenstherapie ist es ganz generell sinnvoll, Bezugspersonen der Klienten als Kotherapeuten einzusetzen. In den frühen Publikationen wurde dieses Vorgehen oft auch als erfolgreiche Methode bei der Behandlung erwachsener Patienten beschrieben. Die „kognitive Wende" reduzierte die Verhaltenstherapie weitgehend auf den unmittelbaren Kontakt des Therapeuten mit dem Patienten. Durch die primär kognitive Bearbeitung von Problemen wurden die therapeutischen Möglichkeiten einerseits erheblich erweitert, andererseits gingen wichtige Komponenten, wie eben die Einbeziehung von Bezugspersonen, zum großen Teil verloren. Das wirkte sich vor allem in der Kindertherapie negativ aus. Darüber hinaus beschränkt sich der derzeit geringe Einsatz des Verfahrens fast ausschließlich auf einfache Aspekte des Kontingenzmanagements; dabei wird übersehen, dass Bezugspersonen durchaus auch die kognitiven Anteile von Problemverhalten von Kindern und Jugendlichen unter entsprechender Supervision äußerst positiv beeinflussen können (vgl. Briesmeister & Schaefer, 1998).

Denn gerade bei Kindern, wo Einstellungen und Attribuierungen noch viel flexibler und durch die soziale Umwelt beeinflussbarer sind als bei Erwachsenen, können Bezugspersonen sehr erfolgreich zur Bearbeitung von Kognitionsstrukturen herangezogen werden, um etwa durch Vorbild und Erziehungsstil dem Kind zu vermitteln, wie Menschen miteinander umgehen, wie Konflikte gelöst werden, welche Aktivitäten in der Freizeit sinnvoll sind usw.

Ein entscheidender Aspekt der Indikation besteht – vor allem wegen der zunehmend frühen Erfassung und Behandlung von Teilleistungsstörungen – in der erwähnten Verwendung von Bezugspersonen als Kotherapeuten nicht nur bei der Behandlung von Verhaltensstörungen, sondern auch von Entwicklungsstörungen.

Über die verschiedenen Störungsbilder hinweg lässt sich die Indikation für die Einbeziehung von Kotherapeuten in drei große Bereiche unterteilen: die unmittelbare Intervention, die Übernahme der geübten Aspekte in kontrollierte Interaktion und Kommunikation und die Überleitung der therapeutischen Maßnahmen in die allgemeine Erziehung. Tabelle 1 gibt dazu Beispiele.

Tabelle 1: Beispiele für drei Bereiche der Verwendung von Bezugspersonen als Kotherapeuten bei Verhaltens- und Entwicklungsstörungen

	unmittelbare Intervention	Einsatz in kontrollierter Interaktion/ Kommunikation	Überführung in die allgemeine Erziehung
Verhaltensstörungen (hier: Unruhe, Spieldefizit, Trotz)	tägliche Übung zum Aufbau von Spielverhalten und Kooperation	Verwendung kontrollierter Zuwendung in zeitlich offenen Spielsituationen	Einübung adäquaten Lobens/ Aufforderns im Alltag
Entwicklungsstörungen (hier:Sprachentwicklungsrückstand)	tägliche, 20-minütige Imitationsübung mit Registrierung und Supervision	offenes Spiel nachmittags, reduziertes Sprachangebot, monatlich supervidiert	Einübung einfach strukturierter Kommunikation

5.7.4
Detaillierte Beschreibung des Vorgehens

Die Übergänge zwischen den genannten Einsatzbereichen von Bezugspersonen als Kotherapeuten sind fließend, die Vorgehensweisen dabei unterscheiden sich nicht grundsätzlich.

Bei der unmittelbaren Intervention ist die Strukturierung und Kontrolle am stärksten ausgeprägt. Wenn die Bezugspersonen, meist die Eltern, direkt die Rolle des Therapeuten übernehmen, indem sie durch ihr Verhalten das Problemverhalten des Kindes ganz gezielt ändern sollen, steht meist das Kontingenzmanagement im Vordergrund.

Dazu erhalten die Kotherapeuten einen schriftlichen Therapieplan, der das genaue Vorgehen in operationalisierter Form festlegt und zugleich die laufenden Registrierungen vorgibt. Solche Pläne finden Verwendung bei vielfältigen Verhaltensstörungen (Bettnässen, Aggression, Einschlafstörung usw.) und Entwicklungsstörungen (mentale Retardierung, Autismus, Lese-Rechtschreibschwäche usw.). Bei den Verhaltensstörungen steht die Veränderung der Häufigkeit einzelner Verhaltensweisen im Vordergrund, bei den Entwicklungsstörungen die Erhöhung der Komplexität der Informationsverarbeitung (vgl. Kasten 1).

Kasten 1:   Beispiele für Kotherapie-Pläne für entwicklungs- bzw. verhaltensgestörte Kinder. Die Pläne stellen jeweils eine der Stufen dar, die schrittweise durchlaufen werden.

Bitte spielen Sie täglich zur vereinbarten Zeit 20 Minuten lang mit Ihrem Kind; verwenden Sie die vereinbarten Spielmaterialien und Bilderbücher. Beachten Sie dabei die mit Ihnen eingeübten Regeln:

- Sprechen Sie nur in 3- und 4-Wort-Sätzen, die jeweils ein Hauptwort und ein Zeitwort enthalten (z.B. „Da liegt ein Ball.").
- Lassen Sie zwischen Ihren Äußerungen jeweils einen zeitlichen Abstand von mindestens 10 Sekunden.

Ergänzen Sie die Wortschatzliste Ihres Kindes, die wir erstellt haben, laufend um die neuen Haupt- und Zeitwörter, die es im Alltag bringt.

Bitte spielen Sie, wie wir geübt haben, zur festgelegten Zeit täglich 20 Minuten lang mit Ihrem Kind. Sprechen Sie mit ihm und loben Sie es, während es spielt, d.h. mit Spielzeug manipuliert und dabei hinsieht (ohne damit zu schlagen oder zu werfen). Wenn es etwas sagt, gehen Sie bitte nur ganz kurz darauf ein, wenn seine Äußerung sich auf das Spiel bezieht. Gehen Sie auf keine Provokationen und Diskussionen ein. Wenn es etwas Gefährliches oder Unangenehmes tut, greifen Sie schweigend und ohne zu strafen ein.
Benoten Sie am Ende auf dem Registrierblatt, wie gut es gespielt hat.

Voraussetzung ist natürlich stets eine entsprechende Kooperation der Bezugspersonen. Diese kann unterstützt werden durch die geschickte Planung komplexerer Therapiepläne. So wird man etwa zunächst das Bettnässen des Kindes angehen (das in der Regel in kurzer Zeit beseitigt werden kann), um dann die notwendige, sich über viele Monate erstreckende sprachliche Förderung durch die Eltern anzuleiten: Die erfolgreiche Behandlung des Bettnässens schafft eine wesentliche familiäre Entlastung und zeigt den Eltern die Möglichkeiten strukturierten, verhaltenstherapeutischen Vorgehens auf, sodass sie eher bereit sind, die aufwendige Sprachförderung durchzuführen.

Die Übernahme einzelner Therapiekomponenten in offenere Interaktions- und Kommunikationssituationen entspricht der Generalisation im engeren Sinne: Die Eltern lernen etwa, gezielte Aufforderungen zur Etablierung von Kooperation nicht mehr ausschließlich in der täglichen Übungssitzung, sondern gelegentlich am Nachmittag, wenn das Kind sich zu Hause beschäftigt, zu stellen. Das Vorgehen ist für den Erfolg der Therapie von hoher Bedeutung: Es beinhaltet erstens, dass aufwendige Therapiemaßnahmen nur für eine beschränkte Zeit erfolgen sollen; zweitens soll es sicherstellen, dass dennoch die Therapieerfolge aufrechterhalten und weiter ausgebaut werden. Insbesondere bei der Kotherapie bei Entwicklungsstörungen ist der Übergang zu dieser Stufe für die Eltern deshalb eine Entlastung, weil er zeigt, dass die aufwendige, für die Zukunft des Kindes sehr bedeutsame Entwicklungsförderung einen Stand erreicht hat, der die Rückkehr zum alltäglichen Leben erlaubt. Bei vielen hoch strukturierten und supervidierten Ansätzen der Entwicklungsförderung (etwa im Bereich der Sprache; vgl. Brack & Volpers, 1999) gehört der Übergang in eine offenere Situation zum eigentlichen Therapieplan – der Erfolg der aufwendigen Sprachübungen wird ab einem bestimmten Zeitpunkt durch inzidentelle Förderung erweitert und durch die Verwendung der gelernten Inhalte im Alltag dokumentiert.

Auch wenn die Situation und das Vorgehen der Kotherapeuten offener gestaltet wird, so ist dennoch zu betonen, dass dieser Übergang nicht einfach durch eine Beratung erfolgen soll, sondern, wie die eigentlichen Therapieschritte auch, eingeübt, demonstriert und in größeren Abständen supervidiert werden muss. Damit kann ein Wiederauftreten der Verhaltensstörungen bzw. ein Stagnieren der Entwicklungsförderung vermieden werden.

Die vollständige Überführung der Übungen in den Alltag schließlich entspricht partiell der traditionellen „Erziehungsberatung": Die Bezugspersonen sollen lernen, wichtige Komponenten der Übungen generell in die Erziehung zu übernehmen – etwa richtiges Loben, Ignorieren unerwünschter Verhaltensweisen, einfache und übersichtliche Strukturierung der an das Kind gerichteten Sprache oder Unterstützung eines ruhigen Arbeitsstiles des Kindes durch eine überschaubare Gestaltung des Tagesablaufs. Ausschließlich in diesem dritten Bereich der Kotherapie bewegen sich Elterntrainingsprogramme, die von vornherein nur auf die Gestaltung des allgemeinen Erziehungsstils einwirken sollen. Auch bei diesen Programmen bzw. ganz allgemein bei der Verwendung dieser offensten Form der Einbeziehung von Bezugspersonen als Kotherapeuten ist konkrete Anleitung im richtigen Verhalten (und nicht nur ein allgemeines Gespräch darüber) entscheidend für die Wirksamkeit. Denn je weniger spezifisch die Maßnahmen für ganz bestimmte Verhaltensweisen bzw. Entwicklungsprobleme bestimmt sind, umso größer ist die Gefahr, dass das jeweilige Programm nicht adäquat in die Tat umgesetzt wird.

5.7.5
Wirksamkeit und Wirksamkeitsbedingungen

Die Einbeziehung von Bezugspersonen als Kotherapeuten ist keine selbstständige Behandlungsmethode, deren Wirksamkeit sich – allgemein oder für spezifische Störungen – isoliert prüfen lässt. Vielmehr ist sie wichtiger Bestandteil vieler Therapieverfahren bzw. Voraussetzung für deren Durchführung.

So beruht ein großer Teil der Erfolge von Verhaltenstherapie bei Kindern und Jugendlichen, die seit den Anfängen der Verhaltenstherapie publiziert wurden, darauf, dass Eltern und anderen Bezugspersonen in Schule, Kindergarten usw. eine aktive Rolle in der Therapie, z.B. durch verhaltenskontingente Tokenvergabe, zugewiesen wurde. Dazu gehören die Erfolge der Verhaltensmodifikation bei Enuresis, Enkopresis, Nahrungsaufnahmestörungen, Aggressionen, Unruhe oder dissozialem Verhalten (einschließlich des Einsatzes von Kontraktmanagement) einerseits und der Entwicklungsförderung bei Sprachrückständen, Defiziten des Explorationsverhaltens, mentaler Retardierung, frühkindlichem Autismus oder Teilleistungsstörungen andererseits.

Dabei beruht die hohe Wirksamkeit der Einbeziehung von Bezugspersonen bei den Verhaltensstörungen vor allem auf der Möglichkeit, Kontingenzmanagement unmittelbar in der natürlichen Umwelt des Kindes einzusetzen; bei den Entwicklungsrückständen liegt der Schwerpunkt der Wirksamkeit des Verfahrens auf der Möglichkeit des kontinuierlichen, intensiven Übens, z.B. in Form einer täglichen Übungssitzung, was von professionellen Therapeuten nicht geleistet werden kann.

Erst die Anleitung von Bezugspersonen ermöglicht auch die besprochene Form der Generalisationsschritte bei vielen Therapiemaßnahmen durch ihre kontrollierte Übernahme in die alltägliche Interaktion und Kommunikation. Das Gleiche gilt für den dritten besprochenen Bereich, die Verbesserung der Erziehungsbedingungen im Sinne von kontrollierter Erziehungsberatung bzw. von allgemeinem Elterntraining.

Eine entscheidende Vorbedingung der Wirksamkeit des Vorgehens besteht in der Kooperationsbereitschaft der betroffenen Bezugspersonen, ergänzt durch adäquate Anleitung und Supervision durch den Therapeuten. Um die Kooperationsbereitschaft zu steigern, hat es sich als günstig erwiesen, die Gestaltung der therapeutischen Schritte an den Problemen der Familie auszurichten, d.h. belastende Bereiche bevorzugt und mit hoher Intensität anzugehen und insbesondere nicht nur standardisierte Therapien anzuwenden, sondern auf die individuellen Probleme des Kindes oder Jugendlichen und seiner Bezugspersonen einzugehen.

Grundlegende Literatur

- Brack, U. B. (Hrsg.). (1993). Frühdiagnostik und Frühtherapie. Psychologische Behandlung von entwicklungs- und verhaltensgestörten Kindern (2. Aufl.). Weinheim: Psychologie Verlags Union.

- Brack, U. B. & Volpers, F. (1999). Sprach- und Sprechstörungen. In H.-C. Steinhausen & M. von Aster (Hrsg.), Verhaltenstherapie und Verhaltensmedizin bei Kindern und Jugendlichen (S. 95–130) (2. Aufl.). Weinheim: Psychologie Verlags Union.

- Briesmeister, J. M. & Schaefer, C. E. (Eds.). (1998). Handbook of parent training: Parents as co-therapists for children's behavior problems (2nd ed.). New York: Wiley.

Weiterführende Literatur

- Innerhofer, P. (1977). Das Münchener Trainingsmodell. Beobachtung, Interaktionsanalyse, Verhaltensänderung. Berlin: Springer.

- Tharp, R. G. & Wetzel, R. J. (1975). Verhaltensänderungen im gegebenen Sozialfeld. München: Urban & Schwarzenberg.

5.7
Bezugspersonen
als Kotherapeuten

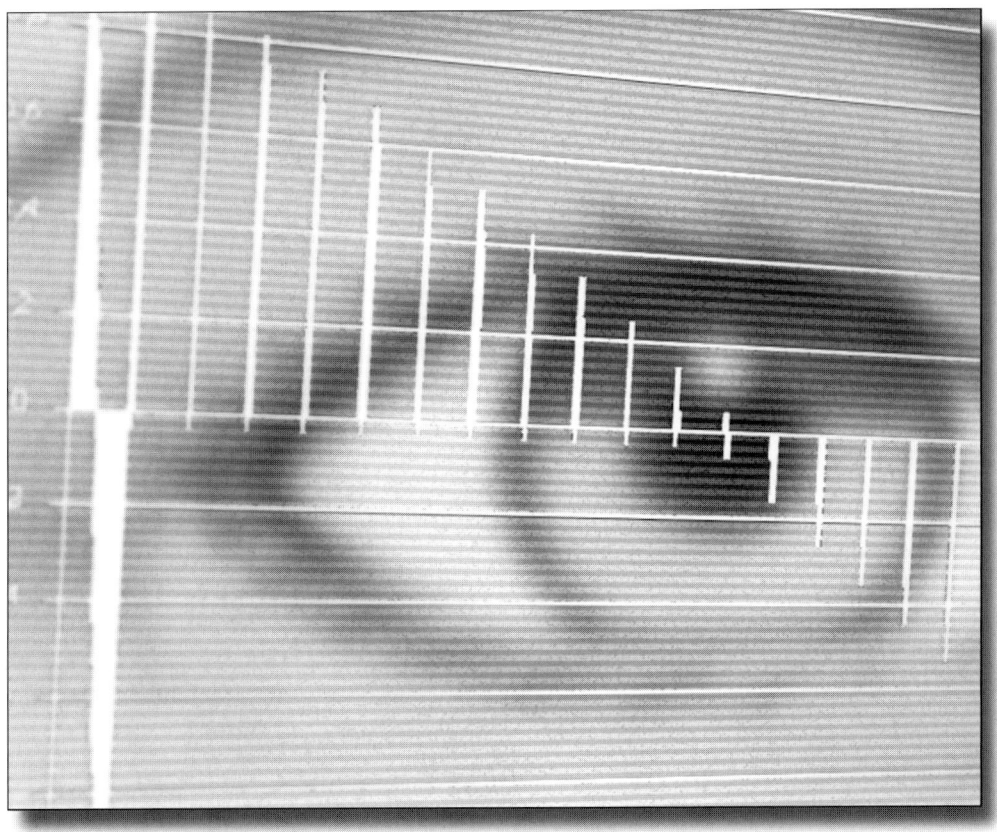

Biofeedbackverfahren

Angela Elvermann-Hallner und Gudrun Sartory

5.8.1
Anwendungsbeispiel

Die 11-jährige Lena berichtete über heftige, etwa dreimal wöchentlich auftretende Kopfschmerzen, die vom Stirnbereich ausgingen und oft über mehrere Stunden andauerten.
Sie fühlte sich dadurch sehr eingeschränkt und musste bereits einige Male den Unterricht verlassen. Lena galt als eine gute Schülerin, sie selbst zeigte sich sehr enttäuscht, wenn sie eine
schlechtere Note als „gut" erhielt. Sie erledigte nachmittags zunächst ihre Hausaufgaben und
nahm anschließend jeweils entweder am Musikunterricht, am Schwimmkursus oder Tanzun-

terricht teil. Damit sie ihr wöchentliches Pensum auch schaffen konnte, nahm sie, wenn Kopfschmerzen auftraten, häufig Schmerzmedikamente ein. Mittlerweile verspürte sie dadurch jedoch kaum noch Linderung und fühlte sich immer häufiger angespannt. Die Ableitung des Ruhe-EMG in der 2. Stunde wies auf eine sehr hohe Anspannung der Stirnmuskulatur hin. Gemeinsam mit der Patientin wurde vereinbart, in der Therapie über ein Biofeedback der Stirnmuskulatur die frühzeitige Wahrnehmung dieser Anspannung zu trainieren und schließlich eine Kontrollmöglichkeit über den Anspannungsgrad zu erlernen. Nach einer 15 Sitzungen umfassenden Therapie, in der neben dem EMG-Biofeedback ein Stressbewältigungstraining durchgeführt wurde, berichtete die Patientin von einer sehr deutlichen Reduktion der Häufigkeit und der Intensität der Schmerzen sowie von der Einstellung der Medikamenteneinnahme. Auch in den späteren Nachuntersuchungen zeigte sich, dass Lena Auslösesituationen für Anspannungen frühzeitig wahrnehmen und die erlernte Selbstkontrolle meist rechtzeitig zur Entspannung der betroffenen Muskulatur einsetzen konnte.

5.8.2
Kurzbeschreibung der Methode und ihres Hintergrundes

Biofeedbackverfahren haben wesentlich zur Entstehung der Verhaltensmedizin beigetragen. Das zugrunde liegende Modell psychosomatischer Störungen besagt, dass sich ursprünglich aus einer angeborenen Organschwäche oder Krankheit ein pathologischer Prozess entwickelt, dessen akute Phasen belastend sind und in der Folge die psychologische Belastung ihrerseits eine akute pathologische Episode auslösen kann. Der pathologische Prozess betrifft ein Organsystem, dessen Funktion nicht oder nur ungenau wahrgenommen wird und sich damit der Kontrolle des Individuums entzieht. Damit wird auch die Entwicklung pathologischer Prozesse nicht oder erst zu spät wahrgenommen. Zu diesem Zeitpunkt sind die Weichen für ihr Auftreten bereits gestellt bzw. ist die Auftretensschwelle herabgesetzt. Biofeedbackverfahren verschaffen eine kontingente Rückmeldung über die Aktivität des betreffenden Organsystems, womit die Voraussetzung für seine direkte Beeinflussung gegeben ist.

Beim Biofeedback wird mithilfe eines geeigneten Sensors die Aktivität eines biologischen Parameters (z.B. Muskelaktivität) erfasst, verstärkt und in ein visuelles oder akustisches Signal umgewandelt, welches dem Individuum dargeboten wird. Eine visuelle Rückmeldung erfolgt häufig durch eine Bildschirmanordnung, bei der eine Linie je nach Veränderung der physiologischen Aktivität auf- oder absteigt. Die akustische Rückmeldung kann einen über Kopfhörer vermittelten Ton darstellen, der je nach physiologischer Aktivität höher oder tiefer wird. Es ist dabei wesentlich, dass die Rückmeldung kontingent, d.h. unmittelbar, erfolgt. Patienten erhalten die Instruktion, das Signal zu verändern, z.B. die Linie zu senken oder den Ton tiefer werden zu lassen.

Abb. 1: **Exemplarische Darstellung einer elektromyographischen Ableitung und des visuellen und akustischen Biofeedbacks der Aktivität der Stirnmuskulatur**

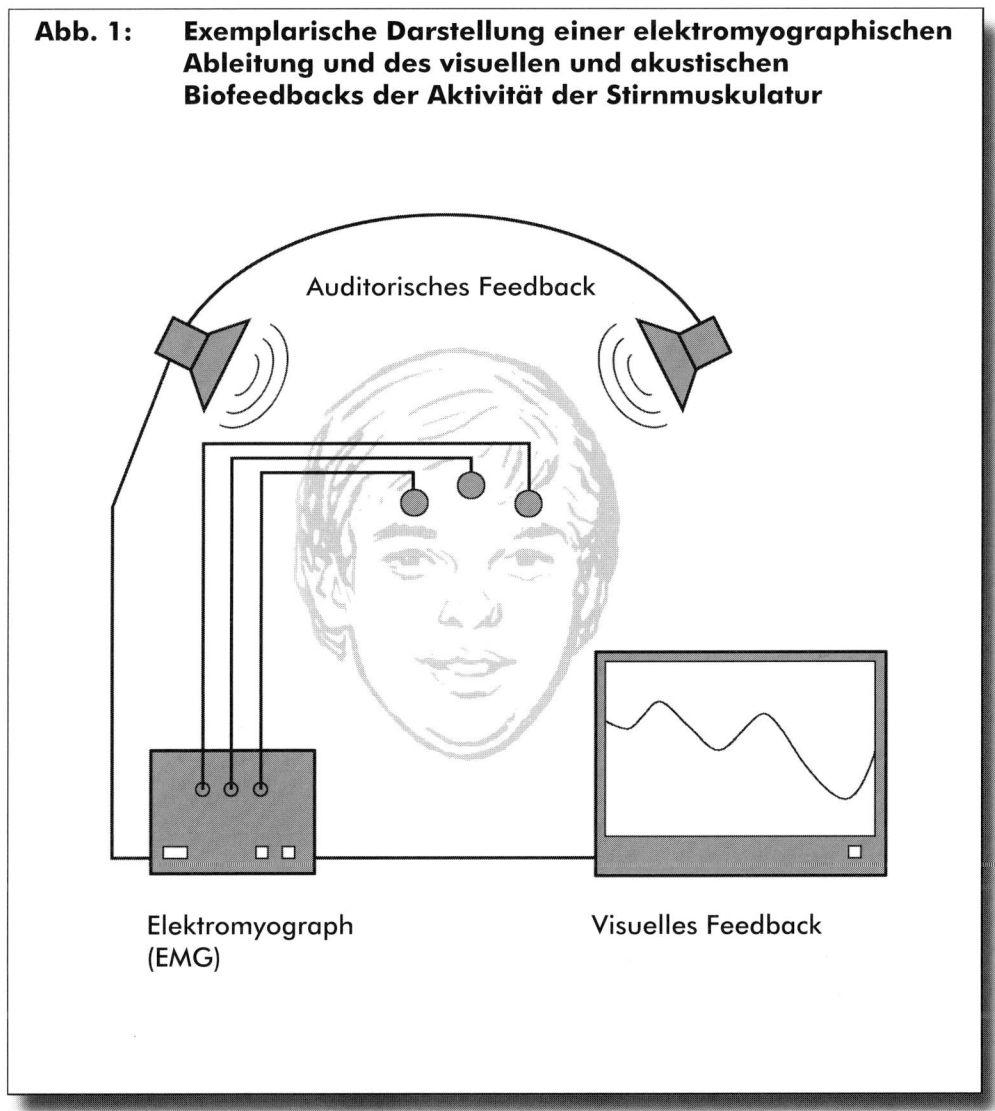

Auditorisches Feedback

Elektromyograph
(EMG)

Visuelles Feedback

5.8.3
Indikation

Unter den Indikationsbereichen befinden sich psychophysiologische Störungen, neurologische Störungen und Verhaltensstörungen. Der Anwendungsbereich umfasst relativ eng umgrenzte Funktionsstörungen und komplexe kognitive Störungen wie das hyperkinetische Syndrom. Biofeedbackmethoden werden teilweise direkt an dem an der Dysfunktion beteiligten Organ durchgeführt oder an einer Funktion, von der man annimmt, dass sie auf das beteiligte Organsystem generalisiert, bis hin zur generellen Entspannungshilfe. In allen diesen

Bereichen hat sich Biofeedback als erfolgreich erwiesen bzw. erfolgreicher als preiswertere Verfahren wie progressive Muskelentspannung.

Tabelle 1 zeigt eine Übersicht über die Indikationen, bei denen bei Kindern und Jugendlichen Biofeedbackverfahren angewandt werden. Auf die Anwendung des Biofeedbacks bei Sprechstörungen wie dem Stottern wird in Kap. 2.12 eingegangen.

5.8.4
Detaillierte Beschreibung des Vorgehens

Zu beachten ist, dass jedes Biofeedbacktraining in ein der jeweiligen Störung angemessenes verhaltenstherapeutisches Programm eingebettet sein sollte und dass bei der Behandlung von Kindern und Jugendlichen zur Erreichung einer maximalen therapeutischen Effektivität generell die Bezugspersonen einbezogen werden sollten.

Die Vorgehensweise der Biofeedbackbehandlung ist teilweise von der Art der rückzumeldenden Funktion und von Erfordernissen der dafür einzusetzenden kommerziellen Geräte abhängig. Im Folgenden finden die Funktionen Erwähnung, die bei den verschiedenen Indikationsbereichen rückgemeldet werden.

Psychophysiologische Störungen

Asthma bronchiale. Asthma bronchiale ist gekennzeichnet von anfallsartigen Verkrampfungen der Atemkanäle, die die Ausatmung erschweren oder unmöglich machen und bei den Betroffenen den Eindruck des Erstickenmüssens erzeugen (siehe Kap. 2.35). Als Auslöser gelten vor allem Umweltallergene sowie emotionale Reaktionen. Ein direktes Ansprechen der Dysfunktion besteht im Biofeedback des FEV (forced expiration volume); dabei soll innerhalb einer Sekunde das maximale Luftvolumen ausgeatmet werden. Die Ausatmungsmenge wird rückgemeldet und soll über die Durchgänge erhöht werden. Da Belastungszustände als auslösend oder beitragend erachtet werden, werden auch Biofeedbackmethoden, die zur Erleichterung oder Vertiefung der Entspannung dienen, eingesetzt. Unter diesen wurde vor allem das EMG-Feedback des Frontalismuskel angewandt.

Chronische Schmerzen. Zur Therapie erhöhter Muskelverspannungen hat sich die Rückmeldung der elektromyographisch an der betroffenen Muskulatur gemessenen Aktivierung (EMG) bewährt. Der Patient erlernt durch das Feedback, umschriebene Muskelgruppen zu entspannen und die Sensibilität für den Muskeltonus in der kritischen Körperregion zu erhöhen.

Spannungskopfschmerzen und Migräne. Bei der Behandlung von Spannungskopfschmerzen findet vor allem das EMG-Biofeedback des Frontalismuskels oder der Trapezmuskeln Anwendung. Über eine optische oder akustische (Tonhöhe) Rückmeldung erlernt der Patient eine bessere Diskriminierung der Muskelverspannung und ihrer Entspannung. Zur Therapie der Migräne eignet sich besonders das Hauttemperatur-Feedback der Hand. Diesem Verfahren liegt die Beobachtung zugrunde, dass bei einem Migräne-Anfall häufig eine große Diskrepanz zwischen der Kopfdurchblutung und dem Gefäßzustand der Peripherie herrscht, wel-

Tabelle 1: Übersicht über häufige Indikationsgebiete für Biofeedbackverfahren bei Kindern und Jugendlichen

(EMG = Elektromyographie; EEG = Elektroenzephalographie; EDA = elektrodermale Aktivität; Vasokonstriktion = Gefäßverengung; CNV = Contingente negative Variation)

Indikation	Mögliche Biofeedbacktherapie
1. Psychophysiologische Störungen	
Asthma bronchiale	Atemfeedback (Atemfrequenz, Atemwiderstand) EMG-Feedback (Frontalismuskel)
Chronische Schmerzen • Spannungskopfschmerz • Andere Verspannungsschmerzen • Migräne	Muskelentspannung (EMG-Feedback der Stirn- oder der Nackenmuskulatur) EMG der entsprechenden Muskelgruppe Atemfeedback Handtemperaturfeedback Vasokonstriktionstraining (Schläfenarterie)
• **Schlafstörungen**	Handtemperaturfeedback EMG-Feedback
Störungen der Ausscheidungsfunktionen • Inkontinenz (Enuresis/Enkopresis) • Obstipation	Flow-Feedback (Kontrolle des Urinflusses) EMG-Feedback (der Blasenmuskulatur, des Sphinktertonus, der Beckenbodenmuskelspannung)
2. Neurologische Störungen	
Neuromuskuläre Erkrankungen • Lähmungen, Spastizität	EMG-Feedback der betroffenen Muskulatur
• **Skoliose, Kyphose**	Feedback der Rumpfstreckung
• **Epilepsien**	EEG-Feedback (sensomotorischer Rhythmus, CNV)
• **Tinnitus**	EMG (u.a. der Stirnmuskulatur)
3. Verhaltensstörungen	
• **Hyperkinetisches Syndrom**	EEG-Feedback (Erhöhung der Beta-Aktivität, Reduzierung der Theta-Aktivität, CNV)

5.8 Biofeedbackverfahren

che durch das Temperatur-Feedback verringert werden kann. Damit kann die Häufigkeit und Intensität der Migräneanfälle deutlich reduziert werden. Eine weitere Biofeedbackmethode bei der Behandlung der Migräne stellt das Vasokonstriktionstraining dar, bei dem eine Rückmeldung der Pulsamplitude der Schläfenarterie gegeben wird, die verengt werden soll.

Schlafstörungen. Biofeedbackverfahren können je nach Ergebnis der Verhaltensanalyse und des Schlafprofils zur Behandlung von Schlafstörungen indiziert sein. Weist der Patient vor allem vor dem Einschlafen eine generell erhöhte Muskelanspannung auf, kann mittels der Durchführung eines EMG-Feedbacks diese Muskelanspannung reduziert und damit ein genereller Entspannungseffekt erzielt werden. In der Psychophysiologie des Schlafes spielt zudem die Hauttemperatur eine große Rolle.

Störungen der Ausscheidungsfunktionen. Bei Inkontinenzen von Harnblase und Mastdarm (Enuresis und Enkopresis) kann die Kontinenz mithilfe von Biofeedbackverfahren wieder erlernt und bei der Obstipation eine funktionale Defäkation erreicht werden. Ziel der Therapie bei der Inkontinenz ist es, die speziellen Muskeln, die das Zurückhalten des Harnflusses bzw. des Stuhldranges kontrollieren, zu trainieren und damit zu stärken. Das Feedback der Beckenbodenmuskulatur dient der Sensibilisierung der Wahrnehmung und einer gezielteren Kontrolle dieser Muskulatur. Die Muskelspannung des Beckenbodens wird dabei schmerzfrei über spezielle Elektroden erfasst und deren An- und Entspannung rückgemeldet. Generell werden bei Kindern im Gegensatz zu der Behandlung von Erwachsenen, bei denen Vaginal- oder Rektalelektroden verwendet werden, eher Oberflächenelektroden perianal appliziert. Ebenso kann die Enuresis mittels eines Blasentraining-Feedbacks, bei dem z.B. unter Verwendung eines Blasenkatheters eine Kontrolle des Urinflusses erlernt wird, erfolgreich behandelt werden. Ziel der Behandlung der fäkalen Inkontinenz (Enkopresis), z.B. nach partiellen Querschnittslähmungen oder anderen Schädigungen des Rückenmarks (z.B. Spina bifida), durch Biofeedbackverfahren ist es, durch Feedbacksensoren Wahrnehmungsprozesse zu stimulieren und die Kontrolle über die Sphinktermuskulatur zu erweitern. Dazu lassen sich unterschiedliche Verfahren einsetzen: Entweder werden dem Patienten dazu Ballons, die sowohl als Drucksensoren als auch als aufblasbare Druckstimulatoren fungieren, in den Rektalkanal eingeschoben oder EMG-Elektroden eingeführt bzw. Oberflächenelektroden perianal appliziert. Bei der Ballonmanometrie dient das Aufblasen des Rektalballons der Simulation von Stuhldruck, sodass der Patient über die Rückmeldung des Ausmaßes der Dehnung des Rektums und der Kontraktion bzw. Dilatation seines internen und externen Sphinkters eine Kontrolle über die Ausscheidungsfunktion erlernen kann.

Neurologische Störungen
Neuromuskuläre Erkrankungen. Bei der Behandlung neuromuskulärer Störungen erweisen sich besonders EMG-Feedbackmethoden als sehr effektiv, da sich durch die Rückmeldung der Muskelspannung sowohl einzelne motorische Einheiten selektiv ansprechen als auch ganz bestimmte neuromuskuläre Entladungsraten produzieren lassen. Einsatz finden Biofeedbackverfahren daher vor allem in der Rehabilitation von peripheren Lähmungen und spastischen Störungen. Bei spastischen Lähmungen kann in Abhängigkeit ihrer Ausprägung und Ursache durch die Rückmeldung der EMG-Aktivität eine allgemeine muskuläre Ent-

spannung und damit eine Reduktion der extremen Innervation der spastischen Muskelgruppen erreicht werden. Der Patient kann während des Trainings die Entladungsrate der betroffenen Muskeln akustisch oder optisch mit verfolgen und wird für die Reduktion der Muskelspannung (d.h. Abnahme der EMG-Impulsfrequenz) belohnt.

Skoliose und Kyphose. Bei der Behandlung der Skoliose (einer pathologischen seitlichen Verkrümmung der Wirbelsäule) und der Kyphose (einer sagittalen Verkrümmung der Wirbelsäule) finden Biofeedbackverfahren Anwendung, um den Patienten (oftmals vorpubertäre und pubertäre Mädchen) ihre fehlerhaften Körperhaltungen, die über ein voreingestelltes Maß hinausgehen, sowie deren Korrekturen zurückzumelden. Dieses geschieht kontinuierlich über ein Gerät, welches sie an ihrem Körper tragen. Bei Verkrümmung der Wirbelsäule ertönt ein Ton, der wieder aussetzt, wenn die Patientin ihre Haltung verbessert und sich wieder aufrichtet. Geschieht keine Haltungsverbesserung, erscheint der Ton noch lauter (u.a. Birbaumer, Flor, Cevey, Dworkin & Miller, 1994).

Epilepsien. Bei epileptischen Anfällen treten vermehrt 4- bis 7-Hz-Rhythmen aber kaum Rhythmen im Bereich von 12–17 Hz auf. Dieser so genannte „sonsomotorische Rhythmus" (SMR) über dem motorischen Projektionsfeld von 12–17 Hz wird mit einer motorischen Hemmung verbunden und gilt damit als mit dem Krampfgeschehen inkompatibel, sodass sich das Biofeedback auf das Training der Unterdrückung niedriger Frequenzen (theta und delta) und der Steigerung der hirnelektrischen SMR-Aktivität konzentriert. Dabei erhalten die Patienten ein visuelles oder akustisches SMR-Feedback, wobei beim Auftreten von Spannungswerten aus dem unteren Frequenzbereich (4–7 Hz) kein Feedback oder sogar negative Verstärkung (z.B. in Form von Time-out-Verfahren) erfolgt und das Auftreten von hohen Frequenzen positiv verstärkt wird.

Verhaltensstörungen
Hyperkinetisches Syndrom (HKS). Im Vergleich zu gesunden Kindern weisen Kinder mit einem hyperkinetischen Syndrom sowie mit Lernstörungen im EEG ein erhöhtes Ausmaß an langsamer Aktivität (Theta-Wellen) und ein verringertes Ausmaß an schneller Aktivität (Beta-Wellen) auf, sodass bei der Biofeedbackbehandlung eine Erhöhung der Beta-Aktivität trainiert wird.

Eine detaillierte Beschreibung der Vorgehensweise bei Biofeedbackverfahren wird im Folgenden am Beispiel des Handwärmetrainings gegeben, das sich bei Migräne als wirksam erwiesen hat.

Handwärmetraining bei kindlicher Migräne
Information. Wie bei allen Behandlungen von Kindern und Jugendlichen ist es erforderlich, mindestens einen Elternteil detailliert über das zugrunde liegende Modell der Störung (siehe Kap. 2.34) und die Vorgehens- und Wirkungsweise der Behandlung (s.o.) zu informieren. Auch dem betroffenen Kind oder Jugendlichen soll eine altersgemäße Erklärung der Störung und der sich daraus ergebenden Biofeedbackbehandlungsmethode gegeben werden. So können Kinder darauf hingewiesen werden, dass bei Migräne der Kopf zu warm und die Hände

zu kalt werden. Aus diesem Grund bestünde die Behandlung darin, die Hände wärmer zu machen, um Blut vom Kopf in die Hände zu verlagern.

Apparatives Vorgehen. Es stehen kommerzielle Biofeedbackgeräte mit unterschiedlichem Rückmeldemodus zur Verfügung. Da die Behandlung nach anfänglicher Gewöhnungszeit eher eintönig ist, empfiehlt es sich bei Kindern, ein Gerät mit einem interessanten oder unterhaltsamen Rückmeldemodus zu wählen. Bei dem Handwärmetraining wird ein Temperatursensor am kleinen Finger der nicht-dominanten Hand angebracht und das Kind in einer Einführungssitzung mit der Funktionsweise des Gerätes vertraut gemacht. Dazu soll es bereits zu diesem Zeitpunkt die Erfahrung machen, dass sich das Rückmeldesignal, z.B. ein Ton, mit der eigenen Anstrengung, die Handtemperatur anzuheben, verändert. Eine periphere Gefäßerweiterung – und damit Temperaturerhöhung – kann mittels langsamen Ausatmens bewirkt werden. Falls dies einem Kind nicht gelingen sollte, kann durch eine konkrete Vorgabe von Vorstellungsinhalten (z.B. „Stell dir vor, dass du die Hände in warmes Wasser hältst.") Hilfestellung gegeben werden.

Behandlungsplan. Biofeedbackbehandlung erfordert ein hohes Ausmaß an Konzentration und kann daher nur über kurze Zeit durchgeführt werden. Es empfiehlt sich bei Kindern, Zeiträume von etwa zehn Minuten anzusetzen, nach denen eine Pause von fünf Minuten eingelegt wird, während der das Kind über seine Erfahrungen sprechen kann. Während einer Sitzung sollten nicht mehr als zwei 10-Minuten-Phasen vorgegeben werden. Bei der Planung der Phasendauer müssen in jedem Fall die Konzentrationsfähigkeit und Motivation des betreffenden Kindes in Betracht gezogen werden.

Zusätzlich zur Veränderung des Signals werden bei Kindern auch Belohnungen eingesetzt. Jede Erreichung eines Teilzieles sollte kontingentes Lob nach sich ziehen. Nachdem man sich ein Bild über die „Leistungsfähigkeit" gemacht hat, sollte das Teilziel flexibel festgesetzt werden. Auch kleine Spielzeuggeschenke bei Erreichung von Behandlungszielen haben sich bei Kindern als motivationsförderndes Mittel durchgesetzt. Es gilt, dass diese zusätzliche Verstärkung anfangs häufig gegeben werden soll, um eine möglichst rasche Veränderung des Verhaltens zu bewirken, und dass sie später ausgeblendet werden soll, um eine Stabilisierung des Verhaltens bei Generalisierung auf den Alltag des Kindes zu erleichtern (der vielleicht nicht das gleiche Ausmaß an gezielter Verstärkung bereithält). Eine Generalisierung der gelernten Fertigkeit wird dadurch erleichtert, dass schon während der Sitzung Phasen der Nicht-Rückmeldung eingeschaltet werden, in denen das Kind die Temperatur ohne Biofeedbacksignal erhöhen soll. Diese Phasen sollten angesetzt werden, sobald das Kind die Temperatur mit Signal zufrieden stellend verändern kann. Eine weitere Generalisierungsmaßnahme für den Alltag stellen Übungen zur Temperaturveränderung bei gleichzeitig dargebotenen Stressoren dar, z.B. Kopfrechnen oder die Vorstellung einer belastenden Situation wie einsetzende Migräne-Symptome.

5.8.5
Wirksamkeit und Wirksamkeitsbedingungen

In einer Reihe von Bereichen erwiesen sich Biofeedbackverfahren bei Kindern erfolgreicher als bei Erwachsenen. Dieses könnte u.a. darauf zurückzuführen sein, dass sich Bildschirmspiele bei Kindern und Jugendlichen einer großen Popularität erfreuen und sich damit auch die direkte und anschauliche Rückmeldung der Feedbacksignale motivationssteigernd auswirkt. Möglicherweise sind bei Kindern und Jugendlichen aber auch die pathologischen biologischen Prozesse und Reaktionen noch formbarer als bei Erwachsenen. Aufgrund der Heterogenität sowohl der klinischen Indikationen als auch der Methoden der Biofeedbackverfahren stellt sich die Befundlage zur Effektivität dieser Verfahren nicht durchweg konsistent dar.

Beim **Asthma bronchiale** lassen sich durch eine Kombinationsbehandlung aus einem kontingenten EMG-Frontalisfeedback und einer muskulären Entspannungstherapie bereits nach wenigen Sitzungen die Atemfunktionsmaße erhöhen und die Anzahl und Schwere der Anfälle deutlich reduzieren. In der **Schmerztherapie** gelten vor allem bei chronischen Schmerzen muskulärer oder vaskulärer Genese Biofeedbackverfahren wie die Rückmeldung der Muskelspannung und Durchblutung als sehr effektive Behandlungsmaßnahmen. Bei der Behandlung von **Spannungskopfschmerzen** gilt vor allem das EMG-(Elektromyographie-)Biofeedback des Frontalismuskels oder der Trapezmuskeln als hoch wirksam. Das Verfahren führt zu einer etwa 50%igen klinischen Besserung. Bei der Behandlung der **Migräne** von Kindern und Jugendlichen erweist sich vor allem das Handwärmetraining als höchst effektiv zur Reduzierung der Anfallshäufigkeit und der Schmerzintensität. Studien zur Biofeedbackbehandlung von **Störungen der Ausscheidungsfunktionen** weisen bei Kindern ohne Organpathologie auf Erfolgsraten von ca. 90% bei der Verbesserung der Defäkation bzw. der Erreichung einer Kontinenz hin, aber auch bei vorliegender Schädigung des Rückenmarks (z.B. Spina bifida) kann häufig durch ein Biofeedbacktraining in Verbindung mit einem Edukationsprogramm und einem Toilettentraining die Harnblasen- und Mastdarmkontinenz hergestellt werden. Auch bei der Behandlung **neuromuskulärer Störungen** können sehr große klinische Erfolge erzielt werden, wobei sich das EMG-Feedback sowohl beim Erlernen der Muskelanspannung als auch der Muskelentspannung als therapeutisch nutzbar erweist. Da schon kleinste Effekte bei der Muskelaktivierung, die ansonsten nicht wahrnehmbar wären, zurückgemeldet werden, lässt sich durch das Training der betroffenen Muskulatur eine erhöhte Kontrolle über den Muskel und damit eine teilweise oder vollständige Wiederherstellung der Bewegungsfähigkeit einzelner Gliedmaßen erreichen, wobei die notwendige Behandlungsdauer von wenigen Sitzungen (z.B. beim Schreibkrampf) bis zu mehreren Monaten bzw. Jahren (wie z.B. bei Lähmungen) variiert. Es wird angenommen, dass das Biofeedback zu einer teilweisen Neuinnervation der verbliebenen Nervenbahnen führt. Auch bei der durch Biofeedback unterstützten Entspannung verkrampfter Muskelgruppen, wie zum Beispiel beim **Schreibkrampf**, lassen sich, ebenso wie bei der Behandlung von motorischen **Tics** und dem Muskeltremor, gute Erfolge erzielen. Der Einsatz von EEG-Biofeedbackverfahren in der Behandlung von **Epilepsien** führt zu einer deutlichen Reduktion der Anzahl der Krampfpotenziale, jedoch ist der klinische Effekt u.a. von den verschiedenen EEG-Ableitungsorten abhängig. So sind bei Ableitung vom somatosensorischen oder sensorimotorischen Kortex die höchsten Effekte zu verzeichnen. Es ist in der Regel ein sehr lang andauerndes Training notwendig, welches zudem nicht zu einer Heilung der Epilepsie führt. Jedoch kann der Patient eine willentliche Unterdrückung und damit eine bessere Kontrollmöglichkeit der epileptogenen Hirnaktivität erlernen. Untersuchungen belegen eine Reduzierung der Anfallshäufigkeit um mehr als 50%. Die mittels eines Biofeedbackgerätes unterstützte Regulierung von Körperfehlhaltungen bei der **Skoliose und Kyphose** erweist sich bei kontinuierlicher, mehrmonatiger Anwendung des Gerätes in einer Vielzahl der Fälle als so effektiv, dass es oftmals das belastende und schmerzhafte Korsett ersetzen kann. Das EEG-Biofeedback (Erhöhung der beta-Aktivität) zur Behandlung des **hyperkinetischen Syndroms** führt vor allem im Bereich kognitiver Beeinträchtigung zu einer deutlichen Besserung, jedoch weniger im Bereich auffälligen, aggressiven Verhaltens (u.a. Linden, Habib & Radojevic, 1996).

Zusammenfassend erweist sich bei einer Vielzahl von Störungen, die mit einer Veränderung physiologischer Parameter einhergehen, eine Kombination von Biofeedbackverfahren mit kognitiven Methoden der Verhaltensmodifikation als sehr effektiv.

Grundlegende Literatur

- Birbaumer, N., Flor, H., Cevey, B., Dworkin, B. & Miller, N. E. (1994). Behavioral treatment of skoliosis and kyphosis. Journal of Psychosomatic Research, 38, 623–628.

- Linden, M., Habib, T. & Radojevic, V. (1996). A controlled study of the effects of EEG biofeedback on cognition and behavior of children with attention deficit disorder and learning disabilities. Biofeedback and Self Regulation, 21, 35–49.

Weiterführende Literatur

- Andreassi, J. L. (1989). Psychophysiology: Human behavior and physiological response. Kap. 14: Clinical applications of biofeedback (pp. 363–392) (2nd ed.). Hillsdale: Lawrence Erlbaum Associates, Publishers.

- Miltner, W., Birbaumer, N. & Gerber, W.-D. (1986). Verhaltensmedizin. Berlin: Springer-Verlag.

Praktische Anwendungshandbücher

- Schwartz, M. S. (1995). Biofeedback: a practitioner's guide. New York: The Guilford Press.

- Basmajian, J. V. (1983). Biofeedback. Principles and practice for clinicians (3rd ed.). Baltimore: Williams & Wilkins.

5.8
Biofeedbackverfahren

Neuropsychologische Interventionsverfahren

Deborah J. Behle und Irene Daum

5.9.1
Anwendungsbeispiel

Die Entwicklung des 8-jährigen Jörg war bisher unauffällig verlaufen. Nach einem Auto-unfall mit schweren Thoraxverletzungen, inneren Blutungen, Kopfverletzungen und Be-wusstlosigkeit traten jedoch zunächst kurzfristige (Verwirrung, Sprachschwierigkeiten) und später längerfristige Schwierigkeiten zu Hause und in der Schule auf: Er konnte sich kaum mehr auf die Hausaufgaben konzentrieren, zeigte beim Spielen keine Geduld und Ausdauer, reagierte hektisch und ziemlich planlos, wurde rasch wütend und ungehalten und hatte zu-nehmend größere Probleme beim Lesen. Jörg wurde daraufhin neuropsychologisch unter-sucht. Dabei zeigten sich deutliche Schwächen (verlangsamte Verarbeitungsgeschwindigkeit, Beeinträchtigung der geteilten Aufmerksamkeit), aber auch weitgehend intakte Funktionen (Allgemeinintelligenz, Sprache, visuell/räumliche Wahrnehmung, angemessene Durch-führung von Bewegungsabfolgen).

Jörg erhielt wegen der Aufmerksamkeitsprobleme eine neuropsychologische Behandlung. Er absolvierte dabei computergesteuerte Übungen, um seine selektive Aufmerksamkeit zu verbessern. Gleichzeitig wurden Konzentrationsübungen durchgeführt und Strategien zum besseren Textverständnis beim Lesen eingeübt. Zusätzlich wurden die Eltern angeleitet, die Übungstherapie in der häuslichen Umgebung zu unterstützen. Hierbei wurde betont, dass Überforderung, etwa durch zu langes Üben, zu vermeiden sei. Sie lernten, wie sie Jörg bei Vorlese- oder Aufmerksamkeitsübungen positiv verstärken konnten (z.B. Lob, zusätzliche Spielzeit mit dem Vater), statt bei Fehlern ständig mahnend einzugreifen. Sie sollten auch seine Fortschritte im Alltag registrieren und ihn dafür loben. Die schulischen Probleme, aber auch die Alltagsschwierigkeiten des Kindes verringerten sich im Laufe der Behandlung er-heblich. Jörg konnte in die dritte Klasse versetzt werden, wiewohl noch Schwierigkeiten beim Lesen und in seiner Konzentrationsfähigkeit fortbestanden.

5.9.2
Kurzbeschreibung der Methode und ihres Hintergrundes

Die neuropsychologische Rehabilitation ist eine relativ neue Disziplin, die bei Kindern noch wenig weit entwickelt ist. Dies liegt vor allem daran, dass man lange Zeit annahm, das kindliche Gehirn sei extrem plastisch und kompensiere eine Schädigung, ob durch Ver-letzung oder fehlgeschlagene Entwicklung, rasch und weitgehend automatisch. Inzwischen ist jedoch bekannt, dass dem nicht so ist. Vielmehr hängt die funktionale Verarbeitung einer

Schädigung sowohl vom Zeitpunkt des Traumas (durch Verletzung, Krankheit, genetischen Defekt oder Noxen verursacht) im Entwicklungsverlauf des Kindes als auch von den aktuellen Anforderungen ab, die an ein Kind gestellt werden.

Die neuropsychologische Rehabilitation stützt sich auf Überlegungen über die Grundlagen menschlichen Handelns. Mit Luria (vgl. Deegener, Dretel, Kassel, Mathei & Nödl, 1992) wird davon ausgegangen, dass dem Verhalten funktionale Systeme zugrunde liegen. Das Diktatschreiben erfordert beispielsweise, dass die auditiven Signale analysiert und dekodiert werden, eine Übersetzung in Phoneme erfolgt, die Lautgruppen über „inneres Sehen" in verbal-optische Signale umkodiert und in Wortbilder übersetzt werden sowie Schreibbewegungen ausgeführt und kinästhetisch gesteuert werden. Mit einem Wort: Die Tätigkeit kann als Folge und Vernetzung von einzelnen Schritten beschrieben werden. Mehr noch, diese Einzelschritte bilden ein funktionales System, das wiederum ungestörte Funktionen (etwa Aufmerksamkeit, Sprache, Gedächtnis, Grob- und Feinmotorik, Problemlösen und planendes Denken, visuelle und räumliche Wahrnehmung) voraussetzt. Sind diese Funktionen jedoch gestört, etwa aufgrund von zentralnervösen Schädigungen, Krankheit oder Trauma, wird das funktionale System nicht etabliert und es kommt zu charakteristischen Verhaltensschwierigkeiten. Die Ausführung des Gesamtverhaltens gelingt nicht mehr, weil einzelne Glieder der Verhaltenskette nicht oder mit nicht ausreichender Sicherheit ausgeführt werden können.

An dieser Stelle setzen neuropsychologische Interventionen an. Sie versuchen entweder, das für das gestörte Verhalten verantwortliche Gehirnareal zu identifizieren, um daraus Hypothesen für wirksame Interventionen (z.B. Aufbau intakter Funktionen) zu entwickeln, oder konzentrieren sich eher auf die beobachteten und aus dem Verhalten erschlossenen Funktionsstörungen (z.B. Wahrnehmung, Gedächtnis, Konzentration), um wirksame Interventionen für die Verbesserung dieser Einzelfunktionen zu unternehmen.

Verhaltenstherapeutische Rehabilitation versucht zunächst, in einem hypothesengeleiteten Vorgehen die Gründe herauszufinden, woran es liegt, dass ein Kind wiederholt scheitert. Ein Beispiel dafür ist Jörg, dessen Leseschwierigkeiten letztendlich in Aufmerksamkeitsproblemen begründet waren. Sodann werden Interventionen unternommen, um die gestörten Funktionen entweder wiederherzustellen oder zu kompensieren. Dabei kann man sich auf die Erkenntnis stützen, dass eine gestörte Funktion auch von anderen Gehirnarealen übernommen werden kann und ein Tätigkeitsergebnis (etwa das Schreiben eines Diktats) auf ganz unterschiedliche Art und Weise von einem Menschen erbracht werden kann (z.B. „Lippenlesen" bei auditiven Schwierigkeiten; Prinzip der Polyvalenz und Austauschbarkeit). Um dies zu erreichen, greifen neuropsychologische Interventionen auf gängige Methoden der Verhaltenstherapie sowie auf die herkömmlichen psychometrischen Verfahren zurück.

Die Therapie zielt darauf ab, entweder die vorhandenen funktionalen Schwächen ganz gezielt zu verbessern oder die vorhandenen Stärken so auszubauen, dass funktionale Schwächen kompensiert werden („direktes Angehen der Schwächen" oder „Ansetzen an den Stärken"; Rourke, Bakker, Fisk & Strang, 1983; Heubrock & Petermann, 1997). Dazu bedient man sich vor allem übender Verfahren, bei denen die Klienten die gestörte Funktion (etwa Aufmerksamkeit) gezielt trainieren. Diese Trainingsprogramme sind lerntheoretisch fundiert und müssen, um effektiv zu sein, folgende Merkmale erfüllen:

- Sie müssen auf präzisen Vorstellungen über die zu übenden Funktionen, ihren Aufbau und die neuropsychologische Struktur beruhen. Beispielsweise besteht „Aufmerksamkeit" aus verschiedenen Prozessen (phasische Aktivierung, selektive Aufmerksamkeit, geteilte Aufmerksamkeit und Vigilanz), die voneinander relativ unabhängig sind und sich in unterschiedlichen Hirnarealen befinden.
- Sie beruhen auf einer genauen Diagnose der individuellen Störung. Beispielsweise müssen bei einem Patienten nicht alle der zuvor benannten Aufmerksamkeitsfunktionen gleichermaßen gestört sein. Eine effektive Intervention setzt aber voraus, dass die gestörten bzw. erhaltenen Funktionen identifiziert werden, um geeignete Übungen einzusetzen.
- Sie basieren auf lerntheoretischen und verhaltenstherapeutischen Prinzipien (etwa positive Verstärkung, Shaping, Chaining, Response-Cost, Rückmeldung über die Leistung), die gezielt zum Aufbau von neuem Lernen eingesetzt werden. An dieser Stelle soll jedoch bemerkt werden, dass andere Techniken außer den verhaltenstherapeutischen bei der neuropsychologischen Rehabilitation sowohl nützlich als auch notwendig sein können. Neben den kognitiven bzw. motorischen Funktionsstörungen gibt es auch psychologische Faktoren wie Motivation, Angst, Selbstwertgefühl oder Bewusstheit über Behinderungen, die bei der Behandlung berücksichtigt werden müssen (Rourke et al., 1983).
- Sie üben die gestörten Funktionen im Rahmen von Alltagsanforderungen (etwa Tagebuch schreiben oder den Alltag strukturieren) als Gedächtnisübungen. Reine „Drill und Practice"-Programme (z.B. Wortlisten lernen) erweisen sich hingegen als wenig förderlich. Vielmehr sollten die Übungen auch zu Hause bzw. mit anderen (Familienmitglieder, Lehrer) unter genauer Anleitung und Supervision durch den Therapeuten durchgeführt werden. Hierbei kommt es beispielsweise auf die Regelmäßigkeit der Übungen, die richtige Dosierung und angemessene Rückmeldung bzw. Belohnung an.

In der Behandlung medikamentenresistenter epileptischer Kinder wird zudem mit Erfolg auch auf Verhaltensmodifikation zurückgegriffen. Dabei werden die Anfälle von den betroffenen Kindern sowie von den Therapeuten, Eltern und Lehrern genau analysiert (z.B. Welche Wahrnehmung geht subjektiv mit dem Beginn eines Anfalls einher, unter welchen Bedingungen treten die Anfälle auf, wie reagiert die Umwelt auf die Anfälle?). Anschließend werden Methoden zur Unterdrückung von Anfällen (wie Biofeedback) bzw. Verstärkung des „gesunden" Verhaltens trainiert (Dahl, 1992).

Letztlich beziehen sich neuropsychologische Interventionen auch auf die Therapie gestörten Sozialverhaltens, wenn dieses auf gestörte Hirnfunktionen zurückzuführen ist (etwa Impulsivität, Aggression, mangelnder Antrieb). Dabei werden als verhaltenstherapeutische Techniken Kontingenzmanagement (positive Verstärkung, Response-Cost, Time-Out), Rollenspiel und Selbstkontrollverfahren angewandt, um angemessenes Sozialverhalten aufzubauen und zu festigen.

Die Therapie von hirngeschädigten Kindern erfordert eine genaue Strukturierung (etwa Planung der einzelnen Therapieschritte, graduelle Steigerung der Anforderungsschwierigkeit, gezielte Generalisierungsübungen, Einplanung von explizitem Feedback). Zudem verlangt die neuropsychologische Diagnostik und Therapie Spezialwissen, das nicht unbedingt zur Grundausbildung von klinischen Psychologen gehört. Auch kann man oft nicht ohne weiteres entscheiden, ob einer Störung (wie hyperkinetisches Verhalten) eine funktionale Beeinträchtigung zugrunde liegt oder nicht. Deshalb ist es nicht nur ratsam, sondern oft notwendig, einen ausgebildeten Neuropsychologen zu Rate zu ziehen.

5.9.3
Indikation

Eine neuropsychologisch fundierte Diagnostik und gegebenenfalls neuropsychologische Rehabilitation ist bei einer ganzen Reihe von Störungen angezeigt. Hierzu gehören zunächst verschiedene Entwicklungsstörungen (z.B. umschriebene Sprachstörungen, F80; schulische Fertigkeiten, F81; motorische Funktionen, F82, tief greifende Entwicklungsstörungen, F84). Weitere Störungen mit zentralnervösem Hintergrund sind Intelligenzminderung (F70–79), hyperkinetische Störungen (F90) und Tic-Störungen (F95). Neuropsychologische Funktionsstörungen sind weiterhin bei Traumen und Krankheiten zu erwarten, die dem Gehirn Schaden zufügen wie Hirntumor (C70, 71, 72), Epilepsie (G40), Schädel-Hirn-Trauma (S70).

5.9.4
Detaillierte Beschreibung des Vorgehens

Diagnostik

Eine neuropsychologische Untersuchung ist immer dann indiziert, wenn hirnorganische Gründe für gestörte bzw. verzögerte Funktionen und Fertigkeiten vermutet werden. Dies ist besonders bei folgenden Warnsignalen in Zusammenhang mit auffälligem bzw. problematischem Verhalten geboten: (a) plötzlicher Verlust von bereits erworbenen Fähigkeiten (z.B. sprachlichen Fertigkeiten); (b) das Nicht-Erreichen von „Meilensteinen" der Entwicklung; (c) Veränderungen im Sozialverhalten, Unkonzentriertheit, Vergesslichkeit, Impulsivität, Apathie – besonders wenn solche Probleme nach Kopfverletzungen oder Erkrankungen mit hohem Fieber auftreten.

Jede neuropsychologische Intervention beginnt mit einer sorgfältigen Diagnostik, die sowohl die erhaltenen als auch gestörten Funktionen erfasst und die klären hilft, inwiefern hirnorganische versus psychoreaktive Faktoren für die Störungen verantwortlich sind. Dazu werden aufgrund von Hintergrundinformationen (medizinische Befunde, Verhaltensbeobachtung, Berichte der Eltern oder Lehrer) zunächst Hypothesen über die möglichen Störungsursachen aufgestellt. In Jörgs Fall wusste der Neuropsychologe beispielsweise, dass Schädel-Hirn-Trauma oft mit Folgeschäden einhergehen, und hatte Kenntnis von Jörgs plötzlichem unkonzentriertem Verhalten. Andererseits demonstrierte Jörg keine Zeichen eines posttraumatischen Belastungssyndroms, wie etwa Überängstlichkeit, Vermeidungsverhalten oder Alpträume.

Die aufgestellten Hypothesen werden teils mit altersgenormten Testverfahren, teils anhand von Arbeitsproben, informellen Tests und Verhaltensbeobachtungen überprüft. Die diagnostischen Daten werden inter- (Vergleich mit der Leistungsnorm von Gleichaltrigen) und intraindividuell (individuelles Leistungsprofil zur Ermittlung der relativen Stärken und Schwächen) ausgewertet. Als normierte Verfahren stehen im deutschen Sprachraum vor allem die Berliner-Luria-Neuropsychologische Verfahren für Kinder (BLN-K) und die Tübinger Luria-Christensen Neuropsychologische Untersuchungsreihe für Kinder (TÜKI) zur Verfügung. Sie erfassen fast alle wichtigen Funktionsbereiche. Bei der TÜKI werden zum Beispiel Lateralität, motorische Funktionen, akustisch-motorische Koordination, höhere hautkinästhetische Funktionen, höhere visuelle Funktionen, rezeptive und expressive Sprache sowie mnestische und Denk-Prozesse untersucht. (Genauere Beschreibungen der Funktionen und dazugehörigen Aufgaben sind Deegener et al., 1992 zu entnehmen.) Anhand von herkömmlichen Intelligenztests (etwa HAWIVA, HAWIK-R, K-ABC) können sowohl globale intellektuelle Störungen als auch Störungen in einzelnen Funktionsbereichen erfasst werden. Beispielsweise erfasst der Mosaik-Test aus dem Wechsler-Intelligenztest die räumliche Wahrnehmung sowie konstruktive Fähigkeiten (siehe Lösslein & Deike-Beth, 1997). Leider muss festgestellt werden, dass für viele Verfahren keine zuverlässigen Normen existieren. Die intraindividuelle Auswertung ist dann besonders wichtig. Bei den Diagnostikergebnissen sollte immer die Verbindung zu den beobachteten Schwächen/Stärken des Kindes gesucht werden.

Anhand der diagnostischen Informationen wird bestimmt, welche kognitiven Funktionen beeinträchtigt sind und welche Funktionen im Vordergrund der Intervention stehen werden. Dies ist beispielsweise besonders dann wichtig, wenn bei einem Kind mehrere Funktionen gleichzeitig beeinträchtigt sind und sich diese Funktionen wechselseitig beeinflussen. Ein aufmerksamkeitsgestörtes Kind kann beispielsweise neue Informationen nicht mehr ablenkungsfrei aufnehmen. Seine Aufmerksamkeitsprobleme behindern aber auch die Entwicklung anderer Funktionen, etwa des Gedächtnisses oder der Wahrnehmung, was wiederum seine Aufmerksamkeitsproblematik verstärkt, weil beispielsweise Wahrnehmungsstörungen zu Frustration und zu Vermeidungsverhalten führen. Es ist daher im Allgemeinen ratsam, grundlegende Funktionsstörungen – wie Aufmerksamkeitsprobleme oder Gedächtnisstörungen – bevorzugt anzugehen.

Für die verschiedenen Beeinträchtigungen empfehlen sich meistens übende Verfahren mit operanter Vorgehensweise (bzw. Biofeedback für Epilepsie).

Übende Verfahren

Die Rehabilitationsmaßnahmen beziehen sich entweder auf die Verbesserung der gestörten Funktion oder deren Kompensation. Für die Übungsprogramme stehen teilweise Standardprogramme zur Verfügung, die Aufmerksamkeit, Gedächtnis, visuelle/räumliche Wahrnehmung oder Problemlösen ausbilden (z.B. Denktraining nach Klauer, 1989; Programme von Rigling, 1998). Solche Programme sind jedoch kein Allheilmittel und bergen die Gefahr, an den alltagsrelevanten Problemen „vorbei-zu-üben". Deshalb ist die Kreativität des Therapeuten gefragt, um selbst passende Aufgaben für den Patienten zu entwickeln. Dazu muss er/sie sich auf diagnostische Information und eine genaue Verhaltensanalyse der zu trainierenden Funktion stützen. Ferner werden der Entwicklungsstand des Kindes, die Art und Schwere der Störung(en), relevante medizinische Informationen (wie Medikamente, neurologische Befunde), die Motivation des Kindes und die Einstellung der Familie zu der Beeinträchtigung bei der Auswahl der Aufgaben und Zusammenstellung des Übungsprogramms berücksichtigt.

Die Aufgaben, die letztlich zur Anwendung kommen, sollen möglichst alltagsnah gestaltet sowie möglichst interessant und ansprechend sein. Die Übungen werden dem Leistungsgrad des Patienten angepasst, um ein graduelles Lernen mit positiven Erlebnissen zu ermöglichen. Hierzu werden erst Baseline-Messungen vorgenommen. Eine Anfangsstufe wird gewählt, die vom Patienten mit vielen Erfolgserlebnissen gemeistert werden kann. Bei Computerprogrammen muss der Patient gezielt reagieren (z.B. einen Pfeil planvoll durch ein Labyrinth steuern, über den Bildschirm verstreute Wörter auf ihren Sinn überprüfen, auf bestimmte Reize möglichst schnell reagieren). Ähnliche Übungen können auch ohne Computer durchgeführt werden (z.B. Papier-Labyrinthe, motorische Reaktionen auf verbale Stimuli). Der Therapeut hat dabei folgende Aufgaben:

- Er muss sich versichern, dass das Kind die Instruktionen versteht.
- Er muss Rückmeldung über die Leistung geben. Bei Computerprogrammen ist es meistens möglich, ein Leistungsprofil zu erstellen, das vom Therapeuten zu erläutern ist.
- Er muss Rückmeldung über die angewandten Strategien geben, evtl. alternative Strategien herausarbeiten.
- Er muss das Kind durch Lob und positive Verstärkung ermutigen sowie seine Motivation aufrechterhalten.
- Er muss sich die Aufgaben schrittweise schwieriger machen, wenn die Leistung auf einer Stufe bereits sicher gelingt. Hier ist es ratsam, Erfolgskriterien im Voraus zu definieren (z.B. mindestens 80% richtige Lösungen in drei aufeinander folgenden Sitzungen).

Manchmal wird ein Ziel trotz Anstrengung und guter Motivation nicht erreicht. Dann muss überlegt werden, ob die Aufgabe zu schwierig war und in welchem Fall eine Zurückstufung hilfreich sein kann. Eine andere Erklärung wäre, dass die Aufgabe unangemessen war und die Diagnostikergebnisse eventuell fehlinterpretiert wurden. Dann müssen andere Interventionen ausprobiert werden. Es ist natürlich auch möglich, dass das Kind zu weiteren Fortschritten in dem Bereich nicht mehr fähig ist.

Einbeziehung der Eltern

Die Eltern werden gezielt in eine neuropsychologische Therapie mit einbezogen. Auf diese Weise erhöht sich die Übungshäufigkeit der Kinder erheblich, und die Therapie wird insgesamt alltagsnäher durchgeführt. Die Eltern werden sorgfältig in die Mediatorenrolle eingewiesen und gezielt trainiert. Hierzu müssen zunächst die Ziele der Therapie besprochen sowie die Übungen bzw. Verhaltenssequenzen erklärt und demonstriert werden. In regelmäßigen gemeinsamen Gesprächen zwischen Eltern und Therapeut werden die durchgeführten Übungseinheiten besprochen und reflektiert sowie die nächsten Einheiten geplant (vgl. Kap. 5.7). Allerdings ist auch darauf hinzuweisen, dass nicht alle Eltern in der Lage sind, eine aktive Rolle bei der Therapie zu übernehmen (z.B. wenn die Therapie nur von „Professionellen" durchgeführt werden soll, wenn die Eltern angesichts der Beeinträchtigungen ihres Kindes emotional zu belastet oder durch Arbeit oder Geschwisterkinder überfordert sind).

Anbahnung von Generalisierung

Die Übungsprogramme sollen letztendlich das Alltagsverhalten verbessern. Gerade bei hirnverletzten Menschen ist aber die Fähigkeit oft eingeschränkt, das Gelernte unter neuen Bedingungen anzuwenden. Wenn ein Patient in der Klinik lernt, den Weg von seinem Zimmer bis zum Therapieraum allein zu finden, heißt das nicht, dass er/sie jetzt in der Lage ist, den Weg vom Haus zum Bäcker zu finden. Dazu ist es notwendig, Situationen aus dem Alltag zu explizieren und das Verhalten möglichst vor Ort (z.B. den Weg zur Schule, zum Laden, zu Freunden) zu üben. Ferner erweist es sich als nützlich, den Kindern allgemeine, situationsübergreifende Strategien im Sinne fester Handlungsroutinen (etwa um Hilfe bitten und die Antwort aufschreiben, die Umgebung gezielt absuchen) zu vermitteln, die sie einsetzen können, um sich in verschiedenen Situationen (z.B. im Laden, im Bus, in der Schule) zu orientieren. Die Anbahnung der Generalisierung erfordert vom Therapeuten eine Bereitschaft zur Arbeit außerhalb der Praxis sowie die Kreativität, sinnvolle Übungen aufzubauen. Hierbei ist sowohl die Mitarbeit seitens der Familie und der Schule als auch die Möglichkeit einer Betreuung des Kindes über eine längere Zeitspanne sehr wichtig.

5.9.5
Wirksamkeit und Wirksamkeitsbedingungen

Neuropsychologische Maßnahmen bei Kindern und Jugendlichen wurden bisher nur unzureichend untersucht. Viele Veröffentlichungen beschreiben Interventionen mit Erwachsenen, deren Anwendbarkeit bei jüngeren Patienten noch nicht abgeklärt wurde. Andere beziehen sich auf Einzelfallstudien, wobei häufig Angaben zum Baseline-Status oder unabhängige Beurteilung des Erfolgs fehlen. Dennoch sind die Ergebnisse ermutigend. Insbesondere operante Techniken haben sich bei Verhaltensstörungen als erfolgreich erwiesen. Bei vielen anderen kognitiven Beeinträchtigungen ist oft eine Verbesserung, wenn nicht sogar eine komplette Wiederherstellung der gestörten Funktion zu erwarten.

Bei Kindern, die jünger als 9 Jahre sind, bestehen in vielen Fällen günstigere Behandlungsaussichten. Die Schwere eines Traumas bzw. Entwicklungsrückstandes ist ein weiterer Gesichtspunkt. Je schwerer das Trauma, desto mehr Funktionen sind wahrscheinlich umso nachhaltiger gestört. Jedoch führen gerade auch bei schwer hirntraumatisierten Patienten Verhaltensübungen und weitere Verfahren der Verhaltensmodifikation zum Aufbau zentral bedeutsamer Kompetenzen, sodass einerseits die Selbstständigkeit erhöht und andererseits die affektiven Begleitproblematiken reduziert werden.

Grundlegende Literatur

- Heubrock, D. & Petermann, F. (1997). Neuropsychologische Störungen. In F. Petermann (Hrsg.), Fallbuch der klinischen Kinderpsychologie (S. 227–251). Göttingen: Hogrefe.

- Neuhäuser, G. (1995). Neuropsychologische Störungen. In F. Petermann (Hrsg.), Lehrbuch der klinischen Kinderpsychologie (S. 381–401). Göttingen: Hogrefe.

- Rourke, B. P., Bakker, D. J., Fisk, J. L., & Strang, J. D. (1983). Child neuropsychology. New York: The Guilford Press.

Weiterführende Literatur

- Deegener, G., Dietel, B., Kassel, H., Matthaei, R. & Nödl, U. (1992). Neuropsychologische Diagnostik bei Kindern und Jugendlichen: Handbuch zur TÜKI. Weinheim: Psychologie Verlags Union.

- Heubrock, D. (1994). Aspekte der Verhaltensmodifikation beim Frontalhirn-Syndrom. Kindheit und Entwicklung, 3, 101–107.

Materialien

- Dahl, J. (1994). Epilepsy. Seattle: Hogrefe & Huber.

- Klauer, K. J. (1989). Denktraining für Kinder I. Ein Programm zur intellektuellen Förderung. Göttingen: Hogrefe.

- Lösslein, H. & Deike-Beth, C. (1997). Hirnfunktionsstörungen bei Kindern und Jugendlichen: Neuropsychologische Untersuchungen für die Praxis. Köln: Deutscher Ärzte-Verlag.

- Rigling, P. (1998). Hirnleistungstraining per Computer: Programmdokumentation und Software-Katalog. Waldbronn: P. Rigling Reha-Service.

5.9

Neuropsychologische
Interventionsverfahren

Kapitel 6

Qualitätssicherung/ Evaluation

Erfolgskriterien

Andreas Beelmann

6.1.1
Therapieziele und Erfolgskriterien

Eine fundierte Beurteilung des Therapieerfolges ist heute aus verschiedenen Gründen unumgänglich: Sie dient zunächst der Eigenkontrolle des Therapeuten, sodann der Weiterentwicklung der therapeutischen Verfahren und nicht zuletzt der Einhaltung rechtlicher Vorschriften (Wirksamkeitsnachweis im Rahmen einer umfassenden Qualitätssicherung; vgl. SGB V, 135ff.). Um die Wirksamkeit von Therapien zweifelsfrei zu erfassen, sind sowohl methodische (etwa Untersuchungsplanung; vgl. Kern, Kap. 6.2) als auch inhaltliche Überlegungen anzustellen. Letztere beziehen sich vor allem auf die Festlegung von geeigneten Erfolgskriterien. Die Frage, ob eine Therapie tatsächlich wirksam war und wie der Erfolg zu bestimmen ist, muss in der Praxis für jeden Klienten individuell beantwortet werden. Aus diesem Grund bedient man sich einer (deduktiven) Ableitung von Erfolgskriterien aus Therapiezielen: Allgemeine Therapieziele werden auf den einzelnen Klienten übertragen und zu tatsächlich feststellbaren Kriterien verdichtet (operationalisiert). Abbildung 1 gibt diesen Weg schematisch wieder.

Am Anfang stehen drei allgemeine Therapieziele bei Kindern und Jugendlichen: 1) die Heilung oder Linderung einer Störung (eines Problems/einer Schwierigkeit), 2) die Förderung der Entwicklung sowie 3) die Steigerung der Lebensqualität. Dabei ist die Heilung/Linderung einer Störung den beiden anderen Zielen übergeordnet, da mit dem Nachlassen von Symptomen in der Regel gleichzeitig auch die Entwicklung des Kindes oder Jugendlichen gefördert und seine Lebensqualität verbessert wird.

Diese allgemeinen Therapieziele müssen nun in fallbezogene Therapieziele „übersetzt" werden. Dies geschieht im Rahmen der Indikationsstellung und Problemanalyse zu Beginn der Therapie (vgl. Abb. 1). Dabei wird festgelegt, was beispielsweise in der Behandlung eines ängstlichen Kindes erreicht werden soll. Diese Festlegung erfolgt zunächst aufgrund der Eingangsdiagnostik und der Vereinbarungen zwischen dem Therapeuten und dem Kind/Jugendlichen (bzw. den relevanten Bezugspersonen). Es gehen aber auch „theoretische" Vorannahmen in die Überlegungen ein, etwa das zugrunde liegende Störungsmodell (Welches Verhalten gilt als problematisch?), das Menschenbild (Was bedeutet Lebensqualität?) oder die „Reichweite" von Therapiezielen (z.B. kurz- vs. langfristige Ziele, Zwischenziele, vermittelnde Ziele u.a.).

Damit sind individuelle Therapieziele zwar festgelegt, aber noch nicht operationalisiert. Bei dieser weiteren Konkretisierung geht es um die möglichst valide empirische Erfassung der in den Therapiezielen formulierten Veränderungen im Verhalten und Erleben des Klienten. Dazu müssen im Wesentlichen vier Fragen geklärt werden:

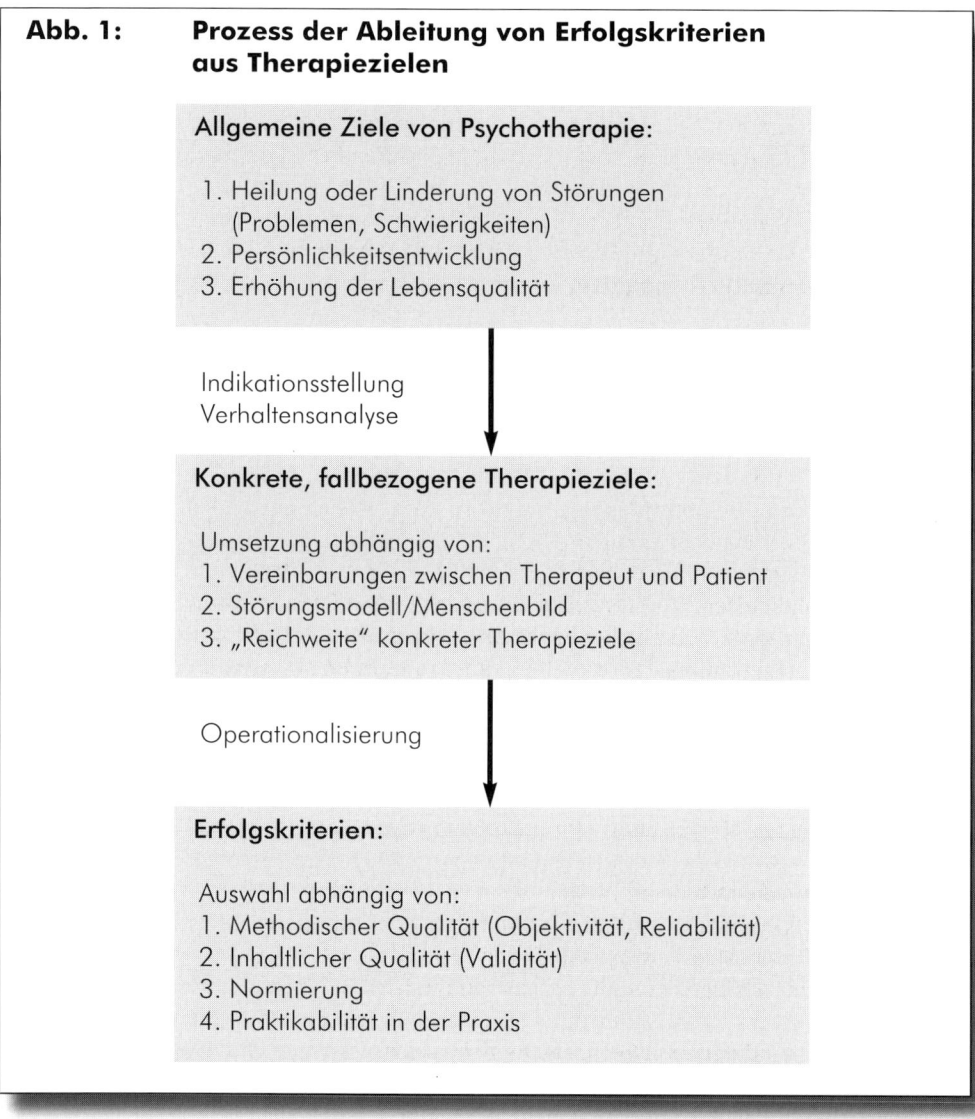

Abb. 1:   Prozess der Ableitung von Erfolgskriterien aus Therapiezielen

Allgemeine Ziele von Psychotherapie:

1. Heilung oder Linderung von Störungen (Problemen, Schwierigkeiten)
2. Persönlichkeitsentwicklung
3. Erhöhung der Lebensqualität

Indikationsstellung
Verhaltensanalyse

Konkrete, fallbezogene Therapieziele:

Umsetzung abhängig von:
1. Vereinbarungen zwischen Therapeut und Patient
2. Störungsmodell/Menschenbild
3. „Reichweite" konkreter Therapieziele

Operationalisierung

Erfolgskriterien:

Auswahl abhängig von:
1. Methodischer Qualität (Objektivität, Reliabilität)
2. Inhaltlicher Qualität (Validität)
3. Normierung
4. Praktikabilität in der Praxis

Was soll gemessen werden?

Die wichtigste Frage im Rahmen der Erfolgskontrolle ist die inhaltliche Spezifikation der Erfolgskriterien. Was soll z.B. genau gemessen werden, um eine Verringerung der Prüfungsangst einer Schülerin zu beurteilen? Grundsätzlich eignen sich für die Therapiepraxis drei verschiedene Arten von Erfolgskriterien:

1. direkte Erfolgsmaße, wie z.B. subjektive Erfolgseinschätzungen des Klienten,
2. unmittelbare, d.h. augenscheinvalide Erfolgskriterien (z.B. Häufigkeit, mit der die Schülerin weiterhin Prüfungssituationen vermeidet), und

3. Kriterien aus standardisierten (klinisch-)psychologischen Diagnoseinstrumenten, die auch zur Indikationsstellung und Problemanalyse eingesetzt werden. Der Einsatz standardisierter Instrumente ist allerdings aus testtheoretischen Gründen nicht ganz unproblematisch, da sie in der Regel für Zustandsdiagnosen, nicht aber für Veränderungsmessungen konzipiert wurden und die Wirksamkeit aus Differenzwerten berechnet wird (vgl. Petermann, 1978). Insofern muss man bei der Festlegung der Erfolgskriterien auch auf ihre Eignung zur Veränderungsmessung achten. Unabhängig davon, welche Erfolgskriterien nun gewählt werden, sollten aber möglichst verschiedene Funktionsebenen (konkretes Verhalten, Erleben, Leistung) für die Beurteilung des Therapieerfolges herangezogen werden (multimodale Diagnostik).

Welche Erhebungsverfahren sollen verwandt werden?

Zur Erfolgsbeurteilung kann man im Prinzip auf das gesamte Methodenrepertoire der psychologischen Diagnostik zurückgreifen. Häufig eingesetzte Verfahren bei Kindern und Jugendlichen sind

- mündliche und schriftliche Befragungen,
- Methoden der Verhaltensbeobachtung,
- (klinisch-)psychologische Testverfahren. Empfehlenswert ist die Verwendung von mindestens zwei unterschiedlichen Methoden (multimethodale Erfolgsmessung), wobei die Praktikabilität (Erhebungsaufwand, Verfügbarkeit von Informanten, Auswertungsaufwand) mit bedacht werden sollte. Konkrete Beobachtungen des (Problem-)Verhaltens bieten sich zur Erfolgsbeurteilung vor allem im Kindesalter und für Verlaufsbeurteilungen an. Dabei ist wichtig, dass die Beobachtungen unter festgelegten Bedingungen (z.B. zu bestimmten Tageszeiten oder in bestimmten Verhaltenskontexten) durchgeführt und z.B. mithilfe von Beobachtungsbögen systematisch registriert werden (vgl. Faßnacht, 1995).

Wer gibt Auskunft über den Erfolg?

Der Erfolg von Therapien ist auch davon abhängig, wer Auskunft über mögliche Veränderungen gibt. Im Rahmen der Kinder- und Jugendlichenpsychotherapie kommen grundsätzlich verschiedene Personen/Personengruppen als Informanten in Betracht, z.B.

- das behandelte Kind/der behandelte Jugendliche selbst,
- der Therapeut/die Therapeuten,
- die Eltern,
- Lehrer/Erzieher,
- Gleichaltrige (Schule, Freundeskreis, gegebenenfalls auch Mitpatienten),
- unabhängige Beurteiler (etwa Experten, die den Gesundheitsstatus am Ende einer Therapie beurteilen).

Wichtigster Informant des Therapieerfolgs ist der Klient, bei Kindern bis zum 12. Lebensjahr sollten auch Beurteilungen relevanter Bezugspersonen (Eltern) eingeholt werden. Allgemein empfiehlt sich, mehr als einen Informanten zu Rate zu ziehen, um auch den Transfer in unterschiedlichen Settings (z.B. Familie, Schule, Freundeskreis) zu kontrollieren. Unabhängig davon sollten Beurteilungen von Personen eingeholt werden, die das Problemverhalten des Kindes/des Jugendlichen im Alltag direkt erleben (z.B. Lehrerangaben bei Verhaltensproblemen in der Schule).

Wann sollten Erfolgskriterien erhoben werden?

Die Erhebung der Erfolgskriterien kann auf drei unterschiedliche Arten erfolgen: einmalige Erhebung nach der Therapie (direkte Veränderungsmessung), Erhebungen vor und nach der Therapie (Vergleich von Ausgangs- und Nachtherapiezustand) sowie Mehrfachmessungen im Verlauf der Therapie (z.B. im Rahmen systematischer Einzelfallanalysen, vgl. Kern, Kap. 6.2). Trotz des deutlich erhöhten Aufwandes sind Verlaufserhebungen aus methodischen Gründen vorzuziehen, da sie auch detaillierte Auskünfte über den Therapieprozess geben. Ebenso sind wiederholte Messungen nach Therapieende zur Beurteilung der Stabilität von Veränderungen (Langzeiteffekte) wünschenswert.

6.1.2
Erfolgskontrolle in der Praxis

Im Rahmen der Entwicklung von Qualitätssicherungssystemen für die Praxis wurde die Diagnostik und Evaluation der Psychotherapie in den letzten Jahren zunehmend systematisiert (vgl. Laireiter & Vogel, 1998). Ein besonderer Stellenwert wird dabei der Bewertung der Ergebnisqualität (Erfolgsmessung) beigemessen (vgl. Mattejat & Remschmidt, 1995), die über folgende Kriterienbereiche erfasst werden kann:

Direkte Beurteilung des Therapieerfolgs (durch die Klienten oder Bezugspersonen)

Im Zuge einer stärkeren Kundenorientierung psychotherapeutischer Dienstleistungen werden zunehmend direkte Einschätzungen des Klienten (oder relevanter Bezugspersonen, gegebenenfalls auch des Therapeuten) zum Therapieerfolg oder zur Therapiezufriedenheit eingesetzt. Dabei handelt es sich um relativ globale Erfolgsmaße, die nur wenig auf die spezifischen Therapieziele des Klienten eingehen und zudem gewissen Verzerrungstendenzen (z.B. bei Abhängigkeiten vom Therapeuten) unterliegen. Diese Maße sind daher als ergänzende Erfolgskriterien zu empfehlen. Vorschläge zur Erfassung subjektiver Einschätzungen des Therapieerfolgs und der Therapiezufriedenheit bei Kindern und Jugendlichen finden sich bei Mattejat und Remschmidt (1993).

Störungsbezogene Erfolgsbeurteilung im Hinblick auf die Heilung/Linderung von Störungen

Dazu eignen sich zunächst unmittelbare, alltagsbezogene Erfolgskriterien, die im Rahmen der Therapieplanung und -dokumentation zum Beispiel durch entsprechende Protokoll- und Beobachtungsbögen zu erfassen sind. Üblicherweise hängen diese Kriterien mit den wichtigsten Problembereichen des Klienten zusammen und beziehen sich auf die Gründe für die Inanspruchnahme therapeutischer Hilfeleistungen. So kann z.B. der Erfolg der Therapie eines ängstlichen Kindes, das aufgrund von psychosomatischen Beschwerden häufiger nicht zur Schule geht, danach beurteilt werden, ob und wie schnell es wieder die Schule besucht.

Der Behandlungserfolg bei einem aggressiven Jugendlichen, der regelmäßig körperliche Auseinandersetzungen mit Mitschülern hat, wird danach eingeschätzt, ob derartige Verhaltensweisen in Zukunft unterbleiben. Die Wirksamkeit einer Enuresis-Therapie wird danach bewertet, ob der Patient weiterhin einnässt. Tabelle 1 gibt eine beispielhafte Übersicht über unmittelbare Erfolgskriterien bei verschiedenen Störungsbildern. Weiterführende Vorschläge finden sich in einigen Therapiemanualen (z.B. zu hyperkinetischen Störungen bei Döpfner, Schürmann & Frölich, 1997).

Tabelle 1: Unmittelbare Erfolgskriterien verschiedener Störungsbilder

Störungsbild/Problembereich	Beispiele für unmittelbare Erfolgskriterien
Internalisierende Verhaltensprobleme (Ängstlichkeit, sozialer Rückzug, Depression)	Regelmäßiger Schulbesuch Abklingen psychosomatischer Beschwerden Teilnahme an sozialen Aktivitäten außerhalb der Schule Häufigkeit von Selbstmordgedanken
Externalisierende Verhaltensprobleme (Aggressivität, hyperkinetische Störungen)	Anzahl körperlicher Konflikte mit Mitschülern Disziplinprobleme im Unterricht Schwierigkeiten bei Hausarbeiten Ausmaß motorischer Unruhe
Autismus (tief greifende Entwicklungsstörung)	Interaktionshäufigkeit mit der Mutter Nachlassen stereotyper Verhaltensmuster
Enuresis/Enkopresis	Häufigkeit des Einnässens/Einkotens
Stottern	Häufigkeit des Stotterns
Schwere geistige Behinderung	Selbstständiges Essen Nachlassen selbstschädigenden Verhaltens
Chronische Erkrankung (z.B. Neurodermitis)	Häufigkeit exzessiven Hautkratzens
Suchtverhalten	Häufigkeit des Suchtmittelgenusses

Will man die Bewertung unmittelbarer Erfolgskriterien systematisieren, so lässt sich die Methode der Zielerreichungsskalierung nutzen. Dabei wird das Ausmaß der Zielerreichung individuell festgelegter Therapieziele vor der Therapie (in der Regel die wichtigsten Problembereiche des Klienten) auf einer standardisierten Veränderungsmetrik von (–2) bis (+2) im Hinblick auf die erwünschten/erwarteten Veränderungen abgebildet. Die Zielerreichungsskalierung ermöglicht damit eine individuelle Erfassung des Therapieerfolgs, verlangt allerdings eine zeitlich relativ aufwendige Konstruktion und setzt gewisse Erfahrungen mit dieser Methodik voraus. (Zur näheren Beschreibung des Verfahrens mit Beispiel vgl. Kasten 1, Teil 1–3).

Über die Erfolgsbeurteilung in den wichtigsten Problembereichen des Klienten hinaus ist es empfehlenswert, standardisierte (klinisch-)psychologische Diagnoseinstrumente zur Erfolgsbeurteilung im Prä-/Post-Vergleich einzusetzen. Damit kann eingeschätzt werden, inwieweit auch klinisch relevante Veränderungen erreicht wurden.

Hierzu eignet sich zunächst die **Diagnosestellung** nach ICD-10 oder DSM-IV vor und nach der Therapie, die mithilfe eines klinischen Interviews (vgl. Unnewehr, Schneider & Margraf, 1995) erfolgen kann. Vor allem bei sozialen Störungen bietet sich daneben eine **allgemeine**

Kasten 1: Konstruktion und Beispiel einer Zielerreichungsskalierung Teil I

Die Zielerreichungsskalierung (GAS; vom englischen Goal Attainment Scaling) ist eine Methode, die Erreichung individueller Therapieziele auf systematische Weise zu bewerten. Folgende Konstruktionsschritte sind notwendig (weiterführend: Kiresuk, Smith & Cardillo, 1994):

1. Schritt: Festlegung individueller Therapieziele
Im Rahmen der ersten Therapiesitzungen werden zunächst individuelle Therapieziele festgelegt (vgl. Abschnitt 1). Erfahrungsgemäß ist eine Zahl von etwa 3–5 individuellen Therapiezielen im Rahmen einer Zielerreichungsskalierung sinnvoll.

2. Schritt: Festlegung von Stufen der individuellen Zielerreichung
Das Kernstück der Zielerreichungsskalierung stellt die individuelle Operationalisierung erwarteter Therapieergebnisse dar. Dazu dient eine fünfstufige Skalierung: Deutlich weniger erreicht als erwartet (Punktwert –2); etwas weniger erreicht als erwartet (Punktwert –1); Therapieerwartungen erreicht (Punktwert 0); etwas mehr erreicht als erwartet (Punktwert +1); deutlich mehr erreicht als erwartet (Punktwert +2). Diese Einschätzungen müssen für den konkreten Fall definiert werden, wobei die Zielerreichungsstufe (–2) in der Regel die Ausgangssituation vor Therapiebeginn und Stufe (0) das erwünschte Therapieergebnis darstellt. Das folgende Beispiel aus einer Therapie eines ängstlichen Kindes verdeutlicht das Vorgehen.

Verhaltensbeurteilung durch verschiedene Beurteiler an (z.B. mithilfe der verschiedenen Versionen der Child Behavior Checklist, vgl. Arbeitsgruppe Deutsche Child Behavior Checklist, 1994). Klinische Diagnosestellung und allgemeine Verhaltensbeurteilung dienen dabei nicht nur der Überprüfung, ob die in der Eingangsdiagnose festgestellten Störungen oder Verhaltensprobleme weiterhin vorhanden sind, sondern erlauben auch die Beurteilung möglicher „Nebenwirkungen" der Therapie (z.B. Symptomverschiebungen).

Kasten 1: Konstruktion und Beispiel einer Zielerreichungsskalierung Teil II

Zielerreichungs-stufen	Therapieziel 1: Soziale Kontakte zu Gleichaltrigen	Therapieziel 2: Unterrichts-beteiligung	Therapieziel 3: Prüfungsangst
−2: Deutlich weniger erreicht als erwartet	Rückzug aus allen sozialen Aktivitäten mit Gleichaltrigen	Keine mündliche Beteiligung am Unterricht	Hohe Versagens-ängste, die zu Vermeidungsverhalten führen
−1: Etwas weniger erreicht als erwartet	Teilnahme an sozialen Aktivitäten nur nach Aufforderung	Beteiligt sich in Einzelfällen oder nach Aufforderung am Unterricht	Hohe Versagens-ängste, aber kein Vermeidungs-verhalten
0: Therapie-erwartungen erfüllt	Teilnahme an sozialen Aktivitäten auch ohne besondere Aufforderung	Beteiligt sich zumindest in einem Fach regelmäßig am Unterricht	Kann erhöhte Ängstlichkeit vor Leistungssituationen weitgehend kontrollieren
+1: Etwas mehr erreicht als erwartet	Fragt Mitschüler, ob es an sozialen Aktivitäten teilnehmen kann	Beteiligt sich in zwei Fächern regelmäßig am Unterricht	Keine erhöhte Ängstlichkeit vor den meisten Leistungssituationen
+2: Deutlich mehr erreicht als erwartet	Kann soziale Aktivitäten selbst initiieren	Beteiligt sich am Unterricht wie ein durchschnittlicher Schüler	Nur noch „normale" Nervosität vor Leistungssituationen

Ergänzend dazu sollten **normierte klinisch-psychologische Erhebungsverfahren** zur Beurteilung von Veränderungen spezifischer störungsbezogener Merkmale der Klienten genutzt werden. Bei affektiven Störungen wären z.B. das Depressionsinventar für Kinder und Jugendliche oder die Aussagen-Liste zum Selbstwertgefühl für Kinder und Jugendliche (vgl. Brickenkamp, 1996, S. 515ff., 714f.) einsetzbar. Weiterführende Hinweise auf standardisierte Verfahren sind den jeweiligen störungsbezogenen Abschnitten dieses Bandes zu entnehmen oder finden sich in Handbüchern zur psychologischen und klinischen Diagnostik (vgl. z.B. Brickenkamp, 1996) sowie im Testkatalog der Testzentrale Göttingen (Hogrefe Verlag). Für

---

Kasten 1: Konstruktion und Beispiel einer Zielerreichungsskalierung Teil III

3. Schritt: Einschätzung der Zielerreichung nach der Therapie
Nach Abschluss der Therapie wird der Grad der Zielerreichung für jedes Therapieziel eingeschätzt. Dies kann mit unterschiedlichen Methoden (z.B. Interview, Verhaltensbeobachtung, Selbstrating) und durch unterschiedliche Informanten geschehen. Im aufgeführten Beispiel ließe sich beispielsweise Therapieziel 1 durch eine direkte Klientenbefragung, Therapieziel 2 durch Auskünfte von Lehrern und Therapieziel 3 durch elterliche Angaben überprüfen.

4. Schritt: Berechnung der durchschnittlichen Zielerreichung
Die Festlegung von standardisierten Therapieausgängen individueller Therapieziele macht es schließlich möglich, eine durchschnittliche Zielerreichung zu bestimmen (z.B. mittlerer Zielerreichungswert). Bei Vergleichen mit anderen Klienten/Klientengruppen muss jedoch berücksichtigt werden, dass bei gleichem Therapieziel und gleicher Zielerreichung unterschiedlich große Veränderungen auftreten können, da eben die Zielerreichungsstufen individuell festgelegt werden.

Konstruktionsprobleme der Zielerreichungsskalierung
Die Zielerreichungsskalierung bietet die Möglichkeit, Therapieerfolge anhand individueller Therapieziele und Therapieerwartungen zu beurteilen. Insofern ist diese Methode in der Praxis und für die Therapieforschung von großem Nutzen. Darüber hinaus stellt die explizite Auseinandersetzung mit Therapiezielen und Therapieerwartungen nicht selten einen guten therapeutischen Einstieg dar. Auf der andere Seite ist eine Zielerreichungsskalierung nicht so einfach zu implementieren, wie diese eher technischen Erläuterungen suggerieren mögen. Sie verlangt die Auswahl wichtiger und angemessener Therapieziele und – was für eine unverzerrte Einschätzung des Therapieerfolgs essenziell ist – die Formulierung realistischer, d.h. nicht zu optimistischer oder zu wenig anspruchsvoller Therapieerwartungen. Daher ist für ihre Anwendung eine intensive Einarbeitung in diese Methode erforderlich.

Tabelle 2: Vorschlag für eine systematische Erfolgskontrolle in der Praxis

Therapieziele/ Kriterien- bereiche	Inhalte	Erhebungs- methoden	Informanten/ Datenquelle	Erhebungs- zeitpunkte	Individuelle Auswertungs- möglichkeiten	Einsatz im Rahmen der Erfolgskontrolle
Direkte Erfolgseinschätzung	Therapieerfolg Therapiezufriedenheit	Befragung	Klient (ggf. Eltern, Therapeut)	Nach der Therapie	Deskriptiv	Als ergänzende Kriterien immer
Heilung/ Linderung von Störungen	Unmittelbare Kriterien: Wichtige Problembe- reiche des Klienten (vgl. Tabelle 1)	Verhaltens- beobachtung, Befragung	Klient, Eltern, Lehrer, ggf. auch unabhän- gige Beurteiler	Verlaufsunter- suchungen	Deskriptiv (Verlaufs- kurven), Zielerreichungs- skalierung (vgl. Kasten 1), systematische Einzel- fallanalysen (vgl. Kern, in diesem Band)	Immer
	Klinische Diagnose- stellung	Klinisches Interview	Klient, Eltern	Vor und nach der Therapie	Vergleich: vorher–nachher	Immer
	Allgemeine Verhaltens- beurteilung	Tests (Rating-Verfahren)	Klient, Eltern, Lehrer	Vor und nach der Therapie	Differenzwerte (vorher– nachher) Vergleich zu Normwerten	Vor allem bei sozialen Verhaltensstörungen
	Störungsspezifische Merkmale	Tests (Rating-Verfahren)	Klient, Eltern	Vor und nach der Therapie	Differenzwerte (vorher– nachher) Vergleich zu Normwerten	Vor allem bei ausge- prägter klinischer Symptomatik und für den Vergleich mit Normwerten
Entwicklungsförderung	Allgemeine und spezifische Entwick- lungsbeurteilungen; elterliche und familiäre Merkmale	Befragung, Entwicklungs- und Leistungstests, Tests (Rating-Verfahren)	Klient, Eltern	Vor und nach der Therapie	Differenzwerte (vorher– nachher) Vergleich zu Normwerten	Bei Gefahr von progredient negativen Entwick- lungsverläufen (z.B. ungünstigen familiären Entwick- lungsbedingungen)
Erhöhung der Lebensqualität	Lebenszufriedenheit, Stresserleben und -bewältigung u.a.	Befragung, Tests (Rating-Verfahren)	Klient (ggf. Eltern, Lehrer)	Vor und nach der Therapie	Differenzwerte (vorher– nachher) Vergleich zu Normwerten	Bei gravierenden Einschnitten in die Lebensqualität, z.B. bei chronischen Stressoren

das Kindesalter ist allerdings ein deutliches Defizit an sorgfältig konstruierten und normierten deutschsprachigen Verfahren, die sich zur Erfolgskontrolle eignen, festzustellen. Bei älteren Jugendlichen können dagegen bereits Instrumente aus dem Erwachsenenalter genutzt werden (vgl. dazu den Themenschwerpunkt: „Qualitätskontrolle in der Psychotherapiepraxis" in der Zeitschrift für Klinische Psychologie, Band 24, Heft 3, 1994).

Weiterführende Erfolgskontrolle im Bereich der Entwicklungsförderung und Lebensqualität

Möchte man nicht nur beurteilen, ob Verhaltens- und Erlebensprobleme abgestellt oder zumindest gelindert wurden, sollten weiterführende Erfolgskriterien eingesetzt werden, die erkennen lassen, ob eine positive Entwicklung eingeleitet (Ziel der Entwicklungsförderung) oder die Lebensqualität verbessert wurde. Der Einsatz objektiver Beurteilungsverfahren im Zielbereich der **Entwicklungsförderung** bezieht sich vor allem auf entwicklungsdiagnostische Instrumente (vgl. Brickenkamp, 1996; Rennen-Allhoff und Allhoff, 1987), insbesondere auf allgemeine Entwicklungs- und Leistungstests (z.B. Kaufman-ABC), Persönlichkeitstests (z.B. Persönlichkeitsfragebogen für Kinder 9–14) oder spezifische Entwicklungsverfahren (z.B. Sprachentwicklungstests). Hinzu kommen Kriterien zur Beurteilung elterlicher und familiärer Merkmale (z.B. Eltern-Kind-Beziehung, Erziehungsstil, Familienbeziehungen), die in der Therapie jüngerer Kinder und in Fällen, in denen die Störung des Kindes im familiären Kontext behandelt wird, zur Erfolgskontrolle erhoben werden sollten (vgl. Übersicht von Cierpka, 1996).

Einen Überblick zu Konzepten und diagnostischen Verfahren zur Erfassung der **Lebensqualität** bei Kindern und Jugendlichen geben Remschmidt und Mattejat (1998). Erfasst werden zum Beispiel das Stresserleben, die Art und das Ausmaß der Stressbewältigung sowie die allgemeine Lebenszufriedenheit. Daten zur Lebensqualität sollten vor allem bei erhöhtem Stresserleben des Klienten, z.B. im Rahmen der psychologischen Behandlung chronisch kranker Kinder und Jugendlicher, als Erfolgskriterium erhoben werden.

Tabelle 2 fasst die genannten Vorschläge für eine standardisierte Erfolgskontrolle in den Dimensionen Inhalte, Erhebungsverfahren, Informanten, Erhebungszeitpunkte, Auswertungsmöglichkeiten (vgl. folgenden Abschnitt) und Einsatzgebiete zusammen.

6.1.3
Auswertungsmöglichkeiten von Erfolgskriterien

Die (statistische) Auswertung von Erfolgskriterien ist vor allem davon abhängig, wann und wie oft die Erfolgskriterien erhoben werden (vgl. Schulte, 1993). Direkte Erfolgsmaße (z.B. Einschätzungen des Therapieerfolgs durch den Klienten) sowie Kriterien, die im Vorher-Nachher-Vergleich (und gegebenenfalls in Katamnesen) erfasst werden, werden auf individueller Ebene zunächst deskriptiv ausgewertet (z.B. Differenz zwischen Ausgangs- und Nachtherapiewerten, Vergleich mit Normdaten). Bei Verlaufserhebungen (Mehrfachmessungen während des Behandlungszeitraums) bieten sich grafische Darstellungen (Verlaufskurven) an, die auch für den Klienten und für relevante Bezugspersonen nützlich sein können. Beim Vorliegen vieler Messzeitpunkte können komplexe, einzelfallanalytische Verfahren (z.B. Arima-Modelle; vgl. Kern, Kap. 6.2) angewandt werden.

Sofern die Daten mehrerer Klienten (etwa bei Auswertung bislang durchgeführter Therapien) zusammengefasst werden können, sind weitere Auswertungsmethoden möglich:

- Besserungsraten (Anteil der Klienten, die nach Therapieende Verbesserungen aufweisen, z.B. im Hinblick auf die klinische Diagnose),
- Berechnung der statistischen (z.B. durch abhängige t-Tests zwischen Ausgangs- und Nachtherapie-/Langzeitwerten) und klinischen Signifikanz (Vergleich einer therapierten Gruppe mit Normstichproben, wobei Normwerte aus Manualen zugrunde gelegter standardisierter Erfolgsmaße entnommen werden können),
- Berechnung von Effektstärken als standardisierte Differenz zwischen einem individuellen Veränderungswert und den Veränderungen einer therapierten Gruppe (vgl. Grawe & Braun, 1994).

Grundlegende Literatur

- Mattejat, F. & Remschmidt, H. (1995). Aufgaben und Probleme der Qualitätssicherung in der Psychiatrie und Psychotherapie des Kindes- und Jugendalters. Zeitschrift für Kinder- und Jugendpsychiatrie, 23, 71–83.

- Schulte, D. (1993). Wie soll Therapieerfolg gemessen werden. Zeitschrift für Klinische Psychologie, 22, 374–393.

Weiterführende Literatur

- Laireiter, A.-R. & Vogel, H. (Hrsg.). (1998). Qualitätssicherung in der Psychotherapie und psychosozialen Versorgung. Tübingen: dgvt-Verlag.

- Petermann, F. (1978). Veränderungsmessung. Stuttgart: Kohlhammer.

Materialien

- Arbeitsgruppe Deutsche Child Behavior Checklist (1994). Elternfragebogen/Lehrerfragebogen/Fragebogen für Jugendliche; deutsche Bearbeitung der Child Behaviror Check List/Teacher Report Form/Youth Self Report. Köln: Arbeitsgruppe Kinder-, Jugend- und Familiendiagnostik. [zu beziehen über die Testzentrale des Hogrefe Verlags, Göttingen]

- Brickenkamp, R. (1996). Handbuch psychologischer und pädagogischer Tests. Göttingen: Hogrefe.

- Cierpka, M. (1996). Handbuch der Familiendiagnostik. Berlin: Springer.

- Döpfner, M., Schürmann, S. & Frölich, J. (1997). Therapieprogramm für Kinder mit hyperkinetischem und oppositionellem Problemverhalten THOP. Weinheim: Beltz Psychologie Verlags Union.

- Faßnacht, G. (1995). Systematische Verhaltensbeobachtung. München: Ernst Reinhard Verlag.

- Grawe, K. & Braun, U. (1994). Qualitätskontrolle in der Psychotherapiepraxis. Zeitschrift für Klinische Psychologie, 23, 242–267.

- Kiresuk, T. J., Smith, A. & Cardillo, J. E. (1994). Goal Attainment Scaling: Applications, theory, and measurement. Hillsdale: Earlbaum.

- Mattejat, F. & Remschmidt, H. (1993). Evaluation von Therapien mit psychisch kranken Kindern und Jugendlichen: Entwicklung und Überprüfung eines Fragebogens zur Beurteilung der Behandlung (FBB). Zeitschrift für Klinische Psychologie, 22, 192–233.

- Mattejat, F. & Remschmidt, H. (1998). Zur Erfassung der Lebensqualität bei psychisch gestörten Kindern und Jugendlichen – Eine Übersicht. Zeitschrift für Kinder- und Jugendpsychiatrie und -psychotherapie, 26, 183–196.

- Unnewehr, S., Schneider, S. & Margraf, J. (Hsrg.). (1995). Kinder DIPS: Diagnostisches Interview bei psychischen Störungen im Kindes- und Jugendalter. Berlin: Springer.

Kontrolle der Wirksamkeit und des Therapieverlaufs

Horst J. Kern

6.2.1
Einleitung

Von Beginn an und während des gesamten therapeutischen Prozesses muss die Qualität einer Behandlung nachgewiesen werden. Bestimmt wird dies im Fünften Sozialgesetzbuch (§ 135ff.), das seit dem 1.1.1989 die entsprechenden Maßnahmen zur Sicherung einer angemessenen Qualität für das Bundesdeutsche Gesundheitswesen regelt (Fiegenbaum, Tuschen & Florin, 1997). Im Einzelnen beziehen sich qualitätssichernde Maßnahmen auf die Strukturqualität (etwa Ausstattung und Organisation der Einrichtung, Ausbildung der Mitarbeiter), die Prozessqualität (Qualität diagnostischer und therapeutischer Prozesse) und das Ergebnis (Therapieerfolg). Letzteres, die Sicherung des Therapieerfolgs, hat dabei besondere praktische Bedeutung. Was kann unter Praxisbedingungen getan werden, um den Erfolg einer Behandlung mit vertretbarem Aufwand zu kontrollieren? Welche Methoden eignen sich vor allem? Im Nachfolgenden wird geschildert, wie anhand der Einzelfallforschung kontinuierliche Rückmeldungen zum Therapieverlauf eingeholt und der Therapieverlauf anhand dieser Methoden angemessen gesteuert werden können.

6.2.2
Logik der Einzelfallforschung

Die Einzelfallforschung soll vor allem feststellen, inwieweit ein erstrebenswertes Therapieziel erreicht wird. Dazu bedient man sich in der Regel der systematischen, wiederholten Verhaltensbeobachtung: Zuerst wird ein angemessenes Therapieziel (siehe Kap. 6.1) ausgewählt und operational definiert. In einer Grundrate, in der noch keine Behandlung stattfindet, wird sodann die Ausprägung dieses Zielverhaltens beobachtet und anschließend fortlaufend während der Therapie registriert, inwieweit das angestrebte Therapieziel auch wirklich erreicht wird. Für die Beobachtung gilt gemäß der traditionellen Gütekriterien, dass das erfasste Zielverhalten systematisch, objektiv und reliabel (zuverlässig) beobachtet und valide (gültig) abgebildet werden muss. Die wiederholten Beobachtungen erfolgen deshalb unter standardisierten Bedingungen (gleiches Beobachtungsverfahren, trainierte Beobachter, gleiche Tageszeiten bzw. gleiche Situationen). Wenn diese Bedingungen erfüllt sind, sollten sich in aller Regel stabile Beobachtungsverläufe (Datenverläufe) einstellen. Datenschwankungen, insbesondere instabile Grundraten, deuten hingegen darauf hin, dass die Beobachtungen entweder nicht genau genug operationalisiert, die Beobachtung nicht zuverlässig durchgeführt oder die Störvariablen nicht hinreichend konstant gehalten werden konnten.

Dieser Praxisanleitung liegt folgende Logik zugrunde:

1) Die Veränderung eines Datenverlaufes ist, falls die Störvariablen und Beobachtungsfehler kontrolliert wurden, auf die Therapie selbst und nicht etwa auf zufällige Ereignisse zurückzuführen.
2) Die möglichen Störvariablen sind so zahlreich, dass sie zwar nicht vollends eliminiert werden können, aber zwischen den Grundraten und Interventionsphasen konstant bleiben.
3) Die Grundrate stellt die beste Basis für die Voraussage des zukünftigen Verhaltens dar.

Verändert sich das Zielverhalten, kann dies daher nur durch die neu dazugekommene Intervention (UV) veranlasst sein. Die Frage ist nur, ob sich das Zielverhalten (z.B. die Stotterrate bei expressiven Sprachstörungen) im Vergleich zur Grundrate (keine Intervention) deutlich genug verändert (Kern, 1997).

In der Einzelfallforschung stellt jede Person „ihre eigene Kontrolle" dar, da ihr Zielverhalten vor und während einer Intervention miteinander verglichen wird. Dadurch können Interventionseffekte auch genau bewertet werden. In diesem Sinne sind kontrollierte Einzelfallstudien (quasi) experimentelle Studien und zeichnen sich durch drei Merkmale aus:

1) Eine Intervention wird definiert und im Sinne einer unabhängigen Variablen (UV) umgesetzt. Diese Intervention muss spezifiziert sein (Therapiemanuale) und fachgerecht durchgeführt werden (Supervision).
2) Der Effekt dieser Intervention wird systematisch überprüft, indem ein ausgewähltes Problem- oder Zielverhalten (Abhängige Variable, AV) systematisch beobachtet wird. Hierbei handelt es sich um Indikatoren für den Erfolg oder Misserfolg der Therapie (z.B. „Angst", die Steigerung von „Aufmerksamkeit" oder vermehrte „Selbstsicherheit" in sozialen Situationen).
3) Schließlich ist der Einfluss von Störvariablen durch einen geeigneten Versuchsplan (etwa Erhebung einer Grundrate, Sammlung von hinreichend vielen Beobachtungen, Absetzen der Therapie) zu kontrollieren.

Der Vorteil dieses Vorgehens liegt darin, dass man Rückmeldungen für die Steuerung der Therapie erhält. Darüber hinaus ist das Vorgehen ökonomisch und für ganz unterschiedliche Praxisanliegen geeignet. Erfahrungsgemäß trägt die Evaluation einer Behandlung zur Verbesserung der Effektivität bei, da sowohl der Therapeut als auch der Klient präzise Rückmeldungen zum Verlauf der Therapie erhalten.

6.2.3
Multiple-Grundraten-Versuchspläne

Zu den wichtigsten Einzelfall-Versuchsplänen gehört die Gruppe der Multiplen-Grundraten-Versuchspläne. Sie eignen sich besonders gut für den Einsatz in der Praxis, weil sie nur einen vergleichsweise geringen Aufwand verlangen, leicht handhabbar sind, der schritt-

Tabelle 1: Beispiele für die Operationalisierung des Therapieerfolges

Verhaltensstörung	Operationalisierungskriterien
Stottern	Stotterrate beim lauten Lesen von Texten von 100 Wörtern Stotterrate beim freien Sprechen mit einer unbekannten Person (z.B. in einem Geschäft etwas erfragen)
Schulängstlichkeit	Belastungsangaben des Kindes an einem Angstthermometer beim Verlassen der Wohnung
Motivationsmangel	Zahl der Meldungen im Unterricht Angemessenheit der Hausaufgabenanfertigung im Urteil des Lehrers
Selbstverletzendes Verhalten	Zahl der Schläge gegen den Kopf Zeitspanne ohne selbstverletzendes Verhalten
Schulschwänzen	Fehlzeiten/Woche Entfernen aus der Schule
Hyperkinetische Störungen	Zahl der Verhaltensprobleme in der Schule Dauer angemessener störungsfreier Unterrichtsbeteiligung in Minuten
Zwangsverhalten	Zahl der zwanghaften Kontrollversuche/Tag
Aggressivität (in der Kindergartengruppe)	Zahl des schädigenden Verhaltens (Registrierung durch Erzieherin)
Sprachentwicklungs-störungen	Zahl der gesprochenen Wörter in einer Spielsituation

weisen Vorgehensweise von Praktikern entsprechend und sehr flexibel angewandt werden können.

Diese Versuchspläne überprüfen systematisch, ob durch das Zielverhalten wiederholt (multipel) mit der realisierten Therapie (starke) Veränderungen erreicht werden. Wenn dies der Fall ist, ist es sehr wahrscheinlich der Therapie und nicht dem Einfluss anderweitiger Einflüsse (z.B. Reifung, Veränderungen im sozialen Umfeld, Therapieerwartungen) zuzuschreiben.

Multiple-Grundraten-Versuchspläne: Replikationen über Verhaltensweisen

Ziel. Diese Evaluation fragt danach, ob eine spezifische Therapie verschiedene, eng miteinander verwandte Verhaltensweisen positiv beeinflusst.

Beispiel. Kern und Kern (1999) haben den Erfolg einer verhaltenstherapeutischen Stottertherapie über die Veränderung des Sprechens in vier Verhaltensweisen (Lesen, Nacherzählen, freies Sprechen, Telefonieren) gemessen. Ein 13-jähriger Realschüler wurde anhand einer multimodalen Verhaltenstherapie (u.a. Aufklärung, Videorückmeldung, willentliches Stottern, Kotherapeutentraining; vgl. Kap. 2.12) therapiert. Zur Kontrolle der Therapiewirksamkeit wurden seine Stotterrate (Prozentteil der gestotterten Wörter) und seine Sprechgeschwindigkeit pro Minute gemessen.

Abbildung 1 zeigt diese Daten für vier unterschiedliche Verhaltensweisen (Lesen, Nacherzählen, freies Sprechen, Telefonieren). Beim Lesen stottert der Junge beispielsweise während der Diagnostikphase bei 14 und 19 Prozent der ausgesprochenen Wörter. Mit Beginn der Therapie sinkt diese Stotterrate auf neun Prozent und liegt am Ende des dritten Tages unter drei Prozent. Gleichzeitig steigt die Sprechgeschwindigkeit von 93 auf 124 Worte pro Minute und befindet sich damit im Durchschnittsbereich (100–140 Worte).

Ähnliche Veränderungen sind auch in den anderen Verhaltensweisen festzustellen: Stotterfreies Sprechen tritt dann ein, wenn das Sprechen beim Nacherzählen, freien Sprechen und beim Telefonieren zum Gegenstand der Therapie wird. Gleichzeitig steigt auch hier die Sprechgeschwindigkeit. Vor allem aber belegen die Nachuntersuchungen nach sechs, zwölf und 36 Monaten stotterfreies Sprechen in allen vier Sprachbereichen.

Der Datenverlauf zeigt, dass viermal mit Trainingsbeginn jeweils deutliche und anhaltende Reduzierungen des Stotterns auftraten, sich die Daten der Grundraten mit den Daten der Therapiephasen nicht überlappten und am Ende der Therapie Stotterraten von unter drei Prozent erreicht wurden, die nichtstotternden Personen entsprechen. Dieser Effekt dürfte kaum auf dem Einfluss von Störvariablen beruhen, weil sehr spezifische Effekte beobachtet werden.

Vorgehen für den Anwender. Zunächst muss bei der Evaluation einer Therapie nach diesem Prinzip die Tatsache beachtet werden, dass sich die Intervention ganz gezielt auf verschiedene Verhaltensbereiche bezieht und zeitversetzt durchgeführt wird. Dadurch kann immer überprüft werden, ob die Therapie auch die anderen Verhaltensweisen verbessert oder ob diese selbst Gegenstand einer aktiven Intervention sein sollten. Diese Evaluation verlangt also die Beachtung verschiedener Punkte:

1) Die Intervention einzelner Verhaltensweisen muss ganz gezielt und der Reihe nach angegangen werden. Der Erfolg, der in der Intervention erreicht werden soll, wird also in drei Verhaltenszielen erfasst.
2) Das Zielverhalten muss systematisch registriert/beobachtet werden.
3) Es müssen mindestens drei unterschiedlich lange Grundratenphasen ohne Intervention erhoben werden.

Abb. 1:   **Multipler-Grundraten-Versuchsplan mit Replikationen über Verhaltensweisen.** (Kern & Kern, 2000)

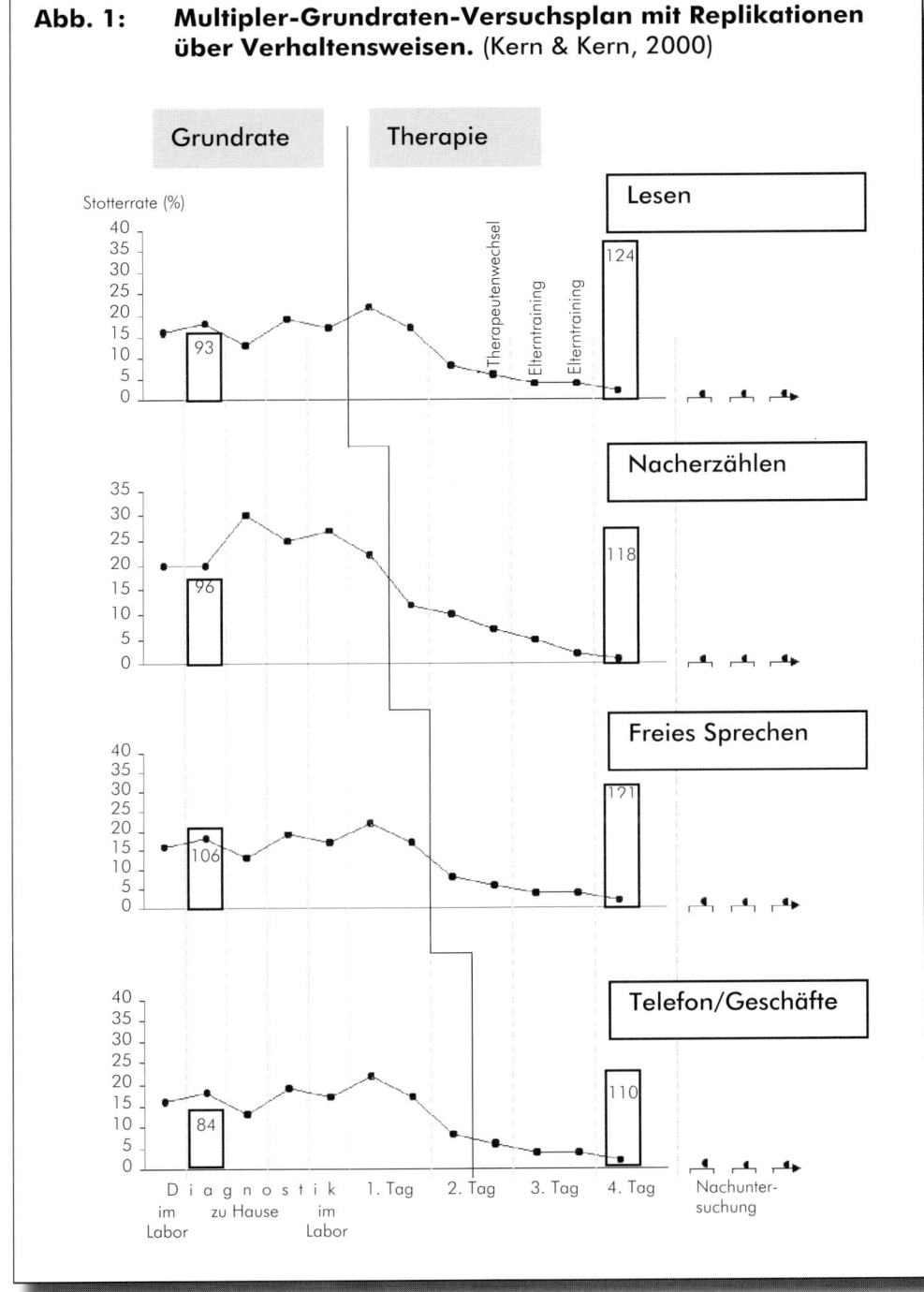

4) Es müssen mehrere, zeitgestaffelte Interventionen, die sich auf die einzelnen Verhaltensbereiche beziehen, erfolgen. Jede dieser Verhaltensweisen wird von der Grundrate an bis
zum Ende der Intervention kontinuierlich beobachtet.

5) Die gleiche Intervention muss bei der gleichen Person zeitverzögert auf mindestens drei
unterschiedliche und voneinander unabhängige Zielverhaltensweisen angewandt werden.

6) Jede Verhaltensweise muss während der Grundrate bis zum Ende der Intervention kontinuierlich beobachtet (gemessen) werden.

Die Intervention beginnt jeweils, wenn die Grundraten stabil und trendfrei sind. Der Erfolg
der Intervention lässt sich daran ersehen, dass sich idealerweise eine sofortige und starke Veränderung im ersten Zielverhalten einstellt, d.h., das erste Zielverhalten sollte sich ändern,
während die anderen Grundraten noch (idealerweise) stabil und unverändert bleiben. Wenn
durch die Intervention ein akzeptables Zielkriterium erreicht wurde, wird die zweite Grundratenphase beendet und die Intervention auf das zweite Zielverhalten ausgedehnt. Die zweite
Verhaltensweise sollte sich nun ebenfalls deutlich verändern, während die dritte Verhaltensweise weiterhin auf Grundratenniveau verharrt. Wenn auch durch die zweite Intervention das
zweite Zielverhalten deutlich verändert wurde, wird die dritte Grundratenphase beendet und
die Intervention auf das dritte Zielverhalten gerichtet etc.

Einsatz. Solche Wirksamkeitsuntersuchungen sind besonders bei Therapien angebracht, die
Kompetenz und Fälligkeiten (etwa Selbstbehauptung, angemessenes Sozialverhalten, Lernverhalten) ausbilden.

Multiple-Grundraten-Versuchspläne: Replikationen über Situationen

Ziel. Diese Evaluation fragt danach, ob die Therapie das Verhalten des Klienten in verschiedenen Situationen verändert.

Beispiel. Sisson et al. (1988) führten mit einem vierjährigen seh- und geistig behinderten
Mädchen eine Therapie durch, die das selbstverletzende und „stereotype" Verhalten des Kindes (Spiel mit eigenem Speichel, Arme flattern, Ablehnen sozialer Interaktionen, Wutanfälle)
verringern sollte. Sie verstärkten inkompatible Verhaltensweisen des Kindes und setzten
Überkorrektur ein (Wiedergutmachung des eingetretenen Schadens durch das Kind). Die
Therapie fand in drei unterschiedlichen Situationen statt: in einer Einzelsitzung, einer Spiel-
situation und in Gruppensituationen.

Abbildung 2 zeigt zunächst die Grundrate des „stereotypen" Verhaltens, die sich als sehr variabel erweist. Mit Beginn der Therapie (10. Sitzung), die zunächst in der Einzelsitzung stattfindet, verringert sich diese Variabilität deutlich, und das „stereotype" Verhalten stabilisiert
sich ab der 18. Sitzung auf geringem Niveau.

Beim Spielen bestanden bis zur 22. Sitzung Grundratenbedingungen, wobei das Mädchen
„stereotypes" Verhalten auf hohem Niveau zeigte. Transfereffekte von der Einzel-Situation
traten nicht auf. Erst als in der 23. Sitzung die Therapie auch in der Spielsituation stattfindet,
werden deutliche und anhaltende Veränderungen erreicht. Ein ähnlicher Verlauf ist auch in

Abb. 2: **Multipler-Grundraten-Versuchsplan mit Replikationen über Situationen. Überprüft werden die Auswirkungen eines verhaltenstherapeutischen Trainings auf stereotypes (oben) und positives Verhalten (unten) eines vierjährigen geistig behinderten Mädchens** (Sisson et al.,1988).

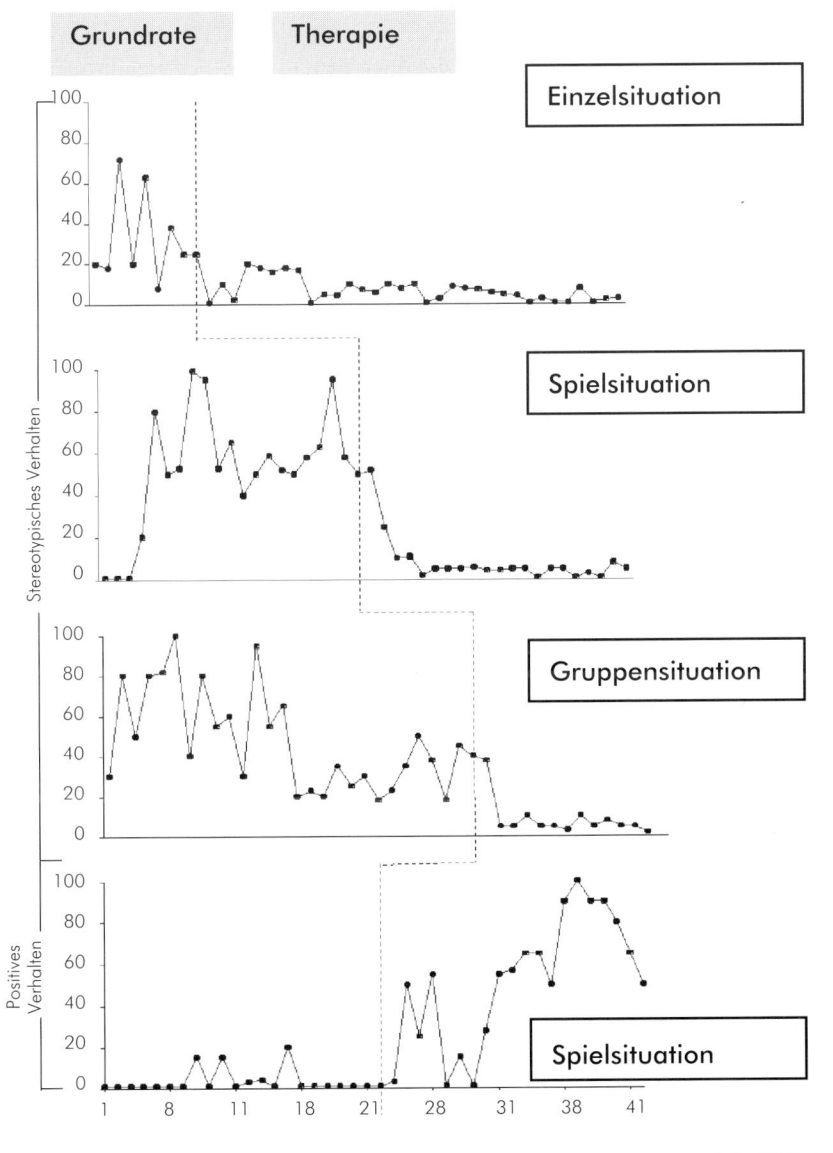

der Gruppen-Situation zu beobachten: Ohne spezielle Behandlung bleibt das „stereotype" Verhalten bis zur 15. Sitzung auf hohem Niveau, tritt danach aber seltener auf. Dies spricht für einen leichten Transfereffekt. Mit Beginn der Behandlung in der 30. Sitzung aber werden eine deutliche Niveauänderung und eine weitere Reduzierung „stereotypen" Verhaltens nachgewiesen.

Insgesamt zeigen diese Daten, dass das „stereotype" Verhalten weitgehend situationsspezifisch war und die (gleiche) Therapie in allen drei Situationen stattfinden musste. Dabei erwies sie sich jeweils ähnlich wirkungsvoll: Jeweils mit Beginn der Behandlung konnten sofortige und deutliche Verhaltensänderungen erreicht werden.

Neben der Messung stereotypen Verhaltens in den drei oben genannten Situationen haben die Autoren gleichzeitig das positive Verhalten beobachtet (siehe unterer Teil der Abb. 2). Nach relativ stabilem Verhalten auf niedrigem Niveau (kein spontaner Transfer) konnte durch das Training ab der 23. Sitzung in der Spiel-Situation positives Verhalten deutlich häufiger erreicht werden (Niveau- und Trendänderungen).

Vorgehen für den Anwender. Bei dieser Evaluation sind zunächst bedeutsame Situationen, in denen sich die Verhaltensverbesserungen zeigen sollten, zu benennen (z.B. Sprechen mit den Eltern, Schulfreunden, der Lehrerin). Die Intervention beginnt mit der Situation, in der am leichtesten eine Verhaltensänderung erreicht werden kann. Dabei wird überprüft, inwieweit die in dieser Situation erreichten Fortschritte auch das Verhalten in den beiden anderen Situationen (positiv) verändern. Falls sich in diesen Situationen keine spontanen Verbesserungen zeigen, wird das Verhalten in den jeweiligen Situationen gezielt beeinflusst. Grundvoraussetzung dafür ist natürlich eine Intervention, die gleichermaßen in allen fraglichen Situationen angewandt werden kann. Das Vorgehen der Reihe nach:

1) Der Therapeut bestimmt mindestens drei Situationen, in denen sich letztlich Verbesserungen zeigen sollten.
2) Das Zielverhalten wird genau definiert und in allen drei Situationen systematisch registriert/beobachtet.
3) Das Zielverhalten wird vor Beginn der Intervention in mindestens drei unterschiedlich langen Grundratenphasen ohne Intervention erhoben.
4) Die Therapie beginnt damit, dass das Verhalten des Kindes in der ersten Situation gezielt beeinflusst wird. Die Intervention beginnt erst dann, wenn sich die Grundraten stabilisiert haben und trendfrei sind.
   Die Therapie wird jetzt so lange durchgeführt, bis eine deutliche Veränderung im Zielverhalten erreicht wurde.
5) Die Therapie wird jetzt zeitversetzt in der zweiten Situation durchgeführt, und zwar so lange, bis auch hier eine deutliche Veränderung im Zielverhalten registriert wird. Sodann wird zur nunmehr dritten Situation übergegangen.

Als wirkungsvoll gilt die Intervention dann, wenn sich rasche und starke Veränderungen (Niveau- und Trendänderungen) einstellen.

Einsatz. Diese Evaluation ist vor allem bei stark situationsabhängigen Verhaltensweisen (z.B. autistisches Verhalten, situationsspezifische Aggressivität, mutistisches Verhalten, unkontrolliert-jähzorniges Verhalten, selbstverletzendes Verhalten) angebracht.

Multiple-Grundraten-Versuchspläne: Replikationen über Personen

Ziel. Diese Evaluation fragt danach, ob die gleiche Therapie bei verschiedenen Klienten mit einer ähnlichen Symptomatik wirksam ist.

Beispiel. Jay et al. (1985) überprüften die Wirkung von psychologischer Operationsvorbereitung bei fünf krebserkrankten Kindern (Leukämie) im Alter zwischen drei und sieben Jahren. Sie vermittelten ihnen anhand von Modelllernen und Rollenspielen Bewältigungsstrategien für die anstehende Operation und bereiteten sie anhand von systematischer Desensibilisierung auf die Operation vor. Der Effekt dieser Behandlung wurde in Angst- und Schmerzangaben (Einstufung der Kinder, die zu einem Wert zusammengefasst wurden) erhoben.
Die nachfolgende Abbildung 3 stellt drei dieser Kinder dar, für die ausreichend viele Messungen vorliegen. Bei Patient 1 besteht eine vergleichsweise variable Grundrate, die Belastung sinkt jedoch mit Beginn der Intervention in der fünften Sitzung deutlich ab. Bei Patient 2 beginnt die Therapie zeitversetzt mit der siebten Sitzung; hier reduzieren sich Angst und Schmerz ebenfalls deutlich. Ähnliches gilt auch für den dritten Patienten. Insgesamt bestätigt sich also eine befriedigende Wirksamkeit der Intervention, wiewohl die geringe Zahl der Messzeitpunkte die Gültigkeit des Ergebnisses einschränkt.

Vorgehen für den Anwender. Replikationen „über Personen" setzen voraus, dass sich die gleiche Intervention bei mindestens drei Personen als wirksam erweist. Folglich wird das gleiche Zielverhalten in der gleichen Situation bei diesen Klienten erhoben. Diese Personen sollten das ausgewählte Verhalten unter ähnlichen Bedingungen zeigen und sich bezüglich Alter, Fertigkeiten und Lerngeschichte nicht zu stark unterscheiden. Wenn die gleiche Intervention in der gleichen Situation die gleiche Verhaltensweise zeitversetzt bei mindestens drei Personen stark verändert, dann ist interne Validität gesichert. Das Vorgehen der Reihe nach:

1) Es werden mindestens drei ähnliche Klienten bestimmt, die eine vergleichbare Behandlung erhalten.
2) Das Zielverhalten wird festgelegt und bei allen Klienten in gleicher Weise beobachtet.
3) Das Zielverhalten wird zunächst beim ersten Patienten in der Grundrate ohne Intervention mehrmals beobachtet. Wenn sich deutliche Verbesserungen aufgrund der Intervention abzeichnen, beginnt die Therapie beim nächsten Klienten.
4) Die Intervention setzt sodann beim ersten Patienten ein.
5) Bei den weiteren (beiden) Klienten wird in gleicher Weise verfahren.

Einsatz. Vor allem in Praxen, die sich auf Störungsbilder (z.B. Lernbeeinträchtigungen, Sprachstörungen, Aggressivität) spezialisiert haben und ähnliche Interventionen gewissermaßen standardisiert durchführen.

625

Abb. 3: **Multipler-Grundraten-Versuchsplan mit Replikationen über Personen. Überprüft werden die Auswirkungen einer psychologischen Operationsvorbereitung auf Schmerz und Angst bei krebskranken Kindern im Alter zwischen drei und sieben Jahren** (Jay et al.,1985)

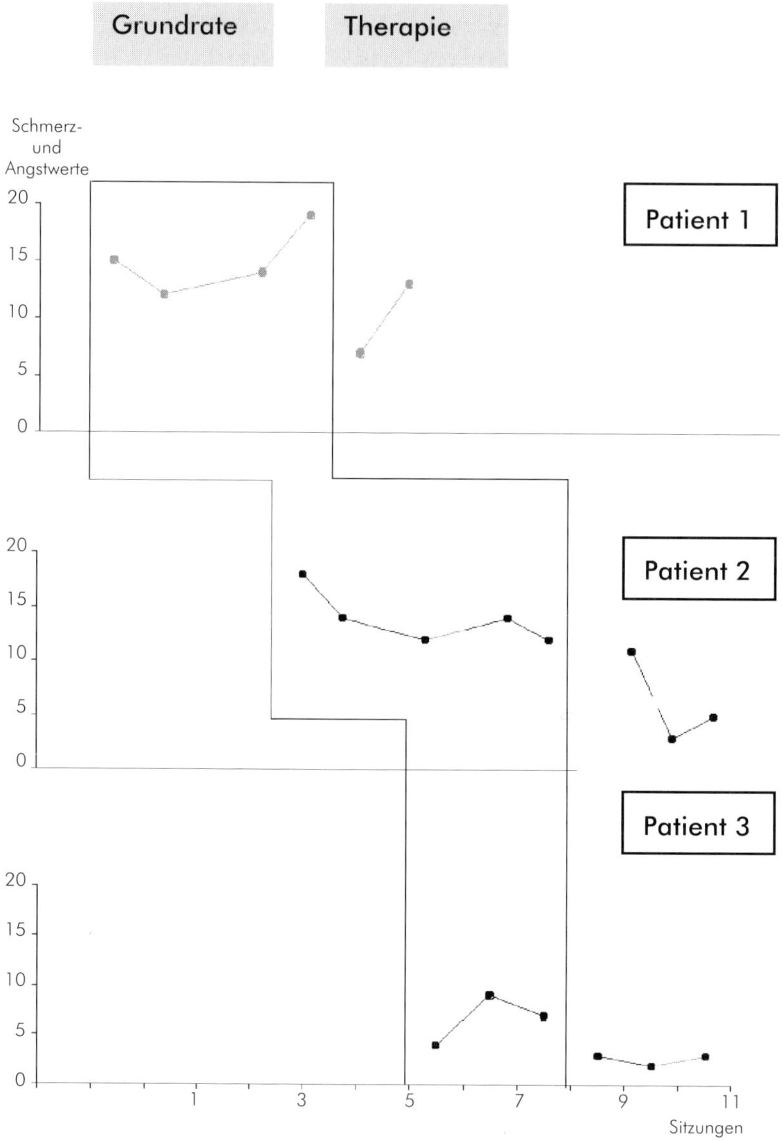

6.2.4
Bewertung der Verläufe

Die Einzelfallstudien werden durch einfache visuelle Analysen der Datenverläufe ausgewertet. Die Interventionen sind dann als wirksam zu beurteilen, wenn eindeutige, mehrfache Veränderungen belegbar sind. Solche visuellen Analysen können durch die Berechnung des Prozentsatzes der nicht überlappenden Daten (Kern, 1997, S. 161) ergänzt werden. Grafische Analysen, wie z.B. die Split-Mittel-Methode (Regressionsgeraden), stellen eine weitere Möglichkeit zur Beschreibung von Veränderungsprozessen innerhalb und zwischen Therapiephasen dar, die auch durch statistische Auswertungen ergänzt werden können (Kern, 1997, S. 165ff.). Fehlinterpretationen der Datenverläufe sind jedoch möglich, wenn Autokorrelationen (die dem Messpunkt vorausgehenden Werte beeinflussen die danach folgenden Werte) vorliegen. Diese Autokorrelationen können berechnet werden. Je nach Ergebnis sind dann spezifische statistische Verfahren anzuwenden. Auch Zeitreihenanalysen (die allerdings viele Messpunkte verlangen) sind durchführbar. Weitere Hinweise zur Datenanalyse finden sich bei Kern (1997).

Grundlegende Literatur

- Fiegenbaum, W., Tuschen, B. & Florin, I. (1997). Qualitätssicherung in der Psychotherapie. Zeitschrift für Klinische Psychologie, 26, 138–149.

- Kern, H. J. (1997). Einzelfallforschung: Eine Einführung für Studierende und Praktiker. Weinheim: Psychologie Verlags Union.

Weiterführende Literatur

- Petermann, F. (1992). Einzelfalldiagnose und klinische Praxis (2. Aufl.). München: Quintessenz.

- Henn, J., Schlosser, R. & Goetze, H. (2000). Kontrollierte Einzelfallstudien. Göttingen. Hogrefe.

Materialien

- Jay, S. M., Elliott, C. H. & Ozolins, M. (1985). Behavioral managment of children's distress during painful medical procedures. Behavior Research & Therapie, 23, 513–520.

- Kern, M. & Kern, H. J. (2000). Die Bedeutung von Kotherapeutentrainings zur Anbahnung von Generalisation und Aufrechterhaltung von Therapieeffekten bei intensiver Stottertherapie. Im Manuskript.

- Sisson, L. A., Hasselt van, V. B., Hersen, M. & Aurand J. C. (1988). Tripartite behavioral intervention to reduce stereotypic and disruptive behaviors in young multihandicapped children. Behavior Therapy, 19, 503–526.

628

Autorenverzeichnis
Bildnachweis
Index

Autorenverzeichnis

Beelmann, A., Dr.
Universität Erlangen-Nürnberg
Institut für Psychologie I

Behle, D., Frau Dr.
Ruhr-Universität Bochum
Fakultät für Psychologie
Arbeitseinheit Klinische Neuropsychologie

Beisel, S., Frau Dipl.-Psych.
Klinik Roseneck
Prien

Bellingrath, J., Dipl.-Psych.
Universität zu Köln
Forschungs- und Beratungsstelle für
klinische Entwicklungspsychologie

Blöschl, L., Frau Prof. Dr.
Karl-Franzens Universität Graz
Abteilung für Pädagogische Psychologie

Borg-Laufs, M., Dr.
Katholische Beratungsstelle Essen-Frillendorf
Essen

Böse, R., Dipl.-Psych.
Klinik Roseneck
Prien

Bosinski, H. A. G., PD Dr.
Klinikum der Universität Kiel
Forschungsstelle für Sexualmedizin

Brack, U. B., Prof. Dr.
Humboldt Universität zu Berlin
Abteilung Interventionsmethoden in der Rehabilitation

Braun-Scharm, H., PD Dr.
Universität Zürich
Zentrum für Kinder- und Jugendpsychiatrie

Daum, I., Frau Prof. Dr.
Ruhr-Universität Bochum
Fakultät für Psychologie
Arbeitseinheit Klinische Neuropsychologie

Dirlich-Wilhelm, H., Frau Dr.
Universität München
Institut für Psychologie
Klinische Psychologie

Döpfner, M., Prof. Dr.
Universität zu Köln
Klinik und Poliklinik für Psychiatrie und
Psychotherapie des Kindes- und Jugendalters

Dürr, H., Dr.
Psychologische Praxis
München

Elvermann-Hallner, A., Dipl.-Psych.
Psychologische Praxis
Raesfeld

Garten, H.-K., Frau Dr.
Psychologische Gutachterin
Herdecke

Geissner, E., Prof. Dr.
Katholische Fachhochschule NRW
Münster

Geretshauser, M., Frau Dipl.-Psych.
Jugendvollzugsanstalt
Hameln

Häring, H.-G., Dipl.-Psych.
Dezernat Psychologie bei der Bezirksregierung
Hannover

Hermann, C., Frau Dr.
Humboldt Universität zu Berlin
Lehrstuhl für Klinische Psychologie

Hartung, J., Frau Prof. Dr.
Fachhochschule Düsseldorf
Fachbereich Sozialpädagogik

Heubrock, D., PD Dr.
Universität Bremen
Neuropsychologische Ambulanz für
Kinder und Jugendliche

Kern, H. J., Prof. Dr.
Universität Oldenburg
Sonderpädagogische Psychologie

Klauer, K. J., Prof. Dr.
Rheinisch-Westfälische Technische Hochschule Aachen
Institut für Psychologie

Klein-Heßling, J., Dr.
Universität Marburg
Pädagogische Psychologie und Entwicklungspsychologie

Könning, J., Dr.
Psychologische Praxis
Osnabrück

Krombholz, H., Dr.
Staatsinstitut für Frühpädagogik
München

Kowalczyk, W., Dr.
Dezernat für Psychologie bei der Bezirksregierung
Hameln

Lauth, G. W., Prof. Dr.
Universität zu Köln
Heilpädagogische Fakultät
Psychologie und Psychotherapie

Linderkamp, F., Dr.
Universität Dortmund
Fakultät Rehabilitationswissenschaften

Lohaus, A., Prof. Dr.
Universität Marburg
Pädagogische Psychologie und Entwicklungspsychologie

Luka-Krausgrill, U., Frau PD Dr.
Johannes-Gutenberg-Universität Mainz
Abteilung Klinische Psychologie

Niebel, G., Frau Prof. Dr.
Universität Kiel
Institut für Psychologie

Neumann, H., Dipl.-Psych.
Klinik für Kinder- und Jugendmedizin
Bochum

632

Pulverich, G., RA
Bundesgeschäftsstelle des
Berufsverbandes Deutscher Psychologen e.V.
Bonn

Saile, H., Dr.
Universität Trier
Psychologisches Ambulatorium im Fachgebiet Psychologie

Sarimski, K., Dr.
Kinderzentrum
München

Sartory, G., Frau Prof. Dr.
Bergische Universität Wuppertal
Arbeitsbereich Klinische Psychologie

Schaller, S., Frau Dr.
Universität Mannheim
Otto-Selz-Institut

Schlottke, P., Prof. Dr.
Universität Stuttgart und Tübingen
Abteilung für Psychologie/Abteilung für Klinische und
Physiologische Psychologie

Schmidtke, A., Prof. Dr.
Psychiatrische Klinik und Poliklinik der Universität Würzburg
Abteilung Klinische Psychologie

Schneider, S., Frau Dr.
Psychiatrische Universitätsklinik Basel
Klinische Psychologie und Psychotherapie

Schreibmann, L., Frau Prof. Ph. D.
University of California
Psychology Department
San Diego

Sokolowski, K., Prof. Dr.
Universität Siegen
Fachbereich 2 – Psychologie

Steil, R., Frau Dr.
Friedrich-Schiller-Universität Jena
Institut für Psychologie
Abteilung Klinische Diagnostik und Intervention

Süss-Burghart, H., Dr.
Kinderzentrum
München

Türk, D., Frau Dipl.-Psych.
Institut für Therapieforschung
München

Vogel, H., Dipl.-Psych.
Universität Würzburg
Institut für Psychotherapie und
Medizinische Psychologie

Warnke, A., Frau Dipl.-Psych.
Humboldt Universität zu Berlin
Institut für Rehabilitationswissenschaften

Warnke, A., Prof. Dr.
Universität Würzburg
Kinder- und Jugendpsychiatrie

Weber, G., Prof. Dr.
Universität Wien
Institut für Psychologie
Arbeitsgruppe Klinische Psychologie

Zimmermann, P., Dr.
Universität Regensburg
Psychologisches Institut

Bildnachweis

Fotografie:

Sascha Loss
Von Quadtstr. 45
51069 Köln-Dellbrück

Illustrationen und
elektronische Bildverarbeitung:

Tobias Franz
Oberes Hardtfeld 24
89312 Günzburg
http://www.tfranz.de

Alle abgebildeten Personen stehen in keinem Zusammenhang mit den Inhalten der Beiträge.
Wir danken den Beteiligten Kindern und deren Eltern sehr
herzlich für die Unterstützung.

634

Sachregister

Abrechnung von psychotherapeutischen Leistungen, 19ff., 28ff.
- Antragsstellung bei der, 29f.
- Einzelleistungen, abrechenbare, 25, 29ff.
- Kostenerstattungsverfahren, 20f.
- Kurzzeittherapie, 31, 34
- Langzeittherapie, 31f.

Absentismus von der Schule, (siehe Schulvermeidung)

Adipositas, 255ff., 419f.
- Diagnostik, 255ff.
- Therapie, 270ff.

Aggressivität, 305ff., 427
- Diagnostik, 306ff.
- Therapie, 310ff.

Alkoholabhängigkeit, (siehe Suchtverhalten)

Angst
- Trennungsangst, 105ff., 183ff., 555
- soziale Ängstlichkeit, 183ff., 192ff.

Ängste, soziale, 192ff.
- Diagnostik, 193ff.
- Therapie, 196ff.

Anorexie, 233ff.
- Diagnostik, 234ff.
- Therapie, 237ff.

Anpassungsstörung
- Diagnostik, 316ff.
- Therapie, 319ff.

Asthma bronchiale, 390ff., 588f.

Atemübungen, 502f.

Autismus, frühkindlicher, 77ff.
- Diagnostik, 78ff.
- Therapie, 82ff.

Autogenes Training, 560ff.

Befolgung von Behandlungsmaßnahmen, 507ff.

Behandlungsfehler, 24

Bindungsstörungen, reaktive, 113ff.
- Diagnostik, 113ff.
- Therapie, 118ff.

Training für schüchterne Kinder

Sie möchten mit anderen Kindern spielen, trauen sich aber nicht zu fragen. In der Schule wagen sie es nicht, eine Antwort zu geben.

Sozial unsichere Kinder stehen abseits und würden doch gerne dazu gehören. Schon im Kindergarten fallen diese Kinder auf. Spätestens in der Grundschule muss dann interveniert werden, um Angststörungen im Erwachsenenalter vorzubeugen.

Das Trainingsprogramm bietet ein fundiertes Konzept für die Arbeit mit dem einzelnen Kind, mit Kindergruppen und mit Eltern an. Es verbindet Ansätze der Kognitiven Verhaltenstherapie mit Rollenspiel und Interventionen in der Familie.

Bei der Überarbeitung des erfolgreichen Trainings wurde viel Gewicht auf eine anwenderfreundliche Gestaltung gelegt.

Ulrike Petermann
Franz Petermann
Training mit sozial unsicheren Kindern
Einzeltraining, Kindergruppen, Elternberatung
(Materialien für die klinische Praxis)
7., vollständig überarbeitete Auflage 2000
250 Seiten. Gebunden. DM 68,–
ISBN 3-621-27483-9

www.beltz.de